World Book 164

William Makepeace Thackeray
VANITY FAIR
허영의 시장

W.M. 새커리/최홍규 옮김

동서문화사

A Novel without a Hero.

BY

WILLIAM MAKEPEACE THACKERAY

LONDON

BRADBURY & EVANS BOUVERIE STREET,

1848

허영의 시장
차례

막이 열리기 전에

이 연극의 흥행사는 무대막 앞에 앉아서 '시장' 안을 기웃거리며 그 벅적거리는 광경을 보고 있지니 매우 우울한 기분입니다. 먹고 마시고, 사랑을 속삭거리는가 하면 애인을 차버리고 웃고 울고 담배를 피우고 속이고 다투고 춤추고 호궁을 켜는 등 야단들입니다. 거드름 피우는 사내들이 사람들을 밀치면서 나아가는가 하면 멋쟁이들은 여자들에게 추파를 던지고, 불량배들은 소매치기하느라 바쁘고, 경관들은 감시하고, 야바위꾼들은 노점 앞에서 아우성을 칩니다. (세상에는 온갖 야바위꾼들이 있지만 그런 것들은 모두 염병에나 걸려 죽으라지!) 그리고 화려하게 차려입은 무용수와 주글주글한 뺨에 연지를 찍어바른 불쌍한 광대가 재주넘기 하는 것을 시골뜨기들이 입을 벌리고 쳐다보고 있을 때 소매치기가 그 틈을 타 주머니에 손을 찔러넣는 것입니다. 그렇습니다. 이것이 바로 '허영의 시장'이랍니다. 분명히 건전한 곳은 못 되고 떠들썩하기만 하지 유쾌한 장소가 못 됩니다. 공연을 끝내고 나오는 배우와 익살꾼들의 얼굴을 보십시오. 어릿광대가 천막 뒤에서 마누라와 견습생들을 데리고 식사를 하기 전에 볼에 칠한 분을 닦아내는 걸 보십시오. 곧 다시 막이 올라가면 그는 재주를 넘으면서 "여러분, 안녕하십니까?" 외치며 나올 테지요.

신중한 사람이라면 이런 인생의 박람회를 구경하고 다녀도 자기 자신 또는 남들의 들뜬 기분에 휩쓸리거나 하지 않을 거라고 생각합니다. 그보다 여기저기서 벌어지는 익살맞고 인정미 있는 소박한 정경들에 가슴이 뭉클해지거나 흥이 나거나 할 테지요—귀여운 아이가 생강과자 파는 노점을 바라보고 있다든가, 좋아하는 남자가 계속 말을 걸면서 선물을 고르는 동안 예쁘장한 소녀가 옆에서 얼굴을 붉히고 있다든가, 또는 저 건너 포장마차 뒤에서 가련한 어릿광대가 자신의 재주넘기로 먹고 사는 죄없는 처자식과 함께 뼈다귀를 빨고 있는 광경들 말입니다. 그러나 모든 인상들은 아무래도 즐겁다기보다 애달프다고 하겠습니다. 여러분도 구경을 마친 뒤 집에 돌아가면 자리에 앉아 진지하게 명상하게 될 겁니다. 그리고 연민에 가까운 심정으로 책을 읽거나 일을 하실 것이 틀림없습니다.

이 '허영의 시장'이라는 이야기에 더 이상 설교를 덧붙일 생각은 없습니다. 다만 사람에 따라서는 '시장'이라 하면 왠지 아주 안 좋은 것처럼 생각하고 하인이나 가족들이 가까이 가지 않도록 하는 경우도 있는 모양입니다. 그것도 일리가 있기는 합니다. 그러나 느긋한 사람이나 동정심이 많은 사람 또는 빈정거리기 좋아하는 사람이라면 아마 반 시간 가량 이곳에 발을 들여놓고 연극 같은 볼거리를 구경하며 즐거워할 것입니다. 긴장감 넘치는 싸움, 멋진 승마술, 상류사회나 아주 평범한 중류사회의 한 장면, 감상가들을 위한 사랑 무대, 가벼운 희극 등 여러 가지가 있습니다. 이 모든 것을 저마다 알맞은 배경을 곁들이고 작가 자신의 밝은 조명을 비추어서 보여드리고자 합니다.

흥행사로서의 말은 이 정도까지만 해두겠습니다. 이 극단이 영국 주요 도시를 순회하는 동안 곳곳에서 많은 격려를 해주시고 지역 신문들마다 현명한 경영자 여러분 및 덕망 높은 신사들께서 호평을 해주신 것에 진심으로 감사드립니다. 흥행사는 자신이 가져온 인형이 전국의 식견 높은 분들에게 만족을 드린 듯해 은근히 자부심을 느끼고 있습니다. 유명한 베키 인형은 마디마디가 유난히 부드럽고 철사에 매달려 춤 추는 모습이 생기가 넘쳤다고 평판이 좋았습니다. 아밀리아 인형은 그보다 팬이 좀 적지만 얼굴이나 의상에 장인이 기울일 수 있는 최대한의 정성을 쏟아 넣은 것입니다. 도빈 인형은 보기에 참투박하게 생겼어도 아주 재미있고 자연스럽게 춤을 춥니다. 소년들의 춤도 꽤인기가 있었습니다. 그리고 화려하게 차려입은 사악한 귀족 인형을 눈여겨보시기를 부탁드립니다. 비용을 아끼지 않고 꾸민 그 인형은 이 이상한 연극의 결말에서 악마에게 모든 것을 빼앗기게 된답니다.

여기까지만 말씀드리고 흥행사는 손님 여러분께 큰절 한 번 올리며 이만 물러납니다. 드디어 막이 오르겠습니다.

런던에서
1848년 6월 28일

제1장
치즈윅 산책길

19세기도 10년을 조금 넘긴 6월의 어느 화창한 날 아침. 치즈윅 산책길에서 핑커턴 여사가 경영하는 여학교의 큰 철문 앞으로 화려한 마구를 찬 살찐 말 두 필이 커다란 자가용 마차 한 대를 이끌고 시속 4마일로 다가왔다. 가발과 삼각모를 쓴 뚱뚱한 마부가 마차를 몰고 있었다. 마부 곁에 앉아 있던 흑인 하인은 마차가 핑커턴 여사의 번쩍거리는 놋쇠 표찰 앞에 서자 안짱다리를 밖으로 뻗었다. 그가 끈을 당겨서 종을 울리자 당당하고 오래된 벽돌건물의 좁은 창문들에서 적어도 스무 명이 넘는 소녀들이 머리를 밖으로 내밀었다. 눈치 빠른 사람이라면 상냥한 제미마 핑커턴이 언니인 핑커턴 여사의 객실 창가에서 제라늄 화분 위로 발돋움하여 그 조그맣고 빨간 코를 내밀고 있는 모습을 보았을 것이다.

"언니, 세들리 부인의 마차예요." 제미마가 말했다. "검둥이 하인 샘보가 지금 막 초인종을 울렸어요. 마부는 빨간 새 조끼를 입고 있네요."

"세들리 양의 출발 준비는 다 마쳤니, 제미마?" 당당한 여학교 교장인 핑커턴 여사가 물었다. 그녀는 해머스미스의 세미라미스(아시리아의 전설에 나오는 여왕)라 불릴 만큼 여걸이자 존슨 박사(영국 저술가 새뮤얼 존슨을 말함)의 친구이며 차폰 부인과도 편지를 주고받는 사이였다.

"학생들이 오늘 새벽 4시에 일어나서 세들리 양의 짐을 꾸려줬는걸요, 언니. 세들리 우리 그녀에게 보우풋(꽃다발이란 뜻)을 만들어줬어요." 제미마가 대답했다.

"부케(꽃다발이라는 뜻. 프랑스어)라고 하는 거야, 제미마. 그게 더 점잖은 표현이란다."

"글쎄, 건초 더미만큼이나 큰 부키(부케를 잘못 부른 말)였어요. 나는요. 그 애한테 어

머니께 드리라고 비단향꽃무 향수 두 병하고 만드는 법까지 적어서 아밀리아의 짐에 넣어줬어요."

"제미마, 세들리 양의 계산서 작성해뒀겠지? 이건가? 좋아―93파운드 4실링. 받는 사람은 존 세들리 귀하라고 해주겠니? 그리고 내가 부인 앞으로 쓴 이 편지도 같이 넣어줘."

제미마의 눈에는 언니 핑커턴 여사의 자필 편지가 마치 국왕이 보내는 친서처럼 귀하게 보였다. 핑커턴 여사는 학생이 학교를 떠난다든가, 결혼을 한다든가, 언젠가 가엾은 버치 양이 성홍열로 죽었을 때 같은 경우에 한해서 학부모에게 친히 편지를 썼다. 제미마는 딸을 잃은 어머니에게 위안이 되는 것이 있었다면, 그것은 버치 양의 죽음을 알린 핑커턴 여사의 경건하고도 유려한 편지였으리라 생각했다.

이번 핑커턴 여사의 편지는 이런 내용이었다.

치즈윅 산책길에서
18××년 6월 15일
부인.

6년 동안 본 학교 생활을 마친 아밀리아 세들리 양은 상류사회에서 적당한 지위를 누리기에 부끄럽지 않습니다. 세들리 양을 이렇게 젊은 숙녀로 부모님 곁에 돌려보내게 되어 참으로 영광스럽고 행복합니다. 젊은 영국 숙녀의 특성인 여러 미덕을 비롯해 가문과 신분에 걸맞은 소양에 있어서 사랑스러운 세들리 양은 조금도 모자람이 없습니다. 또한 세들리 양은 부지런하고 유순해서 선생님들에게 사랑받았으며 더없이 온화한 성품으로 나이에 상관없이 많은 친구들이 따랐습니다.

음악, 무용, 철자법, 각종 자수와 재봉 등에서는 더 바랄 것이 없을 정도입니다. 다만 지리 공부만은 조금 더 하는 편이 좋으리라 생각합니다. 그리고 상류층 자녀들에게 꼭 필요한 바른 태도와 자세를 갖추기 위해 앞으로 3년 동안 하루 4시간씩 척추교정판을 신중하고 정확하게 사용하기를 권장하는 바입니다.

종교와 도덕 원칙으로 위대한 사전 편찬자(^{존슨}_{박사})를 따르고 존경하는 차프 부인이 특별히 돌보아 주시는 본 학교 출신자로서 세들리 양은 전혀 부끄러울 것이 없는 여성입니다. 세들리 양은 이제 이곳을 떠나지만 학우들의 정은 언제까지나 그 뒤를 따를 것입니다. 저 또한 각별한 마음으로 세들리 양을 떠나보냅니다. 끝으로 부인께 깊은 경의를 표하며 이만 펜을 놓겠습니다.

당신의 가장 충실한 하인
바버라 핑커턴

추신—따님의 일행으로 샤프 양이 신세를 지게 되었습니다. 샤프 양이 러셀 스퀘어에서 열흘 넘게 머물지 않도록 해 주시기를 특별히 부탁드립니다. 샤프 양을 초대한 어느 명문집안에서 그녀가 하루빨리 도착하기를 바라고 있기 때문입니다.

편지를 다 쓰고 나자 핑커턴 여사는 《존슨 사전》의 앞장 백지에 자신과 아밀리아의 이름을 적었다. 여사는 학업을 마치고 떠나는 학생들에게 언제나 이 흥미로운 책을 선물했다. 표지에는 '핑커턴 여사의 학교 졸업생에게 보내는 글, 고(故) 새뮤얼 존슨 박사'라고 쓰여 있었다. 사실 이 당당한 여인은 존슨 박사의 이름을 입버릇처럼 달고 다녔다. 박사가 그녀를 한 번 방문한 일로 그녀는 명성과 재산을 얻을 수 있었기 때문이다.

언니가 책장에서 '사전'을 꺼내오라고 했을 때 제미마는 두 권을 집어왔다. 핑커턴 여사가 첫 번째 책에 이름을 적고 나자 제미마는 머뭇머뭇 조심스럽게 두 번째 책을 언니에게 내밀었다.

"누구에게 주려는 거야, 제미마?" 핑커턴 여사는 무섭도록 쌀쌀맞게 물었다.

"베키에게요." 부들부들 떨며 이렇게 대답한 제미마가 언니에게서 등을 돌렸다. 야윈 얼굴과 목이 발그레했다. "베키 샤프에게요. 그 애도 학교를 떠나니까요."

"제미마!" 핑커턴 여사는 무섭게 호통쳤다. "너 정신이 있는 애니? 사전을 책장에 도로 갖다 놓아라. 그리고 앞으로는 그렇게 멋대로 행동하지 말도록."

"그렇지만 언니, 2실링 9펜스밖에 안 되는 책이잖아요. 이거 한 권도 못 받으면 베키가 많이 실망할 거예요."

"당장 세들리 양을 불러오렴." 핑커턴 여사가 말했다. 제미마는 가엾게도 더는 아무 말도 못하고 몹시 당황한 나머지 바르르 떨면서 뛰쳐나갔다.

아밀리아의 부친은 런던에 사는 상인으로 상당한 재산가였다. 그러나 레베카 샤프는 계약 상학생이었다. 핑커턴 여사는 구태여 작별 선물로 사전 같은 것을 주지 않아도 이미 할 만큼은 했다고 생각하고 있었다.

여학교 교장의 편지란 것은 무덤가에 세워놓은 비석과 마찬가지로 그리 믿을 만한 것이 못 된다. 하지만 때로는 석공이 묘비에 새긴 찬양의 말 모두가 고스란히 들어맞는 훌륭한 사람도 있는 법이다. 기독교인으로서, 훌륭한 부모로서, 자녀로서, 아내로서, 또는 남편으로서 실제로 자신의 죽음에 안타까움과 슬픔을 느끼는 가족을 남겨두고 세상을 떠나는 사람이 있다. 이와 마찬가지로 남학교든 여학교든 무심한 교사들의 칭찬이 아주 잘 어울리는 학생도 가끔 있다. 바로 아밀리아 세들리 양이 그런 보기 드문 숙녀들 가운데 하나로 핑커턴 여사가 했던 칭찬이 모두 꼭 들어맞는 학생이었다. 그뿐만 아니라 두 사람 사이의 신분이나 나이 차이로 인해 미네르바를 자처하는 여사도 알 수 없는 여러 가지 미덕을 지니고 있었다.

아밀리아는 종달새나 이름난 가수 빌링턴 부인처럼 노래를 잘 부르고, 힐리스버그나 패리소트처럼 춤을 잘 추었다. 수 놓는 솜씨도 훌륭하고, 사전에 못지않게 맞춤법을 정확하게 썼다. 천성적으로 친절하고 온화한 데다 상냥하고 조신하며 마음도 넓었다. 그래서 위로는 이른바 미네르바라는 핑커턴 여사, 아래로는 부엌일 하는 하녀나 일주일에 한 번 학생들에게 과자를 팔러 오는 애꾸눈 타르트 장수의 딸에 이르기까지 마음을 빼앗기지 않는 이가 없었다. 스물네 명의 학생 가운데 열두 명은 아밀리아의 절친한 친구였다. 샘이 많은 브리그스 양조차 그녀에 대한 험담은 하지 않았다. 덱스터 경의 손녀이자 오만하기 짝이 없는 샐타이어 양도 그녀의 자태가 고상하다고 여겼다. 세인트 키츠 섬에서 온 풍성한 곱슬머리의 돈 많은 흑백 혼혈아 스와츠 양은 심지어 아밀리아가 떠나는 날이 되자 지쳐 쓰러질 때까지 울고 또 울었다. 그 바람에 의사 플로스 선생을 불러와 탄산암모늄으로 만든 각성제로 반쯤 취하게 만들어야 했다. 핑커턴 여사의 애정표현은 역시 훌륭하고 덕망 높은 사람답게 침착하고 여유가 있었다. 반면 제미마는 아밀리아가 떠난다는 생각만으로도 벌써 몇 번이나 훌쩍훌쩍 울었을 정도였다. 언니 앞이 아니었다면 스와츠 양(세인트 키츠 섬 갑부의 딸이라 학비를 두 배나 내고 있었다)처럼 히스테리까지 일으켰을지도 모른다. 그러나 그런 식으로 요란하게 슬퍼하는 것은 특별기숙생에게나 허락되는 일이었다. 성실한 제미마는 계산서에 세탁, 재봉, 푸딩, 접시, 그릇 및 하인들까지 모두 감독해야만 했다. 하지만 제미마에 대해 이 이상 이야기하지는 않겠다. 아마 우리는 앞으로 두 번 다시 그녀의 소식을 듣지 못할 것이다. 선 세공으로 장식한 학교의 큰 철문이 닫히고 나면 제미마와 그녀의 무서운 언니가 그 안에서 나와 이 소설의 작은 세계 속에 모습을 드러낼 일은 결코 없을 테니 말이다.

그러나 아밀리아는 앞으로도 자주 등장할 테니 그녀를 소개하면서 정말로 사랑스러운 아가씨였다고 말해두는 것도 나쁘지 않을 것이다. 실제 삶이든 소설이든(특히 소설에서 더욱 그렇지만) 나쁜 사람이 아주 많은 만큼 이렇게 순수하고 착한 사람을 줄곧 벗으로 둘 수 있다는 것은 매우 큰 행복이라 하겠다. 아밀리아는 여주인공이 아니니 생김새까지 묘사하지는 않겠다. 여주인공으로 삼기에는 코가 아무래도 좀 낮은 편이고 뺨은 너무 둥글고 붉지 않나 싶다. 하지만 그녀가 얼굴을 붉히면 장밋빛으로 물들어 건강해 보이고 입술에 떠오르는 미소는 언제나 싱그러웠다. 그녀는 무슨 일만 생기면 바로 눈물을 글썽였지만 눈물이 가득 맺혔을 때가 아니면 두 눈동자는 그녀의 명랑한 성격만큼이나 맑고 환하게 빛났다. 실제로 이 철없는 아가씨는 고양이에게 잡혀 죽은 카나리아나 생쥐만 보고도 울고, 아무리 보잘것없는 소설이라도 마지막에는 반드시 눈물을 흘렸다. 그러니 만약 드센 사람이 그녀에게 심한 말이라도 하면 오히려 그 사람이 곤란해질 것이다. 엄격하기 짝이 없는 핑커턴 여사마저 야단을 치다가도 이내 입을 다물었다. 핑커턴 여사는 눈물이 많은 성격을 대수학만큼이나 이해하지 못하는 사람이었지만 아밀리아를 엄하게 대하면 오히려 나쁜 결과가 생길 수 있으니 되도록 부드럽게 대해주라고 모든 교사들에게 특별히 지시했을 정도였다.

그렇기 때문에 떠날 날이 되자 늘 잘 웃고 잘 우는 아밀리아는 웃어야 할지 울어야 할지 몹시 얼떨떨했다. 집에 돌아가는 것은 기뻤지만 학교를 떠나는 것은 더할 나위 없이 슬픈 일이었다. 어린 고아 로라 마틴은 사흘 동안 강아지처럼 그녀의 뒤를 졸졸 따라다녔다. 아밀리아는 열네 개의 선물을 주고받았고, 매주 편지를 쓰겠다는 굳은 약속을 열네 번이나 해야 했다. "나는 할아버지 덱스터 백작 앞으로 편지를 보내줘." 샐타이어 양이 말했다(말이 나왔으니 말인데 이 아가씨는 생김새가 다소 볼품없었다). "우편 요금은 걱정 말고 매일 편지를 해줘야 돼." 성질 급하고 머리는 양털처럼 곱슬거렸지만 정이 많은 스와츠 양이 말했다. 그리고 어린 고아 로라 마틴은(아직은 아이답게 동글동글한 글씨를 쓰는 나이지만) 아밀리아의 손을 잡고 얼굴을 들여다보며 말했다. "아밀리아 언니, 내가 편지할 땐 언니를 엄마라고 부를래." 독자들 가운데는 모임에서 이 소설을 읽으면서 이런 사소한 일들이 아주 어리석고 재미없으며 너무 감상적이라고 여기는 사람도 분명히 있을 것이다. 그렇다. 나는 그런 사람이 바로 지금(양고기와 포도주 한 잔으로 얼굴을 붉게 물들이고서) 연필을 꺼내 '어리석고 재미없으며'부터 밑줄을 긋고 그 위에 '정말 맞는 말이다'라고 직접 써넣는 모습이 눈에 선하다. 뭐, 그런 사람은 굉장한 천재라 실생활에서나 소설 속에서 위대하고 영웅적인 것들을 접하면서 감탄하고 싶은 것일 테니 이런 소설을 기웃거리지 말고 딴 데 가보시는 편이 나을 것이다.

아무튼 그 뒤로 아밀리아의 꽃과 선물, 짐 가방이나 모자상자들을 흑인 하인 샘보가 마차에 차곡차곡 실었다. 레베카 샤프의 이름표를 단정히 박아넣은 낡고 자그마한 쇠가죽 가방도 하나 있었는데 샘보가 이를 드러내며 비웃자 마부도 덩달아 히죽 웃으며 짐을 받아 올렸다. 출발 시간이 되었다. 그런데 이 작별의 슬픔은 핑커턴 여사가 제자에게 보내는 당당한 송별사 때문에 어지간히 누그러졌다. 송별사가 아밀리아를 깊은 생각에 잠기게 했다든가 이성에 호소하여 그녀가 조금이라도 냉정을 유지할 수 있게끔 했기 때문

이 아니었다. 송별사가 견딜
수 없이 지루하고 과장됐으
며 장황하기까지 했기 때문
이었다. 또한 아밀리아는 교
장이 바로 눈앞에 서 있자
무서운 나머지 차마 눈물을
쏟을 수 없었다. 학부모들이
방문하여 격식을 차릴 때처
럼 응접실에 시드 케이크와
포도주가 나왔다. 그것을 먹
자 아밀리아는 이제 언제 출
발해도 상관없었다.

"핑커턴 선생님께 작별인사를 드리고 오렴, 베키." 제미마가 사람들의 무
관심 속에서 자신의 옷상자를 들고 계단을 내려오는 한 아가씨에게 말했다.

"그렇군요. 인사는 하고 가야겠죠." 침착한 레베카의 대답에 제미마는 적
잖이 놀랐다. 문을 노크하자 안에서 들어오라는 대답이 들려왔다. 그것을 듣
고 레베카는 실로 태연하게 안으로 들어가서 프랑스어를 완벽한 발음으로
말했다. "Mademoiselle, je viens vous faire mes adieux(선생님, 작별 인사를
드리러 왔습니다)."

핑커턴 여사는 프랑스어를 할 줄 아는 사람들을 부리고 있긴 하지만 정작
자신은 프랑스어를 못했다. 크고 근엄한 터번풍 모자를 쓰고 있던 여사는 입
술을 깨물고 매부리코인 나이든 얼굴을 쳐들면서 말했다. "잘 가요, 샤프
양." 해머스미스의 세미라미스로 통하는 그녀는 작별을 고하는 동시에 샤프
양에게 악수할 기회를 주려는 뜻으로 손가락 하나만 내밀고서 손을 흔들어
보였다.

그런데 레베카는 아주 딱딱한 웃음을 지으며 머리를 숙이더니 두 손을 포
갠 채 악수할 영광을 가차없이 거절해버렸다. 세미라미스는 분개하여 터번
을 쓴 머리를 더욱 꼿꼿이 세웠다. 사실 이것은 레베카와 핑커턴 여사 사이
의 작은 전투였고, 결과는 여사의 패배였다. "신의 가호가 있기를." 이렇게
말하면서 여사는 아밀리아를 껴안고 어깨 너머로 얼굴을 찡그리면서 레베카

레베카의 작별인사

를 노려보았다. "나가자, 베키." 제미마는 서둘러 그 아가씨를 데리고 나갔다. 그리고 응접실 문은 그들에게 영영 닫히고 말았다. 다음에는 아래층에서 이별 소동이 벌어졌다. 정말이지 말도 못할 정도였다. 현관에는 하인들과 친구들, 후배들이 모두 나와 있었고, 조금 전에 도착한 무용 선생님도 있었다. 마치 싸움이라도 하는 것처럼 떠들썩하게 꼭 끌어안고 입을 맞추거나 소리내어 울었다. 그런 가운데 특별기숙생인 스와츠 양의 방에서 그녀가 발작적으로 흐느끼는 소리가 들려왔는데 도저히 펜으로 옮기기 힘든 지경인 데다 심장이 약한 사람이라면 심장이 멈춰버렸을지도 모르는 일이었다. 포옹이 끝나자 이윽고 헤어졌다. 아밀리아와 친구들 사이에 작별인사가 끝난 것이다. 레베카는 조금 전부터 새초롬하게 마차에 타고 있었다. 그녀가 떠나는 일로 슬퍼하는 사람은 아무도 없었다.

안짱다리 샘보는 아밀리아가 울면서 마차에 오르자 문을 쾅 닫았다. 그리고 마차의 뒤에 껑충 뛰어 올라탔다. 그때 "잠깐만 기다려요!" 하고 소리를 지르며 제미마가 어떤 꾸러미를 들고 문 쪽으로 뛰어왔다.

"샌드위치를 좀 쌌어요." 그녀가 아밀리아에게 말했다. "가다보면 배가 고플 테니까. 그리고 베키, 베키 샤프! 이 책을 네게 우리 언니가—아니, 그러니까 내가—《존슨 사전》을 말이야. 알겠지? 이걸 안 받고 간다면 말이 안되지. 잘 가요. 마부, 출발하세요. 몸조심해요!"

그리고 이 친절한 여인은 감정이 복받쳐서 정원으로 달려갔다.

그런데 이게 무슨 일인가! 마차가 떠나는 순간 레베카가 파리한 얼굴을 창밖으로 내밀고 책을 정원으로 던져버렸다. 이 뜻밖의 일에 제미마도 깜짝 놀라 쓰러질 지경이었다. "아니, 저런!" 하더니 "왜 그런 짓을……" 하며 말을 더듬으면서 말끝을 맺지 못했다. 마차가 떠나고 커다란 교문이 닫혔다. 무용 시간을 알리는 종소리가 울려퍼졌다. 마차 속 두 아가씨 앞에는 넓은 세계가 펼쳐져 있었다. 이로써 치즈윅 산책길과도 이별이다.

제2장
샤프 양과 세들리 양, 사회 싸움터로 나갈 준비를 하다

앞 장의 마지막 부분에 썼듯이 레베카가 대담하게 내던진 사전은 작은 정원의 포장 길을 넘어서 멍하니 서 있던 제미마의 발치로 떨어졌다. 그것을 보자 지금까지 증오로 얼굴이 하얗게 질려 있던 레베카는 서늘한 웃음을 지었다. 그러고는 이걸로 속이 시원해졌다는 듯이 의자에 몸을 깊숙이 묻으며 말했다. "사전이 다 뭐람! 하느님 감사합니다. 드디어 치즈윅에서 벗어났군."

아밀리아는 레베카의 무례한 행동에 제미마 못지않게 놀랐다. 그도 그럴 것이 레베카가 학교를 나온 지 겨우 1분밖에 되지 않았는데 그 짧은 새에 6년 동안의 인상이 사라질 리 없지 않은가. 아니, 사람에 따라서는 젊었을 때 겪었던 무섭고 끔찍한 일들을 영영 잊지 못할 수도 있다. 예를 들어 나는 올해 예순여덟인 노신사를 알고 있는데 그는 어느 날 아침 식사를 하면서 매우 울적한 얼굴로 "어젯밤 레인 박사한테 회초리로 맞는 꿈을 꿨다"고 했다. 그날 밤 꿈은 그를 55년 전으로 데려갔다. 꿈속에서 본 레인 박사와 회초리는 그가 열세 살일 무렵과 마찬가지로 예순여덟이 되어서도 무서운 것이었다. 만약 박사가 큰 자작나무 회초리를 들고 예순여덟인 그의 앞에 실제로 나타나서 무시무시한 목소리로 "이놈, 바지를 내려라!" 하고 외친다면 어떻게 될까? 어쨌든 아밀리아는 레베카의 무례한 행동에 크게 놀랐다.

"대체 왜 그런 거니, 레베카?" 한참 있다가 마침내 아밀리아가 입을 열었다.

"왜? 핑커턴 여사가 뛰어나와서 나더러 그 감옥 같은 데로 다시 들어가라고 명령이라도 할 것 같니?" 레베카가 웃으면서 말했다.

"그건 아니지만, 그래도……."

"난 그 학교 전체가 지긋지긋해." 레베카가 발끈 화를 내며 소리쳤다. "그런 학교는 두 번 다시 보고 싶지도 않아. 템스 강 밑으로 확 가라앉아버렸으면 좋겠어. 핑커턴 여사가 만약 템스 강에 빠진다 해도 난 구해주지 않을 거야. 누가 구해줄 것 같아? 아, 핑커턴 여사가 터번이고 뭐고 죄다 함께 저 강에 떨어져서 옷자락을 질질 끌면서 코를 거룻배의 뱃머리처럼 쑥 내밀고 떠내려 가는 꼴을 보면 얼마나 우스꽝스러울까?"

"그만해, 베키!" 아밀리아가 소리쳤다.

"왜? 저 검둥이 하인이 고자질이라도 할까봐?" 레베카는 웃으면서 소리를 질렀다. "저 하인이 돌아가서 핑커턴 여사한테 내가 정말로 그 여자를 미워한다고 일러바쳐도 상관없어. 아니, 제발 그래줬으면 좋겠어. 얼마나 미워하는지 보여줄 방법이 있으면 더욱더 좋겠다고. 난 2년 동안 그 여자에게서 모욕과 학대밖에 받은 것이 없어. 부엌에서 일하는 하녀들보다도 더 천대받았단 말이야. 나는 너 말고는 친구도 하나 없고, 다정한 말 한마디 걸어주는 사람도 없었어. 하급생 교실에서 어린 학생들이나 돌보고, 아가씨들 앞에서는 아무리 내 모국어라 하지만 진저리 날 만큼 프랑스어를 써야 했단 말이야. 그렇지만 핑커턴 여사에게 프랑스어로 말을 거는 건 참 재미있었지. 안 그러니? 그 여자는 자존심 때문에 자기가 프랑스어를 한마디도 못한다는 것을 애써 감추고 있거든. 나를 쫓아낸 것도 틀림없이 그 때문일 거야. 내가 프랑스어를 할 수 있게 해주신 하늘에 감사할 따름이야. Vive la France! Vive l'Empereur! Vive Bonaparte! (프랑스 만세! 황제 만세! 보나파르트 만세!)"

"맙소사, 레베카! 레베카, 진정해!" 아밀리아가 소리를 질렀다. 레베카가 이렇게 발칙한 소리를 하는 것은 처음이었다. 그즈음 영국에서 "보나파르트 만세!" 부르는 것은 "악마 만세!" 말하는 것이나 마찬가지였다. "어떻게 너는 그런 못된 복수심을 품을 수가 있니?"

"복수가 나쁜 일인지는 몰라도 자연스러운 거야." 레베카가 대답했다. "난 천사가 아니니까." 실제로 레베카는 분명 천사가 아니었다.

이 짧은 대화 속에서 (대화는 마차가 강가를 따라 천천히 달려가는 동안

주고받은 것이다) 레베카는 감사하다는 말을 두 번이나 썼지만 처음은 싫어하는 사람 옆에서 벗어난 일에 대해서였고 두 번째는 적을 난처하게끔 만든 일에 대해서였기 때문이다. 어느 쪽이든 신께 감사하기에 썩 바람직한 동기가 못 되고, 다정하고 너그러운 사람이 감사히 여길 만한 일도 못 되는 것이었다. 그러니 레베카는 다정하거나 너그러운 사람이 아니라는 뜻이 된다. 이 젊은 염세주의자는 세상 사람 모두가 자기를 냉대했다고 말했는데, 온 세상으로부터 냉대받는 사람은 다 그런 처지가 될 만한 이유가 있다고 봐도 무방하다. 세상이란 거울과도 같아서 들여다보는 사람의 얼굴을 비춰 보여준다. 얼굴을 찡그리면 저쪽도 이쪽을 싫은 얼굴로 바라볼 것이다. 그리고 밝은 얼굴로 함께 웃으면 유쾌한 친구가 되어줄 것이다. 그러니 젊은이들 모두 저마다 해보기 바란다. 만약 세상이 샤프 양을 무시했다면 그것은 그녀 쪽에서 누구에게도 친절하게 행동한 적이 없었기 때문이라고 생각해도 좋다. 또한 24명이나 되는 젊은 여학생들이 모두 이 소설의 여주인공 세들리 양처럼 성격이 좋다고 할 수는 없다(그녀가 모든 사람 가운데서 가장 성격이 좋으니까 여주인공으로 선택된 것이지, 그러지 않았다면 그녀 대신 스와츠 양이나 크럼프 양, 홉킨스 양이라고 주인공이 되지 못할 이유가 어디에 있겠는가). 모두가 다 아밀리아 세들리 양처럼 겸손하고 다정해서 기회가 될 때마다 레베카의 고집과 심술을 누그러뜨리려 애쓰거나 레베카가 한 번이라도 동성친구들에게 갖는 적개심을 버릴 수 있게 갖가지 친절을 베풀어 주리라고 기대할 수는 없는 노릇이다.

　레베카 샤프의 아버지는 화가였다. 핑커턴 학교에서 미술 수업을 맡은 적도 있었다. 그는 재주가 뛰어나고 재미있는 친구였으며 낙천적인 예술가였다. 하지만 늘 빚을 지고 살며 술을 너무 좋아했는데 술만 취하면 늘 아내와 딸을 때렸다. 이튿날 아침에는 술이 덜 깨어 신음하면서 자기 천재성을 인정해주지 않는 세상에 욕을 퍼부어댔다. 동료 화가들을 바보같은 놈들이라 부르며 제법 그럴듯한 말로 헐뜯기도 했는데 때로는 그 말이 쏙 들어맞을 때도 있었다. 자기 몸 하나 건사하기도 힘겨운 터에 자신이 살고 있는 소호 지구에서 1마일 안으로 온 군데에 빚을 질 대로 지자 그는 오페라 배우인 프랑스 여자와 결혼하여 편하게 살아볼 작정이었다. 레베카는 어머니의 천한 직업에 대해서 한마디도 얘기하지 않고 늘 앙트르샤 집안은 가스코뉴 지방의 귀족 가문이라면서 자기가 그 가문의 혈통을 이어받았다는 것을 매우 자랑스러워했다. 그리고 신기하게도 레베카가 나이를 먹어감에 따라 그녀 조상들의 지위와 영화는 더욱더 높아지는 것이었다.

어머니는 어딘가에서 교육을 좀 받은 사람이었기에 레베카는 프랑스어를 파리식 억양으로 유창하게 할 수 있었다. 그 당시에는 그런 재능이 드물었기 때문에 무엇이든 '정통'을 좋아하는 핑커턴 여사 밑으로 가게 되었다. 이미 어머니는 세상을 떠났고 아버지는 세 번째 알코올 중독으로 섬망증(譫妄症)에 걸린 뒤 이제는 회복할 가망이 없음을 깨달았다. 그래서 남자답고 비장한 편지를 핑커턴 여사에게 보내서 혼자 남을 딸을 돌봐달라고 부탁한 것이다. 그리고 나서 아버지는 세상을 떠났는데 매장되기 전에 그의 유해 앞에서 집행관 둘이 말다툼을 하는 일까지 있었다. 레베카가 치즈윅에 온 것은 열일곱 살 때였다. 그녀는 1년간의 장학생 계약을 맺었다. 앞서 이야기했듯이 그녀가 하는 일은 프랑스어로 말하는 것이었다. 특전은 기숙사비 면제와 1년에 얼마씩 수당을 받는 것, 그리고 학교 선생들에게서 지식을 얻어듣는 것 정도였다.

레베카는 몸집이 작고 가냘팠다. 얼굴은 창백하고 엷은 갈색 머리칼에 눈은 늘 내리뜨고 있었다. 눈을 올려 뜰 때면 무척 커보였는데 묘한 매력이 있었다. 그 매력에 치즈윅의 목사 플라워듀 씨의 부목사이자 옥스퍼드를 갓 졸업한 크리스프 씨가 홀딱 반해버렸을 정도였다. 그는 치즈윅 교회에서 저 멀리 학생들 좌석에 앉아 독경대를 바라보고 있는 레베카의 눈길에 푹 빠지고 말았다. 사랑에 빠진 이 청년은 전부터 어머니의 소개를 받아 가끔 핑커턴 여사를 찾아가서 차를 마시곤 했다. 그리고 마침내 청혼하는 편지를 써서 애꾸눈 사과장수 부인에게 전해달라고 부탁했지만 도중에 핑커턴 여사에게 편지를 가로채이고 말았다. 사정을 전해들은 크리스프의 어머니는 벅스톤에서 얼른 달려와 소중한 아들을 데리고 가버렸다. 그러나 치즈윅의 비둘기 같은 여학생들 가운데 이런 독수리 같은 여자가 있다는 사실에 핑커턴 여사는 안절부절못했다. 레베카를 당장 내쫓고 싶었으나 위약금을 내고 싶지는 않았기에 그럴 수도 없었다. 또한 차를 마실 때 두어 번 만나 자신이 보는 앞에서 이야기를 나눴을 뿐 그 밖에는 크리스프 씨와 한 마디도 해본 적이 없다는 레베카의 말도 완전히 믿을 수가 없었다.

핑커턴 학교의 키 크고 건강한 아가씨들 사이에 있으면 레베카 샤프는 꼭 어린아이처럼 보였다. 하지만 가난에서 오는 애처로운 조숙함을 지니고 있었다. 그녀가 얼마나 많은 빚쟁이들을 상대하고 아버지의 집 현관에서 내쫓았는지 모른다. 또 얼마나 많은 장사치들을 속이고 비위를 맞춰서 끼니를 이어왔는지 모른다. 레베카는 언제나 딸이 머리가 좋다고 자랑하는 아버지 옆에 앉아 아버지의 못된 친구들에게서 어린 여자아이가 들어선 안 되는 이야기를 들으며 자랐다. 그러나 그녀는 자신이 소녀였던 적은 한 번도 없다며 스스로 8살 때부터 이미 여자가 되었다고 말하곤 했다. 아아, 핑커턴 여사는 어째서 이런 위험한 새를 그녀의 새장 속에 집어넣은 걸까?

이 나이 든 숙녀는 사실 레베카가 더할 나위 없이 얌전한 소녀라고 믿었다. 아버지를 따라 치즈윅으로 놀러오던 시절에 레베카는 참으로 순진한 소녀인 척했다. 레베카가 계약 장학생으로 학교에 들어오기 1년 전, 그러니까 레베카가 열여섯 살 때 핑커턴 여사는 엄숙하게 훈화를 조금 하고서 인형을 하나 선물하기도 했다. 실은 스윈들이라는 학생이 수업 중에 몰래 어루만지고 있는 것을 압수한 인형이었지만 말이다. 선생들도 모두 초대된 강연회가 끝나고 저녁 만찬까지 마친 뒤 집으로 돌아가면서 그들 부녀가 얼마나 웃었는지 모른다. 또 어리면서도 남들 흉내를 잘 내는 레베카가 선물받은 인형을 가지고 핑커턴 여사를 익살맞게 흉내 내는 것을 본인이 보았더라면 얼마나 화를 냈을까. 레베카는 인형과 여러 가지 대화를 짜보았다. 그것이 뉴먼 거리나 제라드 거리 등 미술가가 모여드는 마을에서 평판이 자자해졌다. 젊은 화가들은 게으르고 방탕하고 재치 있고 명랑한 선배 집으로 진을 마시러 몰려와서 레베카에게 "핑커턴 여사 계십니까?" 하고 묻는 것이었다. 그리하여 핑커턴 여사의 이름은 가엾게도 화가들 사이에서 로렌스(초상화의 대가) 화백이나 왕실미술협회장 웨스트 씨 이름만큼이나 유명해졌다. 또한 언젠가 레베카는 치즈윅에서 며칠 머문 뒤 제미마를 떠올리고 다른 인형 하나를 제미마로 만들어버렸다. 사람 좋은 제미마는 세 아이가 먹고도 남을 만큼 젤리와 과자를 가득 만들어서 레베카에게 대접해 주었을 뿐만 아니라 레베카가 떠날 적에 7실링짜리 은화까지 주었다. 그런데 남들 조롱하기 좋아하는 레베카는 감사하기는커녕 결국 제미마를 언니와 마찬가지로 웃음거리로 만들어버린 것이다.

　드디어 파국이 찾아와 레베카는 치즈윅 산책로의 여학교에서 살게 되었다. 이곳의 엄격한 형식에 그녀는 숨이 막힐 지경이었다. 수도원처럼 규칙적으로 행하는 기도, 식사, 수업, 산책 등은 그녀를 견딜 수 없게 짓눌렀다. 소호에 있는 아버지 화실에서 자유롭게 걸식하던 생활을 그리워하면서 너무도 상심을 한 탓에 모두가—어쩌면 그녀 자신조차도—돌아가신 아버지를 그리워하며 비탄에 잠긴 것이라 생각했다. 레베카는 작은 다락방 하나를 받았는데 식모들은 밤이면 그녀가 방 안을 서성이거나 흐느껴 우는 소리를 들었다. 그런데 그것은 슬퍼서가 아니라 화를 참지 못했기 때문이었다. 그녀는 여태까지 감정을 속이지 않는 편이었지만 그즈음은 외로움 때문에 어느새 그렇게 되었던 것이다. 레베카는 그제껏 여성 사회에 섞여본 적이 없었다. 비록 신세를 망치긴 했지만 그녀의 아버지는 재능이 있는 사람이었다. 그즈음 그녀가 듣고 지낸 여자들끼리의 수다보다 아버지가 해주는 이야기가 훨씬 더 듣기 좋았다. 늙은 교장의 지나친 허영, 그 동생의 바보 같은 붙임성, 상급생들의 어리석기 짝이 없는 수다와 험담, 여교사들의 딱딱하고 고지식한 면 등 어느 것이나 진저리가 났다. 게다가 이 불행한 아가씨에게는 부드러운 모성이 전혀 없었다. 만약 그런 게 있었다면 자신이 돌봐야 했던 어린 학생들이 재잘대는 소리를 들으며 위로와 즐거움을 얻었을 것이다. 그러나 레베카는 그들과 2년이라는 시간을 함께 지내면서 자신과의 이별을 슬퍼해줄 친구를 한 사람도 만들지 못했다. 그녀가 조금이나마 마음이 끌린 사람은 조신하고 다정한 아밀리아 세들리 한 명뿐이었다. 사실 아밀리아에게 마음이 끌리지 않을 이가 과연 있을까?

주위의 젊은 여자들이 좋은 환경에 살면서 누리는 행복과 혜택을 보고 레베카는 부러운 마음에 속이 새까맣게 타는 것 같았다. '아무리 백작의 손녀라도 그렇지 너무 거드름 피우는 것 아냐?' 그녀는 어떤 아가씨에 대해 그렇게 생각했다. '돈이 10만 파운드나 있다고 해서 저 서인도 여자애 앞에서 몸을 낮추고 굽실거리다니. 돈이 얼마나 많은지는 모르겠지만 내가 저 애보다 훨씬 머리도 좋고 얼굴도 예쁜걸. 얼마나 대단한 집안인지는 몰라도 태생을 따져보면 나도 백작 손녀에 지지 않아. 그런데 다들 내 쪽은 보려고도 하지 않고 말이야. 내가 집에서 지낼 때는 남자들이 나와 밤을 보내려고 화려한 무도회나 초대도 모두 다 거절하고 찾아왔었어!' 어쨌거나 그녀는 이 감옥 같은 곳에서 벗어나야겠다고 결심했다. 그리하여 스스로 장래 계획을 세워나갔다.

레베카는 학교에서 배울 수 있는 것을 모두 계획에 이용했다. 음악은 이미 잘하고 어학도 뛰어났기에 그 당시 숙녀에게 필요한 공부를 단숨에 끝냈다. 그녀는 음악을 끊임없이 연주했다. 학생들이 모두 나간 어느 날 레베카가 혼자 남아 어떤 곡을 치고 있을 때 마침 핑커턴 여사가 연주를 들었다. 여사는 하급생을 맡은 교사 한 사람을 줄여 비용을 아낄 수 있겠다는 생각에 레베카에게 앞으로 하급생의 음악 수업을 맡으라고 지시했다.

레베카는 거절했다. 이런 일은 처음이라 콧대가 꺾인 학교장은 어안이 벙벙했다. "저는 프랑스어를 가르치기 위해 온 거예요." 레베카는 서슴지 않고 말했다. "그 애들에게 음악을 가르쳐서 선생님의 비용을 절약해주러 온 게 아니에요. 돈을 주세요. 그러면 가르치겠습니다."

지혜의 여신이라 불리는 학교장도 뜻을 굽힐 수밖에 없었고 물론 그날부터 레베카를 싫어하게 되었다. "35년 동안 이 학교 안에서 감히 내 권위를 의심하는 사람을 보지 못했는데 내가 품속에 독사를 길러왔나보구나." 핑커턴 여사가 이렇게 말하는 것도 일리가 있었다.

"독사요? 엉터리 소리 마세요." 레베카는 놀라서 쓰러지기 직전인 핑커턴 여사에게 말했다. "선생님은 제가 쓸모 있으니까 맡아주신 거잖아요. 은혜를 입었다는 생각은 없습니다. 저는 이 학교가 지긋지긋해요. 떠나고 싶어요. 저는 여기서 제가 꼭 해야 할 일이 아니면 하지 않을 거예요."

핑커턴 여사가 그게 학교장에게 할 말이냐고 주의를 주어도 허사였다. 레베카는 여사 앞에서도 거리낌 없이 악마에 홀린 듯 섬뜩하게 웃었다. 학교장은 기절초풍할 지경이었다. "돈을 내놓으세요. 그런 뒤 저를 쫓아내세요. 이보다 더 좋은 방법이라고 생각하신다면 귀족 집안의 가정교사 같은 자리를 마련해 주시든지요. 그 정도는 하실 수 있잖아요." 레베카가 말했다. 그 뒤로도 입씨름이 벌어지면 레베카는 언제나 이 얘기를 꺼냈다. "일자리를 구해 주세요. 선생님과 저는 전혀 맞지 않아요. 저는 언제든지 나가겠습니다."

핑커턴 여사는 매부리코에다 터번을 쓰고 근위병처럼 키가 껑충했으며 지금까지 아무도 반항하는 사람이 없는 여왕처럼 군림해 왔다. 그러나 자기 밑에서 일하는 작은 계집 레베카만큼 의지가 굳지도 못하고 힘도 없어서 그녀와 싸우고 겁주려 해봐야 소용없었다. 한번은 여러 사람 앞에서 꾸짖었더니 레베카가 앞에서도 말했듯이 비장의 수단인 프랑스어로 대답하는 통에 오히려 학교장이 창피를 당하고 말았다. 학교 안에서 권위를 지켜가기 위해서는 이 반역자, 괴물, 독사, 선동가를 없앨 필요가 있었다. 그러던 차에 피트 크롤리 경 댁에서 여자 가정교사를 구하고 있다는 소문을 들었다. 여사는 레베카가 선동가이든 독사이든 아랑곳 않고 그 자리에 추천해버리기로 마음먹었다. '나를 대하는 태도를 빼면 샤프 양에게는 나무랄 데가 없어. 이 아이의 재능과 교양이 훌륭한 건 인정해야 해. 머리는 좋으니 적어도 우리 학교 교육방침을 부끄럽게 하지는 않겠지.' 이것이 그녀의 생각이었다.

그리하여 학교장은 이 추천에 대해 자신의 양심에 변명을 늘어놓으면서 계약을 깨고 레베카를 해고했다. 여기서는 간단히 서술했지만 이는 물론 몇 개월이나 계속된 싸움이었다. 그리고 마침 아밀리아가 열일곱 살이 되어 학교를 떠나게 되고 레베카와 절친한 사이라서("아밀리아의 행실 가운데 이것만은 마음에 들지 않아." 학교장은 이렇게 말했지만) 레베카는 가정교사로 남의 집에 들어가기 전에 아밀리아의 집에서 일주일 정도 지내다 가라는 초대를 받았다.

이렇게 두 아가씨가 사회로 첫발을 내딛었다. 아밀리아에게 그 세계는 모든 것이 새롭고 눈부시며 아름다운 세계였다. 레베카에게는 아주 새로운 세계가 아닐지도 모른다. (실제로 부목사 크리스프와 있었던 일을 이야기하자면 이렇다. 타르트를 파는 여인이 누군가에게 귀띔한 바에 따르면 크리스프 씨와 샤프 양 사이에는 세간에 알려진 것보다 여러 가지 일이 더 있었다고 한다. 이야기를 들은 이가 다른 사람들에게도 그 사실을 알렸는데 크리스프 씨가 쓴 그 편지가 실은 샤프 양의 편지에 대한 답장이었다는 것이다) 그러나 진실은 아무도 모른다. 아무튼 레베카가 사회에 갓 나온 것이 아니라 할지라도 처음부터 다시 시작하는 셈이었다.

마차가 켄싱턴 관문에 이르렀을 무렵 아밀리아가 헤어진 친구들을 잊어버린 것은 아니었지만 눈물은 이제 말라 있었다. 말을 타고 온 근위기병 장교가 마차 안을 들여다보며 "오, 정말 아름다운 아가씨로군!" 하고 말하는 것을 들었을 때는 얼굴을 붉혔는데 속으로 매우 기뻐하고 있었다. 그리고 마차가 러셀 스퀘어에 들어갈 때까지 여러 이야기가 끊임없이 오갔다. 정식 접견에 대한 것이나 그런 자리에 나갈 때 아가씨는 치맛자락에 고리를 두르고 머리에 파우더를 뿌릴 것인가 말 것인가, 아밀리아가 그런 영광을 얻을 수 있을 것인가 하는 내용이었다. (런던 시장의 무도회에 나가리라 알고는 있었지만) 마침내 집에 이르자 아밀리아 세들리는 샘보의 부축을 받고 가볍게 마차에서 뛰어내렸다. 이만큼 행복하고 아름다운 아가씨는 온 런던을 뒤져봐도 없을 것 같았다. 샘보와 마부도 그 점에서는 같은 의견이었다. 그녀의 아버지 어머니, 아가씨를 맞으러 현관에 나와 머리를 숙이고 무릎을 굽혀 인사하며 미소 짓던 하인들도 너 나 할 것 없이 그렇게 생각했다.

아밀리아가 레베카를 데리고 집 안의 온 방을 돌아다니며 자신의 서랍장 속에 들어 있는 물건이나 책, 피아노, 옷, 목걸이, 브로치, 레이스, 그 밖의 여러 가지 아름다운 물건들을 구경시켜줬음은 말할 것도 없다. 그녀는 레베카에게 백옥수(白玉髓)와 터키석 반지, 자기는 이제 작아서 못 입지만 레베카에게는 꼭 맞을 것 같은 작은 가지 무늬의 모슬린 옷을 주겠다고 고집을 부렸다. 또 하얀 캐시미어 숄도 어머니에게 물어보고 레베카에게 주리라고 마음먹었다. 아밀리아에게는 이제 필요가 없었다. 조지프 오빠가 인도에서 선물로 새것을 두 장이나 사다 주었던 것이다.

레베카는 조지프 세들리가 누이동생에게 선물로 준 두 장의 멋진 캐시미어 숄을 보자 말했다. "오빠가 있으면 얼마나 좋을까?" 맞는 말이었다. 징이 많은 아밀리아는 친구와 친척 하나 없이 천애 고아인 레베카가 가여워서 눈시울을 붉혔다.

"넌 혼자가 아니야." 아밀리아는 말했다. "레베카, 내가 언제까지라도 네 친구로서 자매처럼 사랑해줄게. 정말이야."

"아아, 그렇지만 너같이 부모님이 계셨으면 얼마나 좋을까? 친절하시고 부자이시고 다정하시고 원하는 것은 전부 사주시는 부모님 말이야! 부모님의 사랑은 무엇보다도 감사한 거야. 가엾은 우리 아버지는 나한테 아무것도 사주지 못하셨는걸. 나에겐 옷이 두 벌밖에 없었어. 그리고 또 오빠가, 좋은 오빠가 있으면 얼마나 좋았을까! 아아, 너도 분명 오빠를 아주 많이 좋아하겠지!"

아밀리아는 웃었다.

"어머, 오빠를 좋아하지 않니? 누구든지 좋아한다는 네가?"

"물론 좋아해. 하지만⋯⋯."

"하지만 뭐야?"

"조지프 오빠는 내가 오빠를 좋아하든 말든 그다지 상관하지 않는 것 같아서. 10년이나 외국에 나가 있다 돌아왔을 때 나하고 악수를 하면서 손가락 두 개밖에 안 내밀던걸. 그야 친절하고 좋은 사람이지만 나하고는 거의 말을 하지 않아. 어쩐지 담배 파이프가 나 같은 것보다 훨씬⋯⋯." 아밀리아는 더 말하려다 말고 오빠를 나쁘게 말해서 어쩌겠느냐는 생각이 들어 그쯤에서 멈췄다가 다시 덧붙였다. "어렸을 때는 나한테 아주 잘해줬어. 오빠가 인도로 떠났을 때 나는 다섯 살이었지."

"너희 오빠는 굉장한 부자겠지?" 레베카가 말했다. "인도에서 돌아온 사람들은 모두 부자라고들 하던데."

"분명 수입은 꽤 많을 거야."

"오빠의 부인은 아름답고 좋은 분이고?"

"어머, 조지프 오빠는 아직 결혼 안 했어." 그렇게 말하며 아밀리아는 다시 방긋 웃었다.

아밀리아는 전에 이미 이야기했던 것 같은데 레베카는 기억 못하는 모양이었다. 게다가 아밀리아에게 조카들이 많이 있는 줄 알았다고 힘주어 말했다. 그리고 레베카는 조지프 세들리가 아직 미혼이라는 말을 듣고 아주 실망한 듯한 표정을 지었다. 그녀는 분명 아밀리아의 오빠가 결혼했다고 들은 것 같아 귀여운 아이들을 데리고 놀 것을 잔뜩 기대했다고 말했다.

"난 네가 치즈윅에서 아이들에게 완전히 질려버린 줄 알았는데." 아밀리아는 그렇게 말하면서 레베카가 갑자기 다정한 말을 꺼내는 게 왠지 이상하다고 생각했다. 레베카도 좀 더 시간이 흐른 뒤였더라면 이렇게 바로 들통 날 말은 하지 않았을 것이다. 그러나 뭐니뭐니해도 그녀는 이제 겨우 열아홉 살이었고 거짓말을 하는 데 그리 익숙하지 못했다. 스스로 경험을 쌓는 중인 것이다. 아까 늘어놓은 여러 가지 질문은 이 약삭빠른 아가씨의 속내대로 고쳐보면 이렇게 된다. "만약 조지프 세들리 씨가 부자이고 아직 결혼을 하지 않았다면 내가 그 사람의 아내가 되어도 나쁠 것 없잖아. 2주일밖에 시간이 없지만 할 수 있는 만큼 노력해서 손해 볼 건 없겠지." 레베카는 마음속으로 이 가상한 시도를 해보기로 결심했다. 그녀는 전보다 더 아밀리아의 환심을 사기 위해 노력했다. 백옥수 목걸이를 목에 걸면서 목걸이에 입을 맞추고는 무슨 일이 있어도 빼지 않겠다고 맹세했다. 식사 종이 울렸을 때 레베카는 처녀들이 늘 그러는 것처럼 아밀리아의 허리에 팔을 두르고 계단을 내려갔다. 그녀는 객실 입구에 이르자 가슴이 너무 두근거려서 선뜻 안에 들어갈 용기가 나지 않을 정도였다. "내 가슴에 손을 좀 대봐. 엄청 두근거리지? 응?" 레베카가 아밀리아에게 말했다.

"아니, 그렇지도 않은걸?" 아밀리아가 말했다. "떨지 말고 어서 들어와. 우리 아버지는 너한테 아무 짓도 안 하실 테니까."

제3장
적 앞에 선 레베카

두 소녀가 들어섰을 때 한 사나이가 난롯가에서 신문을 읽고 있었다. 부풀어오른 것처럼 뚱뚱한 그는 사슴가죽 바지에 술 달린 부츠를 신고 거의 코까지 올라오는 옷깃 장식을 몇 개나 달고 있었으며 빨간 줄무늬 조끼에 5실링짜리 은화만큼 큼직한 쇠단추가 달린 연두색 상의(그 당시 세련되고 멋진 남자들이 낮에 입던 옷이다)를 입고 있었다. 그는 소녀들을 보자마자 팔걸이의자에서 벌떡 일어나더니 새빨개진 얼굴 전체를 옷깃 장식 속에 파묻다시피 했다.

"나예요, 조지프 오빠." 아밀리아는 웃으면서 오빠가 내민 손가락 두 개를 잡았다. "이제 계속 집에 있을 거예요. 이쪽은 내 친구 레베카 샤프예요. 오빠한테 이야기한 적 있지요?"

"아니, 못 들었어. 정말." 조지프는 머리를 옷깃 장식 속에 파묻은 채 부들부들 떨면서 말했다. "아아, 그래. 들어본 것도 같군. 날씨가 참 춥군요, 아가씨." 그렇게 말하면서 6월 중순인데도 그는 열심히 불을 뒤적거렸다.

"오빠가 참 멋지시네." 레베카는 다른 사람 귀에도 들릴 만한 소리로 아밀리아에게 말했다.

"그렇게 생각해?" 아밀리아가 말했다. "오빠한테 말해줄게."

"어머! 그러지 마." 레베카는 그렇게 말하며 겁 많은 새끼 사슴처럼 뒤로 폴짝 물러났다. 그녀는 아까 조지프에게 숙녀답게 공손히 절한 뒤 융단 위만 들여다보고 있었는데 대체 언제 그를 본 것인지 신기할 따름이다.

"예쁜 솔을 줘서 고마워요, 오빠." 아밀리아가 불을 쑤시고 있는 오빠에게 말했다. "정말 아름답지, 레베카?"

"정말 근사했어!" 이렇게 말하는 레베카의 시선이 융단에서 바로 천장의 샹들리에로 옮겨갔다.

조지프는 여전히 부지깽이와 부젓가락으로 절그럭절그럭 소리를 내고 있었다. 그 사이사이 불을 혹혹 불어대며 노란 얼굴을 빨갛게 달구고 있었다. 누이동생이 이어서 말했다. "오빠, 난 그렇게 좋은 선물은 줄 수 없지만 학원에 있을 때 오빠한테 주려고 바지 멜빵에 예쁘게 수를 놓아 왔어요."

"정말 고맙구나! 아밀리아." 오빠는 몹시 다급하게 외쳤다. "도대체 뭐하고 있는 거지?" 그러고는 힘껏 종 줄을 향해 뛰어들었다가 줄이 손에서 미끄러지는 바람에 이 사람 좋은 오라버니는 더욱 허둥거렸다. "부탁인데 내 버기(^{말 한 마리가}_{끄는 경마차})가 현관에 도착했는지 봐주렴. 꾸물거릴 시간이 없어. 외출해야 되거든. 내 마부는 정말 어쩔 도리가 없는 녀석이라니까. 어서 나가봐야 되는데."

그때 마침 아밀리아의 아버지가 정통 영국 상인답게 인장을 달칵거리면서 객실로 들어왔다. "무슨 일이니? 에미." 그가 물었다.

"조지프 오빠가 그, 버기가 현관에 오지 않았나 봐달라는데요. 아버지, 버기가 뭔가요?"

"말 한 마리가 끄는 가마란다." 장난기 있는 노신사가 말했다.

이 말을 듣고 조지프가 느닷없이 요란한 웃음을 터트리더니 레베카와 눈이 마주치자 마치 총이라도 맞은 것처럼 뚝 그치고 말았다.

"이 아가씨가 네 친구냐? 샤프 양, 만나서 반갑소. 조지프가 돌아가겠다니, 벌써 당신이나 에미하고 싸우기라도 한 건가?"

"동료인 보나미와 함께 식사를 하기로 약속했었거든요, 아버지." 조지프가 말했다.

"오, 저런! 어머니한테는 집에서 식사를 하고 가겠다고 말했었잖니?"

"하지만 이 옷을 입고는 좀."

"샤프 양, 저 애를 좀 봐주시오. 어디 가서 만찬에 참석해도 훌륭할 것 같지 않소?"

물론 레베카는 아밀리아를 바라보며 함께 웃음을 터트렸다. 그것 또한 노신사에게는 매우 즐거운 일이었다.

"핑커턴 학교에서는 이런 사슴가죽 바지 같은 건 구경도 못하겠지?" 노신사는 재미있어하면서 말을 이었다.

"농담은 그만두세요! 아버지." 조지프가 소리를 질렀다.

"저런, 내가 저 애 기분을 상하게 했군. 여보, 내가 당신 아들의 기분을 상하게 했어. 사슴가죽 바지 이야기를 하는 바람에. 내가 그런 소리를 안 했으면 어땠을지 샤프 양에게 물어볼까? 자, 조지프. 샤프 양과 친구가 돼서 다 함께 식사하러 가자."

"조지프, 마침 네가 좋아하는 필라프도 있고 아버지가 빌링스게이트 시장에서 제일 좋은 가자미를 사오셨단다."

"자, 그럼 너는 샤프 양과 함께 아래층으로 내려가렴. 나는 이 두 아가씨들과 같이 뒤따라가지." 아버지는 이렇게 말하면서 아내와 딸의 팔을 잡고 유쾌하게 걸어나갔다.

만약 레베카가 이 뚱뚱한 멋쟁이를 손에 넣겠다고 남몰래 결심했다 하더라도 숙녀 여러분들이여, 우리는 그녀를 나무랄 권리가 없다고 생각한다. 세간의 처녀들은 보통 숙녀답게 얌전을 빼느라 신랑을 찾는 일을 어머니에게 맡겨두고 있는데 샤프 양은 자신을 위해 이 어려운 문제를 해결해줄 부모님이 안 계셨다. 만약 그녀가 스스로 남편감을 찾아내지 못한다면 이 넓은 세상에서 그녀를 대신해 번거로운 일을 맡아줄 사람이 아무도 없다는 사실을 잊어서는 안 된다. 젊은 아가씨들을 바쁘게 사교계로 내보내는 것은 다름 아닌 결혼이라는 고상한 야심이다. 아가씨들이 무엇 때문에 해수욕장에 줄줄이 나타나는 것일까? 무엇을 위해서 살아 숨쉬는 동안 새벽 다섯 시가 다 될 무렵까지 계속 춤을 추는 것일까? 아가씨들은 어째서 피아노 소나타를 연습하고 유명한 강사에게 레슨 한 번에 1기니씩 지불하며 노래를 배울까? 어째서 팔과 팔꿈치가 예쁜 사람이라면 하프를 켜고, 궁술애호가처럼 깃털이 달린 올리브색 모자를 쓰는가? 요컨대 그녀들은 피아노와 노래라는 활과 화살을 가지고 마음에 든 청년을 쏘아 쓰러뜨리는 것이 목적인 셈이다. 무엇 때문에 훌륭한 부모들이 카펫을 걷어내고 집 안을 뒤집다시피 하며 연수입의 5분의 1을 무도회 요리와 시원한 샴페인에 쓰겠는가? 단지 인간을 사랑하고 젊은이들이 즐겁게 춤추는 것을 보고 싶은 순수한 마음에서일까? 당치도 않다! 그들은 딸을 결혼시키려고 하는 것이다. 사람 좋은 세들리 부인도 다정한 마음속 깊은 곳에 아밀리아를 결혼시킬 여러 가지 계획을 이미 세워놓았듯이 돌봐주는 사람이 하나도 없는 우리의 사랑스러운 레베카도 마찬가지로 남편을 구하기로 결심했다. 일가친척이 없는 그녀는 아밀리아보다 더 남편이 필요했기 때문이다. 레베카는 상상력이 풍부했다. 게다가 《아라비안 나이트》를 읽고 《가거리의 지리학》을 익혔다. 그래서 만찬을 위해 옷을 갈아 입으며 아밀리아에게 오빠가 부자인지 물어보고는 혼자 속으로 아주 으리으리한 성을 상상했다. 남편은 어딘가 뒤쪽에 서 있고(그녀가 아직 그를 보지 못했으므로 어떤 모습인지 알 수 없기 때문이다) 자신은 그곳의 여주인이었다. 그녀는 수많은 숄과 터번, 다이아몬드 목걸이로 몸치장을 하고 코끼리에 올라타서 '푸른 수염'의 행진곡에 맞추어 정식으로 무갈 대제를 방문하기 위해 나아가는 것이다. 이 얼마나 아름답고도 덧없는 꿈인가! 그러나 이렇게 상상의 나래를 펼치는 일도 젊은이들만이 누릴 수 있는 행복한 특권이다. 레베카 샤프 말고도 얼마나 많은 아가씨들이 이런 달콤한 백일몽에 빠져 있는지 모를 것이다.

조지프 세들리는 누이동생 아밀리아보다 열두 살이나 위였다. 그는 동인도회사의 문관으로 그 당시 〈동인도 기록지〉의 벵골 부(部)에 보글리 월라의 세금 징수관으로 이름이 실려 있다. 이는 누구나 잘 알다시피 지방 장관을 겸하는 것처럼 명예롭고 수입이 많은 자리였다. 그 뒤 조지프가 더 출세하여 어떤 지위로 승진했는가 알고 싶은 독자는 앞서 말한 정기 간행물을 보면 된다.

보글리 월라는 경치가 좋고 호젓하며 습지로 이루어진 밀림지대에 있다. 도요새 사냥으로도 유명한 데다 호랑이가 자주 출몰하는 곳이었다. 지사가 있는 람건지와는 불과 40마일 떨어져 있었고 거기서 30마일만 더 가면 기병 주둔지가 있다. 조지프는 징수관이 되었을 때 고국의 부모에게 이렇게 편지를 써서 보냈다. 그는 이처럼 멋진 땅에서 8년 동안 살았는데, 그가 거둬들인 세금을 캘커타로 운반하기 위해 한 해에 두 번씩 병사 한 부대가 찾아올 때 말고는 백인의 얼굴을 거의 보지 못했다.

이때 조지프가 간질환에 걸린 것은 오히려 행운이었다. 병을 치료하기 위해 유럽으로 돌아오게 되었고 그 덕에 고국에서 큰 위안과 즐거움을 얻을 수 있었기 때문이다. 조지프는 런던에서도 가족들과 함께 살지 않고 젊고 유쾌한 독신답게 다른 곳에서 하숙생활을 했다. 인도로 가기 전에는 나이가 너무 어려서 런던의 환락 속에 끼어들 수가 없었지만 돌아온 뒤로 아주 열심히 그 세계에 뛰어들었다. 그는 말을 타고 공원으로 나가거나 일류 음식점에 가서 식사를 하고('오리엔탈 클럽'이 아직 생기지 않았을 때이므로) 그 당시 유행에 따라 자주 연극을 보러 다니거나 몸에 꼭 끼는 옷에 삼각모를 쓰고 오페라극장에 드나들곤 했다.

인도로 돌아가고 나서도 그는 언제나 그 무렵의 즐거운 생활에 대해 열정적으로 이야기하고 자기와 유명한 브러벌이 그 당시 최고의 멋쟁이였다고 말하곤 했다. 그러나 조지프는 런던에서도 보글리 월라의 밀림지대에서 지낼 때와 마찬가지로 고독했다. 그는 런던 시내에서 아는 사람이 거의 없었다. 단골 의사와 벗이나 다름없는 파란 알약과 간질환마저 없었더라면 그는 외로움으로 죽어버렸을 것이다. 조지프는 게으르고 성미가 까다로우며 미식가였다. 그리고 여자만 나타나면 우스꽝스러울 만큼 깜짝깜짝 놀라서 러셀 스퀘어에 있는 아버지 집에도 좀처럼 들르질 않았다. 거기에 가면 저마다 떠들썩하고, 호탕한 아버지의 농담이 그의 자존심을 건드리기 때문이다. 조지프는 자신의 커다란 몸집이 아주 고민이었다. 가끔은 뚱뚱한 몸매에서 벗어나려고 죽을 힘을 다해 노력하기도 했지만 게으름과 사치를 즐기는 버릇이 그의 노력을 단숨에 물거품으로 만들곤 했다. 그러고 나면 다시 하루에 세 끼씩 먹게 되는 것이었다. 그는 그리 좋은 옷을 걸치지는 않았지만 거구를 장식하는 데 최대한 노력을 아끼지 않았으며 그 때문에 매일 몇 시간씩이나 공을 들였다. 빨래를 담당하는 시종은 그의 옷장에서 한 재산을 거머쥐었다. 그의 화장대에는 지금까지 어떤 나이든 미인이 사용한 것보다도 훨씬 많은 포마드와 향수가 놓여 있었다. 또 허리 모양을 내기 위해 그 당시 나온 여러 가지 복대와 코르셋, 허리띠 등을 하나도 빼놓지 않고 써보았다. 뚱뚱한 사람들이 거의 그러하듯 그는 언제나 양복을 몸에 꽉 끼게 맞추고 화려한 색으로 젊은이들 스타일에 어울리게 했다. 오후가 되어 옷을 겨우 다 차려입고 나면 그는 혼자서 마차를 타고 공원으로 나간다. 그리고 다시 옷을 갈아입으러 돌아왔다가 혼자서 피아짜 커피하우스로 저녁을 먹으러 나간다. 그는 마치 여자처럼 허영이 많았다. 수줍음을 심하게 타는 성격도 그의 예사롭지 않은 허영심에서 비롯된 것인지도 모른다. 레베카가 만약 사회생활에 처음으로 발을 들여놓자마자 그를 차지한다면 그녀는 보통내기가 아닐 것이다.

레베카가 처음에 쓴 수는 상당한 수완을 보여주는 것이다. 조지프 세들리를 가리켜 아주 멋지다고 했을 때 그녀는 그 말을 아밀리아가 어머니에게 전할 것이며 어머니가 다시 그 말을 조지프에게 전하지 않을까 생각했다. 아무튼 아들이 칭찬을 받으면 기뻐하리라는 것까지 꿰뚫어보고 있었던 것이다. 어떤 어머니라도 아들이 칭찬을 받으면 기분이 좋은 법이다. 만약 시코락스에게 아들 캘러번이 아폴로만큼 미남이라고 했다면 그녀가 마녀라고 해도 역시 기뻐했을 것이다. 게다가 레베카가 칭찬하는 소리를 조지프 세들리가 들었을지도 모르는 일이다. 레베카가 다 들릴 정도로 크게 말했으니까. 그리고 실제로도 그는 듣고 있었다. 그래서 그는 (속으로 자기가 꽤 미남이라고 생각하고 있던 터라) 그 찬사가 큰 몸집 구석구석까지 짜릿하게 퍼져나가서 기쁨으로 얼얼할 지경이었다.

하지만 그는 곧 다시 생각을 고쳐먹었다. '이 여자가 나를 놀리고 있나?' 하는 생각이 들었던 것이다. 그래서 조지프는 곧장 종이 있는 쪽으로 뛰어가서 앞서 말한 것처럼 그 자리를 빠져나가려고 했다. 그런데 아버지가 와서 농담을 하고 어머니도 부탁을 하는 통에 그대로 아버지의 집에 남게 된 것이었다. 그는 어리둥절하고 초조한 심정으로 레베카를 식당까지 안내했다. '이 여자는 정말로 내가 미남이라고 생각하나? 아니면 그냥 나를 놀리려는 건가?' 그는 이렇게 생각했다. 우리는 조지프 세들리가 여자처럼 허영심이 많다고 했다. 그런데 웬걸! 여자들 쪽에서 그 말을 그대로 뒤집어서 한 여성을 "저 여잔 남자처럼 허영심이 강해"라고 말해도 역시 의미가 훌륭하게 통하는 것이다. 남의 칭찬을 받는 데 급급하고 옷차림에 신경 쓰고 용모를 자랑으로 삼으며 남의 이목을 끄는 힘을 의식하는 일은 수염이 난 남성들도 이 세상 어느 요부(妖婦) 못지않다.

아무튼 그들은 아래층으로 내려갔다. 조지프는 몹시 수줍어서 얼굴을 붉혔고 레베카는 아주 조신하게 녹색 눈을 내리뜨고 있었다. 그녀는 흰 드레스를 입고 눈처럼 새하얀 어깨를 드러내고 있었다. 마치 청춘과 감싸줄 이 하나 없는 순진무구함과 겸손한 처녀의 소박함을 나타내주는 표본 같았다. 레베카는 생각했다. '되도록 얌전히 굴면서 인도에 대해서는 뭐든지 흥미가 있는 것처럼 보여야 돼.'

세들리 부인이 아들이 좋아하는 맛있는 카레 요리를 만들어 놓았다고 앞서 말했는데 마침내 식사를 하던 중 레베카는 그것을 좀 맛보지 않겠냐는 권유를 받았다. "그게 뭔데요?" 그녀는 그렇게 물으며 조지프에게 도움을 요청하는 듯한 표정을 지었다.

"아주 맛있어요." 그는 이렇게 말했다. 그는 입 안에 카레라이스를 잔뜩 넣고 게걸스럽게 먹어대느라 얼굴이 빨개져 있었다. "어머니, 내가 인도에서 먹던 것과 맛이 같은데요?"

"어머, 인도 음식이라면 저도 맛을 좀 보고 싶어요." 레베카가 말했다. "전 거기서 온 것은 모두 아주 좋은 것들이라 생각하거든요."

"샤프 양에게 카레를 좀 줘요, 여보." 세들리 씨가 웃으면서 말했다.

레베카는 여태껏 카레 요리를 입에 대본 적이 없었다.

"인도에서 온 다른 것들처럼 마음에 듭니까?" 세들리 씨가 물었다.

"아, 참 좋아요!" 말은 그렇게 했지만 레베카는 고추 때문에 몹시 힘들어하고 있었다.

"칠리(관목성고추)하고 같이 들어봐요, 샤프 양." 조지프가 무척 재미있어하면서 말했다.

"칠리라고요?" 레베카는 하아아 숨을 내쉬며 말했다. "예, 그러지요!" 그녀는 칠리가 무슨 시원한 것이라도 되는 줄 알고 조금 받아들었다. "참 싱싱하고 파랗군요." 그녀는 이렇게 말하고 하나를 입에 넣었다. 그러나 그것은 카레보다도 더 매웠다. 이 정도면 몸속에 피가 흐르는 인간이 먹을 만한 것이 아니었다. 그녀는 포크를 놓았다. "물을, 물을 좀 주세요!" 그녀는 소리를 질렀다. 세들리 씨는 큰 소리로 웃음을 터뜨렸다(그는 온갖 짓궂은 장난을 좋아하는 사람들이 모여 있는 주식시장에서 자라난 상스러운 사람이었다). "이거야말로 진짜 인도에서 온 거요." 그가 말했다. "샘보, 샤프 양에게 물을 가져다 드려라."

조지프도 아버지를 따라 웃었다. 그는 이 장난이 아주 재미있다고 생각했다. 여자들은 빙그레 웃기만 할 뿐 레베카가 지나치게 당한 것 같아 가엾다고 생각했다. 레베카는 세들리 노인의 목을 졸라버리고 싶은 심정이었지만 끔찍한 카레를 삼켰던 것과 마찬가지로 치밀어 오르는 화를 꾹 참아 넘겼다. 그러고는 말을 할 수 있게 되자마자 익살스럽고 쾌활한 표정으로 말했다. "《아라비안 나이트》에 나오는 페르시아 여왕이 크림 타르트 속에 넣는 후추로 생각했으면 좋았을걸 그랬어요. 인도에서는 크림 타르트 속에 정말 후추를 넣을까요?"

세들리 씨는 웃으며 레베카가 재미있는 아가씨라고 생각했다. 조지프는 이렇게만 말했다. "크림 타르트요? 벵골에서 먹는 크림은 아주 질이 나쁩니다. 보통 산양 젖을 쓰지요. 정말이지 나도 어쩔 수 없이 그걸 먹는답니다."

"이젠 인도에서 온 건 뭐든지 좋아한다고 말할 수 없겠군요, 샤프 양." 세들리 씨가 말했다. 그러나 식사가 끝나고 여자들이 나가자 이 약삭빠른 노인이 아들에게 말했다. "조심해라, 조. 저 처녀는 네 관심을 끌려는 거다."

"하! 말도 안 돼요!" 조지프는 그래도 아주 기분 좋은 듯이 말했다. "그러고 보니, 아버지. 포병대 커틀러의 딸로 덤덤에 살던 아가씨가 있었는데요. 나중에는 군의관 랜스와 결혼했지만 1804년에 저한테, 아니 저와 멀리거토니에게 열심히 작업을 걸어 왔었어요. 멀리거토니에 대해서는 식사 전에 이야기했었지요? 정말 유쾌한 친구랍니다. 벗지벗지에서 지사를 맡고 있는데 5년만 지나면 분명 평의회에 들어갈 거예요. 그건 그렇고 아버지, 포병대에서 무도회가 열렸었는데 왕제 14연대의 퀸틴이 저한테 와서 '세들리, 나는 우기가 올 때까지 소피 커틀러가 너와 멀리거토니 둘 중 하나를 손에 넣는다는 쪽에 10대 13으로 걸었어.' 하고 말하더라고요. '좋았어!' 하고 저도 응했습니다. 아니, 그런데 아버지. 이 클라레(프랑스 보르도산 적포도주) 맛이 정말 괜찮은데요? 애덤슨인가요, 카보넬인가요?"

그런데 대답은 없고 가느다랗게 코를 고는 소리만 들려왔다. 이 사람 좋은 주식중개인이 잠드는 바람에 그날 조지프의 이야기 나머지 부분은 그대로 남겨지고 말았다. 그는 남자들끼리 있을 때는 언제나 수다를 많이 떨곤 했다. 주치의인 갤럽 선생이 그의 간질환과 파란 알약에 대해 물어보러 찾아왔을 때는 그를 붙잡아놓고 유쾌한 이야기를 수십 번이나 늘어놓았다.

아직 병중이라 조지프 세들리는 식사 중에 마신 마데이라(포르투갈령 마데이라 군도산의 포도주) 외에 클라레 한 병으로 만족했다. 그리고 크림을 얹은 딸기 두 접시와 근처에 외면받고 있던 접시에서 조그만 연회용 과자를 스물네 개나 배 속에 쓸어넣었다. 그러고는 틀림없이(소설가들은 무엇이든 알고 있다는 특권이 있으니까) 윗층에 있는 레베카에 대해 여러 가지 생각을 했다. '귀엽고 유쾌하면서 명랑한 처녀야.' 그는 속으로 생각했다. '식사 시간에 내가 손수건을 주워줬더니 내 얼굴을 쳐다봤지! 손수건을 두 번이나 떨어뜨렸어. 객실에서 노래

를 부르고 있는 거지? 그래! 한번 올라가
볼까?'

그러나 소심함이 걷잡을 수 없이 밀려왔
다. 아버지는 잠이 들어 있고 모자는 현관에
걸려 있었다. 전세 마차가 바로 근처의 사우
샘프턴 거리에 서 있었다. "〈40인의 도적〉
이라도 보러 가서 디캠프 양이 춤추는 모습
이나 구경할까." 조지프는 그렇게 말하며 장
화 앞꿈치로 살금살금 걸어서 아버지의 잠을 깨우지 않고 빠져나갔다.

"저기 조지프 오빠가 나가는데요." 레베카가 피아노를 치며 노래를 부르는
동안 객실 창을 열고 밖을 내다보던 아밀리아가 말했다.

"샤프 양 때문에 겁이 나서 도망치는 거야." 세들리 부인이 말했다. "가엾
은 조, 어째서 저렇게 부끄러움이 많을까?"

제4장
녹색 비단 지갑

　가엾은 조의 두려움은 2, 3일 동안이나 계속되었다. 그동안 그는 아버지의 집에 들르지 않았고 레베카도 그의 이름을 입 밖에 내지 않았다. 그녀의 마음속에는 이제 세들리 부인에 대한 감사함으로 가득했으며 자선시장을 둘러보고 더없이 기뻐했다. 친절한 부인이 극장에 데려가 주었을 때는 눈이 핑핑 돌 지경이었다. 어느 날 아밀리아는 두통이 심해져서 두 사람이 초대받은 어느 모임에 갈 수 없게 되었다. 그녀는 레베카에게 혼자서 다녀오라고 말해 보았지만 레베카는 절대로 그럴 수는 없다고 했다. "말도 안 돼! 이 가엾은 고아가 태어나서 처음으로 행복과 사랑이 어떤 것인지 느끼게 해준 사람이 너인데 그런 너를 두고 가라고? 어떻게 그럴 수 있겠니!" 그렇게 말하며 그녀는 녹색 눈동자로 하늘을 올려다보며 눈물을 글썽거렸다. 세들리 부인은 아밀리아에게 레베카가 아주 다정하고 고운 마음씨를 가졌다고 칭찬했다.

　세들리 씨가 농담을 할 때면 레베카는 정중하고 참을성 있게 웃어 넘겼다. 그것이 이 사람 좋은 노인의 마음을 적잖이 즐겁고 부드럽게 만들어 주었다. 이런 식으로 레베카가 호감을 산 것은 이 집안의 주인들만이 아니었다. 가정부 블렌킨숍 부인의 방에서 마침 딸기잼을 만들어 저장하는 작업이 한창일 때 레베카가 "힘드시겠네요" 하고 다정하게 인사하자 상대도 호의를 품게 되었다. 레베카는 또 검둥이 하인을 꼭 '선생'이라든가 '샘보 씨'라고 불러 환심을 샀다. 종을 울려 시녀를 부른 때도 수고를 끼쳐 미안하다고 아주 상냥하고 정중하게 양해를 구했기 때문에 객실에서처럼 하인들 방에서도 평이 좋았다.

어느 날 아밀리아가 학교에서 보내 준 그림 몇 장을 보고 있었는데 레베카는 그중 한 장을 보더니 갑자기 울음을 터뜨리며 방을 뛰쳐 나갔다. 마침 조지프 세들리가 두 번째로 집을 방문한 날이었다.

아밀리아는 레베카가 무슨 일로 우는 걸까 생각하며 서둘러 뒤를 따라가 보았다. 그런데 마음씨 착한 아밀리아는 자신도 울먹울먹하면서 혼자 돌아왔다. "저 애 아버지가 치즈윅에서 우리 미술 선생님을 하고 있었잖아요, 어머니. 항상 우리 그림을 멋지게 손봐 주시곤 했어요."

"어머! 핑커턴 선생님 말씀으로는 분명 붓을 대거나 하지는 않으셨다고……전시해놓듯 해두었을 뿐이라고 하셨는데."

"그게 손봐 주시는 거죠, 어머니. 레베카는 그 그림을 기억하고 있었대요. 그리고 아버지가 그 그림에 붓을 댔던 것도 말이에요. 어째서인지 갑자기 그 생각이 떠오른 모양이에요. 그래서 아시다시피 레베카는……."

"가엾구나. 어쩜 저리 착한 처녀일까." 세들리 부인이 말했다.

"저, 레베카가 일주일 정도 더 머물러줬으면 좋겠어요." 아밀리아가 말했다.

"그녀는 내가 덤덤에서 자주 만나던 커틀러 양하고 정말 많이 닮았어. 살결이 더 하얄 뿐이지. 커틀러 양은 이미 포병대에 근무하는 군의관 랜스와 결혼했지만 말이야. 이야기한 적이 있나요, 어머니? 제14연대의 퀸틴이 저와 내기를 했던 것에 대해……."

"아, 조지프 오빠. 그 이야기는 이미 들었어요." 아밀리아가 그렇게 말하며 웃었다. "이제 그 이야기는 그만하고 어머니께 크롤리 경인가 하는 분 앞으로 레베카가 좀 더 휴가를 얻을 수 있도록 편지를 보내달라고 부탁해요. 어머, 레베카가 돌아왔어요. 울어서 눈이 빨개졌네."

"이제 괜찮아요." 레베카는 더없이 귀여운 미소를 지으며 이렇게 말하고 친절한 세들리 부인이 내민 손을 잡고서 공손히 입을 맞췄다. "여러분 모두 제게 어쩜 이리 다정히 대해 주시는지 모르겠어요." 그녀는 웃으면서 이렇게 덧붙였다. "조지프 씨만 빼고요."

"저만요!" 조지프는 이렇게 말하면서 얼른 도망칠 생각을 하고 있었다. "맙소사! 이런! 샤프 양!"

"그럼요. 처음 만난 날 만찬에서 그렇게 매운 고추 음식을 권하시다니 너무 심하지 않으세요? 당신은 아밀리아처럼 제게 다정하지 않으세요.”

“오빠가 너를 아직 잘 몰라서 그래.” 아밀리아가 외쳤다.

“당신한테 친절하지 않은 사람이 있으면 내가 가만있지 않을 거예요, 레베카.” 세들리 부인도 말했다.

“카레는 정말 맛있었어요, 정말로.” 조는 아주 진지하게 말했다. “시트론 과즙이 좀 부족했던 것 같지만. 그래, 분명히 부족했지.”

“그리고 칠리도 덜 들어갔잖아요?”

“저런! 당신도 칠리를 먹고 나서는 비명을 지를 수밖에 없었죠.” 조는 이렇게 말한 뒤 그때 일이 갑자기 우스워져서 큰 소리로 웃음을 터트렸다. 하지만 이내 웃음을 뚝 그쳤다.

“다음에 당신이 음식을 추천해 주실 때는 조심해야겠어요.” 레베카는 그와 나란히 식당으로 내려가면서 말했다. “전 남자들이 가엾고 죄 없는 여자들을 괴롭히기 좋아하는 줄은 꿈에도 몰랐으니까요.”

“말도 안 돼요. 레베카, 저는 당신을 괴롭힐 생각은 전혀 없었습니다.”

“그야 물론 그렇겠죠. 잘 알고 있어요.” 그녀는 그렇게 말하며 자그마한 손으로 살며시 그의 손을 붙잡았다가 화들짝 놀라서 손을 움츠리고는 잠시 그의 낯빛을 살핀 뒤 계단에 깔린 카펫 위로 시선을 떨어트렸다. 이 소박한 아가씨가 먼저 이런 식으로 저도 모르게 조심스럽고 다정하게 호의를 표하는데 조의 가슴이 쿵쾅대지 않을 수 있을까.

이것은 분명 레베카가 그에게 다가간 셈이었다. 아마 터무니없이 고지식하고 품행이 단정한 숙녀들은 고작 이 정도 일을 무례한 행동이라고 비난할지도 모른다. 그러나 알다시피 가엾은 레베카는 이런 일을 모두 자기 혼자서 해내야만 한다. 아무리 고상한 사람이라 해도 돈이 없어 하녀를 두지 못하는 형편이면 자기 손으로 방을 청소해야 하는 것이다. 마찬가지로 아무리 귀여운 아가씨라 해도 남편감을 구해줄 어머니가 없다면 스스로 찾아 나설 수밖에 없다. 아가씨들이 자신들의 위력을 무턱대고 발휘하지 않는 것이 남자들에게는 얼마나 다행인지 모른다. 그녀들이 힘을 발휘한다면 우리는 도저히 당해낼 수가 없을 것이다. 만약 아가씨들이 살짝이라도 힘을 드러낸다면 남자들은 꼼짝도 못할 것이다. 나이를 먹었든 추녀이든 매한가지다. 나는 이것이 절대적 진리라고 생각한다. 알맞은 기회를 잡은 여인은 심한 꼽추만 아니면 좋아하는 남자와 결혼할 수 있다. 다만 다행스럽게도 여자들은 들짐승과도 같아서 자기들이 어떤 힘을 갖고 있는지 모른다. 만약 그걸 알게 되는 날이면 우리를 완전히 정복하고 말 것이다.

'이런! 덤덤에서 커틀러 양에게서 느꼈던 것과 같은 기분이 들기 시작하는데.' 식당으로 들어가면서 조는 그렇게 생각했다. 레베카는 만찬에 여러 가지 음식들이 나오자 때때로 조지프의 관심을 끌기 위해 애교 반 장난 반으로 상의를 해오곤 했다. 이즈음 그녀는 이미 세들리 일가 사람들과 어지간히 허물없는 사이가 되었고 특히 아밀리아와는 그야말로 자매처럼 서로를 아꼈다. 미혼인 젊은 아가씨끼리 열흘만 한집에서 지내면 보통 그렇게 되는 법이다.

마치 레베카의 계획을 모든 방법으로 도와주려는 듯이 아밀리아는 오빠에게 지난번 부활절 때 한 약속을 꺼냈다. "내가 아직 학생이었을 때였는데." 이렇게 말하며 그녀는 웃었다. 그 약속이란 조지프가 복스홀 유원지 구경을 시켜주겠다던 것이었다. "레베카도 집에 와 있으니 마침 좋은 기회잖아요?" 아밀리아는 말했다.

"어머, 근사하다!" 레베카는 손뼉을 치려다가 문득 정신을 차리고 조신한 아가씨답게 손을 내렸다.

"오늘 밤은 안 돼." 조지프가 말했다.

"그럼 내일."

"내일 아버지와 나는 외식을 할 거란다." 세들리 부인이 말했다.

"내가 애들을 데리고 갈 거라 생각하는 건 아니겠지, 여보?" 세들리 씨가 말했다. "그리고 당신 같은 나이와 몸집으로 그렇게 습한 곳에 가면 감기 들어요."

"여자애들한테는 누가 따라가줘야 해요." 세들리 부인이 외쳤다.

"조더러 가라 하지." 아버지는 웃으며 말했다. "이만큼이나 컸으니 그 정도는 할 수 있겠지." 이 말을 듣자 찬장 쪽에 있던 검둥이까지도 웃음을 터뜨렸다. 가엾은 뚱뚱보 조는 부모를 죽이고 싶다는 생각마저 들었다.

"그 애의 코르셋을 끌러줘요!" 노신사가 인정사정없이 말을 이었다. "샤프 양, 그 애 얼굴에 물을 좀 끼얹어요. 아니면 2층으로 안고 올라가요. 가엾게도 기절할 지경인 모양이니까. 도무지 맥을 못 추는구나! 안고 올라가세요. 깃털처럼 가벼울 테니."

"아버지, 아무리 저라도 이건 정말 못 참겠어요!" 조지프가 신음하듯이 소리쳤다.

"조스 씨의 코끼리를 주문해, 샘보!" 아버지는 소리를 질렀다. "엑서터 체인지에 사람을 보내!" 그러나 조스가 분을 못 이기고 울먹이는 것을 보자 이 늙은 익살꾼은 웃음을 그치고 아들에게 손을 내밀며 말했다. "이 정도쯤 은 주식거래소에서 모두 당연한 것처럼 하고 다닌단다, 조스. 샘보, 코끼리 는 그만두고 나와 조에게 샴페인 한 잔씩 주게. 나폴레옹도 그런 샴페인을 술 창고에 두진 못했을 거다, 조스."

샴페인을 한 잔 가득 비우고 나자 조지프는 평정심을 되찾았다. 그리고 한 병을 다 비우기 전에(그는 병자이므로 3분의 2밖에 마시지 않았지만) 아가 씨들을 복스홀 유원지에 데려가주겠다고 승낙하고 말았다.

"여자애들은 신사가 한 사람씩 붙어 있어야만 해." 아버지는 그렇게 말했 다. "조스는 여기 샤프 양한테만 정신이 팔려서 에미를 사람들 틈에 내버려 둘 게 뻔하니까 96번지로 사람을 보내서 조지 오즈번이 와줄 수 있는지 물 어보거라."

왜인지는 나도 모르겠지만 그 말을 듣고 세들리 부인이 남편의 얼굴을 보 며 웃음 지었다. 세들리 씨는 눈에 짓궂은 빛을 띠면서 아밀리아를 바라보고 있었다. 아밀리아는 고개를 푹 숙인 채 열일곱 아가씨가 아니면 불가능할 정 도로 얼굴을 새빨갛게 물들였다. 레베카는 아마도 8살 때 찬장에서 잼을 훔 치다가 대모에게 들킨 뒤로 지금의 아밀리아만큼 얼굴을 붉혀본 적이 없으 리라. "아밀리아가 편지를 한 통 쓰는 편이 좋겠다." 아버지가 말했다. "핑 커턴 학교를 다니면서 얼마나 글을 잘 쓰게 됐는지 조지 오즈번에게 보여줘 야지. 언젠가 네가 주현절 전야제(Twelfth-night)에 초대하려고 그에게 편지 를 썼던 적이 있지? 에미. 그때는 주현절 철자에서 'f'를 빠트렸잖니."

"벌써 몇 년이나 지난 일이잖아요." 아밀리아가 말했다.

"꼭 어제 있었던 일 같은데 말이에요. 그렇지 않아요, 여보?" 세들리 부 인이 남편에게 말했다. 그날 밤 2층 앞쪽 침실에서 세들리 부인이 가엾은 조 를 괴롭힌 남편을 꾸짖었다. 방에는 화려하고 독특한 인도식 무늬 사라사에 부드러운 장밋빛 캘리코를 안감으로 붙여서 늘어뜨린 천막 같은 것이 있었다. 그 속에 깃털 침대가 하나 있고 침대 위에 베개 두 개가 있었으며 베개 위에는 둥그렇고 빨간 얼굴 둘이 놓여 있었다. 하나는 레이스를 댄 나이트캡을 쓰고 다른 하나는 꼭지에 술이 달린 수수한 무명으로 된 캡을 쓰고 있었다. 두 사람의 대화는 말하자면 침실에서의 잔소리였다.

"가엾게도 그렇게까지 그 아이를 괴롭히다니요. 당신 정말 너무했어요." 세들리 부인이 말했다.

"여보." 무명 캡에 술을 단 쪽이 자신의 행동에 대해 변호했다. "조스는 당신 젊었을 때보다도 훨씬 허영심이 강해요. 예사 수준이 아니란 말이오. 30여 년 전, 그러니까 1780년쯤 되려나? 그때의 당신은 허영을 부릴 권리가 있었지. 그건 나도 부정하지 않아. 하지만 조스가 멋진 척 거드름 피우는 꼴은 도저히 못 봐주겠소. 그러다가 조지프는 결국 점점 더 역겨운 녀석이 되어버리고 말 거요. 그 아이는 줄곧 자기가 얼마나 멋진 남자인지에 대해서만 생각하고 있소. 앞으로 그 애 때문에 무언가 고생할 일이 아직도 더 남아 있을 것 같은 느낌이 든다오. 안 그래도 에미의 친구가 그 녀석한테 열심히 작업을 걸고 있잖소. 이젠 뻔히 보이더군. 그 아가씨가 그 녀석을 손에 넣지 못한다 해도 다른 아이 차지가 되겠지. 매일 주식거래소에 다녀야 하는 게 내 운명이라면 여자의 사냥감이 되는 건 그 녀석의 운명이오. 여보, 그 녀석이 인도에서 검둥이 신붓감을 데리고 오지 않은 게 그나마 다행 아니겠소? 하지만 미리 말해두는데 분명히 첫 번째로 노리고 온 여자가 저 녀석을 손에 넣게 될걸."

"그 아가씨더러 내일 당장 나가라고 해야겠어요." 세들리 부인이 힘주어 말했다.

"그 아가씨나 다른 아가씨나 마찬가지 아니겠소, 여보? 그 아가씨는 적어도 검둥이는 아니잖소. 누가 그놈하고 결혼하든 나는 상관없어. 조가 좋을 대로 하게 놔둘 거요."

얼마 뒤 두 사람의 이야기 소리가 잠잠해지더니 잔잔하면서도 아무 낭만도 없는 코 고는 소리로 바뀌었다. 주식중개인 존 세들리 씨의 러셀 스퀘어 저택은, 시간을 알리는 종소리가 울려퍼지고 야경이 그것을 알릴 때 말고는 사방이 고요하였다.

아침이 밝자 사람 좋은 세들리 부인은 레베카를 쫓아버리겠다는 생각을 접었다. 어머니의 질투만큼 격렬하고 평범하며 정당한 것은 없다. 하지만 그녀는 조그맣고 겸손하고 무엇에나 감사할 줄 알며 얌전한 가정교사가 보글리 월라의 징수관이라는 대단한 관리인 조지프를 감히 사모하리라고는 생각조차 하고 싶지 않았다. 게다가 레베카의 휴가를 연장해 달라는 편지도 이미 보내고 난 뒤라 갑자기 나가달라고 할 구실을 찾기도 어려웠다.

조신한 레베카를 위해 미리 짜놓기라도 한 듯 날씨까지(처음에는 그녀도 날씨까지 자기 편을 들어줄 것이라고는 생각하지 못했지만) 그녀를 도왔다. 복스홀에 가기로 했던 날 저녁에 조지 오즈번이 만찬에 참석했고 세들리의 부모님은 하이버리 반의 부시장인 볼스 씨 댁 만찬에 초대를 받고 떠났다. 그런데 복스홀에라도 가려고 마음먹은 저녁이 아니라면 내리지 않을 것만 같은 폭풍우가 몰아쳐서 젊은이들은 할 수 없이 집에 남게 된 것이다. 오즈번은 이렇게 된 상황을 전혀 애석해하지 않는 눈치였다. 그와 조지프 세들리는 식당에서 마주 앉아 적당히 포트와인을 마셨다. 그러는 동안 조지프는 인도에서 있었던 재미난 이야기를 잔뜩 늘어놓았다. 그의 입은 남자 앞에서는 술술 잘 풀렸다. 그 뒤 아밀리아 세들리가 객실에서 안주인 노릇을 하여 그들 네 젊은이는 다 같이 아주 즐거운 저녁을 보낼 수 있었다. 모두 소나기가 내려서 복스홀에 가는 게 연기된 것이 오히려 잘된 일이라고 말할 정도였다.

오즈번은 세들리 씨의 대자(代子)로 23년 동안 내내 이 집안의 한 가족처럼 지내왔다. 태어난 지 6주일이 되던 날에는 존 세들리 씨로부터 은잔을 선물받았다. 6개월 되었을 때는 금피리와 방울이 달린 산호 장난감을 받았다. 어릴 적부터 크리스마스 용돈도 꾸준히 받아왔다. 또한 학창시절로 거슬러 올라가 보면 그는 조지프 세들리에게 맞았던 것까지 똑똑히 기억하고 있었다. 그때 조지프는 덩치가 크고 으스대기 좋아하는 건방진 소년이었고 조지는 버릇없는 장난꾸러기 열 살 꼬마였다. 조지는 이렇게 늘 친절을 받고 교제를 거듭하면서 이 집안과 아주 친해진 것이다.

"세들리, 내가 부츠에 달려 있던 술을 잘라버렸을 때 자네가 얼마나 화를 냈는지 기억하나? 그리고 여동생, 흠! 아밀리아가 자네 앞에 무릎을 꿇고 앉아서 어린 조지를 때리지 말라고 앙앙 울어서 나를 자네 손에서 구해줬었지."

조스는 이 작은 사건을 또렷이 기억하고 있으면서도 전혀 생각이 안 난다고 잘라 말했다.

"그럼 자네가 인도에 가기 전에 스위시테일 선생의 학교로 이륜마차를 타고 면회하러 와서, 용돈으로 반 기니를 주고 내 머리를 쓰다듬던 일은 생각나나? 나는 늘 자네가 적어도 7척은 될 거라고 생각했는데 인도에서 돌아오고 보니 키가 나와 비슷해서 정말이지 깜짝 놀랐어."

"학교까지 찾아가서 용돈을 주시다니 세들리 씨는 참 친절한 분이네요!" 레베카가 매우 기쁜 듯이 소리쳤다.

"예. 그것도 내가 그의 부츠 술을 잘라버린 뒤였거든요. 아이들은 학교 다닐 때 받은 용돈이나 그것을 준 사람들을 언제까지나 기억한답니다."

"저는 술 달린 부츠를 좋아해요." 레베카가 말했다. 조스 세들리는 이 말을 듣고 다리를 의자 밑에 끌어넣기는 했지만 자신의 다리를 자랑스럽게 여기고 늘 이 장식 달린 부츠를 신는 터라 실은 매우 기뻤다.

"샤프 양!" 조지 오즈번이 말했다. "당신은 그림을 아주 잘 그리시니 부디 그 부츠 사건의 한 장면을 위대한 역사화로 그려주셨으면 좋겠군요. 세들리는 사슴가죽 바지 차림으로 한 손에는 술이 잘려나간 부츠를 들고 있고 다른 한 손으로는 제 셔츠의 주름장식을 붙잡고 있는 겁니다. 아밀리아는 그 옆에 무릎 꿇고 앉아서 작은 두 손을 들어 올리고 있는 거죠. 그리고《메둘라》나 철자교본 첫머리처럼 웅장하고도 풍자적인 제목을 붙여놔야겠습니다."

"여기선 그걸 그리고 있을 여유가 없어요" 레베카는 말했다. "여기를…… 여기를 떠나고 난 뒤에 그리지요." 그녀는 목소리를 낮추고 너무도 슬프고 애처로운 표정을 지었다. 모두 그녀의 가엾은 처지를 동정하고, 그녀와 헤어지는 것이 얼마나 안타까운지 모르겠다고 생각했다.

"아, 레베카. 네가 좀 더 오래 머물러줬으면 좋겠는데." 아밀리아가 말했다.

"어째서?" 레베카는 한층 더 슬퍼진 듯이 물었다. "너와 헤어지기 싫어져서 내가 더 슬퍼하기를 바라는 거니?" 그렇게 말하면서 그녀는 고개를 돌려버렸다. 앞서 이야기한 적이 있지만 아밀리아는 그녀의 결점 가운데 하나인 눈물이 헤픈 성격에 무너지고 말았다. 조지 오즈번은 호기심이 가득한 눈길로 두 처녀를 바라보았다. 조지프 세들리는 즐겨 신는 술 달린 부츠에 눈을 내리깔면서 넓은 가슴으로 크게 한숨을 몰아쉬었다.

"노래를 좀 들려주시죠, 세들리 양. 아니, 아밀리아." 조지가 말했다. 그는 순간 아밀리아를 끌어안고 다른 사람들 앞에서 입을 맞추고 싶다는 억누르기 힘든 충동을 느꼈다. 아밀리아도 그를 살며시 바라보았다. 그러나 두 사람이 그 순간에 사랑에 빠진 것이냐 하면 아마 그렇지는 않을 것이다. 사실 이 두 사람은 서로의 부모들이 결혼을 시키려는 목적으로 키웠기 때문이다. 최근 10년 동안에는 양쪽 집안에서 내내 그들의 결혼계획을 은근히 내비치기도 했다. 어느 집이나 그렇듯 이 저택에도 객실 안쪽에 피아노가 놓여 있었는데 두 사람은 그쪽으로 걸어갔다. 어두침침했기 때문에 아밀리아는 그야말로 자연스럽게 오즈번의 손을 잡았다. 물론 그는 의자나 오토만 ^(좌석이 낮고 옆)_(으로 긴 의자) 사이를 어떻게 빠져나가면 좋을지 그녀보다도 훨씬 잘 알고 있었다. 이렇게 해서 두 사람이 안쪽으로 사라지자 조지프 세들리와 레베카 두 사람만이 객실 탁자 앞에 남게 되었다. 레베카는 그곳에서 열심히 녹색 비단 지갑을 뜨고 있었다.

"묻지 않아도 이 집안의 비밀을 알 것 같네요." 레베카가 말했다. "저 두 사람이 스스로 고백한 거나 마찬가지예요."

"저 친구가 중대장이 되면 정식으로 결정될 겁니다. 조지 오즈번은 참 좋은 사람이죠." 조지프가 말했다.

"그리고 당신의 여동생은 세상에서 가장 사랑스럽지요." 레베카가 입을 열었다. "저런 여자를 얻는 남자는 정말 행복할 거예요!" 그렇게 말하며 레베카는 한숨을 크게 내쉬었다.

아직 미혼인 두 사람이 마주 앉아 이런 미묘한 문제에 대해 이야기를 나누다 보면 금방 서로 마음을 터놓고 친밀한 사이가 되는 법이다. 이때 조지프와 레베카 사이에서 오간 대화를 여기서 꼭 다 밝힐 필요는 없으리라 본다. 지금까지 있었던 일들만 봐도 알 수 있겠지만 그다지 재치 있는 내용도 아니거니와 달변도 아니었기 때문이다. 애초에 대화라는 것은 두 사람끼리 주고받을 때 그리 재미있는 것이 못 된다. 거창하고 기발한 소설을 빼면 어디를 가도 그리 재미있는 것이 아니기 때문이다. 옆방에서 음악을 연주하고 있었기 때문에 두 사람은 나직하고 적당한 목소리로 이야기를 계속했다. 그러나 사실 그렇게 걱정할 필요는 없었다. 옆방의 두 남녀는 자신들의 일에 열중하고 있었기에 이쪽에서 아무리 큰 소리로 이야기를 했더라도 귀에 들어오지 않았을 테니 말이다.

조지프가 이런 식으로 부끄러움이나 주저하는 기색 하나 없이 여성과 이야기를 나눈 것은 태어나서 처음이나 마찬가지였다. 레베카는 그에게 인도에 대해서 질문을 퍼부어댔다. 그것을 좋은 기회로 삼아 그는 인도에 대한 이야기나 그 당시 자신에게 일어난 재미있는 일화들을 줄줄이 늘어놓았다. 관청에서 열린 무도회 이야기, 펑카(천장에 달아 늘어트려서 쓰는 인도식 부채), 태티(물에 적셔서 창에 거는 천으로 된 발), 그 밖에도 무더위를 식히기 위한 여러 장치와 방법 등을 설명해주었다. 또 총독인 민토 경이 거느리고 있는 스코틀랜드 출신 보좌관의 숫자에 대해서도 신나게 이야기했다. 그런 뒤에 호랑이 사냥이나, 그때 그가 타던 코끼리를 부리는 자가 무섭게 날뛰는 호랑이한테 물려 끌려갔던 이야기를 해주었다. 레베카는 관청의 무도회에 대해 들으면서 매우 즐거워했고 스코틀랜드인 보좌관 이야기에서는 웃음을 터트리며 그를 심술궂은 풍자객이라고 말했다. 코끼리 이야기를 듣고서는 겁을 잔뜩 먹으며 말했다. "세들리 씨, 당신 어머님이나 친구들을 생각해서라도 다시는 그런 무서운 모험을 하지 않겠다고 약속하세요."

"하하, 샤프 양." 조지프는 셔츠 옷깃을 마구 잡아당기면서 말했다. "위험하니까 사냥이 더 재미있는 겁니다." 그런데 그는 사실 인도에 머무는 동안 호랑이 사냥을 단 한 번밖에 나간 적이 없었다. 게다가 앞서 말한 사건이 일어나는 바람에 자신은 호랑이에게 습격을 받지 않고 보기만 했는데도 겁에 질려 죽을 뻔했던 것이다. 그런 식으로 이야기를 주고받는 동안 조지프는 꽤 대담해져서 레베카에게 녹색 비단 지갑은 누구에게 주려고 뜨는 것인지 물어볼 정도의 용기가 생겼다. 그는 자신의 자연스럽고 친근한 태도에 크게 놀라며 기뻐했다.

"누구든 이 지갑을 원하시는 분에게요." 레베카는 이렇게 대답하고 나서 더할 나위 없이 상냥하고 애교스러운 눈빛으로 그를 바라보았다. 조지프는 되도록 가장 유창한 말솜씨를 보여줄 셈으로 입을 열었다. "오, 샤프 양. 어떻게……" 그러나 말하는 중간에 옆방에서 들오던 노랫소리가 그쳐서 자기 목소리가 너무도 똑똑하게 들려왔다. 그는 그대로 입을 다물고 낯을 붉힌 채 쩔쩔매면서 코를 흥 풀었다.

"당신 오빠가 웅변하는 것을 들어본 적 있소?" 오즈번이 아밀리아에게 속삭였다. "이거 아무래도 당신 친구가 기적을 일으켰군그래."

"더 많이 일으켜줬으면 좋겠어요." 아밀리아가 말했다. 그녀는 세심한 여자라면 대부분 그렇듯이 짝지어주기를 좋아하는지라 조지프가 인도로 돌아갈 때는 아내와 함께였으면 좋겠다고 생각했다. 요 며칠 줄곧 레베카와 함께 지내면서 그녀와 우애가 점점 더 깊어지기도 했고 치즈윅에서 함께 공부하던 시절에는 깨닫지 못했던 수많은 미덕과 정감 가는 면을 발견했던 것이다. 하기야 젊은 아가씨들의 우정은 '잭과 콩나무'에 나오는 콩 줄기처럼 하룻밤 만에 하늘에 닿을 만큼 순식간에 크는 법이다. 그러나 '사랑에 대한 동경'도 결혼을 하고 나면 사그라져버리는데 이는 그녀들의 잘못이 아니다. 그것은 거창한 소리를 하기 좋아하는 감상주의자들이 말하는 이른바 '이상에 대한 갈망'이다. 쉽게 말해 여자들은 보통 애정을 쏟을 남편과 아이들을 얻을 때까지 만족하지 못한다는 뜻이다. 그리고 그녀들은 그때가 올 때까지 마치 잔돈이라도 쓰듯 애정을 사람들에게 골고루 나누어 쏟는다.

부를 줄 아는 노래가 많지 않아서인지, 아니면 너무 오랫동안 안쪽에만 있었다고 생각한 탓인지 아밀리아는 이제 레베카에게 노래를 청해도 좋을 무렵이라는 생각이 들었다. 그녀는 스스로도 거짓말이라 생각하면서도 오즈번에게 말했다. "레베카의 노래를 먼저 들으셨다면 제 노래 같은 건 들을 생각도 안 하셨을 거예요."

"그래도 나는 샤프 양에게 아밀리아 세들리 양이야말로 세계 최고의 가수라고 말할 겁니다. 그 사실이 옳든 그르든 난 그렇게 여기고 있어요." 오즈번이 말했다.

"자, 레베카의 노래를 들어봐요." 아밀리아가 말했다. 그러자 조지프 세들리는 배려 깊게 피아노 쪽으로 촛불을 옮겼다. 오즈번은 어둑한 쪽에 앉고 싶다고 넌지시 말했지만 아밀리아가 웃으며 이제는 그에 어울려줄 수 없다고 거절해서 두 사람 모두 조지프의 뒤를 따랐다. 레베카는 아밀리아보다 노래를 훨씬 더 잘 불렀다(물론 오즈번은 그에 상관없이 자기 주장을 굽히지 않았지만 말이다). 더군다나 최선을 다해 불렀다. 아밀리아조차 레베카가 이렇게까지 멋지게 노래하는 것을 들어본 적이 없어 깜짝 놀랐을 정도였다. 레베카는 프랑스 노래를 한 곡조 불렀다. 조지프는 전혀 모르는 노래였고 조지도 알아듣지 못했다고 고백했다. 그 다음엔 40년 전에 유행하던 소박한 민요를 몇 곡 불렀다. 〈영국의 뱃사공〉, 〈우리 임금님〉, 〈가엾은 수잔〉, 〈푸른 눈의 메리〉 등이 주제였다. 음악적 관점에서 봤을 때 이 민요들이 썩 훌륭한 것은 아닌 모양이지만 사람의 마음을 끄는 부드럽고 수수한 맛이 있었다. 우리들이 요즘 들어 많이 듣는 불멸의 도니체티 음악처럼 맥 빠진 눈물이나 탄식, 기쁨을 강조한 것이 아니라 보통사람들이 이해하기 쉬운 것이었다.

노래 사이사이에는 주제와 걸맞은 차분한 대화를 주고빋았다. 차를 가져온 뒤 물러난 샘보, 노래에 푹 빠진 요리사, 심지어 가정부인 블렌킨솝 부인도 일부러 계단 위까지 올라와서 노래를 감상하고 있었다.

소곡들 가운데 마지막으로 부른 노래는 다음과 같은 뜻이었다.

> 아, 광야는 황폐하여 초목이 시들고
> 아, 거센 폭풍우가 살을 에는구나
> 오두막집 지붕은 단단한 죽데기
> 화롯불은 붉게 붉게 타오르고 있었네
> 창밖을 지나치던 한 고아는
> 따스히 타오르는 불꽃을 보고
> 한밤의 폭풍우가 갑절 사무치고
> 쏟아지는 눈발도 갑절 차더라네.
>
> 죄어드는 가슴과 무거운 다리
> 떠나가는 고아를 사람들이 보고는
> 부드러운 말로 불러 세워
> 웃음 짓는 얼굴로 맞아들였네
> 밤이 걷히고 객은 떠났는데
> 집안의 화롯불은 여전히 타고 있나니
> 신이여 가엾게 여기소서, 외로운 방랑자들을!
> 들어라, 언덕 위로 몰아치는 바람의 소리를!

앞서 레베카가 '내가 여기를 떠나면' 하고 말한 뒤로 숙연한 분위기가 반복되었다. 노래 마지막 가사에 이르자 레베카의 깊이 있는 목소리가 떨렸다. 이윽고 떠나가야 하는 심정, 불행한 고아라는 자신의 처지를 그녀가 노래에 빗대어 불렀음을 모두가 느낄 수 있었다. 음악을 좋아하고 인정이 많은 조지프 세들리는 노래를 듣는 동안 황홀경에 빠져 있다가 마지막 소절에 이르러서는 깊이 감동을 받았다. 만약 그에게 용기가 있었더라면, 조지의 제안대로 조지와 아밀리아가 안쪽 방에서 나오지 않았더라면 조지프 세들리의 독신생활은 여기서 끝이 나고 이 소설을 쓸 필요도 없어졌을 것이다. 그런데 노래를 마친 레베카는 피아노에서 일어나서 아밀리아와 손잡고 객실 바깥쪽 어스름한 곳으로 걸어갔다. 더군다나 바로 이때 샘보가 샌드위치와 젤리, 번쩍거리는 술잔과 술병을 담은 쟁반을 들고 나타나서 조지프 세들리는 금방 그쪽으로 정신이 쏠리고 말았다. 세들리 집안의 부모님이 만찬회에서 돌아와 보니 젊은이들은 마차가 도착한 줄도 모르고 이야기에 열중하고 있었다. 마침 조지프가 "샤프 양, 젤리를 한 스푼 드시면서 당신이 어마어마하게, 당신이, 당신이 멋지게 노력하고 난 피로를 푸시기 바랍니다." 하고 말하는 참이었다.

"잘한다, 조스!" 세들리 노인이 말했다. 그를 놀리는 익숙한 목소리를 듣자 조스는 깜짝 놀라 입을 다물고 얼른 도망쳐버렸다. 그는 자기가 레베카에게 사랑을 느끼고 있는지 아닌지 고민하면서 밤새 잠 못 이룰 사람이 아니었다. 사랑의 열정이 그의 식욕과 수면을 방해하는 일은 결코 없었다. 그러나 그는 인도의 관청에서 퇴근하고 난 뒤 그런 노래를 들을 수 있다면 얼마나 멋질까, 그녀는 참으로 멋진 여인이야, 총독 부인보다 더 프랑스어를 잘하는지도 몰라, 캘커타의 무도회에서 이 여자가 얼마나 큰 돌풍을 일으킬 것인가, 이러한 것들을 혼자 생각해보는 것이었다.

또한 '이 불쌍한 아가씨가 나한테 반한 게 분명해. 인도 벽지까지 시집오는 많은 아가씨들과 마찬가지로 가난하고 말이야. 이거야 원, 너무 깊이 관여하다가는 큰일 나겠는걸!' 하고도 생각했다. 그는 이 생각 저 생각을 하다가 잠이 들어버렸다.

레베카는 두말할 필요도 없이 조지프가 내일 와줄까 하는 생각으로 잠을 못 이루고 있었다. 이튿날이 되자 조지프 세들리는 아니나 다를까 점심 시간 전에 나타났다. 그가 그렇게 일찍 러셀 스퀘어에 나타난 것은 처음이었다.

조지 오즈번도 어느새 도착해 있었는데(가엾게도 치즈윅 학교에 있는 열두 친구들에게 편지를 쓰고 있던 아밀리아에게는 달갑지 않은 일이었다) 레베카는 어제에 이어서 뜨개질에 여념이 없었다. 마차가 도착하고 조지프가 여느 때처럼 집 안이 떠나갈 듯 노크를 한 뒤 부산을 떨며 들어왔다. 이 보글리 월라의 전 징수관께서 큰 덩치를 이끌고 객실로 가는 계단을 올라왔을 때 오즈번과 아밀리아는 의미심장한 눈빛을 주고받더니 능글맞게 웃으면서 레베카를 바라보았다. 레베카는 뜨개질감 위에 곱슬거리는 금발을 늘어뜨린 채로 얼굴이 새빨개져 있었다. 조지프는 새 조끼를 입고 반질거리는 부츠로 끼익끼익 소리를 내며 숨을 헐떡이면서 계단을 올라왔다. 그가 더위와 쑥스러움으로 붉게 달아오른 얼굴을 워디드 옷깃 장식 뒤에 숨기듯이 나타났을 때 레베카의 가슴은 얼마나 두근거렸는지 모른다. 모두가 긴장한 순간이었다. 특히 아밀리아는 당사자들보다 더욱 조마조마했으리라.

문을 활짝 열고 조지프 님이 오셨다고 알린 샘보는 히죽히죽 웃으며 징수관을 뒤따라 들어왔다. 그는 아름다운 꽃다발을 두 개 들고 있었다. 조지프가 그답지 않게 여성에 대한 관심을 갖고 그날 아침 코번트 가든 시장에 가서 사온 것이었다. 요즘 여성들이 아름다운 종이로 원뿔 모양으로 감싸서 들고 다니는 건초더미만 한 꽃다발은 아니었지만 조지프가 한 사람씩 깍듯하게 인사를 건네며 선물하자 두 아가씨는 굉장히 기뻐했다.

"잘한다, 조스!" 오즈번이 소리를 질렀다.

"고마워요, 오빠." 아밀리아는 오빠만 좋다면 당장이라도 키스를 해줄 기세였다(아밀리아처럼 귀여운 아가씨와 입을 맞출 수만 있다면 나는 지금 당장 리 씨네 온실에 가서 꽃을 죄다 사 올 테다).

"정말 아름다운 꽃이로군요!" 레베카는 그렇게 외치며 조심스럽게 향기를 맡더니 꽃다발을 품에 안고 감탄한 듯 황홀해하며 천장을 올려다보았다. 그녀는 꽃다발에 연애편지라도 들어 있지 않나 하고 속을 들여다본 모양이지만 편지는 들어 있지 않았다.

"보글리 월라에도 꽃말이 있나, 세들리?" 오즈번이 웃으며 물었다.

"쓸데없는 소리!" 조지프가 대답했다. "네이선 상점에서 샀는데 마음에 드신다니 다행이군요. 그리고 저, 아밀리아. 파인애플도 하나 샀는데 샘보에게 건네줬어. 점심에 먹자꾸나. 이렇게 더운 날에 먹으면 아주 시원하고 맛

이 좋아." 레베카는 파인애플을 먹어본 적이 없어서 꼭 한 번 먹어보고 싶었다고 했다.

대화가 계속 오고 갔다. 그런데 오즈번이 무슨 핑계를 대고 방을 나가버렸고 또 무슨 일로 아밀리아마저 바로 없어진 것인지 나도 잘 모르겠다. 아밀리아는 아마도 파인애플 써는 것을 보러 갔는지도 모른다. 아무튼 조스는 레베카와 둘이서만 남게 되었다.

그녀는 다시 뜨개질을 시작했다. 녹색 비단실과 반짝이는 뜨개질바늘이 그녀의 가늘고 흰 손가락 밑에서 바쁘게 움직이고 있었다.

"어젯밤 당신이 부른 노래는 정말로 아름다웠습니다, 샤프 양." 징수관이 말했다. "나는 눈물을 쏟을 뻔했소. 정말입니다."

"당신이 다정한 마음씨를 가지고 계시기 때문이에요, 조지프 씨. 세들리 가족은 모두 그런 것 같아요."

"그 노래를 생각하느라 뜬눈으로 밤을 새웠소. 오늘 아침에는 침대 속에서 연습해보려고 했을 정도입니다. 정말로요. 11시에 주치의인 갤럽 선생이 찾아왔는데(아시다시피 나는 가엾은 환자라서 매일 갤럽 선생이 보러 온답니다) 그런데 이런! 환자인 내가 글쎄 울새처럼 노래를 불렀지 뭡니까."

"어머, 정말 재미있는 분이네요! 저한테도 노래를 좀 들려주세요."

"저 말입니까? 안 돼요, 샤프 양. 당신이 불러주세요. 샤프 양, 부탁이니 노래를 불러줘요."

"지금은 안 되겠어요, 세들리 씨." 레베카는 한숨을 쉬면서 말했다. "그럴 기운이 없어요. 게다가 이 지갑을 다 떠야 해요. 좀 도와주시겠어요, 세들리 씨?" 그는 어떻게 도우면 좋을지 물을 여유조차 없었다. 동인도회사의 관리씩이나 되는 조지프 세들리 씨가 젊은 아가씨와 단둘이 마주앉아서 감정을 억누른 채 그녀의 얼굴을 바라보고 있었던 것이다. 그는 기도하는 자세로 아가씨에게 두 손을 내밀고 있었고 그녀는 그 손에 감긴 녹색 비단실을 술술 풀어내었다.

이 흥미진진한 두 남녀가 이렇듯 낭만적인 자세를 취하고 있는데 오즈번

유혹에 걸려드는 조지프

과 아밀리아가 점심식사 준비가 다 됐다고 알리러 왔다. 비단실 한 타래가 두꺼운 종이에 다 감긴 참이었으나 조스는 끝내 아무 말도 하지 않았다.

"틀림없이 오늘 밤에 무슨 이야기가 있을 거야." 아밀리아는 레베카의 손을 꼭 쥐면서 말했다. 조지프도 마음속으로 여러 가지 생각을 하고 있었다. '그래, 복스홀에 가면 기회를 봐서 청혼해야지.' 그는 그렇게 마음먹었다.

제5장
우리들의 도빈

커프와 도빈이 싸워 뜻밖의 결과로 끝났던 사건은 그 유명한 스위시테일 박사의 학교에 다닌 사람이라면 누구나 오랫동안 잊지 못할 것이다. 도빈은 늘 '아이고 도빈'이나 '이랴 도빈' 등 유치한 경멸이 담긴 별명으로 통하고 있었고, 스위시테일 학교 학생들 가운데 가장 얌전하고 투박하며 둔해 보이는 소년이었다. 그의 부모는 시내에서 잡화점을 경영하고 있었다. 그리고 도빈은 '상호 협력' 방식 즉, 기숙사비와 매달 수업료를 돈이 아니라 물품으로 납부하는 방식으로 스위시테일 박사의 학교에 다니게 되었다는 소문이 있었다. 솔기 사이로 큰 뼈마디가 툭 불거져 나오는 까칠까칠한 코르덴 바지와 재킷을 입은 그는 그 때문에 늘 뒷자리에 앉아야만 했다. 그는 몇십 파운드나 되는 차, 양초, 설탕, 얼룩덜룩한 비누, 건포도(기숙사 푸딩을 만드는 데는 그중 일부밖에 쓰이지 않았지만) 등의 상품을 대표해서 온 거나 마찬가지라고 놀림받곤 했다. 어느 날 학생들 가운데 하나가 아몬드 과자와 훈제 소시지를 사러 몰래 시내에 다녀오던 길에 '런던 템스 거리, 잡화 및 유류 취급, 도빈&러지 상점'이라고 쓰인 수레가 교장의 집 앞에서 납품할 물건을 내리고 있는 장면을 본 것이다. 그날은 도빈 소년에게 있어서 최악의 날이었다.

그 일이 있고 난 뒤로 도빈 소년은 마음 편할 날이 없었다. 학생들의 끔찍한 조롱이 가차없이 쏟아지곤 했다. 개구쟁이 하나가 "아아, 도빈! 신문에 좋은 소식이 나왔더라. 설탕 값이 오른대." 하면 또 한 녀석이 "양지(羊脂) 초가 1파운드에 7펜스 반이라면 도빈은 얼마나 할까?" 하는 계산문제를 냈다. 그러면 조교와 학생들이 한꺼번에 와자하게 웃어대는 것이었다. 그들은 소매상 따위는 진정한 신사들에게 경멸과 조소를 받아 마땅한 수치스럽고 천한 직업으로 여기고 있는 터였다.

"오즈번, 그러는 너희 아버지도 상인이잖아." 도빈은 다른 사람이 없는 곳에서 자신을 웃음거리로 만든 소년에게 따졌다. 그러자 오즈번 소년은 거만하게 대답했다. "우리 아버진 신사야. 마차도 있는걸." 윌리엄 도빈은 풀이 죽은 채 운동장 한 구석에 있는 창고에 들어가서 반휴일 내내 비통한 심정에 잠겨 있었다. 하기야 어린 시절에 이처럼 비통한 추억을 겪어보지 않은 사람이 누가 있겠는가? 마음이 너그러운 소년일수록 부당함을 더욱 절절히 느끼고 모욕당하는 것을 두려워하는 법이다. 또한 그런 소년들은 부당한 취급에 쉽사리 상처받는 대신 작은 친절에도 깊이 감사할 줄 알았다. 그런데 우리는 이 순진한 소년들에게 수학 문제를 틀렸다든가 라틴어가 서툴다는 이유로 얼마나 많이 면박을 주고 멀리하며 상처를 입혔는지 모른다.

윌리엄 도빈은 《이튼 라틴어 문법》이라는 훌륭한 교과서에 연습문제로 나온 초급 라틴어를 익히지 못하고 계속 동급생들 가운데서 뒤처져서 하급생들과 한 교실에 들어가게 되었다. 마치 거인이 하나 끼어 있는 꼴이었다. 코르덴 바지 차림에 눈을 내리깔고 얼빠진 얼굴로 책장 귀퉁이가 꼬깃꼬깃한 라틴어 초급 교재를 든 도빈은 분홍빛 뺨에 앞치마를 두른 꼬마들 사이에서 언제나 풀이 죽어 있었다. 상급생과 하급생 모두 그를 바보 취급했다. 그들은 안 그래도 꼭 끼는 그의 코르덴 바지를 꿰매어 놓거나 침대 줄을 끊어버리기도 했다. 또 양동이나 벤치를 뒤집어놓기도 했는데 도빈은 꼭 그 수법에 걸려들어서 정강이가 까지곤 했다. 이따금씩 그의 아버지가 파는 비누와 양초를 담아 소포를 보내기도 했다. 어린아이들까지 도빈을 놀리고 비웃었지만 그는 묵묵히 참으며 오로지 홀로 비참함을 곱씹었다.

반면 커프는 스위시테일 학교의 대장이자 멋쟁이였다. 그는 술을 몰래 갖다 마시기도 하고 시내 아이들과 싸우고 다니곤 했다. 토요일이면 늘 마중을 나오는 조랑말을 타고 집으로 돌아갔다. 그는 방에 승마용 부츠를 갖다 놓고 휴일이면 늘 그걸 신고 사냥하러 나갔다. 커프는 금으로 된 리피터(소리로 시간을 알려주는 기능) 회중시계도 가지고 있었다. 그리고 교장처럼 코담배를 맡고 다녔다. 오페라 공연도 보러 다녀서 주연 배우들이 잘하는지 못하는지를 파악한 터라 켐블

보다 킨이 더 낫다고 했다. 라틴어 시를 한 시간에 40절 정도 써 낼 수 있었고, 프랑스어 시도 지을 줄 알았다. 그 밖에도 모르는 게 없고 무엇이든 잘했다. 모두들 교장마저도 그를 두려워한다고 수군댔다.

자타가 공인하는 학교의 왕 커프는 으스대고 다니면서 학생들을 지배하고 괴롭혔다. 어떤 아이는 그의 구두를 닦아야 했고 어떤 아이는 그를 위해 빵을 구워야 했다. 또 다른 아이들은 여름 오후에 크리켓 경기를 하는 동안 계속 외야에 서서 그의 공을 잡아주어야 했다. 커프는 '피그스'라는 별명을 가진 도빈을 가장 경멸했는데 직접 이야기를 나눠본 적은 거의 없으면서 늘 그의 험담을 하고 비웃어댔다.

어느 날 두 사람은 아무도 없는 곳에서 맞붙을 뻔했다. '피그스'는 교실에 혼자 남아서 서투른 글씨로 집에 보낼 편지를 쓰고 있었는데 그때 커프가 들어와서 타르트 과자를 사오라고 명령한 것이다.

"난 못 가." 도빈이 말했다. "이 편지를 다 써야 하거든."

"못 간다고?" 커프는 편지를 잡아 뺏으며 말했다. (편지에는 글자를 여러 번 지우고 고쳐 쓴 흔적이 남아 있었다. 철자도 많이 틀렸으나 얼마나 생각을 거듭하고 정성과 눈물을 쏟으며 쓴 것인지 모른다. 이 가엾은 소년은 어머니께 편지를 쓰고 있었다. 잡화상 부인인 어머니는 비록 템스 거리 뒷골목에서 가난하게 살고 있었지만 아들을 몹시 사랑했다.) "못 가겠다고? 그 이유를 좀 알고 싶은데, 응? '피그스' 할망구한테는 내일 편지를 써줘도 되잖아?"

"그런 식으로 부르지 마!" 도빈은 그렇게 말하며 의자에서 벌떡 일어섰다.

"그쯤 하고 갔다 오지 그래?" 학교 악동들의 대장이 말했다.

"편지를 돌려줘." 도빈이 대답했다. "신사는 남의 편지를 읽는 짓은 하지 않아."

"그럼 갔다 올 거지?" 커프가 말했다.

"싫어, 난 안 갈 거야. 주먹 날릴 생각은 하지 마. 만약 그랬다가는 작살내버릴 줄 알아." 도빈은 으르렁거리듯이 말한 뒤 납으로 된 잉크스탠드를 꽉 쥐어 들고 위협적인 표정으로 커프를 노려보았다. 제아무리 커프라도 주먹을 들 수 없었다. 커프는 걷어 올렸던 옷소매를 내리고 손을 주머니에 찔러넣더니 비웃음을 흘리며 나가버렸다. 그 뒤로 커프는 이 잡화상 아들에게

직접 손을 대지 않았다. 그
러나 도빈이 없는 곳에서는
여전히 험담을 하고 다녔다는
사실을 덧붙여 두겠다.

이런 일이 있고 나서 얼마
지난 뒤 어느 맑은 날 오후.
커프는 우연히도 윌리엄 도빈
의 근처에 있었다. 그때 도빈
은 놀고 있는 다른 학생들과
멀찌감치 떨어져서 홀로 운동
장 나무 밑에 드러누워 있었
다. 그는 가장 좋아하는 《아
라비안 나이트》를 읽으며 모
든 근심을 잊고 있었다. 만약 세상 사람들이 아이들을 마음대로 할 수 있게
풀어준다면, 선생님들이 더 이상 아이들을 괴롭히지 않는다면, 그리고 부모
들이 아이들 생각에 끈질기게 꼬투리를 잡거나 간섭하지 않는다면 어떨까?
아이들의 감정과 생각은 아무도 모르는 것이다. 우리는 서로의 마음은 물론
이고 아이들의 마음이든 아버지의 마음이든 또는 이웃들 마음이든 알지 못
하는 법이다. 우리가 지도하는 남자아이나 여자아이의 생각이야말로 그들
위에 군림하고 있는 둔감하며 세상사에 찌든 어른들에 비해 얼마나 아름답
고도 신성한가? 다시 말해 부모와 선생들이 조금만 더 아이들을 자유롭게
놓아줬으면 좋겠다는 것이다. 그러면 당장의 성과는 없을지는 몰라도 멀리
보면 해로움이 훨씬 적으리라.

아무튼 윌리엄 도빈은 이때만큼은 세상 일을 다 잊어버리고 뱃사람 신드바
드와 함께 다이아몬드 골짜기로 떠난 듯한 기분을 맛보았다. 아흐메드 왕자가
요정 페리바누를 만났으며 모두 한 번쯤 가보고 싶어 한다는 매혹적인 동굴
속에 왕자와 요정과 함께 셋이서만 있는 상상에 잠겨보기도 했다. 그때 어린
아이가 우는 날카로운 비명이 들려오는 바람에 그는 즐거운 백일몽에서 깨어
나고 말았다. 고개를 들어보니 커프가 눈앞에서 한 아이를 때리고 있었다.

맞고 있는 아이는 바로 도빈의 집 배달수레를 보고 와서 일러바쳤던 소년이었다. 그러나 도빈은 그 어린 소년에게 아무런 원한도 품지 않았다. "야, 넌 어쩌된 놈이 병을 깨트리고 다니냐?" 커프는 노란 크리켓 스텀프를 휘두르며 소년에게 으르렁댔다.

그 아이는 운동장 담장(어느 한 곳만은 꼭대기에 붙인 유리 조각을 떼어내고 벽돌에 발을 붙이기 좋게 홈이 움푹 파여 있었다)을 넘어가 500미터쯤 뛰어가서 럼 시럽(흥성음료) 한 병을 외상으로 산 다음 학교 밖에 숨어있는 교정의 스파이늘 눈을 피해 다시 운동장으로 돌아오라는 명령을 받았다. 그런데 담을 넘다가 그만 발이 미끄러지고 만 것이다. 병이 깨지면서 시럽은 다 쏟아져버리고 바지도 찢겨 버렸다. 그는 일부러 그런 것이 아닌데도 죽을 죄를 지은 사람처럼 대장 앞에 서서 부들부들 떨었다.

"왜 병을 깨트렸냐니까?" 커프가 또다시 다그쳤다. "이 도둑놈 같으니라고! 네가 혼자 다 마셔 놓고 이제 와서 병을 깨트렸다고 변명하는 거 아냐? 자, 손 내밀어!"

크리켓 스텀프가 둔탁한 소리를 내며 아이의 손을 내려쳤다. 이어서 신음소리가 터져 나왔다. 도빈이 고개를 든 것은 바로 그때였다. 요정 페리바누는 아흐메드 왕자와 함께 깊은 동굴 속으로 도망쳐버리고 거대한 로크 새는 뱃사람 신드바드를 다이아몬드 골짜기에서 잡아채 아득한 구름 사이로 사라졌다. 그리고 다시 일상으로 돌아온 올곧은 윌리엄 앞에 덩치 큰 소년이 말도 안 되는 이유로 어린아이를 때리고 있었다.

"야, 다른 손도 내밀어." 커프는 아픔으로 얼굴을 찡그린 어린아이에게 윽박을 질렀다. 꼭 끼는 낡은 옷을 입은 도빈이 이를 보고 몸을 부르르 떨더니 정신을 바짝 차렸다.

"이거나 먹어라, 빌어먹을 꼬마야!" 커프가 외치면서 소년의 손 위로 또다시 크리켓 스텀프를 내리쳤다. 숙녀들이여, 놀라지 마시라. 사립학교에 다니는 아이들은 이런 짓쯤 누구나 해봤으니까. 아마 당신의 아이들도 이런 짓을 해보거나 당해봤을 것이다. 스텀프를 다시 휘두르는 순간 도빈이 벌떡 일어섰다.

그가 무슨 생각으로 그랬는지는 나도 모른다. 사립학교에서 괴롭힘을 받는 것은 러시아에서 채찍질을 당하는 것만큼이나 공공연한 일이었다. 그것을 막는다는 것도 어떤 의미로는 신사답지 못한 일이었다. 그러나 우직한 도빈은 커프가 폭군처럼 활개를 치고 다니는 것을 보고 울컥 반항심이 치솟았던 것이리라. 아니면 그도 속으로는 복수심에 불타고 있었는지도 모른다. 권위와 우월감에 빠져 세력과 배경을 휘두르며 학교에서 깃발을 휘날리고 큰북을 치면서 부하들의 경례를 받는 못된 폭군에게 부딪쳐보고 싶다고 생각했는지도 모른다. 동기가 무엇이었던 간에 그는 벌떡 일어나서 소리쳤다.

"커프, 그만둬. 그 애를 괴롭히는 건 그쯤 해둬. 그러지 않으면."

"그러지 않으면 네가 어쩔 건데?" 커프는 느닷없는 참견에 어이없다는 듯 물었다. "손을 내밀어. 이 꼬마 놈아."

"네가 지금껏 한 번도 맛보지 못했을 만큼 아픈 주먹을 한 방 먹여주마." 도빈은 커프의 말에 이렇게 대답했다. 숨을 헐떡이며 눈물을 흘리던 어린 오즈번은 갑자기 자기를 감싸러 나타난 이 놀라운 전사를 바라보며 믿을 수 없다는 표정이었다. 커프도 그에 못지않게 놀랐다. 전 영국왕 조지 3세가 북미 식민지에서 반란이 일어났다는 소식을 들었을 때나 골리앗이 자기 앞에 조그만 다윗이 걸어나와 어서 덤비라고 싸움을 걸었을 때 어떤 심정이었을지 상상해 보라. 도빈으로부터 결투 신청을 받은 레지널드 커프의 심정이 어떨지 짐작이 갈 것이다.

"방과 후에 상대해주마." 물론 그는 승낙했다. 그리고 잠시 뜸을 들이더니 도빈을 바라보며 말했다. "지금부터 수업 끝날 때까지 유언을 써놓고 신세진 사람들한테 마지막 편지를 보내놓는 게 좋을걸."

"마음대로 지껄여." 도빈은 말했다. "오즈번, 너는 내 후원을 해야 돼."

"그야, 그러길 바란다면." 어린 오즈번이 대답했다. 알다시피 그는 아버지가 자가용 마차를 가지고 있을 정도라 잡화상 아들에게 보호받는 것이 조금 부끄러웠다.

마침내 결투 시간이 되었고 오즈번은 "피그스, 잘해." 말하는 것조차 창피했다. 다른 학생들도 이 유명한 싸움이 3회전까지 이어지는 동안 아무도 도빈을 응원하지 않았다. 싸움이 시작되자 기술이 뛰어난 커프는 얼굴에 비웃음을 흘리며 춤이라도 추듯 가볍고도 유쾌하게 타격을 가하여 가엾은 도빈을 연거푸 세 번이나 때려눕혔다. 도빈이 나동그라질 때마다 환성이 일어났다. 다들 이기고 있는 커프의 후원역을 맡는 영광을 누리고 싶어 했다.

'시합이 끝나면 난 얼마나 두들겨 맞을까.' 어린 오즈번은 자기 선수를 일으켜 세우면서 생각했다. 그리고 도빈에게 이렇게 말했다. "그만 포기하는 게 좋겠어, 피그스. 조금 얻어맞는 것뿐이니까 난 괜찮아. 게다가 이미 익숙하거든." 그러나 피그스는 손발이 부들부들 떨리고 숨이 가빠올라 씨근씨근대면서도 어린 후원자를 밀어내고 4회전으로 들어갔다.

그는 자신에게 날아오는 공격을 어떻게 받아내면 좋을지 전혀 몰랐다. 3회전끼지 커프는 공격할 틈을 조금도 주지 않고 덤벼왔었다. 피그스는 이번에야말로 시작과 동시에 자신이 먼저 달려들어야겠다고 마음먹었다. 그는 왼손잡이인 점을 이용해서 왼팔을 움직여 있는 힘껏 두 대를 날렸다. 한 대는 커프의 왼쪽 눈에, 또 한 대는 높은 콧대에 먹혔다.

구경하던 학생들이 놀라는 가운데 이번에는 커프가 쓰러졌다. "와, 굉장했어." 어린 오즈번은 선수의 등을 두드려주면서 전문가라도 되는 듯이 말했다. "피그스, 왼손으로 끝장을 내버려." 그 뒤 시합이 끝날 때까지 피그스의 왼손은 멋진 활약을 펼쳤고 커프는 그때마다 쓰러졌다. 6회전에 들어서자 "커프, 잘해" 하고 외치는 아이들과 "피그스, 잘해" 하고 외치는 아이들의 수가 비슷해졌다. 12회전에 이르니 커프는 말 그대로 쩔쩔매고 허둥거리면서 싸울 힘까지 몽땅 잃고 말았다. 반면 피그스는 퀘이커 교도처럼 침착했다. 새파랗게 질린 얼굴에 눈이 번뜩거렸고 죽 찢어진 아랫입술에서는 피가 줄줄 흘렀다. 그 모습이 사납고도 무시무시하여 구경하던 학생들 대부분이 겁을 먹을 정도였다. 그런데도 대담무쌍한 커프는 13회전에 들어갈 태세였다.

만약 내게도 네이피어 같은 글재주가 있거나 〈벨스 라이프〉지를 써낼 만한 실력이 있었다면 이 싸움을 멋지게 묘사해서 보여드렸으리라. 그것은 그야말로 나폴레옹 친위대 최후의 전쟁에 비할 만한 것이었다. 그 당시는 아직 워털루전투가 일어나기 전이긴 하지만. 마치 나폴레옹 측 네이 장군의 종대가 1만의 총검을 들고 스무 개의 독수리 깃발을 내건 채 라에 생트 언덕을 아랑곳 않고 진격하던 것과도 비슷했다. 또 한편으로는 그에 맞서서 적을 포위하고 고지에서 함성을 내지르며 달려 내려가는 영국군 근위대와도 같았다. 다시 말해 커프는 있는 힘껏 덤벼들었지만 이미 힘없이 비틀거리는 상태였고 잡화상 아들은 왼손으로 계속해서 커프의 콧대를 노린 끝에 그를 때려 눕히고 만 것이다.

"이걸로 끝이겠지." 당구의 명수 잭 스폿의 공이 당구대 포켓 속으로 떨어지듯 커프가 풀밭 위로 깔끔하게 나가떨어지는 것을 보고 피그스가 말했다. 심판이 타임을 선언했더라도 레지널드 커프는 다시 일어나지 못했거나 그럴 마음도 들지 않았을 것이다.

이렇게 되자 학생들은 처음부터 쭉 피그스를 응원했던 것처럼 보일 만큼 그를 위해 환성을 올렸다. 어찌나 우렁찬 환성이었는지 스위시테일 박사가 무슨 영문인가 하고 서재에서 뛰어나올 정도였다. 박사는 물론 피그스에게 심한 벌을 내리겠다고 했다. 그러나 그때는 이미 정신을 차려 상처를 털고 있던 커프가 일어서서 말했다. "잘못은 저한테 있습니다, 선생님. 피그스, 아니 도빈은 아무 잘못도 없습니다. 제가 어떤 어린 학생을 괴롭혔기 때문에 도빈이 저에게 본때를 보여준 겁니다." 커프는 도량이 넓은 말로 자신을 이긴 소년이 호된 벌을 받지 않도록 구해주었을 뿐만 아니라 싸움에서 진 탓에 잃기 직전이었던 자기 세력을 되찾기도 했다.

어린 오즈번은 집으로 편지를 보내서 부모님에게 이 사건을 알렸다.

슈거케인 하우스, 리치먼드, 18××년 3월.

사랑하는 어머니, 건강히 지내고 계신지요. 과자와 5실링을 좀 보내주셨으면 해요. 커프와 도빈이 싸움을 했습니다. 커프는 아시다시피 이 학교의 대장이라 할 수 있는 학생이었는데요. 둘이 13회 동안이나 싸우다가 도빈이 이겼어요. 커프는 이제 부대장으로 내려갔답니다. 싸움은 저 때문에 일어난 거였어요. 제가 음료수병을 깼다면서 커프가 저를 마구 때리고 있었는데 피그스가 그걸 보고 그냥 넘기지 않았습니다. 그의 아버지는 잡화상으로 시내 템스 거리에서 피그스&러지 상점을 열고 있습니다. 그래서 우리는 그를 피그스라고 불러요. 그가 저를 위해 싸워주었으니 이제부터는 그 가게에서 차와 설탕을 사주세요. 커프는 토요일마다 집에 돌아가지만 이번에는 두 눈이 다 시커멓게 멍들어서 못 돌아간대요. 커프는 흰 조랑말을 가지고 있어요. 제복을 입고 밤색 암말을 탄 하인이 조랑말을 끌고 마중 와서 그를 태워가곤 합니다. 아버지가 저한테도 조랑말을 사주셨으면 얼마나 좋을까 싶습니다.

　어머니의 착한 아들, 조지 세들리 오즈번.

　추신—어린 에미한테도 안부 전해주세요. 저는 그 애한테 주려고 판지로 마차를 오리고 있습니다. 과자는 씨앗 말고 건포도가 든 걸로 보내주세요.

　도빈이 싸움에서 이기고 나자 온 학생들 사이에서 평판이 놀라울 만큼 올라갔다. 그리고 창피스러운 것의 대명사였던 피그스라는 별명은 학교에서 통하는 어떤 별명과 견주어도 손색이 없을 만큼 존경과 인기를 얻었다. "그러니까, 그 애 아버지가 잡화점을 하는 게 그 애의 잘못은 아냐." 조지 오즈번이 말했다. 오즈번은 꼬마였지만 스위시테일 학교의 학생들 사이에서 인기가 대단했기 때문에 그의 의견은 대환영을 받았다. 그리하여 도빈이 우연히 잡화상의 아들로 태어났다는 것 때문에 그를 비웃어서는 안 된다고 마무리되었다. '피그스 군'이란 별명은 호의와 친애를 나타내는 이름으로 바뀌었고 고자질을 잘 하는 조교도 더는 그를 비웃지 않았다.

　모든 사정이 한 번에 뒤바뀌자 도빈은 기운이 났다. 그는 학교 공부에서도 놀라운 진보를 보였다. 성적이 우수한 커프가 직접 나서서 도빈이 라틴어 시를 쓰는 것을 친절히 도와주고 쉬는 시간에도 여러모로 가르쳐주곤 했다. 그리하여 도빈은 어린이 교실에서 중급반으로 당당히 진급하였고 거기서도 아주 좋은 성적을 얻을 수 있었다. 커프가 과분한 친절을 베풀어줄 때마다 도빈은 얼굴을 붉히거나 놀랄 따름이었다. 또한 도빈이 라틴어 성적은 좋지 않았어도 수학에 대한 이해는 남달리 빠르다는 것이 알려졌다. 그는 대수학 3급 시험을 통과해서 모든 학생들에게 축하를 받았고 여름 학기 시험에서 프랑스어 책을 상으로 받았다. 학교의 모든 교직원 학생, 학부모 및 내빈들 앞에서 그가 교장으로부터 '굴리엘모 도빈'이라고 새겨진 《텔레마크》^(페늘롱이쓴 소설)를 받았을 때 그의 모친의 얼굴 어땠는지 독자들께 보여드리고 싶을 정도였다. 전교생이 칭찬과 호의를 담아 박수를 보냈다. 도빈은 얼굴이 화끈 달아올라 허둥대면서 어색하게 자리로 돌아왔는데 당황한 나머지 몇 번이나 큰 발소리를 내고 말았다. 그러나 아무도 그것을 흉내 내거나 신경 쓰지 않았다. 그

의 부친인 도빈 노인은 처음으로 아들을 다시보고 사람들 앞에서 그에게 20
기니를 주었다. 도빈은 그 대부분을 전교생에게 대접하는 데 써버리고 휴가
가 끝나자 예복을 입고 돌아왔다.

　도빈은 무척 겸손한 소년이었기에 자기 처지가 좋아진 게 스스로 훌륭하
고 남자답기 때문이라고는 생각지 않았다. 그는 엉뚱하게도 이 모든 행복을
가져다준 것이 어린 조지 오즈번의 힘 덕분이라고 생각했다. 그는 그 뒤로
오즈번에게 아이들만이 느낄 수 있는 깊은 사랑과 정을 쏟아 부었다. 마치
우리가 읽고 있는 아름다운 동화에서 투박한 오슨이 자신을 정복한 젊고 아
름다운 발렌타인에게 품었던 것과 같은 애정을 가지게 된 것이다. 도빈은 스
스로를 오즈번의 발밑에 내던지다시피 하며 그를 아꼈다. 그는 사실 친해지
기 전부터 오즈번에게 호의를 품고 있었다. 이제 그는 오즈번의 하인이자 충
견이며 심복 프라이데이였다. 그는 오즈번만큼 모든 면에서 완벽하고 잘생
겼으며 용감한 데다 활발하고 영리하며 관대하기까지 한 소년은 이 세상에
또 없으리라 믿고 있었다. 그는 용돈도 오즈번과 나누어 썼다. 나이프나 필
통, 금으로 된 인장, 달콤한 과자, 유리구슬, 기사와 도적을 그린 큰 그림이
들어 있는 책 등 선물도 얼마나 많이 사주었는지 모른다. 그리고 책들에는
대부분 '조지 세들리 오즈번에게, 너의 다정한 친구 윌리엄 도빈으로부터'라
는 글이 쓰여 있었다. 조지는 그런 경애의 증표가 자신에게 훌륭한 가치를
준다고 여기며 고맙게 받아들였다.

　그랬기 때문에 오즈번 중위는 다 함께 복스홀에 놀러가기로 한 날에 러셀
스퀘어에 찾아와서 숙녀들에게 이렇게 말했다. "세들리 부인, 한 사람 더 데
리고 가도 괜찮겠지요? 제가 같은 연대의 도빈 군에게 여기 와서 함께 저녁
을 하고 복스홀에 가자고 권했거든요. 그 친구도 조스 못지않게 내성적입니
다."

　"내성적이라고! 쳇." 뚱뚱한 조지프가 남자다운 시선으로 레베카를 바라
보며 한마디 했다.

　"내성적이지. 그렇지만 자네는 그와 비교가 안될 만큼 원숙해 보인다네,
세들리." 오즈번은 웃으면서 덧붙였다. "내가 자네를 찾으러 베드퍼드로 가
다 그를 만나서 아밀리아 양이 돌아왔으며 우리 모두 하루 저녁 놀러 나가기
로 했다는 이야기를 했지. 그리고 어린 시절 파티에서 그가 펀치(음료수의 일종) 잔

을 깨뜨렸던 사건에 대해 세들리 부인도 이제 아무렇지 않게 생각한다는 말도 해줬고. 아주머니, 7년 전 그 대소동을 기억하고 계세요?"

"플라밍고 부인의 진홍색 드레스 위에 음료수를 엎질렀던 것 말이지?" 사람 좋은 세들리 부인이 말했다. "어쩜 그리도 경솔한 짓을 했나 모르겠구나! 그 사람의 누이들도 우아한 사람은 못 되고 말이야. 도빈 부인이 어젯밤 세 딸을 데리고 하이버리에 왔었는데 무슨 꼴이 그 모양인지. 안 그래요, 여보?"

"부시장은 굉장한 부자라지 않습니까?" 오즈번이 장난스럽게 말했다. "그 딸들 가운데 하나를 만나면 좋은 투자가 될 것 같지 않아요, 아주머니?"

"바보 같구나! 너를 상대해줄 리가 없잖니? 그렇게 누런 얼굴을 하고서는."

"제 얼굴이 누렇다고요? 도빈의 얼굴을 본 다음에 말해주세요. 그야 그 녀석은 벌써 세 번이나 황열병을 앓았으니 말이죠. 나소에서 두 번, 세인트 키츠에서 한 번."

"됐다. 우리 눈엔 자네 얼굴만으로도 충분히 노란걸. 그렇지, 에미?" 세들리 부인이 이렇게 말하자 아밀리아는 그저 빙그레 웃으며 얼굴을 붉힐 뿐이었다. 조지 오즈번의 파리하면서도 눈길을 사로잡는 얼굴과 그가 매우 자랑스러워하는 검고 곱슬곱슬하고 윤이 나는 구레나룻을 바라보며 그녀는 마음속으로 영국 군대에서, 아니 넓디넓은 세상에서 이만한 생김새를 가진 영웅이 또 있을까 생각했다. "전 도빈 대위의 얼굴색이든 어색한 태도든 대수롭지 않아요. 전 그분에게 호의를 가지고 있어요." 아밀리아가 말했다. 도빈이 조지의 친구이며 학창시절에 그를 위해 싸워주었기 때문이다.

"군대에도 그렇게 좋은 녀석은 없어요." 오즈번이 말했다. "또 그렇게 훌륭한 장교도 없지요. 하지만 그가 아도니스 같은 미남이 아닌 것만은 확실하죠." 그는 천연덕스럽게 거울을 바라보았다가 자기를 물끄러미 바라보고 있는 레베카와 눈이 마주치자 살짝 얼굴을 붉혔다. 레베카는 그 순간, 속으로 이렇게 생각했다. '그래요, 당신은 멋진 남자란 거죠. 무슨 말을 하고 싶은지 알겠네요.' 이 얼마나 만만치 않은 깍쟁이인가!

그날 저녁 아밀리아는 복스홀에서 인기를 모으기 위해 흰 모슬린 옷을 입고 종달새처럼 노래를 부르며 장미처럼 산뜻하고 경쾌한 걸음으로 객실로 들어갔다. 그러자 투박하게 생긴 신사가 그녀에게 걸어와서 어설프게 인사

를 건네며 허리를 굽
혔다. 그는 손발이 크
고 검은 머리털을 짧
게 깎고 있었는데 그
탓에 큰 귀가 유독 두
드러져 보였다. 그리
고 늑골 모양 장식이
붙어 있는 당시의 끔
찍한 군복을 입고 삼
각모를 쓰고 있었다.

이 사람이 바로 보
병 제××연대의 윌리
엄 도빈 대위였다. 그
의 용감한 동료들 대
다수가 스페인으로 출
정해서 무훈을 세우고
있는 동안 그의 연대는 운 나쁘게도 서인도에 파견되어 있었다. 그 때문에
도빈의 전투 상대는 황열병이었고 그도 병에 걸리는 바람에 돌아온 것이었
다.

도빈은 몹시 조심스레 조용히 노크를 하고 들어왔기에 2층에 있던 여인들
에게는 그 소리가 들리지 않았다. 그렇지 않았으면 아밀리아가 대담하게 노
래를 부르며 객실로 들어오지 못했을 것이다. 그러나 그녀가 아무것도 모르
는 채 들어온 덕분에 그녀의 아름답고 생기 넘치는 목소리가 대위의 가슴속
으로 고스란히 흘러 들어가 자리를 잡았다. 그녀가 악수하려고 손을 내밀자
대위는 손을 맞잡기 전에 잠시 생각에 잠겼다. '아니, 이럴 수가 있나. 바로
얼마 전까지 분홍색 아동복을 입고 있던 그 작은 소녀……내가 임관한 직
후 펀치 잔을 깨트린 날 밤에 만났었지. 이 아가씨가 조지 오즈번이 결혼할
거라던 아가씨인가? 한창 피어나기 시작한 꽃봉오리 같군. 그 녀석도 대단
한 신붓감을 손에 넣었는걸!' 아밀리아의 손을 잡으려다 삼각모를 떨어뜨렸
을 때 그는 이런 생각을 하고 있었다.

도빈이 학교를 졸업한 뒤부터 우리가 이곳에서 다시 그를 맞이할 때까지의 이야기를 다 쓰지 않았지만 총명한 독자는 앞에서 나온 대화를 통해 충분히 이해하셨으리라 믿는다. 멸시받던 잡화상 도빈 씨는 부시장이 되었으며 그 당시 프랑스군의 침입을 막으려는 군사적 열의로 불타던 시민 경기병대 대령이 되었다. 도빈 대령이 거느린 부대(거기에는 오즈번의 부친도 상등병으로 참가했지만 아무 관심을 못 받았다)는 국왕 폐하와 요크 공작의 사열을 받았다. 그리고 대령이자 부시장인 도빈 씨는 기사 작위를 받았다. 그의 아들도 군에 입대하였고 곧이어 젊은 오즈번도 그 뒤를 따라 같은 연대로 들어갔다. 그들 연대는 서인도와 캐나다에 주둔하다가 최근에 귀국한 것이다. 조지 오즈번에 대한 도빈의 우정은 두 사람이 학교에 다닐 무렵과 마찬가지로 여전히 깊고 따스했다.

이윽고 이 대단한 분들께서 식탁 앞에 앉았다. 그들은 전쟁이나 공훈, 보니(나폴레옹 보나파르트를 / 조롱조로 부르는 말)와 웰링턴 경, 최근 관보에 대해 여러 이야기를 나누었다. 역사상으로도 유명한 이 시기의 관보는 매 호마다 전승에 대한 보도를 싣고 있었다. 용맹한 두 청년은 자신들의 이름을 영예로운 명단에 올리고 싶은 마음에 명예를 얻을 기회와 동떨어진 부대에 소속된 자신들의 불운을 저주할 뿐이었다. 레베카는 두 사람의 흥미진진한 이야기에 가슴이 뛰었다. 그러나 아밀리아는 이야기를 듣고 있자니 몸이 떨려서 당장이라도 기절할 것만 같았다. 조스는 그의 호랑이 사냥 이야기를 좀 한 뒤 커틀러 양과 군의관 랜스 이야기도 했다. 식탁에 음식이 올라올 때마다 전부 레베카에게 권하면서 자신도 잔뜩 먹어치우거나 마셨다.

여인들이 식당을 나가려 하자 조지프는 벌떡 일어나서 지극히 상냥한 태도로 문을 열어주었다. 그러고는 식탁으로 돌아와서 포도주를 남실남실 따르더니 몇 잔이고 벌컥벌컥 들이켰다.

"조는 혼자서 많이도 마시는군." 오즈번이 도빈에게 속삭였다. 그러는 동안 시간이 되어 복스홀까지 타고 갈 마차가 도착했다.

제6장
복스홀

내가 이 소설을 매우 평온한 분위기로 그려 나가고 있다는 점을 스스로도 잘 알고 있다(머지않아 무시무시한 장이 몇 번이나 나올 테지만). 그러나 나는 지금 러셀 스퀘어의 주식중개인 일가에 대해 쓰고 있는 것에 지나지 않다. 그들은 여느 사람들처럼 산책을 하거나 점심과 저녁 식사를 하고, 서로 이야기를 나누거나 사랑을 하고 있을 뿐이라는(그 사랑조차도 두드러지게 정열적이고 놀랄 만한 사건이랄 것은 하나도 없이 진행되고 있었다) 사실을 마음 착한 독자 여러분께서 기억해 주셨으면 한다. 다시 요점만을 말해보자면 이렇다. 아밀리아를 사랑하는 오즈번이 저녁 만찬과 복스홀에 오랜 친구를 초청했다. 한편 조스 세들리는 레베카를 사랑하고 있지만 그녀와 결혼까지 할 것인가? 이것이 지금 다루고 있는 가장 큰 문제이다.

우리는 이 문제를 귀족적으로 또는 낭만적이거나 희극적으로 받아들일 수도 있을 것이다. 이 사건을 귀족 저택인 그로브너 스퀘어로 고스란히 옮겨 놓는다면 열심히 읽어줄 독자가 더러 있지 않겠는가? 예컨대 조지프 세들리 경이 사랑에 빠졌다거나 오즈번 후작이 공작의 허락 아래 공작의 따님 아밀리아 양과 교제한다는 식으로 말이다. 아니면 대단한 귀족사회가 아니라 좀 더 낮은 신분으로 이야기를 끌고 가서 세들리 집안의 부엌에서 일어난 일로 써볼 수도 있다. 검둥이 샘보가 여자 요리사를 사랑하여(실제로도 그렇지만) 그녀를 돕느라 마부와 싸움을 벌이고, 식탁 나이프 닦는 일을 하는 소년이 양 어깨살을 훔치다가 들키고, 세들리 양의 새 시녀가 양초를 켜지 않으면 잘 수가 없다고 하는 이야기를 쓰는 것이다. 이런 사건은 독자들의 유쾌한 웃음을 잔뜩 끌어낼 수 있을 것이고, 진솔한 삶의 모습을 전달하는 것처럼 보이리라. 혹은 그와 반대로 무서운 이야기를 좋아하는 취향에 맞게끔 새로 온 시녀의 애인이 강도짓을 일삼는 악당이었다고 설정할 수도 있다. 그가 일당을 이끌고 집 안으로 침입하여 주인의 눈앞에서 검둥이 샘보를 죽인 뒤 잠옷바람인 아밀리아를 납치하여 제3권이 될 때까지 놓아주지 않는 것이나. 그런 식으로 이야기를 엮어나간다면 전율이 일 만큼 흥미로운 이야기를 쉽게 완성할 수 있을 터이고, 독자들은 그 자극적인 각 장을 숨 가쁘게 읽어나갈지도 모른다. 그러나 우리 독자들은 그런 로맨틱한 이야기를 기대하지 말고, 그저 일상 이야기를 듣는 셈치고 앞으로 이번 장에서 펼쳐질 복스홀에 대한 이야기를 즐겨주시기 바란다. 게다가 이 이야기는 일반적인 소설의 한 장으로서는 드물게 매우 짧은 편이다. 그래도 역시 어엿한 소설의 한 장이며 아주 중요한 부분이다. 일상생활 속에서도 사소하게만 보였던 것이 사실은 그 뒤에 이어진 모든 일들에 영향을 미치는 경우가 있지 않은가?

그러면 이제 우리도 러셀 스퀘어의 일행과 더불어 마차를 타고 복스홀 유원지로 가보자. 앞쪽 자리에 앉은 조스와 레베카 사이에는 빈틈이 거의 없었다. 오즈번은 조지프와 마주본 채 도빈 대위와 아밀리아 사이에 끼어 앉았다.

마차에 앉은 사람들은 모두 그날 밤에 조스가 레베카 샤프에게 청혼을 하리라 생각하고 있었다. 집에 남은 부모들도 묵인하는 눈치였다. 더구나 우리끼리만 하는 소리지만 세들리 노인은 아들에게 경멸에 가까운 감정을 품고 있었다. 그는 아들놈이 지나치게 허영이 많고 이기적이며 게으른 데다가 계집애 같다고 말했다. 아들이 유행을 앞서가는 신사처럼 행세하는 것도 못마땅했다. 또한 당치도 않은 아들의 허풍을 들으면서 속으로 실컷 비웃고 있었다. "그놈한텐 내 재산의 반만 남겨 줘야겠소." 그는 아내에게 말했다. "그 녀석은 자기 손으로도 많은 재산을 모을 수 있을 테니. 당신하고 나하고 제누이가 내일 당장 죽는다 해도 그놈은 틀림없이 '야단 났는데!' 한마디만 하고서는 여느 때처럼 꾸역꾸역 밥이나 먹어댈 거요. 그놈에 대해선 신경 쓰고 싶지도 않아! 좋아하는 여자랑 결혼하든 말든 내버려두겠소. 내가 알 바 아니니 말이오."

한편 아밀리아는 사려 깊고 상냥한 아가씨답게 이 혼담에 무척 열성을 보였다. 조스가 한두 번인가 아밀리아에게 아주 중대한 말을 하려고 했고, 그녀도 기꺼이 이야기를 들어보려고 했다. 하지만 이 뚱뚱보 오라버니가 자신의 중요한 비밀을 결국 털어놓지 못하고 긴 한숨만 내쉬며 외면해버리는 바람에 그의 누이는 크게 실망하고 말았다.

그의 비밀에 다정한 아밀리아의 가슴은 흥분으로 들떠 자꾸만 두근거렸다. 그녀는 이 연애문제에 대해 당사자인 레베카와는 이야기를 나눌 수 없었지만 그 대신 가정부인 블렌킨솝 부인을 한참 동안이나 붙잡아놓고 모두 털어놓았다. 블렌킨솝 부인은 그 이야기를 시녀들에게 넌지시 알려주었고, 이번에는 시녀들이 무심코 요리사에게 말해버렸다. 그러면 요리사는 마땅히 집을 드나드는 모든 상인들에게 소문을 떠벌리게 되는 것이다. 마침내 젊은 주인 조스의 결혼문제는 러셀 스퀘어 일대에 사는 사람들 입에 오르내리게 되었다.

물론 세들리 부인은 아들이 화가의 딸과 결혼하면 아들 스스로 자기 이름에 먹칠을 하는 것과 마찬가지라는 의견이었다. "하지만요, 마님." 블렌킨솝이 큰 소리로 말했다. "마님도 겨우 잡화상을 하시다가 주식중개인 서기로 계시던 주인 어른하고 결혼하셨지요. 돈도 5백 파운드도 못 가지고 있었는데 지금은 부자가 되고도 남잖아요." 아밀리아도 이 생각에 전적으로 찬성하자 사람 좋은 세들리 부인은 점점 마음이 기울었다.

주인 세들리 씨는 중립이었다. "조스더러 좋아하는 여자랑 결혼하라고 해. 나는 참견하지 않을 거요. 그 아가씨는 가진 돈이 없지만 당신도 결혼할 때 아무것도 없었는걸. 쾌활하고 영리한 아가씨 같으니 아마 제 신랑쯤은 잘 돌봐주겠지. 여보, 인도에서 검둥이 며느리를 데리고 와서 혼혈 손자를 한 다스씩이나 낳는 것보단 그 아가씨가 낫지 않소."

모두가 레베카의 운명 위로 미소를 짓는 것처럼 보였다. 레베카는 식당으로 갈 때 당연한 것처럼 조스의 팔을 잡았다. 그의 지붕 없는 마차에 탈 때도 두 사람은 마부대에 나란히 앉았다(그가 마부대에 앉아서 침착하고 당당하게 회색 말을 모는 모습은 대단한 멋쟁이처럼 보였다). 그리고 결혼 문제에 대해서 한 마디라도 입 밖에 내는 사람은 없었지만 모두 속으로는 이미 느끼고 있는 눈치였다. 레베카가 바라는 것은 이제 청혼뿐이었다. 아아! 어머니가 계셨다면 얼마나 좋을까? 레베카는 이 순간 얼마나 절실히 생각했는지 모른다. 친절하고 다정한 어머니가 계시면 이런 문제는 10분 만에 해결해 주실 텐데. 조심스럽고 은밀한 이야기를 주고받는 동안에 부끄럼 많은 조의 입에서 흥미로운 고백을 끌어낼 수 있었을 텐데!

마차가 웨스트민스터 다리를 건널 무렵 두 사람 사이는 이러한 상태였다.

얼마 뒤 그들은 복스홀 유원지에 도착했다. 조스가 마차에서 당당히 걸어 나오자 사람들이 이 뚱보 신사를 향해 환성을 올렸다. 그는 불그레한 얼굴로 레베카를 옆에 끼고서 거드름을 피우며 걸어갔다. 조지는 물론 아밀리아를 에스코트했다. 아밀리아는 햇살을 머금은 장미처럼 행복해 보였다.

"이보게, 도빈." 조지가 말했다. "숄을 좀 맡아주게나." 그렇게 부탁한 뒤 조지는 아밀리아와 나란히 가버리고, 조스도 레베카를 데리고 유원지 문을 비집고 들어갔다. 그러는 동안 우직한 도빈은 기꺼이 여자들의 숄을 팔에 걸고 입구에서 함께 온 이들의 입장료를 치렀다.

도빈은 친구들 뒤를 조용히 따랐다. 그는 친구들의 즐거운 시간을 방해하고 싶지 않았다. 레베카와 조스는 안중에도 없었지만, 아밀리아는 훌륭한 조지 오즈번과 잘 어울리는 멋진 여인이라 생각했다. 그리고 이 아름다운 한 쌍이 산책길을 나란히 거닐 때 아밀리아가 즐거워하거나 놀라는 것을 보면서 도빈은 꾸밈없이 행복해 보이는 그녀 모습에 마치 아버지와도 같은 기쁨을 느꼈다. 아마도 그는 팔에 숄을 걸치기보다 누군가의 손을 잡고 싶었을 것이다(사실 사람들은 이 젊은 장교가 여자들의 짐을 들고 흐느적흐느적 걷는 모습을 보고 웃고 있었다). 그러나 윌리엄 도빈은 자기 자신의 쾌락을 쫓는 일이 거의 없었다. 친구가 즐거운 시간을 보낼 수만 있다면 그는 아무런 불만이 없었다. 유원지에는 온갖 즐길 거리가 가득했다. 만 개나 되며 늘 켜져 있는 등불, 유원지 한가운데 조개 모양을 한 금빛 지붕 아래에서 삼각모를 쓴 채 황홀한 멜로디를 켜고 있는 바이올린 연주자, 익살스럽거나 슬픈 노래를 부르며 사람들 귀를 잡아끄는 가수들, 기운 넘치는 런던내기 남녀들이 짝을 지어 뛰거나 발을 구르고 웃으면서 추는 컨트리댄스, 마담 샤키가 이제부터 밧줄을 타고 하늘 높이 날아서 별나라까지 올라간다고 알리는 신호, 늘 불이 환한 초막에 앉아 있는 은둔자, 젊은 연인들이 밀회를 나누기에 딱 알맞은 어스레한 산책길, 낡고 허름한 제복을 입은 남자들이 손에 든 흑맥주 잔, 즐거운 손님들이 눈에 보이지 않을 만큼 얇은 햄 조각을 먹는 척 시늉하는 밝은 객석. 이 모든 것은 물론이고 그때까지만 해도 유원지 주인이 었던 상냥한 심슨이 바보처럼 싱글싱글 웃는 모습에도 윌리엄 도빈 대위는 조금도 눈길을 주지 않았다.

　그는 아밀리아의 하얀 캐시미어 숄을 들고 이리저리 돌아다녔다. 샐먼 부인이 '보로디노 전투(얼마 전 코르시카 출신의 벼락출세자 나폴레옹이 러시아와의 전투에서 참패한 것을 노래한 가요)'를 부르는 동안에는 금빛 조개 모양 지붕 아래로 들어가서 듣다가 자리를 뜨면서 그 노래를 흥얼거려 보기도 했다. 그리고 정신을 차려보니 자신이 어느새 아밀리아가 식당으로 내려올 때 계단에서 노래하던 가락을 부르고 있음을 깨달았다.

　그는 스스로가 우스워서 웃음을 터뜨렸다. 그는 올빼미만큼도 노래를 못했던 것이다.

당연한 일이겠지만 두 사람씩 짝을 지은 이 젊은이들은 그날 밤 서로 떨어지지 말자고 굳게 약속해놓고서도 10분도 못 되어 갈라졌다. 여럿이서 복스홀에 놀러 가면 모두 중간에 흩어지기 마련이다. 이는 저녁 식사 시간에 다시 만나서 서로가 그 사이에 얼마나 즐겁게 놀다 왔는지 이야기를 주고받기 위함이기도 하다.

오즈번과 아밀리아는 어떻게 즐기고 있었을까? 그것은 알 수 없다. 하지만 이것만은 보증할 수 있다. 그들은 더없이 행복했고 품행이 단정했으며 15년 동안이나 계속 함께 있었으므로 둘만 남았다고 해서 새삼스럽게 신기해하지도 않았다.

한편 레베카 샤프와 그녀의 뚱뚱한 파트너는 그들과 같은 연인들이 백 쌍도 채 거닐지 않는 한적한 산책길에 접어들었다. 그들은 둘 다 자신이 매우 민감하고 중대한 상황에 처했다고 느꼈다. 레베카는 소심한 조지프가 혀끝에서 맴도는 중대한 말을 입 밖으로 꺼내게 할 기회는 이번뿐이라 생각했다. 앞서 그들은 모스크바의 파노라마를 보고 왔는데 그것을 보고 있을 때 어느 무례한 사람이 레베카의 발을 밟는 바람에 그녀는 가느다랗게 비명을 지르며 조지프의 품에 안기고 말았다. 이 사소한 일로 조지프는 레베카에게 더욱 두터운 애정과 친밀함을 느꼈다. 그래서 그는 자랑스럽게 여기는 인도 이야기를 또다시 늘어놓았는데 같은 이야기를 적어도 여섯 번은 한 셈이었다.

"전 얼마나 인도에 가보고 싶은지 몰라요!" 레베카가 말했다.

"그렇게 가보고 싶습니까?" 조지프는 더할 나위 없이 상냥하게 말했다. 그리고 이 교묘한 질문을 더 의미심장한 곳까지 끌고 갈 생각임이 분명했다. (그가 자꾸만 숨을 헐떡였으며 또 그의 심장 가까이에 놓인 레베카의 손으로도 쿵쿵거리는 고동소리를 헤아릴 수 있을 정도였기 때문이다). 그런데 이럴 수가! 때마침 불꽃놀이의 시작을 알리는 종이 울리면서 모두가 앞다투어 달려가는 바람에 모처럼 분위기가 좋았던 두 연인도 사람들의 물결을 따라가는 수밖에 없었다.

도빈 대위도 저녁 식사 시간에는 일행에 끼고 싶었다. 복스홀에서 별다른 즐거움을 느끼지 못했기 때문이었다. 그러나 일행인 두 커플이 저녁 식사를 하기 위해 만난 자리 앞을 두 번이나 지나쳐 봐도 아무도 그에게 눈길을 주지 않았다. 이윽고 네 사람 몫의 식사가 나왔다. 연인들 두 쌍은 무척이나 즐거운 듯 끊임없이 수다를 떨었다. 도빈은 그들이 자신을 이 세상에 존재하지 않는 인간처럼 까맣게 잊어버렸음을 깨달았다.

"나는 방해물 취급밖에 못 받겠군." 대위는 그들을 조금 부러운 듯 바라보며 말했다. "차라리 은둔자한테 찾아가서 이야기를 나누고 오는 편이 낫겠어." 그렇게 생각하고 그는 사람들의 말소리와 소음, 음식 먹는 소리 속에서 빠져나와 어둑한 산책길로 어슬렁어슬렁 걸어갔다. 산책길 끝에는 이름이 자자한 가짜 은둔자가 살고 있었다. 도빈은 썩 즐겁지 않았다. 나도 겪어봐서 아는데 복스홀에서 혼자 걸어 다니는 것은 독신남에게 가장 쓸쓸한 일 가운데 하나일 것이다.

그 무렵 식당에서는 두 커플이 매우 즐거운 시간을 보내고 있었다. 더없이 유쾌하고도 친밀하게 이야기를 나누었다. 거만한 조스는 우쭐대며 웨이터들에게 이것저것 주문을 했다. 그는 샐러드를 만들거나 샴페인 병을 따기도 하고 닭고기를 썰면서 식탁에 올라온 음식의 태반을 먹어치웠다. 그러다가 마침내 그는 복스홀에서는 누구나 다 마시는 거라며 랙 펀치(^{혼합주의})를 한잔 하자고 우겨댔다. "웨이터, 랙 펀치를 가져오게."

이 랙 펀치 한 잔이 바로 이 소설이 있게 한 근본적 원인이다. 다른 것들과 마찬가지로 한 잔의 랙 펀치가 소설의 동기가 되어서는 안 된다는 법은 어디에도 없다. 청산 한 잔이 헨리 2세의 애첩 '아름다운 로자몬드'가 세상을 떠난 원인이 되지 않았던가? 알렉산드로스 대왕을 죽게 한 것은 한 잔의 포도주가 아니던가? 아니, 적어도 랑프리에르 박사는 그렇게 말하고 있지 않던가? 이와 마찬가지로 랙 펀치 한 잔이 지금 내가 쓰는 이 '영웅 없는 소설' 속 모든 주요인물의 운명을 좌우하게 된다. 그들 대부분이 그것을 한 방울도 마시지 않았는데도 말이다.

여인들은 그것을 마시지 않았으며 오즈번도 그것을 싫어했기에 뚱뚱보 미식가 조스가 혼자서 죄다 들이켜버렸다. 다 마시고 나자 그는 처음에 아주 명랑해지더니 차츰 골치 아픈 꼴이 되었다. 그가 시끄럽게 떠들고 웃어대는 통에 수많은 사람들이 주위에 모여들어서 취하지 않은 다른 동행들은 몹시 난처해진 것이다. 게다가 부탁한 사람도 없는데 주정뱅이 특유의 당장이라도 울 것 같은 높은 목소리로 노래를 불러대서 금빛 조개 지붕 밑에서 음악을 듣기 위해 몰려 있던 사람들까지 모두 몰려오고 말았다. 구경꾼들은 그에

신이 난 조지프

게 큰 갈채를 보냈다.

"잘한다. 뚱뚱보!" 한 사람이 말했다. "앙코르! 다니엘 램버트!" 또 한 사람이 외쳤다. "줄타기 시키면 참 재미있겠군!" 또 한 사람이 짓궂게 소리를 지르자 여인들은 깜짝 놀라 어쩔 줄을 모르고 오즈번은 노발대발했다.

"부탁이네, 조스. 그만 일어나서 가세." 오즈번이 소리쳤다. 여인들도 자리에서 일어났다.

"잠깐만 기다려요, 여, 여, 여보." 이제 사자처럼 대담해진 조스는 이렇게 외치며 레베카의 손목을 움켜잡았다. 레베카는 재빨리 물러서려 했지만 손을 뿌리칠 수가 없었다. 주위의 웃음소리는 덩달아 커져만 갔다. 조스는 계속해서 술을 들이켜고 시시덕거리거나 노래를 부르곤 했다. 구경꾼들에게 윙크를 하거나 거드름 피우며 술잔을 흔들어 보이면서 누구든 펀치를 마시고 싶으면 와서 함께 한잔 하자고 했다.

그의 초대를 기회 삼아 부츠를 신고 들어오려는 신사를 오즈번이 당장 때려 눕히려 하는 바람에 소동을 피할 수 없게 되었다. 바로 그때 다행히도 아직까지 유원지 안을 이리저리 돌아다니던 도빈이 불쑥 나타나서 그들이 앉아 있던 자리로 다가왔다. "저리 비켜, 이 바보들아!" 이렇게 말하면서 그는 수많은 군중을 밀쳐냈다. 삼각모를 쓴 무시무시한 장교를 보자 사람들은 곧 자취를 감추어버렸다. 도빈은 매우 걱정스러워하면서 일행의 좌석으로 들어갔다.

"맙소사! 도빈, 자네 어디에 있었나?" 그렇게 말하며 오즈번은 친구의 팔에서 하얀 캐시미어 숄을 잡아채 아밀리아에게 씌워주었다. "멍하니 있지만 말고 내가 숙녀들을 마차까지 바래다 줄 동안 자넨 여기서 조스를 좀 봐주게."

조스는 참견하려 들면서 벌떡 일어났지만 오즈번이 손가락으로 툭 밀쳐내자 그것만으로도 숨을 헐떡이며 자리에 털썩 주저앉았다. 오즈번은 겨우 숙녀들을 무사히 데리고 나갈 수 있었다. 조스는 그들이 빠져나가는 것을 보고 키스를 날리며 딸꾹질하면서 "조심해서 가요! 잘 가요!" 말했다. 그러고는 도빈 대위의 손을 잡고 서글프게 울면서 자기 사랑의 비밀을 털어놓았다. 방금 돌아간 처녀를 사랑하고 있다, 그러나 그녀의 사랑을 자신이 엉망진창으로 만들고 말았다, 이런 바보 같은 짓을 저질렀으니 틀림없이 그럴 것이다,

그래도 내일 아침에 하노버 스퀘어의 세인트 조지 성당에서 그녀와 결혼할 생각이다, 램버스 궁에 있는 캔터베리 대주교를 두들겨 깨울 테다, 정말로 두들겨 깨워서 결혼 준비를 시킬 거다, 하는 소리들을 잔뜩 늘어놓았다. 도빈 대위는 이야기를 듣고 실마리를 얻어서, 그러면 이런 곳에서 우물쭈물하지 말고 서둘러 램버스 궁으로 가자며 그를 데리고 나갔다. 일단 문 밖으로 나오자 조스 세들리 씨를 손쉽게 마차에 태워 보낼 수 있었고, 마차는 그를 무사히 하숙집까지 데려다 주었다.

한편 조지 오즈번은 두 아가씨를 집까지 무사히 데려다주었다. 그들을 집으로 들여보낸 뒤 러셀 스퀘어를 가로질러 돌아갈 때는 한바탕 웃어대는 바람에 야경들이 깜짝 놀라기도 했다. 아밀리아는 계단을 올라가면서 안됐다는 얼굴로 레베카를 바라보았다. 그녀는 살며시 입을 맞춰주고 더는 아무 말 없이 잠자리로 들어갔다.

'내일은 꼭 청혼을 하실 거야.' 레베카는 생각했다. '그분은 나를 네 번이나 진정한 연인이라고 부르고, 아밀리아 앞에서 내 손을 꼭 잡았어. 내일은 분명히 프러포즈하실 거야.' 아밀리아도 같은 생각이었다. 그래서 신부 들러리로서 무슨 옷을 입을지, 다정한 올케가 될 레베카에게 어떤 선물을 주면 좋을지, 결혼식이 끝나고 자신이 중요한 역할을 맡아야 할 의례는 무엇일지 등 갖가지 생각에 빠졌다.

오오, 이 어리석은 아가씨들이여! 그대들은 랙 펀치에 취하면 어찌 되는지 통 모르고 있구나! 밤에 펀치에 넣어 마시는 랙은 맛이 좋지만 아침이 밝은 뒤 머리에서 일어나는 랙(괴로움)은 스펠링이 같아도 전혀 다른 것이다. 나는 남자로서 그것이 사실임을 보증하는데 복스홀의 펀치를 마시고 겪는 두통은 세상에서 좀처럼 맛보기 힘든 고통이다. 나는 그것을 두 잔 마시고 어떤 꼴을 당했는지 20년이나 지난 지금도 잊지 못한다! 작은 잔으로 두 잔이다! 신사의 명예를 걸고 딱 두 잔만 마셨다는 것을 밝혀 두겠다. 그런데 조지프 세들리는 간질환을 앓고 있으면서도 그 끔찍한 혼합주를 적어도 1리터나 마시고 말았다.

레베카가 자신에게 행운이 찾아올 거라 생각하고 있던 이튿날 아침. 조지프

는 말로는 표현할 수 없는 아픔으로 신음하고 있었다. 그 시절은 소다수가 나오기 전이었다. 믿기 힘들겠지만 간밤에 과음한 불쌍한 신사가 열을 식히기 위해 마실 만한 음료수는 도수 약한 맥주가 고작이었다. 조지 오즈번이 찾아가 보니 보글리 월라의 전 징수관 나리는 순한 맥주를 앞에 놓고 하숙집 소파 위에서 끙끙대고 있었다. 도빈은 한참 전부터 와서 어젯밤부터 돌봤던 환자를 친절하게 간호하고 있었다. 두 장교는 몸도 못 가누는 주정뱅이를 보고 서로 곁눈질을 하더니 난처하다는 듯 동정어린 쓴웃음을 주고받았다. 근엄하고 신사다우며 장의사처럼 입이 무겁고 고지식한 세들리의 하인까지도 초췌해진 주인을 보고 우스운 나머지 진지한 표정을 유지하느라 진땀을 흘렸다.

"세들리 님께서는 어젯밤에 무척이나 난동을 부리셨습니다." 하인은 계단을 올라가는 오즈번에게 살짝 속삭였다. "전세마차 마부하고 싸우겠다고 하셔서 말이죠. 어쩔 수 없이 대위 님께서 주인님을 아기처럼 안아서 2층까지 모셔다 주셨지요." 그렇게 말하면서 하인 브러시는 어렴풋이 쓴웃음을 흘렸지만 이내 평소처럼 냉정을 되찾고는 객실 문을 활짝 열고서 "호스빈 씨 (*오즈번*을 런던 사투리로 부르는 말)가 오셨습니다." 하고 주인에게 알렸다.

"좀 어때, 세들리?" 젊고 장난기 많은 오즈번은 환자의 상태를 살피고 나서 입을 열었다. "어디 뼈가 부러지거나 하진 않았나? 전세마차 마부가 눈에 시커먼 멍을 달고 머리에는 붕대를 감은 채로 아래층에 와 있어. 자네를 고소하겠다고 씩씩거리고 있지."

"뭐? 고소를 해?" 세들리는 모기만 한 소리로 물었다.

"어젯밤 자네가 그를 두들겨팼거든. 그렇지, 도빈? 자네가 몰리노처럼 주먹을 날렸단 말일세. 야경이 그렇게 너끈히 나가떨어지는 녀석은 처음 봤다고 그러던걸. 도빈한테 물어보게."

"자네는 정말로 마부와 한 판 크게 붙었다네." 도빈 대위가 말했다. "게다가 아무리 말려도 더욱 사납게 몸부림치더군."

"그리고 복스홀에서 하얀 코트를 입고 있던 녀석 말이야! 조스가 그 녀석을 얼마나 시원스럽게 후려치던지! 여자들은 비명을 꺅꺅 질러댔어! 정말 보기만 해도 속이 시원하더군. 나는 자네 같은 관리들한테 그런 기운이 있을 줄은 상상도 못했어. 하지만 말이지, 앞으로 나는 자네가 술을 마시는 걸 보면 바로 도망칠 생각이네, 조스."

"난 한번 날뛰기 시작하면 아주 사나워지거든!" 조스는 소파에서 이렇게 소리를 질렀다. 그러고는 몹시 처량하고 우스꽝스럽게 얼굴을 찌푸렸는데 예의 바른 도빈 대위도 더는 참지 못하고 오즈번과 둘이서 방 안이 떠나가도록 폭소를 터뜨렸다.

오즈번은 기세를 몰아서 거침없이 추궁해댔다. 애초에 조스는 너무 패기 없다고 생각했다. 그는 조스와 레베카 사이에서 진행되고 있는 결혼문제에 대해서도 진작부터 곰곰 생각해보았는데, 적어도 제××연대 소속의 조지 오즈번이 혼인을 생각하고 있는 집안의 식구가 신출내기 가정교사같이 별 볼 일 없는 여자와 결혼한다는 것이 그리 달갑지 않았다. "자네가 사람을 때렸어. 바보 같은 친구!" 오즈번은 말했다. "자넨 정말 어쩔 수가 없다니까! 글쎄, 제대로 서 있지도 못하더군. 자네는 혼자 구슬프게 울었지만 복스홀에 있던 사람들은 다들 웃어댔어. 자넨 눈물이 너무 많아, 조스. 노래 부르던 건 기억나나?"

"뭐라고?" 조스가 물었다.

"아주 감상적인 노래를 말이네. 그리고 로자였나 레베카였나, 이름이 뭐였지? 아밀리아 양의 친구 말이야. 그 여자를 여, 여, 여보 하고 부르던 걸?" 이 무자비한 청년은 당사자가 파랗게 질리고 선량한 도빈이 불쌍하니 그쯤 해두라고 부탁하는데도 아랑곳 않고, 도빈의 손을 잡으며 간밤에 조지프가 한 행동을 재연했다.

"저 친구는 한번 혼쭐이 나야 돼." 오즈번은 병자를 갤럽 선생에게 부탁하고 돌아가는 길에 도빈이 적당히 봐주라고 하자 대답했다. "저 친구가 무슨 권리로 잘난 체하며 복스홀에서 우리를 웃음거리로 만들 수 있단 말이지? 저 친구에게 추파를 던지며 작업을 거는 그 조그만 여학생은 대체 뭐고? 정말 어처구니가 없군. 원래부터 그리 신분이 높지 않은 집안인데 일부러 그런 여자를 끌고 올 필요는 없잖아. 가정교사도 썩 나쁜 건 아니지만 난 친척이 될 사람이라면 좀 더 제대로 된 숙녀였으면 좋겠어. 내가 꽉 막힌 사람이 아니기는 해도 내게 걸맞은 긍지를 갖고 있고 신분도 자각하고 있으니까. 그러니 그 여자도 자기 신분을 깨닫기를 바라. 나는 저 으스대기 좋아하는 인도 관리의 코를 꺾어서 더 심한 바보짓을 못하게 막을 생각이네. 내가 그 여자한테 기소당하는 일이 없도록 조심하라고 저 친구에게 말한 것도 그 때문이야."

"자네 생각이 가장 옳은지도 모르지." 도빈은 그렇게 말했지만 사실은 미심쩍어하는 낌새였다. "자네는 예전부터 보수당을 지지했지. 자네 집은 영국에서도 가장 오래된 가문의 하나고. 그런데."

"가끔 그 아가씨들을 찾아가서 자네가 샤프 양과 사귀어 보지 그래." 오즈번 중위가 친구의 말을 가로챘다. 그러나 도빈 대위는 오즈번이 날마다 러셀 스퀘어 아가씨들을 방문하는 일에 동참하고 싶지 않다고 말했다.

오즈번은 홀번 쪽에서 사우샘프턴 거리로 나가다가 세들리 저택 2층과 3층에서 두 여인이 저마다 머리를 내밀고 있는 모습을 보고 웃음을 터뜨렸다.

객실 발코니에 나와 있던 아밀리아는 광장 건너편 오즈번의 집 쪽을 지그시 바라보면서 그를 기다리고 있었고, 레베카는 3층에 있는 작은 침실에서 조지프의 커다란 몸집이 언제쯤 나타날까 하고 지켜보는 중이었다.

"옛날 이야기처럼 시스터 앤이 탑 위에서 기다리는데 아무도 오지 않는 모양이군요." 오즈번이 아밀리아에게 말했다. 그러고는 자기 농담에 스스로 재미있어 하며 낄낄 웃더니 그녀의 오빠 상태가 얼마나 지독한지 아주 익살맞게 이야기해 주었다.

"그렇게 웃다니 참 너무하세요, 조지." 아밀리아가 매우 슬픈 얼굴로 말했다. 그러나 오즈번은 애처로우면서 당황해하는 표정을 보자 더 크게 웃으며 여전히 자기 농담이 아주 재미있다고 생각했다. 그리고 레베카가 내려왔을 때는 그녀의 매력에 조지프가 얼마나 넋이 나갔는지 모르겠다고 말하며 계속 놀려댔다.

"오, 샤프 양!" 그가 말했다. "그 친구가 오늘 아침에 꽃무늬 잠옷을 입고 소파 위에서 몸부림치며 괴로워하는 모습을 당신에게 보여드리고 싶더군요. 갤럽 선생에게 혀를 내밀어 보여주는 장면도 말이죠."

"누구 말씀이신가요?" 레베카가 물었다.

"누구 말씀이냐고요? 에, 누구 말씀이냐고요? 그야 물론 도빈 대위 말이죠. 그래, 어젯밤엔 우리 모두가 그 사람에게 참 친절했으니 말입니다."

"우리는 그분께 너무 불친절했어요." 아밀리아는 얼굴이 새빨개져서 말했다. "전, 전 그분을 까맣게 잊고 있었어요."

"물론 잊어버렸죠." 오즈번은 더 크게 웃으면서 소리쳤다. 누구든지 항상 도빈 생각만 하고 있을 수는 없으니까요. 그렇지요, 아밀리아? 안 그렇습니까, 샤프 양?"

"그분이 식당에서 술잔을 엎질렀을 때만 빼고요." 레베카는 거만하게 고개를 저으며 말했다. "저는 도빈 대위가 있든 말든 조금도 관심 없었어요."

"말씀 잘하셨습니다, 샤프 양. 도빈에게 그렇게 전하지요." 오즈번이 말했다. 그의 말을 들으면서 레베카는 이 젊은 장교에게 일종의 불신과 혐오를 느끼기 시작했다. 그러나 오즈번은 자신이 그런 느낌을 준 것을 전혀 의식하지 못하고 있었다. '이 사람은 나를 바보 취급하는 게 아닐까?' 레베카는 생각했다. '이 사람은 조지프에게도 나를 비웃는 소리를 한 게 아닐까? 조지프를 겁줬을지도 몰라. 아마 그래서 그가 오지 않는 거겠지.' 그녀의 눈가가 흐려왔다. 심장박동도 빨라졌다.

"당신은 늘 농담만 하시네요." 레베카는 되도록 천진스럽게 미소 지으면서 말했다. "얼마든지 해보세요, 조지 씨. 어차피 저를 감싸줄 사람은 아무도 없으니까요." 이렇게 말하면서 레베카가 자리를 뜨자 아밀리아가 꾸짖는 듯이 노려봤다. 조지 오즈번은 의지할 데 없는 아가씨를 지나치게 괴롭혔나 싶어 남자로서 살짝 연민을 느꼈다. "나의 사랑스러운 아밀리아." 그가 말했다. "당신은 선량하고 너무나도 친절하오. 당신은 세상을 모르오. 하지만 나는 알지. 당신의 친구, 샤프 양은 자기의 신분을 깨달을 필요가 있어요."

"당신은 어떻게 생각하세요? 오빠가……"

"그거야 나도 알 도리가 없지요. 그렇게 될지도 모르고 안 될지도 몰라요. 나는 조의 주인이 아니니까. 다만 그는 아주 어리석고 허영심이 많은 친구라 어젯밤에도 내가 아끼는 당신을 아주 난처하게 했다는 것만은 알고 있지요.

여, 여, 여보!" 그는 또다시 웃음을 터뜨렸다. 그 웃는 모습이 너무도 우스워서 아밀리아도 따라 웃었다.

그날 온종일 조스는 오지 않았다. 그러나 아밀리아는 그에 대해 조금도 걱정하지 않았다. 사실 이 자그마한 책략가는 샘보의 부관이라고 할 수 있는 시종을 조스의 하숙집으로 보내 약속했던 책을 받아오게끔 하면서 그의 안부도 묻게 했던 것이다. 조지프의 하인 브러시가 대신 나와서 대답하기를 주인님은 병으로 앓아 누워 있으며 막 의사가 진찰하러 온 참이라는 것이었다. 아밀리아는 조지프가 내일은 꼭 올 거라고 생각했다. 그러나 그녀는 그 문제에 대해서 레베카에게 한 마디라도 말을 건넬 용기가 생기지 않았다. 레베카도 복스홀에 다녀온 다음 날 저녁까지 내내 그 일에 대해서는 아무런 말도 입에 담지 않았다.

그런데 이튿날 두 아가씨가 소파에 걸터앉아서 건성으로 일을 하거나, 편지를 쓰거나, 소설을 읽고 있을 때였다. 샘보가 평소처럼 서글서글하게 웃으며 꾸러미를 안고 쟁반에 편지를 담아 가지고 오면서 말했다. "조스 님께서 보내신 편지입니다, 아가씨."

아밀리아는 편지 봉투를 뜯으면서 얼마나 떨었는지 모른다.

편지 내용은 다음과 같았다.

친애하는 동생 아밀리아에게

하인을 시켜 《삼림의 고아(孤兒)》를 보낸다. 어제는 몸이 몹시 좋지 않아서 찾아가질 못했다. 나는 오늘 런던을 떠나 첼튼엄으로 간다. 복스홀에서 내가 한 행동에 대해 상냥한 샤프 양에게 대신 용서를 빌어다오. 그리고 내가 몸서리나는 저녁 식사 때 입 밖에 냈던 모든 말들을 부디 용서하고 잊어달라고 부탁해줘. 나는 건강이 매우 나빠졌지만 회복되는 대로 몇 달 동안 스코틀랜드에 가 있을 작정이야.

너의 진실한 오빠
조스 세들리

이것은 그야말로 사형집행 영장이나 마찬가지였다. 모든 게 끝나버린 셈이다. 아밀리아는 레베카의 창백한 얼굴과 이글대는 눈동자를 바라볼 엄두

가 나지 않았다. 그래서 편지를 친구의 무릎 위에 살짝 놓고 일어서서는 2층에 있는 자기 방으로 가서 엉엉 울었다.

가정부 블렌킨숍 부인이 곧장 위로하러 와주었다. 아밀리아는 그녀의 어깨에 기대어 숨죽여 운 덕분에 기분이 좀 나아졌다. "그렇게 마음 쓰지 마세요, 아가씨. 이런 말은 하고 싶지 않았지만 우리도 처음에만 그랬지 지금은 아무도 그분을 좋아하지 않아요. 저는 그분이 마님의 편지를 허락 없이 읽고 있는 것도 제 눈으로 직접 봤으니까 말이에요. 피너도 그분이 늘 아가씨의 장신구 상자와 서랍, 다른 분들의 서랍까지 기웃거린다고 말하더군요. 그리고 아가씨의 하얀 리본을 자기 상자에 집어넣은 게 틀림없대요."

"그건 내가 준 거야. 내가 준 거란 말이야." 아밀리아가 말했다.

하지만 그렇다고 해서 블렌킨숍 부인이 레베카에 대한 생각을 바꾸지는 않았다. "나는 여자 가정교사 따위 믿지 않아, 피너. 고것들은 숙녀라도 되는 것처럼 뽐내고 다니지만 월급은 나와 너보다 나을 게 없어." 그녀는 하녀에게 말했다.

이제 가엾은 아밀리아만 제외하고 이 집의 모든 사람이 레베카가 집에서 나가는 게 좋겠다고 생각하고 있었다. 위로는 주인부터 밑으로는 하녀들에 이르기까지(아밀리아 한 사람만은 언제나 예외였지만) 그녀가 되도록 빨리 나가는 편이 좋겠다는 데 의견이 같았다. 다정한 아밀리아는 자신의 서랍이나 찬장, 지갑, 싸구려 물건들을 모아놓은 상자까지 다 뒤져 보았다. 가운과 숄, 늘어뜨리는 장식, 실타래와 레이스, 실크 스타킹, 그 밖의 자질구레한 물건들까지 훑어보고 이거며 저거며 골라내서는 레베카에게 주겠다고 한가득 쌓아놓았다. 그리고 딸에게 나이만큼 기니 금화를 주기로 했던 시원시원한 영국 상인 아버지에게 가서 자기는 모자란 것이 아무것도 없지만 레베카에게는 꼭 필요할 테니 그녀에게 돈을 주라고 부탁했다.

아밀리아는 조지 오즈번까지 지갑을 열게 만들었다. 그는 군인들 가운데서도 보기 드물게 씀씀이가 큰 젊은이였으므로 별 말 없이 본드 거리로 나가서 최고급 모자와 짧은 코트를 사왔다.

"레베카, 조지 씨가 너에게 선물로 주신 거야!" 아밀리아는 선물들이 들어 있는 상자를 몹시 자랑스럽게 여기면서 말했다. "조지 씨는 취미가 참 고상하셔! 그분 같은 이도 없어."

"없고말고." 레베카가 대답했다. "그분한테 뭐라고 감사해야 할지 모르겠네!" 그러나 마음속으로는 '내 결혼을 방해한 사람은 바로 조지 오즈번이야' 생각하고 있었다. 그래서 그에 걸맞은 호의밖에 느끼지 않았다.

레베카는 매우 침착하게 출발 준비를 서둘렀다. 그리고 적당히 망설이며 사양한 뒤 친절한 아밀리아의 선물을 모두 받았다. 세들리 부인에게는 물론 은혜를 영원히 잊지 않겠노라고 맹세했다. 그러나 부인은 당황스러운 듯 그녀를 피하고 싶어 하는 것이 눈에 보였으므로 레베카도 부인 앞에 자주 얼굴을 내밀지는 않았다. 세들리 씨가 돈을 주었을 때는 그 손에 입을 맞추고 앞으로도 계속 그를 친절하기 그지없는 친구이자 보호자로 생각하게 해달라고 말했다. 세들리 씨는 레베카의 처신에 크게 감동받아서 아예 수표를 써서 20파운드를 더 줄까도 생각했지만 감정을 억눌렀다. 만찬에 참석할 예정이었으므로 이미 마차가 도착한 상태였다. 그는 걸어 나가면서 말했다. "몸조심해요. 런던에 오는 일이 있으면 언제든지 들르고, 시장 관사로 가게, 제임스."

마침내 아밀리아와 헤어지게 되었는데 그때 광경은 상세히 묘사하지 않으려 한다. 이별 현장에서 한 사람은 진심으로 헤어짐을 아쉬워했고 다른 한 사람은 완전히 연극을 하고 있었다. 더없이 다정한 포옹과 입맞춤, 감상적인 눈물, 정신 차리는 약병, 가장 애틋한 감정을 거친 뒤 레베카와 아밀리아는 작별했다. 레베카는 영원히 아밀리아를 사랑하겠노라 맹세하면서.

제7장
퀸스 크롤리의 크롤리 집안

18××년의 신사록(紳士錄)에서 C자로 시작되는 성씨 가운데 가장 신분이 높은 사람으로 햄프셔 주, 그레이트 곤트 거리 및 퀸스 크롤리의 준남작 피트 크롤리 경이 있다. 이 명예로운 성은 이 자치구에서 번갈아 선출된 수많은 다른 훌륭한 신사들의 이름과 함께 오랫동안 의회 명부에 실려 있었다.

퀸스 크롤리에 대한 이야기로 이런 것이 있다. 어느 날 엘리자베스 여왕께서 행차 도중에 아침 식사를 위해 크롤리에 잠시 머무르셨을 때 당시 크롤리 집안의 주인(수염을 멋지게 기르고 다리가 늘씬한 미남이었다)이 헌상한 최고급 햄프셔 맥주를 무척 마음에 들어 하셨다고 한다. 여왕께서는 당장 크롤리를 정원이 두 명인 선거구로 승격시켰고 그날 이후 이 땅은 퀸스 크롤리라 불리며 오늘날에 이른 것이다. 세월이 흘러 나라와 도시와 마을까지 변화를 입어 퀸스 크롤리도 이제는 엘리자베스 여왕 시대처럼 인구가 많지 않았다. 그러나 썩어도 준치라고 피트 크롤리 경은 언제나 품위 있는 말투로 이렇게 말하고 다녔다. "뭐가 썩었다는 게야. 나는 거기서 1년에 1천5백 파운드의 수익을 얻고 있건만." 나름대로 일리 있는 소리였다.

피트 크롤리 경(그의 이름은 '위대한 하원 의원'에서 따온 것이다)은 월폴 크롤리의 아들이다. 월폴 크롤리는 조지 2세 때 문서국(文書局)의 초대 준남작이 되었는데 그 당시 다른 신사들과 마찬가지로 공금횡령으로 탄핵당했다. 월폴 크롤리는 두말할 것도 없이 앤 여왕 시대 유명한 장군의 이름을 딴 존 처칠 크롤리의 아들이다. 퀸스 크롤리에 걸려 있는 가계 도표를 보면 그 위에 제임스 1세 시대 크롤리의 아들이자 뒷날 베어 본즈 크롤리라고 불린

찰스 스튜어트의 이름이 있고 맨 끝에 엘리자베스 여왕 시대의 크롤리가 있었다. 그는 도표에서 가장 눈에 띄는 자리에 두 갈래로 수염을 기르고 갑옷을 입은 모습으로 그려져 있었다. 여느 것처럼 그의 조끼 부분부터 또다시 계보가 갈라지고 그중 주된 가지에 앞서 말한 유명한 이름이 적혀 있었다. 이 회고록의 중심인물 피트 크롤리 준남작의 이름 바로 옆에는 그의 동생이자 크롤리와 스네일비의 목사인 뷰트 크롤리(이 사람이 태어났을 때 대(大) 피트는 실각한 상태였다)의 이름 및 크롤리 집안 여러 남녀의 이름이 적혀 있었다.

피트 경은 멍고 빙키 경의 여섯째 딸이자 던다스 씨의 사촌인 그리젤과 결혼했다. 그녀와 피트 경 사이에서는 두 아들이 태어났다. 그중 하나는 역시 피트라고 이름지었는데 아버지의 이름을 땄다기보다는 하늘에서 내려준 재상 피트의 이름에서 따온 것이었다. 둘째아들 로든 크롤리는, 조지 4세께서 그 공로를 완전히 잊어버린 황태자의 친구 로든 헤이스팅스에서 이름을 따왔다. 부인 그리즐이 세상을 떠난 뒤 오랜 시간이 지나, 피트 경은 머드베리의 G. 도슨 씨의 딸, 로자를 후처로 맞아들여 딸 둘을 낳았다. 레베카 샤프는 바로 이 딸들을 위한 가정교사로 고용된 것이었다. 그러니 그녀는 훌륭한 일가친척이 모인 가문에 들어가는 셈이며 러셀 스퀘어에서 헤어진 꽤나 평범한 집안과는 격이 다르고 신분이 높은 사람들 사이에 끼게 되리라는 것을 알 수 있다.

레베카는 이미 아이들을 가르치러 와달라는 편지를 받았다. 낡은 봉투 겉에 쓰인 문구는 다음과 같았는데 몇 군데 철자가 틀려 있었다.

피트 크롤리 경은 샤프 양이 짐을 꾸려서 화요일에 이곳으로 와주길 바랍니다. 다음날 아침 일찍 퀸스 크롤리로 떠날 예정이기 때문입니다.

그레이트 곤트 거리에서

레베카는 자신이 기억하는 한 준남작처럼 높은 분을 만나본 적이 없었다. 그래서 아밀리아에게 작별을 고하고 사람 좋은 세들리 씨가 지갑에 넣어준 금화를 세어보더니 손수건으로 눈을 닦는 둥 마는 둥 하면서 (마차가 길모퉁이를 돌기가 무섭게 이 모든 일들을 끝마친 것이다) 마음속으로 준남작은 어떤 사람일까 이모저모 그려보았다. '준남작은 훈장을 달고 다니나? 훈장은 남작 이상 되는 사람들만 걸 수 있나? 하지만 준남작은 주름장식을 단 궁중의상을 멋지게 차려입고 코번트 가든^(런던의 큰 극장 이름)의 러튼 씨처럼 머리에 파우더를 약간 치겠지. 엄청 거드름을 피우면서 나 같은 건 벌레취급을 할지도 몰라. 그렇지만 괴로운 일이 있더라도 참을 수 있는 데까지 꾹 참자. 이제부터는 품위 없는 시가지 사람들이 아니라 가문 좋은 사람들과 살게 되는 거니까.' 이솝우화에서 여우가 먹지 못하는 포도를 두고 전부 시다고 말하던 것처럼 어느새 그녀는 달관한 듯 러셀 스퀘어 사람들에 대해 쓰라리게 생각하기 시작했다.

마차는 곤트 스퀘어를 지나 그레이트 곤트 거리로 들어가더니 마침내 높고 음침한 집 앞에 섰다. 그 양 옆에도 높고 음침한 집이 서 있었는데, 그레이트 곤트 거리의 집들이 거의 그렇듯 두 집 모두 중앙 객실 창 위에 마치 상을 당한 집처럼 방패형 문장이 붙어 있었다. 실제로 이 음침한 구역은 늘 저승사자가 붙어 있는 것처럼 보였다. 피트 경의 저택 2층 창문의 덧창은 닫혀 있었으며 식당의 덧문은 반쯤 열려 있고, 차양은 낡은 신문지로 깨끗이 싸여 있었다.

혼자서 마차로 바래다준 마부 존은 직접 내려서 초인종을 울리기가 귀찮았는지 지나가던 우유배달부에게 대신 울려달라고 부탁했다. 초인종을 울리자 식당 덧문 틈으로 누군가가 내다보더니, 칙칙한 갈색 바지와 각반을 찬 사내가 현관문을 열었다. 사내는 더럽고 낡은 코트를 걸치고 억센 털이 난 목에 지저분하고 닳아빠진 목도리를 두르고 있었다. 머리는 벗어져서 번쩍거렸고 심술궂어 보이는 불그스름한 얼굴에 잿빛 눈동자를 번득이며 입은 시종 빙긋빙긋 웃고 있었다.

"피트 크롤리 경 댁 맞소?" 존이 마부대에서 물었다.

"그렇소." 문가에 서 있던 사내가 고개를 끄덕이며 말했다.

"그럼 이 짐 좀 내려주쇼." 존이 말했다.

"댁이 내리면 될 것 아니오." 문지기로 보이는 사내가 말했다.

"말을 내버려둘 수는 없잖소? 자, 댁이 좀 도와주시오. 그러면 아가씨가 맥주 한 잔 내려주실 거요." 존이 너털웃음을 치며 말했다. 레베카와 자기 주인댁과의 관계가 이제 끝난 데다 레베카가 떠나면서 하인들에게 아무것도

준남작을 만나는 레베카

주지 않았기 때문에 그는 더 이상 그녀에게 존경심을 품고 있지 않았다.

대머리 사나이는 바지 주머니에서 손을 빼면서 걸어나와 어깨에 레베카의 트렁크를 지고 집 안으로 들어갔다.

"잠깐, 이 바구니하고 숄을 들고 가서 문을 열어줘요." 레베카는 붉으락푸르락해서 마차에서 내리며 마부에게 말했다. "세들리 씨께 편지를 써서 당신이 어떻게 굴었는지 죄다 일러줄 테니까."

"그러진 말아주시오." 마부가 대답했다. "뭐 잊어버리신 건 없습니까? 우리 아가씨의 가운은 가지고 오셨나요? 시녀가 받을 예정이었는데. 당신한테 아주 잘 맞았으면 좋겠구만요. 문을 닫아줘, 짐. 저런 여자 시중을 들어줘봐야 좋을 거 하나도 없다고." 존은 엄지손가락으로 레베카를 가리키며 말을 이었다. "몹쓸 여자야. 아주 고약해." 그렇게 말한 뒤 세들리 씨의 마부는 마차를 몰고 가버렸다. 사실 그는 아밀리아의 시녀에게 연정을 품고 있었다. 그래서 그녀가 받을 예정이었던 물건을 레베카가 가로챈 것을 몹시 분하게 생각했던 것이다.

앞서 각반을 찬 사내가 들어오라고 말하기에 레베카는 식당 안으로 들어가 보았다. 상류인사들이 런던을 떠나 자리를 비우곤 하는 방답게 살풍경했다. 마치 주인 생각이 극진한 방들이 주인님이 안 계신 것을 슬퍼하고 있는 것처럼 보일 정도였다. 터키 양탄자는 둘둘 말려서 부루퉁하게 식탁 밑으로 밀려나 있었다. 그림 액자는 갈색 포장지 아래 숨어 있었다. 천장에 달린 램프는 우중충한 밤색 천주머니에 싸여 있었으며 커튼은 허름한 싸개들 속에 숨어 있었다. 월폴 크롤리 경의 대리석 흉상은 캄캄한 구석에 서서 맨바닥과 기름칠한 난로용구와 벽난로 선반 위의 텅 빈 명함꽂이를 노려보고 있었다. 술병 선반은 양탄자 뒤에 숨어 있었으며 아래위를 겹쳐 쌓은 의자는 벽을 따라 늘어서 있었다. 흉상 맞은편 어두운 구석에는 찌그러진 구식 나이프 상자가 자물쇠가 걸린 채로 식기 운반용 승강기 위에 놓여 있었다.

그러나 어른어른 피어 오르는 난롯불 위에는 자루 냄비가 걸려 있고 난롯가로 부엌 의자 두 개와 원탁 하나, 가늘어진 낡은 부지깽이와 부젓가락이 모여 있었다. 탁자 위에는 치즈와 빵 조각, 그리고 주석으로 만든 촛대와 흑맥주가 조금 들어 있는 1파인트들이 맥주잔이 놓여 있었다.

"식사는 하셨겠지요? 방 안이 너무 덥지 않습니까? 맥주 한 모금 하시겠소?"

"피트 크롤리 경은 어디 계
세요?" 레베카가 엄숙하게 물
었다.

"하하! 내가 피트 크롤리
경이오. 아가씨 짐을 직접 내
려주었으니 술 한 잔은 사야
할 거요. 하하! 팅커한테 물
어봐요. 내가 정말 피트 경인
지 아닌지. 팅커 부인, 샤프
양이 왔소. 가정교사 말이오.
어이어이! 가정부!"

팅커 부인이라고 하는 여자
가 때마침 파이프와 담배 한 갑을 가지고 나타났다. 그녀는 레베카가 도착하
기 직전에 그것을 사러 심부름을 갔던 것이다. 팅커 부인은 난롯가에 자리
잡고 있는 피트 경에게 사 가지고 온 물건을 내주었다.

"한 닢은 어디 갔어?" 그는 물었다. "내가 3펜스 반을 줬더랬지. 거스름
돈은 어디 있는 거요, 팅커 할멈?"

"자, 여기 있어요!" 팅커 부인은 동전을 홱 내던지면서 대답했다. "푼돈
을 가지고 신경 쓰는 건 준남작 님들뿐이에요."

"하루에 한 푼씩 모으면 1년에 7실링이오." 국회의원이 말했다. "1년에 7
실링이면 이자가 7기니오. 푼돈을 모아야 해, 팅커 할멈. 그러면 모르는 사
이에 큰돈으로 쌓이게 될 테니."

"이분이 틀림없는 피트 크롤리 경이에요, 아가씨." 팅커 부인이 퉁명스럽
게 말했다. "푼돈에 신경 쓰는 것만 봐도 알겠죠? 얼마 지나면 이 나라가
어떤 분인지 더 잘 알게 될 겁니다."

"그래도 나를 좋아하게 될 겁니다, 샤프 양." 노신사는 자못 정중한 태도
로 말했다. "나는 선심을 쓰기 전에 정확해야 하니까."

"나리는 여태까지 한 푼도 그냥 주신 적이 없었어요." 팅커가 떽떽거렸다.

"안 주지. 앞으로도 절대로 안 줄 거요. 그건 내 원칙에 어긋나는걸. 팅

커, 만약 앉고 싶으면 부엌에 가서 의자를 하나 더 가져와요. 그러면 이제 저녁 식사를 해볼까."

준남작은 곧바로 불 위에 걸린 자루 냄비에다 포크를 넣고 소 위장과 양파 조각을 꺼내더니 거의 정확하게 둘로 나누어서 팅커 부인과 먹었다. "보시오, 샤프 양. 내가 여기 없을 때는 팅커 부인에게 식사비까지 포함해 관리비를 주고, 내가 있을 때는 함께 식사를 합니다. 하하! 샤프 양이 배가 고프지 않아서 다행입니다. 그렇잖수, 팅커?" 그렇게 말하고는 간소한 저녁 식사를 시작했다.

식사가 끝난 뒤 피트 크롤리 경은 파이프 담배를 피웠다. 그리고 날이 제법 어두워지자 주석 촛대에 골풀 양초를 켜고, 물건이 끝없이 들어갈 것처럼 보이는 주머니에서 서류를 잔뜩 꺼내오더니 읽으면서 정돈하기 시작했다.

"나는 소송 일로 여기 와 있소, 아가씨. 그 덕에 내일은 당신처럼 아름다운 아가씨와 함께 시골로 돌아갈 수 있게 된 거요."

"나리는 늘 소송 일만 보고 계세요." 팅커 부인이 흑맥주 잔을 뺏어 들면서 말했다.

"순서대로 마십시다." 준남작이 말했다. "그래요, 아가씨. 팅커 부인 말대로요. 나만큼이나 소송에서 지거나 이겨 본 남자는 영국 전체를 뒤져도 없을걸. 이걸 좀 보시오. 스내플 대 크롤리 준남작이라고 쓰여 있지. 그를 해치워버릴 거요. 내가 진다면 난 피트 크롤리가 아니오. 이건 크롤리 준남작 대 포더 외 1인이로군. 이건 크롤리 준남작 대 스네일리 교구관리인. 그들은 그 땅이 공유지라고 증명할 길이 없을걸? 그런 녀석들한테 질 수야 없지. 그 땅은 내 거요. 그 땅이 교구의 땅이 아니라는 것은 당신이나 팅커 부인의 땅이 아닌 것과 마찬가지로 당연한 사실이지. 1천 기니가 들더라도 그들을 꺾어버릴 거요. 만약 괜찮다면 당신도 서류를 좀 읽어봐 주시오. 당신, 글씨는 잘 쓰나? 퀸스 크롤리에 가면 당신한테 여러 가지로 도와달라고 부탁하고 싶소만. 꼭이요, 샤프 양. 집사람이 죽고 없으니 누구든 대신해줄 사람이 필요하거든."

"돌아가신 마님도 주인어른 못지않은 분이셨죠." 팅커 부인이 말했다. "집에 드나드는 상인들을 죄다 고소하고 4년 동안 하인을 마흔여덟 명이나 갈아치웠다오."

"집사람은 인색했소. 엄청난 구두쇠였지." 준남작은 솔직히 말했다. "그래도 나한테는 소중한 여자였어. 덕분에 집사도 필요 없었는데." 이처럼 속을 툭 터놓은 이야기가 한참이나 계속 오고갔다. 새로 온 레베카로서는 매우 재미있게 느껴졌다. 피트 크롤리 경은 자기 장점이든 단점이든 다 드러내고 조금도 숨기지 않았다. 그는 때로는 아주 거칠고 상스러운 햄프셔 사투리로, 때로는 세상사에 밝은 말투를 써가며 쉴 새 없이 자기 이야기를 했다. 그러고는 레베카에게 내일 아침 다섯시까지 떠날 준비를 마치라고 주의를 주고, 잘 자라는 인사를 했다. "오늘 밤엔 팅커 부인하고 같이 주무시오. 큰 침대니까 둘이 함께 잘 수 있을 거요. 집사람이 그 침대에서 눈을 감았지. 잘 자요."

이렇게 말하고 피트 경은 가버렸다. 팅커 부인은 촛불을 손에 들고 엄숙하게 레베카를 안내했다. 싸늘한 공기가 감도는 돌층계를 올라가 손잡이를 종이로 싸놓은 크고 삭막한 객실 문 앞을 지나서 크롤리 부인이 운명했다고 하는 앞쪽 커다란 침실로 들어갔다. 침대도 방도 하나같이 너무나 눅눅하고 음침했다. 크롤리 부인이 거기서 죽었을 뿐만 아니라 부인의 유령까지 붙어 있는 것 같다는 생각이 들 정도였다. 하지만 레베카는 방 안을 여기저기 활기차게 뛰어다니며 노파가 기도를 올리고 있는 동안 큰 옷장과 벽장, 찬장을 신기한 듯 둘러보더니 자물쇠를 채워둔 서랍을 잡아당겨보거나 음산한 그림이나 화장대를 들여다보곤 했다. "나는 양심에 거리낄 게 없지 않고서야 이 방에서 자고 싶지 않아요, 아가씨." 노파가 말했다. "우리 두 사람 말고도 유령 대여섯은 잘 수 있겠네요." 레베카가 말했다. "크롤리 부인과 피트 크롤리 경 등 다른 분들 이야기를 들려주세요, 팅커 아주머니."

그러나 팅커는 캐묻기 좋아하는 이 아가씨의 말재간에 끌려갈 노파가 아니었다. 침대는 잠을 자는 곳이지 수다를 떠는 데가 아니라고 말하는 듯이 그녀는 침대 한구석에서 천진한 아이처럼 드르렁드르렁 코를 골아댔다. 레베카는 내일 일어날 일이나 자기가 이제부터 들어갈 새로운 세계, 그리고 거기서 성공할 가능성에 대해 곰곰 생각하느라 오랫동안 뜬 눈으로 누워 있었다. 촛불이 촛대에서 깜빡였다. 작고한 부인이 떴을 듯 싶은 케케묵은 자수 절반쯤 위로, 그리고 젊은 사내를 그린 두 개의 초상화 위로 벽난로 선반이 짙은 그림자를 드리우고 있었다. 초상화 속 젊은이 가운데 한 사람은 대학

가운을 입고 있었고 다른 한 사람은 군인처럼 빨간 재킷을 입고 있었다. 레베카는 잠들면서 빨간 재킷을 입은 젊은이의 꿈을 꾸기로 했다.

그레이트 곤트 거리마저도 화사해 보이는 장밋빛 여름날 새벽 네 시. 충직한 팅커 부인은 같이 자던 레베카를 깨워 출발할 준비를 하라고 일렀다. 그러고는 큰 현관문의 빗장을 빼 문을 열고(이때 덜거덕거리던 빗장 소리는 아직 잠들어 있는 거지가 깜짝 놀랄 만큼 울려퍼졌다) 옥스퍼드 거리까지 가서 그곳 승차장에서 마차 한 대를 불러왔다. 마차 번호를 구태여 말할 필요는 없을 것이다. 또한 이렇게 이른 새벽에 스왈로 거리에서 마부가 손님을 기다리고 있었던 것도 혹시 어떤 멋쟁이가 술집에서 비틀거리며 집으로 돌아가는 도중 마차의 도움이 고파져서 술취한 김에 요금을 팍팍 내줄지도 모른다는 기대를 하고 있었기 때문이라고 굳이 설명할 필요는 없으리라.

마부가 방금 말한 바와 같은 희망을 품고 있었더라면 크게 실망했으리라는 것, 그리고 그가 런던 아래쪽까지 태워준 준남작 나리께서 기본요금 말고는 한 푼도 더 주지 않았음은 말할 나위 없다. 마부는 애원을 해보기도 하고 고함을 쳐보기도 했지만 허사였다. 레베카의 외투와 모자가 들어 있는 짐 꾸러미를 넥스 여관 앞 도랑에다 내던지면서 요금 부족으로 고소하겠다고 욕을 해봐도 소용이 없었다.

"고소는 하지 않는 편이 좋을걸? 상대는 피트 크롤리 경이라고." 여관의 마부 하나가 말했다.

"그야 물론이지, 조." 준남작은 득의만만해서 소리쳤다. "그 친구가 진짜로 나를 고소할 수 있을지 봤으면 좋겠군."

"저도 그렇구만요." 조는 이렇게 말하고 쓴웃음을 지으며 준남작의 짐을 승합마차 지붕 위에 올려 놓았다.

"내 자리는 마부대에 잡아주게." 국회의원 크롤리 씨가 마부에게 외쳤다. 마부는 모자를 매만지며 "예, 피트 경." 대답했지만 속으로는 몹시 못마땅하게 여겼다(그는 마부대 자리를 케임브리지 대학의 젊은 신사에게 주기로 이미 약속했는데 그 신사라면 분명 1크라운은 주었을 것이기 때문이었다). 레베카는 이제부터 자신을 드넓은 세계로 데리고 갈 마차의 안쪽 뒷좌석에 앉았다.

케임브리지 학생은 부루퉁한 얼굴로 외투 다섯 벌을 앞에 놓아두었다. 하지

만 레베카가 자리를 빼앗기는
바람에 그의 옆으로 올라타자
기분이 누그러졌다. 그리고
자기 외투 한 벌로 그녀의 몸
을 감싸주었을 때는 기분이
매우 밝아졌다. 천식을 앓는
신사, 지금까지 이런 마차를
타고 여행해본 적이 없다며
점잔을 빼는 부인(승합마차를
타면 이런 부인이 한 사람씩
꼭 있다. 아니, 있었다. 이제
는 승합마차를 전혀 찾아볼
수 없으니 말이다), 그리고
브랜디 병을 든 뚱뚱한 과부
가 안쪽 좌석을 꽉 채웠다. 짐꾼이 사람들에게 돈을 청구하자 신사가 6펜스,
뚱뚱한 과부가 손때 묻은 반 페니 동전 다섯 닢을 내놓았다. 마침내 마차가
출발했다. 마차는 올더스게이트의 어둑어둑한 오솔길을 요리조리 뚫고 나가
더니 곧 덜그럭거리며 세인트 폴 성당의 둥근 지붕 옆을 지났고 어느새 플리
트 시장의 손님용 입구 앞을 덜컹덜컹 달리고 있었다. 플리트 시장도 이제는
엑서터 거래소와 함께 어둠 속으로 멀어져 갔지만 말이다. 피커딜리의 화이
트 베어 앞을 지나 나이츠브리지의 과수원과 채소밭에 접어드니 마침 아침
이슬이 내릴 무렵이었다. 이어서 턴햄 그린, 브렌트우드, 백샷을 지나쳤다.
여기서 이 모두를 장황하게 쓸 필요는 없으리라. 하지만 옛날에 이처럼 날씨
가 좋을 때 똑같은 길을 추억이 담긴 승합마차를 타고 지나가본 적이 있는
작가로서는 여행을 떠올리며 감미로운 안타까움에 젖을 수밖에 없다. 재미
있는 일들로 가득했던 그 길은 어떻게 되었을까? 나이 들고 정직하며 코에
여드름을 달고 있던 마차 주인은 이제 첼시에도 그리니치에도 없는 것일까?
그 좋은 친구들은 지금 어디에 있을까? 웰러 노인은 아직 살아 있을까, 아
니면 이미 세상을 떠났을까? 웨이터들, 그들이 일하던 여관, 안을 들여다보
면 차가운 소 허벅지 살이 있었지. 보라색 코에 언제나 양동이를 들고 쩔그

렁쩔그렁 소리를 내며 걸어 다니던 키 작은 말구종, 그는 어디에 있으며 같은 세대의 사람들은 또 어디로 가버린 것인가? 친애하는 독자 여러분의 아이들을 위해 소설을 쓰게 될 미래의 대작가들에게는 이러한 사람들이나 사물들이 아시리아의 옛 수도 니네베, 사자왕 리처드, 잭 셰퍼드 등과 마찬가지로 전설이나 역사처럼 느껴질 것이다.

그들에게 승합마차는 과거 이야깃거리가 될 것이며 마차를 끌던 네 마리의 밤색 말은 뷰세팔루스(알렉산더 대왕이 애용하던 말)나 블랙베스(전설적인 노상강도 딕 터핀의 말)와 마찬가지로 전설로 남으리라. 아아, 마구간지기가 덮개를 벗기고 말이 달리기 시작했을 때 그 털은 얼마나 반질반질 윤기가 흘렀던가! 한 구간을 달리고 난 말들이 옆구리에서 김을 올리며 여인숙 뜰 안으로 들어갈 때 꼬리를 얼마나 느긋하게 흔들었던가! 아아! 우리는 이제 승합마차에서 한밤중에 호각을 부는 소리도 듣지 못하게 되었고 관문이 훌쩍 올라가는 것도 볼 수 없게 되었다. 우리는 이 4인승짜리 소형 트라팔가 마차를 타고 어디를 향해 가고 있었나? 여담은 이만하고 이제 퀸스 크롤리에 내려서 샤프 양이 이곳에 도착할 때까지 여행길이 어땠는지 보기로 하자.

제8장
사사로운 비밀편지

런던 러셀 스퀘어, 아밀리아 세들리 앞

레베카 샤프 씀

(무료우편—피트 크롤리)

너무나도 그리운 다정한 친구 아밀리아. 내가 얼마나 기쁘고도 슬픈 심정으로 펜을 들어서 너에게 편지를 쓰고 있는지 몰라. 아, 어제와 오늘 사이 변화가 너무 크구나! 오늘 나는 친구도 없는 고독한 몸이야. 어제까지는 친자매처럼 다정한 너의 곁에서 아무 걱정없이 지내고 있었는데. 정말 언제까지나 너를 잊지 않을 거야.

너와 헤어진 불행한 날 밤을 내가 얼마만큼의 눈물과 슬픔으로 지새웠는지는 말하지 않을게. 너는 어머니와 네게 헌신적인 젊은 군인과 함께 기쁘고도 즐거운 화요일을 맞이했겠지. 나는 밤새도록 퍼킨스 저택에서 어떤 아가씨보다도 더 아름답게 춤추던 너의 모습을 떠올리고 있었어. 너희 집 마부 존이 마차로 피트 크롤리 경의 런던 저택까지 바래다주었는데 나를 그곳에 내려줄 때 그는 아주 난폭하고 무례하게 행동했어(아! 어차피 나처럼 가난하고 불행한 여자를 모욕한다 해서 뒷일이 걱정되거나 하지는 않을 테니 말이야). 그렇게 피트 경의 손에 넘어간 나는 그날 밤 낡고 음침한 침실에서 자야만 했어. 그것도 그 집 가정부로 일하는 끔찍한 노파와 함께 말이야. 나는 하룻밤 내내 잠시도 눈을 붙일 수 없었지.

피트 경은 우리처럼 철없는 여자들이 치즈윅에서 세실리아의 이야기를 읽으며 상상하던 준남작과는 아주 딴판이야. 오빌 경 같은 사람과 닮은 점이 하나도 없어. 나이 많고 땅딸막하며 품위가 없는 아주 불결한 사람이야. 거기다가 헌옷을 입고 지저분한 각반을 차고, 징글맞게 싸구려 담배를 피우고, 냄비에 자기 손으로 끔찍한 저녁 식사를 해먹는 사람이라면 짐작이 가겠지? 시골 사투리를 쓰는데, 늙은 가정부에게나 우리가 타고 갈 승합마차가 출발하는 여관까지 마차를 태워다준 마부에게 욕을 퍼붓기도 했어. 나는 시골에 오는 동안 거의 마차 바깥자리에 앉아서 왔단다.

새벽에 노파가 나를 깨웠고, 여관으로 가서 처음에는 마차 안쪽 자리에 앉았어. 그랬다가 리킹턴이라는 곳에 이르러 마침 비가 억수같이 퍼붓자 나는 마차 바깥으로 나가서 앉게 됐어. 믿을 수 있겠니? 피트 경이 마차의 소유주인데 머드베리에서 탄 한 손님이 안쪽으로 들어가고 싶다고 하는 탓에 내가 비오는 와중에도 밖으로 나가서 앉아야만 했던 거야. 바깥자리에는 케임브리지 대학의 젊은 신사가 타고 있었는데 자기 외투 몇 벌 가운데 하나를 내게 친절하게 덮어주더구나.

이 신사와 마차 차장은 피트 경을 매우 잘 아는 모양인지 그분을 몹시 비웃었어. 둘 다 피트 경을 구두쇠 영감이라고 부르더구나. 아주 쩨쩨한 욕심쟁이란 거지. 두 사람은 그가 아무에게도 결코 돈을 주지 않는다고 말했어(나는 그런 인색함이 참 싫어). 또 젊은 신사는 우리 마차가 가도의 마지막 두 구간만은 아주 천천히 달릴 거라며 나에게 일러줬어. 피트 경이 마부대에 타고 있고 그 구간을 달리는 동안은 말이 그분 것이기 때문이라더라. "내가 고삐를 잡으면 스쿼시모어까지 말들한테 실컷 채찍질을 해줄 텐데 말이야!" 젊은 케임브리지 학생이 말했어. "좋은 마음가짐이오, 젊은 나리." 차장도 말했지. 나는 그 말뜻을 알아차렸어. 이제부터 '젊은 나리'가 고삐를 잡고 피트 경의 말을 마구 때리면서 울분을 풀 생각이리라 깨닫고는 나도 물론 함께 웃어버렸지.

그런데 문장이 그려진 마차가 훌륭한 말 네 필을 앞세워 퀸스 크롤리까지 4마일 남짓한 머드베리로 마중을 나왔지 뭐야. 우리는 준남작의 시골 저택까지 그 마차를 타고 갔어. 그 댁까지 가는 길에는 1마일쯤 멋진 가로수 길이 있더구나. 문지기 오두막에 있던 여자는(문 기둥은 뱀과 비둘기로 이루어진 크롤리 가문의 문장을 받들고 있었어) 조각을 새겨넣은 낡은 철문을 열고 나와서 우리에게 몇 번씩이나 무릎을 굽히며 인사를 했어. 그

문은 왠지 진저리 나는 치즈윅 학교 교문과 비슷해 보이더라.

"1마일이나 되는 가로수 길이 있으니 말이야." 피트 경이 말했어. "가로수를 모두 목재로 쓰면 6천 파운드어치는 될걸. 그래도 아무것도 아니라고 할 수 있겠나?" 그분은 애버뉴(avenue)를 이버뉴(evenue)라고, '아무것도(nothing)'를 '아무거토(nothink)'라고 발음하시더군. 정말 우습지 않니? 그는 머드베리에서 자신이 고용한 관리인 허드슨 씨를 마차에 태우고 둘이서 차압이라는 둥 경매라는 둥 배수 공사나 하층토를 파내는 것이며 소작인이나 농작에 관한 것 등에 대해 이야기를 나눴어. 나로서는 잘 알아들을 수 없었지. 샘 마일스가 밀렵을 하다 붙잡혔다거나 피터 베일리가 마침내 구빈원에 들어가게 됐다거나 하는 이야기도 나왔어. "꼴좋다." 피트 경이 그렇게 말하더구나. "그를(him)과 그 집안은 150년 동안이나 나를 속였어." 아마도 소작료를 내지 못한 오래된 소작인 이야기겠지. 피트 경은 '그(he)와 그 집안'이라고 말해야 할 것을 '그를(him)과'라고 한다니까. 하지만 돈 많은 준남작씩이나 되면 가난한 가정교사와는 달리 문법 따위를 조심할 필요는 없을 테지.

마차로 지나갈 때, 나는 저택 안의 오래된 느릅나무 몇 그루 위로 아름다운 교회 탑이 솟아오른 것을 봤어. 느릅나무들 앞에는 잔디밭과 별채가 있었는데 그 한가운데 낡은 빨간 집이 있었지. 높은 굴뚝은 담쟁이로 뒤덮여 있고 창문은 햇빛을 받아 반짝이고 있었어. "저것이 댁의 교회인가요?" 내가 물었어.

"그렇다오. 제기랄!" 피트 경이 말하셨어(사실은 이보다 더 심한 말을 썼지만). "뷰티는 어떤가, 허드슨? 뷰티란 내 아우 뷰트를 말하는 거죠, 아가씨. 목사로 있는 내 아우 말이요. 나는 그를 뷰티(buty)와 야수^(미녀beauty와
야수의 말장난)라고 부르지요. 하하!"

허드슨도 따라 웃었어. 그러더니 좀 심각한 표정을 짓고 고개를 끄덕이며 말하는 거야. "좀 나아진 것 같더군요, 나리. 어제는 조랑말을 타고 나와서 우리 곡식 구경도 하시던데요."

"교구세 걱정 때문에 돌아보고 있었겠지. 제기랄(사실 이번에도 그분은 더 심한 말을 사용하셨어). 브랜디를 아무리 마셔봤자 죽지는 않으려나? 그 녀석은 오래 사는 그 누구더라…… 아, 므두셀라^(969세까지
살았다 함)만큼이나 끈질기군."

허드슨이 웃었어. "그 집 도련님들이 대학에서 돌아와 계십니다. 그분들이 존 스크로긴스를 거의 죽을 만큼 두들겨 팼습니다."

"내 보조 관리인을 때렸다고?" 피트 경이 고함을 질렀어.

"존이 목사님 땅에 들어갔답니다." 허드슨이 대답했지. 그러자 피트 경은 노발대발해서 그 녀석들이 만약 자기 땅에 몰래 들어오는 걸 잡기만 하면 맹세코 교회당에서 쫓아내버리겠다고 말했어. 그분은 이렇게도 말씀하셨어. "나는 교회당의 목사 추천권을 팔아버렸어, 허드슨. 그러니까 그 집안이 교회를 이어받지는 못할걸." 그러자 허드슨은 지당한 말씀이라고 하는 거야. 보아하니 두 형제 사이가 좋지 않은 게 분명해. 형제나 자매들끼리 사이가 나쁜 거야 흔한 일이지만 말이야. 치즈윅 학교에서 스크랫칠리라는 두 자매가 늘 서로 헐뜯고 싸우던 일이 생각나지 않니? 메리 복스란 아이는 늘 동생 루이자를 때리곤 했잖아?

얼마 안 있어 어린 두 남자애들이 숲에서 나뭇가지를 줍고 있는 게 보였어. 허드슨은 피트 경의 명령을 받고 마차에서 껑충 뛰어내린 다음 채찍을 들고 그들에게로 달려들었지. "그놈들에게 단단히 혼쭐을 내주게, 허드슨." 준남작이 고함을 질렀어. "실컷 두들겨줘. 그리고 집으로 끌고 와! 부랑자놈들 같으니. 꽉 묶어서 피트의 맛을 보여줘야지." 곧이어 허드슨이 엉엉 울어대는 가엾은 아이들 어깨에 철썩철썩 채찍을 내려치는 소리가 들려왔어. 피트 경은 악동들이 잡힌 것을 확인하고 마차를 현관으로 몰았어.

하인들이 모두 우리를 맞으러 나와 있었지. 그리고

*

어젯밤에 여기까지 쓰다가 누군가 내 방 문을 무시무시하게 두드려대는 바람에 그만둬야 했단다. 누군지 알겠니? 나이트캡을 쓰고 잠옷을 입은 피트 크롤리 경이었어. 그런 꼴로 말이야! 내가 그 모습을 보고 도망치려고 했더니 그분은 성큼성큼 걸어와서 내 양초를 빼앗아. "밤 열한 시 넘어서는 촛불을 켜면 안 돼요, 베키 양." 그분은 그렇게 말씀하셨지. "불을 끄고 자요. 귀여운 말괄량이(그분은 나를 이렇게 불렀어). 매일 밤마다 내가 촛불을 빼앗으러 오는 걸 원치 않거든 열한 시엔 꼭 취침하도록 하시

오.” 이렇게 말하고서 집사인 호록스와 함께 웃으며 나가버렸어. 정말이
지, 그런 사람들이 번번이 방에 찾아오게 할 수야 없지. 그들은 밤이면 어
마어마하게 큰 경비견 두 마리를 풀어놓는데 어젯밤엔 밤새 달을 쳐다보
며 으르렁거리거나 짖어댔어. “나는 개를 고어러(물어뜯는 놈)라고 부르지.” 피트
경이 말했어. “녀석이 사람 하나를 물어 죽였거든. 진짜로 말이야. 저놈
앞에서는 황소도 얌전해진다니까. 저 녀석 어미는 줄곧 플로라(꽃)라고 불
렀는데 지금은 어로어러(으르렁거리는 놈)라고 부른다네. 이제 나이를 먹어서 물 기
운도 없으니 말이야. 하하하!”

퀸스 크롤리 저택은 흉물스러운 구식 빨간 벽돌건물에 높은 굴뚝과 엘
리자베스 여왕 시대풍의 박공이 붙어 있어. 앞쪽에는 테라스가 있는데 비
둘기와 뱀으로 이루어진 집안의 문장을 장식해 놓았고 또 그 위에는 커다
란 현관문이 있어. 그리고 현관 앞의 홀은 말이지, 래드클리프 부인의 작
품에 나오는 우돌포 성 현관처럼 크고 음침해. 거기에는 핑커턴 여학교 학
생들 절반은 들어갈 수 있을 것 같은 난로가 있는데 화덕이 적어도 황소
한 마리를 통구이할 수 있을 만큼 커. 벽에는 몇 대나 이어져왔는지 알 길
이 없는 크롤리 집안 사람들의 초상화가 걸려 있어. 턱수염을 기르고 주름
장식 옷깃을 단 사람이 있는가 하면 커다란 가발을 쓰고 발끝을 드러낸 것
도 있어. 길고 꼿꼿한 코르셋 위로 드레스를 입은 탓에 꼭 탑을 우뚝 세워
놓은 것처럼 보이는 사람도 있지. 그런가 하면 긴 곱슬머리를 늘어트리고
글쎄, 코르셋을 입지 않은 사람도 있는 거야! 방 한쪽 구석에는 죄다 검
은 떡갈나무로 만든 음침하고 커다란 계단이 있는데, 양쪽에 높은 문이 나
있고 그 위에는 수사슴의 머리가 걸려 있어. 이 문은 당구장과 서재, 아주
넓은 황색 객실과 거실로 통해. 2층에는 침실이 적어도 스무 개는 있는 것
같아. 그중 한 침실에 엘리자베스 여왕께서 머무셨다고 하더구나. 이번에
가르치게 된 아이들이 나를 끌고 다닌 덕분에 오늘 아침 이 훌륭한 방들을
모두 돌아볼 수 있었어. 창문은 늘 덧문까지 닫아놓고 있어. 분명히 그래
서 더 음침해 보이는 걸거야. 만약 빛을 환히 비추면 유령이 있을 것 같은
방은 하나도 없을걸. 공부방은 3층에 있는데 내 침실하고도 통해 있어. 그
맞은편에는 아가씨들의 침실이 붙어 있지. 그 다음은 피트 씨의 방이야.
우리는 크롤리 씨라고 부르는데 이 집의 장남이서. 그 옆에는 차남 로든

크롤리 씨의 방이 있어. 이분은 '어떤 분'처럼 군인이라서 연대에 가 있느라고 집에 없어. 정말 방이 모자랄 일은 없을 거야. 러셀 스퀘어 댁 사람들이 모두 와서 묵어도 방이 남아돌걸.

우리가 도착하고 30분 정도 지나니까 식사 종이 큰 소리로 울렸어. 그래서 나는 앞으로 가르칠 두 학생을 데리고 내려갔지(아가씨들은 여덟 살짜리하고 열 살짜리인데 깡마르고 몸집이 작은 아이들이야). 나는 그리운 네가 선물해준 모슬린 옷을 입고 내려갔어(네가 그걸 나에게 줬다고 얄미운 시녀 피너가 엄청나게 화를 냈었지). 손님이 오셔서 아가씨들과 위층에서 식사를 하는 날만 아니면 나를 한 가족처럼 대접하거든.

아무튼 식사 종이 크게 울리자 우리는 모두 크롤리 부인이 앉아 계신 조그만 객실에 모였어. 이분이 두 번째로 들어온 부인이며 아가씨들의 친어머니야. 철물점 딸인데 시집을 잘 왔다고들 하지. 옛날에는 미인이었을 것 같은데 지금은 그 아름다움을 잃어버린 것이 슬퍼 늘 울고 있는 듯한 눈이야. 파리한 얼굴에 몸도 여위었고 어깨가 벌어졌어. 분명 입이 아주 무거운 분일 거야. 부인의 의붓아들인 크롤리 씨도 한 방에 있었어. 도급업자처럼 고급스러운 예복을 걸치고 있었지. 이 사람은 얼굴이 창백하고 여윈데다 못생겼고 말수가 적어. 가느다란 다리에 가슴은 푹 꺼졌고 건초색 구레나룻에 밀짚 같은 머리칼을 하고 있어. 벽난로 선반 위에 사진이 걸려 있는 죽은 친어머니를 꼭 닮았단다. 어머니는 그리젤다라고 하는데 귀족인 빙키 집안 출신이래.

"이분이 새로 오신 가정교사랍니다, 크롤리 씨." 크롤리 부인은 앞으로 걸어나와 내 손을 잡으면서 의붓아들에게 소개해 주셨어. "레베카 샤프 양이라고 합니다."

"오!" 크롤리 씨는 이렇게 말하고 고개를 한 번 앞으로 내밀더니 아까부터 열심히 읽고 있던 소책자를 다시 읽기 시작했어.

"우리 아이들한테 다정하게 대해 주세요." 크롤리 부인은 눈물이 늘 그렁그렁한 빨간 눈으로 말했어.

"아이, 어머니도. 물론 다정하시고말고요." 아가씨들 중 언니가 말했어. 나는 이때 이 부인을 두려워할 필요가 없음을 깨달았지.

"마님, 식사 준비가 다 됐습니다." 집사가 말했어. 그는 검은 옷을 입고

아주 큰 셔츠의 주름장식을
내놓고 있었는데 마치 현관
홀에 걸려 있는 엘리자베스
여왕 초상의 주름장식 같았
어. 식사 준비가 됐다기에
부인은 크롤리 씨의 팔을
붙잡고 식당으로 갔어. 나
는 두 학생의 손을 잡고서
그 뒤를 따라갔지.

피트 경은 어느새 은주전
자를 들고 식당에 앉아 있
었어. 조금 전까지만 해도
술을 가지러 지하실에 다녀
왔는데 다른 식구들과 마찬
가지로 예복을 입고 있었어. 그래봤자 각반을 풀고 검은 털실 양말을 신은
땅딸한 다리를 내놓고 있는 것뿐이었지만. 식기 테이블에는 금과 은으로
빛나는 낡은 접시와 잔, 쟁반, 양념통 등으로 가득해서 마치 런델&브리지
상점의 진열품을 보는 것 같았어. 식탁 위에 놓인 식기들도 모두 은으로
된 것이었지. 식기 테이블 양 옆에는 빨간 머리에 카나리아처럼 노란 제복
을 입은 급사들이 서 있었어.

크롤리 씨가 긴 식전 기도를 올리고 나자 피트 경이 "아멘" 하고 말했
어. 그리고 커다란 은접시의 뚜껑을 열었지.

"오늘 저녁은 뭐지? 벳시." 준남작이 물었어.

"분명히 양고기 수프였을 거예요." 크롤리 부인이 대답했지.

"Mouton aux navets(순무가 들어 있는 양고기 요리)입니다." 집사가 근
엄하게 고쳐준 건 좋은데 발음이 틀렸어. "그리고 수프는 potage de
mouton a l'Ecossaise(스코틀랜드풍의 양고기 수프)입니다. 곁들일 요리는
pommes de terre au naturel(껍질을 벗기지 않은 감자)와 chou-fleur a l'eau
(삶은 양배추)입니다."

"양고기는 양고기지." 준남작이 말했어. "굉장히 맛있는데! 이건 무슨

양으로 만든 거지? 호록스, 언제 잡은 놈인가?"

"얼굴이 까만 스코틀랜드종(種)입니다, 나리. 목요일에 잡은 놈입지요."

"고기를 좀 가져간 사람이 누가 있나?"

"머드베리에 사는 스틸이 등심하고 다리 두 개를 가지고 갔습니다. 지난번에 가져간 놈은 너무 어려서 털밖에 없었다고 하더군요, 나리."

"포타주 좀 드시겠소? 음, 그러니까……블런트 양?"(^{샤프Sharp—뾰족하다—를 블런트 Blunt—뭉툭하다—로 잘못 부른 것임.}) 크롤리 씨가 물었어.

"맛이 훌륭한 스코틀랜드식 수프요, 아가씨." 피트 경이 말했지. "모두 이걸 프랑스어로 뭐라고 부르고들 있지만."

"아버지, 상류사회에선 제가 방금 그런 것처럼 이걸 포타주라고 부르고 있습니다." 크롤리 씨가 뽐내며 말했어. 그러자 카나리아색 윗옷을 입은 급사들이 포타주를 은접시에 담아서 '순무 넣은 양고기'와 같이 내놓았어. 이어서 물을 섞은 맥주가 나왔는데 우리 여자들에게는 포도주용 잔에 따라주었어. 나는 맥주를 잘 모르지만 그런 것보다는 냉수가 훨씬 낫다고 거리낌없이 말할 수 있어.

우리가 한창 식사를 하고 있을 때 피트 경이 양 어깨살은 어떻게 됐느냐고 물었어.

"하인들 방에서 다 같이 먹었겠지요." 부인이 조용히 말했어.

"그렇습니다, 마님." 호록스가 말했어. "다른 고기는 하인들 방에서 조금도 먹지 않았습니다."

피트 경은 너털웃음을 터뜨리고는 호록스와 이야기를 계속했어. "그 켄트종 암돼지가 낳은 검은 새끼 돼지도 이젠 제법 살이 쪘겠군."

"아직 뒤룩뒤룩 살 찌지는 않았습니다, 나리." 집사가 무척 진지하게 말했어. 그랬더니 이번엔 여자들까지 피트 경을 따라 마구 웃기 시작했지.

"로즈 양, 식사중에 그런 웃음소리를 내는 건 예의에 어긋난단다." 크롤리 씨가 말했어.

"뭐 어떤가." 준남작이 말했어. "토요일에는 토실토실한 새끼돼지를 먹어보자. 토요일 아침에 그놈을 잡게, 존 호록스. 샤프 양은 돼지고기를 좋아하지. 그렇지 않소, 샤프 양?"

식사 시간에 한 이야기로 내가 기억하는 건 이것뿐이야. 식사가 끝나자 더운물 넣은 주전자 하나와 럼주가 들어 있는 것 같은 네모난 병이 피트 경의 앞에 놓였어. 호록스가 나와 두 소녀에게 포도주를 조금씩 따라주고 부인에게는 철철 넘치게 따라 주었어. 부인은 식당에서 나오자 바느질 상자에서 아주 기다란 뜨개질감을 꺼냈어. 아가씨들은 때묻은 카드로 크리비지 놀이를 시작했어. 촛불은 딱 하나만 켰는데 아주 큼직하고 낡은 은촛대에 꽂혀 있더구나. 나는 부인에게서 두서너 마디 질문을 받고, 그 뒤에는 크롤리 씨가 식사 전에 읽고 있던 설교집이나 곡물법 소책자를 읽으면서 시간을 보냈어.

그렇게 한 시간이나 앉아 있었는데 발소리가 들려왔어.

"카드를 치워라, 애들아." 부인이 부들부들 떨면서 소리를 질렀어. "크롤리 씨 책을 내려놓으세요, 샤프 양." 우리가 시키는 대로 하자마자 크롤리 씨가 들어왔어.

"어제 읽은 데서부터 이어서 읽자꾸나, 애들아." 크롤리 씨가 말했어. "둘이서 번갈아 가며 한 장씩 읽어보렴. 음……쇼트(^{샤프를 잘못}) 양도 들어보시도록 말이지." 가엾은 아가씨들은, 리버풀의 베데스다 예배당에서 미국 미시시피 주에 사는 치카소족 인디언에게 포교할 목적으로 베풀었던 길고도 따분하기 짝이 없는 설교집을 또박또박 읽어내려갔어. 정말 즐거운 저녁이 아니니?

하인들은 10시가 되면 기도를 드리기 위해 피트 경과 가족들을 불러오게끔 되어 있어. 피트 경이 맨 먼저 왔는데 얼굴이 새빨갛게 달아오른 채 걸음걸이도 좀 위태위태했어. 이어서 집사, 카나리아색 제복을 입은 급사들, 크롤리 씨의 시종, 그 밖에 마구간 냄새가 나는 남자 셋과 여자 넷이 들어왔어. 여자들 가운데 한 명은 몸치장을 덕지덕지 하고 있어서 눈에 띄었는데 그 여자는 무릎을 꿇을 때 더없이 깔보는 눈빛으로 나를 보더구나.

크롤리 씨가 목청이 터져라 장황하게 설교하고 나서 우리는 촛불을 받아들고 침실로 갔어. 그 뒤에 나는 편지를 쓰다 중간에 방해를 받았지. 앞에서 썼던 대로 말이야.

그럼 잘 자렴. 네게 몇천 번이나 되는 입맞춤을 보낸다!

토요일. 오늘 아침 다섯 시에 나는 까만 새끼돼지가 비명을 지르는 소리를 들었어. 로즈와 바이올렛이 어제 내게 그 새끼돼지를 구경시켜줬지. 마구간과 개집, 정원도 구경시켜줬어. 정원사가 시장에 보낼 과일을 따고 있기에 두 아가씨가 온실의 포도 한 송이만 달라고 열심히 부탁했어. 하지만 정원사는 피트 경이 포도 수를 빠짐없이 세어두었기 때문에 조금이라도 다른 사람에게 주면 자기 목이 위험하다며 거절했어. 아가씨들은 또 목장에서 망아지를 붙잡아서 나더러 타보지 않겠느냐고 묻더니 자기들끼리 타기 시작했어. 그때 마부가 무섭게 고함을 지르며 달려와서 아가씨들을 쫓아냈단다.

크롤리 부인은 늘 뜨개질을 하고 계셔. 피트 경은 밤마다 얼근히 취하시는데 내 생각에는 집사 호록스와 함께 마시는 것 같아. 크롤리 씨는 저녁에 늘 설교집을 읽고 아침에는 서재에 틀어박히거나 지방 일로 머드베리까지 말을 타고 다녀오곤 해. 또한 수요일과 금요일에는 스퀴시모어에 가서 소작인들에게 설교를 하곤 하지.

아버님과 어머님께도 깊은 사랑과 감사를 전해줘. 가엾은 너희 오빠는 랙 펀치를 마시고 탈났던 것이 나아지셨는지 모르겠구나. 어머나! 이것 참! 독한 펀치를 마실 땐 정말 조심해야 돼!

영원한 너의 벗
레베카

여러 가지로 미루어볼 때, 러셀 스퀘어에 있는 우리 귀여운 아밀리아 세들리로서는 샤프 양과 완전히 이별하는 편이 나았으리라. 레베카는 참으로 별스럽고 재미있는 여자다. '잃어버린 아름다움을 슬퍼하며 울고 있는 가엾은 부인'이라든가, '건초색 구레나룻에 밀짚 같은 머리칼'의 신사라는 묘사는 무척 세련된 표현이며 세상사를 잘 알고 있다는 증거이다. 그녀가 무릎을 꿇고 있을 때 호록스의 딸이 달고 있던 리본보다 더 큰 일을 생각하고 있었으리라는 것도 우리 모두 짐작할 수 있다. 이 소설의 제목은 '허영의 시장'이다. '허영의 시장'이란 말 그대로 허울만 좋고 사악하여 어리석기 짝이 없는 곳이기에 온갖 사기와 허위와 허식으로 가득 차 있음을 덕 많은 독자께서 명심해주기 바란다. 그리고 막 앞에서 보신 대로 도도하게 설교하는 남자(여러분의 충실한 하인인 작가를 정확하게 그린 초상이지만)는 사제복도 입지 않고 폭 넓은 넥타이도 매지 않았으며 청중과 다를 바 없이 길게 늘어진 평범한 옷을 입고 있는 것에 불과하다고 나 자신도 인정한다. 그러나 방울 달린 광대 모자를 쓰든 사제 모자를 쓰든 상관없이 진실을 알고 있는 한 그것을 있는 그대로 밝힐 의무가 있음을 여기서 밝혀 두고 싶다. 그리고 진실을 말하는 동안 마음에 들지 않는 소리가 튀어나올 게 분명하다는 것도 잘 알아두시기 바란다.

나는 나폴리에서 동업자인 이야기꾼 하나가 해변에서 놀고 있는 조무래기들 한 떼를 모아놓고 이야기하는 것을 들은 적이 있다. 그는 이야기 가운데 나오는 악당들의 악독한 행위를 꾸며내 이야기하면서 스스로 굉장한 의분과 열정을 보였기 때문에 청중도 결국 말려들고 말았다. 청중들은 이야기꾼과 함께 이야기 속 가공의 악당에게 고함을 치며 욕설을 퍼부었다. 이야기꾼이 모자를 돌릴 때는 진한 공감이 폭풍처럼 밀려드는 가운데 동전이 마구 날아들었다.

그런가 하면 파리의 조그만 극장에서는 관중이 연극 속의 폭군을 저주하며 "이 파렴치한 놈! 짐승 같은 놈!" 하고 관람석에서 고함을 지른다. 그뿐만 아니라, 배우들 자신이 비인도적인 영국인이나 야만적인 코사크인 같은 악역을 맡는 것을 몹시 싫어한다. 돈을 적게 받더라도 그들의 본성 그대로인 충성스러운 프랑스인으로 나오기를 원하는 것이다. 두 가지 예를 여기서 이야기한 것은 이제부터 악당들을 무대에 끌어내 벌을 내린다고 해도 그것은 단순히 돈 때문이 아니라 내가 진심으로 그들을 미워하기 때문임을 여러분들이 알아주셨으면 하는 뜻에서이다. 나는 이러한 증오심을 억누를 수 없으므로 내 입에서 그들에게 걸맞은 욕설이 튀어나오는 것도 어쩔 수 없는 일이다.

그러니 나는 마음씨 고운 독자들에게 이제부터 슬픈 악행과 복잡한—그러나 아주 흥미로울 것이라 믿고 있는—죄악에 대해 이야기하려 한다는 것을 미리 말씀드리고 양해를 구하고자 한다. 내가 묘사하는 악당들은 얼간이 같은 악당들이 아님을 약속하는 바이다. 마땅한 곳에 이르면 대대적인 말들도 아낌없이 쓸 생각이다—어떻게 아낄 수 있단 말인가! 그러나 조용한 시골에 오면 자연스럽게 마음이 잔잔해지는 법이다. 개수통 속에서 폭풍이 몰아치는 일을 상상할 수 없는 것과 마찬가지다. 폭풍은 망망대해나 쓸쓸한 한밤중처럼 잘 어울리는 장면을 위해 남겨놓도록 하자. 아무튼 이번 장은 꽤 온화한 장이었다. 다른 장은—아니, 앞으로 전개된 내용을 앞질러 이야기하지 않도록 하자.

그리고 한낱 인간이자 같은 동지로서 독자들의 양해를 구하고 싶은 것이 있다. 나는 작품 속 인물들이 하나하나 등장할 때 단순히 그들을 소개할 뿐만 아니라 때로는 단상에서 내려와 그들에 대해 여러 이야기를 하고 싶다. 그들이 착하고 친절하다면 호의를 품고 악수도 하겠지만 그들이 어리석다면 독자 뒤에 숨어서 몰래 비웃자는 것이다. 그리고 그들이 흉악한 냉혈한이라면 예의에 어긋나지 않는 범위 안에서 엄중히 혼을 내주려 한다.

그렇지 않으면 샤프 양이 예배 따위는 아무 짝에도 쓸모없는 짓이라고 생각한 것을 두고 작가가 예배를 비웃고 있다고 오해할지도 모른다. 더구나 돈이 되는 것만 받들고 성공에 눈먼 인간이 웃는 것을 보면서 작가가 바커스의 양부 실레노스처럼 비틀거리는 늙은 준남작을 보고 재미있어하며 웃는다고 생각할 수도 있기 때문이다. 실제로 이 세상에는 신의가 없고 이상과 자비심도 없는 인간이 더 잘살고 있다. 친애하는 독자 여러분, 그런 인간에게 한 번쯤 있는 힘을 다해 부딪쳐보지 않겠는가? 또한 돌팔이에 바보들 주제에 크게 성공한 녀석들도 있다. '비웃음'이란 무기는 그런 녀석들을 해치우고 드러내기 위해서 생겨난 것이 틀림없다.

제9장
가족의 초상

피트 크롤리 경은 이른바 밑바닥 생활에 취미가 있는 철학자였다. 그가 처음에 귀족인 빙키 집안의 딸과 결혼한 것은 부모의 주선 때문이었다. 그는 아내가 살아 있을 때부터 "당신은 걸핏하면 싸움이나 하려드는 약삭빠른 귀족이다. 당신이 죽으면 무슨 일이 있어도 다시는 귀족 집안 여자하고 결혼하지 않을 것이다" 하고 말했다. 그리고 아내가 죽자 그는 약속대로 머드베리의 철물점 주인 존 토머스 도슨의 딸을 후처로 맞이했다. 크롤리 경의 아내가 되다니 로즈는 얼마나 행복한 여자인가!

그녀가 행복한 점이 무엇인지 말하자면 이렇다. 먼저 그녀는 사이좋게 지내오던 청년 피터 버트를 버렸다. 그 청년은 실연을 겪은 뒤 밀수에 손을 대거나 밀렵을 하는 등 나쁜 짓을 수없이 저지르게 되었다. 그러자 로즈는 어쩔 수 없이 젊은 시절 친구는 물론이고 친하게 지내던 사람들 모두와 사이가 틀어지고 말았다. 퀸스 크롤리의 준남작 부인이 된 그녀가 그런 사람들을 집에 들여놓는다는 것은 당연히 불가능한 일이었다. 그뿐 아니라 그녀가 준남작의 새로운 부인으로 크롤리 저택에 들어오게 된 것을 진심으로 환영한 사람은 한 명도 없었다. 누가 기뻐해 주었겠는가? 허들스턴 퍼들스톤 경의 세 따님은 모두 크롤리 경의 아내가 되고 싶어 했다. 자일스 왑샷 경 일가는 집안 아가씨들 중 한 명이 결혼상대로 선택받지 못한 것에 화를 내었다. 그 지방에 사는 다른 준남작들도 그들 가운데 신분이 낮은 철물점 딸 따위와 결혼하는 자가 나왔다는 것에 분개했다. 평민들이 뒤에서 투덜투덜하는 것은 별로 상관없었지만.

피트 경은 누가 뭐라고 하든, 본인의 표현을 빌리자면 손톱 밑의 때만큼도 아랑곳하지 않았다. 그는 아름다운 로즈를 자신의 것으로 만들었다. 남자로서 자기가 좋아하는 일을 할 수 있다면 그 이상 무엇을 바라겠는가? 그래서 그는 밤마다 술을 마셨다. 때때로 사랑스러운 로즈를 때리기도 했다. 의회가 시작되면 이 넓은 세상에 친구 하나 없는 그녀를 햄프셔 시골에 남겨두고 자기는 런던으로 떠나는 것이었다. 목사 뷰트 크롤리의 아내까지도 장사꾼의 딸에게 윗사람 대접할 생각은 없다면서 그녀를 찾아가지 않았다.

크롤리 경의 안사람이 된 로즈에게 하늘이 내린 축복이라고는 오직 발그레한 볼과 눈처럼 흰 살결뿐이었다. 개성도, 재능도, 의견도, 직업도, 취미도 없는 데다 아주 멍청한 여자들이 많이 지니고 있는 활발함이나 사나운 성질도 찾아볼 수가 없어 피트 경의 애정을 독차지하지 못했다. 아이 둘을 낳고 나서부터는 볼에서 장밋빛이 사라지고 귀엽고 청초한 모습도 빛이 바래 버렸다. 그녀도 이제는 전부인이 남긴 그랜드피아노와 마찬가지로 크롤리 집안의 가재도구나 다름없는 존재가 되었다. 살결이 하얬으므로 금발머리 여자들이 흔히 그러하듯 그녀도 색이 연한 옷을 입었다. 특히 청록색과 하늘색 옷을 즐겨 입었는데 옷자락이 바닥에 끌려 더러워지거나 단정치 못한 모습이 되곤 했다. 그녀는 언제나 뜨개질이나 그 밖의 다른 일들을 밤낮을 가리지 않고 손에 들고 있었다. 몇 년 동안 크롤리 집안 침대 이불을 죄다 만들기도 했다. 또한 그녀는 작은 화원을 가꾸며 애착을 품고 있었다. 그 밖에는 그다지 좋아하는 것도 싫어하는 것도 없었다. 남편이 그녀에게 소홀해도 시큰둥했지만 때리면 언제나 눈물을 흘렸다. 울분을 술로 달랠 만한 의지도 없었으므로 그냥 칠칠치 못하게 컬 페이퍼(머리를 곱슬곱슬하게 만들 때 쓰는 종이)를 머리에 붙인 꼴로 끙끙거릴 뿐이었다. 오, 허영의 시장, 허영의 시장! 이 세상에 허영의 시장만 없었더라면 이 여자도 쾌활한 아가씨로 남았을 텐데. 피터 버트와 사이좋은 부부가 되어 조그만 농장이라도 경영하며 화목한 가정을 꾸려서 진정으로 행복을 느끼고, 때로는 고생을 하거나 희망을 갖기도 하면서 일을 하며 살았을 것이다. 그러나 허영의 시장에서는 행복보다 작위와 사두마차가 훨씬 중요한 장난감이다. 만약 헨리 8세나 푸른 수염이 되살아나 열 번째 아내를 찾으려 한다면, 그들이 이번 시즌의 첫 사교파티에 참석해서 가장 아름다운 아가씨를 손에 넣을 수 없을 거라고 그 누가 장담할 수 있을까?

쉽게 상상이 되겠지만 어머니가 멍하니 의기소침하게 생활하고 있었으므로 딸들은 어머니에게 크게 애정을 느끼지 못하고 오히려 하인들 방이나 마구간에 가서 즐겁게 노는 형편이었다. 그리고 스코틀랜드 사람인 정원사가 다행히도 훌륭한 아내와 착한 아이들을 데리고 있어서 딸들은 정원사의 집에 가서 적게나마 건전한 친구와 교훈을 얻을 수 있었다. 레베카가 올 때까지 그들이 받은 교육이란 이 정도뿐이었다.

샤프 양을 가정교사로 들이게 된 것은 크롤리 씨의 충고 때문이었다. 크롤리 씨는 의붓어머니인 크롤리 경 부인에게 유일한 친구이자 바람막이라 할 수 있었다. 부인이 친딸인 두 소녀말고 아주 조금이나마 애착을 느끼고 있는 사람은 그뿐이었다. 그는 돌아가신 친어머니 피를 이어받아 귀족인 빙키 집안의 가족들을 닮았으며 매우 정중하고 훌륭한 신사였다. 성인이 되어 옥스퍼드의 크라이스트처치 대학에서 돌아온 뒤로 그를 두려워하는 아버지를 아랑곳하지 않고 느슨해진 집안 규율을 고쳐나갔다. 너무도 엄격하고 세련된 사람이라 흰 옷깃을 달지 않고 만찬을 드느니 굶어 죽는 게 낫다고 할 정도였다. 그가 대학에서 막 돌아온 어느 날, 집사 호록스가 편지를 쟁반 위에 올리지 않고 그냥 가져다준 적이 있었다. 그때 그가 호록스를 노려보며 얼마나 심하게 야단을 쳤는지 그 뒤로 집사는 그의 앞에 나가기만 하면 부들부들 떨었다. 집안의 모든 사람들이 그 앞에서 몸을 낮추었다. 크롤리 부인도 그가 집에 있을 때는 늘 머리에 붙이는 컬 페이퍼를 재빨리 떼어내곤 했다. 피트 경도 진흙이 묻은 각반을 차지 않았다. 버릇을 잘 고치지 못하는 이 노인은 다른 습관은 어쩔 수 없어도 그 앞에서 럼주에 취하는 일이 없었으며 하인들에게도 조심스럽고 정중한 말투를 썼다. 하인들조차 젊은 나리가 방에 있을 때면 피트 경이 부인을 야단치는 일이 없다고 말하곤 했다.

집사에게 "마님, 식사 준비가 됐습니다" 하는 인사법을 가르쳐준 것도 그였고 식당에 갈 때 꼭 부인의 손을 잡고 가는 것도 그였다. 그는 의붓어머니에게 그다지 말을 걸지 않았으나 말을 건넬 때는 무척 정중했다. 그리고 의붓어머니가 방을 나갈 때면 언제나 의젓하게 일어서서 문을 열어드리고 나가는 그녀에게 정중히 인사했다.

이튼 학교를 다니던 시절에 그의 별명은 '크롤리 양'이었다. 안타까운 이야기지만 그 무렵에는 동생인 로든에게 심하게 얻어맞곤 했다. 그는 남다른 재능이 없었으나 모자란 재능을 감탄할 만한 노력으로 채웠다. 그리고 재학

기간 8년 동안 천사가 아니고서야 도저히 피하기 어려운 처벌을 한 번도 받아본 적이 없었다.

그의 대학 생활도 물론 뛰어났다. 그는 대학에서 한결같이 고금의 웅변가들을 연구하고 토론회에서 끊임없이 발언하며 외할아버지 빙키 경의 주선으로 진출할 예정이었던 공무원 생활을 준비했다. 그는 말이 청산유수로 목소리는 가늘어도 오만함과 자만심을 담아 말하며 감정과 사상이 진부하지 않고 라틴어를 인용하기까지 했다. 누가 보아도 당연히 성공하리라 여겼지만 어찌된 셈인지 빛을 보지 못했다. 친구들이 모두 틀림없는 입선작이라고 믿고 있던 그의 시(詩)도 입상하지 못했다.

그는 대학을 나와서 빙키 경의 비서가 되었다가 펌퍼니클 주재 공사관으로 임명받았다. 그는 그 지위를 영예롭게 여겼고 당시 외무대신에게 슈트라스부르크의 파이에 관한 긴급 보고서를 가지고 귀국하기도 했다. 공사관원으로 10년 동안이나 근무했지만(빙키 경이 죽은 뒤로도 몇 년) 승진이 너무 늦는지라 마침내 그는 외교관 생활에 정이 떨어져 일을 그만두고 시골 신사로 돌아갔다.

그는 상당한 야심가로 언제나 세상에 이름을 떨치고 싶어 했으므로 영국에 돌아오자마자 맥아에 대해서 소책자를 썼다. 또한 흑인 노예 해방문제에 강경한 태도를 취했다. 일찍이 그 견해를 존경하고 따르던 윌버포스 씨와 친구가 되거나 사일로스 혼블로워 목사와 서부 아프리카의 아샨티 왕국 전도문제로 주고받은 편지가 유명해지기도 했다. 그는 또한 의회 회기 중이기 때문만이 아니라 종교적 회합을 위해 적어도 5월만큼은 런던에 머물렀다. 시골에서는 치안판사를 맡고 있었고, 종교적 지식이 부족한 사람들을 방문해서 여러 이야기를 들려주며 왕성하게 활동했다. 사람들 이야기로는 그가 사우스다운 경의 셋째 딸 제인 시프생크스 양에게 마음이 있다고 했다. 그녀의 언니 에밀리는 〈뱃사람들의 진정한 나침함〉과 〈핀칠리의 사과장수〉라는 아름다운 소논문을 쓴 사람이었다.

크롤리 씨가 퀸스 크롤리에서 하는 일이 무엇인지 샤프 양이 편지에 쓴 내용은 단지 풍자화(諷刺畫)가 아니었다. 편지에도 써 있듯이 그는 퀸스 크롤리 저택의 하인들에게도 예배를 시켰다. 더욱 만족스럽게도 아버지까지 예배에 나오도록 했다. 그는 또 크롤리 교구 내의 중립파 예배당을 후원하여 교구 목사인 삼촌의 분노를 샀다. 피트 경은 이것을 보고 속으로 기뻐하며 권유받은 대로 자신도 한두 번 그리로 나가보기까지 했다. 그러자 목사인 그의 아우는 화가 단단히 나서 크롤리 교회에서 오래된 고딕 양식으로 만들어진 준남작의 가족석을 향해 단도직입으로 격렬하게 설교를 해댔다. 그러나 한 점 부끄러움이 없는 피트 경은 설교 시간에 늘 낮잠을 자는지라 설교에 담긴 힘을 전혀 느끼지 못했다.

크롤리 씨는 국민과 기독교 세계의 복지를 위해서 늙은 아버지가 국회 의석을 자신에게 물려주기를 간절히 바랐다. 그러나 아버지는 늘 이를 거절했다. 물론 두 사람은 선거구의 두 의석(당시 이 자리는 노예문제에 관해 전권을 위임받은 쿼드룬 씨가 차지하고 있었지만)에서 들어오는 1천5백 파운드를 포기할 정도로 경솔하지 않았다. 사실 퀸스 크롤리 저택의 재정은 어려움에 빠진 터라 선거구에서 나오는 수입으로 많은 도움을 받고 있었다.

초대 준남작 월폴 크롤리가 문서국에 재직하던 당시 공금횡령으로 집안에 무거운 벌금을 부과받은 뒤로 사정이 좀처럼 나아지지 않았다. 명랑한 월폴 경은 ("남의 재산을 부러워하면서 자기 재산은 낭비한다"고 크롤리 씨가 자주 한탄하였듯이) 돈에 욕심이 많으면서도 씀씀이가 대단했다. 전성기를 누릴 때는 언제나 술독에 빠져 지냈다. 퀸스 크롤리 저택에 가면 늘 환대를 받을 수 있다 하여 그 지방 사람 모두가 그를 좋아했다. 당시 지하실에는 버건디 포도주가 가득 들어 있었고, 개집에는 사냥개들이, 마구간에는 훌륭한 사냥말들이 잔뜩 있었다. 그런데 지금 퀸스 크롤리 댁에 있는 말은 밭갈이를 하거나 승합마차를 끌고 다니는 것들뿐이었다. 샤프 양이 이 댁에 왔을 때도 바로 이 말들이 쉬는 날이라 마중오게 했던 것이다. 피트 경은 시골뜨기인 주제에 집에 있을 때는 몹시 체면을 차려 사두마차를 타지 않고서는 좀처럼 외출하지 않을 정도였으며 양고기 삶은 것을 먹으면서도 급사를 셋씩이나 부리는 사람이었기 때문이다.

만약 돈에 인색한 사람이 부자가 될 수 있다고 한다면 피트 크롤리 경은 어마어마한 갑부가 되었을 것이다. 또 그가 잘 돌아가는 머리밖에 가진 것이 없는 시골 마을의 변호사였다면 아마 머리를 굴려서 세력을 키우고 재산을 모았을지도 모른다. 그러나 다행인지 불행인지 그는 명문가에서 태어났다. 빚에 허덕이긴 했지만 많은 재산을 가지고 있었는데 두 가지가 모두 그에게 이익이 된다기보다는 방해가 되었다. 그는 법률에 취미가 있었지만 그것 때문에 해마다 돈이 몇천 파운드나 들었다. 그리고 자기 말로는 어느 대리인에게 일을 맡겨 두었으며 자신은 남에게 속아서 손해를 볼 만큼 얼간이가 아니라고 똑똑한 척을 해댔지만 하나같이 신용이 안 가는 녀석들에게 일을 맡겨서 엉망진창으로 만들어버리곤 했다. 크롤리 경은 너무나도 모진 지주였기 때문에 그의 소작인은 죄다 파산을 하는 형편이었다. 농부가 밭에 뿌릴 씨앗조차 아낄 만큼 인색했기 때문에 그 앙갚음으로 자연도 투자를 더 많이 한 농부들에게 내려주는 수확보다 훨씬 적은 결실을 돌려 주었다. 그는 또한 할 수 있는 모든 사업에 손을 뻗었다. 광산도 해보고, 운하(運河)의 주식도 사보고, 승합마차도 경영해보고, 정부의 청부도 맡아보는 등 치안판사로서나 사생활에서나 그 지방에서 가장 바쁜 사람이었다. 크롤리 경은 화강암 채석장의 정직한 대리인들에게 임금을 지불하는 것을 아까워하여 네 명의 감독이 결국에는 거액의 돈을 가지고 미국으로 도망쳐버리는 일까지 벌어졌다. 알맞은 예방책을 마련해두지 않은 탓에 탄광이 침수되기도 했다. 정부에서는 그에게 청부한 쇠고기가 상했다면서 반환해버렸다. 승합마차를 끄는 말을 값싼 것만 사들이고 잘 먹이지도 않아 영국 안에 그만큼 말을 많이 죽이는 사람도 없음을 국내 승합마차 소유자 모두가 알고 있는 형편이었다. 성격을 보면 크롤리 경은 사교적이며 거드름 피우는 일이 전혀 없었다. 그러기는커녕 점잖은 체하는 아들처럼 신사들을 상대하기보다 농부나 마구간지기들과 어울려 술을 마시거나 욕설을 하거나 농부의 딸을 놀리는 쪽을 더 좋아했다. 그는 남에게 동전 한 닢 내준 역사가 없었고 다른 사람을 위해 힘쓴 적이 한 번도 없었다. 그는 유쾌하고, 약삭빠르고, 늘 웃으며 소작인들과 농담까지 주고받으면서 술을 마셨다. 그러나 바로 다음 날에는 상대의 물건을 내다팔거나 했다. 또한 밀렵꾼을 붙잡아서 해당기관으로 끌고 갈 때도 밀렵꾼을 상대로 평소처럼 기분 좋게 웃어댔다. 그가 여자에게는 정중한 태도를 보인다는 사실은 이미 레베카 샤프 양의 편지로 잘 알 수 있다. 영국의 준남작 계급, 귀족사회, 서민계급을 통틀어 피트 경보다 교활하고 저속하고 이기적이며 어리석고 평판도 나쁜 늙은이는 없을 것이다. 피트 크롤리 경의 피처럼 붉은 손은 자신의 지갑만은 가만히 놔둔 채 남들 지갑은 가리지 않고 모조리 노리고 있었다. 디브렛(영국귀
족연감)에 이름이 실릴 정도인 인물이 그만큼이나 많은 단점을 한 몸에 지니고 있다는 것을 밝혀야만 하는 것은 영국귀족을 찬미하는 우리로서는 매우 슬프면서도 고통스러운 일이 아닐 수 없다.

피트 경이 장남 크롤리 씨에게 고개를 들지 못하는 가장 큰 이유는 금전관계 때문이다. 준남작은 아들 크롤리의 생모인 전처의 유산을 얼마 정도 아들에게 빚지고 있는데 그것을 갚을 형편이 되지 못했다. 사실 준남작은 누구에게든 빚을 갚는 것을 몹시 싫어했다. 그래서 그에게 돈을 받아내려면 직접 힘을 쓰는 수밖에 없었다. 레베카의 계산에 따르면(이제 곧 알게 되겠지만 그녀는 이 집안에서 가장 비밀스러운 부분까지도 알게 되었다), 준남작이 채권자들에게 갚을 돈만 해도 일 년에 수백 파운드는 되었다. 그런데 이것은 그에게 버릴 수 없는 즐거움이기도 했다. 그는 가련한 채권자들을 언제까지고 계속 기다리게 만들고, 법정에서 법정으로 돌고 돌면서 돈을 갚을 기한을 모두 연기시키며 짓궂은 즐거움을 느끼고 있었다. 빚을 꼭 갚아야만 한다면 국회 같은 곳에 뭐하러 나가겠느냐고 말할 정도였다. 그러므로 상원 의원이라는 지위는 그에게 아주 쓸모 있었다.

허영의 시장, 허영의 시장! 제대로 글도 못 쓰고 책을 읽을 생각조차 하지 않으며, 시골뜨기 같은 습관과 교활함을 지니고, 좀스럽게 억지 쓰는 일을 인생의 목적으로 삼고 있으며, 비열하고 추악한 것 말고는 취미도 감정도 즐거움도 없으면서 그저 지위와 명예와 세력을 누릴 뿐인 인간이 여기 한 사람 있다. 그러나 그런 자가 나라의 높으신 분이고 주춧돌인 것이다. 그는 지방의 높은 관리가 되어 금칠한 마차를 타고 돌아다닌다. 위대한 대신들과 정치가들이 그의 비위를 맞추며 허영의 시장에서 그는 가장 뛰어난 천재나 한 점 부끄러움 없는 군자보다도 높은 지위를 차지하고 있는 것이다.

피트 경에게는 독신인 이복 누이가 하나 있는데 이 누이는 모친이 남긴 거액의 재산을 상속받았다. 준남작은 저당을 잡고 그녀에게서 돈을 빌리려 했지만 크롤리 노부인은 이를 거절하고 믿을 수 있는 공채를 사들이기로 결정했다. 그러나 그녀는 자기가 죽으면 재산을 피트 경의 차남 로든과 목사 일가에게 똑같이 나누어주겠다고 했다. 실제로 로든이 대학과 군에 있을 때 한두 번인가 빚을 갚아주기도 했다. 그래서 그녀가 퀸스 크롤리에 오면 모든 사람이 굽실거리곤 했다. 그녀는 어디에 가든 모두에게 존중받을 만큼 은행에 예금을 가지고 있었던 것이다.

은행에 예금이 있으면 늙은 여자라도 얼마나 큰 가치가 붙게 되는지! 특히 그런 사람이 친척 중에 있으면(독자 여러분도 친척 중에 그런 분이 계실 거라 생각하지만) 모두가 그 사람의 결점까지 얼마나 너그럽게 포용해주며 또 얼마나 친절하고 선량한 할머니로 여기는지 모른다. 홉즈 & 돕즈 상점으로 쇼핑을 하러 가도 그곳의 젊은 직원이 서글서글하게 웃으면서, 뚱뚱하고 천식이 있는 마부가 타고 있는 마름모꼴 문장이 붙은 그녀의 마차까지 얼마나 정중하게 바래다줄지 모르는 일이다.

만약 우리 집으로 놀러라도 오면 대부분의 경우 우리는 무언가를 핑계 삼아 그녀의 지위를 친구들에게 퍼트리려 할 것이다. 우리는 "맥휘터 고모가 5천 파운드 수표를 써주시면 좋겠는데" 하며 말해본다(사실 써주기 바라는 게 맞긴 하지만). 그러면 아내가 "분명히 써주실 거예요" 하면서 장단을 맞춘다.

거기서 친구들이 맥휘터 씨와 친척이라도 되느냐고 물어봐 주면 아무렇지도 않게 "응, 고모님이셔" 하고 가볍게 대답한다. 아내는 호의의 표시로 작은 선물을 계속 보내고 어린 딸들은 털실로 만든 바구니나 쿠션, 발걸이 등을 대고모님을 위해 끊임없이 만들 것이다. 아내는 평생 불을 떼지 않고 허리띠를 졸라매던 주제에 고모님이 오셨을 때만은 얼마나 방에 불을 지피고 환대하는지 모른다. 그녀가 머무는 동안 집 안은 다른 때는 볼 수 없었을 만큼 떠들썩하고 깨끗하며 따뜻하고 유쾌하고 아늑한 모습이다. 주인은 저녁 식사가 끝나도 자러 갈 줄을 모르고 평소에는 잘 하지도 않는 트럼프로 삼판 승부를 내는 것이 갑자기 좋아지기도 한다(단, 반드시 져야 한다). 식사는 또 얼마나 호화로운지! 매일같이 사냥해온 고기와 맘씨 마데이라처럼 고급스러운 포도주가 나오며 런던에서 주문해온 생선이 끊이지 않을 정도이다. 부엌의 하인들까지 집 안에 넘쳐나는 부유함을 나누어 받는다. 어찌된 일인지 맥휘터 여사의 뚱뚱한 마부가 머무르는 동안에는 맥주도 더 독한 놈이 나온다. 그리고 그녀의 시녀가 식사를 하는 아이들 방에서 차나 설탕이 아무리 줄어들어도 전혀 혼나지 않는다.

어떤가, 내 말이 틀렸는가? 나는 중류층 사람들에게 말하고 있는 것이다. 아아, 자비로운 힘이시여! 저에게 나이 든 고모 하나를 보내주소서. 미혼인

고모를, 마차에 마름모꼴 문장을 달고 연한 갈색 앞머리를 붙인 고모를. 그
러면 우리 아이들이 그 고모를 위해 얼마나 열심히 반짇고리를 만들 것이며
나와 아내 줄리아는 얼마나 그 고모를 잘 모실지 모른다! 더할 나위 없이
달콤한 상상이로다! 어리석디 어리석은 꿈이로다!

제10장
친구를 사귀는 샤프 양

앞 장에서 묘사한 사람들이 레베카를 정다운 가족의 한 사람으로 맞아들인 이상 당연히 레베카도 스스로 말한 바와 같이 이제부터 신세를 질 사람들의 마음에 들게끔 하고, 힘 닿는 데까지 그들의 신임을 얻도록 노력할 의무가 있었다. 의지할 데 없는 고아가 이런 은혜를 안다는 것은 누구나 감탄하지 않을 수 없는 일이다. 아무리 그녀의 타산에 다소의 이기심이 섞여 있다 하더라도 그 정도의 셈은 마땅한 것이라고 다들 말할 것이다. "이 드넓은 세상에서 나는 외톨이야." 이 고독한 아가씨가 말했다. "나는 내 힘으로 일해서 얻는 것밖에는 다른 수가 없어. 볼이 빨간 건방진 아밀리아는 내 반도 못 따라오는데도 1만 파운드의 재산과 고정수입을 보장받고 있는데 이 가엾은 레베카(얼굴도 개보다 내가 훨씬 예쁜데)는 몸 하나와 지혜에 의지할 수밖에 없어. 뭐, 내가 머리 하나로 잘 먹고 잘 살 수 있게 될지 어떨지, 그리고 언젠가는 내가 훨씬 대단하다는 것을 아밀리아에게 보여줄 수 있을지 어디 두고 보자고. 그렇다고 해서 아밀리아를 싫어하지는 않아. 그렇게 순진하고 다정하기만 한 아이를 어떻게 미워할 수 있겠어. 그저 내가 출세해서 그 아이보다 높은 지위에 오를 날이 왔으면 좋겠다는 이야기지. 그러면 안 된다는 법도 없잖아?" 우리들의 작은 공상가는 이렇게 자기 장래의 꿈을 그려보는 것이었다. 그 상상 속 성에 사는 주요인물이 장래의 남편이라고 해서 우리가 분개할 이유는 없을 것이다. 젊은 아가씨들이 장래의 남편 말고 무엇을 생각하겠는가? 그들의 어머니들도 다른 일은 생각지 못할 것이다. "나는 나 자신의 어머니 역할까지 해야 돼." 레베카가 말했다. 그리고 조스 세들리와의 사이에서 겪은 사소한 실패를 떠올리자 패배했다는 사실에 가슴이 콕콕 쑤셨다.

그래서 레베카는 영리하게도 퀸스 크롤리 집안에서는 자신의 지위를 평온하고 튼튼하게 다지기로 결심했다. 그리고 이러한 목적을 이루기 위해 자기 평온을 조금이라도 방해할 만한 주위 사람들을 죄다 친구로 만들자고 마음먹었다.

크롤리 부인은 그런 힘을 가진 사람들에 속하지 않았다. 그뿐만 아니라 집의 안수인임에도 무기력하고 성격이 뚜렷하지 못한 탓에 집안에서 조금도 대우를 받지 못했으므로 레베카는 그런 여자의 호의를 사려고 애쓸 필요가 없었다. 사실, 그런 호의를 얻을 수도 없었다. 레베카는 학생들에게 "불쌍한 어머니"란 말을 하곤 했으며 부인에게 언제나 쌀쌀맞게 굴었다. 그녀는 똑똑하게도 부인을 뺀 나머지 가족들만 신경 썼다.

레베카의 인기는 아가씨들에게 절대적이었다. 방법은 간단했다. 공부를 억지로 시켜 아가씨들을 괴롭히는 것이 아니라 자율학습을 내세우며 소녀들이 하고 싶은 대로 하게 놔두는 것이었다. 하긴 자율학습보다 더 효력 있는 교육도 없지 않은가? 언니 쪽은 책을 좋아했다. 퀸스 크롤리 저택의 오래된 서재에는 월폴 크롤리 경이 문서국 장관 직책에서 파면되었을 때 사들인 영어와 프랑스어로 된 18세기 서적들이 아주 많았다. 레베카 말고는 아무도 책장에 손을 대지 않았기 때문에 그녀는 신나고 즐거운 놀이를 하면서 로즈 크롤리에게 많은 지식을 전해줄 수 있었다.

레베카와 로즈는 함께 재미있는 영어 소설과 프랑스어 소설들을 많이 읽었다. 그중에는 박학한 스몰렛 박사의 책, 소설을 쓰는 기교가 뛰어난 헨리 필딩 씨의 책, 우리 불멸의 시인 그레이가 매우 탄복했다는 우아하고 환상적인 소(小) 크레비용 씨의 책, 박식한 볼테르 씨의 책 등이 있었다. 언젠가 크롤리 씨가 어린 누이동생들이 무슨 책을 읽고 있는가 묻기에 레베카는 "스몰렛을 읽히고 있어요" 하고 대답했다. "아아, 스몰렛을." 크롤리 씨는 꽤 만족한 듯이 말했다. "그 사람이 쓴 역사는 별로 재미가 없지만 흄 씨 것 같이 위험하지는 않지. 지금 읽고 있는 게 역사지요?" "네." 로즈가 대답했다. 그러나 그것이 험프리 클링커(스몰렛의 소설 속 주인공)의 역사라고 덧붙여 말하지는 않았다. 또 언젠가 크롤리 씨는 누이동생이 프랑스 희곡 따위를 들고 있는 것을 보고 크게 화를 냈는데 레베카가 프랑스어 관용어를 배우기 위함이라고 설명하자 곧 만족했다. 크롤리 씨는 외교관 출신이므로 자신이 프랑스어를 잘하는 것을 크게 자만하고 있었는데(그는 여전히 속된 인간이었으므로) 레베카가 늘 회화 실력이 뛰어나다고 칭찬하자 적잖이 기뻐했다.

동생인 바이올렛의 취미는 언니와 달리 훨씬 거칠었다. 그녀는 암탉이 달걀을 낳는 구석진 곳까지 샅샅이 알고 있었다. 나무를 거뜬히 타고 올라 새 둥지에서 얼룩무늬 알을 훔쳐오기도 했다. 그리고 망아지를 타고 걸음 빠른 카밀라 여왕처럼 들판을 돌아다니는 것을 가장 즐거워했다. 바이올렛은 아버지와 마구간지기들에게 귀여움을 받았다. 요리사도 그녀를 귀여워했지만 무서워하기도 했다. 잼 단지가 놓여 있는 곳을 찾아내서 손에 닿기만 하면 먹어치우기 때문이었다. 그녀는 언니와도 자주 다투기도 했다. 이처럼 사소한 잘못들을 보게 되더라도 레베카는 피트 경이나 자칫하면 크롤리 씨에게까지 말하곤 하는 크롤리 부인에게 이를 알리지는 않았다. 바이올렛이 얌전히 행동하고 가정교사인 자신을 사랑해 주면 아무에게도 말하지 않겠다고 약속한 것이다.

레베카는 크롤리 씨에게 존경을 표하고 고분고분 따랐다. 어머니가 프랑스 태생이면서도 모르는 프랑스어 구절이 있으면 언제나 크롤리 씨에게 물어보곤 했다. 그러면 그는 레베카가 흡족해할 때까지 설명해주었다. 그리고 그녀가 범속한 문학작품을 읽는 데 도움을 줄 뿐만 아니라 더 진지한 작품을 읽으라고 친절히 책을 골라주기까지 했다. 크롤리 씨는 다른 누구보다 그녀를 상대로 이야기하는 일이 가장 많았다. 레베카는 퀴시마부 구호협회에서 크롤리가 했던 연설에 무척 감탄했고 맥아에 대한 그의 소책자에 흥미를 가졌다. 그리고 저녁에 그가 하는 설교를 듣고는 자주 감동해서 눈물을 흘리며 "아아, 감사합니다" 탄식을 하면서 하늘을 우러러보았다. 그러면 크롤리 씨는 아주 흡족하여 레베카와 악수를 했다. "역시 피는 못 속이는군." 믿음이 깊은 젊은 나리는 그렇게 말했다. "집안 식구들은 다들 멍하니 있어도 그녀는 내 말을 들으면서도 바짝 깨어 있잖아. 내 이야기는 집안사람들에게 너무 수준이 높아. 너무 어려운 것 같아. 좀 더 쉽게 풀어서 이야기해야겠어. 하지만 그녀는 잘 이해한단 말이야. 그녀의 어머니가 몽모랑시 가문 사람이었으니 말이지."

샤프 양의 공부방

실제로 레베카는 어머니로부터 이 유명한 가문의 핏줄을 물려받은 모양이었다. 물론 그녀는 어머니가 여배우였다는 사실을 입 밖에 내지 않았다. 그런 소리를 했다간 깐깐한 기독교인인 크롤리 씨에게 미움을 받았을 것이다. 무시무시한 프랑스혁명이 일어났을 때 얼마나 많은 귀족들이 가난 때문에 망명을 왔던가! 레베카는 이 집에 와서 몇 달도 채 지나기 전에 자신의 선조에 대한 이야기를 몇 가지나 했다. 이야기 가운데 몇 사람은 크롤리 씨가 서재에 있는 '도지에' 사전에서 우연히 발견하기도 했다. 그는 사전에 실려 있을 정도이니 그 이야기가 정말이라고 점점 믿게 되었으며 레베카가 교양 있는 집안에서 자랐음이 틀림없다고 생각하게 되었다. 크롤리 씨가 이렇게 호기심을 가지고 사전을 찾아보는 것을 보고 레베카에게 관심을 두고 있다고 상상해야 할까? 또한 레베카도 그렇게 생각하고 있었을까? 아니다. 그것은 친구로서 그런 것에 지나지 않았다. 그가 제인 시프생크스라는 아가씨를 사모하고 있다는 이야기는 앞에서 했을 것이다.

그는 레베카에게 피트 경과 함께 주사위 놀이를 하는 것은 그리 좋은 일이 아니라고 한두 번 주의를 준 적이 있었다. 주사위 놀이는 유익하지 못하니 〈스럼프의 유산〉이나 〈무어필즈의 장님 세탁부〉처럼 진지한 책을 읽는 편이 훨씬 나으리라는 것이다. 그러나 레베카는 자기 어머니가 트리트랙 노백작과 코넷 노사 같은 분들과 늘 주사위 놀이를 했다고 말해서 다른 속된 놀이들을 즐길 구실을 만들었다.

이 작은 가정교사가 고용주인 준남작의 마음에 든 것은 주사위 놀이 상대가 되어주기 때문만은 아니었다. 레베카는 여러 면에서 피트 경에게 도움이 되었다. 그녀는 퀸스 크롤리에 오기 전에 그가 보여주겠노라고 약속한 소송 서류를 끈기 있게 모조리 읽었다. 레베카는 또 그의 많은 편지를 베껴적는 일을 나서서 맡았고, 철자가 이상한 곳은 현대 용법에 맞도록 술술 고쳤다. 레베카는 준남작의 소유지, 농장, 저택, 정원, 마구간 등에 관계된 모든 것에 관심을 갖게 되었다. 그리고 준남작에게 어찌나 유쾌한 말동무가 되어주었는지, 그는 아침 식사 뒤 산책을 할 때 그녀를 동반하지 않고 나서는 일이 거의 없었다(아이들도 물론 같이 갔지만). 산책할 때면 레베카는 떨기나무 숲 나무들 가지를 베어야겠다느니, 정원 바닥을 뒤엎는 편이 좋겠다느니, 곡식을 베어들일 때가 됐다느니, 이 말은 짐수레를 끌게 하거나 밭을 갈게 하라느니 조언을 했다. 덕분에 퀸스 크롤리에 와서 1년도 채 되기 전에 그녀는 완전히 준남작의 신임을 얻게 되었다. 그리고 피트 경은 여태까지 식사 때마다 집사 호록스와 주고받던 대화를 이제는 레베카와 나누게 되었다. 장남 크롤리 씨가 집을 비울 때면 그녀는 집안의 여주인이 되다시피 했다. 그러나 레베카는 새롭게 높은 지위를 얻었어도 부엌이나 마구간 관계자들의 반감을 사지 않도록 조심스레 행동했다. 그들이 보기에 그녀의 태도는 언제나 매우 겸손하고 사근사근했다. 지금의 레베카는 이제까지 우리가 알고 있던 오만하고 낯가림이 심하며 불평 많은 소녀와 아주 딴판이었다. 사람이 이렇게까지 바뀌었다는 것은 그녀 성격이 매우 빈틈없으며 단점을 고치려는 마음이 진지했음을 뜻한다. 또는 적어도 그녀의 도덕적 용기가 엄청났다고 볼 수 있다. 우리들의 레베카가 새롭게 받아들인 이 얌전하고 겸손한 생활태도가 과연 진심에서 우러난 것인지는 앞으로 이야기를 통해 알게 되리라. 몇 년 동안이고 계속 위선을 떠는 일은 스물한 살 남짓한 여자가 전혀 실수 없이 할 수 있는 일이 아니다. 그러나 우리 독자 여러분은 이 여주인공이 나이는 젊어도 생활력과 경험에 있어서는 제법 연륜이 있다는 사실을 떠올릴 수 있을 것이다. 여러분이 만약 그녀가 아주 영리한 여자임을 아직도 깨닫지 못하고 계신다면 나는 지금껏 대체 무엇을 써 온 것이겠는가.

크롤리 집안의 형제는 마치 장난감 청우 자동표시기 속의 남녀 인형처럼 (비 올 때는 남자, 갤 때는 여자 인형이 나온다) 둘이 함께 집에 머무는 일이 없었다. 그들은 서로를 진심으로 싫어했다. 사실 용기병 장교인 로든 크롤리는 아버지 집을 끔찍이 경멸하고 있어서 고모님이 1년에 한 번 찾아올 때 말고는 거의 집에 오지 않았다.

노부인이 가진 뛰어난 점에 대해서는 이미 이야기한 바 있다. 재산이 7만 파운드나 되는 그녀는 로든을 양자로 삼다시피 했다. 그녀는 큰 조카인 크롤리 씨를 몹시 싫어했으며 나약한 녀석이라고 멸시했다. 이에 맞서 크롤리 씨는 고모님의 영혼이 하느님으로부터 완전히 버림받았다고 서슴없이 말했다. 그리고 그런 고모의 귀여움을 받는 동생도 저승에 가면 좋을 일이 하나도 없을 거라 말하곤 했다. "고모님은 구원받을 길 없는 속물이야." 크롤리 씨가 말했다. "고모님은 무신론자와 프랑스인들하고 같이 지내지. 정말 무서울 정도야. 곧 관 속에 들어갈 처지면서 허영·방종·불경·어리석음에 몸을 내맡기다니! 소름이 끼친다니까." 노부인은 조카가 저녁마다 한 시간씩 설교하는 것을 듣는 게 진저리나게 싫었다. 그래서 그녀가 퀸스 크롤리에 혼자서 찾아올 때면 크롤리 씨도 평소 하던 예배를 중단할 수밖에 없었다.

"고모가 오시면 설교는 집어치워라, 피트." 아버지 피트 경이 말했다. "설교는 사절이라고 편지에 써놓았더구나."

"하지만 아버지! 하인들 생각을 좀 해보세요."

"하인 따위는 아무래도 좋아." 피트 경이 말했다. 그러나 아들 크롤리 씨는 만약 하인들이 자신에게서 가르침을 얻을 기회를 빼앗기면 사정이 더욱 나빠질 것이라고 생각했다.

"이런 제기랄, 피트!" 아버지는 아들의 충고에 대해 한마디 했다. "너도 이 집에 굴러들어올 예정인 연 3천 파운드라는 큰돈을 물거품으로 만들 바보는 아니겠지?"

"우리 영혼에 비한다면 돈 같은 게 무슨 대수겠습니까? 아버지." 크롤리 씨가 계속 주장을 폈다.

"고모가 너한테는 돈을 물려주지 않을 테니까 그러는 게 아니냐?" 이 말이 크롤리 씨의 정곡을 찔렀음을 누가 알겠는가.

크롤리 노부인은 확실히 방탕한 사람이었다. 파크 레인에 아늑하고 자그마한 집 한 채를 마련해두었는데 사교 시즌이면 런던에서 흥청망청 먹고 마시며 놀다가 여름이 되면 해로게이트나 첼튼엄으로 떠났다. 그녀는 손님접대를 아주 잘하는 유쾌한 노부인이었으며 스스로 젊은 시절에는 미인이었다고 이야기하고 다녔다(원래 나이든 여인들은 모두 자기가 옛날에는 아름다웠다고 말하지만). 그녀는 재치가 넘쳤고 그 당시로서는 무시무시한 급진주의자였다. 프랑스에도 머문 적이 있었는데(그동안 프랑스혁명을 이끈 생쥐스트에 심취한 나머지 머리가 이상해졌다는 말도 있다) 그 뒤로 계속 프랑스 소설과 요리와 술을 애호하게 되었다. 그녀는 볼테르를 읽었고 루소의 저서들을 다 외우고 다닐 정도였다. 이혼을 아무것도 아니라는 듯 말했으며 여성의 권리에 대해서는 아주 열심히 주장을 펼치곤 했다. 그녀는 집 안의 모든 방에 폭스 씨의 초상화를 걸어놓았다. 그 정치가가 야당에 있던 시절에는 그녀와 함께 주사위를 흔들어 봤을지도 모른다. 그리고 그가 내각을 조직했을 때는 피트 경을 비롯해 퀸스 크롤리에서 선출된 동료 의원들을 그의 당파로 끌어들인 사람이 바로 자기라며 으스댔다. 단, 피트 경은 노부인의 신세를 지지 않았더라도 폭스 씨 편에 붙었을 것이 틀림없다. 하지만 이 위대한 자유당 정치가가 죽은 뒤 피트 경이 변절했음은 말할 나위도 없다.

이 잘나신 고모는 로든 크롤리가 어릴 때부터 아껴주었다. 그의 형이 옥스퍼드에 다니니까 그 반대로 그를 케임브리지 대학에 넣어주기도 했다. 그리고 그가 2년 동안 학교를 다니다가 대학 당국에서 퇴학을 당하자 그녀는 돈을 써서 그를 근위기병 장교로 만들어 주었다.

이 젊은 장교는 대단히 훌륭한 멋쟁이였다. 권투, 쥐 사냥, 맨손으로 치던 테니스, 혼자서 사두마차를 모는 것 등이 그 당시 영국 귀족사회에서 유행하고 있었는데 그는 이런 귀족들 놀이를 무엇이든 잘해냈다. 그리고 그는 섭정 왕자(조지4세)를 경호하는 임무를 맡은 근위부대에 속해 있기 때문에 아직 외국에 가서 무훈을 세워본 적 없지만(승부를 내는 것을 유난히 좋아해서) 벌써 세 차례나 피비린내 나는 결투를 벌여 죽음 같은 건 개의치 않는다는 것을 충분히 증명해 보였다.

"게다가 죽어서 지옥에 떨어지게 될 것도 아무렇지 않게 여기지." 형인 크롤리 씨는 구스베리 같은 초록색 눈동자를 천장으로 향하며 이렇게 말했다. 그는 늘 아우의 영혼에 대해 생각했다. 아니, 자기와 의견이 다른 사람들 모두의 영혼을 걱정하고 있었다. 쓸데없이 진지한 사람들은 괜한 걱정을 낙으로 삼고는 한다.

어리석고 낭만적인 크롤리 노부인은 자신이 귀여워하는 로든의 혈기왕성함에 몸서리를 치기는커녕 결투가 끝나면 늘 빚을 갚고 뒤처리를 해주었다. 로든이 불량하여 손쓸 도리가 없다는 말도 귀담아듣지 않았다. "젊은 시절 혈기도 한때예요." 그녀는 이렇게 말할 뿐이었다. "그래도 늘 훌쩍거리기나 하는 위선자 형님보다야 얼마나 나은지 몰라요."

제11장
이상적인 소박함

크롤리 댁의 선량한 식구들 말고(이들의 소박하고 목가적인 삶은 시골 생활이 도시 생활보다 나음을 보여준다) 목사관에 사는 그들의 친척이자 이웃인 뷰트 크롤리 부부를 독자들에게 소개해야겠다.

뷰트 크롤리 목사는 키가 크고 당당하며 유쾌한 성격인 영국국교회 성직자로서 이 지방에서는 형인 준남작보다 훨씬 인기가 높았다. 대학 시절에는 크라이스트처치 대학 조정팀의 정조수 역할을 맡았으며 권투시합에서도 시내에서 가장 세다는 녀석들을 모조리 때려눕히곤 했다. 그는 가정을 꾸린 뒤에도 권투나 운동을 꾸준히 취미로 삼았고 마을 20마일 안팎에서 펼쳐지는 권투시합에 빠짐없이 얼굴을 비추었다. 경주며 사냥 대회, 조정, 무도회, 선거, 방문 만찬회에 결코 빠지지 않았다. 특히 훌륭한 만찬회라면 갖은 수를 써서라도 어떻게든 참석했다. 퍼들스톤, 록스바이, 왑샷 홀 등 친한 지방 귀족들이 저택에서 연회를 열 때면 수 마일 떨어진 곳에서도 그의 밤색 암말과 마차 등불을 볼 수 있었다. 크롤리 목사는 목소리가 좋아서 〈남풍과 흐린 하늘〉 같은 노래를 아주 잘 불렀다. 그러면 모두 한목소리로 "와아" 갈채를 보냈으며 그 덕에 분위기가 한층 무르익곤 했다. 그는 페퍼런솔트 (희고 검은 작은 점이 뒤섞인 옷감) 프록을 입고 말을 달리며 개를 데리고 나와 사냥을 하기도 했고, 고장에서 으뜸가는 낚시꾼이라 할 만했다.

목사 부인은 몸집이 작고 맵시 있는 여자로서 남편의 훌륭한 설교문의 초고를 작성했다. 가정적인 성격에 딸들과 힘을 합쳐 집안일을 도맡으며 남편이 밖에서 자유롭게 활동하게끔 돕는 좋은 아내였다. 남편이 마음껏 돌아다니고 며칠 동안 다른 곳에서 식사를 하고 와도 말리지 않았다. 부인은 꽤나 구두쇠라서 남편이 집에서 술을 마시면 그 금액이 얼마나 되는지 잘 알고 있었기 때문이다. 그녀는 좋은 가문 출신으로 고인이 된 육군중령 헥터 맥타비시의 딸인데, 어머니와 둘이 뷰트에게 눈독을 들이다가 해로게이트에서 자기 것으로 만들어버렸다. 뷰트 부인은 가계를 잘 꾸리고 알뜰한 아내로서 그를 보살펴왔다. 그러나 아내의 보살핌에도 뷰트는 늘 빚에 시달렸다. 아버지가 아직 살아 계실 때 진 대학 빚을 청산하는 데 적어도 10년이 걸렸다. 179×년에 빚을 겨우 다 갚은 참에 그는 더비 경마에서 캥거루호가 질 거라며 20파운드 단위의 1대(對) 100이라는 상대에게 유리한 조건으로 돈을 걸었다. 그런데 그 말이 이기고 말았다. 뷰트는 엄청난 이자로 돈을 빌려올 수밖에 없었고 그 뒤로 고생이 이만저만이 아니었다. 누이가 가끔 1백 파운드 정도의 돈을 주고 있었지만 그에게 가장 큰 희망은 누이가 죽는 것이었다. 그렇게 되면 그가 늘 말하는 대로 "젠장, 어찌됐든 마틸다 누님의 돈의 절반은 내가 받게 될걸."

그리하여 준남작과 동생 사이에는 사이좋게 지낼 수 없는 갖가지 이유가 갖춰진 셈이었다. 피트 경은 집안의 금전 거래 문제에서 동생 뷰트를 수도 없이 따돌렸다. 그 아들도 마찬가지로서 장남 크롤리 씨는 사냥에 손도 대지 않을 뿐만 아니라 목사인 숙부 코앞에 다른 예배당을 세웠다. 더군다나 차남인 로든은 숙부가 절반을 받을 수 있으리라 기대하는 크롤리 노부인의 재산을 대부분 상속받을 것이 분명했다. 이렇게 돈에 얽힌 문제—삶과 죽음에 투기하는 것과 앞으로 자신의 손에 들어올 재산을 건 암투—는 허영의 시장에서 형제 사이를 아주 두껍게 만든다. 나는 고작 5파운드 지폐 한 장 때문에 형제가 50년 동안이나 무척 사이좋게 지냈던 예도 알고 있다. 속된 인간들 사이의 사랑이란 정말이지 훌륭하기 그지없으며 영원한 것이라 생각하니 감탄만 나온다.

레베카 같은 여자가 퀸스 크롤리 저택에 와서 점차 온 가족의 호의를 한 몸에 받게 되었다는 것을 뷰트 크롤리 부인이 주의 깊게 살피지 않았을 리가 없다. 뷰트 부인은 저택에서 소 등심이 며칠이나 묵었는지, 빨래를 얼마나 하얗게 빨았는지, 남쪽 담장 위에 복숭아가 몇 개나 열렸는지, 앓아누운 준남작 부인이 약을 몇 첩이나 먹었는지—어느 시골 사람들에겐 이런 사소한 일들이 가장 큰 관심사이니—모조리 알고 있었다. 그런 뷰트 부인이 저택에서 일하는 여자 가정교사의 경력이나 인품에 대해서 꼼꼼히 알아보지 않고 넘어갈 리 없다. 목사관 하인들과 저택 하인들은 서로 잘 알고 지냈다. 목사관 부엌에는 평소에 순한 맥주를 마시는 저택 사람들을 위해 늘 질 좋은 맥주가 마련되어 있었다. 실제로 목사 부인은 저택의 맥주 한 통에 맥아를 얼마나 사용하는지도 정확하게 알고 있었다. 주인들끼리 친척이듯이 저택과 목사관의 하인들 사이도 친척이나 다름없었다. 이런 경로를 통해 두 가족은 서로가 무슨 일을 하는지 빠짐없이 알고 있었다. 덧붙여 말해 두겠는데 흔히 형제나 친구 사이가 좋을 때는 상대의 행동에 무관심할 수도 있다. 그러나 사이가 틀어지면 마치 염탐꾼처럼 상대의 동정을 샅샅이 살피게 된다.

레베카는 가정교사로 오자마자 저택에서 뷰트 부인에게 들어가는 정보 속 단골이 되었다. 처음은 이런 내용이었다. "검은 새끼 돼지를 잡았다. 무게는 어느 정도 나간다. 옆구리살은 소금에 절였다. 저녁으로 돼지고기 소시지와 다리살이 나왔다. 머드베리에서 온 크램프 씨가 존 블랙모어를 감옥에 넣기 위해 피트 경과 담합했다. 젊은 나리는 집회에 나갔다(그 밖에도 출석한 사람 모두의 이름이 적혀 있었다). 마님은 여전함. 아가씨들은 지금 가정교사와 같이 있다."

다른 보고가 들어왔다—새로운 가정교사는 보기 드문 사무능력을 가지고 있다, 피트 경은 그녀에게 아주 다정하다, 크롤리 씨도 마찬가지다, 크롤리 씨는 그녀에게 종교에 대한 소책자를 읽어준다—"뭐 이런 뻔뻔스러운 인간이 있어!" 자그맣고 외골수이며 활발하고 얼굴이 까무잡잡한 뷰트 크롤리 부인이 말했다.

마침내—가정교사는 가족 모두에게 잘 빌붙고 말았다, 피트 경의 편지를 쓰고 사무일도 보며 회계까지 하고 있다, 부인이나 크롤리 씨, 아가씨들 등 집안 전체를 좌지우지하고 있다—이런 보고가 들어왔다. 그것을 들은 뷰트 부인은 레베카가 교활한 계집이며 속으로 무언가 어마어마한 꿍꿍이를 숨기고 있는 것이 분명하다고 판단했다. 이처럼 저택에서 이루어지는 온갖 일들은 목사관 사람들의 이야깃거리가 되었다. 그리고 뷰트 부인의 날카로운 눈은 적 진영에서 벌어지는 일들을 하나도 놓치지 않았다.

치즈윅 산책로, 핑커턴 여사 앞
퀸스 크롤리 목사관에서
12월 ××일

친애하는 선생님, 선생님의 즐겁고 귀중한 가르침을 받은 뒤로 긴 세월이 흘렀습니다만 선생님과 치즈윅에 대한 저의 사랑과 존경심은 조금도 변함이 없습니다. 선생님께서는 건강하시리라 믿습니다. 우리 사회와 교육을 위해 선생님께서는 만수무강하셔야 합니다. 다름이 아니오라 저의 친구 퍼들스톤 부인이 딸들에게 여자 가정교사가 필요하다고 하여 (저는 딸들에게 가정교사를 붙여줄 만한 형편이 못 됩니다만 제 자신이 치즈윅 출신이니 그럴 필요가 있겠습니까?) 저는 "탁월하시고 비할 데 없으신 핑커턴 선생님을 제쳐두고는 상담을 드릴 분이 없어요." 말했습니다. 선생님, 제 이웃의 다정한 친구 집으로 와줄 만한 여선생님이 혹시 계시는지요? 제 친구는 선생님께서 추천해 주시는 가정교사가 아니면 채용하지 않으리라 보증할 수 있습니다.

제 남편도 핑커턴 선생님의 학교 출신이 제일이라고 합니다. 어릴 적 저를 아껴주시고 우리나라 위대한 사전 편찬가의 존경을 받으시던 선생님께 제 남편과 귀여운 딸아이들을 소개해드릴 수 있다면 얼마나 좋을까요! 혹시 선생님께서 햄프셔에 들르실 일이 있으면 누추하지만 덕분에 즐거움이 가득한 저희 시골 목사관에 들러 주시기를 남편도 희망하고 있습니다.

선생님을 존경하는
마사 크롤리 올림

추신—남편의 형님 되시는 준남작(부끄러운 말씀이오나 저희와 형제다운 화합을 이루지 못하고 있습니다)의 댁에 어린 여자 가정교사가 와 있는데, 듣자 하니 치즈윅 출신이라 합니다. 그 사람에 대해서 여러 가지 소문이 돌고 있습니다. 비록 집안끼리 사이가 나쁘다 할지라도 아이들끼리는 함께 잘 놀게 놔두고 싶은 만큼 조카들을 진심으로 걱정하고 있습니다. 또 선생님의 제자라면 누구라도 친절하게 대해주고 싶으니 선생님, 부디 그 사람의 이력을 좀 말씀해 주십시오. 선생님을 보아서도 그 가정교사와 가까이 지내고 싶습니다.

뷰트 크롤리 부인 앞
치즈윅, 존슨관, 미스 핑커턴 씀
12월 ××일

친애하는 크롤리 부인. 부인의 정중한 편지를 받고 즉시 답장을 씁니다. 꽤 힘이 드는 교육사업에 종사하고 있는 우리에게 있어 성심껏 보살핀 사람들로부터 감사를 받는 것보다 기쁜 일은 없습니다. 쾌활하고 우수한 본교의 모범생 마사 맥타비시 양이 이제는 상냥한 뷰트 크롤리 부인이 되셨다는 것을 알게 되어 기쁘기 그지없습니다. 덕분에 지금 부인과 같은 시기에 본교를 졸업한 분들이 따님을 맡겨주시는 경우가 많습니다. 부인의 따님들도 맡아 가르칠 수 있다면 얼마나 기쁠까요.

퍼들스톤 부인께 경의를 표하며 나의 두 벗 터핀 양과 호키 양을 편지로 정중히 소개하고자 합니다.

두 사람은 모두 그리스어, 라틴어 및 히브리어 초급, 수학과 역사, 스페인어, 프랑스어, 이탈리아어, 지리 등을 가르칠 자격이 충분합니다. 음악은 성악과 악기 두 가지는 물론 무용까지도 전문교사의 보조 없이 가르칠 수 있습니다. 초급 자연과학도 가능합니다. 또한 두 사람 모두 지구본을 사용하면서 가르치는 데 매우 능숙합니다. 게다가 돌아가신 토머스 터핀 선생님(케임브리지 코퍼스 대학 평의원)의 따님인 터핀 양은 시리아어와 기초 헌법도 가르칠 수 있습니다. 그러나 이 사람은 겨우 열여덟 살밖에 되지 않았으므로 아주 사랑스러운 아가씨이지만 허들스톤 퍼들스톤 경의 가정에는 알맞지 않을지도 모르겠습니다.

한편 레티샤 호키 양은 생김새가 조금 떨어집니다. 나이는 스물아홉인데, 얼굴에 천연두를 앓은 자국이 잔뜩 있습니다. 다리를 조금 절고 빨간 머리에 약간 사팔뜨기입니다. 두 아가씨 모두 도덕적으로나 종교적으로나 훌륭한 수양을 쌓고 있습니다. 모두 우수한 인재이니 물론 그에 걸맞은 대우를 해주시리라 믿습니다. 부군 되시는 뷰트 크롤리 목사님께도 안부 전해주시기 바라며 이만 마치겠습니다.

당신의 가장 충실한 하인

바버라 핑커턴 드림

추신—부인께서 문의하신 국회의원 준남작 피트 경 댁의 가정교사 샤프 양은 말씀하신 대로 제 제자 가운데 한 명이며 그리 눈에 띄는 결점은 없습니다. 용모가 그리 단정한 편은 아니지만 태어날 때부터 그랬으니 어쩔 도리가 없습니다. 그녀의 아버지는 화가였고 몇 번이나 파산에 이르렀습니다. 어머니는 나중에 알게 되어 깜짝 놀랐는데 오페라 배우였다고 합니다. 부모님은 두 사람 모두 평판이 좋지 않았지만 샤프 양은 재능이 몹시 뛰어납니다. 나는 그녀를 동정하고 거둔 일을 후회하지 않습니다. 다만 그녀의 어머니가 요전의 혁명 소동으로 어쩔 수 없이 망명한 프랑스 백작부인이라고 소개받았는데 알고 보니 아주 천하고 품행이 나쁜 여자였다고 합니다. 제가 오갈 데 없는 아이라서 받아준 그 가엾은 아가씨가 그런 어머니의 피를 물려받았으니 언젠가 어머니처럼 되지나 않을까 걱정스럽기는 합니다. 그러나 지금까지 그녀가 도덕적으로 과오를 저지른 적은 없다고 생각합니다. 그리고 저명하신 피트 크롤리 경의 저택처럼 품위 있고 세련된 가정에서 지낸다면 그녀가 엇나가는 일은 일어나지 않으리라 굳게 믿고 있습니다.

아밀리아 세들리에게
레베카 샤프로부터

사랑하는 아밀리아! 몇 주 동안이나 소식을 전하지 못했구나. 하지만 이 집안 사람들 말이나 행동 중에 알려줄 만한 것이 있어야 말이지. 나는 이 집에 '따분한 저택'이라는 별명을 붙였어. 이 집의 순무 농사가 잘됐든 말든, 살찐 돼지 무게가 13스톤(stone)이 나가든 14스톤 나가든, 가축들이 사탕무를 먹고 잘 자라든 못 자라든 너와 무슨 상관이겠니? 요전에 네게 편지를 쓰고 난 뒤로 늘 똑같은 하루하루를 보냈어. 아침 식사 전에는 삽을 든 피트 경과 산책하고, 아침 식사 뒤에는 공부방에서 공부를 하고(애들 수준에 맞춰서 말이야), 그 다음에는 피트 경과 함께 변호사·소작지·탄광·운하에 관한 서류를 읽거나 쓰고(나는 피트 경의 비서가 됐어), 저녁 식사 뒤에는 크롤리 씨의 설교를 듣거나 준남작과 주사위 놀이를 한단다. 두 가지 가운데 무엇을 하든 크롤리 부인은 내내 조용히 앉아서 구경만 해. 이 부인이 요즘 병에 걸렸는데 좀 재미있는 일이 생겼어. 젊은 의사가 저택에 왕진을 오게 되었거든. 글쎄, 애! 젊은 여자란 절대로 비관할 필요가 없더구나. 그 젊은 의사란 사람이 네 친구에게 젊은 글라우버 부인이 되어준다면 자기 외과병원에 기꺼이 맞아들이겠다지 뭐니! 나는 그 사람이 너무 뻔뻔스럽게 느껴져서 장식품은 금빛 찬란한 막자와 사발이면 넉넉하지 않겠냐고 말해줬어. 내가 마치 시골 외과의사의 아내가 되려고 태어난 것처럼 말했거든! 글라우버 씨는 거절당하자 크게 실망해서 돌아갔는데 냉정해지는 약이라도 먹었는지 이제는 말끔히 나아졌어. 피트 경은 내 결단에 칭찬을 아끼지 않으셨지. 그는 이 작은 비서가 없어지면 곤란한 모양이야. 사람을 별로 좋아해본 적이 없을 듯한 그 고약한 영감님도 내가 아주 마음에 든 것 같아. 그런 일을 겪고 난 뒤 결혼이라니, 참나! 시골 의사하고 말이지. 말도 안 돼. 누구든 그렇게 냉큼 옛일을 잊을 수는 없을 거야. 하지만 그 이야기는 이제 그만둘래. 다시 따분한 저택 이야기로 돌아가자.

얼마 전부터 여기는 이제 더 이상 따분한 저택이 아니야. 크롤리 노부인이 살찐 말, 살찐 하인들, 살찐 스패니얼 개를 끌고 찾아왔거든. 크롤리 노부인은 7만 파운드라는 재산에 5부 이자를 놓은 대부호야. 이 집안의 두 형제는 노부인보다 노부인이 가진 돈을 우러러보고 있단다. 가엾게도 노부인은 뇌졸중으로 잘 쓰러지는 체질인가봐. 형제들이 누이를 걱정할 만해. 그들이 누이를 위해서 앞다투어 쿠션을 바로 놓거나 커피를 가져다주는 꼴은 정말 볼만하다니까. 그녀는 꽤 유머 감각이 뛰어나서 이렇게 말하곤 해. "나는 시골에 내려올 때 아첨꾼 브리그스 양을 집에 두고 오지. 여기에서는 내 동생들이 아첨꾼 노릇을 해주니까. 둘이 아주 단짝인걸!"

그 부인이 오면 이 저택은 완전히 개방되어서 적어도 한 달 동안은 선대 월폴 경이 되살아난 것처럼 보일 정도야. 만찬회가 열리고, 사두마차

크롤리 노부인의 다정한 친척들

를 몰고 다니고, 마부들은 카나리아색 새 제복을 입고, 마치 매일 마시던 것처럼 클라레와 샴페인 병을 따. 공부방에는 고급 초를 켜고 난로에 불을 피워. 안주인은 옷장에서 가장 눈에 띄는 연두색 옷을 입지. 딸들은 튼튼한 구두와 꽉 끼는 낡은 격자무늬 외투를 벗어버리고 준남작의 세련된 딸들답게 실크 스타킹을 신고 모슬린 옷을 입어. 큰딸인 로즈는 어제 험한 꼴을 하고 들어왔어. 그 아이가 아주 귀여워하는 윌트셔종의 암퇘지가 그 아이를 받아 넘어뜨리고 아름다운 꽃무늬가 그려진 라일락색 비단옷을 짓밟아서 못 쓰게 만들었거든. 이런 일이 만약 일주일 전에 일어났더라면 피트 경은 무섭게 노해서 가엾은 딸의 뺨을 날리고 한 달 동안 빵과 물만 주었을 거야. 그런데 그분은 "네 고모님이 떠나시면 혼날 줄 알아라." 이렇게만 말하시고 아무 일도 아니라는 듯이 웃어버리셨어. 그분의 화가 크롤리 노부인이 떠나기 전에 가라앉았으면 좋겠어. 로즈를 위해서 꼭 그렇게 되길 바라. 돈이란 참 대단한 중재자인 것 같아!

크롤리 노부인의 7만 파운드는 크롤리 두 형제에게도 힘을 떨쳤어. 내가 말하는 건 이 댁의 두 아들이 아니라 준남작과 목사 이야기야. 두 형제는 일년 내내 서로를 미워하다가 크리스마스만 되면 사이가 아주 좋아져. 내가 작년에 편지에서 그 얄미운 경마광 목사님이 교회에서 우리에 대해 늘 어설픈 설교를 하고 피트 경은 코 고는 소리로 대답했다고 쓴 적 있었지? 그런데 크롤리 노부인이 오면 그런 다툼이 없어지고 저택 사람이 목사관으로 찾아가거나 저쪽에서 찾아오거나 한단다. 목사 양반하고 준남작은 돼지, 밀렵꾼, 지방 사업 등 이야기를 아주 정답게 나누고 술에 취해도 다투지 않아. 크롤리 노부인은 형제가 싸우는 소리를 결코 듣지 못할 거야. 만약 노부인의 기분을 상하게 했다간 슈롭셔에 사는 크롤리 집안사람들에게 돈을 다 줘버릴 것이 분명해. 만약 슈롭셔의 크롤리 집안사람들이 영리했다면 그 돈을 몽땅 받아낼 수 있었을지도 몰라. 그런데 슈롭셔의 크롤리 씨도 여기 햄프셔에 사는 사촌 형제와 마찬가지로 목사인데 노부인이 이쪽의 구제불능 형제들에게 불같이 화를 내고 그리로 찾아갈 때 딱딱한 도덕관념 이야기를 해서 몹시 언짢게 만들었다더라. 무슨 일이 있어도 집에서 기도를 드려야 한다는 소리라도 했나봐.

우리 설교책은 크롤리 노부인만 오면 쓸모가 없어져. 그리고 이 고모님이 미워하는 피트 씨는 눈치껏 런던으로 가버려. 그 대신 젊은 멋쟁이 크롤리 대위가 나타난단다. 그가 어떤 사람인지 너도 알고 싶지?

그는 아주 몸집이 크고 젊은 멋쟁이야. 6피트나 되는 키에 목소리가 우렁차고 말투도 꽤 거친 데다 하인들을 마구 부려먹어. 그래도 하인들은 그를 잘 따라. 그 사람은 돈 씀씀이가 좋거든. 하인들은 그를 위해서라면 무슨 일이라도 해. 지난주에는 대위를 체포하러 런던에서 온 집행관과 그 부관이 정원 담장 쪽에 숨어 있는 것을 파수꾼들이 발견하고 하마터면 죽일 뻔한 일도 있었어. 파수꾼들은 그들을 때리고 물속에 처박고는 밀렵꾼이라며 총으로 쏘려고 했는데 준남작님이 말렸지.

대위는 아버지를 진심으로 경멸하고 있는 게 분명해. 아버지를 얼간이, 늙은 속물, 촌뜨기 등 아버지에게 잘 들어맞는 수많은 별명으로 부르거든. 그는 여자들 사이에서 굉장히 인기가 많아. 집에 사냥개도 데려오고 이 고장에 사는 다른 귀족 집안 자제들과 어울려 다녀. 마음에 드는 사람은 누구든지 만찬에 초대하는데 피트 경은 싫다는 소리를 한 마디도 하지 못해. 크롤리 노부인을 화나게 했다가 노부인이 뇌졸중으로 죽으면 유산을 못 받을까 봐 그러는 거야. 대위가 내게 무슨 겉치레 말을 했는지 네게도 알려줄까? 대단한 말이니까 꼭 알려야겠어. 어느 날 저녁, 우리는 춤을 추고 있었어. 그 자리에는 허들스톤 퍼들스톤 경과 그의 가족, 자일스 왑샷 경과 그의 딸들 등 얼마나 많은 사람들이 참석했는지 몰라. 그런데 대위가 나를 보고 "어이쿠, 귀여운 말괄량이인걸!" 하는 말이 들렸어. 그리고 나와 컨트리댄스를 두 번이나 추셨지. 그분은 시골 신사들과 함께 술도 마시고, 노름도 하고, 말도 타고, 사냥이나 총 이야기도 하며 아주 즐겁게 지내. 그런데 시골 아가씨들에게는 진절머리가 난다더구나. 나도 그 사람 말이 그리 틀린 소리는 아니라고 생각해. 시골 여자들이 얼마나 아니꼬운 눈초리로 가엾은 나를 노려보는지 너도 봤어야 해! 다들 춤을 출 때면 나는 얌전히 앉아서 피아노를 쳐. 그런데 어느 날 밤 대위가 불그레한 얼굴로 식당에서 걸어나와 내가 피아노를 치고 있는 걸 보더니 방에서 내가 춤을 제일 잘 춘다고 큰 소

리로 말했어. 머드
베리에서 바이올린
연주자를 부르면 안
된다는 법은 없다며
굉장히 흥분했지.

"어디 내가 한 번
컨트리댄스 곡을 쳐
볼까." 뷰트 크롤리
부인이 선뜻 말했어
(터번을 쓴 자그맣
고 얼굴이 까무잡잡
한 늙은 부인인데,
허리는 구부정하지
만 눈은 반짝반짝
해). 대위와 이 가
엾은 레베카가 같이

춤을 한번 추고 나니 어땠을 것 같아? 그 부인이 내 춤이 멋있다고 칭
찬하는 거야! 팁토프 백작의 사촌이고, 크롤리 노부인이 시골로 내려왔
을 때가 아니면 크롤리 경 부인을 찾아보려고도 하지 않는 거만한 뷰트
크롤리 부인이 말이야. 딱한 건 크롤리 경 부인이야! 이런 떠들썩한 와
중에도 그 부인은 2층에서 알약이나 먹고 있었으니까.

뷰트 부인은 갑자기 내게 홀딱 반해버렸어. "샤프 양, 왜 본가 아이들
을 데리고 우리 집에 놀러오지 않는 건가요? 큰집 아이들이 오면 우리
집 아이들도 참 반가워할 텐데." 부인이 이렇게 말하는 거야. 나는 그
여자의 속을 다 알고 있어. 클레멘티 씨는 우리에게 피아노를 거저 가르
쳐 주시지 않았는데 뷰트 부인은 내가 자기 아이들에게 공짜로 피아노
를 가르치게 하려는 속셈인 거야. 물어볼 것도 없이 나는 그 여자의 꿍
꿍이를 훤히 꿰고 있지. 그래도 나는 그 집에 가볼 생각이야. 되도록 사
람들과 원만하게 지내기로 결심했으니까. 그게 이 세상에 친구도 보호
자도 없는 가련한 가정교사의 의무 아니겠어? 목사 부인은 우리 집 아

가씨들의 성적이 눈에 띄게 좋아졌다며 내게 입에 발린 말을 늘어놓았어. 틀림없이 내 마음을 움직이기 위해서—가난하고 평범한 시골뜨기가—마치 내가 그 아이들을 몹시 걱정하는 것처럼 생각하고 있더군.

사랑하는 아밀리아, 네가 준 인도 모슬린 옷과 분홍색 비단옷이 내게 아주 잘 어울린다고 평판이 좋아. 그것도 이젠 많이 해졌지만 나처럼 가난한 여자는 새것으로만 몸을 치장할 여유가 없으니 말이야. 너는 정말 행복한 거야! 마차를 타고 세인트 제임스 거리에 나가기만 하면 어머니께서 뭐든지 네가 원하는 것을 사주시잖니. 그럼 잘 있어.

너를 사랑하는
레베카가

추신—로든 대위가 댄스 파트너로 나를 선택했을 때 런던에서 사온 드레스를 입은 훌륭한 아가씨들인 블랙브룩 자매(블랙브룩 제독의 따님이란다)가 어떤 표정을 지었는지, 너도 봤으면 좋으련만!

뷰트 크롤리 부인(이 부인의 속셈을 영리한 레베카가 곧 알아차려 버렸지만)은 레베카에게 방문하리라는 약속을 받아내자 피트 경이 이를 허락하도록 잘 말해 달라고 전능한 크롤리 노부인에게 부탁했다. 명랑한 것과 주위 사람들이 모두 재미있고 유쾌하게 지내는 걸 좋아하는 노부인은 좋은 의견이라며 자기 두 형제가 화해하고 친해지게 만들 준비를 했다. 그리하여 두 집 아이들이 서로 자주 찾아보기로 했다. 이 친교는 물론 중간에서 화목을 유지해주는 명랑한 노부인이 시골에 와 있는 동안에만 계속되었다.

"당신은 왜 그런 불한당 같은 로든 크롤리 녀석더러 와서 저녁을 먹으라 하는 거요?" 목사가 저택을 나와 집으로 돌아가면서 아내에게 말했다. "나는 그 녀석이 오는 게 싫어. 그 녀석은 우리 시골사람들을 검둥이나 되는 것처럼 깔보고 있어. 한 병에 10실링이나 하는 노란색 마개를 한 포도주가 아니면 마시질 않아. 망할 놈! 게다가 그 녀석은 정말 악마 같은 인간이야. 도박에, 술에, 나쁜 짓이라면 뭐든지 하는 난봉꾼이라고. 결투를 해서 사람을 쏴 죽인 일도 있고, 빚을 산더미처럼 졌지. 또 우리가 받을 누님의 재산 대부분을 빼앗아 갔어. 와시 변호사에게 물어보니 누님은 죄다 그 녀석에게 ……" 이렇게 말하다가 목사는 저주의 말을 입에 담으면서, 달을 향해 주먹을 흔들더니 우울한 말투로 덧붙였다. "누님의 유언장에 그 녀석 앞으로 5만 파운드를 남긴다고 적혀 있으면 나눠 받을 수 있는 돈은 3만 파운드도 안 될걸."

"당신 누님은 오래 못 사실 것 같아요." 목사의 아내가 말했다. "우리가 식당을 나올 때 얼굴이 새빨개지셨더라고요. 제가 얼른 코르셋 끈을 풀어 드려야 했죠."

"샴페인을 일곱 잔이나 마셨으니까." 목사는 낮은 목소리로 말했다. "게다가 형님이 주는 그 샴페인은 꼭 독약이라도 탄 것처럼 형편없어. 그래도 당신 같은 여자들은 어떤 게 좋고 나쁜지를 모르지."

"우리야 아무것도 모르죠." 뷰트 크롤리 부인이 말했다.

"누님은 식사 뒤에도 체리브랜디를 마셨어." 목사가 말을 이었다. "게다가 커피하고 같이 큐라소(오렌지 껍질로 만드는 독한 술)를 마셨지. 나 같으면 5파운드 지폐 한 장을 준대도 안 마시겠어. 가슴이 타서 죽을 지경인걸. 누님도 그런 걸 마시고 괜찮을 리 없지. 몸이 배겨 낼 리가 없어! 마틸다 누님이 1년 안에 돌아가실지 내기를 한다면 난 2대 5로 걸 거야."

이렇게 진지하게 어림짐작을 하거나 빚, 대학에 다니는 아들 제임스, 올리치에 있는 프랭크, 생김새도 보잘것없고 고모의 유산이 아니면 돈을 한 푼도 못 만져볼 가엾은 네 딸에 대해 생각하면서 목사는 아내와 함께 한동안 걸음을 옮겼다.

"피트 형님은 이 교회의 상속권을 팔아먹을 만큼 악독한 사람은 아니야. 그리고 그 겁쟁이 같은 감리교 신자 맏아들은 국회의원 자리를 노리고 있고." 목사는 한참 뒤에 말을 이었다.

"당신 형님은 무슨 일이든 벌일 분이예요." 목사 부인이 말했다. "그분한테서 교회 상속권을 우리 제임스에게 주겠다는 약속을 받아달라고 당신 누님께 부탁드려야겠어요."

"형님은 약속만이라면 뭐든지 하지." 목사가 대답했다. "아버지가 돌아가셨을 때 형님은 내 대학 학비를 대겠노라고 약속했지. 목사관에 별채를 새로 지어 주겠다는 약속도. 지브네 밭하고 6에이커짜리 목장을 준다는 약속도 말이야. 그리고 참 잘도 지켰단 말이지! 그런데 마틸다 누님은 그런 형님의 아들에게, 그 불한당 노름꾼 사기꾼에 살인자인 로든 크롤리 놈에게 그 많은 돈을 주겠다는 거 아냐. 그건 기독교의 가르침에 어긋나는 짓이야. 암, 그렇고말고. 그 파렴치한 녀석은 위선만 빼고 온갖 나쁜 짓을 다 했어. 위선은 그 녀석 형이 대신 떨고 있지."

"큰 소리 내지 말아요, 여보! 여긴 아직 당신 형님의 저택 안이에요." 그의 아내가 말을 막았다.

"아니 여보 정말이오. 그 녀석은 나쁜 짓만 일삼는 놈이야. 나를 놀라게 하지 말고 들어봐요. 그 녀석이 마커 대위를 쏘지 않았소? 또 코코아트리 클럽에서 젊은 도브데일 경에게서 돈을 빼앗지 않았소? 빌 솜즈와 체셔 트럼프의 승부에 끼어들어 방해하는 바람에 나는 40파운드나 손해를 봤지. 당신도 알잖소? 그리고 여자 문제로 들어가면, 정말이지, 당신도 우리 행정실에서, 내 앞에서 들었던 대로……."

"제발, 여보." 부인이 말했다. "자세한 이야기는 그만두세요."

"그런데도 당신은 그런 악당을 집에 초대하지 않았느냐 말이오!" 목사는 격분해서 말을 이었다. "어린아이들의 어머니이자 영국국교회 목사의 아내인 당신이! 이게 말이 되나?"

"여보, 그런 바보 같은 소리 하지 말아요." 목사의 아내는 비웃듯이 말했다.

"글쎄, 여보. 바보인지 아닌지는 제쳐둡시다. 마사, 나는 내가 당신만큼 똑똑하다고 할 생각이 없고 지금까지 그런 소리를 한 적도 없어. 하지만 나는 로든과 만날 생각이 없소. 그것만은 확실히 말해두겠소. 나는 허들스톤의 집으로 가버릴 거야. 가고말고. 그리고 여보, 그의 검은 사냥개를 내와서 말이지, 우리 랜슬롯과 그 녀석을 50파운드에 맞붙여 볼 거요. 정말로 붙여 봐야지. 영국의 모든 개들과 싸움을 붙일 거요. 그렇지만 그 짐승 같은 로든하고는 만나지 않겠소."

"당신 또 술에 취했나 보군요." 아내가 대답했다. 그리고 다음날 아침, 뷰트가 눈을 뜨고 순한 맥주를 마시고 싶다고 말하자 아내는 그가 토요일에 허들스톤 퍼들스톤 경을 방문하겠다고 말한 것을 상기시켰다. 그도 어차피 그 집에 가면 밤새도록 술을 퍼마실 것을 알고 있었으므로 일요일 아침까지 예배 시간에 맞출 수 있도록 말을 타고 돌아오기로 했다. 이처럼 크롤리 교구 주민들은 지주나 목사나 똑같이 좋은 사람을 두어 행복했음을 알 수 있으리라.

크롤리 노부인이 저택에 자리 잡고 나서 얼마 지나지 않아 레베카의 매력이 런던에서 온 인심 좋은 노부인의 마음을 휘어잡았다. 여태껏 묘사해온 시골의 아이들을 사로잡았듯이 말이다. 어느 날 평소처럼 마차를 타고 외출하던 노부인은 '저 조그만 가정교사'더러 머드베리까지 같이 가자고 해도 좋겠다고 생각했다. 그날 집으로 돌아올 때까지 레베카는 노부인을 완전히 홀려 버렸다. 노부인을 네 차례나 박장대소하게 만들고 오는 길 내내 즐겁게 해주었기 때문이다.

"샤프 양을 참석시키지 않을 거라고?" 노부인은 피트 경에게 말했다. 그는 공식 만찬회를 열어 근처에 사는 준남작들을 모두 부를 예정이었다. "피트, 자네는 내가 퍼들스톤 부인과 아이 키우는 이야기를 하거나, 바보 영감 자일스 왑샷 경과 치안재판에 대해 논의하리라 생각하나요? 무슨 일이 있어도 샤프 양을 참석시켜요. 만약 자리가 없다면 부인더러 2층에 있으라고 하면 되잖아. 하지만 샤프 양은 꼭 와야 돼요! 이 고장에서 이야기 상대가 될 만한 사람은 그 아가씨밖에 없으니까!"

이런 단호한 지시가 떨어진 덕분에 가정교사 샤프 양은 두말할 것도 없이 아래층 식당에서 저명인사들과 함께 만찬을 하게 되었다. 허들스톤 경이 여봐란 듯이 격식을 차리며 크롤리 노부인의 손을 잡고 식당에 들어서서 노부인의 옆자리에 앉으려 하자 노부인이 날카롭게 소리쳤다. "베키 샤프! 샤프 양! 내 곁에 앉아서 이야기 상대를 해줘요. 허들스톤 경은 왑샷 부인 옆에 앉으세요."

만찬회가 끝나고 손님들의 마차가 떠나자, 아직 성에 차지 않은 크롤리 노부인은 이렇게 말했다. "베키, 내 옷방으로 와요. 오늘 손님들의 험담이나 하게." 그리하여 이 두 단짝은 마주보고 실컷 험담을 늘어놓았다. 늙은 허들스톤 경은 식사 중에 몹시도 쌕쌕거리더라, 자일스 왑샷 경은 수프를 마실 때 이상한 소리를 내더라, 그의 부인은 왼쪽 눈으로 곁눈질을 하더라며 베키는 아주 우스꽝스럽게 흉내냈다. 그리고 그날 밤의 자리에서 나온 정치, 전쟁, 사계 법원, 국왕이 참가하신 사냥, 그 밖에 시골 사람들의 입에 오르는 무겁고 따분한 이야기들을 자세히 말해 주었다. 레베카는 왑샷네 딸들의 화장법이며 허들스톤 부인의 유명한 노랑 모자에 대해 거침없이 이야기하여 듣고 있던 노부인을 더할 나위 없이 즐겁게 했다.

"레베카, 넌 뜻밖의 보물이구나." 크롤리 노부인은 이렇게 말했다. "런던의 우리 집에 와줬으면 좋겠구나. 하지만 내가 브리그스를 놀림감으로 삼는 것처럼 너에게 그렇게 할 수는 없겠지. 안 되지, 안 돼. 약삭빠른 아가씨니까. 너무 영리해서 안 될 거야. 안 그래, 퍼킨?"

노부인의 정수리에 조금밖에 남지 않은 머리카락을 빗겨주던 시녀 퍼킨은 고개를 흔들면서 "샤프 양은 참 영리한 아가씨죠." 하고 몹시 빈정대듯 말했다. 퍼킨도 정직한 여자라면 꼭 지니고 있는 중요한 덕목 가운데 하나인 질투심이 있었던 것이다.

허들스톤 퍼들스톤 경에게 퇴짜를 놓은 뒤부터 크롤리 노부인은 매일 로든의 팔을 잡고 식당에 가면서 베키에게 쿠션을 들고 뒤따르게 하거나, 아니면 베키의 손을 잡고 가면서 로든에게 쿠션을 들도록 시켰다. "우리는 함께 앉아야 돼요." 노부인이 말했다. "이 지방에서 기독교 신자다운 사람은 우리

셋밖에 없으니까." 정말 그렇다면 햄프셔의 종교는 매우 쇠퇴했다고 말해야 할 것이다.

노부인은 이처럼 대단히 신심이 깊은 사람이자 앞서 말했다시피 사고방식이 극단적 자유주의자였으며 기회가 될 때마다 그것을 숨김없이 드러내곤 했다.

"태생이야 뭐 아무럼 어때? 안 그러니?" 그녀는 레베카를 붙들고 말했다. "내 동생 피트를 좀 보렴. 헨리 2세 때부터 이 지방에 살고 있다는 허들스톤 집안의 사람들과 목사관의 가엾은 뷰트를 봐. 그들 가운데 머리와 됨됨이에서 너를 당해낼 사람은 없잖니? 너를 당해내기는커녕 내 말동무 브리그스나 집사인 볼스보다도 못할걸. 넌 참 대단한 아이야. 정말 작은 보석 같구나. 햄프셔 사람들 절반을 다발로 묶어놓은 것보다 영리해. 만약 인간이 자기 가치만큼 대우받는다면 너는 적어도 공작부인이었을 거야. 공작부인 따위는 사실 없어지는 편이 낫지만 아무튼 너보다 더 위에 설 인간은 없을 것 같구나. 나는 어느 모로 보나 너와 내가 대등한 인간이라고 생각한단다. 그래, 난로에 석탄을 조금 더 넣어주련? 그리고 내 옷매무새를 좀 고쳐주려무나. 너는 꽤 솜씨가 좋으니까." 이 늙은 박애주의자는 자신과 대등해야 할 인간에게 이처럼 여러 심부름을 시키고 옷이나 장신구를 손질하게 했으며 매일 밤 프랑스 소설을 읽게 해서 자신은 그것을 들으며 잠들곤 했다.

나이가 많은 몇몇 독자들 가운데 기억하는 분도 계시리라 생각하지만 그 당시 상류사회는 두 가지 사건으로 흥분의 도가니에 빠져 있었다. 신문의 표현을 빌리자면 변호사들에게 일거리를 안겨줄 만한 사건이었다. 하나는 보병 소위 섀프튼이 브루인 백작의 따님이자 상속인인 바버라 피처스와 함께 집을 나간 사건이다. 또 하나는 마흔이 될 때까지 매우 품행이 단정했으며 대가족을 부양해 온 비어 베인이란 어느 가난한 신사가 예순다섯이나 된 여배우 루즈몽 부인에게 푹 빠져서 갑자기 터무니없이 집을 나간 사건이다.

"그 부분이 넬슨 경의 가장 좋은 점이라고 본다." 크롤리 노부인은 말했다. "여자 때문에 망하는 그런 사람에겐 틀림없이 좋은 점이 있을 거야. 나는 어쩌다 눈이 맞은 부부들을 아주 좋아해. 가장 좋은 건 플라워데일 경처럼 귀족이 방앗간 집 딸하고 결혼하는 거야. 여자들은 모두 화가 폭발하겠지. 난 어떤 신분 높은 사람이 너하고 사랑의 도피를 했으면 좋겠어, 베키.

너만큼 예쁜 아이라면 가능할걸."

"기수(騎手) 두 사람을 앞세운 마차로요! 아! 그러면 얼마나 멋질까요!" 레베카는 솔직하게 말했다.

"내가 그 다음으로 좋아하는 건 가난뱅이 남자가 돈 많은 여자와 도망치는 거야. 난 로든이 누구하고 함께 도망쳤으면 싶구나."

"돈 많은 사람 말인가요, 아니면 가난한 아가씨 말인가요?"

"어머, 바보같이! 로든은 내가 주는 돈이 아니면 한 푼도 없는 아이야. 게다가 그 아이는 빚이 산더미고. 어떻게든 만회해서 출세를 해야 하는데."

"로든 씨는 머리가 좋으신가요?" 레베카는 물었다.

"머리가 좋냐고, 베키? 그 아이는 말, 자기 소속 연대, 사냥, 놀이 말고는 아무것도 몰라. 그래도 꼭 출세를 시켜야겠는데. 그야 아주 짓궂은 아이이긴 하지만. 그 애가 총으로 사람을 쏜 거나 화가 나서 달려온 아버지의 모자를 쏘아 떨어트린 이야기 모르니? 연대에서는 인망이 높은 모양이야. 외티에나 코코아트리 클럽에 드나드는 젊은이들은 모두 그 아이를 진심으로 따르거든."

레베카 샤프는 사랑하는 친구에게 보내는 편지에 퀸스 크롤리의 작은 무도회 이야기와 크롤리 대위가 처음으로 자신의 존재를 알아보았을 때의 태도에 대해 쓰면서 이상하게도 그동안 있었던 상세한 이야기는 빼놓았다. 대위는 전부터 그녀를 여러 번 눈여겨보았다. 산책을 할 때도 열 번은 만났다. 복도나 통로에서 마주친 것도 쉰 번은 되었다. 크롤리 부인이 병으로 2층에 틀어박혀 있었지만 아무도 돌보지 않았기에 레베카가 저녁에 노래를 하고 있자니 대위는 피아노 곁을 스무 번이나 맴돌았다. 대위는 또 그녀에게 몰래 편지를 써보냈다(이 머리 나쁜 기병은 최대한 머리를 짜내 철자법을 잘 맞게 쓰려고 노력했는데 여자란 잘 쓰면 잘 쓰는 대로 좋아하고 못 쓰면 못 쓰는 대로 좋아하는 법이다). 로든은 첫 번째 편지를 레베카가 한창 노래하고 있는 가곡집 속에 끼워넣었다. 레베카는 일어나서 그의 얼굴을 뚫어지게 바라보더니 세모꼴로 접은 그 편지를 우아하게 집어들었다. 그러고는 마치 그것이 삼각모라도 되는 것처럼 흔들며 상대 쪽으로 다가가서 편지를 난롯불 속에 던져넣었다. 그런 뒤 남자 쪽으로 정중히 인사를 하고 제자리로 돌아가 여느 때보다 더 명랑하게 노래를 불렀다.

"무슨 일이니?" 크롤리 노부인은 저녁 식사 뒤 깜빡 잠이 들었다가 노래가 멈추는 바람에 졸음에서 깨어나며 물었다.

"음이 안 맞아서요." 레베카가 웃으며 대답하자 로든 크롤리는 분노와 굴욕감으로 씩씩댔다.

크롤리 노부인이 새 가정교사를 눈에 띄게 편애하는데도 뷰트 크롤리 부인은 질투도 하지 않고 그녀를 기꺼이 목사관에 맞아들였다. 게다가 노부인이 5부 이자를 놓고 있는 재산 때문에 자기 남편과 경쟁하고 있는 로든 크롤리까지 불러들였으니 얼마나 친절한 일인가! 뷰트 부인과 조카 로든은 서로 마음이 잘 맞아서 친하게 지내게 되었다. 로든은 사냥을 그만두고 퍼들스톤 집안의 초대도 마다했으며, 머드베리 연대본부의 장교 회식에도 참석하지 않게 되었다. 이제 그의 가장 큰 즐거움은 목사관에 어슬렁어슬렁 찾아가는 일이었다. 크롤리 노부인도 함께 찾아왔다. 어머니가 아픈데 큰집 소녀들이라고 레베카와 같이 놀러 가지 않겠는가. 귀여운 꼬마 아가씨들도 레베카를 따라 놀러를 왔고 저녁이 되면 몇 사람이 함께 일어나 걸어서 돌아가곤 했다. 크롤리 노부인만은 거기에 끼지 않았다. 그녀는 마차를 타고 돌아갔으니까. 달빛 아래 목사관의 뜰을 지나서 정원의 작은 쪽문을 열고 나간 뒤 어두운 나무 숲을 지나 격자 무늬 그림자를 떨어뜨린 퀸스 크롤리 저택 가로수 길을 걸어가는 것은, 대위와 레베카처럼 아름다운 풍경을 즐기는 두 남녀에게는 더없이 즐거운 일이었다.

"아아! 저 별들, 저 별들을 보세요!" 레베카는 반짝이는 녹색 눈동자로 하늘에 뜬 별들을 우러러보며 말했다. "저는 별을 바라보고 있으면 몸에서 영혼만이 떨어져 나오는 것 같아요."

"오오, 아아 정말 그렇군요. 나도 꼭 그런 기분이 드는데요, 샤프 양." 또 다른 정열가가 대답했다. "시가를 피워도 괜찮겠습니까, 샤프 양?" 레베카는 바깥에서 맡는 시가 냄새를 무엇보다도 좋아했다. 그래서 그녀도 아주 귀여운 품으로 맛을 좀 보고, 연기를 한 모금 뿜어내고는 소리를 약간 지르더니 키득거리다가 시가를 조심스레 대위에게 돌려주었다. 콧수염을 비비 꼬고 있던 대위가 곧장 시가를 빨아들이자 불꽃이 어두운 나무 숲 속에서 새빨갛게 타올랐다. 그는 그저 새삼스럽게 "오오, 이것 참 한 번도 맛보지 못한 아주 좋은 시가인걸! 오오." 하고 말할 뿐이었다. 그도 그럴 것이 그의 지성과 화술은 아주아주 뛰어나서 둔하기 짝이 없는 젊은 용기병다웠기 때문이다.

담배를 피우고 맥주를 마시면서 존 호록스에게 이번에 잡을 양 이야기를 하고 있던 늙은 피트 경은 그런 일로 여념이 없는 두 남녀를 서재 창문으로 내다보고, 크롤리 노부인만 와 있지 않으면 저 악당 같은 로든 녀석을 묶어서 창밖으로 내던져 버렸으리라고 욕설을 퍼부었다.

"로든 님이 고약하시긴 하죠." 호록스가 입을 뗐다. 그러고는 삼깐 있다 덧붙였다. "그런데 로든님의 하인인 플레더스란 녀석은 더해요. 식사가 어떠니 술이 어떠니 나리님들도 안 하시는 불평을 가정부 방에서 마구 떠들어 대더군요. 그런데 제 생각에 샤프 양이라면 저분께 잘 어울리는 상대 같은데요, 나리."

실제로 그녀는 잘 어울리는 상대였다. 아버지에게나 아들에게나.

제12장
아주 감상적인 장

우리는 이제 이상향 같은 퀸스 크롤리와, 그곳에서 시골의 미덕을 실천하며 사는 정다운 사람들에게 잠시 이별을 고하고, 아밀리아가 어떻게 되었는지 알아보러 런던으로 돌아가야겠다.

어떤 사람이 깔끔한 글씨로 분홍색 봉랍을 한 이런 내용의 편지를 보냈다. "아밀리아 같은 아이에게는 전혀 관심 없어요. 그녀는 흐리터분하고 시시해요." 이보다 더 친절한 말들도 잔뜩 적혀 있었다. 굳이 내용을 되풀이하지 않아도 좋을 테지만 이런 비평은 사실 비평을 받은 아가씨를 꽤 칭찬하는 뜻도 되기 때문에 조금만 이야기해 보았다.

사랑하는 독자 여러분도 누군가와 어울리다 보면 친절한 여자 친구들에게 이런 이야기를 들어보지 않았던가? 예컨대 스미스 양에게 무슨 매력이 있는지 모르겠다든가, 바보처럼 실실대는 톰슨 양은 밀랍인형 같은 얼굴을 빼면 볼 것도 없는데 무엇 때문에 존슨 소위가 청혼했는지 모르겠다며 그녀들은 늘 고개를 갸웃거린다. 이 사랑스러운 여성 윤리학자들은 붉은 뺨과 푸른 눈이 대체 어쨌다는 거냐고 묻는다. 시간이 흐르면 자연히 시들고 말 덧없는 매력보다는 타고난 재능, 마음의 수양, 맹그널 책의 문제를 완벽하게 풀 수 있는 것, 식물이나 지질학에 대한 숙녀다운 지식, 시를 잘 짓고 헤르츠 식 소나타를 연주할 수 있는 실력 등이야말로 여자에게 훨씬 가치 있는 것이라고 현명한 가르침을 주곤 한다. 여성이 미모란 보잘것없고 덧없는 것이라고 설득하는 것을 들어보면 퍽 유익하다.

분명 그런 재능과 자질은 훨씬 훌륭한 것이다. 실제로 사람들은 타고난 아름다움 때문에 괴로움을 겪는 여인들에게 미모 따위는 허무하게 사라질 것이라고 일러준다. 또한 남성보다 뛰어나 숙녀들에게 찬양을 받는 여자들이, 친절하고 상냥하며 명랑하고 꾸밈없이 다정스러워 남성들이 좋아하는 가정적인 작은 여신들보다 더 훌륭한 아름다움을 갖추고 있을지도 모른다. 그러나 후자에 속하는 뒤떨어지는 여인들에게도 틀림없는 위안거리가 있다. 바로 남자들은 결국 그런 여자를 좋아한다는 것이다. 그러므로 친절한 여자 친구들이 아무리 주의를 주며 반대하더라두 우리는 잘못과 어리석음을 이 장 마지막까지 밀고 나가리라. 사실 나는 무척 존경하는 여성 친구로부터 브라운 양은 대수롭지 않은 건방진 여자라거나, 화이트 부인은 애교가 흐르는 얼굴 말고는 별 볼 일 없다거나, 블랙 부인은 말 한 마디도 못한다는 등의 소리를 몇 번이나 듣곤 했다. 하지만 나는 블랙 부인과 아주 유쾌한 대화를 나눈 적이(물론 제대로 된 화제였답니다, 부인들이여) 있다. 또 화이트 부인이 앉은 의자 주변에 남자들이 떼지어 몰려 있는 것을 보았으며 젊은 남자들이 브라운 양과 춤추려고 앞다투는 모습도 보았다. 그러니 나로서는 여성들이 같은 여자들로부터 경멸을 받는 것은 결국 더할 나위 없이 칭찬을 받는 것과 마찬가지라는 생각이 든다.

아밀리아와 알고 지내던 아가씨들은 이것을 아주 완벽하게 해냈다. 예를 들어 조지의 누이인 오즈번 아가씨들과 도빈의 누이들은 아밀리아를 하찮게 보고 조지와 도빈이 아밀리아의 어떤 점을 좋아하는지 알 수 없다며 누구보다 의견의 일치를 보았던 것이다. "우리는 아밀리아에게 참 친절해." 오즈번 집안 자매들은 말했다. 아름다운 검은 눈썹을 가진 이 아가씨들은 지금껏 가정교사나 스승, 재단사 등 모두 일류만 대해왔다. 그녀들이 아밀리아를 아주 정중하고 친절하게 대해주며 무척이나 귀여워했기 때문에 가엾은 아밀리아는 그 앞에서 벙어리가 되었다. 그래서 자매들 생각처럼 겉보기에 멍청해 보였다. 아밀리아는 의리상으로도 그렇고 또 미래의 시누이들이니만큼 그녀들을 좋아하려고 애썼다. 그녀들과 '기나긴 아침'을 같이 지내기도 했다. 더없이 지루하고 심각한 오전이었다. 아밀리아는 오즈번 집안의 큰 자가용 마차를 타고 그녀들과 뼈만 앙상한 처녀 가정교사 워트 양과 함께 엄숙한 표정으로 외출하기도 했다. 그녀들은 아밀리아를 데리고 고풍스러운 음악회에도 가고, 오라토리오를 들으러 가고, 세인트 폴 성당 보육원의 아이들을 보러도 갔다. 그러나 오즈번 자매가 무서웠던 나머지 아밀리아는 아이들이 부르는 찬송가를 들으면서도 감히 감동도 할 수 없었다. 오즈번 자매들의 집은 안락하였고 아버지의 책상은 호화롭고 값진 것이었으며 집안 교제는 정중하고 품위 있었다. 게다가 자존심이 대단하고, 보육원에서 가장 좋은 가족석을 잡아놓았으며 일상생활은 호사스럽고 질서정연했다. 즐기는 놀이는 모두 말할 수 없이 지루하고 엄숙한 것뿐이었다. 아밀리아가 그 집을 방문하고 나서 돌아갈 때마다(아밀리아는 가슴을 쓸어내리며 얼마나 기뻐하던지!) 언니 제인과 동생 마리아, 가정교사 워트 양은 점점 더 혀를 내두르며 말하는 것이었다. "도대체 조지는 뭘 보고 저 여자에게 반한 거야?"

이게 어떻게 된 일인가? 까다로운 독자들 가운데 이렇게 질문하는 분도 계시리라. 학창 시절에 그토록 많은 친구를 사귀고 사랑받았던 아밀리아가 사회에 나오자 안목 있는 여인들에게 퇴짜를 맞다니? 그것은 핑커턴 여사의 학교에 나이든 무용교사 말고는 남자가 없었기 때문이다. 독자 여러분도 그런 할아버지를 두고 아가씨들이 싸움을 벌일 거란 생각은 하지 않을 것이다. 그러나 오즈번 자매의 잘생긴 형제 조지는 아침 식사를 마치자마자 뛰쳐나가기 일쑤였고 일주일에 엿새나 밖에서 저녁 식사를 하고 왔다. 자기들을 소홀히 대하니 자매들이 노여워하는 것도 무리가 아니었다. 마리아 양은 최근 두 사교 시즌 동안 롬바드 거리에서 은행업을 하고 있는 헐커&블록 상회의 젊은 블록 씨를 마음에 두고 있었다. 그런데 블록이 코티용 춤 파트너로 아밀리아를 선택해버린 것이다. 마리아가 이를 달가워했으리라 생각하는 독자가 있을까? 그래도 마리아는 자못 꾸밈없고 마음이 너그러운 듯이 말했다. "아밀리아가 당신 마음에 들었다니 정말 기쁘네요." 춤이 끝난 뒤 그녀가 블록 씨에게 살뜰히 말을 건넸다. "그분은 제 오라버니 조지와 약혼하셨거든요. 그다지 내세울 만한 것은 없지만 마음씨가 곱고 소박한 아가씨지요. 우리 가족은 모두 그분을 굉장히 좋아한답니다." 이 귀여운 아가씨 같으니! 그녀가 힘주어 말한 '굉장히'에 담긴 애정의 깊이를 그 누가 헤아릴 수 있을까?

워트 양과 이 우애 깊은 자매는 조지 오즈번에게 그가 치르고 있는 희생의 크기와 아밀리아의 차지가 되어버린 그의 낭만적인 너그러움에 대해 수없이 되새겨 주었다. 그 바람에 조지도 자기가 영국 군대에서 가장 대단한 인물이며 자신에게 쏟아지는 사랑을 느긋이 감수해야 한다고 진심으로 생각했는지도 모른다.

어쨌든 조지는 앞서 말했듯이 매일 아침 일찍 집을 나가 일주일에 엿새는 밖에서 저녁 식사를 했기에 누이들은 그가 사랑에 빠진 나머지 아밀리아에게 휘둘리고 있다고 생각했다. 그러나 남들 생각과 달리 그가 늘 아밀리아와 함께 지내는 것만은 아니었다. 그런데도 도빈 대위가 친구를 만나러 찾아오면 제인 오즈번(그녀는 대위에게 매우 다정해서 그의 군대 이야기나 그의 모친의 건강에 아주 관심이 많았다)은 웃는 얼굴로 광장 건너편을 가리키며 이렇게 말하곤 했다. "오오, 조지를 찾으려면 세들리 저택에 가보셔야 해요. 우리는 아침부터 저녁까지 그를 보지 못한답니다." 이 말을 들으면 대위는 어색하게 웃으며 세상 물정에 매우 밝은 듯이 오페라, 왕자가 칼튼 하우스에서 연 무도회, 사교활동에 알맞은 날씨 등으로 이야기를 돌려버렸다.

"언니가 좋아하는 분은 참 순진하군요!" 대위가 떠나면 마리아는 언니인 제인에게 이렇게 말하는 것이었다. "가엾은 조지 오빠가 오늘도 아밀리아네 집에 출근했다고 언니가 말했을 때 그분 얼굴이 얼마나 새빨개졌는지 봤어?"

"프레더릭 블록 씨가 도빈 씨만큼만 겸손하면 좋았을 텐데 말이다, 마리아." 언니는 고개를 흔들며 대답했다.

"겸손이라고! 꼴사납다고 할 걸 잘못 말한 거 아냐? 언니. 난 퍼킨스 부인 댁에서 도빈 대위가 언니의 모슬린 옷을 밟아 구멍을 낸 것처럼 프레더릭 씨가 내 옷을 짓밟아서 구멍을 내는 건 싫어."

"네 옷을 말이니? 호호, 밟을 턱이 없지. 블록 씨는 아밀리아와 춤을 추지 않았던가?"

도빈 대위가 얼굴을 붉히고 어색하기 짝이 없는 표정을 지었던 이유는 사실 오즈번의 누이들에게는 말 못할 일이 있었기 때문이다. 그는 조지를 찾는다는 핑계로 이미 세들리 저택에 다녀왔던 것이다. 그러나 조지는 그곳에 없었고 가엾은 아밀리아만이 혼자 슬픔에 잠긴 얼굴로 객실 창가에 앉아 있었다. 그녀는 종잡을 수 없는 소리를 잠시 늘어놓더니 연대가 얼마 안 있어 외국으로 떠난다는 소문이 사실인지, 오늘 오즈번 씨를 만난 적이 있는지 도빈에게 조심스레 물었다.

연대는 외국 이주 명령을 받지 않았으며 도빈 대위는 아직 조지를 만나지 못한 상태였다. "그는 아마 누이들과 함께 있을 겁니다. 얼굴을 보이지 않다니 괘씸하군요. 제가 가서 그 친구를 데리고 올까요?" 대위가 말했다. 그러자 아밀리아는 도빈에게 감사하다는 듯이 부드럽게 손을 내밀었다. 그 뒤 그는 광장을 가로질러 오즈번 저택으로 찾아온 것이었다. 혼자 남은 아밀리아가 아무리 기다리고 기다려도 조지는 오질 않았다.

가련하고 조그맣고 애처로운 마음이여! 그 마음은 이토록 오지 않는 사람을 기다리며 고동치고 열망하고 믿어 마지않았다. 여기에는 굳이 묘사할 만한 생활이 없었다. 여러분들이 이른바 사건이라 여길 만한 것도 없었다. 온종일 자나 깨나 '그분이 언제나 오시나?' 단 한 가지 생각밖에 없었다. 아밀리아가 도빈 대위에게 조지에 대해 물어보고 있을 때 조지는 아마 스왈로 거리에서 캐논 대위와 함께 당구를 치고 있었을 것이다. 유쾌한 사교가인 그는 기술이 필요한 모든 게임에 뛰어났으니 말이다.

어느 날, 사흘씩이나 아무 소식이 없자 아밀리아는 모자를 쓰고 오즈번 저택으로 불쑥 찾아갔다. "무슨 일이니! 우리 조지를 내버려두고 여기로 놀러 오다니?" 오즈번 자매가 말했다. "다투기라도 한 거야? 이야기 좀 해봐!" 정말로 다툰 적은 없었다. "어느 누가 조지 씨와 싸울 수 있겠어요." 아밀리아는 눈물을 글썽이며 말했다. 그녀는 그저 여러분을 너무 오랫동안 만나지 못해 보고 싶어서 온 것뿐이라고 둘러댔다. 이날 아밀리아는 더없이 둔하고 바보같이 보였다. 오즈번 자매와 가정교사는 애처롭게 돌아가는 그녀의 뒷모습을 배웅하면서 조지가 어쩌다 저런 보잘것없는 여자를 좋아하게 됐냐며 여느 때보다 더욱 의아해했다.

그녀들이 그럴 만도 했다. 어찌 아밀리아가 여리고 소심한 마음을 대담한 까만 눈 아가씨들 앞에 드러낼 수 있겠는가. 아밀리아가 움츠러들어 속마음을 감춘 것은 매우 잘한 일이었다. 오즈번 자매들은 캐시미어 숄이나 분홍색 새틴 옷 등을 보는 눈이 몹시 날카로웠다. 터너 양이 자기 옷을 자색으로 물들여 짧은 외투로 다시 만들든지 픽퍼드 양이 담비털 옷깃을 뜯어서 토시와 의복 장식으로 만들기라도 하면 이 영리한 자매는 대번에 눈치채리라 장담할 수 있다. 그러나 모피나 새틴보다도, 솔로몬의 온갖 영화와 시바 여왕의 갖가지 옷들보다도 더 뛰어난 옷감이 있다. 그 아름다움은 아무리 눈이 높은 사람들이라도 잘 알아보지 못한다. 이 세상에는 그늘에서 조용히 향긋하게 피어나는 꽃처럼 눈에 잘 띄지는 않아도 상냥하고 조신한 여자들이 있다. 그

런가 하면 놋쇠 탕파처럼 크고 태양이 무안하리만치 화려한 정원의 꽃 같은 여자들도 있다. 아밀리아는 해바라기 부류에 속하지 않는다. 그늘에 피는 제비꽃 같은 그녀를 그보다 두 배는 더 큰 달리아처럼 그리는 것은 어울리지 않는다고 생각한다.

아직도 어버이의 보금자리 속에서 나오지 않은 순진한 아가씨에게 소설의 여주인공에게나 일어날 만한 스릴 넘치는 사건이 자주 일어날 리 없다. 다 자라서 먹이를 구하러 둥지를 떠나는 새들은 덫에 걸리기도 하고 총을 맞기도 한다. 매와 맞닥뜨릴 수도 있고, 도망쳐 돌아오거나 험한 꼴을 보는 수도 있다. 그러나 보금자리 속 새끼들은 날개를 펴고 집을 나갈 차례가 올 때까지 솜털과 지푸라기 안에서 편안하고 평범한 하루하루를 보낸다. 레베카 샤프가 이미 시골로 날아가 온 나뭇가지 위와 갖가지 덫 사이를 깡충대며 아무

상처 없이 멋지게 먹이를 낚고 있다면, 아밀리아는 아직 아늑한 러셀 스퀘어의 보금자리에서 잠 자고 있는 셈이었다. 만약 그녀가 세상에 얼굴을 내밀더라도 반드시 어른이 함께일 것이다. 또한 그녀에게나 그녀를 소중히 보살피는 유복하고 쾌활하고 안락한 가정에는 어떤 나쁜 일도 벌어질 것 같지 않았다. 어머니는 아침 일과를 마치면 매일같이 마차를 타고 나가서 부유한 런던 부인의 즐거움이자 직업이라고도 할 수 있는 유쾌한 쇼핑을 즐기며 시내 한 바퀴를 돌고 왔다. 아버지는 그 무렵이면 매우 혼잡한 주식가에 가서 전문가가 아니면 뭐가 뭔지 모를 일을 지휘하고 있었다. 마침 당시 유럽은 전쟁으로 온통 뒤숭숭했으며 각 나라의 운명이 시험대에 올라 있었고 쿠리에 신문의 독자가 몇만 명에 달한 시기였다. 어느 날 비토리아 전투 소식이 들려왔다 싶으면 다음 날에는 모스크바가 초토화됐다는 소식이 들어왔고, 또 어느 날에는 저녁 식사 시간이 다 되었을 때 신문팔이가 호각을 불면서 러셀 스퀘어에 뛰어와 "라이프치히 전투, 전투인원 60만, 프랑스군 참패, 전사자 20만!" 등의 소식을 전해주고 갔다. 아밀리아의 아버지는 한두 번인가 아주 걱정스러운 표정으로 집에 돌아온 적도 있다. 그런 소식들이 유럽 모든 사람들의 마음과 모든 주식을 뒤흔들고 있었으니 무리도 아니다.

그런 상황임에도 블룸즈버리의 러셀 스퀘어 저택은 마치 유럽의 혼란한 사정은 개의치 않는 듯했다. 나폴레옹이 라이프치히에서 후퇴를 했어도 샘보가 하인 방에서 먹는 식사의 횟수에는 아무런 변화가 없었고, 연합군이 프랑스로 쳐들어가도 저녁 식사 종은 여느 때와 다름없이 다섯 시에 울렸다. 아밀리아는 브리엔느나 몽미라일에서 나폴레옹이 이겼다 해도 그다지 신경 쓰지 않았고, 마침내 그가 황제 자리에서 물러나게 될 때까지도 전쟁에 그리 흥미가 없는 듯했다. 그러나 역시 나폴레옹 퇴위 소식을 들었을 때는 손뼉을 치며 아아, 감사합니다! 기도를 올리고 진심을 담아 조지 오즈번의 품속에 몸을 던졌다. 그녀가 보기 드물게 흥분하는 모습을 보고 사람들은 깜짝 놀랐다. 아밀리아가 그렇게 행동한 데는 그만한 까닭이 있었다. 평화가 선포되고 유럽은 안정될 것이며 나폴레옹은 쓰러지고 오즈번 중위가 소속된 연대도 전선에 나갈 염려가 없게 되었다고 생각한 것이다. 그녀에게 유럽의 존망은 조지 오즈번의 존망이었다. 그런데 그런 위험이 사라졌으니 감사 노래를 부를 수밖에! 오즈번은 그녀의 유럽이고 황제이며 연합국의 수장이자 존귀한 왕자님이었다. 그는 또한 그녀의 태양이자 달이었다. 연합국의 수장들을 위해 시장 관저에서 대낮처럼 불을 밝히고 무도회가 열렸는데 아밀리아에게는 이것도 특히 조지 오즈번을 위해 마련된 것으로 여겨졌을 것이다.

불운한 베키 샤프가 인생의 음험한 선생이라고 할 수 있는 흥망성쇠, 자아, 빈곤 등을 통해 배움을 얻었다는 것은 이미 이야기한 바 있다. 최근 아밀리아의 선생님은 연애였다. 이 인기 있는 교사 밑에서 아밀리아가 이룬 발전은 실로 놀라웠다. 이 훌륭한 마지막 선생님이 꾸준한 보살핌 아래 15개월에서 18개월 동안 매일 부지런히 공부하자 아밀리아는 건너편의 워트 양이나 오즈번 자매, 치즈윅의 핑커턴 선생님조차 모르는 비밀에 대해 얼마나 많은 것을 배웠는지 모른다! 그들처럼 새침하고 평판 좋은 여자들이 어찌 알겠는가. 핑커턴 여사나 워트 양에게 연애 감정이라니 어림없는 소리다. 그녀들을 이런 이야기에 끌어들이는 것조차 우스꽝스러울 정도다. 다만 마리아 오즈번 양은 헐커&블록 상회의 프레더릭 오거스터스 블록 씨에게 애정을 품고 있었다. 그러나 그녀의 애정은 정말 훌륭해서 상대가 아들이 아닌 아버지 블록 씨라도 전혀 문제가 되지 않았을 것이다. 다시 말해 그녀가 원하는 것은—좋은 가문의 아가씨로서는 그럴 만도 하지만—파크 레인의 저택과 윔블던의 별장, 멋진 마차, 크고 근사한 말 두 필과 마부들, 그리고 걸출한 회사인 헐커&블록 상회의 연간 소득 4분의 1이다. 프레더릭 오거스터스를 좋아하는 것도 그가 이 모든 혜택을 대표하는 인간이었기 때문이다. 딸을 팔아치우듯 시집보내는 프랑스에는 이 처녀가 순결하다는 표시로 가련한 오렌지꽃을 다는 관습이 있는데 영국에서도 그것을 흉내내기 시작했다. 만약 그 당시에도 그 관습이 있었다면 마리아 양도 분명 그 순결의 상징으로 화려하게 장식하고, 관절염으로 고생하는 늙고 대머리에 코가 큰 아버지 쪽 블록 씨와 나란히 여행마차에 올라탔을 것이다. 그리고 자신의 미모를 그의 행복을 위해 정말로 얌전히 바쳤을지도 모른다. 그러나 그 노신사는 안타깝게도 이미 아내가 있었다. 그래서 그녀는 청춘의 애정을 아들 쪽에게 쏟았다. 부드러운 향기와 함께 피어나는 오렌지꽃이여! 나는 지난날 트로터라는 처녀가 하노버 스퀘어의 세인트 조지 성당에서 그 꽃을 단 채 여행마차에 올라타자 그 뒤를 이어 므두셀라 경이 발을 절룩거리면서 오르는 것을 보았다.

그대는 얼마나 조신하게 가리개를 내렸던가, 순수한 처녀여! 허영의 시장의 마차 가운데 절반이 모여든 것처럼 성대한 결혼식이었다.

아밀리아를 마지막으로 단련시키고, 착한 아가씨를 1년 사이에 훌륭한 숙녀로 만들었으며, 행복의 날이 오면 바로 좋은 아내가 될 수 있도록 만든 것은 좀 전에 이야기한 것들과는 전혀 다른 종류의 연애였다. 부모가 경솔하게도 그녀를 부추겨서 우상숭배에 가깝고 어리석으며 낭만적인 생각을 불어넣은 것이긴 했어도 아밀리아는 독자들이 이미 잘 알고 있는 젊은 근위대 장교 오즈번을 진심으로 사랑하였다. 그녀는 아침에 눈을 뜨는 순간부터 그를 생각했고, 자기 전에 올리는 기도에서 맨 마지막으로 입에 담는 것도 그의 이름이었다. 그녀는 이렇게나 잘생기고 재주 넘치는 사람을 만나본 적이 없었다. 말에 오를 때나 춤출 때의 모습, 그보다 남자다운 모습이 또 있을까. 왕자의 인사법이 얼마나 멋진지 모른다고 세상 사람들이 시끄럽게 떠든다 하더라도, 조지에 비하면 아무것도 아니었다. 사람마다 칭찬이 자자한 멋쟁이 브럼멜도 보았지만, 그런 사람을 조지와 비교하는 것부터가 우스울 지경이었다. 그 당시에는 정식 오페라 모자를 쓰고 오페라를 관람하러 오는 멋쟁이들이 있었는데, 그중에서도 누구 하나 조지에 비길 만한 인물은 없었다. 조지의 매력은 굳이 말하자면 동화 속에 나오는 왕자님과 비교할 수밖에 없는 것이었다. 그렇다면 아밀리아는 결국 자신을 신데렐라에 빗댈 수밖에 없었는데, 이처럼 볼품없는 신데렐라에게 더없이 멋진 왕자님께서 눈길을 주신 것이다! 핑커턴 여사가 만약 아밀리아의 생각을 들었더라면 그런 맹목적인 사랑을 막으려고 했을지도 모르지만 분명히 큰 효과를 거두지는 못했으리라. 그것은 일부 여자들의 천성이자 본능이었으므로. 자신의 계획을 이루기 위한 사랑이 있는가 하면 온전히 사랑을 위한 사랑도 있다. 이 소설을 읽는 미혼 독자들은 어느 쪽이든 자신에게 어울리는 쪽을 선택하시길 바란다.

다른 사람을 돌아볼 여유가 없는 인간이 보통 그러하듯 조지에게 정신이 팔린 아밀리아는 치즈윅에 있는 열두 친구들에게 냉정하다 싶을 만큼 소식을 전하지 않았다. 그녀의 머리에는 조지 생각뿐이었다. 게다가 솔타이어 양은 너무 차가워서 비밀을 고백할 상대가 못 되었고, 서인도의 세인트 키츠에서 온 더부룩한 머리의 부잣집 딸 스와츠 양에게 그런 이야기를 할 마음도 들지 않았다. 그런데 방학 때 어린 로라 마틴이 집에 놀러오게 되었다. 아밀리아는 로라를 붙들고 모든 것을 털어놓고, 결혼하면 집에서 함께 살자고 약속하며 연애에 관해 여러 가지를 알려준 모양이었다. 그것은 어린 로라에게 매우 유익하고 신선한 이야기였으리라. 거참! 아밀리아는 어째서 좀더 조심성 있게 행동하지 않았던 것일까.

아밀리아가 이렇게까지 푹 빠지도록 내버려두다니, 부모는 도대체 뭘 하고 있었을까? 세들리 노인은 더 이상 여러 일에 주의를 기울이지 않았다. 최근 들어 그는 더욱 심각한 얼굴로 도시 행정 일에만 정신이 팔려 있었다. 세들리 부인은 아주 너그럽고 매사에 신경 쓰지 않는 성격인지라 딸의 연애에 아무 경계심도 갖지 않았다. 오빠 조스 씨는 집을 떠난 뒤 런던으로 돌아오지 않고 첼튼엄에서 아일랜드 출신의 어떤 미망인에게 사로잡혀 있었다. 아밀리아는 큰 집에 혼자 있는 셈이었다. 때로는 정말 견디기 힘들었다. 그렇다고 조지에 대해서 의심을 품은 것은 아니었다. 조지는 틀림없이 근위기병 연대에 있을 것이고, 항상 채텀의 부대에서 떠나 있을 수도 없는 노릇이니 런던에 나오면 친구나 누이들을 만나고 여기저기 얼굴을 내밀어야 했으며(그는 어느 자리에 가나 인기였다!), 부대에 있을 때는 너무 피곤해서 긴 편지를 쓰지도 못한다는 것을 알고 있었기 때문이다. 그래도 그녀는 그에게서 받은 편지를 잘 간직하고 있었다. 나는 그 장소도 알고 있기에 셰익스피어의 《심벌린》에 나오는 이아키모처럼 그녀의 방에 몰래 들어갈 수도 있지만 그런 나쁜 역할은 맡고 싶지 않다. 그저 '달빛' 역할이나 맡아 그녀가 마음을 푹 놓고 사랑스러운 얼굴로 순수한 꿈을 꾸며 잠들어 있는 침실을 살짝 들여다보기만 하겠다.

오즈번의 편지는 짧고 군인다웠지만, 아밀리아가 오즈번에게 보낸 편지는 여기에 썼다가는 이 소설이 몇 권으로 늘어서 아무리 감상적인 독자도 못 견디게 될 정도였다. 그녀는 큰 종이에 글을 가득 써넣었을 뿐만 아니라 지나치다 싶을 만큼 가로세로로 꽉 채워 쓰고, 읽는 이 생각은 조금도 않고 시집에서 여러 페이지를 그대로 옮겨 썼다. 또 곳곳의 단어와 구절 밑에 무턱대고 힘을 주어 밑줄을 치고, 끝에 가서는 사랑의 포로가 된 처녀가 자주 사용하는 표식을 덧붙였다. 아밀리아는 여주인공도 무엇도 아니었다. 때문에 그녀의 편지는 온통 비슷한 것들로 반복될 뿐이었다. 문법상 어색해 보이는 구절도 이따금 튀어나왔고, 시도 운율 따위를 제멋대로 쓰고 있었다. 그러나

아, 세상의 모든 여성들이여, 당신들이 쓰는 문장이 문법 때문에 때로 연인의 마음을 움직일 수 없다면, 시의 3음보며 4음보며 하는 것을 모두 알기 전까지 사랑받을 수 없다면, 시 같은 것은 전부 사라져버리고 학교 교사들은 전부 죽어버리는 게 낫지 않겠는가!

제13장
감상적이거나 또는

아밀리아가 열심히 편지를 보낸 신사는 아무래도 좀 완고한 비평가가 아니었나 싶다. 오즈번 중위가 시골 어디에 있든 아밀리아의 편지는 수없이 날아들었다. 식사를 같이하는 동료장교들로부터 그 일로 놀림받는 것이 창피해서 그는 하인에게 자기 방이 아니면 편지를 절대로 전하지 말라고 명령했다. 한번은 그가 편지 한 장으로 시가에 불을 붙이는 것을 보고 도빈 대위는 몸서리가 날 지경이었다. 도빈은 아밀리아의 편지라면 돈과 맞바꾸어도 좋으리라 생각했던 것이다.

당분간 조지는 이러한 관계를 비밀로 하기 위해 무척 애를 썼다. 다만 여자가 있다는 사실만은 인정했지만 말이다. "게다가 처음 있는 일도 아니고." 스푸니 소위가 스터블 소위에게 말했다. "오즈번은 정말 악당 같은 녀석이야. 데메라라에서는 판사의 딸이 그 녀석 때문에 거의 미칠 뻔했었지. 세인트 빈센트에서는 그토록 아름다운 흑백혼혈 아가씨 파이 양이 있었잖아? 그리고 영국으로 돌아온 뒤로는 아예 돈 조반니가 된 것처럼 행세한다더군."

스터블과 스푸니는 '아예 돈 조반니가 된 것'이야말로 더할 나위 없는 남자의 보람인 줄 여기고 있었다. 그런 까닭으로 연대 젊은이들 사이에서 조지의 인기는 엄청났다. 그는 사냥도 잘하고 노래도 잘했으며 훈련성적도 좋았다. 돈도 아버지가 듬뿍 보내주기 때문에 물 쓰듯이 썼다. 그의 군복은 연대에서 가장 훌륭했을 뿐 아니라 가짓수도 가장 많았다. 하사관과 병사들은 그를 신처럼 받들었다. 그는 늙은 헤비톱 대령을 포함한 회식 친구들 가운데서 가장 술이 셌다. 너클이라는 병졸(술고래만 아니었다면 하사로 진급했을 사내로 원래는 권투를 했었다)보다도 주먹이 세고, 크리켓에서 타자를 맡든

투수를 맡던 연대의 클럽에서 가장 뛰어났다. 조지는 자신이 가진 그리스트 라이트닝이라는 말을 타고 출장한 퀘벡 경마에서 개리슨 컵을 땄다. 아밀리아 말고도 그를 숭배하는 사람은 많았다. 스터블과 스푸니는 그를 아폴로처럼 여겼다. 도빈은 그가 '훌륭한 크라이턴'이라고 불렸던 모험가이자 학문에도 밝았던 제임스 크라이턴 같은 남자라고 생각했다. 오다우드 소령 부인은 그를 우아한 젊은이라고 인정했으며 마치 캐슬 포가티 경의 아들 피츠얼드 포가티 같다고 말했다.

어쨌든 스터블, 스푸니, 그 밖의 여러 사람들은 조지에게 계속 편지를 보내는 여인이 누굴까 낭만적인 상상에 빠져 제멋대로 짐작해댔다. 그를 사모하는 런던의 어느 공작부인일까. 아니면 다른 약혼자가 있으면서도 그에게 한눈에 반한 어느 장군의 딸은 아닐까. 또는 사두마차로 같이 사랑의 도피를 하려는 어느 국회의원의 부인이 아닐까. 혹시 굉장히 자극적이고 낭만적이며 두 사람 다 세상에서 고개를 들 수 없을 만큼 애끓는 사랑에 푹 빠진 여자일까. 이렇게 온갖 억측이 쏟아졌지만 조지는 시치미를 떼고 자기를 떠받드는 젊은 친구들이 마음대로 이야기를 지어대든 말든 가만 내버려두었다.

도빈 대위가 함부로 입을 놀리지만 않았던들 연대 안에서는 아무도 진상을 몰랐을 것이다. 어느 날 대위가 식당에서 아침 식사를 하고 있을 때였다. 군의 보좌관 캐클과 앞서 말한 스터블과 스푸니가 오즈번의 연애사정에 대해 이러쿵저러쿵 떠들어대고 있었다. 스터블이 그 여자가 샬롯 여왕의 궁정에 있는 공작부인일 거라고 주장하자, 캐클은 평판 나쁜 오페라 가수임에 틀림없다고 우겨댔다. 그런 소리를 듣다보니 도빈은 점점 화가 치밀어 올랐다. 입안에 계란과 버터 바른 빵이 잔뜩 들어 있었는데도 입을 열고 말을 하지 않을 수가 없었다. "캐클, 자네는 정말 바보 멍청이로군. 자넨 늘 말도 안되는 소문만 퍼뜨리고 있어. 조지는 공작부인과 함께 도망치거나, 여배우와 함께 도망쳐서 모자상을 망하게 할 사람이 아냐. 세들리 양은 둘도 없을 만큼 사랑스러운 아가씨야. 아주 오래전부터 조지와 약혼한 사이지. 내가 듣는 곳에서 그 사람에 대해 이러니저러니 지껄이지 않는 편이 이로울 걸세." 얼굴이 시뻘게진 도빈은 하던 말을 멈추고 차를 마셨는데 사레가 들어서 숨이 막힐 뻔했다. 이 이야기는 반 시간 만에 연대 전체로 퍼졌다. 바로 그날 저녁 오다우드 소령 부인은 오다우드 타운에 있는 여동생 글로비나에게 편지

조지 오즈번 중위와 열렬한 연애편지

를 썼다. "더블린에서 서둘러 올 필요는 없다. 청년장교 오즈번은 벌써 약혼을 한 사람이니까."

부인은 또 그날 저녁 오즈번 중위를 만나 위스키 토디를 마시면서 점잖게 약혼을 축하해주었다. 조지는 도빈이 자기 비밀을 함부로 떠든 것을 알고 불같이 화를 내며 한판 싸움을 벌이러 되돌아갔다(도빈은 그날 저녁 오다우드 소령 부인의 모임 참석을 마다하고 자기 방에서 플루트를 불거나 구슬프게 시를 짓고 있었던 모양이다).

"대체 누가 자네한테 나에 대해 떠들고 다니라고 부탁했지?" 조지는 벌컥 화를 내며 소리쳤다. "왜 내가 결혼한다는 소리를 연대 전체에 퍼트린 거야! 수다쟁이 페기 오다우드 할멈이 지긋지긋한 만찬 자리에서 멋대로 그 이야기를 꺼내게 하고, 내가 약혼했다는 소리를 온 나라에 퍼트린 까닭이 뭐냐고! 자네한테 무슨 권리가 있어서 내 약혼에 대해 떠들고 참견하냐는 말이야, 도빈?"

"나로선 아무래도……." 도빈 대위가 입을 열었다.

"아무래도 뭐가 어쨌단 말인가, 도빈." 그보다 어린 오즈번이 말을 가로챘다. "나는 자네한테 여러 가지로 신세를 지고 있지. 그건 알고 있어. 넌더리 나게 잘 안다고. 하지만 자네가 다섯 살이나 위라고 늘 설교만 해대는 건 듣고 싶지 않아. 그렇게 잘난 체하면서 나를 내려다보고, 은인인 척 행세하는 걸 어떻게 참으라는 거야! 내 어디가 자네보다 못한 건지 좀 물어보고 싶은데?"

"자네, 약혼한 게 맞나?" 도빈 대위가 끼어들었다.

"내가 약혼을 했으면, 그게 뭐? 그게 자네나 이 부대 녀석들하고 무슨 상관이지?"

"그 약혼을 부끄럽게 생각하나?" 도빈이 또 물었다.

"자네한테 무슨 권리가 있어서 나한테 그런 걸 묻는 거야? 말 좀 해보게." 조지가 말했다.

"이런, 설마 자네 파혼하고 싶다는 말은 아니지?" 도빈이 벌떡 일어서며 말했다.

"나더러 그러고도 남자냐고 하는 소리로군." 조지는 매섭게 따졌다. "그렇게 받아들여도 되겠나? 자네가 요즘 나한테 하는 말투는 내가 마치 아니,

더는 나도 참을 수 없네."

"내가 어쨌단 말인가? 나는 자네가 그렇게 착한 아가씨를 너무 소홀히 대한다고 주의주었을 뿐이네, 조지. 런던에 나가면 세인트 제임스 부근의 도박장 같은 데 말고 그 아가씨에게 가보라고 했을 뿐이야."

"빌린 돈을 내놓으란 말이군." 조지는 경멸을 담아 말했다.

"물론 돌려주길 바라네. 언제나 그러길 바라지. 당연하잖나." 도빈이 말했다. "어쩐지 당장이라도 돌려줄 것처럼 말하는군."

"아니야, 잠깐, 윌리엄. 좀 봐주게." 조지는 곧 후회하며 말했다. "자네는 지금까지 나한테 여러모로 친절하게 대해줬지. 하늘도 잘 알고 있어. 내가 어려움에 빠졌을 때마다 자네의 도움을 받았어. 근위대의 크롤리가 내 돈을 모조리 쓸어갔을 때 자네가 없었더라면 난 끝장났을 거야. 당연한 이야기지. 하지만 그렇게 나를 괴롭히지 말아주게. 아침부터 밤까지 들볶지 말아줘. 나는 진심으로 아밀리아를 좋아하네. 그녀가 사랑스러워서 못 견딜 지경이라고 말할 수 있어. 그렇게 무서운 얼굴 하지 말게. 그녀는 흠잡을 데 없어. 나도 잘 아네. 하지만 아무 내기 없이 손에 넣으면 재미없잖아. 걱정 마. 연대가 서인도에서 복귀한 직후잖아. 나도 조금은 하고 싶은 것들을 맘껏 해봐야지. 결혼하면 성실해질 거야. 그리고 말이지. 돕, 화내지 말아주게. 다음 달에는 100파운드를 갚을 테니. 그때는 아버지도 꽤 많이 보내주실 게 분명해. 그리고 지금 헤비톱 대령에게 휴가를 받아서 런던으로 나갈 거네. 내일은 아밀리아를 만나고 오겠어. 자, 이제 됐지?"

"화를 내고 싶어도 자네한테는 오래 화를 낼 수가 없군, 조지." 사람 좋은 대위가 말했다. "그리고 돈 말인데 자네도 만약 내게 돈이 필요한 일이 생기면 마지막 한 푼까지 나누어줄 테지."

"그렇고말고, 도빈." 조지는 크게 선심을 써가며 말했다. 하지만 그는 언제나 남과 나누어 쓸 만한 돈이 전혀 없었다.

"노는 것도 어지간히 하고 이쯤에서 그만두었으면 하네, 조지. 요전에 자네에 대해 물어보던 가엾은 에미 양의 표정을 자네가 보았더라면 당구공 같은 건 당장 팽개쳤을 거야. 가서 그녀를 좀 위로해주게나, 이 나쁜 남자 같으니. 긴 편지라도 보내보게. 그녀가 기뻐할 만한 일을 해주게나. 사소한 것만으로도 기뻐할 걸세."

"그녀는 나를 정말로 좋아하니까 말이지." 의기양양하게 내뱉은 중위는 자기 전까지 식당에서 유쾌한 친구들과 시간을 보내기 위해 밖으로 나가버렸다.

한편 러셀 스퀘어에 있는 아밀리아는 고요한 거리를 비추고 있는 달을 올려다보고 있었다. 오즈번 중위가 묵고 있는 채텀의 병영을 비추는 것과 같은 달이었다. 그녀는 자신의 영웅이 무엇을 하고 있을지 홀로 생각에 잠겼다. 초소를 순시하고 계실까. 야영을 하고 계실지도 몰라. 부상당한 전우의 침대 옆에서 간호를 하고 계실지도, 아니면 방에서 홀로 전술공부라도 하고 계실지도 모르지. 아밀리아의 다정한 마음은 마치 천사처럼 날개가 돋아나 강을 따라 채텀과 로체스터로 날아가서 조지가 있는 병사 안을 들여다보려 애썼다. 여러모로 봤을 때, 문이 닫혀 있고 보초가 아무도 통과시키지 않은 것이 오히려 잘된 일이라고 생각한다. 흰옷을 걸친 작고 가엾은 천사가 위스키 펀치를 마시며 마구 뽑아대는 젊은 친구들의 노랫소리를 듣지 못했으니 말이다.

채텀 병영에서 짤막한 이야기가 오간 이튿날, 젊은 오즈번은 말뿐만이 아니라 마음가짐도 훌륭하다는 것을 보여주기 위해 런던에 나갈 준비를 하여 도빈 대위의 감탄을 샀다. "그녀에게 무슨 선물이라도 좀 들고 가고 싶은데 말이야." 조지는 신뢰하는 친구에게 말했다. "아버지가 돈을 보내줄 때까지는 한 푼도 없어." 도빈은 조지가 모처럼 내보인 친절함과 선심이 쉽사리 꺾이는 것을 두고 볼 수 없었다. 그래서 그는 조지에게 파운드 지폐 몇 장을 빌려주었다. 조지는 체면치레로 사양하는 척하더니 돈을 받았다.

조지는 아밀리아에게 무언가 아주 근사한 선물을 사줄 생각이었을 것이다. 그러나 플리트 거리에서 마차에서 내렸을 때 보석상 창으로 아름다운 셔츠 핀이 눈에 띄자, 그것이 탐이 난 나머지 사지 않을 수가 없었다. 그 핀의 값을 지불하고 났더니 아밀리아에게 마음껏 친절을 베풀 만한 돈은 이제 얼마 남지 않았다. 그러나 걱정할 것은 없었다. 아밀리아가 원하는 것은 그의 선물이 아닐 것이 분명하니 말이다. 조지가 러셀 스퀘어에 도착하자 마치 그의 존재가 햇살이라도 되는 것처럼 아밀리아의 얼굴이 빛나기 시작했다. 밤낮을 가리지 않고 며칠 동안이나 계속되던 걱정과 두려움, 몸이 떨리는 불안, 잠 못 이루는 밤은 조지가 그립고도 매력적인 미소를 지은 그 한순간에 싹 날아가 버렸다. 그는 객실 입구에서 그녀를 보며 빙그레 웃었다. 고상하게 구레나룻을 기르고 신(神)처럼 위풍당당한 모습이었다. 샘보는 오즈번 대위님이(젊은 장교를 제멋대로 한 계급 진급시켜 부르면서) 오셨다고 알리면서 "기쁘시죠" 하는 것처럼 이를 드러내고 활짝 웃었다. 아밀리아가 깜짝 놀라서 얼굴을 붉히고, 늘 밖을 내다보던 창가에서 벌떡 일어났다. 샘보는 그 자리에서 떠났다. 문이 닫히기가 바쁘게 아밀리아는 허둥지둥 조지 오즈번의 품속으로 뛰어 들어갔다. 마치 그 품속이야말로 자신의 진정한 안식처라는 듯이. 오오, 그대 가슴 설레는 가엾은 새여! 아무리 그대가 가장 줄기가 곧고 가지가 튼튼하고 잎이 무성하며 숲에서 제일 훌륭한 나무를 골라 그 속에 둥지를 짓고 즐겁게 노래한다 해도 아마 그 나무는 시간을 아로새긴 끝에 머지않아 우르릉 소리와 함께 쓰러질 것이다. 이렇게 사람의 운명을 나무에 비유하는 건 참으로 오래전부터 써먹은 방법이지만 말이다!

한편, 조지는 아밀리아의 이마와 반짝이는 눈에 아주 다정하게 입을 맞추었으며 더없이 자상하고 친절했다. 그리고 아밀리아는(그가 지금까지 꽂은 걸 본 적이 없는) 그의 다이아몬드 셔츠 핀을 보고 이렇게 아름다운 장식품은 처음 본다고 생각했다.

우리들의 젊은 중위님이 지금까지 행동한 것을 마음에 담아놓고, 바로 어제 그와 도빈 대위가 주고받은 간단한 대화를 기억하고 있는 세심한 독자라면 오즈번이 어떤 사람인지 판단이 섰으리라. 어느 냉소적인 프랑스인이 말하길 연애관계에는 두 가지 역할이 필요한데 그것은 사랑하는 쪽과 사랑을 받아주는 쪽이라고 했다. 아마 남자 쪽이 사랑하는 경우도 있을 것이고 여자

쪽에서 반하는 경우도 있을 것이다. 그리고 사랑에 눈이 먼 사람들 가운데 몇몇은 둔감한 것을 얌전한 것으로, 우둔한 것을 조신한 것으로 착각하거나, 어리석음을 부끄러움이 많다고 여기는 등 거위를 백조라고 믿을 것이다. 또한 사랑스러운 여성 독자들 중에 바보 같은 남자를 자신의 머릿속에서 훌륭하고 명예로운 사람으로 만들어내고, 그 우둔함을 남자다운 소탈함으로 생각하며 쓸데없이 감탄하거나, 이기심을 남자다운 우월성이라 생각하여 숭배하기도 하고, 어리석은 것뿐인데 굉장히 근엄한 사람이라고 착각해, 빛나는 아름다운 요정 티타니아가 아테네의 어떤 직공에게 그랬던 것처럼 상대 남자를 소중하게 여긴 분도 계실 것이다. 나는 세상에서 그런 착각 때문에 희극이 상연되는 것을 여러 번 본 것 같다. 아밀리아가 자기 애인을 대영제국에서 가장 늠름하고 멋진 남자라고 믿은 것만은 확실하다. 그리고 오즈번 중위도 스스로 그렇게 생각한 모양이었다.

조지는 좀 거친 면이 있었다. 얼마나 많은 젊은 남자들이 그러했던가. 아가씨들도 나약한 남자보다는 거친 남자를 더 좋아하지 않는가? 그는 아직 젊은 혈기가 넘쳤지만 머지않아 누그러질 날이 올 것이다. 그리고 평화가 선포되고, 코르시카 출신의 괴물 나폴레옹이 엘바 섬에 유폐되어 논공행상도 끝나면, 그가 갖추고 있으리라는 군인으로서의 재능과 용기를 보여줄 기회도 없어질 테니 그는 군대를 나올 것이다. 또한 그의 아버지가 내줄 돈에 아밀리아의 지참금을 보태면 사냥터가 가까이 있는 어느 시골 마을에 알맞은 터를 잡을 수 있다. 그러면 조지는 사냥을 하거나 농장을 경영하면서 아밀리아와 둘이서 행복하게 살 수 있다. 결혼한 뒤에도 군대에 남는다는 건 말도 안 되는 이야기였다. 조지 오즈번의 아내가 어느 시골 마을에서 하숙생활을 하게 되거나 최악의 경우 동인도나 서인도에서 장교들 사이에 끼어 오다우드 소령 부인의 후원을 받아야 할지도 모른다! 아밀리아는 조지로부터 오다우드 소령 부인 이야기를 듣고 웃음을 터트렸다. 조지는 아밀리아가 너무나도 사랑스러웠기에 그런 끔찍하고 상스러운 여자와 어울리게 하거나, 군인의 아내로서 변변치 못한 대접을 받게 만들고 싶지는 않았다. 자신은 상관없었다. 자신은 괜찮았지만 사랑하는 여자만큼은 자기 아내로서 걸맞은 사회적 지위에 두고 싶었다. 이러한 그의 의견에 물론 아밀리아는 지금껏 그의 말이라면 무엇이든 들어주었던 것처럼 순순히 따랐을 것이 틀림없다.

젊은 연인은 이러한 이야기를 주고받고, 상상 속에 수많은 성을(아밀리아는 그것을 여러 가지 화원, 시골길, 시골 교회, 주일학교나 그 밖의 비슷한 것들로 장식하고, 조지는 마구간, 개집, 지하실 같은 것을 상상하고 있었다) 쌓아올리면서 아주 유쾌하게 두 시간을 보냈다. 그러나 중위는 런던에는 오늘 하루밖에 있지 못하는 데다가 꼭 마무리 지어야 할 중요한 일이 쌓여 있었으므로 에미 양에게 그의 누이들과 함께 저녁식사를 하자고 권했다. 아밀리아는 기꺼이 승낙했다. 그는 아밀리아를 누이들에게 데려가서 마음껏 이야기나 잡담을 하게 놔두었다. 아밀리아가 평소와는 달리 아주 밝아 보이자 조지의 누이들은 살짝 놀랐다. 그녀들은 이 정도면 조지가 잘 가르쳐서 쓸 만한 여자로 만들 수 있겠다고 생각했다. 조지는 그 뒤 일을 보러 나갔다.

조지는 집을 나가서 채링 크로스의 제과점에서 아이스크림을 먹고 팰맬 거리에서 새 옷을 입어보았다. 그리고 올드 슬로터스에 들러서 캐논 대위를 만나 당구를 쳤는데 열한 번 중에 여덟 번을 이겼다. 그런 뒤 만찬에 반 시간이나 늦었음에도 아주 기분이 좋은 상태로 러셀 스퀘어에 돌아왔다.

그러나 오즈번 노인은 그렇지 않았다. 오즈번 노인이 시내에서 돌아와 객실에서 딸들과 고상한 워트 양의 마중을 받았을 때였다. 그가 얼굴—아무리 좋은 일이 있어도 퉁퉁 붓고 무서워 보이는 노란 얼굴이었지만—과 검은 눈썹을 찌푸린 채 씰룩대는 것을 보고 모두 그의 커다란 흰 조끼 밑의 심장이 뒤숭숭하고 언짢은 상태임을 눈치챘다. 아밀리아는 그에게 인사할 때마다 와들와들 떨면서 쭈뼛거리곤 했다. 오늘도 그렇게 다가가서 인사를 하자 노인은 투덜투덜 대답만 할 뿐 털이 덥수룩한 손으로 아밀리아의 귀여운 손을 제대로 잡아줄 생각은 하지도 않고 그냥 내려트리고 있었다. 그는 짜증스러운 표정으로 큰딸을 바라보았다. 그 눈이 명백하게 "어째서 저 여자가 여기 온 거냐?" 묻고 있었으므로 제인은 바로 대답했다.

"아버지, 조지가 외출 나왔어요. 근위기병대에 다녀온다고 나갔는데 만찬 시간에는 돌아올 거예요."

"오, 조지가 왔다고? 하지만 그 녀석이 돌아올 때까지 식사를 안 하고 기다릴 순 없지." 그렇게 말한 오즈번 노인은 자신의 의자에 푹 주저앉았다. 그 뒤 우아하고 멋지게 장식한 이 고요한 거실에서 들리는 것이라고는, 커다란 프랑스 시계가 깜짝 놀란 것처럼 시간을 새기는 소리뿐이었다.

제물로 바쳐진 이피게네이아(그리스신화에서 제물로 바쳐진 아가멤논의 딸)가 신의 구원을 받는 장면을 놋쇠 군상(群像)으로 만들어 윗부분에 장식한 시계가 대성당의 무거운 종소리처럼 다섯 시를 치자 오즈번 노인은 오른손으로 종 끈을 거칠게 잡아당겼다. 집사가 바삐 달려왔다.

"식사를 준비해!" 오즈번 노인이 호령했다.

"아직 조지님이 돌아오지 않으셨는데요, 주인님." 집사가 말했다.

"조지가 어쨌다는 거냐? 내가 이 집 주인인데! 식사 준비해!" 오즈번 노인이 인상을 구겼다. 아밀리아는 벌벌 떨었다. 다른 세 아가씨들은 서로 눈짓으로 신호를 주고받았다. 주인의 뜻을 받들어 아래층에서 식사시간을 알리는 종소리가 울리기 시작했다. 그 소리가 멈추자 집안 어른은 금단추가 달린 큰 청색 윗옷의 호주머니에 손을 찔러넣은 채 더 기다리지도 않고 어깨 너머로 네 아가씨들을 노려보면서 혼자 계단을 터벅터벅 내려갔다.

"애, 왜 저러시니?" 여자들도 일어나서 그의 뒤를 조심조심 따라가는데 한 사람이 물었다.

"공채가 또 폭락한 모양이죠." 워트가 소곤소곤 말했다. 그렇게 벌벌 떨면서 큰 소리는 내지도 못하고 여자들은 언짢은 오즈번 노인의 뒤를 가만가만히 따라갔다. 그들은 잠자코 자기 자리에 가서 앉았다. 노인은 으르렁대듯이 식전 기도를 올렸는데 마치 저주하는 것처럼 거칠게 들렸다. 큰 은접시 뚜껑이 열렸다. 아밀리아는 자리에 앉아서도 덜덜 떨었다. 무서운 오즈번 노인이 바로 곁에 앉아 있던 데다가 같은 줄에 그녀 혼자뿐이었기 때문이다. 조지가 아직 오지 않아 빈자리가 생긴 것이다.

"수프는?" 오즈번 노인이 국자를 들고 아밀리아를 보며 음산한 어조로 말했다. 그는 아밀리아와 다른 아가씨들에게도 수프를 떠주며 한참 동안 아무 말이 없었다.

"세들리 양의 접시를 치워." 그가 마침내 입을 뗐다. "세들리 양은 이런 수프는 못 먹어. 나도 못 먹겠군. 끔찍하게 맛이 없어. 힉스, 수프를 치우게. 그리고 제인, 내일 당장 요리사를 내보내거라."

수프에 대해 잔소리를 한 오즈번 노인은 생선에 대해서도 사납게 비꼬면서 퉁명스럽게 얘기하더니 빌링스게이트 어시장에 대해 그에 걸맞게 힘주어

아밀리아를 맞이하는 오즈번 씨

악담을 퍼부었다. 그러고는 입을 다물고 포도주를 몇 잔이나 마셨으며 얼굴은 더욱 험상궂어졌다. 마침내 문간에서 활발하게 문을 두드리는 소리가 들려왔다. 조지가 돌아왔다는 것을 알자 모두 기운을 차렸다.

"저 아이는 일이 바빠서 늦었다더군. 근위기병대에서 다그월렛 장군을 만나기 위해 기다렸다나. 수프나 생선이나 다 괜찮으니까 뭐든지 갖다 줘. 그런 거 상관 안 하는 아이니까. 양고기도 좋고, 뭐든지 좋아." 조지의 명랑한 기분은 아버지의 엄격한 표정과 대조를 이루었다. 그는 식사를 하면서도 끊임없이 이야기를 하며 좌석에 앉은 모두를, 특히 그중 한 사람을(이름은 구태여 밝힐 것도 없겠지만) 즐겁게 했다.

오즈번 집안의 침울한 만찬이 끝나자 아가씨들이 늘 후식으로 나오는 오렌지와 포도주의 품평을 하고 있는데, 당장 객실로 자리를 옮기라는 알림이 왔다. 그들은 모두 자리에서 일어나 식당을 나갔다. 아밀리아는 조지도 곧 객실로 와주기를 바랐다. 식당 바로 위쪽 객실 한구석에는 다리에 조각을 새기고, 가죽 케이스를 씌운 그랜드피아노가 있었다. 아밀리아는 최근 새롭게 들어와 조지가 즐기는 왈츠 몇 가지를 쳤다. 그러나 이런 작은 수단으로는 그를 끌어올 수 없었다. 조지는 왈츠에 귀도 기울이지 않았다. 왈츠 선율은 점점 잦아들었다. 실망한 아밀리아는 곧 커다란 피아노 앞에서 떠났다. 이어서 세 자매가 배운 것 가운데 가장 신나고 훌륭한 곡을 쳤지만 아밀리아의 귀에는 한 소절도 들어오지 않았다. 그녀는 그저 생각에 잠겨 불길한 예감을 느끼며 앉아 있었다. 오즈번 노인의 찡그린 얼굴은 늘 무섭기는 했어도 오늘처럼 끔찍한 적은 없었다. 노인은 마치 아밀리아가 무슨 죄라도 지은 것처럼 식당을 나올 때까지도 그녀에게서 눈을 떼지 않았다. 이윽고 커피가 나왔을 때 그녀는 마치 집사 힉스가 자신에게 독약을 권하는 것 같았다. 도대체 무슨 수수께끼가 숨어 있는 것일까? 오, 가엾기도 하지! 여자들은 몸이 불편한 아이들을 어르듯 좋지 않은 예감을 가슴에 끌어안고는 가장 추한 상상으로 자기 연인을 그려낸다.

아버지의 안색이 침울한 것을 보고 조지 오즈번도 불안해졌다. 그렇게 눈살을 찌푸리고 화난 표정을 짓고 있어서야 아버지에게서 원하는 만큼의 돈을 긁어낼 도리가 없었다. 그는 아버지의 포도주를 칭찬하기 시작했다. 이는 아버지를 달랠 때 가장 잘 먹히는 방법이었다.

"아버지. 서인도에선 아버지가 가지신 이런 마데이라를 좀처럼 손에 넣을 수가 없어요. 지난번에 아버지께서 제게 보내주신 포도주 세 병을 헤비톱 대령이 허리띠 밑에 넣어서 가지고 갔다니까요."

"그 정도였냐?" 노신사가 말했다. "한 병에 8실링씩은 하니 말이다."

"한 다스에 6기니로 파실래요, 아버지?" 조지는 웃으며 말했다. "영국에서도 이름난 어떤 분이 조금 갖고 싶다 하시는데요."

"그래?" 노인은 으르렁대듯 말했다. "드렸으면 좋겠다만."

"다그윌렛 장군이 채텀에 오셨을 때 말입니다, 아버지. 헤비톱 대령이 장군에게 아침식사를 차려드렸는데요. 저더러 그 술을 좀 가져오라고 하더군요. 장군님도 그 술이 마음에 드신다면서 총사령관 각하께 한 통 선사하고 싶다고 하셨답니다. 총사령관 각하는 전하의 오른팔이시지요."

"워낙 좋은 술이니 말이다." 눈살을 찌푸린 노인이 말했다. 어느새 눈살이 좀 펴져 보였다. 조지는 아버지의 기분이 풀린 틈을 타서 용돈 문제를 식탁 위에 꺼내놓으려고 했다. 그런데 아버지는 도로 엄숙한 표정을 짓더니 조지에게 종을 울려 클라레를 가져오라고 시키는 것이었다. "총사령관 각하께서는 분명 전하께 마데이라를 권하시겠지만 클라레도 마데이라만큼 맛이 좋을지 한번 보자꾸나. 그걸 마시면서 너한테 중요한 이야기를 좀 해야겠다."

2층에서 조바심을 내면서 앉아 있던 아밀리아는 클라레를 가져오라는 종소리를 들었다. 그녀로서는 그 종소리가 어쩐지 불길한 징조를 알리는 수수께끼 같은 소리로 느껴졌다. 이런 불안을 계속해서 느끼는 사람이야 어디에 가도 있기 마련이지만, 확실히 그 예감이 사실로 나타나는 경우도 때로는 있는 법이다.

"내가 알고 싶은 것은 말이다, 조지." 노신사는 남실남실 따른 첫 번째 한 잔을 천천히 음미하면서 말했다. "내가 알고 싶은 것은 너하고 그……2층에 있는 아가씨가 지금 어떻게 되어가고 있는가다."

"그거야, 옆에서 보면 금방 알아보실 수 있잖습니까?" 조지는 흐뭇이 웃으며 말했다. "보신 대로랍니다, 아버지. 이거 참 좋은 술이군요!"

"본 대로라니, 무슨 뜻이냐? 조지."

"거참, 제 입으로 그걸 말하라니요. 아버지, 저를 너무 괴롭히시는 것 아닙니까? 저는 소심하거든요. 뭐, 저는 난봉꾼 흉내를 낼 생각은 없습니다. 하지만 솔직히 말해서 그녀는 저한테 목을 매고 있지요. 그거야 누가 봐도 금방 알 수 있는 것 아닙니까?"

"너는 어떤데?"

"그야, 아버지. 아버지께서 저한테 그녀와 결혼하라고 하셨잖습니까. 그리고 저는 그 말씀을 따르고 있고 말이죠. 부모님들끼리 옛날부터 정해놓으신 거잖아요?"

"대견한 녀석. 나는 네가 타르퀸 경이나 근위대의 크롤리 대위, 듀세이스 님, 그 밖의 여러 분들과 교제하고 있다는 소리를 자주 들어 알고 있다. 모쪼록 자중해야 한다, 알겠지?"

노신사는 이 귀족 이름들을 무척 기뻐하며 늘어놓았다. 그는 높으신 분을 만나기만 하면 늘 그 앞에서 땅에 머리를 대고 넙죽 엎드린다. 그리고 영국 국민이 아니고서는 할 수 없을 만큼 나리 나리를 연발하면서 떠받들었다. 집에 돌아오면 그는 귀인의 이력을 귀족명부에서 찾아보고 일상 대화 속에 그 사람의 이름을 집어넣으며 딸들에게 그 귀족에 대해 이런저런 소리를 늘어놓았다. 그는 나폴리의 거지가 태양을 향해 절을 하듯 몸을 낮추고 귀족들의 은총을 구하곤 했다. 조지는 그 이름들을 듣고 간담이 서늘해졌다. 아버지가 혹시 도박에 대해 알고 있는 건 아닌가 걱정되었던 것이다. 그러나 이 늙은 도덕군자가 이렇게 조용히 말하는 것을 듣자 안심이 되었다.

"뭐, 젊을 때야 어쩔 수 없겠지. 그리고 조지. 내가 기대하고 있는 건 말이다. 영국 최상류 사회에서 생활하는 거란다. 너도 그러기를 바라고, 실제로도 그러고 있다고 생각한다. 내 재산으로 너를 그렇게 만들어 주고 싶다고 생각하는데."

"고맙습니다, 아버지." 조지는 그렇게 말하며 바로 목표를 향해 돌진했다. "그런 훌륭한 분들과 무일푼으로 어울릴 수는 없잖습니까? 아버지, 제 지갑을 좀 보세요." 그렇게 말하며 그는 아밀리아가 떠준 작은 지갑을 증거물로 내놓았다. 그 속에는 도빈에게서 빌린 10파운드 지폐의 마지막 한 장이 들어있을 뿐이었다.

"그러면 안 되지. 영국 상인의 아들이 부족하게 살아서야. 내 돈이나 그 사람들의 돈이나, 돈에 우열이 있는 것도 아니니 말이다, 조지. 나는 돈 쓰는 일에 속 좁게 굴 생각은 없다. 내일 시내로 나갈 때 초퍼 씨한테 들르거라. 너한테 줄 돈을 마련해 놓으라고 할 테니까. 네가 훌륭한 분들과 어울리고 다닌다면 나는 돈을 아끼지 않겠다. 상류계급과 교제해서 손해 볼 일은 없을 테니. 나는 아무것도 없는 집안에서 태어났지만 너는 얼마나 복 받은 건지 모른다. 그걸 잘 이용해야 해. 젊은 귀족들과 어울려 지내란 말이야. 귀족 도련님 중에도 네가 10파운드를 쓸 때 1파운드조차 못 쓰는 사람들이 많이 있어. 그리고 여자 문제에 대해서는(이때 그 음침한 눈썹 밑에서 눈이 모든 것을 다 알고 있다는 것처럼 싸늘하게 흘겼다) 글쎄, 젊을 땐 어쩔 수 없지. 하지만 한 가지만은 금지다. 내 말을 듣지 않으면 용돈은 한 푼도 없어. 도박 말이야."

"아아, 그거야 두말하실 것도 없습니다, 아버지." 조지가 말했다.

"그런데 말이다, 아밀리아 이야기로 돌아가 보자. 나는 네가 주식중개인의 딸보다 더 좋은 사람을 만나도 상관없을 것 같다고 생각한다만. 내가 물어보고 싶은 것은 그에 대한 거다."

"그건 집안에서 정한 일이잖아요? 아버지." 조지는 개암 열매를 쪼개면서 말했다. "아버지와 세들리 씨가 오래전부터 그렇게 정해놓지 않았습니까."

"나도 그건 부정하지 않지만 사람의 지위란 변하기 마련이다. 세들리가 내 재산을 이루어 주었지. 아니, 그보다는 내가 내 재능과 천재성으로 오늘의 당당한 지위를 쌓아올리기 위한 길을 열어주었다고 하는 편이 맞겠군. 뭐, 나는 유지 업계와 런던 상업의 중심부에서 떳떳하게 자리를 차지하고 있으니까 말이다. 하지만 나는 이제 세들리에게 은혜를 다 갚았다고 생각해. 요즘도 그가 부탁한 것들을 최선을 다해 들어주었단 말이야. 너도 내 수표첩을 보면 알 거다. 조지! 너한테만 하는 이야기지만 나는 세들리의 사업 상태가 아무래도 마음에 들지 않는구나. 내 서기장 초퍼도 세들리에 대해 별로 좋지 않게 말하더군. 그 녀석은 주식거래소에 대해서 런던의 누구보다도 잘 알고 있거든. 헐커&블록 상회에서도 그에 대해 미심쩍게 여기고 있어. 세들리는 자기 돈으로 어떤 사업에 손을 댔던 게 아닌가 싶구나. 미국 사략선 몰라시스호에 나포된 준 아멜리에호도 그의 소유라는 소문이 있어. 아무튼 확실히 말해두겠다만, 아밀리아의 재산이라는 1만 파운드를 내 눈앞에 보여주지 않는 한 그 처녀와 결혼해선 안 된다. 나는 큰 손실을 본 사람의 딸을 집에 들일 생각이 없어. 술을 이리 주렴. 아니면 커피를 가져오라고 할까?"

말을 마친 뒤 오즈번 노인은 석간신문을 펴들었다. 조지는 이 신호를 통해 이제 이야기가 끝났고, 아버지가 이제부터 잠시 눈을 붙일 생각임을 눈치챘다.

그는 더없이 기운이 넘쳐서, 서둘러 2층의 아밀리아에게 올라갔다. 그가 그녀에게 오랫동안 보이지 않던 친절을 그날 밤에만 보인 것—여느 때보다 더 열심히 그녀를 즐겁게 하고 더 다정하게, 더 재미있는 이야기를 한 것은 어째서였을까? 그녀의 집안이 기울고 있음을 알게 되어 마음이 너그러워졌기 때문일까, 아니면 귀여운 아가씨를 잃을지도 모른다 생각하니 더욱 소중해 보인 덕분일까?

그 뒤 아밀리아는 조지가 한 말과 그의 표정, 그가 부른 노래, 그가 그녀에게 기대거나 멀리서 바라보던 태도 등을 떠올리며 즐거웠던 그날 밤의 추억으로 며칠을 보냈다. 그녀는 오즈번 저택을 방문한 날 가운데 그날처럼 시간이 빨리 흐른 밤은 없었다고 생각했다. 그때만은 샘보가 너무 이른 시간에 숄을 들고 마중 나온 것처럼 느껴져서 그녀도 화를 낼 뻔했던 것이다.

이튿날 아침 조지는 아밀리아를 찾아와 다정하게 작별인사를 하고 서둘러 시내로 나갔다. 아버지의 서기장 초퍼를 찾아가서 수표를 받은 그는 그것을 헐커&블록 은행에서 주머니에 가득 찰 만큼의 현금으로 바꾸었다. 조지가 은행에 들어섰을 때 마침 존 세들리 노인이 아주 우울한 표정으로 블록 씨 방에서 나오고 있었다. 그러나 세들리 노인의 대자인 조지는 돈을 타는 데만 정신이 쏠려서 이 훌륭한 주식상이 곤경에 처했든, 늘 친절하던 노신사가 쓸쓸하게 그를 바라보든 조금도 눈치채지 못하고 있었다. 젊은 블록 씨도 이제껏 늘 그랬던 것처럼 싱글벙글 웃으며 세들리 씨를 배웅하는 수고를 하지 않았다.

세들리 씨가 나가고 헐커&블록 은행의 반회전 문이 닫히자 출납계직원 퀼은(이 친구가 하는 일은 서랍에서 빳빳한 새 지폐를 내주거나 구리 삽으로 금화를 분배하는 따위의 무난한 일이었다) 오른쪽 책상에 앉은 행원 드라이버에게 힐끗 눈짓했다. 드라이버도 눈빛으로 답했다.

"영 틀린 모양이네." 드라이버가 속삭였다.

"이젠 가망이 없을 거야." 퀼이 말했다. "조지 오즈번 씨, 어떻게 생각하세요?" 조지는 누가 말을 걸든 그저 지폐 뭉치를 주머니에 열심히 쑤셔넣을 뿐이었다. 그는 그날 밤 식당에서 도빈에게 50파운드를 돌려주었다.

한편, 아밀리아도 그날 밤 사이에 조지 앞으로 더없이 다정하고 긴 편지를 썼다. 그녀의 가슴속에는 애정이 넘쳐흐르고 있었으나 불길한 예감은 여전히 가시지 않았다. "당신 아버님께서 어두운 얼굴을 하신 까닭이 무엇인가요?" 그녀는 편지에 그렇게 적었다. "당신 아버님과 우리 아버지 사이에 무슨 안 좋은 일이라도 있었던 걸까요? 우리 아버지도 아주 우울한 얼굴로 시내에서 돌이오시는 바람에 가족들 모두 아버지를 걱정하고 있어요." 결국, 4쪽에 달하도록 사랑과 공포와 희망과 불안을 적은 것이다.

"가엾은 에미, 귀여운 에미. 정말 못 견디게 나를 좋아하는 모양이야." 조지는 그 편지를 가만히 읽으면서 말했다. "그건 그렇고, 혼합 펀치를 마셨더니 정말이지 머리가 깨질 것 같군!" 정말로 가엾은 것은 어린 에미였다.

제14장
집으로 돌아간 크롤리 노부인

그 무렵, 벽에 마름모꼴 문장이 붙어 있는 여행마차 한 대가 파크 레인의 아늑하고 잘 꾸며진 한 집으로 다가오고 있었다. 뒷자리에는 녹색 베일을 쓰고 머리가 곱슬곱슬한 여인이 불만스러운 표정으로 앉아 있고, 마부대에는 몸집 큰 사나이가 느긋하게 앉아 있었다. 바로 우리가 잘 아는 크롤리 노부인 일행의 마차로, 햄프셔에서 돌아오는 길이었다. 마차의 창문들은 닫혀 있었고, 여느 때면 밖으로 고개를 내밀고 혓바닥을 늘어트리고 있을 뚱뚱한 스패니얼도 오늘은 뒷좌석의 불만스러워 보이는 여인의 무릎 위에서 잠들어 있었다. 마차가 멈춰서자 크고 동그란 솔 다발 같은 것이 여러 하인들과 그 뒤를 따라나온 젊은 여인의 도움으로 마차에서 나왔다. 감싸안긴 듯이 이 다발 속에 들어가 있던 크롤리 노부인은 곧장 환자를 맞이하기에 알맞게 데워 놓은 위층 침실로 안내되었다. 심부름꾼이 그녀의 주치의와 약제사에게 바삐 연락하러 달려갔다. 그들은 와서 진찰을 하고 처방을 내린 뒤 다른 방으로 물러갔다. 그들의 상담이 끝나자 크롤리 노부인의 시중을 들며 함께 왔던 젊은 여자가 들어와서 의사의 지시를 받고, 그 선생들이 말에 따라 소염제를 병자에게 투여했다.

이튿날, 근위기병대의 크롤리 대위는 나이츠브리지 병영에서 말을 타고 찾아왔다. 그가 타고 온 검은 말은 병자의 집 앞에 깔린 짚을 긁어대고 있었다. 그는 진심을 담아 친절한 고모님의 용태를 물어보았다. 무언가 크게 걱정이 되는 까닭이 있는 모양이었다. 크롤리 노부인의 시녀(불만스러운 얼굴을 하고 있던 여인)는 유달리 뾰로통하고 울적한 기색이었다. 노부인의 말동무 역을 해오던 브리그스 양도 응접실에서 혼자 눈물을 흘리고 있었다. 사랑하는 친구가 병들었다는 소식을 듣고 서둘러 온 참이었다. 그녀는 친구가 아플 때면 언제나 간호를 하던 그 침대 곁으로 뛰어가고 싶은 생각이 태산 같았다. 그런데 병실에 들여보내주지 않는 것이다. 게다가 알지도 못하는 여자가 와서 환자에게 약을 주고 있다. 시골에서 왔다는 여자가. 이름이 뭐더라, 아무튼 밉살맞았다. 여기까지 말하던 브리그스는 눈물로 목이 메어 말을 잇지 못했다. 그리고 짓밟힌 자신의 친절과 가엾도록 늙은 새빨간 코를 손수건 속에 파묻었다.

로든 크롤리는 뾰로통한 시녀를 보내 자기가 온 것을 알렸다. 그러자 크롤리 노부인의 새로운 말동무가 병실에서 경쾌한 걸음걸이로 나와서 자신을 맞으러 열심히 걸어오는 로든과 악수했다. 그리고 당황한 브리그스에게 경멸에 찬 시선을 던지더니 로든을 뒤쪽 응접실에서 끌어내어 아래층으로 안내했다. 그곳은 지금은 휑하지만 그전에는 수없이 훌륭한 만찬회가 열리던 식당이었다.

여기서 두 사람은 10분가량 의논을 했는데 틀림없이 위층의 늙은 환자의 병세에 대한 이야기였을 것이다. 10분이 지나자 종이 요란스럽게 울렸고, 노부인의 심복인 집사 볼스가 즉각 응답했다(집사는 사실 두 사람이 이야기를 나누는 동안 열쇠구멍에 바싹 귀를 대고 있었다). 대위가 콧수염을 꼬면서 밖으로 나와 거리에 몰려든 장난꾸러기 꼬마들의 감탄 어린 눈빛을 받으며 아까부터 짚을 뒤적거리고 있던 말에 올라탔다. 그리고 위세 좋게 달리는 말을 멋지게 부리면서 식당 창문을 들여다보았다. 잠시 창문을 통해 젊은 여자의 모습이 보이는 것 같았지만 그 모습은 그대로 안쪽으로 사라졌다. 분명히 또다시 2층으로 올라가서 이제는 익숙한 간호를 다시 시작했을 것이다.

대체 이 젊은 여자는 누구일까? 그날 저녁, 두 사람 몫의 간소한 저녁 식사가 식당에 차려졌다. 그때 시녀 퍼킨은 여주인의 방에 들어가 새 간병인이 식사를 하기 위해 병실을 비운 동안 허둥지둥 무언가를 하고 있었다. 새 간병인과 브리그스 양은 함께 간단한 식사를 들었다.

브리그스는 가슴이 답답해서 한 입도 목구멍으로 넘어가지 않았다. 마주 앉은 젊은 여자는 품위 있게 닭고기를 잘라놓고, 브리그스에게 달걀 소스를 좀 달라고 했다. 그 어조가 어찌나 또렷했는지 가엾은 브리그스는 그 맛좋은 소스가 바로 자기 앞에 있는데도 당황하여 국자를 크게 덜거덕거리며 히스테리를 일으키고 말았다.

"브리그스 양께 포도주를 한 잔 드리는 게 좋겠어요." 젊은 여자는 몸집 크고 믿음직한 볼스에게 말했다. 그는 시키는 대로 했다. 브리그스는 자신도 모르게 포도주 잔을 잡고 꿀꺽꿀꺽 마시더니 신음을 나직이 내뱉고 나서 접시에 담긴 닭고기를 깔짝거렸다.

"우리끼리 먹을 수 있어요." 젊은 여자는 아주 상냥하게 말했다. "그러니 볼스 씨가 수고를 하실 필요 없어요. 도움이 필요하면 종을 울릴 테니까, 그만 가보세요." 볼스는 아래층으로 내려갔다. 말해두지만 아래층에서 그는 자기보다 아랫사람이자 아무 죄도 없는 마부에게 마구 화풀이를 했다.

"그렇게 슬퍼하지 않으셔도 돼요, 브리그스 양." 젊은 여자는 냉정하고 살짝 빈정대는 투로 말했다.

"내 소중한 친구가 그렇게 아픈데도 나를 만나겠다는 말을 해주질 않아요." 브리그스는 새삼 슬픔이 북받친 나머지 목이 메어 말했다.

"크롤리 노부인은 이제 괜찮으니 안심하세요, 브리그스 양. 과식해서 탈난 것뿐이에요. 이제 많이 좋아지셨어요. 곧 전처럼 건강해지실 거예요. 흡인기를 대고 치료를 받고 계시니 쇠약해진 것처럼 보이지만, 곧 기운을 되찾으실 거예요. 걱정은 그만하고 포도주라도 조금 더 드시는 게 어떨까요?"

"하지만 어째서, 어째서 저를 다시 만나려 하지 않는 거죠?" 브리그스 양은 울먹이며 말했다. "오, 마틸다, 23년이나 성의를 다해왔는데! 이것이 가엾은 아라벨라에게 주는 보답인가요?"

"그렇게 울지 마세요, 가엾은 아라벨라 씨." 젊은 여자는 (약간 빙긋이 미소 지으며) 말했다. "당신은 저보다 간호를 잘 못하기 때문에 안 만나시는 거예요. 저라고 밤을 새는 일이 좋을 리 있겠어요? 당신이 대신 해주셨으면 좋겠다고 생각할 정도예요."

"몇 년 동안이나 내가 저 침대 곁에서 간호를 했는데." 아라벨라가 말했다. "그런데 이제 와서."

"이제 와서 다른 사람이 좋아진 거죠. 뭐, 아픈 사람은 변덕이 심한 법이니까 맞춰드릴 수밖에 없잖아요. 완쾌되시면 전 떠날 테고요."

"아니야, 그럴 리가." 아라벨라는 정신없이 약병을 들이켜면서 소리를 질렀다.

"환자의 병이 낫지 않을 거라는 말씀이세요, 아니면 제가 떠나지 않을 거라는 말씀이세요?" 젊은 여자가 태도는 온화하지만 밉살스럽게 말했다. "바보 같은 소리예요. 병세는 두 주만 지나면 좋아질 테고, 그렇게 되면 저는 퀸스 크롤리의 아가씨들과 그 어머니 곁으로 돌아갈 거예요. 퀸스 크롤리의 마님은 몸이 훨씬 더 안 좋으시거든요. 브리그스 양, 저 때문에 시샘하실 필요 없어요. 저는 친구도 하나 없고, 아무런 악의도 없는 가엾은 여자애일 뿐이니까요. 저는 당신을 밀어내고 크롤리 노부인의 총애를 받을 생각은 없어요. 제가 떠난 뒤 일주일만 지나면 그분은 저 같은 것은 잊어버리고 말 거예요. 게다가 당신이 오랫동안 그분을 모셨기에 그분이 당신을 아끼시는 것 아닌가요? 포도주를 좀 따라주세요, 브리그스 양. 그리고 사이좋게 지내요. 저는 진심으로 친구가 있었으면 하거든요."

금방 마음이 풀리는 부드러운 성격인 브리그스는 그 말을 듣고 말없이 손을 내밀었다. 하지만 그러면서도 크롤리 노부인이 자신을 멀리한 것이 뼈에 사무쳐서 그녀의 변덕을 몹시도 한탄했다. 반 시간이 지나고 식사가 끝나자 레베카 샤프는(독자들은 놀랄지도 모르지만 지금까지 일부러 '젊은 여자'라고만 불러온 그 사람이다) 2층에 있는 환자의 방으로 다시 올라가, 살갑고도 정중하게 퍼킨을 방에서 내보냈다. "고마워요, 퍼킨 부인. 그만하면 됐어요. 정말 능숙하시네요! 필요한 게 있으면 종을 울릴게요." 아래층으로 내려오는 퍼킨의 가슴속에는 질투심이 소용돌이쳤다. 게다가 그것을 혼자 가슴속에 담아둘 수밖에 없었기 때문에 더 위험했다.

퍼킨이 2층의 층계참을 지나갈 때 응접실 문이 활짝 열린 것도 그 소용돌이 탓이었을까? 그럴 리가 없다. 그것은 브리그스가 손으로 살짝 연 것이었다. 브리그스는 퍼킨이 계단을 삐걱거리며 내려오는 소리와, 방에서 쫓겨나며 들고 나온 스푼과 죽그릇이 땡그랑거리는 소리를 빠짐없이 듣고 있었던 것이다.

"어때요, 퍼킨?" 브리그스는 퍼킨이 방에 들어오자 물었다. "어땠어요, 제인?"

"갈수록 태산이네요." 퍼킨은 고개를 설레설레 저으며 말했다.

"병세가 여전히 안 좋으신가?"

"한 번밖에 입을 여시지 않았어요. 내가 좀 나아지셨냐고 물었더니 쓸데

없이 입을 놀리지 말라고 명령하시는 거예요. 오, 브리그스 양, 이런 날이 올 줄은 꿈에도 생각 못했어요!" 그러고는 다시 눈물을 쏟아냈다.

"도대체 그 레베카란 여자는 누굴까요, 퍼킨? 내가 친한 친구인 라이오넬 델라미어 목사 부부의 집에서 크리스마스 만찬을 즐기는 틈에 내 소중한, 지금도 소중한 마틸다의 애정을 생판 모르는 여자에게 빼앗기게 될 줄은 꿈에도 몰랐어요!" 말투를 보아 알 수 있듯이 브리그스는 문학을 좋아하고 감상적이었다. 그래서 〈나이팅게일의 노래〉라는 시집을 예약판매로 출판한 적도 있었다.

"브리그스 양, 다들 그 젊은 여자한테 홀딱 빠져버렸어요." 퍼킨이 대답했다. "피트 경도 저 여자를 좀처럼 내놓지 않으려고 했는데 크롤리 노부인의 말이니 감히 거절할 수도 없었지 뭐예요. 목사댁의 뷰트 부인도 마찬가지여서 저 여자 얼굴을 안 보면 기분이 영 별로랍니다. 대위도 저 여자한테 푹 빠졌고 말이에요. 젊은 크롤리 씨는 그걸 또 몹시 질투하고 있지요. 우리 크롤리 노부인도 병에 걸린 뒤로는 샤프 양이 아니면 아무도 곁에 두지 않으려고 하시는데 대체 무슨 영문인지 알 수가 없네요. 사람들이 모두 무언가에 씐 것 같아요."

레베카는 그날 밤 내내 크롤리 노부인 곁에 붙어서 간호를 했다. 그 다음 날 밤에는 노부인이 아주 곤히 잠들어서 레베카도 환자의 침대 아래쪽에 있는 안락의자에서 몇 시간 정도 편히 잠들 여유가 생겼다. 얼마 뒤 크롤리 노부인은 일어나 앉아서 브리그스 양이 슬퍼하는 모습을 레베카가 똑같이 흉내 내는 것을 보고 실컷 웃음을 터뜨렸을 만큼 많이 나아졌다. 코를 훌쩍거리며 손수건을 쓰는 법까지 아주 그럴듯하게 흉내 낸 덕분에 크롤리 노부인은 생기를 되찾았다. 왕진을 온 의사들도 깜짝 놀랄 정도였다. 평소에 이 훌륭하신 부인은 조금이라도 몸이 아프면 아주 눈뜨고 못 볼 만큼 우울해하며 죽는 것을 겁냈기 때문이다.

크롤리 대위는 매일같이 찾아와서 레베카에게 고모님의 병세에 대한 보고를 받았다. 환자는 아주 빠르게 회복되었고 가엾은 브리그스도 자신의 후원자를 만나볼 수 있게 되었다. 마음씨 고운 독자들은 이 눈물 많은 여자가 감정을 꾹 참는 모습과 눈물겨운 문안 장면을 머릿속에 그릴 수 있으리라.

크롤리 노부인은 이윽고 브리그스를 방에 들이는 것을 좋아하게 되었다.

레베카는 본인이 보는 앞에서도 아주 진지하게 브리그스의 흉내를 내며 노부인에게 두 배 더 짜릿한 즐거움을 주었던 것이다.

크롤리 노부인이 심각한 병에 걸려서 시골의 형제들 집을 떠나게 된 까닭은 이 품위 있고 감상적인 소설에서 설명하기에는 그다지 어울리지 않으며 낭만적이지 못한 것이다. 노부인은 습한 날씨가 원인이라고 우겼지만 진짜 원인은 과식과 과음, 목사관에서 저녁만찬으로 나온 갓 만든 새우요리를 배가 터지도록 먹었기 때문이다. 상류사회에서 생활하는 섬세한 여성에게 그런 소리를 하자니 좀 꺼려진다. 증세가 걷잡을 수 없이 악화됐기 때문에 목사의 말을 빌리면 마틸다는 자칫 그대로 '덜컥 가버릴' 뻔했다. 일가족은 모두 그녀의 유언에 신경을 쏟으며 기대에 가득 차 있었다. 그중에서도 로든 크롤리는 사교 시즌이 시작되기 전에 적어도 4만 파운드는 틀림없이 받을 수 있을 거라고 생각했다. 고모가 허영의 시장과 파크 레인에서 저세상으로 이사 갈 준비를 하며 빠트리는 것이 없도록 젊은 크롤리 씨는 종교에 대한 소책자 가운데 특별히 도움이 될 만한 것을 골라서 보내주기도 했다. 그러나 사우샘프턴에서 불러온 의사가 제때 도착해서 그녀의 목숨을 빼앗기 일보 직전이었던 새우를 해치워주고 런던으로 돌아갈 수 있을 만큼의 기력을 불어넣어주었다. 누님의 병이 순식간에 차도를 보이자 준남작은 아쉬움을 감추지 못했다.

온 가족이 크롤리 노부인의 머리맡에 붙어 있고, 심부름꾼이 한 시간마다 목사관에서 걱정하고 있는 사람들에게 노부인의 용태를 전했다. 그때 저택 한구석에는 아무도 돌봐주는 이 없이 중병으로 신음하는 사람이 있었다. 다름 아닌 크롤리 경 부인이었다. 친절한 의사는 부인을 진찰하더니 고개를 저었다. 크롤리 노부인을 보러 온 김에 무료로 진찰을 부탁할 수 있었으므로 피트 경도 아내가 진찰 받는 데 동의했던 것이다. 부인은 쓸쓸한 방에 혼자 내버려진 채 시름시름 앓았다. 모두들 뜰 안에서 시들어가는 잡초보다 더 관심을 기울이지 않았다.

크롤리 아가씨들도 레베카의 훌륭한 수업을 거의 받지 못했다. 레베카가 간호를 너무도 잘했기에 크롤리 노부인은 그녀가 주는 약이 아니면 받아먹지 않았던 것이다. 시녀인 퍼킨은 여주인이 시골을 떠나오기 훨씬 전부터 이미 아무 쓸모도 없는 존재가 되고 말았다. 이 충실한 시녀는 런던으로 돌아온 뒤 브리그스 양도 자기와 마찬가지로 질투로 괴로워하고, 매몰찬 대우를 받는 것을 보고 씁쓸한 위안이나마 얻을 수 있었다.

로든 대위는 고모님의 병 때문에 휴가를 연장받고는 기특하게도 집에만 머물렀다. 그는 늘 노부인의 곁방에 있었다. (노부인은 가장 좋은 침실에 누워 있었는데, 작고 푸른 객실을 통해 그리로 들어가게 되어 있었다.) 크롤리 경은 늘 그곳에서 로든과 마주쳤다. 또는 로든이 아무리 조용히 복도를 걸어도 반드시 방문을 열고 노신사가 하이에나 같은 얼굴을 내밀며 노려보고는 했다. 아버지가 아들을 그렇게 주시한 까닭은 무엇일까? 아마 가장 큰 침실을 차지한 환자에게 어느 쪽이 더 마음을 쓰는지 겨루는 것이었으리라. 레베카는 자주 병실에서 나와 두 사람을 위로했다. 아니, 이쪽저쪽 번갈아가면서 위로했다는 편이 맞을 것이다. 훌륭한 두 신사는 모두 병자의 신임이 두터운 작은 간병인에게 병자의 소식을 들으려 애썼다.

만찬 시간이 되면 레베카는 30분 정도만 내려오곤 했는데, 그 자리에서 그녀는 두 사람 사이를 중재해 주었다. 그리고 밤에는 또다시 병실로 들어가서 나오지 않았다. 그 사이에 로든은 말을 타고 머드베리의 제150연대 본부로 놀러갔고 아버지는 남아서 집사 호록스를 상대로 럼주에 물을 타서 마시곤 했다. 레베카는 크롤리 노부인의 병실에서 더없이 지루한 2주일을 보냈다. 그러나 그녀의 작은 신경은 무쇠로 만든 것이 아닌가 싶을 정도였다. 그녀는 병간호와 지루함에도 전혀 지치지 않았다.

그때 간호하느라 얼마나 힘들었는지, 그토록 쾌활하던 노부인이 병자가되고 나니 얼마나 까다롭게 굴고 잠을 설쳐댔는지, 죽음이 무서워 건강할 때는 신경도 쓰지 않던 저승에 대해 헛소리를 늘어놓으며 노부인이 밤새도록 얼마나 신음했는지 레베카는 오랜 시간이 지날 때까지 결코 다른 사람에게 말하지 않았다. 오, 젊은 여성 독자들이여. 세속적이고 이기적이고 벌 받아마땅하며 감사할 줄 모르고 신앙심도 없는 노파가 가발도 쓰지 않고 고통과공포 속에서 몸부림치며 괴로워하는 광경을 상상해보라. 그녀의 모습을 마음속에 잘 그려보고 여러분도 세상을 떠나기 전에 사랑과 기도하는 법을 배우는 게 좋을 것이다!

레베카는 불굴의 인내심을 가지고 신에게 버림받은 이 병자의 곁을 떠나지 않았다. 그녀의 눈은 어떤 것도 놓치지 않았다. 빈틈없는 집사처럼 모든 것을 이용했다. 뒷날 그녀는 크롤리 노부인의 병에 대해 여러 이야기를 했는데, 노부인은 그것을 들으면 화장 밑으로 얼굴을 붉히곤 했다. 레베카는 간호하면서 절대로 화를 내는 일이 없었다. 늘 정신을 바짝 차리고 있었다. 마음에 거리낌이 없었기 때문에 가볍게 잠들 수도 있었다. 그리고 아무 때나 바로 휴식을 취할 수 있었다. 그래서 레베카의 얼굴에서는 피로의 흔적을 별로 찾아볼 수 없었다. 다소 핼쑥해 보이고 눈 주위가 여느 때보다 좀 거무스름했을지도 모르지만 병실에서 나올 때면 언제나 미소를 짓고 있었으며 기운차고 말쑥해 보였다. 실내복에 모자를 쓴 차림인데도 가장 맵시 있는 야회복을 입었을 때처럼 매우 단정해 보였다.

대위도 그렇게 생각했는지 우스꽝스러울 만큼 열심히 레베카를 칭찬해댔다. 가시가 돋아난 사랑의 화살이 그의 무딘 살갗을 꿰뚫었던 것이다. 6주 동안 있었던 접근과 기회가 그를 완전히 사랑의 희생양으로 만들고 말았다. 로든은 가장 먼저 목사관의 작은어머니에게 그것을 털어놓았다. 작은어머니는 그 이야기를 듣고 그를 놀리며 진작부터 바보 같은 짓을 한다고 생각했다고 말했다. 그러면서 그에게 조심하는 편이 좋을 거라고 주의를 주었다. 끝으로 레베카는 영국 전체를 뒤져도 다시없을 만큼 영리하고 익살스럽고 특이하면서도 착하고 소박하며 상냥한 처녀라고 말했다. 그러나 로든은 그녀의 애정을 농락해서는 안 되었다—그런 짓을 하면 크롤리 노부인이 결코 용서하지 않을 것이다. 그녀도 그 작은 가정교사에게 마음을 빼앗겨 딸처럼 귀여워하고 있었다. 로든은 떠나야만 했다—순수한 처녀의 감정을 가지고 노는 짓은 그만두고 연대로, 음탕한 런던으로 돌아가야 했다.

인정 많은 작은어머니는 쓸쓸해 보이는 로든을 동정하여 앞서 이야기했던 것처럼, 그가 목사관에서 레베카를 만나거나 같이 걸어서 집으로 돌아가는 기회를 몇 번이나 만들어주었다. 숙녀들이여, 어떤 남자들은 사랑에 빠지기 시작하면 낚싯바늘에 낚싯줄과 낚싯대까지 자기들이 낚일 도구에 대해 전부 눈치채고 있으면서도 미끼를 문다. 다가와서 미끼를 삼켜버리지 않고는 못 배긴다. 그리고 얼마 안 가 고스란히 낚여서 숨 가쁘게 뻐끔대며 땅 위로 끌려 올라오는 것이다. 로든은 뷰트 부인이 레베카를 미끼로 하여 자기를 낚으려는 것임을 눈치채고 있었다. 그는 그다지 영리하지는 않으나 런던 사교계의 한량이며 사교 시즌을 몇 번이나 겪은 몸이다. 그래서 뷰트 부인의 이야기를 듣자 흐려 있던 눈이 조금 밝아지는 것 같았다.

"내 말을 좀 들어봐, 로든." 작은어머니가 말했다. "곧 샤프 양은 너의 친척이 될 거야."

"어떤 친척이 되는데요, 사촌이요? 네, 작은어머님? 프랜시스가 그녀에게 반한 거죠, 네?" 로든이 익살스럽게 물었다.

"그보다 더하지." 뷰트 부인은 까만 눈동자를 반짝이며 말했다.

"피트 형은 아니죠? 그럴 순 없지요. 그런 겁쟁이한텐 그녀가 아까워요. 게다가 형은 제인 시프섕크스 양과 약혼한 사이잖아요."

"남자들은 정말 아무것도 모르는군. 너도 눈뜬장님인가 보구나. 만약 크롤리 준남작부인한테 무슨 일이라도 생기면 샤프 양은 네 새어머니가 될 거야. 틀림없이 있을 수 있는 일이라고."

로든 크롤리는 이 말을 듣고 놀랐다는 뜻으로 터무니없이 큰 소리로 휘파람을 불었다. 그는 그 말을 부정할 수 없었다. 아버지가 레베카를 좋아하는 게 분명하다는 사실은 그도 알아채고 있었다. 그는 늙은 아버지의 성격을 잘 알았다. 그리고 그 이상으로 파렴치한 늙은이—하고 말을 이으려다 얼버무리고는 콧수염을 꼬면서 집으로 돌아왔다. 뷰트 부인의 꿍꿍이가 무엇인지 갈피를 잡은 것 같았다.

"아무리 그래도 이건 너무한걸." 로든은 생각했다. "작은어머니는 가엾은 그녀가 크롤리 경 부인이 되어 우리 집안에 들어오는 일이 없도록 쫓아내려는 속셈이 분명해."

그는 혼자 있는 레베카를 발견하자 그 나름의 고상한 태도로 아버지가 당신을 좋아하는 것 같다며 놀렸다. 그녀는 경멸하는 투로 고개를 내저으면서 로든의 얼굴을 똑바로 바라보고 말했다.

"그래요, 저를 좋아하시는지도 모르지요. 호감이 있다는 것쯤은 저도 알고 있어요. 그리고 다른 분들도 알고 계실걸요. 크롤리 대위님, 제가 당신의 아버지를 두려워한다고 생각하시나요? 설마 제가 자신의 명예조차 지키지 못할 거라 생각하시는 건 아니겠죠?" 어린 여자였지만 마치 여왕처럼 위엄 있게 말했다.

"오, 아, 그저 마땅한 주의를 준 것뿐입니다. 당신도 잘 알겠지만 부디 조심해요. 그뿐입니다." 로든은 버릇처럼 콧수염을 만지작거리며 말했다.

"그럼, 무슨 수치스러운 일이라도 생길 거라고 말씀하시는 건가요?" 레베카가 벌컥 화를 내며 말했다.

"오, 당치 않소. 정말입니다, 레베카." 몸집이 커다란 용기병이 말을 가로막았다.

"제가 가난하고 친지가 없다고 해서, 또 부자들이 안 가지고 있다고 해서 제게 자존심이 없는 줄 아세요? 제가 가정교사나 하고 있다고 당신들 햄프셔 명문가만큼의 분별도 감정도 예의도 없다고 생각하시는 거예요? 이래 봬도 저는 몽모랑시 가문의 피를 이어받았습니다. 몽모랑시 가문이 크롤리 가문보다 떨어진다고 생각하세요?"

레베카가 이렇게 격분하여 어머니 쪽 친척에 대해 넌지시 말하면서 슬쩍 외국 말씨를 쓰자 또랑또랑한 목소리가 더욱 매력 있게 들렸다. "안 될 말씀이에요." 그녀는 흥분을 못 참고 대위에게 계속 말했다. "저는 가난은 참을 수 있어도 치욕은 참을 수 없어요. 소홀한 대접은 참아도 모욕을 당하는 건 못 참아요. 더군다나 당신께 모욕을 받고 참을 수 있겠어요?"

레베카는 감정을 억누르지 못하고 울음을 터뜨리고 말았다.

"이런, 샤프 양. 제발, 정말로 당신을 모욕할 생각은 티끌만큼도 없소. 울지 말아요, 레베카!"

그녀는 자리를 떠났다. 그날은 크롤리 노부인과 함께 마차를 타고 외출을 했다. 이것은 노부인이 병에 걸리기 전의 일이었다. 만찬 시간이 되었을 때 그녀는 평소처럼 명랑하고 생기 넘쳐 보였다. 그러나 무안을 당해 얼빠진 로든이 넌지시 뜻을 전하고 고개를 끄덕대면서 어설프게 달래보려고 했지만 무시를 했다. 두 사람이 잠시 시골에 머무는 동안 이와 같은 싸움은 계속 일어났다. 이야기하기 따분할 뿐 아니라 그 결과도 비슷비슷했다. 크롤리 기병 대위는 진 것이 분했지만 매일같이 참패만 당했다.

만약 눈앞에 어른거리는 누이의 유산을 놓쳐버릴 걱정이 없었다면 퀸스 크롤리의 준남작은 귀여운 딸들이 훌륭한 가정교사에게서 받던 수업이 결코 중단되도록 내버려두지 않았으리라. 레베카가 없는 시골의 낡은 저택은 마치 사막과도 같았다. 그녀는 저택 안에서 중요하고도 유쾌한 존재였던 것이다. 어린 여비서가 없어지고 나니 피트 경의 편지를 베껴 쓰고 고칠 사람이 없었다. 회계부 정리도 안 되고 집안일과 여러 가지 계획들이 제자리걸음을 하는 판이었다. 피트 경은 여러 통의 편지를 보내어 그녀에게 돌아와달라고 애원하거나 명령했다. 그 내용이나 철자법을 보면, 그에게 그런 비서가 얼마나 필요한지 쉽사리 알 수 있었다. 베키에게는 꼭 돌아와 달라는 간절한 부탁을, 크롤리 노부인에게는 딸들이 공부를 못하고 있으니 사정을 헤아려 달라는 애절한 호소를 담은 편지가 매일같이 날아들었다. 그러나 크롤리 노부인은 거들떠보지도 않았다.

브리그스 양은 정식으로 해임된 것은 아니었지만 말동무로서의 지위는 유명무실해지고 웃음거리밖에 되지 못했다. 객실에서 살찐 스패니얼 개와 함께 있거나 때때로 가정부의 방에서 불만에 찬 퍼킨과 이야기를 나누곤 했다. 그러나 크롤리 노부인은 레베카가 돌아가는 것을 절대로 허락하지 않으면서도 그녀를 파크 레인 저택에 정식으로 고용할 생각은 하지 않았다. 많은 부자들이 그렇듯이 크롤리 노부인은 아랫사람을 부릴 만큼 부리다가 더는 쓸모가 없어지면 곱게 떠나보내곤 했다. 몇몇 부자들은 태어날 때부터 고마워하는 마음이 거의 없거나 혹은 그런 마음을 전혀 이해하지 못한다. 가난한 사람이 수고하는 것은 마땅한 일이라고 생각하는 것이다. 그러나 가난한 기생충이나 가엾고 초라한 식객들도 그에 대해 불평을 할 입장은 아니다. 부자에 대한 여러분의 친절도, 여러분에게 돌아올 보답처럼 진심이 담긴 것은 아니기 때문이다. 여러분들이 사랑하는 것은 돈이지 사람이 아니다. 만약 크로이소스 왕과 그의 하인이 지위를 바꾼다면, 여러분이 어느 쪽에 충성을 다할지는 스스로 가장 잘 알고 있을 것이다. 이 가련한 악당들이여.

레베카는 늘 소박하게 바지런히 일했으며, 상냥하고 변함없이 쾌활했다. 그런데 눈치 빠른 런던 노부인이 넉넉한 우정을 나눠 받으면서도, 친절하게 간호해주고 이야기 상대도 되어주는 레베카에 대해 속으로 줄곧 아무런 의심도 품지 않았으리라 단언할 수는 없다.

거저 친절을 베푸는 사람은 없다는 생각이 문득문득 크롤리 노부인의 머리를 스쳤음이 틀림없다. 세상에 대한 그녀 자신의 감정에 비추어 따져보면 그녀에 대한 세상의 감정이 어떠한지도 잘 헤아릴 수 있었을 것이다. 아마 스스로 남에게 친절을 베풀지 않는 사람은 친구를 갖지 못하는 것이 인간 사회의 상식이란 생각을 했으리라.

그건 그렇고 베키는 노부인에게 더없는 위안이자 보배였다. 그래서 새 드
레스 두 벌과 오래된 목걸이와 숄을 주고 이 새 친구 앞에서 가까운 친구들
의 흉을 보면서 우정을 보여주었으며 (이처럼 신뢰받고 있음을 절실히 깨닫
게 해주는 증거는 다시없으므로) 앞으로 무언가 큰 은혜를 베풀어주리라는
막연한 생각을 했다. 예를 들어 약제사 클럼프에게 시집을 보내준다든가, 편
하게 생활할 수 있는 일자리를 구해주는 것이다. 어쨌든 레베카를 부려먹을
대로 부려먹다가 런던의 사교 시즌이 본격적으로 시작되면 퀸스 크롤리로
돌려보내려 했다.

크롤리 노부인이 건강해져서 응접실에 내려오게 되자 베키는 노래를 불러
주기도 하며 여러모로 그녀를 즐겁게 해주었다. 노부인이 마차를 타고 외출
할 정도가 되자 베키도 따라나섰다. 마차로 여기저기 다니다가 사람 좋고 우
정이 두터운 크롤리 노부인은 가상하게도 베키를 블룸즈버리의 러셀 스퀘어
로 데려가서 존 세들리 씨 댁에 들러보게 했다.

상상할 수 있겠지만 이렇게 재회할 때까지 레베카와 아밀리아, 두 친구 사
이에서는 많은 편지가 오갔다. 그러나 사실대로 말하면 영원히 변함없을 줄
알았던 둘의 우정도 레베카가 몇 개월 정도 햄프셔에 있는 동안 제법 생기를
잃었고 빠르게 사그라든 나머지 당장이라도 소멸할 지경까지 이르렀다. 두
아가씨는 저마다 자기 처지를 생각하느라 바빴던 것이다. 레베카는 주인집
사람들의 환심을 사야 했고, 아밀리아는 아밀리아대로 자기 문제 때문에 다
른 일을 돌아볼 겨를이 없었다. 이 두 아가씨가 만나서 서로의 팔 안으로 냉
큼 뛰어들었을 때 둘은 서로 다르게 행동했다. 레베카는 친구를 있는 힘껏
꽉 끌어안았다. 가엾은 아밀리아는 레베카에게 입을 맞추며 얼굴을 붉히고,
친구에게 냉담하게 대한 것 같아서 미안하다고 생각했다.

첫 만남은 아주 짧게 끝났다. 아밀리아는 마침 아침 산책을 하러 나갈 채
비를 마친 참이었다. 크롤리 노부인은 문간의 마차 안에서 기다리고 있었다.
같이 따라온 노부인의 하인들은 여기가 어딘가 하여 얼떨떨해하더니, 블룸
즈버리의 흑인 하인 샘보를 보면서 이런 데에는 이상한 사람도 살고 있구나
생각했다. 그러나 아밀리아가 상냥하게 미소를 지으며 내려오자(크롤리 노
부인이 아밀리아를 만나고 싶어 해서 레베카는 친구를 소개해야 했지만 노

부인은 몸이 불편하여 마차에서 내려오지 못했다) —다시 말해 아밀리아가 선뜻 밖으로 나오자 어깨장식을 한 파크 레인의 하인들은 블룸즈버리에도 이런 미인이 있었나 더욱 놀랐다. 크롤리 노부인도 아밀리아가 친구의 보호자에게 경의를 표하기 위해 아주 수줍은 듯이 조신하게 걸어나오는 것을 보고 귀엽고 발그레한 얼굴에 홀딱 반하고 말았다.

"얼굴빛이 참 곱구나! 어쩜 목소리도 예쁘고!" 짧은 만남이 끝나고 마차가 서쪽으로 달려나가자 크롤리 노부인은 이렇게 말했다. "레베카, 네 젊은 친구는 정말 예쁘구나. 파크 레인에 놀러 오도록 사람을 보내자꾸나. 괜찮지?" 크롤리 노부인은 취미가 훌륭했다. 그녀는 자연스러운 태도를 좋아했다. 수줍음은 그런 태도를 더욱 돋보이게 만든다 여겼다. 그녀는 아름다운 그림이나 훌륭한 도자기를 좋아하듯이 주변에 아름다운 얼굴을 두고 보기를 좋아했다. 그날 노부인은 황홀해하며 아밀리아 이야기를 대여섯 번씩이나 했다. 또 고모와 닭요리를 같이 들기 위해 예의 바르게 찾아온 로든 크롤리에게도 아밀리아 이야기를 했다.

레베카는 물론 아밀리아가 이미 오즈번 중위라는 사람과 약혼한 몸이며 아주 오래전부터 사귄 사이라고 재깍 말해주었다.

"그 사람, 전열보병대 소속이지요?" 크롤리 대위는 이렇게 물으며 근위병답게 한참 머리를 흔들더니, 제××연대라는 연대번호를 생각해냈다.

레베카는 그 연대가 맞다고 생각했다. "중대장은 도빈 대위님이라고 하던데요." 그녀가 말했다.

"말라빠지고 볼품없는 녀석이죠. 머저리 짓만 골라 해요." 로든이 말했다. "잘 압니다. 오즈번은 검은 구레나룻을 길게 기른 잘생긴 남자죠?"

"무척 긴 수염이에요." 레베카가 말했다. "그리고 그걸 무척 자랑스러워하시더군요."

로든 크롤리 대위는 대답 대신 너털웃음을 한바탕 터뜨렸다. 여자들이 이유를 설명해달라고 조르자 웃음을 멈춘 뒤 들려주었다. "그는 당구를 잘 친다고 자부하고 다니지만 말입니다. 나는 코코아트리 클럽에서 오즈번한테서 200파운드를 땄지요. 그 젊은 얼간이도 참 대단한 실력이더군! 그날 그 친구는 아무리 져도 계속 할 셈이었던 것 같은데, 친구인 도빈 대위가 끌고 가버렸지 뭡니까. 그 빌어먹을 놈 같으니!"

"로든, 로든도 참. 그런 말투를 쓰면 안 된다." 크롤리 노부인은 그렇게 말하면서도 매우 재미있어하고 있었다.

"하지만 고모님, 전열보병대 녀석들 가운데 저는 그 녀석만 한 풋내기는 본 적이 없습니다. 타르퀸이나 듀세이스는 그 친구한테서 돈을 실컷 털어내고 있거든요. 그는 귀족과 교제할 수만 있다면 지옥에라도 가려는 모양입니다. 그가 그리니치에서 타르퀸과 듀세이스한테 한턱내는 대신 그 두 사람이 다른 친구들을 불러오는 식이죠."

"훌륭한 분들이 많이 모이시겠네요."

"그렇습니다, 샤프 양. 늘 그렇듯이 옳은 말씀을 하는군요, 샤프 양. 그야 말로 대단한 얼굴들이 모이지요. 하하!" 대위는 재치 있는 농담을 했다는 듯이 큰 소리로 웃었다.

"로든, 그만하렴!" 고모가 나무랐다.

"그 친구 아버지는 시내 상인인데 꽤 부자라고 하더군요. 시내 상인놈들 따위 상관할 것 없으니, 최대한 벗겨먹어야 하지 않겠습니까? 저도 아직 그 녀석한테서 짜낼 것이 남아 있으니 앞으로 두고 보세요. 하하!"

"어머, 안 돼요, 크롤리 대위님. 아밀리아에게 주의를 줘야겠어요. 도박을 좋아하는 신랑이라니!"

"큰일 날 친구지요. 안 그렇습니까?" 대위는 사뭇 진지하게 말했다. 그리고 갑자기 무슨 생각이 떠올랐는지 말을 덧붙였다. "그렇지, 고모님. 그 친구를 여기로 초대하면 어떨까요?"

"부를 만한 사람인가?" 고모가 물었다.

"부를 만하냐고요? 그럼요. 별 상관없을걸요." 크롤리 대위가 대답했다. "고모님이 손님을 맞을 수 있을 만큼 몸이 나아지면 그 친구를 꼭 한번 부르죠. 그러면 그의, 뭐라고 하나……그의 남자친구(여자 애인을 뜻하는 inamorata를 / 남자 애인inamorato로 잘못 말함)—샤프 양, 당신이 그렇게 부르던 것 같은데—그 사람도 같이 올 테지요. 좋아, 편지를 한 통 써서 오라 해야겠군. 그 친구 피켓(카드놀이의 일종)도 당구만큼 잘하나 시험해 봐야겠어. 그 친구가 어디 사는지 아시나요, 샤프 양?"

레베카는 로든에게 오즈번 중위의 주소를 알려 주었다. 이런 이야기가 나온 뒤 며칠이 지나 오즈번 중위는 로든 대위로부터 학생이 쓴 것 같은 필체의 편지를 받았다. 그 속에는 크롤리 노부인이 보내는 초대장도 함께 들어 있었다.

레베카도 아밀리아에게 초대장을 띄웠다. 말할 나위 없이 아밀리아는 조지도 온다는 말을 듣고 기꺼이 초대에 응했다. 아밀리아는 오전에 와서 파크 레인의 여인들과 함께 놀기로 했다. 파크 레인 저택에서는 모두가 그녀에게 친절히 대해주었다. 레베카는 침착하게 언니 같은 태도로 그녀를 돌봐주었다. 두 사람 중에서는 레베카가 훨씬 영리했다. 아밀리아는 아주 얌전하고 겸손해서 누구든 옆에서 가르쳐주는 사람이 있으면 그 말대로 따르곤 했기 때문에 그때도 레베카의 말을 기꺼이 잘 따랐다. 크롤리 노부인 또한 굉장히 나긋나긋했다. 노부인은 그날도 아밀리아가 아주 마음에 들어서 마치 인형이나 하녀 또는 그림이라도 되는 것처럼 그녀를 앞에 앉혀놓고 여러 이야기를 했다. 그리고 더없이 자애로운 태도로 감탄하면서 그녀를 이리저리 칭찬했다. 나는 상류사회의 사람들이 때때로 평민을 보고 감탄하는 것은 좋은 일이라고 생각한다. 세상에서 메이페어(런던의 고급 주택가)의 저택 단지에 사는 사람들이 평민처럼 행동하는 것을 보는 것만큼 기분 좋은 일은 없다. 크롤리 노부인이 너무나도 다정하게 대해주는 바람에 가엾은 아밀리아는 오히려 피곤해지고 말았다. 그리고 파크 레인의 세 숙녀들 가운데서는 꾸밈없는 브리그스가 제일 괜찮은 사람 같다고 생각했을지도 모른다. 아밀리아는 아무도 돌보는 이가 없거나 얌전한 사람들을 봤을 때처럼 브리그스 양에게 동정심을 느꼈다. 브리그스는 흔히 말하는 기가 센 여자가 아니었다.

조지는 만찬에 맞춰 도착했다. 크롤리 대위와 남자들끼리 하는 식사였다. 그는 러셀 스퀘어에서 파크 레인까지 오즈번 가문의 커다란 자가용 마차에 몸을 싣고 왔다. 러셀 스퀘어에서 초대받지 못한 조지의 누이들은 초대에 관심 없다면서도, 준남작 명부에서 피트 크롤리 경의 이름을 찾아 크롤리 가문과 그 계보, 친척인 빙키 가문 등을 낱낱이 조사했다. 로든 크롤리는 허물없고 서글서글하게 조지 오즈번을 맞았다. 그의 당구 솜씨를 칭찬하면서 언제 설욕전을 할 것인지 묻기도 하고, 오즈번의 연대 이야기를 듣고 싶다고 하기도 했다. 그날 밤 당장 피켓을 하면서 놀자고 말을 꺼내고 싶었지만 크롤리 노부인이 그녀의 집에서 도박은 절대로 못하게 했으므로 젊은 중위는 그날만큼은 상관에게 지갑을 다 털리는 일 없이 보낼 수 있었다. 그들은 다음날 어디선가 만나서 크롤리가 팔 예정인 말을 구경하고 공원에서 그 말을 타보기도 했다. 함께 저녁을 먹고 난 뒤 밤에는 유쾌한 친구들을 불러 놀자고 약속했다. "단, 자네가 아름다운 세들리 양을 만나러 가는 날이 아니라면 말이지." 크롤리는 모든 것을 다 안다는 듯 한쪽 눈을 찡긋하며 말했다. 그리고 이어서 친근하게 덧붙였다. "정말 터무니없이 예쁜 아가씨던데. 돈도 많을 테고 말이야. 안 그런가?"

조지는 아밀리아에게 찾아가겠다고 약속한 적 없으니 기꺼이 약속장소에 나가겠노라고 크롤리에게 말했다. 다음날 다시 만났을 때 크롤리는 새 친구의 승마 실력을 칭찬하고—솔직히 훌륭하긴 했다—그 뒤 멋쟁이 청년들을 서너 명 소개해주었다. 단순한 젊은 장교 오즈번은 그런 사람들과 가까워졌다는 사실에 우쭐해졌다.

"그나저나 샤프 양은 건강한가?" 오즈번은 술을 마시면서 짐짓 멋을 부리며 말했다. "마음씨 고운 아가씨지. 퀸스 크롤리에서 잘 지내고 있나 모르겠군. 아밀리아가 작년에 그녀를 아주 좋아했었는데."

크롤리 대위는 작고 파란 눈동자로 중위를 매섭게 바라보았다. 그리고 그가 아름다운 가정교사와 오랜만에 만나보기 위해 위층으로 올라가는 것을 감시하듯 지켜보았다. 그러나 이 근위 장교의 가슴에 질투가 얼마간 싹트고 있었다 하더라도, 그녀의 행동을 보고 마음을 놓았을 것이다.

젊은이들은 윗층으로 올라갔다. 조지는 크롤리 노부인을 소개받은 뒤 은인이라도 되는 척 으스대며 레베카에게 다가갔다. 그는 그녀에게 친절을 베풀고 도움을 줄 생각이었다. 그는 아밀리아의 친구로서, 그녀와 악수까지 할 생각으로 "아, 샤프 양! 안녕하십니까?" 인사하고 그녀가 분에 넘치는 영광으로 황송해할 것이라 여기며 왼손을 내밀었다.

그런데 레베카는 오른쪽 둘째손가락을 내밀고 고개만 까딱할 뿐이었다. 너무나 쌀쌀맞고 가차없었다. 옆방에서 그 광경을 지켜보던 로든 크롤리는 중위가 낭패당하는 꼴을 보자 터져 나오려는 웃음을 가까스로 참았다. 중위는 깜짝 놀라서 우물쭈물하더니 결국 자신에게 내민 손가락을 마지못해 잡았는데 얼빠진 모습이 볼만했다.

"어이쿠, 멋지게 한 방 먹었군!" 대위는 신난다는 듯 말했다. 중위는 어떻게든 대화를 이어가기 위해 레베카에게 새 자리는 마음에 드냐고 상냥하게 물었다.

"제 자리 말씀인가요?" 레베카는 쌀쌀맞게 말했다. "그런 걱정까지 해주시니 황송하기 그지없군요! 그럭저럭 좋다고 봐야겠지요. 급료도 괜찮아요. 러셀 스퀘어에서 당신의 누이들을 돌보는 워트 양 정도는 아니겠지만요. 모두 잘 지내시나요? 주제넘는 소리라 하실지도 모르겠네요."

"그럴 리가 없잖습니까." 조지가 놀라서 말했다.

"제가 아밀리아네 집에서 머물 때, 그분들은 제게 말 한마디 걸어준 적도 없고 집으로 초대해준 적도 없었는걸요. 뭐, 저처럼 가엾은 가정교사들은 그런 식으로 무시당하는 일에 익숙하지요."

"이런, 샤프 양!" 조지가 고함을 질렀다.

"적어도 몇몇 가정에서는 그렇답니다." 레베카가 말을 이었다. "하지만 집 안에 따라서 얼마나 달라지는지 모를 거예요. 제가 지금 머물고 있는 햄프셔의 집안은 댁 같은 도시 사람들 만큼 부유하지는 않아요. 하지만 진정한 신사 가정이지요. 영국에서도 훌륭하고 전통 있는 가문이에요. 피트 경의 아버님이 작위를 거절하셨다는 이야기를 알고 계시겠지요? 그런 집안에서 저를 보시는 바와 같이 대우해주시니 말이에요. 저는 즐겁게 지내고 있답니다. 정말로 좋은 자리예요. 일부러 물어봐주셔서 정말 감사하군요!"

조지는 부아가 치밀었다. 어린 가정교사는 계속 그를 깔보고 비아냥거렸다. 대영제국의 젊은이인 그로서도 도저히 참을 수가 없었다. 게다가 불쾌하기 짝이 없는 대화를 적당히 마무리 짓고 빠져나갈 구실을 찾을 만한 정신도 없었다.

"당신은 시내에 있는 집안을 좋아한다고 생각했는데요." 그는 지지 않고 말했다.

"그건 제가 그 진저리나게 저속한 학교에서 막 나온 작년의 일이잖아요? 물론 저는 시내 집안을 좋아했어요. 그야 어떤 여자라도 휴가를 얻어 집으로 돌아가면 당연히 기뻐하잖아요. 그 무렵의 제가 더 무엇을 알았겠어요? 하지만 글쎄요, 오즈번 씨, 18개월 동안의 경험으로 인간이 얼마나 변할 수 있는지 몰라요! 18개월을, 그것도, 이렇게 말씀드리면 예의가 아닐지도 모르지만 상류층 사람들과 함께 지냈으니 말이죠. 하지만 아밀리아는 저도 정말 귀여운 아가씨라고 생각해요. 그리고 어디에 나가도 훌륭한 숙녀지요. 자, 당신도 조금 기분이 나아지는 모양이네요. 하지만 그 괴팍하고 이상한 시내

사람들이란 정말이지! 그리고 조스 씨, 그 재미있는 조지프 씨는 어떻게 지내시나요?"

"작년에는 당신이 그 재미있는 조지프 군을 그리 싫어하지 않았던 것 같은데요." 조지는 부드럽게 말했다.

"어머, 너무하시는군요! 하지만 말이죠. 여기서만 하는 이야기지만 저는 그분 일로 가슴앓이를 하지는 않았답니다. 그렇더라도 만약 그분이 당신의 그 의미심장하고도 친절한 얼굴에 쓰여 있는 것과 같은 내용을 제게 말씀해주셨다면 저는 싫다고 하지 않았을 거예요."

조지는 마치 "아니, 별말씀 다 하십니다!" 말하고 싶은 표정을 지었다.

"당신을 친척으로 삼는 것이 얼마나 큰 영광이냐고 말씀하고 싶은 모양이네요? 조지 오즈번의 친척이라니. 존 오즈번의 아들이자, 음, 할아버님 성함은 어떻게 되셨죠? 아니, 화내지 마세요. 계보만은 어쩔 수 없으니까요.

제가 조지프 세들리 씨와 결혼했을지도 모른다는 오즈번 씨의 의견엔 저도 동감이에요. 무일푼인 불쌍한 여자에게 그보다 좋은 일은 없었을 테니까요. 이제 알고 싶은 건 다 알게 되셨지요? 저는 거리낌 없고 솔직한 성격이에요. 아무튼 그때 일을 이야기로 꺼내 주셔서 얼마나 고마운지 모르겠군요. 정말 친절하시기도 해라. 아, 아밀리아. 마침 오즈번 씨와 너희 오빠 조지프 이야기를 하고 있었어. 오빠는 어떻게 지내시니?"

이렇게 해서 조지는 완벽하게 패배했다. 레베카 말이 다 옳은 것은 아니지만, 그녀는 실로 멋진 말솜씨로 조지를 몰아세운 것이다. 이렇게 된 이상, 조금이라도 더 머무르다가는 아밀리아의 눈앞에서 얼빠진 모습을 보이게 될까 봐 조지는 식은땀을 흘리며 꽁무니를 뺐다.

이렇게 레베카에게 참패를 당하긴 했어도 조지는 여자를 험담하거나 앙갚음을 하는 쩨쩨한 사나이는 아니었다. 그러나 이튿날 크롤리 대위를 만나자, 레베카에 대한 자기 생각을 넌지시 밝히는 정도는 하지 않으면 견딜 수 없었다. 레베카가 빈틈이 없고 위험한 여자이며 엄청난 바람둥이라는 식의 이야기였다. 크롤리도 그 의견에 웃으며 동감이라 했다. 그리고 그 이야기는 채 하루도 지나기 전에 모조리 레베카 귀에 들어갔다. 본디 조지를 그리 좋지 않게 생각하던 그녀는 그 일로 그를 더욱 싫어하게 되었다. 레베카는 자신의 첫 번째 연애가 성공하는 것을 방해한 사람이 조지라는 사실을 여자의 직감으로 눈치채고 있었다. 그러니 그녀도 조지를 그만큼 존경해줄 수가 없었다.

"조심하는 게 좋다는 얘기일세." 조지는 로든 크롤리에게 다 안다는 얼굴로 말했다(그는 로든의 말을 사주고, 만찬 뒤에 벌인 놀이판에서 몇백 기니나 져주기도 했다). "조심해서 나쁠 것은 없지. 나는 여자들을 잘 알아. 자네도 조심하는 편이 좋을 걸세."

"고맙군, 자네." 로든은 감사하다는 듯 특유의 표정을 지으며 말했다. "자네는 정말 빈틈이 없군." 조지는 로든의 말이 지당하다고 우쭐하며 그 자리를 떠났다.

조지는 자신이 무슨 일을 겪었는지 아밀리아에게 털어놓았다. 그리고 지극히 착하고 솔직한 친구 로든 크롤리에게 교활하고 꾀 많은 레베카를 조심하라고 충고한 이야기를 해주었다.

"누구를 조심하라고요?" 아밀리아가 소리쳤다.

"당신의 친구인 가정교사 말이오. 그렇게 놀랄 것 없잖소?"

"오, 조지. 무슨 짓을 하신 거예요!" 아밀리아가 말했다. 사랑에 빠진 덕분에 그녀는 눈치가 재빨라져서 한 비밀을 단박에 알아냈던 것이다. 크롤리 노부인과 노처녀 브리그스, 특히 구레나룻을 기르고 으스대는 오즈번 중위라면 깨닫지 못하는 비밀이었다.

레베카가 위층 자신의 방에서 숄을 둘러쓰고 있을 때였다. 두 친구는 여자들 삶의 낙이라고 할 수 있는 비밀스러운 이야기를 나누고 있었다. 아밀리아는 레베카의 곁으로 가서 두 손을 잡으며 말했다. "레베카, 난 다 알아."

레베카는 아밀리아에게 키스를 했다.

그리고 이 즐거운 비밀에 대해서 두 여인 모두 더는 한 마디도 하지 않았다. 그러나 그것은 머지않아 밝혀지게 되어 있었다.

그 뒤로도 레베카 샤프는 여전히 파크 레인에 있는 후원자의 집에 머물렀다. 그러던 어느 날 평소에도 수많은 마름모꼴 문장이 장식되어 있는 음침한 그레이트 곤트 거리에 상중임을 알리는 문표가 또 하나 나타났다. 바로 피트 크롤리 경의 저택에 걸렸는데, 주인인 준남작의 별세를 알리기 위한 것은 아니었다. 그것은 크롤리 경 부인의 문장으로 실은 몇 년 전 피트 경의 노모 크롤리 미망인의 상중일 때도 써먹었다. 그리고 상을 치르고 나자 집 정면에 붙어 있는 것을 떼어낸 뒤 저택 구석에 처박아 두었다가 이번에 가엾은 로즈 도슨을 위해 다시 꺼낸 것이다. 피트 경은 또다시 홀아비가 되었다. 크롤리 경의 문장처럼 방패 모양인 그 문장은 분명 가엾은 로즈의 것이 아니었다. 그녀에겐 문장이 없었다. 하지만 방패에 그려진 천사는 피트 경 어머니가 상중일 때와 마찬가지로 로즈를 위한 역할을 다했다. 문장 아래에는 '나 되살아나리'라는 문구가 적혀 있고, 그 양쪽에 크롤리 가문의 비둘기와 뱀이 그려져 있었다. 문장과 문표와 '나 되살아나리'라는 문구. 설교할 기회가 찾아온 것이다!

젊은 크롤리 씨는 그가 아니면 돌봐줄 사람 없는 새어머니의 병상을 지켰다. 부인은 그나마 그의 말과 위로에 겨우 힘을 얻고 이 세상을 떠났다. 오랜 세월 동안 그녀가 받은 친절이라고는 이 아들이 베풀어준 것뿐이었다. 그가 베푼 호의만이 연약하고 고독한 여인에게 위안이 되어준 것이다. 그녀의 마음은 이미 몸보다 훨씬 전에 죽어 있었다. 피트 크롤리 경의 부인이 되기 위해 오래전에 마음을 팔았기 때문이다. 허영의 시장에서는 어머니나 딸이나 매일같이 이러한 거래를 하고 있다.

부인이 숨을 거두었을 때 남편은 런던에서 수많은 계획 가운데 하나에 착수하고, 끊임없는 소송으로 동분서주하고 있었다. 그런 중에도 가끔 시간을 내어 파크 레인을 방문하거나, 레베카에게 편지를 몇 통씩 보내서 시골에 남아 있는 아이들에게 돌아와 달라고 부탁도 해보고, 타이르기도 해보고, 명령도 해보았다. 아이들은 어머니가 병석에 누운 뒤로 돌봐주는 사람이 아무도 없었던 것이다. 그러나 크롤리 노부인은 좀처럼 레베카를 놓아주지 않았다. 런던 상류층에서도 그녀처럼 친구가 따분해지자마자 냉큼 친구를 버리고 싫증을 잘 내는 사람은 없었다. 그러나 적어도 푹 빠져 있는 동안에는 굉장한 애정을 보여주기 때문에 아직도 레베카에게 집착을 보이고 있었다.

크롤리 경 부인이 세상을 떠났다는 소식을 들어도, 크롤리 노부인의 집에서는 짐작했던 것 이상으로 슬퍼하는 일도 화제로 삼는 일도 없었다. "3일에 열기로 한 파티는 연기하는 편이 좋겠구나." 크롤리 노부인이 말했다. 그리고 잠시 뒤 덧붙였다. "동생이 부디 자중해서 재혼하겠다는 소리를 안 했으면 좋겠는데." "만약 아버지가 그런 짓을 하면, 피트 형이 무지무지하게 화낼걸요." 로든은 평소처럼 형을 무시하는 투로 말했다. 레베카는 아무 말도 하지 않았다. 다른 사람들에 비하면 그녀는 훨씬 비통한 얼굴로, 마님의 죽음을 누구보다 슬퍼하는 것처럼 보였다. 그날 레베카는 로든이 돌아가기 전에 방을 나왔다. 그러나 그가 고모에게 작별인사를 하고 돌아가려 할 때 아래층에서 우연히 맞닥뜨려 잠시 이야기를 나누었다.

이튿날, 레베카는 창가에서 밖을 내다보다가 불안한 목소리로 "어머, 마님! 피트 경이 오시네요." 외쳤다. 마침 프랑스 소설을 탐독하고 있던 크롤리 노부인은 그 소리에 화들짝 놀랐다. 뒤이어 바로 준남작이 노크하는 소리가 들려왔다.

"얘, 난 동생을 만나지 않겠다. 만나고 싶지 않아. 볼스더러 내가 없다고 말하라고 하든지, 네가 내려가서 오늘은 몸이 불편해서 아무도 만날 수 없다고 말해주렴. 지금은 정말 동생을 만날 용기가 없구나." 이렇게 외친 크롤리 노부인은 다시 소설을 읽기 시작했다.

"마님은 몸이 불편하셔서 어르신을 만나실 수가 없는데요." 레베카는 경쾌한 걸음으로 내려가 마침 올라오려고 하던 피트 경을 붙잡고 말했다.

"더 잘됐군." 피트 경이 대답했다. "난 바로 당신을 만나러 온 거요. 나와 함께 응접실로 갑시다." 두 사람은 함께 그리로 들어갔다.

"당신이 퀸스 크롤리로 돌아와줬으면 하는데." 준남작은 그녀에게서 시선을 떼지 않고 까만 장갑과 큰 크레이프 상장(喪章)을 두른 모자를 빗으며 말했다. 그가 어쩐지 이상한 눈초리로 너무도 뚫어지게 바라보는 바람에 레베카 샤프는 몸이 부들부들 떨릴 지경이었다.

"저도 어서 돌아가고 싶어요." 그녀가 낮은 목소리로 말했다. "마님께서 회복되시는 대로, 아가씨들 곁으로 돌아가고 싶다고 생각하고 있어요."

"당신은 석 달 내내 그렇게 말하고 있잖소, 베키." 피트 경이 말했다. "그리고 아직도 누이 곁에 붙어 있지 않소. 누님은 당신을 부려먹을 대로 부려먹고는 헌신짝처럼 버릴 사람이오. 난 샤프 양이 나와 있어주길 바라오. 나는 장례식을 치르러 돌아갈 생각이오. 당신도 함께 가겠소? 갈 것인지 안 갈 것인지 말해주시오."

"어쩐지 이러면 안 될 것 같은데요. 그래도 괜찮을지 모르겠어요. 저 혼자서 어르신과……" 베키는 몹시 혼란스러운 듯이 말했다.

"한 번 더 말하지만, 나는 당신이 필요하오." 피트 경은 탁자를 두드리며 말했다. "당신이 없으면 잘 해나갈 수가 없어. 당신이 떠나기 전까지는 그걸 깨닫지 못했지. 집안일이 모두 제대로 굴러가지를 않아. 마치 다른 집이 되어버린 것 같소. 내 회계도 또다시 엉망진창이 되어버렸어. 부디 돌아와 주오. 제발 돌아와 줘. 베키, 나와 함께 갑시다."

"돌아간다 해도, 어르신, 어떤 식으로요?" 베키는 숨도 제대로 못 쉬며 간신히 말했다.

"당신만 좋다면, 크롤리 경 부인으로서 돌아와 주시오." 준남작은 상장이 붙어 있는 모자를 움켜잡으며 말했다. "자! 이러면 승낙해줄 거요? 돌아와서 내 아내가 되어주시오. 당신한테는 그럴 자격이 있소. 태생 같은 건 아무래도 좋아. 나는 당신만큼 훌륭한 숙녀를 본 적이 없소. 지방 준남작 부인들 가운데 당신의 새끼손가락만큼이나마 영리한 여자를 찾아볼 수가 없을 정도

야. 나에게 와주겠소? 어떻게 할 건지 대답해주시오."

"오, 피트 경!" 레베카는 매우 감동해서 말했다.

"그러겠다고 말해줘요, 베키." 피트 경이 말을 이었다. "나는 노인이지만 말라비틀어질 정도는 아니오. 앞으로 20년은 끄떡없소. 당신을 행복하게 해주겠소. 그것만은 약속해요. 당신이 좋아하는 일을 하게 해주고, 원하는 만큼 돈을 쓰고 다녀도 좋고, 뭐든지 원하는 대로 해주겠소. 유산도 나눠줄 거요. 뭐든지 다 해줄 수 있소. 어떻소!" 그렇게 말하며 노인은 무릎을 꿇고 사티로스(그리스신화에 나오는 반인 반수의 괴물로 호색한)처럼 그녀에게 곁눈질을 했다.

레베카는 깜짝 놀랐는지 뒤로 물러났다. 이 소설 속에서 우리는 지금까지 그녀가 당황하는 것을 본 적이 없다. 그러나 이번에야말로 그녀는 침착성을 잃고, 지금까지 흘린 눈물 가운데 가장 진실한 눈물을 떨어트렸다.

"오, 피트 경!" 그녀는 말했다. "오, 어르신, 저는…… 저는 이미 결혼한 몸입니다."

제15장
레베카의 남편, 잠시 얼굴을 비추다

감상적인 독자라면 (그렇지 않은 독자를 난 바라지 않지만) 이 소설 전장의 마지막 극적 장면이 재미있었을 것이다. 사랑에 빠진 남자가 미녀 앞에 무릎 꿇은 모습처럼 아름다운 장면이 또 있을까.

그러나 미녀에게서 벌써 결혼했다는 무시무시한 고백을 듣고 난 사랑에 빠진 남자는 융단 위에 무릎 꿇고 있던 몸을 일으켜 세우며 소리를 질렀다. 고백을 듣고 안 그래도 벌벌 떨고 있던 자그마한 미녀는 더욱 겁을 먹었다. "결혼했다고! 농담이겠지." 분노와 경악이 담긴 첫 포문을 연 준남작은 이렇게 소리쳤다. "날 놀리는 게요? 도대체 누가 재산 한 푼 없는 당신과 결혼했단 말이오!"

"결혼했습니다! 했어요!" 레베카는 괴로움에 눈물을 흘리며 말했다. 슬픔에 북받쳐 목이 멘 목소리였다. 눈물이 그렁그렁한 눈을 손수건으로 훔치며 금방이라도 쓰러질 듯이 벽난로 위에 몸을 기댄 그 가련한 모습은 꽁꽁 얼어붙은 사람의 마음도 녹여버릴 것만 같았다. "아아, 다정하신 피트 경! 제가 베풀어주신 모든 친절을 저버렸다고 생각지 마세요. 제가 이렇게 비밀을 고백한 것도 피트 경께서 관대히 대해주셨기 때문입니다."

"관대히는 무슨 얼어죽을 관대히야!" 피트 경은 으르렁댔다. "그런데, 결혼한 상대는 누군가? 어디서 결혼했소?"

"피트 경, 저도 고향으로 데려가 주세요! 전처럼 충실하게 경의 시중을 들겠습니다! 그러니 제발 저를 그리운 퀸스 크롤리에서 떼어놓지 말아주세요!"

"그놈이 당신을 버리고 떠난 거로군. 그렇지?" 준남작은 다 알았다는 듯이 말했다. "글쎄, 그대만 좋다면 돌아오시오. 두 마리 토끼를 다 잡을 순 없는 거요. 어쨌든 나는 그대에게 정당한 청을 했소. 가정교사로 돌아와 줘요. 뭐든 그대가 바라는 대로 해줄 테니." 베키는 한쪽 손을 내밀었다. 그리고 가슴이 터질 듯 울어댔다. 그녀의 곱슬머리가 얼굴과 머리를 기대고 있던 대리석 벽난로 위에 드리워졌다.

"그러니까 그놈이 당신을 버리고 갔단 말이오?" 피트 경은 무시무시한 모습으로 위로해주었다. "걱정하지 마시오, 베키. 당신은 내가 돌봐주겠소."

"피트 경! 저는 퀸스 크롤리로 돌아가서, 경께서 자그마한 레베카의 시중에 만족해하시던 시절처럼 아가씨들을 돌보며 경을 시중드는 것을 평생의 영광으로 삼겠습니다. 조금 전, 경께서 저에게 하신 말씀을 생각하면 제 마음은 고마움으로 가득하답니다. 정말이에요. 하지만 전 경의 아내가 될 수는 없습니다. 그러니 저를 경의 딸로 삼아주세요!"

실로 비극적으로 레베카는 무릎을 꿇고, 아름답고 하얀 비단처럼 고운 두 손으로 피트 경의 거칠고 거무튀튀한 손을 잡았다. 그러고는 금방이라도 눈물이 굴러 떨어질 것 같은 신뢰에 찬 표정으로 그를 올려다보았다. 그때 문이 열리면서 크롤리 노부인이 뛰어 들어왔다.

준남작과 레베카가 방으로 들어가고 얼마 뒤에 퍼킨과 브리그스가 우연히 문 앞을 지나갔다. 두 사람은 열쇠 구멍을 들여다보다가 마침 피트 경이 가정교사에게 무릎을 꿇고 청혼하는 것을 엿듣게 되었다. 피트 경의 입에서 말이 떨어지기가 무섭게 퍼킨과 브리그스는 계단을 뛰어올라가, 크롤리 노부인이 프랑스 소설을 읽고 있는 방으로 가서 피트 경이 샤프 양에게 무릎을 꿇고 청혼했다는 놀라운 소식을 전했다. 레베카와 피트 경이 이야기를 나눈 시간, 퍼킨과 브리그스가 빠르게 방으로 올라가는 데 걸린 시간, 깜짝 놀란 크롤리 노부인이 읽고 있던 피고 르브룅의 소설책을 떨어뜨린 시간, 크롤리 노부인이 아래로 내려오는 데 걸린 시간을 계산해본다면 여러분은 이 소설이 얼마나 치밀한지, 그리고 크롤리 부인이 어떻게 레베카가 무릎을 꿇고 있던 순간에 딱 맞춰 나타났는지 알 수 있을 것이다.

"무릎을 꿇은 건 신사양반이 아니라 여자 쪽이지 않나!" 크롤리 노부인은 매우 실망스러운 듯이 말했다. "듣자 하니 피트 경께선 무릎을 꿇고 계셨다

던데, 다시 무릎을 꿇고 내게도 그 멋진 장면을 좀 보여줘요!"

"피트 경에게 감사인사를 드리고 있었어요, 크롤리 부인." 레베카가 일어서며 말했다. "그리고 제가 절대로 크롤리 준남작 부인이 될 수는 없다고 말씀드렸습니다."

"피트 경의 청을 거절했다고!" 크롤리 노부인은 더욱 당황해하며 말했다. 문밖에 서 있던 브리그스와 퍼킨도 깜짝 놀라 눈이 휘둥그레지고 벌어진 입을 다물 줄 몰랐다.

"네, 거절했어요." 레베카는 구슬픈 목소리로 울먹이며 말했다.

"이 아이한테 청혼했다고 들었는데 내가 잘못 들은 건 아니지요?" 노부인이 물었다.

"네, 내가 청혼했습니다." 준남작이 대답했다.

"그런데 이 아이의 말대로 거절당했단 말인가요?"

"그렇습니다." 피트 경은 방긋이 미소를 지으며 대답했다.

"그래도 어쨌든 슬프지는 않은가 보군요." 크롤리 노부인이 말했다.

"전혀요." 피트 경이 아무렇지도 않게 웃으며 대답하자 크롤리 노부인은 어리둥절해서 제정신이 아닌 것 같았다. 신분 높은 노신사는 재산 하나 없는 가정교사 앞에 무릎까지 꿇고 청혼했다가 거절당하고도 웃고 있고, 빈털터리 가정교사는 수입이 한 해에 4천 파운드나 되는 준남작의 청혼을 거절했다. 크롤리 노부인으로서는 도무지 이해가 가지 않았다. 그녀가 즐겨 읽는 피고 르브룅의 소설 속 남녀관계보다도 복잡했다.

"그걸 재미있는 농담으로 생각하니 다행이군요." 노부인은 뭐가 뭔지 몰라 말했다.

"재밌지 않아요?" 피트 경이 말했다. "누가 이런 걸 상상이나 했겠어! 정말이지 귀여운 악당이라니까! 앙큼한 여우야!" 그는 재미있다는 듯이 낄낄거리며 혼자 중얼거렸다.

"누가 뭘 예상했겠냐는 거예요?" 크롤리 노부인은 발을 동동 구르며 소리쳤다. "아니, 우리 가문이 눈에 차지 않다니. 샤프 양은 섭정 왕자가 이혼이라도 하길 기다리고 있는 겐가?"

"마님께서 들어오셨을 때, 제가 이 훌륭하고 고귀한 분의 명예를 업신여기는 것처럼 보이셨나요? 제가 그렇게 매정한 여인으로 보이세요? 여러분이 저를 그토록 아끼고 친절하게 대해주셨는데, 이 가련한 고아, 버림받았던 소녀가 아무렇지도 않을 수가 있겠어요? 아아, 저의 벗이여, 은인이시여! 제 사랑, 삶, 의무가 여러분께서 제게 보여주신 믿음에 대한 보답이 되지 않던가요? 크롤리 노부인, 제게 감사인사조차 허락지 않으실 건가요? 너무하세요. 가슴이 찢어질 것만 같아요." 레베카는 이렇게 말하고 의자에 털썩 쓰러졌다. 곁에서 지켜보던 이들은 그녀의 애처로운 모습에 푹 빠지고 말았다.

"베키, 나와 결혼하든 안 하든 당신은 착한 아가씨요. 난 그대를 나쁘게 생각하지 않는다오. 그것만은 알아둬요." 피트 경은 이렇게 말한 뒤 상장이 달린 모자를 쓰고 밖으로 나갔다. 레베카는 한시름 놓았다. 이로써 자신의 비밀이 크롤리 노부인에게 들통 나지 않았고, 잠시나마 그 시간이 유예된 것이다.

손수건으로 눈물을 훔치던 레베카는 자신을 뒤따라오려던 마음씨 착한 브리그스에게 괜찮다는 듯 고개를 까딱하고 자기 방으로 올라갔다. 한편, 몹시 흥분한 브리그스와 크롤리 노부인은 뒤에 남아서 이 이상한 사건에 대해 이야기를 나누었다. 주인 못지않게 흥분한 퍼킨은 부엌으로 달려가서 하인들에게 이야기를 들려주었다. 또 크게 감동한 퍼킨은 그날 밤 이렇게 편지를 썼다. "뷰트 크롤리 부인과 목사관 식구들께 제 의무를 다해 알려드립니다. 피트 경께서 오셔서 샤프 양에게 청혼을 했습니다. 그런데 샤프 양이 거절해서 모두가 놀랐답니다."

브리그스는 이 사건 덕분에 크롤리 노부인과 다시 허물없이 이야기할 수 있게 되었다. 식당에서 두 여인은 피트 경의 청혼과 레베카의 거절에 대해 몹시 놀라워했다. 브리그스는 레베카에게 틀림없이 전부터 좋아하는 사람이 있을 것이라는 예리한 추측을 내놓았다. 그렇지 않으면 알 만한 처자가 이렇게 좋은 조건을 거절했을 리가 없다고 했다.

"자네라면 그 청을 받아들였겠지. 안 그런가, 브리그스?" 크롤리 노부인이 다정하게 말했다.

"마님의 올케가 된다면 대단한 영광이 아니겠어요?" 브리그스는 점잖게 발뺌하며 대답했다.

"글쎄, 베키라면 분명히 훌륭한 크롤리 가문의 부인이 되었을 거네." 크롤리 노부인이 말했다. 아마 베키가 거절한 덕분에 기분이 풀린 크롤리 노부인이 아주 인심을 크게 쓰는 모양이었다. "그 아이는 머리가 참 좋아. 안됐지만 브리그스. 자네 머릿속에 든 걸 죄다 합쳐도 그 아이 새끼손가락보다 못할 거네. 게다가 내가 가르쳐서 예의범절도 잘 알고, 무엇보다 몽모랑시 가문 출신이니까. 난 가문을 따지지 않지만 역시 혈통은 어쩔 수 없어. 그 아이라면 잘난 척만 하는 멍청이 햄프셔 사람들 틈에 끼어도 불행한 철물점 딸내미보단 더 잘해나갈 걸세."

브리그스는 여느 때와 같이 맞장구를 쳤다. 그리고 레베카가 '전부터 사랑하고 있는 남자'에 대해서 여러 추측을 내놓았다. "자네처럼 의지할 데 없는 사람들은 늘 그런 어리석은 연애에 빠지곤 하지." 크롤리 노부인이 말했다. "자네만 해도 어떤 습자선생과 연애를 하지 않았나. 아아, 브리그스. 울지 말게. 자네는 언제나 울기만 하는군. 그런다고 죽은 사람이 살아 돌아오지는 않아. 그리고 불쌍한 베키도 어리석은 연애를 하고 있는 모양이야. 약제사라든가 집사, 화가, 젊은 부목사 같은 사내와 말이지!"

"어쩜, 가엾기도 하지!" 브리그스가 말했다. 그러면서 그녀는 옛날 24년 전을 돌이켜보며 폐병을 앓던 습자선생을 떠올렸다. 브리그스는 그의 노란 머리칼과, 알아보기는 힘드나 예쁜 글씨로 쓰인 편지를 위층에 있는 낡은 책상에 고이 간직하고 있었다. "아아, 가엾어라, 가엾어!" 브리그스는 또 한 번 말했다. 마치 다시 뺨이 발그레한 열여덟 청춘으로 돌아가, 해질녘 교회에서 폐병을 앓던 습자선생과 찬송가 책을 보며 떨리는 목소리로 노래를 부르고 있는 것만 같았다.

"레베카가 그렇게 나왔으니, 우리 가문에서 뭐라도 해줘야겠군." 크롤리 노부인이 열띤 목소리로 말했다. "브리그스, 그 남자가 누군지 알아보게. 그 사람한테 가게를 차려주든가, 내 초상화를 그리게 하든가, 목사로 계신 사촌 오라버니에게 교회 자리를 알아봐 달라고 해야겠네. 그리고 베키에게 돈을 줘서 결혼식도 올리게 하고. 브리그스, 자네는 그날 아침을 차리고 신부 들러리를 서게."

브리그스는 그렇게 되면 좋겠다고 말했다. 그러고는 크롤리 노부인이 늘 친절하고 선심을 잘 쓴다며 칭찬을 늘어놓았다. 레베카의 방으로 올라간 브리그스는 그녀를 위로한 뒤 피트 경의 청혼과 레베카의 거절, 그 이유에 대해서 이야기를 나눴다. 그리고 크롤리 노부인께서 선심을 써줄 뜻이 있음을 넌지시 알려주며, 레베카의 마음을 사로잡은 신사가 누구인지 캐내려 했다.

브리그스의 친절에 마음이 흔들린 레베카는 다정하게 이야기해줘서 무척이나 고맙고, 사실은 남몰래 사랑하는 사람이 있으며 그건 정말 비밀이라고 고백했다. 브리그스가 열쇠구멍 앞에서 30초만 더 기다리면 좋았을 것을! 그랬으면 레베카가 더 많은 것을 들려주었을 텐데 말이다. 브리그스가 들어온 지 5분이 지나자 크롤리 노부인이 몸소 찾아왔다. 전에 없던 영광이었다. 노부인은 자기 대신 보냈던 브리그스가 굼뜨게 굴자 더는 참고 볼 수가 없었던 것이다. 그래서 몸소 찾아와서 브리그스를 밖으로 내보내고, 레베카의 행동을 칭찬하며 피트 경이 뜻밖에 청혼을 하게 된 경위가 무엇인지 꼬치꼬치 물었다.

레베카는 피트 경이 오래전부터 자신을 마음에 들어 한다는 것을 알고 있었다고 말했다. 피트 경은 매우 솔직하게 감정을 숨김없이 드러내는 사람이기 때문이다. 레베카는 먼저 크롤리 노부인이 걱정하고 있는 그 비밀이 아니더라도 피트 경의 나이와 지위, 습관 때문에 도저히 결혼할 수 없다고 밝혔다. 또한 조금이라도 자존심이 있고 예절을 아는 여자라면 아내가 눈을 감고 아직 장례도 치르지 않은 사내의 청혼을 받아들일 수는 없다고 했다.

"그것만이 아니잖니. 다른 남자가 있지 않고서야 피트 경의 청혼을 거절할 리가 없지!" 크롤리 노부인은 빠르게 요점을 짚으며 말했다. "그 비밀을 나한테 털어놓아 보렴. 도대체 누구지? 누군가 있는 게 틀림없어. 누가 네 마음을 사로잡은 거야?"

레베카는 눈을 내리깔고 그런 사람이 있다고 고백했다. "짐작하신 대로랍니다, 크롤리 노부인." 그녀는 귀엽고도 순박한 목소리로 더듬더듬 말했다. "이렇게 가난하고 의지할 데 없는 여자도 사랑을 한다는 게 이상하신가요? 그런가요? 하지만 가난이 사랑을 갈라놓는다는 말은 들어본 적이 없어요. 정말로 갈라놓았으면 좋으련만."

"아유, 가엾어라!" 걸핏하면 감상에 젖는 크롤리 노부인이 말했다. "짝사랑인 거야? 남몰래 애만 태우고 있는 거니? 나한테 모두 털어놓으려무나. 내가 위로해줄 테니."

"그래 주실 수 있다면야 얼마나 좋겠어요, 크롤리 노부인." 레베카가 울먹이며 말했다. "정말, 정말 전 위로가 필요하답니다." 레베카는 노부인의 어깨에 머리를 기대고 천연덕스럽게 울었다. 깜짝 놀란 크롤리 노부인은 그녀가 무척이나 가여운 마음에 어머니처럼 다정하게 그녀를 안아주었다. 그리고 언제까지나 아끼고 사랑해주겠다며 위로하고, 친딸처럼 돌보며 힘 닿는 데까지 도와주겠노라 맹세했다. "그런데 그 남자는 누구지? 귀여운 세들리 양의 오라버니인가? 그와 관계가 있는 것처럼 얘기했었잖니. 그 사람을 우리 집에 초대하마. 그런 다음 둘만 있게 해줄게. 정말이란다."

"지금은 묻지 말아주세요." 레베카가 말했다. "곧 모두 아시게 될 거예요. 정말이에요. 친절한 크롤리 노부인. 가장 사랑하는 친구……이렇게 불러도 괜찮을까요?"

"물론이지." 노부인은 이렇게 대답하면서 그녀에게 키스해주었다.

"지금은 말씀드릴 수 없어요." 레베카가 흐느끼면서 말했다. "전 너무나 슬퍼요. 하지만, 아아……저를 언제까지나 사랑해주세요. 늘 사랑하겠다고 약속해주세요." 레베카의 눈물이 동정심을 불러일으켜 크롤리 노부인은 함께 눈물을 흘리며 그러겠다고 엄숙하게 약속했다. 노부인은 자신이 돌보고 있는 이 작은 아가씨에게 축복을 빌어주었다. 그런 뒤 귀엽고 순진하고 상냥하고 애정이 넘치지만 속을 알 수 없는 아이라며 감탄하면서 밖으로 나갔다.

다시 혼자 남은 레베카는 오늘 있었던 갑작스럽고도 놀라운 사건을 떠올리며 지금까지의 일을 곰곰이 생각했다.

독자 여러분은 레베카 양, 아니 레베카 부인(이렇게 부르는 것을 그녀가 용서하길 빈다)이 속으로 어떤 생각을 하고 있을 것 같은가? 앞서 작가는 소설가의 전지적 힘으로 아밀리아 세들리의 침실을 엿보면서 순진한 그녀의 잠을 설치게 한 조그마한 고민과 감정을 이해하는 특권을 누렸다. 그러니 이번에도 레베카의 마음속을 들여다보고 그녀의 비밀을 알아낸 뒤 레베카의 믿음직한 친구가 되어주려 한다.

먼저 레베카는 이렇게 저절로 굴러들어온 엄청난 행운을 차버릴 수밖에 없어 몹시도 아쉬웠다. 알 만한 사람이라면 레베카의 마음을 이해할 수 있으리라. 귀족부인이 되어 해마다 4천 파운드를 받을 수 있었는데, 그걸 날려버린 미혼여성을 동정하지 않을 어머니가 어디 있겠는가? 부지런하고 재치 넘치며 본받을 만한 한 아가씨가 도저히 받아들일 수 없을 때 명예롭고도 유익하며 유혹적인 청혼을 받았다. 이 이야기를 듣고 그녀를 동정하지 않을 사람이 허영의 시장 어디에 있으랴? 나는 속상해하고 있을 우리의 친구 베키가 모든 이의 동정을 받아 마땅하다고 본다.

어느 날 밤 나는 허영의 시장 만찬회에 참석한 적이 있다. 거기서 마찬가지로 그 자리에 참석한 노처녀 토디(아첨꾼 Toady)가 브리플리스(인기가 없는 변호사 Briefless) 부인에게 유달리 관심을 보이며 아부를 떨고 있는 것을 지켜보았다. 브리플리스 부인은 변호사의 아내로 명문 집안 출신이지만 아시다시피 지독하게 가난한 사람이었다. 토디가 왜 이렇게 아부를 떠는 것일까? 나는 골똘히 생각해보았다. 브리플리스 변호사가 혹시 지방법원에라도 가게 됐나? 아니면 부인 앞으로 유산이라도 굴러 들어왔나? 나의 이런 의문에 성격이 시원시원한 토디가 이렇게 이야기해주었다. "잘 아시겠지만 브리플리스 부인은 존 레드핸드 경의 손녀랍니다. 레드핸드 경은 첼튼엄에서 와병 중이신데 반년도 힘들다고 하더군요. 유산은 브리플리스 부인의 부친이 상속받게 된답니다. 그러면 부인은 준남작의 따님이 되는 거지요." 토디는 그 다음 주에 브리플리스 부부를 저녁 식사에 초대했다.

어쩌면 준남작의 딸이 될지도 모른다는 이유만으로 이토록 소란을 피우니, 우리는 준남작 부인이 될 기회를 잃은 젊은 여인의 괴로움에 머리를 숙여야 한다. 크롤리 준남작 부인이 그렇게 일찍 세상을 떠나리라고 누가 상상이나 했겠는가? 그녀는 병석에 누워 있으면서도 10년은 너끈히 살 사람이었다. 레베카는 아쉬움 가득한 슬픔 속에서 이렇게 생각했다. 잘하면 내가 안주인이 될 수 있었는데! 나이든 준남작도 내 뜻대로 부릴 수 있었을 텐데. 신세 진 뷰트 부인에게도, 친절하게 대해준 피트 씨에게도 감사인사를 전할 수 있었을 테지. 런던에 있는 저택에 새 가구를 들이고 장식할 수도 있었을 거야. 런던에서 가장 훌륭한 마차를 타고 오페라 특별석을 차지할 수도 있었고, 나음 사교 시즌에도 참석할 수 있었을 텐데. 이 모든 것이 이루어졌을지도 모르지만 이제는 그저 모두가 의문이요 수수께끼일 뿐이다.

그러나 레베카는 결단력 있고 활기찬 아가씨라 돌이킬 수 없는 과거를 바라보며 꼴사납고 헛된 눈물을 흘리지는 않았다. 웬만큼 후회를 하고난 뒤 현명하게 돌아서서 지금의 자신에게 더욱 중요한 미래에 온 정신을 쏟았다. 그리고 자신의 처지와 그에 대한 희망과 의문, 가능성을 헤아려봤다.

우선 레베카는 결혼한 몸이다. 그건 매우 중요한 사실이었다. 피트 경도 이제 그 사실을 알게 되었다. 그녀가 당황한 나머지 아무 계산 없이 고백한 것은 아니었다. 언젠가는 밝혀야 할 일이었으니 언제가 됐든 마찬가지가 아니겠는가? 피트 경은 그녀와 결혼하려고 했던 사람이므로 적어도 그녀가 결혼한 사실에 대해 침묵을 지켜줄 것이다. 하지만 크롤리 노부인이 그걸 알면 어떻게 나올까가 큰 문제였다. 레베카는 불안했다. 그녀는 크롤리 노부인이 해준 말을 하나하나 곱씹어 보았다. 노부인은 집안을 따지지 않는다고 했다. 대담하고 자유로운 사고방식을 갖고 있었고, 무엇에도 얽매이지 않는 낭만을 좋아했다. 조카를 끔찍하게 아꼈고, 레베카에게도 거듭 남다른 애정을 보여주었다. '노부인도 그를 무척이나 사랑하니까 그가 하는 일이라면 뭐든 용서해주겠지. 그리고 내게 너무 익숙해진 터라 내가 없어지면 불편해하실 거야. 비밀을 털어놓으면 소란을 피우시고 화를 내시다 한바탕 싸우게 되겠지만, 결국 마음을 푸실 거야.' 레베카는 생각했다. 어쨌든 질질 끌어서 무슨 소용이겠는가. 이미 엎질러진 물이다. 오늘이든 내일이든 결과는 마찬가지 아니겠는가? 그래서 레베카는 크롤리 노부인에게 이 일을 알려야겠다고 결심했지만, 어떻게 전해야 좋을지 다시 머리를 싸맸다. 불어닥칠 폭풍우를 고스란히 맞을 것인가, 아니면 처음의 거센 바람이 지나갈 때까지 잠시 몸을

제15장 레베카의 남편, 잠시 얼굴을 비추다 209

피할 것인가. 이런 고민을 하며 그녀는 다음과 같은 편지를 썼다.

그리운 친구에게

우리가 그토록 얘기하던 중대한 위기가 찾아왔어요. 제 비밀의 반이 드러나 버렸답니다. 곰곰이 생각해봤지만, 아무래도 지금이 비밀을 털어놓을 때인 것 같아요. 피트 경이 오늘 아침 저에게 오셔서 글쎄, 혹시나 짐작하시겠나요? 청혼을 하셨답니다. 생각해보세요! 제가 크롤리 준남작 부인이 될 뻔했다고요! 그랬으면 뷰트 부인은 무척이나 좋아하셨겠지요. 또 제가 상석에 앉게 되면 고모님은 뭐라고 하셨을까요? 전 누군가의 아내가 아닌 어머니가 될 뻔했답니다. 아아, 우리의 비밀을 죄다 털어놓을 때가 왔다고 생각하니 떨린답니다. 떨려요!

피트 경은 제가 결혼한 몸이란 걸 알지만, 아직 남편이 누군지 몰라서 그렇게 화를 내지는 않으신답니다. 노부인께선 제가 피트 경의 청혼을 거절했다고 내심 화를 내고 계세요. 그래도 무척이나 친절하고 다정하게 대해주세요. 저라면 피트 경의 훌륭한 아내가 됐을 거라고 하시면서 제 어머니가 되어주겠다고 약속까지 하셨답니다. 우리 비밀을 알면 깜짝 놀라시겠지요. 하지만 화내시는 것도 잠깐일 텐데 걱정할 필요가 있을까요? 전 없다고 봐요. 고모님은 무례하고 무능한 당신을 끔찍하게 아끼시니까 당신이 한 일이라면 다 용서해주실 거예요. 그리고 당신 다음으로 절 예뻐하시지요. 제가 없으면 고모님은 매우 불편하실 거예요. 사랑하는 일라이자! 어쩐지 우리 생각대로 되어가는 것 같아요. 그러니 당신도 그 끔찍한 군대를 나와서 도박이니 경마니 다 그만두고 착실한 사람이 되도록 하세요. 그리고 함께 파크 레인에서 살아요. 그러면 고모님께서 우리에게 전재산을 물려주시겠지요.

저는 내일 3시에 다시 그곳에서 산책을 하겠습니다. 만약 B양이 저와 함께 있다면, 반드시 저녁 식사에 참석하셔서 〈포르테우스 설교집〉 3권에 답장을 끼워두세요. 기다리겠어요.

R

나이츠브리지, 마구상 바네트 씨 댁
일라이자 스타일스 앞

레베카의 말에 따르면 여기 일라이자 스타일스 양은 레베카의 오랜 학교 친구로 최근에 다시 편지로 소식을 주고받고 있는데, 그녀에게 보내는 편지는 언제나 마구상이 맡아준다고 한다. 하지만 이 편지를 받는 사람이 놋쇠 박차를 달고 구불구불한 콧수염을 길게 기른 로든 크롤리 대위라는 사실을 알아채지 못할 만큼 통찰력이 부족한 독자는 없으리라 믿는다.

제16장
바늘겨레 위에 둔 편지

이들이 어떻게 결혼했는지는 그리 중요치 않다. 어엿한 대위와 성숙한 아가씨가 결혼허가증을 받고 런던의 한 교회에서 결혼하는 걸 무슨 수로 막을 수 있겠는가? 여자에게 뜻만 있다면 반드시 길이 열린다는 것쯤은 가르쳐주지 않아도 누구나 다 아는 사실이다. 아마도 샤프 양이 아침에 러셀 스퀘어에 사는 친한 친구 아밀리아 세들리의 집에서 놀다 오겠다며 외출하던 날이었을 것이다. 그녀를 쏙 빼닮은 여인이 수염을 물들인 어느 신사와 함께 시내의 한 교회로 들어갔다. 15분 뒤 신사는 여인을 에스코트하며 교회를 빠져나와 그들을 기다리고 있던 마차에 올라탔다. 나는 그날이 바로 두 사람이 비밀결혼한 날이라고 생각한다.

일상경험에 비추어보아 신사가 어떤 여인과 결혼하게 될지 모른다는 것쯤은 의심할 여지가 없을 것이다. 지혜롭고 학식 높은 사람 가운데 자신의 요리사와 결혼한 사람이 얼마나 되는지 알 수가 없다. 엘든 경(1751~1836 영국／대법관을 지냈음)도 사랑의 도피를 하지 않았던가? 아킬레우스(호머의《일리아스》／에 나오는 영웅)와 아이아스(트로이 전쟁 때의／그리스 영웅)도 하녀와 사랑에 빠지지 않았던가? 욕망은 강하지만 생각은 짧으며 단 한 번도 혈기를 억눌러 본 적 없는 용기병이 어느 날 갑자기 자신이 하려고 마음먹은 일 때문에 잃게 될 것들을 신중하게 걱정하리라 생각하는가? 만약 모든 사람이 신중하게 결혼했다면 인구증가는 멈췄을 것이다.

내 생각에 로든의 결혼은 소설에 드러난 그의 전기 속에 기록될 행동 가운데 가장 정직한 것이라고 본다. 여인에게 반하고, 반한 여인과 결혼하는 일이 사내답지 못하다고 할 사람은 없으리라. 그리고 덩치 큰 군인이 점점 자그마한 레베카에게 감탄하고, 기뻐하고, 빠져들고, 놀라워하며, 끝없는 신의와 열광적 경애를 바치더라도 적어도 여인들은 결코 그걸 창피해하지 않을 것이다. 그녀가 노래를 부르면 한 구절 한 구절이 둔한 로든의 마음에 울려 퍼져 거대한 몸속으로 스며들었다. 그녀가 얘기를 하면 로든은 온 정신을 집중해서 이야기를 듣고 감탄했다. 그녀가 농담을 하면 로든은 그걸 곰곰이 생각하다가 30분 뒤에 길거리에서 웃음을 터뜨리곤 했다. 그 때문에 마차를 몰던 마부나, 함께 말을 타고 로든 거리를 달리던 친구를 놀래키기 일쑤였다. 그녀의 말 하나하나가 로든에게는 신의 말씀이었으며, 그녀의 사소한 행동에 절대적 품위와 지혜가 돋보였다. '노래도 잘 부르고, 그림도 잘 그린단 말이야. 거기다 퀸스 크롤리에서 난폭한 말을 몰던 모습하며!' 로든은 생각했다. 밀회를 나눌 때면 로든은 언제나 "아아, 벡. 정말이지 당신은 총사령관이나 캔터베리 대주교에 걸맞은 사람이오." 말하는 것이었다. 이런 경우가 과연 드물까? 옴팔레(헤라클레스가 하인으로서 섬긴 리디아 여왕)의 치마폭 속에 빠진 우직한 헤라클레스, 델릴라(남편을 배반한 삼손의 아내)의 무릎에 엎드린 털보 삼손 같은 사내를 우리는 날마다 보고 살지 않는가.

베키가 중대한 위기가 다가왔으며 행동할 때가 왔다고 했을 때, 로든은 부대를 이끌고 돌격하라는 연대장의 명령을 받았을 때처럼 기꺼이 그 명령을 따를 준비가 됐다고 했다. 로든은 답장을 〈포르테우스 설교집〉에 끼워둘 필요가 없었다. 레베카는 친구 브리그스를 떼어놓을 방법을 찾아냈고, 이튿날 '늘 만나는 곳'에서 로든과 만났다. 그녀는 밤새 생각한 끝에 내린 결심을 로든에게 전했다. 물론 그는 죄다 찬성했다. 레베카의 말은 모두 옳고, 레베카를 따르는 것이 가장 좋다고 했다. 그러면서 크롤리 노부인은 분명 뜻을 굽히거나, 그녀의 말대로 시간이 지나면 '화가 풀릴 것'이라고 했다. 레베카가 전혀 다른 결단을 내렸더라도 그는 무조건 따랐을 것이다. "벡, 당신은 우리 두 사람 몫의 두뇌를 가지고 있군." 로든은 말했다. "당신 덕분에 우린 틀림없이 궁지에서 빠져나올 거요. 난 당신과 같은 여인을 본 적이 없소. 이래 봬도 전에는 무척이나 훌륭한 여인과 교제했었다오." 이렇게 순진하게 신앙을 고백한 사랑에 빠진 용기병은 레베카가 자신들을 위해 세운 계획에서 자신이 맡은 일을 해내기 위해 자리를 떠났다.

일이란 그저 병영 근처 브롬프턴 거리에 그들 부부가 묵을 조용한 방을 얻어놓는 일이었다. 레베카는 아주 은밀하게 달아나기로 했다. 로든은 레베카의 결심을 두 손 들고 반겼다. 벌써 몇 주 전부터 레베카에게 언제든 함께 달아나자고 애원하고 있었던 것이다. 사랑에 빠지면 조급해지기 마련이다. 로든은 서둘러 방을 잡으려고 뛰어다녔다. 일주일에 2기니나 되는 방값을 선뜻 받아들여서 여관주인이 좀 더 비싸게 부를걸 그랬다고 후회했을 정도였다. 그는 피아노 한 대와, 꽃집의 반을 옮겨올 듯한 화초와 사치품 더미를 주문했다. 사랑에 눈이 먼 로든은 숄, 가죽 장갑, 실크 스타킹, 프랑스제 금시계, 팔찌, 향수 등을 외상으로 무작정 가져왔다. 이렇게 손이 큰 모습을 한껏 보여주며 한숨 돌린 로든은 클럽에 가서 초조한 마음으로 식사를 하면서 곧 다가올 일생의 가장 중요한 순간을 기다렸다.

전날 레베카가 자신에게 좋은 조건이었던 청혼을 거절한 놀랄 만한 사건과 그녀를 힘들게 하는 남모를 불행과 괴로움을 다정함과 침묵으로 이겨내는 모습에 크롤리 노부인은 여느 때보다 마음이 부드러워졌다. 결혼이니 거절이니 청혼이니 하는 사건은 집안 여인들을 설레게 하고 발작에 가까운 연민을 자아냈다. 나는 인간성을 관찰하는 사람으로서 상류계급의 결혼철이 되면 하노버 스퀘어의 세인트 조지 성당에 자주 가고는 한다. 그런데 신랑의 친구들이 눈물을 흘리거나, 성당 관계자와 주례를 보는 성직자가 감동한 모습을 본 적이 없다. 하지만 여인들이 결혼식에 전혀 관심을 보이지 않는 경우는 드물었다. 분홍색 보닛을 쓰고 한창 뽐내는 젊고 아름다운 아가씨들은 말할 나위 없고, 결혼은 먼 옛일이 되어버린 노부인과 많은 자녀를 둔 뚱뚱한 중년부인까지, 결혼식에 참석한 여인들은 나이를 불문하고 하나같이 눈물을 쏟고, 흐느끼고, 훌쩍이고, 작은 손수건으로 얼굴을 가리고, 가슴을 들썩이기 일쑤였다. 나의 멋쟁이 친구 존 핌리코가 어여쁜 벨그레이비어 그린 파커 아가씨와 결혼할 때만 해도 어찌나 사람들이 감동을 하던지, 나를 자리까지 안내해 주었던 코담배 냄새가 나는 늙은 여인까지 눈물을 적시고 있었다. 왜 그러는 걸까? 설마 이 노파가 다음에 결혼이라도 하는 걸까. 나는 고개를 갸웃거렸다.

요컨대, 피트 경이 청혼한 뒤로 감상에 흠뻑 빠져버린 크롤리 노부인과 브리그스는 레베카에게 애정 어린 관심을 쏟게 되었다. 레베카가 집에 없을 때면 크롤리 노부인은 서재에서 가장 감상적인 소설을 읽으며 자신을 위로했다. 남모를 비애를 가슴에 품은 작은 여인 샤프가 그날의 여주인공이었다.

그날 밤 레베카는 파크 레인에 돌아와서 어느 때보다도 아름답게 노래를 부르고 즐겁게 이야기했다. 레베카는 크롤리 노부인의 마음을 사로잡았다. 레베카는 피트 경의 청혼을 농담 삼아 늙은이의 주책없는 노망이라고 놀리기도 했다. 레베카의 두 눈에 눈물이 가득했다. 한편 레베카가 자신의 바람은 언제까지나 크롤리 노부인 곁에 머무는 것뿐이라고 말하는 바람에 브리그스의 마음은 패배의 쓰라림으로 가득했다. "우리 귀여운 꼬마 아가씨." 노부인이 말했다. "난 널 여기에 몇 년이고 있게 해줄 생각이야. 정말이란다. 그런 일이 있었는데 널 끔찍한 동생에게 돌려보낸다는 건 말도 안 되지. 여기서 나와 브리그스와 함께 살려무나. 브리그스는 허구한 날 친척집에 놀러 다닌단다. 브리그스, 자네는 언제든 외출해도 좋아. 그렇지만 레베카, 넌 늘 내 곁에서 나를 돌봐다오."

만약 로든 크롤리가 클럽에서 초조하게 술을 마시지 않고 이 자리에 있었더라면, 두 사람은 노부인의 앞에 무릎을 꿇고 모든 사실을 털어놓은 뒤 그 자리에서 용서받았을지도 모른다. 그러나 젊은 두 연인에게 그런 행운은 주어지지 않았다. 이 소설을 계속 써나가기 위함이다. 이 소설에는 그들의 여러 재미난 사건을 다루고 있다. 만약 두 사람이 크롤리 노부인의 용서를 받고 함께 보호를 받으며 안락하게 살아간다면, 그런 사건들은 절대로 일어나지 않으리라.

파크 레인 저택의 하인 중에는 노부인의 시녀 퍼킨의 지시를 받는 햄프셔 출신의 하녀가 있었다. 그녀는 갖가지 일을 맡아서 했는데, 주전자에 더운물을 넣어서 샤프 양의 방에 가져다 놓는 것도 그녀가 맡은 일 가운데 하나였다. 퍼킨은 어쩌다 굴러들어온 레베카에게 그런 걸 가져다주느니 죽는 게 낫다며 직접 갖고 가지 않았다. 크롤리 집안의 땅에서 자라난 그녀에게는 로든 대위와 같은 부대에 근무하는 오빠가 있었다. 그래서 다른 사람들은 몰랐지만, 아무래도 그녀는 이 소설과 깊은 관련이 있는 어떤 약속을 알고 있는 것 같았다. 아무튼 이 하녀는 레베카에게서 받은 3기니로 노란 숄과 녹색 부츠, 붉은 깃이 달린 하늘색 모자를 샀다. 레베카는 결코 씀씀이가 헤픈 여인이 아닌데 이 베티 마틴이 돈을 받은 걸 보면 뭔가 큰 도움이 되어 준 것이 틀림없다.

피트 크롤리 경이 레베카에게 청혼한 다다음 날도 해가 평소처럼 떠올랐다. 2층을 맡은 베티 마틴은 여느 때처럼 레베카의 방문을 두드렸다.

대답이 없자 다시 문을 두드렸다. 여전히 잠잠하다. 더운 물을 가지고 온 베티는 문을 열고 방으로 들어갔다.

작고 하얀 무명 침대는 어젯밤 베티가 손수 정돈해뒀을 때와 마찬가지로 깔끔했다. 방 한쪽 구석에는 작은 짐 가방 두 개가 끈으로 묶여 있었고, 창가 책상에 놓인 바늘겨레(속에 분홍색 천을 덧대고 나이트캡처럼 능직으로 짠, 크고 푹신한 바늘겨레였다) 위에 편지가 놓여 있었다. 아마도 밤새 거기에 놓여 있었던 모양이다.

베티는 편지가 잠에서 깨기라도 하듯 살금살금 다가가서 살펴보았다. 놀라워하는 표정이었지만 만족스러운 듯 방을 빙빙 둘러보았다. 베티는 편지를 집어 들고 이리저리 돌려도 보고 뒤집어도 보면서 히죽히죽 웃더니 마침내 편지를 들고 아래층에 있는 브리그스의 방으로 갔다.

베티는 그 편지가 브리그스에게 보내는 것인지 어떻게 알았을까? 나도 그것이 신기했다. 베티는 뷰트 부인의 주일학교밖에 다니지 않아서 무슨 글이든 히브리어처럼 읽을 줄 몰랐다.

"브리그스 양!" 베티가 소리를 질렀다. "아아, 브리그스 양, 큰일 났어요! 샤프 양이 방에 없습니다. 침대에서 잔 흔적도 없어요. 아무래도 도망간 것 같아요. 그리고 당신께 이런 편지를 두고 갔어요."

"뭐라고?" 브리그스는 빗을 떨어뜨리며 소리를 질렀다. 색 바랜 그녀의 머리카락이 어깨 위로 흘러내렸다. "도망쳤다고! 샤프 양이 도피를! 이게 무슨 일이야!" 그녀는 깨끗하게 봉인된 봉투를 마구 뜯은 뒤 자신 앞으로 쓰인 편지를 그야말로 '미친 듯이' 읽었다.

사랑하는 브리그스 양께

세상 누구보다 다정한 당신은 이러한 저를 가엾게 여기고 동정하여 용서해주시리라 믿습니다. 불쌍한 고아인 제가 언제나 친절과 사랑을 베풀어준 집을 떠나면서 얼마나 울고 기도하고 여러분의 행복을 염원했는지 모릅니

바늘겨레 위에 둔 쪽지

다. 신세를 진 크롤리 노부인에 대한 은혜 이상의 것에 이끌려 저는 이곳을 떠납니다. 저는 제 본분을 찾아 남편의 곁으로 갑니다. 네, 그렇습니다. 저는 결혼했습니다. 누추하지만 저희가 우리 집이라고 부르는 곳으로 돌아가자고 남편이 분부했답니다. 사랑하는 브리그스 양, 당신의 따뜻한 배려로 제 친구이자 은인이며 가장 사랑하는 크롤리 노부인께 부디 이 사실을 잘 전해주세요. 제가 떠나기 전에 노부인의 베개에, 노부인께서 아프실 때마다 언제나 제가 돌봐 드렸던 추억이 서린 그 베개에 눈물을 흘렸다는 사실을 전해주세요. 제가 다시 베개 옆에서 노부인을 모실 날이 오기를 간절히 바랍니다. 아아, 제가 얼마나 기뻐하며 그리운 파크 레인으로 돌아오게 될지 모르겠어요. 제 운명을 결정짓게 될 대답을 생각하면 저는 몸이 떨린답니다! 과분하게도 피트 경께서 제게 청혼을 하셨을 때, 사랑하는 크롤리 노부인께선 제가 그 영광을 얻을 자격이 충분하다고 해주셨습니다. 불쌍한 고아인 저를 그렇게나 봐주셔서 얼마나 감사한지 모른답니다! 저는 피트 경께 벌써 결혼했다는 사실을 전해 드렸습니다. 경께서도 저를 용서해주셨습니다. 하지만 모든 사실을 고백하기에는 제 용기가 부족했습니다. 저는 경의 아내가 될 수 없습니다, 전 이미 경의 며느리이기 때문입니다, 이렇게 말씀 드려야만 했습니다. 저는 남자 가운데서 가장 뛰어나고, 가장 훌륭한 분과 결혼했답니다. 크롤리 노부인께서 아끼시는 로든을 저만의 로든으로 만들어버렸답니다. 그이의 말에 따라 저는 이렇게 그이와 함께라면 세상 어디라도 갈 수 있어요. 아아, 훌륭하고 친절한 나의 친구. 부디 로든과 그이의 고귀한 집안 사람들로부터 다시없는 사랑을 받았던 불쌍한 소녀의 사정을 그이를 사랑하는 고모님께 잘 말씀드려주세요. 크롤리 노부인께 저희를 친자식처럼 맞이해 달라고 부탁해주세요. 이만 줄이면서, 떠나가는 이 저택의 모든 분에게 행복이 있길 기원합니다.

당신을 사랑하고 은혜를 잊지 않는
레베카 크롤리 씀

한밤에

브리그스가 이 충격적이고도 흥미로운 편지(이로써 그녀는 다시 크롤리 노부인의 총애를 받게 될 것이다)를 다 읽었을 즈음 마침 퍼킨이 방에 들어

왔다. "뷰트 크롤리 부인이 승합마차를 타고 햄프셔에서 막 도착하셨답니다. 저더러 차를 내오라고 하셨는데, 당신이 내려가서 아침을 해줄 수 있나요?"

그런데 퍼킨은 깜짝 놀랐다. 브리그스가 가운 차림에 이마 주위에 작은 컬 페이퍼를 덕지덕지 붙인 모습으로 헝클어진 머리를 휘날리며, 놀라운 소식이 적혀 있는 편지를 들고서 뷰트 부인에게 달려간 것이다.

"어머나, 퍼킨 부인." 베티가 숨을 헐떡이며 말했다. "큰일이 벌어졌어요. 샤프 씨가 여기를 떠나 대위님과 사랑의 도피를 하셨어요. 두 분은 그레트니 그린으로 떠나셨답니다!" 이때 퍼킨이 어떤 심정이었을지 조금 써볼 수 있겠지만 크롤리 노부인과 뷰트 부인의 놀라움을 표현하는 데 더 많은 시상(詩想)을 써야 하기에 아쉽지만 여기서 줄이도록 한다.

탁탁 소리를 내며 타오르는 거실의 난롯가에서 뷰트 크롤리 부인은 밤샌 여행으로 꽁꽁 언 몸을 녹이다가 브리그스 양에게서 레베카의 비밀결혼 이야기를 들었다. "마침 이런 때에 오다니, 이건 크롤리 노부인이 이 사건으로 충격을 받으면 옆에서 보살피라는 신의 뜻이에요." 뷰트 부인이 말했다. 그리고 자신은 레베카가 약삭빠른 말괄량이일 거라고 늘 의심했으며, 로든 크롤리 같은 녀석에게 애정을 쏟고 있는 크롤리 노부인을 이해할 수가 없다고 했다. 그 녀석은 오래전에 타락하여 신에게조차 버림받은 망나니라고 말하기도 했다. 그래도 이 악당의 본성을 크롤리 노부인에게 깨우쳐 줄 수 있다는 점에서 무시무시한 이번 사건이 적어도 좋은 효과를 거둘 것이라고 뷰트 부인은 덧붙였다. 그런 뒤 뷰트 부인은 갓 구운 토스트와 따뜻한 홍차로 기분 좋은 아침을 들었다. 이제 저택에 빈 방이 생겼으니 포츠머스에서 타고 온 마차가 내려준 글로스터 커피하우스에 방을 잡을 필요가 없어진 것이다. 그녀는 집사 볼스 밑에서 일하는 마부를 시켜 짐 가방을 가져오게 했다.

사실 크롤리 노부인은 오전 내내 자신의 방에서 나오지 않았다. 매일 아침마다 침대에서 코코아를 마시며 베키 샤프에게 〈모닝 포스트〉지를 읽어달라고 하거나, 다른 일을 즐기거나, 빈둥빈둥 시간을 보내곤 했기 때문이다. 아래층에 모인 사람들은 크롤리 노부인이 거실로 나올 때까지 걱정을 끼치지 않기로 했다. 그 대신 뷰트 크롤리 부인이 햄프셔에서 승합마차를 타고 와 글로스터 커피 하우스에 머물고 있으며, 안부 인사를 전해달라고 한 뒤 브리그스 양이 차려준 아침을 먹었다는 것만 노부인에게 전해두었다. 노부인은 여느 때라면 뷰트 부인이 와도 그리 반가워하지 않았겠지만 이번만큼은 대환영이었다. 곧 있을 크롤리 경 부인의 장례식과 갑작스러운 피트 경의 청혼에 대해서 올케와 수다를 떨고 싶었던 것이다.

노부인이 거실로 내려와 평소처럼 안락의자에 몸을 파묻자 뷰트 부인을 비롯한 여인들은 노부인을 안아주며 인사를 건넸다. 그리고 비로소 이번 사건을 노부인에게 알려주기로 했다. 여인들이 친구에게 나쁜 소식을 전하기에 앞서 얼마나 치밀하고 능숙하게 '사전 준비'를 하는지 보면 누구나 감탄하리라. 브리그스와 뷰트 부인은 노부인에게 비밀을 털어놓기 전에 적당한 의심과 불만을 불러일으키고자 했다.

"그 아이가 피트 경의 청혼을 거절했다면서요? 그런데 사랑하는 크롤리 부인, 놀라지 마세요." 뷰트 부인이 말했다. "세상에나, 세상에나 그 아이에겐 그럴 수밖에 없는 이유가 있었답니다."

"물론 이유야 있었겠지." 크롤리 노부인이 대답했다. "그 아이는 좋아하는 남자가 따로 있더군. 어제도 브리그스와 그 얘기를 했다네."

"좋아하는 남자가 따로 있다고요!" 브리그스는 숨을 헉 하고 쉬며 말했다. "아아, 크롤리 부인. 그 아이는 벌써 결혼을 했답니다."

"이미 결혼했더군요." 뷰트 부인도 맞장구를 쳤다. 두 사람은 손을 맞잡고 노부인과 서로의 얼굴을 번갈아 쳐다보았다.

"그 아이가 오거든 바로 나한테 오라고 해요. 이 여우 같은 계집이 아무 말도 없이 그런 일을 저지르다니!" 크롤리 노부인이 소리를 질렀다.

"금방 돌아오지는 않을 거예요. 놀라지 마세요, 크롤리 부인. 그 아이는 한동안 돌아오지 않을 거예요. 그녀는, 그녀는 이곳을 떠났답니다."

"세상에! 그럼 누가 내 코코아를 끓여주지? 사람을 보내서 그 아이를 데려오라고 하게. 그 아이가 꼭 돌아와야 해." 노부인이 말했다.

"그 아이는 어젯밤 사랑의 도피를 했답니다." 뷰트 부인이 말했다.

"저한테 편지를 남겨두고 떠나가 버렸어요." 브리그스가 외쳤다. "레베카와 결혼한 사람은—"

"제발, 노부인을 놀라게 하지 마세요. 그녀를 괴롭히지 말아줘요, 브리그스 양."

"대체 누구랑 결혼했다는 겐가?" 노부인은 신경질을 내며 분통을 터뜨렸다.

"저, 그러니까…… 친척분이신……."

"피트 경은 거절했잖아!" 노부인이 소리를 질렀다. "어서 빨리 말해보게. 사람 미치게 하지 말고."

"아아, 크롤리 노부인, 레베카는……. 브리그스 양, 노부인을 부탁해요. 레베카는 로든 크롤리와 결혼했답니다."

"로든이…… 레베카하고…… 가정교사하고…… 이름도 없는 여자하고…… 결혼을 했어? …… 내 집에서 썩 나가! 바보 멍청이 같으니라고! 브리그스, 이 천치 같은 것! 대체 무슨 짓을 한 거야! 자네도 같이 일을 꾸민 거지? 내가 로든에게 재산을 물려주는 것을 막으려고 자네가 로든을 결혼시킨 거지? 네 짓이지, 마사!" 가엾은 노부인은 펄펄 뛰며 소리를 질렀다.

"제가 크롤리 집안 사람을 그림쟁이의 딸과 결혼시켰단 말씀이세요?"

"그 아이 어머니는 몽모랑시 집안 출신이야." 노부인은 초인종을 힘껏 잡아당기면서 소리쳤다.

"레베카의 어머니는 오페라 배우였고, 레베카도 무대에 선 적이 있답니다. 어쩌면 더 천한 일을 했을지도 모르는 일이에요." 뷰트 부인이 말했다.

크롤리 노부인은 결국 외마디 비명을 지르고는 뒤로 쓰러져버렸다. 사람들은 그녀가 막 나왔던 방으로 다시 그녀를 데려가야만 했다. 노부인은 계속해서 울화통을 터뜨렸다. 의사에게 사람을 보냈고, 약사도 와주었다. 뷰트 부인은 머리맡에서 노부인을 보살폈다. "친척이 곁에 있어야지 않겠어요?" 상냥한 부인이 말했다.

노부인이 방으로 옮겨지기가 무섭게 이번 일을 알려야 할 또 다른 사람이 나타났다. 피트 경이었다. "베키는 어디 있소?" 피트 경이 들어오면서 말했다. "짐은 어디에 두었소? 레베카를 퀸스 크롤리로 데려가야겠소."

"그녀가 몰래 결혼했다는 놀라운 소식을 못 들으셨어요?" 브리그스가 물었다.

"그게 나와 무슨 상관인가?" 피트 경이 오히려 되물었다. "샤프 양이 결혼한 건 나도 알고 있어. 나한텐 별일도 아니네. 나를 기다리게 하지 말고 얼른 내려오라고나 해요."

"경께선 그녀가 집을 나갔다는 사실을 모르세요?" 브리그스가 물었다.
"그 때문에 크롤리 노부인께서 적잖이 실망하셨답니다. 게다가 그녀가 로든
대위와 결혼했다는 걸 알고 숨이 멎을 만큼 놀라셨지요."

피트 크롤리 경은 레베카가 자기 아들과 결혼했다는 소식에 노발대발하여
악을 썼다. 너무나 심한 말이어서 여기에 적을 수 없으며, 브리그스도 그 소
리에 몸서리를 치고 방을 나가버릴 정도였다. 욕망이 꺾인 것이 분해 미친
듯이 날뛰는 이 노인의 모습을 뒤로 하고 우리도 브리그스와 함께 문을 닫아
버리기로 하자.

이튿날 퀸스 크롤리로 돌아간 피트 경은 레베카가 묵던 방으로 미친 사람
처럼 뛰어가서 그녀가 쓰던 상자 뚜껑을 발로 걷어차고 안에 든 편지며 옷이
며 두고 간 물건들을 마구 집어던졌다. 집사의 딸 호록스 양은 그 속에서 몇
가지를 훔쳐갔고 아이들은 남은 옷을 꺼내 입으며 연극놀이를 했다. 이 모두
가 피트 크롤리 경의 가엾은 부인이 쓸쓸한 묘지에 묻힌 지 며칠 뒤에 일어
난 일이었다. 그녀는 본 적도 만난 적도 없는 조상들이 잠든 묘지에 묻혔지
만 울어주는 사람도, 지켜봐 주는 사람도 없었다.

"노부인이 우리를 용서하지 않으면 어떡하지?" 로든은 아담하고 아늑한
브롬프턴 여관방에서 어여쁜 아내를 마주 보며 말했다. 레베카는 아침 내내
새 피아노를 치고 있었다. 새 장갑은 그녀의 손에 꼭 맞았다. 새 숄도 아주
잘 어울렸으며, 새 반지는 그녀의 조그만 손가락에서 반짝거렸고, 새 시계는
그녀의 허리께에서 똑딱거렸다. "만약에라도 고모님이 우리 얘기를 들어주
지 않으시면 어쩌지? 응, 베키?"

"그럼 제가 당신을 부자로 만들어 드리겠어요." 레베카가 말했다. 델릴라
는 삼손의 뺨을 톡톡 쳤다.

"당신이라면 뭐든지 할 수 있지." 로든은 아내의 조그만 손에 키스를 했
다. "할 수 있고말고. 자, 마차를 타고 스타&가터에 가서 저녁이나 먹읍시
다."

제17장
도빈 대위 피아노를 사다

만약 허영의 시장에 풍자와 감상이 손에 손을 잡고 함께 보러 갈 구경거리가 있다고 한다면? 웃다가도 울고 싶어지는 낯선 대조를 볼 수 있고 마음이 차분해지거나 울적해지거나 사나워지거나 야유를 퍼부을 수 있는 곳이 있다면? 그런 곳이 있다고 한다면 그것은 매일같이 〈타임스〉지 맨 뒷면 가득히 광고가 실리는 경매장이다. 경매는 돌아가신 조지 로빈스 씨가 언제나 위엄 있는 모습으로 맡아주시곤 했다. 런던 시민 가운데 경매에 참석해본 적이 없는 사람은 거의 없으리라 본다. 그리고 그들 중 무슨 일에서나 교훈을 찾아내는 사람들은 한 가지 사실을 깨닫고 다소 놀랍고도 묘한 감회와 흥미가 일었을 것이다. 언젠가 차례가 돌아오면 자기가 에피쿠로스(그리스 철학자로 유물론자)처럼 모아놓은 책·가구·그릇·옷가지·고급 포도주가 해머다운 씨 손에 팔리게 되리라는 사실을. 자기 상속인이 그 모두를 디오게네스(그리스의 대표적인 견유학파 철학자)처럼 조금도 달가워 않고 재산관리인이나 유산관리인을 지시하여 경매에 부치리라는 것을 말이다.

허영의 시장에서 가장 이기적인 사람이더라도, 죽은 친구의 장례식에서 다음처럼 추잡한 모습을 보면 동정과 유감을 금치 못할 것이다. 다이비스(부자 dives라는 뜻) 경은 세상을 떠나 집안 묘지에 묻혔다. 조각가는 비문에 그가 어떤 선행을 베풀었는지, 그의 상속인이 고인의 죽음을 얼마나 슬퍼하는지 아주 정확하게 새겼다. 비록 상속인은 서둘러 고인의 유품을 처분하고 있었지만 말이다. 다이비스 경의 식탁에 자리한 적이 있었던 손님 가운데 그 정든 저택 앞을 깊은 한숨 없이 지나간 사람은 없으리라. 정겨운 그 저택은 언제나

저녁 7시가 되면 환하게 등이 켜졌었다. 우리가 찾아가면 기다리고 있었다
는 듯이 현관문이 열렸다. 기분 좋게 계단을 올라가면 늙은 다이비스 경이
우리를 반갑게 맞아주던 방까지 계단마다 하인이 서서 꾸벅꾸벅 머리를 숙
이고 우리 이름을 외쳤다. 그에게 얼마나 많은 친구가 있었던가! 그가 얼마
나 고상하게 친구들을 대접했던가! 문을 나서면 우울한 사람조차 다이비스
경의 객실에서는 얼마나 재미있는 농담을 했던가! 밖에선 언제나 서로 헐뜯
고 미워하던 사람들도 다이비스 경의 집에선 얼굴을 마주 보며 어찌나 다정
하고 사이가 좋던지. 다이비스 경이 뽐을 좀 냈지만, 워낙 요리사의 솜씨가
좋아서 손님은 뭐든 맛있게 먹었다. 그의 이야기는 그리 재미없었을지도 모
르나 술이 매우 훌륭해서 시시한 이야기도 재밌게 들렸으리라. 문상객들은
회관에 모여 얼마를 내도 좋으니 그의 부르고뉴산 포도주를 맛보고 싶다고
외쳐댔었다. "전 다이비스 경의 경매장에서 이런 상자를 샀답니다." 핀처 씨
가 말했다. "루이 15세의 애첩이라더군요. 예쁘죠? 정말로 잘 그린 세밀화
예요." 그런 뒤 사람들은 다이비스의 젊은 아들이 고인의 재산을 흥청망청
쓰고 있다고 쑥덕거렸다.

 그나저나 저택이 어쩌다 이리 되었단 말인가! 밖에는 큼직큼직한 대문자
로 가구에 대한 설명을 상세하게 쓴 광고지가 하나 붙어 있었다. 2층의 한
창문에는 카펫 조각이 늘어져 있고, 잡역부 대여섯 명이 더러워진 계단 입구
를 어슬렁거렸다. 현관에는 동양인으로 보이는 지저분한 손님들이 가득했
다. 그들은 우리에게 인쇄한 종이를 건네주면서 값을 매기라고 했다. 나이든
부인과 수집가들은 2층에 줄줄이 올라가서 침대 커튼을 잡아보고, 깃털이불
을 찔러보고, 침대 요를 만져보고, 옷장 서랍을 여닫아보고 있었다. (아마
속물들은 다이비스 저택 경매에서 이걸 샀다느니 저걸 샀다느니 하면서 몇
년 동안 자랑하고 다닐 것이다.) 그리고 해머다운 씨는 아래층 식당의 큰 마
호가니 식탁 위에 앉아서 상아로 만든 망치를 휘두르며 당당하고 열정적이
며 애처롭고 그럴 듯한 말로 아쉽다는 듯이 소리치며 사람들을 구슬렸다. 꾸
물대는 데이비즈 씨를 비아냥거리고, 모스 부인에게 눈 딱 감고 구입하라고
부추기고, 애원하고 호령하고 고함을 질렀다. 마침내 그가 숙명처럼 망치를
두드리면 다음 품목으로 넘어갔다. 아아, 다이비스 경! 우리가 식기와 새하
얀 식탁보로 빛나던 넓은 식탁에 둘러앉아 있던 그 옛날, 이렇게 경매인이

고함을 지르며 식탁 위에 다리를 꼬고 앉게 되리라 누가 상상이나 했겠소?

경매도 슬슬 끝나갔다. 솜씨 좋은 기술자가 만든 객실용 최고급 가구, 가격을 따지지 않으며 눈이 높은 구입자가 골라온 진귀한 유명 포도주, 가문문양이 새겨진 값비싼 식기 세트는 이미 전날에 모두 팔려나갔다. 최고급 포도주(이웃 사람들 사이에서 호평을 받았다) 가운데 하나는 독자 여러분도 잘 아시는 러셀 스퀘어 존 오즈번 씨의 집사가 포도주를 잘 아는 주인을 위해 사갔다. 식기 가운데 가장 쓸모 있는 몇몇은 도시에서 온 젊은 증권업자에게 팔렸다. 이세는 별로 대수롭지 않은 물건을 사러 온 사람들뿐이었다. 식탁 위에 앉아 있던 경매인은 어떻게든 팔아치우기 위해 그림 자랑을 늘어놓고 있었다. 손님들은 전날만큼 상류층 사람도 아니었고, 수도 적었다.

"369번." 해머다운 씨가 고함을 질렀다. "코끼리를 탄 신사 그림입니다. 코끼리를 탄 신사 그림을 사실 분 안 계십니까? 블로만, 그림을 들어서 손님들께 보여드려요." 키 크고 창백하며 군인으로 보이는 한 신사는 마호가니 식탁 앞에 점잖게 앉아 있다가 블로만 씨가 든 귀중한 품목을 보고 웃음을 참지 못했다. "블로만, 그 코끼리를 이 대위님 쪽으로 돌려요. 나리, 얼마면 되겠습니까?" 그러나 대위는 몹시 당황한 듯이 얼굴을 붉히며 고개를 돌려버렸다.

"이 미술품 20기니면 어떻겠습니까? 15기니! 아니, 5기니! 손님, 가격을 말씀해 보세요. 코끼리를 빼고 이 신사만 해도 5파운드 값어치는 될 겁니다."

"그놈이랑 신사랑 해서 더 싸게는 안 되겠소?" 익살꾼이 말했다. "그나저나, 그 신사 몸집 한번 크군." 익살꾼의 얘기에(코끼리를 탄 신사는 매우 뚱뚱한 사람으로 그려져 있었다) 방 안에 있던 사람들 모두 껄껄 웃어댔다.

"경매품을 가지고 에누리하려 들지 마세요, 모스 씨." 해머다운 씨가 말했다. "여러분, 이걸 한 예술품으로 봐주십시오. 여기 늠름한 코끼리의 몸짓이 아주 자연스럽지 않습니까. 낸킨(중국산 무명천) 재킷을 입고 총을 든 이 신사는 사냥을 떠나고 있습니다. 저 멀리 바니안나무와 탑이 보이는군요. 우리 영토에 속한 유명한 동양

땅에서 어느 훌륭한 곳을 그대로 옮겨놓은 것 같습니다. 얼마면 되겠습니까? 자, 여러분! 저를 온종일 이런 곳에 앉아 있게 하지 말아주세요."

누군가가 5실링을 불렀다. 아까 그 장교는 그런 터무니없는 값을 부른 사람을 쳐다보았다. 그 사람도 장교였다. 젊은 여인과 팔짱을 끼고 있었는데, 두 사람 다 이 경매장을 무척이나 재미있어하는 눈치였다. 결국 이번 경매품은 그 두 사람에게 반 기니에 낙찰되었다. 식탁 옆에 있던 장교는 두 사람을 보고 더욱 깜짝 놀라서, 당황한 얼굴을 군복 깃에 파묻고 두 사람과 마주치지 않으려 등을 돌렸다.

그날 해머다운 씨가 경매에 부친 다른 물건들을 일일이 얘기할 것은 없겠지만 단 하나, 위층에서 내려온 작은 스퀘어 피아노 이야기를 해두려고 한다 (객실에 있던 그랜드피아노는 벌써 팔려나갔다). 좀 전에 말한 젊은 여인이 빠르고 능숙한 솜씨로 스퀘어 피아노를 쳐보았다. 장교는 또다시 얼굴을 붉히고 깜짝 놀랐다. 이제 피아노 차례가 되자 그녀의 대리인이 값을 불렀다.

그런데 이번에는 경쟁자가 나타났다. 식탁 옆에 앉아 있던 장교를 대신해 한 유대인이, 코끼리 그림을 산 두 사람의 부탁을 받은 유대인에 맞서 값을 부른 것이다. 해머다운 씨가 두 사람을 계속 부추겨, 작은 피아노를 놓고 뜨거운 경쟁이 붙었다.

경쟁이 붙은 지 한참이 지나 결국 코끼리 그림을 산 대위와 여인이 포기했다. 경매인이 경매 봉을 두드리며 말했다. "루이스 씨, 25기니!" 그리하여 작은 스퀘어 피아노는 루이스의 의뢰인 차지가 되었다. 그는 피아노를 사고 매우 안심했는지 똑바로 앉았다. 이때 경매에 진 두 남녀는 그를 흘낏 바라보더니 여인이 같이 온 남자에게 말했다.

"어머나, 로든! 도빈 대위예요."

베키는 남편이 자신을 위해 빌려 온 피아노가 마음에 들지 않은 모양이다. 또는 피아노 주인이 더는 빌려줄 수 없다며 가져가버렸을 수도 있다. 아니면 우리가 사랑하는 아밀리아 세들리의 작은 거실에서, 지금은 팔려나간 그 피아노를 자주 치곤 했던 옛일이 떠올라 무척이나 그리운 마음에 피아노를 사려고 한 것일지도 모른다.

사실 이 경매는 우리가 소설 첫머리에서 며칠 밤을 함께 했던 러셀 스퀘어

코끼리 판매중

의 정든 집에서 벌어졌다. 선량한 존 세들리 노인이 파산한 것이다. 그는 주식거래소에서 채무불이행자 선고를 받았고, 뒤이어 파산과 폐업의 운명이 들이닥쳤다. 오즈번의 집사가 와서 유명한 포트와인 일부를 낙찰받아 길 건너 오즈번네 지하창고로 옮겼다. 맵시 있는 1온스짜리 은수저와 포크 한 세트, 그와 짝을 이루는 디저트용의 식기 한 세트는 젊은 주식중매인 세 사람이 사갔다. 바로 스레드니들 거리의 스피고트&데일 상회 사람들이었다. 이들은 세들리 노인과 거래하던 사이였다. 노인이 거래처 사람이라면 누구나 친절하게 대해주던 시절에 신세를 졌기에, 난파선 같은 경매품 속에서 그만한 물건을 사서 세들리 부인에게 성의로 보낸 것이리라. 그리고 피아노는 본디 아밀리아의 것이며 그녀는 당장 하나를 갖고 싶어 했고, 윌리엄 도빈 대위는 피아노 연주를 줄타기만큼이나 할 줄 몰랐기에 그가 쓰려고 산 게 아니라는 것쯤이야 짐작할 수 있다. 결국 피아노는 그날 밤 풀럼 거리와 이어진 어느 길의 아주 작은 집으로 옮겨졌다. 그 주변 마을은 훌륭하고 낭만적인 이름을 가지고 있었는데, 지금도 이곳을 서부 안나 마리아 거리, 세인트 매들레이드 빌라스라고 부르고 있다. 이 근처의 집들은 장난감 같아서, 2층 창문에서 내다보고 있는 사람들이 마치 아래층 거실에 서서 창밖으로 고개를 내민 것처럼 보일 정도였다. 좁다란 앞뜰의 떨기나무에는 언제나 아기 턱받이나, 조그만 빨간 양말, 모자들이 꽃을 피우고 있다. 거기선 또 스피넷을 쉴 새 없이 연주하며 부르는 여인의 노랫가락도 들려오고, 조그만 흑맥주 잔들이 햇빛을 받으며 담벼락에 걸려 있다. 저녁이 되면 상업지구에서 근무하는 사무원들이 지친 몸을 이끌고 돌아온다. 이런 곳에 세들리 씨의 지배인으로 일했던 클랩 씨가 집을 가지고 있었는데, 선량한 세들리 노인은 파산하자 아내와 딸을 데리고 이 피난처에 몸을 맡겼다.

아들 조스 세들리는 집이 파산했다는 소식을 듣고, 그와 같은 성질을 가진 사나이답게 처신했다. 그는 런던에 가지 않고, 곤경에 처한 부모님이 당장 돈에 쪼들리지 않게끔 필요한 만큼의 돈을 그의 대리인에게서 찾아 쓰도록 어머니에게 편지를 부쳤다. 그런 뒤 조스는 첼튼엄의 하숙방에서 전과 다름없는 생활을 계속했다. 그즈음 유행하던 커리클(이륜쌍
두마차)을 몰고 다니고, 클라레를 마시고 삼세판 트럼프를 즐기며, 인도 이야기를 늘어놓았다. 아일랜드 과부는 여전히 그를 위로해주면서 꼬리를 쳤다. 그가 집에 보낸 돈은 도움이 되긴 했지만 그의 부모를 크게 감동시키지는 못했다. 내가 아밀리아로부터 들은 바에 따르면, 그녀의 부친이 파산한 뒤 처음으로 고개를 든 것은 젊은 주식중매인들이 성심껏 보내준 포크와 숟가락 꾸러미를 받았을 때라고 한다. 선물을 받은 아내보다 도리어 세들리 씨가 몹시 감동해서 어린아이처럼 울어댔다. 상회를 대신하여 숟가락을 사서 보내온 데일 집안의 아들 에드워드는 사실 아밀리아를 무척이나 좋아해서 집안 사정에 관계없이 청혼까지 했었다. 하지만 그는 1820년에 많은 재산을 가져온 루이지 키츠(곡물상으로 유명한 하이엄&키츠 상회의 딸)와 결혼했다. 그리고 지금은 가족도 늘어 머스웰 힐의 아담한 별장에서 호화로운 생활을 하고 있다. 그러나 우리는 이 착한 친구의 추억담으로 이 소설의 본론에서 벗어나선 안 된다.

만약 찾아가려는 집안이 시대에 뒤처지고 돈과 인연도 없어 아무런 이득이 없음에도 블룸즈버리처럼 먼 곳까지 가려고 한 크롤리 대위 부부를 독자 여러분은 어리석다고 생각지 않을 것이다. 레베카는 적잖이 신세를 졌던 안락하고 그리운 집에 돌아와보니 고물상과 중간상인들이 집안을 마구 뒤지고 모독과 약탈을 당하고 있어 깜짝 놀랐다. 사랑의 도피를 한 지 한 달이 되던 날이었다. 그녀는 문득 아밀리아 생각이 났다. 그때 로든은 큰 소리로 웃으며 자신도 조지 오즈번을 다시 한 번 만나보고 싶다고 말했다. "그는 정말이지 유쾌한 사내라오, 벡." 이 익살꾼은 덧붙여 말했다. "그에게 말을 하나 더 팔아야겠어, 벡. 그와 당구도 몇 번 쳐보고 싶군. 이런 때는 그런 사내가 흔히 말하는 '쓸모 있는 친구'라오, 크롤리 부인…… 하하하!" 그렇다고 로든 크롤리가 내기를 하여 오즈번의 돈을 긁어낼 음흉한 속셈이라 생각해서는 안 된다. 그저 허영의 시장에서 놀기 좋아하는 신사라면 거의 모두가 당연시하듯 주변 사람에게서 받는 마땅한 편의를 얻고자 했을 따름이다.

크롤리 노부인은 좀처럼 용서해주지 않았다. 어느새 한 달이 지났다. 로든은 현관에서 볼스에게 퇴짜를 맞고, 그의 하인들은 파크 레인에서 숙박을 거절당했다. 그의 편지는 뜯지도 않은 채 되돌아왔다. 크롤리 노부인은 집에서 꼼짝도 하지 않았다—건강이 좋지 않았기 때문이다. 그리고 뷰트 부인은 계속 저택에 머물면서 노부인의 곁을 떠나지 않았다. 로든과 그의 아내는 뷰트 부인이 그처럼 오랫동안 저택에 머물자 왠지 조짐이 나쁘다고 생각했다.

"제기랄, 왜 뷰트 숙모가 퀸스 크롤리에서 우리 둘을 만나게 했는지 이제야 알겠군." 로든이 말했다.

"정말이지 치졸한 여자군요!" 레베카가 따라서 외쳤다.

"그래도 당신이 후회하지 않는다면 난 괜찮다오." 아직도 아내에게 홀딱 반해 있는 대위가 외쳤다. 그러자 아내는 대답 대신 키스를 해주고, 남편의 두터운 신뢰에 무척이나 고마워했다.

'그이가 조금만 더 머리가 좋았으면, 쓸 만한 사람으로 만들어볼 텐데.' 레베카는 생각했다. 그래도 남편에 대한 불만을 드러내진 않았다. 말이든 식탁 친구든 그가 하는 이야기라면 끈기 있게 느긋이 들어주었고, 그가 하는 농담이라면 뭐든 웃어주었다. 마차를 끄는 말을 함부로 다루어 엉망으로 만들었다는 잭 스패터대시, 도박장에서 붙잡힌 밥 마팅게일, 장애물 경마에 출전한 톰 싱크바스의 이야기는 무척 재미있었다. 남편이 집에 돌아오면 기뻐하며 서둘러 맞이해주고 외출할 때는 다정하게 인사를 하며 즐거이 배웅했다. 집에 있을 때는 피아노를 치거나 노래를 불러주고, 좋은 술을 빚고, 저녁 식사를 관리하고, 슬리퍼를 데우는 등 그의 마음이 안락함에 푹 빠져들게 했다. 현모양처는 위선자라고 할머니가 말씀하신 적이 있다. 그런 여인은 감추고 있는 것이 얼마나 많은지 모른다. 솔직하게 속을 털어놓는 것처럼 보여도 늘 경계를 늦추지 않는다. 매우 쉽게 지어보이는 꾸밈없는 웃음도 사람을 꾀어내고, 피하고, 무기를 빼앗는 함정일 때가 많다. 이는 단지 요사스러운 계집들만을 얘기하는 것이 아니다. 여인이 갖춰야 할 미덕을 두루 지니고 다른 이의 본보기가 될 훌륭한 부인도 그렇다. 멍청한 남편에게 싫증이 나도 티를 내지 않으며, 난폭한 남편이 화를 내더라도 능숙하게 달래주는 여인을 보지 못한 사람이 있는가? 우리는 그 순종적인 모습을 좋게 받아들여 여인을 칭찬하며, 그런 매력적인 배신을 신실(信實)이라 부르고 있다. 훌륭한 부인으로 보여도 그 속은 여간내기가 아니다. 로마 최고의 현처 코르넬리아도 남편을 속였으며, 보디발(창세기에 나오는 애굽인 장교)의 아내도 방법만 달랐을 뿐 마찬가지였다.

이름난 난봉꾼 로든 크롤리도 이런 식으로 어느새 아주 순종적인 남편이 되었다. 그전에 늘 다니던 곳과는 인연을 끊었다. 클럽에서 그의 이야기가 한두 번 나왔지만 그를 못 만나 크게 섭섭해하는 사람은 없었다. 허영의 시장에선 사람들이 서로 못 만난다고 섭섭해하는 일이 드물다. 외딴곳에 지내면서도 늘 생글거리는 명랑한 아내, 아늑한 셋방, 즐거운 식사, 가정적인 저녁, 이 모든 것들이 로든에게는 신기한 둘만의 매력으로 다가왔다. 그들의 결혼은 아직 세상에 알려지지 않았고, 〈모닝 포스트〉지에 발표되지도 않았다. 그가 돈 한 푼 없는 여자와 결혼했다는 게 알려지는 날에는 그의 채권자들이 한꺼번에 몰려들 게 뻔했다. "친척들이 나를 멸시하지는 않겠지." 베키는 적이 쓴웃음을 지으며 말했다. 그리고 크롤리 노부인이 용서해줄 때까지 사교계에 얼굴을 내밀지 않고 기다려보는 데 만족했다. 그래서 그녀는 브롬프턴 셋방에서 지내며 아무도 만나지 않고 그저 자기 집 조그만 식당에 오곤 하는 남편의 친구들 몇 사람을 맞을 뿐이었다. 이들은 모두 레베카에게 반했다. 간단한 저녁 식사, 담소, 그 뒤에 흐르는 음악까지 모든 것이 자리를 함께한 사람들을 즐겁게 했다. 마팅게일 소령은 결혼허가장을 보여달라고 하고 싶은 마음이 들지 않았다. 상크바스 대위는 레베카가 펀치를 만드는 솜씨에 푹 빠지고 말았다. 그리고 젊은 스패터대시 중위(트럼프 놀이를 좋아해서 크롤리가 가끔 초대했다)는 레베카에게 홀딱 반해버렸다. 하지만 레베카는 신중하고 조심스러운 태도를 잠시도 잃지 않았고, 더욱이 성미가 불같고 질투심이 많기로 이름난 남편 크롤리의 평판이 그녀를 철저하게 지켜주었다.

런던에서 혈통과 집안이 좋은 신사 중에는 한 번도 여인의 방에 발을 들여본 적 없는 사람도 있다. 물론 시골에선 뷰트 부인이 소문을 퍼뜨려 로든 크롤리의 결혼문제가 이야깃거리가 되었겠지만, 런던에선 설마 그랬을까 하면서 문제시되지 않고 전혀 화제에 오르지도 않았다. 크롤리는 외상을 져가며 편안히 살았다. 그에게는 빚이라는 큰 자본이 있었던 셈이다. 그걸 잘 쓰면 몇 년은 무난하게 살 수 있으며, 그것만 있으면 놀고먹는 사람이라도 푼돈을 가진 사람보다 백배는 더 멋지게 살 수 있다. 실제로 런던 시내로 나와 보면, 이쪽은 걸어가고 있는데 저쪽은 당당하게 마차를 타고 있다. 상류층의 환영을 받으며, 마차 창 너머로 상인들에게 고개 숙여 인사를 받는다. 자기가 하고 싶은 대로 살아가는 알다가도 모를 친구들을 얼마나 만나는지 모른다. 우리는 잭 스리프트리스가 말을 타고 거만하게 공원을 산책하고, 브로엄 마차로 팰맬 거리를 쏜살같이 달리는 모습을 보곤 한다. 그리고 그의 마법 같은 접시로 만찬을 대접받는다. "도대체 자넨 언제부터 이랬고, 언제 끝낼 셈인가?" 우리가 물었더니, 잭은 언젠가 이렇게 대답했다. "이 사람아, 난 유럽의 어느 나라 수도에 가도 빚이 있는 사람이야." 언젠가 반드시 끝이 오 겠지만 그때까지 잭은 흥청망청 호화롭게 살리라. 사람들은 기꺼이 그와 악 수를 하고, 때때로 들리는 그에 대한 안 좋은 소문을 무시하면서, 그를 가리 켜 사람 좋고 명랑하고 배짱 좋은 친구라고 부른다. 작가로서 사실을 고백하 자면 레베카도 이런 신사와 결혼했다. 그의 집은 모든 것이 풍족했지만, 현 금만은 집에서 빠르게 사라져갔다. 그래서 어느 날 관보를 읽다가 "G. 오즈 번 중위는 직위를 물려주겠다는 스미스 대위에게서 권리를 사들여 진급할 예정"이라는 기사를 보고 로든은 아밀리아의 애인인 오즈번을 '좋은 봉'이니 한번 찔러나 보자고 말하며 러셀 스퀘어에 오게 된 것이다.

그곳의 경매에서 도빈 대위를 만난 로든과 그의 아내가 레베카의 옛 친구 들에게 닥친 불행에 대해 자세한 이야기를 들어보려 했을 때 대위는 이미 사 라지고 없었다. 그래서 그들은 경매장을 어슬렁거리던 짐꾼들이나 고물상들 을 붙잡고 그동안의 사정을 들었다.

"저 매부리코들 좀 봐요." 베키는 경매에서 산 그림을 팔에다 끼고 마차에 오르며 무척 신이 나서 말했다. "마치 전쟁이 끝나고 시체에 덤벼드는 독수 리들 같군요."

"몰라, 난 전투에 나가본 적이 없으니까. 그건 마팅게일한테 물어봐요. 그 친구는 블레이지즈 장군의 부관으로 스페인에 종군했다더군."

"세들리 씨는 아주 친절한 분이셨어요. 그런 분이 파산하다니, 정말 안됐 어요."

"뭐, 주식중매인에게 파산은 흔한 일이잖소." 로든은 말의 귀에 앉은 파리 를 채찍으로 쫓으며 말했다.

"제가 접시를 몇 장 사줄 여유가 되면 좋았을 텐데 말이에요." 감상적인 그의 아내가 말을 이었다. "그런 조그만 피아노가 25기니라니, 터무니없는 가격이에요. 아밀리아가 학교를 떠날 때, 우리가 브로드우드 상점에서 고른 거랍니다. 그때도 35기니밖에 하지 않았어요."

"이름이 뭐더라…… 그래, 오즈번. 그 친구 이제 손을 뗄걸. 그 집안이 망했으니까. 당신의 귀여운 친구는 얼마나 속상해할까, 베키?"

"그 아이라면 이겨낼 거예요." 베키는 미소 지으며 대답했다. 그리고 두 사람은 다른 이야기를 하면서 마차를 타고 갔다.

제18장
도빈 대위가 산 피아노를 친 건 누구인가?

뜻밖의 길을 걸어온 이 이야기는 이제 잠시 유명한 사건과 인물들 사이에 끼어 역사의 한 단락과 마주하게 된다. 코르시카의 벼락출세자 나폴레옹 보나파르트의 깃발 속 독수리들이 엘바 섬에 잠시 머물다 프로방스에서 날개를 쉬고는 훌쩍 날아 올랐다. 그리고 마침내 노트르담탑에 이르기까지 첨탑에서 첨탑으로 날아갔다. 이 새들의 왕께서 런던의 블룸즈버리 교구처럼 구석진 곳까지 눈독을 들였는지 아닌지 모르겠다. 독자 여러분은 그렇게 큰 새가 바람을 가르고 날개를 펄럭이며 지나가도 블룸즈버리는 너무나 평온한 곳이라 눈에 띄지 않으리라 생각할 것이다.

"나폴레옹이 칸에 상륙했다." 이런 소식이 전해지는 날 빈 시민들은 공포에 떨고, 러시아인들은 트럼프를 떨어뜨리고, 프러시아인들은 구석으로 몰려들고, 탈레랑$\binom{1754\sim1838}{\text{프랑스의 정치가}}$과 메테르니히$\binom{1773\sim1859}{\text{오스트리아 정치가}}$는 이마를 맞댄 채 고개를 흔들고, 하르덴베르크 공$\binom{1750\sim1823}{\text{프러시아 정치가}}$과 현 런던데리 후작까지 당황할 것이다. 그런데 이 소식이 러셀 스퀘어에 사는 한 소녀에게 어떻게 영향을 끼친다는 걸까? 소녀가 평온하게 잠든 시간에는 문 앞에서 야간 경찰이 시간을 알려주고, 광장을 산책할 때면 울타리와 교구 사람들이 지켜주고, 근처 사우샘프턴 거리에 리본을 사러 갈 때는 검둥이 샘보가 큰 지팡이를 들고 따라와 주었다. 주변에서 유급·무급 호위자들이 항상 그녀를 돌봐주고, 옷 입혀주고, 잠재워주고, 한시도 눈을 떼지 않고 보살펴 주었다. 그러니까 내가 얘기하려는 바는 아무리 나폴레옹이 재기를 꿈꾸며 하늘에 모든 것을 맡기고 진군해 온들 러셀 스퀘어의 한구석에서 사랑하는 사람과 정답게 이야기를 나누고 모슬린 깃에 자수를 놓으며 하루를 보내는 순박한 소녀에게까지 영향을 끼치겠냐는 것이다. 거세게 몰아치는 전쟁의 회오리바람이 홀번의 보금자리에서 움츠려 지내는 다정하고 얌전하며 꽃 같은 소녀까지 휩쓸어간다는 걸까? 그렇다. 나폴레옹은 마지막 승부수를 띄우고 있었다. 그리고 가엾은 에미 세들리의 행복에도 어쩐 일인지 그 불똥이 튀었다.

첫째로, 이 무시무시한 소식에 그녀 아버지의 재산이 모조리 날아가버렸다. 이즈음 이 불운한 노인의 예상은 모두 빗나갔다. 모험은 실패로 돌아갔고 상인들은 속속 파산했으며 폭락하리라 믿었던 공채는 폭등했다. 이런 것을 시시콜콜 늘어놓아봐야 무슨 소용이 있겠는가? 성공은 드물고 더디게 찾아오지만, 실패는 쉽고 빠르게 이루어진다는 것쯤 누구나 다 아는 사실이다. 세들리 노인은 아무에게도 속을 털어놓지 못하고 혼자 슬픔을 견뎌내고 있었다. 그래서 이 평온하고 유복한 집안은 모든 게 계속 여느 때와 다름없는 것 같았다. 이 훌륭한 집안에 마지막 일격이 날아드는 순간까지 온화한 부인은 아무것도 모른 채 게으름을 피우고 여가를 즐기느라 바빴고, 딸은 연애에 정신이 팔려 세상 일을 까맣게 잊고 있었다.

어느 날 밤, 세들리 부인은 초청장을 쓰고 있었다. 오즈번네에서 벌써 한 번 파티를 했기 때문에 그에 뒤떨어져서는 안 되었다. 시내에서 아주 늦게야 집에 돌아온 존 세들리는 아내가 이것저것 얘기를 꺼냈지만 대답도 않고 난롯가에 앉았다. 에미는 몸이 안 좋고 기분도 울적하여 2층 자기 방에 올라가 있었다. "애가 우울한가 봐요." 어머니는 말을 이었다. "조지 오즈번이 자길 신경써주지 않는대요. 전 그 집 사람들 뽐내는 꼴을 못 봐주겠어요. 그 집 딸아이들은 3주째 우리 집에 발도 들여놓질 않았어요. 그리고 조지는 두 번이나 런던에 왔으면서 집엔 얼굴도 내밀지 않아요. 에드워드 데일이 오페라에서 그 아이를 봤다더군요. 에드워드는 분명히 우리 아이와 결혼할 거예요. 그리고 도빈 대위라는 청년도 있는데, 그 사람도…… 하지만 전 군인은 질색이에요. 조지가 아주 건방져졌더군요. 정말이지 군인 같았답니다! 우리도 오즈번 못지않은 집안이란 걸 보여줘야 하지 않겠어요? 그리고 에드워드 데일에게 조금이라도 호의를 보여보세요. 반드시 잘될 거랍니다. 우리도 파티를 열어야겠어요. 왜 말씀이 없으세요, 여보? 다음다음 주 화요일로 할까요? 왜 대답이 없으세요? 아니, 여보, 무슨 일이라도 생겼어요?"

존 세들리는 자신에게 달려오는 아내를 맞아 의자에서 벌떡 일어났다. 그는 아내를 껴안고 다급한 목소리로 말했다. "메리, 파산했소. 우린 처음부터 다시 시작해야 하오. 당신한텐 지금 죄다 알려두는 편이 좋겠구려." 이렇게 말하는 그는 온몸이 달달 떨려서 금방이라도 쓰러질 것 같았다. 세들리 노인은 자신이 지금까지 심한 말 한 번 한 적 없는 아내가 이 소식을 듣고 큰 충격을 받으리라 생각했다. 그런데 그녀에게도 뜻밖의 일이기는 했지만 큰 충격을 받은 사람은 오히려 세들리 노인이었다. 그가 의자에 털썩 주저앉았고, 아내가 그를 위로해야만 했다. 세들리 부인은 부들부들 떠는 남편의 손을 잡아 입을 맞추고, 자신의 목에 손을 두르게 했다. 그러고는 "나의 존, 나의 사랑하는 존. 내 남편, 나의 다정한 남편."이라고 부르며 사랑과 연민이 섞인 말을 주절주절 늘어놓았다. 아내의 진심 어린 목소리와 꾸밈없는 손길은 남편의 슬픈 마음에 이루 말할 수 없는 기쁨과 괴로움을 가져다 주었고, 무거운 짐에 허덕이는 그의 영혼을 위로해주었다.

그날 밤 두 사람은 오랫동안 함께 앉아 있었다. 불쌍한 세들리 노인은 굳게 닫혀 있던 마음을 열고, 자신이 손해를 보고 곤경에 처했으며 가장 오래된 친구에게 배신당했고 생각지도 못한 사람들에게서 도움을 받은 일들을 털어놓았다. 세들리 노인이 솔직하게 말하고 있는데 그의 충실한 아내가 감정을 이겨내지 못하고 한마디 내뱉었다.

"어머나, 어머나, 이 얘길 들으면 에미가 가슴 아파할 거예요." 그녀는 말했다.

아버지는 가엾은 딸을 잊고 있었다. 에미는 바로 위에 있는 방에서 슬픔에 잠겨 잠을 이루지 못하고 있었다. 다정한 사람들에게 둘러싸여 자신의 집에서 부모님과 함께 있지만 그녀는 고독했다. 자기 속마음을 다 털어놓을 수 있는 사람이 얼마나 되겠는가? 동정심도 없는 상대에게 누가 속을 털어놓을 것이며, 이해심 없는 사람에게 말한들 무슨 소용이 있겠는가? 그러니 우리의 상냥한 아밀리아는 고독할 수밖에 없었다. 말하자면 그녀는 비밀이 생긴 뒤로 지금까지 그것을 털어놓을 상대가 없었다. 나이든 어머니에게 자신이 무슨 의심과 걱정을 하고 있는지 말할 수도 없었고, 언니 될 사람들은 매일 그녀에게서 점점 멀어져 가는 것만 같았다. 그녀는 마음속 불안과 공포를 애써 외면하면서도 늘 그 때문에 남몰래 고민하고 있었다.

사실은 그렇지 않다는 걸 알면서도 아밀리아는 마음속으로 조지 오즈번이 훌륭하고 자신에게 충실한 남자라고 생각하려 했다. 그녀가 얼마나 자신의 마음을 표현했는지 모른다. 하지만 조지는 아무런 반응이 없었다. 그가 자기 생각만 하고 너무 냉담한 것은 아닌가 얼마나 의심했는지 모른다. 그때마다 아밀리아는 그런 생각을 억눌렀다. 이 가련한 순교자가 매일같이 이어지는 투쟁과 고문을 누구에게 말할 수 있겠는가? 그녀의 애인마저 그녀를 다 이해해주지 못했다. 그녀는 자신이 사랑하는 사람이 자신보다 못한 사람이란 걸 스스로 인정할 수 없는 데다 자기가 너무 성급하게 마음을 줬다고 생각할 수도 없는 노릇이었다. 이 순진하고 수줍은 소녀는 너무 얌전했으며 너무 다정하고, 너무 사람을 잘 믿고, 너무 마음이 여리고, 너무 여성스러워 한번 준 마음을 되찾아오지 못했다. 영국 여인의 사랑은 터키 여인과 다를 바 없다. 그건 그녀들도 인정했다. 터키 여인이 베일과 야슈마크(이슬람교도 여인들이 쓰는 베일로 눈만 남기고 얼굴을 모두 가리는 것)를 쓰고 외출해야 한다면 영국 여인은 미소와 곱슬머리, 분홍색 보닛을 몸에 걸쳐야 자유롭게 다닐 수 있다. 하지만 그녀들은 한 남자에게만 마음을 보여줘야 한다. 그리고 기꺼이 순종적으로 따르며 우리의 노예처럼 늘 집 안에 지내면서 시중을 들고, 우리를 위해 일한다.

1815년 3월 나폴레옹이 칸에 상륙하여 루이 18세가 도주하고, 유럽이 공포의 도가니에 빠지면서 공채가 폭락하는 바람에 존 세들리 노인이 파산했을 때, 상냥한 소녀 아밀리아는 이렇게 혼자 끙끙 앓고 있었다.

사업이 몰락하기까지 점잖은 주식중매인이 겪은 여러 가지 단말마적 고민과 슬픔을 일일이 적을 생각은 없다. 주식거래소에서는 그를 신고했다. 세들리 노인은 사무실에 나가지 않았고 수표는 거절당해 그의 파산이 정식으로 결정 났다. 러셀 스퀘어의 저택과 재산은 압류되어 경매에 부쳐졌다. 그와 가족들은 앞에서도 말했듯이 쫓겨나와 몸을 숨길 곳으로 이사를 갔다.

이제 존 세들리는 이 소설에도 가끔 등장했던 집안 고용인들을 가난 때문에 해고할 수밖에 없었다. 그들을 한자리에 모아놓고 이야기를 할 용기가 나질 않았다. 그러나 막대한 빚을 진 사람들은 이렇다 할 때가 되면 모든 것을 말끔하게 정리하려고 하는 법이다. 세들리 노인도 그런 사람이라 고용인들의 급료를 모두 지급해주었다. 고용인들은 좋은 일자리를 잃게 되어 슬퍼했지만, 존경하는 주인과 안주인의 곁을 떠나는 것을 아쉬워하지는 않았다. 아밀리아의 시녀는 동정 어린 말을 침이 마르게 해대더니 더 높은 귀족에게 가서 출세하겠다며 떠나갔다. 자신의 일을 중요하게 생각하던 검둥이 샘보는 곧바로 술집을 차리기로 했다. 조스와 아밀리아가 태어날 때도, 존 세들리와 그의 부인이 연애할 때도 곁에서 지켜봐왔던 정직한 블렌킨숍 노파는 오랫동안 일하면서 저축을 많이 해두었기 때문에 급료 없이 주인집 식구들과 함께 남기로 했다. 그리고 몰락한 세들리네를 따라 이번에 구해둔 초라한 피난처로 가서 한동안 시중을 들어주면서 푸념을 하기도 했다.

그리고 그 뒤로는 채권자들과의 만남이 남아 있었다. 파산한 세들리 노인은 그 때문에 지독한 굴욕감에 시달려 6주 동안 15년은 더 늙어버렸다. 채권자들 가운데 가장 까다롭고 고집불통인 사람은 오랜 친구이자 이웃인 존 오즈번이었다. 존 오즈번은 세들리 노인 덕분에 출세했으며 그에게 수없이 많은 은혜를 입었고, 자신의 아들과 세들리의 딸을 약혼시킨 사이였다. 하지만 오히려 이런 관계가 오즈번을 까다롭게 만들었다.

어떤 사람이 다른 사람에게 무척이나 신세를 졌다가 관계가 틀어지면 체면을 지키려는 속된 마음 때문에 한번 만나본 적 없는 사람보다 더욱 심한 원수가 되어버린다. 그렇게 되면 자신의 냉혹함과 배은망덕함을 변명하고자 반드시 상대가 잘못했다고 증명하려 든다. 자신은 이기적이지도 잔혹하지도 않고 투자에 실패했다고 화내지도 않으며—아니고말고—자신이 손해를 입은 건 함께 일하자고 한 상대의 치졸하기 그지없는 배신과 고약한 악의 때문이라고 말한다. 가해자는 그저 자기 말의 앞뒤를 맞추기 위해서 파산한 사람을 나쁜 사람으로 몰아가야만 한다. 그러지 않으면 가해자인 자신이 나쁜 사람이 되기 때문이다.

보통 돈에 궁색해지면 사람은 정직하지가 못한데, 그들을 가차 없이 내몰고 싶어 하는 채권자들은 이 같은 사실을 잘 알기에 그들을 마음껏 괴롭힌다. 돈에 궁한 사람은 뭔가 숨기는 것이 생기고, 당장에라도 돈을 벌 곳이 있다고 허풍을 떤다. 그러면서 거래가 모두 틀어졌는데도 번창하고 있다고 말하고, 파산할 고비에 내몰려 있으면서도—서글프긴 하지만—미소를 짓는다. 그렇게 조금이나마 날짜를 미룰 핑계나 돈이 들어올 기회가 보이면 바로 달려들려고 한다. 그렇게까지 해서라도 도저히 피할 수 없는 파산을 며칠이나마 미루려고 하는 것이다. "그런 거짓말은 그만두시지." 채권자는 의기양양하게 말하며 몰락해가는 적을 모욕한다. "이런 멍청이! 뭐하러 지푸라기라도 잡으려 애쓰나?" 물에 빠진 사람에게 채권자는 태연하게 말한다. "이 사람아, 파산자로서 관보에 이름이 나는 걸 왜 그리 겁내?" 승자는 파멸의 늪에서 몸부림치는 패자에게 말한다. 아무리 가까운 친구라도, 아무리 정직한 사람이라도 금전문제로 사이가 틀어지면 어느 틈에 서로를 의심하고 탓한다는 걸 누가 모르는가? 누구든 그렇게 하게 된다. 그렇다고 사람이 나쁜 것은 아니다. 나쁜 건 이 세상이 아닌가 한다.

오즈번은 전에 신세를 졌다고 생각하니 참을 수 없는 짜증이 치밀었다. 이렇게 은혜라는 것은 늘 적의를 더욱 두텁게 하는 원인이 된다. 마침내 그는 세들리의 딸과 자기 아들 사이의 혼담을 취소하기로 했다. 그런데 둘의 관계는 매우 깊어져 있었고, 가엾은 아밀리아의 행복과 어쩌면 인격까지 망칠 우려가 있어 뚜렷한 명분이 필요했다. 그리고 존 오즈번에게도 존 세들리가 아주 못된 인간이란 걸 증명할 필요가 있었다.

그래서 그는 채권자 회의에서 아주 냉혹하고 모욕적인 태도로 파산자에게 크나큰 상심을 안겨주었다. 아들 조지에겐 아밀리아와 절교하라고 말했다. 만약 그에 따르지 않는다면 어찌될 것인지 위협했고, 불쌍하고 죄없는 아밀리아를 아주 비열하고 교활하기 짝이 없는 계집이라며 욕을 퍼부었다. 분노와 증오의 가장 큰 조건은 앞뒤가 맞게끔 미워하는 상대에게 불리한 거짓말을 늘어놓고 자기도 그걸 믿어버리는 것이다.

파산 통고, 잃어버린 러셀 스퀘어 저택, 아밀리아와 조지의 모든 관계는 이제 끝이라는 선언. 이는 아밀리아의 사랑과 행복, 세상에 대한 믿음이 끊어져버린 것이나 마찬가지였다. 하지만 존 오즈번에게서 그녀의 아버지가 하는 짓이 그러하니 두 집안 사이에 맺은 약속을 모두 파기하겠다는 단 몇 줄밖에 되지 않는 가혹한 편지가 왔으니 어쩔 수 없었다. 이러한 파국이 찾아와 최후의 심판이 내려졌을 때 아밀리아는 부모님, 아니 어머니가 (아버지 존 세들리는 사업에 실패하고 체면이 깎여 완전히 넋을 잃었기에 딸을 살필 여유가 없었다) 걱정한 만큼 놀라지는 않았다. 그녀는 그 소식을 새파랗게 질린 얼굴로 차분히 듣고만 있었다. 그것은 오래전부터 지녀왔던 불길한 예감이 사실로 확인된 것뿐이었다. 그저 너무나도 열렬히 이성에 맞지 않는 잘못된 사랑을 한 죄, 그녀가 오래전부터 범하고 있던 죄에 대한 선고를 받는 것뿐이었다. 아밀리아는 전보다 더 남에게 속을 털어놓지 않았다. 입 밖에 내진 않았지만 전부터 모든 희망이 사라졌다고 생각해온 그녀는 그 사실을 확실히 알게 된 지금 슬프다는 생각이 들지 않았다. 그래서 그녀는 이렇다 할 기색을 보이지 않고 큰 집에서 작은 집으로 이사해 갔다. 그러고는 작은 방에 틀어박혀서 남몰래 고민을 하다 나날이 쇠약해졌다. 여자들이 다 이렇다고 말하려는 건 아니다. 예를 들어 블록 양이라면 이렇게 상심하지는 않을 것이다. 블록 양은 올바른 원칙을 가진 괄괄한 여성이니까. 나 또한 마찬가지이다. 나도 고생을 했지만 솔직히 말해 이렇게 팔팔하지 않은가. 그러나 아밀리아처럼 얌전하고 연약하며 마음이 여려 상처받기 쉬운 사람도 더러 있는 법이다.

존 세들리 노인은 조지와 아밀리아 두 사람 사이에 대해 생각하거나 이야기를 할 때마다 오즈번에 못지않게 불쾌한 표정을 지었다. 그는 오즈번과 그의 가족들이 몰인정하고 악독하고 배은망덕한 것들이라고 악담을 퍼부었다. 하늘이 무너져도 그런 악당의 아들에게 딸을 줄 생각은 없다면서, 에미에게 조지를 잊어버리고 그에게서 여태껏 받은 선물이나 편지를 죄다 돌려보내라고 명령했다.

아밀리아는 마지못해 아버지의 말에 따르려 했다. 그녀는 몇몇 장신구를 떼어버렸다. 그리고 편지는 이제껏 보관해 두었던 곳에서 꺼내, 이미 외우고 있으면서도 다시 한 번 읽어보았다. 그러나 편지만은 차마 버릴 수가 없었다. 그래서 죽은 아기를 가슴에 품은 어머니처럼 그녀는 편지를 다시 품속에 넣었다. 아밀리아는 만약 이 마지막 위안마저 떼어놓는다면 당장 죽어버리든가 미칠 것만 같았다. 이 편지들이 왔을 때 얼굴을 빨갛게 물들이며 얼마나 기뻐했던가! 그걸 남몰래 읽으려고 울렁거리는 가슴을 안고 얼마나 빠른 걸음으로 방에 갔던가! 편지 내용이 쌀쌀맞아도 이 비뚤어진 영혼은 얼마나 열렬한 뜻으로 해석했던가! 편지가 짧거나 이기적이어도 편지 쓴 사람을 위해 얼마나 여러 가지 핑계거리를 찾았던가!

이런 보잘것없는 편지 몇 통을 가지고 아밀리아는 자꾸 깊은 생각에 잠겨 들었다. 그녀는 지난날을 떠올리며 살아갔다. 편지 한 통 한 통이 조지와 함께한 모든 기억을 불러일으키는 것만 같았다. 그 하나하나를 아밀리아는 너무나도 잘 기억하고 있었다. 그의 표정과 목소리, 차림새, 그가 들려주던 이야기까지. 이제 그녀에게 남은 것은 이처럼 떠나간 사랑의 흔적과 추억뿐이었다. 그리고 그녀의 삶에서 할 일이라곤 이제 매일 사랑의 유해를 바라보는 것이었다.

아밀리아는 무엇보다 죽음을 바랐다. 죽으면 언제나 그분과 함께 있을 수 있다고 생각했다. 나는 그녀의 행실을 칭찬하는 것도 아니고, 블록 양더러 그녀를 모범 삼아 흉내를 내라는 것도 아니다. 감정을 조절하는 법은 블록 양이 이 가엾은 여인보다 더 잘 안다. 돌이킬 수 없는 사랑을 맹세하고 마음을 모두 고백하고도 아밀리아가 얻은 것은 한순간에 꺾여 부질없이 사라질 덧없는 약속뿐이었다. 블록 양은 아밀리아처럼 경솔한 짓은 절대로 하지 않으리라. 오랜 시간이 걸리는 약혼은 한쪽이 멋대로 깨어버릴 수 있는 공동사업이라 다른 한쪽은 그동안 쏟은 투자를 전부 날려버리기 일쑤이다.

그러니 젊은 아가씨들이여, 약혼할 때는 조심하라. 너무 솔직히 상대를 사랑하는 일을 피하라. 자신의 마음을 고백해서는 안 된다. 아니면 너무 그 사람을 생각하지 않는 게 더 좋다. 너무 일찍 고백하고 믿어버린 결과가 어떤지 보라. 그러니 조금 더 자신과 남을 의심하도록 하라. 변호사가 신부 들러리를 서고 상담원이 되어주는 프랑스식 결혼을 추천한다. 어쨌든 나중에 괴로워질 사랑이나, 필요시에 마음대로 무르지도 못할 약속은 하지 마라. 이것이 허영의 시장에서 성공하고 존경받고 훌륭한 인격을 지켜나가는 길이다.

만약 부친의 파산으로 막 추방당한 사회에서 자기를 어떻게 평하는지 들었다면, 아밀리아는 자신이 저지른 죄가 무엇이며 자신의 인격이 얼마나 위험에 빠졌는지 알 수 있었을 것이다. 스미스 부인은 그토록 경솔한 이야기는 들어본 적이 없다고 했고, 브라운 부인은 그렇게 징글맞게 치근대는 여자는 못쓴다고 말하며 이번 일이 자기 딸에게도 좋은 경고가 된다고 했다. 도빈 집안의 딸들은 이렇게 말했다. "오즈번 대위가 파산한 집안의 딸과 결혼 못하는 거야 당연하지. 아버지에게 속은 것만 해도 어딘데. 그 아밀리아란 아이의 어리석은 짓은 정말……."

"정말 어쨌다는 거지?" 도빈 대위는 소리를 질렀다. "그 두 사람은 어릴 적부터 약혼한 사이잖아. 결혼한 사이나 마찬가지 아니야? 감히 세상에서 가장 귀엽고 순진하고 상냥하고 천사같은 소녀를 함부로 흉보기만 해봐!"

"어머, 윌리엄 오라버니, 우리한테 그렇게 소리 지르지 마세요. 우린 남자가 아니라서 오라버니와 싸울 수도 없는걸요?" 제인이 말했다. "우린 세들리 양을 흉본 게 아니에요. 다만 그 아이가 한 짓이 경솔했다는 것뿐이지요. 그 이상 나쁘게 말하진 않았어요. 그리고 그 아이의 부모는 그런 불행을 당해 마땅한 사람들이에요."

"세들리 양이 이제 자유로운 몸이 됐으니까 윌리엄 오라버니가 한번 청혼해보는 게 어때요?" 앤이 비꼬듯이 말했다. "정말이지 잘 어울리는 한 쌍이겠어요, 호호호!"

"나더러 그녀와 결혼하라고?" 도빈은 얼굴이 새빨개지며 속사포처럼 대답했다. "너희가 그렇게 여기 붙었다 저기 붙었다 하니까 그녀도 그럴 거라고 생각해? 천사 같은 그녀를 어디 마음껏 비웃어봐. 그녀한테는 들리지도 않아. 지금은 그녀가 매우 불행해서 비웃음 받을지 모르지. 어디 계속 놀려보지 그래, 앤? 넌 우리 집안에서 가장 똑똑하잖아. 네 이야기라면 모두 기꺼이 들어줄 거 아니냐."

"다시 한 번 말하지만 여긴 병영이 아니에요, 윌리엄 오라버니." 앤이 말했다.

"병영이라고? 만약 병영에서 너희들처럼 얘기하는 놈이 있으면 그냥 넘어가지 않을 거다." 잠에서 깨어난 영국 사자가 으르렁댔다. "어디 사내놈들이 그녀 흉을 보는 걸 한번 들어보고 싶구나. 어림없지! 사나이들은 그런 식으로 말하지 않아, 앤. 모여 앉아서 쉬잇쉬잇, 빽빽 소리를 지르며 깔깔 웃어대는 건 여자들뿐이야. 자, 눈물 짜지 말고 저리 나가. 난 너희들이 한 쌍의 거위 같다고 했을 뿐이야." 윌리엄 도빈은 앤의 빨간 눈에 여느 때처럼 눈물이 글썽거리자 이렇게 말했다. "그래, 너희들은 거위가 아니라 백조야. 뭐든 너희들 좋은 걸로 해두자. 제발 세들리 양을 들먹거리지만 마."

윌리엄의 어머니와 누이들은 그가 교태 부리고 추파를 잘 던지는 어리석은 여인에게 전에 없이 홀딱 반했다는 데 생각이 같았다. 그래서 오즈번과 파혼한 아밀리아가 다른 숭배자 도빈 대위를 선택하지나 않을까 걱정했다. 도빈 여동생들의 이러한 예감은 자신들의 경험에서 비롯된 것이 틀림없다. 더 정확히 말하자면 그녀들은 아직 결혼한 적도, 남자를 차본 적도 없으니 그저 자신들의 선악관에 비추어 판단했으리라.

"어머니, 오라버니의 연대가 출정하게 되어서 참 다행이에요." 딸들이 말했다. "이걸로 오라버니가 아밀리아에게 빠질 걱정은 하지 않아도 되겠어요."

그건 사실이다. 우리가 공연하고 있는 허영의 시장이란 희극에 프랑스 황제가 한 페이지를 장식하게 된 까닭도 이것이다. 만약 위엄 있고 과묵한 이 위인께서 나타나 주지 않았다면 연극을 공연하지 못했으리라. 부르봉 왕조를 멸망시키고, 존 세들리 노인을 파산시킨 사람이 그이기 때문이다. 나폴레옹이 파리에 입성하자 프랑스 국민은 그를 지키려 무장했고, 유럽은 총칼을 들고 그를 내쫓으려 무장했다. 프랑스 국민과 군대가 연병장 독수리 깃발 아래에 모여 충성서약을 하는 사이, 유럽 4대 강국의 군대는 '독수리 사냥'을 위해 움직이기 시작했다. 그리고 그중 하나인 영국군에 이 소설의 두 주인공 도빈 대위와 오즈번 대위가 있었다.

나폴레옹이 엘바 섬을 탈출하여 프랑스에 상륙했다는 소식을 용감한 제××연대 장병들은 환희와 열광으로 맞이했다. 이 유명한 연대를 아는 사람이라면 다들 고개를 끄덕일 것이다. 연대장에서부터 북 치는 병졸에 이르기까지 전 연대 장병이 희망과 야심과 애국적 열정으로 들떴다. 나폴레옹이 유럽의 평화를 어지럽히러 온 게 마치 개인적으로 베풀어준 친절인 듯 감사히 여겨졌다. 지금이야말로 제××연대가 스페인 반도에서 돌아온 군인들 못지않게 잘 싸우며, 연대의 용기와 사기가 서인도와 황열병에 꺾이지 않았다는 걸 보여주려 학수고대해온 때였다. 스터블과 스푸니는 돈을 주고 사지 않아도 중대장이 될 수 있겠다고 예상했다. 오다우드 소령 부인은 전선에까지 따라갈 결심이었는데 전쟁이 끝날 무렵이면 자기 이름을 '바스 3급 훈작사 오다우드 대령 부인'이라고 쓸 수 있으리라 기대했다. 우리의 두 친구 도빈과 오즈번도 남들 못지않게 흥분하고 있었다. 도빈은 매우 조용하게, 오즈번은 매우 떠들썩하고 활기차게 저마다 제 나름대로 임무를 수행하고 명예와 공명을 차지할 결심을 하고 있었다.

나폴레옹의 재기 소식에 온 국민과 군대가 흥분에 휩싸여 있는지라 개인적인 문제 같은 건 돌볼 겨를이 없었다. 조지 오즈번은 막 중대장이 되어 곧 있을 출정 준비로 바쁜 데다가 더욱 진급하기를 열망하고 있는 터여서 보통 때라면 큰 관심을 보였을 다른 사건들에 정신을 쓸 새가 없었다. 즉 그는 세들리 노인의 파산으로 풀죽지 않았다. 이 불우한 노인의 채권자들이 첫 모임을 연 날만 해도 오즈번은 새 제복을 입어보고 있었다. 새 제복은 그에게 아주 잘 맞았다. 오즈번 대위의 아버지는 그에게 세들리 노인의 악독하고 염치없는 짓에 대해 말하고, 전에 아밀리아에 관해서 했던 이야기를 다시 꺼내며 앞으로 두 집안의 관계는 끝났으니 그리 알라고 주의를 주었다. 그러고는 그날 밤 그의 몸에 잘 맞는 새 군복과 견장 값으로 돈을 두둑이 챙겨주었다. 씀씀이가 헤픈 이 청년은 언제나 돈이 필요했기에 별말 없이 받았다. 그가 늘 찾아가서 즐겁게 놀던 세들리 댁에는 전단지가 잔뜩 붙어 있었다. 조지는 그날 밤 집을 나와 런던에 있을 때 묵곤 하는 올드 슬로터스 여관으로 가면서 달빛에 하얗게 빛나는 그 전단지를 보았다. 그러면 이 즐겁던 집도 아밀리아와 그녀의 부모 앞에서 문이 닫히고 말았단 말인가? 지금은 어디에 머물고 있을까? 세들리 집안의 몰락을 생각하니 그도 느끼는 바가 적지 않았다. 그날 밤 조지는 여관에 돌아가 커피룸에 울적하게 앉아서, 옆에 있던 친구들이 제법이라고 칭찬할 만큼 술을 마셨다.

결국 도빈이 와서 술을 그만 들라고 주의를 주었고, 오즈번은 기분이 너무 우울해서 마신 것뿐이라고 말했다. 그러나 도빈이 골치 아픈 질문을 던지면서 진지한 태도로 소식을 물으려 하자, 오즈번은 이야기를 피하려고 지금 머리가 복잡하고 우울하다 말할 뿐이었다.

그로부터 사흘 뒤, 도빈은 병영에 있는 오즈번의 방으로 찾아갔다. 오즈번 대위는 책상 위에 엎드려 있었다. 사방에 종잇조각이 흩어져 있고, 분명히 크게 낙심하고 있는 모양이었다. "그녀가, 그녀가 내가 준 여러 물건들을 돌려보냈어! 이 빌어먹을 장신구들. 이것 좀 보게!" 눈에 익은 필체로 조지 오즈번 대위 앞이라 쓴 소포가 하나 있고 그 옆에 갖가지 물건들이 널려 있었다. 반지, 어릴 적 그가 장터에서 그녀에게 사준 은칼, 금줄, 머리카락이든 로켓 등이 있었다. "다 끝났어!" 조지는 밀려드는 후회감에 신음을 토했다. "이보게, 괜찮으면 편지 좀 읽어주겠나."

그가 가리킨 곳에 몇 줄 안 되는 편지 한 통이 있었다. 내용은 이러했다.

즐겁던 그 옛날 당신이 저에게 주신 이 선물들을 돌려보내라는 아버지의 분부가 있었어요. 이것이 제가 당신에게 보내는 마지막 편지가 될 거랍니다. 제 집안이 받은 타격에 대해선 당신도 저 못지않게 슬퍼하시리라 믿어요. 우리가 이처럼 불행한 처지가 되었으니 결코 이루어질 수 없는 약혼은 우리 쪽에서 포기하겠습니다. 당신 아버님께서 저와 제 가족을 몹시 나쁘게 생각하고 계신 것이 너무나 견디기 어려운 고통입니다. 설마 당신마저 그렇게 생각하시리라곤 꿈에도 생각지 않아요. 부디 안녕히. 하느님께서 제게 이번 불행과 다른 불행까지 견디어나갈 힘을 주시고, 당신에게 언제나 축복을 내리시길 기도 드립니다.

A.

전 언제나 그 피아노—당신이 사주신 그 피아노를 치겠어요. 그걸 보내주시다니 당신다워요.

도빈은 매우 인정이 많았다. 고생하는 여인이나 아이들을 보면 늘 가엾게 여겼다. 아밀리아가 실연을 하고 고독히 지내리라 생각하니 착한 그는 가슴이 찢어지는 것만 같았다. 그래서 사람에 따라선 남자답지 못하다고 생각할지도 모르지만 눈시울이 뜨거워지는 것을 느꼈다. 도빈이 아밀리아는 천사 같은 여자라고 탄식하자 오즈번도 그렇고말고 하며 동의했다. 오즈번은 아밀리아와 같이 지내던 옛날을 떠올리며 어릴 적부터 지금까지 그녀가 보여준 아주 귀엽고, 순진하고, 말할 수 없이 순박하며 꾸밈없이 다정한 모습을 되새겼다.

그 모든 것을 잃어버리다니, 자기 손에 가지고 있으면서도 소중히 여기질 않았다니, 참으로 가슴 아픈 일이었다. 그리고 옛 풍경과 추억들이 수없이 떠올랐다. 그 안에서 아밀리아는 변함없이 다정하고 예뻤다. 그런데 그녀의 그러한 완벽한 순수함에 비하여 이기적이고 냉정했던 자신의 태도를 돌이켜보니 오즈번은 후회와 부끄러움으로 낯이 붉어졌다. 두 친구는 한참 동안 명예고 전쟁이고 죄다 잊어버리고 아밀리아 이야기만 했다.

"그 집 식구들은 어디로 갔나?" 기나긴 이야기와 오랜 침묵 끝에 오즈번이 물었다. 아밀리아를 뒤쫓아가지 않았던 자신이 적잖이 부끄러웠기 때문이다. "어디에 있나? 편지엔 주소가 적혀 있지 않네."

도빈은 알고 있었다. 그는 피아노를 보내줬을 뿐만 아니라 세들리 부인에게 편지까지 써서 찾아가도 좋은지 물었던 것이다. 그리고 어제는 채텀으로 돌아오기 전에 세들리 부인과 아밀리아까지 만났다. 사실 지금 두 사람의 마음을 아프게 하는 이별 편지와 소포도 도빈이 직접 가지고 온 것이다.

이 착한 친구가 찾아오자 세들리 부인은 그를 반갑게 맞았다. 그리고 피아노가 도착했다고 야단법석이었는데, 그녀는 그것이 친분을 계속 이어가려는 조지의 뜻임에 틀림없다고 믿은 것이었다. 도빈 대위는 부인의 오해를 굳이 바로잡아 주지 않고, 그녀가 푸념하고 한탄하는 걸 같이 가슴 아파하며 들어주었다. 그리고 세들리 집안이 입은 손해와 가난해진 지금의 모습을 위로해주고, 오즈번 씨가 자기 은인에게 한 짓은 너무도 몰인정하다고 함께 비난했다. 부인이 가슴에 맺힌 것을 다소 덜어내고 슬픔을 털어놓자, 도빈은 용기를 얻어 아밀리아를 만나게 해달라고 청했다. 여느 때처럼 2층 자기 방에 있던 아밀리아는 어머니의 뒤를 따라 떨면서 아래로 내려왔다.

그녀는 마치 유령 같았으며 절망에 찬 모습은 너무나도 애절했다. 소심한 윌리엄 도빈은 그 모습을 보고 그만 질겁하고 말았다. 그리고 창백하고 조각처럼 움직임 없는 그녀의 표정에, 오래 살지 못하는 건 아닌지 불길한 예감이 들었다. 아밀리아는 도빈의 옆에 잠시 앉아 있다가 그의 손에 소포를 건네며 말했다. "죄송하지만 이걸 오즈번 대위님에게 전해주세요. 그리고 아! 도빈 대위님은 잘 지내셨나요? 이렇게 찾아와주셔서 감사합니다. 새로 온 이 집은 아주 마음에 들어요. 그럼 전……전 2층에 올라갈래요, 어머니. 아직 몸이 좋지 않아요." 가엾은 아가씨는 인사를 하고 한 번 생글 웃은 뒤 가버렸다. 어머니는 딸을 데리고 올라가면서 걱정스러운 눈빛으로 도빈을 쳐다보았다. 그러나 이 호인은 그럴 필요도 없이 이미 아밀리아를 깊이 사랑하고 있었다. 말로 다할 수 없는 비애와 연민과 두려움이 그를 엄습했다. 그리고 그녀를 만나고 나서 자기가 마치 죄인이 된 듯한 기분으로 밖으로 나왔다.

도빈이 아밀리아를 만났다는 이야기에 안달이 난 오즈번은 그녀를 걱정하며 질문을 퍼부어댔다. 건강은 어떻던가? 안색은? 뭐라고 말하던가? 도빈은 조지의 손을 잡고 그의 얼굴을 뚫어지게 바라보며 말했다.

"조지. 그녀는 죽어 가고 있네." 윌리엄 도빈은 그 이상 말을 잇지 못했다.

세들리 가족이 이사 간 조그만 집에는 통통하고 귀여운 아일랜드 출신 하녀가 혼자서 집안일을 보고 있었다. 그녀는 여태까지 아밀리아에게 큰 위로와 힘을 주었지만 모두 허사였다. 너무도 비탄에 잠긴 에미는 대답도 잘 하지 않고, 하녀가 자기를 위해 애쓰고 있다는 것도 깨닫지 못했다.

도빈과 오즈번이 채텀의 병영에서 이야기를 나눈 지 네 시간이 지난 뒤, 이 하녀가 아밀리아의 방으로 들어왔다. 아밀리아는 여느 때처럼 앉아서 오즈번이 보내준 편지—그녀의 작은 보물—를 묵묵히 읽고 있었다. 하녀는 앙큼하면서도 기쁜 표정으로 가엾은 에미의 주의를 끌려고 해봤지만 에미는 본 체도 하지 않았다.

"에미 아가씨!" 하녀가 불렀다.

"곧 가요." 에미는 돌아보지도 않고 말했다.

"좋은 소식이에요." 하녀가 말을 이었다. "무슨 일이 있나봐요. 어느 분이 찾아오셨답니다. 참, 아가씨께 새 편지가 왔어요. 그러니 낡은 편지는 이제 그만 읽으세요." 그녀는 이렇게 말하고 편지를 건네주었다. 에미는 그걸 받아 읽었다.

'당신을 꼭 만나봐야겠소. 그리운 에미—그리운 내 사랑—그리운 나의 아내여, 내게로 와주오.' 편지에는 이렇게 쓰여 있었다.

조지와 세들리 부인은 아밀리아가 편지를 다 읽는 걸 밖에서 기다리고 있었다.

제19장
간호받는 크롤리 노부인

크롤리 노부인의 시녀 퍼킨이 크롤리 집안에 무슨 중요한 사건이 생길 때마다 반드시 목사관의 뷰트 크롤리 부인에게 알렸다는 것은 앞서 말했다. 뷰트 부인도 크롤리 노부인의 신임을 받는 이 시녀에게 유달리 친절히 굴었다는 것도 말해두었다. 뷰트 부인은 크롤리 노부인의 말동무 브리그스 양도 다정히 대했다. 그리고 주는 데는 거의 돈이 들지 않고 받는 사람으로선 매우 고맙고 귀중한 친절과 약속을 베풀며 상대의 환심을 샀다. 사실 집안을 경제적으로 꾸려나가는 사람이라면 이렇게 싹싹한 말씨가 값싸면서도 얼마나 남을 기쁘게 해주는지, 아무리 보잘것없는 인생의 요리도 얼마나 맛있게 만들어주는지 알아두어야 한다. "말 잘한다고 채소에 맛이 드는 건 아니다" 말한 멍텅구리 녀석은 누구인가? 세상에서 채소의 반은 달콤한 말이라는 소스를 뿌려주는 것만으로 맛있는 요리가 되는 법이다. 서투른 요리사가 수프를 만드는 데 고기와 채소에 몇 파운드가 든다면, 불후의 요리사 알렉시스 수와예는 그보다 더 맛있는 수프를 반 페니로 만드는 것과 같은 이치다. 이처럼 솜씨 좋은 기교가는 몇 마디 달콤한 말만으로 눈치 없는 사람이 베푸는 눈에 보이는 선물보다 더 큰 효과를 낸다. 아니, 선물은 가끔씩 받는 사람의 배를 탈나게 만들지만, 달콤한 말은 아무리 해줘도 누구든지 소화하고 더 받아보려고 애를 쓴다. 뷰트 부인은 자신이 브리그스와 퍼킨에게 얼마나 깊은 호의를 가지고 있으며, 만약 자기가 크롤리 노부인의 재산을 물려받으면 여러분처럼 훌륭하고 좋은 친구들에게 이렇게도 저렇게도 해주겠다고 입버릇처럼 말하고 다녔다. 그래서 두 여인은 뷰트 부인을 매우 존경하고, 뷰트 부인이 마치 큰돈을 들여서 호의라도 베풀어준 듯 감사와 신뢰를 품었다.

이와 달리 로든 크롤리는 이기적이고 머리가 둔한 용기병인지라 고모의 측근과 사이좋게 지낼 생각은 꿈에도 않고 두 여인을 대놓고 멸시했다. 어떤 때는 퍼킨더러 장화를 벗기게 하고, 비가 오는데 하잘것없는 심부름을 시키기도 했으며, 어쩌다 금화라도 줄 때면 따귀라도 때리듯 내던졌다. 또 고모가 브리그스를 놀려대면 그도 따라서 그녀에게 농담을 했는데 그 농은 묘한 데가 있어 마치 말이 뒷발질하는 것 같았다. 반대로 뷰트 부인은 취미에 관한 사소한 문제부터 어려운 일까지 으레 브리그스와 의논하고, 그녀가 지은 시를 칭찬했으며, 여러모로 친절하고 정중한 태도로 브리그스를 높이 평가한다는 뜻을 보여주었다. 그리고 퍼킨에게 2페니 반짜리 선물을 할 때도 거기에다 여러 가지 찬사를 덧붙이기 때문에, 시녀는 고작 2페니 반을 선물받았음에도 금화처럼 고맙게 여겼다. 게다가 퍼킨은 뷰트 부인에게 재산이 굴러들어오는 날이면 자기에게도 굉장한 혜택이 돌아올 거라고 벌써부터 기대하고 있었다.

이 두 사람의 저마다 다른 처신은 막 사회에 나오려는 사람들에게 각각 참고가 되라고 쓴 것이다. 나는 그런 사람들에게 이렇게 말하고 싶다. 누구든지 칭찬해주어라. 절대로 괴팍스럽게 굴지 말고, 바로 면전에서든 아니든 말이 그 사람의 귀에 들어갈 가망성이 있으면 서슴지 말고 칭찬을 해라. 칭찬할 기회를 절대로 놓치지 마라. 콜링우드라는 사람은 자기 영지에 조금이라도 빈터가 있으면 언제나 주머니에서 도토리를 꺼내 심었다고 한다. 그처럼 평생 칭찬이라는 씨앗을 가지고 처신하라. 도토리는 돈이 들지 않지만, 싹이 트면 큰 재목이 될 것이다.

한마디로 말해서 로든 크롤리가 한창 복에 겨웠을 때는 모두가 마지못해 복종했지만, 그가 명예를 잃자 그를 돕거나 동정하는 사람은 하나도 없었다. 반면 뷰트 부인이 크롤리 집안의 지휘권을 잡게 되자, 고용인들은 그녀의 약속이니 선심이니 찬사에 홀려 앞으로 있을 여러 출세를 기대하며 그녀의 밑에서 기꺼이 일했다.

그러나 뷰트 부인이 생각하기에 로든은 한 번 졌다고 해서 패배를 인정하고 잃어버린 지위를 찾으려 노력하지 않을 사람이 아니었다. 레베카도 아주 영리하고 승부욕이 있으며 대담한 여자이니 발버둥 한 번 치지 않고 물러날리가 없다. 그래서 뷰트 부인은 그런 전투에 대비하고자 습격이나 잠복, 기습을 끊임없이 경계해야겠다고 생각했다.

뷰트 부인은 성을 점령하고는 있어도 성주 크롤리 노부인에 대해 안심하고 있을 수만은 없었다. 노부인이 언제까지 버틸 수 있을까? 혹시 쫓겨난 적이 돌아오는 걸 내심 고대하고 있는 건 아닐까? 노부인은 자기를 즐겁게 해주는 로든과 레베카를 좋아했다. 뷰트 부인은 런던에서 자란 노부인을 레베카만큼 즐겁게 해줄 수 있는 사람이 자기 편에 하나도 없다는 사실을 숨길 수 없었다. "그 밉살스러운 가정교사의 노랫소리를 듣고 난 뒤로 딸들이 부르는 노래는 차마 들을 수가 없어." 정직한 목사 부인은 이렇게 인정했다. "우리 마사와 루이자가 이부합창을 하면 노부인은 늘 잠들어버렸지. 짐의 어색한 대학생 태도나 바깥양반이 개나 말 이야기를 하는 것에 그분은 늘 화를 냈단 말이야. 만약 노부인을 우리 집에 데리고 가면 온 집안 식구들에게 신경질을 부리고 뛰쳐나올 거야. 암, 그렇고말고. 그러고는 다시 무시무시한 로든의 손아귀에 사로잡혀, 살무사 같은 레베카의 먹이가 되고 말 거야. 노부인은 건강이 아주 나빠서 몇 주 동안은 꼼짝 못할 테니, 그 사이에 난 그녀가 파렴치한 것들의 계략에 넘어가지 않게끔 대책을 생각해 둬야겠어."

아무리 몸 상태가 좋을 때라도 누가 만약 크롤리 노부인을 보고 건강이나 안색이 나빠 보인다고 말하면 겁 많은 노부인은 곧장 의사를 불렀다. 사실 그녀는 집안에 뜻밖의 사건이 일어난 뒤부터 건강이 썩 좋지 않았다. 그쯤 되는 사건이면 담이 큰 사람도 타격을 받았을 테니 말이다. 그래서 뷰트 부인은 의사, 약사, 말동무 브리그스, 그리고 하인들에게까지 노부인이 매우 위태로운 상태에 있으니 그렇게 알고 행동하라고 일러두는 것이 적어도 자기 임무라고 생각했다. 그녀는 길가에다 무릎까지 오게 짚을 깔아두었고, 현관 문고리와 볼스의 이름표를 함께 떼버렸다. 의사는 하루에 두 번씩 왕진케 하고, 환자에게는 두 시간마다 약을 주어 약에 취하게 했다. 누구든 방에 들어오면 아주 날카롭고 기분 나쁘게 '쉿' 소리를 내어 누워 있는 환자를 깜짝 깜짝 놀라게 했을 정도다. 그리고 뷰트 부인은 침대 머리맡에 있는 안락의자에 눌러앉아 있었으므로, 눈을 뜬 환자는 자신을 열심히 지켜보고 있는 구슬 같은 두 눈동자와 마주치기 마련이었다. 뷰트 부인은 늘 커튼을 쳐놓고 있기 때문에 그녀가 고양이처럼 방 안을 살금살금 돌아다닐 때면, 그 눈동자는 어둠 속에서 반짝거리는 듯했다. 이렇게 크롤리 노부인은 줄곧 뷰트 부인이 종교에 관한 책을 읽어주는 걸 듣거나 잠만 자며 여러 날을 보냈다. 그리고 밤이 찾아오면 야간 경찰이 시간을 알리는 소리와, 등불이 지글지글 끓으며 타오르는 소리를 듣고 있어야만 했다. 한밤중이면 약제사가 살그머니 찾아왔고, 그러면 마침내 하루가 끝났다. 그 다음엔 뷰트 부인의 반짝이는 눈동자를 보든지, 골풀 양초가 침울하고 컴컴한 천장에 던지는 노란 불빛이 너울대는 것을 봐야 했다. 건강의 여신 히기에이아도 이런 대우를 받았다간 병들어 버릴 것이다. 그런데 이렇게 신경질적이고 나이든 환자는 오죽할까. 허영의 시장에 사는 이 노부인은 기운 넘치고 건강했을 때 볼테르가 만점을 줄 만큼 종교와 도덕에서 벗어난 자유로운 사상을 갖고 있었다 한다. 하지만 이렇게 병에 걸리면 엄청난 죽음의 공포에 내몰려서 의기소침하고 죄 많은 늙은이가 되어 기운을 잃고 점차 겁쟁이가 된다.

환자에게 해주는 설교나 충고는 한낱 소설책과는 몹시 어울리지 않는다. 독자는 그저 희극을 즐기고자 돈을 낸 사람이다. 그렇기에 난 요즘 일부 소설가들을 따라서 이래라저래라 독자에게 설교할 마음이 없다. 그러나 설교는 빼더라도 이 사실만은 독자들이 명심해 두길 바란다. 다름이 아니라 허영의 시장이라는 연극 무대에서 배우들이 사람들 앞에 보여주는 활기차고 의기양양하며 즐겁고 유쾌한 모습들이 사생활에서도 반드시 계속되지는 않는다는 것이다. 이따금 아주 의기소침해지거나 비참한 회한에 사로잡히기도 한다. 미식가도 병에 걸리면 아무리 훌륭한 연회를 떠올린들 기운이 나지 않고, 미인도 시들어버리면 아주 잘 어울렸던 옷과 호화로웠던 무도회를 떠올려도 마음의 위로를 얻지 못할 것이다. 아마 정치가라 할지라도 어느 시점이 되면, 자신이 압도적인 차이로 승리를 거두었던 순간을 떠올려도 썩 기쁘지 않으리라. 모두 미래의 어떤 불안한 시기가 눈앞에 닥쳐오면 과거의 즐거움과 성공은 대수롭지 않게 되어버리는 것이다. 그러므로 우리는 언제고 그러한 불안한 미래를 생각해두어야만 한다. 아아, 하나같이 광대 옷을 입은 형제들이여! 활짝 웃고, 재주를 넘고, 방울 달린 광대 모자를 흔들어대는 것이 지겨운 때가 없는가? 이 친애하는 친구들과 동지들은 여러분을 안내해서 허영의 시장에 있는 상점과 구경거리를 둘러본다. 그러고 나면 우리는 밝고 왁자지껄하고 유쾌한 이곳에서 각자의 집으로 돌아가 혼자만의 시간 속에서 우울감에 빠져드는 것이다.

뷰트 크롤리 부인은 혼자 생각했다. '내 남편에게 처세술과 상식만 있었다면 노부인이 이렇게 우울할 때 얼마나 도움이 되었을까! 노부인이 지금까지 지녀온 망측한 자유사상을 뉘우치게 하고 의무를 깨우쳐줬을 텐데. 자신과 집안에 먹칠을 한 그 밉살스러운 타락자를 내버리고, 우리 집 아이들에게 마땅한 대접을 해주게 할 수도 있었을 테지. 우리 아이들은 정말 여러모로 친척의 도움이 필요하고 그럴 자격도 충분한데 말이야.'

악을 미워하는 것은 언제나 선으로 나아가는 한걸음이 되기에, 뷰트 크롤리 부인은 로든 크롤리가 범한 온갖 죄악에 대한 정당한 증오심을 노부인에게 불어넣으려 했다. 그래서 뷰트 부인은 로든의 숙모이면서도 그의 죄를 하나하나 꼽아보았다. 실제로 그가 한 짓을 낱낱이 늘어놓는 날에는, 젊은 장교를 한 연대쯤 동원해서 벌을 줘야 할 정도였다. 사람이 나쁜 짓을 저지르면 어떤 도학자보다 그 친척이 더 나서서 잘못을 세상에 알리려 드는 법이다. 뷰트 부인도 가족으로서 로든이 한 짓에 큰 관심을 보였고, 그걸 모두 알고 있었다. 예를 들어 로든이 마커 대위와 추악한 싸움을 했을 때 애초에 자신이 잘못했음에도 결국 대위를 총으로 쏴버린 일도 잘 알고 있었다. 또 도브데일 경은 런던에서 대학을 다니게 하려고 어머니가 일부러 옥스퍼드에 방까지 구해주며 애지중지하던 청년이었다. 런던에 오기 전에는 평생 트럼프를 구경도 못해본 사람이었는데, 코코아트리 클럽에서 로든에게 물들어 곤드레만드레 취해서는 4천 파운드나 털린 것도 뷰트 부인은 알고 있었다. 그리고 로든 때문에 아들이 치욕과 빈곤에 빠졌다든지, 딸이 타락의 구렁으로 빠져 집안이 엉망이 되었다며 한탄하는 시골 명문들의 모습을 생생하고 자세하게 설명할 수 있었다. 부인은 로든의 사치 때문에 파산을 당한 가엾은 상인들의 이야기, 사치를 즐기기 위해 그가 쓴 비열한 책략과 사기수법, 누구보다도 관대한 고모에게 한 놀라운 기만 행위, 고모의 희생에 배은망덕과 조소로 보답했다는 사실도 알고 있었다. 그녀는 이런 이야기를 크롤리 노부인에게 하나하나 들려주어 도움이 되고자 했다. 그렇게 하는 것이 기독교도 부인이자 한 집안의 어머니로서 마땅히 해야 할 의무라고 생각했다. 그래서 자신의 세 치 혀에 난도질당하는 피해자 로든에 대해선 티끌만큼의 동정과 가책도 느끼지 않았다. 오히려 그녀는 자신이 한 일이 아주 기특하다 생각하고, 결단 있는 자기 태도를 자랑으로 삼는 듯했다. 그렇다. 누군가를 비방하려면 남이야 뭐라 하든 친척만 한 적임자가 없다. 그런데 솔직히 말해서 이 로든 크롤리라는 무뢰한의 경우, 그를 규탄하는 데는 있는 사실만으로도 충분했으며 거기다 추문을 꾸며내봐야 주위 사람들에게 괜한 수고였다.

레베카도 마찬가지로 이젠 친척이 되었으니 뷰트 부인의 세심한 신원 조사를 받게 마련이었다. 어떠한 난관에도 굴하지 않는 탐정은 로든이 보낸 심부름꾼이나 편지는 절대 받지 말라고 단단히 일렀다. 그러고는 크롤리 노부인의 마차를 타고 치즈윅 산책로 미네르바관에 있는 옛 친구 핑커턴 여사를 방문하였다. 그녀는 핑커턴에게 레베카가 로든 대위를 유혹했다는 끔찍한 소식을 전한 뒤 가정교사 출신 레베카의 집안과 어린 시절에 대한 특이하고 상세한 이야기를 캐물었다. 핑커턴 선생은 레베카에 대해서라면 뭐든 알고 있었다. 그녀는 여동생 제미마에게 미술 선생이었던 샤프 양 아버지의 영수증과 편지를 가져오라고 시켰다. 채무자 구치소에 있으면서 보낸 편지가 있는가 하면, 가불을 청한 편지도 있고, 레베카가 치즈윅의 여러분들에게 환대를 받아 감사하다는 편지도 있었다. 이 불행한 화가의 마지막 편지는 임종 때 쓴 것으로, 남겨진 딸을 핑커턴 여사에게 맡겨달라는 내용이었다. 거기에는 레베카가 어렸을 때 보낸 편지도 섞여 있었는데, 아버지를 제발 도와달라고 애원한 것도 있고, 어린 마음에 고맙다고 쓴 것도 있었다. 아마 허영의 시장에서 편지보다 더한 풍자는 없을 게다. 지금은 사이가 좋지 않은 친구에게서 10년 전에 받은 편지뭉치를 내어보라. 누이에게서 온 편지철을 읽어보라. 겨우 20파운드 유산을 두고 다투기 전까지는 서로 얼마나 사이가 좋았던가! 커서 버릇없는 불효자가 되어 부모의 속을 썩이고 있는 아들이 어릴 적에 동글동글한 글씨로 쓴 편지를 보라. 아니면 이제는 역사책에나 나오는 엘리자베스 여왕처럼 관심이 없어진 옛 애인이 갑부와 결혼할 때 돌려보낸 연애편지를 꺼내 보라. 끝없는 정열과 영원한 사랑을 맹세한 자신의 편지를. 맹세니 사랑이니 약속이니 비밀이니 감사니 하는 것들은 시간이 한참 지나 읽어보면 얼마나 우스꽝스러운지 모른다. 허영의 시장에는 모든 편지나 문서를 (상인들의 영수증은 빼고) 일정하면서 별로 길지 않은 적당한 기간이 지나면 불태워 없애는 법률이 있어야겠다. 지워지지 않는 먹물잉크를 선전하고 다니는 사기꾼이나, 남을 도둑놈으로 보는 녀석들은 몹쓸 발명품과 한데 묶어 없애버려야 한다. 허영의 시장에서 쓰기에 가장 좋은 잉크는 이틀만 지나면 말끔히 지워져서 깨끗한 백지만 남아 다시 다른 사람에게 편지를 쓸 수 있는 것이면 좋겠다.

끈기 있는 뷰트 부인은 핑커턴 여사와 헤어진 뒤, 샤프 부녀의 발자취를 더듬어 화가가 생전에 살았다는 그릭 거리의 하숙집을 찾아갔다. 거기에는 4분기 하숙비 대신에 그려준 하얀 새틴 옷을 입은 안주인의 초상화와, 놋쇠 단추 옷을 입은 바깥주인의 초상화가 아직도 객실 벽에 걸려 있었다. 여주인 스톡스 부인은 수다스러운 여자라 샤프 씨에 대해 아는 바를 몽땅 털어놓았다. 그가 방탕하고 가난했다는 이야기, 하지만 착하고 재미있었다는 이야기, 늘 집행관이나 빚쟁이들에게 쫓겨 다녔다는 이야기, 용서 못할 여자이긴 했지만 아내가 죽기 전까지 호적에 들여놓질 않아 옆에서 보기에 애가 탔다는 이야기, 딸아이가 몹시 괴상하고 심술궂었다는 이야기, 늘 그 아이가 농담이나 남의 흉내 내는 걸로 사람들을 웃겼다는 이야기, 술집에서 진을 사오라는 심부름을 가서 그 동네 화실에선 모르는 사람이 없었다는 이야기 등이었다. 말하자면 뷰트 부인은 새로 들어온 조카며느리의 출신과 교육 수준, 행적을 낱낱이 파헤친 것이다. 만약 레베카가 자기에 대해서 이런 신원조사가 진행되고 있는 줄을 알았다면 그다지 달가워하지 않았을 것이다.

이렇게 열심히 조사한 것을 크롤리 노부인은 빼놓지 않고 보고받았다. 레베카는 로든 크롤리 부인 행세를 감쪽같이 잘해내고 있지만 오페라 배우의 딸이다, 자기도 무대에서 춤을 춘 일이 있으며 화가들의 모델도 했었다, 오페라 배우의 딸다운 교육을 받았으며, 아버지와 같이 진을 마시기도 했다니 뭐니 하는 내용이었다. 불한당 같은 녀석에게 온 계집도 불한당이었다. 뷰트 부인의 말에 따르면 그 부부는 구원할 길이 없으니 행실이 바른 사람들은 그들을 두 번 다시 쳐다보지 말라는 것이었다.

이 모두는 용의주도한 뷰트 부인이 직접 파크 레인에서 모은 자료였으며 자신이 농성하는 데 필요한 식량이자 군수품이기도 했다. 그녀는 로든과 그의 아내 레베카가 크롤리 노부인에 대해 포위작전을 펼치리라는 것을 알고 있었다.

그러나 만약 이러한 뷰트 부인의 준비에 흠이 있다면 그것은 그녀가 지나치게 열성적이라는 점이다. 일처리를 너무 지나치게 한 것이다. 두말할 것 없이 그녀는 크롤리 노부인을 필요 이상으로 병자로 만들어버렸다. 나이 든 환자는 시키는 대로 하기는 했지만 너무도 성가시고 정도가 심하다 보니 기회가 나는 대로 도망치고 싶어졌다. 여성도 훌륭하다는 걸 보여주는 수완 좋은 여자, 무슨 일이든 사람들을 지도하고 무엇이 좋은지를 본인들보다 훨씬 더 잘 아는 여자라도, 이따금은 집안에 반란이 일어날 가능성이나 지나친 압제에 따라올 정반대의 결과에 대해서 미처 생각을 못하는 때가 있다.

그 예가 바로 뷰트 부인이었다. 물론 나쁜 뜻 없이 뷰트 부인은 병석에 있는 노부인을 위한다고 잠도, 먹는 것도, 외출도 삼가면서 죽을힘을 다하여 간호했다. 그런데 그것이 도리어 환자를 관에 모셔 넣는 결과가 될 뻔했다. 하루는 성실한 약제사 클럼프 씨를 붙잡고 자기가 치른 희생과 그 결과를 이렇게 말했다.

"클럼프 씨, 은혜를 원수로 갚은 로든 녀석 때문에 몸져누우신 노부인을 어떻게든 일으켜 세우려고 전 정말이지 최선을 다했답니다. 저는 제 수고를 아끼지 않을 거예요. 제 자신을 희생하더라도 개의치 않을 거예요."

"솔직히 말씀드려 부인의 헌신적인 모습은 높이 살 만합니다." 클럼프는 고개를 깊이 숙이고는 말했다. "그런데……"

"저는 여기 와서 잠깐이라도 눈을 붙인 적이 없어요. 의무 때문에 잠도, 건강도, 모든 안락도 포기하고 있어요. 우리 제임스가 천연두를 앓았을 때 하녀에게 간호를 시킨 줄 아세요? 천만에요."

"훌륭한 어머니다운 처사입니다, 부인. 훌륭한 어머니이십니다. 하지만……"

"한 집안의 어머니로서, 또 영국 목사의 아내로서 저는 제가 가는 길이 옳다고 자신해요." 뷰트 부인은 자랑스러운 듯이 장엄하게 말했다. "그리고 신이 저를 도와주시는 한, 클럼프 씨, 저는 무슨 일이 있어도 이 막중한 자리를 절대로 떠나지 않겠어요. 딴 사람들이라면 흰머리로 고민하는 노부인을 진짜 중환자로 만들 거예요." (여기서 뷰트 부인은 손을 흔들며 화장대 위에 놓인 노부인의 커피색 앞머리 가발을 가리켰다) "난 절대로 곁을 떠나지 않겠어요. 아아, 클럼프 씨! 환자에겐 약물 치료뿐만 아니라 정신적인 치료도 필요하지요? 전 분명 그럴 거라 생각해요."

"제가 아까 말씀드리려 했던 것은요, 부인." 결연한 클럼프는 이때 온화하게 또 한번 말을 가로챘다. "부인께서 훌륭한 말씀을 해주셨을 때 제가 말씀드리려 했던 것은 말입니다. 부인께서 크롤리 노부인께 지나치게 신경을 쓰셔서, 그분을 위하는 나머지 부인의 건강까지 해치고 있다는 겁니다."

"전 제 의무를 위해서라면, 시집 식구를 위해서라면 목숨도 내놓을 거예요." 뷰트 부인은 지지 않고 한마디 했다.

"예, 필요하다면 그러실 수도 있지요. 하지만 저희는 뷰트 크롤리 부인께서 희생하는 걸 원치 않습니다." 클럼프는 정중하게 말을 건넸다. "스퀼스 선생도 저와 함께 크롤리 노부인의 병세에 관해 걱정도 하고 세심한 검토도 해봤습니다. 저희가 보기엔 큰 실망을 하셔서 신경이 피로해지신 것 같은데, 이번 일로 흥분……"

"로든은 벌을 받을 거예요." 뷰트 부인은 고함을 질렀다.

"……흥분하셨어요. 그런데 마침 부인이 수호천사처럼 찾아오셨지요. 재난에 허덕이는 노부인을 돕는 진짜 수호천사처럼요. 그런데 스퀼스 선생과 저는 노부인의 병세가 자리에 누워 있어야 할 정도라고 생각하진 않습니다. 기운이 없긴 합니다만, 이렇게 억지로 누워 있게만 하면 기운이 더 떨어질지도 모릅니다. 기분전환을 하고 신선한 공기를 마셔 명랑한 기분을 갖는 게 필요합니다. 그게 약전(藥典)에서 제일가는 약이지요." 클럼프는 가지런한 이가 보이게 싱긋 웃으며 말했다. "노부인께 침대에서 일어나라고 하십시오. 노부인을 안락의자에서 끌어내서 격려해주십시오. 그리고 마차를 타고 바람을 쏘이시라 하십시오. 그러면 좀 실례되는 말씀인지도 모르지만, 부인의 뺨도 전처럼 발개지실 겁니다."

"로든 녀석이 그 뻔뻔스러운 공범자 계집과 이따금 하이드 파크에 마차를 타고 나온다는데, 우연히라도 마주쳤다간……!" 뷰트 부인은 여태 감추고 있던 이기심의 꼬리를 내보이며 말했다. "노부인이 또 충격을 받아서 다시 드러누워야 하게요? 바깥에 나가선 안 돼요, 클럼프 씨. 제가 간호를 하는 동안 노부인은 밖에 못 나갑니다. 그리고 제 건강쯤이야 아무려면 어때요? 기꺼이 희생할 거예요. 그 정도는 저 의무의 제단에다 바치겠어요."

"이것만큼은 얘기해두겠습니다, 부인." 클럼프 씨도 이번에는 퉁명스럽게 말했다. "만약 노부인을 계속 깜깜한 방 안에 가두어 두시다가 만에 하나 무슨 일이 생겨도 저는 책임 못 집니다. 노부인은 신경이 날카로울 대로 날카로워져서 언제 어떻게 될지 모릅니다. 부인께서 크롤리 대위가 노부인의 후계자가 되는 걸 원하신다면 모르지만 말입니다. 솔직히 말씀드리면, 부인은 지금 그 사람에게 좋은 일만 하고 계시는 겁니다."

"어머나! 노부인이 위독하다고요?" 뷰트 부인이 외쳤다. "왜, 왜, 클럼프 씨, 진작 그런 말을 안 해줬어요?"

전날 밤 래핀 워런 경 부인이 열세 번째 아기를 낳을 때 클럼프와 스퀼스 선생은 그 저택에서 만났었다. 두 사람은 포도주를 마시며 크롤리 노부인의 병세에 대해 이야기를 나누었다.

"틸리 크롤리 노인을 잡아먹은 햄프셔 여자는 참 욕심꾸러기더군, 클럼프." 스퀼스 선생이 말을 꺼냈다. "그나저나 참 훌륭한 마데이라인걸!"

"가정교사와 결혼하다니 로든 크롤리란 녀석도 바보지요!" 클럼프가 대답했다. "그런데 그 여자의 어디가 좋았던 걸까요?"

"초록빛 눈동자에 하얀 살결. 몸매 좋고 가슴도 아름답지." 스퀼스가 말했다. "좋은 점이 있긴 있네. 그렇지만 로든 녀석은 바보야."

"본디 천치 같은 녀석이었지요." 약제사가 대답했다.

"노부인도 물론 그런 녀석은 내팽개치겠지." 의사는 잠시 있다가 이렇게 덧붙여 말했다. "그 여자, 큰 재산을 남기고 죽겠지?"

"죽다니요?" 클럼프는 쓴웃음을 지으며 말했다. "연수입 2백 파운드짜린데 죽으면 안 되지요."

"이보게 클럼프, 그 햄프셔 여자가 환자 곁에 붙어 있다간 두 달 안으로 노부인을 죽여버릴 거야." 스퀼스 선생은 말했다. "나이는 들었겠다, 대식가이고 신경질적이고 맥도 빠르며 혈압도 높지. 졸도를 자주하다 귀신도 모르게 가버릴 거야. 클럼프, 그대로 두지 말고 외출을 시켜요. 그렇잖으면 자네에게 연수입 2백 파운드를 벌어다 준대도 앞으로 몇 주일밖에 약을 팔아줄수 없을 거야." 약제사가 뷰트 크롤리 부인에게 그렇게 솔직히 이야기한 것도 실은 이런 귀띔 때문이었다.

자기가 병간호를 맡고 있고 옆에는 아무도 없었기에 뷰트 부인은 노부인에게 유서를 고치라고 몇 번이나 부추겼다. 그러나 평소에 죽음을 두려워하는 크롤리 노부인은 그런 불길한 소리를 듣고 더더욱 공포에 떨었다. 그래서 뷰드 부인은 자기의 숭고한 목표를 달성하려면 환자의 몸과 마음에 활기를 돋워줘야 한다는 것을 깨달았다. 그러자 노부인을 어디로 데리고 가면 좋은지가 문제였다. 밉살스러운 로든 부부와 마주치지 않을 만한 곳이라고는 교회밖에 없는데, 그건 노부인이 좋아하지 않을 거라고 뷰트 부인은 생각했다. 하지만 사실이었다. '그러면 경치 좋은 런던 교외로 나가봐야지.' 부인은 생각했다. '경치가 그만한 데는 없다고들 하니까.' 그녀는 느닷없이 햄스테드나 혼시 같은 곳에 흥미를 가졌고, 덜위치도 매우 좋은 곳임을 깨달았다. 그리하여 그녀는 환자를 마차에 태워 그런 시골 마을로 데려갔다. 오가는 마차 안에서는 심심풀이로 로든 부부의 이야기를 꺼내어 이 불한당 부부에 대해 노부인이 화를 낼 만한 이야기를 모조리 들려주었다.

그런데 뷰트 부인이 끈을 너무 세게 잡아당긴 모양이었다. 그도 그럴 것이 배은망덕한 조카에 대한 크롤리 노부인의 혐오심이 얼마큼 높아졌지만, 뷰트 부인도 노부인에게 매우 미움받고 있었다. 노부인은 자기를 속이고 있는 뷰트 부인을 속으로 매우 두려워하고 미워하여 어떻게든 그녀에게서 벗어나고 싶어했다. 얼마 지나지 않아 노부인은 하이게이트나 혼시 같은 교외는 싫다며 하이드 파크에 가고 싶어했다. 거기에 가면 그 밉살스러운 로든을 만나게 된다는 걸 뷰트 부인은 알고 있었다. 어느 날, 예상대로 공원 승마장에서 로든의 스태너프(포장이 없는 이륜 경마차)가 오는 것이 보였다. 그의 옆에는 레베카가 자리하고 있었다. 이쪽 마차에는 크롤리 노부인이 늘 앉는 자리에 앉고, 그 왼쪽에 뷰트 부인이, 뒷자리에는 푸들과 브리그스가 타고 있었다. 아슬아슬한 순간이었다. 노부인의 마차를 알아본 레베카는 가슴이 뛰었다. 그리고 두 마차가 서로 스쳐 지나갈 때 그녀는 두 손을 움켜잡고 그리움과 애착으로 견딜 수 없다는 표정으로 노부인을 바라보았다. 로든도 떨고 있었다. 그리고 염색한 콧수염에 반쯤 가려진 얼굴이 빨개졌다. 이쪽 마차에서는 브리그스만이 가슴을 두근거리며 눈을 동그랗게 뜨고서 옛 친구들을 머뭇머뭇 바라보았다. 크롤리 노부인의 보닛은 서펜타인 호수를 바라본 채 움직이지 않았다. 뷰트 부인은 마침 푸들에 정신이 팔려 귀여운 아기니, 예쁜 강아지니 하는 중이었다. 두 마차는 제각기 가던 방향으로 멀어졌다.

"이거 당했군!" 로든이 아내에게 말했다.

"다시 한 번 부딪쳐봐요, 로든." 레베카가 대답했다. "우리 마차를 저 마차에 박으면 어떨까요, 여보?"

로든은 그런 책략까지 쓸 용기가 없었다. 두 마차가 다시 만나자 그는 마차 안에서 일어나 금방이라도 모자를 벗을 듯이 한 손을 든 채 그쪽을 하염없이 바라보았다. 이번만큼은 크롤리 노부인도 외면하지 않고 뷰트 부인과 함께 로든의 얼굴을 뚫어지게 쳐다봤지만 무정하게도 조카를 모르는 척했다. 로든은 "제기랄!" 욕설을 내뱉고는 자리에 주저앉았다. 그러고는 정신없이 승마장을 나와 집을 향해 마차를 몰고 가버렸다.

뷰트 부인으로서는 빛나는 대승리였다. 그러나 크롤리 노부인이 눈에 띄게 조마조마해하는 것을 보고 여러 번 만나는 것은 위험하리라 생각했다. 그래서 노부인의 건강을 위해 잠시 런던을 떠나는 게 가장 좋겠다 여기고, 브라이턴(영국 남부의 해양 휴양도시)에 갈 것을 힘써 권했다.

제20장
도빈 대위 혼인의 신 사자 노릇을 하다

어찌된 영문인지는 모르나 윌리엄 도빈 대위는 자기가 조지 오즈번과 아밀리아의 결혼을 부추기고 주선하고 처리하는 데 큰 역할을 했음을 깨달았다. 그가 없었다면 이 결혼은 이루어지지 않았을지도 모르는 일이었다. 그 스스로 그렇게 생각했다. 많은 사람 가운데서 하필이면 자신이 이 결혼에 발 벗고 나섰는지 혼자 생각해보니 절로 쓴웃음이 나왔다. 사실 이런 혼담을 진행해 가는 일이 그로서는 몹시 괴로웠지만, 한번 맡은 일은 군말 없이 망설이지 않고 끝까지 해내는 것이 도빈 대위의 방식이었다. 게다가 아밀리아가 조지와 함께 하지 못하여 낙심한 끝에 죽어버릴지도 모른다고 굳게 믿고 있던 도빈은 최선을 다해 그녀를 살려야겠다고 결심했다.

조지가 정직한 친구 윌리엄의 도움으로 젊은 연인의 발치(라기보단 품 안이라고 하는 게 나을지도 모르지만)로 돌아와 다시 만났을 때 이야기는 여기에 시시콜콜 적지 않겠다. 조지보다 훨씬 냉정한 사람이라도 귀여운 아밀리아의 얼굴이 슬픔과 절망으로 거칠어진 것을 보고, 사랑스러운 어조로 슬픈 심정을 털어놓는 것을 들었다면 가슴이 찡했으리라. 어머니가 떨면서 조지를 데려왔을 때 아밀리아는 쓰러지지 않고 그저 애인의 어깨에 기대었다. 그리고 가슴속에 가득했던 슬픔을 모두 덜어낼 때까지 더없이 가녀린 모습으로 하염없이 눈물을 흘렸다. 세들리 부인은 가슴을 쓸어내리고 젊은 사람들끼리 두는 편이 좋겠다 싶어 자리를 비켜주었다. 아밀리아는 울면서 조지의 손에 공손히 키스했다. 마치 조지가 지상의 군주요, 조지의 호의와 은총이 아니면 살지 못하는 죄 많고 보잘것없는 여자인 듯 말이다.

이렇게 엎드려서 불평 없이 순종하는 모습에 조지 오즈번은 묘하게 마음이 흔들리고 기뻤다. 이 순박하며 순종적인 성실한 여인이 꼭 노예처럼 보여 자기 위력을 새삼 깨닫게 되자 어쩐지 가슴이 설레는 것이었다. 마치 술탄(^{회교도}_{군주})이 된 기분이었지만, 관용을 베풀어 무릎 꿇은 에스테르(^{필사적인 호소로 유대}_{족을 구해낸 왕비})를 일으켜 세워서 왕비로 삼고 싶었다. 게다가 슬픔에 잠긴 그녀의 아름다운 모습이 순종적인 태도에 못지않게 그를 감동시켜, 그는 그녀를 격려하며 일으켜 세워주었다. 말하자면 용서를 해준 것이다. 태양과 같은 조지를 잃고 시들시들 말라가고 있던 아밀리아는 모든 희망과 감정이 햇살을 받아 어느새 다시 생기를 되찾았다. 그날 밤 아밀리아의 베개 위에 잠들어 있던 미소 띤 얼굴은, 전날 밤 같은 베개에 창백하게 질려 생기를 잃고 온 세상이 귀찮은 듯이 누워 있던 바로 그 얼굴이었다고는 좀처럼 믿기 어려울 정도였다. 아일랜드 출신의 믿음직한 하녀는 이 변화를 매우 기뻐하며, 발그레해진 그녀의 얼굴에 키스해도 되겠는지 물었다. 아밀리아는 하녀의 목을 끌어안고 어린아이처럼 정신없이 키스해주었다. 사실 어린아이나 다름없었다. 그날 밤 그녀는 정말 어린아이처럼 기분 좋게 잠이 들어, 아침 햇살에 눈을 떴을 때는 말로 표현할 수 없는 행복이 솟아났다.

'오늘 또 와주시겠지.' 아밀리아는 생각했다. '그처럼 훌륭하고 마음씨 고운 분은 없을 거야.' 사실 조지도 자기처럼 관대한 사람은 없으며, 그녀와 결혼하는 데 막대한 희생을 치르고 있다고 스스로 생각했다.

조지가 아밀리아와 2층에서 다정하게 이야기를 나누는 동안, 세들리 부인과 도빈은 아래층에 남아 있었다. 일이 어떻게 돌아가고 있으며 두 사람이 합칠 수 있는지, 그러려면 앞으로 어떻게 해야 하는지에 대해서 의논했다. 이 만남을 허락한 세들리 부인은 매우 현명하게도 두 사람이 포옹하게 내버려두고 밖으로 나와 주었지만, 자신의 남편은 파렴치하고 도리를 모르는 괘씸한 사내의 아들에게 딸을 줄 리가 없다고 말했다. 그리고 오즈번 씨가 뉴로드에서 아주 가난하게 살던 때 아이가 태어나서 조지프가 어렸을 적에 입던 옷을 주었는데, 그걸 받고 오즈번 부인이 매우 기뻐했다면서 자신들이 행복을 베풀고 잘 나가던 시절의 이야기를 길게 늘어놓았다. 그렇게까지 베풀어주었는데 은혜를 원수로 갚았으니 남편이 얼마나 원통하겠는가. 오즈번 가문의 아들과 혼인하는 것을 절대로, 절대로 허락하지 않을 거라고 부인은 말했다.

"그럼, 저 두 사람도 사랑의 도피를 해야겠군요." 도빈은 웃으며 말했다. "로든 크롤리 대위와 에미의 가정교사 친구처럼 말이지요." "그게 정말이에요? 어머나, 세상에!" 세들리 부인은 처음 듣는 소식에 그만 깜짝 놀랐다. 그리고 전에 하녀장으로 일했던 블렌킨숍에게 이 이야기를 들려주고 싶어 했다. 블렌킨숍은 늘 레베카를 수상한 여자라고 못 미더워했기 때문이다. 세들리 부인은 조지프가 그런 여자에게 걸려들지 않아서 다행이라고 하면서, 이제는 모든 사람이 다 알고 있는 레베카와 조지프 사이의 일을 새삼스럽게 끼냈다.

그러나 도빈이 걱정한 것은 세들리 노인이 아니라 오즈번 집안의 노여움이었다. 그는 러시아인을 상대로 장사하는 까만 눈썹의 러셀 스퀘어 폭군 상인이 어떻게 나올지 커다란 의혹과 불안을 느끼고 있다고 솔직히 말했다. 그 사람은 이 혼인을 단호히 반대할 거라고 도빈은 생각했다. 도빈은 오즈번이란 사람이 얼마나 무정하고 고집이 센지 그리고 한 번 내뱉은 말은 꼭 지키고야 마는 성질이란 것을 잘 알고 있었다. 도빈은 생각했다. '조지가 아버지와 타협할 유일한 기회는 이번 전쟁에서 공훈을 세우는 거야. 그가 만약 전사라도 했다가는 죽을 때도 함께라며 아밀리아도 따라 죽겠지. 만일 공훈을 못 세우면 어떻게 되지? 어머니한테서 돈을 좀 받았다고 들었는데 그걸로 소령 자리를 살 수 있으면 좋으련만. 못 산다면 대위 자리라도 팔고 캐나다에 가서 농사를 짓든지, 시골에 집을 사서 고생하는 수밖에 없겠지.' 도빈은 아밀리아와 함께라면 자기는 시베리아도 갈 수 있다고 생각했다. 그리고 이상하게도 이 어리석고 눈치 없는 청년은, 멋진 마차와 말을 가질 돈이 없고 친구들을 대접할 만한 수입이 없다는 사실이 조지와 아밀리아의 결혼을 방해하고 있다고는 꿈에도 생각해 보질 않았다.

이런 생각들을 두루 해보자 도빈도 이 결혼은 될 수 있는 대로 빨리 해야겠다고 생각했다. 당사자들을 위해서라기보다 자신의 마음 때문에 결혼식이 끝나기를 원한 게 아닌가 한다. 마치 사람이 죽으면 어쩔 도리가 없으니 재빨리 장례를 치르고 정해진 이별을 서두르려는 것이 일반적인 심리이듯 말이다. 아무튼 결혼을 주선한 이상 도빈은 이 일을 처리하려고 무척이나 애를 쓴 것만은 분명하다. 그는 조지에게 곧바로 행동으로 옮길 필요성을 역설했다. 그리고 관보에 조지의 진급이 발표되는 날이면 아버지의 화가 풀릴지도 모른다고 말해주었다. 필요하다면 자기가 나서서 양가 아버지와 용감히 교섭할 뜻도 있다고 했다. 어쨌든 모두가 각오하고 있는 연대의 출동명령이 떨어지기 전에 이 문제를 매듭짓자고 조지에게 얘기했다.

이렇게 두 사람을 엮어주고자 노력했고 세들리 부인도 기뻐하며 찬성해주었지만, 부인은 이 일을 자기 남편에게 직접 전하기는 꺼려했다. 그래서 도빈은 시내에 있는 타피오카 커피하우스(존 세들리는 이곳을 임시 사무실로 삼고 있었다)로 노인을 찾아갔다. 파산한 이 신사는 가게 문을 닫은 뒤로 매일 그곳에 나가서 편지를 쓰거나 받고서는 뭔가 의미라도 있는 듯이 끈으로 묶어두었고, 몇 통은 특별히 웃옷 주머니에 넣곤 했다. 쫄딱 망해버린 사람이 이렇게 부산스레 뭔지도 모를 일을 하고 다니는 것처럼 슬픈 일도 없다. 그는 부자들한테서 이런 편지가 왔노라고 보여준다. 어떻게든 해주겠다든지, 실망하지 말라는 내용이다. 다 떨어지고 손때 묻은 편지들을 아깝다는 듯이 보여주면서, 이걸로 반드시 멋지게 재기하겠다든지, 그 사이에 나에게 운이 다시 돌아올 테니 잘 보고 있으라고 말하는 것이다. 독자 여러분도 세상을 살다보면 이런 불행한 사람들과 자주 마주치게 될 것이다. 세들리 노인은 사람을 구석으로 데려가 크게 입을 벌리고 있는 주머니에서 서류뭉치를 꺼낸 뒤 끈을 풀어 입에 물고는 좋아 보이는 편지만 골라서 보여주었다. 그리고 희망을 잃은 듯한 눈빛으로 상대를 물끄러미 바라보는 그 슬프고도 간절하며 반쯤 미친 듯한 표정은 누구나 다 알 것이다.

도빈은 한때 화려하고 밝고 호쾌했던 존 세들리가 이런 사람으로 전락해버렸음을 알아차렸다. 그전에는 윤이 나고 맵시 있던 옷도 지금은 솔기가 하얗게 바랬고, 단추도 속의 구리가 드러나 보였다. 볼은 움푹 들어가고, 수염은 덥수룩하고, 옷 가장자리와 깃 장식은 축 늘어진 조끼 아래에 덜렁거리고 있었다. 예전 같으면 커피하우스에서 그 누구보다 큰 소리로 고함을 지르거나 웃으며 종업원들을 이리저리 바쁘게 뛰어다니게 했을 터였다. 그런데 이제 타피오카 커피하우스의 존에게 겸손하고 예의 바르게 말을 건네는 모습은 참으로 처량해 보였다. 존은 지저분한 양말과 금이 간 댄스용 펌프스를 신고 눈이 흐리멍덩한 나이 든 종업원이다. 이 늙은 종업원이 하는 일이라고는 풀을 담은 잔과 잉크를 가득 채운 술잔, 종잇조각을 단골손님에게 가져다주는 것이었다. 사실 고요한 이 가게에는 먹고 마시는 손님이 몇 없었다. 세들

커피하우스에 앉아 있는 세들리 씨

리 노인은 예전에 윌리엄 도빈에게 용돈을 잘 주고 그를 농담거리로 삼곤 했었는데, 이제는 도빈에게 아주 겸손한 태도로 손을 내밀며 "대위님" 하고 불렀다. 몰락한 노인에게 이런 대접을 받자 윌리엄 도빈은 세들리 노인을 이렇게까지 만든 불행에 자신도 적이 책임이 있는 듯, 부끄러움과 죄책감에 사로잡혔다.

"도빈 대위님, 잘 오셨습니다." 세들리 노인은 자신을 찾아온 방문자의 얼굴을 한두 번 힐끔 바라보고 나서 이렇게 말했다. 새로 들어온 손님의 껑충한 키와 군복을 보고, 금이 간 펌프스를 신은 종업원의 흐리멍덩한 눈에 놀란 빛이 떠오르며 반짝였다. 낡은 커피잔에 둘러싸인 채 바에서 졸고 있던 까만 옷의 노파도 잠에서 깼다. "시의원님과 귀부인께선…… 어머님께선 별일 없으신지요?" '귀부인'이라고 했을 때 노인은 '들었소, 존? 내겐 아직 친구들이 있단 말이오. 그것도 지위와 명성이 높은 친구들이!'라는 듯이 종업원을 돌아보았다. "상업 일로 나오셨습니까? 새 사무실을 마련할 때까지는 젊은 동업자 데일과 스피고트가 대신 맡아주고 있고 여기는 임시 사무실일 뿐이랍니다. 대위님, 무슨 일로 오셨는지요? 뭐라도 드시겠습니까?"

도빈은 몹시 더듬거리고 우물쭈물대며 사양했다. 또 상업상의 용무가 있는 것도 아니며, 다만 세들리 노인이 잘 지내는지 오랜 친구로서 인사차 온 것이라고 둘러댔다. 그러고는 사실과 전혀 반대되는 말을 덧붙였다. "어머니는 건강해지셨습니다. 네, 지금까진 건강이 좋지 못하셨지요. 이젠 날씨만 좋으면 외출하셔서 세들리 부인을 찾아뵈려고 하십니다. 부인께서는 어찌 지내십니까? 별고 없으시겠지요." 도빈은 거기까지 말하다 말문이 막혔다. 자신이 새빨간 거짓말을 했다는 사실을 깨달은 것이다. 오늘은 날씨가 아주 좋았고, 타피오카 커피하우스가 있는 커핀코트에는 여느 때와 다름없이 밝은 햇살이 내리쬐고 있었기 때문이다. 게다가 도빈은 오즈번을 자신의 이륜마차에 태워 풀럼까지 데려가 아밀리아와 몰래 만나게 해주고 세들리 부인을 만나뵙고 온 것이 고작 한 시간 전이라는 사실도 떠올랐다.

"귀부인께서 오신다면 집사람도 매우 좋아할 겁니다." 세들리 노인은 이렇게 대답하면서 편지뭉치를 꺼냈다. "이렇게 아버님께서 매우 친절하게 편지를 보내주셨답니다. 모쪼록 잘 부탁드린다고 대위님이 전해주십시오. 어머님께서 오시더라도 이번 집은 전에 살던 집보다 좀 작아서 어떨는지 모르겠군요. 그렇지만 집은 아늑합니다. 공기도 맑아서 딸의 건강에도 좋더군요. 제 딸 에미를 기억하십니까? 도시에 살 때는 건강이 무척 나빴는데 말입니다. 네, 아주 나빴지요." 이런 얘기를 늘어놓았지만 노신사의 눈빛은 불안했다. 그는 편지를 손으로 꾹꾹 누르고 다 닳아버린 빨간 끈을 만지작거리면서 딴 생각을 하고 있었다.

"대위님은 군인이잖습니까." 노인이 말을 이었다. "그러니 한 가지만 묻겠습니다, 윌리엄 도빈 대위. 도대체 유럽 대륙에 코르시카 출신의 망나니가 엘바 섬에서 놀아온다고 예측한 사람이 있긴 합니까? 작년 런던에선 연합국 원수들을 맞이해 시에서 환영회를 열었지요? 국제친선관이 세워지고 폭죽이 터지고 세인트 제임스 공원에 다리가 놓였을 때, 상식이 있는 사람이라면 그때까지 진정한 평화는 찾아오지 않았다고 생각했겠습니까? 실제로도 그렇게 테데움^(승리를 축하하고
감사하는 찬미가)을 불렀잖습니까, 그렇지요? 한 가지 더 묻겠습니다, 윌리엄. 저라고 해서 오스트리아 황제가 몹쓸 배신자에 지나지 않다고 알아챌 방법이 있었겠습니까? 직접적으로 말하자면 그자는 딴마음을 품고 있던 무시무시한 배신자이자 음모가이며 처음부터 자기 사위인 나폴레옹을 끌어낼 뱃심이었던 겁니다. 이번 엘바 섬 탈출은 공채폭락과 영국멸망을 노린 무시무시한 계략이자 음모예요. 유럽 열강의 반은 관계되었을 거라고 봅니다. 윌리엄, 제가 이런 곳에 있는 것도, 파산 선고를 받은 것도 그 덕분입니다. 왜냐고요? 제가 러시아 황제와 우리 섭정 왕자를 믿었기 때문이지요. 여기 이 서류에서 3월 1일 공채가 어떠했는지 보십시오. 제가 프랑스 5부 이자 공채를 그 가격으로 샀을 때는 이러했답니다. 그런데 지금은 어떤지 아십니까? 공모한 게 분명합니다. 그렇지 않으면 어떻게 그 망나니가 빠져나왔겠습니까? 그놈이 달아나게 내버려둔 영국 감독관은 어디서 뭘 하고 있습니까? 대위님, 그놈을 총살해야 합니다! 군법회의에 넘겨서 총살해야 해요!"

"저희가 나폴레옹을 몰아내겠습니다!" 도빈이 말했다. 분노한 세들리 노인이 이마에 핏대를 세우고 서류뭉치를 주먹으로 쾅쾅 내려치는 모습에 겁먹은 것이다. "저희가 나폴레옹을 몰아내겠습니다. 공작 전하는 이미 벨기에에 가 계시고, 저희도 출격명령이 떨어지기만을 기다리고 있습니다."

"그자를 사정없이 때려 부숴요. 그놈의 목을 베어버리세요, 대위님. 비겁한 그놈을 쏘아죽여요." 세들리 노인은 고함쳤다. "나도 입대하고 싶군요,

정말. 하지만 나는 그 망나니와 우리나라의 사기꾼들 때문에 파산한 쓸모없는 노인이지. 그 사기꾼들은 내가 출세를 시켜주었더니 이제 자기들 마차를 타고 돌아다니지 않겠소." 노인은 쉰 목소리로 이렇게 덧붙였다.

전에는 그렇게나 다정하던 이 노인이 불행을 겪으며 거의 제정신을 잃고 노망기와 울화로 고래고래 악을 쓰는 모습을 보자 도빈은 적잖이 측은한 생각이 들었다. 돈과 명성이 제일이라 생각하는 사람들은 이 몰락한 노인을 동정하라. 허영의 시장에서는 확실히 금전과 명성이 제일가는 것이니까.

노인이 이어서 말했다. "글쎄 이 세상엔 친절히 돌봐줘도 나중에 가서 은인을 무는 독사 같은 것들이 있어요. 가난하다고 불쌍히 여겨 일으켜 세워주면 가장 먼저 은인을 짓밟아버리는 놈들이에요. 누구 이야긴지 아시겠지요, 윌리엄 도빈? 러셀 스퀘어에서 돈자랑이나 하고 다니는 악당 이야깁니다. 난 그놈이 빈털터리이던 시절을 잘 알고 있습니다. 그리고 내가 돌봐주던 그 시절처럼 다시 거지 신세가 되기만을 바라고 있지요."

"그분 이야기는 저도 친구인 조지로부터 더러 듣습니다." 도빈은 자신이 이곳에 온 목적을 밝히려 애쓰며 말했다. "어르신과 그 친구 아버님의 싸움으로 그 친구는 몹시 힘들어하고 있습니다. 사실 저는 그 친구의 부탁을 받고 이 자리에 왔습니다."

"오오, 그게 당신의 용건이라고요?" 노인은 껑충 뛰어오르면서 고함을 질렀다. "무슨 용무인가요! 보나마나 나를 동정한다는 거겠지요? 친절도 하여라. 젠체하고 돈자랑이나 하는 위선자 주제에. 그 녀석, 우리 집 근처를 늘 헤매고 다니더니 지금도 여전해요? 내 아들 녀석이 좀 더 남자답게 용감했다면 그놈을 쏴버렸을 텐데. 그 녀석은 제 아비 못지않은 악당입니다. 내 집안에선 그 녀석의 이름을 입 밖에도 내지 말아요. 그런 녀석을 내 집에 들여놓았던 그 옛날이 저주스러워요. 그런 녀석에게 내 딸을 줄 바에야 내 눈앞에서 죽으라고 하는 게 낫겠어요."

"그 친구 부친께서 모질게 군다고 조지를 탓해봤자 아무 소용없습니다. 따님이 그 친구를 사랑하게 된 건 그 친구뿐만 아니라 어르신 때문이기도 합니다. 젊은 사람들을 그렇게 사랑하는 사이로 만들어놓고, 마음대로 갈라놓으셔야 되겠습니까?"

"오해하지 않도록 미리 말해두지만, 이 혼담을 깨뜨린 건 그 녀석 아비가 아닙니다." 세들리 노인이 외쳤다. "바로 내가 거절했습니다. 그놈 집과 우리 집은 영영 갈라섰소. 비록 어려움이 닥쳤지만 그런 놈 집에 딸을 줄 정도로 몰락하진 않았습니다. 그러니 그 집 식구들에게, 아들이고 아비고 누이고 그 밖의 모두에게 그리 전해주시오."

"하지만 어르신, 저는 이렇게 믿습니다. 어르신껜 그 두 사람을 갈라놓을 힘도 권리도 없습니다." 도빈은 낮은 목소리로 대답했다. "또 어르신이 허락지 않으신다면 허락 없이 결혼하는 것이 따님 되는 분의 의무겠지요. 어르신이 고집을 피우는 바람에 따님이 죽거나 불행한 삶을 보내야 할 까닭은 없습니다. 사실 따님은 런던에 있는 모든 교회에서 결혼예고를 받은 것이나 다름없습니다. 오즈번 씨가 어르신을 비난하더라도—지금도 비난하고 있는 것 같습니다만—조지가 우리 가문으로 들어와 내 딸과 결혼하고 싶어 한다 대답하면, 그보다 더 훌륭한 답변이 어디 있겠습니까?"

이러한 얘기에 세들리 노인은 왠지 기뻤고 한 줄기 빛을 찾은 것만 같았다. 그래도 여전히 아밀리아와 조지의 결혼을 허락할 수 없다고 우겨댔다.

"어르신의 허락이 없더라도 결혼시켜야 해요." 도빈이 웃으면서 말했다. 그리고 전날에 세들리 부인에게 들려주었던 레베카와 크롤리 대위의 사랑의 도피 이야기를 했다. 그 이야기는 분명 노인에게 흥미를 돋워준 모양이었다. "대위는 모두 지독한 사람들인가 보군요." 서류를 묶으면서 이렇게 말하는 노인의 얼굴에 어딘가 미소 같은 것이 떠올랐다. 때마침 앞을 잘 못 보는 종업원이 들어왔는데 세들리 노인이 이 쓸쓸한 커피하우스에 찾아온 뒤로 이렇게 기쁜 표정을 지은 적이 없었기에 놀라워했다.

원수인 오즈번에게 이렇게 한 방 먹일 수 있다는 생각에 아마 노인도 마음이 좀 풀린 듯했다. 잠시 뒤, 이야기를 끝내고 그와 도빈은 아주 사이좋게 헤어졌다.

"누이들이 그러는데, 그 여자는 비둘기 알처럼 큰 다이아몬드를 가지고 있다더군!" 조지가 웃으며 말했다. "다이아몬드가 그 여자 얼굴빛을 얼마나 꾸며주겠어? 보석을 목에 둘렀을 때는 환한 등불 같을 거야. 그 새까만 머리털은 샘보의 머리 못지않게 곱슬머리야. 내 생각에 아마 그 여자는 입궐할 때 코걸이를 했을 거야. 거기다 머리 꼭대기에 깃털이라도 꽂았으면 딱 야만

인처럼 보였을걸?"

조지는 아밀리아와 마주 앉아서 어떤 젊은 여인의 생김새를 비꼬고 있었다. 그 여인은 그의 아버지와 누이들이 최근에 알게 된 사람으로 러셀 스퀘어 집안 사람들에게 대단히 존경을 받고 있었다. 소문에 따르면 그녀는 서인도에 얼마나 많은 농장을 가지고 있는지 모를 정도이고, 돈도 공채로 잔뜩 가지고 있으며, 동인도회사 주주 명단에는 그녀의 이름에 별표가 세 개나 붙어 있다고 했다. 서리에 저택이 있고, 포틀랜드 플레이스에도 집이 있다. 이 돈 많은 서인도의 여상속인 이야기는 〈모닝 포스트〉지에서도 크게 호평한 적이 있었다. 친척이 되는 하기스톤 대령의 미망인이 그녀의 후견인이 되어주고 집안일도 돌보아주었다. 교육과정을 마치고 학교를 갓 졸업한 그녀는 데번셔 플레이스의 헐커 노인 저택에서 열린(헐커&블록 은행은 그녀의 서인도 집과 오랫동안 거래하고 있었다) 야회에서 조지와 그의 누이들을 만났다. 조지의 누이들이 정중하게 교제를 청하자 그녀도 기꺼이 응해주었다. 저런 처지에 놓인 고아라면(돈도 많을 테니) 무척 재밌지 않을까? 오즈번 아가씨들은 그렇게 말했다. 그녀들은 무도회에서 돌아와 가정교사 워트를 보자마자 새로 사귄 친구 이야기만 내내 해댔다. 또 만나기로 약속을 한 그녀들은 바로 이튿날 마차를 내어 새 친구의 집으로 놀러갔다. 하기스톤 대령의 미망인은 빙키 경의 친척이라 늘 경의 이야기만 했는데, 순진한 아가씨들 눈에는 꼭 잘난 척하는 것처럼 보였다. 너무 훌륭한 친척 이야기만 하는 것이 싫었던 것이다. 하지만 로다는 솔직하고 친절하고 상냥한 처녀라 나무랄 데가 하나도 없었다. 그다지 세련되지는 않았으나 그래도 매우 기품 있었다. 아가씨들은 서로 이름만 부를 정도로 금세 친해졌다.

"그 여자가 입궐할 때 입은 옷을 당신이 봤으면 좋았을걸, 에미." 오즈번이 웃으며 소리쳤다. "하기스톤의 친척 빙키 부인이 먼저 인사시키기도 전에 누이들에게 옷을 자랑하러 오지 뭐요. 하기스톤은 어느 집하고도 친척이더군. 어쨌든 그 아가씨의 다이아몬드는 우리가 전에 함께 놀러 갔던 한밤중의 복스홀처럼 눈부셨어. 에미, 그때의 복스홀을 기억하오? 조스가 가장 사랑하는 사람에게 노래를 불러주던 일도? 다이아몬드와 적갈색 피부! 여보, 얼마나 눈에 띄었겠는지 생각해봐요. 머리에는 하얀 깃털을 꽂았지. 그 아가씨의 곱슬머리에 말이야. 귀고리는 샹들리에 같았어. 거기에 불을 켜려고 하는 사람이 있었을지도 몰라. 게다가 노란 새틴 옷자락을 유성 꼬리처럼 길게 끌고 다녔다오."

"그 아가씨 나이는 얼마나 됐나요?" 에미가 조지에게 물었다. 이날 아침 아밀리아를 다시 만나러 온 조지는 그 검은 피부의 여인 이야기만 주절주절 떠들고 있었다. 세상에 자기처럼 잘 지껄이는 사람은 없다는 듯이.

"아아, 검둥이 공주님은 학교를 갓 졸업하긴 했지만 스물둘이나 셋은 됐을 거요. 그리고 그 여자가 쓴 글이 또 볼만하지! 보통은 하기스톤 대령 부인이 편지를 대신 써주는데 한번은 누이들에게 자기 속내를 자필로 써보냈더군. 그런데 '새틴'을 '새팅'이라 하고, '세인트 제임스'를 '세인트 잼스'라고 쓰지 뭐야." "어머나! 틀림없이 특별 기숙생이었던 스와츠 양일 거예요." 에미는 자기가 핑커턴 학교를 나올 때 울고불고 야단이었던 착한 흑백혼혈 소녀를 떠올리면서 말했다.

"바로 그 이름이었어." 조지가 말했다. "그 여자 부친은 독일계 유대인이오. 노예 소유자라던데, 식인 섬(피지)하고도 무슨 관계가 있었던 듯해. 부친은 작년에 돌아가셔서 핑커턴 여사가 그 아가씨 교육을 마쳤다더군. 피아노 두 곡을 칠 줄 알고, 노래는 세 곡을 알고 있어. 하기스톤 부인이 옆에서 철자를 일러주면 편지도 쓸 줄 알고. 제인과 마리아는 벌써 그 여자를 자매처럼 사랑하고 있어."

"저를 그렇게 사랑해주면 좋을 텐데." 에미는 부러운 듯이 말했다. "당신 누이들은 제게 늘 쌀쌀했어요."

"그거야, 당신에게 20만 파운드만 있었다면 사랑했을 거요." 조지가 대답했다. "누이들은 그렇게 자라났으니까. 우리 사회는 현금이 제일인 사회거든. 우린 은행가나 도시의 거물들 틈에서 살고 있으니 말이오. 그들은 말을 할 때면 너나 할 것 없이 주머니 속 돈을 가지고 짤랑짤랑 소리를 내지. 프레더릭 블록이란 멍청이가 마리아와 결혼하겠다 나섰다더군. 동인도회사의 중역 골드모어에, 기름상인 디플리도 있지. 우리도 유지상이지만." 조지는 어색하게 웃으며 얼굴이 빨개져서 말했다. "돈만 밝히는 그런 속물들은 전부 마귀한테 잡아먹혀 버리라지! 그것들이 거창하게 벌이는 만찬회에 가봐야 나는 졸음만 쏟아진다오. 아버지가 거창하고 얼빠진 연회를 여는 게 수치스러워서 난 늘 신사들이나 사교계 일류들만 가까이했지. 거북고기나 먹는 상인패들은 상대하지 않는다오, 에미. 우리 친구들 가운데 미모며 생각이며 말하는 것까지 숙녀다운 사람은 당신뿐이오. 그건 어떻게 한다고 되는 것이 아니거든. 당신이 천사이기 때문이지. 내 얘기를 들어봐요. 당신만이 유일한 숙녀라오. 유럽 상류사회를 살아온 크롤리 노부인도 그렇다고 하지 않았소? 그리고 근위기병 로든 크롤리도 사실은 멋진 사내라오. 그가 자신이 고른 여인과 결혼했다는 것이 마음에 든다니까."

아밀리아도 과감하게 레베카와 결혼한 크롤리를 멋지다고 칭찬했다. 그런 사람과 함께라면 레베카도 행복하리라 믿으며. 그리고 조스 오라버니도 이제 한숨 돌리기를 바란다면서 슬며시 웃음 지었다. 이렇게 두 사람은 옛날로 돌아간 듯 줄곧 이야기를 나누었다. 아밀리아는 스와츠를 귀엽게 질투하면서, 조지가 혹시 그 여상속인의 재산과 세인트 키츠에 있는 토지에 정신이 팔려 자기를 잊어버리지나 않을까 너무나 걱정이 된다고 했다. 그러나 속으로는 완전히 자신감을 되찾았다. 사실 그녀는 기쁜 나머지 어떤 두려움이나 의심, 불안을 가질 틈이 없었다. 이렇게 다시 조지를 되찾고 보니 여상속인도, 미인도, 그 어떤 위험도 두렵지 않았다.

오후가 되자 도빈 대위는 이들의 일이 몹시 걱정이 되어 돌아와 보았다가 아밀리아를 보고 마음을 놓았다. 다시 해맑아진 아밀리아가 웃고 떠들고 전에 자주 부르던 노래를 피아노에 맞춰 부르고 있었던 것이다. 그런데 그 노래가 끝나기도 전에 현관에서 벨이 울리며 세들리 노인이 돌아왔음을 알렸다. 도빈은 조지의 얼굴을 쳐다보며 그만 물러가자고 눈짓했다.

아밀리아는 돌아온 도빈을 보고 한 번 웃어 보였을 뿐―실은 뭐하러 찾아왔느냐고 생각하며 지은 가짜 웃음이었지만―그가 머물러 있는 동안 한 번도 거들떠보지 않았다. 그러나 도빈은 그녀가 행복해하는 모습을 보는 것만으로도 충분했다. 그리고 자기가 그녀를 행복하게 하는 중개역이 되었음을 감사히 여겼다.

제21장
여상속인을 둘러싼 다툼

스와츠가 지닌 장점을 갖춘다면 어떤 소녀든 사람들에게 사랑받을 수 있다. 오즈번 노인은 그런 그녀가 자신의 꿈을 실현해 주리라는 커다란 야심을 마음속에 품었다. 그는 자신의 딸들이 젊은 부자 아가씨와 친하게 지내는 것을 매우 열렬하고 다정하게 격려해주고, 그녀들의 사랑이 잘못된 길로 나아가지 않아 아비로서 매우 기쁘다고 말했다.

"로다 양이 웨스트엔드에서 늘 보시던 화려함이나 고귀함은 여기 러셀 스퀘어에서는 좀처럼 찾아보기 어려울 거예요." 그는 늘 로다 양에게 이렇게 얘기하곤 했다. "제 딸들은 평범하고 욕심이 없어도 마음씨만은 고운데 이렇게 당신과 친하게 지내다니 무척이나 기특하군요. 정말이지 기특하답니다. 전 그저 평범하고 변변찮은 영국 상인이지만, 정직함만큼은 돌아가신 부친께서 거래하시던 은행의 헐커&블록 상회 사람들도 보증해줄 정도랍니다. 제 집안은 보시다시피 단란하고 소박하며 즐겁게 지냅니다. 제 입으로 말하기 쑥스럽지만 남 보기에 부끄럽지 않다고 생각해요. 화려한 요리나 화려하게 차려입은 사람은 없으나 로다 양, 진심으로 환영해요. 괜찮으면 로다라고 불러도 되겠지요? 로다 양에게 호의를 갖고 있거든요. 정말이랍니다. 솔직히 말해서 당신이 좋답니다. 이봐, 힉스! 샴페인 한 잔! 스와츠 양에게 샴페인을 가져다주게."

오즈번 노인의 말이 모두 사실이요, 딸들이 스와츠를 좋아한다는 것이 진심이라는 데에는 의심의 여지가 없다. 허영의 시장 사람들은 아주 자연히 돈 많은 사람들에게 모여든다. 아무리 소박한 사람이라도 갑부에게는 매우 다정한 눈길을 주지 않는가. (부자라는 얘기에 아무런 존경심도 호감도 갖지 않으며, 옆자리에 앉은 사람이 50만 파운드를 가지고 있다는 얘기를 듣고도 그 사람에게 흥미를 갖지도 바라보지도 않는 사람이 영국에 있다면 한번 만나보고 싶다.) 소박한 사람조차 돈을 보고 호감을 갖는데, 하물며 욕심 많은 속물들은 어떻겠는가! 돈을 보자마자 그들은 용솟음치는 사랑으로 반길 것이다. 그들은 돈을 가진 사람에게 흥미를 느끼고 절로 호감을 갖게 된다. 내가 아는 훌륭한 친구들 가운데는 어느 정도의 재산이나 사회적 지위가 없는 사람들과는 교제를 해서는 안 된다고 생각하는 사람들이 몇몇 있다. 그러나 이때다 싶을 때면 감정을 마음껏 풀어헤친다. 15년이나 되는 세월에도 아밀리아 세들리를 진심으로 아끼지 못했던 오즈번 집안 사람들 거의가 우정은 첫 만남부터 시작된다는 낭만주의자들의 말처럼 하룻밤 만에 스와츠 양에게 호감을 느꼈다는 사실이 이를 뒷받침해준다.

조지에게 그녀가 얼마나 잘 어울릴까(누이들과 가정교사 워트는 같은 생각이었다). 보잘것없는 아밀리아보다 얼마나 나을까! 조지처럼 잘생긴 외모와 지위, 교양을 갖춘 늠름한 청년이야말로 스와츠의 남편감으로 딱이다. 포틀랜드 플레이스의 무도회, 왕궁 입궐, 귀족들 절반에게 소개받는 상상으로 가슴이 벅차오른 아가씨들은 새로 사귄 친구에게 조지의 이야기와 그의 저명한 친지들의 이야기만을 들려주었다.

오즈번 노인도 스와츠가 아들의 신부가 된다면 더할 나위 없을 거라고 생각했다. 아들을 제대시켜 의회로 보내 사교계나 정계에서 활약시키리라. 그러면 아들의 대에서 오즈번 가문은 귀족 반열에 오를 것이고 자신은 영광스러운 준남작 가문의 선조가 될지도 모른다. 그렇게 생각하자 정직한 영국인으로서 감개에 젖어 피가 끓어오르는 것 같았다. 그는 상가와 주식거래소를 여기저기 찾아가서 스와츠의 돈이 어디에 투자되어 있으며 토지는 어디에 있는지 등 그녀의 재정상 모든 것을 알아냈다. 그에게 정보를 제공해주곤 하는 젊은이 프레더릭 블록은 자신이 스와츠를 입찰하고 싶었지만(이 젊은 은행가는 청혼을 이렇게 표현했다) 마리아 오즈번과 약혼한 몸이라 어쩔 수가 없었다. 하지만 성격이 시원시원한 블록은 어차피 스와츠를 아내로 삼지 못할 바에야 처의 올케로 맞는 것도 좋겠다고 생각했다. "조지더러 얼른 달려가서 그 아가씨를 차지하라고 하세요." 그가 충고했다. "쇠뿔도 단김에 빼란 말이 있잖아요. 그 아가씨가 런던에 막 발을 들였을 때 말입니다. 안 그러면 몇 주 뒤에 웨스트엔드에서 작위와 너덜너덜한 토지대장을 가진 녀석이 나타나서 우리를 물리치고 말걸요. 작년에 피츠루퍼스 경이 포더&브라운 상회 포더의 약혼자인 그로그램 양을 채어간 것처럼요. 어쨌든 손을 빨리 쓸수록 좋다니까요." 이 익살꾼은 말했다. 그러나 오즈번 노인이 응접실 밖으로 나가자 블록은 아밀리아 생각이 났다. '그녀도 귀여웠는데. 조지 오즈번에게 푹 빠져 있었지.' 그리고 자신의 귀중한 시간에서 적어도 10초쯤 내어 그 불운한 처녀에게 내려진 재난을 동정했다.

한동안 사랑을 제쳐두었던 조지 오즈번이 자신의 온정과 자신을 물심양면으로 도와준 친구 도빈 덕분에 아밀리아에게로 되돌아가려고 하는 이때, 부친과 누이들은 그에게 멋진 신부를 소개해줄 준비를 하고 있었다. 그들은 조지가 그걸 반대하리라곤 꿈에도 생각하지 않았다.

오즈번 노인이 스스로 일컬어 '암시'를 주면 아무리 둔한 사람이라도 그의 참뜻을 잘못 받아들이는 일은 없었다. 그는 하인을 발로 차서 아래층으로 굴러 떨어뜨리는 걸 가리켜 해고한다는 암시라고 했다. 그는 여느 때처럼 솔직하고 정중한 태도로 하기스톤 부인에게 자기 아들이 스와츠 양과 결혼하면 그날로 5천 파운드짜리 수표를 써주겠다고 했는데, 그는 그런 제안도 암시라고 부르며 매우 교묘한 외교수단으로 여겼으니 어처구니없을 따름이다. 그는 마침내 조지에게도 그 여상속인에 대해 그러한 암시를 주었다. 마치 집사에게 술병 마개를 빼라든지 서기에게 편지를 쓰라고 하듯 당장 그 여자와 결혼하라는 것이었다.

명령과도 같은 이런 암시에 조지는 적잖이 당황했다. 아밀리아와 두 번째 사랑의 열정과 환희에 빠지며 그는 이루 말할 수 없이 즐거웠기 때문이다. 아밀리아의 몸가짐과 외모는 스와츠와 너무나 차이가 나서 스와츠와 결혼한다는 건 생각만 해도 우습고 싫었다. 조지는 마차와 오페라 특별석을 상상해 보았다. 적갈색 피부의 여인과 나란히 마차에 앉아 있는 모습이나 함께 오페라를 감상하는 모습은 상상만으로도 우스꽝스러웠다. 게다가 이 오즈번은 아버지 못지않은 고집쟁이였다. 갖고 싶은 것을 가지고야 말겠다고 굳게 결의할 때나 화났을 때의 사나움에 있어서는 아버지가 가장 무서운 때와 비교해서 조금도 뒤지지 않았다.

아버지가 스와츠 양에게 애정을 쏟으라고 아들에게 정식으로 암시를 준 첫날, 조지는 우선 아버지의 뜻에 따르는 척했다. "그런 일이라면 진작 말씀 해주시지 그랬어요, 아버지. 언제 출정할지 모르는 마당에 그럴 수는 없습니다. 제가 무사히 돌아온다면 그때 그렇게 하지요." 또한 지금은 연대가 언제 어느 때 영국을 떠날지 모르니 시기가 매우 나쁘며, 며칠이나 몇 주의 여유가 있더라도 그동안은 할 일이 많아서 연애 같은 건 할 수 없다, 대신 소령이 되어 귀국하면 그럴 시간은 충분히 있다고 말했다. 그는 의기양양하게 덧붙였다. "그때는 틀림없이 이 조지 오즈번의 이름을 관보에서 보게 될 겁니다."

이에 대해 아버지는 시내에서 들은 이야기를 근거로 대답했다. 조금이라도 우물쭈물하다간 웨스트엔드 녀석들이 여상속인을 채어 갈 터이니 지금 결혼하지 않더라도 귀국하면 결혼할 수 있도록 약혼을 해두는 편이 낫지 않겠느냐는 것이었다. 그리고 국내에 있으면 한 해 수입이 1만 파운드나 되는 사람이 외국에 가서 목숨을 내놓고 싸운다는 건 어리석은 짓이라고 했다.

"아버지는 그렇게 저를 겁쟁이로 만들고 싶으세요? 그리고 스와츠 양의 재산 때문에 우리 가문의 이름이 더럽혀지기를 바라세요?" 조지가 따졌다.

이 말에 노인은 얼떨떨해졌다. 그러나 거기에 대답은 해야겠고, 당황하긴 했지만 결심은 되어 있기에 이렇게 말했다. "내일은 집에 와서 저녁을 먹어라. 스와츠 양이 집에 찾아올 때마다 너도 집에 와서 그녀에게 인사하도록 해. 그리고 돈이 필요하면 가게의 초퍼 씨를 찾아가봐라." 이처럼 조지의 앞날에 새로운 장애물이 생겨나 아밀리아를 두고 계획한 것을 방해하려 들었기에, 그와 도빈은 이 일로 여러 번 밀담을 나누었다. 조지가 어떻게 해야 하는지에 대한 도빈의 생각이라면 독자 여러분은 벌써 알고 있을 것이다. 그리고 조지로 말할 것 같으면, 한번 마음먹은 일에 한두 가지 장애물쯤 새로 생겨봤자 그저 그의 마음을 더욱 단단하게 다져줄 뿐이다.

오즈번 집안의 주요인물들이 음모를 꾸민 대상인 검둥이 여인은 그런 음모가 자기를 둘러싸고 있는 줄은 전혀 모르고 있었다. (뜻밖에도 그녀의 친구이자 후견인인 하기스톤 부인은 이 얘기를 누설하지 않았다) 그래서 오즈번네 아가씨들의 사탕발림에 순진하게 넘어가, 앞서 보아온 바와 같이 매우 열렬하고 성미가 급한 그녀는 그 아가씨들의 사랑에 열정적으로 답해주었다. 사실 그녀도 러셀 스퀘어 댁에 어떤 매력을 느낀 모양이다. 한마디로 말해 조지 오즈번을 멋진 청년이라 여긴 것이다. 헐커 씨의 무도회에서 그를 처음 본 순간부터 그의 구레나룻에 푹 빠져버렸다. 독자 여러분은 잘 아시겠지만, 그 구레나룻에 사로잡힌 여인은 그녀가 처음이 아니었다. 조지에게는 잘난 듯하면서도 우울해 보이고, 맥없이 보이면서도 사나운 데가 있었다. 그는 정열과 비밀, 마음속 깊은 곳에 슬픔과 모험을 지닌 사람처럼 보였다. 그의 목소리는 깊고 그윽했다. 그는 자신의 파트너에게 "무더운 밤이네요"라든지 "얼음이라도 드시겠습니까?" 말할 때조차 마치 모친상을 당했거나 사랑 고백이라도 할 듯이 구슬프고도 은은한 말투였다. 그는 자신의 아버지가 속한 사회의 젊은 멋쟁이들을 압도했다. 그는 삼류 사내들 사이에서 영웅이었다. 개중에는 조지를 비웃고 미워하는 사람도 있었다. 하지만 그만큼 그를 광적으로 숭배하는 도빈 같은 사람도 있었다. 그리고 마침내 그의 구레나룻이 힘을 발휘해서 스와츠 양의 마음을 사로잡아버린 것이다.

순진하고 착한 이 아가씨는 러셀 스퀘어에서 조지를 만날 기회가 보이기만 하면 서둘러 오즈번 집안의 딸들을 찾아갔다. 스와츠는 새 옷에 팔찌, 보닛, 큼직한 깃털 따위에 돈을 어마어마하게 쏟아부었다. 그녀는 사랑하는 남자를 즐겁게 해주려고 솜씨를 다해 치장했으며, 남자의 마음을 사로잡기 위해 기초적인 자신의 재주를 과시하였다. 오즈번네 아가씨들이 아주 진지하게 스와츠 양더러 음악을 들려달라고 청할 때마다 그녀는 노래 세 곡을 부르고 피아노를 두 곡 쳤다. 그리고 갈수록 더욱 즐거워했다. 그다지 달갑지 않은 음악회가 이어지는 동안 가정교사 워트와 하기스톤 부인은 옆에 앉아서 귀족에 대해 공부하거나 높은 사람들 이야기를 했다.

아버지로부터 암시를 받은 다음 날, 조지는 만찬을 기다리며 우울한 표정으로 객실 소파에 기대어 앉아 있었는데 그 모습이 또 무척이나 잘 어울리고 자연스러워 보였다. 조지는 아버지의 말대로 가게에서 초퍼 씨를 만나고 오는 길이었다. 노인은 늘 이런 식으로 조지에게 큰돈을 줬다. 얼마라고 정한 용돈을 주는 것이 아니라 기분이 내킬 때마다 보상처럼 주었다. 조지는 그 뒤 풀럼에 들러서 사랑하는 아밀리아와 세 시간을 함께 보내고 집으로 돌아왔다. 누이들은 풀을 먹인 모슬린 옷을 입고서 객실에 옹기종기 모여 있고,

하기스톤 부인과 가정교사 워트는 그 뒤에서 주절주절 수다를 떨고 있었다. 그리고 착한 스와츠 양은 그녀가 좋아하는 호박색 새틴 옷을 입고, 터키옥 팔찌를 차고, 수많은 반지와 꽃, 깃털, 치렁치렁한 늘임장식과 싸구려 물건들을 몸에 달고 있었다. 마치 오월제(⁵⁵⁵⁵⁵⁵⁵⁵⁵⁵⁵⁵⁵⁵⁵⁵)에 잔뜩 치장을 하고 나온 굴뚝청소부처럼 보였다.

누이들은 몇 번이고 조지를 대화에 끌어들이려고 했지만 헛일이었다. 그녀들은 유행하는 옷이나 최근에 있었던 왕실 접견식 이야기를 했는데, 조지는 그런 잡담에 진저리를 냈던 것이다. 그는 그 자리에 있는 여인들과 아밀리아를 비교해 보았다. 쇳소리처럼 거슬리는 그들의 목소리와 아밀리아의 귀엽고 낭랑한 목소리. 그리고 그들의 태도에서부터 울퉁불퉁한 팔꿈치, 뻣뻣한 자세를 아밀리아의 얌전하면서도 부드러운 몸가짐과 견주어봤다. 안타깝게도 스와츠 양은 에미가 늘 앉던 자리에 앉아 있었다. 그녀는 보석 반지로 눈부신 손을 새틴 옷으로 휘감은 무릎 위에 단정치 못하게 올려놓았고, 늘임장식과 귀고리를 반짝이며, 큰 눈동자를 이리저리 굴렸다. 그녀는 자신의 이런 모습이 매력적이라고 생각했는지 만족스러운 듯 가만히 앉아 있었는데, 조지의 누이들은 그렇게 잘 어울리는 새틴 옷은 지금까지 본 적이 없다고 칭찬했다.

"아니, 그게 말일세. 그 여자는 온종일 이를 드러낸 채로 고개만 젓고 있는 중국 인형 같았어. 도빈, 정말이지 난 소파 방석을 그 여자에게 던지고 싶은 걸 겨우 참았다네." 친한 친구에게는 이렇게 털어놓았지만, 조지는 이런 감정이 겉으로 드러나지 않게 억눌렀다.

누이들은 〈프라하 전투〉를 연주하기 시작했다. "그따위 시시껄렁한 건 제발 그만둬." 조지는 소파에 앉아 노발대발했다. "난 그 노래가 정말 싫어! 스와츠 양, 당신이 어떻게 좀 해주시오. 노래라도 불러주시겠소? 〈프라하 전투〉만 아니면 뭐든 좋아요."

"〈푸른 눈의 메리〉를 부를까요, 아니면 저 캐비닛 안에 있는 노래를 부를까요?" 스와츠 양이 물었다.

"캐비닛 안에 든 아름다운 곡으로 부탁해요." 누이들이 말했다.

"그건 벌써 들었어." 소파에 앉은 염세가가 말했다.

"가사만 있으면 〈타쿠스 강〉을 부를 줄 알아요." 스와츠 양은 순한 목소리

상류사회 예행연습을 하는 스와츠 양

로 말했다. 이로써 이 대단한 여인께서 아는 노래는 동이 났다.

"아아, 〈타쿠스 강〉." 마리아가 소리를 질렀다. "그거라면 있어요." 그녀는 그 노래가 실린 책을 가지러 갔다.

당시에 한창 유행하던 그 노래책은 마침 어떤 친구가 오즈번 아가씨들에게 선물한 것이었다. 그래서 책 표지에는 그 친구의 이름이 쓰여 있었다. 스와츠 양은 그 노래를 부르고 조지에게 박수를 받았다. (이 노래가 아밀리아가 즐겨 듣던 노래라는 사실이 떠올랐던 것이다.) 앙코르가 나오기를 기다리며 노래책을 뒤적이던 스와츠는 표지에 쓰여 있는 '아밀리아 세들리'라는 이름을 우연히 발견했다.

"어머나!" 깜짝 놀란 스와츠는 피아노 의자에 앉은 채로 고개만 돌리고서 말했다. "제 친구 아밀리아가 아닌가요? 해머스미스의 핑커턴 선생님 밑에 있던 아밀리아가 맞지요? 틀림없어요! 그녀는 지금 어떻게 지내나요? 어디에 살고 있나요?"

"그 아이 이야긴 꺼내지도 말아요." 마리아 오즈번이 서둘러 말했다. "그애 가문의 명예는 땅에 떨어졌어요. 그녀 아버지가 우리 아버지를 속였지요. 그리고 그 여자의 이야기는 우리 집안에선 꺼내지 않기로 돼 있어요." 조지가 좀 전에 〈프라하 전투〉를 치지 못하게 한 것을 이렇게 복수한 것이다.

"아밀리아의 친구이신가요?" 조지는 벌떡 일어나며 물었다. "그렇다면 참고마운 이야기입니다. 스와츠 양! 내 누이들이 하는 말은 믿지 마세요. 아밀리아가 나쁜 건 하나도 없답니다. 그녀는 더없이—"

"그 여자 이야기를 해선 안 된다는 걸 잘 알면서 왜 그래." 제인이 소리를 질렀다. "아버지가 안 된다 하셨잖아?"

"누가 내 입을 막는단 거지?" 조지가 외쳤다. "난 이야기하겠어. 아밀리아는 영국에서 가장 훌륭하고 친절하고 얌전하고 귀여운 여자야. 게다가 집안이 망했든 안 망했든, 누이들은 그녀의 발끝에도 못 미쳐. 스와츠 양, 만약 아밀리아를 사랑한다면 놀러가 보시기 바랍니다. 그녀는 지금 친구들을 그리워하고 있어요. 그녀를 좋아해주는 사람에게 저는 감사할 것이고, 그녀를 험담하는 사람을 저는 적으로 삼을 것입니다. 스와츠 양, 고맙습니다." 조지는 그녀에게 다가가 손이 으스러지도록 악수했다.

"조지! 조지!" 그의 누이가 애원하듯 소리를 질렀다.

조지는 사나운 말투로 말했다. "맹세컨대, 난 아밀리아 세들리를 사랑해주는 사람이라면 누구든지 감사······." 그는 여기서 하던 말을 멈추었다. 오즈번 노인이 방에 들어온 것이다. 분노로 얼굴은 새파래지고, 두 눈은 타오르는 석탄처럼 이글거리고 있었다.

조지는 비록 말을 하다 멈추긴 했지만 속에선 아직도 피가 끓고 있어, 오즈번 집안의 온 식구들이 달려들어도 무서울 것이 없었다. 그래서 곧바로 기운을 차린 조지는 자신을 잡아먹을 듯이 노려보는 아버지를 똑같이 노려봤다. 그 눈초리가 너무도 단호하고 도전적이어서 이번엔 아버지가 움찔하여 눈길을 피했다. 노인은 이제 맞붙는구나 생각했다. 그가 말했다. "하기스톤 부인, 제가 식당으로 안내하겠습니다. 조지, 너는 스와츠 양을 모시거라."

"스와츠 양, 저는 아밀리아를 사랑하고 있습니다. 저희는 태어날 때부터 약혼한 사이였어요." 조지는 나란히 걷고 있는 스와츠 양에게 말했다. 그리고 만찬이 계속되는 내내 조지는 스스로도 놀랄 만큼 떠들어댔다. 그 때문에 손님들이 물러가자마자 벌어질 싸움에 대비하고 있던 아버지는 신경이 더욱 날카로워졌다.

이 부자의 차이점을 말하자면 아버지는 성질이 사납고 좀 위협적인 편인데, 아들은 아버지의 세 배나 되는 뱃심과 용기를 가지고 있으며 공격뿐만 아니라 반격도 할 줄 알았다. 그래서 드디어 아버지와 맞붙을 때가 왔다는 것을 알고 있으면서도 그는 전투를 앞두고 아주 태연하게 식사를 하였다. 그와 달리 오즈번 노인은 조마조마한 마음에 술만 잔뜩 마셨고, 곁에 앉은 손님들과 대화를 하며 실수까지 했다. 그럼에도 아들 조지가 태연히 있는 것을 보면 더욱 화가 치밀었다. 조지는 냅킨을 펄럭이고 점잔 빼며 인사를 한 뒤 문을 열어 손님들을 내보냈고, 포도주를 한 잔 따라서 쭉 들이켰다. 그러고는 마치 프랑스 군대와의 전투에서 "영국 근위병들, 발포하라" 명령이라도 할 듯이 아버지의 얼굴을 뚫어지게 쳐다보았다. 그 침착한 태도가 아버지 속을 뒤집었다. 그래서 노인도 지지 않으려고 전투준비로 술을 한 잔 들이켰는데, 술을 따를 때 손이 떨려 술병과 술잔이 쨍 부딪쳤다.

노인은 우선 숨을 크게 들이쉬더니 목이 메어 빨개진 얼굴로 말을 꺼냈다. "이 망할 녀석아! 오늘 네 아비의 손님인 스와츠 양 앞에서 잘도 그 여자의 이름을 입에 담더구나. 어찌 감히 그런 짓을 했는지 이유나 말해 보거라!"

"아버지, 잠시만요." 조지가 말했다. "'감히'란 말을 빼십시오. 그런 말은 영국 육군 대위 앞에서 쓰지 말아주십시오."

"난 내 아들 앞에선 하고 싶은 말을 할 테다. 너 같은 건 달랑 1실링만 주고 의절해버릴 수 있고, 알거지로 만들 수도 있어. 난 내가 말하고 싶은 대로 할 거다." 노인은 말했다.

"아버지의 아들이지만 저도 신사입니다." 조지는 거만하게 대답했다. "그러니 저에게 하실 말씀이나 명령이 있다면 평소처럼 말씀해주십시오."

아들이 오만한 태도로 나올 때마다 아버지는 늘 겁이 더럭 나면서도 화가 치밀어올랐다. 오즈번 노인은 속으로 아들이 자기보다 나은 신사일지도 모른다는 두려움을 품고 있었다. 그러나 독자 여러분은 아마 여기 허영의 시장을 경험하면서, 계급이 낮은 사람이 가장 신용하지 않는 것이 바로 신사의 인격임을 깨달았을 것이다.

"내 아버지는 나에게 네가 배운 만큼 공부시켜주지 않으셨다. 너만큼 편의를 봐주시지도 않았고, 네가 지금까지 받은 만큼의 돈도 주지 않으셨다. 내 돈 덕분에 교제를 하고 다니는 어느 녀석처럼 나도 그랬었다면, 아마 이렇게 아들한테 잘난 소리를 듣거나 귀족처럼 뽐내는 꼴을 보지 않아도 됐을 텐데 말이다." (오즈번 노인은 바로 이 부분을 아주 비꼬듯이 얘기했다.) "그렇다고 우리 때는 아버지에게 모욕을 주는 것이 신사의 미덕이진 않았다. 내가 만약 그런 짓을 했었다면 네 할아버지는 나를 발로 차서 아래층으로 굴러 떨어뜨렸을 게다."

"저는 결코 아버지에게 모욕을 준 일이 없습니다. 그저 아버지의 아들도 아버지에 못지않은 신사란 걸 잊지 마시라고 말씀드린 것뿐입니다. 아버지가 제게 돈을 많이 주신다는 건 저도 잘 알고 있습니다." 조지는 아침에 초퍼 씨에게서 받은 돈다발에 손을 대어보며 말했다. "그 이야기는 이제 그만하십시오. 제가 그걸 잊어버릴 걱정은 안 하셔도 됩니다."

"돈뿐만 아니라 제발 다른 일도 잊지 말아줬으면 하는구나." 아버지는 대답했다. "이 집에서는, 이 집에 네가 들락거리는 한, 가장으로서 말하겠는데, 그……그러니까, 그……."

"그 뭐 말씀입니까, 아버지?" 조지는 별로 비꼬는 기색도 없이 포도주를 한 잔 더 가득 따르면서 물었다.

"이런 망할 녀석!" 아버지는 욕설을 퍼부었다. "그 세들리란 성을 이 집 안에서는 입 밖에 내지 말란 말이다! 그 몹쓸 놈들의 이름은 누구든 말해선 안 된다는 거야!"

"그 이름을 먼저 꺼낸 건 제가 아닙니다. 스와츠 양에게 아밀리아의 흉을 본건 누이들이었습니다. 저는 어디를 가더라도 그녀 편에 설 겁니다. 제 앞에선 누구든지 그녀의 흉을 보아선 안 됩니다. 저는 우리가 그녀를 괴롭힐 만큼 괴롭혔다고 봅니다. 그 집안이 그렇게 몰락했으니 이제 그만해도 되지 않겠어요? 그러니 저는 아버지 말고 아밀리아를 나쁘게 말하는 놈이 있으면 누구든 쏴버릴 겁니다."

"더 해봐라, 더 해봐." 노인은 눈이 튀어나올 것만 같은 얼굴로 말했다.

"뭘 더 해보라는 말씀입니까? 지금까지 우리가 그 천사 같은 소녀를 어떻게 대했는지에 대해서 말입니까? 저더러 그녀를 사랑하라고 한 게 누구입니까? 아버지가 아닙니까? 그렇지 않았다면 저는 다른 여인을 사랑했을지도 모릅니다. 어쩌면 아버지의 신분보다 높은 사회에 눈을 돌렸을지도 모르지요. 하지만 저는 아버지의 말에 따랐습니다. 그래서 그녀가 저를 사랑하게 되자 이제 그걸 떼어버려라, 벌을 주라고 하셨지요. 어쩌면 벌을 주라는 것이 죽여버리라는 뜻일지도 모르겠군요. 그것도 그녀 자신의 탓이 아니라 주변 사람들 잘못 때문에! 참으로 창피한 일입니다." 말을 이어나가던 조지는 감정과 흥분이 점점 더 격해졌다. "젊은 처자의 마음을 희롱하다니요! 그것도 그렇게 천사 같은 소녀의 마음을 말입니다. 어쩌면 아밀리아는 주변 사람들보다 너무나 뛰어나서 시기를 받고 있는지도 모르겠군요. 하지만 그렇다고 해서 착하고 얌전한 그녀를 미워하다니 저는 도통 모르겠습니다. 만일 제가 아밀리아를 버린다고 그녀가 저를 잊으리라 생각하십니까?"

"내 집에서 그딴 시시한 감상적인 헛소리는 듣고 싶지 않다!" 아버지가 소리를 질렀다. "우리 집안에서 거지와 결혼하는 녀석이 나온다는 건 있을 수 없어. 손에 넣기만 하면 한 해에 8천 파운드가 굴러들어오는 봉을 내팽개치겠다면 어디 그렇게 해보아라. 그러려면 짐을 싸들고 집을 나가야 할 것이다! 다시 한 번 묻겠다. 그래도 내 말을 듣지 않을 거냐?"

"그 흑백 혼혈아와 결혼하란 말씀입니까?" 조지는 셔츠 깃을 잡아 올리면서 말했다. "저는 그 피부색이 마음에 들지 않더군요. 플리트 시장 앞을 청소하는 검둥이한테나 물어보십시오. 저는 호텐토트족^(남아프리카 미개인) 비너스와는 결혼할 생각이 없습니다."

오즈번 노인은 포도주가 필요할 때 집사를 부르는 줄을 미친 듯이 잡아 당겼다. 그러고는 달려온 집사에게 분노로 검붉어진 얼굴로 오즈번 대위가 쓸 마차를 준비하라고 명령했다.

"결국 저질러 버렸네." 한 시간이 지나 몹시 창백한 얼굴로 슬로터스 여관으로 들어온 조지가 말했다.

"뭘 말인가?" 도빈이 물었다.

조지는 아버지와 벌인 말싸움에 대해서 얘기해 주었다.

"제기랄, 내일 아밀리아와 결혼하겠네." 그가 말했다. "도빈, 나는 날이 갈수록 그녀가 더 좋아지네."

제22장
결혼식과 신혼의 한때

아무리 굳세고 용기 있는 적이라도 굶주림에는 당해내지 못하는 법이다. 그래서 오즈번 노인은 바로 앞에서 이야기한 '적'에 대해 꽤 낙관하고 있었다. 군자금이 떨어지면 조지는 무조건 항복할 거라며 안심하고 기다렸다. 하필 첫 충돌이 있던 날에 아들이 용돈을 타 간 것은 확실히 운이 없었다. 그러나 조지가 잠시 한숨을 돌려 항복을 조금 더 늦추는 일에 지나지 않다고 오즈번 노인은 생각했다. 며칠 동안 부자 사이에는 아무런 교류가 없었다. 아버지는 이런 고요가 못마땅했지만 걱정하지는 않았다. 앞서 말했듯 조지의 약점을 모조리 알고 있으므로 거길 공격하고 기다리기만 하면 되기 때문이다. 그는 딸들에게 조지와 싸우게 된 경위를 들려주고, 너희는 그 일을 모르는 체하고 조지가 집에 돌아오면 아무 일도 없었다는 듯이 반갑게 맞아들이라고 일러두었다. 여느 때처럼 조지의 식사가 식탁에 마련되었다. 노인은 아들이 돌아오는 걸 손꼽아 기다리는 모양이었다. 그러나 조지는 좀처럼 돌아오지 않았다. 누군가 슬로터스 여관에 찾아가서 조지의 행방에 대해 물었지만, 여관에서는 조지와 그의 친구 도빈 대위가 런던에 없다고 했다.

바람이 거세고 쌀쌀한 4월 끝자락의 어느 날이었다. 지금은 없어져버린 그리운 슬로터스 여관이 있는 오래된 거리 포장도로 위로 비가 쏟아지고 있었다. 조지 오즈번은 몹시 수척하고 창백한 얼굴로 커피룸에 들어왔다. 하지만 금단추가 달린 청색 코트와 그 당시 유행하던 가죽조끼를 입고 있어서 옷차림만큼은 무척이나 세련되어 보였다. 그의 친구 도빈 대위는 먼저 여관에 와 있었는데, 그도 오늘은 늘 홀쭉한 몸을 감싸던 군복과 회색 바지가 아닌

금단추가 달린 청색 코트를 입고 있었다.

도빈은 커피룸에서 한 시간은 더 기다리고 있었다. 그는 커피룸에 있는 신문이란 신문은 다 집어 들었지만, 차분하게 읽을 수가 없었다. 수없이 시계를 들여다보고, 비가 쏟아지는 거리를 바라보았다. 빛이 내리쬐는 보도블록 위로 긴 그림자를 그리며 또각또각 나막신 소리와 함께 걸어가는 행인을 쳐다본다든지, 탁자를 두드린다든지, 평소 버릇대로 살이 드러날 때까지 손톱을 깔끔하게 물어뜯는다든지(큼직한 손을 이렇게 다듬는 것이 그의 버릇이었다), 우유 주전자 위에 중심을 잡아 티스푼을 올렸다가 다시 떨어뜨린다든지 하며, 사람이 걱정과 기대와 두려움에 사로잡혔을 때처럼 불안한 행동을 하거나 어떻게든 마음을 추스르려 갖은 애를 썼다.

커피룸에 함께 있던 그의 몇몇 친구들은 그가 요란스레 치장을 하고 초조하게 앉아 있는 것을 보고 놀렸는데, 한 친구는 장가라도 드는 거냐고 물었다. 도빈은 웃으면서, 그런 일이 있으면 자네(공병 소령 왜그스태프였다)한테 과자라도 보내겠다고 말했다. 그때 드디어 오즈번 대위가, 앞서도 말했듯이 아주 멋지게 차려입었지만 몹시 수척하고 초조한 얼굴로 나타났다. 그는 향수 냄새가 풀풀 나는 크고 노란 손수건을 꺼내 창백한 얼굴을 닦고 도빈과 악수했다. 그런 뒤, 시계를 보더니 웨이터 존에게 큐라소를 가져오라고 하여 두 잔을 정신없이 비워버렸다. 도빈은 어디 아픈 거냐며 걱정스럽게 물었다.

"아침까지 뜬눈으로 지새웠다네, 돕." 조지가 말했다. "지독한 두통에 현기증까지 나더군. 9시에 일어나서 목욕하러 험머스까지 갔다 왔지. 돕, 마치 로켓을 데리고 퀘벡에 경마를 하러 갔던 아침 같았어."

"나도 그래." 윌리엄이 대답했다. "그날 나는 자네보다 훨씬 더 신경이 날카로웠지. 자네가 그날 아침을 무척이나 맛있게 먹던 기억이 나는군. 지금 뭐라도 좀 들겠나."

"자넨 늘 다정한 친구야, 윌. 자네의 건강을 위해 축배나 들지. 그리고 안녕히……."

"안 되네, 안 돼. 두 잔이면 충분해." 도빈이 만류했다. "존, 술을 도로 가져가게. 닭고기에 고춧가루라도 쳐서 좀 들게나. 하지만 서둘러야 하네. 원래대로라면 출발했어야 할 시간이야."

두 대위가 만나서 간단한 이야기를 나눈 시간은 정오를 30분이나 넘긴 때였다. 오즈번 대위의 하인은 주인의 책상과 화장품 상자가 실린 마차에서 아까부터 기다리고 있었다. 두 신사는 우산을 같이 쓰고 나와 서둘러 마차에 올라탔다. 마부대에 올라탄 하인은 억세게 쏟아지는 비와 흠뻑 젖어서 김이 모락모락 피어나는 마부를 보면서 투덜거렸다. "교회에 가면 이보다 나은 마차가 있을 테니, 그때까지 참읍시다." 마차는 피커딜리 거리를 지나쳐 목적지로 달려갔다. 그 시절 피커딜리에 있는 앱슬리 하우스나 세인트 조지 병원은 아직 붉은 벽돌집이었다. 길에는 석유램프 가로등이 세워져 있었고, 아킬레스와 핌리코 문은 아직 없었으며, 지금은 우쭐대듯이 거리를 노려보고 있는 불쾌한 말 탄 괴물도 아직 없던 시절이었다. 마차는 브롬프턴을 지나 풀럼에 있는 교회에 도착했다.

사두마차 한 대와 글라스 코치(유리창이 달린 고급마차) 한 대가 기다리고 있었고, 추적추적 비가 와서 그런지 구경하러 온 사람은 얼마 되지 않았다.

"나 원 참, 이두마차면 충분하다고 그랬는데." 조지가 말했다.

"주인어른께서 사두짜리를 원하셔서요." 조지프 세들리의 하인이 말했다. 그와 오즈번의 하인은 조지와 윌리엄의 뒤를 따라 교회로 들어가면서, 준비한 마차가 볼품없다는 둥 아침을 주기는커녕 경삿날에 꽃도 달아주지 않는다는 둥 서로 불평을 했다.

"아, 드디어 왔군." 여러분과도 친숙한 조스 세들리가 걸어나오며 말했다. "이보게 조지, 5분 늦었네. 그나저나 지독한 날씨로군. 벵골 지방 장마라도 시작된 것 같아. 하지만 내 마차는 비에 끄떡없다네. 들어오게. 어머니와 에미는 교회 제의실(미사 도구를 보관하거나 옷을 갈아입는 방)에 있네."

조스 세들리는 훌륭해 보였다. 전보다 살이 쪘고 전보다 높은 깃을 달았으며, 안색도 훨씬 좋았다. 셔츠의 가장자리 장식은 조끼 밖으로 보란 듯이 화려하게 드러나 있었다. 그때만 해도 광택제를 바른 장화가 없었음에도, 그의 멋진 다리에 신겨진 헤시안 부츠는 반질반질 윤이 흘렀다. 옛날 그림에서 자주 볼 수 있는, 수염을 깎은 신사가 신고 있는 멋진 장화와 똑같은 것이 아닌가 싶을 정도였다. 그리고 그의 연두색 코트에는 큼직하게 피어난 백목련 같이 훌륭한 코르사주(가슴이나 어깨에 꽂는 작은 축하꽃다발)가 꽂혀 있었다.

한마디로 조지는 큰 결단을 내린 것이었다. 바로 결혼이다. 창백하고 불안한 얼굴도, 간밤에 못 자고 아침에 초조했던 것도 모두 그 때문이었다. 결혼을 해본 사람들에게 물어보면 모두 그런 기분이었다고 한다. 결혼식도 서너 차례 해보면 익숙해지겠지만, 처음 하는 결혼은 어쩐지 두렵다고들 한다.

신부는 갈색 비단 외투를 입고(도빈 대위가 나중에 알려준 거지만), 분홍 색 리본이 달린 밀짚모자를 쓰고, 모자 위에는 오빠 조지프 세들리가 선물한 하얀 샹티 레이스 면사포를 쓰고 있었다. 금시계와 시곗줄은 두 사람을 주선 해준 도빈 대위가 선사한 것이었다. 그리고 어머니는 신부에게 다이아몬드 브로치를 선물했는데, 그건 어머니에게 남은 유일한 패물이었다. 결혼식이 거행되자 신도석에 앉아 있던 세들리 부인이 자꾸 흐느껴 울어서, 아일랜드 출신 하녀와 이제는 세들리 집안의 셋집 주인이 된 클랩 씨의 부인이 옆에서 위로해주었다. 세들리 노인은 참석을 거절하였기에 조스가 아버지를 대신해 서 신부를 데리고 입장했다. 조지는 친구 도빈 대위가 들러리를 서 주었다.

교회 안에는 결혼식을 진행하는 목사와 신랑 신부를 비롯한 몇몇 참석자, 그들의 하인들 말고는 아무도 없었다. 좀 전에 들어온 두 하인은 멀리 떨어 져 앉아서 비웃고 있었다. 식이 진행되는 동안 창문을 때리는 빗소리와 신도 석에 앉아 있는 세들리 부인이 흐느껴 우는 소리, 목사의 목소리만이 텅 빈 벽과 벽 사이에 울려 퍼졌다. "맹세합니다." 신랑 오즈번이 깊고 낮은 목소 리로 말했다. 신부 에미의 대답은 가슴에서 입술로 떨리듯 새어나왔지만, 도 빈 대위말고는 들은 사람이 거의 없었다.

식이 끝나자 조스 세들리는 걸어나와서 오늘의 신부인 누이동생에게 오래 간만에 키스를 해주었다. 신랑 조지는 우울한 표정은 온데간데없이 자랑스 러움과 기쁨으로 빛나고 있었다. "자네 차례네, 윌리엄." 조스는 도빈의 어 깨에 다정하게 손을 얹으며 말했다. 도빈은 아밀리아에게 다가가 볼을 쓰다 듬어 주었다.

그렇게 신랑 신부는 제의실로 들어가 결혼등록부에 서명했다. "고맙네, 도빈." 그의 손을 꼭 잡는 조지의 눈에 눈물이 반짝였다. 윌리엄은 대답 대 신 고개를 끄덕였다. 가슴이 벅차올라 말을 할 수가 없었기 때문이다.

"바로 편지를 해주게. 그리고 될 수 있는 대로 빨리 와줘. 알겠지?" 조지 가 당부했다. 세들리 부인은 반쯤 넋을 잃은 채 작별인사를 했고, 신랑 신부 는 마차를 타러 갔다. "비켜라, 요 꼬맹이들아." 조지는 교회 앞에 비를 맞 으며 모여든 몇몇 아이들에게 소리쳤다. 빗물은 마차로 걸어가는 신랑 신부에게도 들이닥쳤다. 마부의 흠뻑 젖은 재킷에 꽂아둔 꽃에서도 빗물이 뚝뚝 떨어졌다. 마차가 흙탕물을 튀기며 떠나가자 몇 되지도 않는 아이들의 맥 빠진 환성이 울려 퍼졌다.

윌리엄 도빈은 교회 문 앞에서 떠나가는 마차를 배웅했다. 그 모습이 무척이나 괴상하여 아이들이 그를 보고 웃어댔다. 하지만 그의 머릿속에는 아이들도, 그들의 비웃음도 들어오지 않았다.

"우리 집에 가서 점심이나 들지 않겠나?" 뒤에서 이런 말소리가 들려왔다. 자신의 어깨 위로 통통한 손이 올라오고 나서야 이 우직한 친구는 정신을 차렸다. 하지만 그는 조스 세들리와 함께 식사할 마음이 없었다. 도빈은 울고 있는 세들리 부인과 하녀를 조스와 함께 마차에 태워 아무 말 없이 떠나보냈다. 그런데 꼬마 녀석들은 떠나가는 조스의 마차를 보고서도 놀려대듯 환성을 지르는 것이 아닌가.

"여기 있다, 이 꼬마 거지들아." 도빈은 아이들에게 6펜스짜리 동전을 몇 닢 던져주고는 혼자서 비 오는 거리를 걸어갔다. 이제 다 끝났다. 결혼한 그들이 행복하게 살기를. 그는 신에게 기도했다. 태어나서부터 지금까지 이렇게 처참하고 쓸쓸했던 적이 없었다. 그는 그들 신혼의 며칠이 얼른 지나가서 다시 그녀를 만날 날이 찾아오길 가슴 아프게 고대했다.

이 결혼식이 있은 지 열흘쯤 뒤, 우리에게 친숙한 세 청년은 브라이턴에 머물면서, 한쪽으로 멋지고 아름답게 늘어서 있는 내닫이창을, 다른 한쪽으로 여기가 아니면 좀처럼 볼 수 없는 푸른 바다의 절경을 감상하고 있었다. 보조개를 지으며 수없이 웃고, 점점이 떠 있는 새하얀 돛들과 바닷가 가까이 푸른 물속에 많은 이동식 탈의실이 들어서 있는 풍경에 정신이 팔린 도시 사람도 있었다. 그와 달리 풍경보다 사람들을 더 좋아하는 사람은 늘어선 내닫이창에 눈을 돌려 그 너머로 보이는 많은 사람들의 생활을 내다보곤 한다. 어떤 창문에서 피아노 소리가 흘러나왔다. 젊은 곱슬머리 여인이 연주하는 소리로 그녀는 매일 6시간 동안 그렇게 동숙자들을 기쁘게 해주고 있다. 오늘 한 창문에는 귀여운 보모 폴리가 도련님 옴니엄을 안고 달래주고 있으며, 그 아래로 보이는 창문에서는 아기의 아버지 제이콥 씨가 아침으로 새우를 먹으며 열심히 〈타임스〉지를 읽고 있다. 그 건너편으로는 리어리 가문의 아가씨들이 저쪽 중기병대 장교들이 낭떠러지로 갈 것이 틀림없다며 뚫어져라 밖을 내다보고 있었다. 또 6파운드짜리 망원경으로 바다를 바라보면서 유람선과 고기잡이배, 해안으로 올라왔다가 다시 바닷속으로 들어가는 이동식 탈의실 등을 하나하나 구경하는 해양취미를 가진 실업가도 있다. 하지만 지체 높은 부랑자들로 가득한 아름다운 나폴리라고 불러야 할 브라이턴은 언제나 활기차고 즐겁고 화려하며 마치 광대의 재킷 같은 곳이다. 이 소설 속 당시에는 런던에서 그곳까지 가려면 7시간이나 걸렸지만, 지금은 1시간 반이면 갈 수 있다. 만에 하나 주앵빌 제독이 쳐들어와서 기습적으로 포격하는 일이 없다면, 런던에 얼마만큼 가까이 다가갔을는지 알 길이 없는 브라이턴. 그런 브라이턴에 대해 낱낱이 묘사할 겨를은 없다.

"방물 상점 건너편 방에 있는 저 여자, 굉장한 미인인걸!" 산책하는 세 사람 가운데 한 사람이 다른 동료에게 말했다. "오, 젠장! 크롤리, 내가 지나갈 때 저 여자가 윙크를 하는 거 봤나?"

"조스, 이 망나니 같으니. 괜한 여자 울리지나 말게." 다른 한 사람이 말했다. "여인의 마음을 갖고 장난치지 말게, 이 호색가!"

"잔소리 마." 조스 세들리는 무척이나 기분이 좋은 듯 문제의 하녀에게 아주 매력적으로 추파를 던졌다. 조스는 브라이턴에 오더니 누이동생의 결혼식 때보다 더욱 훌륭해 보였다. 보통 멋쟁이가 한 장을 걸쳐도 눈에 띌 만한 멋진 조끼를 겹겹이 껴입고 있었다. 그 위에 장식 단추와 까만 단추, 굽이치는 자수로 꾸며진 군용 프록코트를 입고 있었다. 그는 요즘 들어 군인 복장을 하고 군인 흉내까지 내며, 장화 박차 소리를 내면서 걷는 두 현직 군인 친구와 함께 다녔다. 그리고 요란스럽게 으스대다가도 제법 예쁘장한 하녀가 보이면 뇌쇄적인 눈길을 보내는 것이었다.

"여자들이 돌아올 때까지 뭘 할까?" 이 멋쟁이가 물었다. 여자들이 그의 마차를 타고 로팅딘으로 놀러 갔기 때문이다. "당구라도 치는 건 어떤가?" 두 친구 가운데 반짝이는 수염에 키가 큰 친구가 말했다.

"아니, 그건 안 되네, 대위." 조스가 살짝 당황한 듯이 대답했다. "오늘 당구는 하지 말자고, 크롤리. 어제 친 것만 해도 얼만데 그러나."

"자네 잘 치지 않나." 크롤리가 웃으면서 말했다. "안 그런가, 오즈번? 그때의 5점치기는 정말이지 훌륭했었지."

"훌륭했지." 조지가 대답했다. "조스는 당구도 잘 치고, 그 밖에 무슨 일이든 잘한다네. 이 근처에 호랑이라도 나타나면 좋겠군. 그러면 저녁때까지 몇 마리 잡고 올 텐데 말이야. (이봐, 예쁜 여자가 왔어! 저 발목 좀 보게. 아주 그만이지 않나, 조스?) 호랑이 사냥 이야기나 들려주게. 자네가 정글에서 호랑이를 해치웠다는 그 이야기 말일세. 크롤리, 정말이지 훌륭한 이야기라네." 그러더니 조지 오즈번이 하품을 했다. "여긴 무척이나 지루하군. 뭐 할 게 없을까?"

"스내플러 마구간에 가서 루이스 시장에서 데려온 지 얼마 안 됐다는 말이나 구경할까?"

"더톤에 가서 젤리를 먹는 건 어떤가?" 짓궂은 조스는 일석이조를 노리면서 말했다. "더톤에 아주 예쁜 여인이 있다네."

"가서 번개호가 도착하는 걸 보는 건 어떤가? 마침 그 시간인데." 조지가 말했다. 이 제안이 마구간이나 젤리보다 낫다 하여 그들은 번개호가 도착하는 것을 구경하러 마차 사무실 쪽으로 발걸음을 돌렸다.

그들은 도중에 멋진 문장이 붙은 조스 세들리의 무개마차와 마주쳤다. 조스는 혼자서 당당하게 팔짱을 끼고, 모자를 비스듬히 쓰고는 이 멋진 마차로 첼튼엄 일대를 돌곤 했다. 때로는 곁에 여자를 앉히고 몹시 즐거워했다.

지금 그 마차에는 두 여인이 타고 있다. 한쪽은 머리 빛깔이 연하고 최근 유행하는 여행복을 입고 있고, 다른 한쪽은 갈색 비단 외투에 분홍색 리본이 달린 밀짚모자를 쓴, 장밋빛에 둥글고 해맑은 얼굴이 아주 보기 좋은 여인이었다. 그녀는 마차가 세 신사가 있는 곳에 가까워지자 마차를 세웠다. 그러더니 왠지 쑥스러운 듯이 매우 얼굴을 붉혔다. "여보, 무척이나 재미있었어요." 그녀가 말했다. "그리고…… 그리고 이렇게 돌아와서 참 기뻐요. 그런데 저, 조지프 오라버니. 저이를 늦게까지 붙잡아두지는 말아줘요."

"바깥양반에게 나쁜 짓을 가르치지 마세요, 세들리 씨. 정말이지 못 말리는 분이라니까." 레베카는 아주 아름다운 프랑스제 기드 장갑을 낀 예쁜 손가락을 조스를 향해 흔들어댔다. "당구도 안 되고, 담배도 안 돼요. 나쁜 짓은 절대로 안 돼요!"

"크롤리 부인, 걱정 마십시오!" 조스는 겨우 이런 대답밖에 할 수 없었다. 하지만 고개를 기울이고는 싱긋 웃으며 상대를 바라보고, 뒷짐 진 손으로 지팡이에 몸을 기대, 다이아몬드 반지를 낀 손으로 셔츠 가장자리 장식이나 조끼 사이를 더듬는 멋진 자세를 취하는 것을 잊지 않았다. 마차가 다시 떠나가자 그는 다이아몬드 반지를 낀 자기 손에 키스하여 마차 안에 타고 있는 아름다운 부인들을 향해 날려 보냈다. 조스는 저런 미인에게 손을 흔들고 있는 자신을, 근위대 로든 크롤리 같은 유명한 멋쟁이와 함께 있는 자신을 첼튼엄과 초우링기, 캘커타 사람들에게 보여주고 싶었다.

우리의 젊은 신랑 신부는 결혼 뒤 처음 며칠을 지낼 곳으로 브라이턴을 택했다. 그런데 이곳 쉽 여관에 방을 얻어놓고 편안하고 조용하게 신혼을 즐기고 있는데 얼마 안 있어 조스가 나타났다. 게다가 여기서 그들이 만난 친구는 조스만이 아니었다. 어느 날 오후 해변가를 산책하고 여관으로 돌아가다가 뜻밖에도 레베카와 그녀의 남편을 만난 것이다. 물론 곧바로 서로를 알아보고 레베카는 둘도 없는 오랜 친구 아밀리아의 품으로 뛰어들었다. 크롤리와 오즈번은 진심 어린 악수를 나누었다. 베키는 몇 시간 만에 언젠가 오즈번과의 사이에 불쾌한 말을 주고받았던 일을 잊어버리게끔 했다. "크롤리 노부인 저택에서 마지막으로 만나뵀을 때 제가 무례하게 군 일을 기억하시나요, 오즈번 대위님? 그때는 실례가 많았습니다. 그땐 대위님께서 아밀리아에게 무관심하신 것 같아 보여서 화가 났답니다. 그래서 그렇게도 주제넘게 굴고 불친절하게 은혜 모르는 짓을 했어요. 용서하세요!" 레베카가 어찌나 솔직하고 애교 있게 얘기하며 손을 내밀었던지, 오즈번은 그 손을 잡지 않을 수가 없었다. 자기가 나빴다는 것을 겸손하고 솔직하게 인정한다는 것이 스스로에게 얼마나 이득이 되는지 모른다. 허영의 시장에서 변호사인지 뭔지를 아주 훌륭하게 개업한 어느 신사가 있었는데, 그는 나중에 정직하고 남자답게 사과하려고 일부러 이웃사람들에게 조금씩 나쁜 짓을 해왔다. 그 결과는 어떠했던가? 크로키 도일이란 그 친구는 가는 데마다 환영받고, 성미가 좀 급하기는 하나 정직한 사람이란 평을 받았다. 지금 베키의 겸손한 태도도 조지 오즈번에겐 성의 있게 비쳤다.

이 두 쌍의 젊은 부부는 서로 할 말이 태산 같았다. 그들은 서로의 결혼에 대해서, 그리고 앞으로 살아갈 일에 대해서 아주 솔직하고 흥미롭게 이야기를 나누었다. 조지의 결혼 사실은 친구 도빈 대위가 그의 아버지에게 보고하기로 했는데, 그 결과를 상상하자니 조지는 조금 떨렸다. 한편 로든이 모든 희망을 걸고 있는 크롤리 노부인은 아직 화가 풀리지 않았다. 파크 레인의 노부인 저택에 출입할 수 없게 된 조카와 조카며느리는 브라이턴까지 따라와서 노부인의 집 앞에 줄곧 밀사를 심어두고 있었다.

"언제나 우리 집 앞을 헤매는 로든의 손님들을 너한테도 보여주고 싶어." 레베카가 웃으면서 말했다. "빚쟁이라든가, 집행관과 그 부관을 본 적이 있니? 그런 끔찍한 인간 둘이 지난 일주일 내내 건너편 채소 가게에서 망을 보는 바람에 우린 통 외출을 하지 못했어. 고모님의 성이 풀리지 않으면 우린 어떻게 하지?"

로든은 껄껄 웃으면서 빚쟁이들에 대한 여러 재미있는 이야기와, 그들을 노련하게 다루는 레베카의 솜씨를 말해주었다. 그는 레베카만큼 채권자를 잘 구슬리는 여자는 유럽 어디서도 찾아볼 수 없다고 극찬했다. 결혼한 다음 날부터 레베카는 그런 일을 해온 셈인데, 로든은 그런 아내를 높이 평가했다. 그들은 예금한 것도 많았지만 워낙 빚도 많아서 돈에 쩔쩔맸다. 그런데 이렇게 빚에 쪼들린다고 로든의 풀이 꺾였을까? 그렇지 않다. 꽤 많은 빚을 지고 있으면서도 하고 싶은 것은 다 하면서 즐겁고 느긋하게 살고 있다는 것쯤 허영의 시장 사람이라면 누구나 다 알고 있을 것이다. 로든 부부는 브라이턴 여관에서 가장 좋은 방을 얻었다. 여관주인은 처음에 식사를 가져오면서 가장 높은 손님을 대접할 때 하는 정중한 인사를 했다. 그리고 로든은 이나라에서 어떤 고위 장교도 따라 할 수 없을 만큼 오만한 태도로 식사가 맛이 없다느니, 술이 별로라며 불평을 해댔다. 오랜 시간 동안 몸에 밴 습관과 과시욕, 흠잡을 데 없는 옷과 구두, 거기에 알맞은 엄격한 태도까지. 이러한 것이 은행에 있는 많은 예금 못지않은 효과를 낼 수 있다는 점은 놀랍지도 않다.

두 신혼 부부는 계속해서 서로의 숙소를 찾아갔다. 며칠 밤이 지나서는 부인들이 떨어져 앉아 잡담을 나누는 동안, 남편들은 때때로 카드놀이를 즐겼다. 이 놀이와, 멋진 무개마차를 타고 나타나 로든 크롤리 대위와 당구를 친 조스 세들리가 로든의 지갑을 채워주어 그에게 현금의 고마움을 느끼게 해주었다. 사실 이 현금이란 것이 없으면 아무리 대단한 사람이라도 어찌할 바를 모르게 된다.

아무튼 이렇게 브라이턴에서 만난 세 사람은 승합마차 번개호가 오는 것을 구경하러 갔다. 안팎으로 손님을 가득 태운 번개호가 제시간에 맞추어 나타났다. 번개호는 차장이 불어대는 귀에 익은 호각소리와 함께 쏜살같이 길을 달려오더니 승합마차 사무실 앞에 멈춰 섰다.

"이보게들! 도빈이 왔네." 조지는 마차 지붕 위에 타고 온 친구를 보더니 기뻐서 어쩔 줄 몰라 소리를 질렀다. 도빈도 브라이턴에 온다고 약속했는데 지금까지 미루어왔던 것이다. "잘 있었나? 와 주어서 기쁘네. 에미도 자넬 보면 반가워할 거야." 친구가 마차에서 내리자마자 따뜻한 악수를 나누며 조지가 말했다. 그러고는 좀 낮은 목소리로 걱정스러운 듯이 덧붙여 물었다. "어떻게 됐지? 러셀 스퀘어에는 가봤나? 우리 영감이 뭐라고 하던가? 죄다 이야기해보게."

도빈은 몹시 창백하고 심각해 보였다. "자네 부친이라면 만나뵙고 왔네. 아밀리아, 아니 부인은 어떻게 지내나? 곧 모두 이야기해주겠네. 그런데 그보다 더 중대한 소식을 가져왔어. 그건 말이지."

"얼른 말해봐, 이 사람아." 조지가 재촉했다.

"벨기에로 출동명령이 떨어졌어. 근위대고 뭐고 전부 출동이네. 헤비톱은 신경통이 생겨서 못 간다고 야단이야. 오다우드가 부대장이 되었다네. 우린 다음 주 채텀에서 승선일세."

이 전쟁 소식은 새 신랑들에게 큰 충격이 아닐 수 없었다. 신사들은 모두 몹시 심각한 표정을 지었다.

제23장
유세(遊說)로 바쁜 도빈 대위

우정에는 신비로운 최면의 힘이 있다. 그 힘에 걸리면 평소에는 굼뜨고 쌀쌀맞고 겁 많은 사람도 친구를 위해 총명해지고 활발해지며 결단력이 생기니 대체 어찌된 일일까? 마치 알렉시스가 엘리엇슨 박사에게 최면술을 몇번 받더니 고통을 아무렇지 않게 여기고, 머리 뒤에 있는 책을 읽어내고, 몇 마일 밖에 있는 것을 볼 수 있고, 다음 주의 일을 알게 되는 등, 혼자 있는 평범한 상태라면 절대로 할 수 없는 여러 신기한 일을 해내는 것과 마찬가지다. 세상사와 부딪쳐 우정이 힘을 발휘하게 될 때면 얌전한 사람은 대담해지고, 수줍어하던 사람은 뱃심이 생기고, 게으름뱅이는 활발해지고, 난폭한 사람은 신중하고 온화해진다. 이와 반대로 변호사가 자기 일에 손을 쓰지 못하고 훌륭한 동업자를 불러서 상담받는 것은 어찌된 일일까? 또 의사가 제몸이 아플 때 벽난로 위에 걸린 거울에 혓바닥을 비춰보거나 연구실 책상에서 자기 처방전을 쓰지 않고, 영업상 경쟁자를 불러오는 것은 어찌된 일일까? 나는 우리가 얼마나 잘 믿고 얼마나 의심이 많은지, 얼마나 무르고 얼마나 완고한지, 남을 위한 일에는 얼마나 단호하며, 자신을 위한 일에는 얼마나 망설이는지를 잘 알고 있는 현명한 독자 여러분의 대답을 듣고자 이러한 질문을 꺼낸다. 부모가 시키면 부엌에 내려가서 부엌데기와 결혼했을지도 모르는 사람, 자기 일이라면 길을 건너가는 것도 귀찮아하는 윌리엄 도빈이 사실 조지 오즈번의 일을 처리할 때는 자기 일로 동분서주하는 아주 이기적인 책략가 못지않았다는 것이다.

조지와 그의 젊은 아내가 브라이턴에 와서 수줍은 신혼의 한때를 달콤히 보내는 사이, 의리가 두터운 윌리엄은 조지의 대리인으로서 친구 결혼의 사무적인 일을 처리하기 위해 런던에 남아 있었다. 그가 맡은 일은 세들리 노부부를 방문해서 세들리 노인의 기분을 돋우고, 조스와 그의 매부가 된 조지의 사이를 더욱 두텁게 하며, 아버지가 몰락해도 보글리 월라의 세금 징수관이란 권위 있는 지위를 가진 아들 조스가 아버지를 대신하고 있기에 괜찮다는 것을 알려서 오즈번 노인이 이번 혼인을 받아들이기 쉽게 하고, 마지막으로 되도록 노인이 화내지 않을 방법으로 이번 결혼 소식을 전하는 것이었다.

꼭 전해야 할 소식을 가지고 오즈번의 가장과 만나기 전에, 도빈은 그 집 가족들과 친해져서 될 수 있으면 딸들을 같은 편에 끌어들이는 것이 상책이겠다고 생각했다. 어떤 여인이 진정으로 낭만적인 결혼을 싫어하겠는가? 조금 화를 내는 정도지, 곧 조지 편이 될 것이 틀림없었다. 그렇게 되면 이쪽에선 셋이서 오즈번 노인을 포위하게 된다. 그리하여 권모술수에 능한 보병대위는 오즈번네 딸들에게 조지의 비밀을 충격이 가지 않게 알릴 좋은 방법이나 전술이 없을까 이리저리 고민했다.

도빈의 모친이 언제 어떤 모임에 나갈 약속을 했는지 잠깐 물어보는 것만으로 그는 부인의 친구 가운데 누가 그 시즌에 연회를 열며, 어디에서 오즈번 집안의 딸들을 만날 수 있는지 아주 쉽게 알아낼 수 있었다. 그는 유감스럽게도 창피함을 잘 아는 다른 남자들처럼 패전과 연회를 무척이나 싫어했다. 그럼에도 오즈번 집안의 딸들이 참석할 예정인 연회장으로 찾아갔다. 그는 무도회에 참석해서 두 아가씨와 두 곡씩 춤을 추고 몹시 정중하게 대했다. 그리고 마침내 용기를 내서 오즈번 양에게 내일 아침 일찍 잠시만이라도 이야기를 나눌 수 없겠는가, 그때 아주 중요한 이야기가 있다고 말했다.

그러자 제인은 뒤로 물러나더니 잠시 도빈을 바라보고 자신의 발밑을 내려다봤다. 도빈이 때마침 그녀의 발끝을 밟아 정신을 차리게 만들어주어서 다행이지, 만약 그러지 않았다면 비틀거리던 제인은 그만 도빈의 품에 안길 뻔했다. 잠깐 할 얘기가 있다는 도빈의 말에 그녀가 그렇게 당황한 것은 어째서일까? 그건 알 길이 없다. 다음날이 되어 다시 와봤더니 동생 마리아도 객실에 없고, 마리아를 데리러 간 워트 양도 돌아오지 않았기에 결국 대위는 제인과 둘만 남게 되었다. 둘 다 아무 말도 하지 않았다. 벽난로 장식선반 위 이피게네이아 상이 달린 시계가 똑딱거리는 소리만이 유난히 요란스레 들려왔다.

"어젯밤 연회는 참 멋졌어요!" 제인이 드디어 분위기를 띄우려 입을 열었다. "그리고 도빈 대위님은 춤이 많이 느셨더군요! 틀림없이 누군가가 가르쳐 준 것이겠지요." 그녀는 정감 있게 농을 섞으며 덧붙였다.

"우리 연대의 오다우드 소령 부인과 제가 릴을 추는 걸 보여드릴 걸 그랬군요. 지그도 말이지요. 지그를 본 적이 있으신가요? 아니, 오즈번 양이라면 누구와도 출 수 있겠지요. 그렇게 잘 추시니 말입니다."

"소령 부인은 젊고 예쁘시던가요, 대위님?" 아름다운 질문자는 이어서 말했다. "아아, 군인의 아내란 참 못할 짓이겠어요. 이렇게 두려운 전시(戰時)에 춤을 출 기운이 날까요? 도빈 대위님, 저는 가끔 조지나 불쌍한 병사들이 겪을 위험을 생각하면 몸이 떨린답니다. 제××연대에는 결혼한 장교들이 많은가요, 도빈 대위님?"

'저 아이는 정말이지 지나치게 속마음을 드러낸다니까.' 워트는 생각했다. 그러나 이 비평은 단순히 따옴표를 친 문장에 지나지 않기에, 가정교사가 이렇게 말하며 엿보던 문틈으로 말이 새어 들어가지는 않았다.

"젊은 장교 한 사람이 막 결혼했지요." 도빈은 슬슬 요점에 다가가기 시작했다. "꽤 오랫동안 사귀었던 사이랍니다. 그 젊은 부부는 교회에 사는 생쥐만큼 가난하지요."

"아아, 참 멋지네요! 아아, 참 낭만적이에요!" 제인은 대위가 '오랫동안 사귄 사이다', '가난하다' 말할 때마다 이렇게 탄성을 질렀다. 그녀의 동정심 섞인 태도에 도빈은 기운을 얻었다.

"연대에서도 제일 훌륭한 청년입니다." 그가 말을 이었다. "전 육군에서도 그렇게 용감하고 사내다운 장교는 본 적이 없습니다. 게다가 그 부인도 매력이 넘치지요! 그 여자를 알게 되면 무척이나 마음에 드실 겁니다." 제인은 이제 때가 되었다고 생각했다. 그리고 도빈이 점점 초조해져서 얼굴을 씰룩거리고, 커다란 발로 바닥을 쿵쿵 구르고, 프록코트의 단추를 끼웠다 끌렀다 하는 것만 봐도 긴장하고 있다는 것이 눈에 훤했다. 사실 제인은 도빈이 조금 콧대를 세우다가 속마음을 완전히 털어놓으리라 생각하고 그걸 간절히 기다리고 있었다. 이때 이피게네이아 상이 달린 시계가 찌르르르 예비음을 울리고 열두 시 종을 쳤다. 이 초조한 처녀에게는 종소리가 마치 한 시간도 넘게 울리는 것처럼 지루하게 들렸다.

"그런데 제가 온 건 결혼 이야기 때문이 아닙니다. 그러니까 그 결혼……
그러니까…… 아니, 제 얘기는 말입니다…… 오즈번 양, 제 친구 조지 때문
에 온 것입니다." 도빈이 말했다.

"조지 때문이라고요?" 너무나 실망스러워하는 그녀의 목소리에 문밖에서
엿듣고 있던 마리아와 워트는 그만 웃음을 터뜨리고 말았다. 어수룩한 도빈
마저 웃음이 나올 것 같았다. 사실 그도 이러한 사정을 모르는 것은 아니었
다. 조지가 가끔 그에게 "정말이라니까, 윌. 왜 우리 제인을 데려가질 않
나? 자네가 말만 하면 얼씨구 좋다고 달려들 텐데 말이네. 5대 2로 내기해
도 좋네." 하며 놀려댔었기 때문이다.

"예, 조지에 관한 이야깁니다." 도빈은 말을 이었다. "조지와 아버님의 사
이가 좋지 못한 것 같더군요. 저는 조지를 무척이나 존경하고 있습니다. 아
시다시피 저와 조지는 친형제처럼 지내니까요. 그래서 전 이러한 다툼이 원
만히 해결되기를 바라고 있습니다. 오즈번 양, 저희는 곧 원정을 떠납니다.
바로 내일 명령이 떨어질 수도 있고, 전쟁터에서 어떤 일이 벌어질지도 모릅
니다. 오즈번 양, 그렇게 걱정하지는 마십시오. 다만 아버님과 조지가 화해
하고 떠났으면 합니다."

"다툼이라니 그런 건 없어요, 도빈 대위님. 평소처럼 아버지와 조지가 말
싸움을 한 것뿐이에요. 저희는 매일같이 조지가 돌아와 주기만을 기다리고
있어요. 아버지는 그저 조지를 위해서 그렇게 말씀하신 거예요. 조지가 돌아
와 주기만 하면 돼요. 그러면 모든 일이 잘 풀릴 거랍니다. 그리고 기분이
나빠져서 화를 내고 돌아간 로다 양도 틀림없이 조지를 용서할 거예요. 여자
란 너무나 쉽게 남을 용서하니까요."

"당신처럼 천사 같은 분은 틀림없이 그럴 겁니다." 도빈이 몹시 약빠르게
말했다. "하지만 남자로선 여자에게 고통을 주고 속이 편할 수가 없습니다.
만약 남자가 당신을 배신한다면 기분이 어떻겠어요?"

"전 죽어버릴 거예요! 창밖으로 몸을 내던지겠어요! 독약을 먹겠어요!
애를 태우다 죽어버릴 거예요. 틀림없이 그럴 거예요." 제인이 말했다. 그렇
지만 그녀는 한두 번 연애를 하는 동안에 자살한다는 생각은 해본 적이 없
다.

"그런데 당신처럼 진실하고 마음씨가 고운 사람이 또 있습니다." 도빈은 계속 이어서 말했다. "오즈번 양, 그 사람은 서인도의 상속녀가 아니라, 조지가 전부터 사랑해온 한 가엾은 여인입니다. 그녀는 어렸을 적부터 조지만을 생각하며 자랐습니다. 저는 그녀가 가난에 시달려도 불평하지 않고, 아무 잘못 없이 실연당하는 것을 보았습니다. 그녀는 바로 세들리 양입니다. 오즈번 양, 당신같이 너그러운 마음을 가진 분이 그녀에게 충실하다는 이유로 조지를 탓하겠습니까? 만약 조지가 그녀를 버린다면 조지인들 마음이 편하겠습니까? 세들리 양의 편이 되어주십시오. 그녀는 언제나 당신을 사랑했습니다. 그리고 저는 조지가 그녀와의 약속을 신성한 의무라고 생각하고 있다는 것을 전해달라는 부탁을 받고 왔습니다. 그리고 조금이나마 당신께서 그의 편이 되어주기를 부탁하고자 왔습니다."

도빈은 어떤 거센 감정에 사로잡히면 처음 한두 마디는 우물거려도 그 뒤로는 아주 유창하게 말했다. 그러니 이 웅변이 듣고 있는 여인에게 어느 정도 인상을 주었으리라는 것은 분명했다.

"어머나! 그건…… 정말이지 뜻밖이네요. ……곤란해요. ……야단났군요. ……아버지가 뭐라고 하실지. ……조지가 모처럼 들어온 좋은 혼담을 거절하다니. ……조지가 도빈 대위님처럼 무척이나 용맹한 대변자를 구했군요. 모처럼 힘써주셨지만 소용없을 거랍니다." 제인은 잠시 뜸을 들이다가 이어서 말했다. "전 가엾은 세들리 양을 동정하고 있어요. 정말이랍니다. 진심이에요. 그녀가 우리 집에 왔을 때 우리는 늘 친절하게 대해 주었지만, 그녀가 좋은 신붓감이라고 생각한 적은 없어요. 아버지도 분명히 허락지 않으실 거예요. 배운 여자라면, 사리판단을 할 줄 아는 여자라면 더욱 그럴 거예요. 조지가 먼저 그녀를 포기해야만 해요. 도빈 대위님, 반드시 그래야만 해요."

"남자는 자신이 사랑하는 여자가 불행에 빠졌다고 포기해야 하나요?" 도빈은 손을 내밀며 말했다. "이런 얘기를 당신의 입에서 듣게 되리라고는 상상도 못했습니다. 오즈번 양! 제발 세들리 양의 편이 되어주세요. 조지는 그녀를 버릴 수 없는 처지입니다. 아니, 버려서도 안 됩니다. 당신이 만약 빈털터리가 된다면 사랑하는 남자가 당신을 버리리라고 생각하십니까?"

이 노련한 질문은 제인 오즈번의 마음에 적잖이 감동을 주었다. "우리 바보 같은 여자들이 남자들 하는 말을 믿어야 할지 어떨지 저는 모르겠어요, 대위님." 그녀는 말했다. "여자들은 마음이 약해서 뭐든지 너무 선뜻 믿어버려요. 저는 걱정스러워요. 몹쓸 거짓말쟁이가 아닌가 하고." 제인은 이렇게 말하며 도빈이 내민 손을 힘주어 꽉 쥐었다.

도빈은 깜짝 놀라 손을 놓았다. "거짓말쟁이라고요?" 그가 소리를 질렀다. "천만에요, 오즈번 양. 남자들이 다 그렇진 않아요. 당신의 동생도 마찬가지입니다. 조지는 어릴 적부터 아밀리아를 사랑해왔어요. 억만금을 주더라도 그는 그녀를 버리지 않을 겁니다. 당신은 동생에게 그녀를 버리라고 하겠습니까?"

이런 질문에 대해 자기 고유의 견해를 가진 제인이 뭐라고 말할 수 있었겠는가? 대답을 찾지 못한 그녀는 "글쎄요. 대위님은 거짓말쟁이가 아니라 해도 적어도 대단한 공상가예요." 하고는 슬쩍 회피해버렸다. 윌리엄 대위도 이 말엔 대꾸를 않고 그대로 넘겨버렸다.

그리고 다시 여러 말로 제인의 기분을 풀어준 뒤 마침내 그녀가 이야기를 들을 준비가 다 되었다고 생각되자 도빈은 모든 것을 털어놓았다. "조지는 아밀리아를 버릴 수가 없습니다. 조지는 그녀와 결혼했습니다." 그리고 조지가 만일 약속을 지키지 않았다면 가엾은 아밀리아는 죽어버렸을 것이다, 세들리 노인도 결혼에 반대하여 다른 방법으로 결혼허가증을 얻었으며 조스 세들리가 첼튼엄으로 와서 아버지의 대리까지 했다, 부부는 신혼을 즐기러 조스의 사두마차를 타고 브라이턴으로 갔고, 친절하고 아주 믿음직하며 다정한 자신의 누이들이 아버지에 맞서 자신의 편이 되어줄 것이라고 조지가 기대하고 있다는 등 독자 여러분은 이미 알고 있는 결혼사정을 설명했다. 그러고는 다시 뵙겠다고 하고(그건 오즈번 양도 선뜻 승낙했다), 자기 이야기가 5분 안에 다른 여인들에게 전해지리라 생각하며(그 생각이 옳았다) 도빈 대위는 인사를 하고 떠나갔다.

그가 집을 나오자마자 마리아와 워트는 제인이 있는 방으로 달려 들어갔다. 제인은 그 비밀을 두 여자에게 몽땅 알렸다. 사실 오즈번 집안의 여인들은 누구도 불쾌해하지 않았다. 사랑의 도피란 여자들이 좀처럼 심하게 화를 낼 수 없는 무언가가 있기 때문이다. 그래서 그렇게 함께 떠나기로 결심한 아밀리아를 그녀들은 높이 평가했다. 그녀들은 아버지가 어떻게 하실까, 무슨 얘기를 하실까 서로 의견을 나누었다. 그때 마치 원수를 갚으러 온 듯 우레처럼 요란하게 문을 두드리는 소리가 나는 바람에 비밀이야기를 나누던 세 사람은 깜짝 놀라고 말았다. 아버지이리라고 생각한 것이다. 그런데 아버지가 아니었다. 그 사람은 약속대로 그녀들을 꽃박람회에 데려가려고 찾아온 프레더릭 블록이었다.

짐작했겠지만, 얼마 안 가서 이 신사에게도 그 비밀이 알려졌다. 그런 비밀을 듣고 난 그의 얼굴에는 오즈번 집안의 여인들이 보이던 감상적인 놀라움과는 아주 다른 느낌의 놀라움이 떠올라 있었다. 블록 씨는 세상을 잘 아는 사나이로, 돈이 많은 회사의 젊은 사원이었다. 그는 돈이 무엇이며 그 가치가 어떠한지 잘 알고 있었다. 그래서 자기가 아내로 삼으려는 마리아를 보며, 조지란 친구가 어리석은 짓을 한 덕분에 자기가 예상했던 것보다 여자의 결혼 지참금이 3만 파운드나 더 많아질지도 모른다고 생각하니, 기뻐서 가슴이 설레 그 조그만 눈을 반짝거리며 저도 모르게 미소를 지었다.

"아니! 제인." 그는 언니 쪽을 조금 흥미롭다는 듯이 바라보며 말했다. "조지가 상대를 해주지 않아서 뱀장어 같은 여자들이 섭섭해하겠군요. 당신도 아직은 5만 파운드짜리는 되겠어요."

두 여인은 지금까지 돈 문제에 대해서는 생각해본 적이 없었다. 하지만 프레더릭 블록은 그녀들과 오전 동안 산책을 하면서 돈 이야기로 그녀들을 품위 있고 즐겁게 놀려댔다. 그래서 그녀들은 산책을 끝내고 아침을 먹으러 돌아갈 즈음에는 큰 부자가 된 것 같은 기분에 사로잡혀 자신들도 그렇게 나쁘지 않다고 생각하고 있었다. 독자 여러분께선 이런 이기주의를 기괴하다며 화내지 말기 바란다. 마침 오늘 아침에 리치먼드에서 승합마차를 타고 오던 나는 말을 바꾸는 동안 마차 지붕 위에 앉아 있었다. 저 아래쪽 웅덩이에서는 아이 셋이 진흙투성이가 되어 사이좋게 놀고 있었다. 잠시 뒤에 다른 아이가 찾아왔다. "폴리, 네 언니가 1페니를 갖고 있단다." 그 여자아이가 말했다. 이 소리를 듣고 아이들은 얼른 일어나 페기 언니의 비위를 맞추러 뛰어가버렸다. 승합마차가 출발하자, 나는 페기가 어린이 행렬을 거느리고 근처 사탕과자 아주머니네 상점으로 위풍당당하게 걸어가는 것을 보았다.

제24장
오즈번 씨 가정용 성경을 꺼내다

이렇게 조지의 누나와 동생에게 이야기를 전한 도빈은 이제 자신이 맡은 가장 어려운 일을 하기 위해 서둘러 시내로 갔다. 오즈번 노인을 직접 만날 생각을 하니 도빈은 적잖이 주눅이 들었다. 그래서 오즈번 집안의 아가씨들이 아버지에게 비밀을 털어놓을 때까지 기다려볼까 하는 생각도 들었다. 그녀들이 비밀을 지킬 리가 없다는 건 그도 잘 알고 있었다. 하지만 도빈은 오즈번 노인이 어떤 태도로 이야기를 들었는지 조지에게 알려주겠다고 약속을 했다. 그래서 템스 거리에 있는 오즈번 노인의 회계사무실로 찾아가 그곳의 사환에게 아드님 조지의 일로 30분 정도 만나 뵙고 싶다는 편지를 전했다. 사환은 "어서 들어오시지요. 지금 당장 기꺼이 맞이해 드리리다."라는 답장을 갖고 돌아왔다. 그렇게 도빈은 오즈번 노인을 만나러 안으로 들어갔다.

대위는 조금 죄스러운 비밀을 고백해야 하며, 노인과의 만남이 힘들고 험악하리라고 짐작되어, 어두운 표정에 수줍은 걸음걸이로 오즈번 씨의 사무실에 들어갔다. 그리고 초퍼 씨가 서기장으로 있는 바깥 방을 지나가는데 그 서기장이 책상에서 장난스럽게 인사를 건네는 바람에 도빈은 더욱 당황했다. 초퍼 씨는 눈짓을 하더니 고개를 끄덕이고 펜으로 노인의 방을 가리키며 "가보십시오. 어르신께서 기분이 좋으십니다." 하고 즐겁게 말했다. 뭐가 그리 즐거우냐고 묻고 싶은 심정이었다.

오즈번 노인도 자리에서 일어나 그와 뜨거운 악수를 나누고 "잘 지냈나?" 하고 물었다. 그 말은 조지의 대리인으로 온 도빈에게 더욱 죄책감을 안겨주었다. 노인에게 붙잡힌 손은 죽은 듯이 움직이질 않았다. 그는 일이 이렇게 된 것은 다 자기 탓이라는 생각이 들었다. 조지를 아밀리아 앞으로 다시 돌아가게 한 것도, 조지의 부친에게 이렇게 알리러 온 결혼을 부추겨서 이루어지게 한 것도 거의 그가 한 짓이었다. 그런데 조지의 부친은 얼굴에 미소를 가득 짓고 그의 어깨를 두드리며 "잘 지냈나?" 말하면서 그를 반겨주는 것이 아닌가? 도빈이 고개를 숙인 것도 무리가 아니다.

오즈번 노인은 그저 도빈이 아들의 항복을 전하러 왔다고만 생각하고 있었다. 좀 전에 도빈이 방문을 알렸을 때, 마침 오즈번 노인은 초퍼와 함께 자기 아들 일로 의논을 나누고 있었다. 두 사람은 조지가 항복하고자 사람을 보냈다는 의견에 모두 찬성했다. 사실 두 사람은 며칠 전부터 이걸 기다리고 있었다. 그래서 오즈번 노인은 자신의 서기장을 바라보며 말했다. "잘 됐어! 이제 우리도 성대하게 결혼식을 치를 수 있겠어, 초퍼." 그러고는 그 큰 손가락으로 딱딱 소리를 내고 의기양양한 눈길로 초퍼를 바라보며 주머니 속의 금화와 은화를 짤랑거렸다.

지금도 그렇게 양쪽 주머니에서 짤랑짤랑 소리를 내고 있는 오즈번 노인은 모두 다 안다는 듯 즐거운 표정으로, 자기 맞은편에 멍하니 잠자코 앉아 있는 도빈을 바라보았다. '육군대위치곤 버릇깨나 없는 친구로군! 조지는 왜 제 친구한테 예의를 좀 더 가르치지 못했을까?'

마침내 도빈이 용기를 내어 말문을 열었다. "어르신, 저는 매우 중대한 소식을 가져왔습니다. 실은 오늘 아침 근위기병대에 다녀왔는데, 연대에 해외 출동명령이 떨어져 이번 주 안으로 벨기에로 떠나게 되었습니다. 그렇기에 한 번이라도 전투를 치르기 전에는 다시 조국으로 돌아올 수 없을 것입니다. 몇 명이나 살아 돌아오는지도 모르겠군요."

오즈번 노인은 심각한 표정을 지었다. "내 아들, 아니 그 연대는 임무를 다하겠지." 그가 말했다.

"프랑스군은 매우 강합니다." 도빈이 말을 이었다. "러시아군과 오스트리아군이 이쪽으로 이동하려면 시간이 꽤 걸릴 겁니다. 그러니 우리가 맨 먼저 싸우게 되겠지요. 게다가 나폴레옹은 첫 전투에서 치열하게 밀어붙일 속셈일 겁니다."

"무슨 뜻으로 그런 말을 하오, 도빈?" 노인은 불안한 듯이 얼굴을 찌푸리며 말했다. "나는 영국인 가운데 프랑스 놈들을 무서워하는 사람은 하나도 없다고 보는데?"

"제가 말씀드리려는 것은 저희가 떠나기 전에 말입니다. 저희들 하나하나 앞에 가로놓인 커다란 위험을 생각해볼 때, 만약 어르신과 조지 사이에 서먹한 점이 있다면 지금 화해하시는 게 좋지 않을까 하는 겁니다. 그렇지 않습니까? 만약 어르신이 노여움을 거두기 전에 헤어졌다가 조지에게 무슨 일이라도 생긴다면 어르신은 분명히 자신을 탓하실 겁니다."

이렇게 말하는 윌리엄 도빈은 가엾게도 얼굴이 새빨개졌다. 그러고는 자기야말로 배신자라고 속으로 고백했다. 자기만 나서지 않았던들 이런 불화는 일어나지도 않았을 것이다. 왜 조지의 결혼을 더 늦추지 못했던가? 그렇게도 열심히 결혼을 권할 필요가 뭐였던가? 조지는 큰 고통 없이 아밀리아와 이별하였을 것이고, 아밀리아도 조지를 잃었다는 충격에서 언젠가는 회복되었을 것이다. 이번 결혼과 그에 따라 일어난 모든 일은 그가 쓸데없이 나섰기 때문이었다. 왜 그런 짓을 했을까? 그것은 자신이 아밀리아를 너무나도 사랑하기에, 그녀가 슬퍼하는 모습을 더는 두고 볼 수 없었기 때문이다. 사람이 죽으면 서둘러 장례를 치르거나 사랑하는 이와의 이별이 가까워지면 헤어지기 전까지는 마음을 졸이는 것과 마찬가지로, 그는 자신을 애태우는 고민을 이겨낼 수가 없었기에 단숨에 뭉개버리려고 한 것이다.

"자네 기특하군, 윌리엄." 오즈번 씨는 부드러운 목소리로 말했다. "나와 조지는 서로 화를 품고 헤어져선 안 되지. 그건 사실이네. 그런데 내 얘기 좀 들어봐요. 나는 그 아이한테 여느 아버지 못지않게 잘해주었다네. 내가 장담하는데, 자네 아버지가 자네한테 준 돈의 세 배는 그놈한테 줬어. 그렇다고 자랑하는 건 아닐세. 내가 그놈 때문에 얼마나 고생했는지, 얼마나 내 재능과 힘을 썼는지는 구태여 말하지 않겠네. 초퍼한테 물어봐도 알 테고, 조지 녀석한테 물어봐도 알겠지. 런던 실업계가 다 알고 있을 것이네. 글쎄, 난 그놈한테 영국 어느 귀족에게도 자랑삼을 만한 혼담을 꺼냈단 말이지. 거기다 내가 부탁을 한 것도 그게 처음이었네. 그런데 그놈이 그걸 거절하는 게 아닌가? 그게 내 잘못인가? 내가 싸움을 걸었나? 난 그놈이 태어난 뒤로 지금까지 그놈에게 도움이 될 만한 일이라면 죄인처럼 빠짐없이 해왔네. 아무나 붙잡고 물어보게. 나한테 사심이 있다고는 말 못할 걸세. 돌아오라고 전해주게. 이렇게 손을 내밀고 기다리고 있을 테니. 지금까지 일은 모두 잊고 용서하겠네. 지금 당장 결혼하는 건 당치도 않아. 스와츠 양과 약혼만 해두고 다음에 조지가 대령이 되어 돌아왔을 때 결혼하면 되네. 그래, 그녀석이 대령이 되었으면 하네. 아니, 그걸 돈으로 살 수 있다면 내가 사주었을 텐데 말이야. 그놈을 설득해줘서 고맙네. 자네가 잘 해주었겠지. 지금까지 그놈이 곤경에 처할 때마다 자네가 몇 번이고 구해줬었지. 데리고 와주게. 화내지 않을 테니. 돌아와서 오늘 러셀 스퀘어에서 식사나 들고 가게. 자네와 그놈 다 함께 말이네. 여느 때와 같은 장소 같은 시간에 사슴 목살 요리를 내도록 하지. 잔소리는 하지 않겠네."

이렇게 칭찬과 속내 이야기를 듣고 나니 도빈은 가슴이 찌릿하게 아팠다. 이런 이야기가 계속될수록 양심의 가책은 점점 더해졌다. "어르신, 어르신은 뭔가 잘못 생각하고 계십니다. 조지는 돈을 보고 결혼하기에는 너무 고결합니다. 어르신이 조지더러 시키는 대로 안 하면 재산을 안 주겠다고 위협하시면 그의 반항을 더욱 부추길 뿐입니다."

"아니 이 사람아, 1년에 8천에서 1만 파운드가 들어올 자리를 권하는 게 위협이라니!" 오즈번 노인은 여전히 약이 오를 만큼 기분 좋게 대답했다. "정말이지, 스와츠 양만 괜찮다면 내가 결혼하고 싶을 정도네. 난 살빛이 좀 검다는 것 가지고 까다롭게 굴지 않거든." 노인은 가지런한 이를 내보이며 천하게 웃었다.

"어르신은 오즈번 대위가 언약한 사람이 있다는 걸 잊으셨습니까?" 도빈은 화가 난 듯이 물었다.

"언약이라니? 무슨 소리를 하는 건가? 설마……" 오즈번 노인은 그제야 깨달았다. 화가 나고, 놀랍기도 하고, 어이가 없었다. "자네 설마 조지가 아직도 그 파산한 사기꾼 딸을 사랑하는 얼간이란 얘기는 아니겠지? 그놈이 그딴 계집과 결혼하고 싶어한다고 알려주러 온 건 아니겠지? 그런 계집과 결혼하겠다고? 꼴 좋다! 내 아들이! 재산을 상속받을 놈이! 시궁창에서 나온 거지 딸이랑 결혼을 해? 그러기만 해봐라. 모두 끝장이야! 빗자루를 사서 청소부 일이나 하라고 그러게. 그러고 보니 생각나는군. 그 계집은 언제나 내 아들을 따라다니며 추파를 던져댔었지. 틀림없이 그 아버지란 사기꾼이 부추긴 게야."

"세들리 씨는 어르신의 다정한 친구였잖습니까?" 도빈은 자신이 화가 난 것을 기뻐하며 말을 꺼냈다. "그분을 악당이니 사기꾼이니 하기는커녕, 칭찬하시던 적이 있지 않습니까? 그 혼담도 어르신이 꺼내신 겁니다. 조지가 무슨 권리로 남의 집 딸의 마음을 희롱하는⋯⋯."

"희롱!" 오즈번 노인이 고함을 질렀다. "희롱이라니! 이거 놀랍군. 바로 2주 전 목요일에 그놈이 내 앞에서 뻐기면서 하던 소리가 바로 그거였네. 그러고는 자길 길러낸 아비를 보고 영국 육군대위가 어쩌고저쩌고 했었지. 아하, 그렇군. 그놈을 부추긴 게 바로 자네였군. 아닌가? 이거 그럼, 대위님께 경의라도 표해 드려야겠군요. 제 집에 거지를 들여놓으려 한 것도 대위님이셨군요. 어이쿠, 당치도 않습니다그려. 정말로 그 계집을 받아들이라고 그러시는 겁니까? 허허허! 아들놈이 그럴 필요가 있겠습니까? 내버려두면 그 계집이 아들놈한테 달려올 게 뻔한데 말입니다."

"어르신!" 도빈은 분노를 숨기지 않고 벌떡 일어나 소리쳤다. "그 누구도 제 앞에서 그녀를 욕할 수 없습니다. 특히나 어르신 같은 분은 더더욱 그렇습니다."

"이거 참, 지금 나한테 결투를 신청하는 건가? 잠깐만 기다리게. 종을 울려서 권총 두 자루를 가져오게 하지. 그래, 조지는 제 아비를 욕보이려고 자넬 여기로 보낸 거로군." 노인은 끈을 잡아당기며 말했다.

"오즈번 씨!" 도빈은 더듬거리며 말했다. "세상에서 가장 훌륭한 여인을 어르신께서 모욕하고 있잖습니까! 그녀를 욕보이는 짓은 그만두십시오. 이제 그녀는 어르신의 며느리이니까요."

이제 더는 말을 할 수 없을 것 같아 도빈은 밖으로 나가버렸다. 오즈번 노인은 의자에 풀썩 주저앉아 사나운 눈초리로 그의 뒤를 쏘아보고 있었다. 종소리를 듣고 사무원이 들어왔다. 그리고 대위가 오즈번 씨의 사무실이 있는 건물을 막 나서려는데 서기장 초퍼가 모자도 안 쓰고 바삐 뒤쫓아왔다.

"도대체 무슨 일입니까?" 초퍼 씨는 대위의 옷자락을 잡으며 말했다. "어르신이 몹시 흥분하셨던데, 조지가 무슨 짓이라도 했습니까?"

"닷새 전에 세들리 양과 결혼했습니다." 도빈이 대답했다. "제가 들러리를 서주었지요. 초퍼 씨, 당신도 제발 그 친구의 편이 되어주십시오."

나이 든 서기장은 고개를 가로저었다. "대위님, 그런 소식을 전했다면 잘못한 거요. 어르신은 조지를 절대로 용서 안 하실 겁니다."

도빈은 자신이 묵고 있는 호텔에 와서 일이 어떻게 되어가는지 전해달라고 초퍼 씨에게 부탁하고, 생각에 잠긴 채 서쪽으로 걸어갔다. 과거를 떠올리고 미래를 생각하자니, 그는 마음이 몹시 어지러웠다.

그날 밤 러셀 스퀘어 식구들이 식사하러 모였을 때, 노인은 평소와 같은 자리에 앉아 있었지만 너무나도 침울해 보였다. 그럴 때면 식구들은 모두 잠잠해졌다. 두 딸도, 초대받은 블록도, 그 소식이 오즈번 씨에게 전해지리라고 예상은 했었다. 어두운 그의 낯빛에 블록은 차마 말을 붙이지 못했지만, 옆에 앉은 마리아와 상석 주인 자리에 앉은 제인에게는 특별히 다정하고 친절하게 대해주었다.

위트 양은 제인 오즈번과의 사이에 자리가 하나 비어 있었으므로 식탁 한쪽에 혼자 앉은 셈이었다. 그 빈자리는 조지가 집에 있을 때 앉는 자리였다. 앞서 말했던 것처럼 이제라도 정신을 차리고 돌아올까 싶어서 식기나마 준비해 두었던 것이다. 식사 중에 침묵을 깨는 것이라고는 다정하게 미소 지은 프레더릭의 속삭임과, 식기와 접시가 달그락달그락 부딪치는 소리뿐이었다. 하인들도 살금살금 걸어 다녔다. 장례식에 고용된 사람도 오즈번 집안의 하인만큼 침울한 표정은 짓지 못할 것이다. 노인은 도빈에게 먹으러 오라고 말했던 사슴 목살을 묵묵히 잘랐지만, 자기 몫은 거의 손대지 않았다. 대신 술을 잔뜩 마셔대서 집사는 부지런히 노인의 잔에 술을 따랐다.

한 사람 한 사람을 차례로 노려보던 노인은 식사가 끝날 무렵이 되자 조지 자리에 놓인 접시를 한동안 뚫어지게 바라보았다. 그러더니 왼손으로 그것을 가리켰다. 딸들은 아버지를 보면서도 그것이 무슨 뜻인지 알지 못했다. 아니, 모르는 척한 걸지도 모른다. 하인들도 처음엔 무슨 뜻인지 깨닫지 못했다.

"저 접시를 내가라." 끝끝내 저주의 말을 내뱉으며 그가 일어섰다. 그리고 의자를 뒤로 밀어내곤 자기 방으로 들어가버렸다.

오즈번 저택의 식당 뒤에는 서재라고 부르는 방이 하나 있는데, 이곳은 집안 가장만이 들어갈 수 있었다. 교회에 나갈 생각이 없는 일요일 아침이면, 오즈번 노인은 이 방에 틀어박혀서 주홍빛 가죽의자에 앉아 신문을 읽으며 아침을 보내곤 했다. 이곳에는 유리를 덧댄 책장이 둘 있는데, 표지에 금박을 입혔으며 권위가 있는 두툼한 서적들이 들어 있었다. 연감(年鑑), 신사

잡지, 블레어 설교집, 흄과 스몰렛의 책 등이었다. 그런데 그는 한해가 다 가도록 책장에서 책을 한 권이라도 꺼내 본 적이 없었다. 그렇다고 가족들 가운데 감히 그 책에 손을 대는 사람도 없었다. 그러나 드물게 만찬회가 없는 일요일 저녁만큼은 예외였다. 그런 때는 구석에 귀족명부와 나란히 세워져 있는 큼직한 주홍빛 성경과 기도서를 꺼내는 것이었다. 그리고 오즈번 씨는 하인들까지 식당에 불러서 귀에 거슬리는 거만하고 커다란 목소리로 가족들에게 저녁 기도를 읽어주었다. 이 집에서 어린이건 하인이건 일종의 공포감을 느끼지 않고 그 방에 들어간 사람은 하나도 없었다. 여기서 오즈번 씨는 하녀장이 가져온 가계부를 맞추어 보고, 집사가 가져온 주류창고 장부를 검사했다. 여기에서는 깨끗한 자갈이 깔린 안마당 너머로 마구간 뒤쪽 입구를 바라볼 수가 있었는데, 거기에는 종이 연결되어 있어 호출 신호만 있으면 마부가 마치 피고석에 들어가는 것처럼 집에서 나와 안마당으로 들어왔다. 그러면 노인은 서재 창문에서 그를 보고 호통을 쳤다. 워트 양은 봉급을 타러, 오즈번의 딸들은 용돈을 타러 일 년에 네 번 이 방에 들어왔다. 조지는 어렸을 때 이 방 안에서 여러 번 매를 맞았다. 그럴 때면 그의 어머니는 계단에 앉아서 찰싹찰싹 매 떨어지는 소리를 걱정스럽게 듣곤 했다. 어린 조지는 그런 벌을 받고도 거의 우는 법이 없었다. 그가 나오면 어머니는 남몰래 아들을 쓰다듬어주고 키스를 해주었으며 기분을 풀어주느라고 용돈도 주었다.

벽난로 위에는 가족 초상화가 걸려 있는데, 그것은 오즈번 부인이 죽은 뒤 바깥쪽 식당에서 이리로 옮긴 것이었다. 그림에선 조지가 말을 타고 있고, 누나가 그에게 꽃다발을 내밀고 있고, 동생은 어머니의 손을 잡고 있다. 가족 초상화에서 보통 이렇게 한다는 듯이 모두가 불그레한 볼과 크고 빨간 입술로 선웃음을 짓고 있다. 어머니는 오래전에 죽어서 잊힌 지 오래고, 아이들은 저마다 다른 관심사에 빠져 있고, 흔해 빠진 얘기처럼 서로 사이가 멀어지고 있었다. 앞으로 몇십 년이 흘러 그림 속의 사람들이 늙은이가 되면 이런 익살스러운 감정과 선웃음, 자의적인 자만의 순수함으로 가득했던 자랑스러운 어린 시절의 가족 초상화가 얼마나 쓰라린 풍자로 느껴질지. 이 가족 초상화를 떼어오는 바람에 생겨난 식당의 빈자리에는, 큰 은제 잉크스탠드를 앞에 두고 안락의자에 앉아 있는 오즈번 노인의 초상화가 걸렸다.

이러한 서재로 오즈번 씨가 들어가버리자 남겨진 몇몇 식구들은 안도의 한숨을 쉬었다. 하인들이 물러간 뒤 그들은 나지막한 목소리로 수다스럽게 이야기를 나누다가 조용히 2층으로 올라갔다. 블록 씨는 삐걱거리는 발소리를 죽여가며 같이 따라갔다. 무서운 노인이 바로 곁의 서재에 있다 보니 그는 혼자 식당에 남아서 술을 마실 엄두가 나지 않았다.

날이 어두워지고 한 시간도 지나지 않았을 때 집사는 별다른 호출이 없었음에도 서재의 문을 두드리고 촛불과 차를 들였다. 노인은 의자에 앉아서 신문을 읽는 척하고 있었다. 집사가 그의 곁에 촛불과 차를 놓고 물러나자 노인은 일어나서 문을 잠가버렸다. 이번에야말로 뭔가 큰일이 벌어져서 조지가 단단히 혼이 날 게 틀림없다고 식구들은 생각했다.

서재에 있는 윤기 나는 큰 마호가니 책상에는 오즈번 노인이 자기 아들에 관한 물건과 서류를 넣어두는 서랍이 있었다. 여기에는 조지가 어렸을 때부터 그와 관련된 모든 서류를 보관하고 있었다. 상을 탔던 그의 습자책과 그림책에는 모두 조지의 필적이 남아 있었고, 가끔 선생의 필적이 함께 남아 있는 것도 있었다. '어머니, 아버지, 건강하신가요? 과자를 보내주세요'라고 크고 동그란 글씨로 쓴 조지의 첫 편지도 있었다. 편지에는 조지가 아주 좋아했던 대부 세들리의 이야기가 가끔씩 나왔다. 편지를 몇 장 읽어가다 그 이름이 나오자 오즈번 노인은 새파래진 입술을 부들거리며 저주를 쏟아붓고, 무시무시한 증오와 실망감으로 몸부림쳤다. 서류마다 인장을 찍고, 요점을 쓰고, 빨간 끈으로 묶어놓고 있었다. '18XX년 4월 23일, 조지로부터, 5실링 청구, 4월 25일 회답'이라든가, '조지, 조랑말에 대해서, 10월 13일' 따위였다. 다른 한 묶음에는 'S박사의 계산서', 'G의 양복 계산서와 준비금, 꼬마 G 오즈번이 나에게 보낸 지불의뢰서' 등이 있었다. 또 조지가 서인도에서 보내온 편지, 그의 대리인이 쓴 편지, 그의 임관 사령이 실린 신문 같은 것도 있었다. 그리고 조지가 소년 시절에 갖고 다녔던 채찍도 있었으며 그의 모친이 생전에 늘 지니고 다녔던, 조지의 머리털을 넣은 로켓을 싸둔 종이뭉치도 있었다.

이 불행한 노인은 이런 물건들을 하나하나 손에 들고 깊은 생각에 잠긴 채 여러 시간을 보냈다. 그가 가장 아끼는 자만과 야심과 희망이 모두 아들에게 걸려 있었다. 이 아들이 얼마나 큰 자랑이었던가! 사실 조지는 용모 단정한 아이였다. 보는 사람마다 그를 귀족 집안의 아들 같다고 했다. 큐 공원에서는 어떤 공주님이 그를 눈여겨보고 다가와 키스를 하고 이름을 물었다. 상인 집안 가운데 이런 아이를 둔 사람이 또 있던가? 왕자라도 이보다 더 귀하게 자랐던가? 돈으로 살 수 있는 건 뭐든지 사주었다. 아들의 졸업식 날이면 오즈번 씨는 새 옷을 입힌 하인들을 데리고 사두마차를 달려 조지의 학교로 가서, 학우들에게 새로 나온 50실링 은화를 뿌려주었다. 또 조지가 캐나다로 떠나기에 앞서 연대본부에 같이 갔을 때는 장교들을 초청하여 요크 공작이 참석해도 부끄럽지 않을 만한 연회를 열기도 했다. 조지가 발행한 수표를 그가 한 번이라도 거절한 적이 있던가? 불평 한마디 없이 내어주지 않았던가. 조지가 가진 것보다 훌륭하지 않은 말을 타는 육군대장도 수두룩했다. 오즈번 노인은 기억 속에 남아 있는 조지와의 여러 날을 추억했다. 저녁 식사를 마치면 조지는 언제나 왕족처럼 당당하게 들어와서 식탁 상석인 아버지의 자리 옆에 놓인 술잔을 비우곤 했었다. 브라이턴에서는 조랑말을 타고 산울타리를 넘어서 뒤처지지 않고 사냥꾼들을 쫓아간 적도 있었다. 섭정 왕자 접견식에 참석했을 때는 세인트 제임스 궁 전체를 둘러봐도 조지보다 훌륭한 청년을 데려온 부모가 없었을 정도다. 그랬는데 결국 이렇게 되어버린 것이다. 파산자의 딸과 결혼하여 의무와 재산을 모두 뿌리치고 도망치고 만 것이 아닌가! 그 때문에 남겨진 이 속물 노인은 굴욕과 분노, 구역질이 치미는 흥분, 야심과 사랑을 배반당한 고통, 게다가 생각지도 못하고 짓밟혀버린 허영심과 자비심까지, 도대체 얼마나 고통을 받아야 했는지 모른다!

오즈번 노인은 이러한 문서들을 훑어보고, 불행한 사람이 즐거웠던 과거를 떠올리며 어찌할 바를 모르는 그런 슬픔에 빠졌다. 그는 꼼꼼하게 이 편지 저 편지를 읽어본 다음 모든 문서들을 오랫동안 보관해온 서랍에서 꺼내 서류함에 넣고 열쇠를 잠근 뒤 그것을 끈으로 묶고 인장으로 봉인했다. 그러고는 책장 문을 열고 앞서 말한 큰 주홍색 성경을 꺼냈다. 정말 굉장한 책이었다. 좀처럼 꺼내본 적이 없긴 했지만, 책 전체가 금빛으로 반짝였다. 첫머리에는 아브라함이 자신의 아들 이삭을 제물로 바치는 장면이 그려져 있었다. 면지에는 관습에 따라서 사무원다운 오즈번 노인의 커다란 필체로 그의 결혼일자와 아내의 사망일자, 아이들이 태어난 연도와 날짜, 그리고 이름이 쓰여 있었다. 가장 처음이 제인, 다음으로 조지 세들리 오즈번이 태어나고,

그 다음이 마리아 프랜시스로서 각자의 이름을 지어준 날도 적혀 있었다. 노인은 펜을 들어 조심스럽게 조지의 이름을 그 페이지에서 지워버렸다. 잉크가 다 마르자 성경을 다시 제자리에 돌려놓았다. 그러고는 자신의 비밀문서가 들어 있는 다른 서랍에서 문서 한 장을 꺼내 읽은 뒤 꾸깃꾸깃 구겨서 촛불로 불을 붙이고 벽난로 안에서 완전히 타버릴 때까지 지켜봤다. 그것은 그의 유언장이었다. 그걸 태워버리고 그는 책상으로 돌아와 편지 한 통을 쓰고는 하인에게 아침이 되면 편지를 가져다 주라고 일러두었다. 아니, 이미 아침이다. 그가 2층에 있는 침실로 가려고 했을 때 이미 집 안에 햇살이 들고, 러셀 스퀘어의 산뜻한 푸른 나뭇잎 사이로 새들이 지저귀고 있었다.

도빈은 곤경에 빠진 조지의 편을 많이 만들어 보려는 생각에 오즈번 집안의 가족들과 하인들의 환심을 사려 했다. 그는 맛좋은 음식과 고급 포도주가 사람의 마음을 움직이는 힘을 가지고 있음을 잘 알고 있었다. 그래서 숙소에 돌아오자마자 토머스 초퍼에게 내일 슬로터스 여관에서 저녁을 같이 들자는 정중한 초대장을 보냈다. 초대장은 초퍼 씨가 퇴근하기 전에 도착했고, 그는 곧바로 이렇게 답장을 썼다. "귀하게 경의를 표하며, 대위님과 함께하는 영광과 기쁨을 마다하지 않겠습니다." 이날 저녁 소머스 타운에 있는 집으로 돌아온 그는 초대장과 자신이 쓴 답장의 초안을 아내와 딸들에게 보여주고, 다 함께 앉아서 차를 마시며 육군장교들과 웨스트엔드 귀족들 이야기에 빠져들었다. 딸들이 자러 가자 초퍼 부부는 자신들의 주인 오즈번 노인의 집안에서 일어나고 있는 이상한 사건에 대해 이야기했다. 서기장은 여태껏 주인이 그토록 흥분한 것을 본 적이 없었다. 도빈 대위가 나가고 나서 오즈번 노인의 방 안으로 들어가 보니, 노인은 얼굴이 흙빛이 되고 화가 북받쳐 당장에라도 쓰러질 것만 같았다. 주인과 대위 사이에 큰 싸움이 벌어진 것이 틀림없었다. 주인은 최근 3년 동안 오즈번 대위에게 줬던 돈을 모두 계산해보라고 지시했다. "정말 엄청나더군." 돈을 그렇게 잘도 주고 잘도 뿌리고 다녔다고 아버지와 아들에게 감탄했다. 싸움은 세들리 양을 둘러싸고 일어난 것 같다고 하자 초퍼 부인은, 도련님처럼 좋은 신랑감을 놓치다니 그 여자도 가엾다고 동정했다. 그러자 초퍼 씨는 제대로 된 배당금도 주지 않았던 재수 없는 투기꾼의 딸은 신경쓸 것 없다, 런던의 어떤 가게보다 오즈번 씨네 상점이 가장 중요하며, 자기는 조지 대위가 귀족의 딸과 결혼하는 게 소원이라고 말했다. 그날 밤 초퍼는 자기 주인과는 달리 단잠을 잤다. 그리고 이튿날 아침, 고작 흑설탕을 탄 차이긴 했지만 아침을 아주 맛있게 들고 딸들을 다정하게 안아주었다. 그런 다음 나들이옷에 장식이 달린 셔츠를 입고, 저녁에 도빈 대위의 집에 가더라도 그 집 포트와인을 과음하지 않겠다고 아내에게 약속한 뒤 가게로 나갔다.

오즈번 노인이 평소와 같은 시간에 상점으로 들어오자 직원들은 습관처럼 그의 안색을 살폈다(그러는 것도 무리가 아니다). 오늘은 유난히 끔찍하고 피로해보였다. 12시가 되자 베드퍼드 거리의 히그스&블래더윅 법률사무소 히그스 씨가 약속시간에 맞춰 찾아와 노인의 방으로 들어갔다. 그는 한 시간이 지나도 나오지 않았다. 1시 무렵 초퍼 씨는 도빈 대위가 심부름꾼을 시켜 보내온 편지를 받았다. 그 속에는 오즈번 노인 앞으로 쓴 편지도 함께 들어 있어 그걸 주인어른에게 가져다주었다. 잠시 뒤 노인이 초퍼와 부서기장 버치를 부르더니 어떤 문서의 증인이 되어달라고 했다. "새 유언장을 썼네." 그는 이렇게 말하며 두 사람에게 서명을 해달라고 했다. 오가는 이야기는 전혀 없었다. 밖으로 나온 히그스 씨는 매우 심각한 표정으로 초퍼 씨의 얼굴을 뚫어지게 쳐다보긴 했지만, 별다른 이야기는 하지 않았다. 오즈번 노인의 어두운 안색으로 보아 조짐이 나쁘다고 걱정하던 직원들은 그가 그날따라 조용하고 얌전하자 뜻밖이라고 생각했다. 그는 그날 누구에게도 성질을 부

리지 않았고, 욕설 한 번 내뱉지 않았다. 퇴근도 일찍 했는데, 돌아가기 전에 서기장을 다시 불러서 대체적인 지시를 한 다음, 조금 머뭇거리며 도빈 대위가 아직 런던에 있는지 물었다.

초퍼는 있을 거라고 대답했다. 실은 둘 다 그걸 잘 알고 있었다.

오즈번 노인은 도빈 대위 앞으로 쓴 편지를 꺼내 서기장에게 주면서 곧바로 그걸 도빈에게 전해달라고 했다.

"초퍼, 이젠 나도 안심이야." 그는 모자를 집어들면서 묘한 표정으로 말했다. 아마

미리 약속을 한 듯 시계가 2시를 알리자 프레더릭 블록이 찾아와서 오즈번 노인과 함께 밖으로 나갔다.

도빈과 조지가 함께 중대장을 맡고 있는 제××연대의 연대장은 울프 장군 휘하에서 퀘벡 전투를 치러본 것이 처음이었다는 노장군인데, 오래전부터 이미 너무 나이가 들어서 지휘를 잘하지 못했다. 명목상으로 자리에 있으면서도 연대에 얼마쯤 관심은 있어서, 젊은 장교들을 불러 함께 식사하는 것만은 잊지 않았다. 그러나 오늘날 이렇게 부하에게 친절을 베푸는 상관은 거의 없으리라. 도빈 대위는 이 노장군의 총애를 받았다. 도빈은 전쟁사에 정통하여 프리드리히 대왕이나 여제 마리아 테레지아(합스부르크 군주국의 / 유일한 여성 통치자)와 같은 원수(元首)들의 전쟁에 대해서 담론을 나눌 수가 있었다. 오늘날 전쟁에는 관심 없고 50년 전 전술에만 빠져 있는 노장군을 상대로도 감히 뒤지지 않을 정도였다.

오즈번 노인이 유언장을 새로 쓰고 초퍼 씨가 외출복으로 단장하고 나간 그날 아침, 노장군은 총애하는 도빈을 불러 함께 아침을 들면서 모두가 고대하고 있는 벨기에 출정을 이틀 앞서 알려주었다. 하루 이틀 안에 근위기병대 사령부로부터 연대에 출정명령이 떨어질 것이며, 많은 수송선이 있어서 이번 주 안으로 출발할 것이고, 연대가 채텀에 주둔하는 사이에 병력보충도 다 해두었다고 한다. 그런 만큼 캐나다에서 프랑스 몽칼름 장군 부대와 싸우고 롱아일랜드에서 워싱턴 부대를 패주시킨 역사에 길이 남을 우리 연대의 명성을, 전쟁에 익숙한 네덜란드의 싸움터에서도 끝까지 지켜나가고 싶다고 노장군은 말했다. "그러니 이보게, 만약의 이야기지만 그럴 필요가 있으면 말이야." 노장군은 떨리는 하얀 손으로 코담배를 한 움큼 하고 나서, 그 아래 심장이 아직도 가냘프게 고동치고 있을 잠옷의 가슴 언저리를 가리키며 말했다. "연인에게 전할 위로나 부모님에게 건넬 작별인사, 마지막으로 남길 말이 있다면 서둘러 하길 바라네." 그러면서 장군은 손가락을 하나 내밀며 악수를 청하고, 분가루를 치고 머리카락을 땋아 늘인 고개를 끄덕였다. 그리고 도빈이 나간 뒤에 문을 꼭 닫고 앉아서 왕실극장의 여배우 아메네이드 앞으로 '폴레(연서)'(그는 자신의 유창한 프랑스어를 매우 자랑하고 있었다)를 쓰기 시작했다.

마침내 출정이라는 소식에 도빈은 큰일이라고 생각했다. 그리고 브라이턴에 있는 친구들을 생각했다. 그런데 항상 가장 먼저 떠오르는 아밀리아 생각에 (늘 그 무엇보다 먼저였다. 아버지보다, 어머니보다, 누이들보다, 자신의 임무보다! 자나깨나, 밤낮으로 그녀 생각만 했다) 도빈은 자신이 부끄러웠다. 호텔에 돌아온 도빈은 좀 전에 들은 그 소식을 알리는 간단한 편지를 써서 오즈번 노인에게 보냈다. 그 편지가 오즈번 노인과 조지가 화해하는 데 도움이 되길 바랐다.

초퍼 씨는 어제 초대장을 가져왔던 심부름꾼이 다시 편지를 가져와서 적잖이 놀랐다. 봉투에는 자신 앞으로 온 편지도 들어 있기에 그는 편지를 펼치면서 혹시나 기대하고 있던 만찬이 연기된 것은 아닐까 걱정했다. 그러나 그 편지는 약속시각을 잊지 않게끔 다짐을 주는 것에 지나지 않음을 알고 한시름 놓았다. 편지에는 "5시 반에 오시기 바랍니다."라고 쓰여 있었다. 초퍼 씨는 주인어른의 일에 관심이 많긴 했지만, 그런 남의 일보다는 진수성찬 쪽에 더 관심이 많았다.

도빈이 길을 걷다 만나는 연대 장교들에게 노장군한테서 들은 소식을 알려준 것은 마땅한 일이었다. 그래서 대리점에서 만난 스터블 소위에게도 알려주었는데, 이 소위는 어찌나 군인정신이 투철한지 새 칼을 사러 군용품 가게로 달려갔다. 이 청년의 나이는 고작 열일곱. 키도 165센티미터쯤이고 선천적으로 몸이 약한 데다 어릴 적부터 브랜디를 마셔서 건강이 나빴다. 그러나 진정한 용기와 용맹심을 갖고 있어서, 가게에서 이거라면 프랑스 놈들의 목을 벨 수 있겠다며 칼을 골라 자세를 잡아보고, 사용감을 살펴보고, 굽혀보고 휘둘러보았다. 그리고 "하, 하!" 소리를 지르더니 조그만 발에 크게 힘을 실어 구르면서 도빈 대위에게 칼끝을 두세 번 들이댔다. 대위는 웃으며 대나무 지팡이로 공격을 받아냈다.

스터블은 작고 여린 몸집을 보면 짐작할 수 있듯이 경보병대 소속이었다. 그와 달리 스푸니 소위는 키가 크고, 도빈 대위의 근위보병대 소속이었다. 그는 곰가죽으로 된 새 모자를 써보았는데 나이보다 훨씬 사나워 보였다. 두 청년은 슬로터스 여관에 가서 요리를 주문한 뒤 탁자에 앉아 고향에서 걱정하고 있을 사랑하는 부모님에게 편지를 썼다. 사랑과 진심이 가득한 힘 있는 편지였지만, 철자는 엉망이었다. 아! 그 당시 영국에서는 얼마나 많은 사람들이

전술 연습을 하는 스터블 소위

뛰는 가슴을 안고 수심에 잠겨 있었던가! 그리고 얼마나 많은 가정에서 어머니들이 기도를 올리고 눈물을 흘렸던가!

조지 오즈번에게 편지를 쓰려던 도빈은 젊은 스터블이 슬로터스 여관의 커피룸 탁자에 앉아 편지를 쓰면서 코를 타고 흘러내리는 눈물을 편지 위에 뚝뚝 떨어뜨리고 있는 모습을(스터블은 다시는 어머니를 못 보리라고 생각했다) 보았다. 그는 측은한 생각이 들어 책상을 정리하고 이렇게 말했다. "이걸 굳이 쓸 필요가 있나? 오늘 밤만이라도 그녀가 편히 잠들게 해줘야지. 그리고 내일 아침 일찍 부모님을 찾아뵙고, 그 다음엔 내가 직접 브라이턴으로 가자."

도빈은 스터블에게 다가가 그의 어깨 위에 큰 손을 얹고, 자네는 마음씨 고운 신사니까 브랜디만 끊으면 훌륭한 군인이 될 거라고 격려해주었다. 이 말을 듣자 스터블의 두 눈동자가 빛났다. 그를 격려해준 도빈은 연대에서도 가장 훌륭하고 영리한 장교로 매우 존경받고 있었던 것이다.

"고맙습니다, 도빈." 스터블은 손등으로 눈물을 닦으며 말했다. "저도 좀 전에…… 좀 전에 그렇게 하겠다고 어머니께 편지를 쓰던 참입니다. 그게 말입니다. 제 어머니는 절 무척 아끼시거든요." 이렇게 말하더니 그는 다시 눈물을 글썽였다. 그때 마음 여린 대위의 눈시울에도 눈물이 어린 것 같았다.

두 소위와 도빈 대위, 그리고 초퍼 씨는 한 자리에서 식사를 했다. 초퍼 씨는 오즈번 노인이 보낸 편지를 가져왔는데, 그 편지는 도빈 대위에게 경의를 표하고, 동봉한 편지를 조지 오즈번 대위에게 전해달라고 부탁한 것이었다. 초퍼는 그 편지에 대해서 그 이상 아는 것이 없었지만 오즈번 씨의 모습이 어떠했다느니, 변호사와 의논했다느니, 오늘은 아무에게도 욕하지 않은 게 이상하다느니 등등 아무도 묻지 않은 얘기를 꺼냈다. 그러다 점점 술이 들어가면서 온갖 상상과 억측까지 해댔다. 게다가 술병이 하나둘 늘어남에 따라 점점 종잡을 수 없게 되어 나중에는 무슨 소리인지 전혀 알아들을 수가 없었다. 밤이 늦어서야 도빈 대위는 이 손님을 마차에 태워 보냈다. 잔뜩 취한 사무원은 딸꾹질을 하면서 앞으로 영원히 대, 대, 대위님의 친구가 되겠다고 말했다.

나는 앞서 도빈 대위가 제인 오즈번 양과 헤어지면서 다시 찾아오겠다고 약속했던 사실에 대해 얘기했었다. 혼기를 놓친 그 아가씨는 그 이튿날 몇 시간 동안 대위가 오기만을 기다리고 있었다. 만약 도빈이 찾아와서 그녀가 대답하고자 준비했던 그 질문을 했었다면 아마 그녀는 동생의 편이 되어주었을지도 모르며, 조지와 아버지는 화해했을지도  모른다. 그러나 대위는 오지 않았다. 대위는 나름대로 할 일이 있었기 때문이다. 그는 우선 부모님을 찾아가서 위로해드려야 했고, 아침 일찍 번개호 마차를 타고 브라이턴에 있는 친구들을 찾아가야 했다. 그런데 제인은 그날 아버지가 그 오지랖 넓은 악당 도빈 대위를 집 안에 들이지 말라고 지시하는 소리를 들었다. 그리하여 그녀가 남몰래 품고 있던 한 줄기 희망의 끈이 툭 끊어지고 말았다. 때마침 프레더릭 블록 씨가 찾아와서 마리아에게 유독 다정히 굴고, 아들 일로 낙심한 노인에게도 친절히 대했다. 그도 그럴 것이 노인은 이제 안심이 된다고는 했지만, 그가 마음의 평화를 얻으려던 수단도 아직은 성공을 거두지 못한 모양이었고, 게다가 지난 이틀 동안의 사건으로 눈에 띄게 수척해져 있었던 것이다.

제25장
주요인물들이 모두 브라이턴을 떠나는 걸 적당하다고 생각하다

쉽 여관에 묵고 있는 여자 손님들을 찾아온 도빈은 유쾌하고도 위풍당당한 태도였다. 이는 이 젊은 장교가 나날이 더할 나위 없는 위선자가 되어가고 있다는 증거였다. 첫 번째로 그는 조지 오즈번의 새신부가 된 아밀리아를 향한 자기 속마음을 숨겼으며, 두 번째로 자신이 가지고 온 소식이 그녀에게 틀림없이 영향을 주리라는 불안감을 겉으로 드러내지 않으려 했다.

"조지, 내 생각엔 말이야. 프랑스 황제는 3주가 채 지나기도 전에 기병과 보병을 모아 우리에게 달려와서 웰링턴 공을 이리저리 끌고 다니며 혼을 낼 걸세. 스페인 전쟁 따위는 지금부터 닥칠 것에 비하면 아이들 장난이라고 할 만큼 말이네. 하지만 자네 부인에게 그런 얘기까지 할 필요는 없을 걸세. 어쩌면 우리 전선에서는 전투가 없을지도 모르네. 벨기에에서도 단순히 점령 임무만 하게 될 수도 있어. 그렇게 생각하는 사람이 많더군. 게다가 브뤼셀에는 이름난 귀족과 상류층 부인들이 많거든." 이렇게 아밀리아에게 영국군의 벨기에 임무는 대수롭지 않은 일이라고 해두기로 했다.

이렇게 결정하자 위선자 도빈은 조지 오즈번 부인에게 아주 쾌활하게 인사하고, 신부로서 그녀의 새로운 지위에 대해 몇 마디 찬사를 던졌다(솔직히 말해서 그 찬사는 더없이 서툴렀고 입에서 얼른 나오질 않았다). 이어서 브라이턴으로 화제를 돌려 바다 공기가 어떻다느니, 화려한 곳이라느니, 도로가 아름답다느니, 번개호 마차의 승차감이 좋더라느니 했는데, 아밀리아로서는 그가 무엇 때문에 그러는지 전혀 이해가 가지 않았다. 그러나 레베카는 대위를 물끄러미 바라보면서 몹시 재미있어했다. 그녀는 어떤 사람이든 가까이서 관찰하는 것을 잊지 않았으니까.

사실 아밀리아는 남편의 친구 도빈 대위를 경멸하고 있었다. 그는 혀 짧은 소리로 말했으며 밋밋하고 매력 없게 생겼다. 그가 자기 남편에게 호의를 가지고 있다는 점만 좋았다(사실 그런 남자가 호의를 가져봐야 딱히 이로울 것도 없지만). 그리고 조지가 그런 사람을 친구로 삼는 걸 보면 남편은 참으로 너그럽고 친절한 분이라고 생각했다. 조지는 몇 번이나 그녀 앞에서 곧잘 도빈이 말을 더듬는 시늉을 하고 그의 우스운 태도를 흉내 냈다. 또 그에 걸맞게 늘 도빈의 장점을 입이 닳도록 칭찬했다. 아밀리아가 한창 우쭐대던 때는 도빈이라는 사람을 잘 알지 못하여 성실한 그를 대수롭지 않게 여겼다. 도빈도 그녀가 자기를 어떻게 생각하는지 알고 있었고 그것을 겸허히 받아들였다. 그런 아밀리아가 도빈을 더 잘 알게 되어 그에 대한 생각을 바꾸는 때가 오지만, 그것은 먼 뒷날의 이야기이다.

레베카는 어떤가. 도빈 대위가 그녀들 앞에 나타난 지 채 두 시간도 못 되어 레베카는 그의 비밀을 모두 꿰뚫어보았다. 그녀는 그를 좋아하지 않았다. 남몰래 그를 두려워했다. 도빈도 레베카에게 호감이 가지 않았다. 그는 너무도 정직하여 그녀의 기교와 아첨에 별로 영향을 받지 않았고, 오히려 본능적인 반발심이 들어 그녀를 피했다. 게다가 레베카는 결코 질투심을 초월할 만큼 고결한 여자가 아니었기에, 도빈이 아밀리아를 숭배하는 것을 보고 더욱 그를 미워했다. 그러면서도 그녀는 도빈의 태도에 매우 정중하고 굉장한 경의를 표했다. 오즈번 집안의 친구! 제일 큰 은인 집안의 친구! 그래서 레베카는 언제나 도빈을 진심 어린 호의로 대하자고 다짐하고, 아밀리아에게 복스홀에 갔던 날 밤 도빈의 일을 잘 기억하고 있다고 비꼬듯이 말했다. 그리고 둘이서 만찬회에 나갈 옷을 갈아입으러 갈 때도 그녀는 도빈을 좀 비웃는 듯한 말을 하기도 했다. 로든 크롤리는 도빈을 거의 거들떠보지도 않고, 그를 마음씨 좋은 멍청이이자 교양 없는 장사치 아들로 여겼다. 조스는 아주 위엄을 부려가며 도빈의 은인 행세를 했다.

조지가 도빈의 방으로 따라들어와 둘만 있게 되자 도빈은 오즈번 노인이 아들에게 전해달라고 부탁한 편지를 책상에서 꺼냈다. "아버지 글씨가 아닌데." 조지가 살짝 놀란 표정으로 이렇게 말했는데, 실제로 그것은 그의 부친이 쓴 것이 아니었다. 편지는 오즈번 노인의 변호사가 쓴 것으로 그 내용은 아래와 같았다.

베드퍼드 거리, 1815년 5월 7일

삼가 아룁니다. 본인은 오즈번 씨의 위임을 받아 이렇게 통보하는 바입니다. 오즈번 씨가 이전 표명하신 결의를 굽히지 않고, 귀하의 결혼으로 말미암아 이후 귀하를 가족의 일원으로 인정치 않겠다고 밝히셨습니다. 이는 최종결의이며, 추후 변경은 불가능합니다.

귀하가 미성년자이던 시절에 귀하에게 제공된 금액과 귀하가 최근까지 오즈번 씨로부터 제한 없이 인출한 수표의 금액은 귀하의 권리에 따라 취득할 수 있는 금액(귀하의 어머니이신 오즈번 부인이 서거하시면서 귀하와 두 따님께 남긴 유산의 3분의 1)을 초과했습니다. 따라서 오즈번 씨가 귀하의 재산에 대한 모든 권리를 포기하셨으며, 귀하에게 주어진 2천 파운드(6천 파운드의 3분의 1)를 시가에 따른 4부 이자를 붙여 귀하나 귀하의 대리인에게 영수증과 교환 지급하고자 함을 알려드립니다.

S. 히그스 근배

추신—오즈번 씨께서는 이 문제나 다른 어떤 문제에 관해서든 귀하의 어떠한 서한이나 통신도 받지 않을 것임을 오즈번 씨의 희망에 따라 밝히는 바입니다.

"자네 일처리를 멋지게도 했군그래." 조지가 윌리엄 도빈을 매섭게 노려보면서 말했다. "이걸 보게, 도빈." 그는 아버지의 편지를 도빈에게 던졌다. "제길, 이젠 빈털터리야. 그것도 모두 내 빌어먹을 감상벽(感傷癖) 덕분이지만. 왜 좀 더 기다려보질 못했을까? 싸움터에 나갔을 때 총알이라도 하나 맞았으면 끝장 봤을 것을. 아니, 지금이라도 그러면 되겠군. 하지만 그러면 아밀리아는 빈털터리의 미망인으로 남을 뿐이잖나? 모두 자네 탓이야. 나를 결혼시키고 망하는 꼴을 보기 전엔 펀치가 않았겠지. 도대체 2천 파운드를 가지고 뭘 하라는 거야? 그걸로는 2년도 못 버틸 텐데. 여기 와서 벌써 트럼프와 당구로 크롤리한테 140파운드를 잃었네. 아니, 내가 부탁하긴 했지만 자네는 남의 일을 정말이지 멋지게 처리하는군그래."

"자네 입장이 곤란한 건 부정할 수 없군." 도빈은 편지를 읽고 당황한 표정으로 대답했다. "자네 말마따나 나도 책임이 있어. 하지만 자네와 입장을 바꿔도 괜찮겠다는 사람들도 더러 있네." 그가 쓴웃음을 지으며 덧붙였다. "2천 파운드라는 돈을 당장 내놓을 수 있는 대위가 우리 연대에 몇이나 된다고 생각하나? 자네는 아버지의 화가 풀릴 때까지 봉급으로 사는 수밖에 없네. 그러면 자네가 전사하더라도 자네 부인에겐 일 년에 100파운드를 남기게 되니까."

"나 같은 사람이 봉급과 일 년에 100파운드를 가지고 살림을 꾸려나갈 수 있다고 생각하나?" 조지는 화를 버럭 내며 고함을 질렀다. "그런 말을 하는 걸 보니 자네 참 바보로군, 도빈. 도대체 고작 그런 돈을 가지고 내가 어떻게 체면을 유지하겠나? 나는 내 생활 습관을 뜯어고칠 수 없어. 나는 우선 편안히 살고 봐야겠어. 나는 맥휘터 같은 친구처럼 죽을 먹고 자란 사람도 아니고, 오다우드 늙은이처럼 감자만 먹고 자라지도 않았어. 설마 내 아내더러 군인들 세탁 일이나 맡으며 짐마차를 타고 연대를 따라다니라는 건가?"

"진정하게, 진정해." 도빈은 그래도 온순하게 말했다. "부인껜 더 좋은 마차를 태워드려야지. 하지만 조지, 자네는 지금 왕위에서 밀려난 왕자나 다름없다는 걸 명심하게. 그러니 아버지의 성이 풀릴 때까진 잠자코 있어야 해. 그리 오래 걸리지는 않을 거야. 자네 이름이 관보에 나기만 하면 내가 자네 아버지의 노여움을 풀어주겠네."

"관보에 난다고!" 조지가 대답했다. "관보 어디 말인가? 전사상자 명부에 말인가? 그것도 맨 꼭대기에? 그거 좋군!"

"바보 같은 소리 말게! 그런 소린 부상을 당하고 나서 해도 늦지 않아." 도빈이 말했다. "만약 무슨 일이 생기더라도 나한테 돈이 좀 있네, 조지. 게다가 나는 결혼을 안 할 거니까 유언장에 내 대자(代子)를 써넣는 건 잊지 않겠네." 그는 빙긋이 웃으면서 이렇게 덧붙였다. 오즈번은 도빈에게 언제까지나 성을 내고 있을 수 없다고 말하고, 이유도 없이 그를 욕해놓고 관대하게 용서해준다는 듯이 말싸움을 끝맺었다. 오즈번과 도빈은 전에도 이런 언쟁을 수십 번 벌였지만 모두 이렇게 끝났다.

"이봐, 베키." 자기 방에서 만찬회에 입고 갈 옷을 차려입고 있는 아내에게 로든 크롤리가 소리쳤다.

"네?" 베키의 날카로운 목소리가 들렸다. 그녀는 어깨 너머로 거울을 보고 있었다. 그녀는 매우 산뜻한 하얀색 프록을 입고 있었다. 거기에 어깨를 드러내고 작은 목걸이를 걸고 엷은 하늘색 장식띠를 두르자 청춘의 순결함과 소녀의 행복의 표상 자체였다.

"오즈번이 전선에 나가면 오즈번 부인은 어떻게 할까?" 크롤리는 커다란 솔빗 두 개를 머리에 대고 아내의 방으로 들어와서는 머리카락 너머로 귀여운 아내를 흐뭇이 바라보았다.

"눈이 퉁퉁 붓도록 울겠지요." 베키가 대답했다. "그 생각만으로도 저한테 벌써 대여섯 번이나 우는소리를 하던걸요."

"당신은 남편이 전쟁터에 가도 아무렇지 않은가봐?" 로든은 박정한 아내에게 살짝 화가 나서 말했다.

"어머, 이이 좀 봐! 저는 당신을 따라갈 작정이라는 거 모르세요?" 베키가 대답했다. "게다가 당신의 경우는 다르잖아요. 터프토 장군의 부관으로 가시니까. 우리가 가는 곳은 최전선이 아니잖아요." 크롤리 부인은 고개를 홀쩍 쳐들었다. 그 모습이 너무도 매혹적이어서 남편 크롤리는 허리를 숙여 그녀의 이마에 키스했다.

"로든, 큐피드가 가버리기 전에 돈을 얻어내는 게 좋겠어요. 당신은 그렇게 생각 안 해요?" 베키가 매혹적인 자세로 바라보면서 말을 이었다. 그녀는 조지 오즈번을 큐피드라고 불렀다. 그가 잘생겼다고 이미 몇 번이고 칭찬했었다. 조지가 자기 전에 로든의 방에 들러서 반 시간쯤 트럼프 놀이를 할 때면 그녀는 다정한 눈길로 그를 지켜보았다.

레베카는 가끔 조지를 끔찍한 방탕아라고 부르고, 그의 몹쓸 짓과 사치스러운 버릇을 부인 아밀리아에게 이르겠다고 을렀다. 조지에게 시가를 갖다주고 불을 붙여주기도 했다. 레베카는 전에 로든 크롤리에게 똑같이 해본 적이 있었던 터라, 그런 술책이 얼마나 힘을 발하는지 꿰고 있었다. 조지도 레베카를 명랑하고 활발하고 빈틈없으며 탁월하고 유쾌한 여자라고 생각했다. 다 함께 마차를 타고 주변을 돌거나, 잠시 식사를 할 때도 아밀리아가 무색하리만큼 베키가 빛났음은 말할 것도 없다. 자기 남편 조지 오즈번이 베키와 수다를 떠는 동안에도 여전히 아밀리아는 조용히 수줍어하기만 했다. 그리고 크롤리 대위는(나중에 합류한 조스도) 말없이 마구 먹어대기만 했다.

에미는 친구 베키를 생각하니 어쩐지 불안했다. 레베카의 재치와 활기, 재주 같은 것들이 신경 쓰여 마음이 놓이지 않았다. 자기와 조지는 결혼한 지 일주일밖에 되지 않는데, 조지는 벌써 권태를 느끼고 다른 사람들과 어울리려 들지 않는가? 그녀는 앞날을 생각하자니 온몸이 떨려왔다. 나 같은 여자가 저렇게 영리하고 총명하신 분과 함께할 수 있을까? 모든 것을 버리고 이렇게 하찮은 여자와 결혼하시다니 저분은 참 거룩하셔! 내가 거절했어야 하는 건데 그럴 용기가 없었어. 집에 남아서 가엾은 아버지의 시중이나 들걸 그랬나봐. 그때 아밀리아는 처음으로 자신이 부모님을 돌보지 않았다는 사실이 머리에 떠올랐다(사실 이 가엾은 여인이 불효를 했다고 양심에 가책을 받은 데는 그럴 만한 까닭이 있었다). 그녀는 부끄러움에 낯을 붉혔다. 아아, 나는 정말 몹쓸 여자야! 이기적인 사람이야! 불행에 눈물 흘리시는 부모님을 잊어버리다니 이기적이야. 조지에게 결혼을 강요하다니 이기적이야. 나에겐 그분이 과분하다는 걸 알면서. 내가 없어도 그분은 행복할 거라는 걸 나는 알면서. 하지만……. 나도 그분을 포기하려고 애써봤어!

결혼하고 일주일도 안 된 신부의 머리에 이러한 생각과 고백이 떠오른다는 것은 참으로 안타까운 일이다. 하지만 사실이 그랬다. 도빈이 이 신혼부부들을 찾아오기 전날, 맑게 개어 낮처럼 밝았던 5월의 달밤. 무척이나 따뜻하고 상쾌하여 조지와 크롤리 부인은 발코니를 활짝 열고, 눈앞에 펼쳐진 잔잔하게 반짝이는 바다를 바라보고 있었다. 로든과 조스는 방 안에서 주사위 놀이에 푹 빠져 있었다. 아밀리아만은 아무도 상대해 주는 사람 없이 큰 의자에 기대어 한 쌍의 남녀와 한 쌍의 노름꾼들을 지켜보면서, 연약하고 고독한 여자를 으레 따라다니는 절망과 회한에 한숨 짓고 있었다. 일주일도 안 되었는데, 이런 꼴이 돼버렸구나! 그녀가 만약 미래를 생각했다면 그 미래는 암담할 것이리라. 그러나 미래라는 너른 바다를 내다보고 길잡이와 보호자도 없이 홀로 배를 저어 나가기에 에미는 너무나 소심했다. 스미스 양이 아밀리아를 높이 평가하지 않는다는 것은 나도 알고 있다. 하지만 스미스 양, 당신처럼 굉장한 정신력을 타고난 사람이 몇이나 된단 말인가?

"정말 멋진 밤이로군. 달은 또 얼마나 밝은지 모르겠어!" 조지는 이렇게 말하면서 시가 연기를 훅 뿜었다. 연기는 하늘 높이 흩어져갔다.

"밖에서 맡으니 연기 냄새도 좋네요. 마음에 들어요. 누가 저 달이 23만 6847마일 밖에 있다고 생각하겠어요?" 베키는 미소를 짓더니 달을 쳐다보면서 덧붙였다. "그런 걸 다 외우고 있다니, 머리 좋지 않나요? 흥! 핑커턴 학교에서는 다들 이런 걸 배운답니다. 어쩜 바다가 저리도 잔잔할까요. 모든 것이 똑똑히 보여요! 저 멀리 프랑스 해변까지 보일 것 같아요!" 그녀의 반짝이는 두 녹색 눈동자는 마치 저 멀리까지 보이기라도 하는 듯이 밤바다를 지그시 바라보고 있었다.

"제가 언젠가 해보려고 마음먹고 있는 게 있는데 알려 드릴까요?" 레베카가 말했다. "전 수영을 무척 잘한답니다. 그래서 언젠가 크롤리 고모님의 말동무인…… 브리그스를 아시나요? 기억하시죠? 머리칼이 긴 매부리코 여자 말이에요. 그녀와 함께 수영을 하러 가서 잠수를 하고는 물속에서 담판을 짓자고 할 생각이랍니다. 멋지지 않나요?"

조지는 그런 수중 회담을 상상하고는 크게 웃음을 터뜨렸다. "이봐, 둘이서 뭘 그리 떠들고 있나?" 로든이 주사위 상자를 딸랑딸랑 흔들며 큰 소리로 물었다. 아밀리아는 어리석게도 히스테리라도 일으킨 것처럼 자기 방으로

브라이턴에서 열린 가족 연회

제25장 주요인물들이 모두 브라이턴을 떠나는 걸 적당하다고 생각하다 323

들어가 남몰래 훌쩍거렸다.

이 장(章) 이야기가 언뜻 보면 아주 줏대 없이 앞뒤로 왔다갔다하듯 내일 이야기를 하는가 싶으면 금세 뒷걸음질쳐서 어제로 돌아갈 때가 있는데, 이는 모두 이야기를 독자 여러분의 머릿속에 새겨 넣고 싶어서이다. 이를테면 황후 폐하의 접견식을 마치고 대사들이나 고관들이 현관에서 마차를 타고 점차 떠나가는데, 존스 대위의 가족만이 마차가 오기만을 하염없이 기다리고 있다든가, 재무장관의 대기실에 청원을 하러 온 몇몇 사람들이 끈덕지게 자기 차례를 기다리며 한 사람씩 들어가고 있는데, 별안간 아일랜드 출신 의원이나 어떤 높은 사람이 불쑥 찾아와서는 대기실에 있던 사람들보다 먼저 장관실로 들어가버리는 때가 있지 않은가. 작가는 이처럼 이야기를 이어나가기 위해서 이런 편협하면서도 마땅한 조치를 할 수밖에 없다. 사소한 사건들을 하나하나 봐주었으면 하지만, 큰 사건이 터져버리면 작은 사건들은 뒤로 밀려날 수밖에 없는 법이다. 도빈이 브라이턴까지 찾아오게 된 이유, 즉 모든 영국군에 벨기에 원정명령이 떨어져서 연합국 군대가 웰링턴 공의 지휘 아래에 놓이게 된다는 중대한 사건은 이 소설을 구성하는 작은 사건보다 확실한 우선권을 가지고 있다. 그렇기에 이야기의 순서가 조금 뒤바뀌고 혼란스럽더라도 받아들일 수는 있을 것이고, 그러는 게 옳으리라. 우리는 이제 시간상으로는 제22장에 이어서 도빈이 도착한 그날, 여느 때처럼 만찬에 앞서 등장인물들이 저마다 방에서 옷을 갈아입고 있는 장면까지 와 있다.

조지가 인정이 너무 많아서였을까, 아니면 넥타이를 매는 데 너무 정신이 팔려서였을까? 그는 친구가 런던에서 가져온 소식을 아밀리아에게 모두 전해주지 않았다. 조지는 변호사의 편지만을 들고 아내의 방을 찾았다. 어찌나 정중하고 의젓하게 들어오던지, 자신에게 닥쳐올 재난에 빈틈없이 경계를 하고 있던 아밀리아는 큰일이 일어난 게 틀림없다고 여기고 남편에게 달려가 울며 말했다. "여보, 죄다 얘기해줘요! 원정명령이 떨어진 거죠? 다음 주에 전쟁이 일어나는 거죠? 제 말이 맞죠?"

조지는 원정명령이 떨어졌냐는 질문을 슬쩍 넘기고자 울적한 표정으로 고개를 저으며 말했다. "아니야, 에미. 그게 아니야. 내가 걱정하는 건 내가 아니라 당신 때문이오. 아버지한테서 반갑잖은 소식이 왔어. 아버지가 나하고 연락을 끊으시겠대. 우리를 쫓아내신 거야. 알거지가 되도록 내버려두시겠다는 거지. 나는 그런 것쯤 참을 수 있지만, 당신이 그걸 어떻게 참겠어? 이걸 읽어봐요." 조지는 아밀리아에게 편지를 건넸다.

아밀리아는 눈에 부드러운 놀라움의 빛을 띠며 고결한 남편의 너그러운 이야기를 듣고 있다가, 남편이 우쭐대며 순교자다운 태도로 주는 편지를 침대 위에 앉아 읽었다. 그런데 편지를 읽으면서 그녀의 낯빛은 오히려 점점 밝아졌다. 사랑하는 사람과 가난과 고난을 함께 나눈다는 것은 앞서 말했듯이 따뜻한 마음을 가진 여인이라면 싫어할 리가 없다. 아밀리아는 생각만 해도 기뻤다. 그러나 말했다시피 그녀는 이렇게 난처한 때 기뻐하는 스스로가 부끄러워 기쁨을 억누르며 시치미를 떼고 말했다. "조지, 당신이 아버지와 헤어진다니, 생각만 해도 가슴이 찢어지는 것 같겠어요."

"물론이오." 조지가 비통한 표정으로 말했다.

"아버님도 그토록 오래 화내시진 않을 거예요." 아밀리아가 이어서 말했다. "누구라도 그렇겠지요. 아버님은 반드시 당신을 용서하실 거예요. 분명히 그럴 거예요. 아아, 여보. 만약 그렇게 되지 못한다면 저는 평생 제 자신을 용서치 못할 거예요."

"가엾은 사람, 내가 참을 수 없는 건 나의 불행이 아니라 당신의 불행이오." 조지가 말했다. "나는 조금 가난한 것쯤은 아무렇지도 않아. 그리고 자랑은 아니지만 나는 혼자 힘으로 헤쳐 나갈 만한 재능이 있어."

"그건 그래요." 그의 아내가 말했다. 그녀는 전쟁만 끝나면 남편이 곧 장군이라도 될 것처럼 생각했다.

"그래, 나는 누구 못지않게 혼자 힘으로 해나갈 수 있소." 조지가 말을 이었다. "하지만 귀여운 당신이 내 아내로서 마땅히 누려야 할 안락한 생활과 사회적인 지위를 빼앗기는 것을 내가 어찌 참는단 말이오? 귀여운 당신을 병영 안에 살게 하고 평범한 군인의 아내처럼 진군하는 연대를 따라다니게 하다니! 게다가 온갖 성가신 일이며 고생을 겪게 하다니! 생각만 해도 원통하군."

남편이 무엇을 걱정하는지 알게 된 에미는 마음을 푹 놓았다. 그러고는 그의 손을 잡고 기쁨에 가득 찬 얼굴로 미소 지으며, 자기가 좋아하는 노래인 〈위핑 제방의 계단〉 1절을 불렀다. 이 노래 속에서 여주인공은 불친절한 애인 톰을 질책하고, 만약 자신을 변함없이 사랑해주고 버리지 않는다면 "바지도 기워 드리고, 그로그⟨럽주와 물을 반씩 섞은 술⟩도 만들어 드리겠어요." 하고 약속했다. 아밀리아는 노래를 끝내고 한동안 조용히 있더니 사랑스럽고 행복한 아내다운 표정을 지으며 말했다. "게다가 2천 파운드면 많은 돈 아닌가요?"

조지는 그런 그녀의 천진한 모습을 보고 웃었다. 두 사람은 그렇게 식당으로 내려갔다. 아밀리아는 조지의 팔에 꼭 매달려서 아까 그 〈워핑 제방의 계단〉을 불렀는데, 며칠 사이 보기 드물 만큼 밝고 기뻐보였다.

그리하여 마침내 예정된 만찬이 열렸다. 만찬은 음침하기는커녕 매우 밝고 즐거웠다. 전쟁에 나간다는 흥분감이 상속권을 박탈한다는 편지를 읽고 생긴 조지의 우울함을 날려버린 것이다. 도빈은 여전히 말이 많았다. 먹고 마시며 떠들기를 좋아하고 유행만 좇을 뿐인 벨기에 주둔군 이야기로 그는 모두를 즐겁게 했다. 그중에서도 가장 기억에 남는 것은, 이 솜씨 좋은 대위가 오다우드 소령 부인이 남편의 짐을 꾸리던 이야기를 했을 때다. 부인은 남편의 고급 견장을 차(茶)를 담는 통에 넣고, 그 유명한 자신의 노란 터번 모자는 갈색 포장지에 싼 극락조 깃털과 함께 소령의 제복 모자를 넣어두는 양철상자에 넣었다는 것이다. 도빈은 그 노란 모자가 겐트⟨벨기에, 동부 플랑드르 주에 있는 도시⟩에서 프랑스 국왕을 만날 때나, 브뤼셀 육군 무도회에 나갔을 때 얼마나 돋보일 수 있을지는 모르겠다고 무심코 말해버렸다.

"겐트라니요! 브뤼셀이라니요!" 아밀리아는 갑작스러운 충격에 깜짝 놀라 소리를 질렀다. "연대에 원정명령이 떨어진 건가요? 그런 거예요, 조지?" 그녀는 거의 본능적으로 조지에게 매달려 있었는데, 그런 그녀의 얼굴은 늘 머금고 있던 즐거운 미소가 아닌 공포로 뒤덮여 있었다.

"겁낼 거 없어, 여보." 조지가 다정하게 말했다. "배로 열두 시간만 가면 되는데. 큰 문제는 없을 거요. 당신도 데려가지, 에미."

"저는 갈 작정이에요." 베키가 말했다. "제 남편은 참모이고 터프토 장군은 저와 아주 친하답니다. 그렇죠, 로든?"

로든은 여느 때와 같이 큰 소리로 웃어댔다. 윌리엄 도빈은 얼굴이 새빨개지더니 "오즈번 부인은 가시면 안 됩니다." 말했다. "그렇게 위험한 곳에……" 그는 이렇게 말을 덧붙이려 했다. 그러나 식사 내내 그는 위험한 건 하나도 없다고 말하지 않았던가. 그는 몹시 당황해서 입을 다물고 말았다.

"저는 꼭 가겠어요. 반드시 갈 거예요." 아밀리아가 힘차게 소리를 질렀다. 조지는 그런 결심을 한 그녀가 기특하다고 턱밑을 톡톡 쳐주면서 이렇게 용감한 부인을 본 적이 있느냐며 함께 가자고 그녀의 뜻에 동참해주었다. "오다우드 부인더러 당신 시중을 들어달라고 해야겠군." 조지가 이렇게 말했지만, 아밀리아는 남편과 함께라면 다른 것은 아무래도 좋았다. 그리하여 이별의 쓰라림은 어찌어찌 잠시 미룰 수가 있었다. 전쟁의 위험이 코앞을 가로막고 있지만 앞으로 몇 개월쯤은 괜찮으리라. 아무튼 겁이 많은 아밀리아로서는 집행유예가 내려지기라도 한 것처럼 기뻤다. 그리고 도빈도 내심 다행이라고 생각했다. 그녀를 곁에서 지켜볼 수 있다는 것은 그의 삶에 무엇보다 큰 특권이자 희망이었다. 그는 혼자서 몰래 그녀를 잘 지켜주고 보호해주리라 다짐했다. 그리고 자신이 만약 그녀의 남편이었다면 전쟁터에 나가지 못하게 했겠지만, 진짜 남편은 조지이기에 자신이 충고하는 것은 옳지 않으리라 생각했다.

레베카는 아밀리아의 허리에 팔을 두른 채 남자들이 이것저것 중대한 이야기를 나누는 만찬회장을 빠져나갔다. 자리에 남은 남자들은 유쾌하게 술을 들이켜며 왁자하게 소란을 떨었다.

저녁이 되어 로든은 아내가 보낸 작은 쪽지를 받았다. 그는 그것을 구겨서 얼른 촛불에 태워버렸지만, 나는 레베카가 그것을 쓰고 있을 때 운 좋게도 그녀의 어깨 너머로 그것을 볼 수 있었다. "중대한 소식. 뷰트 부인이 떠났어요. 큐피드도 내일 떠날지 모르니 오늘 밤에 돈을 얻어내세요. 틀림없어요. R." 그래서 남자들이 여자들 방에 가서 커피를 같이 들자고 할 때, 로든은 조지의 팔꿈치를 톡톡 치면서 점잖게 말했다. "이보게 오즈번, 괜찮다면 그 몇 푼 안 되는 걸 받았으면 하는데 말이야." 그다지 괜찮지는 않았지만 조지는 지갑에서 현찰로 제법 큰 돈을 우선 내주고, 나머지는 일주일 안으로 그의 대리인에게서 받게끔 어음을 써줬다.

이 일이 끝나자 조지와 조스와 도빈은 시가를 피우면서 전쟁에 대해 의논을 했는데, 결국 이튿날 조스의 무개마차를 타고 다 같이 런던으로 올라가기로 했다. 조스는 로든 크롤리가 브라이턴을 떠날 때까지 남아 있고 싶었던 모양이지만 도빈과 조지가 우기는 바람에 함께 런던으로 올라가기로 하고, 그의 품위에 걸맞게 말 네 필을 준비해두라고 지시했다. 이튿날 아침 그들은 식사를 끝낸 뒤 말 네 필을 앞세우고 당당히 출발했다. 아밀리아는 새벽부터 일어나서 서둘러 짐을 쌌다. 그러는 동안 오즈번은 자리에 누운 채로 일을 거들어줄 하녀가 없는 아내가 안됐다고 생각했다. 하지만 그녀는 오히려 이런 일을 스스로 하는 것이 기뻤다. 레베카에 대한 막연한 불안감이 이미 그녀의 마음을 가득 채우고 있었다. 두 여인은 아주 다정하게 키스를 하고 작별했지만, 독자 여러분은 질투가 어떤 것인지 잘 알고 있으리라. 아밀리아 또한 여인으로서 지녀야 할 덕목의 하나인 질투심을 가지고 있었다.

이렇게 오가는 등장인물 말고도 소설에서 오래전부터 다뤄왔던 우리의 낯익은 또 다른 등장인물들이 브라이턴에 있다는 사실을 잊어서는 안 된다. 바로 크롤리 노부인과 그 일행들이다. 레베카와 로든은 크롤리 노부인이 요양을 와서 묵고 있는 숙소에서 엎어지면 코 닿을 곳에 있었지만, 런던에서도 그랬던 것처럼 노부인의 문은 두 사람에게 굳게 닫혀 있었다. 노부인의 올케 뷰트 크롤리 부인은 자신이 시누이 옆에 있는 한, 그녀를 조카와 만나게 해서 신경을 날카롭게 만들어서는 안 된다며 주의를 게을리하지 않았다. 노부인이 마차를 탈 때면 충실한 뷰트 부인이 언제나 그 곁에 있었다. 노부인이 휠체어로 산책할 때면 뷰트 부인이 옆에 꼭 붙어서 걸었으며 다른 한쪽엔 착실한 브리그스가 있었다. 그리고 우연히 로든 부부와 마주칠 때면 로든은 늘 안부를 물으면서 모자를 벗었지만, 그녀들은 어찌나 냉담하고 무참하게 외면하는지 결국 로든도 단념하고 말았다.

"이럴 바엔 런던에 있는 게 낫겠어." 풀이 꺾인 로든 대위는 가끔 이렇게 말했다.

"그래도 챈서리 레인의 채무자 구치소 신세를 지는 것보단 브라이턴의 상쾌한 여관이 나을걸요." 성격이 더 쾌활한 아내가 대답했다. "우리들 셋방을 일주일이나 감시하던, 모지스 집행관의 두 부관을 생각해보세요. 여기에 있는 우리 친구들이 바보스럽긴 하지만, 조스 씨나 큐피드 대위가 모지스의 부관들보단 나아요, 여보."

"여기까지 차압영장이 오지 않은 게 이상할 따름이야." 로든은 여전히 풀이 죽은 채 말을 이었다.

"그런 게 오면 따돌릴 방법이 있어요." 대담무쌍한 베키가 말했다. 그리고 여기에 있으면 조스나 오즈번을 만난다는 큰 즐거움과 이득이 있다고 말했다. 사실 로든 크롤리는 그들을 만나서 아주 운좋게 현금을 좀 얻었던 것이다.

"그것 가지곤 숙박비도 못 내." 로든이 투덜댔다.

"그런 걸 뭐하러 내요?" 무슨 일에든 거침없는 그의 아내가 말했다.

아직도 크롤리 노부인의 남자 하인들과 교류를 계속하고 있으며 노부인의 마부를 만나면 언제나 잘 대접하라고 지시해둔 하인들을 통해, 로든 부부는 크롤리 노부인의 상태를 꿰고 있었다. 그리고 때마침 레베카의 건강이 좋지 못해 노부인을 진찰하고 있는 약사를 불러들였으므로 노부

인에 대한 정보는 거의 완벽에 가까웠다. 게다가 마지못해 적대하고 있지만 로든 부부를 진심으로 미워하지는 않는 브리그스 양은 천성이 친절하고 너그러운 여인이었다. 질투할 까닭이 없어진 만큼 레베카를 싫어하는 마음도 누그러지고, 그녀가 늘 친절하게 대해주고 다정하게 말을 걸어주던 것이 떠올랐다. 사실 브리그스나 시녀 퍼킨이나 노부인의 하인 모두가 의기양양한 뷰트 부인의 압제 아래 남몰래 신음하고 있었다.

자칫 이런 일이 벌어지기 일쑤지만, 이 친절하고 고압적인 부인은 자기 세력을 휘둘러대기만 하고 남 생각은 조금도 하지 않으며 자기 성공만을 믿고 나갔다. 몇 주 동안 가엾은 환자를 어찌나 순하게 만들었던지, 노부인은 올케의 명령이라면 무조건 따를 뿐만 아니라, 브리그스나 퍼킨의 지시에도 불평하지 않을 만큼 무력하고 다루기 쉬운 사람이 되어버렸다. 뷰트 부인은 크롤리 노부인이 매일 마시는 포도주의 양까지 엄격히 규정했기 때문에, 퍼킨이나 집사는 셰리주(스페인 헤레스
지방의 백포도주)를 마음대로 만지지 못해 몹시 화를 냈다. 뷰트 부인은 스위트브레드(어린 소나
양의 췌장)에 젤리, 닭고기까지 모두 직접 배분하여 그 양에서부터 먹는 순서까지 정했다. 밤이고 낮이고 아침이고 그녀는 의사가 준 구역질나는 물약을 가져와서 환자에게 어찌나 가엾으리만큼 순순히 마시

게 했던지, 퍼킨이 "가엾은 우리 마님, 양처럼 순하게 약을 드시네." 하고 말할 정도였다. 그리고 노부인이 마차를 타고 외출하는 것과 휠체어로 산책을 하는 것도 모두 그녀가 지시했다. 한마디로 시시콜콜 간섭하려 드는 어머니처럼, 회복기에 있는 노부인을 엄격한 일류여성의 방식으로 학대한 것이다. 만약 환자가 밥을 조금만 더 달라거나, 약을 조금만 더 줄여달라고 애원을 하면, 그녀는 환자에게 죽을지도 모른다고 위협을 했다. 그러면 노부인은 곧바로 항복해버렸다. "마님은 이제 기력이 다 빠지셨어요. 지난 3주 동안 절 바보라고 부르신 적이 없어요." 퍼킨은 브리그스에게 말했다. 마침내 뷰트 부인은 환자를 퀸스 크롤리로 데려갈 준비공작으로, 성실한 시녀 퍼킨과 믿음직한 집사 볼스, 말동무 브리그스를 해고하고 그 대신 자기 딸들을 불러오려고 마음먹었다. 그런데 마침 불상사가 생겨 자기가 그렇게도 즐거워하던 일을 내버리고 떠날 수밖에 없게 되었다. 그녀의 남편 뷰트 크롤리 목사가 어느 날 밤, 말을 타고 집으로 돌아가다가 말과 함께 넘어져 쇄골이 부러진 것이다. 열과 염증이 심해서 뷰트 부인은 아무래도 서식스를 떠나 햄프셔로 돌아가야 했다. 그녀는 남편이 회복되면 곧 돌아오겠노라고 약속하고, 하인들에게 마님을 어떻게 보살펴야 하는지 단단히 일러두고 갔는데, 그녀가 사우샘프턴행 승합마차에 오르자마자 크롤리 노부인 집안 사람들은 몇 주 동안 경험해 보지 못한 환희와 안도감으로 들끓었다. 바로 그날로 크롤리 노부인은 오후마다 먹던 약을 끊고, 볼스는 자신과 퍼킨을 위해 셰리주를 새로 땄다. 그날 밤 크롤리 노부인과 브리그스는 포르테우스 설교집 대신 트럼프에 푹 빠져 있었다. 그것은 마치 얻어맞지 않게 된 개가 만사가 평화롭고 행복해졌다는 옛날이야기와도 같았다.

브리그스 양은 일주일에 두세 번 아침 일찍 일어나, 해수욕장에 있는 이동식 탈의실에서 플란넬 가운에 수영모를 쓰고 해수욕을 즐기곤 했다. 앞서 얘기했지만 레베카는 이러한 사실을 잘 알고 있었다. 그렇다고 해서 그녀가 전에 얘기했던 것처럼 브리그스가 있는 곳까지 잠수해가서 결코 들어가선 안 되는 곳에서 그녀를 기습하는 일은 없을 것이다. 그녀는 브리그스가 물에서 나와 매우 기분이 상쾌할 때를 노리기로 했다.

다음날 아침 일찍 일어난 베키는 바닷가가 보이는 거실에 망원경을 가져다 놓고 바닷가의 이동식 탈의실을 둘러보고 있었다. 그때 브리그스가 탈의실로 들어가는 것이 보였다. 그래서 베키는 바닷가로 나와 그녀의 탈의실 문 앞으로 갔다. 해변과 해수욕을 하는 여인들의 얼굴, 길게 늘어선 바위와 집들, 그 모든 것이 아침 햇살에 붉게 빛나 마치 한 폭의 그림 같았다. 탈의실에서 나오는 브리그스에게 레베카는 상냥하고 다정한 미소를 지으며 하얗고 예쁜 손을 내밀었다. 브리그스는 그 인사를 받지 않을 수가 없었다.

"샤―, 아니 크롤리 부인." 그녀가 말했다.

크롤리 부인은 브리그스의 손을 잡아 자기 가슴에 갖다댔다. 그리고 느닷없이 브리그스를 와락 껴안더니 열렬히 키스를 했다. "그리운, 그리운 친구!" 어찌나 진심을 담아 말했던지 브리그스가 감동해버린 것은 물론, 해수욕장 여직원까지 감명을 받았다.

레베카는 브리그스를 친근하고도 유쾌한 긴 대화에 무난히 끌어들였다. 브리그스는 베키가 파크 레인의 크롤리 노부인 집을 갑작스레 떠나간 날 아침부터 지금까지 있었던 일들과, 다행히도 뷰트 부인이 물러났다는 이야기를 낱낱이 들려주었다. 정직한 브리그스는 크롤리 노부인의 병환과 증세, 치료 상황 등 여인들이 좋아할 만한 자세하고 정확한 이야기를 잔뜩 들려준 것이다. 여인들은 병이나 의사 이야기라면 싫증내는 법이 없다. 브리그스도 마찬가지였으며, 레베카도 싫증 내지 않고 귀를 기울였다. 레베카는 친절한 브리그스와 충직하고 언제나 큰 도움이 되는 퍼킨이 노부인을 간병할 수 있게 되어서 정말 다행이라고 말했다. 그녀는 노부인의 쾌유를 빌었다. 덧붙여 비록 자신이 크롤리 노부인을 배신한 꼴이 되어 뭐라 할 말이 없지만, 자기가 저지른 잘못은 지극히 자연스럽고도 용서받을 수 있는 것이 아닌가, 사랑하는 남자와 결혼하지 않을 여인이 어디에 있겠는가 하고 변명했다. 이런 호소를 듣고 나자 감상적인 브리그스는 그저 하늘을 쳐다보며 동정의 한숨을 짓고는, 오래전 자기도 그런 남자를 사랑했던 기억을 떠올리며 레베카는 결코 큰 죄인이 아니라고 솔직히 인정했다.

"저처럼 의지할 곳 없는 고아를 친절히 대해주신 그분을 제가 잊을 리가 있겠어요?" 레베카가 말했다. "안 되지요. 비록 저를 저버리시기는 했지만 저는 그분을 끝까지 사랑하고, 그분을 위해서라면 목숨까지 바칠 거예요. 브리그스 양, 저는 크롤리 노부인을 제 은인이자 사랑하는 로든의 존경하는 친척으로서 세상 어떤 부인보다 사랑하고 존경한답니다. 그 다음으로 그분 밑에서 성실하게 일하는 모든 사람들을 사랑해요. 저라면 노부인께 성실히 봉사하는 여러분들을 그 얄미운 책략가 뷰트 부인처럼 대접하지 않았을 거예요." 레베카는 또 말을 이었다. "로든도 겉보기엔 태도가 거칠고 경솔한 것 같지만 사실은 눈물이 많고 다정한 분이에요. 친절한 퍼킨과 기특한 브리그스 양처럼 훌륭한 두 간호인을 고모님에게 붙여주신 하늘에 감사한다고 얼마나 말했는지 몰라요." 그리고 레베카는 그런 일이 있을까봐 몹시 걱정되지만 만약에라도 그 무서운 뷰트 부인의 음모로 크롤리 노부인의 마음에 든 사람들이 모두 쫓겨나고 노부인이 목사관의 욕심꾸러기 딸들의 희생물이 되더라도, 누추하지만 자기들이 언제든지 여러분을 받아줄 테니 잊지 말라고 브리그스에게 일러두었다. 레베카는 또 열정에 취한 듯이 소리쳤다. "내 소중한 친구, 은혜를 절대로 잊지 않는 사람도 더러 있어요. 여자라고 모두가 뷰트 크롤리 같은 건 아니에요! 하지만 제가 뷰트 크롤리 부인을 원망할 수는 없어요. 제가 그 여자의 계략에 희생되기는 했어도, 로든과 결혼하게 된 건 결국 그 여자 덕분이잖아요?" 그리고 레베카는 퀸스 크롤리에서 뷰트 부인이 한 일을 브리그스에게 죄다 털어놓았다. 그 당시 레베카는 그 속내를 알 수 없었지만, 이제는 여러 가지 사건으로 그 뜻을 확실하게 알 수 있었다. 그녀가 로든과 사랑에 빠진 것은 모두 뷰트 부인이 온갖 술책을 부려가며 부추겼기 때문이었다. 아무 영문도 모른 채 두 남녀는 부인이 쳐놓은 함정에 빠져 연애와 결혼 끝에 알거지가 되어버린 것이다.

사실 그랬다. 브리그스도 그 책략을 똑똑히 알아챘다. 뷰트 부인이 로든과 레베카를 붙여준 것이다. 그러나 비록 레베카가 아무리 죄 없는 희생자라 하더라도, 레베카에 대한 크롤리 노부인의 애정이 가망 없을 정도로 식어버렸으며, 로든이 그렇게 경솔한 결혼을 해버린 것을 노부인이 절대로 용서하지 않으리라는 점을 브리그스는 레베카에게 숨길 수가 없었다.

그러나 이 점에서 레베카는 그녀 나름의 생각이 있어 아직도 희망을 잃지 않고 있었다. 크롤리 노부인이 당장은 용서해주지 않더라도 적어도 언젠가는 성이 풀리는 날이 오리라. 지금만 해도 로든과 준남작 지위 사이에 있는 것은 그 삐익삐익 울어대는 허약한 피트 크롤리뿐이다. 그러니 그에게 무슨 일이라도 생기면 만사가 잘될 것이다. 어쨌든 레베카는 뷰트 부인의 계략을 폭로하고 실컷 욕해준 것이 속 시원했고, 또 그것이 로든에게 이로울지도 모른다. 이렇게 옛정을 되찾은 친구와 한 시간 동안 이야기를 나눈 레베카는 아주 다정하게 경의를 표하며 헤어졌다. 그리고 그녀와 주고받은 이야기가 앞으로 몇 시간 안에 틀림없이 노부인의 귀에 들어갈 것이라고 생각했다.

회담을 마쳤을 때는 레베카가 여관으로 돌아가기에 빠듯한 시간이 되어 있었다. 여관에는 어젯밤의 일행들이 모두 모여 작별의 아침 식사를 들려 하고 있었다. 레베카는 아밀리아에게 마치 자매처럼, 서로 사랑하는 사이에 걸맞은 다정한 작별인사를 건넸다. 거듭 손수건을 꺼내 눈가를 훔치더니, 마치 영영 헤어지기라도 하는 것처럼 친구에게 매달리고, 마차가 떠날 때는 창밖으로 손수건을 흔들었다. 그런데 손수건은 젖어 있지 않았다. 그런 뒤 식탁으로 돌아와 이별을 슬퍼하던 사람치고는 왕성한 식욕으로 새우를 먹어치웠다. 맛있는 음식을 우적우적 먹으면서 그녀는 로든에게 아침 산책 때 만난 브리그스와 있었던 일을 들려주었다. 큰 희망을 품고 있던 그녀는 그런 희망을 남편과 같이 나누고 싶었다. 그녀는 자기 의견이 비관적이든 낙관적이든 남편도 거의 같은 생각을 갖게 하는 데 성공했었다.

"여보, 지금 크롤리 노부인 앞으로 편지를 한 통 써줘요. 이젠 착한 사람이 됐다는 등의 이야기를 쓰시면 돼요." 로든은 책상 앞에 앉아, "브라이턴에서, 목요일" 그리고 "고모님께 삼가 아룁니다"까지는 아주 빠르게 써나갔다. 그러나 이 용감한 장교의 상상력은 거기서 동나고 말았다. 펜 끝을 깨물면서 아내의 얼굴을 쳐다보는 그의 슬픈 표정에 레베카는 웃음을 참을 수 없었다. 그래서 이 자그마한 부인은 뒷짐을 지고 방 안을 이리저리 돌아다니면서 편지에 쓸 내용을 불러주었고, 남편은 그걸 받아 적었다.

"조국을 떠나 싸움터에 나감에 앞서, 그것도 매우 치열한 전투가 될 것 같아서—"

"뭐라고?" 조금 놀라 소리를 지른 로든은 그 구절에 담긴 유머를 이해했는지 싱글 웃으면서 그대로 받아적었다.

"그것도 매우 치열한 전투가 될 것 같아서, 저는 이리로 와서—"

"왜 '여기로 와서'라고 안 하지, 베키? '여기로 와서'가 문법에 맞는 말인데." 용기병이 물었다.

"저는 이리로 와서—" 레베카는 발을 쿵 구르며 다시 한 번 말했다. "저의 가장 친하고 오래된 친구이신 고모님께 작별인사를 드리려 합니다. 바라건대, 이제 가면 못 돌아올지도 모르는 길을 떠나기에 앞서, 여태껏 친절만 베풀어주시던 고모님의 손을 한 번만 더 잡아보게 해주십시오."

"여태껏 친절만—" 말을 따라 외워가며 적어가던 로든은 이렇게 솜씨 있게 문장을 쓰는 스스로에게 감탄했다.

"제가 간절히 원하는 것은 이렇게 서로에게 등을 돌린 채로 헤어지고 싶지 않다는 것뿐입니다. 모든 점에서 그렇지는 않더라도 어떤 점에서 저는 크롤리 집안을 자랑으로 삼고 있습니다. 저는 화가의 딸과 결혼했습니다만, 그걸 부끄럽게 생각하지는 않습니다.'"

"그렇고말고. 만약 부끄럽게 생각한다면 나를 찔러도 좋아!" 로든이 소리쳤다.

"이 엉터리 양반." 레베카는 남편의 귀를 꼬집으면서 그가 철자법을 틀리지는 않았나 살펴보았다. "'간절히 원한다'(beseech)는 말엔 a자가 들어가지 않아요. 그리고 '가장 오래된'(earliest)이란 말엔 들어가야 돼요." 로든은 아내의 훌륭한 지식에 고개를 숙이며 두 자를 고쳤다.

"제가 레베카를 사랑하는 것을 고모님께서 아셨으리라 믿습니다. 뷰트 크롤리 부인께서 그것을 알고 오히려 부추긴 것도 저는 압니다. 하지만 저는 원망하지 않습니다. 저는 돈 없는 여인과 결혼했습니다. 그래서 제가 저지른 일을 끝까지 지켜나가는 데 만족하고 있습니다. 고모님, 고모님의 재산은 원하시는 대로 처분하십시오. 고모님이 어떻게 처분하셔도 저는 절대로 불평하지 않겠습니다. 저는 고모님만을 보고 고모님을 사랑한 것이지, 돈을 보고 그런 것은 아니라는 것을 믿어주셨으면 합니다. 저는 영국을 떠나기 전에 고모님과 화해하기를 바랍니다. 제발 제가 떠나기 전에 만나뵙게 해주십시오. 앞으로 몇 주일이나 몇 달이 지나면 그때는 이미 늦을지도 모릅니다. 고모님께 다정한 작별인사 하나 못 듣고 조국을 떠난다고 생각하니 저는 견딜 수가 없습니다."

"이렇게 쓰면 제 글인 줄 모르실 거예요." 베키는 말했다. "일부러 문장을 짧고 힘차게 썼어요." 그리하여 이 진짜처럼 꾸민 편지는 브리그스 앞으로 부쳐졌다.

브리그스가 이 솔직하고 소박한 편지를 영문 모르겠다는 듯이 넘겨주자, 크롤리 노부인은 픽 웃으며 말했다. "뷰트 부인도 가고 없으니 지금 읽어봐도 되겠군. 나한테 읽어주게, 브리그스."

브리그스가 편지를 다 읽어주자 노부인은 큰 소리로 웃었다. 그리고 브리그스가 편지에 깃든 진실한 마음에 감명받았다고 하자 노부인은 이렇게 말했다. "이 바보 같은 것, 여기에 로든이 쓴 말이 한 마디도 없다는 걸 모르나? 그 아이는 평생 돈을 달라는 말을 안 넣고 나한테 편지를 보낸 적이 없어. 게다가 그 아이의 편지는 철자가 죄다 틀리고, 줄도 제대로 못 긋고, 틀린 문법투성이였어. 이걸 보니 그 뱀 같은 가정교사가 지도를 해줬나 보군." 이러면서 크롤리 노부인은 속으로, 어느 놈이나 다 마찬가지다, 모두가 내가 죽기만 바라고 있다, 내 돈을 탐내고 있다고 생각했다.

"로든은 만나봐도 좋지." 잠시 뒤 그녀가 아주 무심한 투로 말했다. "지금 곧 화해를 해도 좋아. 울고불고 야단법석만 떨지 않는다면 만나보는 것도 나쁠 것 없지. 난 전혀 상관없어. 하지만 사람이 참는 데도 한도가 있는 법이야, 브리그스. 로든의 아내만큼은 만나고 싶지 않네. 절대로 참을 수 없어." 브리그스는 노부인이 이렇게 화해해도 좋다는 뜻을 내보인 것만으로도 만족했다. 그리고 노부인과 조카를 만나게 하려면, 노부인이 휠체어로 산책을 할 때 로든더러 해안가에서 기다리고 있으라고 미리 알려주는 것이 가장 좋은 방법이겠다고 생각했다.

세 사람은 그곳에서 만났다. 귀여워했던 조카를 보는 순간 크롤리 노부인의 마음에 애틋함이 살아났는지는 모르겠지만, 그녀는 마치 어제도 만난 것처럼 다정하고 기분 좋게 두 손가락을 내밀었다. 로든은 어떠했느냐 하면, 얼굴이 홍당무가 되어선 브리그스의 손을 끊어질 듯 잡아댔다. 그만큼 그는 이 만남이 날뛰고 싶을 만큼 기쁘면서도 당황스러웠다. 그의 마음속 감동은 이해관계 때문일 수도 있고, 애정 때문일 수도 있다. 어쩌면 지난 몇 주 사이에 병환으로 초췌해진 고모의 모습에 마음이 흔들렸는지도 모른다.

"고모님은 날 잘 대해주셨어." 로든은 아내에게 노부인과의 만남에서 있었던 이야기를 들려주었다. "그리고 말이야, 어쩐지 기분이 이상했어. 그 뭐라 하나, 바퀴 달린 의자 곁에 붙어서 고모님 집 앞까지 갔었소. 그랬더니 볼스가 나와서 고모님을 모시고 들어갔지. 나도 들어가고 싶다는 생각이 간절했지만 그저……"

"멍하니 서 있었다는 말이에요?" 그의 아내가 고함을 질렀다.

"그래, 안 들어갔어. 막상 들어가려니까 겁이 나지 뭐야."

"이 바보 양반! 들어가서 다시는 그 집에서 나오지 말았어야죠!" 레베카가 말했다.

"바보 소리는 그만해요." 이 몸집 큰 근위병은 실쭉해서 말했다. "내가 바보처럼 굴었는지는 모르지만 베키, 그런 소리는 하는 게 아니오." 이러면서 그는 성났을 때처럼 기분이 썩 좋지 않은 눈빛으로 아내를 노려봤다.

"그러면 내일은 정신을 차리고, 고모님이 원하시든 원하시지 않든 가서 만나뵙도록 하세요." 레베카는 골난 남편을 달래주며 말했지만, 로든은 내가 하고 싶은 대로 할 테니 입조심이나 해주면 고맙겠다고 대답했다. 그리고 기분이 상한 로든은 집을 나가, 당구장에서 말없이 의심을 품은 채로 부루퉁하게 반나절을 보냈다.

하지만 로든은 밤이 새기도 전에 두 손 들었다. 자신의 실수로 인한 결과가 아내의 예측과 다르지 않다는 것을 인정하고, 여느 때와 다름없이 아내가 훌륭한 생각과 뛰어난 선견지명을 갖고 있다고 인정할 수밖에 없었다. 노부인은 그렇게 오랫동안 사이가 나빴던 조카와 만나 악수까지 했으니 분명 적잖이 마음이 흔들렸을 것이다. 노부인은 이날 있었던 만남에 대해서 한참이나 골똘히 생각했다. 그리고 자신의 말동무에게 이렇게 말했다. "로든이 몹시 살이 찌고 나이 들어 보여, 브리그스. 코끝이 빨개지고 겉모습이 아주 거칠던데. 그런 여자와 결혼하더니 이젠 가망 없이 천하게 됐어. 뷰트 부인이 늘 그 애들 내외가 앉아서 술을 먹는다고 하더니 그게 맞나봐. 그래, 그 아이한테서 진 냄새가 지독히 나더군. 나는 다 알았어. 자네는 몰랐나?"

브리그스는 뷰트 부인이 본디 어느 누구든 흉을 본다고 말해봤지만 허사였다. "나 같은 사람이 뭘 알겠습니까만 그 부인은……" 하고 말을 꺼내자 노부인이 가로막았다.

"잔재주를 부리는 음모가란 건가? 그래, 그 여잔 그렇지. 확실히 그 여자는 누구라도 흉을 봐. 하지만 그 계집이 제 신랑한테 술을 먹인 게 틀림없어. 그런 천한 것들은 모두 그런 짓을 잘 하니까."

"로든 씨는 마님을 보더니 몹시 감동하던데요. 게다가 그분이 위험한 전쟁터에 나간다는 것을 생각하면 정말……"

"도대체 그 아이가 당신한테 돈을 얼마나 준다고 했기에 그렇게 두둔하는 거지, 브리그스?" 노부인은 신경질을 부리면서 고함을 질렀다. "저것 보게. 또 눈물을 짜는군. 나는 울고불고 하는 건 딱 질색이야. 나는 왜 늘 이렇게 괴롭힘을 당해야 하는 거지? 울려면 방에 가서 울고, 퍼킨이나 데려오게. 아니, 잠깐, 앉아서 코를 풀고 울음을 그치게. 그리고 크롤리 대위한테 편지를 하나 써줘요." 가엾은 브리그스는 순순히 습자책 앞에 가서 자리를 잡았다. 책장에는 온통 노부인의 이전 비서 뷰트 크롤리 부인의 야무진 달필이 남아 있었다.

"자, 쓰게. '삼가 아룁니다', 아니, 그냥 '아룁니다'라고 하는 게 낫겠군. 크롤리 노부인의 분부에 따라…… 아니, 크롤리 노부인의 주치의이신 크리머 씨의 분부라고 하고, 지금 내 건강상태가 좋지 않아서 흥분하면 위험하다고 써요. 그래서 나한테 집안에 관한 이야기나 면담은 모두 안 된다고 하게. 그리고 브라이턴까지 와주어서 고맙다고 인사를 하고, 나 때문에 여기에 더 있을 건 없다고 말이야. 그리고 내가 두 사람이 벨기에 원정을 무사히 다녀오길 빈다고 덧붙이고, 또 수고스럽겠지만 그레이스 인 스퀘어에 있는 내 변호사 사무실에 내가 보낸 편지가 있을 거라고 해줘요. 그래, 그러면 될 거야. 이러면 그 아이도 브라이턴을 떠나겠지." 인정 많은 브리그스는 이 마지막 구절을 무척이나 정성스럽게 적었다.

"뷰트 부인이 떠난 바로 다음 날 기다렸다는 듯이 달려들다니, 뻔뻔스럽기도 하지." 노부인이 계속해서 지껄였다. "브리그스, 뷰트 부인에게도 편지를 써서, 이젠 돌아올 필요가 없다고 하게. 필요 없어. 다신 못 오게 할 테야. 나는 내 집에서 노예가 되고 싶지는 않아. 굶거나 독약에 숨이 막히고 싶진 않아. 모두가 나를 죽이려고 해. 모두가, 모두가!" 이러더니 이 외로운 노부인은 난데없이 울음을 터뜨렸다.

허영의 시장 희극에서 그녀의 마지막 장면이 드디어 다가오고 있다. 번쩍이는 등불이 하나씩 꺼져간다. 그리고 어두운 막이 금세라도 떨어질 것 같다.

화해를 거절한 노부인의 편지에 처음에는 실망하던 로든 부부도, 브리그스가 그렇게나 정성을 다해 쓴 크롤리 노부인의 런던 변호사에 대한 마지막 구절에는 그나마 위안을 받았다. 그리고 로든이 그것을 읽고 런던에 가길 희망했으니 노부인의 목적은 이루어진 것이나 마찬가지였다.

　노름으로 조스에게서 딴 돈과 조지 오즈번에게 얻어낸 현찰로 그는 숙박비를 치렀다. 그런데 그 숙박비를 받을 수 있을지 여관 주인이 의심했었다는 사실은 아직도 모를 것이리라. 그도 그럴 것이 전투를 앞둔 장군이 자신의 짐을 후방에 보내는 것처럼, 약삭빠른 레베카가 자신들의 귀중한 짐을 모두 꾸려서, 먼저 런던으로 올라간 오즈번 하인의 승합마차에 실어 보냈기 때문이다. 다음 날, 로든 부부는 그 승합마차를 타고 런던으로 돌아갔다.

　"떠나기 전에 다시 고모를 만나 뵙고 싶었는데……. 어찌나 상심이 크셨던지 초췌해지셨어. 아마 오래 못 사실 거야. 왁시 씨한테 가면 얼마짜리 수표를 줄까? 200파운드쯤? 이보다 더 적지는 않을 거야. 그렇지, 베키?" 로든이 말했다.

　로든 부부는 앞서 말한 집행관 부관들이 자꾸만 찾아오는 브롬프턴의 셋방 말고 여관에 짐을 풀었다. 이튿날 아침 일찍, 레베카는 풀럼에 있는 세들리 노인의 집으로 가는 길에 그 주변을 지나가며 셋방을 둘러봤다. 레베카는 아밀리아와 브라이턴에서 만났던 친구들을 보러 풀럼으로 찾아간 것이다. 하지만 그들은 모두 채텀으로 떠난 뒤였다. 채텀에서 다시 하리치로 떠나, 거기서 연대와 함께 벨기에로 가는 배를 탈 예정이라고 했다. 남겨진 세들리 부인은 매우 슬프고 기운이 없고 쓸쓸해 보였다. 여관으로 돌아오자 그레이스 인 변호사 사무실에 갔던 남편이 돌아와 있었다. 그는 몹시 화가 나 있었다.

　"다 틀렸어, 베키. 고모가 20파운드밖에 주지 않았어!"

　자기들에게 불리한 이야기이긴 했지만, 쩔쩔매는 로든의 모습이 너무나 우스웠던 베키는 그만 웃음을 터뜨렸다.

제26장
런던과 채텀 사이

브라이턴을 떠난 조지는 말 4마리가 끄는 사륜마차로 여행하는 상류인사답게 캐번디시 스퀘어에 있는 어느 훌륭한 호텔로 당당히 마차를 몰았다. 그곳에는 으리으리한 방과 호화식기, 예복을 차려입은 대여섯 명의 웨이터들이 묵묵히 서 있는 식탁이 이 청년 신사와 그의 새신부를 기다리고 있었다. 조지는 호텔 주인이라도 된 듯 호화로운 식탁에 조지와 도빈을 초대했다. 아밀리아는 조지가 일러준 자리에 수줍게 앉아서 안주인 노릇을 맡았다.

조지는 술이 싸구려라고 왕족처럼 뻐기며 종업원들을 괴롭혔고, 조스는 거북고기가 맛있다며 게걸스럽게 먹어댔다. 그걸 도빈이 떠다 주었는데, 안주인인 아밀리아는 자기 앞에 놓인 수프 그릇이 뭔지를 몰라서 자기 오빠에게 거북이 등살이나 뱃살은 주지 않고 수프만 떠다주려 했기 때문이다.

음식도 그렇지만 음식이 차려진 방까지 하나같이 훌륭했다. 걱정이 된 도빈은 식사를 마치고 조스가 큰 의자에 기대 잠든 틈을 타 조지에게 충고를 했다. 대주교한테나 걸맞을 거북고기와 샴페인은 너무 사치스럽지 않냐고 했지만 헛수고였다. "난 신사답게 여행하는 게 버릇이 되어버렸어. 그러니 아내에게도 숙녀다운 여행을 시켜줘야 않겠나?" 조지는 통이 큰 스스로가 만족스러운 듯이 말했다. 도빈은 아밀리아의 행복이 거북고기 수프에 달려 있지 않다고 굳이 그를 설득하려 들지는 않았다.

식사가 끝나고 조금 있다가 아밀리아는 머뭇거리며 풀럼에 계신 어머니를 보러 가고 싶다고 말했다. 조지는 좀 투덜거리면서 허락해주었다. 그녀는 서둘러 침실로 갔다. 방은 매우 컸고, 한가운데에는 '연합국의 높은 분들이 이곳에 피난했을 때 알렉산더 황제의 누이가 누웠었다'는 음침하고 커다란 침대가 하나 있었다. 아밀리아는 기뻐서 어쩔 줄을 몰라하며 보닛과 숄을 썼다. 그녀가 식당으로 돌아갔지만 조지는 아직도 포도주를 마시면서 자리에서 일어나려 하지 않았다. "여보, 같이 안 가시겠어요?" 그녀가 물었다. 하지만 조지는 오늘 저녁엔 일이 있어서 못 가니 하인에게 마차를 부르게끔 해서 같이 가게 해주겠다고 말했다. 마차가 호텔 앞에 도착하자 아밀리아는 한두 번 조지의 얼굴을 바라보았지만 그는 못 본 척했다. 아밀리아는 조금 실망한 듯 인사를 하고 큰 계단을 쓸쓸히 걸어 내려갔다. 그런 그녀를 도빈 대위가 따라와 마차에 태워주고, 마차가 목적지로 가는 것을 지켜봐주었다. 조지의 하인은 호텔 종업원들 앞에서 전세마차의 마부에게 주소를 말하는 것이 부끄러워 좀 더 가면 알려주겠다고 했다.

도빈은 슬로터스 여관에 있는 숙소로 걸어갔다. 아마 걸어가면서 오즈번 부인이 된 아밀리아와 함께 전세마차를 타고 가면 얼마나 좋을까 생각했을 것이다. 그러나 남편 되는 조지는 전혀 그런 생각을 하지 않은 게 분명했다. 술을 마실 만큼 마신 그는 킨(영국의 유명한 비극배우)이 샤일록 역으로 나오는 연극을 반값으로 볼 셈으로 극장을 찾아갔기 때문이다. 연극을 매우 즐기는 오즈번 대위는 군대에서 그 솜씨를 보인 일이 여러 번 있었다. 조스는 밤 늦게까지 자다가, 하인이 식탁 위 포도주 병들을 치우고 남은 술을 따라내는 소리에 깜짝 놀라 눈을 떴다. 그리고 이 뚱뚱보 신사를 자기 하숙집 잠자리에 돌려보내기 위해 주차장에서 마차 한 대가 더 불려왔다.

아밀리아가 탄 마차가 조그만 정원의 현관 앞에 서자, 울면서 떨고 있는 젊은 새신부를 맞이하러 세들리 부인이 현관에서 달려나와 어머니다운 진심과 애정으로 딸을 안아준 것은 말할 것도 없다. 셔츠만 입고 정원을 정돈하고 있던 클랩 노인은 깜짝 놀라 뒷걸음질쳤고, 아일랜드 출신 하녀는 부엌에서 뛰어나와 "아아, 아가씨" 하며 미소 지었다. 아밀리아는 겨우 포장된 길을 따라 계단을 올라가 응접실로 들어갔다.

방에서 모녀가 얼싸안고 눈물을 쏟을 때, 감정이 메마른 독자라도 두 사람이 얼마나 울었을지 쉽게 상상이 갈 것이다. 여자들이 울지 않는 때가 있던가? 기쁠 때나 슬플 때나 무슨 일로도 으레 울어대지 않던가. 더욱이 결혼을 하고 모녀가 만났을 때라면 참을 이유가 어디 있겠는가? 그런 때 눈물을 흘리고 나면 속이 후련해지고, 마음도 한층 부드러워진다. 여인이 결혼을 하고 나자 서로를 미워하던 여인과도 다정하게 키스를 하고 함께 우는 것을 나는 본 적이 있다. 그러니 서로 사랑하는 사이는 오죽하셨는가? 훌륭한 어머니는 딸이 시집가는 날이면 자신도 두 번째 결혼을 하는 마음이 된다고 한다. 그리고 손자라도 생겨서 할머니가 되

면 어머니보다 더 큰 모성을 발휘한다는 사실을 누가 모르겠는가. 사실, 여자란 할머니가 되어서야 비로소 어머니의 마음을 완전히 이해하게 된다. 그러니 아밀리아가 어머니와 함께 어스레한 응접실에서 이야기를 나누며 훌쩍이다가 웃고 울고 하는 모습에 우리는 경의를 표해야 한다. 사실 세들리 노인은 경의를 표했다. 그는 마차가 왔을 때, 누가 타고 있는지 몰랐기에 달려나와 딸을 맞이해주지 않았다. 하지만 그녀가 방에 들어왔을 때, 아주 뜨거운 키스를 해주었다. 그는 방에서 여느 때와 다름없이 문서, 끈, 계산서 따위에 열중하고 있었다. 모녀와 함께 앉아 있던 노인은 눈치껏 두 사람만 방에 남겨두고 나갔다.

조지의 하인은, 셔츠만 입은 채 장미나무에 물을 주고 있는 클랩 노인을 아주 오만한 태도로 바라보고 있었다. 그러나 세들리 노인이 밖으로 나오자 그는 아주 공손히 모자를 벗었다. 세들리 노인은 그에게 사위 조지의 이야기, 조스의 마차 이야기, 조스의 말들이 브라이턴에 갔는지 하는 이야기, 극악무도한 반역자 나폴레옹의 이야기, 전쟁 이야기를 물어댔다. 그러다 아일랜드 출신 하녀가 쟁반에 포도주 병을 얹어서 가져오자, 노인은 조지의 하인에게 술을 계속 권했다. 그는 하인에게 반 기니를 쥐여주기도 했는데, 하인은 놀람과 경멸이 섞인 태도로 그것을 슬쩍 주머니에 넣었다. "당신의 주인 내외의 건강을 비오, 트로터." 세들리 노인이 말했다. "그리고 이거 얼마 안

되지만 집에 가져가서 들게나, 트로터."

아밀리아가 이 누추한 친정을 나온 지 고작 아흐레밖에 되지 않았다. 그런데도 작별인사를 했던 것이 오랜 옛날 같지 않은가! 그녀의 지금과 과거 사이에 무척이나 큰 벽이 놓인 것만 같았다. 지금 와서 돌이켜보면 결혼 전의 자신이 마치 딴 사람처럼 느껴졌다. 사랑에 빠져 한 사람만을 바라봤고, 부모의 사랑을 하찮게 여긴 것은 아니었지만 무관심하게 마치 당연한 것을 받는 것처럼 여기며 온 마음과 생각을 한 가지 소원에만 기울이던 당시의 자신. 바로 얼마 전의 일이면서 먼 옛날 일처럼 느껴지는 그때를 떠올리면 그녀는 부끄러웠다. 다정한 부모님의 얼굴을 보면 죄송한 마음에 자책감이 들었다. 그토록 바라던 행복은 얻었는가? 그걸 얻었으면서도 아직 회의에 빠져 불만을 품고 있지는 않은가? 주인공과 여주인공이 결혼이라는 관문을 통과하기만 하면 소설가는 거의 거기서 연극을 끝내고 막을 내려버린다. 인생의 번민도 고통도 거기서 끝을 맺고, 결혼의 나라에 상륙하기만 하면 모든 것이 푸르고 즐거우며, 부부는 서로 손을 맞잡고 아무 불만도 없이 모든 바람이 이루어진 기쁨 속에서, 노년을 향해 천천히 언덕을 내려가기만 하면 된다는 것이다. 하지만 막 새롭게 결혼의 나라에 상륙한 아밀리아는 건너편 기슭에서 작별의 손수건을 흔드는 벗들을 슬퍼하며 바라보고 있다.

어머니는 새 신부가 친정에 돌아온 것을 축하하기 위해 뭔가를 대접하려 했다. 그래서 한바탕 이야기가 끝나자 아밀리아를 남겨둔 채 아래층에 있는 부엌 겸 거실이라 부르는 방으로 갔다. 이곳은 클랩 부부가 지내는 방인데, 저녁에는 설거지를 마치고 머리에서 컬 페이퍼를 떼어낸 아일랜드 출신 하녀 플래너건도 오는 곳이었다. 세들리 부인은 부엌에서 아주 예쁘게 장식한 차를 준비했다. 사람은 저마다 호의를 나타내는 방법이 다른데, 세들리 부인은 머핀과 커트글라스 쟁반에 담은 오렌지 마멀레이드(껍질과 과육을 설탕에 졸인 잼)가 지금의 아밀리아에게 가장 어울리는 음식이라고 생각했다.

어머니가 아래서 이렇게 음식을 마련하는 동안, 아밀리아는 응접실을 나와 2층으로 올라갔다. 저도 몰래 결혼 전에 지내던 방으로 들어가서 비통한 생각에 빠져 오랜 시간을 보내던 의자에 앉았다. 그녀는 그 의자가 마치 옛 친구라도 되는 듯 두 팔걸이 사이에 주저앉아 지난 한 주와 그 전의 생활을 돌이켜보았다. 벌써부터 쓸쓸하고 막연하게 과거를 더듬고 있다니! 늘 무언

가를 갈망하면서도 막
상 그것이 손에 들어
오면 기쁨보다 회의와
슬픔이 따라온다. 이
것이 허영의 시장의
인파 속에서 길을 잃
고 헤매는 이 가엾은
여인의 운명이었다.

아밀리아는 의자에
걸터앉아 결혼 전에는
무릎 꿇고 우러러보던
조지의 옛 모습을 새
록새록 떠올려보았다.
지금의 조지는 그렇게
우러러보았던 훌륭한 젊은 영웅과 너무나 다르다는 사실을 그녀가 솔직하게
인정한 것인가? 아니다. 여인의 자존심과 허영심은 아밀리아가 그런 고백을
하게 되기까지 오랜 시간이 걸리게 한다. 아무리 남자가 아주 몹쓸 인간이라
도 말이다. 또 아밀리아는 반짝이는 레베카의 녹색 눈동자와 짓궂은 미소가
자신을 바라보는 것만 같아서 너무나 두려웠다. 이처럼 아밀리아는 착한 하
녀가 조지의 새로운 청혼 편지를 가져왔을 때처럼 한동안 멍하니 우울한 모
습으로, 앞서 말한 자기 처지를 곰곰이 생각했다.

아밀리아는 며칠 전까지 자신이 잠자던 작고 하얀 침대를 바라봤다. 오늘
밤은 여기서 잠이 들어 예전처럼 어머니가 머리맡에 다가와 미소 짓는 아침
에 잠에서 깨어나고 싶었다. 그러자 캐번디시 스퀘어의 큰 호텔에서 자신을
기다리고 있을 널찍하고 거무칙칙한 특등실 안 다마스크 막을 두른 크고 음
침한 침대를 떠올리니 소름이 끼쳤다. 작고 하얀 정겨운 침대! 얼마나 길고
많은 밤을 이 침대에서 베개를 적셨던가! 또 얼마나 절망하고, 죽고 싶어했
던가! 하지만 지금은 그녀의 모든 소원이 이루어져, 도저히 가망이 없으리
라 생각했던 연인이 영원히 자신의 것이 되지 않았는가? 그리고 상냥한 어
머니는 얼마나 오랜 시간 다정하게 침대 곁을 지켜주셨던가! 아밀리아는 침

대로 다가가 무릎을 꿇었다. 상처 입고 두려움에 떨고 있지만, 다정하고 사랑스러운 소녀는 지금까지 위안을 주리라고는 생각도 못했던 침대에서 위안을 찾았다. 사랑이 곧 그녀의 신념이었다. 그러나 쓸쓸하고 상처 입고 배신당한 마음은 다른 위안을 갈망하고 있었다.

그녀의 기도를 엿듣거나 그걸 남에게 말해줄 권리가 우리에게 있는가? 그렇지 않다. 독자 여러분, 이 또한 비밀이자 이 소설의 무대인 허영의 시장의 영역 밖 일이다.

차가 준비되었다는 말에 아밀리아는 한결 밝아진 얼굴로 아래층으로 내려갔다. 요즘 들어 늘 따라다니던 실망과 한탄, 냉정한 조지나 레베카의 눈동자도 떠올리지 않았다. 아래층으로 내려온 아밀리아는 아버지와 어머니에게 입을 맞추고, 얘기를 나누면서 오랜만에 늙은 아버지를 즐겁게 해주었다. 그녀는 도빈이 사다 준 피아노 앞에 앉아 아버지가 좋아하는 옛날 노래를 모두 불러주었다. 그러고는 차 맛이 아주 좋으며 쟁반에 담긴 마멀레이드 솜씨가 놀랍다고 칭찬했다. 이렇게 주변 사람들을 즐겁게 해주려다 보니 어느새 자신도 즐거워졌다. 그 뒤 호텔로 돌아와 막이 둘러진 음침한 대형 침대에서 푹 잠을 잔 아밀리아는 다음 날 조지가 극장에서 돌아왔을 때 비로소 웃는 얼굴로 잠에서 깨어났다.

그 이튿날에는 조지에게 킨의 샤일록 연기를 구경하는 것보다 더 중요한 볼일이 있었다. 그는 런던에 도착하자마자 아버지의 변호사에게 내일 만나고 싶다고 편지를 띄웠던 것이다. 브라이턴 여관에 머무는 동안 크롤리 대위에게 당구나 트럼프를 져서 돈을 잃는 바람에 그는 지금 거의 빈털터리였다. 그래서 벨기에로 떠나기에 앞서 주머니를 채워둘 필요가 있었는데, 우선 변호사가 그에게 지불하도록 위탁받았다는 2천 파운드에 손을 대는 수밖에 없었다. 그는 아버지가 머잖아 성이 풀릴 거라고 내심 굳게 믿고 있었다. 어떤 부모가 자신처럼 모범적인 아들을 그토록 오랫동안 냉대할 수 있겠는가. 그는 만약 지금까지 자신의 과거와 개인적인 감정이 아버지의 화를 푸는 데 부족하다면, 이번 전쟁에서 아버지가 두 손 들 만큼 혁혁한 공훈을 세우겠노라 다짐했다. 그래도 안 된다면? 괜찮다! 세상은 넓다. 도박만 봐도 운수는 돌고 도는 법이다. 게다가 2천 파운드면 한참은 쓴다.

그래서 조지는 아밀리아를 또다시 친정에 보냈다. 보내면서 그녀에게 어머니와 둘이, 외국여행을 할 조지 오즈번의 부인에게 걸맞은 물건이라면 뭐든 사도 좋다고 일러두었다. 떠날 준비를 마치는 데 하루밖에 여유가 없었다. 그러니 모녀가 여러 가지 일로 바빴으리라 상상이 갈 것이다. 옛날처럼 마차를 타고 장신구 가게에서부터 옷가게까지 바삐 돌아다니며 아첨 떠는 점원과 공손한 가게주인들의 배웅을 받고 보니, 같이 다니는 세들리 부인조차 파산 뒤에 처음으로 행복한 기분을 진심으로 느낄 수 있었다. 아밀리아도 이렇게 물건 사러 다니고, 흥정하고, 여러 물건을 구경하는 것이 매우 기뻤다(제아무리 냉정한 남자라도, 그런 걸 기뻐하지 않을 여자에게 2페니라도 돈을 주겠는가?). 그녀는 남편의 말에 따라 큰마음 먹고 장신구를 가득 사들였다. 그리고 들르는 가게마다 취미가 고상하다느니, 총명하다느니 하는 소리를 들었다.

앞으로 있을 전쟁에 대해서 아밀리아는 크게 걱정하지 않았다. 나폴레옹은 거의 전투다운 전투는 못 해보고 패할 것이다. 마게이트를 떠나는 선박들은 매일처럼 상류 인사들과 이름 높은 부인들을 잔뜩 태우고 브뤼셀과 겐트로 향했다. 사람들은 전쟁터로 간다기보다 멋진 여행을 떠나는 것만 같았다. 신문에서는 고약한 벼락출세자, 코르시카의 사기꾼을 비웃었다. 그런 변변찮은 놈팡이가 유럽 군대와 동서고금의 명장 웰링턴에 맞서다니! 아밀리아는 나폴레옹 따위 발톱의 때만큼도 걱정하지 않았다. 이 부드럽고 얌전한 여인은 주위 사람들의 의견을 그대로 받아들였고, 제 나름의 생각을 하기에는 너무나 겸손했기 때문이다. 어쨌든 한마디로 그녀와 어머니는 그날 많은 물건을 사들이고, 그 덕분에 그녀는 런던 상류사회에 처음으로 얼굴을 내비치면서도 아주 활기차게 처신하여 조금이나마 체면을 차렸다.

한편 조지는 모자를 비뚜로 쓰고 팔꿈치를 뻗어 군대식으로 활보하며 베드퍼드 거리로 찾아갔다. 그리고 안에서 펜을 놀리는 서기들이 모두 자기 부하라도 되는 듯이 변호사 사무실로 당당히 걸어 들어갔다. 그는 한 직원에게, 오즈번 대위가 와서 기다리니 히그스 씨에게 어서 전하라고 말했다. 말투가 어찌나 사납고 거만한지, 자기보다 머리가 세 배는 좋고 재산이 50배는 많으며 경험이 1천 배나 많더라도 거리의 평범한 변호사 따위는 모든 일을 제쳐놓고 곧장 대위의 일을 돌보아주어야 한다는 듯했다. 그는 사무실에 앉아 지팡이로 장화를 톡톡 치면서, 신세 가련한 놈들만 잔뜩 모여 있군 하고 생각했다. 그러나 그러는 동안 사무실의 서기장에서부터 수습사원, 누더기를 걸친 필사원과 꼭 끼는 옷을 입은 사환들까지, 모두 자기를 경멸하며 비웃고 있음은 알아채지 못했다. 그 신세 가련한 인물들은 조지에 대해서 다 알고 있었다. 그들은 밤이면 술집에서 맥주를 마시며 대위 이야기를 했다. 아니, 런던에서 변호사들과 변호사 서기들이 모르는 것이 있던가? 그들 앞에 비밀이란 있을 수 없다. 그들 무리는 말없이 런던을 지배하고 있는 것이다.

조지는 히그스 변호사 사무실에 들어오면서 그 변호사가 혹시 아버지로부터 타협이나 화해의 편지를 전하라는 위탁을 받지는 않았나 기대를 했을지도 모른다. 그의 오만하고 냉담한 태도는 스스로의 뜻과 의지를 나타내려고 한 것일 수도 있다. 그러나 만일 그렇다 하더라도, 그의 사나운 태도에 변호사가 얼음장처럼 차갑고 무관심한 태도로 나오는 바람에 그는 오히려 거들먹거리다가 우스운 꼴이 되고 말았다. 대위가 들어오자 변호사는 뭔가를 쓰고 있는 척했다. 그리고 "앉으십시오. 대위님 건은 간단하니까 곧 봐드리겠습니다. 포, 양도증을 가져와요." 말하더니 다시 글을 쓰기 시작했다.

포가 서류를 가져오자 변호사는 2천 파운드 공채의 시가(時價)를 계산한 다음, 오즈번 대위에게 은행수표를 끊을지, 아니면 그만한 액수의 공채를 사들이라고 은행에 일러놓을지 물었다. "돌아가신 어머님의 재산관리인이 런던에 안 계시지만, 대위님 아버님께서 대위님의 뜻대로 해주라 하셔서 최대한 빨리 일을 처리했습니다." 변호사는 쌀쌀하게 말했다.

"수표로 해주시오." 대위는 몹시 무뚝뚝하게 답했다. 그리고 변호사가 수표 금액을 적는 것을 보더니, "파운드 외에 푼돈은 알아서 하시오." 덧붙였다. 조지는 이렇게 선심을 보여줌으로써 자신을 바보 취급한 변호사에게 단단히 창피를 주었다고 혼자 좋아했다. 그는 수표를 주머니에 집어넣고 사무실을 당당히 걸어나갔다.

"저 친구 2년 안에 교도소 갈걸?" 히그스가 포에게 말했다.

"오즈번 씨는 절대 용서 안 하시겠지요? 어떤가요?"

"그 벽창호가 먼저 두 손 들 리 없지." 히그스가 대답했다.

"저 대위, 엄청나게 써대더군요. 결혼한 지 일주일밖에 안 되는데 다른 장교들과 함께 연극을 보고, 하이플라이어 부인을 마차에 태우는 걸 봤습니다." 이때 다른 일이 생겨서 변호사와 서기는 조지 오즈번의 일을 잊어버렸다.

수표는 독자 여러분도 잘 아는 롬바드 거리의 헐커&블록 은행의 것이었다. 조지는 이것도 일이니까 어쩔 수 없다면서 그곳에 들러 돈을 찾았다. 조지가 들어갔을 때, 마침 프레더릭 블록은 사무실에 앉아서 착실한 서기가 내놓은 장부를 누런 얼굴로 들여다보고 있었다. 그는 대위를 보자 그 누런 얼굴이 더욱 죽은 사람 낯빛처럼 바뀌었고, 죄라도 지은 듯 가장 안쪽 방으로 살금살금 달아나버렸다. 조지는 자못 만족스럽게 돈을 바라보느라 바빠서 (그는 이런 큰돈을 가져본 적이 없었다) 누이동생의 구혼자가 유령 같은 얼굴로 도망치는 걸 보지 못했다.

프레드 블록은 이때 조지의 태도와 행동을 오즈번 노인에게 일러바쳤다. "아주 뻔뻔스럽게 들어오던데요. 돈은 한 푼도 남기지 않고 찾아갔습니다. 그런 친구의 손에서 수백 파운드란 돈이 얼마나 오래가겠습니까?" 오즈번 노인은 욕지거리를 섞어가면서 그놈이 그걸 언제 얼마나 빨리 써버리든 내 알 바 아니라고 말했다. 블록은 이제 매일같이 러셀 스퀘어에서 함께 식사를 하고 있었다. 조지는 이날 일을 끝내고 크게 만족스러워했다. 그는 서둘러 짐을 꾸려 떠날 준비를 마쳤다. 아밀리아가 산 물건 값은 군주처럼 위세당당하게 대리인 앞으로 수표를 써서 치러주었다.

제27장
아밀리아 연대에 가입하다

아밀리아가 조스의 멋진 마차로 채텀의 여관 앞에 도착하여 맨 먼저 알아본 것은 도빈 대위의 정다운 얼굴이었다. 도빈은 친구들이 오기를 기다리느라 한 시간이나 거리를 왔다갔다 하고 있었다. 그는 프록코트에 금줄을 달고, 주홍색 띠에 군도를 차서 제법 군인다워 보였다. 조스는 이런 사람을 친구로 둔 것이 무척 자랑스러웠다. 그래서 이 뚱뚱보 민간인은 브라이턴과 본드 거리에서 도빈을 만났을 때와는 아주 딴판으로 공손하게 인사를 했다.

도빈 옆에 스터블 소위도 있었는데, 그는 조스의 마차가 여관에 다가오자 "이거 정말 미인인데!" 하고 감탄하며 오즈번이 아내를 잘 골랐다고 칭찬했다. 그도 그럴 것이 아밀리아는 결혼식 때 입던 플리스에 분홍색 리본을 달고, 바람을 맞아서 얼굴에 홍조를 띠고 있어 소위가 칭찬할 만큼 젊고 귀여워 보였다. 도빈은 소위의 칭찬이 마음에 들었다. 도빈이 앞으로 걸어가 그녀를 마차에서 내려주자, 스터블은 아밀리아가 도빈에게 내미는 예쁜 손이며 마차의 승강대를 사뿐히 걸어 내려오는 곱다란 작은 발을 보고 탄복했다. 그는 낯을 새빨갛게 붉히며 할 수 있는 한 고개를 깊이 숙여 인사했다. 아밀리아는 수를 놓아 연대 번호를 새긴 모자를 보고 수줍게 미소 짓더니 무릎을 굽혀 인사했다. 그 모습에 폭 빠져버린 소위는 그 자리에서 다리가 풀려버렸다. 도빈은 그날로 스터블이 무척이나 마음에 들어 둘이서 산책을 하거나 숙소에 있을 때 그를 자꾸 부추겨서 아밀리아 이야기를 하게 했다. 사실 오즈번 부인을 사모하고 존경하는 일은 제××연대의 순진한 젊은이들 사이에서 유행처럼 번지고 있었다. 수수하고 꾸밈없는 그녀의 몸가짐과 겸손하고 다정한 태도가 그들의 순박한 마음을 사로잡아버린 것이다. 그런 순진함과 다정함이란 활자로 표현하기 아주 어려운 것이다. 그러나 여자에게 만약 이런 점이 있다면, "이미 카드리유(주로 4쌍의 남녀가 네모 꼴을 이루며 추는 사교춤) 약속이 있어서요." 라든지 "날씨가 몹시 덥네요." 라는 말밖에 하지 않더라도 남자는 그 여인의 장점을 알아본다. 연대에서 늘 일인자였던 조지는 지참금 하나 없는 여자와 결혼한 의협심과, 귀엽고 참한 배우자를 고른 눈썰미로 젊은 친구들 사이에서 평판이 높아져 갔다.

두 사람이 잡아둔 여관방에 들어서면서 아밀리아는 오즈번 대위 부인 앞으로 편지가 한 통 와 있는 것을 보고 깜짝 놀랐다. 세모난 분홍색 편지지에 쓴 간단한 편지였는데, 비둘기와 올리브 가지 봉인이 찍혀 있고, 옅은 파란색 봉랍이 잔뜩 발라져 있었다. 모르는 여성의 필체였지만 아주 큼직하게 쓰여 있었다.

"그거 페기 오다우드의 글솜씨군." 조지가 웃으며 말했다. "봉인에 있는 키스자국을 보니 알겠어." 그렇다. 그것은 오다우드 소령 부인이 보낸 편지로, 저녁에 친한 사람들끼리 작은 모임을 가질 예정이니 오즈번 부인도 참석해달라는 내용이었다.

"당신은 꼭 가야 돼. 거기 가면 연대 사람들과 알게 되지. 오다우드가 이번에 연대를 통솔할 건데, 그 오다우드 소령은 페기가 통솔하고 있거든."

그렇게 두 사람이 오다우드 부인의 편지를 두고 즐겁게 이야기를 나누는데 조금 뒤 문이 활짝 열리면서 승마복을 입은 뚱뚱하고 유쾌해 보이는 부인이 연대 장교 두 사람을 데리고 들어왔다.

"정말이지 티타임까지 기다릴 수가 없었답니다. 조지 대위, 부인께 제 소개를 해주시겠어요? 만나서 반가워요, 부인. 제 남편 오다우드 소령을 소개할게요." 승마복을 입은 유쾌한 부인이 아밀리아의 손을 꼭 잡았다. 아밀리아는 이 여인이 남편이 가끔 놀리던 사람이라는 것을 바로 눈치챘다. "제 이야기는 바깥양반한테서 가끔 들으셨겠지요?" 부인이 아주 명랑하게 말했다.

"우리 집사람 이야기는 가끔 들으셨겠지요?" 그녀의 남편인 소령도 따라서 말했다.

아밀리아는 방긋 웃으면서 그렇다고 대답했다.

"바깥양반께서 별로 좋은 말은 안 하셨겠지요. 조지 대위는 아주 몹쓸 양

반이니까요."

"그건 내가 보증하지." 소령은 다 안다는 티를 내면서 말했다. 조지가 웃었다. 그러자 오다우드 부인은 잠자코 있으라는 듯이 채찍으로 톡톡 소리를 내고는 오즈번 대위 부인에게 정식으로 소개를 해달라고 했다.

"여보, 이분이 바로 아주 친절하고 다정하며 내게 좋은 친구인 오렐리아 마가레타 여사셔. 친근하게 페기 라고도 부르지." 조지가 매우 진지하게 말했다.

"바로 그렇습니다." 소령이 곁들였다.

"친근하게 페기라고 부르고, 우리 연대 마이클 오다우드 소령님의 부인이시며, 킬데어의 글렌말로니에 사는 피츠루드 버스퍼드 드 부르고 말로니 씨의 따님이셔."

"그리고 더블린의 머리안 스퀘어에도 집이 있어요." 부인은 태연하게 우쭐거리며 말했다.

"머리안 스퀘어에도, 그렇지." 소령이 중얼거렸다.

"당신이 그곳에서 저에게 청혼하셨지요, 여보." 부인이 말했다. 소령은 사람들 앞에서 아내가 하는 말이라면 무엇이든 맞장구를 쳤는데, 이번에도 마찬가지였다.

오다우드 소령은 국왕을 섬기는 군인으로서 세계에 돌아다니지 않은 데가 없고, 계급은 그에 걸맞은 용감무쌍한 공훈으로 한 계단씩 진급해왔다. 그는 아주 겸손하고 조용하고 내성적이고 얌전하며 부인에겐 하인처럼 굽실거렸다. 식당에서는 말없이 앉아서 술만 잔뜩 마셨다. 술이 들어갈 대로 들어가면 그는 조용히 비틀거리며 집으로 돌아갔다. 그가 입을 연다면, 그건 누가 말을 했을 때 일일이 맞장구를 쳐줄 때뿐이었다. 그는 평생을 태평하게 마음 내키는 대로 살았다. 인도의 햇살이 아무리 뜨겁더라도 그를 달구지 못했으며, 발헤렌의 말라리아도 그를 쓰러뜨리지 못했다. 그는 마치 식사를 하러 식탁에 가는 것처럼 포대(砲臺)에 올랐고, 말고기든 거북고기든 똑같이 맛있게 우적우적 먹어치웠다. 그리고 오다우드 타운에 사는 늙은 오다우드 부인이 그의 어머니인데, 그는 집을 뛰쳐나와 군에 입대했을 때와 말썽꾼 페기 말로니와 결혼하겠다고 우기던 때 말고는 어머니 말씀을 어긴 적이 한 번도 없다고 한다.

페기는 글렌말로니라는 명문가의 열한 남매 가운데 다섯째였다. 그녀의 남편은 그녀의 사촌 오빠였다고는 하나 외가 쪽 사람이라, 그녀가 세계적으로 유명하다고 자처하는 말로니 가문과 인연을 맺는 무한한 영광을 누리지는 못했다. 더블린에서 아홉 번, 바스와 첼튼엄에서 두 번이나 배우자를 구했지만 끝내 찾지 못했던 페기는 서른세 살 때 사촌 마이클에게 결혼해 달라고 떼를 썼다. 착한 마이클은 그녀의 말에 따라 그녀를 서인도로 데려갔다. 그리하여 그녀는 남편이 전임한 제××연대의 장교 부인들을 거느리게 되었다.

사실 누구에게나 그랬지만, 이 사랑스러운 오다우드 부인은 아밀리아와 처음 만난 자리에서 30분이 채 안돼 자신의 출생에서부터 계보까지 모두 얘기했다. "저기, 아밀리아 양." 그녀는 솔직하게 얘기했다. "사실 조지를 우리 친척으로 삼으려고 했었답니다. 내 동생 글로비나와 아주 잘 어울렸거든요. 하지만 이젠 다 지나간 이야기예요. 당신과 결혼해버렸으니까요. 그래서 전 당신을 동생처럼 아끼고 가족처럼 사랑하기로 마음먹었답니다. 정말이지 당신은 생김새도 아름답고, 태도도 나무랄 데 없고, 상냥하기까지 하니 우리와 잘 어울릴 거예요. 당신은 이제 우리 가족이 되는 거예요."

"그렇고말고." 오다우드 소령도 수긍하는 듯이 말했다. 아밀리아는 느닷없이 대가족과 어울리게 된 것을 적잖이 재미있고 고마운 일이라 생각했다.

"모두 좋은 사람들뿐이에요." 소령 부인은 말을 이었다. "이렇게 단합 잘 되고 회식 자리가 화기애애한 연대는 육군을 통틀어도 보기 드물지요. 우리 사이엔 싸움도 말다툼도 비방도 뒷소리도 없어요. 모두 서로를 아낀답니다."

"특히 마제니스 부인을." 조지가 웃으며 말했다.

"마제니스 대위 부인과는 벌써 화해했어요. 그 여자가 나한테 한 짓 때문에 속이 상해 생긴 흰머리는 죽을 때까지 없어지지 않겠지만."

"그토록 아름답던 까만 앞머리에 말이지, 페기." 소령은 소리쳤다.

"입 좀 다물어요, 이 바보 양반. 남자들은 꼭 저렇게 쓸데없는 말을 한다니까, 그렇죠? 난 우리 바깥양반한테 호령할 때와 식사할 때가 아니면 입을 열지 말라고 자주 일러둔답니다. 둘만 남게 되면 연대 이야기를 더 들려 드리고 주의도 해드리겠어요. 이번에는 부인의 오라버니를 소개해주시겠어요? 정말 훌륭한 분이시더군요. 제 사촌 댄 말로니를 닮았어요. 아, 풀두디 경의 사촌 오이스더스타운의 오팔리아 스컬리와 결혼한 발리말로니 가문 쪽 이야기랍니다. 세들리 양, 이렇게 함께하게 돼서 기뻐요. 오늘 회식 때 같이 식사하겠어요? 그리고 믹, 그 의사 조심하도록 해요. 무슨 일이 있더라도 저녁 회식 때 취하면 안 돼요."

"여보, 우리는 제150연대에서 여는 송별만찬에 초대받은 거야." 소령이 끼어들어 말했다. "그리고 세들리 양, 곧 당신 앞으로도 초대장이 올 겁니다."

"저기, 심플 씨? 아, 우리 연대의 심플 소위랍니다, 아밀리아 양. 소개해 드리는 걸 잊었네요. 심플 씨, 서둘러 태비시 대령께 달려가서 오다우드 소령 부인이 보내서 왔다고 하고, 오즈번 대위가 처남과 함께 오셨기에 5시에 있을 제150연대의 회식장에 함께 데려가겠다고 전하세요. 그리고 여보, 웬만하면 여기서 간단하게 식사를 하고 가세요." 오다우드 부인의 말이 끝나기도 전에 젊은 소위는 사명을 다하기 위해 계단을 뛰어 내려가고 있었다.

"복종은 군대의 생명이지. 여보, 오다우드 부인께서 당신한테 여러모로 가르쳐주는 동안, 우리는 우리 임무를 다하고 오겠소." 그러더니 두 신사는 양쪽에서 소령의 팔을 잡고 그의 머리 너머로 서로의 얼굴을 바라보며 픽 웃고는 밖으로 나가버렸다.

그리하여 새로운 친구를 독차지하게 된 오다우드 부인은 성급하게도 아밀리아의 조그만 머리에는 일일이 담을 수 없을 만큼 많은 이야기를 늘어놓았다. 이제는 한 식구가 되어 얼떨떨해 하고 있는 아밀리아에게 대가족에 대해 여러 이야기를 자세히 들려주었다. "헤비톱 대령 부인은 자메이카에서 얻은 황열병과 남편을 빼앗긴 마음의 상처로 돌아가셨답니다. 대포알처럼 머리가 벗어진 지독스러운 대령이 글쎄, 그곳의 어떤 혼혈아 여인에게 추파를 던졌지 뭐예요. 마제니스 부인은 교육을 잘 받지 못했지만 좋은 사람이었어요. 그런데 입버릇이 나쁘고, 트럼프를 할 때 자기 어머니까지 속이곤 했어요. 커크 부인 같은 여자는 속임수 없는 노름판이 있다고 하면 그 툭 튀어나온 눈망울을 치켜뜨고 깜짝 놀랄걸요. (실제로 교회에 다니는 사람들 가운데서도 제일 독실하다는 아버님하고 딘 말로니 삼촌, 주교로 있는 사촌은 매일같이 저녁마다 그런 식으로 루니 휘스트니 하는 카드놀이를 하는걸요.) 그런데 지금 말씀드린 부인들은 이번에 아무도 연대를 따라가지 않아요." 오다우드 부인은 덧붙여 말했다. "마제니스 부인은 어머니와 같이 남을 거예요. 분명 런던에서 아주 가까운 이즐링턴에서 석탄이나 감자 장사를 조그마하게 벌이고 있을 텐데. 그녀는 늘 자기 아버지가 배를 갖고 있다고 자랑을 하면서 배가 강을 따라 올라오면 저 배가 그 배라고 한답니다. 그리고 커크 부인과 아이들은 이곳 베데스다 플레이스에 남아 있을 거예요. 자기가 좋아하는 전도사 램즈혼 박사 곁에 있고 싶어서요. 바니 부인은 임신 중이에요. 그러고 보니, 그 여잔 늘 그랬어요. 중위 사이에 벌써 아이를 일곱이나 본걸요. 그리고 포스키 소위 부인은 두 달 전에 연대에 왔는데, 아니 글쎄, 남편하고 얼마나 싸워대는지 몰라요. 그것도 병영 안에 빤히 들리게. 남들 말로는 그릇까지 부순다는데, 그래도 소위는 눈에 멍이 시퍼렇게 든 이유를 절대로 밝히지 않아요. 그 부인은 리치먼드에서 여학교를 경영하는 자기 어머니에게 돌아갈 거예요. 거길 뛰쳐나온 게 가장 큰 실수였지요. 당신은 어느 학교를 나왔나요? 나는 더블린 근처 부터즈타운의 일리써스 그로브에 있는 플라나한 여사의 학교에서 돈도 들이지 않고 공부했어요. 후작의 미망인이 진짜 파리 발음을 가르쳐주고, 프랑스의 퇴역 육군소장이 연습문제를 냈답니다."

아밀리아는 오다우드 부인의 막내 여동생으로서 갑작스레 이런 어수선한 대가족의 일원이 되어버렸다. 그녀는 티타임에 온 다른 부인들의 소개도 받았다. 조용하고 착하고, 지나치지 않은 미모가 다른 부인들에게 좋은 인상을 주었다. 그런데 제150연대의 회식을 마치고 돌아온 남자들이 그녀를 칭찬하자, 부인들은 두말할 것도 없이 그녀를 흠잡았다.

"오즈번도 방탕질을 이제 그만했으면 좋겠어요." 마제니스 부인이 바니 부인에게 말했다. "마음을 고쳐먹고 훌륭한 남편이 된다면, 아밀리아도 분명히 조지와 사이좋게 지낼 거예요." 오다우드 부인이 포스키 부인에게 말했다. 이 부인은 연대에서 새색시라는 지위를 아밀리아에게 빼앗겨 몹시 화를 내고 있었다. 그리고 커크 부인은 램즈혼 박사의 제자이니만큼 아밀리아에게 종교상의 중요한 질문을 한두 가지 던져서 그녀가 하느님에 눈 뜬 여잔가, 독실한 기독교도인가 시험해 보았다. 그런데 아밀리아의 순진한 대답으로 그녀가 아직 암흑 속에서 헤매고 있다는 것을 알게 되자, 그림이 들어간 1페니짜리 책 세 권을 그녀에게 주었다. 〈우짖는 황야〉, 〈원즈워스 평원의 세탁부〉, 〈영국군 최고의 총검〉이었다. 커크 부인은 그것을 읽으면 오늘 밤 안으로 하느님의 빛을 받게 될 테니 반드시 자기 전에 읽으라고 했다.

그러나 남자들은 모두가 좋은 친구들인지라, 아밀리아한테 모여들어 군인다운 의협심으로 그녀의 비위를 맞추었다. 그러자 그녀는 좀 우쭐해져서 기운이 솟고 눈이 반짝거렸다. 조지는 아내가 이렇게 인기 있다 보니 의기양양해졌고, 아내가 남자들의 친절을 받고 찬사에 답하는 태도(좀 천진스럽고 소심하긴 하지만 매우 쾌활하고 품위 있어 보였다)에 만족을 느꼈다. 그리고 군복을 입은 방 안의 어느 남자보다 생김새가 훨씬 단정하였다. 아밀리아는 남편이 다정스레 지켜보고 있다는 것을 의식하곤 그의 친절이 기뻐서 어찌할 바를 몰랐다. '저분의 친구들께 모두 친절히 대해야지.' 그녀는 속으로 다짐했다. '저분을 사랑해주는 사람은 나도 모두 사랑해야지. 언제나 쾌활하고 상냥하게 굴어서 저분의 가정을 행복하게 만들어주려 노력하겠어.'

연대는 환호로 아밀리아를 맞이했다. 대위들은 그녀를 훌륭한 부인이라 하고, 중위들은 칭찬하고, 소위들은 숭배했다. 늙은 의사 커틀러는 한두 마디 농담을 걸었는데, 너무 전문적인 내용이니 여기에 쓸 필요는 없을 것이다. 그리고 에딘버러 출신의 박사 보조 캐클은 그녀의 문학적 소양을 시험해보려고 유명한 프랑스 인용문 세 가지를 들었다. 스터블은 동료들 사이를 돌아다니며 "정말이지 예쁘지 않나?" 하고 속삭이고 다녔다. 그리고 니거스_(향료·설탕을 탄 포도주)가 나올 때를 빼놓곤 그녀에게서 잠시도 눈을 떼지 않았다.

도빈 대위에 대해 말하자면 그는 그날 저녁 내내 아밀리아와 거의 이야기를 나누지 않았다. 그 대신 그는 제150연대의 포터 대위와 둘이서 조스를 호텔에 데려다주었다. 거나하게 취한 조스는 연대 식당과 야회에서도 호랑이 사냥 이야기를 하여 터번에 극락조 깃털을 꽂은 오다우드 부인의 환심을 크게 샀다. 이 주정뱅이 세금 징수관을 하인에게 넘긴 도빈은 시가를 피우며 여관 앞을 어슬렁거렸다. 한편 조지는 아밀리아에게 정중히 숄을 걸쳐주고 오다우드 부인의 집에서 데리고 나갔다. 이때 젊은 장교들은 모두 그녀와 악수를 하고 마차까지 배웅해주며 달려가는 마차에 만세를 했다. 그렇게 여관으로 돌아온 아밀리아는 귀여운 손을 도빈에게 맡기고 마차에서 내렸다. 그리고 웃으면서 그가 밤새 전혀 상대해주지 않았던 사실을 꼬집었다.

도빈 대위는 여관과 거리가 모두 조용해진 뒤에도 한동안 독한 담배를 피우며 마음속 우울함을 떨쳐냈다. 조지네 응접실 창문으로 보이던 불빛이 꺼지고 옆쪽 침실에 빛이 드는 것이 보였다. 조지가 자신의 숙소로 돌아왔을 무렵에는 거의 아침이 되어 있었다. 정박한 배에서 수많은 고함소리가 들려왔다. 강에서는 운송선들이 템스 강을 내려가기에 앞서 벌써부터 화물을 싣고 있었다.

제28장
아밀리아 네덜란드·벨기에로 떠나다

연대는 장교들과 함께 이번 전쟁을 위해 정부가 마련해준 배로 이동할 예정이었다. 오다우드 부인의 방에서 즐거운 연회가 있은 지 이틀 뒤, 강에 정박해 있는 동인도회사 소속의 선박들, 강가에 모여 환호하는 군인들, 〈왕을 지켜주소서〉(영국국가)를 연주하는 악단 가운데 장교들은 군모를 흔들고 선원들은 용맹하게 만세를 불렀다. 배는 강을 따라 내려가 군함의 호위를 받으며 오스텐트(벨기에 북서부항구도시)로 떠났다. 여인에게 친절한 조스는 동생과 부인들을 위해 함께 가기로 했다. 극락조 깃털이 달린 유명한 터번이 들어 있기도 한 여인들의 짐과 소지품은 모두 연대의 짐과 함께 앞서 보냈다. 그리하여 우리의 두 여주인공은 매우 가벼운 몸으로 마차를 타고 램즈게이트로 가서 정기적으로 오는 배편을 타고 오스텐트로 출항할 수 있었다.

이제부터 쓸 이야기는 조스의 생애에서 실로 엄청난 사건으로 가득해서, 그 뒤로도 오랫동안 이야깃거리가 되었다. 자신만만했던 그의 호랑이 사냥 이야기가 더욱 흥미진진한 워털루전투 이야기 때문에 뒤로 밀려날 정도였다. 조스는 동생을 따라 바다를 건너자마자 수염을 길렀다. 채텀에서는 열병식이나 교련을 하는 자리가 있으면 아주 열성적으로 따라다녔고, 동료 장교들(그는 뒤에 가서 그들을 가끔 이렇게 불렀다)이 하는 말을 열심히 귀담아들었으며 육군 주요인물의 이름을 되도록 많이 알아두었다. 그의 이러한 공부에는 오다우드 부인이 가장 큰 도움을 주었다. 마침내 그들을 목적지까지 데려다 줄 러블리로즈호에 승선하는 날, 그는 금줄을 단 맵시 있는 약모를 쓰고, 끈목으로 장식한 프록코트와 돛베바지를 차려입고 나타났다. 자기 마

길가에 선 오즈번 부인의 마차

차도 갖고 왔으며, 배에서 사람을 만날 때마다 웰링턴 공의 군대에 합류할 예정이라고 몰래 알려주었다. 이를 본 사람들은 다들 그가 대단한 인물이거나, 병참 사령관, 아니면 적어도 정부 관료쯤 되리라 생각했다.

배를 타고 가면서 그는 단단히 욕을 보았다. 부인들도 쭉 뻗어버렸다. 그러나 아밀리아는 배가 오스텐트 항구에 들어설 때 연대가 탄 운송선을 보고 기운을 차렸다. 운송선들이 러블리로즈호와 거의 동시에 입항한 것이다. 금방이라도 쓰러질 듯했던 조스가 여관으로 가버리는 바람에 도빈이 혼자 부인들을 돌봐주고 배에서 조스의 마차와 짐을 내려 세관 통과까지 해줘야만 했다. 오즈번과 조스의 오만방자한 하인들이 채텀에서 서로 짜고 배를 타는 것을 한사코 거부한 탓에 하인이 없었기 때문이다. 매우 갑작스럽게 출발하는 당일에 배신을 당하여 당황한 조스는 배 타는 걸 포기하려고도 했었다. 하지만 도빈 대위가(조스는 늘 그가 자신을 도와줬다고 했다) 그를 꾸짖으며 콧수염까지 길러놓고 안 갈 거냐고 놀려댔기에 결국 배를 탔던 것이다. 영어밖에 할 줄 모르지만 잘 먹고 잘 자란 런던 하인 대신에, 도빈은 조스를 위해 피부가 검고 몸집이 작은 벨기에 하인을 구해왔다. 그 하인은 어느 나라 말도 할 줄 몰랐지만 몸놀림이 재빠르고 조스를 언제나 '나리'라고 부른 덕분에, 바로 조스의 마음에 들게 되었다. 그런데 오스텐트에 오면서 형세가 완전히 뒤바뀌었다. 이곳에 온 영국인 중에 나리처럼 보이거나, 전통 있는 영국 귀족 행세를 하고 다니는 사람은 아주 드물었다. 거의가 초라한 복장에 때 묻은 셔츠를 입고 있으며 당구나 브랜디, 시가나 기름진 음식을 즐기는 무리처럼 보였다.

그렇다고 웰링턴 공의 지휘 아래에 있던 영국군이 돈을 떼어먹는 일은 없었다고 한다. 그런 점을 명심하고 있다니 상업국가의 국민답다. 이렇게 손님이 잔뜩 와 주고 믿을 만한 군대에 식량을 공급한다는 것은 상업을 즐기는 나라로서 매우 고마운 일이었다. 게다가 영국군이 지켜주러 온 이 나라엔 군대라고 할 만한 것이 없었다. 역사적으로도 그들은 자신들의 땅을 전쟁터로 빌려주기만 했을 뿐이다. 실제로 내가 워털루 전후 상황을 시찰하러 갔을 때, 의젓하고 호전적인 베테랑 병사로 보이는 마차 차장에게 그 전투에 참가했었느냐고 물어보았다. 그러자 그는 "Pas si bête? (내가 그런 바보로 보이시오?)"라고 대답했다. —프랑스 사람들은 결코 그렇게 대답하거나 그 전투를 바보 취급하지 않지만. 차장과는 달리 마부는 나폴레옹 제정 시대의 장군 아들로 자작(子爵)이었는데, 몰락해버린 지금은 길거리에서 조금밖에 안 되는 맥주를 고맙게 받아 마셨다. 이는 인생의 아주 좋은 교훈이라고 본다.

이 평탄하고 초목이 우거진 태평한 나라도 1815년 초여름 무렵만큼 풍요롭고 번창했던 적은 없었다. 초록 들판과 고요한 도시는 진홍빛 군복을 입은 영국군으로 활기를 띠었고, 넓은 도로는 화려한 영국 마차들로 가득했다. 푸른 목장과 즐겁고 운치 있는 오래된 마을, 울창한 나무들에 둘러싸인 낡은 저택 옆을 미끄러지듯이 지나가는 큰 운하선은 유복한 영국 여행자들로 북적거렸다. 술집에서 술을 마신 병사들은 어김없이 값을 치렀다. 플랑드르 농가에서 묵었던 하일랜드 연대 병사 도날드는 주인집 내외가 들로 나가 건초를 걷어들이는 동안 아기의 요람을 흔들어주었다. (이 이야기는 그리그 씨의 《워털루전투 이야기》에 쓰여 있다.) 영국 화가들이 전쟁화를 그리는 데 푹 빠져 있으니 나는 영국 전쟁의 공정성을 보여주고자, 그들에게 붓을 놀릴 좋은 소재거리를 주려 한다. 모든 것이 하이드 파크의 관병식처럼 화려하고 평화로워 보여 위험은 전혀 없는 것만 같았다. 하지만 그 동안 국경 요새 뒤에 숨어 있던 나폴레옹은 전쟁이 시작되면 질서정연한 영국인들을 모조리 분노와 유혈 속으로 몰아넣기 위해 전쟁 준비를 게을리하지 않았다.

모든 영국 국민이 웰링턴 공에게 건 믿음은, 프랑스 국민들이 나폴레옹에게 걸었던 열정적 광기까지는 아니지만 그에 못지않게 강렬했다. 그만큼 국민들은 총사령관을 믿고 있었다. 어느 곳에든 빠짐없이 방어선이 세워졌고, 만약의 사태가 생겨도 언제든지 달려와 줄 원군이 바로 옆에서 대기하고 있었다. 그렇기에 우리 친구들 가운데 천성이 겁쟁이인 두 사람도 영국에서 온 많은 사람들처럼 마음을 푹 놓고 있었다. 우리가 아는 장교들이 많은 그 유명한 연대는 운하선으로 브루게와 겐트로 파견되었다가 다시 브뤼셀로 향했다. 조스도 부인들을 데리고 공용 운하선을 탔다. 이전에 플랑드르 지방을 여행해본 사람이라면 그 운하선이 얼마나 호화롭고 승선감이 좋은지 알고 있으리라 믿는다. 느리지만 편안한 이 배는 기내 음식 맛이 아주 좋다. 일주일 예정으로 벨기에로 왔던 한 영국인 여행자는 이 배를 한번 탔다가 몹시 마음에 들어서 겐트와 브루게 사이를 내내 왕복했다고 한다. 그러다 철도가 발명되면서 운하선으로 마지막 여행을 하고 물속으로 몸을 던졌다는 이야기

까지 있다. 설마하니 조스가 그러지는 않겠지만, 여간 즐거워하는 것이 아니었다. 오다우드 부인은 그런 조스를 보고, 자신의 동생 글로비나를 아내로 맞이하면 그 행복은 만점짜리가 될 거라고 계속해서 꾀어댔다. 조스는 온종일 자신의 선실 지붕에 앉아 플랑드르 맥주를 마시면서 하인 이시도어를 부르거나 부인들에게 공손히 말을 걸어댔다.

그의 사기는 하늘을 찌를 듯했다. "나폴레옹, 덤빌 테면 덤벼라!" 조스가 소리쳤다. "이런 이런, 가엾은 에미. 걱정할 것 없어. 위험한 일은 하나도 없다니까. 두 달도 못 돼서 연합군이 파리에 입성할 테니까, 그때는 정말로 팔레 루아얄(왕궁) 만찬에 데려다 줄게. 잘 들어, 지금 30만 러시아군이 마이앙스와 라인 지방을 넘어 프랑스로 진군하고 있어. 비트겐슈타인과 바클라이 드톨리가 이끄는 30만 대군이 말이지. 넌 군사적인 건 모르겠지만, 난 잘 알고 있지. 프랑스는 러시아 보병에 대항할 보병이 없고, 나폴레옹 휘하의 장군 중에는 비트겐슈타인의 발끝에라도 따라올 놈이 하나도 없어. 거기다 오스트리아군까지 있지. 오스트리아군은 적어도 50만은 될 거야. 슈바르첸베르그와 찰스 공의 지휘 아래, 지금쯤이면 국경에서 열흘 정도 떨어진 곳까지 와 있을 거야. 또 용감한 전진 원수가 지휘하는 프러시아군도 있지. 뮈라(나폴레옹의 의형제,
프랑스의 원수)도 죽고 없는 지금 전진 원수와 겨룰 만한 기병이 있을 것 같아? 오다우드 부인, 아밀리아가 걱정할 필요가 있다고 생각하시나요? 이시도어, 두려워할 이유가 있나? 어이쿠, 이 사람아. 맥주나 더 가져오게."

"제 동생 글로비나는 프랑스인은 물론이고, 세상 누구도 두려워하지 않는답니다." 오다우드 부인은 이렇게 말하며 윙크를 하더니 맥주를 단숨에 들이켰다. 그 정도로 맥주를 좋아하는 것 같았다.

거듭되는 적과의 대면으로, 다시 말해 첼튼엄과 바스에서 많은 부인을 마주하면서 우리의 친구 세금 징수관 나리께서는 처음에 갖고 있던 쑥스러움이 많이 없어졌다. 그래서 지금은 술이라도 마시면 낯가죽이 두꺼워져 아무렇게나 입을 놀려댔다. 젊은 장교들은 자신들에게 물 쓰듯이 돈을 쓰고, 군인인 척하고 다니는 이 세금 징수관이 너무나 재미있었다. 그러니까 어떻게 보면 그는 연대의 인기인이었다. 조지는 그런 처남을 보고, 유명한 연대에서는 종대의 선두로 산양이나 사슴을 세운다던데 우리는 코끼리를 앞세우고 진군한다고 했다.

조지는 별수 없이 소개해주긴 했지만, 아밀리아를 마음에 들지 않는 사람들 사이에 두어야 한다는 사실이 수치스러웠다. 그래서 더 나은 연대로 옮겨 아내를 그런 천박한 여인들과 떨어뜨려 놓아야겠다고 결심하고 도빈에게 얘기를 했는데, 도빈은 물론 대찬성이었다. 자신과 친한 사람을 부끄러워하는 이런 속물근성은 여자들보다 남자들 사이에서 더 흔하다. 물론, 유행만 따르는 이름난 부인들은 예외로 하자. 하지만 순진무구한 아밀리아는 그런 걸 전혀 신경 쓰지 않았다. 그녀의 남편만이 그걸 고상하다고 잘못 알고, 친구들을 부끄럽게 여기고 있었던 것이다. 그래서 오다우드 부인이 모자에 새 깃털을 달거나, 큼지막한 타종시계를 목에 걸고 다니며 툭하면 울려대서는 결혼식을 마치고 마차에 타려는데 아버지가 주신 것이라고 이야기를 하거나, 이상한 장식을 달고 오는 것을 볼 때마다, 오즈번 대위는 아내가 소령 부인과 만나는 것이 불쾌하기 짝이 없었다. 그런데 아밀리아는 소령 부인의 그런 이상한 면 하나하나가 재밌을 뿐이지, 조금도 부끄럽지 않았다.

유명한 운하선 여행(그 뒤로 이 여행을 해보지 못한 중산층 영국인은 없으리라 생각한다)을 할 때 도움이 되는 동행이라면 얼마든지 있지만, 오다우드 소령 부인처럼 재미난 동행은 그리 많지 않다. "운하선 이야기가 나와서 말인데요. 더블린과 발리나슬로를 오가는 배를 꼭 타보세요. 배가 어찌나 빠른지, 거기 쇠고기도 얼마나 맛이 좋은지 모른답니다. 제 아버지는 4살 난 암소로 금메달을 타셨는데, 총독까지 암소 고기를 맛보고는 평생 이렇게 맛있는 고기는 처음이라고 했어요. 그런 소는 이런 데선 구경도 못할걸요." 그러자 조스가 한숨을 지으며 말했다. "비계와 붉은 살이 어울려 줄무늬를 이루는 일등품 쇠고기라면 영국을 당할 나라가 없지."

"아일랜드는 빼야지요. 영국의 최고급 고기는 모두 거기서 오잖아요?" 이처럼 아일랜드 자랑을 늘어놓는 사람은 드물지 않다. 소령 부인은 무엇이든 아일랜드를 이길 수 없다며 비교를 해댔는데, 자신이 꺼낸 이야기였지만 브루게 시장과 더블린의 여러 시장을 비교하자니 어찌나 우습고 창피하던지 "시장 지붕에 있는 저 낡은 망루가 뭘 뜻하는 건지 궁금하네요." 하고는, 낡은 탑이 무너져라 깔깔 웃어댔다. 지나가는 거리마다 영국군이 가득했다. 영국군의 나팔소리로 잠에서 깨어나 피리소리와 북소리를 들으며 잠들었을 만큼 벨기에뿐만 아니라 유럽 전체가 전시상태였다. 그야말로 역사에 길이 남을 공전의 사건이 벌어지려 하고 있었다. 그럼에도 페기 오다우드는 변함없이 발리나패드, 글렌말로니의 말들, 여기서 마실 수 있는 클라레 이야기만 계속 해댔고, 조스 세들리는 덤덤(인도의 지명)의 카레라이스 이야기를 해댔다. 그리고 아밀리아는 어떻게 하면 남편에게 자신의 사랑을 가장 잘 표현할 수 있을까, 마치 그것이 세상에서 가장 중요한 문제라도 되는 듯이 고민하고 있었다.

역사책은 제쳐놓고, 만약에 실제로 일어났던 일이 일어나지 않는다면 과연 세상은 어떻게 달라졌을까? 이런 공상을 좋아하는 사람이라면(이런 상상은 매우 복잡하면서도 재밌고, 기발하고, 유익하지만) 나폴레옹은 왜 하필이면 그때 엘바 섬을 나와 산후안 만(灣)에서 노트르담으로 독수리 깃발을 날려 보낸 것일지 때때로 생각해보았으리라. 영국 역사가들의 말에 따르면, 당시 모든 연합군은 기적적으로 전시상태를 유지하고 있었기에 명령만 떨어지면 엘바 섬의 황제를 향해 진격할 수 있었다고 한다. 마치 토지거래라도 하듯이 빈에 모인 각국 정상들은 머리를 짜내 유럽 땅덩어리를 나눠 가지려고 했지만 오히려 불화의 씨앗만 싹텄다. 이때 만약 모두가 미워하고 두려워하는 적이 돌아오지 않았다면, 그 적을 물리친 군대로 자기네들끼리 서로 치고받았을 것이다. 얼렁뚱땅 폴란드를 차지한 어떤 제왕은 그것을 놓칠세라 군대를 총동원하였는가 하면, 또 어떤 제왕은 점령한 작센(독일 북부의 지역명)의 절반을 어떻게든 유지하는 데 급급했으며, 세 번째 제왕의 목표는 이탈리아였다. 모두 서로의 탐욕을 비난했다. 그러니 이들이 서로 치고받을 때까지 유배지에서 기다렸다면 나폴레옹은 아무런 저항도 받지 않고 돌아와 유럽을 통치했을지도 모른다. 그러나 만약 그렇게 됐으면 이 소설이나 등장인물들은 어떻게 되었겠는가? 바닷물이 모조리 말라버린다면 그 바다는 어떻게 되겠는가?

이러는 동안에도 사람의 삶은 이어진다. 그중에서도 쾌락은 그 끝도, 거칠 것도 없이 계속되었다. 우리 친구들이 도착한 브뤼셀은 유럽에서도 가장 즐겁고 호화로운 작은 수도 가운데 하나로, 구미가 당기는 허영의 시장 노점들이 요란하게 늘어서 있었다. 다들 이런 곳에 연대가 주둔하게 되다니 정말이지 행운이라고 말했다. 도박이 성행하고, 사방에서 춤을 추고 있었다. 대식가 조스를 기쁘게 해줄 잔치도 있었다. 극장에서는 놀라운 실력을 가진 가수 카탈라니가 청중들의 인기를 모으고 있었다. 승마도로는 어디든 호화스러운 군대가 오가며 활기를 띠고 있었다. 독특한 풍속과 신기한 건물들, 모든 것이 색다른 이 유서 깊은 도시는 여태껏 외국에 와보지 못한 아밀리아에게 환희와 매혹적인 경이를 안겨주었다. 그렇게 몇 주를, 아니 약 2주를(그 사이 그녀의 사랑의 도피도 끝나게 되지만) 훌륭한 숙소에 묵는 동안 숙박비는 오빠 조스와, 씀씀이가 크더라도 아내를 몹시 소중히 여기는 남편 오즈번이 부담했다. 아밀리아는 영국에서 온 어떤 신부보다 즐겁고 행복했다.

이 즐거운 시간 동안 모두 매일같이 새로운 것을 구경하고 재미있게 놀았다. 교회에도 가보고 미술관에도 가봤으며, 마차를 타고 다니거나 연극도 보러 갔다. 군악대는 계속해서 연주를 했으며, 공원에는 영국에서 가장 높은 사람들이 산책을 했고, 군인들의 향연이 끊임없이 열렸다. 조지는 매일 밤 아내를 데리고 놀러 다니며 함께 식사를 하고는, 여느 때처럼 우쭐거리면서 나도 이제 가정적인 남편이 되었다고 하는 것이었다. 그와 함께 놀러다니고 함께 식사를 하다니! 그것만으로도 아밀리아의 작은 심장이 기쁨으로 고동치기에 충분하지 않겠는가? 이 무렵 어머니에게 보낸 그녀의 편지에는 기쁨과 감사가 넘쳐흐르고 있었다. "남편이 저더러 레이스든 장신구든 보석이든 뭐든지 사라고 했답니다. 그처럼 다정하고 친절하고 너그러운 남자가 또 어디 있겠어요!"

이 도시에 구름 떼처럼 모여서 어떤 모임이든지 빼먹지 않고 나타나는 수많은 귀족과 상류인사들을 보자 전형적인 영국인 조지는 마음이 기쁨으로 흘러넘쳤다. 이 높은 양반들은 영국에서 이따금 볼 수 있었던 쌀쌀맞고 오만한 태도를 버리고 여기서 만난 사람들과 거리낌 없이 어울렸다. 어느 날 밤 조지는 연대장이 주최한 무도회에서 베어에이커스 경의 딸, 블란체 시슬우드 양과 춤을 추는 영광을 얻었다. 그는 베어에이커스 경의 딸과 부인을 위해 얼음을 가져다주고, 과자를 가지러 이리저리 뛰어다녔으며, 사람들을 밀치고 부인의 마차로 달려와 배웅까지 해주었다. 숙소로 돌아온 조지는 백작부인 일을 엄청나게 자랑해댔는데, 그런 걸 즐기는 그의 아버지도 못 따라잡을 지경이었다. 그는 날이 밝자 곧바로 백작부인 댁을 찾아가 함께 말을 타고 공원을 산책했다. 조지의 식사 초대를 백작부인이 승낙하자 그는 뛸 듯이 기뻐했다. 베어에이커스 경은 그렇게 콧대가 높지 않고 먹성도 좋아서 식사 초대라면 어디든 가리지 않았다.

"우리 말고 다른 부인들이 오지 않으면 좋으련만." 그 자리에서 초대에 응하긴 했지만 깊은 생각에 잠긴 베어에이커스 부인이 이렇게 말했다.

"어머니도 참, 그 사람이 자기 부인을 안 데리고 올 것 같아요?" 지난밤에 조지의 품에 안겨 최근 유행하는 왈츠를 몇 시간 동안이고 추었던 블란체가 목소리를 높였다. "남자들은 괜찮은데 거기 부인들이 좀……."

"얼마 전에 결혼한 부인이 무척 예쁘다고 하던데." 노백작이 말했다.

"이런 이런, 블란체. 네 아버지가 가시겠다니 우리도 가야겠구나. 그렇다고 영국에서까지 그 사람들을 기억해줄 필요는 없단다." 이렇게 조지를 런던 본드 거리에서 만나더라도 모르는 척하기로 한 뒤 이 높으신 양반들은 조지의 브뤼셀 만찬회장으로 출발했다. 그리고 실컷 음식을 먹고는 이렇게 먹어준 걸 고맙게 여기라는 듯이 조지에게 돈을 치르게 하고, 그의 아내에게 불쾌감을 주어 자신들의 위신을 세우고, 용의주도하게 그녀를 대화에서 빼버렸다. 영국의 명문 여성들은 이렇게 위엄을 부려 군림한다. 이런 귀족부인이 신분 낮은 여자들을 어떻게 대하는지 지켜보는 일은, 허영의 시장에 자주 나가서 냉정히 관찰하는 사람으로서 참으로 쏠쏠한 재미가 있다.

순진한 조지가 모처럼 큰돈을 들인 이 연회는 아밀리아가 신혼여행 중에 참석한 연회 가운데 가장 불쾌한 것이었다. 그녀는 이 향연의 비참한 광경을 편지에 담아 어머니에게 보냈다. "백작부인은 제가 말을 걸어도 대답해주지 않았고, 블란체 아가씨는 외알안경으로 저를 멀뚱멀뚱 쳐다봤어요. 이런 태도에 도빈 대위가 얼마나 화를 냈는지 몰라요. 거기다 백작님은 자리에서 일어나더니 계산서를 보시곤, 맛도 없으면서 더럽게 비싸군, 이렇게 심한 말을 하지 뭐예요!" 그런데 아밀리아가 그들에 대해 무례하고 불쾌하다고 적었음에도, 세들리 부인은 너무나 기뻐 베어에이커스 백작부인이 아밀리아의 친구라고 소문을 내고 다녔다. 그래서 조지가 귀족들과 연회를 연다는 소문이 상업지구에서 일하는 그의 아버지, 오즈번 노인의 귀에까지 들어가게 되었다.

바스 2급 훈작사 육군중장 조지 터프토 경은 사교 시즌이 되면 코르셋에 심을 넣어 멋을 내고, 광을 낸 굽이 높은 장화를 신고는 휘청거리며 팰맬 거리를 활보하다 스쳐 지나가는 여인들에게 추파를 던졌다. 예쁜 밤색 말을 타고 공원에 가서 지나쳐기는 마차에 곁눈질을 보내기도 했다. 하지만 조지 터프토 경을 알고 있거나 만난 적 있는 사람이라도, 그가 스페인 전쟁과 워털루전투에서 싸운 용감한 장군이라고는 생각지 못할 것이다. 지금의 그는 숱이 많은 갈색 곱슬머리와 까만 눈썹에, 구레나룻은 짙은 자줏빛이다. 1815년 그때 그는 머리가 세었고 숱은 적으며 몸집과 팔다리가 뚱뚱했었는데 요즘 들어 살이 많이 빠졌다. 그가 70세 되던 무렵에(지금은 80세에 가깝다) 숱이 적고 하얗던 머리는 별안간 숱이 많아지고 갈색이 되더니 곱슬곱슬해졌고, 구레나룻과 눈썹은 지금의 색을 띠게 되었다. 심술궂은 사람들은 그가 가슴팍에 양털을 잔뜩 집어넣었으며, 머리가 자라지 않는 걸 보면 가발이라고 놀렸다. 이름이 톰 터프토인 손자의 말에 따르면 그의 아버지와 할아버지는 매번 다투었고, 할아버지의 머리털은 프랑스 여배우 드제이지가 극장 대기실에서 뽑아버렸다고 한다. 그런데 이 톰이란 녀석은 심술궂고 질투가 많기로 유명하다. 게다가 장군의 머리털은 이 소설과 아무 상관없는 일이다.

하루는 우리 제××연대의 친구들이 호텔 드빌(오다우드 소령 부인은 이 호텔이 글렌말로니에 있는 아버지 저택만큼 크지도 않고 좋지도 않다고 했지만)을 구경하고 나서 브뤼셀의 꽃시장을 돌아다닐 때였다. 당번병을 거느린 계급 높은 장교 하나가 시장에 오더니 말에서 내려, 진열된 꽃들 가운데 값에 상관없이 가장 좋은 것을 골랐다. 장교는 그 아름다운 꽃다발을 종이에 싸서 연락병에게 주고는 다시 말을 탔다. 꽃다발을 든 연락병은, 만족한 듯이 의젓하게 말을 타고 가는 상관의 뒤를 따라가면서 씨익 웃었다.

"글렌말로니의 꽃이라도 구경시켜드리고 싶네요." 또다시 오다우드 부인의 자랑이 시작됐다. "아버지의 저택에는 스코틀랜드 출신 정원사가 셋이나 되고, 하인도 아홉이나 된답니다. 거기다 1에이커나 되는 온실이 있어서 제철만 되면 파인애플이 콩처럼 다닥다닥 열리지요. 포도는 한 송이에 6파운드나 되는 것이 열리고, 목련꽃은 찻주전자만 하답니다. 정말이에요."

심술궂은 조지가 오다우드 부인의 관심을 돌려 이것저것 떠들게 하면서 즐거워한 탓에, 아밀리아는 애를 태우며 그녀를 그만 괴롭히라고 부탁하기까지 했다. 조지와는 달리 사람을 놀리질 못하는 도빈은 인파 속으로 홀로 들어가서 당장에라도 풋 웃어버릴 것만 같은 걸 겨우 참았다. 그러나 괜찮아지려는 순간에 그가 느닷없이 큰 웃음을 터뜨려 시장에 있던 사람들을 깜짝 놀라게 했다.

"저 얼빠진 사람은 뭘 저렇게 껄껄대고 있담? 또 코피라도 나는 건가? 늘 코피가 너무 나서 몸 안에 있는 피가 다 빠져나올 것 같다고 그러더니. 맞다, 여보. 글렌말로니 저택의 목련꽃이 찻주전자만 하지 않던가요?"

"그래, 정말로 그 정도만 했지. 아니, 더 클지도 몰라." 오다우드 부인의 질문에 소령이 대답해주었다. 이때 앞서 말한 장교가 꽃을 사러 오면서 잠깐 이야기가 중단되었다.

"아주 좋은 말인데, 대체 누구지?" 조지가 말했다.

"우리 몰로이 말로니 오라버니의 말을 보여주고 싶군요. 카라(아일랜드의 경 마장 있는 곳)에서 우승한 말이거든요." 소령 부인이 다시 큰 소리로 집안 자랑을 시작하려는데 남편이 말을 가로챘다.

"저 사람 제××기병사단장 터프토 장군이군." 그러고는 목소리를 낮추어 덧붙였다. "저 사람이나 나나 탈라벨라 전투에서 같은 쪽 다리에 부상을 입었더랬지."

"그 전투에서 또 승진하셨지요." 조지가 웃으며 말했다. "저 사람이 터프토 장군이라고! 그럼 크롤리 내외도 와 있겠군."

왜 그런지 모르지만 아밀리아는 가슴이 철렁 내려앉았다. 태양도 찬란해 보이지 않았다. 5월 말의 맑디맑고 아름다운 하루의 눈부신 노을도, 높이 솟은 낡은 지붕과 박공들도 어쩐지 별안간 아름다워 보이지 않았다.

제29장
브뤼셀

조스는 자신의 무개마차에 쓸 말 두 필을 빌렸다. 런던에서 만든 고급스러운 마차에 말들을 매고 브뤼셀 시내를 돌아다니며 그는 꽤나 활개를 쳤다. 조지는 개인적으로 산 말을 타고 도빈과 함께 조스와 아밀리아가 매일 즐겁게 타고 다니는 마차를 따라다녔다. 그날도 여느 때처럼 기분전환을 하러 공원으로 갔다. 그런데 로든 부부가 여기에 와 있다던 조지의 말은 사실이었다. 브뤼셀에서도 이름난 인사들이 몇몇 끼어 있는 승마행렬 한가운데에, 예쁘고 몸에 딱 맞는 승마복을 입고 귀여운 아라비아 말을 탄 레베카가 있었던 것이다. 그녀는 퀸스 크롤리에서 말 타는 법을 배운 데다, 준남작 피트 경과 남편 로든이 여러 번 지적해준 덕분에 말을 아주 잘 탔다. 레베카는 여인에게 아주 친절한 터프토 장군과 나란히 오고 있었다.

"어머나, 공작님 아니세요?" 오다우드 부인의 말에 조스는 얼굴을 붉혔다. "그리고 밤색 말을 타신 분은 옥스브리지 경이군요. 어쩜 저리도 고상하실까! 몰로이 말로니 오라버니가 꼭 저분을 닮았답니다."

레베카는 마차 있는 데로 오지는 않았으나, 오랜 친구 아밀리아가 그 속에 타고 있는 것을 보았다. 그녀는 그 표시로 다정한 말 한마디와 함께 빙그레 웃고는, 자기 손가락에 키스를 한 뒤 마차 있는 쪽으로 장난스럽게 흔들었다. 그런 뒤 다시 터프토 장군과 이야기를 계속했다. 장군이 "금줄이 달린 모자를 쓴 저 뚱뚱한 관리는 누구요?" 하고 물었고 베키는 "동인도회사에 근무하는 분이에요." 하고 대답했다. 그런 그녀와 달리 로든 크롤리는 다가와서 아밀리아와 악수를 하고, "그래, 이 사람아. 잘 지냈나?" 하며 조스에게 인사를 건넸다. 그리고 오다우드 부인의 얼굴과 모자에 달린 까만 깃털을 바라봤는데, 부인은 자신이 그의 마음을 사로잡았다고 착각했다.

뒤떨어져 있던 조지는 도빈과 함께 앞으로 나와 모자를 잡고 높으신 양반들에게 정중하게 인사를 건넸다. 그리고 조지는 그들 사이에 있던 레베카를 알아봤다. 로든이 마차에 기대 아밀리아에게 친근하게 말을 걸어주는 것이 조지는 매우 기뻤다. 전속부관인 로든의 공손한 인사에 어울리지 않을 만큼 조지는 열렬하게 답례를 해주었지만, 도빈은 로든과 서로 간단하게 목례만 했을 뿐이었다. 말 그대로 인사치레에 지나지 않았다.

로든은 자신들이 터프토 장군과 같이 뒤파크 호텔의 어느 방에 묵고 있는지 조지에게 알려주었다. 조지도 자기 숙소에 놀러 오라고 로든에게 말했다. "사흘 전에 자네를 못 만난 게 유감이야. 내가 가게에서 한턱 냈었다네. 멋진 식사였어. 베어에이커스 경과 부인, 따님이신 블란체 양이 참석해서 같이 식사했었지. 자네도 함께하면 좋았으련만." 이렇게 조지는 자신도 상류인사라고 친구에게 자랑하고 로든과 헤어졌다. 로든은 높으신 분들을 쫓아 골목길로 들어갔고, 조지와 도빈은 아밀리아의 마차 양옆으로 돌아왔다.

"공작님은 정정해 보이네요." 오다우드 부인이 말했다. "웰슬리 집안과 말로니 집안은 서로 친척이랍니다. 하지만 공작님은 그걸 전혀 모르고 계시는데, 제가 직접 얘길 꺼낸다는 건 어림도 없는 일이지요."

"훌륭한 군인이시지." 이제 공작이 가고 없었기에 마음이 놓인 조스가 말했다. "살라망카 전투보다 더 훌륭한 전투가 있었다고 보나, 도빈? 어디서 그렇게 멋진 전술을 배웠을까? 바로 인도라네. 정글은 장군들의 실습터야, 정말이라네. 저도 공작님을 알고 있답니다, 오다우드 부인. 그분과 함께 같은 날 저녁 파티에서 포병대 커틀러 씨의 따님인 커틀러 양과 춤을 춘 적이 있었지요. 덤덤에 있던 그녀는 아주 멋진 여인이었답니다."

높으신 양반들을 만나는 바람에 산책할 때나 식사할 때나, 다 같이 오페라를 보러 갈 시간이 될 때까지도 모두들 그 이야기만 나누었다.

극장에 들어서자 마치 그리운 영국에 돌아온 것 같았다. 극장 안에는 낯익은 영국인의 얼굴과, 오랫동안 그 아름다움을 찬양받았던 부인들의 의상으로 가득 차 있었다. 오다우드 부인의 차림새도 아주 못난 편은 아니었다. 부인은 구불거리는 앞머리를 늘어뜨리고, 아일랜드 다이아몬드와 흑수정을 잔

꽃시장에 간 오다우드 부인

뜩 달고, 자기 딴엔 극장 안을 압도하고 있다고 생각했다. 그녀는 친구들이 놀러 간다고 하면 언제나 따라왔는데, 조지는 그런 그녀 때문에 몹시 불편했다. 하지만 정작 오다우드 부인은 자신이 함께 가면 분명히 다들 좋아할 거라 생각하고 있었다.

"그 여잔 그래도 쓸모가 있어." 조지의 말처럼, 오다우드 부인이 같이 있으면 조지는 별로 신경을 쓰지 않고 아내를 혼자 내버려둘 수가 있었다. "레베카가 참 좋은 때에 왔어! 그녀를 말동무로 삼으면 이제 그 보기 싫은 아일랜드 여자를 떼어버릴 수 있을 거야." 이 말에 대해서 아밀리아는 어떤 대답도 하지 않아서, 그녀가 무슨 생각을 했는지 우리도 알 길이 없다.

오다우드 부인은 브뤼셀 오페라극장을 한번 훑어봤지만, 더블린의 피시앰블 거리에 있는 극장만큼 좋아보이지 않았다. 또 프랑스 음악도 그녀가 보기에는 고국의 선율을 못 따라가는 것 같았다. 그녀는 이런 여러 자기 의견을 아주 큰 소리로 친구들에게 말하고는 아주 만족스러운 듯 덜컥거리는 큰 부채를 손에 들고 흔들어댔다.

"로든, 아밀리아 옆에 앉은 저 멋진 여자는 누구예요?" 맞은편 특별석에 있던 여인이 말했다(이 여자는 남이 안 보는 데서도 대체로 남편에게 공손했지만, 남들 앞에서는 더욱 상냥하게 굴었다). "터번에 노란 깃을 달고 빨간 자수 옷에 큼직한 회중시계를 차고 있는 저 여자 말이에요."

"흰옷을 입은 저 예쁜 여자 말이오?" 옆에 앉은 중년신사가 이렇게 물었다. 이 중년신사는 단추에 훈장을 달고, 조끼를 몇 겹이나 겹쳐 입고, 큼지막하고 숨이 막힐 듯한 하얀 목도리를 하고 있었다.

"장군님, 저 흰옷 입은 예쁜 여인은 아밀리아예요. 예쁜 여자들만 찾아보시다니, 품행이 좋지 못하신데요."

"아니, 세계 제일의 미인인 걸 어쩌겠나!" 장군이 웃으며 말했다. 그러자 옆에 있던 여인은 손에 든 큰 꽃다발로 그를 톡톡 쳤다.

"어머, 저기 그분이에요." 오다우드 부인이 말했다. "저건 또 그분이 꽃시장에서 산 그 꽃다발이고!" 이때 아밀리아와 눈이 마주친 레베카가 다시 손에 키스를 하고 날려보냈는데, 오다우드 부인은 자기에게 하는 인사인 줄 알고 상냥한 미소를 지으며 답례를 했다. 그러자 또다시 웃음을 참지 못한 도빈은 비명을 울리며 뛰쳐나갔다.

연극이 끝나자 조지는
곧바로 자리에서 일어나
관람석에 있는 레베카에게
인사를 하러 갔다. 그러다
가 복도에서 로든과 마주
쳐, 두 사람은 지난 2주
사이에 있었던 이야기를
주고받았다.

"내 대리인한테서 수표
는 잘 받았나?" 조지는 잘
아는 사이라는 티를 내며
말했다.

"잘 받았네." 로든이 대
답했다. "복수전이라면
내 언제든지 받아주지. 아버지는 화가 좀 풀리셨나?"

"아직이야." 조지가 말했다. "하지만 곧 풀리시겠지. 게다가 어머니의 유
산을 좀 받았어. 자네 고모님은 좀 어떤가?"

"20파운드를 보내주더군. 늙은 노랑이 같으니라고. 우리 언제 만날까? 장
군님은 화요일에 다른 약속이 있으니, 화요일에 오지 않겠나? 그리고 말이
야, 조스더러 콧수염 좀 깎으라고 하게. 도대체 공무원이 콧수염을 기르고,
코트에 장식 단추를 단다는 건 말도 안 되지. 잘 가게. 화요일에 꼭 오게."
이러면서 로든은 두 멋쟁이 신사와 같이 떠나갔다. 그들도 로든과 마찬가지
로 어떤 장군의 참모였다.

조지는 하필이면 장군이 밖에서 식사하는 날에 함께 식사를 하자는 초청
이 그리 달갑지는 않았다. "난 안에 들어가서 자네 부인한테 인사 좀 하고
오겠네." 조지의 말에 로든은 인상을 찌푸렸다. "뭐, 마음대로 하게." 두 젊
은 장교는 서로 속을 안다는 듯한 시선을 주고받았다. 세 사람과 헤어진 조
지는 복도를 걸어 내려가 장군의 자리를 찾아갔다. 그 자리의 번호를 잘 세
어두었던 것이다.

"Entrez(들어오세요)." 맑은 목소리가 들려왔다. 안으로 걸어들어간 조지

의 눈앞에 레베카가 보였다. 벌떡 일어난 레베카는 손뼉을 치고 두 팔을 조지에게 내밀었다. 그녀도 그와의 만남이 그렇게나 기뻤던 것이다. 단추에 훈장을 단 장군은 자네는 대체 누군가 묻듯이 안으로 들어온 조지를 눈살을 찌푸리며 노려보았다.

"조지 대위님!" 레베카는 황홀해져서 소리를 질렀다. "이렇게 와주셔서 감사해요! 장군님과 저는 서로 얼굴만 쳐다보고 있던 참이었어요. 장군님, 이분이 제가 얘기했던 조지 대위예요."

"아, 그렇소?" 장군은 고개를 약간 숙이며 말했다. "대위는 어느 연대 소속인가?"

조지는 제××연대라고 말했다. 그러면서도 자기가 정예 기병대 소속이었으면 얼마나 좋았을까 생각했다.

"그러면 최근에 인도에서 귀국했겠군. 지난번 전쟁에선 출동을 많이 하지 않았지. 여기 주둔하고 있소, 조지 대위?" 장군은 거만을 떨 대로 떨면서 말을 계속했다.

"조지 대위가 뭐예요, 둔한 양반. 오즈번 대위지요." 레베카가 말했다. 이러는 동안에도 장군은 사나운 표정으로 두 사람을 노려보았다.

"오즈번 대위······. 그렇지! L×× 오즈번 집안과 친척이라도 되는가?"

"문장(紋章)은 같습니다." 조지가 말했는데, 사실이 그랬다. 지금부터 15년 전에 오즈번 노인은 처음으로 마차를 장만하면서, 롱 에이커의 문장관(紋章官)과 의논하여 귀족명감에서 L×× 오즈번 가문의 문장을 택했던 것이다. 문장이 같다는 말에 장군은 아무 대답도 않고 오페라글라스를 들어 (이때까지 쌍안경은 아직 나오지 않았다) 극장 안을 둘러보는 시늉을 했다. 그러나 그의 안경을 대지 않은 쪽 눈은 조지와 자기를 매섭게 노려보고 있다는 것을 레베카는 다 알고 있었다.

레베카는 더 친근하게 굴었다. "아밀리아는 어떻게 지내나요? 아니 그런 건 물어볼 필요도 없겠네요. 저렇게 예뻐 보이는걸요! 그런데 저 아이와 같이 앉은 온순해 보이는 분은 누구예요? 설마 애인? 정말이지 그러면 못써요! 또 세들리 씨가 얼음을 드시네요. 아주 맛있게 드시는데요! 장군님, 우리는 왜 얼음을 안 먹었지요?"

"내가 가서 좀 얻어줄까요?" 장군은 분노를 터뜨리며 말했다.

"아닙니다. 제가 가겠습니다." 조지가 말했다.

"아니에요. 제가 아밀리아의 자리로 찾아가겠어요. 그리운 친구인걸요!" 이렇게 말하고 장군에게 살짝 고개를 끄덕인 레베카는 가벼운 발걸음으로 복도로 나갔다. 주변에 아무도 없자 그녀는 조지에게 뭐든 다 알고 있다는 묘한 눈길을 보냈는데, 그건 '이래도 모르시겠어요? 제가 장군님을 얼마나 놀리고 있는지.'라고 해석할 수 있을 것이다. 하지만 조지는 그걸 눈치채지 못했다. 그는 자신의 생각만으로 바빴으며, 자신이 여인의 마음을 사로잡는 무시무시한 힘을 갖고 있다는 착각에 빠져 있었다.

레베카와 그녀가 반해버린 사내가 나가자마자 장군은 낮은 목소리로 엄청난 저주의 말을 내뱉었다. 설령 그것을 원고지에 쓴다 하더라도 식자공들이 감히 활자화하려 들진 않았을 그런 말이 장군의 가슴에서 터져나왔다. 인간의 가슴에서 그런 무서운 감정이 우러나 때로는 이런 번뇌와 분노, 울분, 증오를 내뱉을 수 있다니 놀라운 일이 아닐 수 없다.

시기 많은 장군을 이토록 약오르게 한 두 남녀를 아밀리아도 아까부터 걱정스러운 눈길로 지켜보고 있었다. 하지만 아밀리아의 관람석으로 온 레베카는 활짝 드러난 자리임에도 상관하지 않고, 감출 수가 없는 깊은 그리움으로 아밀리아에게 달려들었다. 레베카는 모든 관중이 보는 앞에서, 아니 이건 과장스럽다. 하지만 적어도 오즈번의 관람석과 마주 보는 자리에서 오페라 글라스로 지켜보던 장군 앞에서 친구를 와락 껴안았다. 레베카는 조스에게도 아주 다정하게 인사를 건넨 뒤 오다우드 부인의 큼직한 수정 브로치와 아일랜드산 다이아몬드를 칭찬하면서 골콘다(다이아몬드 가공으로 유명한 인도의 지명)에서 수입한 게 틀림없다고 말했다. 그렇게 그녀는 건너편에서 오페라글라스로 지켜보며 질투하고 있을 장군 앞에서 떠들고 얘기하고, 정면을 바라보다가, 이리저리 방향을 돌려가며 이 사람 저 사람에게 애교를 부렸다. 그리고 발레가 시작할 시간이 되어서야(발레에 나온 무용수 가운데 레베카만큼 다양한 표정과 희극적 몸놀림을 보여준 사람은 없었다) 이번에는 도빈 대위의 손을 잡고 자기 자리로 재빨리 돌아갔다. 조지의 손을 잡을 생각은 없었다. 귀여운 아밀리아의 곁에 남아서 이야기나 하고 있으라고 했다.

"저 여자 대단한 사기꾼이군!" 말 한 마디 없이 장의사처럼 침울한 얼굴로 레베카를 자리까지 데려다주고 온 우직한 도빈이 조지에게 이렇게 중얼거렸다. "마치 뱀처럼 몸을 틀고 말이야. 여기 와 있는 동안 내내 저 건너편의 장군을 보며 연극하고 있었는데, 자넨 눈치 못 챘나?"

"사기꾼이라니! 연극이라니! 그런 소리 말게. 저 여잔 영국에서 제일가는 미인이야." 조지는 하얀 이를 드러내고 향기가 나는 구레나룻을 비비 꼬면서 말했다. "자넨 세상을 몰라, 도빈. 제기랄, 저걸 좀 보게. 금세 터프토 장군을 굴복시켰군. 장군이 웃고 있는 꼴을 좀 보게! 아, 정말이지 그녀의 저 어깨는 아름답군그래. 에미, 당신은 왜 꽃다발이 없소? 모두들 하나씩 가지고 있는데."

"아니, 그러면 서방님이 왜 하나 사주질 못해요?" 오다우드 부인이 말했다. 아밀리아와 도빈도 이 적절한 발언이 고마웠다. 하지만 두 부인은 더 이상 말을 꺼내지 않았다. 아밀리아는 세속적인 경쟁자의 눈부신 화려함과 사교적인 말투에 압도되고 만 것이었다. 오다우드 부인도 베키가 찬란하게 나타난 뒤로 기가 죽어 말수가 줄더니, 그날 저녁 내내 글렌말로니 자랑을 한 마디도 하지 않았다.

"자네 나와 약속한 게 몇 해째인데, 대체 노름은 언제 그만둘 건가?" 오페라를 보고 며칠이 지난 날 밤, 도빈이 조지에게 말했다. "자네는 언제쯤 설교를 그만둘 건가? 뭘 가지고 그리 야단이야? 판돈은 몇 푼 안 돼. 더구나 어젯밤엔 내가 이겼어. 설마 로든이 속임수를 쓴다고 생각하는 건 아니겠지? 정직하게 노름하면 끝에는 시작할 때와 같아지는 법이야."

"그래봤자 로든은 지더라도 돈을 못 낼걸?" 하지만 도빈의 충고는 늘 그래왔듯 별 효과가 없었다. 오즈번과 크롤리는 요새 늘 같이 있었던 것이다. 터프토 장군이 매일같이 밖에 나가 식사를 하면서, 조지는 크롤리 부부가 묵는 방(장군 방의 바로 옆방이었다)에 늘 환영을 받으며 들락거렸다.

아밀리아와 조지가 크롤리 부부의 숙소를 찾아갔을 때, 아밀리아의 태도 때문에 처음으로 부부싸움이 일어날 뻔했다. 아밀리아가 눈에 띄게 방문을 꺼리고, 오랜 친구 크롤리 부인에게 거만한 태도를 보여서 조지가 아내를 호되게 꾸짖었던 것이다. 그랬더니 아밀리아는 한 마디도 대꾸하지 않았다. 그런데 두 번째로 찾아갔을 때는 자기 남편의 눈이 있는 데다, 레베카도 감시를 하고 있는 것만 같아서 처음에 방문했을 적보다 더 수줍고 어색했다.

레베카는 물론 전보다 더욱 다정스레 굴면서, 아밀리아의 냉담함에 대해서는 짐짓 모르는 체했다. "에미는 자기 아버지 이름이……세들리 씨가 사업에 실패하신 뒤로 콧대가 더 높아진 것 같아요." 레베카는 조지의 귀에 거슬릴까봐 부드럽게 말했다. "정말이지, 우리가 브라이턴에 갔을 때 에미는 저를 질투하기까지 했는걸요? 지금은 저희가 장군님과 함께 한 집에 묵는 게 괘씸하다고 생각하는 모양이에요. 글쎄, 보세요. 우리 형편에 생활비를 대주는 사람이 없으면 어떻게 살아가겠어요? 그렇다고 남편이 제 명예를 지켜줄 힘도 없다고 생각하세요? 그래도 저는 에미에게 고마워하고 있어요."

"흥, 질투라!" 조지가 대답했다. "여자들은 샘이 많지."

"남자들도 마찬가지예요. 오페라를 보던 날에 대위님은 장군님을, 장군님은 대위님을 시기하지 않으셨던가요? 아니 글쎄, 제가 대위님과 어수룩한 대위님의 아내를 찾아갔을 때, 장군님은 금세라도 저를 잡아먹을 것만 같은 기세였어요. 제가 정말로 대위님에게 마음이 있다고 생각했나 봐요." 레베카는 경멸스러운 듯 고개를 저었다. "식사라도 들고 가시겠어요? 장군님은 총사령관님과 함께 식사하시다보니 중대한 소식을 듣고 오신답니다. 프랑스군이 국경을 넘었어요. 장군님이 외출하시면 더 편안하게 식사할 수 있을 거예요."

아내의 몸 상태가 좋지 않았지만, 조지는 이 초대를 받아들였다. 두 사람은 결혼한 지 아직 6주도 지나지 않았다. 그런데 다른 부인이 자신의 아내를 비웃고 멸시하는데도 그는 화내지 않았다. 이 호인은 그런 자신에게도 화내지 않았다. 수치스러운 일이라고 그도 인정하긴 했지만 어쩌겠는가? 예쁜 여인이 좋다고 달려드는데 남자가 어떻게 할 수 있단 말인가? "난 여인에게는 맥을 못 추거든." 그는 스터블이나 스푸니, 그리고 함께 식사를 하는 연대 친구들에게 늘 고개를 끄덕이며 이렇게 말하고 다녔다. 그런데 그들은 도리어 그런 대담함에 반해 조지를 존경했다. 예부터 허영의 시장의 남자들 사이에선, 전쟁에서 이기는 것 다음으로 연애에서 이기는 것이 자랑거리였다. 그렇지 않고서야 학생들이 애인 자랑을 하고, 돈 후안(전설에 나오는 스페인의 방탕한 귀족)이 인기 있을 리가 없지 않은가?

자신이 여인의 사랑을 쟁취할 승리자가 될 수 있다고 확신한 조지는 운명에 거스르지 않고 만족스럽게 따르기로 했다. 게다가 말수가 적은 아밀리아는 시샘을 부려 그를 곤혹스럽게 만들지 않고, 그저 남몰래 울며 고민에 빠져 있었다. 그래서 조지는 자신이 크롤리 부인과 놀아나고 있다는, 연대 사람들은 다 알고 있는 사실을 아밀리아가 모르고 있다고 생각했다. 조지는 크롤리 부인이 한가할 때면 언제나 말을 타고 산책을 했다. 아내에게는 연대에 일이 있다고 둘러대고(그런 거짓말에 속아 넘어갈 그녀가 아니었지만) 아내를 혼자 남겨두거나 조스에게 맡기고는 저녁마다 크롤리 부부의 방으로 놀러 가기도 했다. 노름으로 남편에게 돈을 잃었지만, 부인이 자신에게 홀딱 빠져 있다고 착각하고 혼자 우쭐대고 있었다. 부인은 젊은이를 농락하고, 남편은 트럼프로 돈을 딴다. 설마하니 부부가 공모한 것은 아닐 것이다. 그저 서로의 역할을 잘 이해하고 있었기에 로든은 오즈번을 기분 좋게 방에 들였다.

이 새로운 친구들에게 푹 빠져버린 조지는 전처럼 윌리엄 도빈과 함께하는 일이 없어졌다. 공적인 자리에서도, 연대에서도 그를 피했다. 여러분도 아시다시피 그의 설교가 듣기 싫었던 것이다. 도빈은 조지가 언짢거나 실망스러운 행동을 하더라도 늘 그를 위해 충고해주었다. "아무리 구레나룻이 훌륭하고, 뭐든 아는 척한다 해도 자네는 어린아이 같은 풋내기일 뿐이네. 로든은 전에도 여러 사람을 이용해 먹었는데, 이번엔 자네가 걸려든 거야. 로든은 자네를 이용할 대로 이용해 먹고 나면 헌신짝처럼 내버릴 걸세!" 하지만 이런 충고는 아무런 소용이 없었다. 조지는 도빈의 말을 좀처럼 들으려 하지 않았던 것이다. 직접 조지의 집을 찾아갔지만 만날 수가 없었다. 그렇게 서로가 힘들 뿐인 무익한 이야기는 하지 않게 되면서, 조지는 마음껏 허영의 시장의 향락에 빠져들 수 있었다.

페르시아의 다리우스 대왕 이래 그 어느 종군단(從軍團)도 1815년 네덜란드 지방에서 웰링턴 공 휘하의 군대를 따라다닌 종군단만큼 화려하지는 못했으리라. 그들은 전투 직전까지도 춤을 추고 향연을 베풀곤 했는데, 바로 그해의 6월 15일, 고귀하신 공작부인께서 브뤼셀에서 베푼 무도회는 역사에 남아 있을 정도다. 브뤼셀의 온 시내가 그 무도회로 떠들썩했다. 당시 그곳에 있던 부인들에게서 들은 바에 따르면, 여인들의 화제와 관심은 전선에 있는 적군보다 이 무도회에 집중되어 있었다 한다. 초대권을 얻어보려는 쟁투와 술책, 간청은 명사들 사이에 끼어보려고 수단과 방법을 가리지 않은 영국 부인들만이 할 수 있는 것이었다.

조스와 오다우드 부인은 초대권을 구하려고 무진 애를 써도 허사였지만 다른 친구들은 좀더 운이 좋았다. 예를 들어 조지는 베어에이커스 경을 통해, 전에 식사를 대접한 답례의 뜻으로 '오즈번 대위와 그 부인 앞'이라고 쓴 초대장을 받았다. 덕분에 조지는 의기양양해졌다. 조지가 소속된 연대의 사단장과 친했던 도빈은 어느 날 웃으며 아밀리아를 찾아와 같은 초대장을 내보였다. 조스는 무척이나 부러웠다. 그리고 저 투박한 청년이 어떤 차림으로 나오려고 그러는지 의심스럽기까지 했다. 마지막으로 로든 부부는 기병 여단 사령관의 친구인 만큼 당연히 초대를 받았다.

아밀리아를 위해 미리 새 드레스와 장신구를 맞추어둔 조지는 그날 밤 그 유명한 무도회장으로 마차를 몰았다. 하지만 그 모임에 그의 아내는 아는 사람이 하나도 없었다. 베어에이커스 부인을 찾아봤지만 부인은 초대장을 보내준 것만 해도 답례는 충분히 했다고 생각하고 외면하고 있었다. 조지는 새 옷을 사주고 무도회장에 데려다주기까지 했으니 자기 할 일은 다했다고 생각하고는 아밀리아를 홀로 벤치에 내버려두었다. 그는 그녀가 혼자 알아서 즐겁게 놀면 그만이라고 생각했다. 하지만 그녀는 즐겁지 않았다. 그저 정직한 도빈만이 와주었을 뿐, 그 누구도 곁에 오지 않았다.

그녀가 이 모임에 나타난 것이 전적으로 실패로 돌아간 것과 달리(그녀의 남편은 그렇게 생각하며 화를 내고 있었다) 로든 크롤리 부인의 데뷔는 멋진 성과를 거두었다. 레베카는 조금 늦게 도착했다. 얼굴은 환하게 빛났고 옷차림도 만점이었다. 명사들이 모여든 한복판에서 사방의 외알안경들이 자기를 향해도, 레베카는 핑커턴 학교 학생들을 교회로 인솔해 가던 때처럼 침착하고 태연했다. 이미 안면이 있었는지 많은 멋쟁이가 그녀 주변으로 몰려들었다. 부인들은 로든이 그녀를 데리고 수도원에서 도망을 쳤으니, 그녀가 몽모랑시 가문 사람이라느니 속닥거렸다. 프랑스어에 능통하고 품행이 단정하며 행실도 뛰어났기에, 다들 그녀가 몽모랑시 가문 사람이라는 얘기가 거짓이 아니라고 생각했다. 함께 춤을 출 영광을 갖고 싶어하는 사람이 50명이나 몰려들었다. 하지만 레베카는 선약이 있다느니, 오늘은 춤을 조금만 출 것이라느니 둘러대고는, 아무도 돌봐주지 않아 쓸쓸하게 앉아 있는 아밀리아에게로 걸어갔다. 레베카는 그 가엾은 여인을 끝장내버릴 듯이 "귀여운 아밀리아!" 하고 아주 친근하게 인사를 하고는 마치 언니처럼 그녀에게 이런저런 얘기를 했다. 흐트러진 드레스와 머리 모양을 지적해주고, 내일 아침에 코르셋을 해주는 사람을 보내겠다고 약속도 했다. 그러고는 무도회 이야기로 화제를 돌려 즐거운 모임이며, 어디를 둘러봐도 다 아는 사람으로 이름을 모르는 사람이 몇 안 된다고 했다. 사실 그녀는 사교계에 진출한 지 2주밖에 되지 않았다. 그런데 단 세 번 만찬회에 참석하고는 진짜 상류 인사들도 따라잡지 못할 만큼 상류층만의 언어와 관습을 익혔던 것이다. 사실 그녀가 태어날 때부터 상류 인사가 아니라는 사실은 프랑스어를 너무나 잘한다는 사실만으로도 알 수 있다.

아밀리아를 벤치에 앉혀두고 딴 데로 갔던 조지는 레베카가 아밀리아 곁에 와 있는 것을 보곤 곧 돌아왔다. 베키는 마침 아밀리아에게 그녀의 남편 오즈번의 어리석은 행동에 대해서 설교를 하고 있던 참이었다. "에미, 네 신랑더러 노름 좀 그만 하라고 해. 안 그러면 그 사람 쫄딱 망해버리겠어. 매일 밤 우리 남편이랑 노름하고 있는데, 그 사람이 돈이 없다는 건 너도 잘 알잖아. 조심하지 않으면 우리 남편한테 한 푼도 남김없이 다 뺏겨버릴걸? 너는 왜 신랑을 말리지 않니, 이 태평아. 밤마다 도빈 대위랑 집에서 우울하게 시간 보내지 말고 우리 집에 놀러 오고 그래. 도빈 대위도 괜찮긴 하지만, 그렇게 발이 큰 사람은 호감이 가질 않아. 그런데 너희 신랑은 발이 참 예쁘더라. 어머나, 어서 와요. 어딜 갔다가 오신 거예요, 이 나쁜 양반. 에미가 눈이 퉁퉁 붓도록 울고 있잖아요. 저랑 카드리유를 추시려고 데리러 오신 거예요?" 이렇게 말하고 레베카는 꽃다발과 숄을 아밀리아의 곁에 둔 채 조지와 춤추러 가버렸다. 이처럼 남에게 치명상을 주는 법은 여자만이 알고 있다. 여자들의 조그만 창끝에는 독이 묻어 있어, 찔리면 무딘 남자의 창끝보다 몇 배는 더 아픈 것이다. 평생 남을 미워해본 적도 조롱해본 적도 없는 가련한 아밀리아는 이런 무자비한 적의 손아귀에서 무력하기 짝이 없었다.

조지와 레베카는 몇 번이고 함께 춤을 추었지만 아밀리아는 그게 몇 번인지 세지 않았다. 그녀는 아무도 돌보지 않는 구석에 앉아 있었다. 어쩌다 도빈이 와서 얼빠진 소리나 몇 마디 하다 갈 뿐이었다. 그러다 늦은 밤이 되어서 용기를 낸 도빈 대위가 다과를 챙겨와 아밀리아의 곁에 앉았다. 도빈이 왜 그렇게 슬퍼하느냐고 묻지도 않았건만, 아밀리아는 레베카가 와서 조지에게 노름을 그만두게 하라고 주의를 주었기 때문이라고 눈에 그득한 눈물에 대해 변명했다.

"남자가 노름에 빠지면 저렇게 졸렬한 놈들에게 속아 넘어가니 이상한 일이지요." 도빈이 말했다. "정말이에요." 에미도 맞장구를 쳤지만 그녀는 딴생각을 하고 있었다. 그녀는 돈을 잃어서 슬픈 것이 아니었다.

조지가 레베카의 숄과 꽃다발을 가지러 왔다. 레베카가 돌아가는 것이었다. 그녀는 몸소 아밀리아에게 와서 작별인사를 하려 들지도 않았다. 가련한 아밀리아는 왔다 가는 남편에게 말 한 마디 않고 고개만 푹 숙이고 있었다. 도빈은 사단장에게 불려가서 낮은 목소리로 뭐라고 열심히 이야기를 하느라 이 이별 장면을 보지 못했다. 조지는 꽃다발을 가지고 갔는데 그 속에는 뱀처럼 뚤뚤 말린 편지가 들어 있었다. 그것은 금방 레베카의 눈에 띄었다. 그녀는 어려서부터 이런 편지를 다루는 데 익숙한 여자였다. 레베카는 손을 내밀어 꽃다발을 받았다. 조지는 자신을 바라보는 레베카의 시선에서 그녀가 편지를 알아챘다는 것을 깨달았다. 정작 레베카의 남편 로든은 아무래도 자신의 생각에 열중한 듯 자기 친구와 아내가 서로 의미심장한 눈길을 주고받고 있다는 걸 전혀 깨닫지 못한 채 어서 가자고 아내를 재촉하고 있었다. 그런 건 아무것도 아니었다. 레베카가 평소처럼 재빠르고 빈틈없는 시선을 보내며 조지에게 한 손을 내밀고 무릎 굽혀 인사를 하곤 나가버린 것이다. 그녀가 손을 내밀었을 때, 그 손을 본 조지는 승리감과 흥분에 휩싸여 로든 크롤리의 얘기에 어떤 대답도 하지 못했다. 그의 말이 들리지도 않았던 것이다. 그렇게 조지는 말 한 마디 없이 크롤리 부부를 떠나보냈다.

아밀리아는 그 모습을 조금이나마 지켜보고 있었다. 조지가 레베카의 부탁으로 스카프와 꽃다발을 건네준다는 건 당연한 일이며, 그런 일은 며칠 사이에 스무 번도 넘게 있었다. 하지만 지금 그 같은 일을 당해버린다면 견딜 수가 없다. "윌리엄." 아밀리아는 곁에 있던 도빈에게 매달리며 말했다. "당신은 언제나 친절하게 대해주셨지요. 저…… 기분이 좋지 않아요. 집에 데려다주세요." 아밀리아는 자신이 평소에 조지가 부르는 것처럼 도빈을 세례명으로 불렀다는 사실을 알아채지 못했다. 도빈은 얼른 그녀를 데리고 무도회장을 나갔다. 그녀의 숙소는 바로 근처였다. 두 사람은 밖에 모인 인파를 헤치며 나아갔는데, 무도회장 안보다 바깥이 더 떠들썩한 것 같았다.

조지는 이런저런 모임에 자주 참석하였는데 돌아와서는 깨어 있던 아내를 보고 두세 번인가 화를 낸 적 있었다. 그래서 아밀리아는 곧바로 침대에 누웠으나 잠이 오지 않았다. 바깥의 시끄러운 사람들 소리와 말발굽 소리가 끊임없이 들려오긴 했지만 잠이 오지 않는 건 그 때문이 아니었다. 그러한 소음은 그녀의 귀에 전혀 들어오지 않았다.

한편 즐거움에 푹 빠진 오즈번은 노름판을 찾아가 한창 돈내기를 하고 있었다. 그는 몇 번이고 돈을 땄다. "오늘은 뭘 해도 되는 날이군!" 트럼프에서는 이겼지만 그는 마음이 편치 않았다. 얼마 뒤 조지는 딴 돈을 주머니에 넣고 술집을 찾아가 포도주를 진탕 마셔댔다.

여기서 그가 큰 소리로 웃어대고 의기양양하게 지껄이고 있는데 도빈이 찾아왔다. 도빈은 그를 찾으러 노름판에도 다녀왔다. 조지는 빨개진 얼굴로 즐거워하고 있는데 반해, 도빈은 새파랗게 질린 심각한 얼굴이었다.

"이보게, 돕! 와서 한잔 들게! 공작(公爵)의 술이 최고야. 나 한 잔 더 줘요." 그는 떨리는 손으로 잔을 내밀었다.

"좀 나오게, 조지." 도빈은 여전히 정색하며 말했다. "술은 그만하고."

"술! 술처럼 좋은 게 세상에 어디 있나? 자네도 들게. 그래서 그 핏기 없는 얼굴에 혈기라도 돌게 해봐, 이 사람아. 자, 자네 건강을 위하여."

그러자 도빈이 가까이 다가가 그에게 뭐라고 속삭거렸다. 그랬더니 조지는 펄쩍 뛰면서 만세를 부르더니 단숨에 잔을 비워서 테이블 위에 탁 놓고는 도빈의 팔에 기댄 채 서둘러 걸어나갔다. "프랑스군이 상브르 강을 넘어섰네." 윌리엄이 말했다. "좌익에선 벌써 교전 중일세. 우리도 세 시간 뒤엔 출발이야."

고대했지만 너무나도 뜻밖이었던 이 소식에 흥분한 조지는 부들부들 떨면서 술집을 나섰다. 이렇게 되면 사랑도 바람도 아무것도 아니다. 조지는 숙소로 바삐 걸음을 옮기며 오만 가지 생각을 했다. 과거와 미래, 앞에 놓인 운명, 아내, 그리고 어쩌면 얼굴도 못 보고 떠나게 될지도 모를 배 속의 아이까지! 아아, 그날 밤 그런 짓을 하지 않았더라면 얼마나 좋았을까. 지금까지 소홀하게 대했던 귀엽고 순진한 아내에게 그 어떤 꺼림칙한 마음 없이 이별할 수 있었다면 얼마나 좋았을까.

조지는 짧은 결혼 생활을 추억해보았다. 그는 몇 주 사이에 엄청난 돈을 낭비했다. 이 얼마나 방탕하고 무모한가! 나에게 무슨 일이 생긴다면 아내에게 뭘 남겨줄 수 있단 말인가! 나는 아내에게 변변찮은 놈이었다. 왜 그녀와 결혼을 했던가. 나는 그녀에게 어울리는 놈이 아니었다. 나에게 항상 관대하시던 아버지의 말씀을 왜 어겼단 말인가. 희망과 회한, 야심, 자비심, 이기적인 후회가 그의 마음을 가득 채웠다. 조지는 언젠가 아버지에게 결투 약속을 신청했을 때 했던 말을 떠올리며 책상 앞에 앉아 편지를 썼다. 그가 이 이별의 편지를 끝맺었을 때는 동녘 하늘이 훤히 밝아오고 있었다. 그는 편지를 봉하고 겉봉에 입을 맞췄다. 그는 자기가 관대한 아버지를 배신한 일, 그리고 그 엄격한 노인이 자기에게 베풀어 준 수많은 친절을 떠올렸다.

조지는 방에 들어왔을 때, 아밀리아의 침실을 들여다보았다. 아밀리아는 조용히 누운 채 눈을 감고 있었다. 그녀가 잠들어 있어서 다행이라고 생각했다. 숙소에 도착하고 보니 벌써 연대의 하인이 와서 그의 출발 준비를 하고 있었다. 그가 조용히 하라고 손짓을 하자 하인이 이를 알아듣고 재빨리 소리 없이 준비를 했다. 방에 들어가서 아밀리아를 깨울까, 아니면 처남 조스 앞에 편지를 써두고 조스더러 이 출발 소식을 아내에게 전하도록 할까, 생각하다가 그는 또 한 번 아내의 얼굴을 보려고 방에 들어갔다.

조지가 처음에 그녀의 방에 들어왔을 때 그녀는 깨어 있었다. 하지만 그러면 남편을 책망하는 것만 같아서 눈을 감고 있었던 것이다. 그래도 남편이 자기 뒤를 이어 곧 집으로 돌아왔다고 생각하니 가련한 마음이 한결 편해져서, 그녀는 방을 소리 없이 나가는 남편 쪽으로 돌아누웠다가 얕게 잠들어버렸다. 조지는 이번엔 더 소리 없이 들어와서 아내를 다시 바라보았다. 침실 등불의 희미한 불빛 아래 그녀의 귀엽고도 창백한 얼굴이 보였다. 감겨진 보랏빛 눈꺼풀의 가장자리는 눈썹으로 장식되어 있고, 매끈하고 하얗고 통통한 한쪽 팔은 이불 밖에 나와 있었다. 아아! 얼마나 순박하고 얌전하고 상냥하고 고독한 여자인가! 그런데 나는 얼마나 이기적이고 무정하며 죄악으로 더럽혀진 인간인가! 마음에 오점이 찍혀 부끄러움에 싸인 조지는 침대 끝에 서서 잠든 아내를 바라보았다. 이렇게 티 없이 순결한 여자를 위해 나 같은 것이 어떻게 감히 기도를 올릴 수 있겠는가? 그러면서도 그는 기도했다. 이 여자에게 복을 내리소서! 복을 내리소서! 조지는 머리맡으로 가서 잠든 그녀의 손, 그 작고 부드러운 손을 바라보았다. 그리고 소리 없이 베개 위의 평온하고 파리한 얼굴 쪽으로 몸을 굽혔다.

그러자 아밀리아의 예쁜 두 팔이 다정하게 그의 목을 감아쥐었다. "저, 깨어 있어요, 여보." 아밀리아는 남편의 가슴에 바싹 다가간 자기의 가슴이 터질 듯이 흐느껴 울며 말했다. 그녀는 깨어 있었다. 그런데 가엾게도 무슨 소리를 들으려고 깨어났단 말인가? 바로 이때 군대 집합소에서 또렷한 나팔 소리가 온 시내에 울려퍼졌다. 그리고 보병대의 북소리와 스코틀랜드 병사의 날카로운 피리 소리가 울리면서 시민들도 잠에서 깨어났다.

제30장
'내 뒤에 남겨둔 여인'

나는 군사 소설가들 사이에 끼고 싶은 생각이 없다. 나는 비전투원이기 때문이다. 전투준비를 위해 갑판이 치워지면 나는 아래로 내려가 얌전히 기다린다. 갑판에 남아 있다간 위에서 싸우는 용사들의 행동에 방해가 될 뿐이다. 그래서 나는 제××연대를 시내 성문까지 전송하고, 전투 임무는 연대장 오다우드 소령에게 맡기고, 소령 부인과 다른 부인네들과 짐짝 있는 데로 돌아오려 한다.

자, 그런데 앞 장에서 다른 친구들이 대부분 참석한 무도회에 초대를 받지 못했던 소령과 그의 부인은, 자기 일에 열중했을 뿐만 아니라 쾌락도 누리길 바라는 사람들에 비하여 침실에서 건전하고 자연스럽게 쉴 시간이 훨씬 많았다. "내 생각엔 말이오, 여보." 소령은 조용히 나이트캡을 귀 밑까지 잡아당기면서 말했다. "하루 이틀만 있으면 저 친구들이 들어본 적도 없는 그런 음악에 맞추어 춤을 출 파티가 열릴 거요." 그래서 그는 오늘 밤 무도회에 가기보다도 조용히 술이나 마시며 자는 것이 얼마나 더 좋은지 모르겠다고 생각했다. 그의 아내 페기는 남편에게서 그런 소식을 듣고 아주 심각해지지만 않았더라면, 오늘 밤 무도회에 나가서 터번 모자와 거기에 단 극락조 깃털을 과시하고 싶었겠지만 말이다.

"집합 신호가 나기 반 시간쯤 전에 나를 깨워줘요." 소령은 아내에게 말했다. "한 시 반에 나를 깨워요, 여보. 그리고 내 짐들도 부탁해요. 아마 아침 먹으러 못 올지도 모르겠어, 여보." 이 말은 연대가 내일 아침 출발할지도 모른다는 그의 의견을 말해주는 것이었는데, 소령은 그 정도에서 말을 그치고 잠들어버렸다.

　머리에 컬 페이퍼를 붙이고 실내복만 입은 부지런한 주부, 오다우드 부인은 이 판국에 잠을 잘 것이 아니라 일을 해야겠다고 생각했다. "저 양반이 가시면 잠을 잘 시간은 얼마든지 있으니까." 그녀는 행군에 쓸 남편의 배낭에 물건을 집어넣고 그의 외투, 모자, 그 밖의 군장에다 솔질을 하고, 물건들을 순서 있게 정돈해 놓았다. 그리고 갖고 다니기에 알맞은 가벼운 과자한 봉지와, 버들가지를 엮어서 싼 술병, 말하자면 주머니용 술병을 외투 주머니에 넣어두었다. 이 병 속에는 그들 부부가 매우 즐겨 마시는 아주 안전한 코냑 브랜디가 1파인트쯤 들어 있었다. 그리고 시각을 치는 그녀의 회중시계 바늘이 한 시 반을 가리키고 그 내부장치가(그녀는 이 시계의 소리가 대사원의 종소리에도 뒤지지 않는다고 자부했다) 그 중대한 시각을 알리자마자 그녀는 소령을 깨워 미리 마련해둔 커피를 권하였다. 브뤼셀에서 이날 아침 누구도 맛볼 수 없을 만큼 기분 좋은 커피였다. 이 훌륭한 부인의 꼼꼼한 준비가, 다른 감정적인 여성들이 사랑을 나타낸다고 보여준 눈물이나 히스테리 발작에 못지않게 애정 어린 것임을 부정하는 자가 있는가? 그리고 시내 곳곳에서 기상 나팔소리가 울려 퍼지고 북이 울리는 동안, 그들 부부가 같이 마신 커피가 단순한 감정의 토로보다 덜 유익하고 적절하지 않았다고 부정할 사람이 누구인가? 어쨌든 그 결과로서 소령은 맵시 있고 산뜻하게, 그리고 날쌔고 활발한 몸가짐으로 연병장에 나타났다. 말끔히 수염을 깎고 혈기 좋은 안색으로 말에 타고 있는 그의 모습을 보니 연대의 온 장병들도 기분이 상쾌해지고 믿음이 갔다. 소령 부인이 서 있는 발코니 앞을 연대가 행진해갈 때, 부인이 손수건을 흔들자 온 장교들은 그녀에게 경례를 붙였다. 그녀가 친히 용감한 제××연대의 앞장에 서서 싸움터까지 나가지 않은 것은 용기가 없어서라기보다, 부인으로서의 우아한 취미와 예의를 잊지 않았기 때문일 것이다.

　일요일이나 중대한 일이 있는 때면, 오다우드 부인은 주임 사제인 숙부의 커다란 설교집을 꺼내어 그것을 근엄하게 읽곤 했다. 서인도에서 본국으로 돌아오는 길에 운송선이 거의 난파당할 뻔했을 때, 그 설교집은 그녀에게 큰 위안이 되어주었다. 연대가 떠나간 뒤 그녀는 그 설교집을 꺼내어 명상에 잠겼다. 자기가 읽고 있는 것을 거의 이해하지 못하고 있는 듯했다. 게다가

마스의 전투장비를 준비하는 비너스

그녀의 생각은 딴 데 가 있었다. 불쌍한 마이클의 나이트캡을 베개 위에 놓고 잠들어 보려 해도 허사였다. 이것은 이 세상 어디서나 마찬가지였다. 잭이나 도날드가 배낭을 어깨에 메고 〈내 뒤에 남겨둔 여인〉의 가락에 맞추어 씩씩한 걸음걸이로 영광의 싸움터에 나간다. 이때 뒤에 남아서 고민을 하고 여러 생각과 추억에 잠길 겨를을 갖는 것은 여자 쪽이다.

한편 레베카도 실망은 쓸모없으며 감상에 빠지면 더욱 불행해질 뿐임을 잘 알고 있었다. 그래서 현명하게도 슬픔이라는 헛된 감정에 지지 않기로 결심하여, 남편과의 이별을 스파르타식으로 아주 침착하게 견디어냈다. 사실 이별하는 순간 로든 대위는 이 의연한 아내보다 훨씬 더 침착성을 잃고 있었다. 레베카는 이 거칠고 난폭한 사나이를 완전히 손아귀에 넣고 있었다. 그리고 로든은 자신의 온 애정과 숭배를 다해 그녀를 사랑하고 존경했다. 그는 생애를 통틀어 그녀가 그를 행복하게 해준 최근 수개월 동안만큼 즐거웠던 적이 없었다. 경마장, 회식장, 사냥터, 노름판 등에서 그전에 맛본 모든 재미와 옷이나 장식품을 파는 여자, 오페라 댄서, 바람둥이 군인이 쉽사리 손에 넣는 여자들과의 예전 모든 연애 따위는 그가 최근에 한 정식 결혼생활의 즐거움에 비하면 아주 무미건조한 것이었다. 레베카는 언제나 로든을 즐겁게 할 줄을 알고 있었다. 그는 집에 돌아가서 아내와 같이 있는 것이 어려서부터 지금까지 드나들었던 어떤 장소나 친구보다도 천 배는 더 즐거웠다. 그래서 로든은 과거에 저지른 어리석음과 방종을 저주하고, 특히 사방에 깔린 막대한 빚을 슬퍼했다. 아내가 출세하는 데 그것이 언제나 걸림돌로 남을 것이 틀림없었기 때문이다. 독신 시절에는 그런 일로 한 번도 걱정을 해본 적이 없었던 그였지만, 레베카와 한밤중에 이야기를 하는 때면 이런 일을 후회한 적이 한두 번이 아니었다. 그는 스스로도 이러한 마음의 변화에 놀라지 않을 수 없었다. "제기랄." 하고 그는 말했다(아니면, 그의 단순한 어휘 가운데서 더 강렬한 표현을 썼는지도 모른다). "결혼하기 전에 나는 어떤 증서에 서명해도 걱정 없었어. 그리고 모지스가 기다려준다든지 레비가 기한을 석 달로 갱신해준다고만 하면 그대로 아무 걱정 없이 지냈어. 그런데 결혼하고 나서부터는 (물론 증서를 갱신하는 건 빼놓고) 인지가 붙은 서류에는 손을 대본 적도 없어. 정말이야."

레베카는 언제나 이런 비관적인 기분을 감쪽같이 씻어버리는 법을 알고 있었다. "아니, 이 어리석은 양반. 우린 아직도 당신 고모님하고 인연을 끊지 않았어요. 고모님과의 일이 잘 안 풀리더라도 당신이 말하던 '관보'라는 게 있잖아요? 그렇잖으면, 잠깐만요. 당신의 삼촌 뷰트 씨가 갑자기 돌아가시면 저에게 또 좋은 생각이 있어요. 목사직은 언제나 크롤리 집안의 둘째 아들에게 속해 왔죠. 그러니 당신이 군직을 팔아버리고 목사가 되면 되잖아요?" 군인을 그만두고 성직자가 된다는 이 생각에는 로든도 배를 붙잡고 웃었다. 이 몸집 큰 용기병이 와하하 폭소하는 소리는 한밤중의 온 호텔 안에 울려 퍼졌으리라. 터프토 장군도 바로 위 2층 방에서 그 소리를 들었다. 이튿날 아침 식사 때, 레베카는 열심히 그 장면을 흉내 내면서 로든의 첫 설교까지 전하여 장군은 무척 즐거워했다.

그러나 이런 것은 지난날의 이야기에 지나지 않았다. 전투가 시작되어 각부대가 곧 출발한다는 마지막 소식이 들려왔을 때 로든은 깊은 생각에 잠겨 레베카가 놀려댈 때는 조금 화를 낼 정도였다. "내가 겁을 낸다는 생각은 말아요, 베키." 그가 살짝 떨리는 목소리로 말했다. "그러나 나는 총알의 아주 좋은 목표야. 그러니 그 총알에 맞아 쓰러지면 내 뒤에 한 사람, 아니 아이라도 태어나면 두 식구가 남게 될 거란 말이야. 나 때문에 고생을 하는 거니 내가 살길을 마련해줘야지. 어쨌든 여보, 이건 웃을 일이 아니오."

레베카는 수없이 쓰다듬어주고 다정한 말을 해주며 기분이 상한 남편을 위로하려 했다. 활발함과 유머가 그녀를 지배할 때만(사실 대개의 경우 그랬지만) 이 여자는 남을 놀려댔는데, 곧 진지한 표정을 지을 수도 있었다. 그래서 "여보, 제가 아무것도 느끼지 못하는 줄 아세요?" 하더니, 눈에서 나오는 무언가를 바삐 훔치고는 방긋 웃으며 남편의 얼굴을 쳐다보았다.

남편은 말했다. "이것 봐. 내가 만약 전사하면 당신에게 남는 게 뭔가 따져봅시다. 여기 와서 나는 매우 운수가 좋았으니까 여기 230파운드쯤 있소. 내 주머니엔 20프랑짜리 금화가 10장 들어 있지. 나는 이것만 있으면 충분해요. 장군이 왕자인 양 뭐든지 돈을 대주니까. 그리고 내가 총알에 맞아 죽으면 더 돈 쓸 일도 없거든. 울지 말아요, 여보. 여전히 살아남아서 당신을 괴롭힐지 아직 모르는걸. 그리고 나는 내 말을 어느 놈도 데려가지 않고, 장군의 회색 군마를 타고 가겠소. 그게 싸거든. 거기다 내 말은 발을 전다고 말해뒀소. 내가 죽으면 그 말 두 필이 꽤 돈이 될 테니. 어제 이런 중대한 소식이 들리기 전에 누가 암말을 90파운드에 사겠다고 했는데, 바보같이 나는 1백 파운드 아래론 안 내놓겠다고 했지. 불편치란 놈은 언제라도 제값을 받을 거요. 다만 그놈은 여기서 팔아버리는 게 좋아. 상인들한테 진 빚이 많으니까 영국에 그놈을 끌고 가지 않는 게 좋거든. 장군이 당신한테 주신 그 조그만 암말도 값이 나갈 거요. 여기에는 런던에서처럼 말 맡기는 곳에 내는 돈이 없으니까." 로든은 웃으면서 덧붙여 말했다. "내가 2백 파운드 주고 산 화장도구 상자도 있지. 말하자면 그것만 빚을 지고 있는 셈인데. 그리고 그 금마개 붙은 병도 3, 40파운드는 할 거요. 그걸 여보, 내 핀이니, 반지니, 줄 달린 시계니, 그 밖의 여러 가지 물건들과 같이 저당 잡혀요. 모두가 돈이 꽤 든 물건들이야. 고모님은 그 줄 달린 시계를 1백 파운드 주고 사셨지. 금마개 붙은 병도 정말! 제길, 지금 생각하니 다른 물건들도 더 가질 걸 그랬어. 에드워드의 가게에선 은을 입힌 부트잭(V자형의 장화 벗는 기구)을 자꾸 사라고 권했었는데. 그리고 은으로 만든 화로와 접시 한 벌이 붙은 화장도구 상자도 가질 수 있었는데. 하지만 베키, 우린 지금 가지고 있는 걸로 잘 이용해 나가야 해. 알겠소?"

그리하여 사랑의 노예가 되어버린 최근 수개월 전까지는 자기 앞의 일밖에 생각하지 않던 크롤리 대위도 마지막 정리를 하면서, 많지도 않은 자기 재산목록 가운데 여러 가지 품목들을 일일이 조사해가며, 자기에게 무슨 불상사라도 일어나는 경우 그것들이 어떻게 하면 아내에게 돈이 될 것인가 생각해보았다. 그는 손에 연필을 들고 학생 같은 큼지막한 글자로, 아내가 과부가 되었을 때 팔아서 돈이 될 만한 여러 물품을 하나하나 적어보았다. 예를 들면 '맨튼제(製) 쌍연발총이 40기니쯤, 검정 담비 가죽을 안에 댄 승마용 외투가 50파운드, 자단(紫檀) 케이스에 넣은 결투용 권총(마커 대위를 쏘았던 것)이 20파운드, 규격 안장이 붙은 권총 케이스와 말 장식, 로리제(製) 위와 같음' 이런 정도였다. 그리고 이 물건들을 모두 레베카의 뜻에 맡기기로 했다.

그의 경제적인 방침에 따라 대위는 제일 새 것을 아내에게(어쩌면 미망인일지도 몰랐다) 남기고 제일 낡은 군복과 견장만 착용했다. 그리고 윈저와 하이드 파크에서 이름을 날리던 이 멋쟁이는 마치 하사관처럼 수수한 차림을 하고, 뒤에 남기고 가는 아내를 위해 무슨 기도 같은 것을 하며 떠나갔다. 로든은 아내를 땅에서 들어올려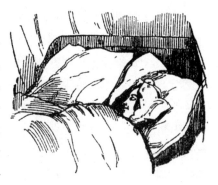
한참 동안 두 팔에 든 채로 세게 고
동치는 자기의 가슴에 바싹 갖다댔
다. 아내를 내려놓고 떠나갈 때 그
의 얼굴은 자주색으로 변하고, 두
눈은 흐릿하였다. 그는 말을 타고
장군의 곁에 붙어, 앞서고 있는 장
군의 여단(旅團) 뒤를 바삐 따라가
면서 묵묵히 시가를 피웠다. 그리고 몇 마일 전진하고서야 비로소 콧수염을
비비 꼬아대던 손을 내리고 입을 열었다.

한편 총명한 레베카는 앞서도 말했듯이 남편과 이별할 때 쓸데없는 감상
에 빠지지 않기로 마음먹었다. 그녀는 창가에서 남편에게 이별의 손수건을
흔들고서는, 남편이 저 멀리 사라진 뒤에도 한동안 그 자리에 서 있었다. 사
원의 탑과 묘하게 생긴 낡은 가옥들의 큰 박공지붕들이 떠오르는 아침 햇빛
을 받고 빨갛게 물들기 시작했다. 간밤에는 앉아서 쉴 겨를이 조금도 없었
다. 아직도 예쁜 야회복을 입은 채고, 금발 머리칼은 좀 풀어져서 목에까지
드리워져 있으며, 밤을 새느라 눈시울은 꺼멓게 되어 있었다. "꼭 귀신 같구
나." 거울에 비친 모습을 보면서 그녀는 말했다. "이 분홍색 옷은 왠지 얼굴
이 창백하게 보여!" 그녀는 그 분홍색 옷을 벗었다. 가슴 부분에서 편지 한
장이 떨어져 나왔다. 그녀는 싱글 웃으며 그것을 집어들어 화장도구 상자에
넣고 열쇠로 잠가버렸다. 그러고는 야회에서 가져온 꽃다발을 물을 넣은 컵
에 꽂고 잠자리에 들어가 아주 달게 잠들었다.

열 시에 그녀가 깨어나 커피를 마실 즈음 시내는 몹시 고요해져 있었다.
아침에 일어난 일로 피곤하고 슬펐던 뒤라 커피 맛이 무척 좋았고 기분이 상
쾌했다.

아침 식사가 끝나자 그녀는 우직한 로든이 지난밤에 하던 계산을 다시 해
보고, 자기 처지를 생각해보았다. 만일 최악의 경우가 생기더라도 여러 가지
점을 따져볼 때, 그녀는 꽤 살림이 넉넉한 편이었다. 남편이 남겨두고 간 물
건 말고도 장신구와 결혼 때 가져온 세간이 있었다. 그들이 막 결혼했던 당
시 로든의 선심에 대해서는 이미 글로 적고 칭찬한 바와 같다. 이런 물건들

과 조그만 암말 말고도, 그녀의 노예이자 숭배자인 장군은 파산한 프랑스 장군 부인의 물건을 공매하는 데서 사온 캐시미어 숄이라든가, 보석상에서 사온 여러 물건들을 비롯해 멋진 선물들을 그녀에게 주었다. 이런 선물들은 모두 장군의 고상한 취미와 재산을 나타내 보였다. 게다가 '똑딱이'(로든은 회중시계를 이렇게 불렀다)로 말하자면, 레베카의 방은 이것들이 딸깍거리는 소리로 법석이었다. 그도 그럴 것이, 어느 날 밤 그녀가 로든이 사다준 시계는 영국제라 고장이 났다고 아무 생각 없이 말했더니, 바로 그 이튿날 아침 줄이 달리고 뚜껑에 아름다운 터키석이 박혀 있으며 'Leroy'라는 마크가 들어간 작고 훌륭한 회중시계 하나와, 진주로 뒤덮이고 크기가 반크라운 은화 정도밖에 안 되는 'Brequet'이라는 글이 들어간 것 하나가 그녀의 손에 들어왔다. 하나는 터프토 장군이 사준 것이고, 또 하나는 오즈번 대위가 친절하게도 기증한 것이었다. 오즈번 부인에게는 시계가 없었다. 그러나 공평하게 말하자면 부인이 요구만 하면 얼른 사다 줄 것인데, 그러질 않았으니 오즈번 대위가 나쁠 것은 없었다. 그리고 영국에 남아 있는 터프토 부인이 어머니로부터 물려받은 시계는 로든의 말처럼 작은 화로 대신으로도 쓸 수 있는 것이었다. 그러니, 하웰&제임스 상점에서 자기네가 판 모든 부인장신구의 구입자 명단을 공표한다면 몇몇 집에서는 얼마나 놀랄 것인가! 그리고 이런 장신구들이 모두 남자들의 법적인 부인과 딸들의 손에 들어간다면 허영의 시장의 상류 가정에는 얼마나 많은 귀금속과 보석류가 전시될 것인가!

레베카는 이런 귀중품들을 일일이 계산해본 결과, 만약의 일이 생기더라도 세상에 나설 자본으로서 적어도 6, 7백 파운드는 잡아볼 수 있다는 것을 알고, 가슴이 얼얼한 승리감과 자기만족감이 없지도 않았다. 그래서 아주 유쾌한 기분으로 그런 물건들을 정돈하고, 정리하고, 꺼내보고, 넣어 잠그고 하면서 그날 아침을 보냈다. 로든의 지갑을 보니 현찰 사이에 오즈번이 거래하는 은행의 20파운드짜리 수표가 끼어 있었다. 이것을 보니 그녀는 오즈번 부인이 떠올랐다. "이 수표를 현금으로 바꾸어야지. 그리고 가엾은 에미에게도 한번 찾아가보자." 그녀는 혼잣말했다. 이 소설에 영웅은 하나도 없다손 치더라도 적어도 여걸 하나는 있다고 말하고 싶다. 이날 출동한 영국 육군에는 위대한 공작각하는 있더라도, 불안과 어려움 앞에서 이 불굴의 전속부관의 부인처럼 냉정하고 침착한 사람은 하나도 없었던 것이다.

그리고 비전투원으로서 마찬가지로 후방에 남게 된 우리의 친구 한 사람이 또 있다. 따라서 우리는 그의 감정과 행동을 알 권리가 있는 셈이다. 그는 다름 아닌 보글리 윌라의 전 세금 징수관인데, 다른 사람들처럼 그도 그날 새벽 나팔소리 때문에 고요한 잠에서 깨어났다. 그는 잠이 많고 침대에 누워 있길 좋아했기에 깨우지만 않으면 영국 육군의 북소리나 나팔소리, 피리소리가 아무리 나도 보통 그가 일어나는 시간까지는 그대로 코를 골고 있었을지도 모른다. 그런데 그를 깨운 것은 그와 같은 방을 쓰고 있던 조지 오즈번이 아니었다. 여느 때와 같이 자기 앞날과 아내와 헤어지는 슬픔에 온 정신이 팔린 조지는, 자고 있는 처남을 깨워 이별을 고할 생각 따위는 할 겨를이 없었다. 말하자면 조스 세들리와 수면과의 사이에 끼어든 것은 조지가 아니라 도빈 대위였다. 그는 출발 전에 조스와 악수를 꼭 해야겠다며 그를 깨우러 온 것이었다.

  "자네 참 친절하군." 조스는 하품을 하면서 속으로는 이 망할 녀석 같으니 하고 저주를 내뱉었다.

  "난…… 난 잘 있으라는 인사도 없이 떠나고 싶지 않네, 알겠나?" 도빈은 아주 종잡을 수 없는 말을 했다. "우리들 가운데 다시 못 돌아올 사람도 있다는 걸 자네도 알 테니 말이야. 그래서 나는 자네들이 모두 잘 있는 걸 보고 싶었어. 그렇다는 이야기네."

  "그게 무슨 뜻인가?" 조스는 눈을 비비며 물었다. 그러나 그의 일에 큰 관심을 가지고 있다고 자처한 대위는 이 나이트캡을 쓴 뚱뚱보 사나이의 이야기를 듣지도 않았거니와 그를 바라보지도 않았다. 이 위선적인 대위는 방 안을 성큼성큼 돌아다니면서, 의자를 뒤집고 발로 마루를 쿵쿵 구르고 손톱을 뜯고, 그 밖에도 내심 흥분하고 있는 빛을 여러 가지로 보이면서 열심히 조지의 방 쪽을 보고 귀를 기울이고 있었다.

  조스는 늘 이 대위를 얕보고 있었다. 그래서 전쟁을 앞둔 지금 이 친구의 용기가 조금 의심스러워졌다. "도빈, 나한테 무슨 부탁이라도 있나?" 그는 비꼬는 투로 말했다.

  "내가 자네한테 바라는 건 이거야." 대위는 침대로 다가오며 대답했다. "15분만 있으면 우리는 진군하네, 세들리. 그리고 조지도 나도 다시 영영 못 돌아올지도 몰라. 제발 부탁인데, 전세가 어떻게 되는가를 확실히 알 때까진 여기서 꼼짝 말아줘. 여기에 남아서 자네 누이동생을 돌보고, 위로해주고, 아무 일도 없도록 주의해주게. 조지에게 만약 무슨 일이라도 생기면 누이동생이 의지할 사람은 이 세상에서 자네밖에 없으니까. 만약 아군이 불리해지면 자네는 누이동생을 무사히 영국까지 데리고 가란 말이네. 절대로 그녀를 저버리지 않겠다고 내 앞에서 약속해 주게. 저버리지 않으리란 건 나도 알아. 돈에 관해서라면 자네는 늘 통이 컸지. 그런데 돈은 있는가? 내 말은, 만약의 경우에 영국에 돌아갈 만한 돈이 있는지 묻는 거야."

"여보게." 조스는 당당하게 말했다. "돈은 떨어져도 얼마든지 새로 마련할 수 있네. 그리고 내 누이동생에 대해서 굳이 자네가 나더러 이래라저래라 할 것까진 없잖아."

"자네 말투를 보니 기운이 팔팔한가 보군, 조스." 도빈은 화도 내지 않고 온화하게 대답했다. "조지가 자네같이 믿음직한 사람에게 아내를 맡길 수 있으니 나도 기쁘네. 그러면 만약의 경우에 누이동생을 맡겠다는 자네의 약속을 내가 조지에게 전해도 괜찮겠지?"

"물론이지, 물론이지." 조스는 대답했다. 그가 돈에 있어서는 너그럽다는 도빈의 판단은 조금도 빗나가지 않았다.

"만약 패전한다면 누이동생을 데리고 무사히 브뤼셀을 떠나겠지?"

"패전이라고! 제길, 이 사람아, 그건 있을 수 없는 일이야. 그렇게 사람을 놀라게 하지 말게." 침대 속의 영웅은 소리를 질렀다. 조스가 자기 누이동생을 안전하게 보살필 것이라 단호히 말하자 도빈은 이제 완전히 안심이 되었다. 그래서 '최악의 경우가 생기더라도 아밀리아는 무사히 몸을 피할 수 있겠군' 하고 대위는 생각했다.

만약 도빈 대위가 연대가 출발하기 전에 아밀리아를 한 번만 더 보고 개인적인 위안이나 만족을 얻기를 바랐다면, 그의 그러한 이기심은 끔찍한 이기주의가 받아 마땅한 벌을 받은 셈이었다. 조스의 침실 문은 가족 일행이 공동으로 쓰는 거실 쪽으로 통해 있고, 그 문의 맞은편에 아밀리아의 방이 있었다. 나팔소리는 누구든 모조리 깨워버려 이젠 숨겨도 허사였다. 조지의 하인은 그 방에서 짐을 꾸리고 있었고, 조지는 바로 옆방을 드나들면서 싸움터에 가져갈 만한 물건들을 하인에게 던져주었다. 이윽고 도빈은 마음속으로 탐내던 기회를 얻게 되었다. 한 번 더 아밀리아의 얼굴을 볼 수 있게 된 것이다. 그러나 그 얼굴이라니! 핏기를 잃어 너무도 하얗고, 너무도 거칠고 절망에 싸인 얼굴이다. 그 기억은 나중에까지도 무슨 죄라도 지은 듯이 그의 머리를 떠나지 않고, 그 모습은 동경과 연민의 형언할 수 없는 고통으로 그를 매질하였다.

아밀리아는 하얀 모닝 드레스를 몸에 감았고, 머리는 어깨까지 흘러내렸으며, 큰 눈은 빛을 잃은 채 가만히 한 곳만 바라보았다. 출발 준비를 도와가며 자기도 이런 위급한 때엔 쓸모가 있다는 것을 보여줄 양으로, 이 가련한 여인은 옷장 위에 있는 조지의 장식띠를 집어 들고선 그것을 손에 든 채 그의 뒤를 이리저리 따라다니다가 그의 짐이 꾸려지는 것을 묵묵히 바라보고만 있었다. 그러다가 그녀는 방에서 나와 벽에 기대어 서서 가슴에다 남편의 장식띠를 갖다댔다. 이때 그 띠의 진홍색 무거운 그물이 뚝 떨어졌는데, 마치 피가 크게 흘러내리는 것처럼 보였다. 이러한 그녀의 모습을 본 마음 약한 도빈 대위는 왠지 모를 죄스러운 충격을 느꼈다. '이런! 내가 이런 비통한 꼴을 보려고 한 건 아니었는데.' 그러나 달리 방법도 없었다. 공연히 말도 없이 슬퍼하는 여인을 달래고 위로할 길이 없었다. 그는 고통으로 우는 아기를 바라보는 부모처럼 어쩌지도 못하고 그저 연민으로 가슴이 찢어지는 듯하여, 한참 우두커니 서서 그녀를 바라보고 있었다.

이윽고 조지는 에미의 손을 잡고 침실로 데리고 들어갔다. 그리고 그만 혼자 나왔다. 그 사이에 이별을 고한 것이다. 그리고 그는 떠나갔다.

'이별을 무사히 끝내서 다행이군.' 조지는 이렇게 생각하면서 칼을 겨드랑이에 낀 채 계단을 걸어 내려가 연대가 집합하고 있는 긴급 집합소로 바삐 달음질쳤다. 대오를 짠 장병들이 숙소에서 서두르고 있었다. 그는 맥박이 뛰고 볼이 뜨거워지는 것을 느꼈다. 전쟁이라는 큰 승부가 막 벌어지려는 참이었다. 그리고 그는 승부에 나가는 선수의 한 사람이었다. 불안과 희망과 기쁨이 뒤섞인, 이 얼마나 격렬한 흥분인가! 지느냐 이기느냐 하는 그 얼마나 벅찬 모험인가! 이번 대승부에 비하면 여태껏 내가 치른 모든 승부 따위는 하잘것없지 않은가? 이 청년은 소년시절부터 지금까지 운동 경기상의 기술과 용기를 필요로 하는 모든 시합에 자기 전력을 기울여왔다. 학교의 선수로 나가도, 연대의 대표로 나가도, 동료들이 부르짖는 '브라보' 소리는 그가 가는 곳마다 울려퍼졌다. 학생시절의 크리켓 시합에서 수비대의 경마에 이르기까지 그는 수없이 승리를 거두어왔다. 어디에 가든 남녀를 막론하고 모두 그를 찬양하고 부러워했다. 남자가 가지는 특질 가운데서 체력의 우수함과 활발함과 용기처럼 재빨리 칭찬을 거두어들이는 것이 또 어디 있는가? 아주 옛날부터 힘과 용기는 시와 이야기의 주제가 되어 왔다. 트로이의 이야기에서부터 오늘날에 이르기까지 시의 주인공으로는 언제나 전사(戰士)가 뽑혔다. 인간이란 내심 겁쟁이기 때문에 용기를 그처럼 찬양하고, 다른 어떤 미덕보다도 군인정신을 훨씬 높이 평가하고 칭송하는 것이 아닌가 하고 나는 생각한다.

어쨌든 가슴을 설레게 하는 비상소집 나팔소리를 듣고 조지는 여태껏 안겨 있던 부드러운 품 안에서 벌떡 뛰어나온 것이었다. 그러면서 그 품 안에 너무도 오랫동안 지체하고 있던 자기 자신에게(그를 껴안은 아내의 팔은 힘이 없었지만) 부끄러움을 느꼈다. 우리가 이따금 보아온 그의 친구들도 모두—연대를 거느리고 전선에 나간 뚱뚱보 소령에서부터 그날 전투에 기수를 맡은 어린 스터블 소위에 이르기까지—하나같이 열망과 흥분을 느꼈다.

진군이 시작되자 마침 아침 해가 떠오르고 있었다. 실로 멋진 광경이었다. 군악대는 연대의 행진곡을 연주하며 앞장서고, 그 다음에 지휘관인 소령이 그의 살찐 군마 피라머스를 타고 지나갔다. 그 다음엔 중대장을 앞세운 척탄병들이 지나가고, 한가운데에는 선임 후임 소위들이 든 군기가 보였으며 그 뒤에는 조지가 자기 중대의 선봉에 서서 행진하고 있었다. 그는 고개를 들어 아밀리아를 보고 싱글 웃고는 지나갔다. 그러고는 음악 소리마저 점점 멀어져 갔다.

제31장
조스 세들리 누이동생을 보살피다

상급 장교들이 모두 싸움터로 불려 나갔으므로 뒤에 남은 조스 세들리가 브뤼셀의 조그마한 영국인 거류민단을 거느리게 되었다. 즉 병이 든 아밀리아, 그의 벨기에 하인 이시도어, 집안의 모든 심부름을 보는 프랑스인 하녀들이 그가 거느리는 수비대가 된 것이다. 그의 정신은 혼란해지고 그의 잠은 도빈의 방해와 그날 아침에 생긴 일로 싹 달아나버렸지만, 그래도 조스는 여러 시간 동안 침대에서 떠나지 않고 보통 일어나는 시간이 될 때까지 눈을 뜬 채 이리저리 뒹굴었다. 이 관리께서 꽃무늬 잠옷을 입은 채 아침을 먹으러 나왔을 때 해는 중천에 높이 뜨고, 제××연대 용사들은 벌써 몇 마일을 진군하고 있었다.

조지가 가버린 것에 대해서 그의 처남은 아무 걱정 없었다. 조지가 가버린 것을 조스는 도리어 내심 기뻐했는지도 모른다. 그도 그럴 것이 조지가 있는 동안 조스는 이 한 집안에서 종속적인 역할밖에 하지 못했고, 조지도 이 뚱뚱보 관리에 대한 멸시를 감추려고 하지 않았기 때문이다. 그러나 누이동생 에미는 늘 오빠에게 얌전하고 친절하게 대해주었다. 그가 편안하게 지내도록 애쓰는 것도, 그가 좋아하는 요리를 만들게 하는 것도, 같이 산책을 하거나 마차를 타러 나가는 것도(남편 조지가 딴 데로 돌아다니니까 그녀에게는 그럴 기회가 너무도 많았다), 오빠의 분노와 남편의 경멸 사이에 상냥한 얼굴로 끼어든 것도 모두 이 누이동생이었다. 그녀는 머뭇머뭇하면서도 몇 번이나 자기 오빠를 위해 조지에게 말을 했었다. 그러나 조지는 이런 간청을 날카롭게 가로채며 말하는 것이었다. "나는 정직한 인간이야. 그러니 정직한 사람답게, 느낀 바를 숨기지 못해. 도대체 여보, 당신 오빠 같은 멍청이한테 공손히 대하라는 것부터가 무리가 아니오?" 이런 터이니, 조스는 조지가 없는 것을 기뻐했다. 조지의 신사모와 장갑이 찬장 위에 놓여 있었는데, 그가 없다는 생각을 하니 조스는 남몰래 가슴이 설레는 기쁨을 느꼈다. '오늘부터는 그 녀석이 멋을 부리고 뻔뻔스럽게 건방진 티를 내는 데 골머리를 썩이지 않아도 되겠군.' 그는 생각했다.

"대위의 모자를 곁방에 갖다 둬." 그는 하인 이시도어에게 일렀다.

"대위님이 이 모자를 다시 쓰실 일은 없을지도 모르겠네요." 하인은 다 알겠다는 표정으로 주인을 보며 답했다. 조지가 너무도 영국식으로 뻐기는 바람에 이시도어도 조지를 미워했다.

"그리고 마님에게 아침 식사 하러 나오시겠느냐고 물어봐." 조스는 장중하게 말했다. 그는 조지에 대한 불쾌감을 하인과 이야기하는 것이 부끄러웠던 것이다. 그러나 사실인즉 여태까지 그 하인에게 매부의 욕을 몇 번이나 했는지 몰랐다.

"안타깝게도 마님은 나오시지 못하겠다고 합니다. 조스 씨가 좋아하시는 샌드위치도 만들지 못하겠고요. 마님은 몸이 아주 편찮으십니다. 바깥양반이 가신 뒤로는 내내 건강이 몹시 나쁘십니다." 하녀가 전했다. 조스는 누이동생에게 큰 잔에 차를 따라줌으로써 동정을 표시하였다. 그가 친절을 베푸는 방식은 바로 이런 것이었는데, 오늘은 거기에 더하여 누이동생에게 아침 식사를 챙겨주었을 뿐만 아니라 점심에는 누이동생이 어떤 음식을 제일 좋아할까 하는 것까지 생각했다.

하인 이시도어는 오즈번 대위가 출발하기 전에 그의 하인이 주인의 짐을 처리하는 것을 옆에서 실쭉하게 바라보고 있었다. 그도 그럴 것이, 이시도어는 우선 조지가 자기나 그 밖의 모든 하인들에게 너무 오만불손하여 조지를 미워했다(이 벨기에 하인은 보다 온순한 영국 하인들과는 달리 윗사람의 오만한 태도를 참지 못했다). 둘째로는 영국군이 패하는 경우 여러 귀중품들이 그의 관리를 벗어나 다른 사람들에게 넘어가는 것이 원통했다. 이 영국군의 패배란 이시도어뿐만 아니라 브뤼셀과 벨기에 곳곳의 수많은 사람들이 조금도 의심하지 않는 사실이었다. 거의 모든 사람들은 나폴레옹이 프러시아군과 영국군을 갈라놓고 잇따라 전멸시킨 다음, 사흘도 못 가서 브뤼셀로 입성할 것이라 믿었다. 그때가 되면 지금 주인들은 살해당하든가 도망치든가, 붙잡히든가 할 터이니, 그들의 소지품은 모두 합법적으로 이 이시도어 님의 소유물이라고 그는 생각했다.

조스의 힘들고 복잡한 그날그날 몸단장을 도와가면서 이 충실한 하인은 지금 주인의 몸에 달고 있는 여러 물건들이 모두 자기 소유가 되면 어떻게 할 것인가를 머릿속으로 생각해보았다. 은으로 만든 향수병과 장식품들은 자기가 좋아하는 여자에게 선물하기로 하고, 영국제 칼붙이와 큰 루비 장식 핀은 자기가 가지리라 생각했다. 그걸 저 가장자리 장식이 붙은 셔츠에 꽂으면 얼마나 맵시 있게 보이겠는가. 그리고 금 레이스 달린 모자를 쓰고, 장식 단추 달린 프록코트는 그의 몸에 맞도록 쉽게 줄일 수 있으니 그걸 입자, 또 윗머리에 금을 붙인 대위의 지팡이를 짚고, 루비를 박은 큰 쌍가락지는 예쁜 귀걸이로 만들자, 이런 식으로 하면 아주 나무랄 데 없는 미남이 되어 레인 양 같은 여자도 손쉽게 낚을 수 있겠지 하고 그는 생각했다. '이 소매 단추도 나한테 얼마나 잘 맞을까!' 그는 조스의 통통한 손목에 단추를 채워주면서 이렇게 생각했다. '소매 단추가 있으면 좋겠군. 그리고 옆방에 있는 대위의 놋쇠 박차 달린 장화도, 제기랄! 그놈을 신고 신록의 산책길에 나가면 얼마나 돋보일까!' 이처럼 이시도어는 눈앞에서 주인의 코를 잡고 아래턱의 수염을 깎아주고 있으면서 머릿속에서는 장식 단추 달린 프록코트에 금 레이스 달린 모자를 쓰고, 레인 양과 신록의 산책길을 거닐었다. 그런가 하면, 마음속에서는 강변을 거닐면서 운하를 따라 무성한 나무의 서늘한 그늘 밑을 천천히 미끄러져 가는 배를 바라보기도 하고, 라켄에 이르는 길거리 맥줏집 벤치에 앉아 파로(^{벨기예산}맥주)를 한 잔 들이켜며 쉬는 것이었다.

그러나 존경하는 독자나, 내가 급료를 지급하며 쓰는 존과 메리 같은 하인이 우리들에 대해 무슨 생각을 가지고 있는지 모르는 것과 마찬가지로, 조스 세들리 씨는 이 하인의 오락가락하는 속마음을 알 길이 없었다. 또 모르는 것이 그의 마음의 평화를 위해 다행한 일이었다. 하인들은 우리를 어떻게 생각할까! 우리가 만약 친지들이나 친척들이 우리를 어떻게 생각하는지 안다면 이 세상을 사는 것이 귀찮아지고, 아주 견딜 수 없어져 잠시도 쉴 수 없으리라. 그러니까 하인은 레든홀 거리의 페인터 씨 가게 지배인이 거북의 등에다 '내일 수프용'이라는 딱지를 붙이는 것과 마찬가지로 자기의 노획물에다 표를 해놓고 있는 것이었다.

이에 비하면 아밀리아의 하녀는 훨씬 덜 이기적이었다. 아밀리아처럼 친절하고 얌전한 주인의 옆에 와서 그 상냥하고 다정스러운 성격에 보통의 충성과 애정을 바치지 않는 하인은 별로 없을 것이다. 그리고 사실 요리사로 있는 폴린은 아밀리아가 이 슬픈 날 아침에 만난 어느 누구보다도 주인 마님을 위로해주었다. 성실한 폴린은, 연대가 진군할 때 아밀리아가 대열 속의 마지막 총검까지 지켜보며 섰던 창가에 몇 시간이나 묵묵히 꼼짝도 않고 수척한 얼굴로 서 있는 것을 보더니 그녀의 손을 잡고, "마님, 제 낭군도 마찬가지로 싸움터에 나갔답니다." 하면서 갑자기 울음을 터뜨렸다. 그러자 아밀리아도 그 여자의 품 안에 쓰러지면서 같이 울었다. 그리고 서로를 동정하고 위로하였다.

조스의 하인 이시도어는 오전 중에 몇 차례나 숙소에서 시내로 나가, 영국인들이 모여드는 공원 주변의 호텔이나 하숙집 앞에 가서 다른 집 하인이나 전령들과 어울리며 항간에 떠도는 소문을 모아 돌아왔다. 그 주변을 헤매는 사람들은 대부분 속으론 나폴레옹의 일파여서 전쟁이 곧 끝난다는 의견들을 가지고 있었다. 나폴레옹 황제가 아벤느에서 발표한 선언문은 브뤼셀 곳곳에 잔뜩 뿌려졌다. 선언문 내용은 이러하였다. "장병들이여! 오늘은 유럽의 운명을 두 번이나 결정한 마렝고(나폴레옹이 오스트리아 군에 대승하였던 전승지)와 프리트란트의 전승 기념일입니다. 그때도 아우스테를리츠와 바그람의 전승 뒤와 마찬가지로, 우리들은 꽤 관대했습니다. 우리들은 여러 나라 군주들의 서약을 믿고 그들이 왕좌에 머물러 있도록 허용했습니다. 이제 우리 모두 다시 진군하여 그들과 맞서 봅시다. 그들이나 우리들이나 여전히 같은 인간이 아닙니까? 장병들이여! 오늘날 우리들에게 감히 덤비는 프러시아군은 지난날 예나에서 1대 3으로, 몽미라일에서 1대 6으로 아군에 덤볐던 군대입니다. 여러분들 가운데 영국군에서 포로생활을 해본 장병들은 영국의 감옥선에서 얼마나 무서운 고문을 받았는지 전우들에게 말해줄 수 있을 것입니다. 저 광인들은 일시적인 승리에 눈이 멀었습니다. 그들이 만약 프랑스 땅에 한 걸음이라도 발을 들여놓는다면 그곳이 그들의 무덤이 될 것입니다!" 그러나 프랑스에 편드는 이들은, 황제에 맞서는 적들이 프랑스에 발을 들여놓기도 전에 전멸당할 것이라고 예언했다. 그리고 사방에 떠도는 이야기인즉, 프러시아군과 영국군은 기껏해야 승전한 프랑스군의 뒤에서 포로로밖엔 돌아오지 못하리라는 것이었다.

이러한 이야기들은 그날로 조스 세들리에게까지 전해졌다. 어젯밤에 선발대가 완전히 패퇴하여, 군대를 더 모으기 위해 웰링턴 공도 바로 떠났다고 했다.

"패퇴했다니, 당치도 않아!" 아침 식사 시간에 조스는 꽤 억척스럽게 이렇게 말했다. "웰링턴 공은 여태껏 나폴레옹의 모든 장군들을 격파하셨듯이 이번엔 나폴레옹을 격파하러 떠나셨어."

"공작의 서류는 소각되고, 소지품은 운반되어 가고, 숙소는 달마티아 공작의 도착을 위해 준비 중이랍니다." 조스의 정보원이 대답했다. "저는 이런 말을 공작께서 머무시는 호텔의 주인에게서 들었습니다. 리슈몽 공의 수행원들도 짐을 꾸리고 있습니다. 각하는 이미 달아나셨고, 공작부인도 식기류의 포장이 끝나는 것만 보시면 오스텐트에 있는 프랑스 왕에게로 피난 가실 겁니다."

"프랑스 왕은 겐트에 계시네, 이 사람아." 조스는 그 따위 소리는 믿지 않는다는 표정을 하며 대답했다.

"어젯밤에 브뤼헤로 피난하셨다가 오늘 오스텐트에서 배를 타신다던데요. 베리 공은 붙잡히셨답니다. 목숨이 아까운 사람들은 빨리 피하는 게 나아요. 내일이면 제방을 끊는다는데 이 나라 전체가 물바다가 되면 누군들 피난 갈 수 있겠습니까?"

"당치도 않은 소리, 이 사람아, 나폴레옹이 아무리 군대를 투입해도 우리하곤 3대 1이란 말이야." 세들리 씨가 항의했다. "오스트리아군과 러시아군도 진군 중이야. 나폴레옹 놈은 틀림없이 끝장날 거야. 꼭 그래야만 해." 조스는 손바닥으로 테이블을 치며 말했다.

"예나 전투에서도 프러시아군이 3대 1이었어요. 그래도 나폴레옹은 일주일 만에 그 군대와 왕국을 해치웠지요. 몽미라일에서는 6대 1이었지만, 그들을 양 떼처럼 흩뜨려 놓았잖습니까? 오스트리아군도 오고 있긴 합니다만 그걸 거느리고 있는 사람은 여제와 로마 왕입니다. 그리고 러시아군은, 흥! 러시아군 따위는 도망치기 바쁠 겁니다. 영국군은 프랑스의 용사들을 그 유명한 감옥선에서 잔인하게 대우했으니 가차 없이 공격할 겁니다. 이것 보십시오. 여기에 다 적혀 있습니다. 이건 황제 폐하이시자 왕이신 나폴레옹의 선언문입니다." 이러면서 이제는 나폴레옹의 일파를 자처하는 이시도어가 주머니에서 선언문을 꺼내면서 그것을 주인의 얼굴에다 엄숙히 내밀었다. 그리고 속으론 주인의 장식단추 달린 프록코트나 다른 귀중품들은 모두 자기 것이 됐다고 생각했다.

조스는 아직 진심으로 놀라지는 않았어도 마음속으로는 적잖이 당황했다. "내 코트와 모자를 줘." 그가 말했다. "그리고 나를 따라와. 내가 직접 가서 그 소문이 사실인지 알아봐야겠어." 이시도어는 조스가 금몰 코트를 입는 것을 보더니 화가 나서 이렇게 말했다. "나리, 그 군복 같은 코트는 입지 않는 게 좋겠습니다. 프랑스군이 영국 병사는 하나도 남겨두지 않겠다고 했답니다."

"닥쳐, 이놈아!" 조스는 여전히 단호한 표정으로 이렇게 말하고는 굽힐 줄 모르는 결의로써 한쪽 팔을 소매 안에 찔러 넣었다. 그가 이런 비장한 태도를 보이고 있는데 로든 크롤리 부인이 나타났다. 그녀는 이 중대한 시기에 아밀리아가 어쩌고 있나 찾아온 것인데, 대기실 문 앞에서 종을 울리지도 않았던 것이다.

레베카는 여느 때와 다름없이 아주 깔끔하고 맵시 있는 옷차림을 하고 있었다. 로든을 보내고 나서 푹 잤기 때문에 몸이 개운했다. 시내에서 다른 모든 사람들이 아주 근심스럽고 우울한 표정을 짓고 있는 이때, 미소를 띤 그녀의 빨간 볼은 보기만 해도 기분이 좋았다. 레베카는 자기가 들어왔을 때 조스의 태도와 그 뚱뚱한 몸으로 몸부림치며 경련이라도 일으킨 듯이 금몰 코트를 입고 있는 모양을 보고 깔깔 웃어댔다.

"조지프 씨, 전쟁이라도 나가시려는 건가요?" 그녀가 말했다. "우리 힘없는 여자들을 보호해주실 분은 브뤼셀에 하나도 안 남는 거예요?" 조스는 겨우 코트를 입고 얼굴이 빨개진 채 이 아름다운 방문객에게 사과의 말을 더듬거리면서 앞으로 걸어나왔다. "오늘 아침 일을 겪고 어떠셨나요? 게다가 어젯밤 무도회에 나가서서 피곤하실 텐데요?" 이때 이시도어는 꽃무늬 잠옷을 들고 바로 곁의 주인 침실로 사라져버렸다.

"고맙게도 그런 걸 물어봐 주시는군요!" 레베카는 두 손으로 조스의 손을 꽉 잡으며 말했다. "다른 분들은 모두 당황하고 계신데 조지프 씨는 참 침착해 보이시네요! 우리 에미는 어떤가요? 이별을 하느라 무척 힘들었겠지요."

"그렇습니다." 조스가 말했
다.

"남자들은 어떤 일이라도
참을 수 있군요." 레베카는
대답했다. "남자들에겐 이별
이나 위험 따윈 아무것도 아
니에요. 당신은 군에 입대하
여 우리들을 죽게 내버려 두
시려는 참이지요? 솔직히 말
씀하세요. 전 알 수 있어요.
어쩐지 그런 것 같았어요. 그
런 생각이 머리에 떠올랐을
때(저는 이따금 혼자 있으면
조지프 씨의 생각을 하는걸

요) 어찌나 겁이 나는지 바로 뛰어나와서 당신에게 우리들을 버리고 가시지
말라고 간청을 드리러 온 거예요."

이 말은 곧 "여보세요, 아군에 만일의 경우가 생겨서 후퇴가 불가피하다
면, 당신은 아주 편안한 마차를 가지고 계시니 저도 거기에 타게 해주세요"
라는 뜻으로 해석될 수도 있었다. 조스가 그 말을 이런 뜻으로 이해했는지
어떤지는 나도 모르겠다. 그러나 브뤼셀에 머무는 동안 레베카가 자기에게
냉담하게 굴던 일이 그는 무척 분했다. 그는 로든 크롤리의 이름 높은 지인
들 어느 누구에게도 소개를 받은 적이 없었다. 그는 레베카가 베푸는 파티에
초대를 받은 일이 거의 없었다. 그도 그럴 것이, 그는 너무 겁쟁이가 되어
노름을 잘 하지 않았기 때문에, 둘이서 열심히 노름하는 것을 남이 옆에서
구경하는 걸 좋아하지 않는 조지와 로든은 자연히 그가 오는 것을 싫어했다.
'아아! 이제야 내가 그리워서 찾아왔군그래. 방해하는 사람이 아무도 없으
니까 이 여자도 옛날의 조지프 세들리가 떠오르나보군!' 그러나 이런 미심쩍
은 생각 말고도 레베카가 자신의 용기를 칭찬하는 말을 해준 생각을 하니 우
쭐해졌다.

그는 낯을 몹시 붉히면서 거드름을 부려 말했다. "난 전투장면을 구경하

고 싶소. 패기만만한 남자라면 누구라도 그럴 겁니다. 난 인도에서 소규모 전투를 본 적은 있지만 이런 대규모는 처음입니다."

"남자들은 재미나는 일이라면 뭐든 가리지 않죠." 레베카가 대답했다. "우리 집 크롤리 대위도 오늘 아침엔 사냥대회라도 나가는 사람처럼 기분 좋게 떠나가셨어요. 그분이 무슨 걱정을 하겠어요? 남자들치고 어느 누가 가엾이 버림받은 여자의 고민을 걱정해줄까요? (하긴, 이 몸집 크고 게을러터진 식충이가 정말 군대를 따라가려 했는지 모르겠지만) 오오 세들리 씨, 저는 위로를 받으러, 위안을 받으러 찾아왔어요. 아침에 저는 꿇어앉아 기도를 올리고 있었어요. 우리들의 남편이나 친구나 용감한 군대나 연합군이 뛰어들고 있는, 끔찍한 위험을 생각만 해도 저는 몸서리가 난답니다. 그래서 저는 이리로 피난을 온 것인데, 여기서도 저의 친구 한 분이—그것도 마지막으로 남은 한 분이—그 몸서리나는 곳으로 뛰어들려 하시니!"

"크롤리 부인." 조스는 이제 마음이 진정되기 시작했다. "걱정 마십시오. 나는 가보고 싶다고 말했을 뿐입니다. 영국인이라면 그렇게 생각하겠지요. 하지만 나는 책임상 여기를 떠날 수 없습니다. 나는 저 옆방에 있는 가엾은 누이동생을 버리고 갈 수가 없어요." 이러면서 그는 아밀리아가 있는 방의 문을 손가락으로 가리켰다.

"훌륭한 오빠세요!" 레베카는 이렇게 말하면서 손수건을 눈에 대고 거기에 뿌린 향수 냄새를 맡았다. "제가 당신을 잘못 봤네요. 따뜻한 가슴을 가지고 계시군요. 저는 그렇지 않다고 생각했어요."

"아아, 정말로!" 조스는 문제의 가슴 언저리에 손을 얹은 듯이 몸짓을 하면서 말했다. "나를 오해하셨군요. 정말 오해하셨군요, 크롤리 부인."

"그랬어요. 그런데 지금은 누이동생에게 충실하시군요. 그렇지만 저는 2년 전 일을 기억해요. 그때 저에게는 그렇지 않았어요!" 레베카는 이렇게 말하고 잠시 그를 노려보더니 그 다음엔 몸을 돌려 창가로 가버렸다.

조스는 얼굴이 새빨개졌다. 레베카에게서 과연 가지고 있냐고 비난받은 그의 심장이 맹렬히 고동치기 시작했다. 그는 자기가 레베카에게서 도망쳤던 때의 일, 한때 그의 가슴에 불타올랐던 열정, 그가 자기 마차에 레베카를 태우고 다녔던 일, 그녀가 그에게 녹색 지갑을 짜줬던 일, 그가 레베카의 하얀 팔과 반짝거리는 눈동자에 반해서 우두커니 앉아 쳐다보았던 일을 떠올렸다.

"저를 배은망덕하다고 생각하실 테지요." 레베카는 창가에서 돌아와 또 한 번 그를 바라보면서 나지막하고 떨리는 목소리로 말을 계속했다. "당신의 쌀쌀한 태도나 외면, 우리가 최근에 만났을 때의 태도, 또 방금 제가 들어왔을 때만 봐도 그렇지요. 하지만 제가 당신을 피해야 할 이유가 없었던가요? 그건 당신의 가슴에 대고 물어보세요. 당신은 제 남편이 당신을 지나치게 반가이 맞는 버릇이 있었다고 생각하세요? 남을 욕하는 분이 아니었는데(제 남편을 칭찬하는 것은 아니지만) 당신에 대해서만은 좋지 않게 말씀하시더군요. 그것도 아주 호되게 욕을 하시던데요."

"맙소사! 내가 무슨 짓을 한 거지요?" 조스는 속으로 좋으면서도 난처한 표정으로 허둥대며 이렇게 물었다. "내가 대체 무슨 짓을 했다고……."

"질투는 아무것도 아니라는 건가요?" 레베카가 말했다. "당신 때문에 그 양반이 저를 못살게 굴었어요. 그런데 옛날엔 어떠했든 제 마음은 모두 남편 거예요. 지금의 저는 결백해요. 그렇잖아요, 세들리 씨?"

조스는 이 여자가 자기에게 반했다고 생각하자 기뻐서 어찌할 줄 몰랐다. 재주 좋은 말을 두서너 마디 던지고 한두 번 빈틈없이 다정한 눈초리로 바라보았더니, 그의 가슴에는 다시 불이 붙고 의심과 의혹이 그 자리에서 사라져버리는 것이었다. 솔로몬 이래로 오늘까지 그보다 더 총명한 남자들도 여자의 꼬임에 속아 넘어가지 않았던가? '최악의 경우가 되더라도 피난할 길은 맡아놓았다. 이 사람 마차의 오른쪽 자리는 내 것이야.' 베키는 생각했다.

이때 마침 하인 이시도어가 다시 나타나서 바삐 집안일을 하지 않았더라면 조스는 폭풍우 같은 격정에 사로잡혀 어떤 열렬한 사랑 고백을 했을지도 모른다. 사실 고백을 막 하려던 조스는 그런 감정을 하는 수 없이 억누르자니 숨이 막힐 지경이었다. 레베카 또한 이쯤 해두고 아밀리아의 방에 들어가 그녀를 위로해주는 것이 좋으리라 생각했다. "또 뵙겠어요." 그녀는 조스의 손에 키스를 한 뒤 그의 누이동생 방문을 살짝 두드렸다. 그녀가 그 방에 들어가 문을 닫자, 조스는 의자에 맥없이 주저앉아 앞을 멍하니 바라보며 한숨을 쉬곤 불길한 생각이 들 만큼 숨을 헐떡거렸다. "그 코트는 나리 몸에 너무 꽉 낍니다." 이시도어는 여전히 그 장식단추 달린 코트에서 눈을 떼지 못하고 말했다. 그러나 그의 주인에겐 그런 소리가 들리지 않았다. 그의 생각은 딴 데 가 있었다. 저 매혹적인 레베카를 생각하자니 미칠 듯이 달아오르는가 하면, 곱슬곱슬하고 험상궂은 콧수염을 붙인 로든 크롤리가 무시무시한 결투용 권총을 장전하고 질투에 불타는 모습이 눈앞에 떠올라 죄 지은 듯이 사지가 오그라드는 것이었다.

한편 아밀리아는 레베카가 들어오는 것을 보고 깜짝 놀라 도망치듯 뒷걸음질쳤다. 레베카가 나타난 것을 보니 세상 일과 어제까지의 일이 머리에 떠올랐다. 내일에 대한 압도적인 불안감에 그녀는 레베카―질투심―그리고 남편이 위험한 싸움터에 가 있다는 생각을 빼놓곤 다 잊고 있었다. 이 대담한 속물 레베카가 빗장을 열고 들어가서 아밀리아의 꿈을 깨뜨릴 때까지는 작자인 나도 그 쓸쓸한 방에 들어가는 것을 꺼렸다. 그 가엾은 여인은 얼마나 오래 무릎을 꿇고 앉아 기도를 올렸던가! 말 없는 기도에 비통하게 엎드려 절하며 거기서 몇 시간이나 보낸 것인가! 전쟁 기록자는 전투나 눈부신 승리 이야기는 써도 이러한 일에 대해서는 거의 적지 않는다. 이 일은 전쟁에서 너무도 중요치 않은 부분인 것이다. 그래서 승리를 합창하는 절규나 환호 속에서는 미망인의 울음소리나 어머니의 오열이 들리지 않는다. 그러나 승리의 뒤에는 이런 울음소리가 늘 있어 왔다. 다만 이들의 슬픔에 잠긴 낮은 항의 소리가 승리의 함성에 눌려 들리지 않은 것뿐이다.

아밀리아는 처음에 공포감을 느꼈지만 레베카가 초록색 눈동자로 그녀를 바라보고, 새 비단옷에 눈부신 장신구를 달고 짤랑짤랑 소리를 내면서 그녀를 포옹하려고 팔을 뻗으며 다가오자 분노의 감정이 잇달아 일어났다. 여태까지 죽은 사람처럼 창백하던 아밀리아의 얼굴이 빨갛게 달아올랐다. 그리고 잠시 뒤 상대를 도로 노려보는 그녀의 한결같은 시선에는 레베카도 놀라서 살짝 낮을 붉혔다.

"얘, 아밀리아, 너 안색이 아주 나쁘구나." 레베카는 아밀리아의 손을 잡으려고 자기 손을 내밀며 말했다. "왜 그래? 난 네가 어쩌고 있는지 알 때까진 마음이 놓이지 않았어."

아밀리아는 손을 집어넣었다. 이 얌전한 여인은 남이 나타내는 호의나 애정을 믿지 않는다든가 거기에 답하지 않은 적이 단 한 번도 없었다. 그러나 그녀는 손을 집어넣었다. 그리고 덜덜 떨었다. "여기 왜 왔니, 레베카?" 그녀는 커다란 눈망울로 여전히 엄숙하게 상대를 바라보면서 말했다. 이런 눈

총을 맞자 레베카도 난처해졌다.

'그 무도회에서 조지가 나한테 편지를 주는 걸 봤구나.' 그럼에도 레베카는 눈을 내리뜬 채 말했다. "그렇게 불안해하지 마, 아밀리아. 난 내가—아니 네가 잘 있는지 보러 왔을 뿐이야."

"넌 어때?" 아밀리아는 물었다. "물론 괜찮겠지. 넌 남편 생각을 안 하니까. 한다면 이런 데에 와 있지 않을 거야. 말해 봐, 레베카. 내가 너한테 지금까지 불친절하게 한 일이 있니?"

"이밀리아, 물론 그런 적 없지." 레베카는 여전히 고개를 수그린 채 말했다.

"네가 돈 한 푼 없었을 때, 너한테 친절히 해준 건 누구였지? 너를 친자매처럼 대해준 건 내가 아니었니? 조지가 나하고 결혼하기 전에 우리가 행복했던 걸 너도 봤지. 그때 나는 그분에게 무엇보다도 소중한 존재였어. 그렇잖으면 나를 행복하게 해주려고 그이가 재산과 가족까지 버리는 고귀한 희생을 했겠니? 그런데 왜 우리 사이에 끼어들었니? 하느님이 맺어주신 우리를 누가 너더러 갈라놓으라 했니? 누가 나의 사랑하는 사람을, 내 남편을 나한테서 빼앗아가라 했니? 응? 그이의 사랑은 나에게 무엇에도 비길 수 없을 만큼 소중해. 너는 그걸 알면서도 내 손에서 그걸 빼앗아가려 했어. 부끄럽지도 않니, 레베카? 나쁜 계집애, 넌 친구도 아니고 좋은 아내도 아니야."

"아밀리아, 신 앞에 맹세코 나는 내 남편에게 나쁜 짓 한 적 없어." 레베카는 얼굴을 돌리면서 말했다.

"나한테도 하지 않았단 말이야, 레베카? 일이 성공하진 못했어도, 어찌해 보려고는 했지. 하지 않았다면 네 양심에 물어봐."

'이 애는 아무것도 모르는구나.' 레베카는 생각했다.

"그이는 나한테 돌아왔어. 그러리란 건 나도 알고 있었어. 어떤 거짓이나 아첨으로도 그이를 나한테서 오래 떼어둘 수 없다는 걸. 그이가 돌아올 줄 나는 잘 알고 있었어. 그이가 돌아오도록 나는 기도했어."

이 가련한 여인은 레베카가 이제까지 그녀에게서 보지 못했던 기백과 능변으로 이렇게 말했다. 그리고 레베카는 그 앞에서 한 마디도 못했다. "그런데, 내가 너한테 무슨 짓을 했길래 너는 그이를 나한테서 빼앗아가려 했니?" 아밀리아는 아까보다 좀 더 측은하게 말을 이었다. "우리는 결혼한 지 6주일밖에 안 돼. 그 정도 기간은 나한테 줬어야 했을 거야, 레베카. 그런데 너는 우리들이 결혼한 첫날부터 우리 생활을 깨뜨려버렸어. 이젠 그이가 가버렸으니, 내가 얼마나 불행한지 보러 온 거니?" 그녀는 말을 계속했다. "너는 지난 두 주일 동안 나를 실컷 울렸는데, 오늘만은 내버려둬도 됐을 거야."

"난, 난 여태 여기에 와본 적도 없어." 레베카가 이렇게 말을 가로챘는데, 유감스럽게도 그것은 사실이었다.

"그래. 오진 않았어. 그이를 채갔지. 그래, 그이를 나한테서 빼앗아가려 온 거니?" 아밀리아는 다시 사나운 어조로 말을 이었다. "그이는 아침까지 여기에 있었지만 이제 없어. 바로 저 소파에 앉아 있었는데, 거기에 손대지 마. 우리는 거기에 앉아서 이야기를 했어. 나도 그의 무릎에 올라앉아 그이의 목을 두 팔로 껴안고, 둘이서 기도했어. 그래, 그이는 여기에 있었어. 그런데 모두 와서 그이를 데려가버렸어. 하지만 그이는 꼭 돌아오겠다고 약속하셨어."

"돌아오실 거야." 레베카는 저도 모르게 감동하여 말했다.

"이것 봐. 이게 그이의 장식띠야. 빛깔이 예쁘지?" 이러면서 아밀리아는 그 가장자리를 집어 들고 거기에 키스를 했다. 그녀는 그날 한참 동안 그 띠를 자기 허리에 매고 있었다. 그녀는 노여움도, 질투도, 그리고 눈앞에 연적이 와 있다는 사실까지 잊어버린 듯 보였다. 그녀는 조용히, 그리고 얼굴에 미소까지 띤 채 침대로 걸어가 조지의 베개를 쓰다듬기 시작했던 것이다.

레베카는 말없이 걸어나왔다. "아밀리아는 어떻소?" 조스가 여전히 의자에 앉은 채 이렇게 물었다.

"누가 곁에 있어줘야겠어요." 레베카가 말했다. "상태가 몹시 나쁜 것 같아요." 그녀는, 일찍이 시켜둔 식사를 같이 나누자는 조스 세들리의 간청을 거절하고 아주 심각한 얼굴로 돌아가버렸다.

레베카는 온화하고 친절한 성격이라 아밀리아가 밉다기보다는 도리어 좋았다. 아밀리아의 심한 말조차 칭찬하는 말로 들렸다—패하여 고민하는 사람의 신음 같았다. 주임 사제인 숙부의 설교집을 읽어도 위로가 되지 않아 아주 우울한 표정으로 공원을 산책하고 있던 오다우드 부인을 만나자, 레베카가 먼저 말을 걸었다. 로든 크롤리 부인에게서 이런 공손한 대우를 별로 받아본 적이 없는 소령 부인은 오히려 깜짝 놀랐다. 그리고 가엾게도 오즈번 부인이 절망 상태에 빠져 있고 슬픔에 잠겨서 미칠 지경이라는 이야기를 듣더니, 이 온순한 아일랜드 부인은 자기가 귀여워하는 아밀리아를 위로할 수 있을지 봐야겠다며 곧장 달려가기로 했다.

"나도 걱정이 태산 같아요." 오다우드 부인이 진지하게 말했다. "게다가 아밀리아도 오늘은 누가 찾아오는 걸 좋아하지 않을 거라고 생각했으니까요. 그렇지만 당신이 말하는 대로 그렇게 건강이 나쁘고 또 그전부터 그녀를 좋아하던 당신이 간호를 못하신다면, 어디, 내가 도움이 될는지 가서 봐야겠군요. 그럼, 안녕히." 이렇게 말하고 고개를 한 번 쳐들어 보이더니 소령 부인은 크롤리 부인과 헤어졌다. 그녀는 레베카와 같이 있는 걸 좋아하지 않았던 것이다.

베키는 소령 부인이 의기양양하게 떠나가는 것을 입술에 미소를 띠며 지켜보았다. 그녀는 유머를 워낙 날카롭게 이해했기 때문에, 멀어져 가는 오다우드 부인이 어깨 너머로 흘낏 봤을 때 너무도 우스워서 침착성을 잃을 뻔했다. '안녕하십니까, 부인. 그렇게 명랑하시니 반갑습니다. 어쨌든 당신은 슬프다고 눈이 붓도록 우는 여자는 아니니까.' 오다우드 부인은 이런 생각을 하면서 그곳을 떠나 오즈번 부인의 숙소로 걸음을 재촉했다.

가엾은 아밀리아는 레베카가 떠났을 때와 마찬가지로 여전히 침대 곁에서 슬픔에 잠긴 채 서 있었다. 의지가 강한 소령 부인은 자신의 젊은 친구를 위로하려 최선을 다했다. "견뎌야 해요, 아밀리아. 전쟁에 이겨서 바깥양반이 사람을 보내 당신을 불러들일 때 아프면 안 되니까요. 오늘 하느님의 손에 내맡겨진 여자는 당신만이 아니에요."

"저도 그건 알고 있어요. 제가 나빠요, 너무나 약하지요." 아밀리아가 말했다. 그녀는 자신의 무력함을 잘 알고 있었다. 그래도 마음이 더욱 굳센 친구가 와 있으니 조금 의연해졌다. 이렇게 무력함을 억누르고 곁에 친구가 있어 줘서 그녀는 기분이 한결 나아졌다. 두 사람은 두 시까지 그렇게 있었다. 그들의 마음은 멀어져 가는 부대의 대열을 언제까지나 따르고 있었다. 지독한 불안과 괴로움, 기도와 두려움과 말할 수 없는 슬픔, 이런 것들이 연대의 뒤를 따랐다. 이것은 여자들이 전쟁에 바치는 공물이었다. 남자든 여자든 모두에게 공물을 요구하는 전쟁은 남자에게선 피를, 여자에게선 눈물을 빼앗아간다.

두 시 반이 되자 조지프에겐 그날 가장 중대한 일이 생겼다. 만찬 시간이 된 것이다. 병사들이야 싸우든 죽든, 그는 밥을 먹어야 했다. 그는 아밀리아를 달래서 식사를 같이 할 수 있나 보려고 그녀의 방에 들어갔다. "한 술 들어 봐. 수프가 아주 맛있어. 먹어봐, 에미." 그는 누이동생에게 이렇게 말하며 손에 키스를 했다. 그녀의 결혼식 때를 빼놓곤 수년 동안 이렇게 해준 일이 없었다. "조지프, 오빠는 아주 친절하세요." 그녀가 말했다. "사람들 모두 그러신데, 제발 오늘만은 방에 있게 해주세요."

그러나 수프의 맛좋은 냄새가 오다우드 부인의 코를 찔렀다. 그래서 그녀는 조스라면 괜찮겠다고 생각했다. 둘이서 식탁에 가서 앉았다. "이런 음식을 주셔서 감사합니다." 소령 부인은 엄숙히 말했다. 그녀는 연대의 선두에서 말을 타고 가는 우직한 남편을 생각하고 있었다. "전쟁터에 나간 사람들은 가엾게도 오늘 변변치 않은 식사를 할 거예요." 그녀는 한숨을 지으며 이렇게 말하고 나더니 뭔가 깨달은 사람처럼 먹기 시작했다.

조스는 밥을 먹으니 기운이 났다. 그는 연대를 위해 축배를 들고 싶었다. 아니, 실은 다른 핑계를 찾아서 샴페인을 한 잔 하고 싶었다. "오다우드 소령과 제××연대를 위해 축배를 들려고 합니다." 그는 손님에게 공손히 고개를 숙이며 말했다. "어떻습니까, 오다우드 부인? 이시도어, 오다우드 부인 잔을 채우게."

그러나 갑자기 이시도어는 흠칫 놀랐다. 그리고 소령 부인은 나이프와 포크를 놓았다. 열린 방의 창문들은 남쪽으로 나 있었는데, 햇빛을 받고 있는 집집의 지붕 너머 그 방향에서부터 멀리 둔탁한 소리가 들려왔다. "뭐야?" 조스가 말했다. "왜 샴페인을 따르지 않지, 이 녀석아?"

"대포 소립니다!" 이시도어는 이렇게 말하고 발코니 쪽으로 뛰어갔다.

"아이고 맙소사, 정말 대포 소리군요!" 오다우드 부인은 소리를 지르고 벌떡 일어나더니 이시도어를 따라 마찬가지로 창가로 갔다. 창백하고 걱정스러운 얼굴들이 다른 여러 창문에서 밖을 내다보고 있는 것이 보였으리라. 이윽고 브뤼셀 시내의 온 시민들이 거리로 몰려나온 듯이 떠들썩해졌다.

제32장
조스는 달아나고 전쟁은 끝나다

평화로운 런던 시내에 사는 사람들은 지금 브뤼셀 시내처럼 소란스럽고 불안한 광경을 본 적이 없다. 또 보지 않기를 하느님께 비는 바이다. 사람들은 포성이 들리는 나무르 문(門)으로 몰려갔다. 그리고 군대에서 조금이라도 먼저 정보를 얻어볼 양으로 평탄한 길거리를 말을 타고 가는 사람들도 많았다. 너나없이 지나가는 사람을 붙잡고서는 소식을 물었다. 고귀한 영국 귀족이나 귀부인들까지도 알지 못하는 사람들에게 말을 걸었다. 프랑스 편을 드는 이들은 집을 나와 기뻐서 미친 듯이 날뛰며 나폴레옹 황제의 승리를 예언했다. 상인들까지 가게 문을 닫고 나와서 거리의 고함소리에 가세했다. 여인네들은 교회당으로 몰려가고, 예배당에 밀려 들어가고, 포석(鋪石)과 계단 위에 꿇어앉아 기도를 올렸다. 둔탁한 포성은 연달아 울렸다. 이윽고 여행자를 태운 마차들이 시내를 떠나 겐트 국경선을 건너가기 시작했다. 프랑스 일파들의 예언은 사실인 듯 널리 퍼져나갔다. "나폴레옹은 연합군을 둘로 갈라놓고 곧장 브뤼셀로 진군 중이다. 영국군을 제압하고 오늘 밤 이곳에 입성할 것이다." 이런 소문이 돌았다. "황제는 영국군을 제압하고 오늘 밤 여기에 입성할 겁니다." 이시도어는 자기 주인에게 이렇게 소리를 질렀다. 그는 집에서 거리로 껑충껑충 뛰어나갔다 들어왔다 하면서 돌아올 적마다 연합군에 불리한 새로운 정보를 가지고 왔다. 조스의 얼굴은 점점 새파랗게 질려갔다. 이 뚱뚱보 관리는 두려워졌다. 샴페인을 아무리 마셔도 용기가 나질 않았다. 해 지기 전에 그는 완전히 겁을 먹어서, 하인 이시도어는 그걸 보고 만족한 나머지 이제 저 금몰 코트를 입은 주인의 물건은 모두 자기 것이라고 믿었다.

이때까지 여자들의 모습은 내내 보이지 않았다. 뚱뚱한 소령 부인은 잠시 대포 소리를 듣더니 옆방에 있는 친구 아밀리아가 생각나서 되도록이면 그녀를 위로해주려고 바삐 뛰어 들어갔다. 그런 의지할 데 없는 얌전한 친구를 자기가 보호해주어야 한다고 생각하니 이 정직한 아일랜드 부인은 타고난 용기에 더욱 힘이 붙었다. 그녀는 다섯 시간 동안이나 친구의 곁에 붙어서 때로는 충고를 하고 때로는 즐거운 이야기도 했는데, 대개는 가만히 공포에 떨며 속으로 기도를 올렸다. "해가 져서 대포 소리가 멈출 때까지 나는 한 번도 그녀의 손을 놓지 않았어요." 이 뚱뚱보 부인은 나중에 이렇게 말했다. 하녀 폴린은 바로 가까운 교회에 가서 무릎을 꿇고 애인을 위해 기도를 올렸다.

대포 소리가 멈추자 오다우드 부인은 아밀리아의 방에서 나와 바로 옆의 방으로 들어갔다. 조스는 거기서 빈 술병 두 개를 앞에 놓고 풀이 푹 죽어 앉아 있었다. 한두 번 그는 아주 걱정스러운 표정으로 무슨 할 말이라도 있는 듯 누이동생의 침실에 들어가 보았다. 그러나 소령 부인이 자리를 차지하고 있기에 하고 싶은 말도 하지 않고 나와버렸다. 도망가고 싶다는 말은 부끄러워서 차마 그녀에게 할 수 없었다.

그러나 해가 지고 나서 그가 빈 샴페인 병을 앞에 놓고 앉아 있는 객실에 소령 부인이 나타났을 때 그는 그녀에게 털어놓았다.

"오다우드 부인, 아밀리아를 데리고 갈 준비를 하는 게 좋지 않겠습니까?"

"아밀리아를 데리고 산책이라도 하실 참인가요?" 소령 부인이 말했다. "저렇게 맥이 없어선 꼼짝도 못합니다."

"제가…… 제가 마차를 준비하겠습니다." 조스가 말했다. "그리고 역마도요. 이시도어가 그 때문에 나갔습니다."

"오늘 밤에 마차를 타고 뭘 하실 건가요?" 부인이 물었다. "아밀리아는 누워 있는 게 좋아요. 제가 방금 뉘어놓고 왔는데요."

"그 아이를 일으켜주세요. 그 애는 일어나야 합니다." 조스는 발을 마구 굴렀다. "말을 구하러 보냈다니까요. 네, 말을 곧 구해 올 겁니다. 이제 다 끝났습니다. 그리고—"

"그리고 뭐요?" 오다우드 부인이 물었다.

"저는 겐트로 떠납니다." 조스가 말했다. "모두 갑니다. 부인의 자리도 있습니다. 반 시간 뒤엔 떠나야 합니다."

소령 부인은 한없이 멸시하는 눈으로 그를 바라보았다. "저는 남편이 가라고 하기 전엔 여기서 움직이지 않을 거예요. 당신은 가려면 가세요. 그러나 아밀리아와 저는 무슨 일이 있어도 여기에 있겠어요."

"누이동생은 데리고 가야겠습니다." 조스는 또 한 번 발을 구르며 말했다. 오다우드 부인은 두 손을 허리에 대고 침실 문 앞에 버티어 섰다.

"당신은 아밀리아를 어머님에게 데리고 가려는 거예요, 아니면 당신이 어머님에게 가고 싶은 건가요? 세들리 씨! 잘 다녀오세요. 'Bon Voyage(봉 보이아쥬)'라고들 하지요. 그리고 제 충고를 좀 들으셔서 그 콧수염을 좀 깎아버려요. 그러잖으면 화를 입으실 거예요."

"제기랄!" 조스는 두려움과 노여움과 울분으로 미칠 것 같아 고함을 질렀다. 마침 이때 이시도어가 또 자기대로 욕지거리를 하며 들어왔다. "말이 없어요, 제길!" 이시도어도 화가 나 외쳤다. 말들은 모두 나가버리고 없었다. 이날 브뤼셀에서 공포에 사로잡힌 사람은 비단 조스만이 아니었던 것이다.

조스의 두려움은 밤이 새기도 전에 점점 더 심해져서 거의 광적인 정도에 이르렀다. 하녀 폴린도 나폴레옹 황제에 맞서려고 출동한 군대에 애인을 보냈다는 것은 앞서 말한 바와 같다. 이 애인은 브뤼셀 태생으로 벨기에 경기병이었다. 벨기에 군대는 이 전쟁에서 용기가 없다는 점에서는 유명했는데, 폴린의 애인 반 카참도 너무나 순종적인 병사인지라 퇴각하라는 연대장의 명령에 거역 못하고 도망쳐 왔다. 브뤼셀의 수비대에 있을 때 이 레굴루스 카참(그는 혁명기에 태어났다)은 틈만 나면 폴린이 있는 부엌에 찾아와서 아주 재미나게 놀다 갔다. 그리고 며칠 전에 눈물 흘리는 애인에게 이별을 고하고 싸움터로 나갈 때만 해도, 주머니와 권총 케이스에 그녀의 찬장에서 나온 여러 가지 좋은 물건들을 잔뜩 채워가지고 갔던 것이다.

그의 연대에 있어서 이번 전쟁은 이미 끝난 것이었다. 이 연대는 황태자 오렌지 공(公)이 거느리는 사단의 일부를 이루고 있었는데, 검과 콧수염의 길이, 군복과 장비의 사치스러움에서는 레굴루스와 그의 전우들처럼 용맹한 부대는 없을 것 같았다.

브뤼셀에서 온 영국군 대부대가 도착하여 카트르브라 전투의 양상을 바꿔놓기 전까지 네이 장군의 부대가 진지를 차례차례 점령해가며 연합군 선발대를 향해 빠르게 진군하고 있었을 때, 레굴루스가 속한 기병대는 프랑스군을 맞아 더없이 신속한 솜씨로 점령하고 있던 진지들을 차례차례 비우며 퇴각했다. 이들의 후퇴는 뒤쪽에서 전진해 오는 영국군에 의해서 비로소 가로막혔다. 벨기에군이 이렇게 마지못해 후퇴를 저지당하자 적의 기병은 (피에 굶주리고 집요한 그들은 아무리 비난해도 끝이 없다) 마침내 벨기에군과 맞붙을 기회를 잡았는데, 프랑스군보다는 차라리 영국군에 맞서기를 원했던 벨기에군은 곧 적군에 꽁무니를 빼고 배후의 영국 연대 안으로 뛰어들어 사방으로 흩어져 버렸다. 그래서 이 벨기에 연대는 사실상 존재하지 않았다. 어디에서도 흔적을 찾아볼 수 없었다. 연대 본부도 없었다. 레굴루스는 혼자 전쟁터에서부터 몇 마일이나 계속 말을 몰았다. 폴린이 몇 번이나 반가이 맞아주었던 그 부엌과, 그녀의 부드러운 품속 말고 그가 갈 곳이 또 어디 있을까?

열 시쯤 되어 오즈번 내외가 한 층만 빌리고 있는 대륙식 집 계단에서 군도(軍刀)가 절그럭거리는 소리가 들렸다. 그리고 누군가 부엌 문을 두드렸다. 교회에서 돌아온 폴린은 문을 열다 그 앞에 나타난 수척한 애인을 보고 기절할 듯이 깜짝 놀랐다. 그는 한밤중에 레노레(독일 시인 고트프리트 뷔르거의 발라드 《레노레》 주인공)의 잠을 깨우러 온 기마병처럼 창백한 얼굴이었다. 주인 식구들을 깨우거나 애인이 들킬 염려만 없었던들 폴린은 비명을 질렀을 것이다. 그녀는 비명소리가 나오려는 입을 막고는 애인을 부엌으로 안내하여 맥주도 권하고, 걱정 때문에 조스가 맛도 보지 않은 음식 가운데 맛있는 것을 골라 먹이기도 했다. 경기병은 엄청나게 많은 고기와 맥주를 먹어치움으로써 자기가 귀신이 아님을 보여주고, 음식이 잔뜩 든 입으로 참패당한 이야기를 했다.

그의 연대는 놀라운 무용으로 한참 동안 프랑스군의 공격을 견뎌냈다는 것이었다. 그런데 그들도 마침내 전멸을 당하고 영국군도 지금쯤은 같은 운명일 거라고 말했다. 프랑스의 네이 장군은 이쪽 연대가 덤벼드는 족족 때려부쉈다. 벨기에군은 영국군이 살상당하는 것을 막으려 해봤지만 허사였다. 브런즈윅 공의 군대는 격파되었고 공도 전사했다. 모든 연합군이 흩어진 것이다. 그래서 그도 맥주나 실컷 마셔서 패전의 슬픔을 잊으려 들었다.

아까부터 부엌에 들어와 이 이야기를 엿듣고 있던 이시도어는 주인에게 보고하려고 뛰어나갔다. "다 끝났습니다." 그가 조스를 보고 외쳤다. "공작님이 포로가 됐답니다. 브런즈윅 공은 전사했습니다. 영국군은 달아나는 중입니다. 도망쳐 나온 병사 하나가 지금 우리 부엌에 와 있습니다. 가서 이야기를 들어보세요." 그래서 조스는 비틀거리며 부

엌으로 들어갔다. 레굴루스는 아직도 테이블 앞에 앉아 맥주병을 꼭 들고 있었다. 조스는 실력이 닿는 데까지 프랑스어를 써가며(물론 문법에 하나도 맞지 않는 것이었지만) 경기병더러 이야기를 들려달라고 했다. 레굴루스의 이야기가 더해갈수록 그 참사는 더 커져갔다. 그의 연대 안에서 전선에서 쓰러지지 않은 건 자기뿐이라고 했다. 브런즈윅 공이 쓰러지는 것도, 검은 경기병들이 도망치는 것도, 스코틀랜드병들이 포탄에 쓰러지는 것도 그는 다 봤다는 것이다.

"그리고 제××연대는?" 조스는 헉하고 숨을 들이마셨다.

"박살이 났지요." 경기병이 말했다. 그러자 폴린이 비명을 질렀다. "오오, 우리 마님은, 우리 귀여운 마님은." 마치 히스테리를 일으킨 듯 그녀의 비명이 온 집 안을 뒤흔들었다.

공포감으로 미칠 지경이 된 세들리는 어디로 어떻게 피난해야 할지 도무지 알 수 없었다. 그는 부엌에서 뛰어나와 거실로 돌아가서, 오다우드 부인이 그의 면전에서 닫고 잠가두었던 아밀리아 방문에 애원하는 듯한 눈길을 던졌다. 그러나 그는 오다우드 부인이 멸시하는 눈초리로 자기를 보던 일이 떠올랐다. 그래서 그 문간에 잠시 선 채 귀를 기울이더니 그 자리를 떠나 그날 처음으로 거리에 나가보기로 마음먹었다. 조스는 촛불을 들고 금레이스로 장식한 모자

를 여기저기 찾다가, 대기실 거울 앞의 까치발 테이블 위에 여느 때와 같이 놓여 있는 것을 보았다. 그는 밖에 나가기 전에 늘 그 거울 앞에 서서 머리카락을 비비 꼬아보고, 모자챙이 바로 눈 위로 휘어져 올라가게 하는 등 장난을 쳤었다. 습관의 힘이란 무서운 것이어서, 이렇게 공포에 떠는 가운데서도 그는 기계적으로 머리카락을 비비 꼬고 모자챙을 매만졌다. 그러다가 자기 앞의 거울 속에 비친 창백한 얼굴, 특히 생전 처음으로 기른 콧수염이 7주 가까이 되는 사이에 훌륭히 자라난 것을 보고는 놀랐다. 이래가지곤 군인으로 오해받기 쉽겠다고 그는 생각하면서, 패전한 모든 영국군이 몰살될지도 모른다던 이시도어의 경고를 새삼 머릿속에 떠올렸다. 그래서 침실로 비틀거리며 돌아가, 하인을 부르는 초인종 줄을 마구 잡아당겼다.

이시도어가 호출에 응해서 왔다. 조스는 의자에 주저앉은 채로 넥타이를 풀고, 옷깃을 뒤집고, 두 손을 목 언저리로 가져다대며 기다리고 있었다.

"잘라줘, 이시도어." 그는 소리소리 질렀다. "빨리! 잘라줘!"

이시도어는 순간 주인이 미쳐서 목을 잘라달라고 하는 줄 알았다.

"콧수염 말이야." 조스는 헐떡거리며 말했다. "콧수염을 잘라줘. 깎아줘, 빨리!" 그의 프랑스어는 이런 식이었다. 앞서 말했듯이 유창하긴 한데 문법은 그다지 신통치 않았다.

이시도어는 면도칼로 순식간에 주인의 콧수염을 깎아버렸다. 그리고 보통 모자와 평복을 가져오라는 주인의 명령을 듣고 무척 기뻐했다. "이젠 군복 따위는 안 입어. 모자도 자네한테 주지. 저리 가져가." 조스가 말했다. 금몰 코트와 모자는 드디어 이시도어의 손에 들어갔다.

이렇게 선사를 하고 나더니 조스는 자기 양복 중에서 검정색 보통 코트와 조끼를 골라내고, 커다란 흰색 넥타이를 매고 보통 실크 모자를 썼다. 셔블 모자(영국국교회 목사가 쓰는 챙이 넓은 모자)가 있었으면 그것을 썼을 것이다. 만약 그랬다면 그는 호황을 누리는 몸집 큰 영국국교회의 목사로 보였으리라.

"자, 오게." 그는 말을 계속했다. "따라오게. 가게. 출발이야, 거리로." 이러더니 그는 계단을 나는 듯이 달려 내려가 거리로 나갔다.

레굴루스는 자기가 그의 연대나 연합군 가운데서 네이 장군에게 박살당하는 것을 모면한 거의 유일한 병사라고 말했는데, 그의 진술은 사실과 달랐으며 전사했을 거라 짐작되는 많은 병사들이 살상을 면했다. 레굴루스의 전우

들 대다수가 브뤼셀로 돌
아와 있었다. 그래서 그들
이 도망쳐 나왔다는 데에
는 의견이 모두 일치하여,
브뤼셀의 온 시내 사람들
은 연합군이 패했다고 생
각했다. 프랑스군이 언제
들어올지 몰라 민심은 계
속해서 술렁이고 곳곳에서
피난 준비가 진행되었다.
'말이 한 필도 없어!' 조스
는 두려웠다. 그는 이시도
어더러 수십 명의 사람들
에게 빌려주거나 팔 말이
있는가를 수소문하게 했지
만 가는 데마다 없다는 대

답뿐이라 완전히 낙담했다. 그러면 걸어서 가는 수밖에 없나? 그러나 두려
움조차도 이런 비대한 몸집을 민첩하게 만들지는 못했다.

브뤼셀의 영국인들이 머무는 호텔 대부분은 공원을 마주하고 있었다. 조
스는 공포심과 호기심에 억눌려 있으면서도 다른 사람들과 뒤섞여 이 구역
을 생각없이 돌아다녔다. 어떤 가족은 말 한 쌍을 구해서 덜걱덜걱 소리를
내며 마차로 빠져나가는가 하면, 조스처럼 아무리 돈을 쓰고 부탁해도 피난
에 필요한 말을 구하지 못하는 사람들도 있었다. 이렇게 피난하고 싶어도 못
하는 난민들 가운데 조스는 베어에이커스 백작부인과 그 딸이 있음을 보았
다. 그들은 여행용 짐 가방을 모두 꾸려놓고 호텔 정문 앞에서 마차에 앉아
있기는 한데, 피난 못 가는 유일한 이유는 조스가 꼼짝도 못하는 원인과 마
찬가지로 말이 없기 때문이었다.

레베카 크롤리도 이 호텔에 머물고 있었다. 그래서 이전에도 베어에이커
스네 여자들과 여러 가지 일로 싸웠다. 베어에이커스 부인은 충계에서 크롤
리 부인을 만나도 모르는 척했다. 그리고 어디서 크롤리 부인의 소문이 나든

끊임없이 흥을 보았다. 백작부인은 크롤리 부관의 아내가 터프토 장군과 가까운 사이라는 것이 무척 불쾌했다. 딸 블란체는 크롤리 부인이 전염병이라도 되는 듯이 볼 때마다 슬슬 피했다. 그 집안에선 백작만이 부인과 딸의 눈이 닿지 않는 데서 이따금 살금살금 크롤리 부인과 알고 지냈다.

레베카는 이런 무례한 적들에게 이번에야말로 단단히 복수를 했다. 호텔에 크롤리 대위가 말을 두고 갔다는 것이 알려지자, 베어에이커스 부인은 대위 부인에게 시녀를 보내서 경의를 표한 다음, 얼마면 말을 살 수 있겠는지 물었던 것이다. 레베카는 답장에서 경의를 표한 뒤, 나는 부인의 시녀를 상대로 일을 보는 사람이 아니라고 적어 보냈다.

이런 퉁명스러운 답변을 받자 이번엔 백작께서 몸소 베키의 방에 찾아왔다. 그러나 그도 처음 심부름꾼보다 나은 성공을 거두지 못했다. "시녀를 저한테 보내다니요!" 크롤리 부인은 화가 나 소리쳤다. "베어에이커스 부인은 저에게 말에 안장을 얹으라는 분부는 용케도 내리지 않으셨군요. 피난 가고 싶다는 사람은 부인인가요? 아니면 시녀인가요?" 백작이 자기 아내에게 가지고 돌아온 대답은 이것이 전부였다.

하지만 아쉬우면 무슨 짓인들 못하겠는가? 두 번째 사신도 실패하자 백작부인은 자기가 몸소 크롤리 부인의 비위를 맞추러 왔다. 백작부인은 레베카에게 원하는 값을 말해달라고 애원했다. 그리고 집까지 돌아갈 말만 주면 베키를 베어에이커스 저택에 초대하겠노라고 말했다. 그러나 크롤리 부인은 코웃음을 쳤다.

"저는 제복 입은 하인들의 시중을 원하지 않아요. 그렇지만 아마 당신네들은 못 돌아가실 겁니다. 적어도 당신과 당신의 다이아몬드 말이에요. 프랑스군이 그걸 가져갈 겁니다. 프랑스군은 두 시간 안에 여기에 들어올 테지만, 저는 그때쯤이면 겐트까지 가는 길의 절반쯤 가 있을 거예요. 저는 말을 팔지 않겠어요. 안 됩니다. 부인이 무도회에 달고 나오셨던 제일 큰 다이아몬드 두 개를 줘도 안 됩니다." 베어에이커스 부인은 분노와 공포로 부들부들 떨었다. 다이아몬드는 자기 옷 속에 넣어 기워두기도 하고 백작의 양복 심지나 장화 속에도 감추어 두었던 것이다. "이봐요, 다이아몬드는 은행에 맡겼어요. 어쨌든 말은 구하고야 말겠어요." 부인이 말했다. 레베카는 그녀의 면전에서 웃었다. 화가 머리끝까지 치민 백작부인은 아래로 내려가서 마차 속에 들어가 앉았다. 시녀와 급사와 남편이 모두 또다시 말을 구하러 시내로 나갔다. 그런데 마지막으로 오는 이는 무사하지 못하리라. 부인은 어디서든 말이 도착만 하면, 남편이 있든 없든 출발하기로 마음먹은 것이다.

레베카는 백작부인이 말이 없는 마차에 앉아 있는 것을 보고 즐거워하며 거기에서 눈을 떼지 않고, 아주 큰 소리로 백작부인의 당황해 하는 꼴을 비웃었다. "말을 구하지 못했대요! 거기다 다이아몬드는 모두 마차의 쿠션 속에 넣어 기워두었답니다! 프랑스군이 오면 얼마나 훌륭한 노획물이 될까요! 마차하고 다이아몬드 말이에요. 부인은 아니고요!" 레베카는 호텔 주인이니 급사들이니 손님들이니, 그 밖에 안뜰을 돌아다니는 수많은 사람들에게 이렇게 말했다. 베어에이커스 부인은 마차 창문에서 레베카를 총으로 쏘고 싶은 심정이었다.

레베카가 조스의 모습을 얼핏 본 것은 그녀가 이렇게 적의 굴욕을 즐기고 있었을 때였다. 조스는 레베카를 보더니 곧장 그녀에게로 갔다.

안색이 변하고 걱정스러워 보이는 살찐 얼굴에는 마음속의 비밀이 너무도 잘 드러나 있었다. 그도 피난하고 싶어서 타고 갈 말을 찾고 있는 게 틀림없었다. '이 사람에게 내 말을 팔아야겠다. 그리고 나는 암말을 타고 가자.' 레베카는 생각했다.

조스는 레베카에게로 걸어오더니 지난 한 시간 동안 백 번이나 사방에서 묻던 질문을 되풀이했다. "말을 어디서 구할 수 있을까요?"

"아니, 피난 가시게요?" 레베카는 웃으며 말했다. "저는 당신이 부인네들을 지켜주시는 줄로만 알았어요, 세들리 씨."

"나는, 나는 군인이 아닙니다." 그가 헐떡거리며 말했다.

"그리고 아밀리아는요? 당신의 그 가엾은 누이동생은 누가 보호해주지요?" 그녀가 물었다. "당신은 설마 그 아이를 저버리지야 않겠지요?"

"만약, 만약 적군이 들어온다면 내가 그 아이한테 무슨 도움이 되겠습니까?" 조스가 대답했다. "그놈들도 여자에겐 손을 대지 않을 겁니다. 하지만 남자는 하나도 살려두지 않는다고 우리 집 하인이 그러더군요. 비열하고 비겁한 놈들."

"어머 끔찍해라!" 레베카는 이렇게 소리를 질렀으나 속으로는 조스가 당황해 하는 꼴이 재미났다.

"게다가 나는 누이동생을 저버리고 싶지 않아요." 그는 말했다. "그 아이는 버림받지 않을 겁니다. 내 마차엔 그 아이 앉을 자리와 당신, 아니, 크롤리 부인께서 앉으실 자리도 있어요, 당신이 가신다면. 그런데 말이 있었으면 ……." 그는 한숨을 지었다.

"저에게 팔 말이 두 필 있어요." 부인이 말했다. 이 소리를 들은 조스는 금세라도 그녀의 품안으로 뛰어들고 싶은 심정이었다. "마차를 준비해, 이시도어." 그가 외쳤다. "말을 구했어. 말을 구했어."

"제 말은 마차를 끌어본 적이 없어요." 부인이 덧붙여 말했다. "불핀치란 말은 마차를 끌게 하면 마차를 발로 차서 산산이 부숴버릴지도 몰라요."

"하지만 타면 얌전하지요?" 조스가 물어보았다.

"양처럼 얌전하고, 토끼처럼 빠르지요." 레베카가 대답했다.

"나같이 무거운 사람이 타도 되겠습니까?" 조스가 물었다. 그는 가련한 아밀리아 생각 따위는 잊은 채 벌써 말에 타고 있는 듯한 기분이었다. 말 사들이기를 즐기는 사람이라면 누가 이런 유혹을 이겨낼 수 있겠는가?

레베카는 대답하는 대신 그를 자기 방으로 안내했다. 조스는 협상을 맺어보려고 숨을 죽여가며 그녀의 뒤를 따라 들어갔다. 조스는 살면서 그렇게 값비싼 반 시간을 지내본 적이 없었다. 레베카는 자기가 팔 물건의 값을 그 물건이 귀하다는 사실뿐만 아니라, 조스가 그것을 간절히 사고 싶어 한다는 점도 고려하여 아주 높게 매겼다. 그 값이 어쩌나 엄청나던지 뒷걸음질 칠 정도였다. "둘 다 아니면 안 팔겠어요." 그녀는 딱 잘라 말했다. 지금 말한 금액 아래로는 팔지 말라고 로든이 당부한 데다가 아래층의 베어에이커스 백작도 그 값을 주겠다 한다고 그녀는 말했다. 그리고 자기는 세들리 가문을 아끼고 존경하지만 돈 없는 사람은 살림을 먼저 생각하지 않을 수 없다는 점을 조스 씨께서 고려해달라—한마디로 자기는 누구보다도 호의를 가지고 대하지만, 거래하는 데 있어서는 자기처럼 단호한 사람은 없다고 말하는 것이었다.

조스의 일이니만큼 상상할 수 있듯이, 그는 결국 요구에 따르기로 했다. 그러나 레베카에게 주어야 할 금액이 너무도 커서 그는 잠시 시간을 달라고 해야 했다. 사실 레베카에게는 한 재산이 될 만한 거액이었다. 그녀는 이 돈과 로든의 나머지 소지품을 판 돈, 또 그가 전사했을 때 받을 유가족 보조금을 합치면 아무에게도 의지하지 않고 살아나갈 수 있겠다고 재빨리 계산하고, 과부가 되어도 괜찮다고 생각했다.

그녀도 하루에 한두 번은 그냥 이곳을 떠날까 생각해 보았다. 그러나 더 좋은 생각이 떠올랐다. '프랑스군이 온다 해도 저들이 가엾은 장교의 미망인을 어쩌겠어? 흥! 약탈하고 포위하던 때는 지난날 이야기지. 우리는 조용히 본국에 돌려보내줄 거야. 아니면 넉넉한 수입을 가지고 재미있게 해외생활을 하면 돼.'

한편 조스와 이시도어는 방금 산 말을 구경하러 마구간으로 갔다. 조스는 바로 하인에게 말에 안장을 얹으라 일러두었다. 그는 그날 밤, 아니 당장에 타고 가버릴 생각이었다. 그래서 그는 말을 준비시키느라 바쁜 하인을 남겨둔 채 자기는 출발 준비를 하려고 집으로 걸음을 옮겼다. 남몰래 해야 했다. 그래서 뒷문으로 방에 들어가려 했다. 그는 오다우드 부인이나 아밀리아와 마주쳐서 이제부터 도망간다고 실토하고 싶지 않았던 것이다.

조스가 레베카와 흥정을 끝내고, 마구간에 가서 말을 살펴보는 동안 다시 날이 밝아왔다. 자정이 지난 지가 오래되었는데도 시내는 잠잠한 기색이 하나도 보이지 않았다. 사람들은 일어나 있고, 집집마다 불이 환히 켜져 있고, 문간에는 아직도 사람들이 우글거리고, 거리는 분주했다. 온갖 소문들이 여전히 입에서 입으로 전해졌다. 프러시아군이 완전히 참패를 했다는 소문이 있는가 하면, 공격을 받고 패한 것은 영국군이란 소문도 있고, 영국군은 조금도 후퇴를 하지 않고 있다는 소문도 돌았다. 이 마지막 소문이 점점 유력해져갔다. 프랑스 병사는 한 사람도 보이지 않았다. 전선에서 오는 낙오병들은 점점 아군에 유리한 보고를 가지고 돌아왔다. 마침내 전속부관 한 사람이 브뤼셀 방위 사령관 앞으로 아주 급한 전보를 가지고 돌아왔다. 사령관은 곧 연합군이 카트르브라에서 승리를 거두고, 6시간의 전투 끝에 네이 장군 휘하의 프랑스군을 완전히 격퇴했다는 공포문을 온 시내에 붙였다. 이 부관이 도착한 것은 조스와 레베카가 말을 살펴보고 있을 때쯤이었다. 호텔에 도착한 조스는 수많은 투숙객들이 현관에서 그 소식에 대해 의논하고 있는 것을 보았다. 그 소식은 의심할 여지가 없었다. 그래서 그는 자기가 맡고 있는 여자들에게 그것을 전해주려고 올라갔다. 그러나 자기가 그들을 두고 떠나려 했다는 것, 말을 샀다는 것, 그리고 그 때문에 막대한 돈을 치렀다는 이야기는 할 필요가 없다고 생각했다.

그러나 사랑하는 남자들이 무사하기만 바라는 그 여자들에겐 전투의 승패는 별로 중요하지 않았다. 아밀리아는 아군이 이겼다는 소식을 듣더니 전보다 훨씬 더 불안해했다. 당장 전선으로 가보고 싶다고 말했다. 전선에 데려다 달라고 눈물을 흘리며 오빠에게 애걸했다. 그녀의 불안과 공포는 발작 단계에까지 이르렀다. 지금껏 여러 시간 동안 멍하니 맥이 빠져 있던 이 가련한 여인은, 이제 헛소리를 해대고 히스테리로 미친 듯이 이리저리 뛰어다녀 보기 딱했다. 전투가 끝난 뒤 많은 용사들이 쓰러져 있는 15마일 밖의 격전지에서 고통으로 몸부림치는 병사들 가운데서도 이 가련하고 무구한 전쟁 희생자만큼이나 심한 고통을 겪는 사람은 없었다. 조스는 누이동생이 괴로워하는 이 광경을 차마 보고 있을 수 없었다. 그는 누이동생을 든든한 오다우드 부인에게 맡겨놓고 또다시 호텔 현관으로 내려갔다. 모두들 아직 서성거리며 이야기를 하고 다음 소식을 기다리고 있었다.

그들이 여기에 서 있자니까 날이 점점 환히 밝아오고, 전선에서 새로운 소식이 들려오기 시작했다. 게다가 싸움터에서 실제로 싸운 병사들이 가지고 온 소식이었다. 부상병들을 실은 짐마차와 긴 시골 달구지들이 시내로 굴러들어왔다. 그 속에서 무서운 신음이 들려오고, 밀짚 속에서 수척한 얼굴들이 쓸쓸히 밖을 내다보고 있었다. 조스 세들리는 이러한 마차들 가운데 하나를 고통 섞인 호기심으로 바라보았다. 마차 안의 신음은 끔찍했다. 지칠 대로 지친 말들은 마차를 끌 힘도 없었다. "멈춰요! 멈춰!" 밀짚 안에서 가냘픈 목소리가 나더니 마차가 조스 세들리의 호텔 앞에서 멈췄다.

"조지예요. 내가 알아요!" 아밀리아는 이렇게 외친 뒤 창백한 얼굴에 머리카락을 흩날리면서 곧 발코니로 뛰어나갔다. 그러나 그것은 조지가 아니었다. 조지 다음으로 기다린 것, 조지의 소식이었다.

가냘픈 목소리의 소유자는 톰 스터블이었다. 24시간 전에 연대기를 들고 그렇게도 용감하게 브뤼셀을 떠나간 그는 싸움터에서도 용감하게 연대기를 지켰다. 프랑스 창기병 하나가 이 젊은 기수의 다리를 찔렀다. 그는 쓰러지면서도 연대기를 용감히 움켜쥐고 놓지 않았다. 전투가 끝나면서 이 청년은 겨우 짐마차 한구석에 자리를 잡고 브뤼셀로 후송되어 온 것이다.

"세들리 씨! 세들리 씨!" 청년이 맥없이 불렀다. 이 소리를 듣고 조스는

나가넘어질 듯이 놀라며 다가갔다. 처음에는 자기 이름을 부른 사람이 누군
지 분간할 수가 없었다.

톰 스터블은 그의 뜨겁고 연약한 손을 내밀었다. "저는 여기에 수용될 거
예요. 오즈번하고 도빈이 그렇게 말했어요. 저 마부에게 나폴레옹(20프랑짜리 금화)
두 장만 주세요. 우리 어머니가 갚아드릴 겁니다." 짐마차 속에서 열병환자
처럼 오랜 시간을 보내는 동안, 이 청년은 고작 몇 달 전에 자신이 그만두고
나온 부친의 목사관을 떠올리며 그 환상 속에서 이따금 고통을 잊었다.

호텔이 크고 사람들도 친절하여 마차 속 부상병들은 모두 수용되었고, 여
러 긴 안락의자에 뉘어졌다. 젊은 소위는 2층의 오즈번 방으로 옮겨졌다. 오
다우드 소령 부인은 발코니에서 소위를 알아보고 아밀리아와 같이 서둘러
그에게로 갔다. 전투가 끝났고, 그녀들의 남편은 모두 무사하다고 들었을 때
이 두 여인의 기쁨이 어떠했을지 짐작이 갈 것이다. 아밀리아는 너무 기쁜
나머지 말도 못하고 오다우드 부인의 목에 매달렸다가 그녀를 꼭 껴안았다.
그리고 고마운 마음에 무릎을 꿇고 앉아 자기 남편의 생명을 구해준 하느님
께 감사 기도를 드렸다.

열병에 걸린 듯 극도로 흥분상태에 빠졌던 이 젊은 부인에겐 이렇게 때마
침 부상병이 후송되어 온 것이 어떤 의사가 처방한 약보다도 더 몸에 이로웠
다. 그녀와 오다우드 부인은 심한 고통을 느끼고 있는 부상병의 곁을 떠나지
않고 간호해주었다. 이렇게 할 일이 생기자 아밀리아는 자기 개인의 걱정을
한다거나 여느 때처럼 자기만의 불안감과 불길한 예감에 휩싸일 겨를이 없
었다. 젊은 부상병들은 소탈한 말투로 전투광경과 우리가 아는 용감한
제××연대 친구들이 활약하던 모습을 이야기했다. 그들은 격전을 치러 많
은 장병들을 잃었다. 연대가 돌격하면서 소령이 탄 말이 적탄에 맞았다. 모
두 오다우드 소령이 전사하여 도빈이 소령의 뒤를 이으리라 생각했다. 그런
데 돌격이 끝나고 원위치로 돌아가보니 소령이 '피라머스'란 말의 사체 위에
앉아서 물을 마시며 기운을 차리고 있었다. 소위의 다리를 찌른 프랑스 창기
병을 칼로 때려눕힌 건 오즈번 대위였다고 했다. 아밀리아가 그 일을 상상하
며 새파랗게 질리자 오다우드 부인은 소위의 이야기를 중단시켰다. 전투가
끝났을 때, 자기도 부상을 당했으면서도 소위를 부축해서 군의관에게 데려
가고, 거기서부터 부상자를 브뤼셀로 후송하는 마차에 그를 태워준 것은 도

빈 대위였다. 그리고 마부에게 브뤼셀에 있는 세들리 씨 호텔에 가서 오즈번 대위 부인에게 전투가 끝났으며 남편도 다친 데 없이 무사하다는 소식을 전해주면 20프랑짜리 금화 두 닢을 주겠다고 약속한 것도 그랬다.

"그래요, 그 윌리엄 도빈이란 사람은 정말 친절하군요. 나를 보면 늘 웃어대지만." 오다우드 부인이 말했다.

스터블 소위도 군대에 그만한 장교는 없다고 말하고 그의 겸손함과 친절함, 그리고 싸움터에서의 냉정함을 들어 선임인 대위를 칭찬했다. 이런 말들은 마음이 어지러운 아밀리아의 귀에 거의 들리지 않았다. 조지의 이름이 나올 때만 귀를 기울이고, 그렇지 않을 때는 속으로 그의 생각만 했다.

아밀리아는 부상자를 간호하거나 전날의 기적적인 위기모면을 생각하자니 이틀째는 시간이 흐르는 게 지루하지 않았다. 그녀에게 군대란 단 한 사람뿐이었다. 그 사람만 무사하다면 군대의 움직임이야 어떻든 그녀에겐 큰 관심거리가 아니었다. 조스가 거리에서 듣고 온 모든 소문은, 겁쟁이인 그나 그 무렵 브뤼셀에 있던 많은 사람들에게 불안감을 안겨줄 만했지만 아밀리아의 귀에는 막연하게 들렸다. 프랑스군이 격퇴되었다는 것만은 확실했다. 그러나 그것은 치열하고 자신 없는 고전의 결과였으며 프랑스군의 일부만 격퇴한 것에 지나지 않았다. 주력부대를 거느리고 있는 나폴레옹 황제는 그가 프러시아군을 전멸시킨 리니에 있었는데, 이제는 그 전군을 연합군에 돌릴 수가 있었다. 웰링턴 공은 지금 브뤼셀로 후퇴하고 있으니, 아마 그 성벽 밑에서 반드시 대격전이 벌어질 것이다. 그때 아군에 승산이 있을지는 의문이다. 웰링턴 공에게 믿을 만한 군사라고는 영국군 2만밖에 없다. 프러시아군은 미숙한 민병이요, 벨기에군은 불만을 잔뜩 품고 있기 때문이다. 웰링턴 공은 이런 적은 병력으로, 나폴레옹의 지휘를 받으며 벨기에로 침입한 15만 대군에 맞서야 했다. 나폴레옹의 지휘하에 말이다! 제아무리 유명하고 전술이 뛰어난 용사라도 어느 누가 나폴레옹과 맞서서 싸울 수 있단 말인가?

조스는 이런 생각을 하자 온몸이 떨렸다. 브뤼셀 시내의 다른 사람들도 모두 그랬다. 그곳 사람들에게 어제의 전투는 이제부터 시작될 더 큰 전투의 서막으로 여겨질 뿐이었다. 나폴레옹을 막아선 몇 안 되는 영국군은 그들의 진지에서 전멸을 당하고, 정복자는 그들의 시체를 넘어 브뤼셀로 올 것이었다. 그때 거기에 남아서 나폴레옹에게 들킨 자에게 화가 있을진저! 황제이자 국왕인 나폴레옹의 입성을 환영하기 위해 환영사가 준비되고, 관리들은 남몰래 모여 의논을 하고, 숙소가 마련되고, 삼색기(프랑스의 국기)와 승리의 휘장이 만들어졌다.

다른 나라로 떠나는 자들이 끊이지 않았다. 어느 집안이든 떠날 수단만 마련되면 도망쳤다. 6월 17일 오후 조스가 레베카의 호텔에 찾아갔을 때 베어에이커스네 웅장한 마차는 마침내 정문에서 굴러나가고 보이지 않았다. 크롤리 부인이 거절했지만 백작은 어디선가 말 한 쌍을 구해서 그즈음 겐트로 가는 길이었다. 겐트에서는 루이 18세 또한 짐을 꾸리고 있었다. 불행은, 몸집이 커서 잘 움직이질 못하는 이 망명객의 뒤를 질리지도 않고 줄곧 따라다니는 듯했다.

조스는 어제 출발을 미룬 것은 일시적인 휴식기간이니, 자기가 비싼 돈을 주고 산 말은 꼭 쓰게 되리라고 생각했다. 이날 내내 그는 심각하게 고민했다. 브뤼셀과 나폴레옹 사이에 영국군이 있는 한, 바로 피난할 필요는 없었다. 그러나 말을 호텔 안뜰 마구간으로 옮겼다. 누군가가 폭력을 써서 빼앗아가지 못하게 자기 눈이 닿는 곳에 두려는 것이었다. 이시도어는 쉴 새 없이 마구간 문을 지켰다. 그리고 말에 안장을 얹어 언제든 출발할 태세를 갖추었다. 그는 조스가 떠나기를 애타게 바랐다.

어저께 가서 그런 대접을 받고 난 뒤 레베카는 아밀리아에게 가까이 가볼 마음이 들지 않았다. 그녀는 조지가 갖다준 꽃다발에 물을 주며 그 속에 넣어 보낸 편지를 읽었다. "가엾은 것." 그녀는 편지 끝을 손으로 배배 꼬면서 말했다. "이걸 보면 더는 할 말을 잃겠지! 정말 그 애는 이런 사내를 위해서, 바보 같고, 겉만 번지르르한 데다 자기를 좋아하지도 않는 그런 사내를 위해서 울며 지내야 해. 우리 로든만 해도 이런 남자 열 명의 값어치는 돼." 그리고 나서 그녀는 만약에 로든에게 무슨 일이라도 생기면 어쩌나 하다가, 그가 말을 남겨두고 간 것이 얼마나 다행인지 모르겠다고 생각했다.

또 이날 안으로 베어에이커스네 집안 사람들이 마차로 떠나가는 것을 보며 적잖이 분통해한 크롤리 부인은 자기도 백작부인처럼 준비를 해야겠다고 생각하고 스스로를 위해 바느질을 좀 했다. 말하자면 장신구의 중요한 부분과, 수표나 지폐를 몸 둘레에 넣어 기워둔 것이다. 이렇게 준비를 해놓자 무슨 일이 생겨도 걱정 없었다. 도망치는 것이 좋다고 생각되면 도망치고, 남아 있는 게 좋다면 정복자가 영국인이건 프랑스인이건 여기에 남아서 그를 환영할 준비가 되어 있었다. 남편 로든은 망토를 뒤집어쓰고 비 내리는 세인트존 산에서 야영을 하며 후방에 남기고 온 자기 아내를 생각하고 있었는데, 아내인 그녀는 그날 밤 마레샬 공작부인이 되는 꿈을 꾸었는지도 모른다.

이튿날은 일요일이었다. 오다우드 소령 부인은 자기가 간호하는 두 환자가 간밤에 편히 잠을 자고 심신의 기운을 차린 것을 보고 만족했다. 그녀는 아밀리아나 스터블 소위가 부르면 바로 일어나 도울 수 있도록 아밀리아 방의 큰 의자에 앉아 잠을 잤다. 아침이 되자 이 건장한 부인은 그녀와 소령이 숙소로 삼은 집으로 돌아가서 일요일에 걸맞게 정성을 들여 멋진 화장을 했다. 그 전에 남편이 살았었고, 남편의 모자가 아직도 베개 위에 놓여 있으며 구석에 그의 지팡이가 세워져 있는 이 방에 혼자 있는 동안, 부인은 아마 적어도 한 번은 그 용감한 군인 마이클 오다우드의 안녕을 하늘에 빌었을 것이다.

돌아오는 길에 그녀는 기도서와 주임 사제인 숙부의 유명한 설교집을 가지고 왔다. 안식일마다 그녀는 이 설교집을 빼놓지 않고 읽었다. 전부 이해하지도 못하고, 길고 난해한 낱말들을 거의 다 정확히 발음하지도 못하면서 —주임 사제는 박식하며 긴 라틴말을 즐겨 썼다—아주 장중하게 힘주어 대체로 큰 착오 없이 읽어갔다. "우리집 마이클도 이 설교를 얼마나 자주 들었는지 몰라요. 물결이 잔잔한 날이면 내가 선실에서 읽어주곤 했지요." 오늘도 그녀는 아밀리아와 부상당한 소위를 상대로 그런 예배를 시작해볼 생각이었다. 같은 시각에 이와 같은 예배가 2만을 헤아리는 교회당에서 올려지고 수백만의 영국인들은 꿇어앉아 신의 가호를 빌었다.

그러나 그들은 브뤼셀의 적은 신자들을 놀라게 한 소리는 듣지 못했다. 오다우드 부인이 목소리를 골라 기도서를 읽고 있자니, 이틀 전에 그들을 놀라게 한 소리보다 훨씬 더 큰 소리로 워털루의 포성이 울리기 시작했다.

이 무시무시한 포성을 들은 조스는 이렇게 늘 공포에 싸여 있을 수만은 없으니 바로 떠나리라 마음을 먹었다. 그는 오다우드 부인을 비롯하여 세 사람이 기도를 잠시 멈춘 틈에 뛰어 들어가, 아밀리아더러 같이 가자고 기도회까지 중단시켜버렸다.

"난 더는 견디질 못하겠어, 에미. 못 견디겠어. 너도 나하고 같이 가야해. 내가 네 앞으로도 말을 한 필 사뒀어. 값을 얼마 치렀든 신경 쓰지 마.

얼른 옷을 입고 나하고 같이 가서 이시도어 뒤에 타."

"하느님 맙소사, 세들리 씨, 당신은 정말로 겁쟁이시네요." 오다우드 부인이 기도책을 놓으면서 말했다.

"오라니까, 아밀리아. 그 여자가 뭐라 하든 신경 쓰지 마. 여기에 있다가는 프랑스군에게 목숨을 잃을 거야."

"당신은 제××연대를 잊으셨군요." 부상을 입은 영웅 스터블이 침대에서 말했다. "그리고…… 그리고 당신은 저를 버리고 가시지 않겠지요, 오다우드 부인?"

"안 가요." 그녀는 청년의 곁에 가서 입을 맞추어 주었다. "내가 곁에 있는 한 당신은 무사해요. 나는 마이클의 허락이 있기 전엔 한 발자국도 움직이지 않아요. 내가 부인용 안장에 걸터앉아 저런 사람의 뒤에 꼭 붙어서 간다면 꼴이 참 좋겠군요."

그런 광경을 상상하다 젊은 부상자는 침대 속에서 웃음을 터뜨렸다. 아밀리아까지도 생글 웃었다. "나는 저 여자한테 묻는 게 아냐." 조스가 큰 소리로 말했다. "나는 저 아일랜드 여자한테 묻는 게 아니라 너한테 묻는 거야, 아밀리아. 한 번만 더 묻겠는데, 같이 갈래?"

"내 남편은 내버려 두고요, 조지프 오라버니?" 아밀리아는 의아한 표정으로 말하더니 소령 부인에게 한쪽 손을 내밀었다. 조스는 더는 참을 수가 없었다.

"잘 있어, 그럼." 그는 화가 나 주먹을 흔들다가 자기가 나간 문을 탕 닫아버렸다. 그리고 이번에는 정말로 출발명령을 내려 안뜰에서 말을 탔다. 그들이 대문을 나설 때 오다우드 부인은 말굽 소리를 듣고는, 조지프가 금몰 달린 모자를 쓴 이시도어를 뒤에 거느리고 거리를 질주해 가는 것을 보더니 조지프에게 온갖 욕을 퍼부었다. 며칠 동안 운동을 시키지 않았더니 말들은 기운이 넘쳐서 거리를 이리저리 뛰어다녔다. 조스는 본디 말 타는 것이 서투르고 겁이 많아 안장에 앉은 꼴이 보기 좋지 않았다. "아밀리아, 저 사람 좀 봐요. 거실 창문으로 들어가겠네. 저렇게 말을 거칠게 타는 사람은 처음 봤어." 이윽고 말 탄 두 사나이는 겐트로 통하는 거리를 달리며 사라졌는데, 오다우드 부인은 그들의 모습이 시야에서 벗어날 때까지 계속 빈정댔다.

그날은 아침부터 해 질 무렵까지 포성이 멎지 않았다. 포격이 갑자기 그친 것은 날이 어두워진 뒤였다.

그 사이에 일어난 일에 대해서는 우리 모두 책에서 읽어 알고 있다. 그 이야기를 입에 담지 않는 영국인은 하나도 없다. 이 대전투의 승패가 결정되었을 때만 해도 어린아이였던 독자 여러분과 이 작자는 유명한 전투의 역사에 대해 몇 번이나 듣고 말해도 싫증이 나지 않는다. 전투에 패한 용사들의 수백만 동포들 가슴은 그것을 회상할 때마다 쑤시는 것이다. 그들은 그 굴욕을 씻어버릴 기회를 노리고 있다. 만약 전쟁이라도 일어나서 저쪽이 승리하여 이번엔 그들이 우쭐거리고 그들이 지금 느끼고 있을 증오와 분노를 우리 쪽이 이어받는다면, 기개 높은 두 나라 국민 사이에 이른바 영광과 치욕, 살상의 성공과 실패의 교체가 끊이지 않으리라. 앞으로 몇백 년이 지나도 우리 영국인과 프랑스인은 악마의 예법을 용감히 수행하면서 서로 큰소리치고 죽일지도 모른다.

우리 친구들은 모두 이 전투에 참가하여 위대한 싸움터에서 남자답게 싸웠다. 온종일, 10마일 밖의 브뤼셀에서 여인네들이 기도를 올리고 있는 동안, 용감무쌍한 영국 보병의 최전선부대는 프랑스 기병대의 맹렬한 공격을 물리쳤다. 브뤼셀로 들려온 대포 소리는 그들의 전선을 파헤쳤고, 전우들이 쓰러져도 뒤에 남은 결사적인 병사들이 몰려들어 갔다. 날이 저물자 그렇게도 용감하게 반복되던 프랑스군의 공격도 맹위를 늦추었다. 그들은 영국군 말고도 또 싸울 적이 있었든지 아니면 마지막 공격을 준비하고 있었던 것이다. 드디어 마지막 공격이 있었다. 영국군이 온종일 지켜낸 생 장 고지에서 그들을 단숨에 소탕하려고 나폴레옹의 친위대가 종대로 진군해 올라왔다. 영국군의 대열에서 쏘아대는 포성에도 겁내지 않고 까맣게 물결치는 종대는 고지로 진격했다. 종대가 거의 고지의 꼭대기까지 이르는 듯이 보이더니 줄이 흐트러지면서 머뭇거리기 시작했다. 그러다 그 자리에 멈춘 채 여전히 포화와 맞섰다. 마침내 영국군이 어떠한 적이 와도 물러나지 않던 진지에서 뛰어나와 반격에 나섰고 프랑스군 친위대는 도주하였다.

브뤼셀에서는 이제 포성이 들리지 않았다. 추격전은 몇 마일이나 앞쪽으로 옮겨져 갔다. 전선에도 시내에도 어둠의 장막이 내렸다. 아밀리아는 조지를 위해 기도를 올렸다. 하지만 조지는 심장에 총탄이 관통하여 숨을 거두고 엎어져 있었다.

수염을 깎은 조지프

제33장
크롤리 노부인 친척들이 그녀를 몹시 걱정하다

영국군이 플랑드르에서 출발하여 그곳의 영웅적인 전투를 끝낸 뒤 프랑스를 점령하기에 앞서, 그 국경의 여러 요새들을 점령하려고 전진하는 동안, 영국에서 평화로운 삶을 살고 있는 인물들이 얼마쯤 있다는 것을 독자께서는 잊지 말아주시기 바란다. 물론 그 인물들은 이 이야기와 관계가 있으니 그들에게도 연대기에 마땅한 자리를 내주어야 할 것이다. 이처럼 위험한 전시 중에도 크롤리 노부인은 브라이턴에 살면서 대륙에서 잇따라 일어나는 대사건들을 강 건너 불 보듯 했다. 그러나 그 대사건들이 신문을 흥밋거리로 만든 것만은 사실인지라 브리그스는 관보를 읽어주곤 했다. 관보에는 로든 크롤리의 용맹을 찬양한 기사가 나오고, 이윽고 그가 승진했다는 기록도 실렸다.

"그 애가 그렇게 돌이킬 수 없는 걸음을 세상에 내디뎠으니 참 가엾은 노릇이야!" 그의 고모가 말했다. "그만한 지위와 공적이 있으면 25만 파운드의 재산을 가진 양조장집 딸 그레인스 같은 아이하고 혼인하든지, 영국에서도 제일가는 집안과 인연을 맺을 생각도 해볼 수 있었을 텐데. 언젠가는 내 재산도 물려받았을 테지. 아니면 그 아이의 자손이 물려받든지. 나는 저승에 갈 걸음이 바쁜 사람이 아니니까 말이야. 하긴, 브리그스 양, 자네는 내가 얼른 없어졌으면 하겠지만. 어쨌든 제 지위는 그만인데 춤추는 여자를 아내로 맞아들이니 빈털터리가 될 수밖에."

"마님께서는 영광스러운 우리나라 역사에 이름을 남긴 용감한 장교에게 동정의 눈길을 보내지 않으실 건가요?" 워털루전투에 큰 감동을 느끼고 기회가 있을 적마다 낭만적으로 이야기하기를 즐기는 브리그스가 이렇게 말했다. "대위님은—아니 이젠 중령님이라 불러야겠지요—크롤리 가문의 이름을 빛낼 공적을 세우셨어요."

"브리그스, 자네는 어리석군." 크롤리 노부인이 말했다. "크롤리 중령은 크롤리 가문에 먹칠을 했어. 그림 선생의 딸하고 결혼하다니, 정말! 한낱 말상대에나 어울릴 만한 여자하고 결혼하다니. 그 여잔 그 정도밖에 안 돼요, 브리그스. 아니, 자네와 똑같았지. 좀 더 젊고 훨씬 예쁘고 영리할 뿐이지. 익독한 술책으로 우리 로든을 희생시킨 그 못된 계집하고 당신은 한 패거리가 아닌가? 자네는 그 계집을 늘 칭찬하곤 하지 않았나? 그래, 자네는 한 패거리였을 거요. 하지만 자네는 내 유언장을 보고 실망할 거야. 내가 장담하지. 왁시 씨한테 편지를 써서 내가 지금 곧 보고 싶다 한다고 해요." 크롤리 노부인은 요새 고문 변호사 왁시 씨에게 거의 매일 편지를 쓰는 것이 습관처럼 되어 있었다. 자신의 재산 배분 계획을 모두 취소한 뒤라, 앞으로 그 돈을 어떻게 처리해야 하는지 몹시 난감했던 것이다.

그러나 요즘 그녀의 건강은 많이 회복되었다. 그녀가 브리그스를 더욱 빈정대고 그 횟수도 잦아진 것만 봐도 알 수 있었다. 불쌍한 친구 브리그스는 이러한 비웃음을 모두 얌전히 겁쟁이처럼, 그리고 반은 관대하고 반은 위선적인 체념으로, 말하자면 그녀 같은 성격과 지위를 가진 여자로서는 싫어도 나타내야 하는 순종적인 태도로 참고 견뎠다. 여자가 여자를 괴롭히는 것을 보지 않은 사람이 있는가? 가진 것 없는 여자들이 같은 여성의 폭군에게 매일처럼 멸시를 받고 참혹한 꼴을 당하는 데에 비한다면 남자들이 겪는 고통쯤 무슨 대수랴? 가련한 희생자들이여! 그러나 나는 또 주제에서 벗어났다. 내가 말하려는 바는, 크롤리 노부인은 병이 나을 때면 유난히 신경질을 부리고 성질이 사나워진다는 것이다. 마치 상처는 나을 무렵 제일 근질거린다는 사람들의 말처럼.

이렇게 모든 사람들이 바라는 대로 쾌유되는 동안, 환자 앞에 나타나도록 허락을 받은 희생자는 브리그스뿐이었다. 그러나 먼 곳에 있는 친척들은 자기네들이 사랑하는 이 노부인을 잊지 않았음을 알리고, 여러 기념품과 선물, 애정 어린 편지로 언제나 그녀의 기억 속에 남아 있고자 애를 썼다.

우선 그녀의 조카, 로든 크롤리의 이야기부터 하자. 그 유명한 워털루전투가 있은 지 몇 주 뒤, 그리고 공훈을 세운 이 장교의 용맹과 승진이 관보에 발표된 뒤, 디에프에서 오는 우편선 편으로 브라이턴에 있는 크롤리 노부인에게 중령이 된 조카로부터 갖가지 선물이 든 상자와 충실한 편지가 도착했다. 상자 속에는 프랑스군의 견장 한 벌과 레지옹도뇌르 훈장, 군도 등 싸움터에서 얻은 기념품이 들어 있었다. 편지에는 다음과 같은 이야기가 아주 재미나게 적혀 있었다―군도 자루는 적의 친위대 대장의 것인데, 그는 "친위대는 전멸했지만 항복은 절대로 하지 않는다"고 선언하고 나서 금방 아군 병사에게 생포되었습니다. 그 병사가 프랑스 장교의 군도를 개머리판으로 때려부수는 것을 보고 제가 곧 그 자루를 집어들었습니다. 훈장과 견장은 전투 중에 제 손에 쓰러진 프랑스 기병 대령의 것이었습니다. 저는 이런 노획물을 다정하시고 친절하신 고모님께 보내드리는 것이 가장 좋겠다고 생각했습니다. 지금 아군은 파리로 진군 중인데, 그리로 가서도 계속해서 편지를 드릴까요? 파리에서는 재미난 소식들과 고모님의 옛 친구로서 혁명 도피 중에 고모님이 친절을 베풀어주신 분들의 소식도 전해드릴 수 있을 겁니다.

노부인은 브리그스에게 그를 칭찬하는 인자한 답장을 써서 앞으로도 편지를 계속 써 보내게끔 중령을 격려하도록 했다. 그의 첫 편지가 무척 활기 넘치고 재미있어서 그녀는 다음 편지를 고대하는 것이라 했다. "물론 나도 아네." 노부인이 브리그스에게 설명했다. "로든 녀석은 자네처럼 그런 훌륭한 편지를 쓰지 못해. 그리고 레베카라는 약삭빠른 계집이 내 조카에게 한마디 한마디 다 일러주어 쓴 것인 줄도 알아. 하지만 내 조카가 나한테 그런 재미있는 편지를 보내서 안 될 것은 없지. 그러니 내가 기분이 아주 좋다는 걸 그 아이한테 알려주면 좋겠는데."

그런데 그 편지를 쓴 장본인이 베키였을 뿐만 아니라 전리품을 구해서 본국에 보낸 사람도 실은 로든의 아내였다는 것까지 과연 크롤리 노부인이 알았을지 의문이다. 그 전리품은 전쟁이 끝나자 곧 전쟁 기념품을 팔러 돌아다니기 시작한 수많은 행상들 가운데 한 사람으로부터 몇 프랑을 주고 그녀가 산 것이었다. 뭐든 다 아는 소설가는 이런 것도 알고 있다. 그러나 어쨌든 크롤리 노부인의 인자한 회답은 로든 부부에게 큰 용기를 주었다. 분명히 고모의 화가 풀렸다 믿고 그들은 최선의 경우까지 생각하고 있었다. 그래서 그들은 로든이 편지에서 말한 대로 전승군의 뒤를 따라 운 좋게 파리에 가서도 여러모로 재미있는 편지를 써서 노부인을 기쁘게 해주려 애썼다.

그 다음으로, 쇄골이 부러진 남편을 간호하기 위해 퀸스 크롤리의 목사관으로 돌아간 목사 부인에게 크롤리 노부인이 보낸 편지는 결코 이렇게 인자한 것이 아니었다. 재빠르고, 일 처리 잘 하고, 활기 있고, 거만한 뷰트 부인은 시누이에게 가장 큰 실수를 저지르고 말았다. 노부인을 지루하게 만들었을 뿐만 아니라 노부인과 그 댁 사람들을 억압한 것이었다. 만약 브리그스가 조금이라도 괄괄한 성격이었다면, 뷰트 크롤리 부인에게 당신이 떠나간 뒤부터 크롤리 노부인의 건강이 매우 좋아졌으니 절대로 걱정하지 말고 다시는 찾아오지 말라는 내용의 편지를 쓰라고 주인으로부터 분부를 받았을 때, 속으로 좋아했을 것이다. 자신에게 아주 거만하고 몰인정하게 굴었던 여자를 이렇게 이기게 되었으니 대부분의 여자들은 좋아했으리라. 그러나 사실 브리그스는 무른 성격이라 자기 원수가 참패를 당하는 순간부터 그녀에게 동정심을 느꼈다.

"참 어리석었어." 뷰트 부인은 생각했다. "노부인한테 꿩을 보내면서 써보낸 그 편지에서 곧 간다고 암시를 주다니 참 바보 같았어. 아무 말도 않고 그 노망난 시누이한테 찾아가서 얼빠진 브리그스니, 욕심쟁이 시녀의 손에서 시누이를 빼앗아버릴 걸 그랬어. 오오, 여보. 뷰트, 당신은 왜 쇄골을 부러뜨려가지고 이러세요?"

과연 왜 부러뜨렸냐고 물을 만도 했다. 뷰트 부인이 승패의 열쇠를 손에 쥐고 너무 지나칠 만큼 일을 잘 해나간 것은 우리도 알고 있다. 크롤리 노부인의 가정을 완전히 손아귀에 넣었던 그녀는 반란을 일으킬 절호의 기회가 오자마자 완전히 망하고 말았다. 그러나 그녀 자신과 그녀의 집안에서 보기에 그녀는 무서운 이기주의와 배신의 희생이 된 것이며, 크롤리 노부인에게 바친 그녀의 헌신적인 노력은 가장 야만적인 배은망덕으로써 보답을 받은 것이라 했다. 로든의 승진과 그의 이름이 관보에서 찬양을 받았다는 사실도 이 훌륭한 기독교도 부인을 놀라게 했다. 그가 중령이 되고 바스 3급 훈작사가 되었다면 그의 고모도 화가 풀리고, 그 몹쓸 레베카가 또다시 총애를 받게 되지나 않을까? 그래서 목사의 부인은 자기 남편을 위해서 군인의 영광이라는 허영과 사악한 자들의 번성에 대해 설교문을 써주었는데, 목사는 그것을 한 마디도 이해하지 못한 채 목소리를 골라 낭독했다. 청중 가운데에는 피트 크롤리도 있었다. 피트는 배다른 두 누이동생과 교회에 왔지만, 늙은 준남작은 이 무렵 거의 교회에 오지 않았다.

베키 샤프가 떠나간 뒤로 이 노인은 아주 타락하여 군내에서 추문이 돌고, 아들 피트도 말은 하지 않으나 싫어했다. 집사 호록스의 딸 모자에 달린 리본은 점점 화려해져갔다. 예의 바른 집안 사람들은 이 댁과 그 주인이 무서워 도망치곤 했다. 피트 경은 소작인들의 집을 돌아다니면서 술을 마시고, 장날이면 머드베리와 그 부근의 마을에서 농부들과 물을 탄 럼주를 마셨다. 그는 자가용 사두마차 속에 호록스의 딸을 태우고 사우샘프턴으로 나가곤 하여, 마을 사람들은 그와 그 하인의 딸 결혼이 지방신문에 발표되겠지 하고 매주 기다렸다. 아들 피트도 입 밖으로 꺼내지는 않았지만 걱정하고 있었다. 크롤리 씨에게 이것은 참으로 골치 아픈 일이었다. 전도회나 근방에서 열리는 종교적인 모임 따위에서 그는 늘 사회를 맡아 여러 시간 강연을 하기 마련이었는데, 이제 할 수 없게 되었다. 그가 자리에서 일어서면 청중이 "저게 그 난봉꾼 피트 경의 아들이지. 지금쯤 그 노인은 술집에서 술상을 벌이고 있을걸" 하고 말할 것 같았기 때문이다. 한번은 서부 아프리카 팀북투의 왕이 얼마나 어리석은지, 그리고 마찬가지로 어리석은 첩을 몇이나 데리고 있는지 이야기한 적이 있었다. 그러자 청중 가운데서 어떤 술취한 녀석이 "퀸스 크롤리 댁엔 첩이 몇이나 되오, 이 고지식한 양반아?" 하고 묻는 바람에 피트 씨는 당황하여 강연을 망치고 말았다. 그리고 퀸스 크롤리 댁의 두 딸은 만약 크롤리 씨가 아버지를 위협까지 해가면서 억지로 학교에 보내지 않았다면 완전히 제멋대로 자랐을 것이다. 피트 경이 다시는 자기 집에 가정교사를 들여놓지 않겠다고 맹세했기 때문이다.

전에도 말했듯이 크롤리 노부인의 조카와 조카딸들은 저마다 의견은 달랐을망정 고모를 사랑하고 고모에게 사랑의 증표를 보내는 데에는 뜻이 같았다. 그리하여 뷰트 부인은 꿩이니, 아주 좋은 꽃양배추니, 고모의 기억 속에 조금이나마 남아 있기를 바라는 딸들이 만든 예쁜 지갑이니, 바늘겨레니 하는 것들을 보냈고, 퀸스 크롤리 댁에서는 피트 씨가 배·포도·사슴고기 같은 것을 보냈다. 사우샘프턴 승합마차는 대개 이런 사랑의 선물을 브라이턴에 있는 크롤리 노부인에게 실어다주곤 했다. 때로는 피트가 그걸 타고 그리로 가는 일도 있었다. 그는 아버지 피트 경과 마음이 맞지 않아서 요즘은 자주 집을 비우고 다녔던 것이다. 게다가 그는 제인 시프생크스 양 때문에 브라이턴에 더욱 마음이 끌렸다. 제인과 피트와의 약혼관계는 앞서 말한 바와 같다. 그녀와 그 자매들은 종교계에서 여장부라고 평이 자자한 모친 사우스다운 백작 미망인과 함께 브라이턴에 살고 있었다.

지금도 앞으로도 크롤리 집안과 인연이 있는 이 백작 미망인과 그 가족에 대해서 몇 마디 말해두어야겠다. 사우스다운 가문의 주인이며 4대째 사우스다운 백작인 클레멘트 윌리엄에 대해서는, 그가 윌버포스 씨의 후원하에 (움시 경으로서) 의회에 들어가 한때는 그의 정치적 후원자의 자랑이 되었으며 실로 진지한 청년이었다는 것 말고는 더 말할 게 없다. 그러나 백작이 세상을 떠나고 얼마 되지 않아 그 아들은 몇몇 속물들의 클럽 회원이 되고, 워티어나 코코아트리 클럽에서 도박으로 많은 돈을 잃었다. 또 사후 지불 날인 채무증서로 돈을 빌려 빚을 지고, 한창 유행하는 사두마차를 몰고 다니며, 권투 선수를 후원하고, 오페라 특별석을 사서 가장 위험한 독신자 패거리들을 불러들였다. 그러한 소문이 백작부인의 귀에 들어갔을 때 그녀의 심정은 말로 이루 다 표현할 수 없다. 그래서 이 미망인의 친구들 사이에선 그의 이름이 화제에 오르기만 하면 탄식이 따라나왔다.

그보다 여러 살 손위로 누이 에밀리가 있었다. 그녀는 앞서 말한 몇 가지 훌륭한 종교상의 소책자 및 많은 찬송가나 종교적인 시의 작자로서 신자들 가운데서 꽤 높은 위치를 차지하고 있었다. 성숙한 노처녀이면서 결혼에 대한 생각은 거의 단념해버렸고, 머릿속엔 흑인에 대한 사랑으로 가득 차 있었다. 이런 아름다운 시를 지은 것도 그녀였다고 생각된다.

저너머 서녘 바다에 뜬
양지바른 섬으로 우리를 이끌어다오
하늘은 거기서 언제나 웃음 짓고
흑인들은 언제나 울고 있는데…

에밀리는 동서 인도의 영국 영토에 있는 선교사들 대부분과 편지를 주고받으며, 남태평양제도에서 문신까지 한 사일러스 혼블로워 목사에게 한때는 연정을 느꼈다고 한다.

전에도 말했듯이 피트 크롤리가 좋아한 제인은 얌전하고, 낯을 잘 붉히고, 말이 적으며, 소심한 여자였다. 비록 타락한 오빠이기는 했지만 그녀는 그를 위해 울었고, 아직도 누이로서 사랑을 느끼고 있는 것을 부끄러워했다. 그래도 여전히 제인은 재빨리 편지를 써서 남몰래 우체통에 집어넣곤 했다. 그녀를 계속 괴롭힌 무서운 비밀은 그녀가 늙은 가정부를 데리고 오빠를 몰래 만나러 올버니에 찾아갔다는 것인데, 그때도 그 몹쓸 놈은 큐라소 병을 앞에 둔 채 시가를 피우고 있었다. 제인은 자기 언니를 존경하고, 어머니를 아주 좋아했으며, 크롤리 씨는 타락한 천사 사우스다운 다음으로 가장 좋아하고 재주가 많은 신사라고 생각했다. 가장 훌륭한 부인에 속하는 그녀의 어머니와 언니는 그녀를 위해 모든 것을 관리해 주고, 훌륭한 부인이 손아래 여자에게 보여주곤 하는 친절한 동정심으로 그녀를 소중히 여겼다. 어머니는 제인에게 옷 입는 일, 책 읽는 일, 모자 쓰는 일, 머릿속에서 생각하는 일까지 일러주었다. 제인은 조랑말 타기나 피아노 연습, 그 밖에 몸에 좋은 것은 어머니가 적당하다고 보면 뭐든지 해야 했다. 그리고 샬럿 여왕을 뵐 때 제인의 턱받이를 버리지 않았으면, 그녀의 어머니는 딸이 스물여섯 난 오늘날까지 턱받이를 받쳐두었을지도 모르는 일이다.

이 사우스다운 집안 여자들이 브라이턴에 있는 집에 처음으로 왔을 때 피트 크롤리 씨가 친히 방문을 한 것은 이 여자들뿐이었고, 자기 고모 댁에는 명함을 두고 가면서 집사 볼스나 그 밑의 하인에게 고모의 안부를 묻기만 했다. 크롤리는 도서관에서 소설책을 잔뜩 팔에 끼고 돌아오던 브리그스를 만나자 그로서는 보기 드물게 낯을 붉히며 고모의 말동무에게 다가가서 악수를 했다. 그는 마침 그때 함께 걷고 있던 아가씨를 브리그스 양에게 소개하며 말했다. "제인 양, 우리 고모님의 제일 친절한 친구이시자 가장 다정한 친구이신 브리그스 양을 소개하지요. 아마 당신이 애독하는 〈마음의 서정시〉의 저자로서 당신도 잘 알고 있을 겁니다." 제인이 브리그스에게 작고 고운 손을 내밀면서 마찬가지로 낯을 붉혔다. 그리고 자기 어머니에 대해서 아주 예의 바르고도 종잡을 수 없는 말을 하고 크롤리 노부인을 방문하겠노라며 크롤리 씨의 친지들이나 친척들에게 소개되는 것이 기쁘다고 말했다. 헤어질 때는 부드러운 눈으로 브리그스에게 인사를 했다. 그리고 피트 크롤리도 궁정 외교관으로 주재하고 있었을 때 펌퍼니클 공에게 늘 했듯이 브리그스

에게 겸손하고 공손한 인사를 했다.

　교활한 외교가여, 권모술수에 능한 빙키의 제자여! 브리그스가 젊어서 쓴 시집을 제인에게 준 것은 다름 아닌 크롤리였다. 돌아가신 어머니에 대한 작자의 헌사가 있는 그 시집을 퀸스 크롤리 집에서 본 기억이 난 그는 그것을 브라이턴에 가지고 왔다. 그리고 사우샘프턴 승합마차 속에서 읽고 연필로 표시까지 해놓은 뒤 제인에게 선물한 것이다.

　사우스다운 백작 미망인에게 그녀의 가족과 크롤리 노부인이 친밀해지면 큰 이득이 있으리라고 말을 꺼낸 것도 크롤리였다. 세속적인 의미에서나 정신적 의미에서나 다 같이 좋은 일이라고 그는 말했다. 설명하자면 이렇다. 크롤리 노부인은 지금 아주 외롭다. 동생 로든이란 녀석이 방탕을 부리고 그런 결혼을 하고 나자 로든을 귀여워하던 고모와 사이가 멀어졌다. 또 뷰트 크롤리 부인은 횡포와 욕심을 부리는 바람에 크롤리 노부인이 뷰트 일가의 지나친 겉치레에 반감을 가지게 되었다. 그런데 피트 자신은 괜스레 거만해서 그랬는지는 몰라도, 여태까지 크롤리 노부인에게 친근히 굴려고 해본 적이 없었다. 그러나 이제부터는 노부인의 영혼을 파멸에서 구함과 동시에, 크롤리 집안의 가장으로서 그녀의 재산을 이어받을 목적에 알맞은 모든 수단을 써봐야겠다고 생각한다는 것이었다.

심지가 굳은 사우스다운 백작 미망인은 딸의 약혼자의 이런 두 가지 제안에 모두 찬성하고 얼른 크롤리 노부인을 개종시키자고 했다. 키가 크고 진리에 엄격한 선교사는 고향 사우스다운이나 트로터모어 성에 있을 때면 시종들을 데리고 마차로 그 지방 일대를 돌아다니며 소작인들 집에 종교 관련 소책자들을 배부했다. 개퍼 존스 영감에게 개종을 권할 때는 마치 히그스 노파에게 해열제 가루를 먹이던 때처럼, 달래는 말과 상대의 반발도 없이, 또 성직자가 받는 혜택도 없이 간단했다. 그녀의 작고한 남편 사우스다운 백작은 간질병을 가진 순박한 귀족이었는데, 마틸다 부인이 하는 일이나 생각엔 무조건 찬성했다. 그래서 부인은 자기 신앙이 아무리 자주 바뀌더라도(사실 그녀는 비국교파의 수많은 성직자들에게서 들은 여러 견해를 하나하나 다 받아들였다) 주저 없이 자기 소작인이나 하인들에게 그녀가 믿는 대로 따르도록 명령했다. 그리하여 부인이 스코틀랜드의 손더스 맥나이터 목사를 초청하든, 온화한 웨즐리교파의 루크 워터스 목사를 불러오든, 또 나폴레옹이 스스로 황제가 되었듯 자칭 성직자가 된 신기료장수 출신 자일스 졸스 목사가 오든, 사우스다운 집안 하인들이나 아이들이나 소작인들은 부인을 따라 꿇어앉아 어느 목사의 기도에든 아멘을 불러야 했던 것이다. 이런 시간에도 사우스다운 노백작만은 병환 때문에 자기 방에 들어앉아 니거스 술을 마시고, 누군가 신문을 읽어주었다. 제인 양은 노백작이 가장 예뻐하는 딸로서 진심으로 아버지를 돌보아 드리고 사랑했다. 하지만 〈핀칠리 벌판의 세탁부〉의 저자인 에밀리는 그런 생활을 하시다 나중에 받을 벌이 무섭지 않으시냐고 아버지에게 비난을 퍼부어, 소심한 노백작은 늘 겁을 집어먹곤 했다(하긴 나중에는 에밀리의 생각도 조금 누그러졌지만). 의사들도 따님이 설교를 하고 나면 언제나 노백작이 발작을 일으킨다고 했다.

"내가 크롤리 노부인을 방문하지요." 사우스다운 백작 미망인이 딸의 약혼자 피트 크롤리의 권유에 답하여 말했다. "그런데 노부인의 주치의는 누구지요?"

크롤리 씨는 크리머 선생의 이름을 댔다.

"그 사람은 시력이 형편없어요. 다행히 저는 몇몇 가정에서 그 의사를 쫓아버릴 수 있었지만, 때에 맞추어 그러지 못한 집도 한두 군데는 있어요. 그 무지한 의사 때문에 죽어가고 있던 글랜더스 장군은 가엾게도 구해 드릴 수 없었어요. 다 죽어가고 있었지요. 제가 드린 포저스 알약으로 조금 회복이 되었지만, 가엾게도 이미 때가 늦었어요. 그러나 멋진 죽음이었지요. 그렇게 죽어서 오히려 잘 됐어요. 피트 씨, 크리머를 당신 고모님에게서 떼어버려야 해요."

피트는 무조건 찬성했다. 그도 장차 장모가 될 이 백작부인의 기운에 질질 끌려다녔다. 그는 손더스 맥나이터 목사, 루크 워터스 목사, 자일스 졸스 목사, 포저스 알약, 로저스 알약, 포키 묘약 등 백작부인이 권하는 것은 심적인 약이든 육체적인 약이든 뭐든지 받아들였다. 부인의 집에 왔다가 갈 때면 언제나 그녀의 엉터리 신학이나 돌팔이 의학을 잔뜩 공손히 안고 돌아갔다. 오오, 허영의 시장에 머무는 친구들이여, 그대들 가운데 이런 고마운 독재자들을 모르고 또 그들 밑에서 신음하지 않는 자가 있다면 손을 들어 주시오. 그들을 보고 "부인, 저는 작년에 부인께서 시키는 대로 포저스 특효약을 먹고는 그 약을 믿습니다. 그런데 왜 그걸 그만두고 로저스 알약을 먹어야 하나요?" 말해봐도 소용이 없다. 어쩔 도리가 없는 것이다. 그 충실한 전향자는 이론으로 설득하지 못하면 왈칵 울음을 터뜨려버린다. 그러면 완강히 거부하던 이쪽은 논쟁 끝에 그 큰 알약을 삼키면서 "그러면, 그러면 로저스 알약으로 됐어요." 이렇게 말하는 것이다.

"그 다음에 크롤리 노부인의 정신상태도 물론 바로 돌봐주어야 해요." 부인이 말을 이었다. "크리머란 의사를 옆에 붙여두었다간 그녀는 죽을지도 몰라요. 게다가 그런 상태로요. 그런 끔찍한 상태로! 아이언스 목사님을 노부인에게 얼른 보내야겠어요. 얘, 제인, 바솔로뮤 아이언스 목사께 내가 오늘 저녁 6시 반에 차를 같이 나누고 싶다는 편지를 써보내라. 그 목사는 사람을 일깨우는 재주가 있으니. 오늘 저녁 크롤리 노부인이 자기 전에 만나야 한다고 해주렴. 그리고 에밀리, 너는 노부인이 읽을 책 몇 권을 챙겨주려무나. 〈불길 속 목소리〉, 〈제리코에 대한 경보 나팔〉, 〈깨진 환락가, 일명 개종한 식인종〉 같은 책 말이야."

"그리고 제가 쓴 〈핀칠리 벌판의 세탁부〉도요, 어머니." 에밀리 양이 말했다. "처음엔 느긋한 것부터 시작하는 게 좋아요."

"잠깐만, 여러분." 외교관 피트가 말했다. "제가 존경하는 사우스다운 부인의 의견은 존중합니다만, 제 고모님께 그렇게 처음부터 딱딱한 문제를 다루게 하는 것은 상책이 아니라고 생각합니다. 고모님의 몸이 쇠약하시다는 것, 그리고 여태까지 내세의 행복이라는 것에 대해서 거의 생각해본 적 없는 사람이란 것을 명심해야 합니다."

"너무 서두르면 안 되는 건가요, 피트 씨?" 에밀리 양은 벌써 조그마한 책자 여섯 권을 손에 들고 일어서서 말했다.

"갑자기 일을 시작하면 고모님은 겁먹을 거예요. 저는 고모님의 세속적인 면을 잘 알기 때문에 느닷없이 개종을 시키려 드는 게 그 불행한 분을 행복하게 하는 방법 중에서 가장 어리석은 것임을 잘 알고 있습니다. 그렇게 하다간 고모님을 놀라게 하고 화만 돋울 뿐입니다. 고모님은 아마 그런 책을 내던지시고, 책을 준 사람과 절교하실 겁니다."

"당신도 크롤리 노부인 못지않은 속물이군요, 피트 씨." 에밀리는 이렇게 말한 뒤 손에 책을 든 채 방을 나가버렸다.

"그리고 제가 말씀드릴 필요도 없겠지만, 사우스다운 부인." 피트는 에밀리가 나가버린 것을 아랑곳 않고 낮은 목소리로 말을 계속했다. "정중함과 주의가 약간 모자란 탓에 제 고모님 재산에 대해 우리가 품을 수 있는 희망이 크게 타격을 받을지 않습니까? 고모님의 재산이 7만 파운드나 된다는 걸 잊지 마십시오. 연세도 생각하시고, 신경이 몹시 날카로우시며 몸도 약하시다는 걸 기억해 주십시오. 고모님이 제 아우(크롤리 중령)에게 유리한 유언장을 찢어버리셨다는 건 저도 알고 있습니다. 그런 상처 입은 분을 올바른 길로 이끌려면 우선 위로하는 방법을 취해야지 놀라게 해서는 안 됩니다. 그러니 부인께서도 제 의견에 찬성하시리라 믿습니다."

"네, 물론이지요." 사우스다운 부인이 말했다. "제인, 아이언스 씨한테 편지 쓸 것 없다. 노부인의 건강상태가 토론을 하면 피로를 느낄 정도라니 개종은 좀 기다려보자. 내일 내가 그녀를 방문해야겠어."

"그리고 제 의견을 또 말씀드리자면요." 피트가 단조롭게 말했다. "에밀리 양은 같이 데리고 가지 않는 게 좋겠습니다. 너무 열렬하셔서요. 하지만 제인 양은 오히려 같이 가는 게 좋을 겁니다."

"그래요. 에밀리는 무슨 일이든지 잘 망쳐버리지요." 사우스다운 백작부인이 말했다. 그리고 이번만은 늘 하던 방식으로 하지 않는 데 동의했다. 늘 하던 방식이란 앞서도 말했듯이, 자기가 지배하려는 사람에게 자기가 친히 접근하기 전에 수많은 종교 책자를 갖다 퍼붓는 것이다(프랑스군이 돌격하기 전에 언제나 심한 포격을 가하는 식과 같았다). 어쨌든 사우스다운 부인은 노부인의 건강을 위해서인지, 그녀 영혼의 궁극적 행복을 위해서인지, 그녀의 돈이 목적인지, 이렇게 타협을 했다.

이튿날 백작의 작은 관과 마름모꼴 문장(사우스다운 가문의 녹색 바탕에 달리는 세 마리 은색 양이 그려져 있고, 흑색 병행 사선으로 네 등분된 그 위에 미망인의 친정 빙키 가문의 문장을 나타내는 붉은색 코담배 세 개가 그려져 있었다)이 달린 사우스다운 가문의 큰 부인용 마차가 크롤리 노부인 집 문 앞에 당당히 선 뒤, 정색을 한 키 큰 하인이 노부인 앞으로 백작 미망인의 명함을 볼스에게 들이밀고, 브리그스 양 앞으로도 한 장 넣었다. 에밀리도 타협한다는 뜻에서 그날 저녁은 책꾸러미를 브리그스 양 앞으로 보냈다. 거기에는 〈핀칠리 벌판의 세탁부〉와 그 밖에 가볍고 인기 있는 종교 소책자들, 하인들이 읽을 〈식료품실에서 나온 빵부스러기〉 〈프라이팬과 불〉 〈죄의 제복〉 같은 더욱 딱딱한 책들이 있었다.

제34장
제임스 크롤리의 파이프가 꺼지다

크롤리 씨의 상냥한 태도와 제인 양의 친절함에 크게 우쭐해진 브리그스 양은 사우스다운 집안 여자들이 크롤리 노부인에게 명함을 놓고 간 뒤에 제인 양을 칭찬했다. 게다가 백작 미망인이 친히 자기에게도 명함을 한 장 놓고 갔다는 것은 돈도 친구도 없는 이 브리그스에게는 적잖이 기쁜 일이었다.

"사우스다운 백작 미망인은 뭣하러 자네에게까지 명함을 놓고 갔을까, 브리그스?" 공화주의자인 크롤리 노부인이 말했다. 그러자 브리그스는 얌전하게 "저 같은 가련한 여자를 아셔도 지위 있는 부인에겐 해로울 게 없다고 생각하셨나봐요." 대답하고, 그 명함을 반짇고리 속의 가장 귀중한 물건들 사이에 끼워넣었다. 그리고 그녀는 어제 길을 가다 크롤리 씨가 오랫동안 약혼 관계에 있는 사촌 제인 양과 만났다고 말하며, 제인 양이 아주 친절하고 얌전해 보이더라는 이야기, 입은 옷이 볼품없지는 않지만 소박해 보였다는 이야기를 한 다음, 과연 숙녀답게 모자에서부터 구두에 이르기까지 몸에 걸친 모든 것들을 낱낱이 설명하고 평가했다.

크롤리 노부인은 말없이 브리그스가 떠들도록 내버려두었다. 그녀는 건강이 좋아지면서 친구가 그리웠던 것이다. 주치의 크리머는 그녀가 런던으로 돌아가 기분전환하려 한다고 해도 허락해 주지 않았다. 그래서 노부인은 브라이턴에서 친구를 만난 것을 아주 기뻐하였고, 바로 그 이튿날 사우스다운 부인에게 명함에 대한 인사를 했을 뿐만 아니라 피트 크롤리에게 좀 놀러 오라는 다정한 초청까지 보냈다. 피트는 사우스다운 백작 미망인과 그 딸을 데리고 찾아왔다. 백작 미망인은 노부인의 영혼 문제에 대해선 한 마디도 언급하지 않고 아주 조심스레 날씨 이야기나 전쟁 이야기, 괴물 보나파르트의 몰락에 대한 이야기, 특히 의사와 돌팔이 의사 이야기를 꺼낸 뒤 자기가 그 무렵 단골 손님이 되어 있던 포저스 선생을 남달리 칭찬했다.

이 만남 중에 피트 크롤리는 훌륭한 외교 수완을 보여주었다. 그가 만약 외교관 생활을 소홀히 하여 일찍이 그만두지 않았으면 그 방면에서 크게 출세했을지도 모른다는 것을 보여줄 만한 수완이었다. 사우스다운 백작 미망인이 그즈음 누구나 그랬듯이 코르시카의 벼락출세자에 대해 욕을 하면서, 그놈은 온갖 죄악으로 더럽혀진 괴물이자 비겁자이며, 살려두어서는 안 될 폭군이고, 그의 몰락은 처음부터 뻔했던 서라느니 여러 말을 했다. 그러자 피트 크롤리가 갑자기 그 운명의 지배자를 위해 변호를 시작했다. 그는 아미앵조약의 평화 때 파리에서 본 최고 통치자의 모습을 묘사했다. 또 그때 그는 위대한 정치가 폭스 씨와도 가까이할 기회를 얻었는데, 아무리 견해는 다르다 해도 그 사람만은 마음속으로 존경하지 않을 수가 없었고, 그 사람은 언제나 나폴레옹 황제에게 지극한 경의를 표할 정치가라고 했다. 그리고 그는 왕위에서 물러난 나폴레옹이 자신을 관대하게 처분하기를 바란다고 했음에도 비열하고 참혹한 유배를 시킨 연합국 측의 불신행위를 공격하였고, 나폴레옹을 대신해 로마교회의 완고한 어중이떠중이들이 프랑스에서 포악한 정치를 일삼았다고 말했다.

로마교도와 다른 자들에 대해 이렇게 그리스정교회의 혐오감을 나타내는 것을 보고 사우스다운 부인은 피트 크롤리를 좋게 보았고, 한편 폭스와 나폴레옹을 칭찬한 것에 크롤리 노부인은 그를 다시 보게 되었다. 노부인과 그 작고한 영국 정치가 폭스 씨와의 교우관계에 대해서는 이 소설에서 우리가 노부인을 처음 소개할 때 이야기한 바 있다. 성실한 휘그당^(반왕권적 자유정당)의 당원인 크롤리 노부인은 전쟁 내내 야당의 입장에 있었는데, 그렇다고 나폴레옹이 몰락해도 노부인은 별로 흥분하지 않았고, 그가 부당한 대우를 받는다 하여 노부인의 수명이 줄어든다든지 밤잠을 설치는 일은 없었다. 그래도 자기가 우상처럼 우러러보는 두 인물을 피트가 칭찬하는 것을 들으니 마음에 들었다. 그는 이 일장연설로써 노부인의 마음을 완전히 사로잡은 것이다.

"아가씨는 어떻게 생각해요?" 노부인이 첫눈에 마음에 든 제인 양에게 물었다. 노부인은 예쁘고 겸손한 처녀들을 보면 늘 마음에 들어했으며 그 애정은 식는 것도 그에 못지않게 빠르다는 것을 덧붙여두겠다.

제인은 얼굴이 새빨개져서 말했다. "저는 정치를 몰라서 저보다 머리가 좋은 분들의 이야기를 존중합니다. 하지만 아까는 제 어머님 말씀이 옳을 거예요, 틀림없이. 크롤리 씨 말씀도 멋졌어요." 그리고 여자손님들이 방문을 마치고 물러가려 할 때 크롤리 노부인이 사우스다운 백작 미망인에게 말했다. "댁의 제인 양이 가끔 와서 이 병들고 쓸쓸한 노인을 위로해 주었으면 합니다." 백작 미망인은 기꺼이 약속하고, 그들은 아주 사이좋게 작별했다.

"사우스다운 부인은 다시는 데리고 오지 말게, 피트." 노부인이 말했다. "내가 제일 싫어하는 네 외갓집 식구들처럼 그 여자는 멍청하고 거만해. 그 대신 착한 제인 양은 네가 좋을 때면 언제든지 데리고 오려무나." 피트는 그렇게 하겠다고 약속했다. 그는 백작 미망인에겐 그의 고모가 그녀를 어떻게 보는지 말하지 않았는데, 백작 미망인은 사실과 반대로 자신이 크롤리 노부인에게 아주 당당하고 좋은 인상을 줬다고 생각했다.

제인은 아픈 노부인을 위로하는 것이 조금도 싫지 않고, 바솔로뮤 아이언스 목사의 진저리나는 설교와 거만한 자기 어머니의 주변에 모여드는 정색한 얼굴의 아첨꾼들에게서 가끔 해방되는 것이 내심 애석하지도 않은 듯했다. 그래서 거의 늘 크롤리 노부인을 찾아와 함께 마차를 탔고, 저녁에도 곁에서 자주 위안이 되어 주었다. 그녀는 천성이 착하고 부드러워 퍼킨조차 그녀를 질투하지 않았다. 그리고 얌전한 브리그스는 제인이 옆에 있으면 노부인이 자기에게 잔소리를 덜 한다고 생각했다. 제인에 대한 노부인의 태도는 아름답다 할 정도였다. 노부인은 자기 젊은 시절의 여러 재미있는 이야기를 해줬는데, 그 말투가 종교를 믿지 않는 레베카를 상대로 늘 말하던 때와는 아주 딴판이었다. 그도 그럴 것이, 제인에게는 앞에서 경박한 이야기를 하는 게 실례가 될 듯한 순진한 데가 있었고, 크롤리 노부인이 그런 그녀를 불쾌하게 하기에는 매우 숙녀다운 점이 많았다. 제인도 이 노부인과 자기 오빠와 아버지에게서밖에 친절한 대우를 받아 본 적이 없었다. 그래서 그녀는 크롤리 노부인의 열렬한 애정에 꾸밈없는 상냥함과 우정으로 보답했다.

가을 저녁이면 (이때 레베카는 화려한 정복자 중에서도 가장 화려한 모습으로 파리의 거리를 활보했고, 남편을 잃은 아밀리아는, 아아! 그녀는 어디에 있었던가?) 해가 지고 바닷가에 파도소리가 높은데, 제인 양은 크롤리 노부인의 객실에 앉아서 노부인을 위해 아름다운 목소리로 소박한 가곡이나 찬송가를 불러주곤 했다. 이런 노래가 한 곡씩 끝날 때면 노부인은 눈을 뜨고 더 불러달라고 청했다. 브리그스는 바느질을 하는 체하거나, 어둠 속의 아름다운 바다와 점점 더 눈부시게 반짝이기 시작하는 하늘의 별을 창밖으로 바라보면서 얼마나 기쁨의 눈물을 흘렸던가—말하자면 이때 브리그스가 느낀 행복과 감정을 누가 상상할 수 있을까.

한편 피트는 식당에 남아서 곡물조례에 관한 소책자나 선교사 등록부 따위를 옆에 두고, 낭만적인 사람이나 그렇지 않은 사람 모두에게 알맞은 식후의 오락을 즐기고 있었다. 즉 마데이라를 홀짝홀짝 마시고, 여러 가지 공상을 해보고, 자신을 대단한 사람이라 생각해보며, 자기로서는 조금도 초조한 생각을 가져본 적 없이 7년 동안 약혼관계에 있는 제인에게 과거 어느 때보다도 애정을 느껴보고—그리고 잠도 실컷 잤다. 커피를 마실 시간이 되면 볼스가 그를 부르러 소리를 내며 들어왔다. 그러면 그는 으레 어두운 데서 열심히 소책자를 읽는 체했다.

"여보게, 나하고 카드놀이를 할 사람이 있으면 좋겠어." 어느 날 밤 하인 볼스가 촛불과 커피를 가지고 들어오자 크롤리 노부인이 이렇게 말했다. "브리그스는 올빼미보다 못해. 멍청하거든." (노부인은 틈만 나면 늘 하인들 앞에서 브리그스의 흉을 보았다) "트럼프를 하면 잠이 더 잘 올 것 같은데."

이 말을 듣자 제인 양은 귀 끝까지, 예쁜 손톱 끝까지 빨개졌다. 그리고 볼스가 방을 나가고 문이 완전히 닫히자 비로소 그녀는 말문을 열었다.

"크롤리 고모님, 제가 조금 할 줄 알아요. 돌아가신 아버님하고 가끔 트럼프를 했거든요."

"이리 와서 키스를 하렴. 얼른 이리 와서 키스를 해줘, 우리 착한 아가씨." 크롤리 노부인이 황홀해져서 외쳤다. 이때 피트는 손에 소책자를 들고 2층으로 올라오다가 노부인과 제인 양이 마침 키스를 하고 있는 아름다운 우애의 장면을 보았다. 수줍음 많은 제인 양은 그날 저녁 내내 얼마나 얼굴을 붉혔던가!

피트 크롤리의 술책이 퀸스 크롤리에 있는 목사관 친척들의 주의를 끌지 않았다고 생각해서는 안 된다. 햄프셔 지방과 서식스 지방은 바로 이웃하고 있어서 서식스 지방에 친구가 있는 뷰트 부인은 모든 소식을, 아니 브라이턴의 크롤리 노부인 집에서 일어나는 일까지 죄다 알고 있었다. 피트는 브라이턴에 나타나는 일이 점점 많아졌다. 그는, 밉살맞은 아버지가 완전히 자포자기하여 럼주를 진탕 마시며 집사 호록스네 집안과 추악한 교제를 하고 있는 퀸스 크롤리 댁에 몇 달 동안이나 가지 않았다. 피트가 노부인의 총애를 얻는 데 성공했다고 듣자, 목사 가족들은 분개했다. 그리고 뷰트 부인은 (입밖으로 내지는 않았지만) 브리그스를 업신여기고 볼스와 퍼킨에게 거만을 떨고 인색하게 군 바람에 지금은 크롤리 노부인 집에서 무슨 일이 있는지 알려줄 인간이 하나도 없게 되었다고 전보다 더 후회하였다. "모두 당신의 쇠골 때문이에요." 그녀는 남편에게 우겨댔다. "그 뼈가 부러지지만 않았으면 내가 노부인 곁을 떠났을 리가 없지요. 난 당신의 목사답지 않은 사냥 취미와 아내의 의무 때문에 희생된 여자예요."

"사냥 때문이라고? 말도 안 되는 소리! 노부인한테 겁을 집어먹게 한 건 당신이잖소, 바버라." 목사가 끼어들었다. "당신은 영리하지만 못됐지. 그리고 돈 문제에선 아주 구두쇠거든, 바버라."

"여보, 내가 돈을 간수하지 않으면 돈을 지키지 못했을 거예요."

"그건 나도 알아, 여보." 목사는 온순하게 말했다. "당신은 영리한 여잔데, 일 처리를 지나치게 잘해요." 목사는 큰 잔으로 포트와인을 들이켜가며 자신을 위로했다.

"도대체 누님은 그 바보 같은 피트 크롤리 놈의 어디가 좋다는 건지." 목사가 말을 이었다. "그 녀석은 거위에게조차 소리 지르지 못할 만큼 용기가 없는 놈이야. 로든 녀석이(그놈은 용기깨나 있는 놈이지만 마찬가지로 망할 녀석이야) 마구간 언저리에서 피트 놈을 채로 치는 팽이처럼 두들겨대면 피트 녀석은 엉엉 울며 엄마를 찾아 집으로 돌아가곤 했지, 하하하! 우리 아들놈들은 그런 녀석쯤 한 손으로 쫓아낼 거요. 짐이 그러는데, 지금도 옥스퍼드엔 '크롤리 양'이라는 그 녀석 별명이 남아 있다는군. 멍청한 놈 같으니라고."

"그런데, 바버라." 목사가 잠시 뒤에 다시 입을 떼었다.

"네?" 바버라는 손톱을 깨물고, 손가락으로 테이블을 두드리고 있었다.

"여보, 짐을 브라이턴에 보내서 누님을 어떻게든 해볼 수 없는지 시험해보는 게 어떻겠소? 녀석도 곧 학위를 딸 테니. 낙제는 두 번밖에 안 했지—

나도 그랬지만—그러나 옥스퍼드에서 대학교육을 받았다는 강점이 있어. 녀석은 옥스퍼드에서도 제일가는 패들을 더러 알아. 또 보니파스 단과대학의 보트레이스 선수지. 잘생긴 녀석이야. 제기랄, 여보, 녀석을 저 할멈한테 보냅시다. 그리고 피트 놈이 뭐라 하면 한 대 갈겨주라고 해요. 하하하!"

"짐을 시누한테 보내도 좋지요." 그의 아내는 이렇게 말하더니 한숨을 지으며 덧붙였다. "하긴 딸들을 하나 그 집에 보내면 좋은데, 우리집 딸들은 인물이 못나서 시누는 얼굴도 보기 싫어해요." 이렇게 어머니가 말하고 있는데, 옆방에서 이 불행하면서도 교육을 잘 받은 딸들이 굳은 손가락으로 힘든 악곡을 피아노 앞에서 열심히 치고 있는 것이 들려왔다. 사실 이 집 딸들은 온종일 음악 공부를 하든가, 척추교정판을 사용하든가, 지리 공부를 하든가 역사책을 읽든가 했다. 그러나 허영의 시장에선 아무리 이런 것을 잘 해도 여자가 키 작고, 가난하고, 인물이 못나고, 얼굴빛이 곱지 않으면 아무 소용도 없는 것이다. 뷰트 부인의 오직 하나뿐인 희망은, 교회 부목사가 자기 딸 가운데 누구든 하나를 데려가는 것이었다. 마침 그때, 짐이 마구간에서 돌아오면서 창문으로 들어왔다. 그는 방수포 모자에 짤따란 파이프를 끼고 있었다. 그리고 그와 아버지가 세인트 레저 경마에서 우승말을 점치느라 목사와 부인이 주고받던 이야기는 중단되었다.

뷰트 부인은 아들 제임스를 사절로 보내도 대수로울 것이 없다고 보았기 때문에 조금 비관적인 기분으로 그가 떠나는 것을 배웅했다. 제임스도 자신의 사명이 어떤 것이라는 말을 듣고는 거기 가서 크게 즐거운 일이나 이로운 일이 있으리라 생각하지 않았다. 그러나 어쩌면 노부인이 꽤 값나가는 기념품을 주실지도 모른다, 그러면 그걸로 다음 옥스퍼드대 학기 초에 꼭 내야 할 비용을 얼마쯤 치를 수 있겠다는 생각에 희망을 품으며, 사우샘프턴에서 오는 승합마차를 타고 그날 저녁 브라이턴에 무사히 도착했다. 그는 짐 가방과 가장 귀여워하는 불도그 타우저 말고도 목사관 식구들이 크롤리 노부인에게 선물하는, 농장과 채소밭에서 난 것들을 큰 바구니에 넣어 들고 있었다. 도착한 날 밤엔 환자를 찾아가기에 시간이 늦다고 생각되어 여관에 묵고, 이튿날도 오후 늦게야 크롤리 노부인을 뵙고 문안을 드렸다.

고모가 지난번에 제임스 크롤리를 만났을 때 그는 얼빠진 아이 같았고, 마침 목소리가 섬뜩한 고음에서부터 부자연스러운 저음으로 바뀌는 불안정한 나이였다. 그 나이가 되면 '롤랜드의 칼리도어'란 약을 바르면 낫는다는 여드름이 얼굴에 잔뜩 나고, 사내아이들은 누이의 가위를 가지고 몰래 수염을 깎는다. 누이 말고 다른 여자들을 보기만 하면 견딜 수 없는 공포감이 생기고, 큼직한 손과 발목이 그들 몸에 작아진 옷에서 길쭉이 삐져나오는 것이 보통이다. 또 그 나이에는 식후에 객실에 가 있으면 어스레한 객실에서 속살대고 있는 여자들이 싫어하고, 식당에 남아 있으면 술을 마시는 어른들이 이런 얼간이 같고 순진한 녀석들 때문에 자유로이 이야기도 못하고 유쾌한 농담도 못한다고 싫어한다. 그래서 두 잔째를 비우고 나면 아버지가 "잭, 밖에 나가서 오늘 저녁도 날씨가 좋을지 보렴." 권한다. 그러면 아들은 자유로운 몸이 되는 것은 좋지만 아직도 어른들 틈에 끼지 못하는 것이 속상해 미련을 남기고 식탁을 떠나가는 것이다. 그때만 해도 풋내기였던 제임스가 지금은 훌륭한 대학교육을 받고, 게다가 작은 단과대학 안에서 방탕한 패들과 어울림으로써 아주 세련되어지고, 빚을 지고, 정학을 당하고, 낙제를 하는 청년이 되었다.

브라이턴에 있는 고모를 찾아왔을 때 그는 용모가 단정한 젊은이였다. 단정한 용모는 언제나 변덕스러운 노부인의 호감을 샀다. 그가 얼굴을 붉히고 어색하게 굴어도 싫어하지 않았다. 오히려 그녀는 그것이 젊은 신사의 순진함을 나타내는 건전한 증거라고 기뻐했다.

"이틀쯤 대학 친구하고 놀려고 왔습니다. 그리고, 그리고 고모님께도 인사를 드리려고요. 아버지와 어머니도 고모님의 안부를 물으셨습니다." 그가 말했다.

하인이 손님이 오셨다고 했을 때, 피트는 크롤리 노부인의 방에 같이 앉아 있었다. 그리고 제임스라는 이름을 듣자, 그는 아주 얼빠진 표정이었다. 노부인은 유머를 잘 아는 여자인지라, 이 단정한 조카가 당황해하는 것을 재미있어했다. 그녀는 큰 관심을 갖고 목사관 식구들의 안부를 물은 뒤, 자기도 한번 그 집에 찾아갈 생각이라고 말했다. 노부인은 제임스에게 그가 잘 자라고 건강이 좋아졌다며 칭찬하고, 그의 누이들이 제임스처럼 인물이 잘나지 못한 것이 유감이라고 말했다. 그리고 숙소는 어떻게 할 생각이냐고 묻다가 그가 어떤 호텔에 방을 잡아두었다는 것을 알자, 그건 안 된다며 볼스에게 제임스 크롤리의 짐을 바로 가져오도록 했다. "볼스, 잘 듣게." 그녀는 대단히 선심을 쓰며 덧붙였다. "자네가 제임스의 숙박비를 계산해주고 와요."

노부인은 일부러 피트에게 교활하고도 의기양양한 시선을 던졌는데, 외교관 출신 피트는 부러움으로 목이 멜 정도였다. 그는 여태껏 고모의 마음에 들었어도 고모가 자기 집에 와서 묵으라고 하는 말은 들은 적이 없었다. 그런데 지금 이 애송이 같은 친구는 찾아와 첫눈에 묵으라며 환영을 받은 것이다.

"실례지만, 도련님." 볼스는 고개를 푹 숙여 절하며 앞으로 나와 물었다. "짐을 가지러 토머스를 보낼까 하는데 어느 호텔이지요?"

"아, 이런." 제임스는 살짝 당황한 듯이 일어서며 말했다. "내가 가지."

"뭐라고?" 크롤리 노부인이 말했다.

"톰 크립스 암스입니다." 제임스는 얼굴이 새빨개져서 말했다.

크롤리 노부인은 이 이름을 듣더니 웃음을 터뜨려버렸다. 볼스도 집안의 신임이 두터운 하인답게 별안간 껄껄 웃었으나 곧 꾹 참았다. 피트는 싱글 미소 짓기만 했다.

"전, 전 거기밖에 몰라서." 제임스가 눈을 내리깔며 말했다. "여기는 처음이라서, 승합마차 마부가 거길 가르쳐주더군요." 이 젊은 거짓말쟁이! 사실 어제 사우샘프턴에서 탄 승합마차에서 제임스 크롤리는, 로팅딘 피버와 시합하기 위해 브라이턴에 가는 터트베리 펫을 우연히 만났다. 펫의 이야기가 무척 재미났던 그는 그날 저녁 그 재주 좋은 권투선수하고 그의 친구들과 어울려 문제의 숙소에서 지낸 것이었다.

"제가, 제가 가서 돈을 내는 게 낫겠습니다." 제임스가 덧붙였다. "고모님께 그런 신세를 지다니요."

이런 치밀한 태도는 더욱 고모의 웃음을 자아냈다.

"가서 계산하고 오게, 볼스." 그녀가 손을 흔들며 말했다. "그리고 계산서를 내게 가져와요."

가엾은 이 노부인은 자기가 엉뚱한 일을 떠맡은 줄도 모르고 있었다. "거기에, 거기에 개도 두고 왔습니다." 제임스는 몹시 죄를 지은 듯한 표정으로 말했다. "제가 가서 데려오는 게 가장 낫겠습니다. 개가 하인의 장딴지를 물기도 하거든요."

그 자리에 있던 사람들은 모두 큰 소리로 웃었다. 크롤리 노부인과 조카의 대면을 아무 말 없이 보고 있던 브리그스와 제인도 웃었다. 그리고 볼스도 아무 말 없이 방을 나갔다.

그래도 나이가 더 많은 조카 피트를 벌주는 의미로 크롤리 노부인은 옥스퍼드대 학생인 어린 조카에게 호의를 계속 보여주었다. 그녀의 친절과 찬사는 한번 시작되면 끝이 없었다. 그래서 피트에게는 좋으면 저녁을 같이 먹자고만 해두고, 대신 제임스에게는 외출할 테니 꼭 따라오라고 말한 뒤 그를 사륜마차의 뒷자리에 앉혀 함께 절벽을 구경했다. 그러는 동안 노부인은 제임스에게 여러 가지 찬사를 던졌다. 당황스러워하는 이 청년에게 이탈리아나 프랑스의 시를 인용해주기도 하고, 그더러 훌륭한 학생이니 틀림없이 금메달을 탈 것이며 수학과 수석 우등생이 될 것이라고 장담했다.

"하하하." 이런 찬사를 받고 힘이 난 제임스는 크게 웃어댔다. "수학과 수석 우등생이라고요? 설마요. 그건 다른 쪽에 있는 겁니다."

"다른 쪽이라니?" 노부인이 물었다.

"수학과 수석 우등생은 케임브리지에 있는 제도로 옥스퍼드엔 없습니다." 그가 아는 체를 하며 말했다. 그리고 좀 더 속에 있는 말을 하려는데, 전날 밤에 같이 놀던 터트베리 펫과 로팅딘 피버가 파란 자개단추가 달린 하얀 플란넬 코트를 입고 다른 세 친구들과 함께 훌륭한 조랑말이 끄는 면세 짐마차에 앉아 별안간 절벽 위에 나타나, 마차에 앉아 있는 제임스에게 모두 인사를 했다. 이 일은 그 순진한 청년을 풀이 죽게 만들어, 그 뒤 그는 마차를 타고 가는 내내 뭐라고 말해도 예 아니요 대답도 없었다.

돌아와 보니 그의 방은 다 준비되고 짐 가방도 와 있었다. 그리고 그를 방으로 안내하는 볼스의 얼굴에 심각하고 놀란 듯한, 측은히 생각하는 표정이 떠오른 것을 그도 눈치챘을지 모른다. 그러나 볼스가 무슨 생각을 하고 그러는지는 그의 머리에 들어오지 않았다. 그는 이탈리아어나 프랑스어를 지껄이고 시를 논하는 여자들이 잔뜩 있는 집에 찾아와서 지금 굉장한 곤경에 빠져 있었다. "이런 빌어먹을, 진퇴양난이군그래!" 이 내성적인 청년이 소리를 질렀다. 그는 여자가 말을 걸면, 아무리 얌전한 여성이라 해도—브리그스라 해도—부끄러워서 얼굴을 들지 못했다. 남자 상대라면 템스 강의 이플리 수문에 데려다놓아도 아무리 우락부락한 뱃사공이든 욕지거리를 섞어가면서 이겨낼 자신이 있었지만.

저녁 식사 시간이 되자 제임스는 하얀 넥타이에 숨이 막힐 듯한 차림으로 나타나서는 제인 양의 손을 잡고 아래층 식당으로 내려가는 영광을 누렸다. 브리그스와 피트는 노부인의 꾸러미니 숄이니 쿠션 따위를 손에 들고 노부인을 모시며 그 뒤를 따랐다. 브리그스는 식사하는 동안에도 아픈 노부인을 편안하게 하고, 그녀의 살찐 스패니얼에게 닭고기를 잘라주는 데 식사 시간의 반을 썼다. 제임스는 말은 별로 하지 않았으나 여자들에게 모두 포도주를 권하고, 피트의 상대가 되어주고, 그를 위해 노부인이 볼스에게 가져오라고 명령한 샴페인 한 병을 거의 다 마셔버렸다. 여자들이 물러가자 두 사촌형제끼리만 남게 되었는데, 외교관 출신의 피트는 말을 많이 하면서 친근한 태도를 보였다. 그는 제임스의 대학생활에 관한 이야기며 대학을 졸업하면 무엇을 할지 묻기도 하고, 진심으로 그의 출세를 빈다고도 했다. 한마디로 매우 솔직하고 상냥하게 대했다. 제임스도 포트와인으로 혀가 풀려서 자기 대학생활이니, 장래 희망이니, 빚이니, 학사시험의 처음 관문에서 겪은 고생이니, 학생감하고 다툰 일 따위를 사촌형에게 이야기하고, 앞에 놓인 술병에서 술을 마구 따라 포트와인이나 마데이라를 마시며 매우 들떴다.

"이 집에서 모두 자기가 하고 싶은 대로 할 때 고모님은 제일 좋아하셔." 크롤리 씨도 자기 잔에 술을 따르며 말했다. "이 집은 자유의 집이지, 제임스. 자네도 자네 하고 싶은 대로 하고, 원하는 게 있을 때 뭐든 부탁하는 것이 고모님께는 무엇보다도 친절을 베푸는 일이 될 거야. 내가 토리당(왕당파인 보수정당)의 당원이라 자네들은 모두 시골에서 날 보고 비웃었지. 하지만 고모님은 자유로운 사람이라 뭐든 이해하셔. 고모님은 공화주의자여서 지위나 작위 같은 걸 모두 멸시하시지만."

"형님은 왜 백작의 딸하고 결혼하려 합니까?" 제임스가 물었다.

"이 사람아, 명문가에서 태어난 것이 제인 양의 잘못은 아니란 걸 알아두게." 피트는 공손하게 대답했다. "백작의 딸로 태어났으니 어쩔 수 없지. 게다가 나는 토리당원이니까 말이야."

"아아, 말씀대로 유서 깊은 혈통만큼 좋은 것은 없지요." 짐이 말했다. "없고말고요. 난 과격파가 아닙니다. 나도 신사의 가치가 어떤 것이란 정도는 알고 있어요. 보트레이스의 선수를 봐도, 권투하는 친구들을 봐도, 하다못해 쥐를 잡는 개를 보아도 그래요. 어느 쪽이 이기는가 하면 역시 혈통이 좋은 놈이 이기거든. 볼스, 내가 이 병을 비울 동안 포트와인을 더 갖다 주게. 내가 아까 무슨 말을 했던가요?"

"쥐를 잡는 개 이야기를 했지, 아마." 피트가 부드럽게 말하면서 사촌이 비우겠다는 술병을 넘겨주었다.

"쥐 잡는 이야기? 그래, 형님은 사냥을 즐깁니까? 쥐를 멋지게 잡는 개를 구경시켜 줄까요? 생각이 있으면 나하고 같이 캐슬 스트리트 뮤즈(외양간)에 있는 톰 코듀로이네 가봅시다. 멋진 불테리어를 보여줄 테니. 제기랄! 내가 뭘 지껄이는지!" 제임스는 자신의 어리석은 짓을 스스로 비웃으며 큰 소리로 말했다. "형님은 개나 쥐한테 관심이 없지. 모두 터무니없는 소리였어요. 형님이 개하고 오리의 차이도 모른다는 걸 까맣게 잊고 있었어요."

"모른다고 해두게." 피트가 더욱 부드러운 어조로 말을 이었다. "자네는 혈통 이야기를 하면서 우수한 사람은 역시 명문가에서 나온다고 말하는 중이었지. 여기 술이 또 왔네."

"바로 그 혈통이란 말이지요." 제임스는 이렇게 말하며 루비색 술을 꿀꺽 마셨다. "역시 혈통이 제일이거든. 말도 그렇고, 개도 그렇고, 사람도 그래요. 글쎄 바로 지난 학기만 해도, 내가 정학을 당하기 직전에, 말하자면 내가 홍역을 앓아 학교를 쉬기 직전에 하하하! 나하고 크라이스트처치에 있는 링우드하고 싱크바스 경의 아들 봅 링우드가 블렌하임의 벨이란 곳에서 맥주를 마시고 있자니까, 밴버리의 뱃사공이 와서 누구든지 권투를 해서 지는 쪽이 펀치 술을 내기로 하자고 했어요. 나는 할 수가 없었어요. 마침 팔에 붕대를 매서 어깨에 걸고 있었거든요. 마차를 몰지도 못했지요. 바로 이틀 전에 애빙던의 사냥개를 데리고 사냥을 나갔다가 내가 탄 암말이 굴러서 팔이 부러진 줄 알았거든요. 어쨌든 나는 그 뱃사공을 때려눕힐 수가 없었어요. 그런데 봅이 코트를 벗어젖히더니 그 밴버리 놈하고 3분 동안 맞붙어 싸우다가 4회째에 무난히 꺾어버렸어요. 아니, 그놈이 나자빠지는 꼴이라니. 어땠는지 알아요? 역시 혈통이거든, 확실히 혈통이지요."

"자네 술을 안 드는구먼, 제임스." 전 외교관이 말했다. "내가 옥스퍼드에 다니던 때는 요즈음 자네들보다 모두 술병을 더 빨리 돌렸는데 말이야."

"아니, 아니, 농담하지 마요." 제임스가 코에다 손을 갖다대고 새빨개진 두 눈으로 사촌형을 노려보았다. "나를 시험해보는 건 그만. 내가 취한 꼴을 집안 사람들에게 보이려고요. 하지만 그건 안 돼요. 술에 진실이 있다고 하잖아요. 마스여, 바커스여, 아폴로여 하면서, 네? 고모님이 이런 술을 좀 우리 집 어른한테 보내주시면 오죽 좋을까. 이거 참 좋은 술이야."

"그렇게 부탁해보게." 권모술수에 능한 외교가가 말했다. "아니면 자네가 여기 있는 동안에 실컷 마셔두던지. 시인도 말하지 않았나, '오늘은 술로 근심을 씻고, 내일이면 끝없는 바다로 떠나보자꾸나.'(로마 시인 호라 (티우스의 시구)" 학창시절에 술을 많이 마셨다는 이 신사는 하원의 연설조로 말을 인용해가며 잔을 멋지게 흔든 뒤 한 모금도 될까 말까 하는 술을 단숨에 마셔버렸다.

목사관에서는 만찬이 끝나고 포트와인 병을 따더라도 아가씨들은 건포도로 만든 포도주를 한 잔씩 받아 마실 뿐이었다. 뷰트 부인은 포트와인 한 잔을 받고, 성실한 제임스는 보통 두 잔으로 정해져 있었다. 그 이상 마시려들면 그의 아버지가 못마땅해하기 때문에 제임스는 더 마시는 것을 삼가고 건포도주로 참든가, 마구간에 가서 마부와 같이 담배를 피워가며 물을 탄 진을 마셨다. 옥스퍼드에서는 주량을 제한받지는 않았으나 그 대신 질이 나빴다. 그런데 이 고모 댁에서처럼 양과 질이 겸비되니 제임스는 그 참맛을 알았다는 듯이, 볼스가 가져온 두 번째 술병을 비우는 데 사촌형이 부추길 필요가 없었다.

그러나 커피 마실 시간이 되어 두려운 여자들에게로 돌아가게 되자, 이 청년의 기분 좋은 솔직함은 사라지고, 그는 다시 여느 때처럼 무뚝뚝하고 소심한 태도로 돌아갔다. 그리고 저녁 내내 '네', '아니요' 정도의 대답만 하고, 제인 양을 노려보고, 커피 잔을 뒤집어엎을 뿐이었다.

할 말이 없으면 그는 한심하게 하품이나 했다. 이런 청년이 앉아 있는 탓에 그날 저녁의 신중한 좌석도 분위기가 깨졌다. 카드놀이를 하던 크롤리 노부인과 제인 양, 뜨개질을 하던 브리그스는, 제임스의 눈이 미친 듯이 자기들을 노려보고 있음을 느꼈으며 그런 술 취한 사람의 눈길을 받는 것이 불안했던 것이다.

"저 애는 아주 말이 없는 데다 행동이 서투르고 수줍음을 타는군." 크롤리 노부인이 피트에게 말했다.

"그는 여자분들하고 같이 있을 때보다는 남자들끼리 있을 때 말을 더 많이 한답니다." 권모술수가 뛰어난 외교가가 퉁명스럽게 대답했다. 아마 포트와인을 그렇게 먹였는데도 제임스가 더 지껄이지 않은 것이 조금 실망스럽기도 했을 것이다.

제임스는 이튿날 아침 일어나 가장 먼저 어머니에게 자기가 크롤리 노부인의 환대를 받고 있다는 편지를 썼다. 그러나 아아! 그는 그날 자기에게 얼마나 나쁜 일이 일어날지, 또 자기가 고모에게서 받는 호의가 얼마나 짧은 운명인지는 미처 모르고 있었다. 그가 고모 댁으로 오기 전날 밤 크립스 암스에서 일어난 사건—참으로 사소하면서도 치명적인 사건—을 까맣게 잊고 있었던 것이다. 다름이 아니라 본디 통이 큰 짐은 술을 마시면 특히 남을 잘 대접했는데, 그는 전날 밤 터트베리의 선수와 로팅딘 사나이, 그리고 그들의 친구들에게 두세 차례나 진을 대접했다. 그래서 한 잔에 8페니짜리 진이 열여덟 잔이나 제임스 크롤리 앞으로 청구되어 있었다. 고모의 명령으로 집사 볼스가 젊은 신사의 계산을 치러주러 갔을 때, 제임스의 인격에 치명상을 준 것은 8페니의 18배라는 금액이 아니라 마신 진의 양이었다. 술집 주인은 어쩌면 그 금액을 전부 계산해 주지 않을까 봐 그만큼의 진을 그 젊은이가 혼자서 마셨다고 말해버렸다. 볼스는 계산을 하고 돌아와서 계산서를 시녀 퍼킨에게 보여주었다. 퍼킨은 놀라서 계산서를 다시 회계주임인 브리그스에게 가져갔다. 브리그스는 책임상 이 일을 주인 크롤리 노부인에게 말해두어야겠다고 생각했다.

그가 만약 포도주를 열 병 넘게 마셨다면 노부인은 그를 용서해주었을지도 모른다. 폭스 씨와 셰리든 씨도 포도주는 마셨으니까. 신사들은 모두 포도주를 마셨다. 그러나 천박한 선술집에서 진을 열여덟 잔이나 마시다니, 그것은 쉽사리 용서할 수 없는 몹쓸 죄악이었다. 게다가 그는 모든 게 불리해져 갔다. 데리고 온 타우저란 개를 보러 마구간에 갔다가 마구간 냄새가 몸에 밴 채 돌아온 데다, 바람을 쏘여주려고 그 개를 마구간에서 데리고 나오는데, 쌕쌕거리는 블레넘 스패니얼을 데리고 오는 크롤리 노부인과 마주쳤다. 그때 스패니얼이 깽깽 울며 브리그스에게 도망치지 않았던들 타우저는 그 개를 잡아먹었을지도 모른다. 그런데 이런 끔찍한 장면을 타우저의 주인인 제임스는 잔인하게 웃으며 보고만 있었던 것이다.

이날 또한 운 나쁘게도 그는 부끄러움을 전혀 느끼지 않았다. 만찬 때는 활기가 넘치고 경박스러웠다. 식사 중에는 피트 크롤리에게 한두 가지 농담

을 던졌다. 술도 전날 못
지않게 많이 마셨다. 그리
고 아무것도 모른 채 객실
에 들어가서는, 거기에 있
는 여자들에게 옥스퍼드에
서 손꼽히는 이야기 몇 가
지를 해주었다. 몰리뉴와
더치 샘은 각각 권투선수
로서 어떻게 다른지 설명
하거나 제인에게 농담 삼
아 터트베리의 펫과 로팅
딘 선수의 승부를 내기해
서 제인이 원하면 자기가
접어주겠다고도 했다. 마
침내 농담이 극에 다다라
자기가 사촌형 피트 크롤

리를 상대로 맨손이든 장갑을 끼든 권투를 해서 지면 돈을 내도 좋다고 했
다. "이건 정정당당한 제안이에요." 그가 큰 소리로 웃으며 피트의 어깨를
쳤다. "아버지도 한번 해보라고 하셨는데, 이 내기엔 아버지도 절반 몫을 나
누실 겁니다, 하하하!" 이러면서 이 매력 있는 청년은 브리그스를 보고 다
안다는 듯 고개를 끄덕거리고, 또 아주 유쾌하다는 듯이 엄지손가락으로 어
깨 너머 피트 크롤리 쪽을 가리켰다.

피트는 유쾌하지는 않지만 썩 불쾌하지도 않았다. 짐은 실컷 웃고는, 노
부인이 자기 방으로 들어가려고 몸을 일으키자 그녀의 촛불을 들고 문까지
비틀비틀 걸어가 술 취한 얼굴에 미소를 띠고 아주 공손히 인사했다. 그러고
는 자기도 방 안의 사람들에게 인사를 하고 2층의 자기 침실로 올라갔다. 제
임스는 자기만족에 푹 빠져서, 이쯤 되면 고모가 자기 아버지나 다른 가족들
보다 자기에게 재산을 더 많이 남길 것이라 여기며 기뻐했다.

침실에만 들어가면 그로서는 이 이상 일을 악화시킬 수 없었겠다고 사람
들은 생각할지도 모른다. 그러나 운 나쁜 청년은 또 일을 저지르고 말았다.

때마침 밖에서 달이 바다 위에 기분 좋게 비치고 있었다. 이런 바다와 하늘의 낭만적인 풍경에 이끌려 창가로 간 짐은 담배를 피워가며 그 경치를 더욱 즐기려 했다. 창문을 열어 고개를 내밀고 요령 좋게 담배를 피우면 아무도 담배 냄새를 맡지 못하리라 생각했다. 그런데 잔뜩 흥분해 있던 그는 그때까지 내내 방문이 열려 있던 것을 까맣게 잊고 있었다. 그래서 방 안으로 들어간 바람이 열린 문틈을 통해 그대로 훌륭한 외풍이 되어, 아래층으로 담배 연기를 몰고 갔고, 지독한 담배 냄새가 크롤리 노부인과 브리그스 양의 코를 찔렀다.

파이프 담배가 일을 다 망쳐버렸다. 그것이 뷰트 크롤리 집안에 몇천 파운드의 손해를 가져왔는지 모른다. 시녀 퍼킨은 볼스에게로 급히 뛰어내려갔다. 그는 〈불과 프라이팬〉이란 소책자를 어느 하인에게 크고 기분 나쁜 목소리로 읽어주고 있었다. 그 무서운 비밀을 알리는 퍼킨의 표정이 어찌나 무서웠던지, 볼스와 하인은 처음엔 집 안에 도둑이 들어와서 도둑의 다리가 크롤리 노부인의 침대 밑에서 발견되기나 한 줄로 알았다. 그러나 사실을 알고 나자, 볼스는 계단을 한 번에 세 개씩 뛰어넘어 밟고 올라갔다. 그러고는 아무것도 모른 채 담배를 피우고 있는 제임스의 방에 들어가서 놀라움 때문에 숨이 막힌 소리로, "제임스 도련님, 제발 그 파이프만은 피우지 말아주십시오" 외쳤다. 볼스가 이러기까지는 채 1분이 걸리지 않았다. "오오, 제임스 도련님, 이게 무슨 짓입니까?" 그는 파이프를 창밖으로 내던지면서 더없이 비통한 목소리로 말했다. "이게 무슨 짓입니까? 주인어른은 담배를 가장 싫어하십니다."

"담배가 필요 없으시단 말이군." 제임스는 엉뚱하게 미친 사람처럼 웃으며 모두 농담으로만 생각했다. 그러나 제임스의 장화를 닦아주고, 그가 열심히 자라기를 기다리고 있는 수염을 깎으라는 듯 더운물을 갖다주던 하인 볼스가 이튿날 아침 아직 누워 있던 제임스에게 브리그스 양이 쓴 편지를 전해주었을 때는 그의 기분도 싹 바뀌었다.

편지 내용은 이러하다. "아뢰옵니다. 크롤리 노부인께선 간밤에 이 집 안이 담배 냄새로 더럽혀지는 바람에 불쾌한 하룻밤을 보내셨습니다. 크롤리 노부인께선 기분이 좋지 않으셔서 도련님이 떠나실 때까지 뵈올 수 없겠다는 분부를 내리셨습니다. 그리고 무엇보다도 도련님을 그 술집에서 이 집으

제임스의 파이프가 꺼지다

로 모신 것을 후회하시면서, 앞으로 브라이턴에 머물러 계실 동안 처음 숙소
에 묵는 게 도련님께 훨씬 더 편하리라는 말씀이었습니다.”

그리하여 제임스는 고모의 총애를 받을 후보 자격을 잃은 셈이다. 그는 자
기가 위협하듯 말한 것을 자기도 모르는 사이 실제 행동에 옮기고 말았다.
즉 그는 사촌형 피트와 장갑을 끼고 싸운 것이다.

그러면 한때 이 재산 상속 경쟁의 가장 유력한 우승 후보였던 사나이는 이
즈음 어디에 있었을까? 앞서 말했듯이, 베키와 로든은 워털루전투 뒤에 만
나 1815년의 겨울을 파리에서 아주 화려하고 유쾌하게 지내고 있었다. 대단
한 경제가였던 레베카는 가엾은 조스 세들리가 그녀에게 말 두 필 값으로 치

른 대금만으로도 적어도 일 년은 빚을 지지 않고 살아나갈 수 있었다. 로든이 마커 대위를 쏘았다던 권총이나, 금으로 장식한 상자, 안에 검정 담비를 댄 망토를 돈으로 바꿀 필요도 없었다. 베키는 그 망토를 손수 부인용 외투로 고쳐서 입곤, 말을 타고 불로뉴 숲 같은 데를 다니며 사람들의 눈길을 끌었다. 그리고 그녀는 부대가 캉브레에 들어온 뒤에 남편과 만났는데, 부부가 여기서 재회할 때 그녀가 바느질한 옷을 뜯어서 그 속에서 시계니 장신구니 현찰이니 수표니 귀중품 따위를 꺼내는 것을 보고 남편이 기뻐 날뛰던 광경은 볼만했다. 실은 그녀가 이런 물품들을 옷솔 속에 감추어 넣은 것은 브뤼셀에서 도망치려고 마음먹었을 때의 일이다. 이런 영문도 모르는 터프토 장군은 감탄하고, 로든은 기쁜 듯이 큰 소리로 웃어대며 여태껏 구경한 연극에서도 이렇게 재미있는 것은 없었다고 했다. 그리고 그녀가 어떻게 조스를 속여 말을 팔아먹었는지 아주 재미있게 이야기하자, 로든의 기쁨은 아주 열광의 경지에까지 달했다. 그는 프랑스 병사들이 나폴레옹을 신뢰하듯이 자기 아내를 믿고 있었다.

파리에서 레베카가 거둔 성공은 눈부셨다. 프랑스 여인네들은 모두 그녀를 한껏 치켜세웠다. 프랑스어를 놀랄 만큼 잘한 그녀는 프랑스 여자들의 품위와 쾌활함과 예절을 단숨에 익혔다. 레베카의 남편은 확실히 바보였지만—영국인 모두가 그러니까—둔한 남편을 뒀다는 것이 파리에선 언제나 여자가 인기를 얻는 한 조건이 되어 있었다. 로든은, 부자이자 재치 넘치는 크롤리 노부인의 상속자였다. 노부인의 집으로 말하면 많은 프랑스 귀부인들이 망명시절에 신세를 졌던 곳이다. 그래서 프랑스 여자들은 로든 중령 부인을 자기네 호텔로 초청했다. 프랑스 혁명 뒤 고난시절에 크롤리 노부인에게서 레이스나 장신구를 자기가 매긴 값으로 사고, 식사 대접을 여러 번 받은 일이 있는 어느 공작부인은 크롤리 노부인 앞으로 이런 편지를 써보냈다. "조카 내외도 와 있고, 파리엔 당신을 따르는 친구들도 많은데 왜 한번 오지 않으세요? 모두들 귀여운 새색시의 익살맞은 아름다움에 반해서 야단이랍니다. 확실히 그녀의 품위와 매력과 기지는 당신을 똑 닮았어요. 어제도 그녀가 튈르리 궁전에서 국왕 폐하의 주목을 끄는 걸 보고 우리는 모두 샘을 냈어요. 특히 폐하와 같이 오신 앙굴렘 공작부인께서 당신의 딸이자 피보호자 격인 크롤리 부인을 만나뵙겠다고 하시고는, 프랑스의 불행한 사람들이 망명 중에 당신에게서 받은 후대에 대해 국가의 이름으로 감사의 뜻을 전했을 때, 베어에이커스라는 어떤 바보 같은 영국 귀부인이 어쩌나 샘을 내던지 참 볼만했어요(매부리코와 모자와 깃털 장식을 여러 사람들 머리 위로 쭉 내미는 꼴이라니요)! 그녀는 어떤 사교석상에서나 볼 수 있는데, 무도회라 해서 반드시 춤을 춘다는 건 아니지만 경의를 표하는 남자들에게 둘러싸여 얼마나 재미있고 귀여워 보이는지 모르겠어요! 그리고 곧 어머니가 된다지요. 그녀가 보호자이며 어머니나 마찬가지인 당신의 이야기를 하는 걸 들으면 괴물들도 눈물을 흘릴 겁니다. 얼마나 당신을 사랑하는지 몰라요! 우리들도 모두 훌륭하고 존경스러운 당신을 얼마나 아끼는지 모릅니다!"

파리 귀부인의 이 편지도 이른바 훌륭하고 존경스러운 친척에 대한 베키의 관계를 조금도 유리하게 이끌어가지 못한 듯했다. 그러기는커녕 레베카의 상황이나 그 배은망덕한 여자가 파리 사교계에 드나들려고 자신의 이름을 얼마나 대담하게 이용하고 있는지 알게 된 크롤리 노부인의 분노는 이만 저만이 아니었다. 몸도 마음도 충격을 받은 노부인은 프랑스어로 답장을 쓰지 못하고, 몹시 화가 나서 브리그스에게 영어로 받아쓰게 했다. 그리고 그 편지에 자기는 로든 크롤리 부인과는 전혀 관계가 없다고 잡아떼고, 그 여자는 책략에 아주 능한 위험한 계집이니 모두 조심하라고 경고까지 해보냈다. 그러나 ××공작부인은 영국에 20년이나 있었지만 영어를 한마디도 알지 못했다. 그래서 그 다음에 로든 크롤리 부인과 만났을 때, 그리운 노부인에게서 친절한 편지가 왔는데 그 속엔 당신에게 호의적인 말이 잔뜩 들어 있더라고 말해주고 스스로 만족스러워했다. 그리하여 레베카는 노부인의 화가 누그러질 것이라는 희망을 진지하게 품기 시작했다.

그러는 동안에도 레베카는 영국 부인들 가운데서 가장 화려하고 인기가 있었다. 그리고 그녀가 연회를 베푸는 날 밤이면 마치 작은 유럽 회의라도 열린 것 같았다. 프러시아 사람, 코사크 사람, 스페인 사람, 영국 사람 등 역사상 유명한 이 겨울철에 온 세계 사람들이 파리에 모여들었기 때문이다. 레베카의 조그마한 객실에서 보고 온 훈장이나 수장 이야기를 하면, 베이커 거리의 사람들도 부러워했으리라. 유명한 군인들은 공원에서 말을 타고 그녀의 마차 곁에 붙어다니고, 오페라극장에서는 별로 크지도 않은 그녀의 특별석에 우르르 몰려들었다. 로든은 기고만장해졌다. 파리에서는 아직 빚쟁이 걱정이 없었다. 베리나 보빌리에에선 매일같이 파티가 열렸으며 도박판도 많고 운수도 좋았다. 한편 터프토 장군은 기분이 별로 좋지 않았을 것이다. 터프토 부인이 부르지도 않았는데 파리에 와서 방해물이 되었을 뿐만 아니라, 극장에 가도 베키의 자리 둘레에 수많은 장군들이 모여들어, 그녀는 여남은 꽃다발 가운데 마음에 드는 것을 택해야 할 판이었다. 베어에이커스 부인과 영국 사교계를 대표하는 우둔하고도 나무랄 데 없는 부인네들은 벼락출세를 한 이 베키의 성공을 보고 분해서 몸부림을 쳤다. 그리고 베키의 가시 돋친 농담은 그들의 순수한 마음을 괴롭혔다. 그런데도 모든 남자들은 레베카의 편이었다. 그녀는 불굴의 용기로 다른 여자들과 싸웠고, 그 여자들은 레베카의 욕을 해도 영어로밖엔 할 수가 없었다.

그리하여 1815~16년에 이르는 겨울철을 로든 크롤리 부인은 향연과 쾌락과 번영 속에 보냈다. 그녀는 마치 자기 조상이 과거 수세기에 걸쳐 상류사회에 속해 있었거나 한 듯이 그런 사회생활에 익숙했다—이처럼 기지와 재능과 활기가 넘치는 그녀는 허영의 시장의 명예로운 자리에 앉을 만한 자격이 있었다. 1816년 이른 봄 〈갈리냐니〉지의 출생난에는 이러한 기사가 실렸다. '3월 26일—영국 근위기병대 크롤리 중령 영부인—아들 출산.'

이 기사는 런던의 여러 신문에도 실려, 브라이턴의 아침 식사 때 브리그스 양이 크롤리 노부인에게 그것을 읽어주었다. 예상한 일이기는 했지만 이 소식은 크롤리 집안 사정에 커다란 위기를 가져왔다. 노부인의 노여움은 절정에 달했다. 곧 조카 피트와 브런즈윅 스퀘어의 사우스다운 백작 미망인을 불러 사람을 보내어, 두 집안 사이에 오랫동안 미루어왔던 결혼식을 바로 올리도록 요구했다. 그리고 자신이 살아 있는 동안에는 그 신혼부부에게 1년에 1천 파운드를 지급하고, 죽은 뒤에는 거의 모든 재산을 조카 피트와 귀여운 조카며느리 제인 크롤리에게 물려줄 것임을 밝혔다. 변호사 왁시 씨가 와서 그 증서를 확인했다. 사우스다운 경이 작고한 부친 대신에 누이동생의 손을 잡고 입장했다. 두 사람은 주교의 주례하에 결혼했는데, 바솔로뮤 아이언스 목사는 아니었다. 따라서 이 비정규 목사가 실망한 것은 말할 것도 없다.

결혼식이 끝나자 피트는 자기네 부부의 신분에 맞추어서 신혼여행을 떠나고 싶었다. 그러나 신부 제인에 대한 노부인의 애착심이 어찌나 큰지, 노부인은 그녀를 떼어보낼 수 없다고 당당히 말했다. 그래서 피트 내외는 크롤리 노부인의 집에 와서 같이 살게 되었다. 그리하여 근처에 사는 사우스다운 백작 미망인이 피트, 제인, 크롤리 노부인, 브리그스, 볼스, 퍼킨, 그 밖의 가족 모두 위에 군림하게 되었다. 이렇게 한쪽에선 고모에게 또 한쪽에선 장모에게 시달리게 되자, 가엾은 피트는 자기만 손해를 보는 것 같아 아주 불만스러워했다. 사우스다운 부인은 가족들에게 종교 책자나 약을 넘칠 듯이 나누어주고, 단골의사 크리머 선생의 출입을 막으며 로저스 선생을 새로 맞이하고, 마침내는 크롤리 노부인의 표면상 권위마저 빼앗아버렸다. 노부인은 가엾게도 차츰 겁이 많아져서 더는 브리그스를 괴롭히지 않고, 조카며느리가 차츰 더 좋아져서 매일처럼 떨면서 그 며느리에게 달라붙어 있었다. 친절하고 이기적이며 허영이 많고 후한 이교도 노부인이여, 그대에게 평화가 있을진저! 우리는 이제부터 그녀를 만나는 일이 없을 것이다. 제인이 그녀를 친절히 받들어 부드러운 손길로 혼잡한 허영의 시장에서 데리고 나가기를 바랄 뿐이다.

제35장

미망인이자 어머니가 되다

카트르브라와 워털루 전투에 대한 소식은 영국에 동시에 전해졌다. 관보가 먼저 두 전투의 결과를 발표했다. 이 영광스러운 전승 소식에 온 영국은 승리의 기쁨과 불안으로 들썩였다. 부고 소식이 이어졌다. 승리가 보도된 다음 부상자와 전사자의 명단이 나왔다. 그 명단을 펴들고 읽을 때의 두려운 심정을 어찌 설명할 수 있으랴! 영국의 거의 모든 마을과 농장마다 플랑드르 지방에서 벌어진 전투의 중대한 소식이 전해지고 친구나 친척들이 무사한지 혹은 전사했는지 알았을 때, 사람들이 느끼는 환희와 감사, 또는 사랑하는 사람을 잃고 가슴이 메어 어찌할 바를 모르는 심정 따위를 상상해보라. 누구라도 그 당시의 신문철을 꺼내서 읽어본다면 지금도 간접적으로나마 그런 숨가쁜 긴장감을 느낄 것이다. 사상자 발표는 며칠이나 이어졌다. 그래서 연재 소설처럼 어느새 도중에 끊어지므로 내일을 기다려야 하는 것이었다. 이렇게 사상자 명단을 실은 신문들이 잇달아 나왔을 때의 기분이 어떠했겠는가? 겨우 2만의 군대가 그 전투에 참가한 영국에서 그만큼 관심이 높았다면, 몇 만은 고사하고 몇 백만이란 사람들이 싸운 20년 전 유럽의 사태는 어떠했겠는가? 그들 하나하나가 적을 한 명 쓰러뜨리면 그것은 멀리 고향에서 그를 생각하고 있는 무고한 다른 사람에게까지도 무참히 상처를 주는 것이 되었다.

이 역사적인 날의 관보가 오즈번 댁에 갖다준 소식은 그 집안과 가장에게 무시무시한 충격을 주었다. 딸들은 슬픔을 주체할 수 없었다. 침울해진 늙은 아버지는 자기 운명을 슬퍼하며 더욱 낙심했다. 그는 아들놈이 제 아비 말을 듣지 않아 천벌이 내린 것으로 생각하려 애썼다. 그는 그 천벌의 가혹함에 놀랐다든가, 자신이 저주를 해서 그 천벌이 너무 빨리 내렸다든가 하는 생각은 감히 입 밖에 낼 수가 없었다. 때로는 기도를 하여 아들에게 그런 벌이 떨어지게 한 장본인이 자기였다는 생각도 들어, 공포로 온몸을 부들부들 떨기도 했다. 여태까지는 아들과 화해할 기회가 있을지도 모른다는 일말의 희망이 있었다. 아들의 아내가 죽는다든가, 아니면 아들이 돌아와서 "아버지, 제가 죄를 졌습니다" 말할지도 몰랐던 것이다. 그러나 이젠 그러한 희망도 사라져버렸다. 아들놈이 건너갈 수 없는 심연의 저편에 서서 아비를 슬픈 눈으로 바라보고 있는 모습이 머리에서 떠나질 않았다. 예전에 아들이 열병에 걸렸을 때가 떠올랐다. 그때 모두 그 아이가 죽을 거라고 했다. 아들은 아무말도 못하고 침대에 누워 몹시 침울한 눈초리로 앞을 바라보고 있었다. 아아! 그때 아버지는 의사에게 꼭 매달려서 얼마나 가슴이 메어지게 걱정하며 의사의 뒤를 따라다녔던가! 그리고 아들이 열병의 위기를 벗어나 회복되어서 다시금 아버지의 얼굴을 알아보았을 때, 얼마나 슬픈 짐이 그의 가슴에서 떼어진 기분이었던가! 그러나 이제는 구할 수도 고칠 수도 없으며 화해할 기회까지 사라졌다. 무엇보다도 모욕을 당하여 울분을 참을 길 없는 자신의 허영심을 어루만져주고, 독약이 들어간 듯이 펄펄 끓는 자신의 피를 본디의 고요한 흐름으로 돌아가게 할 만한 공손한 사과의 말은 들으려야 들을 수가 없었다. 그래서 이 오만한 아버지의 마음을 가장 깊게 상처 입힌 고통은 어느 쪽이었는지—즉, 아들이 용서를 해주려도 해줄 수 없는 데로 가버렸기 때문인지, 아니면 자신의 자존심이 바라던 아들의 사과를 영영 듣지 못하게 되었기 때문인지—말하기가 어렵다.

　그러나 그가 어떻게 느꼈든 이 완고한 노인은 어느 누구에게든 속을 털어놓지 않았다. 그는 딸들 앞에서도 아들의 이름은 한 번도 입 밖에 내지 않고, 그저 여자 하인들에게 상복을 입히고 남자 하인들도 그렇게 했으면 좋겠다고 맏딸에게 말했을 뿐이다. 물론 연회나 손님 접대는 모조리 미루었다. 결혼날짜까지 정해둔 장래의 사위 블록 씨에게는 아무 소식도 전하지 않았는데, 블록 씨는 오즈번 노인의 표정을 보고 아무것도 묻지 않았고, 결혼식을 서두르지도 않았다. 블록 씨와 이 집 딸들은 그 일로 가끔 객실에서 낮은 목소리로 소곤거렸다. 오즈번 노인은 객실에 한 번도 나타나지 않고 언제나 자기 서재에 틀어박혀 있었다. 집안 식구 모두 상복을 입은 이 상이 끝나고 한참이 지나서도 이 집의 모든 앞문은 닫혀 있었다.

6월 18일로부터 3주쯤 뒤, 오즈번 씨의 지인인 윌리엄 도빈 경이 아주 창백하고 걱정스러운 얼굴로 러셀 스퀘어의 오즈번 씨 댁을 찾아와 그를 만나겠다고 고집을 부렸다. 그의 방으로 안내되어 말하는 사람이나 듣는 집주인이나 잘 알아듣지 못하는 말을 몇 마디 나눈 뒤, 윌리엄 경은 봉투 속에서 빨간색 커다란 봉인이 붙은 편지를 꺼냈다. "우리 아들놈, 도빈 소령이 말이오." 시의회의원은 머뭇거리며 말했다. "오늘 런던에 도착한 제××연대 장교편에 이 편지를 보내왔더군요. 아들 편지 속에 당신 앞으로 온 편지가 들어 있었어요, 오즈번 씨." 의원은 그 편지를 테이블 위에 놓았다. 오즈번 씨는 잠깐 말없이 상대를 노려보았다. 윌리엄 경은 그의 표정을 보더니 겁이 났다. 그래서 슬픔에 싸인 그를 무슨 죄라도 지은 듯한 기분으로 한참 동안 바라보다가 더는 아무 말 않고 바삐 돌아가 버렸다.

편지는 조지의 그 유명한 대담한 필치로 씌어 있었다. 그가 6월 16일 새벽 아밀리아에게 이별을 고하기 직전에 쓴 것이었다. 커다랗게 붙은 빨간 봉인에는 오즈번 노인이 예전에 귀족명부에서 찾아내 멋대로 자기 가문의 것으로 정해버린, '싸움 중의 평화'라는 라틴어 표어가 들어간 문장이 화려하게 새겨져 있었다. 그것은 사실 어느 공작 집안의 문장인데, 허영 많은 오즈번 노인은 자기가 그 공작과 친척이라도 되는 것처럼 그것을 쓰고 있었다. 그 편지에 서명했던 손은 이제 다시는 펜과 검을 들지 못한다. 거기에 붙은 봉인도 실은 조지가 죽어서 싸움터에 쓰러져 있는 사이에 꺼내온 것이었다. 아버지는 이런 사정은 하나도 모르고 비통한 나머지 멍하니 그 편지를 바라보며 앉아 있었다. 편지를 뜯으려 할 때 그는 거의 쓰러질 것만 같았다.

여러분은 친한 친구와 다툰 적이 있는가? 그 친구가 여러분을 사랑하고 믿던 시절에 보낸 편지를 보면 얼마나 가슴 아프고 자책을 느끼겠는가! 죽어간 애정의 맹렬한 항의를 거기서 읽는다는 것은 얼마나 처량하고 슬픈 일인가! 그것은 사랑의 시체 위에 쓰인 거짓된 비문인 것이다. 인생과 무상에 대한 그 얼마나 암울하고 가혹한 말인가! 그런데 우리는 거의 그런 편지를 서랍에 가득 찰 만큼 받기도 하고 주기도 했다. 그것은 우리가 간직하면서도 보기를 꺼리는 집안의 비밀인 것이다. 오즈번 노인은 전사한 아들의 편지를 앞에 두고 오래도록 떨고 있었다.

가련한 아들의 편지에는 그리 많은 말이 쓰여 있지 않았다. 그는 자신이 느낀 감정을 인정하기에는 너무도 자존심이 강했다. 그는 그저 큰 싸움에 나가는 전날 밤에 아버지에게 작별 인사를 드리고 싶다, 그리고 자기가 뒤에 남기고 가는 아내를—또는 아이가 될지도 모른다—잘 부탁한다고 엄숙히 청하고 있었다. 그는 자기가 행실이 바르지 못하고 낭비를 해서 어머니에게서 받은 많지 않은 재산을 벌써 거의 탕진해버렸다고 뉘우치고 있었다. 그리고 아버지가 예전에 너그럽게 대해주셨던 것에 감사하며, 싸움터에서 쓰러지든 살아남든 조지 오즈번이란 이름에 부끄럽지 않게 행동하겠다고 맹세하고 있었다. 아마 그의 영국인다운 습성과 자존심, 어색함 때문에 더는 쓰지 않은 모양이었다. 아버지는 아들이 그 편지의 겉봉에 한 키스를 보지 못했다. 오즈번 노인은 꺾여버린 애정과 복수심에서 오는 뼛속까지 사무치는 듯한 비통함에 그 편지를 떨어뜨렸다. 그는 지금도 아들을 사랑하기에 더욱 용서해줄 수가 없었다.

그로부터 약 두 달 뒤, 오즈번 노인과 두 딸이 교회에 갔을 때의 일이다. 아버지가 평소 예배 때 앉던 자리와는 다른 자리에 앉아서 그 맞은편의 머리 위 벽을 올려다보고 있는 것이 딸들의 눈에 띄었다. 그래서 딸들도 아버지가 수심에 잠긴 눈을 돌리고 있는 쪽을 바라보았더니, 벽에는 정교하게 만들어진 기념상이 있었다. 여신 브리타니아가 유골 단지를 안은 채 울고 있고, 그 옆엔 부러진 검이 있으며, 사자가 고개를 들고 웅크리고 있는 것으로 보아 그것이 전몰용사를 기념하여 세워진 조각임을 알 수 있었다. 그 무렵 조각가들은, 오늘날까지도 세인트 폴 성당의 벽을 잔뜩 뒤덮고 있는 야단스러운 이교도 조각상 같은 애도의 상징을 여러 개 만들어두고 있었다. 그런 기념상의 수요는 19세기 들어서 15년 동안 끊이지 않았다.

문제의 기념상 밑에는 유명한 오즈번 집안의 문장이 화려하게 장식되어 있고, '폐하의 육군 보병 제××연대 소속 보병대위 고 조지 오즈번을 기념하는 비(碑). 1815년 6월 18일, 워털루의 대승에서 폐하와 조국을 위하여 싸우다 전사. 향년 28세. 조국을 위하여 목숨을 바침은 기쁘고도 아름다워라'라는 글이 새겨져 있었다.

이 기념비를 보더니 누이들은 견딜 수 없이 신경이 날카로워져 마리아 양은 교회당을 하는 수 없이 떠나버렸다. 신자들은, 새까만 상복을 입고 흐느끼며 나가는 자매들에게 공손히 길을 내주었다. 그리고 전사한 아들의 기념비 맞은편에 앉은 완고한 노부를 동정했다. "아버지는 조지의 아내를 용서해주실까?" 북받쳐 오르던 슬픔이 가라앉자 딸들은 저희끼리 이렇게 말했다. 아들의 결혼으로 부자간에 불화가 생겼음을 아는 오즈번 댁 친지들 사이에서도 그 젊은 미망인이 용서받을 수 있을까에 관해 온갖 이야기가 떠돌았다. 러셀 스퀘어나 도시 남자들 사이에선 그 일로 내기를 하는 일도 있었다.

아밀리아가 오즈번 집안의 며느리로 인정받을 수 있을지 딸들이 조금이라도 걱정하고 있었다면, 얼마 안 가서 가을도 끝날 무렵 아버지가 외국에 다녀오겠다고 말을 꺼내 그 걱정은 더욱 커졌으리라. 아버지는 행선지를 밝히지 않았지만 그가 벨기에로 발걸음을 돌리리라는 것을 딸들은 곧 알았고, 또 조지의 미망인이 아직 브뤼셀에 있다는 것도 그들은 알고 있었다. 그들은 도빈 대위의 모친과 그 집 딸들한테서 가련한 아밀리아의 소식을 제법 낱낱이 듣고 있었던 것이다. 우직한 도빈 대위는 연대의 차석 소령이 전사함으로써 진급했고, 용감한 오다우드 소령도 그의 침착함과 용기를 보일 수 있는 기회가 있을 때마다 늘 그랬듯이 이번에도 크게 공훈을 세워 대령으로 진급하고 바스 훈작사 칭호를 받았다.

두 날의 격전에서 고군분투한 제××연대의 용사로서 이해 가을 아직도 브뤼셀에 남아 요양을 하고 있던 사람들 수는 무척 많았다. 엄청난 전투 뒤 몇 달 동안 브뤼셀 시내는 그야말로 큰 육군병원과도 같았다. 장병들은 상처가 나아지자 모두 공원이나 유원지로 몰려들었다. 목숨을 건진 용사들은 누구나 할 것 없이 허영의 시장 사람들이 하듯 도박도 하고, 방탕도 부리고, 연애도 했다. 오즈번 노인은 제××연대의 상이병을 쉽사리 찾아냈다. 그는 그 연대의 복장을 잘 알고 있었다. 그리고 연대 내의 승진이나 전속은 그전부터 관심을 두고 보아왔기 때문에, 자기가 마치 연대원이라도 되는 듯이 그 연대나 연대장교들의 이야기를 하는 것을 좋아했다. 그가 브뤼셀에 도착한 이튿날, 공원을 마주보고 있는 호텔을 나오니 눈에 익은 색깔의 군복을 입은 한 병사가 공원의 돌 벤치에서 쉬고 있는 것이 보여, 그는 다가가서 덜덜 떨며 그 상이병의 곁에 앉았다.

"당신은 혹시 오즈번 대위의 중대에 있지 않았나요?" 그는 잠시 사이를 두었다가 이렇게 덧붙였다. "그는 내 아들입니다."

그 병사는 오즈번 대위의 중대 소속은 아니었으나, 이렇게 질문을 하는 노신사의 상심하여 수척한 모습에 씁쓸하게 그리고 공손하게 성한 쪽 손을 들어 경례를 붙였다. "육군에서 오즈번 대위만큼 훌륭하고 좋은 분은 없었습니다." 병사는 말했다. "오즈번 대위님 중대의 선임하사관이(지금은 레이몬드 대위님이 중대장이십니다만) 시내에 있는데, 어깨에 입은 총상이 다 나았지요. 어르신이 원하신다면 그 하사관을 만날 수 있을 겁니다. 그 하사관에게 물어보시면 제××연대의 전투상황을 죄다 아실 수 있습니다. 하지만 어르신은 대위님의 친구이신 도빈 소령님을 만나보셨겠지요. 그리고 여기에 계신 오즈번 대위 부인께선 건강이 아주 나쁘다고 들었습니다. 6주 넘게 그 부인은 정신이 나가 있답니다. 그러나 어르신도 다 알고 계실 테지요. 그러면 실례하겠습니다."

오즈번 노인은 병사의 손에다 1기니를 쥐여주고, 그 선임하사관을 호텔 뒤파크에까지 데리고 오면 1기니를 더 주겠다고 했다. 그러자 병사는 바로 하사관을 오즈번 노인에게 데려왔다. 그리고 그 병사는 돌아갔는데, 동료 한 둘을 붙잡고 오즈번 대위의 부친이 왔다는 이야기, 그가 통이 크게 돈을 쓰더라는 이야기를 한 뒤 그들을 데려가 아들을 잃은 늙은 아버지의 지갑에서 나온 돈이 다 떨어질 때까지 진탕 먹고 마시며 놀았다.

오즈번 노인은 어느 정도 회복한 그 하사관과 함께 워털루와 카트르브라를 찾아갔다. 그즈음 영국인들 중에는 그곳을 찾아가는 사람들이 많았다. 오즈번 씨는 하사관을 자기 마차에 태우고 그의 안내를 받아가며 두 싸움터를 두루 다녔다. 노인은 연대가 16일에 행군했다는 도로의 어떤 지점이니, 퇴각하는 벨기에 군대를 추격하던 프랑스 기병대를 연대가 격퇴했다는 비탈길 등을 구경했다. 프랑스군 장교가 군기를 빼앗으려고 아군의 기수와 맞붙어 싸우는데, 군기 호위 하사관이 총에 맞아 쓰러져 오즈번 대위가 가서 그 프랑스 장교를 칼로 쳤다는 곳도 보았다. 그 다음날엔, 길을 따라 아군이 후퇴하여 17일 밤 비를 맞으며 연대가 야영했다는 제방도 구경했다. 나아가, 연대가 진지를 구축하고 온종일 지키면서 여러 차례 대형을 정비하여 적 기병의 돌격을 막고, 제방 뒤에 숨어 맹렬한 프랑스군의 포격을 피했던 곳에 이르렀다. 그날 저녁 적군이 마지막 돌격을 하고 나서 후퇴하자, 영국군의 온

전선에는 진격 명령이 내려졌다. 이때 오즈번 대위는 만세를 부르고 군도를 휘둘러가며 언덕을 달려 내려가다가 총탄에 맞아 쓰러진 것이었다. 그렇게 전사했다는 언덕도 보았다. "아시다시피 대위님의 유해를 브뤼셀까지 운반해가서 매장하신 분은 도빈 소령님이었습니다." 하사관은 낮은 목소리로 말했다. 하사관이 이런 실전담을 하고 있는 동안 그 부근의 농부들은 기념품 채굴자가 되어 십자 훈장이니, 견장이니, 부서진 흉갑이니, 독수리표 깃발이니 하는 여러 전투기념품을 사라며 두 사람을 둘러싸고 빽빽거렸다.

아들이 마지막 공적을 세운 곳을 방문한 뒤 하사관과 헤어지면서 오즈번 노인은 그에게 두둑이 사례했다. 아들의 묘소는 벌써 가보았다. 사실 그는 브뤼셀에 도착하자마자 그리로 마차를 몰았던 것이다. 조지의 유해는 시내에서 가까운 라켄의 아리따운 묘지에 묻혀 있었다. 언젠가 한번 그리로 놀러 갔던 조지는 거기에 자기 묘를 지어주었으면 하는 뜻을 농담으로 말한 적이 있었다. 그래서 그는 친구의 손으로 거기에 묻혔는데, 그가 묻힌 곳은 본당과 탑이 있으며, 꽃과 떨기나무가 심어진 천주교도들의 묘지와는 조그마한 생울타리로 갈린 신성치 못한 곳이었다. 영국 신사이자 이름 있는 영국 육군 대위인 아들이 한낱 외국인들이 묻히는 곳에 매장될 자격도 없어 보였으나 싫어 오즈번 노인은 굴욕감을 느꼈다. 우리가 다른 사람에게 베푸는 아무리 깊은 호의 속에도 얼마나 많은 허영심이 도사리고 있는지, 그리고 우리 사랑이 얼마나 이기적인지 말해줄 사람이 우리들 가운데서 얼마나 되겠는가? 오즈번 노인은, 자기 감정이 순수하지 않으며 부모로서의 본능과 이기심이 함께 갈등을 일으키고 있다는 것을 깊이 생각하지 않았다. 그는 자기가 한 일은 모두 옳고, 어떤 경우는 자기 생각대로 해나가야 한다고 굳게 믿었다. 그리고 마치 말벌의 침이나 뱀의 독니처럼 자기 뜻과 어긋나는 것에는 모조리 증오의 침을 쏘아 독을 뿜는 것이다. 그는 다른 모든 것과 마찬가지로 자신의 그런 증오심을 자랑으로 여겼다. 언제나 자기가 옳고, 남을 짓밟고, 절대로 의심을 하지 않는 위대한 힘을 가졌기에 우둔한 자들이 이 세상의 선두에 서는 것 아니겠는가?

워털루를 찾아갔다가 해가 질 무렵에야 오즈번 씨의 마차가 브뤼셀의 성내에 가까워 오는데, 지붕을 연 사륜마차 한 대와 마주쳤다. 그 마차에는 부인 둘과 신사 하나가 타고, 마차 옆에는 말을 탄 장교 하나가 붙어 있었다.

오즈번 노인이 깜짝 놀라 자빠지니까 옆에 앉은 하사관은 지나가는 장교에게 거수경례를 붙이면서 놀란 듯이 오즈번 노인을 바라보았다. 장교는 기계적으로 하사관의 경례를 받았을 뿐이었다. 그 마차에는 다리에 상처를 입은 젊은 소위와 아밀리아가 타고 있었다. 그리고 그녀의 맞은편에는 믿을 만한 친구 오다우드 부인도 앉아 있었다. 그녀는 분명 아밀리아였지만 오즈번 노인이 알고 있는 생기 넘치고 아리따운 여자와는 딴판이었다! 그녀의 얼굴은 핏기가 없고 여위었다. 그녀의 아름다운 갈색 머리칼은 모자 아래 흐트러져 있었다—가엾기 짝이 없었다. 시선은 고정되어 있었지만 딱히 어딘가를 보는 것은 아니었다. 마차가 서로 스치고 지나갈 때 그 눈은 오즈번 노인의 얼굴을 멍하니 쳐다보았지만, 그게 누군지는 알아보지 못했다. 오즈번 노인도 그녀를 알아보지 못했다가 고개를 들어 도빈이 옆에 붙어 가는 것을 보고서야 그게 누군지 알아차렸다. 그는 그녀를 미워했다. 여기서 만나니까 비로소 얼마나 미워했는지 알게 되었다. 아밀리아의 마차가 지나가버리자 노인은 저주와 적의를 품은 눈으로 하사관을 노려보았다. 그러자 하사관도 노인을 바라보지 않을 수가 없었지만—노인의 눈빛은 마치 '왜 나를 쳐다보는 거야? 제기랄! 나는 저 계집을 미워한단 말이야. 내 희망과 내 자부심 전부를 뒤집어놓은 게 저 계집이란 말이야' 말하는 듯했다. "마부 놈한테 빨리 몰라고 해." 그는 욕지거리와 함께 마부대의 하인을 보고 고함을 질렀다. 잠시 뒤 말발굽 소리를 내며 말 한 필이 오즈번 씨의 마차 뒤를 따라왔다. 도빈이 말을 타고 온 것이었다. 두 마차가 스치고 지나갈 때, 도빈은 딴생각을 하고 있다가 말을 타고 몇 걸음 나가서야 비로소 방금 옆을 지나간 것이 오즈번 씨였다는 생각이 들었다. 그러자 그는 아밀리아가 시아버지를 보고 무슨 인상이라도 받았나 보려고 그녀를 돌아보았지만, 가엾은 그녀는 누가 지나갔는지조차 몰랐다. 그래서 매일같이 그녀를 따라다니던 윌리엄은 시계를 꺼내어 누구와 약속한 일이 지금 갑자기 생각났다고 핑계를 대고는 그녀의 마차에서 멀어진 것이다. 아밀리아는 그것도 눈치채지 못하고 앞만 바라보며 앉아서 멀리 숲이 있는 쪽 흔히 보는 경치를 내다보았다. 그 숲을 지나서 조지가 진군했었다.

"오즈번 씨, 오즈번 씨!" 도빈은 외치면서 다가와 손을 내밀었다. 오즈번 노인은 그 손을 잡으려고도 하지 않고, 하인에게 욕을 섞어가며 말을 빨리 몰라고 호통을 쳤다.

도빈은 마차의 옆쪽에 손을 얹었다. "꼭 뵈었으면 합니다. 전해드릴 말이 있습니다."

"그 계집한테서?" 오즈번 노인은 매섭게 물었다.

"아닙니다. 아드님입니다." 그 소리를 듣자 오즈번 노인은 마차의 구석자리에 턱 자빠져버렸다. 도빈은 마차를 그대로 달리게 내버려두고, 바로 그 뒤를 따라 거리를 지나서 말없이 오즈번 씨의 호텔까지 갔다. 호텔에 들어가 오즈번 씨를 따라 그의 방으로 올라갔다. 조지가 전에 자주 갔던 방이었다. 로든 크롤리 부부가 브뤼셀에 머무는 동안 빌린 방이었던 것이다.

"도대체, 나한테 전달할 명령이라도 가지고 왔나, 도빈 대위? 아니 미안하네, 도빈 소령이라 해야지. 자네보다 나은 사람들이 죽었으니, 자네가 그 자리에 올라간 거겠지." 오즈번 씨는 이따금 즐겨 하는 비꼬는 투로 말했다.

"저보다 뛰어난 사람들이 죽었습니다." 도빈이 대답했다. "그중 한 사람에 대해서 어르신께 말씀드리렵니다."

"간단히 하게." 오즈번 노인은 욕을 섞어가며 이렇게 말하고는 찾아온 손님을 노려보았다.

"저는 여기에 아드님의 가장 친한 친구로서, 그리고 그의 유언집행자로서 온 겁니다. 그는 싸움터로 나가기 전에 유언을 남겼습니다. 그에게 별로 돈이 없었다는 것과 그의 미망인이 지금 얼마나 궁핍한 생활을 하는지 어르신은 아십니까?"

"나는 내 아들의 미망인 따위는 모르네. 친정으로 돌아가게 해요." 그러나 상대편 신사는 화를 내지 않기로 마음먹었기 때문에 이런 방해에도 말을 이었다.

"며느리인 오즈번 부인이 지금 어떤 상황인지 아십니까? 이번에 받은 충격으로 부인의 생명도 이성도 위태로운 지경입니다. 부인이 회복될는지 매우 의심스럽습니다. 그러나 그녀에겐 한 가닥 희망이 남아 있습니다. 실은 그 일 때문에 온 겁니다. 그녀는 머지않아 어머니가 됩니다. 그 부모가 나빴다고 아이까지 미워하실 겁니까? 아니면, 불쌍한 조지를 생각하셔서 아이를 용서하시겠습니까?"

오즈번 씨는 과장해서 자기 자랑을 하는가 하면 욕설을 퍼붓기 시작했다.

먼저 자기가 한 일은 양심에 비추어보아도 부끄럽지 않다고 하고, 조지의 불효를 과장해서 말했다. 그렇게 악독히 부모를 배반한 자식에게 자기처럼 관대히 대해준 아비는 영국 어디에도 없다는 것이었다. 그놈은 자기가 잘못했다는 사과의 말도 없이 죽었으니, 자신이 저지른 불효와 어리석은 짓의 결과를 달게 받도록 하라 했다. 자기로 말하자면(오즈번 씨) 말을 꺼내면 그대로 하는 사람이며, 그 계집하고는 말을 하지도, 며느리로 인정하지도 않겠다고 벌써 맹세를 했다는 것이었다. "그러니 자네도 그 여자한테 그렇게 전해주게. 그리고 나는 죽는 날까지 이렇게 할 것이네." 노인은 맹세의 말로 끝을 맺었다.

이러니 더 무엇을 바랄 여지가 없었다. 미망인은 얼마 안 되는 부조금이나, 조스가 주는 돈으로 살아가는 수밖에 없었다. '가서 이 이야기를 해줘야겠지. 그녀는 별로 귀담아 듣지도 않겠지만.' 도빈은 쓸쓸히 생각했다. 가련한 아밀리아는 남편이 전사한 뒤로 그런 생각을 염두에 두지 않았던 것이다. 슬픔에 억눌려 정신이 멍해진 그녀는 좋은 일에나 궂은일에나 관심이 없었다. 사실, 우정이나 친절에 대해서도 마찬가지였다. 그녀는 우정이나 친절을 불평 없이 받아들이기는 했으나, 받아들이고 나면 다시 슬픔에 잠겨버렸다.

앞에 말한 대화가 있은 지 약 일 년이란 세월이 가엾은 아밀리아의 삶에서 흘러갔다. 처음 몇 달은 그녀가 너무도 가련하게 깊은 슬픔에 잠겨 세월을 보냈기에, 이 여리고 상냥한 여인의 감정을 관찰하며 묘사해온 우리로서는 그 비참한 슬픔을 도저히 눈뜨고 볼 수 없을 지경이었다. 가엾게도 몸을 가누지 못하는 이 여인의 불행한 병상 주위에서는 조용히 걸어 다니시라. 그녀가 고민하던 처음 몇 달 동안 그녀를 간호해주고, 하늘에서 위로의 손길이 내릴 때까지 그녀의 곁을 절대로 떠나지 않은 친절한 사람들처럼, 그녀가 잠든 컴컴한 침실의 문은 조용히 닫으시라. 그러나 이윽고 남편을 여읜 이 여인이 가슴에 아기를 부둥켜안는 무서울 지경의 환희와 기적의 날이 찾아왔다. 죽은 조지의 눈을 꼭 닮은, 천사같이 예쁜 아기였다. 아기의 첫울음 소리를 듣는다는 것이 얼마나 큰 기적이었는지 모른다! 아이를 앞에 놓고 그녀는 얼마나 웃고 울었던가! 그 아이가 자기 가슴에 안겨 있는 것을 보고 그녀의 가슴속에선 사랑과 희망과 기도하는 마음이 다시 얼마나 우러났던가! 아밀리아는 살아났다. 그녀를 진찰하고는 생명이 위태롭지 않을까, 미치지 않을까 걱정하던 의사들이 모자가 다 안전하다고 얘기할 수 있을 때까지 얼마나 초조히 이 고비를 기다렸는지 모른다. 그리고 늘 아밀리아 곁에 붙어 있던 사람들도 그녀의 두 눈이 그들을 향해 다시 상냥히 빛나는 것을 보곤 여러 달을 불안과 걱정으로 지낸 보람이 있다고 생각했다.

우리의 친구 도빈도 그런 사람들 가운데 하나였다. 아밀리아를 영국의 친정어머니에게 데리고 온 것도 그였다. 그때 오다우드 부인은 남편 오다우드 대령으로부터 위압적인 호출을 받고 아밀리아의 곁을 마지못해 떠났던 것이다. 도빈이 아기를 안고 아밀리아가 그 옆에서 아기를 지켜보며 기쁘게 웃음을 짓고 있는 장면은, 유머를 이해하는 사람이라면 매우 재미있다고 여기리라. 윌리엄 도빈은 아이의 대부가 되어주고 아이를 위해 머리를 짜내어 컵, 스푼, 배 모양의 접시, 산호로 만든 젖꼭지를 사주었다.

아밀리아는 아기에게 젖을 먹이고, 옷을 입히고, 아기만 바라보며 살았다. 유모는 모두 내보내고, 자기 말고 다른 사람들에겐 아기를 손대지 못하게 했다. 다만 대부인 도빈 소령에게는 이따금 아기를 안아 보도록 허락하였고, 그것을 그에게 베풀 수 있는 가장 큰 호의로 여겼다. 아기는 아밀리아의 전부였다. 그녀는 어머니로서만 살았다. 아밀리아는 그 연약하고 아무것도 모르는 아이를 사랑과 숭배로써 감쌌다. 아이가 먹는 것은 그녀의 생명이었다. 홀로 있는 밤이면 그녀는 남몰래 강렬한 모성애의 환희를 느꼈다. 그것은 신기한 신의 배려가 여성의 본능에 준 것으로서, 이성보다 훨씬 높은 기쁨이자 이성보다 훨씬 낮은 기쁨이었고, 오직 여자의 마음만이 아는 맹목적인 아름다운 헌신이었다. 이런 아밀리아를 가만히 바라보고 그녀의 마음속을 지켜보는 것이 윌리엄 도빈이 하는 일이었다. 아아, 아밀리아에 대한 그의 사랑이 그녀의 마음을 흔드는 거의 모든 감정을 그가 알아차리게끔 해주면 좋았으련만! 그는 거기에 그가 들어갈 자리가 없음이 결정적이고 명료하다고 보았다. 그래서 자기 운명을 알고 그는 조용히 그것을 견뎠다. 그리고 그걸 견디는 데 만족을 느끼기까지 했다.

아밀리아의 아버지와 어머니도 소령의 뜻을 대충 짐작하고 그를 북돋아주기를 꺼리지 않은 모양이었다. 도빈은 매일같이 그 집에 찾아와서 아밀리아의 부모나 아밀리아, 아니면 성실한 집주인 클랩 씨나 그 집 가족들과 함께

봉봉과자 소령님

지냈다. 그는 여러 핑계를 만들어 거의 매일처럼 모든 사람에게 선물을 갖다 주었다. 아밀리아가 귀여워하던 집주인의 어린 딸에게 그는 '봉봉과자 소령님'으로 통했다. 그가 가면 보통 이 여자아이가 아밀리아에게 가서 아저씨가 오셨다고 알려주었다. 어느 날 '봉봉과자 소령'의 마차가 풀럼 집 앞에 멈추고 그가 목마니 북이니 나팔이니 하는 전쟁놀이 장난감을 가지고 내리자 아밀리아는 몹시 웃었다. 아직 생후 6개월도 채 안 되는 어린 조지에게 그런 장난감은 너무 일렀기 때문이다.

아기는 자고 있었다. "쉿!" 아밀리아가 말했다. 소령의 구두에서 나는 삐걱거리는 소리가 신경에 거슬렸던 모양이다. 그리고 손을 내밀었는데, 장난감을 안고 온 윌리엄은 그것을 내려놓을 때까지 그 손을 잡을 수 없었다. 그 모습에 그녀는 또 생글 웃었다. "아래층으로 내려가 있으렴, 메리." 도빈이 말했다. "할 이야기가 있으니까." 아밀리아는 좀 놀란 듯이 그를 쳐다보더니 아기를 침대에 뉘었다.

"난 이별인사를 하러 왔소, 아밀리아." 그가 그녀의 가늘고 하얀 손을 살그머니 잡았다.

"이별이라고요? 어디로 가시는데요?" 그녀는 미소를 머금고 말했다.

"편지는 대리인에게 보내주시오. 그러면 나한테로 돌아올 테니. 내게 편지를 해줄 거지요? 오래 떠나 있을 듯하거든요."

"우리 조지에 대해서 편지로 알려 드리지요." 그녀가 말했다. "윌리엄 씨, 당신은 아이에게도 저에게도 참 친절하셨어요. 보세요. 천사 같지 않아요?"

아기의 두 분홍빛 손이 우직한 소령의 손가락을 자동으로 움켜쥐었다. 아밀리아는 어머니다운 기쁨으로 얼굴이 환해져서 소령을 쳐다보았다. 도빈에겐 그 어떤 괴로운 표정보다도 희망을 가질 수 없는 그녀의 상냥한 눈이 더욱 가슴 아팠다. 그는 아기와 어머니 위로 몸을 굽혔다. 잠시 아무 말도 할 수 없었다. 그러다가 온몸의 힘을 모아 비로소 잘 있으라는 말을 간신히 입밖에 낼 수가 있었다. "잘 가세요." 아밀리아도 이렇게 말하고 얼굴을 들어 그에게 키스를 했다.

"쉿! 조지가 깨요!" 윌리엄 도빈이 무거운 발걸음으로 걸어가자, 아밀리아가 말했다. 그녀에겐 도빈이 타고 가는 마차의 바퀴소리도 들리지 않았다. 그녀는 잠결에 웃고 있는 아기만 바라보고 있었다.

제36장
한 해를 무일푼으로 훌륭히 살아가는 법

우리의 이 허영의 시장에 사는 사람치고 이따금 친지들의 살림살이를 생각해보지 않을 만큼 초연한 사람은 없을 것이며, 이웃의 존스나 스미스가 어떻게 연말에 가서 살림의 수지를 맞추어 나가나 하고 의심을 갖지 않을 정도의 성인도 없으리라 본다. 예를 들어 내가 (사교 시즌에 두세 번은 그 집 식구들과 만찬을 나누기 때문에) 충분히 경의를 표하고 있는 젠킨스 가족들을 보면, 그 집 식구들이 근위병 같은 하인을 데리고 큰 사륜마차로 공원에 나타나곤 하는 것이 솔직히 말해서 나에겐 죽는 날까지 놀라운 수수께끼로 남을 것이다. 그 말과 마차가 전세를 낸 것임에 지나지 않으며 그 집 하인들 모두 식비로 임금을 대신하는 줄은 나도 알지만, 그렇다 해도 하인 셋에 마차 한 대면 적어도 일 년에 6백 파운드의 경비가 들게 마련이다. 거기다 잘 먹고, 아들 둘을 이튼 학교에 보내고, 딸들에겐 일류 가정교사와 선생들이 붙어 있다. 또 외국 여행을 하고, 가을철엔 이스트본이나 워딩으로 놀러가며, 해마다 여는 무도회에는 건터 제과점 음식을 내놓는다(나는 빈자리를 채우느라고 한 번 초대를 받은 일이 있어 잘 알지만, 젠킨스 씨는 고급 만찬회를 베풀 때면 건터 제과점에서 음식을 가져왔다. 그때 가서 나는 얼른 눈치챘는데, 젠킨스 씨의 친지들 가운데 신분이 좀 낮은 사람들이 초청받는 연회에는 보통 그렇게 좋은 음식이 나오지 않는 모양이었다). 일이 이러하니, 나쁜 마음이 전혀 없더라도 도대체 젠킨스네 집안이 어떻게 저렇게 살아가나 의심하지 않을 사람이 있겠는가. 젠킨스는 어떤 사람인가? 우리가 모두 알다시피 연봉 1천 2백 파운드의 문서국 사무관이다. 그의 아내에게 재산이라도 있는 것일까? 천만에! 플린트 양은 버킹엄셔 소지주의 열한 남매 중 한 명이 아닌가? 그녀가 친정에서 얻어오는 것이라고는 크리스마스 칠면조 뿐이다. 그것도 사교 시즌이 아닐 때 친정 여동생들 두셋을 맡아두고, 남자 형제들이 시내에 올 때 돌봐주는 조건이다. 그렇다면 젠킨스는 그 수입으로 어떻게 살아갈까? 그의 친구들도 모두 그렇게 말하겠지만, 어떻게 추방당하지도 않고 그가 작년에 불로뉴에서 태연히 돌아왔는지(그래서 모두가 놀랐지만) 참으로 이상한 일이다.

여기서는 일반 사회의 한 개인의 자격으로 '나'라고 내세웠는데—독자 여러분의 친한 친구 가운데 이른바 '그런디 부인'^{(세상 평판}_{을 뜻함)}이라 해도 좋다—어느 누구에게 물어봐도 저 집만은 어떻게 살림을 꾸려나가는지 모르겠다는 그런 친지들이 꼭 있다. 우리는 모두 손님 초대를 좋아하는 집에 초대받아 술을 몇 잔이고 마시고서는, 속으로는 도대체 무슨 돈으로 이 술값을 다 치를까 궁금해 한다.

로든 크롤리 부부가 파리에 3~4년 머문 뒤 메이페어의 커즌 거리에 있는 아늑한 작은 집에 자리를 잡자, 그 집 만찬회에 초대를 받은 수많은 친구들 가운데 로든 부부에 대해서 앞서 말한 의문을 가지지 않는 사람은 거의 없었다. 앞에서도 말했지만, 소설가는 뭐든 다 알고 있다. 게다가 나는 로든과 그의 아내가 수입 없이도 사는 방법을 공개할 수 있는 위치이므로, 요즘 발간되는 여러 정기간행물에서 내용 일부를 발췌하기를 일삼는 신문들에 다음의 정확한 기사와 계산 전체를 싣지 말아주기를 간청하고 싶다. 이 특종 기사는 내가(비용까지 들여서) 캐낸 것이니 득을 보는 건 나여야 할 것이다. 나에게 운 좋게 아들이 있다면 나는 이렇게 일러주겠다—항상 저 사람과 교제하고 깊이 파고들어 가서, 돈 한 푼 없이 일 년을 편안히 사는 법을 배워와라. 그러나 그렇게 사는 신사들과는 가까이하지 말고, 그들의 가계는 로그표를 보듯이 그저 그런 거라고 여겨둠이 상책이다. 우리가 그런 생활을 하려 들다가는 많은 희생이 따르기 때문이다.

어쨌든 로든 부부는 연수입 없이 약 2~3년 동안 파리에서 아주 행복하고 안락하게 지냈다. 그동안의 일에 대해서는 아주 간단하게밖에 설명할 수 없지만, 로든이 근위기병대를 나오면서 그 권리를 팔아버린 것도 이 무렵이었다. 그러므로 우리가 그를 다시 만날 때에는 그의 콧수염과 명함에 새긴 중령이란 칭호가 그의 군대생활을 기념하는 유일한 것이었다.

레베카가 파리에 도착하자마자 그곳 사교계를 주름잡고, 혁명 뒤 본디의 지위를 회복한 저명한 프랑스 귀족들네 저택에도 드나든 것은 이미 말한 바 있다. 파리에 있는 영국의 상류층 신사들도 그녀의 환심을 사려고 했는데, 그런 벼락출세자를 차마 상대할 수 없었던 그 신사들의 부인들은 몹시 넌더리를 냈다. 포부르 그 생 제르맹의 살롱에서 지위가 확고해지고, 화려한 새 궁정에서 남다른 대접을 받은 몇 달 동안 크롤리 부인은 기뻐서 어쩔 줄 몰랐으며 조금 들뜨기까지 했을 것이다. 이렇게 의기양양한 동안 그녀는 남편의 주된 친구인 우직한 청년장교들 따위는 상대도 하지 않았다.

그러나 중령은 그 궁정에 모여든 공작부인이나 그 밖의 귀부인들 사이에서 처량하게 하품을 해댔다. 에카르테(³²장의 카드로 두 사람이 하는 카드놀이)를 해도 노부인들은 5프랑짜리 은화 한 닢을 가지고도 법석이니 크롤리 중령이 마주앉아 노름을 할 상대가 못되었다. 그는 프랑스어를 모르기 때문에 그들의 대화가 재미있는지도 이해할 수가 없었다. 그래서 그는 아내에게 그런 귀부인들을 매일 밤 만나면 도대체 뭐가 좋으냐고 물었다. 마침내 그는 레베카더러 파티에는 혼자 나가라고 내버려둔 채 전처럼 마음 맞는 친구들을 찾아가 취미와 오락을 즐겼다.

어느 신사가 한 해를 무일푼으로 훌륭히 살아간다고 할 때, 그 '무일푼'이란 말은 사실 정체를 알 수 없는 무언가를 뜻한다. 간단히 말해서, 문제의 신사가 집안 생활비를 어떻게 치르는지 우리가 모른다는 뜻이다. 그런데, 우리의 로든 중령은 운에 좌우되는 게임은 무엇이든지 무척 좋아했다. 그리고 늘 트럼프니 주사위니 당구 큐를 가까이했기 때문에, 어쩌다 한 번씩 손에 드는 사람들보다 훨씬 노련했음은 뻔한 일이다. 당구에서 큐를 잘 다룬다는 것은 화필이나 플루트나 검을 사용하는 것과 마찬가지다. 이런 것들은 단번에 잘할 수 있는 것이 아니라, 끊임없이 연습과 인내를 거듭해야만 그 어느 것이든 훌륭히 다룰 수 있다. 단순히 솜씨 좋은 아마추어였던 로든은 이제 당구의 달인이 되었다. 위대한 장군처럼 그의 천재력은 늘 위기에 직면할 때 고개를 들었다. 그래서 한 승부 내내 운이 나빠 결국 판돈을 잃게 될 듯하면, 다시없는 기술과 담력으로 놀라운 히트를 쳐서 만회하고 마지막 승자가 되었으므로 누구든 놀라게 했다. 누구든이라고는 하나, 모두 그와 처음으로 노름을 하는 사람들이었다. 그가 노름하는 것을 늘 보는 사람들은 이렇게 갑작스러운 기략과 압도적인 기술을 가진 사나이를 상대로 돈을 거는 것을 조심했다.

카드놀이에서도 그는 마찬가지로 솜씨가 좋았다. 저녁에 시작할 때는 서투르게 실수를 하기도 해서 돈을 잃기 일쑤였으므로 그와 처음으로 맞붙는 사람들은 그를 얕볼 수가 있는데, 몇 번이나 조금씩 잃다가 정신을 차려 손을 쓰기 시작하면, 로든의 솜씨가 확 달라져서 상대는 거의 밤이 새기도 전에 패했다는 것을 깨달았다. 사실, 그를 이겼다고 자랑하는 사람은 좀처럼 없었다.

그가 너무도 연거푸 이기니, 져서 샘이 나는 친구들이 이따금 그가 이긴데 대해 신랄한 소리를 하는 것도 무리가 아니었다. 프랑스 사람들은, 싸움에 한 번도 져본 일이 없는 웰링턴 공을 보고 그가 늘 개선장군이 된 것은 운이 좋았기 때문이라고 한다. 하지만 그렇게 말하면서도 웰링턴 공이 워털루에서 속임수를 써서 마지막 함정에서 성공했다고 하면 그럴 거라고 시인한다. 이와 마찬가지로 영국 친구들 사이에서는 크롤리 중령이 그렇게 연달아 노름에 이기는 걸 보면 반드시 무슨 속임수를 썼을 거라고 말하는 것이었다.

그즈음 파리는 도박장 프라스카티와 여러 살롱이 개방되어 있었지만, 도박 열기가 어찌나 뜨겁던지 공인된 도박장만으로는 모자랄 지경이었다. 그래서 그런 욕망을 충족시킬 공공시설이 전혀 없다는 듯 개인 집에서 도박이 행해졌다. 로든 크롤리네 집에서 저녁이면 열리는 조그마한 모임에서도 이 끔찍한 오락을 자주 했다—온순한 크롤리 부인은 그걸 몹시 싫어했지만 말이다. 그녀는 남편이 좋아하는 주사위 노름을 개탄하면서 집에 찾아오는 사람마다 붙잡고 우는소리를 했다. 젊은 친구들이 집에 오면 주사위 상자에 절대로 손대지 말라고 애원했다. 그리고 소총대 소속 그린이라는 젊은 친구가 아주 큰 액수의 돈을 잃었을 때, 하인이 그 청년에게 말한 바와 같이 레베카는 밤새 울고, 실제로 남편에게 가서 무릎을 꿇고는 그린의 빚을 면제해주고 증서를 태워버리라 애원했다. 하지만 그가 어떻게 그럴 수 있겠는가? 로든은 자신도 경기병 블랙스톤이나, 하노버 기병대의 펜터 백작에게서 그 정도의 돈을 잃었다고 했다. 그린에게 시간적 여유를 주는 거라면 모를까, 돈을

받지 말라니? 물론 돈은 한 푼도 빠짐없이 받아내야 하며, 차용증서를 태워 버린다는 건 말도 안 되는 일이라고 했다.

다른 장교들, 그것도 거의 젊은 장교들은—젊은이들이 크롤리 부인에게 모여들었으므로—레베카의 카드 테이블에서 많으나 적으나 돈을 잃고 울상이 되어 돌아갔다. 그리하여 레베카네 집에 대해서 좋지 않은 평판이 돌기 시작했다. 노련한 사람들은 미숙한 친구들에게 그 위험성을 경고했다. 파리에 주둔하는 부대들 가운데 하나인 제××연대의 오다우드 대령은 그 연대의 스푸니 중위에게 주의를 주었다. 카페 드 파리에서 저녁을 먹고 있던 이 보병대령 부부는 마찬가지로 거기서 식사하고 있던 크롤리 중령 부부와 큰 소리로 싸웠다. 양쪽 부인들도 가만히 있지 않았다. 오다우드 부인은 크롤리 부인 앞에 손가락을 딱딱 튀기며 그녀의 남편을 사기꾼이라고 했다. 크롤리 중령은 오다우드 대령에게 결투를 신청했다. 사령관이 이 논쟁에 대한 소식을 듣고, '마커 대위를 쏜' 바로 그 권총을 준비하고 있던 크롤리 중령을 불러 잘 타이른 덕에 결투는 일어나지 않았다. 레베카가 만약 터프토 장군 앞에 무릎을 꿇고 사과하지 않았다면 크롤리는 영국에 송환되었을지도 모른다. 그 때문에 그 뒤 몇 주일은 크롤리도 문관들만 상대했다.

그러나 로든이 아무리 솜씨가 틀림없고 늘 이기기만 해도 레베카가 보기에 그들 부부의 처지는 실로 불안한 것이며, 누구에게 돈을 내주는 일이 거의 없더라도 그들의 적은 밑천이 언젠가 바닥날 것이 뻔했다. "여보, 도박은 당신 수입을 보태주기는 해도, 그것 자체가 수입이 될 수는 없어요. 언젠가는 모두들 노름에 지칠 거예요. 그러면 우리는 어떡해요?" 로든도 아내의 의견에 동의했다. 사실 남자들은 그의 집에 와서 며칠 밤 야식을 먹고 놀고 가더니 그와 노름하는 것을 지겨워했고, 레베카가 아무리 매력적이어도 그들이 기꺼이 찾아오게 만들지는 못한다는 것을 깨달았다.

그들의 파리 생활은 안락하고 재미있었지만, 결국 모두 쓸데없는 시간낭비이며 하찮은 일에 지나지 않았다. 그래서 레베카는 로든의 출셋길을 영국에서 찾아야겠다고 생각했다. 그를 본국이나 식민지의 어떤 자리에 앉혀야 하는 것이다. 그래서 길만 트이면 영국에 돌아가리라 결심했다. 그 첫걸음으로 그녀는 로든에게 근위기병 중령의 권리를 팔게 하여 퇴역 연금으로 살아가도록 했다. 터프토 장군의 전속부관직은 그전에 그만두었다. 그래서 레베카는 그 장군을 가리켜 가발을 썼다느니(장군은 파리에 오자마자 썼다), 허리띠를 매고 있느니, 이가 의치라느니, 호색한인 척한다느니, 자기가 다가가면 어떤 여자든지 자기한테 반해버린다는 어리석은 허영심을 가지고 있다느니 하면서 어느 자리에서든 비웃고 다녔다. 장군이 요새 브렌트 부인, 병참장교 브렌트의 눈썹이 짙은 아내에게 관심을 돌린 것이다—꽃다발을 주고 식당에 데려가고 오페라를 보여주며 장신구도 사주었다. 가엾은 터프토 부인은 여전히 불행했으며, 자기 남편이 향수를 뿌리고 머리를 지지고 나가서는 극장에서 브렌트 부인의 의자 뒤에 서 있는 것을 알아도 그저 딸들과 긴 밤을 보내야 했다. 베키는 터프토 장군을 대신하는 숭배자들이 여남은 되어, 그녀의 라이벌을 기지로 잘라낼 수 있었다. 그러나 앞서도 말했듯이, 그녀는 이런 쓸모없는 사교생활에 점점 싫증을 느끼고 있었다. 오페라 구경도, 식당에 가서 식사를 하는 것도 흥미가 없어졌다. 꽃다발을 받아도 앞날의 양식이 될 수는 없었다. 장신구, 레이스 달린 손수건, 산양 가죽 장갑으로 먹고 살 수도 없었다. 그녀는 쾌락의 경박함을 절실히 느끼고 좀 더 실속 있는 이익을 간절히 바라게 되었다.

때마침 한 소식이 파리에 있는 중령의 채권자들 사이에 퍼져 그들을 크게 만족시켜주었다. 중령이 막대한 유산을 받기로 되어 있는, 갑부인 고모 크롤

파리를 떠나는 로든 부인

리 노부인이 위독하다는 것이었다. 중령은 얼른 고모의 병상으로 달려가야
했다. 레베카와 아이는 남편이 데리러 올 때까지 뒤에 남아 있기로 했다. 로
든은 칼레항으로 출발했다. 다들 그가 거기에 닿기만 하면 곧장 도버로 건너
갈 것이라고 생각했다. 그런데 그는 그러지 않고 됭케르크행 승합마차를 탄
뒤 거기서 다시 전부터 좋아하던 브뤼셀로 갔다. 사실 그는 파리보다 런던에
빚이 더 많았던 것이다. 그래서 소란스러운 두 도시보다는 조용한 벨기에가
그에겐 마음에 들었다.

마침내 시고모가 돌아가셨다. 크롤리 부인은 아이와 함께 애도했다. 중령은 유산 문제로 바빴다. 이제 그들이 묵었던 호텔의 중이층(中二層) 작은 방 대신 일등실을 쓸 수 있는 것이다. 크롤리 부인은 새로 들어갈 방의 커튼에 대해서 호텔 주인과 상의하고, 융단을 두고 언쟁을 벌이기도 했다. 결국 모든 협의가 끝났는데, 숙박비 계산만이 이루어지지 않았다. 그녀는 프랑스 하녀와 아이를 데리고 떠났다. 기특한 호텔 주인 내외는 문간에까지 나와 미소를 지으며 배웅했다. 터프토 장군은 그녀가 떠났다는 소식을 듣고 노발대발했다. 그러자 장군이 화를 낸다고 브렌트 부인이 화가 났다. 스푸니 중위는 몹시 낙심했다. 호텔 주인은 매력 있는 부인이 남편하고 돌아오기 전에 얼른 제일 좋은 방을 마련했다. 그는 크롤리 부인이 맡기고 간 짐 가방들을 소중히 잘 모셨다. 그녀가 특히 대단한 것이라는 듯 말했던 것이다. 그러나 얼마 뒤에 열어보았더니 별로 값진 것은 들어 있지 않았다.

그런데 크롤리 부인은 브뤼셀에서 남편과 만나기 전에 먼저 영국으로 갔다. 어린 아들은 대륙에 남겨두고 프랑스 하녀더러 돌보라고 했다.

레베카와 어린 아들이 헤어질 때는 어느 쪽도 그리 슬퍼하지 않았다. 사실 그녀는 아이를 낳고는 잘 돌보지 않았다. 프랑스 유행을 따라 그녀는 아이를 파리 이웃 마을에 사는 유모에게 맡겨두었다. 거기서 아이는 생후 몇 달 동안 나막신을 신은 수많은 젖 형제들과 같이 불행을 모르고 지냈다. 로든은 아이를 보러 여러 번 말을 타고 그리로 갔다. 볼이 빨간 자기 아이가 때 묻은 얼굴로 기운차게 소리를 지르고, 유모인 정원사의 아내가 돌보는 데서 진흙 파이를 만들며 좋아하는 것을 보며 아버지 로든은 가슴이 벅차올랐다.

레베카는 아들을 보러 가는 걸 그리 좋아하지 않았다. 한번은 아이가 그녀의 새 비둘기색 외투를 더럽혀 놓은 일이 있었다. 아이도 자기 어머니보다 유모가 안아주는 것을 더 좋아했다. 그리고 마침내 그 친어머니와도 같은 쾌활한 유모에게서 떨어졌을 때 아이는 몇 시간이나 큰 소리로 울었다. 레베카가 그 이튿날 유모에게로 다시 보내준다고 하자 비로소 울음을 그쳤다. 유모도 마찬가지로 아이와 떨어지는 것이 슬펐다. 그래서 레베카가 아이를 곧 돌려보내준다고 말했더니 한동안 아이가 돌아오기만을 손꼽아 기다렸다.

사실 로든 부부는, 그 뒤 대륙에 건너가 유럽의 여러 나라 수도에서 사기를 친 배짱 좋은 영국 모험가 무리의 선구자 가운데에 넣어도 좋을 것이다.

1817~18년 즈음 인기 좋던 시절에 영국인은 부귀와 영예 때문에 많은 존경을 받았다. 내가 들은 바에 따르면 그 당시 영국인들은, 오늘날 영국인들처럼 악착같이 에누리를 하는 법을 몰랐던 모양이다. 유럽의 대도시들은 그때까지만 해도 영국 악당 패들이 활동하는 무대가 아니었다. 그런데 지금은 프랑스나 이탈리아의 아무 도시에 가도 영국 귀족들이 어디든 지니고 다니는 그 으스대고 오만한 태도로 여관 주인들에게 사기를 치고, 믿기 쉬운 은행 앞으로 위조수표를 끊어준다. 마차제조업자에게 마차를 만들게 하여 타고 도망치고, 금세공업자에게 장신구를 만들게 한 뒤 훔쳐서 달아난다. 만만한 여행자를 상대로 카드놀이를 해 돈을 빼앗고, 심지어는 공공 도서관에서 책을 훔쳐간다. 이런 일이 유럽 곳곳에서 일어나는데, 30년 전만 해도 자가용 마차로 여행하는 영국 귀족이라고 하면 어디서든 돈을 빌려 주고, 남을 속이는 것이 아니라 오히려 속임을 당했다. 로든 부부가 파리에 머물면서 묵었던

호텔 주인은 그들 부부가 떠나고 몇 주가 지나서야 비로소 숙박비를 떼어먹혔다는 것을 알아차렸다. 그것도 부인 장신구상을 하는 마담 매러부가 크롤리 부인에게 갖다준 물건에 대한 계산서를 가지고 여러 번 찾아오고, 궁정에서 불도르 귀금속상을 하는 디들로 씨가 자기 가게에서 시계와 팔찌를 사가신 예쁘장한 영국 귀부인은 아직 안 돌아오셨느냐고 대여섯 번 물으러 와서 깨닫게 된 것이었다. 사실 크롤리네 아이를 보살핀 정원사의 아내도 건강한 아이에게 정성껏 젖을 먹인 처음 6개월 뒤로는 돈을 한 푼도 받지 못하고 있었다. 유모에게까지도 돈을 떼어먹은 것이다―로든 크롤리 부부로선 너무 급하게 떠나느라 유모에 대한 사소한 빚은 잊어버렸는지도 모르지만. 그리하여 호텔 주인은 죽을 때까지 영국인에게 저주를 퍼부었다. 그는 손님이 오면 꼭 크롤리 중령이란 사람을 아는지 물었다―아내와 함께였지요, 아주 재치 있는 자그마한 여자였는데 하고 말이다. "글쎄 그 부부한테 단단히 사기를 당했습니다그려." 이렇게 봉변당한 이야기를 하는 그의 어조는 듣기만 해도 처량했다.

레베카가 런던으로 돌아간 목적은 남편의 수많은 채권자들에게 1파운드당 9페니에서 1실링의 청산분배금을 낸다고 제안하고 어떻게든 타협해, 남편이 영국에 돌아오게끔 하려는 것이었다. 이 가장 어려운 협상을 하는 데 그녀가 취한 수단이 무엇인지 밝혀낸다는 것은 우리답지 못한 일이지만, 말하자면 대충 이렇다. 즉 자기가 채권자들에게 제안한 금액은 자기 남편이 긁어모을 수 있는 돈의 전부임을 보여주고, 그 채무가 정리되지 않으면 남편 크롤리 대령은 영국으로 돌아오지 않고 영영 대륙에 남아 있기를 원한다는 것을 그들에게 납득시켰다. 그리고 남편에겐 더 이상 돈이 나올 곳이 없으니 지금 자기가 줄 수 있는 분배금 이상의 돈을 받아낼 가망이 절대로 없다는 것을 그들에게 증명하고, 마침내 채권자 전원에게 자기 제안을 수락케 한 뒤, 1천 5백 파운드로 그 10배나 더 되는 빚을 청산해버린 것이다.

크롤리 부인은 변호사도 쓰지 않고 협상했다. 그녀는 채권자가 분배금을 받느냐 받지 않느냐 하는 간단한 문제라고 말했는데, 사실 그 말대로 일은 간단해서 채권자 측 변호사들에게 일을 보게 만들었다. 레드 라이온 스퀘어의 데이비즈 씨 대리인인 루이스 씨와 커시터 거리의 마나세 씨 변호사인 모스 씨(이들이 중령의 제일 큰 채권자들이었다)는 그녀의 일 처리 능력을 칭찬하면서, 전문가들 가운데서도 부인을 당해낼 사람은 없다고 말하기까지 했다.

레베카는 그들의 축하를 아주 겸손하게 받아들였다. 그리고 일을 보는 동안은 작고 우중충한 숙소에 셰리주와 빵을 주문하여 상대와 변호사들에게 대접했다. 헤어질 때는 그들과 아주 기분 좋게 악수를 하고 곧장 대륙으로 돌아가 남편과 아들을 만나선, 남편에게 이젠 그가 빚에서 깨끗이 해방되었다는 희소식을 전했다. 어린 아들은 어머니가 없는 동안 프랑스 하녀 즈느비에브에게서 몹시 천대를 받았다. 이 하녀는 칼레 병영의 어떤 군인과 사귀었는데, 칼레의 해변가에 아이를 둔 채 군인한테 정신이 팔려 있다가 아이를 잃어버려 아이가 물에 빠져 죽을 뻔했던 것이다.

브뤼셀에서 런던으로 돌아온 크롤리 중령 부부는 메이페어의 커즌 거리에 있는 자기네들 집으로 가서, 앞서 말한 무일푼으로 살아나가는 사람들이 꼭 지녀야 하는 솜씨를 본격적으로 발휘하기 시작했다.

제37장
앞의 이야기 계속

먼저 한 해 동안 무일푼으로 집을 빌리는 법부터 설명해야겠다. 가구 없이 빌릴 경우에는 길로우스 상회나 밴팅스 상회와 신용거래만 되면 마음껏 자기 취향대로 집을 꾸밀 수 있고, 가구가 비치된 집을 빌리면 누구에게나 덜 귀찮고 덜 복잡하다. 그래서 크롤리 부부는 가구가 비치된 집을 빌렸다.

볼스가 크롤리 노부인의 집사로서 파크 레인 댁과 그 집 지하실을 주관하기 전에 래글스라는 집사가 있었다. 이 사나이는 퀸스 크롤리 댁 사유지에서 태어났으며 그곳 정원사의 차남이었다. 품행이 단정하고 생김새와 장딴지가 훌륭한 데다 태도도 의젓하여, 그는 칼 가는 자리에서부터 마부 자리로 올라가고, 마부 자리에서 다시 집사로 승진하였다. 꽤 높은 급료와 두둑한 팁을 받고, 저축도 많이 하면서 오랜 세월 크롤리 노부인 댁 집사로 있다가, 전에 그 댁의 요리사였던 여자와 혼인하게 되었다고 알렸다. 그 여자는 세탁물 주름을 펴는 압착 롤러를 가동한다든가, 조그마한 청과물 가게를 낸다든가 하며 이웃에서 잘 지내고 있었다. 두 사람은 사실 몇 년 전 비밀리에 식을 올렸으나, 래글스가 결혼한다는 소식이 처음으로 크롤리 노부인 귀에 들어간 것은 전부터 부엌에 자주 나타나 브리그스 양의 주의를 끌었던 일곱 살과 여덟 살 난 사내아이와 계집아이의 입을 통해서였다.

래글스는 그때부터 집사를 그만두고 몸소 청과물 가게를 보았다. 그는 새로 우유니 크림이니 계란이니 시골에서 잡은 돼지고기 따위를 더 갖다놓고, 퇴직한 다른 술집에서 술을 팔 때 자기만은 시골에서 나는 간단한 물건들을 파는 것으로 만족했다. 그런데 이웃 집사들과 사이가 좋을뿐더러 가겟집 부부가 그들을 안쪽 아늑한 객실에 모시고 잘 대접한 덕에, 많은 친구들이 그 가게 우유와 크림, 계란을 사주어 래글스의 수익은 해마다 늘어갔다. 그는 해가 갈수록 조용히 조심성 있게 돈을 모았다. 그리하여 프레더릭 듀세이스 씨가 일류 기술자들이 만든 값진 가구만 가지고 외국으로 떠날 때까지 메이 페어 커즌 거리 201번지의 아늑하고 독신자 주택으론 나무랄 데 없는 집을 판다고 내놓았을 때, 그 집 권리와 가구를 산 사람은 다름 아닌 이 찰스 래 글스였다. 게다가 집값의 일부를 아는 집사에게 빌리기는 했으나 거의 자기 돈으로 치렀다. 그래서 그의 아내는 조각이 새겨진 마호가니 침대에서 자면 서 실크 커튼에 거대한 전신거울, 자기와 남편과 온 식구들이 다 들어갈 만 한 옷장이 서 있는 것을 보곤 적잖이 우쭐해했다.

물론 그들은 이런 사치스러운 방을 계속 쓸 생각이 없었다. 래글스가 그 집을 산 것은 세를 놓기 위해서였다. 세입자가 생기자마자 그는 청과물 가게 로 다시 돌아갔다. 그러나 빌려준 집을 나와서도 커즌 거리 쪽으로 걸어가, 창가에 제라늄 화분이 있고 현관에 조각이 든 청동 문고리가 달려 있는 자기 집―자기 소유의 집―을 바라보는 기쁨이란 이만저만이 아니었다. 이따금 부엌 앞 철책 있는 데서 빈둥거리던 그 집 하인이 그에게 정중히 인사를 했 다. 그 집 요리사는 그의 가게에 청과물을 사러 와서 그를 보고 '집주인 어 른'이라고 불렀다. 그래서 세입자가 뭘 하는지, 저녁에 무엇을 먹는지 하는 것까지 묻기만 하면 모조리 알 수가 있었다.

래글스는 사람이 선량하여 행복했다. 셋집 덕에 연수입이 많이 올랐기 때 문에 그는 자녀들을 좋은 학교에 보내기로 결심했다. 그래서 비용에 관계없 이 아들 찰스는 스위시테일 박사의 슈거케인에 맡기고, 어린 마틸다는 클래 펌에 있는 패코버 여사의 로렌티넘 학교에 넣었다.

래글스는 자기가 이렇게 성공한 것이 크롤리 집안 덕택이라 여기고, 그 집 사람들을 사랑하고 존경하였다. 그는 가게 안쪽에 옛 주인 크롤리 노부인의 그림을 걸어두었고, 노부인이 손수 먹물로 그린 퀸스 크롤리 댁 문지기집 그 림도 있었다. 그리고 그가 커즌 거리 집에 장식을 덧붙인 것이 딱 하나 있다 면, 그것은 '준남작 월폴 크롤리 경의 시골집, 햄프셔의 퀸스 크롤리 저택' 이라 제목을 붙인 판화였다. 준남작이 백마 6마리가 끄는 금마차를 타고 백 조로 뒤덮인 어떤 호숫가를 지나가고 있으며, 호수에는 버팀테가 들어간 치마를 입은 귀부인들과 깃발을 세우고 가발을 쓴 악사들이 탄 거룻배들이 떠 있는 그림이었다. 래글스는 이 세상 어디에도 그렇게 훌륭한 저택과 존귀한 가문은 없다고 진심으로 생각했다.

불행인지 다행인지, 로든 부부가 런던에 도착했을 무렵, 커즌 거리에 있는 래글스의 집은 마침 비어 있었다. 중령은 그 집과 집주인을 잘 알고 있었다. 래글스와 크롤리 집안의 관계는 지금까지 이어지고 있었다. 크롤리 노부인이 손님들을 대접할 때마다 래글스가 집사 볼스를 거들어주었던 것이다. 그래서 래글스는 중령에게 자기 집을 빌려주었을 뿐만 아니라 그 집에 손님이라도 있으면 집사 노릇까지 했다. 그리고 래글스의 부인은 아래층 부엌에서 일하며 크롤리 노부인까지도 칭찬했을 만한 음식을 만들어 올려보냈다. 로든이 무일푼으로 집을 장만한 것도 이러한 연유에서였다. 래글스는 세금, 아는 집사에게서 빌린 돈의 이자, 자기 생명보험료, 자녀들 학비, 자기 집 식구들의 음식값—그리고 한때는 크롤리 중령의 식구들 것까지—을 지불해야 했다. 그리하여 그는 쫄딱 망하고, 자녀들은 거리에 나앉고, 그 자신은 플리트 교도소에 투옥당했다. 하지만 여전히 한 해를 무일푼으로 살아가는 작자들의 생활비는 누군가가 부담해야만 했다—이렇게 불행한 래글스는 크롤리 중령의 불완전한 자본금의 대변자가 되고 만 것이다.

이러한 크롤리식 생활을 일삼는 자들 때문에 나쁜 짓을 하고 파산하게 된 가족들이 얼마나 많은지 모른다. 또한 소상인들의 돈을 떼어먹고, 고용인들의 얼마 되지도 않는 급료를 속여먹고, 2~3실링의 돈을 속이는 귀족들도 얼마나 많은지 모른다. 어떤 귀족이 대륙으로 떠나버렸다든가, 어떤 귀족의 집이 강제처분을 당했다든가, 누구누구가 6~7백만 파운드의 빚을 졌다든가 하는 것을 신문에서 보면 우리는 그런 실패를 대단하다고까지 생각하며 그 몰락이 엄청난 규모라는 점에서 그들을 존경하곤 한다. 그러나 남의 집 하인 머리를 손질해준 가련한 이발사, 단골 부인의 오찬회 장식이니 누각을 짓느라 파산해버린 가엾은 목수, 남의 집 사환을 단골로 삼고 있는 재봉사, 귀족 손님으로부터 하인들 제복 주문을 받고 그걸 만들어내느라 전 재산을 저당 잡힌 가엾은 양복점 주인에게 동정을 보내는 사람이 과연 있을까? 대대로 부귀를 누린 집안이 쓰러질 때면 남의 눈에 띄지 않게 그 밑에 깔려 들어가는 이런 비참한 무리들이 으레 있기 마련이다. 옛말에도 있듯이, 한 사람이 몰락하려면 그 전에 수많은 다른 친구들을 못살게 만드는 것이다.

로든 부부는, 크롤리 노부인 집에 드나들던 상인이나 식료품 대는 사람들이 집에 물건을 대주겠다고 하면 선심이라도 쓰듯이 모두 단골이 되어주었다. 개중에는 자진해서 하는 상인들도 있었는데, 가난한 상인들이 특히 그랬다. 투팅에서 오는 여자 세탁부가 토요일마다 수레를 끌고 와서 매주 계산서를 달아놓고 가는 그 끈기에는 탄복하지 않을 수 없었다. 래글스도 이 집에 청과물을 대주어야 했다. 포춘 오브 워에서 이 집 하인들이 마신 흑맥주 계산서는 맥주 역사상 하나의 진귀한 사건으로 남아 있다. 하인들 거의가 급료를 못 받아서, 아마 그것 때문에 이 집에 억지로라도 붙어 있는 모양이었다. 사실 돈을 받은 사람은 아무도 없었다. 자물쇠를 열어준 대장장이도, 창유리를 갈아넣은 유리 장수도, 마차를 세놓은 마차 거간꾼도, 마차를 몬 마부도, 양다리를 갖다준 푸줏간 주인도, 그걸 굽는 데 든 석탄 값도, 그 구운 고기에 기름을 친 요리사도, 그걸 먹은 하인들도 모두가 외상이었다. 이것이 한 해를 무일푼으로 훌륭히 살아나가는 사람들로서는 그리 신기하지 않은 방법이라는 것을 나는 알고 있다.

작은 마을에서 이런 짓을 하면 으레 남의 눈에 띄게 마련이다. 그런 데서는 이웃집에서 가져가는 우유의 분량까지 알고 있고, 저녁 반찬으로 들어가는 고기든 닭이든 죄다 엿보니 말이다. 그러므로 아마 커즌 거리의 200번지 댁과 202번지 댁은 그 사이에 낀 201번지 집에서 무슨 일이 일어나고 있는지 알고 있었는지도 모른다. 하인들이 부엌 앞 철책 너머로 얘기하면 금방 알 수 있기 때문이다. 그러나 크롤리 부부와 그의 친구들은 200번지 집과 202번지 집을 알지도 못했다. 201번지를 찾아가면 그 집 주인과 여주인이 상냥한 미소와 맛좋은 음식과 유쾌한 악수로 맞아주었다. 그 부부는 마치 한 해 수입이 틀림없이 3, 4천 파운드는 되는 사람들 같았다. 사실 그러했는데, 돈이 아니라 그만한 물건과 노동에서 그러했던 것이다—양고기 값은 치르지 않았을망정 양고기를 먹었고, 포도주를 가져오는 대신에 금괴를 주지 않았다 한들 누가 알겠는가? 어쨌든 어느 집에 가도 이 로든네 집에서 나오는 최고급 포도주만 한 것은 맛볼 수 없었다. 그리고 깔끔하게 차린 유쾌한 만찬도 보기 힘들었다. 그 집 객실은 더없이 아름답고 품위 있는 살롱이었다. 레베카는 거기에다 취미가 고상한 장식을 하고 파리에서 가져온 장신구들을 잔뜩 늘어놓았다. 그리고 그녀가 피아노 앞에 앉아 떨리는 목소리로 즐겁게 노래를 부르고 있노라면, 처음 보는 사람은 가정적인 안락이 깃든 작은 낙원에라도 온 기분이 들어, 남편은 좀 얼간이 같지만 부인은 매력이 있으며 저녁도 그렇게 맛있게 대접하는 집은 처음 보았다고 다들 이구동성으로 말했다.

레베카는 기지와 총명함과 말재주로 런던에서도 금세 인기를 모았다. 눈에 띄는 마차들이 그녀의 집 문 앞에 멈추고 그 속에서 귀인들이 나왔다. 그녀가 마차를 타고 공원에 나가면 유명한 멋쟁이들이 마차를 둘러쌌다. 오페라극장 제3열의 조그마한 특별석에는 늘 얼굴이 다른 사나이들이 몰려들었다. 그러나 부인네들은 그녀를 상대하려 들지 않고, 이 작은 모험가에게 문을 닫은 것만은 사실이었다.

상류층 부인들 세계와 풍습에 대해서는 물론 작자도 전해들은 대로만 말할 수 있을 뿐이다. 남자는 부인들이 만찬이 끝난 뒤에 객실로 올라가서 무슨 말을 하는지 모르듯이, 부인네들 사회의 비밀을 통찰하거나 이해할 수가 없는 것이다. 물어보고 고심해야 비로소 이따금 그런 비밀의 힌트를 얻을 수 있다. 그러니 펠맬 거리를 걸어다니고 런던 클럽에 자주 드나드는 사람도 자신이 실제로 보고 듣거나, 당구를 같이 치고 식사를 함께 나누는 친지를 통해서 상당한 고심을 한 끝에야 런던 상류사회의 일을 조금 알 수 있는 것이다. 그리고 아무것도 모르는 사람들이나 공원에 놀러온 풋내기들 눈에는 그곳의 유명한 멋쟁이들과 같이 다니니까 대단한 인물처럼 보이는 사나이들(어떤 처지인지 우리가 잘 아는 로든 크롤리 같은 사나이)이 있는가 하면, 여자들 가운데서도 남자만을 위한 여자라고 할 만한 여자, 모든 남자들에겐 환영을 받지만 그들의 부인들은 본체만체하거나 상대도 않는 그런 여자들이 있다는 것도 알게 될 것이다. 파이어브레이스 부인도 그런 여자였다. 아름다운 금발에 곱슬머리인 그녀가 영국 내에서 가장 유명한 멋쟁이들에게 둘러싸여 있는 광경은 하이드 파크에서 매일같이 볼 수 있다. 록우드 부인도 그런 여자로, 그녀가 만찬회를 열면 유행을 좇는 신문에선 닥치는 대로 보도를 하는데, 각국의 외교관들과 지위 높은 귀족들은 모두 그 만찬회에 참석한다. 이 밖에도 얘기할 부인들이 많지만 이 소설과 관계가 없으니 그만두겠다. 세상사를 모르는 단순한 사람들이나 상류사회에 취미를 가진 시골 사람들은 이런 부인들의 몸가짐이 공공석상에서 아주 번지르르한 것을 보고, 멀리서 그들을 부러워하기까지 한다. 그러나 좀 더 교양이 있는 사람들은, 이렇게 남들이 부러워하는 부인네들도, 〈모닝 포스트〉지에서 그 여자들의 기사를 읽고 있는 무지렁이 시골신사의 아내만큼이나 '사교계'에 들어갈 가망이 없다는 것을 알고 있다. 런던 주변에 사는 사람들이면 이런 지독한 사실을 알고 있다. 얼핏 보기에 지위 높고 돈이 많은 것 같은 부인네들이 얼마나 많이 무자비하게 이 '사교계'에서 제외되고 있는지를 여러분은 알 것이다. 그런 부인들이 사교계에 들어가려고 미친 듯이 기울이는 노력, 그들이 달게 받아들이는 심술, 그들이 받는 모욕은 인간, 아니 여자를 연구대상으로 삼는 사람들에게는 놀라운 자료가 된다. 그리고 어려움을 겪어가면서까지 유행을 좇는 심리는, 이런 소설을 쓰는 데 필요한 기지와 여가와 영어 지식을 가진 어떤 위대한 작가에게 훌륭한 테마가 될 것이다.

크롤리 부인이 해외에서 알게 된 몇몇 부인네들은 그녀가 바다를 건너 영국에 돌아온 뒤로 그녀를 방문하려 들지도 않을뿐더러 공공석상에서 만나도 본체만체했다. 귀부인들이 그녀를 잊어버린 체하는 광경은 볼만했다. 그리고 물론 레베카로서도 유쾌한 일은 결코 아니었다. 베어에이커스 백작부인은 오페라 대기실에서 그녀를 만나자 마치 베키와 닿으면 더럽혀지기라도 하는 듯 딸들을 끌어모으고, 한두 걸음 뒤로 물러서면서 딸들을 보호하듯이 앞에 서서 자그마한 적을 노려보았다. 그러나 베키에게 무안을 주려면 이 냉혹한 베어에이커스 부인이 그 음침한 눈에서 쏘아붙일 수 있는 것보다 더욱 매서운 눈빛이 필요했다. 또 브뤼셀에서 베키와 나란히 여러 번 말을 탄 적이 있는 드 라 몰 부인은 하이드 파크에서 크롤리 부인의 무개마차와 마주치고도, 눈이 보이지 않는 듯이 옛 친구를 모른 척했다. 은행가의 아내인 블렌킨숍 부인까지도 교회에서 레베카를 만나도 본체만체했다. 베키는 요새 규칙적으로 교회에 나갔다. 그녀가 로든과 나란히 금박을 입힌 큼직한 기도서 두 권을 가지고 교회에 들어가서 체념한 듯이 예배를 보는 장면은 보고 배울 만했다.

로든은 자기 아내가 무시당하고 있음을 처음 알았을 때 우울해지기도 하고 몹시 화를 내기도 했다. 레베카에게 제대로 된 경의를 표하지 않는 무례한 여자들의 남편이나 형제들에게 결투를 신청하겠다고 했는데, 아내가 강

력히 반대하고 애원하여 얌전해진 것이었다. "당신이 총을 쏘아도 난 총알이 아니니까 그걸로 사교계를 뚫고 들어가진 못해요." 그녀는 부드럽게 타일렀다. "여보, 내가 한낱 가정교사 출신이고, 당신은, 바보 같은 당신은 빚이니 도박이니 그 밖의 온갖 나쁜 짓으로 평이 나쁠 대로 나쁘다는 걸 잊지 마세요. 우리에게도 곧 친구들이 생길 거예요. 그때까지 당신은 얌전하게 내가 시키는 대로 해요. 당신의 고모가 재산 대부분을 피트 형 부부에게 남겼다는 소식을 들었을 때, 당신이 얼마나 격분했는지 생각나요? 그때 내가 당신을 진정시키지 않았다면, 당신은 파리 시내 사람들을 다 붙잡고 이야기했을 거예요. 그랬으면 당신은 지금쯤 어디에 있겠어요? 빚 때문에 생트 펠라지 감옥에 들어가, 이렇게 런던의 훌륭한 집에서 안락하게 살지는 못했을 거예요. 당신은 화가 나 금세 형을 죽일 기세였지요. 카인처럼요. 하지만 늘 화만 내면 좋을 게 뭐 있어요? 아무리 화를 내봤자 당신 고모의 재산이 우리 것이 될 리도 없는데. 바보 같은 뷰트 숙부 댁 식구들처럼 형네 식구들과 싸우지 말고 화해하는 게 훨씬 낫겠어요. 당신 아버님이 돌아가시면 퀸스 크롤리 집은 우리들이 겨울을 지내기에 좋은 곳이에요. 우리가 파산하면 당신은 고기를 자르고, 마구간 일이나 맡아보고, 저는 동서가 낳은 아이들의 가정교사나 하겠군요. 파산이라구요! 아, 말도 안 돼! 그러기 전에 제가 당신을 좋은 자리에 앉히고야 말겠어요. 아니면 피트 형과 그 아들이 죽으면 당신은 로든 경, 저는 그 부인이 되겠지요. 살아 있는 한 희망이 있어요. 여보, 난 지금부터라도 당신을 쓸 만한 인물로 만들 거예요. 당신을 위해 말을 팔아준 게 누구인가요? 당신 대신에 빚을 갚은 건 누구였지요?" 로든은 자기가 아내한테 그런 모든 신세를 지고 있다고 시인하고, 앞으로도 아내를 따르는 수밖에 없었다.

사실 크롤리 노부인이 세상을 떠나고 그녀의 모든 친척들이 상속받으려 그렇게도 열심히 다투던 그녀의 재산이 결국 피트 크롤리에게 떨어졌을 때, 2만 파운드는 되리라 계산했던 뷰트 크롤리 목사에겐 고작 5천 파운드밖에 오질 않아, 실망한 그는 노발대발하여 조카 피트에게 사나운 욕설을 퍼부음으로써 울분을 풀었다. 그리고 두 사람 사이에 끊이지 않던 다툼은 결국 절교로 끝이 났다. 반면 고작 1백 파운드밖에 받지 못한 로든 크롤리의 태도는 형 피트에게도 의외였을뿐더러, 남편의 식구들에겐 누구든지 친절히 대해주고자 하는 형수 제인을 감동케 했다. 로든은 파리에서 형에게 아주 솔직하고 남자다우며 호의적인 편지를 써보냈다. 편지 내용은, 자신이 멋대로 결혼을 해서 고모에게 버림받은 것을 알고 있다, 그래도 고모가 자기에게 화를 푸시지 않은 것에 실망을 감출 수 없으나, 고모의 재산을 여전히 크롤리 집안의 한 사람이 가지게 되어서 기쁘다, 그리고 형의 행운을 진심으로 축하한다는 것이었다. 그는 또 형수에게도 안부를 전하고, 형수께서 동서에게 호의를 베풀어주시기를 바란다고 했다. 편지 끝에는 레베카가 직접 쓴 추신이 붙어 있었다. 레베카도 자기 남편과 함께 축하를 드리고자 한다는 것이었다. 자기가 의지할 데 없는 고아의 몸으로 피트의 어린 누이동생들을 가르칠 때, 피트로부터 받은 친절은 언제까지나 잊지 못할 것이며, 그 누이동생들의 행복에 지금도 큰 관심을 가지고 있노라고 했다. 레베카는 피트의 결혼생활이 행복하기를 빈 뒤, 동서에게도(동서가 착한 분이란 건 세상이 다 안다고 했다) 안부를 전해달라고 부탁했다. 또 자기가 아들을 데리고 아이의 큰아버지와 큰어머니를 뵙게 될 날이 있기를 바란다고 하면서, 아이에게도 호의와 보호를 베풀어 주십사 하고 간청했다.

피트 크롤리는 이 편지를 받고 무척 기뻐했다. 예전에 레베카가 부르는 대로 로든이 써보낸 편지를 받았을 때의 크롤리 노부인보다 더욱 기뻐했다. 그리고 제인은 편지가 너무도 맘에 들어서, 남편이 얼른 고모의 유산을 둘로 나눠서 반을 파리에 있는 시동생에게 보내주었으면 하고 생각할 정도였다.

그러나 제인이 놀란 것은, 피트가 자기 아우에게 3만 파운드의 수표를 끊어 보내려 하지 않는다는 것이었다. 그러면서도 로든이 영국에 돌아와서 받을 생각이 있으면 큰돈을 직접 전해 주겠노라고 했다. 그리고 레베카에게는 자기네들 부부에 대한 그녀의 호의를 감사히 여긴다고 하고, 적당한 때가 오면 그녀의 어린 아들에게 힘이 되어주겠다고 다정하게 써보냈다.

그리하여 크롤리 형제 사이에 거의 화해가 이루어졌다. 레베카가 런던에 왔을 때 피트 부부는 런던에 없었다. 혹시 파크 레인에 있는 크롤리 노부인의 집에라도 갔나 하여 레베카는 그 집 앞을 마차로 여러 번 지나갔다. 그러나 새로 온 가족의 모습은 볼 수 없었다. 그녀는 다만 래글스를 통해서 그들의 동향에 대해 들었을 뿐이었다. 즉 크롤리 노부인의 고용인들은 마땅한 돈을 받고 해고되었다는 것, 피트는 어쩌다 한 번 런던에 와 그 집에서 며칠 동안 묵으면서 변호사와의 사무를 마치고, 노부인의 프랑스 소설책을 죄다 본드 거리의 책방에다 팔아버리러 갔다는 것이다. 레베카에겐 그들이 런던에 오기를 기다리는 이유가 있었다. "제인 부인이 오면 런던 사교계에서 내 후원자가 되어 달라고 하자. 그리고 그 여자들은! 흥! 남자들이 나를 만나고 싶다 하면 그까짓 여자들은 저절로 머리를 숙이고 올걸 뭐."

이런 지위에 있는 숙녀에게 브로엄 사륜마차나 꽃다발 못지않게 필요한 것은 말동무였다. 여자란 누군가 마음이 맞는 사람이 없으면 살 수 없는 듯한데, 같은 여성 중에서도 인물이 아주 못났으며 서로 떨어질 줄 모르는 친구를 고용하는 방법도 기특하다고 나는 늘 생각해왔다. 꼭 붙어다니던 여자가 색이 바랜 옷을 입고 오페라 특별석에서 귀한 친구의 뒤에 앉아 있거나, 4인승 사륜 포장마차의 뒷자리를 차지하고 있는 것을 보면 나는 늘 건전하고 교훈적인 광경이라고 생각한다. 이는 이집트 미식가의 식탁에 나오는 해골바가지 못지않은 좋은 교훈으로서, 허영의 시장을 비웃는 신기한 기념물이다. 어떤 것인가? 그 아버지가 딸이 수치스러워서 죽어버렸을 만큼 산전수전 다 겪고 뻔뻔스러우며 아름다우면서 몰인정한 파이어브레이스 부인, 어머니가 바스 시에서 여전히 구멍가게를 하고 있는데 영국 남자가 뛰어넘는 담이라면 어떤 담이든 말을 타고 뛰어넘으며 공원에서 회색 말을 잘 몰고 다니는 대담하고 사랑스러운 맨트랩 부인, 그리고 무슨 일을 당해도 놀라지 않을 대담한 부인네들까지도, 여자 친구 없이는 이 세상에 못 나오는 모양이다. 그들에게는 누군가 꼭 매달릴 사람이 있어야 하니 여자는 과연 애정의 동물이로다! 그래서 이런 여자들이 공공석상에 나타날 때면, 늘 바로 뒤 그늘진 곳 어딘가에 물을 들인 비단옷을 입은 초라한 말동무가 앉아 있는 것이다.

"여보." 베키는 어느 날 아주 늦은 밤 남자 손님들이 그녀의 객실에서 불꽃이 탁탁 소리를 내며 타오르는 난롯가에 둘러앉아 있을 때 이렇게 말했다 (남자 손님들은 그날 밤을 샐 양으로 이 집에 와 있었다. 이 집에 오면 런던에서 제일가는 아이스크림과 커피가 나왔던 것이다). "양 지키는 개가 필요해요."

"뭐가 필요하다고?" 카드놀이를 하던 로든은 고개를 쳐들며 말했다.

"양 지키는 개요!" 젊은 사우스다운 경이 말했다. "크롤리 부인, 그거 재미있는 생각입니다! 그레이트 데인이 어떻습니까? 기린만큼이나 큰 놈을 알고 있습니다. 그놈이면 부인네 마차도 끌지 모릅니다. 그렇잖으면 페르시아 그레이하운드는 어떨까요? 네? 아니면 스타인 경의 코담배 상자 속에 들어갈 만큼 자그마한 퍼그는요? 베이스워터에 코가 너무 커서―아, 그 킹은 내가 방어할 차례요―모자라도 걸 수 있는 개를 가진 친구도 있지요."

"이 판은 내가 이겼어." 로든이 진지하게 말했다. 그는 트럼프를 할 때는 경사 이야기나 도박 이야기가 아니면 옆에서 하는 말에 끼어들지 않았다.

"양치기 개는 왜요?" 사우스다운이 활기차게 물었다.

"제가 말한 건 도덕적인 양치기 개예요." 베키는 웃으면서 스타인 경을 쳐다보았다.

"그게 무슨 말씀입니까?" 스타인 경이 말했다.

"저를 늑대에게서 지켜주는 거죠." 레베카는 말을 이었다. "친구 말이에요."

"순진한 어린 양이신 부인에겐 그게 필요하지요." 후작이 말했다. 그리고 그는 턱을 내밀고 조그마한 눈으로 레베카를 흘겨보며 기분 나쁘게 씩 웃었다.

스타인 경은 난롯가에 서서 커피를 홀짝거리고 있었다. 난롯불은 딱딱 소리를 내며 기분 좋게 타고 있었다. 벽난로 선반 둘레의 도금·청동·사기로 된 여러 촛대에는 초가 켜져 있었다. 그 촛불이 화려한 꽃무늬 소파에 앉아 있는 레베카의 모습을 아름답게 비췄다. 그녀는 분홍색 드레스를 입고 있었는데 그 모습이 마치 장미처럼 생기 넘쳐 보였다. 아지랑이처럼 얇은 스카프에 반쯤 가려진 그녀의 눈부시게 하얀 팔과 어깨는 스카프 너머로 반짝거렸다. 곱슬머리는 목둘레에 드리워져 있었다. 그리고 그녀의 조그마한 발 한쪽이 새 비단옷의 빳빳한 주름 사이로 언뜻 보였다. 좋은 실크 스타킹에 예쁜 샌들을 신은 작고 예쁜 발이었다.

촛불은 빨간 머리털이 가장자리에만 남은 스타인 경의 번쩍거리는 대머리도 비추고 있었다. 그는 짙은 눈썹에 눈가엔 주름이 자글자글하며 조그마한 눈은 반짝거리고 충혈돼 있었다. 그리고 아래턱이 튀어나와서 웃으면 하얀 덧니 두 개가 불거져 나와 웃는 얼굴 한가운데서 사납게 빛났다. 그는 초저녁에 궁정 인사들과 저녁을 같이하느라고 가터훈장과 수장을 차고 있었다. 그는 키가 작고, 어깨가 벌어지고, 오다리였지만 발과 발목이 잘생긴 것이 자랑스러워서 늘 밴드를 찬 무릎을 쓰다듬곤 했다.

"그래, 지금 댁의 목동은 어린 양을 지키는 데 부족하단 말씀입니까?" 그가 물었다.

"저희 목동은 트럼프와 클럽에 나가는 걸 너무 좋아해서요." 레베카는 웃으며 대답했다.

"거참 방탕한 목동이로군!" 스타인 경이 말했다. "파이프 담배를 피우질 않나!"

"3대 2로 덤벼." 이때 노름판에서 로든이 하는 말이 들렸다.

"멜리비아스^(버질의 목가에 나오
는 목자의 이름)가 하는 소리를 들어보세요." 후작 나리가 으르렁대듯이 말했다. "저래 뵈도 역시 일은 하고 있군요. 사우스다운종 양을 잡고 털을 깎고 있으니 말입니다. 저 양은 아무것도 모르는군요, 네? 저런, 눈같이 흰 털을 깎는군요!"

레베카의 눈은 멸시에 찬 익살로 빛났다. "후작님도 저 방면의 훈작사는 되시지요." 그녀가 말했다. 과연 그의 목에는 훈작사의 목걸이 훈장이 걸려 있었다. 그것은 복위된 스페인 왕자들로부터 하사받은 것이었다.

스타인 경은 젊은 시절 도박으로 악명 높았다. 폭스 씨를 상대로 이틀 밤낮을 마주 앉아 노름을 한 적도 있었다. 그는 영국에서 가장 귀하신 몸들의 돈을 땄다. 도박으로 후작이란 작위를 얻었다는 말이 돌 정도였다. 그러나 본인은 그런 지난날의 일탈이 입 밖에 나오는 것조차 싫어했다. 레베카는 그의 이맛살이 점점 찌푸려지는 것을 보았다.

레베카는 소파에서 일어나 그에게 다가가 무릎을 약간 굽혀 인사를 하며 그의 손에 든 커피잔을 받았다. 그러고는 "네, 저는 감시견이 꼭 있어야 한답니다. 하지만 후작님을 보고 짖지는 않을 겁니다." 말했다. 그리고 다른 객실로 들어가 피아노 앞에 앉아서 프랑스 노래를 어찌나 매력적이고 황홀한 목소리로 부르던지, 기분이 풀린 후작은 재빨리 그녀를 뒤따라 그 방으로 들어가서 고개를 끄덕이고 그녀의 위로 몸을 숙이듯 박자를 맞추었다.

한편 로든과 그의 상대는 싫증이 날 때까지 에카르테 놀이를 했다. 중령이 이겼다. 그러나 아무리 많이 이겨도 일주일에 몇 번이나 있는 이런 날 밤은

—자기 아내만 떠들고 떠받들리고, 자기는 그 사이에 끼지 못하고 말없이 앉은 채 모두들 하는 농담이나 암시나 이상한 말들을 한 마디도 못 알아듣는 —기마병 출신의 그에겐 좀 지루했음에 틀림없다.

"크롤리 부인의 남편, 어떻게 지내십니까?" 스타인 경은 그와 만나면 이런 인사를 해댔다. 실제로 '크롤리 부인의 남편'이 지금 그의 직업이었다. 그는 이제 크롤리 중령이 아니라, 크롤리 부인의 남편에 지나지 않았다.

여태까지 로든의 어린 아들에 대해서 아무 말도 하지 않았는데, 그것은 아이가 위쪽 다락방 어딘가에 있거나 친구를 찾아 아래쪽 부엌으로 기어 내려 갔거나 했기 때문이다. 레베카는 아이를 거의 거들떠보지도 않았다. 프랑스 하녀가 있었을 때는 그 여자가 돌봐주었는데, 그녀가 가버리자 아이는 밤이면 쓸쓸해서 울음을 터뜨렸다. 뒤에 남은 식모가 하도 가엾어서 바로 곁의 다락방에 있는 자기 침대로 아이를 데리고 가서 달래고는 했다.

레베카와 스타인 경과 다른 한두 사람이 오페라를 보고 돌아와 객실에서 차를 들고 있노라니 마침 아이 울음소리가 머리 위에서 들려왔다. "우리 집 꼬마 천사가 유모를 찾는가봐요." 레베카는 이렇게 말하고는 가서 아이를 볼 생각도 하지 않았다. "괜히 아이 보러 가서 신경을 쓸 것 없습니다." 스타인 경이 비꼬아 말했다. "흥! 혼자 울다가 잠들어버리겠지요." 레베카는 얼굴을 조금 붉히며 이렇게 대답했다. 그리고 그들은 다시 오페라 이야기를 하기 시작했다.

로든은 아들을 봐주려고 어느새 자리를 떴다가 성실한 식모 돌리가 아이를 달래는 것을 보고 다시 손님들에게로 돌아왔다. 로든의 옷방 또한 다락방 쪽에 있어서, 그는 몰래 아들을 만나보곤 했다. 매일 아침 로든이 면도를 할 때 둘이서 만났다. 아들 로든은 아버지 옆에서 상자 위에 걸터앉아 아버지가 수염을 깎는 것을 내내 즐겁게 지켜보았다. 그들은 사이가 아주 좋았다. 로든은 늘 디저트 과자를 가지고 와서 낡은 견장상자 속에 감추어 두었는데, 그러면 아이는 그걸 찾다가 상자 속에 과자가 있는 것을 보고 기뻐서 까르르 웃었다. 그러나 큰 소리로 웃지는 못했다. 아래서 잠드는 어머니에게 시끄럽게 해서는 안 되기 때문이었다. 그녀는 아주 늦게 잠들기 때문에 보통 오후가 돼서야 일어났다.

로든은 아들에게 여러 가지 그림책을 사주기도 하고 아이 방에 장난감을 잔뜩 갖다놓기도 했다. 그는 아이 방 벽에 자기 손으로 그림들을 붙였는데, 그것만큼은 그가 현금으로 산 것이었다. 공원에 아내와 같이 나가지 않을 때면, 그는 늘 아이방에 앉아서 몇 시간이고 아이와 놀아 주었다. 아이는 그의 가슴 위에 올라타 그 긴 콧수염을 마치 고삐라도 되는 듯 잡아당기면서 아버지와 늘 장난치며 시간을 보냈다. 그 방은 천장이 낮은 방이었는데, 아이가 다섯 살 되던 어느 날 그가 아이를 껴안고 힘차게 들어 올려주다가 아이의 머리가 천장에 부딪쳐 깜짝 놀라는 바람에 아이를 놓칠 뻔했다.

아이는 엄청난 울음을 터뜨릴 듯이 얼굴을 찡그렸다. 머리를 그토록 심하게 부딪쳤으니 우는 것도 당연했다. 그러나 아이가 막 소리를 내지르려는 순간 아버지가 가로막았다.

"착하지, 로디, 엄마를 깨우면 안 돼." 로든은 소리쳤다. 그랬더니 아이는 아주 괴롭고 애처롭게 아버지를 바라보며 입술을 깨물고는 두 손을 움켜쥔 채 조금도 울지 않았다. 로든은 클럽에 나가서나 부대의 식당과 시내에서 만나는 사람마다 그 이야기를 했다. "이보게." 그는 누구에게든 말을 꺼냈다. "우리 아들놈은 아주 담력 있는 놈이야. 아주 믿음직스럽다니까! 내가 던져서 그놈 머리가 천장을 뚫을 뻔했는데 제 어미가 시끄러워한다고 울지 않았어."

이따금—매주 한두 번—레베카도 아이가 있는 다락방으로 올라와 보았다. 그녀는 마치 유행품 상점의 간판에서 빠져나온 듯이 옷이며 장갑이며 구두며, 모두 예쁜 새것을 걸치고 생글생글 웃으며 나타났다. 멋진 스카프와 레이스와 보석이 그녀의 몸에서 반짝반짝거렸다. 모자는 늘 새것을 썼는데 거기엔 꼭 아름다운 꽃이 꽂혀 있든지, 아니면 동백꽃처럼 부드러우며 아주 멋지게 곱슬곱슬한 순백색 타조 깃털이 붙어 있었다. 밥을 먹거나 군인 그림을 그리고 있던 아이가 그녀를 쳐다보면 그녀는 두세 번 좋다는 듯이 고개를 끄덕여 보였다. 레베카가 방을 나가고 나면 방 안에는 장미꽃향이나 다른 어떤 신기한 향기가 자욱했다. 아이의 눈에는 어머니가 아버지보다도, 아니 이 세상 누구보다도 귀하고 기이한 존재로 보여, 멀리서 존경하고 우러러보아야 할 것만 같았다. 그런 어머니와 함께 마차를 타고 나간다는 것은 그에게 하나의 장엄한 의식이었다. 그는 뒷자리에 앉아 한 마디도 하지 못한 채 눈앞의 아름답게 차려 입은 왕녀 같은 어머니를 바라볼 뿐이었다. 마구 날뛰는 좋은 말을 탄 신사들이 다가와서 그녀에게 미소를 던지고 말을 걸었다. 그녀의 눈이 그 신사들에게 얼마나 환한 미소를 보내고 있었던가! 신사들과 스쳐 지나갈 때, 그녀는 손을 품위 있게 내젓거나 흔들곤 했다. 어머니와 같이 외출할 때, 아이에겐 빨간 새 옷이 입혀졌다. 집에 있을 때는 갈색의 낡은 삼베옷이면 충분했다. 그는 어머니가 외출한 뒤, 식모 돌리가 잠자리 준비를 하는 틈을 타서 이따금 어머니의 방에 들어가 보았다. 그 방은 그에게 요정이 사는 곳 같았다. 멋지고 즐겁고 신비로운 방이었다. 방의 옷장 속에는 분홍색, 파란색 등 색색의 놀라운 의상들이 걸려 있었다. 은고리 달린 보석상자도 있었다. 화장대 위에는 헤아릴 수 없이 많은 반지가 잔뜩 끼워져 번쩍이는, 청동으로 만든 신기로운 손이 놓여 있었다. 예술의 기적이라 할 만한 전신 거울도 있었다. 그 속에 아이는 자기 자신의 놀란 듯한 얼굴과, 돌리가

(이상하게 비틀어져 마치 천장에 있는 듯한) 침대의 베개를 톡톡 쳐서 제대로 부풀어 오르게 하고 있는 모습이 비치는 것을 보았다. 아, 가엾고 외롭고 아무것도 모르는 꼬마야! 어린아이의 입과 가슴속에서 어머니란 이름은 하느님이나 다름없다. 그런데 여기에 한낱 돌멩이를 숭배하는 아이가 있었던 것이다.

로든 크롤리는 악당이긴 해도 가슴속에 어떤 남자다운 애정을 가지고 있어, 지금도 아이나 여자를 사랑할 수 있었다. 그래서 그는 아들에게 애착심을 가지고 있었다. 레베카는 그에게 아무 말 하지 않았으나 다 알고 있었다. 그 일로 화를 내지는 않았다. 그녀도 그렇게 심술궂은 성격은 아니었다. 단지 남편을 더욱 멸시했다. 로든은 어쩐지 아버지로서의 정이 남부끄러워서 그것을 아내에게 감추고, 아들과 단둘이 있을 때만 그 애정에 젖곤 했다.

그는 아침이면 자주 아들을 데리고 밖에 나갔는데, 보통은 같이 마구간을 구경하러 가든가 공원에 갔다. 자기가 쓰고 있던 모자도 훌떡 벗어주고, 또 자질구레한 장식품들을 사서는 얼마 뒤에 남에게 주어버리는 것을 본업으로 삼다시피 하는 아주 사람 좋은 젊은 사우스다운 경이 큰 쥐보다 별로 크지 않다고 하면서 조랑말 한 필을 로든의 아들에게 주었다. 로든은 이 셰틀런드 종의 까만 조랑말에 아들을 태우고 그 옆에 붙어 공원 안을 기분 좋게 걸어 다녔다. 그는 또 나이츠브리지에 있는 근위대 옛 친구들을 만나보는 것을 낙으로 삼았다. 그는 왠지 혼자였던 때가 좋았다는 기분도 들었다. 옛날 부하들은 옛 상관을 기꺼이 맞아, 중령의 아들을 안아주기도 했다. 크롤리 중령은 연대 식당에서 옛 동료들과 함께 식사를 나누는 것이 여간 즐겁지 않았다. "제기랄, 난 남편으로서 좀 영리하지 못하거든. 그건 나도 알지. 내 아내는 내가 없어도 아쉬워하지 않을 거야." 그는 가끔 이렇게 말하곤 했는데, 사실 그의 말이 맞았다. 그의 아내는 그가 없어도 아쉬울 것이 없었다.

레베카는 남편이 좋았다. 남편에겐 늘 아주 상냥하고 친절하게 대했다. 남편을 몹시 멸시한다는 눈치도 보이지 않았다. 아마도 남편이 바보라서 그가 더 좋았는지도 모른다. 남편은 그녀의 집사요, 급사장이었다. 로든은 레베카의 심부름을 하고, 아무 말 없이 그녀의 명령을 따르고, 아무 불평 없이 그녀를 마차에 태워 경마장을 달렸다. 오페라 특별석에까지 데려다주고, 공연 시간 중에는 클럽에 가서 스스로 위안을 하다가, 끝나는 시간이 되면 정각에 돌아가서 그녀를 데리고 돌아갔다. 로든은 아내가 어린 아들을 좀 더 사랑해 주었으면 했다. 그러나 그것마저도 하는 수 없다고 체념해 버렸다. "빌어먹을, 알다시피 내 아내는 영리하니까." 그는 말했다. "그리고 난 배운 것이 없으니 말이야." 앞서 말했듯, 트럼프나 당구에서 이기는 데 큰 지혜가 필요치는 않다. 그리고 로든은 그 밖의 일에 수완이 있는 척 허세 부리지 않았다.

아내의 말동무가 오자, 집안에서 로든이 할 일이 조금씩 줄었다. 아내는 그에게 되도록이면 외식을 하게끔 권했다. 오페라 구경을 갈 때도 그가 데려다주는 것을 바라지 않았다. "오늘 밤엔 바보 같은 얼굴로 집에 있지 마세요. 손님들이 오지만 당신은 지루해할 거예요. 저는 그 사람들이 오는 걸 별로 원치 않는데, 그것도 당신을 위해서 그러는 줄 아세요. 그리고 이젠 저도 양치기 개가 있으니 혼자 있어도 걱정할 필요는 없어요." 그녀가 말했다.

'양치기 개라, 말동무라! 베키 샤프가 이젠 말동무까지! 재미있는 일 아닌가?' 크롤리 부인은 혼자 생각했다. 이런 생각만 해도 그녀는 우스워 죽을 지경이었다.

어느 일요일 아침, 로든 크롤리와 그의 아들과 조랑말이 여느 때처럼 공원을 산책하다가 중령 때 알던 사람의 옆을 지나가게 되었다. 예전 연대소속의 클링크 하사였는데, 그는 로든의 아들과 나이가 비슷한 아이를 안은 어떤 노신사와 이야기를 나누고 있었다. 그 아이는 하사가 차고 있는 워털루 기념훈장을 잡고 그것을 기쁜 듯이 바라보고 있었다.

중령이 "잘 지내나, 클링크?" 말을 걸자 "안녕하십니까?" 클링크가 대답했다. 그러고는 덧붙였다. "이 아이도 중령님 아이와 나이가 비슷한데요."

"이 애 아버지도 워털루에서 싸웠습니다." 아이를 안은 노신사가 말했다. "그렇지, 조지?"

"응." 조지가 말했다. 조지와, 조랑말을 탄 로든의 아들은 서로 뚫어지게 쳐다보았다. 아이들이 곧잘 그러듯 상대를 유심히 훑어보는 것이다.

"일선 연대에 계셨지요." 클링크가 선심을 쓰듯 말했다.

"제××연대 중대장으로 있었다오." 노신사가 조금 거만하게 말했다. "조지 오즈번 대위라고, 아마 당신도 아실 겁니다. 코르시카의 폭군과 싸우다가

워털루 사내를 만나는 조지

명예롭게 죽었지요."

크롤리 중령은 얼굴이 새빨개졌다. "잘 알고 있습니다. 그 친구의 부인도요. 부인은 어떻게 지내시나요?"

"그 부인이 바로 내 딸이올시다." 노인은 이렇게 말하면서 아이를 내려놓고 엄숙하게 명함을 꺼내어 중령에게 주었다. 거기에는 이렇게 씌어 있었다.

"세들리, 일등품 무재탄(無灰炭)조합 총판매원, 템스 거리, 벙커 부두, 런던 서구 풀럼 안나 마리아 주택."

어린 조지는 다가가서 셰틀런드종 조랑말을 쳐다보았다.

"너 한번 타볼래?" 어린 로든이 안장 위에서 물었다.

"응." 조지가 대답했다. 그 아이를 흥미 있게 바라보고 있던 중령은 아이를 들어 자기 아들의 뒤에 앉혀 주었다.

"이 애를 꼭 잡아라, 조지." 로든 중령은 말했다. "우리 애 허리를 잡아라. 이 애 이름은 로든이란다." 그러자 두 아이는 같이 웃기 시작했다.

"이 애들만큼 예쁜 애들도 없을 거예요. 오늘 같은 여름날에 말이죠." 마음씨 좋은 하사가 말했다. 그리고 중령과 하사와 양산을 든 세들리 노인은 모두 아이들 곁에 붙어 걸어갔다.

제38장
초라한 집안

조지 오즈번의 아들이 나이츠브리지에서 풀럼 쪽으로 말을 타고 갔다고 치고, 우리는 일단 그 마을에서 걸음을 멈추어 거기에 남겨둔 몇몇 친구들의 소식을 들어 보기로 하자. 워털루의 폭풍이 지나간 뒤 아밀리아는 어떻게 되었을까? 행복하게 살고 있을까? 그녀의 집 주변에서 늘 마차를 타고 보고만 있던 도빈 소령은 어떻게 되었을까? 그리고 보글리 월라의 세금 징수관 소식도 들었을까? 세금 징수관에 대한 그 뒷이야기는 대략 이렇다.

우리가 존경하는 뚱뚱보 조지프 세들리는 브뤼셀에서 피난해 나온 지 얼마 안 되어 인도로 돌아갔다. 그의 휴가가 끝난 것인지, 워털루전투 때 자기가 도망쳐 나오던 꼴을 목격한 사람을 만날까봐 무서워서 그랬는지 몰라도 그는 나폴레옹이 세인트헬레나로 끌려온 지 얼마 안 되어 벵골로 돌아갔다. 돌아가는 길에 그는 폐위된 황제를 보았다. 배에서 조스가 하는 말을 듣고 있으면, 그가 나폴레옹을 만나본 것이 이번이 처음이 아니라 세인트존 산에서 그 프랑스 대장군에 맞서 싸운 사람이라도 되는 듯했다. 그는 워털루 전투의 일화를 수없이 알고 있었고, 어느 연대가 어디에 진지를 구축하고 얼마나 피해를 입었는가 하는 것까지 알고 있었다. 조스는 자기가 그런 승전에 참여했으며, 종군하면서 웰링턴 공에게 급보라도 전해준 듯한 기세였다. 또 워털루전투 당일 몇 시 몇 분에 웰링턴 공이 어떤 일을 하고 어떤 말을 하고, 그때의 기분과 태도가 어땠는지까지 설명하는 정도이니, 비록 비전투원으로서 전투에 관한 공보에 이름이 나오지는 않지만 전투 중 줄곧 공의 곁에 붙어 있던 것만은 틀림없었다. 이렇게 떠들어대는 사이에 아마 그 스스로도 자기가 정말로 종군했다고 믿게 되었는지도 모른다. 어쨌든 그가 캘커타에서 한참 동안 엄청난 돌풍을 일으킨 것만은 확실하다. 그래서 그 뒤 벵골에 머무는 내내 '워털루 세들리'라는 이름으로 불렸다.

엄청난 값의 말을 사기 위해 조스가 건넨 수표는 물론 그와 그의 대리인이 현금으로 지불했다. 그러나 그는 그 말의 매매에 대해선 한 마디도 하지 않았다. 그 말들이 어떻게 되었으며, 그가 그 말들과 벨기에인 하인 이시도어를 어떻게 떼어버렸는지는 아무도 확실히 알지 못했다. 단지 그가 1815년 가을에 발랑시엔에서 타고 다니던 회색 말과 아주 비슷한 말을 이시도어가 팔았다는 사실만은 있었다.

런던에 있는 조스의 대리인은 풀럼에 계신 그의 부모님에게 일 년에 120 파운드를 지급하라는 명령을 받고 있었다. 노인 내외에게는 그것이 가장 큰 보조금이었다. 세들리 노인은 파산한 뒤 아무리 갖은 투기를 해봐도 기울어진 가세를 만회할 수 없었기 때문이다. 술장사도 해보고, 석탄장사도 해보고, 복권 대리점도 해보았다. 그리고 장사를 바꿀 적마다 친구들에게 사업 취지서를 배부하고, 문 앞에 새 간판을 내걸고, 이제부터라도 한 재산을 만들어 보겠다고 큰소리를 쳤다. 그러나 이 허약하고 고통받는 노인에게 운은 다시 돌아오지 않았다. 친구가 하나둘 떨어져 나가고, 비싼 석탄과 나쁜 술을 억지로 그의 집에서 사는 것을 점점 꺼려했다. 그래서 노인은 아침마다 시내로 휘청거리며 나가는데, 그가 아직도 거기서 장사를 하고 있다고 생각해주는 사람은 드넓은 세상에서 그의 아내 한 사람뿐이었다. 저녁이면 그는 슬슬 기어들어와서, 밤이 되면 선술집의 조그마한 클럽에 나가 나라 재정을 처리한다느니 하는 소리를 했다. 그가 몇 백만이니, 환금 수수료니, 할인이자니, 로스차일드가 뭘 하고 있느니, 베어링 형제가 어떻느니 하는 소리를 들으면 모두가 놀랐다. 그가 워낙 큰 액수만 가지고 지껄인 통에 그 클럽에 오는 신사들(약제사, 청부업자, 목수, 몰래 클럽 출입이 허용된 교회 서기, 우리가 다 아는 클랩 씨)은 그를 우러러보게 되었다. "나도 한때는 떵떵거리고 살았다오." 그는 그 방에 들어온 사람들을 보고 꼭 이렇게 말했다. "내 아들은 지금 벵골, 람간지의 지방장관으로 있으면서 월급이 4천 루피나 된다오. 우리 딸은 저만 좋다 하면 중령의 부인이 될 수도 있어요. 난 지방장관인 아들의 이름을 빌려 내일이라도 2천 파운드 정도의 수표는 끊을 수 있소. 그러면 알렉산더란 녀석이 그 자리에서 현금으로 바꿔줄 테지. 하지만 세들리 집안 사람들은 옛날부터 자부심이 있어서 그런 짓은 못하오.” 친애하는 독자여, 여러분이나 나나 언제 이런 처지에 빠질지 모르는 일이다. 우리가 아는 많은 사람들이 그렇게 되어버리지 않았는가? 우리의 운이 기울고, 세력이 우리를 저버리고, 우리 무대를 더 실력 있는 젊은이들에게 빼앗길지도 모르는 일이다. 인생의 운이 돌아서서 우리를 산산이 무너뜨리고 망쳐버릴지도 모르는 것이다. 그렇게 되면 사람들은 우리를 만나자 저쪽 길로 건너가버릴 테고, 그보다 더 심하면 두 손가락을 내밀어 동정하는 듯한 얼굴로 경멸할지도 모른다. 그리고 우리와 헤어지자마자 “가엾은 친구, 경솔한 짓을 했어. 그런 행운을 내던졌으니!” 말하기 시작할 것이다. 그러나 자가용 마차 한 대에 연수입이 3천 파운드라고 해서 그것이 인생 최고의 행복은 아닐뿐더러 인간에 대한 신의 마지막 심판도 아닐 것이다. 돌팔이 의사가 실패하는 만큼 성공도 자주한다면—괴짜들도 성공하고, 악당들도 횡재를 만나며, 반대로 이 세상의 불운과 쇠락이 우리들 가운데 가장 유능하고 정직한 사람들에게 찾아오는 것이라면—독자여, 허영의 시장의 행운과 쾌락들은 변변찮은 것이 아니냐고 말하고 싶다. 그리고 아마…… 아니, 우리는 또 이야기를 벗어나고 말았다.

만약 세들리 부인이 활기 넘치는 여자였다면 남편이 파산한 뒤, 그 힘을 발휘해서 큰 집 한 채를 빌려 하숙이라도 했을 것이다. 그랬으면 몰락한 세들리 노인도 하숙집 여주인의 남편으로서, 비밀생활을 한 뮤노즈(스페인 여왕 마리아 크리스티나와 비밀 결혼 생활을 한 사나이)로서, 이름만 주인이고 사실은 고기를 자르고 집사 노릇을 하는 공처가로서 잘 행세했을 것이다. 머리도 좋고 가문도 좋고 한때 희망과 기운도 있었으며, 젊어서는 시골신사들을 불러 연회도 베풀고, 사냥말도 집에 두었던 그런 사람들이 원한에 싸인 심술궂은 늙은 마누라 때문에 얌전하게 양다리를 자르고, 쓸쓸한 식탁에서 형식상 주인 노릇을 하고 있는 것을 나는 보아왔다. 그러나 세들리 부인은 우리가 〈타임스〉지에서 자주 보는 ‘소수의 신사분 하숙 있음, 명랑한 음악 가정임’과 같은 광고를 내고 하숙하는 사람들 구하는 데 열심히 뛰어다니는 그런 여자가 아니었다. 그녀는 그저 운명이 자기를 데려다 놓은 물가에 누워 있는 것으로 만족했다. 그러니 이 노부부의 삶도 이로써 끝났다는 것을 알 수 있으리라.

이 부부가 불행했다고는 생각지 않는다. 아마 이들은 한창 번창했을 때보다 몰락했을 때 조금 더 우쭐댔는지도 모른다. 세들리 부인이 아래층으로 내려와 지하실이나 장식을 한 부엌에서 주인집 여자인 클랩 부인과 몇 시간이고 시간을 보낼 때, 주인집 여자는 늘 세들리 부인을 대단한 여자로 보는 것이었다. 아일랜드 출신 하녀 베티 플래너건의 모자와 리본, 그녀의 건방짐과 게으름, 부엌에서 켜는 초를 헤프게 쓰는 버릇, 차를 마시고 설탕을 쓰는 버릇, 이 모두가 노부인에겐 옛날에 고용했던 샘보, 마부, 하인, 많은 하녀들을 거느린 가정부가 하는 일을 보던 때처럼 신경이 쓰이고 재미도 났다. 부인은 옛날 고용인들 이야기를 하루에 몇 번씩이나 입에 올렸다. 세들리 부인은 또 베티 플래너건에게뿐 아니라 거리에서 보는 모든 하녀들에게까지 신경 썼다. 이웃에서 셋방살이 하는 사람들이 얼마 되지도 않는 집세를 물었는지 안 물었는지 하는 것까지도 그녀는 다 알고 있었다. 여배우 루즈몽이 수상한 가족과 같이 지나가면 노부인은 길을 내주었다. 말 한 필이 끄는 남편의 영업용 마차를 타고 의사 페스틀러의 부인이 옆을 지나가면 노부인은 성난 듯이 고개를 내흔들었다. 그녀는 남편이 좋아하는 순무를 몇 푼어치 사는 데도 청과상과 담판을 벌였다. 그녀는 우유배달이나 빵집 점원에게서 눈을 떼지 않았다. 그리고 푸줏간에 자주 가서 양의 허리살을 사는 데도 어찌나 성가시게 구는지, 푸줏간 주인에겐 몇백 마리분의 쇠고기를 파는 것만큼이나 요란스러웠다. 일요일이면 갈비 밑에 감자가 몇 개나 있나 세어보고, 나들이옷을 차려입고 교회에 두 번씩이나 나가고, 저녁엔 〈블레어 설교집〉을 읽었다.

일요일이면 세들리 노인은 평일에 '사업' 때문에 하지 못한 일, 즉 손자 조지를 데리고 가까운 켄싱턴 공원에 가서 군인들을 보기도 하고, 오리에게 먹이 주는 것을 낙으로 삼았다. 조지는 군인을 좋아했다. 할아버지는 아버지도 유명한 군인이었다고 아이에게 말해주고, 아이를 워털루 기념훈장을 가슴에 단 많은 하사관들에게 소개했다. 소개하면서 할아버지는 손자를 가리켜 영광스러운 18일의 전투에서 명예롭게 전사한 오즈번 대위의 아들이라고 자랑했다. 노인은 그 하사관들에게 흑맥주를 낸 적도 있다. 그리고 사실 처음으로 일요일에 산책했을 때는 조지의 응석을 다 받아 주는 바람에 아이가 사과와 생강케이크 따위를 잔뜩 먹어서 배탈이 날 뻔했다. 그리하여 마침내 아밀리아도 할아버지가 아이에게 과자나 사탕 등 길거리에서 파는 것은 아무것도 먹이지 않겠다는 굳은 약속을 해야 아이를 데리고 나갈 수 있다고 말하기에 이르렀다.

세들리 부인과 그 딸 아밀리아 사이에는 아이 때문에 냉랭한 기운이 돌았다. 서로 속으로는 질투까지 했다. 아이가 아주 어렸을 때 어느 저녁 일이다. 조그만 거실에서 바느질을 하고 있던 아밀리아는 어머니가 방을 나가는 줄도 모르고 있다가, 여태껏 자고 있던 아이가 갑자기 울자 저도 모르게 아이방으로 바삐 뛰어 올라갔다. 방에 들어가보니 어머니가 몰래 아이에게 다피 특효약을 먹이고 있는 것이었다. 평범한 여성들 가운데서도 가장 얌전하고 상냥한 아밀리아조차 어머니로서 자신의 권위가 침해당하는 것을 보니 화가 나 온몸이 부르르 떨렸다. 평소 창백하던 그녀의 뺨도 이렇게 되니 달아올라 열두 살 때 그랬던 것처럼 새빨개졌다. 아밀리아는 어머니의 품 안에서 아이를 빼앗고, 약병을 움켜쥐었다. 노부인도 불끈 화가 났지만 약을 먹이던 스푼을 잡은 채 멍하니 딸을 쳐다보고만 있었다.

아밀리아는 약병을 사납게 난로 속에 던져버렸다. "아이한테 독약을 먹이지 마세요, 어머니." 아밀리아는 이렇게 외치고서 아이를 껴안고 어르며 어머니를 부릅뜬 눈으로 노려보았다.

"독약을 먹였다고, 아밀리아! 지금 나한테 하는 소리니?"

"이 아이한텐 페스틀러 선생님이 주시는 약만 먹여요. 페스틀러 선생님 말이 다피 특효약은 독약이라고 하셨어요."

"좋다. 그러면 너는 나를 살인자로 보는구나." 세들리 부인이 맞받아쳤다. "그게 네 어미한테 하는 말버릇이구나. 나는 온갖 불행도 겪어보고, 이렇게 몰락했어. 그전엔 마차도 있었지만 지금은 걸어서 다니는 신세가 됐지. 하지만 내가 살인자란 건 여태 몰랐다. 좋은 소리를 들려줘서 고맙구나."

"어머니." 언제나 금방 울 것만 같은 가련한 딸이 말했다. "그렇게 화를 내진 마세요. 제가 말한 건…… 제가 말한 건, 어머니가 이 아이한테 해를 끼치신다는 것이 아니에요. 그저—"

"그렇구나, 그저 내가 살인자란 말이지. 그렇다면 난 재판소로 가는 게 낫겠다. 네가 어렸을 때 나는 너한테 독약을 먹이기는커녕 제일 좋은 학교에 보내고, 돈을 많이 주더라도 구할 수 있으면 비싼 선생을 모셨더랬지만. 그래, 난 아이 다섯을 길러서 셋을 땅에 묻었지. 그중에서도 내가 가장 귀여워한 것이 너였어. 크루프성 후두염·생치열·홍역·백일해, 이런 병을 앓는 동안 돌보았고, 비용에 상관없이 외국인 선생을 모셔와서 가르쳤고, 치즈윅의 핑커턴 여사 학교에노 보내주었어. 우리가 처녀 때는 그런 것은 꿈도 못 꾸었었지. 그래도 나는 내 어머니 아버지를 기꺼이 공경했어. 그리고 되

도록이면 내가 오래 살아서 자식들에게 도움이 돼보려고 내내 방 안에 틀어박혀 있거나, 이름난 부인 행세를 하질 않았는데, 그런데 너는 나를 살인자라고 하는구나. 오즈번 대위 부인! 네 자식이 은혜를 원수로 갚지 않기를, 그것만 바란다."

"어머니, 어머니!" 영문을 모르는 딸이 외쳤다. 그러자 그녀의 품속 아이도 따라서 큰 소리로 울었다.

"내가 살인자라고! 꿇어앉아서 하느님께 너의 배은망덕한 마음을 깨끗이 씻어달라고 빌어라, 아밀리아. 제가 이 아이를 용서하듯이 하느님께서도 이 아이를 용서하소서." 그리고 독약이란 말을 또 한 번 중얼거리고 자비로운 기도를 마치더니 세들리 부인은 훌쩍 방을 나가버렸다.

세들리 부인이 이 세상을 떠나는 날까지 그녀와 딸 사이의 이러한 불화는 완전한 화해를 보지 못하고 말았다. 노부인은 이 불화를 여자만이 가지는 영리한 생각과 인내로써 여러 가지 점에서 자기에게 유리하도록 이용하는 것을 잊지 않았다. 예컨대 그녀는 그렇게 다투고 나서 몇 주 동안이나 아밀리아에게 말을 하지 않았다. 또 하인들에게는 오즈번 부인이 화를 낼 테니 아이를 손대지 말라고 경고했다. 딸에게는 매일 아이에게 만들어 먹이는 음식에 독약을 넣지 않았으니 잘 보고 안심하고 먹이라고 했다. 이웃사람들이 아

이가 잘 크는지 물으면 노부인은 제 어미인 오즈번 부인한테 물어보라고 했다. 자기는 아이가 잘 크는지 어떤지 감히 물어보지도 못하며, 외손자가 귀엽기는 하지만, 자기는 아이들에 익숙지 않아 아이를 죽여버릴까봐 손대지도 못하겠노라고 했다. 그리고 페스틀러 선생이 왕진하러 올 적마다 노부인이 얼마나 빈정대고 멸시하는지, 의사는 자기가 왕진하는 영광을 가지는 시슬우드 댁 마님조차 이 진찰료 한 푼 내지 않는 세들리 노부인보다 더 잘난 티를 내지 않을 거라고 말할 정도였다. 또 아밀리아도 세상의 어머니가 거의 그러하듯 자기 대신 아이를 돌보고, 아이의 애정을 가장 먼저 얻을 듯한 사람에게 질투를 느꼈을지도 모른다. 누군가 아이를 본다든가 하면 그녀는 안절부절못했다. 그리고 클랩 부인에게나 하인에게 자기 침대 위에 걸어 놓은 죽은 남편의 작은 초상화를 씻어달라 해본 적이 없듯, 아이에게 옷을 입히거나 아이를 돌보아주는 일도 그들에게 시키지 않았던 것만은 틀림없다. 남편의 그림이 걸린 작은 침대—그녀는 바로 이 침대를 떠나 지금은 죽은 남편과 결혼했고, 이제 다시 그 침대로 돌아와서 기나길고 고요하며 눈물 많은, 그러면서도 행복한 세월을 보내고 있었다.

아밀리아의 마음과 보물은 모두 이 방 안에 있었다. 그녀가 변함없는 뜨거운 사랑으로 아들을 길러온 것도, 아이가 한 번은 걸리는 여러 병을 간호한 것도 이 방에서였다. 어쩐지 남편 조지가 이 아이로 다시 태어난 것 같은, 그것도 천국에서 돌아온 듯이 훨씬 훌륭한 모습으로 나타난 것만 같은 기분이었다. 그 말하는 투와, 얼굴 표정과 몸짓 하나하나까지 아버지를 꼭 닮았기 때문에 미망인은 아이를 꼭 껴안을 때면 가슴이 벅찼다. 그러면 아이는 왜 우냐고 어머니에게 자주 물었다. 어머니는 네가 네 아버지를 빼닮아서 그런다고 숨김 없이 말했다. 아밀리아는 아이에게 끊임없이 돌아가신 아버지 이야기를 들려주고, 자기가 얼마나 아버지를 사랑했는지도 그 순진하고 놀라는 표정을 짓는 아이에게 말해주었다. 조지나, 젊은 시절에 그녀가 비밀을 고백한 어떤 친구에게보다도 더 솔직히 털어놓았다. 부모님에겐 속마음을 훤히 드러내는 것을 꺼려 이런 이야기를 전혀 하지 않았다. 어린 조지한테 이야기를 해본들 부모님보다 더 알아줄 리도 없거늘 그녀는 자기의 감상적인 비밀을 무턱대고 아들에게, 오직 아들에게만 들려주었다. 그녀의 기쁨은 일종의 슬픔이거나 아니면 적어도 눈물로써 표현될 만큼 다감한 것이었다.

그녀의 감정은 너무도 연약하고 위태로우니 여기서는 그것에 대해서 더 쓰지 말아야겠다. 페스틀러 선생의 말에 따르면(지금 부인네들 사이에서 가장 인기 있는 의사로, 화려한 짙은 녹색 마차를 두고, 곧 훈작사가 될 가망이 보이며, 맨체스터 스퀘어에 집도 한 채 가지고 있다), 아밀리아가 아이에게서 젖을 뗄 때 슬퍼하는 광경을 보면 악독한 헤롯왕조차 가슴이 뭉클해지리라는 것이다. 페스틀러 선생도 여러 해 전에는 매우 마음이 약한 편이었기에 그때부터 한참이 지날 때까지 그의 아내는 아밀리아를 몹시 질투했다.

이 의사의 부인이 질투를 한 것도 무리는 아닐 것이다. 아밀리아의 주위에 작은 사회를 만든 여자들은 거의 질투를 했고, 남자들이 아밀리아에게 빠지는 것을 보고 몹시 분개했다. 아밀리아와 가까워진 남자들 대부분이 그녀에게 반했기 때문이다. 그녀가 왜 좋으냐고 물으면 대답하지 못할 게 뻔하지만 말이다. 아밀리아는 재간이 뛰어나지도 않고 재치가 있는 것도 아니며, 크게 총명하지도 않고 인물이 남달리 잘난 것도 아니었다. 그러나 그녀는 가는 곳마다 모든 남성의 마음을 흔들어 놓고 매혹하는가 하면, 반드시 여성들 사이에선 멸시와, 저런 여자가 어떻게 남자의 눈에 드나 하는 의심을 받았다. 나는 그녀의 주된 매력이 연약함에 있다고 본다—묵묵히 잘 따르는 그 부드러움이 어떤 남자에게나 동정심과 보호 본능을 일으키는 모양이다. 그녀가 연대에 있을 때, 남편 조지의 동료들 가운데 극소수의 사람들과만 이야기를 주고받았는데도 젊은 장교들 모두가 그녀를 지키기 위해서라면 언제든지 칼을 뽑을 태세였음은 앞서 본 대로다. 이 풀럼의 하숙집 이웃에서도 그러하여, 아밀리아는 모든 남자들의 관심거리가 되고 기쁨의 대상이 되었다. 설사 그녀가 크러치드 프라이어스에서 플랜테인 상회를 경영하는 망고 가문의 안주인으로서, 풀럼에 '파이너리스'라는 큰 저택이 있으며 그녀가 베푸는 여름철 조찬회에선 공작이니 백작이니 하는 사람들이 자주 드나들고, 켄싱턴의 왕실 마구간에도 거의 없는 훌륭한 밤색 말에 노란색 제복의 하인들을 거느리고 다니는 그런 신분이었다해도—말하자면 그녀가 망고 부인이었거나 그녀의 며느리 레이디 메리 망고(상회의 현재 주인 망고 씨와 결혼한 캐슬몰디 백작 집안의 딸)였다 해도 이웃 상인들은 이 상냥하고 젊은 미망인이 그들 문전을 지나갈 때나 그들 상점에서 하찮은 물건을 살 때 그녀에게 으레 표하는 이상의 경의를 표하지는 않았을 것이다.

이처럼 페스틀러 선생뿐만 아니라 젊은 의사 린턴(그는 주로 하녀들이나 소상인들의 병을 보고, 병원에선 언제나 〈타임스〉지를 읽었다)까지 스스로 오즈번 부인의 노예라고 공공연히 말했다. 풍채 좋은 젊은 신사인 린턴은 세들리 부인 집에서 페스틀러 선생보다 더 환영을 받았다. 그리고 어린 조지가 어디 아프기만 하면 하루에도 두세 차례 들러서 진찰을 하고는 진찰료를 받으려고도 하지 않았다. 그는 늘 병원 서랍에서 캔디약이며 타마린드 열매, 그 밖에 온갖 약을 꺼내어 어린 조지를 위해 아주 달콤한 물약을 조제하여 주기 때문에, 조지는 아픈 것이 오히려 큰 즐거움이었다. 조지가 홍역을 앓아서 아밀리아가 마치 홍역이란 무서운 병이 여태 이 세상에 없었다는 듯이 겁을 내었을 때, 그와 페스틀러 선생은 그 아이의 머리맡에서 이틀 밤을 꼬박 새웠다. 다른 사람을 위해서라면 그들이 그렇게까지 했을까? 망고 집안의 랠프 플랜태저넷과 그웬돌린과 귀네비어 세 남매가 똑같이 홍역을 앓았을 때 그 의사들이 파이너리스 저택에서 밤을 새웠던가? 조지의 홍역이 전염되어 집주인댁의 딸, 메리 클랩이 앓았을 때도 그들이 밤을 새웠던가? 사실대로 말해 '아니'라고 할 수밖에 없다. 적어도 클랩 소녀가 앓았을 때만은 집에서 태연히 잠을 자고 있었다—그리고 저절로 낫는 가벼운 증세라고 하고는 물약을 한두 번 갖다주었을 뿐, 거의 나아갈 때는 아주 무심한 표정으로 그저 형식적으로 계피를 투약해주었다.

맞은편에 사는 프랑스인 훈작사도 아밀리아의 숭배자였다. 그는 이웃의 여러 학교에서 프랑스어를 가르치고, 밤이면 자기 방에서 천식에 걸린 듯 쌕쌕거리는 낡은 바이올린으로 오래된 가보트나 미뉴에트를 켰다. 일요일에는 해머스미스에 있는 수도원의 예배당에 빠지지 않고 나가고, 사상이나 행동이나 태도 등 모든 점에 있어 오늘날 상점가에서 시가를 피우며 우리를 노려보고, 믿지 못하는 영국을 저주하는 털보 프랑스인답지 않았다—이 나이든 딸롱루즈 훈작사는 오즈번 부인의 이야기를 할 적마다 우선 코담배 한줌을 피우고, 남은 담뱃재는 품위 있게 손을 흔들어 털어버린 뒤, 다섯 손가락을 다시 모아 입에 갖다 댔다가 키스하고 활짝 펼치며 "아아, 여신같은 분입니다!" 하고 외쳤다. 그는 아밀리아가 브롬프턴의 오솔길을 걸어가면 그녀의 발밑에서 꽃이 흐드러지게 자라난다고 말했다. 또 어린 조지를 큐피드라고 부르면서 그의 어머니 비너스는 어떻게 지내는지 묻거나, 아밀리아의 하녀 베티 플래너건더러 당신은 아름다운 세 여신 가운데 하나로 '사랑의 여왕'의 총애를 받는 시녀라고 하여 하녀를 깜짝 놀라게 했다.

이렇게 본인도 모르는 사이 쉽사리 쏠리는 인기의 실례를 들자면 얼마든지 있다. 아밀리아네 집안이 다니는 가까운 교회의 온순한 부목사 비니 씨는, 이 젊은 미망인을 부지런히 찾아와서 어린 조지를 무릎 위에 놓고 달래면서 아이에게 라틴어를 가르쳐주겠다고 했다가 자기 집 살림을 돌보는 노처녀 누이의 격분을 사지 않았던가? "그 여자에겐 볼 게 아무것도 없어, 베일비." 그 누이가 한 말이다. "그 여잔 우리 집에 차를 마시러 와서도 저녁내 한 마디도 못해. 수심에 잠긴 듯 불쌍한 표정만 짓고 있는데, 마음이 없는 게 분명해. 그저 얼굴이 예뻐서 남자들이 그렇게 따르는 거야. 재산이 5천 파운드나 되고 앞으로 유산까지 물려받을 그리츠 양이 그런 여자보다 인격이 두 배는 낫고, 훨씬 더 내 마음에 드는걸. 그리츠 양이 인물만 괜찮으면 너도 완벽하다 생각할 거야."

과연 비니 양 말이 거의 옳았다. 남자들에게 호의를 갖게 하는 것은 분명 예쁜 얼굴이다. 남자들이란 어쩔 수가 없다. 미네르바 여신같이 지혜와 순결을 겸비한 여자라 할지라도 인물이 신통치 않으면 남자들은 거들떠보지 않는다. 그 대신 아무리 바보라도 눈만 아름다우면 다 괜찮다고들 하지 않는가? 아무리 우둔해도 입술이 빨갛고 말소리가 아름다우면 남자들을 기쁘게 해주지 않는가? 그러니 여자들은 보편적인 정의에 따라 여자가 얼굴이 예쁘면 결국 바보라고 단정하는 것이다. 그러나, 오오, 여인들이여, 여인들이여! 그대들 가운데에는 얼굴이 못났으면서 머리까지 둔한 사람들이 더러 있지 않은가.

우리의 이 여주인공 삶에는 이런 사소한 사건밖에 이야기할 것이 없다. 점잖은 독자께서는 벌써 깨달았겠지만 그녀의 이야기에는 놀랄 만한 것이 없다. 아이를 낳고 나서 7년 동안 그녀가 살아온 나날을 늘어놓아봤자 앞에서 말한 아이의 홍역 사건보다 큰 대사건은 거의 없다. 아니, 한 가지 있다. 어느 날 아까 말한 부목사 비니가 오즈번 부인에게 비니 부인이 되어줄 수 없겠느냐고 청하여 그녀를 크게 놀라게 한 것이다. 그 말을 들은 그녀는 얼굴이 새빨개지고 눈에 눈물이 글썽해져 우는 소리로, 자기와 아이를 그토록 생각해주는 것은 고마우나 자기는 죽은 남편밖에—그분밖에 생각할 수 없다고

말했다.

결혼 기념일인 4월 25일과 남편이 죽은 6월 18일이면 아밀리아는 내내 방 안에 틀어박혀 떠난 남편을 추억했다(이 밖에도 머리맡의 작은 침대에서 아이가 자고 있는 쓸쓸한 밤에 남편을 그리는 시간이 얼마나 많았는지 모른다). 낮에는 그녀에게도 일이 있었다. 어린 조지에게 읽기와 쓰기와 그림 그리기 정도는 가르쳐 주어야 했기 때문이다. 또 아이에게 들려줄 이야깃거리로서 책을 읽었다. 아이가 눈을 뜨고, 자기 주변 세계의 영향을 받아 마음이 넓어짐에 따라 그녀는 미력하게나마 최선을 다해서 만물의 창조자이신 신의 존재를 알도록 아이에게 가르쳤다. 그리고 매일 밤, 매일 아침, 아이와 그녀는—(그것을 보거나 떠올리는 모든 사람들로 하여금 숙연한 느낌을 줄 만큼 장엄하고 감동적인 영혼의 교류 속에서)—어머니와 어린 아들은—어머니가 정성껏 기도를 하면, 아이는 어머니가 하는 대로 따라서 잘 돌지 않는 혀로 기도했다. 그럴 때마다, 마치 그리운 아버지가 살아 계셔서 그 방에 그들과 함께 있기나 한 듯 하느님께서 그에게 축복을 내려주십사 하고 기도했다.

아이를 씻기고 옷을 입히고—아침 식사 전에, 그리고 할아버지가 '상점'에 나가기 전에 아침 산책을 데리고 다니고—아이에게 아주 멋진 옷을 만들어 주느라 이 알뜰한 미망인은 결혼 시절 옷장에 있었던 좋은 옷 가운데 쓸 만한 것을 죄다 재단해서 아이 옷으로 만들었다—자신은 늘 검정 옷에 검정 리본을 맨 밀짚모자로 지냈으니까(이 때문에 가난해진 뒤로 특히 화려한 옷을 즐겨 입은 그녀의 어머니가 몹시 싫어했지만)—이런 일로 아밀리아는 하루 동안 많은 시간을 보냈다. 그 밖의 시간은 어머니와 늙은 아버지를 돌보

는 데 썼다. 그녀는 카드놀이를 배워 아버지가 클럽에 나가지 않는 날 밤이
면 아버지의 상대가 되어주곤 했다. 또 아버지가 노래를 듣고 싶어할 때는
노래를 불렀다. 아버지가 노래를 듣고 싶어 한다는 것은 좋은 징조였다. 노
래를 들으면 기분 좋게 잠들기 때문이다. 아밀리아는 아버지의 수많은 각서,
편지, 취지서, 계획서 따위를 썼다. 세들리 노인이 그전 친지들에게 이번에
자기가 일등품 무재탄 대리점을 열게 되었으니 여러분과 일반인에게 1홀드
론 당 ××파운드로 배달해 드리겠다고 한 안내서도 그녀가 쓴 것이었다. 아
버지가 한 일은 고작 안내서에 화려한 글씨체로 서명하고, 서기처럼 떨리는
글씨로 주소를 쓰는 일뿐이었다. 이 안내서 한 통은 콕스&그린우드 상회와
제××연대의 도빈 소령에게도 발송되었다. 그러나 소령은 그때 인도의 마
드라스에 주둔하고 있어서 별로 석탄이 필요치 않았다. 어쨌든 그는 그 안내
서에 적힌 필체를 곧 알아보았다. 아아, 그 손을 잡기 위해서라면 그는 무엇
이 아까웠겠는가! 두 번째 안내서가 도빈 소령에게 왔는데, 존 세들리 상회
가 이번에 오포르토, 보르도 및 세인트 메리에 대리점을 열고 여러 친지들과
일반인에게 포트와인, 셰리주, 클라레 등의 고급술을 알맞은 가격으로 유리
하게 제공하겠다는 것이었다. 도빈은 이 암시에 따라서 지방장관, 사령관,
재판관들, 연대 친구들 등 마드라스 안 모든 사람들에게 선전한 뒤 본국의
세들리 상회에 주문을 했다. 이 대량주문에 세들리 씨와 클랩 씨도(세들리
노인의 동업자라야 그뿐이었다) 깜짝 놀랐다. 세들리 노인은, 시내에 가게
를 한 채 지어 사무원을 여럿 채용하고 전용 부두를 소유하며 전 세계에 편
지를 보내려고 했지만 첫 운이 트인 뒤로 주문은 더 들어오지 않았다. 노인
은 옛날처럼 포도주 맛을 잘 감정하지 못했던 것이다. 도빈 소령은 연대 식
당에서 고약한 술을 소개했다고 비난을 받았다. 그래서 그는 그 술 대부분을
자기가 도로 사서 큰 손해를 보고 경매에 붙여버렸다. 이때 캘커타 세무청의
중요한 자리에 승진한 아들 조스는 어떠했는가 하면, 술가게 개업 안내서가
자기에게 배달되어 들어오는 것을 보고 노발대발했다. 안내서에는 또 아버
지의 편지가 있었는데, 이번에 술가게를 여는 데에 너의 후원을 많이 기대한
다, 좋은 술을 골라서 발송하고 그 금액에 해당하는 수표를 네 이름 앞으로
끊겠으니 그리 알아달라는 내용이었다. 조스는 이른바 세무청의 요직에 있
는 자신의 부친이란 사람이 술 대리점을 열어 주문을 맡고 있다는 것은, 부

친이 교수형 집행인을 하고 있다는 말을 듣는 것 못지않게 수치스러운 일이라 생각했다. 그래서 수표에 대한 지불을 단연 거부하고, 공연한 짓을 하지 말라고 무례하게 답장을 써서 아버지에게 보냈다. 이렇게 수표 이야기가 거절당하자 세들리 상회는 개점 초에 마드라스의 주문으로 번 돈과 아밀리아가 저축해둔 돈 일부로 그것을 메우는 수밖에 없었다.

아밀리아에게는 50파운드의 연금 말고도 남편이 전사하던 당시 대리인의 손에 5백 파운드의 돈이 남아 있다고 유언집행자가 진술했는데, 그것을 어린 조지의 후견인으로서 도빈 소령이 8부 이자로 인도의 어느 대리업자에게 예치해두자고 제의했었다. 소령이 그 돈에 무슨 나쁜 마음을 품고 있다고 생각한 세들리 노인은 그 제안을 거세게 반대했다. 그래서 그 돈을 딴 데에 예치하면 안 되냐고 항의하러 대리인 사무소를 찾아갔는데, 뜻밖에도 대리인 사무소에는 그런 돈이 없으며 죽은 대위 앞으로 남아 있는 돈은 1백 파운드도 되지 않았다. 그 5백 파운드는 다른 돈임에 틀림없으니 그건 도빈 소령에게 물으면 알 수 있다는 것이었다. 점점 더 수상하다고 생각한 세들리 노인은 소령을 찾아갔다. 그러고는 자네가 내 딸과 가장 가까운 사람이니 전사한 내 사위의 돈에 대해서 똑똑히 설명해 달라고 고압적으로 요구했다. 도빈이 여느 때처럼 더듬거리고, 낯을 붉히고, 어색한 태도를 보이자 노인은 그가 나쁜 생각을 품었다는 확신이 들었다. 노인이 장엄한 투로 자네에게 잠깐 할 말이 있다고 하기에 무슨 말인가 했더니, 전사한 사위의 돈을 소령이 부당하게 쥐고 내놓지 않는 것 같다는 것이었다.

이 소리를 듣자 도빈도 참을 수가 없었다. 자기에게 이렇게 핀잔 주는 사람이 만약 그렇게 노인이 아니고 몰락한 사람만 아니었더라면, 마침 그들이 이야기를 나누던 슬로터스 커피룸에서 싸움이 붙었을지도 모른다. "2층에 좀 올라가시지요." 소령은 혀짤배기 소리로 말했다. "2층에 올라가시면 손해를 본 쪽이 조지인지 저인지 보여드리지요." 노인을 질질 끌다시피 해서 자기 침실로 데리고 간 그는 책상에서 오즈번의 장부와 오즈번이 써준 차용증 묶음을 내놓았다. 평소 오즈번은 차용증을 기꺼이 쓰는 사람이었다. "그 친구가 영국에서 진 빚은 갚았습니다." 도빈이 말을 이었다. "그러나 그가 전사했을 때는 돈이 1백 파운드도 남아 있지 않았습니다. 그래서 저와 동료 장교들 한두 명이 여유 있는 대로 이 얼마 안 되는 돈을 만들었던 것입니다.

그런데 어르신은 우리가 미망인과 고아의 돈을 속여 먹으려 한다고 말씀하시는군요." 세들리 노인은 몹시 후회하였고 체면이 서지 않았다. 게다가 윌리엄 도빈은 노인에게 커다란 진실을 감추고 있었다. 즉 그 5백 파운드는 모두 자기가 낸 돈이고, 오즈번을 매장한 것도 그였으며, 그때 쓴 모든 경비부터 아밀리아가 본국에 돌아오는 데 든 여비도 모두 그가 부담했던 것이다.

이런 비용에 대해서 오즈번 노인은 생각해보려 들지도 않았으며 아밀리아의 다른 가족도, 아니 아밀리아 자신도 마찬가지였다. 그녀는 도빈 소령을 회계로 믿으면서 그가 앞뒤가 조금 맞지 않는 계산을 해도 당연하게 여겼고, 자기가 얼마나 그에게 빚을 지고 있는지 한 번도 의심해 본 적이 없었다.

약속에 따라 그녀는 마드라스에 있는 도빈에게 일 년에 두세 번 편지를 보냈는데, 모두가 어린 조지의 이야기를 쓴 편지였다. 도빈은 이 편지를 무엇보다도 소중히 여겼다. 아밀리아에게서 편지가 올 때마다 그는 자신이 먼저 편지를 했는데, 편지가 다시 오기 전에는 답장을 쓰지 않았다. 그러나 자기를 잊지 않도록 조지와 그녀에게 끊임없이 선물을 보냈다. 그는 스카프 한 상자와 중국에서 온 멋진 상아로 된 체스를 사서 보냈다. 폰은 녹색과 백색의 꼬마들인데, 진짜 검과 방패를 몸에 지니고 있었다. 나이트는 말을 타고 있었으며, 룩은 코끼리 등에 있었다. "망고 부인이 파이너리스 저택에 가지고 있는 체스도 이렇게 좋지는 않던데요." 페스틀러 선생이 말했다. 어린 조지는 아주 좋아했다. 조지는 답례로 "대부님, 선물을 보내주셔서 고맙습니다" 하고 처음으로 편지를 썼다. 도빈은 또 사탕절임과 소금절임 따위를 보내왔는데, 조지는 소금절임을 몰래 꺼내 먹다가 거의 죽을 뻔했다. 그는 훔쳐먹은 죄로 벌이 내린 것이라 생각했다. 그만큼 매웠던 것이다. 아밀리아는 이 일을 재미있게 적어서 소령에게 보냈다. 소령은 그것을 읽고, 그녀가 기운을 찾았으니 이제 곧 명랑해지겠지 싶어 기뻤다. 그는 숄을 두 장(아밀리아에게 흰 것 하나, 그녀의 어머니에게 종려 잎사귀 무늬가 그려진 까만 것 하나), 빨간 스카프를 두 장(세들리 노인과 조지의 겨울 목수건으로) 보냈다. 숄이 하나에 적어도 50기니는 되리라는 것을 세들리 부인은 알고 있었다. 그것을 쓰고 당당히 브롬프턴 교회에 나갔더니, 친구들이 좋은 것을 얻었다고 축하해 주었다. 아밀리아의 것도 그녀의 수수한 검정 가운에 잘 어울렸다. "저 애가 소령 생각은 하지 않으니 정말 유감이에요." 세들리 부인은 클럽 부인이나 브롬프턴의 여러 친구들에게 이렇게 말했다. "저 애 오라비 조스는 통 이런 물건을 안 보내줘요. 뭐든지 집에 보내는 걸 아까워해요. 그 소령이 우리 아이한테 반한 게 틀림없는데, 내가 그런 소리를 입 밖에 내기만 하면 우리 아이는 얼굴이 빨개져 울면서 2층에 올라가 죽은 제 남편 그림 앞에 가서 앉는답니다. 이젠 그 그림에 진저리가 나요. 재산 가지고 으스대는 몹쓸 오즈번네하고 알게 되지 않았더라면 얼마나 좋았겠어요."

이런 초라한 모습과 사람들 사이에서 조지는 어린 시절을 보냈다. 그는 섬세하고 민감하고 오만하며 여자 손에 자란 티가 나는 그런 소년이 되어, 어머니를 아주 좋아하면서도 그 앞에서는 건방지게 굴었다. 그는 그 밖에 자기 주위의 모든 사람들을 자기 마음대로 하려 들었다. 그가 커감에 따라 주변 사람들은 그의 오만한 태도나 무엇이든 자기 아버지를 닮은 것을 보고 다들 놀랐다. 캐묻기 좋아하는 아이가 잘 그러듯이 그는 뭐든지 보기만 하면 물었다. 그가 어려운 말을 하고 묻는 게 기특한 할아버지는, 술집에 가서 손자의 학식과 천재적 재능에 관한 이야기를 어찌나 늘어놓던지 듣는 사람들이 진저리를 칠 정도였다. 조지는 할머니가 무슨 말을 해도 웃기만 할 뿐, 상대도 하지 않았다. 그의 주변 사람들은 이런 아이는 세상에 또 없을 거라고 생각했다. 아버지를 닮아 자존심이 센 아이라, 조지는 그들의 그런 생각이 틀리지 않았다고 생각하는 모양이었다.

그의 나이가 여섯 살쯤 되니까 도빈은 그에게 편지를 많이 하기 시작했다. 소령은 조지가 학교에 다니고 있는지 궁금하다고 하고, 학교에 가면 공부를 잘하기 바란다, 아니면 집에서 가정교사를 두고 공부하려 하는지 알고 싶다고 썼다. 어쨌든 조지가 학업을 시작할 때인데 아밀리아의 제한된 수입으로 교육비를 부담하기 어려울 테니, 대부이자 후견인인 자신이 학비를 내게 해주었으면 좋겠다고 했다. 한마디로 소령은 늘 아밀리아와 아이 생각만 하면서 대리인에게 명령하여 그림책과 그림물감, 책상 등 모든 장난감이나 책을 조지에게 보내주도록 했다. 조지가 여섯 살이 되기 사흘 전, 한 신사가 하인을 거느리고 마차를 타고 와서 세들리 씨 집 앞에 내려 조지 오즈번 도련님을 만나보고 싶다고 했다. 바로 콘듀이트 거리의 군복 재단사 울시 씨였는데, 도빈 소령의 주문을 받아 조지의 양복 치수를 재러 온 것이었다. 그는 도련님의 부친 오즈번 대위의 옷도 지었다고 말했다.

소령의 요청으로 그랬겠지만, 이따금 그의 누이들이 자가용 마차를 타고 와서 원하면 같이 드라이브를 하자고 아밀리아와 조지에게 권하곤 했다. 이 여자들이 베푸는 호의와 친절이 아밀리아로서는 매우 불편했지만, 그녀는 얌전히 참았다. 다른 사람들 말을 따르는 것이 그녀의 천성이었으니까. 게다가 훌륭한 자가용 마차를 타는 것을 어린 조지가 무척 좋아했기 때문이기도 하다. 도빈의 누이들은 가끔 조지를 데리고 가서 하루 놀게 해달라고 청하기도 했다. 물론 조지는 늘 놀러 가는 것을 좋아했다. 도빈네 가족이 사는 넨 마크 힐의 훌륭한 정원이 있는 집에는 온실에서 재배하는 맛좋은 포도가 열려 있고, 담에는 복숭아가 달려 있었던 것이다.

어느 날 도빈의 누이들이 아밀리아를 찾아와서, 틀림없이 좋아할 만한 소식을 가져왔다고 했다. 윌리엄 오빠에 대한 아주 재미난 소식을 말이다.

"뭔데요? 그가 인도에서 돌아오신대요?" 아밀리아는 두 눈에 기쁜 빛을 띠며 물었다.

"아니요, 그게 아니에요. 윌리엄 오라버니가 곧 결혼한다는 믿을 만한 소식이 들려왔어요. 그것도 아밀리아와 아주 가까운 친구의 친척하고요. 마이클 오다우드 경의 누이, 글로비나 오다우드 말이에요. 그녀는 마드라스에 있는 오다우드 부인한테 가 있대요. 아주 미인이고 교양 있는 여자라고 모두들 그래요."

아밀리아는 "오오!"라고만 했다. 아밀리아는 정말로 기뻤다. 그러나 글로비나가 그렇게도 친절하던 옛 친구 오다우드 부인만큼은 못할 것이라 생각했다. 그래도, 그래도 그녀는 정말로 기뻤다. 그녀는 조지를 껴안고 설명은 할 수 없지만, 충동적으로 아이에게 키스를 했다. 아이를 내려놓자, 그녀의 눈에는 눈물이 가득 고였다. 그리고 그날 마차를 타는 동안, 그녀는 거의 말이 없었다—정말로 기쁘기는 했지만.

제39장
냉소적인 장

이번에는 또다시 햄프셔로 돌아가서, 돈 많은 친척의 재산 처분에 대한 기대가 완전히 어긋나 실의에 빠진 옛친구들의 형편을 좀 살펴보겠다. 누이로부터 3만 파운드는 받을 수 있으리라고 기대에 부풀어 있었는데, 고작 5천 파운드밖에 오지 않았다는 사실은 뷰트 크롤리에게 있어 큰 타격이 아닐 수 없었다. 5천 파운드로 그의 빚과 아들 짐의 대학 학비를 갚고 나자 못난 네 딸들에게 나누어줄 돈이 얼마 남지 않게 되었다. 뷰트 부인은 자신의 횡포가 남편을 이런 곤경에 빠뜨리는 데 얼마나 큰 역할을 했는지 전혀 깨닫지 못했다. 아니, 어쩌면 일부러 인정하지 않았는지도 모른다. 자신은 여자로서 할 수 있는 것은 다 했다고 단호하게 주장했다. 위선자 조카 피트 크롤리처럼 알랑거리지 못한 것이 잘못이냐고 분개하기도 했다. 뭐, 부당하게 얻은 재산으로 어디 잘 먹고 잘 살아보라고 말하기도 했다. "아무튼 그 돈이 크롤리 집안에 남아 있으니 괜찮은 것 아닌가요?" 그녀는 자기가 참는다는 식으로 말했다. "피트는 절대로 그 돈을 쓰지 않을 거예요, 여보. 그러니까 괜찮아요. 영국에 그만한 구두쇠는 또 없을걸요? 좀 다르긴 하지만, 끔찍하다는 점에서는 방탕아 동생인 의절당한 로든하고 마찬가지예요."

처음에는 꽤나 분하고 실망스럽기도 했지만, 뷰트 부인은 돌아가는 사태에 그런 식으로 되도록 순응하고자 마음먹었다. 그래서 최선을 다해 절약하여 돈을 조금이라도 아낄 수 있게 노력했다. 그녀는 딸들에게 가난한 삶을 괘할게 견디는 법을 가르쳤고, 가난하다는 사실을 감추거나 얼버무릴 수 있는 여러모로 효과적인 방법을 생각해냈다. 그녀는 정말 질리지도 않는다 싶을 만큼 딸들을 데리고 곳곳의 무도회에 참석했으며, 사람들이 많이 모이는 부근에 나타나기도 했다. 그뿐만 아니라 지인을 목사관으로 초대해 정성을 담아 후하게 대접했는데, 그 횟수도 크롤리 노부인의 유산이 들어오기 전에 비하면 훨씬 늘어났다. 덕분에 밖에서 보면 그들 가족이 생각보다 유산을 적게 받은 것은 아닌 모양이라는 생각을 하게 되었다. 또한 사람들 앞에 자주 나다니는 모습을 보면, 그들 집안이 매우 쪼들려서 식사도 제대로 못할 지경이라고 생각할 사람은 아무도 없었다. 딸들은 지금까지보다 훨씬 더 아름답게 치장하고 다녔다. 그들은 윈체스터나 사우샘프턴 모임에 꾸준히 나왔다. 카우즈 경마 때의 무도회나 레가타(보트) 경주 때의 떠들썩한 축제에도 참석하고는 했다. 그래서 밭을 갈던 말이 끄는 그들의 마차는 쉴 없이 달렸고, 결국 세상 사람들도 이 네 자매가 고모로부터 유산을 받은 게 틀림없다고 생각하게끔 되었다. 그 가족들이 다른 사람들 앞에서는 고모에게 굉장히 많은 신세를 졌다는 듯 그녀를 더할 나위 없이 존경하는 것처럼 말하고 다녔다. 이런 식으로 거짓말을 누차 듣게 되는 경우는 허영의 시장 안에서도 드문 일이다. 게다가 이런 거짓말을 하는 장본인들은 그 위선이 마치 자기들의 공적이라도 되는 듯 여기고, 자신들의 재정 상태를 세상 사람들에게 능숙하게 숨기는 것이 매우 훌륭하고 칭찬 받아 마땅한 일이라 여기고 있었다.

뷰트 부인은 분명 자신을 영국에서 가장 훌륭한 부인들 중 하나라고 생각했던 모양이다. 그리고 모르는 사람들 눈에는 그녀의 행복해 보이는 가정이 본받을 만한 것으로 비쳤을 것이다. 그들은 아주 쾌활하고 애정이 깊었으며, 제대로 된 교육을 받았고 소박하기까지 했다! 마사는 꽃을 아주 잘 그려서 그 지방 자선시장에 낼 그림의 절반을 혼자 도맡아 그리곤 했다. 엠마는 그야말로 그 지방 제일의 시인으로, 햄프셔 텔레그래프 신문에 실린 그녀의 시는 그 신문 시단(詩壇)의 꽃이라 할 만했다. 패니와 마틸다는 이중창을 했는데, 어머니가 반주를 맡으면 다른 두 자매가 다정하게 서로의 허리에 손을 두르고 감상하곤 했다. 그 딸들이 가엾게도 남들 눈에 안 띄는 곳에서 몰래 몇 번이고 이중창 연습을 하고 있다는 사실은 아무도 알지 못했다. 또한 어머니가 그들을 몇 시간이나 엄격하게 훈련시키고 있다는 것도 알지 못했다. 즉 뷰트 부인은 역경 속에서도 태연한 얼굴을 하고, 아주 훌륭하게 겉모습을 꾸미고 있었던 것이다.

뷰트 부인은 선량하고 훌륭한 어머니가 할 수 있는 일은 무엇이든 했다. 사우샘프턴의 요트 클럽 사람들, 윈체스터 대성당의 성직자들, 그리고 그곳

병영의 사관들을 멀리서 초청했다. 그녀는 순회재판소의 젊은 변호사들을 부를 생각도 했다. 또한 아들 짐에게는 높으신 분과 함께 사냥을 다닐 법한 친구들을 데려오라고 권했다. 사랑하는 딸들을 위해서라면 어머니라는 존재는 무슨 일이든 할 수 있는 것이다.

이러한 부인과 저택에 사는 그녀의 시아주버니인 짜증나는 준남작 사이에 아무런 공통점이 없다는 것은 다 아는 사실이다. 뷰트와 그의 형 크롤리 경은 이제 완전히 사이가 틀어진 상태였다. 사실 피트 경과 그 지방 주민들 사이도 마찬가지였는데 그 일대에서 늙은 피트 경의 추문을 모르는 사람이 없었다. 그는 나이를 먹을수록 점차 점잖은 사람들과 교제하는 것을 싫어하게 되어, 젊은 피트 씨와 제인 양이 결혼하고 의무적으로 찾아온 뒤로는 그의 저택 문으로 신사들의 마차가 들어온 일이 전혀 없었다.

그 신혼부부가 방문했을 때, 그들은 다시 떠올려도 소름이 돋을 만큼 끔찍하고 지독한 대접을 받았다. 피트 씨가 겁에 질린 얼굴로 아내에게 그때의 이야기만은 하지 말아달라고 부탁할 정도였다. 그리고 피트 경이 그때 아들과 며느리를 어떤 식으로 맞이했는지가 조금이라도 세상에 알려졌다면, 그것은 뷰트 부인이 누설한 것이 틀림없다. 그녀는 지금도 저택 안에서 벌어지는 일을 모조리 알고 있었기 때문이다.

신혼부부가 말쑥하고 잘 정비된 마차를 타고 저택 가로수길에 다다랐을 때, 가로수 사이의 폭이 매우 넓어진 것을 눈치챈 피트 씨는 놀람과 동시에 부아가 치밀었다. 가로수는 그의 소유였다. 그것을 늙은 피트 경이 제멋대로 잘라버린 것이다. 저택의 큰 정원은 황량하니 폐허 같은 꼴로 변해 있었다. 마차 길을 손질하지 않은 탓에 그들의 깔끔한 마차가 웅덩이의 진흙을 뒤집어쓰거나 바퀴가 빠지기도 했다. 저택 정면의 테라스와 현관의 돌계단 앞에서 부드럽게 호를 그리는 마차를 세우는 공간도 이끼가 잔뜩 끼고 시커멓게 변한 상태였다. 예전에는 아름답게 손질되어 있던 화단도 덥수룩한 잡초로 뒤덮여 있었다. 거의 집안 구석구석에 덧문이 내려와 있었으며 대현관의 문도 벨은 여러 번 누른 뒤에야 열렸다. 집사 호록스가 겨우 퀸스 크롤리 집안의 후계자와 그의 신부를 조상 대대로 물려받은 저택의 현관으로 들여놓았을 때, 리본을 잔뜩 단 젊은 여자가 검은 떡갈나무 계단을 종종걸음으로 올라가는 것이 보였다. 호록스는 젊은 주인 부부를 피트 경의 이른바 '서재'로

안내했다. 피트 씨와 제인 부인이 그 방 가까이 다가가자 담배 연기가 코를 찔렀다. "피트 경께서는 몸이 좀 안 좋으십니다." 호록스가 둘러대듯 말하며, 주인이 요통으로 고생한다는 사실을 넌지시 알려주었다.

서재는 정문 쪽 정원을 마주하고 있었다. 피트 경은 창문을 열고, 짐을 내리려고 하는 마부와 피트 씨의 하인에게 소리치고 있었다.

"짐 같은 거 하나도 내려놓지 마!" 그는 손에 든 파이프를 내밀면서 고함을 질렀다. "낮에 잠깐 들른 것뿐이잖아, 터커 이 바보자식아. 아니, 그 오른쪽 말의 발굽이 갈라진 게 안 보이냐? 킹스 헤드에는 말발굽을 손질해줄 사람도 없나보지? 오, 피트. 잘 지냈느냐? 당신도 잘 지냈소? 이 늙은이를 만나러 와준 거로군? 뭐랄까, 당신은 참 예쁘게도 생겼군. 당신 어머니인 그 딱딱한 노파하고는 영 딴판이야. 자, 이리 와서 이 피트 노인에게 입을 맞춰주시오. 착한 아가씨."

그 포옹은 며느리 입장에서는 좀 기분 나쁜 것이었다. 수염을 지저분하게 기르고 담배냄새가 코를 찌르는 늙은이 품에 안겼으니 그럴 만도 했다. 그러나 그녀는 오빠인 사우스다운도 콧수염을 기르고 시가를 피운다는 것을 떠올리고, 그리 싫은 티를 내지 않으며 노인에게 안겼다.

"피트는 좀 살이 쪘나?" 준남작은 며느리와 포옹을 마치고 말했다. "당신한테 긴 설교를 읽어주거나 하나? 여전히 시편 제100장이니 뭐니, 저녁 찬미가 같은 걸 하는지 모르겠구나, 응, 피트? 호록스, 이 얼간이 같으니라고. 그런 데서 살찐 돼지처럼 빤히 쳐다보고 서 있지 말고 제인 부인에게 줄 마므지 포도주와 케이크를 좀 가져와. 난 하룻밤 묵고 가라고 권하지는 않을 거네. 자네들도 여기가 별로 재미없을 테니. 게다가 상대가 피트여서는 따분하거든. 나도 이제 나이를 먹은 탓에 좀 멋대로 살고 싶어져서, 밤이 되면 담배를 피우거나 주사위 놀이를 하는 게 낙이 됐어."

"저도 주사위 놀이는 할 줄 안답니다, 아버님." 제인 부인은 웃으면서 말했다. "아버지와 크롤리 노부인을 상대로 늘 그 놀이를 했거든요. 그렇지요, 여보?"

"제인도 잘한답니다. 아버지가 그렇게 좋아하신다는 그 놀이를 말이죠." 피트 씨가 아내 자랑을 하듯이 말했다.

"아니, 주사위 놀이를 할 줄 알아도 묵고 갈 필요까진 없다. 뭐, 머드베리까지 가서 린서 부인을 기쁘게 해주고 목사관에 들러서 뷰트한테 만찬을 얻어먹는 편이 좋겠구나. 그 녀석은 너희들을 만나면 꽤나 좋아할 테니 말이다. 네가 고모의 유산을 상속받은 것을 굉장히 감사하고 있거든. 하핫! 내가 죽거든 그 돈을 조금 떼어내 이 저택 수리라도 좀 하려무나."

"그런데요, 아버지." 피트는 목소리를 좀 크게 높이며 말했다. "여기 사람들이 가로수를 베어내고 있는 것 같더군요."

"응, 응, 날씨가 참 좋지. 계절에 알맞게 날씨가 참 좋아." 피트 경은 갑자기 귀머거리가 된 것처럼 대답했다. "하지만 나도 요즘엔 점점 나이를 먹는 것 같구나. 정말이지, 너도 이제 쉰이 거의 다 되었으니 말이다. 하지만 피트는 여전히 젊어 보이는군, 제인 부인, 안 그렇소? 그것도 다 신앙심이 깊고 술을 안 마시면서 도덕적으로 산 덕분이겠지. 나를 좀 봐. 슬슬 여든이 다 되어가니 말이야, 히히!" 그는 그렇게 말하며 웃더니, 코담배를 들이마시며 그녀에게 곁눈질을 하면서 손을 꼬집기도 했다.

피트는 다시 나무 이야기를 꺼내려고 했지만, 준남작은 바로 다시 귀머거리가 되어버렸다.

"나도 점점 나이를 먹어서 말이지. 올해는 요통 때문에 정말 끔찍하게 괴로웠어. 내가 이 집에서 살 날도 이제 길지 않을 테지. 하지만 며느리가 와주어서 기쁘다오. 나는 당신 얼굴이 마음에 들어, 제인 부인. 당신 얼굴은 빙키 집안 사람들처럼 뼈가 튀어나오지 않았으니 말이야. 당신한테 궁정에 달고 나갈 만한 좋은 선물을 주지." 그렇게 말한 그는 발을 끌며서 방을 가로질러 서랍장으로 다가가, 그 속에서 제법 가치 있는 보석들이 든 작고 낡은 상자를 꺼냈다. "이거 받게. 이건 내 어머니 것이었는데, 뒤에 내 첫 번째 아내인 빙키 부인이 갖게 되었지. 아름다운 진주야. 그 뒤에 시집온 철물점 여자한테는 주지 않았던 물건이야. 아니, 사양 말고 받아두게. 얼른 집어넣어." 그는 그렇게 말하면서 상자를 며느리 손에 억지로 밀어 넣다시피 했다. 그때 호록스가 쟁반에 다과를 담아서 방으로 들어왔으므로, 그는 서둘러 서랍을 닫았다.

"피트 씨 부인에게 무얼 주신 거죠?" 피트와 제인이 노인의 방에서 나가자, 아까 계단에서 잠깐 보았던 리본을 단 여자가 말했다. 그녀는 집사 호록스의 딸이며—그 지방에 퍼진 추문의 원인으로—퀸스 크롤리 저택에서 현재 권력의 정점에 선 여자였다.

이 '리본'이 점점 지위가 오르며 설치는 것을 보고, 지역 주민들과 집안사람들은 모두 기막힐 노릇이었다. '리본'은 머드베리의 저축은행 지점에 돈을 예금하기 시작했다. 또한 저택 하인들이 다 같이 이용하는 조랑말 마차를 독차지하여 교회에 타고 가곤 했다. 그녀는 자기 기분에 따라 멋대로 하인들을 해고했다. 스코틀랜드인 정원사는 줄곧 저택에 남아 과수원과 온실을 자랑으로 삼으면서, 자신이 가꾼 과수원에서 나온 것을 사우샘프턴으로 가져가 팔기도 하며 제법 괜찮게 생활하고 있었다. 그런데 어느 화창한 날 아침, '리본'이 남쪽 담벼락에 있는 과수 시렁에서 복숭아를 따먹는 것을 보고 남의 재산에 손대지 말라고 주의를 주었다가 뺨을 얻어맞고 말았다. 그 정원사와 스코틀랜드 출신 부인과 아이들은 퀸스 크롤리 저택 사람들 가운데 유일하게 선량한 가족이었으나, 그 일이 생긴 뒤로 결국 훌륭하고 안락한 정원을 버리고 짐을 챙겨 나갈 수밖에 없었다. 정원은 그대로 황폐해지고 화단의 꽃은 다 시들었으며, 준남작 부인이 아끼던 장미정원도 쓸쓸히 내버려졌다. 이제 하인 두세 명만이 삭막하고 낡은 하인들 방에서 몸을 떨고 있었다. 마구간과 사무실도 텅 비고 문이 닫힌 채 반쯤 무너지고 말았다. 피트 경은 세상과 전혀 교류하지 않았고, 밤이 되면 집사, 아니 저택 지배인(요즘에는 이렇게 불리고 있었다)과 함께 술을 마시거나 방종한 '리본'을 상대하면서 지내고 있었다. 그 여자는 본디 용수철 달린 짐수레를 타고 머드베리에 나가서 작은 상점 주인을 '나리'라고 부르던 처지였지만, 지금은 신세가 판이하게 달라졌다. 아무래도 세상의 시선이 부끄러웠는지 아니면 근방에서 미움받는 처지라 그런지는 모르지만, 퀸스 크롤리의 늙은 냉소주의자도 이 무렵에는 저택 문밖으로 나갈 생각을 거의 하지 않았다. 그는 대리인들과 싸우는 것도, 땅값을 징수하는 것도 모두 편지로 했다. 덕분에 매일 편지를 주고받는 것이 생활이 되어 있었다. 변호사나 농장 관리인이 그에게 용무가 있어서 찾아와도, '리본'을 통해서가 아니면 이야기를 할 수가 없었다. 그녀는 그들이 들어오는 뒷문이 잘 보이는 하녀들 방에 지키고 서 있다가, 그들이 오면 방문 앞으로 나가서 응대했다. 그리하여 늙은 준남작의 사무일은 하루하루가 갈수록 혼란의 도가니에 빠져서, 그의 주변에 골칫거리들이 산더미처럼 쌓이게 되었다.

이러한 아버지의 치정문제에 대한 소문이 모범적이고 융통성 없는 신사인 젊은 피트 크롤리의 귀에 들어갔을 때, 그가 얼마나 경악했을지 대충이나마 상상할 수 있을 것이다. 그는 '리본'이 그의 두 번째 정식 계모가 됐다는 발표라도 날까봐 매일 불안에 떨었다. 부부가 함께 처음이자 마지막으로 방문했던 그날 이후, 피트의 예의바르고 기품 있는 집에서는 결코 아버지의 이름을 입 밖에 내지 않게 되었다. 아버지의 이름은 세상에 알려져서는 안 될 그들 가정의 비밀이었고, 모두 조심조심 입을 막고 그 옆을 지나치는 것이었다. 사우스다운 백작 미망인은 그 집 앞을 지나칠 때면 반드시 마차에서 내려서, 독자가 무서워서 소름이 돋을 만큼 무시무시한 형벌에 대해 써놓은 어떤 종교 관련 소책자를 놓고 가곤 했다. 목사관의 뷰트 부인은 매일 밤마다 저택 쪽에 있는 느릅나무 위의 하늘이 붉게 변하지는 않았나, 저택에 불이 나지는 않았나 하면서 내다보았다. 이 저택의 오랜 친구인 G. 왑샷 경이나 H. 퍼들스톤 경은 사계 법원에서 피트 경과 한자리에 앉지 않았고, 사우샘프턴의 큰길가에서 만나면 그 몹쓸 늙은이가 먼저 더러운 손을 내밀더라도 아는 체도 하지 않았다. 무슨 짓을 당해도 노인은 전혀 신경 쓰지 않았다. 그는 내밀었던 손을 주머니에 찔러 넣고 사두마차에 느릿느릿 올라타면서 껄껄 웃었다. 사우스다운 백작 미망인이 두고 간 종교 관련 소책자를 봐도 그는 마찬가지로 껄껄 웃을 뿐이었다. 그는 아들들을 비웃고, 세상을 조소했으며, 화를 잘 내는 '리본' 양이 화낼 때도 웃어댔다.

'리본', 즉 호록스 양은 현재 퀸스 크롤리의 가정부 지위에 앉아서 대단한 위세와 엄격함으로 모든 하인을 지배하고 있었다. 하인들은 모두 그녀를 '부인'이나 '마님'이라고 부르라는 지시를 받았다. 그리고 출세를 노리는 한 소녀는 그녀를 꼭 '주인마님'이라고 불렀는데, 호록스 양은 그러면 안 된다고 꾸짖지 않았다. 그녀는 아랫사람한테서 그런 아부의 말을 들으면 "나보다 훌륭한 주인마님도 있었고, 훨씬 못난 분도 있었으니 말이야, 헤스터." 라고 대답하곤 했다. 그런 식으로 그녀는 자신의 아버지 외의 사람들에게는 절대적인 권력으로 군림했는데, 사실은 아버지한테도 꽤나 거만을 떨면서 자기는 앞으로 준남작 부인이 될지도 모르니 너무 친한 척하지 말아달라고 주의를 주곤 했다. 사실 그녀는 그 높은 지위에 앉게 되었을 때를 연습해보면서 혼자 흡족해하고 있었다. 피트 경도 그것을 꽤나 재미있어하면서, 그녀가 거드름 피우며 기품 있는 척하는 것을 보면 쿡쿡 웃곤 했다. 또 잘난 척을 하면서 상류층 부인들의 흉내를 내거나 하면 몇 시간이고 껄껄 웃어댔다. 그는 그녀가 훌륭한 귀부인 흉내를 내는 게 연극 관람보다 더 재미있다고 말했다. 그리고 그녀에게 첫 번째 부인의 예복을 한 벌 입혀보고는 정말이지 멋지게 어울린다(호록스 양 자신도 완전히 동의했지만)고 말했고, 이제부터 당장 사두마차를 타고 궁중으로 데려가겠다는 소리를 해서 놀라게 만들기도 했다.

그녀는 세상을 떠난 두 부인들의 옷장을 모조리 뒤져서 부인들이 남긴 아름다운 옷을 뜯어내거나 잘라내어 자기 취향에 맞게, 그리고 몸에 잘 맞게 고치곤 했다. 그녀는 더 나아가 부인들의 보석이나 장신구 등도 자기 것으로 만들고 싶었지만, 늙은 준남작도 그것만은 자신의 개인 서랍장에 넣고 잠가 놓았고, 그녀가 아무리 구슬려서 열쇠를 손에 넣으려 해도 들어주지 않았다. 나중에 그녀가 퀸스 크롤리에서 떠난 뒤 그녀가 사용하던 한 권의 노트를 찾아냈는데, 그것을 보면 그녀는 남들 모르게 열심히 글씨를 연습하고 있었다. 특히 자신의 이름을 '크롤리 준남작 부인'이라거나 '벳시 호록스 귀부인' 또는 '엘리자베스 크롤리 귀부인'이라고 쓰는 데 애를 썼다는 사실도 알 수 있었다.

목사관의 높은 분들은 절대로 저택에 오지 않고 늙은 주인을 피해 다녔지만, 저택에서 일어나는 일은 항상 죄다 꿰고 있었으며, 마침내 집사의 딸이 정식 준남작 부인이 되는 무시무시한 날이 언제 들이닥칠까 기다리고 있었다. 호록스 양이 그날을 애타게 기다리고 있었음은 말할 것도 없다. 그러나 운명이 질투를 했는지 결국 그런 날은 오지 않았고, 그토록 훌륭했던 애정과 미덕은 보답을 받지 못한 채 끝을 맺고 말았다.

어느 날, 준남작은 그가 농담으로 '귀부인'이라 부르는 그 여자가 객실에서 낡고 소리가 잘 안 나는 피아노 앞에 앉아 있을 때 불쑥 안으로 들어갔다. 그 피아노는 베키 샤프가 카드리유 곡을 친 뒤로 거의 방치되다시피 한 상태였다. 호록스 양은 아주 엄숙한 얼굴로 그 피아노 앞에 앉아서, 그녀가 이따금 들어본 적이 있는 노래를 흉내 내어 있는 힘껏 소리를 빽빽 지르고 있었다. 출세를 기대하는 어린 하녀는 그녀의 여주인 옆에 서서 그 노래를 듣고 감탄하면서 박자를 맞추어 고개를 흔들었고, "어머, 마님, 정말 멋지세

요." 하고 외치고 있었다. 실제 상류층의 객실에 있는 아첨꾼처럼.

이 사건은 여느 때처럼 늙은 준남작이 폭소를 터트리게 만들었다. 그는 그 날 밤 당장 그 일을 호록스에게 열 번 넘게 이야기했다. 호록스의 딸은 그에 대해 입을 꾹 다물었다. 늙은 준남작은 피아노를 치는 것처럼 테이블 위를 손가락으로 똑똑 두드렸고, 그녀의 노래 실력을 흉내 내어 찢어지는 소리를 뽑았다. 그리고 그렇게 좋은 목소리를 썩히다니 말도 안 되는 일이라며, 노래 선생님을 불러서 연습을 시켜야겠다는 소리까지 꺼냈다. 그러나 의기양양한 호록스 양은 아주 진지하게 그 말을 사실로 받아들였다. 늙은 준남작은 그날 밤 매우 활기가 넘쳤고, 술친구인 집사와 함께 물을 섞은 럼주를 평소보다 많이 마셨다. 밤이 꽤 깊어진 뒤에야, 충실한 친구이자 하인인 호록스는 주인을 침실로 모시고 갔다.

그로부터 반 시간 정도쯤 뒤, 집 안이 몹시 소란스러워졌다. 평상시에는 주인이 방 두 개나 세 개 정도밖에 사용하지 않는 고요하고 쓸쓸한 낡은 저택에서 이 창 저 창으로 불빛이 옮겨갔다. 곧 조랑말을 탄 소년이 머드베리에 있는 의사의 집으로 달려갔다. 그로부터 한 시간이 채 지나기 전에(이것만 봐도 뷰트 부인이 얼마나 끊임없이 저택과 긴밀하게 연락을 취하고 있었는지 알 수 있으리라) 칼래시(서양 포장마차의 쐬우개)를 쓰고 나막신을 신은 부인과 뷰트 크롤리 목사, 아들인 제임스 크롤리가 정원에 난 길을 따라 들이닥쳐서, 활짝 열린 현관으로 들어왔다.

그들은 현관 홀과 작은 참나무 객실을 지나갔다. 그곳의 테이블 위에는 큰 쟁반 세 개와 딩 빈 럼주 병이 놓여 있었는데, 피트 경과 집사가 잔뜩 마시고 난 흔적이었다. 그들이 그곳을 지나 피트 경의 서재에 들어갔을 때, 문제의 리본을 단 호록스 양은 열쇠다발을 들고 책장이나 서랍이 달린 책상 등을 열어보는 데 정신이 팔려 있었다. 뷰트 부인이 검은 칼래시 아래에서 눈을 빛내며 노려보자, 그녀는 꺅 하고 비명을 지르며 열쇠다발을 떨어트리고 말았다.

"저것 좀 보세요, 제임스도 당신도." 뷰트 부인은 그렇게 소리치며, 죄를 짓다 발각당하고 부들부들 떠는 검은 눈의 처녀를 가리켰다.

"그분이 이걸 주셨어요. 그분이 주셨다고요!" 그녀가 소리쳤다.

"너한테 줬다고? 천벌 받을 것이!" 뷰트 부인은 큰 소리로 고함을 질렀다. "증인이 되어줘요, 여보. 우리가 이 아무짝에도 쓸모없는 계집애가 당신 형님의 물건을 훔치려고 하는 현장을 목격한 거예요. 제가 늘 말했듯이 이런 여자는 교수형에 처해야 돼요."

벳시 호록스는 겁에 질린 나머지 그 자리에 털썩 무릎을 꿇고 울음을 터트렸다. 그러나 진정 정직한 여성이란 어떤 것인지 알고 있는 독자 여러분이라면 아시겠지만, 뷰트 부인은 바로 용서해주지 않았을 뿐만 아니라 적에게 창피를 준 것이 통쾌하기 그지없었다.

"종을 울려라, 제임스." 뷰트 부인이 말했다. "사람들이 모두 모일 때까지 계속 울려." 쨍그랑쨍그랑 계속 울려대는 종소리를 듣고, 이 황폐하고 낡은 저택에 남아 있던 서너 명의 하인이 곧장 달려왔다.

"이 여자를 금고실에 가둬 놓도록 해." 그녀가 말했다. "이 계집이 피트 경의 물건을 훔치다 우리에게 들켰으니까. 당신, 이 여자를 감옥으로 보낼 준비를 하세요. 그리고 베도스, 너는 내일 아침 이 여자를 짐마차에 태워서 사우샘프턴 감옥으로 데려가거라."

"하지만, 여보." 목사이자 치안판사인 남편이 옆에서 말했다. "이 여자는 그저—"

"수갑은 없나?" 뷰트 부인은 나막신을 신은 발을 쿵쿵 구르며, 남편을 무시하고 말을 이었다. "수갑이 있지 않았던가? 이 여자의 밉살스러운 아비는 어디에 있지?"

"정말로 그분이 제게 주신 거예요." 벳시가 여전히 소리를 질렀다. "그렇지, 헤스터? 너는 피트 경이 이걸 내게 주시는 걸 봤잖아. 똑똑히 보고 있었잖아. 훨씬 전에, 머드베리 장날 다음날에. 제가 달라고 부탁한 것도 아니에요. 이게 제 것이 아니라고 생각하신다면 가지고 가세요." 그렇게 말하며 이 불행한 처녀는 주머니에서 인조 보석이 달린 한 쌍의 커다란 구두 버클을 꺼냈다. 그것은 서재의 책장 안에 들어있던 것인데, 그녀가 전부터 갖고 싶어 하다가 이제야 막 겨우 손에 넣은 것이다.

"어머, 벳시, 어쩜 그렇게 새빨간 거짓말을 할 수가 있니!" 지금까지 승진을 기대하며 얌전히 행동하던 부엌 하녀 헤스터가 말했다. "그것도 이토록 다정하고 친절하신 크롤리 마님과 목사님 앞에서 말이야(이때 헤스터는 무릎을 살짝 구부려 경의를 표했다). 그리고 마님, 제 궤들이라면 얼마든지 조사해 보세요. 열쇠도 여기 있으니까요. 저는 가난한 집 딸이고 고아원에서 자랐지만 정직한 사람이거든요. 제 소지품에서 레이스 한 조각이나 양말 한 짝이라도 나온다면, 두 번 다시 교회에 발을 들여놓지 않겠어요."

"열쇠를 이리 내놔. 이 수치도 모르는 계집 같으니." 칼래시를 쓴 덕망 높은 부인이 벳시에게 소리쳤다.

"여기 양초가 있어요, 마님. 그리고 뭣하면, 제가 이 여자의 방으로 안내해드릴 테니 가정부용 서랍장 속을 살펴보시겠어요? 이 여자가 그 안에 여러 물건들을 잔뜩 넣어놓았거든요." 어린 헤스터는 안달이 난 사람처럼 열심히 절을 하며 말했다.

"입 좀 다물고 있으렴. 나도 이 계집이 쓰는 방에 대해서는 잘 아니까. 브라운 씨, 당신은 나를 따라와요. 그리고 베도스, 너는 이 계집이 도망치지 못하게 감시하도록 해." 그렇게 말한 뷰트 부인은 양초를 손에 들었다. "그리고 여보, 당신은 윗층에 올라가서 사람들이 당신의 불행한 형님을 죽음으

현장에서 발견된 리본

로 몰아넣고 있나 살펴보는 편이 좋을 것 같네요." 그렇게 말한 뒤, 칼래시
를 쓴 부인은 브라운 부인과 함께 방을 나갔다. 본인이 말한 대로, 그녀는
벳시가 쓰는 방에 대해 잘 알고 있었다.

뷰트가 윗층으로 올라가 보니 의사가 머드베리에서 도착한 상태였고, 걱
정스러운 표정의 호록스가 의자에 기대고 앉은 주인 쪽으로 몸을 굽히고 있
었다. 그들은 피트 크롤리 경의 피를 뽑으려던 참이었다.

목사 부인은 날이 밝자 저택의 후계자인 피트 크롤리 씨에게 급히 사람을 보냈다. 그녀는 모든 일을 직접 명령했고, 지난 밤 내내 늙은 준남작의 침대 맡에 붙어 있었다. 노인은 어느 정도 정신을 차린 상태였다. 이야기를 할 수는 없었지만, 사람들 얼굴을 알아보는 것 같았다. 뷰트 부인은 환자 곁에서 잠시도 떠나지 않았다. 그 조그만 여자는 졸린 티를 내지 않고, 긴 의자에서 코를 골면서도 불타는 검은 눈을 잠시도 감으려 하지 않았다. 호록스는 집사로서 자신이 주인의 간병을 해야 마땅하다며 몇 번인가 거칠게 항의했다. 그러나 뷰트 부인에게 주정뱅이 악당 늙은이라는 욕을 얻어먹고, 두 번 다시 이 집에 얼굴을 내밀지 마라, 네놈의 불량한 딸과 함께 감옥으로 보내주마 하는 협박을 받았다.

그녀의 서슬에 겁을 먹은 호록스는 참나무 객실로 슬그머니 내려갔다. 전부터 그 방에 있던 제임스는 그곳에 있는 병을 거꾸로 들어보아도 술이 나오지 않았기 때문에, 호록스의 얼굴을 보자 럼주 한 병을 더 갖고 오라고 말했다. 그가 새 쟁반과 함께 럼주를 가지고 오자, 목사와 아들은 그 방에서 한 잔씩 주고받았다. 그리고 호록스에게 열쇠를 거기 놓아두고 당장 집을 나가서 두 번 다시 얼굴을 내밀지 말라고 명령했다.

그런 태도에 겁이 난 호록스는 열쇠를 집어던졌다. 그리고 그와 그의 딸은 밤사이에 몰래 달아나, 자기 것처럼 굴던 퀸스 크롤리 저택을 내어주고 말았다.

제40장
베키, 크롤리 가문에 인정받다

크롤리 가문의 후계자는 아버지가 급병에 걸렸다는 소식을 듣고 놀라, 얼마 안 있어 집으로 돌아왔다. 그리고 그대로 그가 퀸스 크롤리 저택의 주인이 되었다고 해도 과언이 아니다. 늙은 준남작은 그 뒤에도 몇 달 정도 더살긴 했지만 머리와 입이 예전처럼 움직이지 않아, 재산관리 역할이 자연스럽게 장남의 손으로 옮겨간 것이다. 피트는 아버지의 재산이 이상한 상태에처한 것을 알게 되었다. 피트 경은 늘 물건을 산 뒤 그것을 저당 잡혀서 돈을 빌린 모양이었다. 거래 상대가 스무 명이나 되는데, 그들 모두와 다툼을벌이고 있었다. 소작인들 모두와도 싸움을 하고, 소송을 벌이고 있었다. 변호사들과 시비가 붙었고, 그가 주식을 보유하고 있는 탄광회사나 부두회사와도 다투고 있었다. 그 밖에 금전상의 관계가 있는 사람들 모두를 상대로법정 싸움을 벌이고 있었다. 이 모든 분쟁을 해결하고 재산을 정리하는 것은펌퍼니클(흑색호밀빵)처럼 조직적이고 끈기 있는 외교관으로서 처리할 보람이 있는일이었으므로, 피트는 놀랍도록 성실하게 재산정리를 시작했다. 그의 가족은 물론 모두가 퀸스 크롤리 저택으로 이사했다. 아내의 어머니인 사우스다운 백작 미망인도 함께 오게 되었고, 뷰트 목사의 코앞에서 교구 사람들을개종시키기 위해 자신이 밀어주는 성직자를 함께 데리고 왔다. 그 때문에 뷰트 부인은 깜짝 놀라 노발대발했다. 피트 경은 퀸스 크롤리의 성직을 팔겠다말하곤 했지만 아직 정말로 팔아버리지는 않은 상태였다. 그래서 사우스다운 백작 미망인은 현재 목사의 임기가 끝나면 목사추천권을 자기 손에 넣어서, 그녀가 후원하는 젊은 사제를 그 교회에 앉히고 싶다는 소리를 하고 있었다. 외교적 수완을 갖춘 피트는 그에 찬성도 반대도 하지 않았다.

뷰트 부인이 벳시 호록스를 어떻게 하겠다던 이야기는 결국 이루어지지 않았다. 즉 벳시는 사우샘프턴 감옥에 가지 않고 끝나게 된 것이다. 그녀와 그녀의 아버지는 저택에서 나갔고, 아버지가 진작부터 크롤리 경한테서 임차권을 얻어 놓았던 마을의 '크롤리 암스'에서 살게 되었다. 그와 함께 그는 약간의 자유소유권도 손에 넣었으므로, 이 선거구에서 한 표를 투표할 자격을 가지고 있었다. 목사도 한 표를 가지고 있었는데, 이 두 표 말고도 네 표가 더 있고 그것이 퀸스 크롤리 지구에서 두 명의 의원을 선출하는 선거단체였다.

목사관과 저택의 여자들은 사이좋게 지냈다. 그러나 그것도 젊은 사람들 사이에서만 그랬고, 뷰트 부인과 사우샘프턴 백작 미망인은 마주치면 반드시 싸움이 벌어졌으므로 둘은 점차 만나지 않게 되었다. 목사관 사람들이 저택으로 놀러오면 백작 미망인은 방에 틀어박혀 얼굴도 내비치지 않았다. 이렇게 장모가 이따금 보이지 않는 것이 피트 씨에게는 오히려 달가운 일이었던 모양이다. 그는 빙키 집안이 세상에서 가장 훌륭하고 총명하며 흥미롭다고 믿고 있었고, 지금까지 오랫동안 어머니 쪽 친척인 사우스다운 백작 미망인이 거들먹거려도 잠자코 있긴 했지만, 때로는 그녀가 너무 명령하려 드는 데에 불만을 품고 있었던 것이다. 젊게 봐주는 거야 분명히 기쁜 일이지만 46세나 되었는데도 어린애 취급을 당하는 것은 한심스러웠다. 그런데 아내인 제인은 무엇이든 어머니에게 순종하는 편이었다. 그리고 그저 자신의 아이들을 귀여워할 뿐인 여자였다. 그녀에게는 어머니가 굉장히 바쁜 사람이라는 것이 가장 다행스러운 일이었다. 백작 미망인은 목사들을 모아서 상담회를 열거나 아프리카, 아시아, 오스트레일리아에 있는 선교사들과 교류를 나누느라 손주인 마틸다와 피트 크롤리 3세에게 신경을 쓸 겨를이 없었던 것이다. 피트 크롤리 3세는 몸이 약한 아이였다. 할머니가 감홍(甘汞)을 아낌없이 가져다준 덕분에 겨우 살아 있는 것이나 다름없었다.

늙은 피트 경은 부인이 세상을 떠난 그 방에 틀어박혀서 부엌 하녀 헤스터의 간호를 받고 있었다. 출세를 기대하고 있는 그녀는 아침부터 밤까지 시중을 들면서 성실하게 일했다. 그 어떤 사랑과 신뢰와 절개도 높은 급료를 받는 간병인을 당해낼 수는 없다. 그들은 베개를 평평하게 하고, 환자식을 만들어 먹이고, 한밤중에도 깨어 있으며, 잔소리를 하거나 시비를 걸어도 참는다. 바깥에 햇볕이 따사롭게 내리쬐는 날이라도 외출하고 싶다는 생각을 하지 않고, 팔걸이의자에서 자거나 혼자서 쓸쓸하게 식사를 한다. 기나긴 밤 동안 아무것도 하지 않고 난로의 타다 만 불을 바라보거나 환자가 마실 물이 주전자 속에서 부글부글 끓는 것을 구경하며, 주간신문을 일주일 내내 읽어주기도 한다. 그리고 자신이 연중 읽는 책은 〈법의 경건한 부름〉이나 〈인간의 본분〉 같은 것밖에 없다. 게다가 우리는 그들의 친척이 일주일에 한 번 만나러 오면, 세탁 바구니에 진을 조금 숨겨서 가지고 간다고 화를 내거나 한다. 여인들이여, 연인을 1년 내내 간호할 수 있을 만큼의 사랑을 지닌 남자가 어디에 있겠는가? 반면 간호사는 3개월에 10파운드만 줘도 곁에 붙어서 돌봐주는데, 그래도 우리는 비싸다고 생각한다. 적어도 크롤리 씨는 하녀 헤스터가 준남작에게 딱 붙어서 간호를 해주는데, 3개월에 10파운드는커녕 그 반인 5파운드를 주면서도 불만이 많았다.

날씨가 좋은 날이면 늙은 준남작은 의자에 앉아 저택 정면의 테라스로 나갔다. 그 의자는 크롤리 노부인이 생전에 브라이턴에서 쓰던 것으로, 사우스다운 백작 미망인이 그쪽을 정리하고 퀸스 크롤리로 왔을 때 많은 짐들과 함께 가지고 온 것이었다. 제인은 늘 노인 옆에 붙어서 거닐었다. 노인은 그녀를 몹시 좋아했다. 제인이 병실에 들어오면 늙은 준남작은 그녀에게 몇 번이나 고개를 끄덕이며 웃었지만, 그녀가 나가면 싫다는 듯이 신음을 흘리며 알아듣기 힘든 소리를 내곤 했다. 제인이 나가고 문이 닫히면 준남작은 늘 울거나 코를 훌쩍였다. 그러면 젊은 마님이 계시는 동안에는 줄곧 온화하고 다정했던 헤스터의 표정과 태도가 확 변해버렸다. 그에게 얼굴을 찡그리고 주먹을 꽉 쥐어 보이며 "입 좀 다물어요. 한심한 바보 늙은이 같으니." 소리를 지르고, 의자를 돌려 그가 바라보기 좋아하는 난로가 아닌 다른 쪽을 보게 만드는 것이었다. 그러면 노인은 더더욱 울음을 터트렸다. 70년 넘게 교활한 짓을 일삼고, 남들과 다투고, 술을 마시고, 온갖 계획을 세워 나쁜 짓을 저지르거나 자기 멋대로 행동하고 다닌 결과—아이처럼 재워주고 깨워주고 씻겨주고 먹여주는 대로 따라야 하는 울보 늙은이가 되고 말았으니 자기 처지가 한심할 만도 하리라.

마침내 이 간병인의 일이 끝나는 날이 찾아왔다. 어느 이른 아침, 젊은 주

피트 경의 말년

인 피트 크롤리가 서재에서 회계장부와 토지관리부를 조사하고 있을 때 문을 노크하는 소리가 나더니, 헤스터가 나타나 절하면서 경의를 표하고 말했다.

"아뢸 것이 있습니다, 주인님. 주인님께서 오늘 아침에 돌아가셨습니다, 주인님(<small>피트 경의 죽음으로 이제 젊은 피트 씨가 피트 경이
되기 때문에 두 사람 모두 주인이라고 부른 것이다</small>). 저는 그분의 죽을 쑬 때 넣으려고 빵을 굽고 있었습니다. 그분께서 매일 아침 6시에 꼭 그것을 드셨거든요, 주인님. 그런데 무슨 신음이 들리는 것 같아서, 주인님. 그리고…… 그게……."

그녀가 또다시 절을 했다.

그 순간 피트의 창백한 얼굴이 빨갛게 달아오른 것은 무엇 때문이었을까? 그도 마침내 국회에 자리를 차지하고, 장차 많은 명예를 쥐게 될 피트 경이 되었기 때문이었을까? '이제 나도 현금을 꺼내서 부동산 정리를 할 수 있겠군.' 그는 이렇게 생각했다. 그리고 당장 저당 잡혔던 것을 빼오고 자신이 개량하고 싶었던 것들을 하는 데 얼마나 돈이 들지 대충 헤아려보았다. 그는 지금껏 아버지가 전처럼 건강해져서 그가 애써 쏟아 부은 돈이 헛것이 될까 봐, 고모인 크롤리 노부인의 유산을 사용하지 않고 있었던 것이다.

지택과 목사관의 모든 차양이 내려졌다. 교회에서는 종을 울리고 건물 안쪽 벽에는 검은 천이 드리웠다. 뷰트 크롤리는 사냥 모임에 나갈 계획을 취소한 대신 퍼들스톤에 가서 조용히 만찬을 대접받고 포트와인을 마시면서 세상을 떠난 피트 경이나 후계자인 젊은 피트 경에 대한 이야기를 나누었다. 그즈음 이미 머드베리의 마구상점으로 시집을 간 벳시는 한참이나 울었다. 주치의는 말을 타고 와서 정중하게 위로의 말을 건넨 뒤 부인들의 안부를 물었다. 늙은 준남작의 죽음은 머드베리나 크롤리 암스의 화젯거리로 떠올랐다. 크롤리 암스의 주인인 호록스는 그 무렵에는 목사와 화해를 한 상태였다. 목사가 이따금 집에 들러서 순한 맥주를 마시고 가기 때문이었다.

"제가 로든 씨에게 편지를 쓸까요, 아니면 당신이 쓰시겠어요?" 제인이 남편인 새로운 준남작 피트에게 물었다.

"물론 내가 쓰겠소." 새로운 피트 경이 말했다. "그리고 장례식에도 불러야지. 마땅한 일이니 말이오."

"그리고…… 그리고 로든 부인도요." 제인이 머뭇거리면서 말했다.

"제인!" 사우스다운 백작 미망인이 말했다. "지금 무슨 소리를 하는 거니?"

"물론 로든 부인도 불러야지." 피트 경이 결연히 말했다.

"내가 이 집에 있는 동안에는 안 돼요!" 사우스다운 백작 미망인이 말했다.

"이 집의 주인은 저라는 사실을 잊지 말아주셨으면 좋겠습니다." 피트 경이 대답했다. "제인, 로든 크롤리 부인에게 편지를 써서 장례식에 참석하라고 해요."

"제인, 나는 네가 펜을 드는 걸 허락하지 않겠다!" 백작 미망인이 소리쳤다.

"이 집의 주인은 저라고 말씀드렸지요?" 피트 경이 다시 말했다. "그리고 장모님께서 이곳을 떠나게 되실지도 모른다고 생각하면 매우 유감스럽습니다만, 그래도 저로서는 어디까지나 이 집을 제가 옳다고 생각하는 방향으로 끌고 갈 수밖에 없습니다."

사우스다운 백작 미망인은 맥베스 부인으로 분장한 여배우 시돈스처럼 위엄 있게 일어서더니, 그녀의 마차에 말을 매어 놓으라고 명령했다. 만약 딸과 사위가 자신을 집에서 내쫓는다면, 그녀는 어딘가에서 혼자 슬픔을 감추고 그들이 마음을 고쳐먹을 날을 기다리겠다고 생각했다.

"저희는 어머니께 이 집에서 나가시라고 한 게 아니에요." 소심한 제인 준남작 부인이 애원하듯 말했다.

"하지만 너희들은 기독교도인 부인이 자리를 함께 해서는 안 될 사람들을 이 집에 부르려고 하고 있잖니. 나는 내일은 꼭 말을 준비시킬 거다."

"제인, 내가 불러줄 테니까 당신은 그대로 받아 적어요." 피트 경은 그렇게 말하며 자리에서 일어나, 마치 전시회에 자주 나오는 신사의 초상처럼 명령하는 태도를 취했다. "그럼 받아 적어요. '1822년 9월 14일, 퀸스 크롤리에서. 친애하는 동생에게'."

이 단호하고도 끔찍한 말을 듣고, 지금까지 맥베스 부인처럼 위엄을 부리며 사위가 주눅 들거나 망설이기를 기대하던 백작 미망인은 마침내 일어서서 무서운 얼굴로 서재를 나가버렸다. 제인은 어머니를 뒤쫓아가서 말리고 싶은 얼굴로 남편을 올려다보았다. 그러나 피트는 갈 필요 없다고 말했다.

"어머님은 가지 않으실 거요. 브라이턴의 집은 다른 사람에게 빌려줬고, 지난 반년치 수입은 다 써버리셨으니 말이오. 백작 미망인이 여관에서 산다면 몰락한 거나 마찬가지잖소. 여보, 나는 이처럼 단호하게 나설 기회를 오랫동안 기다려 왔어요. 당신도 알겠지만, 한 집안에 주인이 둘이나 있는 것만큼 바보 같은 일은 없으니 말이오. 자, 다시 편지를 써주시오. '이미 오래전부터 예상해온 일이기는 하나, 이번에 내가 가족들에게 전달해야 할 비통한 소식은 다름이 아니라'—"

즉 피트는 자신의 왕국에 들어와서 운 좋게도, 아니 그가 생각하기에 그만한 공적이 있어 다른 친척들이 기대하던 재산을 거의 손에 넣었으므로, 이제부터는 가족들에게 친절하고 정중하게 대해주고 이 집을 다시 옛날의 퀸스 크롤리처럼 만들겠다고 결심한 것이다. 그런 크롤리 가문의 주인이 될 것이라 생각하면 기쁘기 그지없었다. 그의 통솔력과 지위가 있으면 이 지방에서 머지않아 큰 세력을 얻게 될 것이 분명하니, 그것을 이용해서 동생에게 직장을 구해주고 사촌들에게도 괜찮은 대우를 해주겠다고 생각했다. 그들이 원하던 것들을 전부 자신이 차지해버렸다고 생각하니 그도 조금 미안한 마음이 들었던 것이다. 그의 천하가 되고 나서 사나흘 정도 지나자, 그의 태도는 완전히 변했고 계획도 다 짜여졌다. 그는 공정하고 진솔하게 집안을 다스리고 사우스다운 백작 미망인을 물러나게 만들어서, 친척 모두와 되도록 사이좋게 지내기로 결심했다.

그런 마음으로 그는 동생 로든에게 보낼 편지의 내용을 불러주었던 것이다. 아주 어려운 말로 의미심장한 표현을 구사해서 쓴 장엄하고도 정성스러운 편지였으므로, 남편의 말을 받아 적던 단순한 부인은 크게 감탄했다. '그이가 하원에 나가시면 얼마나 멋진 웅변을 풀어놓으실까!' 그녀는 이렇게 생각했다(하원에 나가 활약하겠다는 것과 장모의 횡포가 심하다는 것을 피트가 잠자리에서 부인에게 이야기해준 적이 있었다). '그이는 이렇게나 총명하고 친절하고, 또 얼마나 대단한 천재이신지! 나는 그이가 조금 냉정하다고 생각했는데, 사실은 어쩜 이리 친절하고 천재적이신지 몰라!'

부인이 이렇게 놀랄 만도 했다. 사실 피트 크롤리는 그 편지를 부인에게 받아 적으라고 해도 괜찮겠다 싶을 때까지, 외교관답게 오랫동안 비밀스레 생각을 거듭하여 완벽한 초안을 썼고, 그 문구를 하나도 빠짐없이 외워서 말한 것이니 말이다.

검은색으로 굵게 가장자리를 두르고 봉인을 찍은 이 편지는 곧장 새로운 피트 크롤리 경으로부터 런던에 있는 동생 중령의 집으로 발송되었다. 로든 크롤리는 그것을 받고도 썩 기뻐하지 않았다. '그런 재미없는 곳에 가봤자 뭐가 좋다고.' 그는 그렇게 생각했다. '만찬 뒤에 형하고 둘이서 마주보고 있어야 한다니, 정말 못해먹을 짓이지. 게다가 런던에서 왕복으로 말을 빌리면 20파운드는 들 거야.'

그는 어려운 일만 생기면 베키에게 들고 갔으므로, 이 편지도 코코아 한 잔과 함께 2층에 있는 그녀의 침실로 가지고 갔다. 그는 매일 아침 코코아를 타서 아내에게 가져다주었던 것이다.

로든은 베키가 자신의 노란 머리카락을 빗고 있는 화장대 앞에 아침 식사가 담긴 쟁반과 편지를 내려놓았다. 그녀는 검은 테를 두른 그 편지를 집어 들고 내용을 읽더니, 의자에서 뛰어오르며 "만세!" 외치고 편지를 머리 위로 빙글빙글 돌렸다.

"만세?" 긴 플란넬 가운을 팔락이며 황갈색 머리카락이 다 헝클어지도록 폴짝폴짝 뛰는 아내의 모습을 이상하다는 듯 바라보면서 로든이 말했다. "우리가 받을 유산은 아무것도 없어, 베키. 나는 성인이 됐을 때 내 몫을 다 받았으니까."

"성인이 됐을 때라고요? 바보 같으니, 당신은 아무리 나이가 들어도 여전히 어린애잖아요. 자, 당장 브루노이 부인의 가게에 다녀오세요. 제 상복을 주문해야 하니까요. 당신은 모자에 상장(喪章)을 감고, 그리고 검은 조끼— 당신은 그런 옷은 안 가지고 있죠? 목요일에는 출발해야 하니까 그것도 내일 가지고 오라고 주문해 놓으세요."

"당신, 설마 갈 생각이야?" 로든이 말을 가로막았다.

"물론 가야지요. 전 제인 부인에게 내년에 꼭 궁중 알현에 데리고 가달라고 부탁할 생각이에요. 당신 형님에게 이야기해서 당신을 국회에 넣을 생각이고 말이죠, 얼간이 씨. 그리고 스타인 경에게 당신과 본인의 선거권을 쥐여줄 생각이랍니다, 바보 같은 양반. 당신을 아일랜드 사무장관이나 서인도 총독, 아니면 재무장관이나 영사 같은 자리에 앉힐 생각이라고요."

"말을 빌리는 데 돈이 꽤 들 텐데." 로든이 투덜거렸다.

"사우스다운의 마차에 태워달라고 하면 되잖아요. 그 사람도 친척이니까 장례식에 참석할 테죠. 하지만 그만두는 편이 낫겠네요. 우리는 승합마차를 타고 가기로 해요. 그편이 더 보기 좋겠어요. 수수해보일 테니 말이에요."

"물론 로디도 데리고 가는 거지?" 중령이 물었다.

"무슨 소리예요. 마차 삯을 더 물어야 하잖아요. 그 애는 너무 많이 커서 우리 사이에 끼어 앉히고 여행하는 건 무리예요. 아이는 집에 남으라고 해요. 브리그스가 그 애 상복을 만들어줄 거예요. 그리고 당신 하인 스파크스한테, 나이 든 피트 경께서 돌아가셨는데 유산 처분이 끝나면 당신도 많은 돈을 받을 수 있다는 식으로 말해두세요. 그러면 바로 래글스에게 가서 그 이야길 할 거예요. 래글스는 집세니 뭐니 하면서 시끄럽게 구니까, 그럴 듯

한 소리를 좀 들려줘서 안심시켜야 돼요." 그렇게 말하면서 베키는 코코아를 홀짝였다.

충실한 스타인 경이 저녁에 와보니, 베키와 그녀의 말동무가—바로 우리가 오래전부터 잘 알아온 브리그스 양이었다—장례식에 쓸 만한 온갖 검은 천을 내놓고 열심히 재단을 하면서 뜯어내거나 자르거나 찢거나 하는 중이었다.

"브리그스 양과 저는 아버님께서 돌아가시는 바람에 슬픔과 절망에 빠져 있답니다." 레베카가 말했다. "피트 경이 돌아가셨어요, 후작님. 저희는 종일 머리를 쥐어뜯고 있었어요. 그리고 지금은 오래된 옷들을 뜯어내는 중이랍니다."

"오, 레베카. 당신은 어쩌면—" 브리그스는 고개를 들었지만 그 말밖에 하지 못했다.

"오, 레베카. 당신은 어쩌면—" 후작도 똑같은 소리를 했다. "결국 그 몹쓸 노인이 죽어버렸나. 좀 더 약삭빠르게 처신했으면 상원 의원도 될 수 있었을 텐데. 아들 피트 씨가 아버지를 거의 거기까지 끌어올릴 참이었는데, 그 노인네가 늘 안 좋은 시기에 탈당을 해버리곤 했으니. 정말 웃기는 주정뱅이 노인이었지."

"저는 하마터면 그 주정뱅이 노인의 미망인이 될 뻔했어요." 레베카가 말했다. "브리그스 양, 당신이 문틈으로 피트 경이 제 앞에서 무릎을 꿇고 있는 장면을 봤을 때를 기억하세요?" 우리의 오랜 친구 브리그스 양은 그때의 일을 떠올리고 얼굴이 새빨개졌다. 그리고 스타인 경이 아래층에서 차를 한 잔 타달라고 하자 가슴을 쓸어내렸다.

브리그스는 레베카가 자신의 결백과 평판을 지키기 위해 기르는 개와 마찬가지였다. 크롤리 노부인은 브리그스에게 연금을 조금 남겼다. 그녀는 자신을 포함해 모든 이들에게 다정한 제인 부인 밑에서 일할 생각을 하고, 기꺼이 크롤리 집안에 남을 예정이었다. 그러나 사우스다운 백작 미망인이 체면이 깎이지 않는 선에서 되도록 빨리 그녀를 해고해 버렸다. 그리고 피트 씨는, 그저 20년 동안 말상대를 해준 것뿐인 여자한테 크롤리 노부인이 연금을 준다고 쓸데없는 유언을 남겨서 큰 손해를 봤다고 생각하고 있었으므로, 백작 미망인이 그녀를 쫓아내도 딱히 반대하지 않았다. 볼스와 퍼킨도 마찬가지로 돈을 좀 받고 해고당했다. 그리고 두 사람은 결혼을 하여, 집사와 시녀의 관습을 따라 하숙집을 차렸다.

브리그스는 시골 친척과 함께 지내려고 해보았지만, 상류사회에서 생활해 온 그녀에게는 불가능한 일이라는 것을 깨달았다. 브리그스를 둘러싼 시골 마을의 소상인들은 그녀의 40파운드 연금에 눈독을 들이고, 크롤리 노부인의 친척들이 유산을 둘러싸고 벌인 것보다 더 열을 올리며 공공연히 싸움을 벌였다. 모자와 잡화 장사를 하는 브리그스의 남동생은 급진주의자였는데, 누나가 가게 자본금을 융통해주지 않았다고 그녀를 돈만 아는 귀족주의자라 매도했다. 사실 브리그스는 돈을 융통해줄 뻔했었다. 그러나 그들에게는 구둣방을 하는 여동생이 있는데, 그녀는 비국교도라 다른 교회에 다니는 잡화점 주인 오라버니와는 사이가 나빠서, 브리그스에게 그가 파산 직전에 있다는 것을 알려주어 자금융통이 보류된 것이다. 이 비국교파 구둣방 여주인은 얼마 동안 언니의 비위를 맞추면서 언니가 자기 아들을 대학에 보내 신사로 만들어 주기를 바라고 있었다. 이처럼 두 집안에서 브리그스가 모아온 돈에 눈독을 들이는 바람에, 그녀는 결국 런던으로 도망쳐올 수밖에 없었다. 양쪽에서 욕을 얻어먹고 그녀는 그냥 놀기만 하는 것보다는 전처럼 누군가의 밑에서 일하는 편이 얼마나 마음 편한 일인지 모르겠다며 다시 일자리를 구하기로 결심했다. 그래서 신문에 '다정하고 기품 있는 숙녀, 상류 계급 경험 있음, 일자리 구함'이라는 광고를 내고, 하프문 거리에 있는 볼스의 집에서 잠시 하숙을 하며 직장을 구할 날을 기다리고 있었다.

그리하여 그녀는 레베카와 재회하게 된 것이다. 어느 날 브리그스는 여섯 번째 광고를 내기 위해 시내에 있는 타임스 신문사까지 먼 길을 걸어서 오가고, 그 통에 지칠 대로 지쳐서 겨우 볼스의 집 문 앞에 돌아온 참이었다. 그때 조랑말이 끄는 로든 부인의 조그마한 마차가 쏜살같이 달려왔다. 레베카는 직접 고삐를 쥐고 있었는데, '다정하고 기품 있는 숙녀'라고 광고를 낸 부인을 금방 알아보았다. 지금까지 써온 대로 그녀는 꽤 마음씨 좋은 여성이었고 브리그스에게 전부터 호의를 품고 있었으므로, 문간 앞에 말을 멈추고 고삐를 마부에게 넘겨준 뒤 마차에서 뛰어내렸다. 그리고 '다정하고 기품 있는 숙녀'가 옛 친구를 만난 놀라움에서 벗어나기 전에 그녀의 두 손을 붙잡았다.

브리그스는 눈물을 흘렸고, 베키는 활짝 웃었다. 그리고 둘이 함께 복도로 들어서자 바로 브리그스에게 입맞춤을 했다. 그들은 붉은 모린 커튼을 단 정면 객실로 들어갔다. 그 방에는 둥근 거울이 있었고 그 위에는 사슬에 매인 독수리 장식이 있었는데, 독수리는 창밖에 걸린 '빈방 있음'이라는 안내판 뒤쪽을 노려보고 있었다.

브리그스는 그녀처럼 정 많은 여자가 옛 친구를 만나거나 길가에서 우연히 마주쳤을 때 자주 그러듯, 이유도 없이 그저 흐느껴 울거나 놀란 듯이 소리치곤 했다. 인간은 매일같이 다른 사람을 만나는 법이고 그것은 전혀 신기할 것 없는 일이지만, 굳이 그 속에서 기적을 찾는 사람들도 더러 있었다. 그리고 여자들은 서로 미워하는 사이였다 하더라도 다시 만나면 지난번에 싸웠던 일에 회한을 느끼며 눈물을 흘리곤 한다. 한마디로 브리그스는 그동안 겪은 이야기를 모두 털어놓았다. 베키는 베키대로 평소처럼 꾸밈없이 솔직하게 그 뒤 자신의 생활에 대해 이야기했다.

옛 시녀 퍼킨, 현재의 볼스 부인은 복도에 나왔다가 객실에서 들려오는 코훌쩍이는 소리나 쿡쿡 웃는 소리를 듣고 무서운 얼굴로 귀를 기울였다. 그녀는 옛날부터 베키를 좋아하지 않았다. 볼스 부부는 런던에 자리를 잡은 뒤 옛 친구인 래글스의 집에 가끔씩 놀러가곤 했는데, 거기서 로든 중령의 살림에 대한 소문을 듣고 아무래도 찜찜하다고 생각했다. "이봐, 랙, 나는 중령을 신용할 수가 없어." 볼스는 그렇게 말했다. 볼스의 아내도 로든 부인이 방에서 나왔을 때 몹시 퉁명스럽게 인사를 건넸을 뿐이었다. 레베카가 먼저 옛 은인의 시녀였던 그녀와 꼭 악수를 해야겠다고 나섰으므로, 그녀도 예의상 손을 내밀기는 했지만 그 손가락은 마치 소시지를 다섯 개 늘어놓은 것처럼 차갑고 힘이 없었다. 레베카는 브리그스에게 더없이 부드러운 미소를 지으며 고개를 끄덕인 뒤 피커딜리 거리로 마차를 달렸다. 브리그스도 하숙집 간판이 붙어 있는 창문으로 몸을 내밀고 고개를 끄덕이고 있었다. 레베카는 그 뒤 얼마 안 있어 공원에 나타났는데, 벌써 대여섯 명의 멋쟁이들이 그녀의 마차 뒤를 쫓아 말을 달리고 있었다.

베키는 브리그스의 현재 상황을 알자, 크롤리 노부인이 남긴 연금으로 편히 살 수 있는 만큼 그녀의 목적이 봉급이 아님을 눈치채고 즉시 그녀를 자신의 집에 두고 싶다는 매우 친절한 계획을 세웠다. 마침 자기 집에 꼭 알맞은 말동무 역할이라고 생각한 것이다. 그래서 그녀는 브리그스에게 바로 그날 저녁에 식사를 하러 와서 귀여운 아들인 작은 로든을 보고 가라고 말했다.

볼스의 아내는 자신의 집에 머물고 있는 브리그스에게 사자 굴에 뛰어들지 말라고 주의를 주었다. "그런 곳에 끌려 들어갔다가는 나중에 분명히 후회할 거예요, B양. 잊지 마세요. 반드시 말이에요." 브리그스는 조심하겠다고 대답했다. 그렇게 말해놓고서도 브리그스는 그 다음 주에 로든 부인의 집으로 들어가버렸고, 반년도 지나기 전에 연금을 저당 잡혀서 로든 크롤리에게 600파운드라는 돈을 융통해주고 말았다.

제41장
베키 다시 크롤리 본가(本家)를 방문하다

마침내 상복도 모두 준비되고 피트 크롤리 경에게 가겠다는 답장도 보냈으므로, 크롤리 중령 내외는 낡은 하이플라이어 승합마차에 올라탔다. 그것은 약 9년 전에 레베카가 이제는 고인이 된 준남작과 함께 세상으로 나가는 첫 여행을 떠나기 위해 탔던 마차였다. 여관의 안뜰, 돈을 달래도 주지 않았던 마구간지기, 여행하는 동안 그녀의 환심을 사려고 외투를 걸쳐준 케임브리지 학생 등에 대해 레베카는 얼마나 똑똑히 기억하고 있을까! 로든은 바깥 자리를 차지했고, 직접 고삐를 잡고 싶지만 아버지를 잃은 슬픔으로 그럴 기운이 없다고 말했다. 그는 마부 옆에 앉아서 여행길 내내 말이나 길 등에 대한 이야기를 했다. 그와 피트 형이 이튼 학교에 다니던 시절 이 마차로 몇 번을 왕복했는지 모르는데, 그 무렵 곳곳에 있던 여관의 주인이나 말 주인에 대한 이야기도 나왔다. 머드베리에 도착하니 상복을 입은 마부가 탄 쌍두마차가 그들을 마중 나와 있었다. "옛날 마차네요, 로든." 마차에 올라타자 레베카가 말했다. "천이 많이 좀먹었는데요. 이 얼룩은 피트 경이─어머! 도슨 철물점이 상중이라고 문을 닫았네요─이 얼룩이 생겼을 때 피트 경이 정말 야단법석을 떨었었지요. 당신의 고모를 위해서 사우샘프턴까지 체리브랜디를 사러 갔다가, 피트 경이 그 병을 깨트려버렸으니 말이에요. 정말 세월의 흐름이 빠르긴 하군요! 어머, 저 집 앞에 어머니와 나란히 서 있는 처녀는 폴리 톨보이스인가? 정원의 풀을 마구 뜯던 지저분한 장난꾸러기 꼬마가 아직 눈에 선한데 말이에요."

"착한 아이군." 로든은 모자의 검은 상장에 손가락 두 개를 갖다 대고 그들의 인사에 답하면서 말했다. 베키도 고개를 숙여 인사했다. 여기저기서 낯익은 얼굴을 만날 때마다 그녀는 부드럽게 고개 숙여 인사했다. 그녀는 이런 식으로 아는 사람을 만나는 것이 매우 기분 좋았다. 이것으로 그녀는 이제 자신이 크롤리 가문의 이름을 사칭하는 인간이 아니라, 그녀의 본가에 돌아가는 거라고 생각할 수 있었기 때문이다. 반면 로든은 어쩐지 부끄러운 듯 울적해 보였다. 순수한 소년시절의 어떤 추억이 그의 머릿속에 떠오르기라도 한 것일까? 희미한 회한과 의문과 수치 때문에 고통을 느끼는 것일까?

"분명 당신의 여동생들은 이제 멋진 숙녀가 되었겠지요." 레베카는 이렇게 말하긴 했지만, 사실 가정교사를 그만둔 뒤 그녀가 옛 제자들을 떠올린 것은 이번이 처음이었을지도 모른다.

"글쎄, 어떻게 됐을까." 중령이 대답했다. "여! 록 할멈이잖아. 잘 지내셨나요, 록 부인! 저 기억하세요? 로든 도련님이에요! 정말 할머니들은 터무니없이 장수하시는군요. 내가 어렸을 때도 백 살은 된 것 같았는데."

마차는 록 할멈이 지키는 정문 안쪽으로 들어섰다. 노인이 삐걱거리는 낡은 철문을 열어젖혔을 때, 레베카는 꼭 악수를 하고 싶다고 졸랐다. 그리고 마차는 비둘기와 뱀 장식이 새겨진 이끼 긴 문기둥 사이를 지나갔다.

"아버지가 멋대로 가로수를 베어버리셨군." 로든이 주변을 둘러보면서 말한 뒤 입을 다물었다. 베키도 침묵했다. 두 사람 모두 불안해하면서, 옛날 일을 떠올리고 있었던 것이다. 로든은 이튼 학교와 냉정하고 엄숙한 얼굴로 기억에 남은 어머니, 매우 사랑했던 죽은 여동생, 형 피트를 때리고 다닌 일 등을 떠올렸으며 런던 집에 남겨두고 온 어린 로디를 생각했다. 레베카는 자신의 소녀시절이나 열악한 환경에서 자란 어린 시절의 어두운 비밀, 저기 보이는 문을 빠져나와 처음으로 세상에 나왔던 일, 그리고 핑커턴 여사와 조, 아밀리아 등을 떠올리고 있었다.

한때 이끼 따위가 잔뜩 껴서 검게 변해버렸던 자갈길과 정면 테라스는 깨끗하게 닦여 있었다. 대현관 위에는 이미 상중임을 알리는 웅장한 문표가 걸려 있었으며, 마차가 익숙한 계단 앞에 서자 상복을 입은 매우 정중하고 키 큰 남자 둘이 양쪽에서 문을 열었다. 팔짱을 끼고 친숙한 대현관을 통과했을 때, 로든은 얼굴을 붉혔고 베키는 약간 창백해졌다. 그들이 참나무 객실에 들어간 순간 베키는 남편의 팔을 꼬집었다. 새로운 피트 경 부부가 그들을 맞이하기 위해 그곳에서 기다리고 있었던 것이다. 피트 경과 제인 부인도 상복 차림이었고, 사우스다운 백작 미망인은 잔구슬과 깃털이 달린 큰 검은 모자를 쓰고 있었는데, 모자는 그녀 머리 위에서 장의사의 쟁반처럼 흔들리고 있었다.

피트 경은 그녀가 이 저택에서 나가지 않을 거라고 했는데, 과연 그 말이 옳았다. 그녀는 피트 경이나 자신을 배신하고 남편의 편을 든 제인 부인과 함께 있을 때는 엄격하고 냉랭한 태도로 침묵을 지키고, 아이들 방에 가면 유령처럼 음침한 태도로 아이들을 겁주면서 꾹 참고 있었다. 방탕한 로든 부부가 돌아왔을 때 그녀의 모자와 거기에 붙은 깃털이 살짝 앞으로 기울었는데, 그것이 로든 일행을 맞이하는 그녀의 인사였다.

사실 로든 부부는 그녀의 냉담한 태도에 대해서는 그다지 신경 쓰지 않았다. 그들의 머릿속에서 피트 경 부인의 어머니에 불과한 그녀는 둘째 문제였고, 새로 저택의 지배자가 된 형 내외가 그들을 어떻게 맞아줄 것인지가 가장 큰 걱정이었다.

피트는 어쩐지 얼굴을 붉히고 동생에게 다가와서 악수를 했다. 그리고 레베카와도 손을 마주잡고, 고개를 푹 숙여 인사했다. 제인 부인은 동서의 양손을 잡고 애정을 담아 입을 맞추었다. 이 포옹은 작은 모험가 레베카를 왠지 모르게 눈물짓게 만들었다. 독자들도 알고 계시겠지만, 그녀의 눈에 눈물이 고이는 것은 매우 드문 일이었다. 제인 부인의 꾸밈없는 친절과 신뢰가 그만큼 그녀를 감동시키고 기쁘게 만들어 주었던 것이다. 그리고 로든도 형수의 그런 다정한 태도에 힘을 얻어서, 콧수염을 꼬면서 제인 부인에게 입을 맞추는 것으로 인사를 했다. 이에 젊은 부인은 얼굴이 빨개지고 말았다.

"아주 다정한 사람이군, 제인 형수님은." 다시 두 사람만 남았을 때 로든이 아내에게 이런 의견을 내놓았다. "형도 살이 쪘고 말이야. 모든 일이 꽤나 잘 돌아가고 있는 것 같은데." "고모님께 받은 돈이 있으니까요." 레베카가 말했다. 그리고 "형수님의 어머니는 끔찍한 노파였지. 여동생들은 썩 멋진 여자로 자랐더군."이라는 남편의 의견에 동의했다.

여동생들도 장례식에 참석하기 위해 학교에서 돌아온 참이었다. 새로운 피트 크롤리 경은 저택과 일족의 품격을 위해서 상복을 입은 사람들을 되도록 많이 모으는 것이 좋으리라 생각했다. 저택의 남녀 하인들 모두와 죽은 피트 경이 경비를 잔뜩 떼어먹던 양로원 할머니들, 교구의 서기 일가, 저택과 목사관에 특별히 드나들던 이들이 모두 상복을 입게 되었다. 게다가 장의사 편에서 온, 적어도 스물은 되는 인원이 상장을 붙이고 모자에 검은 띠를 둘렀다. 이만한 사람들이 장례식을 위해 늘어선 모습은 무척 훌륭해 보였다. 그러나 이들은 이 소설에서는 별달리 말이 없는 사람들이다. 딱히 하는 일도 없고 할 말도 없으니, 그들을 위해 지면을 내줄 필요는 없으리라.

레베카는 시누이들에게 자신이 그녀들의 가정교사였다는 사실을 잊어버렸다는 식의 태도를 취하지 않았다. 솔직하고 다정하게 그 이야기를 꺼내면서, 요즘은 어떤 공부를 하는지 점잖게 물어보거나, 그들을 늘 생각하면서 잘 지내는지 매우 궁금했다고 말했다. 실제로 옆에서 듣고 있으면 레베카가 학생들과 헤어진 뒤에도 늘 그녀들을 생각하면서 진심으로 행복을 빌었던 것처럼 보였다. 크롤리 경 부인과 젊은 누이들은 정말 그런 줄로만 알았다.

"8년이나 만나지 못했는데, 전혀 변한 게 없네." 만찬을 위해 내려갈 준비를 하면서 언니인 로잘린드 양이 동생 바이올렛 양에게 말했다.

"머리가 빨간 사람은 굉장히 생기 있어 보이잖아." 동생이 대답했다.

"그 사람의 머리는 전보다 검은 기가 돌던데. 분명히 염색한 걸 거야." 로잘린드 양이 덧붙였다. "그리고 더 통통해졌어. 전체적으로 다 좋아진 것 같아." 그렇게 말을 이은 로잘린드 양이야말로 훨씬 통통해진 상태였다.

"아무튼 그 사람은 잘난 체하지 않고, 전에 우리 가정교사였다는 사실도 잊지 않은 게 마음에 들어." 바이올렛 양이 말했다. 그녀로서는 가정교사들은 자기 분수를 지키는 편이 보기 좋다는 뜻으로 한 말이었지만, 정작 본인은 분명 월폴 크롤리 경의 손녀이긴 해도 외가 쪽으로 따지면 머드베리 철물점 주인인 도슨의 손녀이며, 족보에 석탄통을 그려 넣어야 마땅하다는 사실을 까맣게 잊고 있었다. 아니, 허영의 시장에서는 별다른 악의가 없더라도 이런 식으로 자신에 대한 것은 제쳐놓고 남들 이야기 하기를 좋아하는 사람쯤, 그녀가 아니라도 매일같이 만날 수 있다.

"목사관 사촌들 말로는 그 사람의 어머니가 오페라 댄서였다고 하던데, 설마 사실은 아니겠지?"

"태생이야 어쩔 수 없는 일이잖아." 로잘린드는 매우 자유주의적인 태도를 보이며 대답했다. "그리고 나는 그 사람이 크롤리 가문의 한 사람이 된 이상

마땅히 인정해줘야 한다는 오빠의 의견에 찬성이야. 뷰트 숙모님이 이래라 저래라 할 일이 아니야. 숙모님은 자기 딸인 케이트 언니를 술집 아들인 후 퍼와 결혼시키고 싶어서, 그 사람한테 목사관으로 주문 받으러 오라 그러고 있는걸."

"사우스다운 부인은 정말로 우리 집에서 나갈 생각일까? 로든 부인을 보고 아주 못마땅한 표정이던데." 바이올렛이 말했다.

"난 나가줬으면 좋겠어. 〈핀칠리 벌판의 세탁부〉처럼 이상한 설교집이나 읽으라니 정말 지겨워." 로잘린드가 내뱉듯이 말했다. 두 아가씨들은 그런 대화를 나누면서 가족 만찬이 열리는 곳으로 내려갔다. 막다른 곳에 아버지의 관이 두 명의 호위를 받으며 안치되어 있는 통로와, 밤낮으로 불빛을 밝혀놓은 문 닫힌 방을 피해서 갔다. 만찬을 알리는 종소리가 평소처럼 울리고 있었다.

이보다 앞서, 제인 부인은 레베카를 위해 준비한 방으로 그녀를 안내해 주었다. 저택의 다른 방들과 마찬가지로 이 방도 아버지가 병에 걸린 뒤 피트 씨가 지휘를 맡은 사이에 완전히 변하여 훨씬 잘 정돈된 아늑한 방이 되어 있었다. 레베카의 소박한 짐은 이미 방으로 옮겨져 서로 이웃해 있는 침실과 의상실에 놓여 있었다. 제인 부인은 동서의 말쑥한 검은 모자와 외투를 벗겨주면서 무언가 더 필요한 것이 있는지 물어보았다.

"저는 먼저 아이들 방으로 가서 당신의 귀여운 아이들을 만나보고 싶어요." 레베카가 말했다. 그리하여 두 사람은 매우 다정하게 서로 마주보고는 손을 잡고 아이들 방으로 향했다.

베키는 아직 만 네 살이 채 안 된 어린 마틸다를 보고 이렇게 귀여운 아가씨는 처음 본다고 거듭 칭찬했다. 그리고 두 살이 된 남자아이—이 아이는 안색이 나쁘고 눈이 흐리멍덩했으며 머리만 컸는데, 그 몸집과 지혜와 기량을 보아 벌써부터 신동이 될 조짐이 보인다고 말했다.

"나는 어머니가 이 아이에게 약을 너무 많이 먹이지 않으셨으면 좋겠어요." 제인 부인은 한숨을 쉬면서 말했다. "우리는 약 같은 건 먹지 않는 편이 좋을 거라는 생각을 자주 해요." 그리고 제인 부인과 그녀의 새로운 친구는 아이에게 먹이는 약에 대해 터놓고 이야기를 나누었다. 내가 알기로 이것은 세상의 모든 어머니들, 아니 대부분의 여인들이 즐겨 하는 이야기다. 50

년 전, 즉 작가가 아직 재미있는 소년이던 시절에도 그랬다. 만찬을 마치고 부인들과 함께 나가라는 말을 듣고 따라 나가보면, 그녀들의 화제는 주로 병에 대한 것이었던 게 기억난다. 그 뒤 두세 명에게 그 이야기를 하며 물어보았더니 지금도 그렇다고 대답했으므로, 예나 지금이나 마찬가지라는 것을 알게 되었다. 여성 독자들이여, 오늘밤에도 디저트를 먹은 뒤 자리에서 일어나 객실로 물러나거든, 그리고 그곳에서 우리 남자들은 들을 수 없는 이야기를 시작하거든 한번 주의 깊게 들어보도록 하라. 아무튼 30분 정도 지나자 베키와 제인 부인은 아주 친한 친구가 되었다. 그날 밤 피트 경 부인이 남편에게, 동서인 로든 부인을 만난 건 처음이지만 정말 친절하고 솔직하고 꾸밈없는 다정한 사람이라고 말할 정도였다.

이렇게 제인 부인의 호의를 쉽게 얻어내고 나자, 끈기 있는 레베카는 이번에는 부인의 위엄스러운 어머니 사우스다운 백작 미망인과 사이좋게 지내기 위해 열심히 노력했다. 그녀는 백작 미망인과 둘이 남게 되자 바로 육아문제를 화제로 삼았으며, 자기 어린 아들이 파리의 의사들조차 포기할 만큼 상태가 안 좋았을 때 감홍을 계속 먹였더니 살아났다, 정말로 그 덕분에 목숨을 구했다고 이야기했다. 그리고 자신이 다니는 메이페어 예배당의 로렌스 그릴스 목사에게서 백작 미망인에 대해 자주 들었으며, 여러 가지 일들을 겪고 고생도 한 덕분에 자신의 사고방식도 많이 달라졌다는 사실, 지금까지 세속적이고 그릇된 생활을 해왔지만 그렇기 때문에 앞으로는 더 성실하게 살아갈 수 있도록 기도하고 있다는 이야기를 했다. 레베카는 또한 예전에 크롤리 씨가 여러 종교에 관한 고마운 이야기를 많이 해주셔서 〈핀칠리 벌판의 세탁부〉 같은 책도 읽게 되었는데, 그것이 얼마나 유익했는지 모른다고 말했다. 그리고 그 책을 쓴 수재 에밀리 양은 요즘 어떻게 지내는지 물었다. 그녀는 현재 에밀리 혼블로워 부인이 되어 케이프 타운에 있으며, 남편은 카프라리아의 주교가 되길 바라고 있었다.

그러나 장례식이 끝난 뒤 레베카는 마침 어지럽고 몸 상태가 안 좋아, 사우스다운 백작 미망인에게 어떤 약을 먹으면 좋을지 상담했다. 그것은 매우 효과적인 방법이었으며, 레베카는 드디어 백작 미망인의 호감을 얻게 되었다. 백작 미망인은 그저 좋은 약을 가르쳐준 것만이 아니라, 한밤중에 잠옷차림으로 전보다 더욱 맥베스 부인 같은 얼굴로 자신이 좋아하는 소책자와

직접 조합한 약을 들고서 베키의
방으로 찾아왔다. 그리고 꼭 그
약을 먹어야 한다고 했다.

베키는 먼저 소책자를 받아들
고 아주 흥미 깊다는 듯이 펼쳐
보면서, 그 책이나 그녀 영혼의
행복 등에 대한 이야기를 나누었
다. 그것으로 약을 먹어야 하는
고통에서 자신을 구해낼 생각이
었지만, 종교에 대한 이야기가
끝난 뒤에도 맥베스 부인은 약그
릇을 비울 때까지 베키의 방에서
나가려 하지 않았다. 그래서 베
키는 할 수 없이 감사하는 표정
을 지으며 완고한 미망인의 코앞

에서 그 약을 다 마실 수밖에 없었다. 그러자 미망인은 가엾은 희생자에게
처음으로 축복을 내려주고는 방에서 나갔다.

그런 축복을 받아봤자, 이상한 약을 억지로 마신 베키의 위안이 되어주지
는 못했다. 침실에 들어온 로든은 베키가 아주 요상한 얼굴을 하고 있었기에
무슨 일인지 물었다. 그녀는 자기 자신이 소재거리가 되는 셈이긴 했지만 그
래도 웃음을 참을 수가 없었다. 그리고 좀 전에 있었던 일을 이야기하고, 정
말이지 사우스다운 백작 미망인 때문에 험한 꼴을 당했다고 말했다. 그들 부
부가 런던의 메이페어에 있는 집으로 돌아간 뒤, 스타인 경이나 레베카의 어
린 아들조차도 이 이야기를 듣고 몇 번이나 크게 웃었다. 베키가 사람들 앞
에서 그 장면을 똑같이 따라해 보여준 것이다. 그녀는 나이트캡을 쓰고 잠옷
을 입고 나왔다. 그리고 실제와 똑같이 진지한 태도로 거창한 설교를 했다.
약을 먹이는 시늉을 하면서 그 효능에 대해 줄줄이 늘어놓았다. 진지하기 짝
이 없는 그 흉내가 사실과 꼭 닮아서, 콧소리를 내는 그녀의 코가 백작 미망
인의 매부리코처럼 보일 정도였다. 덕분에 메이페어에 있는 베키의 작은 객
실에 모인 사람들은 끊임없이 "사우스다운 백작 미망인과 검은 약을 보여주

세요." 주문하게 되었다. 그리고 사우스다운 백작 미망인이 어떤 의미로든 다른 사람들을 즐겁게 해준 것은 태어나서 이번이 처음이었다.

피트 경은 레베카가 가정교사였을 때 개인적으로 자기에게 보여준 존중과 경의의 태도를 잊지 않았으므로, 그녀에게 꽤 호감을 가지고 있었다. 경솔한 결혼이긴 했지만, 어쨌든 로든은 레베카와 결혼한 뒤 훨씬 사람이 좋아졌다 —이 중령의 습관이나 태도가 변한 것을 보면 명백한 일이었다. 게다가 피트 자신에게 있어서 그들의 결혼은 꽤나 다행스러운 일이었지 않은가? 이 교활한 전직 외교관은 고모의 재산이 자신의 손에 굴러들어온 것이 그들의 결혼 덕분이라는 것을 인정하고 속으로 웃었다. 그리고 자신은 적어도 그들의 결혼에 대해서는 트집을 잡을 위치가 아니라는 것도 알고 있었다. 레베카가 찾아온 뒤의 언행이나 대화 속에서도 그의 이러한 만족감이 드러났다.

뿐만 아니라 레베카는 옛날에 그의 마음에 들었던 존중 어린 태도를 곱절로 하여 환심을 샀기 때문에, 피트는 우쭐해서 본인의 화술에 취해 마구 떠들어댈 정도였다. 본디 자신의 말솜씨에 자신이 있던 그였으므로, 레베카가 그 사실을 꼬집어 칭찬해주자 더더욱 의기양양해진 것이다. 레베카는 또한 손윗동서인 제인 부인에게, 나중에는 헐뜯고 다녔지만 그들의 결혼을 이루어준 것은 뷰트 부인이었다는 것을 충분히 증명했다—즉 뷰트 부인이 크롤리 노부인의 재산을 전부 차지할 욕심을 품고서 로든이 고모의 눈 밖에 나도록 계획했으며—로든의 짝인 레베카에게 불리한 여러 가지 사실들을 퍼트리고 다녔다고 설명했다. 레베카는 마지막으로 천사처럼 인내심 강한 태도로 말했다. "뷰트 부인은 우리를 가난뱅이로 만드는 데 성공했지요. 하지만 저는 그분 덕분에 세상에서 가장 훌륭한 남편을 얻게 되었으니 화를 낼 수도 없잖아요? 게다가 숙모님은 지나친 욕심 때문에 당신의 희망까지 망쳐버리고 그토록 기대하던 예정된 몫의 유산마저 거의 다 놓치는 벌을 받으셨으니, 정말이지 가엾기도 하시지!" 레베카는 이렇게 부르짖었다. "제인 부인, 우리는 가난 같은 건 문제 삼지 않아요. 저는 어릴 적부터 가난에 익숙하니까요. 게다가 크롤리 고모님의 돈이, 제가 한 가족인 게 자랑스러운 이 고귀한 가문을 옛날처럼 웅장하게 되돌리는 데 쓰였다고 생각하면, 가끔은 감사하다는 생각마저 든답니다. 그 돈은 로든이 받는 것보다 피트 경이 받으시는 편이 훨씬 유익하게 쓰일 거라 생각해요."

이 이야기는 가장 충실한 아내 제인 부인을 통해 피트 경에게 전해졌다. 그리고 레베카는 더더욱 좋은 인상을 심어줄 수 있었다. 장례식이 끝난 뒤 사흘째 되던 날, 가족 만찬 자리에서 상석에 앉아 닭고기를 자르던 피트 크롤리 경이 로든 부인에게 "흠! 레베카, 날개 고기를 좀 잘라줄까요?" 하고 말했을 정도였다. 레베카라고 친근하게 불러준 데다 그런 다정한 말을 들었으므로, 그녀는 기뻐서 눈을 반짝반짝 빛냈다.

레베가가 앞에서 말한 계획을 수행하며 희망을 추구하고, 피트 크롤리가 장례식 준비와 그 밖에 앞으로 권세를 떨치고 으스대기 위한 사전준비를 하고, 제인 부인이 어머니의 간섭을 받으면서도 열심히 아이들을 보살피고, 해가 동쪽에서 떴다 서쪽으로 지고, 평소처럼 식사 또는 기도 시간을 알리는 종소리가 울리는 동안, 퀸스 크롤리 저택 옛 주인의 시신은 그가 생전 묵던 방에 안치된 채 관을 지키기 위해 고용된 장의사 사람들의 보살핌을 계속 받고 있었다. 사우샘프턴에서 최고로 일컬어지는 장의사 가운데 엄선된 여자 한두 명과 남자 서너 명이, 상복을 입고 조용하고 슬퍼 보이는 알맞은 태도로 시신을 교대로 지켰다. 비번인 사람들은 가정부의 방을 만남의 장소로 삼아서 몰래 카드놀이를 하거나 맥주를 마시곤 했다.

저택의 가족과 하인들은, 작위와 신사의 오랜 혈통을 이은 고(故) 피트 경의 시신이 안치된 우울한 방에 되도록 접근하지 않으려 했고, 시신을 교회의 지하묘소에 보낼 날만을 기다리고 있었다. 피트 경 부인이 되고 그 미망인이 될 것을 희망했으며, 저택의 지배자가 되기 직전까지 갔다가 수치스럽게 쫓겨난 여자—죽은 피트 경의 시신 앞에서 탄식하며 슬퍼한 것은 그 여자밖에 없었다. 그녀와, 죽은 피트 경이 움직이지 못하게 된 뒤에도 주종의 정을 잊지 않았던 포인터종의 늙은 개 한 마리 말고는 이 노인의 죽음을 슬퍼하는 벗이 하나도 없었던 것이다. 사실 노인은 전 생애에 걸쳐 단 한 명이라도 친구를 사귀려고 노력한 적이 없었다. 그러나 내 생각에, 우리들 가운데 아무리 선량하고 친절한 인물이라도 이 세상을 뜨고 난 뒤 다시 방문할 기회가 있다면(그리고 인간이 천국에 가도 아직 허영의 시장 기질을 간직하고 있다는 가정 아래) 이 세상에 남은 사람들에게 얼마나 빨리 싹 잊혔는지 알게 되어 몹시 슬퍼질 것이다. 고 피트 경 또한 그런 식으로 잊혀 갔다. 우리들 가운데 가장 친절하고 선량한 사람들과 마찬가지로 말이다. 차이가 있다면 기억에서 지워지는 게 몇 주 정도 빨랐다는 것뿐이었다.

　노인의 시신을 무덤까지 배웅할 생각이 있다면 따라가도 좋다. 장례식 당일이 되자 시신은 아주 엄중하게 묘소로 운반되었다. 검은 마차에 올라탄 가족들은 당장이라도 눈물을 흘릴 것처럼 코에 손수건을 대고 있었으나 실제로 흘리지는 않았고, 장의사와 그의 직원들은 더없이 비통한 표정을 짓고 있었다. 애도하러 나온 소작인들은 새 지주에게 잘 보이기 위함이었으며, 근방에 사는 준남작들의 마차는 안이 빈 채로 마차만 구슬프게 시속 3마일로 움직이고 있었다. 목사는 '떠나가는 우리의 형제'에 대해 틀에 박힌 설교를 했다. 우리는 시신이 눈앞에 있는 동안은 계속해서 허영극을 연기하면서 허위와 의식으로 포장하고, 장엄하게 관을 안치하여 금칠한 못으로 장식하고 벨벳으로 감싼 뒤, 마지막으로 거짓말을 줄줄이 새긴 묘비를 그 위에 세우는 것으로 의무를 완수하는 것이다. 뷰트 씨의 부목사를 맡은 옥스퍼드 출신의 말쑥한 청년과 피트 크롤리 경이 함께 상담해서 고인을 위해 훌륭한 라틴어 비석을 만들었다. 그리고 그 부목사는 라틴어를 듬뿍 사용해서 설교를 하고, 뒤에 남은 사람들이 그저 슬픔에 잠기기만 해서는 안 된다고 훈계했으며, 그들도 언젠가는 지금 떠난 친구의 시신 위에서 막 닫힌 어두운 신비의 문을 통과할 날이 올 것이라고 지극히 정중한 말씨로 가르쳐주었다. 식이 다 끝나자 소작인들 가운데는 다시 말을 타고 돌아가는 이도 있었고 크롤리 암스에 들러 한잔 하러 가는 이도 있었다. 또한 퀸스 크롤리 저택의 하인들 방에서 간단한 식사가 끝난 뒤, 근방 준남작들의 마차는 자기들 저택으로 돌아갔다. 장의사 사람들도 밧줄과 관 덮개, 벨벳 천과 타조 깃털 등 여러 장례식 도구를 가지고 영구차 지붕에 싣고서 사우샘프턴으로 돌아갔다. 말이 대문을 빠져나와 탁 트인 길을 기세 좋게 달리기 시작하자 그들의 표정은 평소대로 돌아갔다. 그리고 도중에 있는 술집 어귀에서, 상복을 입은 그들이 두세 명씩 뭉쳐서 백랍 주전자가 햇빛을 받아 빛나는 가운데 술을 주고받는 것을 볼 수 있었다. 고 피트 경이 사용하던 휠체어는 정원에 있는 공구창고에 집어넣었다. 포인터종의 늙은 개는 처음에 때때로 짖어대곤 했다. 그러나 고 준남작 피트 크롤리 경이 60년 동안 가장으로 살아온 저택에서 들려오는 애도의 소리는 오직 이것뿐이었다.

새는 넘쳐났고, 게다가 자고새 사냥은 정치가 기질인 영국신사에게 의무나 다름없다. 그래서 피트 크롤리 경도 아버지를 잃은 처음의 슬픔과 충격에서 벗어나자 때때로 흰 모자에 상장을 감고서 밖에 나가 총을 쏘며 기분전환을 하곤 했다. 그루터기만 남은 밭과 순무밭을 바라보면서 이것이 자기 것이 되었다고 생각하면 속에서 기쁨이 샘솟곤 했다. 이따금 그는 더없이 겸손한 태도로 총을 들지 않고 평화로운 대나무 막대 따위를 가지고 외출했다. 그리고 건장한 아우 로든과 사냥터지기들이 그를 따라가서 총을 마구 쏴대곤 했다. 피트의 돈과 땅은 동생에게 굉장한 효과를 발휘했다. 무일푼인 중령은 가장이 된 형을 공손히 떠받들었고, 더는 약골이라고 경멸하는 일도 없었다. 로든은 숲을 조성하는 것이나 배수에 대한 형의 계획에 동감하면서 귀를 기울이고, 마구간이나 가축에 대해 의견을 내기도 했으며, 제인 형수님이 탈 만한 암말이 있다며 머드베리까지 말을 타고 다녀오고 그 녀석을 길들여 주겠다고 하는 등, 반항심 많던 용기병도 이제는 완전히 겸손해져서 고분고분하고 믿음직한 동생이 되었다. 그는 브리그스 양을 통해 런던에 두고 온 어린 로디에 대한 소식을 계속 받아보고 있었다. 로디도 어린애다운 편지를 써 보내곤 했다. 그 안에는 "저는 아주 잘 있어요. 아빠도 아주 잘 있을 거라 생각해요. 엄마도 잘 있을 거라 생각해요. 조랑말도 잘 있어요. 그레이가 저를 말에 태우고 공원에 데리고 가줬어요. 전 말을 타고 달릴 줄 알아요. 전에 말에 태워준 친구를 만났어요. 말이 달리니까 그 애는 울었어요. 전 안 울어요." 이렇게 쓰여 있었다. 로든은 그 편지들을 형이나 제인 형수에게 읽어주곤 했다. 제인 부인은 그 편지를 매우 재미있어 했다. 형인 준남작은 아이의 학비를 대주겠다고 약속했다. 그리고 다정한 제인 부인은 레베카에게 지폐 한 장을 주면서 아이에게 선물을 사다 주라고 말했다.

하루하루가 흘러갔다. 저택의 여자들은 시골 명문가의 부인들이 만족스럽게 생활하는 조용한 그날그날의 일과 놀이 등으로 시간을 보냈다. 종소리가 식사 시간과 기도 시간을 알렸다. 아가씨들은 매일 아침 식사를 마치면 피아노를 쳤고, 레베카가 곁에서 연습을 봐주었다. 그 뒤 그녀들은 튼튼한 신발을 신고 정원이나 떨기나무 숲을 산책하고, 저택에서 마을로 나가 마을 사람들의 집에 들러서 아픈 사람을 위해 사우스다운 백작 미망인의 약과 소책자를 두고 오기도 했다. 백작 미망인은 조랑말이 끄는 마차를 타고 외출을 했는데, 그때마다 레베카가 함께 타서 그녀의 엄격한 이야기를 매우 흥미롭게 경청하곤 했다. 레베카는 또한 저녁이 되면 가족들에게 헨델이나 하이든의 가곡을 불러주었고, 마치 천직이라도 되는 것처럼 털실로 뜨개질을 하기도 했다. 그런 모습을 보고 있으면 그녀가 조용하게 나이를 먹고 일생을 마칠 때까지 그런 생활을 계속하다가, 죽은 뒤에는 사람들의 비탄과 거액의 공채를 남기고 갈 듯했다. 다시 말해, 그녀가 이 저택 문에서 세상으로 한 발짝만 내딛으면 바로 닥쳐올 근심거리와 빚 독촉, 계략, 임시변통, 가난에 대한 것을 모조리 잊어버린 듯 보였다.

'시골 명문 집안 사모님이야 아무나 할 수 있겠는걸.' 레베카는 이렇게 생각했다. '나도 연수입 5천 파운드가 들어온다면 선량한 여자가 될 수 있어. 아이들 방에서 어슬렁거리고 과수선반 위 살구를 세는 정도야 어렵지 않지. 마을 할머니들한테 신경통은 좀 어떠냐고 묻거나, 가난한 사람들 집에 반 크라운 어치 수프를 가져다주는 것은 일도 아니야. 수입이 5천 파운드나 된다면 그 정도 돈은 셈에 들지도 않을걸. 마차를 타고 10마일이나 떨어진 친구 집에 식사하러 가거나 재작년에 유행하던 옷을 입는 건 나도 할 수 있다고. 나도 교회에 가서 커다란 가족석에서 졸지 않고 앉아 있을 수 있어. 또 연습만 하면 베일을 쓰고 커튼 뒤에서 잠을 잘 수도 있을걸. 돈만 있으면 나도 모든 사람에게 뿌리고 다닐 수도 있어. 마술사처럼 돈을 계속 끄집어내면서 의기양양해지만, 그것도 부자니까 가능한 것 아냐. 그들은 우리처럼 가난한 죄인들을 동정하는 눈으로 보고 있어. 그들은 우리 아이에게 5파운드 지폐를 주고 큰 선심이라도 쓴 표정을 지으면서, 5파운드 한 장 못 주는 우리를 경멸하고 있어.' 레베카의 이런 생각은 어쩌면 맞는 말일지도 모른다. 그리고 그녀와 성실한 여자의 차이는 그저 돈이나 재산이 있느냐 없느냐에 따라 생겨나는 것일지도 모른다. 세상에 여러 유혹이 있다는 것을 고려하면, 사람의 선악과 우열은 쉽게 판가름할 수 있는 문제가 아니다. 부유하고 안락한 생활이 사람을 정직하게 만든다는 보장은 없지만, 적어도 나쁜 짓을 저지르지 않게 할 수는 있다. 이를테면, 거북 요리를 먹고 돌아가던 부시장이 마차에서 내려서 양 다리 고기를 훔쳐가는 일은 없지만, 그도 밥을 먹을 수 없게 되면 빵을 훔치지 않는다고 장담할 수는 없을 것이다. 베키는 이처럼 인간은 운에 달린 것이다, 세상에 날 때부터의 악인이 없는 만큼 타고난 선인도 없다고 생각하며 자신을 위로했다.

7년 전에 딱 2년 동안 지낸 옛 보금자리, 그곳의 그리운 들과 수풀, 덤불, 연못, 정원, 저택의 방들을 그녀는 주의 깊게 돌아보았다. 이곳에 지낼 때는 그녀도 젊었다. 아니, 비교적 젊은 편이었다. 진정으로 젊었던 시절에 대해서는 잊어버렸으므로. 그러나 7년 전 자신의 생각과 감정은 기억하고 있었다. 그리고 그것들을, 그 뒤 세상을 보고 높은 사람들과 어울리고 본디 지위보다 훨씬 출세한 지금 자신의 생각이나 감정과 비교해보는 것이었다.

'니는 미리가 좋으니까 그런 환경에서 빠져나올 수 있었지.' 베키는 그렇게 생각했다. '세상 사람들은 바보 같아. 나는 이제 옛날 아버지의 화실에서 만난 사람들에게 돌아가 그들과 어울리는 건 불가능해. 이제 우리 집에 찾아오는 사람들은 주머니에 담배를 쑤셔 넣은 가난한 화가들이 아니라, 계급장이나 가터훈장을 단 귀족들이니까. 나는 신사를 남편으로 두었고, 몇 년 전에는 하녀나 다름없이 지냈던 저택의 친척이 되어서 백작의 따님을 동서로 두고 있어. 하지만 지금의 나는, 모퉁이를 돌아 잡화점에서 설탕이나 홍차를 훔쳐오던 가난한 화가의 딸이던 시절보다 훨씬 잘 살고 있는 건가? 아니, 나를 그토록 좋아하던 프랜시스와 결혼했다 하더라도 지금보다 더 가난하지는 않았을 테지. 아아! 지금의 신분과 친척들 모두를 앞으로 편하게 살 수 있을 만한 3부 이자 공채와 바꿔버렸으면 좋겠어.' 그녀는 세상사의 허무함을 절실히 깨달았고, 적은 돈이라도 손에 쥐고 아무 걱정 없이 살아보고 싶어졌던 것이다.

성실하고 겸손하게 자기 의무를 다하고 자신의 길을 똑바로 걸어왔다 하더라도, 현재 그녀가 노력해서 걸어가고 있는 허영의 길 못지않을 만큼 행복에 다가갔으리라는 사실을, 어쩌면 그녀 역시 깨닫고 있었을지도 모른다. 그러나 머릿속에 그런 생각이 있었다 하더라도, 퀸스 크롤리 사람들이 아버지의 시신이 안치된 방을 피해 다녔던 것처럼 그녀는 늘 그런 생각을 피해 다니며 일부러 들여다보지 않았다. 그녀는 그런 생각을 회피하고 경멸했다. 아니면 적어도 이제 와서 돌아갈 수는 없을 만큼 허영의 길에 깊이 빠져 있었던 것이다. 그리고 내 생각을 말하자면, 후회라는 감정은 인간의 모든 도덕관념 가운데 가장 소극적인 것이어서, 그런 감정이 일어났다 하더라도 가장 억누르기가 쉽다. 아니, 한 번도 후회해본 적이 없다는 사람도 있을 정도다.

우리는 약점을 드러내거나 수치를 당하거나 벌을 받으면 굉장히 슬퍼지지만, 그저 잘못을 저질렀다는 생각만으로 불행해지는 인간은 허영의 시장 안에 거의 존재하지 않는다.

그래서 레베카는 퀸스 크롤리에서 머무는 동안 사악한 돈의 악마들을 되도록 많이 포섭했다. 제인 부인과 그녀의 남편은 더없이 따스한 호의를 표시하며 그녀에게 작별인사를 했다. 그들은 곤트 거리에 있는 저택이 수리를 끝내고 그럴듯한 모양새를 갖추면 런던에서 다시 만나게 될 것을 지금부터 기대한다고 말했다. 사우스다운 백작 미망인은 레베카에게 약이 잔뜩 든 꾸러미를 안겨주고, 로렌스 그릴스 목사에게 보내는 편지 한 통을 맡겼다. 그 안에는 이 편지를 들고 온 사람의 영혼을 위기에서 구원해달라는 부탁이 적혀 있었다. 피트는 그들 부부를 사두마차로 머드베리까지 데려다주었다. 짐들은 이미 사냥한 새들과 함께 짐마차로 보내놓은 상태였다.

"아드님의 귀여운 얼굴을 다시 보게 되었으니 참 기쁘겠어요." 크롤리 경 부인이 레베카에게 작별을 하며 말했다.

"네, 정말 기뻐요!" 레베카는 녹색 눈동자를 올려 뜨면서 말했다. 그녀는 퀸스 크롤리에서 해방되는 것이 매우 기뻤으나, 한편으로는 런던으로 돌아가는 게 싫기도 했다. 퀸스 크롤리는 지긋지긋하리만치 따분한 곳이지만 그래도 그곳 공기는 그녀가 지금껏 마셔본 것 가운데 맑은 편이었다. 사람들은 모두 우둔해도 나름대로 친절했다. "그것도 다들 오랫동안 3부 이자 공채로 먹고 산 덕분이지." 레베카는 그렇게 혼잣말했다. 그리고 그 말은 아마 옳았을 것이다.

승합마차가 피커딜리에 들어섰을 때, 런던의 가로등은 여전히 즐거운 듯 빛나고 있었다. 그리고 커즌 거리에서는 브리그스가 난롯불을 활활 지펴놓았고, 어린 로디가 잠도 자지 않고 아빠 엄마가 돌아오기를 기다리고 있었다.

제42장
오즈번 집안 이야기

우리의 훌륭한 벗, 러셀 스퀘어의 늙은 오즈번 씨에 대해 꽤 오랫동안 쓰지 않았는데, 그는 그 뒤로 빈말로도 즐겁다고는 할 수 없는 나날을 보내고 있었다. 유쾌하지 못한 일들만 잔뜩 일어났고, 일이 자기 뜻대로 굴러가지 않은 경우도 한두 번이 아니었다. 제 마음대로 하고 싶다는 가장 큰 바람이 줄줄이 막히는 것은 언제나 이 노신사에게 심각한 타격을 주었다. 그렇지 않아도 관절염, 노쇠, 고독을 비롯한 온갖 실망감이 한꺼번에 그를 짓누를 때 암초와 자꾸 맞닥뜨리면 부아가 갑절로 치미는 것이다. 그의 뻣뻣한 검은 머리카락은 아들이 전사한 뒤로 갑자기 하얗게 새어버렸다. 얼굴은 더욱 붉게 변했고, 자기 잔에 포트와인을 따를 때는 손이 부들부들 떨렸다. 그런 노인 때문에 시내에 있는 가게 사람들은 우울한 나날을 보내고 있었다. 러셀 스퀘어 가족들도 그보다 나은 처지는 아니었다. 앞 장에서 레베카는 공채가 있으면 편히 살 수 있으리라 굳게 믿었지만, 그녀가 자신의 가난과 무모한 즐거움과 삶의 기회를 과연 오즈번 씨의 돈과 그를 둘러싼 무미건조한 우울과 바꾸려 할지 나로서는 의문이다. 오즈번 씨는 흑백혼혈인 부잣집 딸 스와츠 양에게 결혼신청을 했는데, 그쪽 사람들에게 비웃음을 사고 거절당했다. 그리고 그들은 그녀를 스코틀랜드 귀족 자제와 결혼시켜버렸다. 오즈번 씨는 가난한 여자를 아내로 맞았다가 나중에 가면 그녀를 모질게 학대하고도 남을 사람이었다. 그러나 아무래도 마음에 드는 여자를 찾을 수가 없었으므로, 대신 맏딸을 계속 집에 앉혀놓고 폭군 행세를 했다. 딸은 아주 훌륭한 마차와 말들을 거느렸으며, 더없이 멋진 그릇들로 가득한 테이블에서 여주인 자리에 앉을 수 있었다. 수표첩도 가지고 있었고, 걸어서 외출할 때는 그럴듯한 시종이 따라다녔고, 신용도 두터웠으며, 상인들이 모두 굽실거리면서 아첨을 해댔으니, 여자 상속인으로서 갖춰야 할 것은 모두 갖춘 셈이었다. 그래도 사실 그녀는 비통한 나날을 보내고 있었다. 고아원의 어린 소녀나 교차로 청소부, 가장 가난한 부엌데기 하녀라 해도 이 불운한 노처녀에 비하면 행복한 편이라 할 수 있었다.

그녀의 동생인 마리아 오즈번은 이미 헐커&블록 은행의 프레더릭 블록 씨와 결혼했다. 그러나 그 과정에서 상대가 몹시 어려운 문제를 들고 나오거나 불평을 해대곤 했다. 그 이유는 다음과 같았다. 조지가 전사한 데다 그전에 이미 아버지의 유언장에서 제명당했으니, 오즈번 노인의 재산 절반은 반드시 자신의 아내가 될 마리아의 몫으로 지정해줘야 한다고 프레더릭이 주장했던 것이다. 그리고 그 밖에는 어떤 조건으로도 결혼을 '단행'(그는 이렇게 표현했다)할 수 없다고 오랫동안 우겨댔다. 오즈번 노인도 프레더릭에게 2만 파운드의 지참금으로 마리아를 데려간다고 약속하지 않았느냐며, 그 이상의 유산을 나눠줄 생각은 없다고 말했다. "그래도 좋다면 프레드 녀석에게 딸을 주겠지만, 그게 싫다면 파혼하든 말든 마음대로 하라지." 조지가 상속권을 잃었을 때 내심 큰 기대를 걸고 좋아했던 프레드는 오즈번 노인의 말을 듣고 지독한 사기를 당했다고 생각했다. 그리고 한때는 그 혼담을 파기해버릴 지경까지 갔다. 오즈번 노인은 헐커&블록 은행에서 예금을 찾아버리고, 말채찍을 들고 주식거래소로 가서는 이름을 말하지 않은 고약한 녀석의 등을 이걸로 잔뜩 때려주고 싶다면서 난폭하게 행동했다. 이처럼 옥신각신하는 날이 이어지는 동안 언니 제인 오즈번도 동생 마리아가 가엾게 느껴졌다. "내가 말했잖니, 마리아. 그 사람이 사랑하는 건 네 돈이지 네가 아니야." 그녀는 위로하는 얼굴로 말했다.

"아무튼 그 사람은 나와 내 돈을 선택한 거야. 언니와 언니의 돈을 선택한 게 아니라." 마리아는 고개를 쳐들며 대답했다.

그러나 두 집안의 반목은 한때에 지나지 않았다. 프레드의 아버지와 나이 든 중역들이, 2만 파운드 중 절반만 가져오고 남은 절반은 오즈번 씨가 죽으면 받는 것으로 해도 괜찮으며, 게다가 재산 분배를 받을 가능성도 있으니 마리아와 결혼하라고 프레드를 타일렀다. 그렇게 해서, 다시 한 번 그의 표현을 빌리자면 '항복'을 하게 된 것이다. 그리고 헐커 노인을 중재자로 내세워서 오즈번에게 화해를 청했다. 사실은 아버지가 이 혼담을 반대하며 여러 문제를 제시했던 것이고, 자신은 약속을 지킬 것을 열망하고 있었다는 식으로 말했다. 오즈번 씨는 무뚝뚝한 얼굴로 그 변명을 받아들였다. 헐커와 블록은 시내 상인들 가운데서도 명문가였고, 웨스트엔드의 '상류층'과도 인연이 있었다. "내 사위가 그 헐커&블록 은행의 프레드인데 말이지"라든가 "우리 딸 사촌이 캐슬몰디 백작의 따님인 메리 망고 부인인데 말이야" 말할 수 있다는 것은, 오즈번 노인으로서는 대단한 일이었다. 그는 자신의 집에 '상류층' 사람들을 잔뜩 맞이하는 날을 상상해 보았다. 그리하여 그는 젊은 블록을 용서해주고 마침내 결혼식을 올리는 데 동의했던 것이다.

식은 대성황이었다. 식을 올린 하노버 스퀘어의 세인트 조지 성당 부근에 신랑의 친척집이 있었으므로 그곳에서 아침 식사가 나왔다. '웨스트엔드의 상류층'이 더 많이 초대받았고, 그들 가운데는 기념첩에 서명한 사람도 많이 있었다. 망고 씨와 메리 망고 부인은 그날 신부 들러리를 맡은 그웬돌린 양과 귀네비어 양을 데리고 왔다. 근위용기병 대령 블러디어(민싱 레인의 블러디어 형제 상회의 장남으로, 마찬가지로 신랑의 사촌이다)와 블러디어 부인, 레반트 경의 아들인 조지 볼터 각하와 그 부인(망고 가문의 따님), 캐슬토디 자작, 제임스 맥멀 각하와 그 부인(예전의 스와츠 양), 그 밖에도 많은 상류층의 신사 숙녀가 참석했다. 이들은 모두 롬바드 거리의 상인 명가와 인척을 맺어 콘힐 일대의 격을 높이는 데 크게 기여한 사람들이었다.

신혼부부는 버클리 스퀘어 근처에 집을 마련하고, 은행가 동료들의 별장지인 로햄프턴에 작은 별장을 지었다. 프레드의 누이들은 자신들 할아버지가 빈민학교에서 교육받았다는 사실은 제쳐놓고, 자기들이 영국 명문가에 시집갔다는 것만 들먹이며 프레드가 돈에 눈이 멀어 비천한 집안 처녀와 결혼했다고 생각했다. 시누이들이 그렇게 생각하는 것에 화가 난 마리아는 방명록을 작성할 때 주의를 기울여서 가능한 그럴싸한 이름을 늘어놔 자신의 신분이 그리 높지 않다는 사실을 얼버무려야겠다고 생각했다. 그리고 되도록 아버지와 언니를 만나지 않는 것이 자신의 의무라고 여겼다.

그러나 아직 몇 만 파운드나 되는 돈을 나눠줄 수 있는 아버지와 완전히 인연을 끊을 것이라 생각했다면 큰 착각이다. 애초에 남편인 프레드 블록은 결코 그녀가 그러기를 원하지 않았다. 그러나 아무래도 마리아는 아직 어린

지라 자신의 감정을 감출 줄 몰랐다. 그래서 아버지와 언니를 삼류 인사들을 초대할 때나 부르고, 그들이 와도 냉담하게 굴고, 자신은 러셀 스퀘어 근처에 되도록 가지 않으려 했으며, 아버지에게 그런 품위 없는 곳에서 얼른 이사하라는 경솔한 발언을 해서 화를 부추겼다. 프레더릭이 어떠한 외교적 수완을 동원해도 수습할 길이 없을 정도였다. 이처럼 앞뒤 생각할 줄 모르는 철없는 여자답게, 그녀는 아버지의 유산을 분배할 때 아무것도 받지 못할 위험을 충분히 안게 되었다.

"즉, 마리아 부인께서는 러셀 스퀘어가 참으로 마땅치 않다는 말씀이시군?" 오즈번 노인은 어느 날 밤, 큰딸과 함께 둘째딸인 프레더릭 블록 부인의 만찬에 참석하고 돌아가는 길에 마차 창문을 삐걱삐걱 닫으면서 말했다. "이런 식으로 아버지와 언니를 둘째 날 만찬에나 부르고(게다가 그 곁들여 나온 요리, 그 애는 부(副)요리라고 불렀지만, 아무튼 그건 어제 한번 냈던 요리가 분명해. 젠장!), 시내 놈들이나 떨거지들하고 같이 밥을 먹으라 하고, 백작이나 귀부인이나 각하들은 자기들끼리만 만나고 말이지. 각하? 각하가 무슨 별거라고! 그래, 나는 그저 영국 상인일 뿐이지. 그래도 그런 가난한 개들쯤이야 얼마든지 돈으로 살 수 있다고. 귀족 어르신이란 말이지, 과연! 그래, 그 애가 언제 저녁 만찬을 열었을 때, 그 어르신이라는 작자 하나가 나조차 거들떠보지 않을 어중이떠중이 바이올린 연주자하고 이야기를 나누는 걸 봤지. 그래놓고 러셀 스퀘어에는 왕림하실 수 없단 말이지? 왜, 나는 더 좋은 포도주를 가지고 있고, 더 좋은 것을 위해 투자할 수도 있는데. 더 훌륭한 은식기를 구경시켜줄 수 있고, 그들의 식탁에는 올라온 적도 없는 진수성찬을 내놓을 수도 있다고. 바보 같은 놈들, 비굴하고 위선적인 놈들이 건방 떨기는. 제임스, 마차를 더 빨리 몰게. 나는 빨리 러셀 스퀘어로 돌아가고 싶단 말이야, 하하!" 그는 그렇게 말하며 화가 나서 참을 수 없다는 듯이 웃음을 터트리더니 마차 구석에 털썩 주저앉았다. 그렇게 종종 자기도 그들보다 못할 것이 없다고 속으로 악을 쓰며 자신을 위로하는 것이 이 노신사의 버릇이었다.

제인 오즈번도 동생의 소행에는 아버지의 의견에 동의할 수밖에 없었다. 그리고 오즈번 노인은 마리아의 첫 아들 프레더릭 오거스터스 하워드 스탠리 데버루 블록이 태어났을 때 명명식에 참석해서 대부가 되어달라는 초청을 받았지만, 자기만족을 위해 아이에게 금잔을 보내고 그 안에 유모를 위한 20기니를 넣었을 뿐이었다. "어때, 너희들이 친하게 지내는 어르신들 중에 이만한 선물을 할 수 있는 사람은 없을걸?" 그는 그렇게 말하며 명명식에 나가는 것을 거절했다.

그러나 블록 집안에서는 그 훌륭한 선물을 받고 대단히 흡족해했다. 마리아는 아버지가 자신에게 굉장한 호의를 품고 있는 줄 알았고, 프레더릭도 이제 자신의 후계자인 아들이 장차 막대한 유산을 손에 넣을 것이라고 생각했다.

아직 미혼인 인니 제인은 러셀 스퀘어의 집에서 홀로 쓸쓸히 〈모닝 포스트〉지를 읽고 있을 때, '사교계 유행'이라는 코너에서 이따금 여동생의 이름을 발견하곤 했다. 그리고 어느 날, 여동생이 F. 블록 부인을 따라서 궁중의 정식 접견에 참석했을 때의 차림새에 대해서까지 자세히 적어놓은 것을 보게 되었다. 그 순간 제인이 느낀 비통함은 누구나 상상할 수 있을 것이다. 이미 이야기했지만, 제인은 그런 화려함을 조금도 허용받지 못하는 생활을 보내고 있었다. 그야말로 삭막한 나날이었다. 그녀는 겨울날 아침 어두울 때부터 일어나서 심기가 언짢은 아버지를 위해 아침 식사를 준비해야만 했다. 만약 8시 반까지 차를 준비해놓지 않으면 그는 집 안을 다 뒤집어놓을지도 모르는 일이었다. 제인은 주전자에서 물이 끓는 소리를 들으며, 아버지가 신문을 읽고 평소처럼 머핀을 먹고 차를 다 마실 때까지 입을 다물고 바짝 긴장한 채 앉아 있어야 했다. 아버지는 9시 반이 되면 자리에서 일어나 시내의 가게로 나갔다. 그러면 그녀는 저녁 식사 시간까지는 거의 자유로웠다. 그동안 그녀는 부엌을 둘러보고, 하인들에게 잔소리를 하고, 마차를 타고 외출해 여러 가게에서 쇼핑을 하면서 굽실거리는 인사를 받기도 했다. 아버지 가게와 관련이 있는 당당하고 무뚝뚝하고 지체 높으신 지인들의 집에 들러서 자신과 아버지의 명함을 두고 나오기도 했고, 혹은 집의 큰 객실에서 손님이 찾아오기를 기다리며 홀로 소파에 앉아 불을 쬐면서 긴 털실로 뜨개질을 했다. 소파 옆의 이피게네이아 조각이 달린 커다란 시계는 째깍째깍 가다가 크고 구슬픈 소리로 종을 쳐대며 휑한 방에 시간을 알리곤 했다. 난로 위에는 큰 거울이 있었고, 방 맞은편 끝에 받침대로 고정한 큰 거울을 마주보고 있었는데, 천장의 갈색 삼베로 싸놓은 샹들리에가 두 거울에 비쳐서 몇 개씩이나 되는 듯 보였다. 마치 그런 삼베 주머니가 무수히 늘어서 있고 끝으로 갈

수록 차츰 보이지 않아서, 오즈번 양이 있는 이 방은 서로 연결된 객실들 중간에 있는 느낌이었다. 그녀가 그랜드피아노의 코도반 가죽 덮개를 벗기고 조금 치면, 그 소리가 그늘로 파고들어 집 안 전체가 깜짝 놀랄 만큼 슬픈 울림으로 퍼져나갔다. 조지의 초상화는 이제 그 방에 없었다. 다락방 헛간에 던져놓았기 때문이다. 그렇다고 그에 대한 기억이 사라지는 것은 아니었다. 아버지와 그녀는 서로가 조지를 생각하고 있다는 것을 본능적으로 깨닫는 일이 자주 있었지만, 조국을 위해 죽었으며 한때 아버지의 사랑을 한몸에 받았던 그에 대한 이야기를 입 밖에 내는 일은 결코 없었다.

5시가 되면 오즈번 씨는 돌아와서 저녁을 들었는데, 그들 부녀는 식사하는 동안 거의 입을 열지 않았다. 예외가 있다면 오직 음식이 오즈번 씨의 입에 맞지 않아서 그가 욕을 퍼붓고 화를 낼 때와, 한 달에 두 번 그와 신분이 같고 연배가 비슷한 친구들을 불러서 만찬회를 열 때뿐이었다. 블룸즈버리 스퀘어의 늙은 걸프 의사 부부, 베드퍼드 거리의 변호사 프리우저 씨(꽤 대단한 사람으로, 직업상 '웨스트엔드의 상류층 인사'들과도 친교가 있었다), 어퍼 베드퍼드 플레이스에 사는 봄베이 군대의 늙은 리버모어 대령과 그 부인, 법률고문 토피 씨 노부부가 항상 얼굴을 내비쳤고, 이따금 베드퍼드 스퀘어의 토머스 코핀 경과 그 부인도 끼곤 했다. 토머스 경은 교수형을 선고하는 것을 즐기는 잔혹한 판사로 유명한 사람이었다. 그가 오즈번 씨 저택의 만찬회에 참석할 때면 특별히 토니 포트와인이 나오곤 했다.

지위와 연배가 비슷한 이 친구들도 성대한 만찬회를 열어서, 요란한 것을 좋아하는 오즈번 노인을 초대하기도 했다. 식후에 술을 마시고 나면 객실로 물러나서 트럼프로 엄숙하게 휘스트 놀이를 했다. 그리고 10시 반이 되면 그들의 마차를 불러왔다. 우리처럼 가난한 사람이 늘 부러워하는 부자들은 거의 이와 같은 일을 하면서 만족스러운 나날을 보낸다. 제인 오즈번은 60세 이하의 남자와는 좀체 만날 기회가 없었다. 그리고 그들 가운데 아직 독신인 사람은 부인들 상대로 이름을 날리는 스머크 의사뿐이었다.

그러나 이처럼 무미건조한 생활의 단조로움을 깨트리는 사건이 전혀 없었던 것은 아니었다. 사실 가엾은 제인에게도 한 가지 비밀이 있었는데, 타고난 자존심과 과식 때문에 사납고 신경질적인 아버지의 성격이 그 일로 더 지독하게 바뀌었다. 이 비밀은 가정교사였던 워트 양과 관계가 있었다. 그녀의 사촌오빠인 스미 씨가 원인이었기 때문이다. 그는 그 뒤 초상화가 및 영국 미술원 회원으로서 유명해졌지만, 옛날에는 상류층 부인들에게 기꺼이 그림을 가르쳐주던 시절도 있었다. 스미 씨는 이제 와서는 러셀 스퀘어가 어디에 붙어 있는지도 모른다고 말하지만, 제인에게 그림을 가르쳐주던 1818년 무렵에는 아주 기쁘게 그곳을 방문하곤 했다.

예전에 스미는, 방탕하고 무책임하고 실패한 화가였지만 미술에 대한 지식이 풍부했던 프리스 거리 샤프의 제자였다. 이미 말했듯이 워트 양의 사촌오빠였으며 그녀의 소개를 통해 제인에게 그림을 가르치게 되었다. 제인은 몇 번인가 사랑에 빠진 적이 있었지만 어느 것 하나 잘 풀린 것이 없었고 마침 상대도 없던 참이어서, 이 그림 선생님이 큰 호감을 표시하자 그녀에게도 그런 마음이 생겼던 모양이다. 워트 양은 두 사람의 관계를 잘 알고 있었다. 그러나 제삼자가 옆에 있으면 불가능할 듯한 약속이나 감정을 나눌 기회를 주기 위해 종종 선생과 제자만을 남기고 자리를 떴는지, 그리고 사촌오빠가 돈 많은 처녀를 무사히 손에 넣으면 자신이 연결해준 공을 보아 어느 정도 돈을 받을 수 있으리라 생각했는지는, 나도 잘 모른다. 그러나 다음과 같은 일이 벌어졌던 것만은 확실하다. 즉, 오즈번 씨가 딸과 그림 선생의 관계를 대충 눈치채고 느닷없이 시내 가게에서 돌아온 것이다. 그가 대나무 지팡이를 들고 성큼성큼 객실로 들어오는 바람에 그림 선생과 제자, 워트 양 모두 새파랗게 질리고 말았다. 오즈번 씨는 온몸의 뼈를 부러트리겠노라 위협하며 화가를 쫓아내고, 30분 뒤에는 워트 양도 마찬가지로 해고해서 그녀의 짐 가방을 계단에서 걷어차고 옷상자를 짓밟았으며, 그녀가 마차를 타고 나갈 때도 뒤에서 주먹을 흔들었다.

제인 오즈번은 며칠이고 침실에 갇혀 있었다. 그녀는 그 뒤로 말동무를 가질 수 없게 되었다. 아버지는 그녀에게 만약 자신의 동의 없이 결혼했다가는 한 푼도 주지 않겠노라 선언했다. 아내가 일찍 죽은 그는 누구든 가정을 돌볼 여자가 필요했으므로, 장녀를 결혼시키는 것을 마땅치 않게 여겼다. 그래서 제인은 조금이라도 큐피드의 도움이 필요한 계획은 모조리 단념해야만 했다. 그녀는 아버지가 살아 있는 동안에는 앞서 이야기한 것과 같은 생활을 보낼 수밖에 없다고 체념하고, 노처녀가 될 것을 감수했다. 한편 여동생인 마리아는 해마다 아이를 낳고 점점 더 버젓한 이름을 붙여주었다. 그리고 이

자매의 사이는 점점 더 소원해졌다. "제인 언니는 나와 다른 세계에서 살고 있으니까." 마리아 블록 부인은 이렇게 말했다. "그야 나도 제인을 언니로 여기고야 있지만."—이 말은—귀부인인 그녀가 제인을 언니라고 여겨준다고 해서 제인에게 그만한 가치가 있는 건 아니라는 뜻이었다.

도빈 자매는 덴마크 힐에 있는 멋진 별장에서 아버지와 함께 살고 있고, 그곳에는 어린 조지 오즈번이 아주 좋아하는 아름다운 포도밭과 복숭아밭이 있다는 사실을 예전에 이야기한 바 있다. 아밀리아를 만나기 위해 마차를 타고 종종 브롬프턴으로 나오는 도빈 자매는 가끔씩 러셀 스퀘어에 들러서 옛 친구인 제인을 방문했다. 도빈 자매가 고인이 된 조지 대위의 미망인 아밀리아에게 친절하게 대해주는 것은, 인도에 있는 오빠 도빈 소령(아버지조차 그에게 대단한 존경심을 품고 있었다)의 당부 때문인 듯했다. 아밀리아의 어린 아들의 대부이자 후견인인 소령은 어떻게든 아이의 할아버지가 손자를 보고 화가 누그러져서, 전사한 조지를 봐서라도 그가 남긴 아이를 귀여워해 주기를 바라는 소망을 지금도 품고 있었기 때문이다. 도빈 아가씨들은 이따금 오즈번 양에게 아밀리아의 상황에 대해 알려주곤 했다. 아밀리아가 부모 곁에서 살고 있다는 것, 그들 가족이 매우 궁핍한 생활을 한다는 것, 남자들—그중에서도 그녀들 오빠 도빈 소령이나 죽은 오즈번 대위처럼 대단한 사람들이 어째서 아밀리아처럼 보잘것없는 여자한테 푹 빠졌는지 지금도 이해할 수가 없다는 것, 그녀가 지금도 변함없이 너무 감상적이어서 불쾌하기 짝이 없는 여자라는 것, 그러나 어린 조지만은 정말로 보기 드물게 기품 있는 아이라는 것 등이었다. 여자들은 누구나 어린아이를 좋아하며, 아무리 심술 궂은 노처녀라도 아이들에게는 다정한 법이다.

어느 날, 도빈 양이 와서 꼭 데려가고 싶다고 부탁하는 바람에 아밀리아는 어린 조지를 덴마크 힐에서 하루 놀다 오도록 했다. 그리고 자신은 집에서 인도에 있는 도빈 소령에게 편지를 썼다. "오늘 막 소식을 들었습니다만, 결혼을 하신다고 하니 정말로 축하드립니다. 당신과 당신이 선택한 신부의 행복을 빕니다. 남편이 전사한 뒤 당신께 받은 헤아릴 수 없이 많은 친절과 늘 변치 않는 우정에 어찌 감사드려야 할지 모르겠습니다." 그리고 어린 조지의 근황을 이것저것 적고, 오늘은 소령의 누이들 손에 이끌려 교외에 있는 그들의 별장으로 놀러갔다고 덧붙였다. 그녀는 그 편지에 밑줄을 잔뜩 치고, 마지막으로 진심을 담아 '당신의 벗, 아밀리아 오즈번'이라고 서명했다. 평소에는 오다우드 부인에게 안부 전해달라는 말도 적었었는데 그것도 잊어버리고, 글로비나에 대해서도 직접 이름을 적는 것을 피하고 이탤릭체로 '소령님의 신부'라고 쓰고 행복을 빈다고 했다. 그러나 마침내 도빈이 결혼한다는 소식을 듣고 나니 지금까지 그에게 품고 있던 거리낌이 사라졌다. 그녀는 그에 대해 얼마나 큰 호의를 품고 있는지, 또 얼마나 감사히 생각하는지 진심으로 느낄 수 있게 된 것을 기뻐했다. 그리고 그의 아내로 선택받은 글로비나에게 질투를(설마 글로비나 같은 여자라니!) 느낀다는 생각은 해보지도 못했다. 천사가 내려와서 질투하는 거라고 넌지시 알려줬더라도 딱 잘라 무시했으리라.

그날 밤 조지는 윌리엄 경의 마부가 모는, 그가 좋아하는 조랑말이 끄는 마차를 타고 집으로 돌아왔는데 그의 목에 금줄이 달린 훌륭한 회중시계가 걸려 있었다. 조지는 별로 예쁘지 않은 나이 먹은 여자가 그것을 줬고, 마구 울면서 자기에게 입을 맞췄다고 이야기했다. 그러나 자신은 그 여자가 싫었고, 포도밭만 좋았다고 말했다. 그리고 역시 엄마가 제일 좋다고도 말했다. 아밀리아는 가슴이 철렁해서 뒷걸음질쳤다. 이 소심한 여자는 죽은 남편의 가족이 아이를 만났다는 것을 알고 불길한 일이 닥치리라는 예감을 느낀 것이다.

한편, 제인은 저녁 식사 시간까지 러셀 스퀘어로 돌아가서 아버지를 기다렸다. 오즈번 노인은 그날 시내에서 투기가 잘 된 덕분에 기분이 꽤 좋은 참이었다. 그리고 딸이 무언가 걱정거리가 있다는 것을 눈치채자, 드물게도 "너, 무슨 일 있냐?" 물었다.

제인은 갑자기 울음을 터트렸다. "오, 아버지. 저, 어린 조지를 만났어요. 꼭 천사처럼 예쁘고, 죽은 동생을 쏙 빼닮았어요!" 식탁에서 그녀와 마주앉은 늙은 아버지는 아무 말도 하지 않았지만, 얼굴이 새빨개지고 손발이 부들부들 떨리고 있었다.

제43장
희망봉을 돌아 인도로

독자들은 놀라실지도 모르지만, 무대를 1만 마일이나 떨어진 인도제국의 마드라스 내에 있는 번들건지 둔영으로 옮겨야겠다. 제××연대의 낯익은 장병들이 용감한 대령 마이클 오다우드 경이 지휘하는 그곳에 주둔하고 있기 때문이다. 위장이 튼튼하고 사람 좋고 머리를 너무 많이 써서 끙끙거릴 일 없는 사람들이 흔히 그렇듯, 이 늙은 장교도 통 나이를 먹는 기미가 없었다. 대령은 점심 식사 시간에도 꽤 왕성한 식욕을 보였지만, 저녁에는 먹성이 한층 더 좋아지곤 했다. 점심이고 저녁이고 식사를 마친 뒤에는 물담배를 피웠는데, 유유히 담배를 빨아들이는 그 모습은 아내가 잔소리를 할 때나 워털루에서 프랑스군의 포화 속에 있을 때나 전혀 변함이 없었다. 말로니 가문과 몰로이 가문의 피를 이어받은 아내의 활약과 웅변은 나이를 먹든 인도가 아무리 덥든 기세가 꺾이지 않았다. 우리들에게도 친숙한 이 부인은 이제 '경(卿)' 부인이 되었지만 마드라스에 와서도 브뤼셀에 있을 때와 마찬가지로, 그리고 인도의 병영에 있어도 천막에서 지내던 때와 다름없이 편하게 지냈다. 행군할 때면 그녀는 멋진 코끼리를 타고 연대의 맨 앞장을 섰는데, 그 모습은 아주 당당했다. 또한 그녀는 코끼리를 타고 정글에 들어가서 호랑이 사냥을 해보았고, 인도의 왕들을 방문해서 크게 환영을 받았으며, 글로비나와 함께 안쪽의 부인들 객실까지 들어가보기도 했다. 그때 숄이나 보석 등을 선물로 주겠다는 말을 듣기까지 했는데, 그것을 거절하는 것은 정말로 가슴 아픈 일이었다. 병사들은 그녀가 가는 곳마다 경례를 해야 했고, 그러면 그녀는 엄숙하게 모자에 손을 대고 답해주었다. 아무튼 오다우드 경 부인은 마드라스에서 가장 고귀한 부인들 가운데 한 사람이었다. 마드라스에서는 아직도 그녀와 배석판사인 미노스 스미스 경의 부인 사이에 벌어진 싸움에 대해 기억하는 이가 있을 정도다. 그때 대령 부인은 판사 부인의 면전에서 손가락을 딱딱거리며, 자신은 절대로 하찮은 관리 따위의 뒤에 서지 않겠노라 말했던 것이다. 오다우드 경 부인이 총독 관저에서 지그 춤을 추며 두 부관과 마드라스 기병대 소령, 문관 두 명을 녹초로 만들고 제××연대의 부연대장인 도빈 소령의 설득을 받고 나서야 겨우 야식이 준비된 방으로 물러났는데, 본인도 지쳐서 헐떡이고 있었음에도 여전히 미련이 남은 듯이 보였다는 이야기는 25년이나 지난 오늘에도 사람들 기억 속에 남아 있었다.

페기 오다우드는 줄곧 변함이 없었다. 행동과 생각은 친절하고 성격은 괄괄했으며, 명령을 내리는 것을 매우 좋아하여 남편인 마이클을 휘두르고 다녔고, 일부러 연대의 부인들을 감독하러 나서기도 했다. 청년장교들을 자신의 아들처럼 생각해서 병에 걸리면 간호를 해주고, 곤란에 처했을 때는 도와주기도 했으므로, 그들 사이에서 페기 부인의 인기는 그야말로 굉장했다. 그러나 중위나 소위, 대위 정도의 부인들(소령인 도빈은 아직 독신이므로)은 그녀에게 맞설 계획을 꾸미고 있었다. 그녀들의 입장에서 보면 글로비나는 지나치게 잘난 척을 하고, 페기가 우쭐거리고 다니는 꼴은 도무지 봐줄 수가 없다는 것이다. 오다우드 경 부인은 커크 부인이 젊은이들을 불러모아서 설교를 하고 있을 때 바로 옆에서 비웃어서 병사들이 자리를 떠나게 만들어버렸다. 군인의 아내가 목사 흉내를 내다니 무슨 당치도 않은 이야기냐며, 커크 부인은 남편의 옷이나 수선하는 편이 훨씬 나을 것이다, 만약 연대에서 설교를 할 필요가 있다면 주임 사제인 자신의 숙부님이 세상에서 제일 훌륭한 설교집을 냈으니 그것을 읽으면 그만이라고 말한 것이다. 그녀는 또한 연대의 스터블 중위가 군의관 부인과 불장난을 시작했다는 것을 알자, 당장 관계를 끊고 병가를 내서 희망봉으로 가지 않으면 빌려준 돈을 강제로 받아내겠다고 위협하여(스터블은 여전히 낭비벽이 심해 그녀에게 돈을 빌리고 다녔다), 그 연애를 단번에 끝장내버렸다. 한편으로는 두 번째 브랜디 병을 마구 휘두르며 미친 듯이 쫓아오는 남편을 피해 집에 뛰어 들어온 포스키 부인을 자기 집에서 보호해주고, 알코올 중독 때문에 생긴 포스키의 의식장애 증상도 열심히 간호해서, 나쁜 습관이 든 남자들이 보통 그러듯이 술독에 빠져 있던 그가 술을 끊게 만든 적도 있었다. 즉, 병에 걸렸거나 재난을 만난 사람들에게는 그녀만큼 든든한 사람도 없었지만, 편안히 살고 있을 때에는 짜증나기 그지없는 친구였다. 그녀는 언제나 자기만큼 훌륭한 인간은 또 없으리라고 생각했으므로, 누가 뭐래도 자기 마음대로 하지 않으면 성이 풀리지 않았기 때문이다.

그녀가 혼자 생각으로 정해놓은 일들은 많고 많았지만, 우리에게도 친숙한 도빈을 글로비나와 결혼시키는 것도 그중 하나였다. 오다우드 부인은 도빈 소령이 앞으로 많은 재산을 상속받을 거란 사실을 알고 있었고, 여러 장점과 군인으로서 높은 지위를 가지고 있다는 사실도 인정하고 있었다. 굉장히 아름답고 생기가 넘치며 검은 머리칼과 푸른 눈동자를 가진 아가씨이자, 코크 주 태생의 어떤 처녀들에게도 뒤지지 않을 만큼 승마실력이 뛰어나고 소나타를 잘 치는 글로비나야말로 도빈의 행복을 보장하기 위해 태어난 여자임이 틀림없어 보였다. 오다우드 경 부인은 그가 진작부터 푹 빠져 있는 착하고 나약한 아밀리아 같은 여자보다는 글로비나야말로 얼마나 좋은 신붓감인지 모른다고 생각했다. "글로비나가 방으로 들어오는 모습을 좀 보세요." 오다우드 부인은 늘 이렇게 말하곤 했다. "그리고 거위도 몰아내지 못할 만큼 소심한 오즈번 부인과 비교해 보세요. 글로비나는 당신의 아내가 될 자격이 충분한 여자예요, 소령. 당신은 워낙 과묵한 사람이니 대신 말해줄 사람이 필요해요. 저 애는 나와는 달리 말로니 가문과 몰로이 가문처럼 훌륭한 혈통을 이어받지는 못했지만, 저 애의 집안도 어떤 귀족이든 연을 맺는 것을 자랑스러워할 만큼 전통 있는 가문이랍니다."

그러나 글로비나는 사실, 도빈 소령을 손에 넣어 자신의 것으로 만들겠노라 결심하기 전에 다른 곳에서도 똑같은 행동을 잔뜩 해왔다. 그녀는 더블린 사교계에 한 시즌 동안 참석한 적이 있었고, 코크와 킬라니, 맬로 등에서는 몇 번이나 얼굴을 내밀었는지 모를 정도였다. 글로비나는 고향의 연대본부 소속 장교 중에 결혼해도 괜찮을 것 같은 사람 모두와, 독신이었던 시골 신사들 가운데 눈에 띄는 모든 이들과 연애를 했다. 그녀를 지독하게 배신한 바스의 목사를 빼도, 아일랜드에서 글로비나와 약혼한 적이 있는 상대가 거의 열 명은 될 것이다. 글로비나는 마드라스로 오는 배 안에서도 내내 동인도회사 증기선인 램천더호의 선장이나 일등항해사와 시시덕거렸다. 그리고 오다우드 부부가 도빈 소령에게 대리를 맡기고 관청 소재지에 머물 때 그곳의 사교계에도 한 시즌 동안 참석했다. 누구든지 그녀를 칭찬하지 않는 이가 없었고 춤을 추고 싶어 하는 이도 줄을 이었으나, 결혼해도 괜찮을 만한 사람은 아무도 청혼해주지 않았다. 아주 젊은 중위나 소위가 한두 명, 수염도 안 난 문관 한둘이 그녀를 따라다녔지만, 더 높은 곳을 목표로 삼고 있는 글로비나는 그 남자들을 상대하지 않았다. 그리고 그녀보다 젊은 다른 처녀들이 먼저 결혼하게 되었다. 세상에는 이렇게 얼굴은 꽤나 아름다워도 운이 나쁜 여자가 존재하는 법이다. 그런 여자들은 그야말로 몇 번이고 연애를 반복한다. 거의 마흔이 될 때까지도 사관들 절반 정도와 함께 말을 타고 다니거나 산책을 하곤 하는 것이다. 여전히 노처녀인 채로 말이다. 글로비나는 오다우드 경 부인이 판사의 아내와 싸우지만 않았어도 마드라스에서 좋은 인연을 만날 수 있었을 거라고 계속 투덜거렸다. 그곳 문관들 가운데 가장 지위가 높은 노총각 처트니 씨(그는 그 뒤 유럽 학교를 갓 졸업한 열세 살 소녀 돌비 양과 결혼해버렸다)가 그녀에게 청혼을 하기 직전까지 이른 적이 있었던 것이다.

사실 오다우드 경 부인과 글로비나는 날마다 몇 번씩, 그것도 온갖 문제를 가지고 싸움을 벌였는데, 만약 믹 오다우드가 천사처럼 원만한 성격이 아니었다면 두 여자의 말싸움을 아침부터 밤까지 계속 듣다못해 미쳐버렸을지도 모른다. 그래도 글로비나가 도빈 소령과 결혼해야 한다는 부분에서는 의견이 같았고, 약혼을 성립시킬 때까지 소령에게 쉴 틈을 내주어선 안 된다고 결심한 상태였다. 지금까지 다른 곳에서 40~50번씩이나 실패를 반복했으면서도 질리지도 않은 글로비나는 소령을 함락시키고자 덤벼들었다. 그녀는 그더러 들으라고 아일랜드 노래를 계속해서 불렀다. 그녀가 가련하게 "그늘에 있는 쉼터에 가지 않으실래요?" 하고 몇 번이나 권해도 소령은 함께 가주지 않았으므로, 옆에서 보는 사람들은 목석도 아닌 인간이 어쩌면 이렇게까지 여자의 부탁을 거절할 수가 있을까 혀를 내두를 정도였다. 글로비나는 지치지도 않고 도빈에게 젊은 날의 슬픔에 대해 잊었는지 물어보았고, 그가 목숨을 걸고 싸운 전쟁 이야기가 나오면 꼭 귀를 기울였으며 데스데모나(셰익스피어 《오셀로》의 여주인공)처럼 울기도 했다. 우리의 우직한 친구 도빈이 종종 홀로 플루트를 불며 우울한 마음을 달랬다는 사실은 앞에서도 말한 적이 있는데, 글로비나는 그와 함께 합주를 하고 싶다며 달려들었다. 그리고 두 사람이 합주를 시작하면 오다우드 경 부인은 얼른 일어나서 아무렇지 않게 자리를 비켜주었다. 또한 글로비나는 아침이면 소령을 억지로 끌어내서 함께 말을 타고 외출을 했다. 주둔군 병사들은 다들 그들이 나갔다가 돌아오는 것까지 지켜보았다. 그녀는 끊임없이 도빈의 집으로 편지를 보냈고, 책을 빌려가서 감명을 받은 감상적이거나 해학적인 부분에 연필로 굵은 줄을 쳐놓기도 했다. 그녀는 그의 말이나 하인, 스푼이나 가마 등을 빌리기도 했다. 그러니 글로비나가 도빈의 약혼자라는 소문이 퍼지고, 영국에 있는 그의 여동생들이 머지않아 오빠가 결혼을 할 거라고 생각한 것도 무리가 아니었다.

이런 식으로 맹렬한 공세를 받고 있는 도빈은 얄미울 만큼 태연자약한 태도였다. 연대의 젊은이들이 글로비나가 대놓고 호의를 보이는 것에 대해 소령을 놀리기라도 하면 그는 항상 웃으면서 넘기곤 했다. "말도 안 돼. 그녀는 연애 실력이 무뎌지지 않도록 나를 가지고 연습하고 있는 것뿐이야. 이 연대에 있는 사람들 중에서 제일 알맞은 상대라고 생각한 거겠지. 토저 부인의 피아노로 연주 연습을 하는 것과 다를 게 없어. 게다가 나는 고생도 많이 했고 이제 나이도 먹었으니까 글로비나처럼 젊고 아름다운 여성하고는 어울리지 않아." 그런 말을 하면서도 도빈은 여전히 글로비나와 함께 말을 타고 외출하거나 노트에 악보와 시를 적어주기도 했고, 그녀가 하자는 대로 체스 상대가 되어주기도 했다. 다른 비가정적인 친구들이라면 돼지 사냥을 하거나 도요새를 잡기도 하고, 도박을 하거나 궐련을 피우기도 하고, 물을 섞은 브랜디와 사이좋게 지내기도 하겠지만, 도빈처럼 얌전한 장교는 인도에서 시간을 때우기 위해서 글로비나와 함께 단순한 오락을 즐기는 수밖에 도리가 없었기 때문이다. 이 연애사건에 대해 마이클 오다우드 경의 태도는 이러했다. 부인과 여동생이 그에게 직접 나서서 가엾기 짝이 없는 순수한 처녀가 부끄러운 입장에 놓여 괴로워하게 내버려두지 말고 잘 말해달라 졸라대도, 이 늙은 장교는 그런 음모에 상관하는 것은 질색이라며 딱 잘라 거절했다. "도빈 소령도 어른이니까 신붓감이야 혼자서도 구할 수 있겠지. 너하고 결혼하고 싶으면 그가 먼저 말을 꺼낼 거다." 마이클 경은 그렇게 말했다 싶으면 또, "도빈은 가정을 가지기에는 아직 젊으니 본국의 어머니에게 편지를 써서 허락을 맡는 중이겠지." 농담을 하면서 말을 돌리기도 했다. 그뿐만이 아

소령을 유혹하는 글로비나

니라 소령과 단둘이서 이야기를 할 때면 "조심하는 게 좋겠네, 돕 군. 우리 집 여자들이 음모를 꾸미는 것 같으니까 말이야. 내 아내가 유럽에서 옷을 한 상자나 주문했는데, 그중에 글로비나가 입을 분홍색 새틴 옷이 들어 있었어. 그러니 돕, 자네가 만약 여자나 새틴 옷에 흔들리는 남자라면 이번에야 말로 항복할 수밖에 없을 걸세." 하고 경고를 해주면서 놀리기도 했다.

그러나 사실, 아름다움도 유행하는 옷도 도빈을 정복할 수는 없었다. 우리의 성실한 친구 머릿속에는 한 여성뿐이었고, 그녀는 분홍색 새틴 옷을 입은 글로비나 오다우드 양과는 거리가 멀었다. 검은 옷을 입고, 커다란 눈망울에 갈색 머리카락을 가졌으며, 다른 사람이 말을 걸었을 때 말고는 조용하고, 입을 열어도 글로비나 양과는 목소리가 전혀 다른 정숙하고 자그마한 여성—한 아이를 키우고 있고, 이리 와서 이 아이를 좀 보라며 웃는 얼굴로 소령을 부르는 젊은 어머니—노래를 부르면서 러셀 스퀘어 저택의 객실로 들어오거나, 즐거운 듯이 사랑을 담뿍 담아 조지 오즈번의 팔에 매달리던 장밋빛 뺨의 처녀—오직 그 모습만이 밤낮을 가리지 않고 우리의 성실한 소령 마음속을 가득 채우고 지배하고 있었던 것이다. 소령이 가슴에 그리는 모습은 실제 아밀리아와는 거리가 있었다. 영국에서 그의 누이들이 가지고 있는 패션 잡지 안에 한 여자의 그림이 있었는데, 도빈은 그것을 몰래 잘라서 자신의 책상 뚜껑에 붙여놓았다. 그는 그 그림이 어딘지 모르게 오즈번 부인과 비슷하다고 생각하고 마음에 들어했지만, 내가 보기에는 그냥 허리를 높게 재단한 여성복 그림일 뿐이고 그것을 입은 여자는 평범하기 짝이 없는 인형 같은 얼굴에 억지웃음을 짓고 있는 것에 불과했다. 아마 도빈의 감상적인 가슴에 새겨진 아밀리아의 모습도 실제와 그리 닮지 않았다는 점에서는, 그가 소중히 여기는 별 볼 일 없는 그림과 마찬가지일 것이다. 그러나 우리들 남자는 사랑을 하면 누구든 도빈처럼 바보가 되고 말지 않던가. 그리고 이와 같은 착각을 깨닫고 스스로 그것을 인정한다 해서 더 행복해질 수 있는 것도 아니니, 차라리 그 속에서 깨어나지 않는 편이 나을 것이다. 아무튼 도빈은 이처럼 꿈속에 푹 빠져 있었다. 그리고 자신의 감정을 친구들이나 세상에 털어놓고 시달리는 일도 없었거니와, 그들로 인해 혼자만의 기쁨과 욕망을 방해받는 일도 없었다. 우리가 지난번에 그를 만났을 때와 비교해보면 그의 머리카락도 잿빛이 조금 감돌기 시작했다. 그 부드러운 갈색 머리카락에는 흰머리가 한두 가닥 섞여 있기도 했다. 그러나 그의 감정은 전혀 변하거나 닳지 않았다. 그의 사랑은 어른의 가슴에 남겨진 소년시절의 추억처럼 지금도 생생했다.

유럽에 있는 편지 상대인 두 누이와 아밀리아가 영국에서 소령에게 편지를 보낸 것은 전에도 이야기한 적이 있다. 그중 오즈번 부인은 그가 곧 오다우드 양과 결혼한다는 소식을 듣고 진심으로 기쁘게 생각하고 축하를 드린다고, 아주 솔직하고 정중한 편지를 써 보냈다.

"당신의 여동생께서 오늘도 방문해주셨어요." 아밀리아는 그 편지에 이렇게 적어 놓았다. "그리고 너무나 기쁜 소식을 전해주셨어요. 저는 그 이야기를 듣고 진심으로 축하 인사를 드리고자 합니다. 당신과 결합할 예정인 그 아가씨가 친절하고 선량하기 그지없는 당신에게 잘 어울리는 분이기를 기원합니다. 이 가난한 과부가 할 수 있는 것은 오직 진심으로 당신의 행복을 빌며 기도를 드리는 것뿐이군요! 조지도 사랑하는 대부님께 안부를 전해달라며, 자신을 잊지 말아달라고 합니다. 저는 조지에게 대부님은 이번에 자신을 지극히 사랑하는 분과 새로운 인연을 맺게 되셨고, 대부님 역시 그분을 누구보다도 깊이 사랑하고 소중

히 여기실 테지만, 그래도 대부님은 지금껏 돌봐주고 사랑해주신 엄마와 너를 언제까지나 잊지 않으실 거라고 말해주었습니다." 앞서 아밀리아의 편지에 대해서 이야기한 적이 있지만, 그녀는 이런 식으로 소령이 결혼한다는 소식을 듣고 매우 만족하고 있다는 사실을 계속 강조했다.

이 편지는 런던에서 오다우드 경 부인이 주문한 여성복이 든 상자와 같은 배로 도착했다(도빈이 그날 그에게 도착한 우편물 중에서 이 편지를 가장 먼저 뜯어보았음은 말할 것도 없다). 그리고 그 편지를 읽고 난 뒤 그는 글로비나와 그녀의 분홍색 새틴 옷, 그 밖에 그녀에 대한 모든 것이 다 몸서리날 만큼 싫어졌다. 그는 여자들의 가벼운 입, 아니, 여자라는 것들에 화가 났다. 그날은 만사가 다 짜증스러웠다. 열병식은 더할 나위 없이 무덥고 따분했다. 정말이지! 지성을 갖춘 인간이 어째서 날마다 십자 벨트를 검사하거나 바보들을 이리 가라 저리 가라 훈련시키면서 시간을 낭비해야 한단 말인가? 젊은 사관들이 식당에서 쓸데없이 떠드는 소리도 오늘따라 신경에 거슬렸다. 스미스 중위가 도요새를 몇 마리 쏴 잡았다느니, 브라운 소위의 암말이 뭘 잘했다느니 하는 이야기를 들어봤자 곧 마흔이 되는 도빈 소령은 하

나도 즐겁지 않았다. 그는 식당에서 우스갯소리를 듣고 있으면 부끄러워질 뿐이었다. 군 보좌관의 농담이나 젊은 사관들이 쓰는 천박한 말들은, 나이를 좀 먹은 그로서는 도저히 들어줄 수가 없는 것들이었다. 그러나 머리가 벗어지고 얼굴이 붉은 오다우드 노인은 그런 소리를 들어도 그저 재미있다고 웃기만 했다. 이 노인은 30년 동안 늘 그런 농담을 들어왔던 것이다. 도빈 자신도 15년 동안이나 그 농담을 들어왔다. 시끄럽기만 할 뿐이지 재미라고는 조금도 없는 식사시간이 끝나면, 이번에는 연대의 부인들이 다투거나 험담하는 소리를 듣게 되었다. 정말이지 견딜 수가 없었고, 수치스러웠다. '오, 아밀리아, 아밀리아.' 도빈은 속으로 생각했다. '나는 그렇게 당신에게 충실했건만 당신은 나를 비난하는군! 내가 이렇게 진저리나는 생활을 보내는 것도 다 당신이 나를 생각해주지 않기 때문이오. 이렇게나 당신을 위해 오랫동안 정성을 다했건만, 그에 대한 대답이 다른 사람도 아니고 그 불쾌하기 짝이 없는 여자와 결혼한다고 축하하는 소리라니!' 가엾은 도빈은 불쾌하기도 하고 자신이 한심하기도 해서, 여느 때보다 훨씬 더 비참하고 쓸쓸한 심정이 들었다. 그는 차라리 죽어서 이 허무한 인생과 작별하고 싶다는 생각까지 했다. 지금까지의 노력은 완전히 헛수고로 끝나 아무것도 얻은 것이 없으며, 앞으로도 기대할 것이 없으리라는 생각이 들었기 때문이다. 그는 그날 밤 한숨도 자지 못했고, 영국으로 돌아가고 싶다는 생각을 하며 누워있기만 했다. 아밀리아의 편지는 그에게 백지나 다를 바가 없었다. 아무리 그녀에게 성의를 다하고 변치 않는 진심과 사랑을 바쳐도 그녀의 마음을 녹이는 것은 불가능했다. 그가 그녀를 사랑한다는 것을 깨달으려고 하지 않는 것이다. 도빈은 침대 속에서 몸을 뒤척이면서 그녀가 그 자리에 있는 것처럼 소리쳤다. "오, 아밀리아! 내가 이 세상에서 사랑하는 사람은 당신뿐이라는 것을 모르는 거요. 돌처럼 차갑기만 한 당신—병과 슬픔에 빠진 당신을 몇 달 동안이나 계속 간호했던 나에게 웃으면서 작별인사를 하고, 문을 닫기도 전에 나를 잊어버린 당신!" 베란다 밖에서 자고 있던 인도인 하인들은 평소에는 그렇게나 침착하고 과묵한 소령이 오늘밤에는 더없이 격렬하게 비탄에 잠긴 것을 보고 깜짝 놀랐다. 그의 그런 모습을 보면 아밀리아도 동정심을 품었을까? 도빈은 지금까지 그녀에게서 받은 편지를 전부 몇 번이고 반복해서 다시 읽었다. 그녀의 남편이 남기고 간 것처럼 속이고 있는 얼마간의 재산에 대한 사

무적인 편지, 간단한 초대장, 지금까지 그녀가 보내온 쪽지 한 장 한 장까지
—어쩌면 이리도 차갑고, 이렇게나 다정하며, 이다지도 쌀쌀맞고 이기적일
수가 있을까!

만약 가까운 곳에 다정하고 얌전한 여자가 있어서 이 과묵하고 훌륭한 남
자의 마음을 잘 이해하고 받아주었더라면, 아밀리아의 천하도 끝나고 윌리
엄의 사랑은 그 여자에게 흘러갔을지도 모른다. 그러나 그가 친하게 지내는
여자는 검은 곱슬머리의 글로비나뿐이었다. 게다가 그 뻔뻔스러운 여자는
소령을 사랑하려는 기특한 생각을 한 게 아니라, 소령을 자기한테 반하게 만
들려고 했다. 가엾기는 하지만, 그녀가 실행한 것은 그야말로 헛되고 가망이
전혀 없는 방법이었다. 글로비나는 이렇게 까만 곱슬머리와 아름다운 피부
를 본 적이 있느냐는 것처럼 머리를 말고 그의 눈앞에 어깨를 드러냈다. 그
녀는 또 자신의 모든 이가 희고 가지런하다는 것을 보여주기 위해 이를 드러
내고 웃었다. 그러나 도빈은 그 모든 매력을 거들떠보지도 않았다. 문제의
여성복 상자가 도착한 뒤 얼마 안 있어, 아마도 그 옷을 선보이기 위해서겠
지만, 오다우드 부인을 비롯한 연대의 부인들은 동인도회사 소속 연대와 주
둔지의 관리들을 초대해서 무도회를 열었다. 글로비나는 뇌쇄적인 분홍색
옷을 과시했지만, 아니나 다를까 도빈 소령은 참석하긴 했어도 그저 생각에
잠긴 채 파티장 여기저기를 걸어 다니기만 하면서 전혀 눈길을 주지 않았다.
글로비나는 주둔군의 모든 젊은 중위와 소위를 상대하고 일부러 소령의 근
처에서 춤을 추며 지나갔으나, 그는 전혀 질투하는 기색을 보이지 않았다.
또 기병대의 뱅글스 대위가 그녀의 손을 잡고 야식이 차려진 방으로 들어가
도 화를 내는 낌새가 없었다. 질투심을 일으키거나 아름다운 옷과 어깨를 드
러내는 것으로는 소령의 마음을 움직일 수 없었다. 글로비나로서는 더 이상
손쓸 방법이 없는 것이다.

이렇게 두 사람 모두가 인생에서 헛된 노력의 본보기를 보여주는 것처럼,
자신들이 결코 손에 넣을 수 없는 것을 쫓아가고 있었다. 글로비나는 실패한
것이 분해서 눈물을 흘렸다. 그녀는 소령에게 '지금까지 누구보다도 깊이'
마음이 있었다는 진심을 토해내며 울었다. 오다우드 부인과 사이가 좋을 때
는 그녀를 붙들고, "그 사람 때문에 내가 실연을 당하게 생겼어요, 정말로
요. 페기 언니, 내 옷 치수를 다 줄여야겠어요. 나는 곧 해골처럼 말라버릴

테니까요." 호소하기도 했다. 그녀가 살이 찌든 빼빼 마르든, 웃고 있든 울고 있든, 말을 타든 피아노 앞에 앉든, 소령에게는 대수롭지 않은 일이었다. 오다우드 대령은 파이프를 피우면서 여동생이 우는 소리를 듣다가, "글로리, 너는 다음에 런던에서 옷을 주문할 때는 검은 옷도 끼워 넣어야겠다"고 일렀다. 또한 아일랜드에 결혼도 하기 전에 남편을 잃었다고 상심해서 죽은 여자가 있었다는 수수께끼 같은 이야기도 했다.

소령이 이런 식으로 청혼은커녕 사랑에 빠지는 일 없이 그저 상대의 애만 태우던 사이에 또다시 유럽에서부터 편지를 실은 배가 도착했고, 그중에는 목석 같은 그에게 온 편지도 몇 통 섞여 있었다. 지난번 우편물보다도 오래된 소인이 찍힌 본국에서 온 편지였는데, 도빈 소령은 그 앞으로 온 편지들 속에서 누이의 글씨를 발견했다. 이 오라비는 그 편지 봉투를 서둘러 뜯어보려 하지 않고, 특별히 기분이 좋은 날 읽을 마음이 생길 때까지 놔두기로 했다. 동생은 늘 그의 답장을 기다리지 않고 엇갈린 편지를 보내는 데다 별로 듣고 싶지도 않은 이야기를 그러모아 여동생답게 대놓고 면박을 주거나 잔소리를 하기 때문에, '윌리엄 오라버니'는 동생의 편지를 읽고 나면 그날 내내 우울하게 지내야 했던 것이다. 게다가 2주일 전에 여동생에게 터무니없는 이야기를 오즈번 부인에게 했다고 질책하는 편지를 보냈고, 아밀리아의 축복 편지에 대해서도 "저는 현재로서는 누구와도 결혼할 의사가 없습니다."라며 당장 그 소문은 사실무근이라 부정하는 답장을 보낸 참이었던 것이다.

그 두 번째 편지가 도착하고 이틀인가 사흘쯤 지난 뒤, 소령은 오다우드 경 부인의 집에서 그럭저럭 즐거운 저녁을 보냈다. 그날 밤 글로비나는 〈미팅 오브 더 워터스〉나 〈소년악사〉 외에 노래를 한두 곡 정도 더 불렀는데, 왠지 소령이 평소보다 더 몰입해서 듣는 듯했다(사실 그는 글로비나의 노래나 밖에서 달을 보고 우는 승냥이 소리나 귀에 안 들어오기는 마찬가지였으므로, 듣고 있다는 생각은 그녀 혼자만의 착각이었다). 도빈 소령은 글로비나의 체스 상대를 해준 뒤(오다우드 경 부인은 군의관과 둘이서 카드놀이를 하는 것이 저녁의 낙이었다) 평소와 같은 시간에 대령의 집에서 나와 자기 집으로 돌아왔다.

그의 집 테이블 위에는 아직 봉투를 뜯지 않은 여동생의 편지가 그를 나무라듯이 놓여 있었다. 그는 계속 읽지 않고 내버려둔 게 조금 부끄러워져서 편지를 손에 들었다. 그리고 알아보기 힘든 글씨로 쓰인 고향 여동생의 읽기 싫은 편지를 읽으며 한 시간 정도 머리를 싸맬 각오를 했다. 소령이 대령의 집에서 나온 뒤 한 시간쯤 지났을까. 마이클 경은 양심에 거리낄 것 없는 사람답게 푹 잠이 들었고, 글로비나는 매일 밤 그러하듯 자기 전에 작은 종잇조각으로 검은 곱슬머리를 말고 있었으며, 오다우드 경 부인 또한 아래층의 부부 침실로 들어가서 그녀의 어여쁜 몸 주위를 모기장으로 감싸고 있었다. 그때, 연대장 관사의 보초병은 달빛 속에서 도빈 소령이 매우 불안한 표정으로 바삐 걸어오는 것을 발견했다. 소령은 보초병 앞을 지나쳐서 대령의 침실 창문 쪽으로 다가갔다.

"오다우드 경—대령님!" 도빈이 큰 소리로 계속 외쳤다.

"어머, 무슨 일이세요, 소령님!" 머리에 컬 페이퍼를 잔뜩 붙인 글로비나가 자신의 침실 창문에서 고개를 내밀었다.

"무슨 일인가, 돕 군?" 대령은 병영에 화재라도 일어났나, 아니면 사령부에서 출동명령이라도 내려왔나 생각하며 말했다.

"저—저, 휴가를 좀 받아야겠습니다. 영국으로 당장 돌아가야만 합니다. 개인적으로 아주 급한 용무가 생겼습니다." 도빈이 말했다.

"어머, 대체 무슨 일이 일어난 걸까!" 글로비나는 머리에 종이를 잔뜩 붙인 채로 달달 떨며 생각했다.

"바로 출발하고 싶습니다. 지금, 오늘밤 당장." 도빈이 말을 이었다. 결국 대령도 일어나서 제대로 이야기를 듣기 위해 밖으로 나왔다.

도빈의 여동생이 엇갈려 보낸 편지의 추신에, 다음과 같은 요지를 담은 구절이 있었다. 그래서 소령은 당장 휴가를 받으러 찾아온 것이었다. "저는 어제 오라버니의 오랜 지인 오즈번 부인을 만나러 마차로 외출을 했어요. 그분 집안이 망한 뒤로 줄곧 살고 있는 그 끔찍한 집에요. 그 오두막(사실 오두막집이나 마찬가지잖아요?) 문 앞에 걸어놓은 놋쇠 간판을 보면, S씨는 석탄 가게를 차린 것 같아요. 오라버니가 대부가 되어준 그 남자애는 정말 귀여운 아이이긴 하지만, 조숙하고 건방진 구석도 있어서 제멋대로인 성격으로 자랄 것 같아요. 하지만 오라버니가 바라던 대로 우리는 그 아이를 잘 보살폈고, 고모인 O양을 만나게 해줬어요. O양은 그 아이가 굉장히 마음에 든 것 같아요. 눈에 넣어도 아프지 않을 만큼 귀여워하는 파산한 외할아버지 말고,

러셀 스퀘어에 사는 할아버지도 이제 자기 말을 안 듣고 멋대로 결혼한 아들의 아이에게 마음이 누그러진 기색이에요. 그리고 아밀리아도 결국 그 아이를 내놓을 마음이 든 것 같아요. 그녀도 결국 포기하고 가까운 시일 안에 어떤 성직자와 결혼하기로 했다나 봐요. 브롬프턴의 부목사 중 하나인 비니 씨라는 분인데, 돈은 별로 많지 않은 것 같아요. 하지만 O부인도 점점 나이가 들어서 머리도 많이 희끗희끗해졌으니까요. 그래도 기분은 좋아 보여요. 오라버니의 대자는 우리 집에 와서 꽤나 과식을 했어요. 어머니도 안부를 전해 달래요. 오라버니를 그리워하는 앤 도빈 드림."

제44장
런던에서 햄프셔로 돌아가는 장

우리들의 오랜 지기 크롤리 집안이 소유한 그레이트 곤트 거리 런던 저택에는, 아직도 정면에 고 피트 크롤리 경의 죽음을 추모하는 상장이 붙어 있었다. 그러나 그 문장 자체가 하나의 멋지고 호화로운 장식이나 다름없는 데다가 집 전체가 죽은 준남작 시절에는 상상도 못했을 만큼 화려하게 변해 있었다. 벽돌에 입혀놓은 검은 칠은 벗겨지고, 흰 줄무늬가 들어간 벽돌 벽이 화사하게 얼굴을 붉히는 것처럼 보였다. 문고리에 새겨진 청동 사자는 멋지게 도금했으며 울타리는 새로 페인트칠을 했다. 덕분에 죽은 피트 크롤리 경의 영구차가 퀸스 크롤리 가로수길을 지날 때 나무에 달려 있던 노란 잎사귀가 햄프셔에서 푸른 잎으로 바뀔 무렵에는, 그레이트 곤트 거리에서 가장 음침했던 이 집도 그 일대에서 가장 말쑥한 저택으로 탈바꿈하게 되었다.

저택 주변에서는 몸에 딱 맞는 마차를 탄 자그마한 여자를 늘 볼 수 있었다. 작은 남자아이를 데리고 있는 나이 든 중년여인도 매일 그곳을 찾아왔다. 바로 어린 로든을 데리고 오는 브리그스 양이었다. 피트 경의 집 내부수리 현장을 둘러보러 온 것이다. 블라인드와 벽걸이를 만드는 여자들을 감독하고, 고 크롤리 경 부인들의 먼지 낀 유품이나 잡동사니 따위를 잔뜩 쑤셔넣은 서랍과 찬장을 다 뒤적거리고, 벽장이나 창고에 있는 도자기와 유리그릇 등 여러 물건들의 목록을 작성하는 것이 그녀의 일이었다.

로든 크롤리 부인은 이 저택 공사의 총감독이었으며, 가재도구를 팔든 교환하든 또는 자기 것으로 삼든 새로 구입하든 피트 경으로부터 전권을 위임받고 있었다. 그녀는 자신의 취향과 재주를 충분히 발휘할 수 있는 그 역할을 맡게 되어 적잖이 기뻐했다. 집수리는, 11월에 피트 경이 고문변호사를 만나기 위해 런던에 왔다가 커즌 거리에 있는 다정한 동생 로든 부부네 일주일 정도 묵게 되었을 때 결정된 것이었다.

처음에 피트 경은 어떤 호텔에서 묵고 있었다. 그러나 준남작이 런던에 왔다는 소식을 들은 베키는 곧장 그를 만나기 위해 혼자 집을 나섰고, 한 시간쯤 지나자 피트 경을 자신의 마차에 태워서 커즌 거리로 돌아왔다. 이 솔직한 작은 부인이 환영하고 나서면 도저히 거절할 수 없었다. 권유하는 방식이 너무나도 상냥하며, 아주 솔직하고 기분 좋게 말을 꺼내기 때문이다. 피트 경이 신세를 지겠다고 말했을 때, 베키는 기쁜 나머지 그의 손을 와락 붙잡았다. "정말 고마워요." 이렇게 말하며 그녀가 그의 손을 꼭 잡고 눈을 들여다보는 바람에 준남작은 얼굴이 새빨개지고 말았다. "로든이 얼마나 기뻐할지 모르겠어요." 그녀는 피트의 짐을 들고 온 하인들 앞에 서서 피트의 침실로 정해진 방으로 올라갔다. 그녀는 웃으면서 자신의 방 석탄통을 직접 들고 들어가기도 했다.

피트 경의 방은 이미 불을 활활 지펴놓은 상태였다(그곳은 본디 브리그스 양의 방이었고, 그녀는 다락방으로 쫓겨나서 하녀들과 함께 자게 되었다). "꼭 와주실 거라고 생각했어요." 베키는 기쁨으로 얼굴을 빛내며 말했다. 실제로 그녀는 피트 경을 손님으로 맞이하게 되어 진심으로 기뻐하고 있었다.

피트 경이 머무는 동안, 베키는 로든에게 심부름을 시켜서 한두 번 외식을 하게 만들었다. 그리고 그날 밤 준남작은 그녀와 브리그스 양과 함께 즐거운 시간을 보냈다. 베키는 부엌으로 내려가서 아주버님을 위해 직접 음식을 만들기도 했다. "살미^(새고기) 맛이 어떠세요?" 그녀가 말했다. "아주버님께 맛보여드리려고 제가 직접 만들었어요. 더 맛있는 음식도 준비할 수 있으니, 다음에 다시 오시면 만들어드릴게요."

"당신은 못하는 게 없군요." 준남작이 다정하게 말했다. "이 살미, 정말 맛있어요."

"가난한 사람의 아내는 무엇이든 잘해야 하니까요." 레베카는 쾌활하게 말했다. "무얼, 당신은 황제의 아내로서도 부끄럽지 않은 사람이오. 그리고 가사를 잘한다는 것은 여자의 미덕 중에서도 가장 큰 장점이지." 준남작은 이렇게 대답했다. 피트 경은 귀족영애인 자신의 아내 제인이 무슨 곡물 파이를 만들어주겠다며 만찬에 음식을 내놓 았을 때 지독하게 맛이 없었던 것을 떠올리자 왠지 분하다는 생각이 들 었다.

스타인 경이 스틸브룩 별장에서 잡아다 준 꿩고기로 만든 살미 말고 도 베키는 시아주버니에게 백포도주 한 병을 권했다. 작은 이야기꾼은 그것이 프랑스에서 로든이 가지고 온 것으로 어차피 거저 얻은 것이라 고 말했지만, 사실은 스타인 후작의 유명한 지하 저장고에서 가져온 화 이트 에르미타주였다. 그것을 마시 자 준남작의 창백한 볼도 홍조를 띠 었고 허약한 몸도 발갛게 달아올랐다.

그가 도수 약한 백포도주 한 병을 마시자, 레베카는 그에게 손을 빌려주어 객실까지 안내했다. 그리고 난롯가의 아늑한 소파에 자리를 잡게 해준 뒤, 자신도 그 옆에 앉아 아이의 셔츠를 공그르면서 그가 하는 말에 귀를 기울였 다. 로든 부인은 정숙하고 자상한 여인처럼 보이고 싶을 때면 꼭 바느질 상 자에서 이 작은 셔츠를 꺼내오곤 했다. 그러나 사실 그 작은 셔츠는 완성되 기 훨씬 전부터 어린 로든이 입기에는 너무 작은 것이 되어 있었다.

아무튼 레베카는 피트의 이야기를 열심히 들었고, 자신도 여러 이야기를 하고 노래를 들려주기도 했으며, 비위를 맞춰주면서 바짝 달라붙다시피 했 다. 그래서 그도 그레이스 인 법학원의 변호사 사무실에서 불을 활활 지펴놓 은 커즌 거리의 동생 집으로 돌아오는 것이 나날이 즐거워졌다—변호사도 그가 돌아가면 안도의 한숨을 내쉬곤 했다. 그는 한번 입을 열면 끝이 없었 기 때문이다—그리하여 이윽고 시골로 돌아가게 되었을 때 피트는 작별을 매우 아쉬워했다. 마차에서 그에게 키스를 보내고, 그가 마차에 탄 뒤에도 손수건을 흔들던 베키의 모습은 어찌나 귀여웠는지 모른다! 한 번은 손수건 을 눈에 가져다 대기도 했다. 피트는 마차가 움직이기 시작하자 물범 가죽으로 만든 모자를 눈까지 푹 눌러쓰고 등받이에 몸을 기댄 채 생각에 잠겼다. 레베카가 얼마나 자신을 존경하는지, 자신이 얼마나 그만한 가치가 있는지, 그런 아내를 두고서도 감사할 줄 모르는 로든은 얼마나 바보 얼간이인지, 똑 부러지고 귀여운 베키에 비하면 자기 아내는 얼마나 말 없고 모자란 사람인지 말이다. 아마 그 모두 베키가 알게 모르게 불어넣은 생각이었을 테지만, 그 방법이 너무도 교묘하고 조심스러웠기 때문에 대체 언제 어디서 그런 암시를 받았는지 아무도 몰랐다. 그리고 결국, 피트는 다음 사교 시즌까지 런던 저택을 수리하고 크리스마스에는 다시 동생 가족과 시골에서 만나겠다는 약속을 출발하기 전에 확정지었던 것이다.

"당신, 형님한테서 돈을 좀 받아내지 그랬어." 준남작이 돌아간 뒤 로든이 시무룩한 표정으로 아내에게 말했다. "래글스 노인한테 돈을 좀 주고 싶은데. 안 그러면 곤란해. 그 영감을 빈털터리로 만들면 안 되지. 그러면 그도 우리 말고 다른 세입자를 찾을지도 몰라."

"피트 경의 재산 정리가 끝나면 돈을 다 갚아준다고 하고, 선금을 좀 주세요. 여기 피트 아주버님이 우리 아이에게 주라고 두고 간 수표가 있으니까요." 베키는 그렇게 말하면서 피트가 작은집의 후계자에게 주는 선물이라며 그녀에게 준 수표를 가방에서 꺼내 남편에게 넘겨주었다.

사실, 남편이 부탁이라도 해봤으면 좋았을 거라고 말할 필요 없이 그녀도 시험해 보았다. 그러나 아주 완곡하게 시도를 해보고는, 함부로 돈 이야기를 꺼냈다가는 위험하다는 것을 알게 되었다. 금전적으로 어렵다는 이야기를 넌지시 해본 것뿐인데, 피트 크롤리 경은 금세 서먹서먹하게 굴며 경계하는 기색을 보였다. 그리고 그도 돈 문제로 많은 어려움을 겪고 있다는 이야기부터 소작인들이 땅값을 내지 않는다는 것, 아버지가 일을 엉망으로 만들어 놓은 데다 장례식 비용 때문에 골치를 썩고 있다는 것, 부동산을 저당 잡힌 빚만이라도 빨리 다 갚고 싶다는 것, 대리인이나 은행에서 지나치게 돈을 많이 빌렸다는 것 등을 길게 설명하기 시작했다. 결국 이거나 받고 참아 달라는 식으로, 어린 로든을 위해 돈을 조금 남겨두고 간 것이다.

피트도 동생과 그의 가족이 큰 곤란에 처한 것이 분명하다는 사실을 알고 있었다. 로든 가족은 생활비가 나올 구석이 없었고, 그만한 집이나 마차를 거저 빌릴 수는 없다는 것을 피트처럼 냉정하고 식견 있는 전직 외교관이 눈치채지 못할 리 없었다. 그는 원래대로라면 당연히 동생의 손에 들어갔을 터인 돈을 자신이 차지해서 멋대로 사용하는 입장이라는 것을 잘 알고 있었다. 속으로는 분명히 양심의 가책을 느끼고 있었다. 그래서 그는 기대하던 돈을 받지 못해 곤경에 처한 동생 식구들에게 그가 마땅히 해주어야 할 일(오히려 보상이라는 편이 어울릴지도 모르지만)을 해주겠다고 생각하고 있었다. 매일 기도를 거르지 않고 교리 문답서를 훤히 꿰고 있으며, 세상에서 의무라 칭하는 것을 행하는 올곧고 건실한 사람인 그가, 본디 동생이 받을 예정이었던 것을 자기가 차지했다는 사실과, 도덕적으로는 자신이 로든에게 돈을 빌리고 있는 것과 마찬가지라는 것을 모를 리 없었다.

그러나 우리는 〈타임스〉지에서 이따금 "일금 50파운드. 상기 금액 A·B의 납입해야 할 세금 총액에 대한 양심납금으로 영수함. 이상 동일인물의 요청에 의해 신문 지면을 통해 공고함. 재무장관." 또는 W·T씨에 대해 10파운드로 똑같은 공고를 내는 것을 보게 되는데─그럴 경우, 재무장관은 물론 일반 독자라도 A·B나 W·T라는 남자가 사실은 납부해야 할 금액의 일부분을 나눠서 납부하고 있다는 사실, 그리고 만약 양심납금으로 20파운드를 보낸 이가 있다면 그 사람은 사실은 몇백, 몇천 파운드를 더 내야 한다는 것을 알 수 있다. 적어도 나는 A·B나 W·T의 양심납금 공고를 읽었을 때 그런 느낌을 받았다. 그리고 피트 크롤리가 매우 득을 보게 해준 동생에 대한 속죄(또는 친절이라고 할 수도 있지만)도, 로든 덕분에 자신한테 굴러 들어온 금액을 생각하면 눈곱만 한 배당에 지나지 않았을 것이다. 그러나 그만한 돈조차 내려 드는 사람은 그리 많지 않다. 꼼꼼한 사람은 거의 열이면 열 모두 돈을 내는 것을 도무지 견딜 수 없는 희생인 것처럼 생각한다. 다른 사람에게 5파운드만 주고, 그것이 대단치 않은 일이라고 생각하는 사람은 거의 없을 정도이다. 돈을 헤프게 쓰는 사람도 자선을 베푸는 즐거움으로 돈을 내던지는 것이 아니라, 그저 돈을 쓰는 것이 재미있기 때문에 쓰는 것이다. 재미있는 일이라면 무엇이든 해보고 싶어서, 오페라 특별석, 말, 진수성찬 등은 물론이고 재미만 있다면 거지에게 5파운드를 내주는 일도 서슴지 않는다. 한편 사람 됨됨이가 좋고 현명하고 올바르며 누구에게도 한 푼도 빌리지 않는 절약가는 거지들을 못 본 척하고 지나가고, 마차 삯을 깎으려 하며 가난한 친척이 와도 한 푼도 주지 않는다. 대체 어느 쪽이 더 이기적인 것일까?

아니, 낭비를 하는 인간과 절약을 하는 인간의 차이는 돈의 가치를 서로 다르게 생각한다는 것뿐일 것이다.

아무튼 피트 크롤리는 결국 동생에게 어느 정도 보상을 해줄 생각을 하고 있었다. 그러나 또다시 마음을 고쳐먹고, 그에 대해서는 나중에 다시 생각해보기로 했다.

그리고 베키에 대해서 말하자면, 그녀는 주위 사람의 친절만 기대하는 여자가 아니었으므로 피트 크롤리가 그녀를 위해 해준 일만으로도 만족하고 있었다. 그녀는 집안의 가장에게 인정을 받은 것이다. 피트가 지금 당장 그녀에게 아무것도 주지 않는다 하더라도 언젠가는 무언가를 안겨줄 것이다. 레베카는 아주버니에게서 돈을 받지는 못했지만 돈 못지않게 유용한 것을 받았다—바로 신용이다. 형제 사이가 좋은 것을 보여주고 약간의 돈을 현금으로 갚아 주었으며, 머지않아 돈을 더 많이 갚겠다는 말을 해준 덕분에 래글스는 이제 거의 안심하고 있었다. 브리그스 양에게는 조금 융통 받았던 돈에 대한 크리스마스 이자를 베키는 매우 기쁘다는 듯이, 마치 지갑에 돈이 가득 넘친다는 듯한 얼굴로 지불했다. 그리고 이것은 정말 비밀이라며, 다음과 같은 권유를 했다. "피트 경은 경제사정에 밝기로 유명하잖아요? 그래서 저는 당신이 아직 가지고 있는 돈을 무엇에 투자하면 가장 유리한지 물어봤어요. 그랬더니 여러 가지로 생각을 해본 결과, 당신의 돈을 가장 안전하고 유리하게 투자할 수 있는 방법을 알아냈어요. 당신은 돌아가신 크롤리 노부인, 더 나아가서는 크롤리 집안 모두의 친한 벗이니까요. 그래서 피트 경도 특별히 걱정해주셔서, 유망한 주식이 있으니 가격이 가장 내려갔을 때 사들일 수 있게 당신의 돈을 언제라도 꺼내 쓸 수 있도록 해놓으면 좋겠다고, 우리 집에 머무는 동안 그렇게 말씀하고 가셨어요." 브리그스 양은 레베카의 속도 모른 채, 피트 경께서 그렇게 친절한 말씀을 해주시다니 어찌 인사를 드려야 할지 모르겠다며 감사를 했다. 공채로 만들어 놓은 그 돈을 빼서 투자를 한다는 생각은 혼자서는 해보지도 못했던 것이라, 정말 자상한 친절이라고 말했다. 게다가 레베카가 완곡하게 말을 꺼냈기 때문에 더욱 깊은 호의로 보였다. 그래서 브리그스는 당장 대리인을 만나서 되도록 빨리 현금을 준비하겠노라 약속했다.

이 사람 좋은 부인은 자신의 돈에 대한 레베카의 친절과 관대한 주인인 중령의 친절에 크게 감격해서, 시내로 나가 반년 치 이자를 거의 써서 어린 로든을 위한 검은 벨벳 옷을 사왔다. 그러나 사실 어린 로든도 이제는 검은 벨벳 옷을 입기에는 많이 자란 상태였고, 몸집이나 나이를 봐도 사나이다운 재킷과 승마바지가 걸맞았다.

그는 푸른 눈동자와 물결치는 황갈색 머리카락을 가졌으며, 팔다리가 다부진 한편 너그럽고 다정한 마음을 가진 더없이 천진한 소년이었다. 그리고 자신에게 다정히 대해주는 이들은 조랑말도, 말을 준 사우스다운 경도(이 친절한 젊은 귀족을 만나면 그는 항상 얼굴이 새빨갛게 달아오르곤 했다), 조랑말을 돌봐주는 마부도, 밤이 되면 무서운 이야기를 많이 해주고 만찬에 남은 음식을 잔뜩 먹게 해주는 요리사 몰리도, 자기가 항상 장난을 치고 놀려대는 브리그스 양도, 모두 매우 좋아했다. 특히 아버지를 가장 좋아했다. 아버지가 이 아이를 귀여워하는 모습 또한 옆에서 보면 웃음이 나올 정도였다. 그러나 여덟 살이 되었을 즈음, 아이는 주위에 대한 애착을 잃기 시작한 듯 보였다. 어머니에 대한 아름다운 환상은 그리 오래가지 못하고 사라졌다. 2년 가까이 어머니는 그와 거의 대화를 나누지 않았다. 그녀는 아이를 싫어했다. 그는 홍역이나 백일해를 앓기도 했다. 그녀는 그를 귀찮아했다. 어느 날 어린 로든은 어머니가 스타인 경에게 노래를 불러주는 소리에 이끌려 다락방에서 살짝 내려와서 층계참에 서 있었는데, 객실 문이 갑자기 활짝 열리는 바람에 방금 전까지 기뻐하면서 노래를 듣고 있던 작은 염탐꾼의 존재가 들키고 말았다.

그의 어머니는 밖으로 나와서 아들의 뺨을 두 번이나 힘껏 때렸다. 안쪽 방에서 후작의 웃음소리가 들려왔고(후작은 베키가 꾸밈없이 성질을 드러내는 것을 재미있어했다), 어린 로든은 부엌 하인들이 있는 아래층으로 달아나 너무나도 슬프다는 듯 울음을 터트렸다.

"나 아파서 우는 거 아니야." 어린 로든은 헐떡이면서 말했다. "그냥……그저……" 그러나 치밀어 오르는 격렬한 울음과 눈물로 말을 잇지 못했다. 맞은 것은 아무렇지도 않았지만, 마음에 큰 상처를 입은 것이다. "어째서 내가 엄마 노래를 들으면 안 되는데? 이가 말 같은 그 대머리 아저씨한테는 들려주면서, 왜 나한테는 한 번도 불러주지 않는 거야?" 그는 울다가도 그렇게 드문드문 분노와 비탄의 소리를 헐떡이며 내지르곤 했다. 요리사는 하녀의 얼굴을 보았고, 하녀 또한 다 안다는 얼굴로 하인을 쳐다보았다. 어느 집에나 존재하며, 무엇이든 알고 있는 무시무시한 부엌 법정이 이 순간 레베카 앞으로 개정을 선포한 것이다.

이 사건 뒤 아들에 대한 어머니의 미움은 증오로까지 발전했다. 아이가 집에 있다고 생각하는 것만으로도 책망 받는 느낌이 들어 괴로웠던 것이다. 아이를 쳐다보는 것도 싫었다. 아이의 가슴에도 마찬가지로 두려움과 의심, 반발심이 솟아올랐다. 이렇게 뺨을 얻어맞은 뒤부터 아이와 어머니 사이에는 깊은 골이 패이고 말았다.

스타인 경도 소년을 매우 싫어했다. 두 사람이 운 나쁘게 마주치기라도 하면 스타인 경은 빈정대듯 인사를 하거나 냉소적으로 말을 걸었고, 때로는 사나운 눈으로 노려보기도 했다. 어린 로든 또한 그를 노려보면서 작은 주먹을 꼭 쥐곤 했다. 그도 자신의 적이 누구인지 알고 있었던 것이다. 그리고 그의 집에 오는 모든 사람들 가운데 이 신사가 가장 그를 화나게 만들었다. 어느 날 하인은 현관에 걸어놓은 스타인 경의 모자에 그가 주먹을 내지르는 것을 보았다. 하인은 그것을 매우 재미있다고 생각해서 스타인 경의 마부에게 이야기했다. 그러자 그 마부도 스타인 경의 시종과 하인방에 있는 모든 사람들에게 말해버렸다. 그 뒤 얼마 지나지 않아 로든 크롤리 부인이 곤트 하우스를 방문하러 갔을 때는 이미, 문을 열어주는 문지기나 현관에 늘어선 제복 차림의 하인들, 계단마다 서서 "로든 크롤리 중령 부부"라고 차례로 전달하는 흰 조끼 차림의 하인까지 모두가 그녀에 대해 알게 되었다. 아니, 안다고 생각하게 되었다. 레베카에게 다과를 가져다주고 의자 뒤에 공손히 대기하고 있던 남자는, 알록달록한 하인복을 입은 옆 사람과 그녀의 품성에 대해 이야기를 나누곤 했다. 정말이지, 하인들의 심문을 받는 것은 아주 무서운 일이다! 예를 들어 한 여자가 빈틈없이 잘 차려입고, 머리를 말고 립스틱을 바르고, 행복하게 웃으며 화려한 살롱에서 열리는 큰 연회에 나가 충실한 숭배자들에게 둘러싸인 채 눈을 반짝이고 있다 상상해 보시라. 그리고 '폭로'가 튼튼한 장딴지에 분칠한 하인의 차림을 하고 아이스크림 쟁반을 든 채 그녀에게 정중히 걸어간다. 그 뒤에는 '비방'(진실만큼이나 무서운 것이다)이 웨이퍼 비스킷을 든 우락부락한 남자로 변해서 따라다니는 것이다. 부인들이여, 당신의 비밀은 오늘 밤 술집 모임에서 이 하인들의 화젯거리가 될 것이다. 짐스는 파이프 담배를 피우거나 백랍 잔으로 맥주를 마시면서 당신에 대한 의견을 찰스에게 이야기할 것이다. 이러한 것을 생각해보면 허영의 시장에는 벙어리—그것도 글자도 못 쓰는—하인만을 고용해야 하는 사람도 있으리라. 만약 당신에게 찔리는 구석이 있다면 절대 안심해선 안 된다. 당신의 의자 뒤에 물러나 있는 남자가 플러시 천으로 만든 바지 주머니에 목을 졸라맬 밧줄을 숨겨놓고 있는 적군 병사일지도 모르기 때문이다. 당신에게 찔리는 구석이 없다 하더라도 겉모습에 신경을 써야만 한다. 겉모습에 수상한 점이 있으면 무슨 나쁜 짓을 저지른 것과 마찬가지로 파멸을 불러들이는 경우가 있으니 말이다.

"레베카는 유죄인가, 무죄인가?" 이에 대해, 아무튼 하인방의 비밀 재판소에서는 그녀에게 불리한 선고를 내린 상태였다.

그리고 부끄러운 일이긴 하지만, 하인들이 그녀가 유죄라는 것을 믿지 않았다 하더라도 그녀에 대한 믿음이 생겨나는 일은 없었을 것이다. 많은 시간이 지난 뒤 래글스의 말을 들어보면, 그가 "신경 쓰여서 잠을 잘 수가 없었다"는 것은 한밤중에 그녀의 문 앞에서 빛나던 스타인 후작의 마차 램프 불빛 때문이었지, 레베카의 농간이나 아양 따위는 그냥 그랬다는 것이다.

아무튼 그런 식으로—그리 나쁜 짓을 한 것은 아니겠지만—레베카는 이른바 '사회적 지위'라는 것을 목표로 열심히 노력했다. 그 모습을 옆에서 지켜보는 하인들은 그녀를 가리켜 모든 것을 잃고 파멸하리라고 했다. 하녀 몰리는 아침 청소를 할 때면 종종 거미가 기둥에 집을 짓고 열심히 그 위로 기어오르는 것을 보았는데, 싫증이 나면 빗자루를 들어서 겨우 다 지어진 둥지와 거미를 한꺼번에 쳐서 떨어뜨렸다. 레베카의 노력도 하인들이 보기에는 그런 거미의 발버둥과 다를 바가 없었다.

크리스마스를 하루 이틀 앞두게 되자, 베키와 그녀의 남편과 아들은 퀸스크롤리의 본가 저택에서 성탄절을 맞이하고자 채비를 하고 길을 떠났다. 베키는 아이를 런던에 두고 가고 싶었지만, 본가의 손위 동서 제인이 꼭 데리고 오라고 말한 데다 남편도 그녀가 아이에게 소원하다고 불만스러워하는 통에 자칫 싸움을 하게 될 것 같았으므로 결국 데려가기로 한 것이다. "이렇게 착한 아이는 영국을 다 뒤져 봐도 없을걸." 아버지는 냉담한 어머니를 질책하듯 말했다. "그런데 당신은 아이를 강아지만큼도 귀여워해주지 않잖아, 베키. 아이 때문에 당신이 번거로울 일은 없을 거야. 집 안에서는 아이들 방에 있을 테니 당신한테 붙어 다니지 않을 거고, 승합마차에서도 나와 함께 밖에 태울 테니까."

"당신은 그 고약한 시가를 태우고 싶어서 밖에 타는 거잖아요." 레베카가 대답했다.

"하지만 당신은 시가 냄새가 좋다고 하던 시절도 있었잖아?" 남편은 말했다.

베키는 크게 웃었다. 그녀는 거의 늘 기분이 좋았다. "그건 제가 출세하기를 기대하던 시절 일이죠, 바보 같은 사람. 아이는 당신하고 함께 밖에 태우도록 해요. 그리고 시가도 한번 권해보지 그래요?"

아무리 로든이라도 겨울 여행을 조금이나마 따뜻하게 보낼 방법이랍시고 어린애에게 시가를 피우라고 할 수는 없었다. 대신 그는 브리그스의 도움을 받아서 아이에게 숄과 털목도리를 감아주었고, 아직 어두운 새벽에 화이트 호스 셀러의 램프 불빛을 의지해서 승합마차의 지붕에 조심스럽게 앉혀 주었다. 이윽고 날이 밝기 시작하자 아이는 좋다고 하면서, 아버지가 아직도 우리 집이라고 부르는 퀸스 크롤리로 가는 첫 번째 여행을 떠났다. 아이에게는 더없이 즐거운 여행이었다. 도중에 만나는 여러 가지가 그에게 큰 흥미를 안겨 주었다.

그가 이것저것 물어보면 아버지는 하나하나 대답해 주었다. 오른쪽으로 보이는 커다란 흰 집에는 누가 사는지, 저 장원은 어느 집안의 것인지 하는 식으로 말이다. 마차 안쪽 자리를 차지한 어머니는 하녀를 거느리고 털가죽 외투를 입었으며, 무릎덮개를 두르고 향수병까지 준비해놓았다. 이런 거창한 채비 때문에 남들 눈에는 승합마차를 생전 처음 타보는 사람처럼 보일지도 모른다. 더구나 그녀가 10년 전에 여행할 때는 똑같은 승합마차에서 소중한 손님을 위해 자기 자리를 내주어야 했다는 사실은 상상도 할 수 없을 것이다.

본가에서 마중을 나온 마차로 갈아타기 위해 머드베리에서 꼬마 로든을 흔들어 깨웠을 때, 주변은 다시 어두워져 있었다. 그는 큰아버지의 마차에 앉아서 커다란 철문이 활짝 열리고 참피나무의 흰 줄기들이 뒤쪽으로 내달려 사라지는 것을 놀란 얼굴로 바라보았다. 그러는 사이 마차는 드디어 밝은

퀸스 크롤리에 도착하다

빛이 새어나오는 저택 창문 앞에서 멈췄다. 크리스마스 손님을 맞이하기 위해 온 저택에 불빛이 가득하여 더없이 아늑해 보였다. 대현관 문이 활짝 열리자 크고 낡은 벽난로에는 불이 활활 타고 있었고, 검은 체크무늬 포석에 융단이 깔려 있었다. '이건 부인 화랑에 늘 깔려 있던 낡은 터키 융단이군.' 레베카는 이렇게 생각했다. 그리고 곧이어 손위 동서인 제인 부인과 입맞춤을 주고받았다.

그녀는 피트 경과도 매우 엄숙하게 인사를 주고받았다. 그러나 오는 길에 내내 담배를 피웠던 로든은 왠지 형수에게 다가가기 껄끄러워서 조금 떨어져 있었다. 두 아이는 어린 로든에게로 다가왔다. 그리고 마틸다는 손을 내밀어 어린 로든에게 입을 맞추었지만, 어린 후계자 피트 빙키 사우스다운은 조금 떨어진 곳에 서서 작은 개가 큰 개를 만난 것처럼 어린 로든을 이리저리 살펴보고 있었다.

다정한 제인 부인이 세 사람을 난롯불이 활활 타오르고 있는 아늑한 방으로 안내해 주었다. 그러자 이번에는 피트 경의 여동생들이 방문을 두드렸고, 무언가 도울 일이 있다면 말해달라며 안으로 들어왔다. 그것은 사실 핑계일 뿐, 로든 부인의 옷상자와 모자상자 내용물을 보고 싶었던 것이다. 로든 부인의 옷은 전부 검은색이기는 했지만 최근 런던에서 유행하는 스타일이었기 때문이다. 그리고 아가씨들은 이 저택이 아버지 때보다 오빠가 주인이 된 뒤 훨씬 좋아졌으며, 사우스다운 백작 미망인이 떠났다는 것, 피트 오빠가 크롤리 가문 사람답게 지방에서 유력한 지위를 얻기 시작했다는 이야기를 해주었다. 그러는 사이에 식사를 알리는 종이 큰 소리로 울렸으므로, 가족 모두가 식당으로 모였다. 그때 작은 로든은 이 집의 다정한 여주인인 큰어머니 옆에 앉게 되었다. 피트 경은 자신의 오른쪽에 앉은 제수 레베카에게 매우 친절히 대해주었다.

어린 로든은 무엇이든 잘 먹었고, 신사답게 얌전히 행동했다.

식사가 끝나자 피트 경이 잠시 기도를 드렸으며, 그 뒤 어린 후계자를 데려와서 준남작 옆의 높은 의자에 앉혔다. 그리고 마틸다는 어머니 옆자리에 앉아서 조그마한 포도주 잔을 받았다. "저는 이 집에서 밥을 먹는 게 아주 좋아요." 어린 로든은 마음껏 먹고 난 뒤 큰어머니의 다정한 얼굴을 올려다보며 말했다.

"어째서?" 친절한 제인 부인이 물었다.

"저, 집에 있을 때는 부엌에서 먹거나 브리그스 아줌마하고 먹거든요." 어린 로든이 대답했다. 그러나 베키는 이 집의 주인인 준남작과 이야기를 나누면서, 그저 아첨을 늘어놓고 기뻐하거나 황홀해하고, 어린 피트 빙키를 보고 감탄하면서 이렇게 잘생기고 영리하고 어엿한 귀공자는 본 적이 없다는 둥 정말 아버지를 쏙 빼닮았다는 둥 칭찬하느라 넓고 윤이 나는 식탁 건너편에서 자신의 아들이 하는 말을 듣지 못했다.

손님으로 온 것이기도 하고 도착한 첫날이기도 했으므로, 로든 2세는 차를 마신 뒤에도 계속 자리에 앉아 있을 수 있었다. 이윽고 금박을 입힌 커다란 표지의 책이 피트 경 앞의 테이블 위에 놓였고, 집안의 하인들까지 모두 들어와서 피트 경이 기도문을 읽는 것을 들었다. 이 가엾은 아이는 그런 식으로 기도를 올리는 것을 보거나 들은 것은 이번이 처음이었다.

저택은 지금의 준남작이 주인이 되고 얼마 되지 않아 몰라볼 만큼 변했다. 베키는 그의 안내를 받으며 집 안을 둘러봤는데, 이제는 부족한 부분이 없다, 정말 어떻게 이렇게 잘 해놓으셨냐, 정말 멋지다 하고 칭찬을 늘어놓았다. 본가 아이들의 안내로 집 안을 둘러본 어린 로든은 저택이 정말이지 마법과 신비로 가득 찬 궁전처럼 느껴졌다. 많은 초상화가 걸려 있는 긴 회랑이나 오래되고 훌륭한 침실도 있었고, 여러 그림과 도자기, 갑옷도 있었다. 할아버지가 돌아가셨다는 방도 있었다. 본가의 아이들은 그 방을 겁먹은 얼굴로 지나쳤다. "할아버지가 누군데?" 어린 로든이 물어보았다. 그러자 사촌들은 굉장히 늙고 늘 바퀴 달린 의자에 앉아 끌려 다니던 사람이라고 가르쳐 주었다. 그리고 어느 날, 헛간 속에서 썩어가던 휠체어를 그에게 보여주었다. 휠체어는 할아버지가 영구차를 타고, 정원 느릅나무 위로 반짝이는 뾰족탑이 보이는 건너편 교회로 떠났을 때부터 내내 창고 속에 방치되어 있었다.

크롤리 형제는 피트 경이 천재적이고 경제적인 두뇌로 이루어낸 여러 개선의 결과를 살펴보느라 5~6일 정도는 아침마다 꽤 바빴다. 걸어다니거나 말을 타거나 하면서 구석구석까지 보러 다녔으므로, 두 사람은 그리 지루하지 않은 대화를 나눌 수 있었다. 그리고 피트는 그 정도까지 개선하기 위해 돈을 많이 썼으며, 토지나 공채로 된 재산을 가진 사람은 고작 20파운드의 현금조차 없는 경우가 적지 않다는 사실 등을 토로해서 예방선을 치는 것을 잊지 않았다. "저기 새로 세운 대문만 해도 말이다." 피트는 아주 곤란하다는 듯이 대나무 지팡이로 그쪽을 가리키며 말했다. "1월에 이자가 들어올 때까지는 도저히 비용을 지불할 수가 없는 상황이거든."

"형님, 그때까지는 내가 빌려줄까요?" 로든은 실망을 농담으로 얼버무렸다. 그리고 두 사람은 이제 아주 깔끔해진 관리실에 들어가 보았다. 관리실에는 집안의 문장을 새로 돌에 새겨놓았고, 몇십 년이나 문지기를 맡고 있는 록 할멈도 처음으로 제대로 된 문과 비가 새지 않는 지붕, 깨지지 않은 창문이 있는 집에서 살 수 있게 되었다.

제45장
햄프셔와 런던 사이

  피트 크롤리 경은 퀸스 크롤리 저택의 울타리를 수리하고 무너지기 직전인 관리실을 복구하는 일만 해온 것이 아니었다. 그는 아주 총명한 사람답게, 땅에 떨어진 가문의 명예를 회복하고, 평판이 나빴던 아버지 때문에 자신까지 세상에서 고립되고 비참한 입장에 빠진 것을 바로잡는 일에 착수했다. 그는 아버지가 죽은 뒤 얼마 안 되어 선거구에서 국회의원으로 선출되었다. 치안판사이자 그 지방의 유력자이며 오래된 가문의 주인인 그는, 햄프셔의 대중 앞에 얼굴을 내밀고 자선사업에 많은 돈을 기부했으며 사람들의 집에 끈기 있게 찾아갔다. 그리하여 결국에는 햄프셔에서나 대영제국에서나, 그의 비범한 재능을 봤을 때 받아 마땅한 지위를 획득하고자 했던 것이다. 제인 부인은 퍼들스톤 가문이나 왑샷 가문, 그 밖에 근처에 사는 유명한 준남작 가문과 친하게 지내라는 지시를 받았다. 그래서 이 무렵에는 이웃 사람들의 마차가 예전처럼 퀸스 크롤리 가로수길을 오가는 것을 볼 수 있게 되었다. 그들은 자주 이 저택에서 식사를 했다(요리가 꽤 괜찮았던 것을 보면 제인 부인이 손을 대지 않은 것이 분명하다). 그 대신 피트 부부도 눈이 오든 비가 오든, 멀든 가깝든, 아주 열심히 다른 집에 가서 식사대접을 받곤 했다. 피트는 그리 건강한 편이 아니었고 먹는 양도 적은 딱딱한 남자였으며, 떠들썩한 것을 그리 좋아하지 않는 성격이었다. 그러나 사람들을 초대해서 대접하거나 초대받았을 때 거드름피우지 않고 받아들이는 것을 자신의 지위에 따른 의무라고 여겼다. 만찬이 끝난 뒤에도 너무 오랫동안 사람들과 어울리는 바람에 두통을 앓는 일도 있었지만, 자신은 의무를 위해 몸을 내던져야 한다고 생각했다. 그는 정권이나 곡물조례, 정치 등에 대해서 지방 유지들과 대화를 나누었다. 이전에는 그런 것은 아무래도 좋다는 식이었지만 이제는 밀렵이나 금렵구 문제에도 열심히 참여했다. 본인은 사냥을 하지 않았다. 총을 쏘고 다니는 것보다 책을 읽으며 조용한 일상을 보내는 것이 성미에 맞았기 때문이다. 그러나 그도 그 지방의 말 품종을 보존할 필요성은 인정하고 있었고, 여우를 멸종시켜서는 안 된다는 의견이었다. 그래서 그 자신은 사냥을 하지 않더라도, 친구인 허들스톤 퍼들스톤 경이 자기 집안에서 자랑하는 사냥개 무리를 끌고 와 그의 땅에서 사냥을 해도 좋은가 물어보면, 기꺼이 환영한다며 그들 일가가 사냥하는 것을 기쁘게 지켜보았다. 그리고 그는 사우스다운 백작 미망인이 쓸쓸해 하거나 말거나 나날이 정통파로 기울어갔고, 사람들에게 설교하거나 회당에 다니는 것을 그만두고 단호히 교회에 나갔다. 그리고 윈체스터의 주교나 그 밖의 성직자들을 방문했고, 부주교인 트럼퍼 씨가 트럼프 승부를 청해오면 당장 그에 응했다. 사위가 이런 배덕한 놀이를 하고, 또 윈체스터 성악회에 가족과 함께 다녀오는 길에 "내년에는 무도회에 데려가겠다"고 해서 여동생들이 "역시 오빠는 말이 통해요" 하고 치켜세워주는 것을 보게 된 사우스다운 백작 미망인은 몹시 슬퍼하고 분노했으며, 피트를 어긋난 인간으로 보고 포기해버린 모양이었다. 제인 부인은 남편이 말하는 대로 따를 뿐이었고, 아마 그녀 자신도 무도회에 가는 것이 기쁜 것 같았다. 백작 미망인은 희망봉에 있는 〈핀칠리 벌판의 세탁부〉의 작가 큰딸 에밀리에게 편지를 써서, 동생인 제인이 세속적인 무도회 따위에 나가려 하는 것에 대해 마구 헐뜯었다. 그리고 브라이턴에 있는 자신의 집이 그때 마침 비었으므로 그리로 옮겨가 버렸다. 딸 제인과 그녀의 남편 입장에서는 오히려 반가운 일이었다. 레베카 역시, 두 번째로 퀸스 크롤리에 왔을 때 그 약상자 부인이 없어졌다고 해서 그리 슬퍼하지는 않았던 것 같다. 그녀는 백작 미망인에게 "지난번 퀸스 크롤리에서 여러모로 많은 신세를 졌던 레베카입니다. 그때는 도움되는 이야기를 많이 들려주셔서 정말 감사했습니다. 또한 병에 걸렸을 때 약까지 주셨으니, 그 친절을 결코 잊지 않겠습니다. 이번에 다시 이곳을 방문하게 되었는데, 무슨 일이 있을 때마다 부인을 떠올리게 됩니다." 하는 내용을 담은 크리스마스 편지를 보내긴 했지만, 물론 그것은 전부 거짓말이었다.

피트 크롤리의 태도가 확 변하고 평판이 좋아진 것은 사실 커즌 거리에 사는 이 빈틈없는 여자의 조언을 따른 덕분이었다. "아주버니는 언제까지 준남작에 만족하고 계실 건가요? 당신 정도 되시는 분이 시골 신사로 만족하신단 말인가요?" 그가 런던에 있는 레베카의 집에서 머물고 있을 때, 그녀가 이렇게 말한 것이다. "아니오, 피트 크롤리 경, 저는 당신을 더 잘 알아요. 저는 아주버니의 재능과 포부를 잘 알아요. 당신은 그 두 가지를 모두 숨기고 있다고 생각하시는 모양이지만 저는 다 알아요. 저는 스타인 경에게 아주버니가 쓰신 맥아에 대한 소책자를 보여드렸어요. 그분도 그 소책자를 열심히 읽으시고는, 지금까지 나온 맥아에 대한 논문 가운데 가장 잘 쓴 글이라는 의견에 모든 각료들이 동의했다고 말씀하셨어요. 내각에서는 아주버니를 주목하고 있어요. 그리고 저는 당신이 무얼 원하시는지 알아요. 아주버니는 의회에서 두각을 드러내고 싶다고 생각하시죠? 모두 당신이 영국에서 가장 뛰어난 웅변가라고 말하고 있어요. 옥스퍼드에서는 지금도 당신의 연설을 기억할 정도라네요. 당신은 스스로 선거권과 지반이 될 선거구를 갖추고 무엇이든 원하는 대로 할 수 있는 지역 대의사가 되고 싶으신 거죠? 그리고 준남작이 아니라 퀸스 크롤리의 크롤리 남작이 될 생각이시죠. 살아 있는 동안 반드시 그리 되실 거예요. 저는 이미 알고 있어요. 당신의 속내가 다 들여다보인답니다, 피트 아주버니. 만약 제가 크롤리 가문의 이름만이 아니라 당신처럼 뛰어난 두뇌를 지닌 분과 결혼했더라도, 남편의 이름을 더럽히지 않을 만한 부인이 됐을지도 모른다는 생각을 가끔 해요. 하지만…… 하지만 이미 저는 당신 동생의 부인이니까요." 그녀는 웃으며 덧붙였다. "가엾은 무일푼 여자인 저도 조금은 힘이 될 수 있을지도 몰라요. 어쩌면 생쥐도 사자를 도와줄 수 있을지 모르니까요."

　피트 크롤리는 그녀의 이러한 말을 듣고 놀라면서도 기뻐했다. "이 여자가 나를 이해해주는군!" 그는 혼자 중얼거렸다. "아내인 제인은 내가 쓴 맥아에 대한 소책자를 석 장도 안 읽었는데. 그녀는 나한테는 무엇이든 해낼 재능이 있다는 것도, 입 밖에 내지 않은 포부가 있다는 것도 전혀 몰라. 과연, 옥스퍼드에서는 내 연설을 기억하고 있단 말이지. 이 악당들 같으니! 내가 선거구에서 치고 나오고 지방 대의사가 될 것 같으니 이제야 생각이 나나 보군. 스타인 경도 작년 접견식 때는 나를 본체만체하더니. 그들도 피트 크롤리가 상당한 인재라는 사실을 깨닫기 시작한 모양이군. 그래, 나는 그들한테 무시당할 때부터 지금과 같은 능력을 갖추고 있었어. 그저 드러낼 기회가 없어서 아무도 몰랐던 것뿐이지. 이제부터는 내가 글만이 아니라 말이나 행동으로도 누구보다 뛰어나다는 것을 보여줘야겠어. 아킬레우스 같은 영웅도 검을 받기 전까지는 힘을 선보일 기회가 없었다지. 이제 나는 검을 손에 넣은 셈이야. 피트 크롤리라는 이름을 세상에 떨칠 때가 온 거야."

그리하여 이 여간내기가 아닌 전직 외교관은 손님을 아주 잘 대접하고, 성악단이나 병원에 신경을 많이 써주고, 주임 사제와 그 밑의 성직자들에게도 친절하게 대해주었다. 그리고 선뜻 만찬회를 열고 초대를 받으면 꼬박꼬박 나갔으며, 장이 열리는 날에는 농민들에게 아주 다정하게 대하고, 지역 사업에도 큰 관심을 보이고, 퀸스 크롤리 저택에서 오랫동안 볼 수 없었던 즐거운 크리스마스를 보내도록 한 것이었다.

크리스마스 당일에는 집안 사람들 모두가 한 자리에 모였다. 물론 목사관 사람들도 모두 만찬에 참석했다. 레베카는 마치 뷰트 부인이 예전에 적이었다는 사실을 잊어버린 것처럼 거리낌 없이 다정한 태도를 보였다. 그녀의 딸들에게도 깊은 관심을 가진 듯한 표정을 짓고, 자신이 있었을 때보다 노래실력이 많이 좋아졌다며 크게 감탄했다. 그녀들이 이중창을 부르자 꼭 앙코르곡을 들어야겠다고 나섰고, 결국 짐이 투덜거리면서 목사관에 가서 큼지막한 음악책을 옆구리에 끼고 돌아와야만 했다. 뷰트 부인도 어쩔 수 없이 이 조그만 모험가 부인에게 다정한 태도를 취했다. 물론 나중에는 피트 경이 제 수인 레베카한테 지나치게 정중한 태도를 보이는 것이 우습기 짝이 없더라는 이야기를 딸들과 서슴없이 하긴 했지만 말이다. 그러나 만찬회에서 레베카의 옆자리에 앉았던 짐은 그녀를 멋진 여자라고 말했고, 어린 로든이 귀여운 아이라는 사실에 대해서는 목사관 가족 중 어느 누구도 반대하지 않았다. 그들은 자칫하면 그 아이가 큰집의 대를 이어 준남작이 될지도 모른다고 생각하고 경의를 표했다. 본가의 후계자인 피트 빙키는 병약하고 안색도 창백해서, 그 아이에게 무슨 일이라도 생기면 당장 어린 로든이 작위를 잇게 될 것이 분명했다.

아이들끼리는 매우 사이좋게 지냈다. 사실 피트 빙키는 로든처럼 다 큰 아이와 놀기에는 너무 어렸고, 마틸다는 아무래도 여자아이라서 이제 8살이 되고 머지않아 재킷을 입게 될 어린 신사를 상대하기에는 어울리지 않았다. 그러나 어린 로든은 곧 아이들 사이에서 대장노릇을 하게 되었고, 그가 같이 놀아주려는 마음을 먹었을 때, 큰집의 여자아이와 남자아이는 그야말로 대단한 존경을 담아 그의 뒤를 쫓아다녔다. 시골에 온 것은 어린 로든에게는 더할 나위 없이 즐겁고 기쁜 일이었다. 채소밭도 아주 좋았고, 화초도 좋아하는 편이었다. 그는 젊은 고모들이 입맞춤을 해주는 것은 싫어했지만, 제인 부인이 가끔 안아줄 때는 얌전히 있었다. 부인들이 객실로 가라는 말을 듣고 술을 마시는 남자들을 남겨둔 채 어린 로든까지 데리고 식당을 나왔을 때, 그는 꼭 큰어머니 곁에 앉으려고 했다. 어머니의 옆자리보다 큰어머니의 옆이 더 좋았던 것이다. 레베카는 모두가 그 아이를 귀여워하는 것을 보고, 어느 날 밤 모든 부인들이 있는 자리에서 그를 불러 몸을 굽히고 입을 맞추었다.

그는 입맞춤을 받은 뒤 어머니의 얼굴을 뚫어지게 바라보았다. 그는 감동을 받으면 늘 그랬지만, 새빨개진 얼굴로 몸을 부들부들 떨었다. "엄마는 집에 있을 때는 나한테 입맞춤을 해준 적이 한 번도 없었는데." 아이의 솔직한 말에 주변이 조용해지고 어색한 분위기가 감돌았다. 물론 베키의 눈에도 유쾌한 기색이 떠오르는 일은 없었다.

아버지 로든은 자신의 아들을 귀여워해주는 형수님을 좋아했다. 그러나 제인 부인과 베키 사이는, 지난번 방문에서 베키 쪽에서 열심히 환심을 샀던 때만큼 순탄하지는 않았다. 아이가 말한 그 두 가지 이야기를 듣고 제인 부인은 어쩐지 소름이 끼쳤던 것이다. 게다가 피트 경이 레베카에게 너무 다정히 대하는 것도 마음에 들지 않았으리라.

어린 로든은 곧 8살이 되는 데다 몸집도 큰 편이라, 여자들보다는 남자들과 함께 하는 것을 더 좋아했다. 특히 마구간은 아버지를 따라서 몇 번을 가도 질리지 않았다. 로든 중령은 몰래 시가를 피우기 위해 마구간에 자주 가곤 했다. 목사의 아들 짐도 가끔 와서 사촌형 로든과 함께 담배를 피우거나 여러 가지 놀이를 함께 했다. 짐과 준남작의 사냥터지기는 둘 다 '괘'(그들은 '개'를 사투리를 섞어 이렇게 불렀다)를 좋아했기 때문에 말도 잘 통하고 매우 사이가 좋았다. 어느 날 제임스는 로든 중령과 사냥터지기 혼과 함께 꿩 사냥을 나갈 때 어린 로든도 데려가 주었다. 그리고 어느 날 아침에는 넷이서 헛간에서 쥐를 잡았는데, 그것이 또 무척이나 재미있었다. 어린 로든은 이보다 더 고상한 놀이는 없을 거라고 생각했다. 그들은 헛간 하수도의 한쪽 입구를 막고, 다른 쪽 입구를 통해 쥐를 몰아낼 흰 족제비를 안으로 집어넣었다. 그리고 모두 함께 조금 떨어진 곳에 서서 몽둥이를 들고 한참 기다렸다. 테리어종의 작은 개(이 녀석이야말로 제임스의 유명한 '괘' 포셉스였다)도 흥분해서 숨을 죽이더니, 한쪽 앞발을 들어 올린 채 꼼짝도 하지 않고 하수도 속에서 희미하게 들려오는 쥐 울음소리에 귀를 기울이고 있었다. 내몰릴 대로 내몰린 쥐들은 마침내 필사적으로 바깥을 향해 뛰쳐나왔다. 테리어 개가 쥐 한 마리를 잡았고, 사냥터지기도 한 마리를 잡았다. 그러나 로든은 당황하고 흥분한 나머지 자기 쪽으로 도망쳐온 쥐를 놓친 데다, 오히려 쥐몰이 역할을 했던 흰 족제비를 죽일 뻔했다.

그러나 그중에서도 가장 대단했던 것은, 허들스톤 퍼들스톤 경의 사냥개 무리가 퀸스 크롤리의 잔디밭에 모인 날이었다.

어린 로든은 그것을 보고 정말 굉장하다고 생각했다. 열 시 반이 되자 허들스톤 퍼들스톤 경의 사냥꾼 톰 무디가 한 덩어리가 되어 서로 앞서거니 뒤서거니 하는 탄탄한 사냥개 무리를 거느리고, 가볍게 말을 달려 가로수길을 지나 저택 쪽으로 오는 것이 보였다. 그 뒤를 더러워진 붉은 상의를 입은 두 명의 사냥개 사육사가 따랐다. 날씬하고 좋은 말을 탄 날렵하고 험악한 인상의 젊은이들이었다. 그들은 개가 조금이라도 무리에서 떨어지거나 바로 옆에서 뛰어 다니는 야생토끼와 집토끼에 조금이라도 정신이 팔려 눈길을 주거나 하면, 당장 그 녀석의 가죽이 가장 얇은 부분을 길고 무거운 가죽채찍으로 찰싹 때려주었는데 실로 대단한 솜씨였다.

그 뒤를 이어 톰 무디의 아들인 잭이 도착했다. 아들은 체중이 5스톤(14파운드)이나 나가지만 키는 48인치밖에 되지 않았고 그 이상 자라지 않았다. 그는, 등의 반을 뒤덮는 큼직한 안장을 채운 비리비리하고 커다란 사냥말 위에 오도카니 앉아 있었다. 허들스톤 퍼들스톤 경이 아끼는 놉이란 이름의 말이었다. 그러는 사이 다른 소년들이 탄 말들도 차츰 모여들어서, 오래지 않아 유유히 말을 타고 올 주인들의 도착을 기다리고 있었다.

톰 무디가 저택 현관 앞으로 말을 몰고 오자, 집사가 그를 맞이하고 술을 권했다. 그러나 그는 그것을 거절했다. 그리고 개들을 잔디밭 한쪽에 설치된 천막으로 몰고 갔다. 그곳에서 개들은 풀 위에서 뒹굴거나 달라붙어 장난을 치기도 했고, 화가 난 것처럼 짖거나 이따금 거칠게 싸우기도 했다. 하지만 다른 사람은 흉내도 못 낼 것 같은 톰의 꾸중과, 사냥개 사육사가 휘두르는 뱀 같은 가죽채찍이 당장 그 싸움을 중지시키곤 했다.

많은 젊은 신사들이 무릎까지 오는 각반을 차고 훌륭한 말을 몰고 왔다. 그리고 체리브랜디라도 마시고 여성들에게 인사도 드릴 겸 해서 현관으로 들어오기도 했다. 한편 사려 깊고 사냥꾼 기질이 넘치는 사람들은 진흙이 묻은 신발을 벗고 말을 사냥용으로 바꿔 탔으며, 준비운동으로 잔디밭 주변을 잠시 달리게 했다. 그리고 그들은 구석에 있는 개들 주위에 모여서, 톰 무디를 상대로 지금까지 해온 사냥에 대한 이야기나 스니블러와 다이아몬드의 공적에 대한 것, 시골의 정세와 여우 품종이 완전히 형편없어졌다는 이야기들을 나누었다.

이윽고 허들스톤 경이 영리해 보이는 콥 품종의 말을 타고 나타났다. 그는 현관 앞까지 말을 몰고 안으로 들어가서 부인들에게 인사를 했고, 본디 말수가 적은 사람답게 곧바로 그날의 일을 시작했다. 사냥개가 현관 앞으로 모였다. 어린 로든은 개들 사이로 내려가 보았다. 개들이 붙임성 있게 몸을 비비거나 꼬리를 흔들어 몸에 부딪쳐 오기도 하고, 톰 무디가 야단을 치고 채찍을 휘둘러도 좀처럼 잠잠해지지 않고 으르렁거려서, 가슴이 두근거리는 한편 무섭기도 했다.

그 사이에 허들스톤 경은 자신의 몸을 끌고 놉의 등에 올라탔다. "소스터 숲에서 사냥을 해볼까, 톰? 농부 맹글이 그곳에 여우 두 마리가 있다고 알려주더군." 준남작이 말했다. 톰은 호각을 불면서 다그닥다그닥 말을 달렸다. 그 뒤에서 사냥개 무리와 개들을 돌보는 젊은이들, 윈체스터의 젊은 신사들, 근처에 사는 농부들, 그리고 도보로 가는 교구 내의 인부들이 따라갔다. 가장 뒤쪽을 맡은 것은 허들스톤 경과 로든 크롤리 중령이었다. 이윽고 그 긴 행렬도 가로수길을 따라 멀리 사라져 갔다.

뷰트 크롤리 목사는 조카의 저택 앞 사냥꾼 모임에는 사양하고 나오지 않았다. 그러나 어떤 거친 말도 잘 타고 아무리 위험한 개울도 뛰어 건넜으며, 시골길에 어떠한 울타리 문이 나타나더라도 재미있어하며 뛰어넘고는 했던 비쩍 마른 청년목사의 모습은 40년이 흘러서도 톰 무디의 머리에 남아 있을 정도였다. 그래서 목사는 마침 허들스톤 경이 지나갈 때를 계산해서 자신의 튼튼한 흑마를 타고 목사관 앞 오솔길에서 불쑥 튀어나와 준남작과 합류했다. 마침내 개도, 말을 탄 사람들도 저 멀리 사라졌다. 어린 로든은 현관 계단에 선 채로 와! 멋지다, 좋겠다 하면서 아직까지도 감탄하고 있었다.

이 잊을 수 없는 크리스마스 휴가 동안, 어린 로든은 늘 무섭고 냉정하고 서재에만 틀어박혀서 재판일에 몰두하거나 토지 관리인과 농민들 사이에 둘러싸여 지내는 큰아버지만은 좋아할 수가 없었다. 하지만 제인 큰어머니와 아직 결혼을 하지 않은 젊은 고모들, 큰집의 어린 사촌 둘, 목사관의 짐 형에게서는 매우 귀여움을 받았다. 피트 경은 짐을 자신의 여동생 하나와 가까이 지내도록 했다. 그 속에는 분명, 여우사냥을 좋아하는 짐의 아버지가 죽고 나면 교회를 그에게 맡기겠다는 암묵적인 약속이 들어 있었을 것이다. 그 때문인지 짐은 여우사냥을 하지 않게끔 되었고, 크리스마스 휴가 동안에도 오리나 도요새를 쏘아 잡는 가벼운 사냥이나, 쥐잡이처럼 눈에 띄지 않는 조용한 놀이를 하는 것으로 만족했다. 그리고 휴가가 끝나면 대학으로 돌아가서 두 번 다시 낙제하지 않도록 공부를 하겠다고 했다. 그는 이제 녹색 상의나 붉은 넥타이 등 세속적인 차림을 하지 않았고, 앞으로 닥칠 자신의 입장 변화에 대비하고 있었다. 피트 경은 짐네가 받을 예정이었던 크롤리 노부인의 돈도 거의 다 자신이 물려받았기 때문에, 이처럼 돈이 별로 들지 않는 방법으로 그 빚을 갚으려 한 것이었다.

이 즐거운 크리스마스가 끝나기 전에 준남작은 큰맘 먹고 동생에게 수표를 한 장 더 써주었다. 그것도 백 파운드나 되는 큰돈으로, 처음에는 무척 속이 쓰렸지만 갈수록 자신이 선심을 아주 잘 쓰는 사람처럼 느껴져서 기분이 좋아졌다. 로든과 그의 아들은 시골을 떠날 때 마음이 몹시 무거웠다. 그러나 베키와 큰집 부인들은 오히려 기뻐하며 헤어졌다. 레베카는 런던에 돌아가서, 이번 장이 시작될 때 쓴 적이 있는 그 업무에 착수했다. 그녀의 감독 아래 그레이트 곤트 거리 크롤리 집안의 런던 저택은 완전히 새로운 집으로 탈바꿈했다. 그리하여 의회가 시작되고 피트 경이 그의 위대한 천재성에 걸맞은 국가적 지위를 손에 넣기 위해 런던으로 나올 때, 그와 그의 가족을 맞이할 준비를 완벽하게 마친 것이다.

첫 번째 회의 기간 동안 이 대단한 위선자는 자신의 계획을 가슴에 품은 채 전혀 겉으로 드러내지 않았다. 그저 머드베리에서 오는 청원서를 제출했을 뿐이다. 그러나 그는 성실하게 참석해서 의회의 관례나 업무를 완벽하게 익혀냈다. 집으로 돌아오면 열심히 의사록을 읽었다. 너무 밤늦도록 일에 집중하여, 그러다가 건강을 해치지는 않을까 제인 부인이 걱정하며 놀랄 정도였다. 또한 피트 경은 장관들이나 정당 지도자들과 안면을 익히고, 자신도 머지않아 그런 지위에 오르리라 결심했다.

제인 부인의 다정함과 친절함을 보면, 레베카는 오히려 지독한 경멸감이 들어서 그 감정을 숨기는 데 노력을 쏟아야만 했다. 제인 부인의 선량함과 단순함을 베키는 끔찍이 싫어했기에 아무리 해도 경멸의 기색을 감추기가 어려웠는데 가끔씩 상대가 그것을 눈치채는 일까지 벌어졌다. 제인 부인도 레베카가 곁에 있으면 기분이 나빠졌다. 피트 경은 계속 레베카하고만 이야기를 나누었다. 두 사람 사이에는 눈빛만으로도 통하는 무언가가 있는 것 같았다. 피트는 제인 부인에게는 말할 생각도 하지 않는 문제에 대해 레베카와 대화를 나누었다. 물론 제인 부인은 그런 이야기를 이해할 수 없었지만, 그렇다고 잠자코 있기에는 너무나 속이 끓었다. 그녀는 무언가 말하고 싶어도 어떻게 말하면 좋을지 알 수가 없었다. 대담한 로든 부인은 계속 화제를 바꾸어 가며 모든 남자들과 조금씩 이야기를 나누고 늘 재미있는 농담을 하는데, 제인 부인은 그저 듣고 있을 수밖에 없었다. 게다가 자신의 집인데도 이야기 상대 하나 없이 난롯가에 혼자 앉아서 남자들이 모두 레베카 주위에 모여 있는 것을 봐야 하니 더욱 속이 상했다.

시골에서는 이런 일이 있었다. 제인 부인이 아이들(그녀를 매우 좋아하는 어린 로든도 끼어 있었다)을 무릎 주변에 모아놓고 이야기를 들려주고 있었는데, 그때 베키가 녹색 눈동자에 경멸의 빛을 띠고 비웃음을 머금은 얼굴로 들어왔다. 그처럼 심술궂은 눈길을 받는 바람에 가엾은 제인 부인은 이야기를 더 들려주지 못하고 입을 다물고 말았다. 마치 옛날이야기에 나오는 요정들이 지위가 높은 사악한 천사와 마주치면 도망쳐버리듯, 그녀의 단순한 공상도 그대로 날아가버린 것이다. 레베카가 비웃는 기색을 드러내지 않으려고 노력하면서 이야기가 아주 재미있으니 이어서 해달라고 말했지만, 제인 부인은 그럴 수가 없었다. 레베카는 다정한 생각이나 단순한 즐거움 따위를 매우 싫어했다. 그런 것은 그녀의 성격에 맞지 않았다. 그런 것을 좋아하는 인간도 싫어했다. 아이들과 아이들을 좋아하는 인간도 싫었다. 레베카는 스타인 경에게 제인 부인이라는 사람과 그녀의 행동에 대해 우스꽝스럽게 이야기하면서 늘 이렇게 말하곤 했다. "저는 빛 좋은 개살구에는 흥미가 없거든요."

"어떤 이들은 성수(聖水)를 싫어한다지?" 스타인 경은 씩 웃으면서 절하는 흉내를 내며 이렇게 말하더니, 이어서 귀에 거슬리는 소리로 크게 웃어댔다.

그리하여 레베카와 제인 부인은, 레베카 쪽에서 무언가 노리는 것이 있어 가끔 제인 부인을 찾아올 때가 아니면 그리 얼굴을 맞대지 않게 되었다. 만나면 서로가 자매라도 되는 것처럼 친근하게 대했지만, 평상시에는 멀리 떨어져 지냈다. 그러나 피트 경은 일이 산처럼 쌓인 와중에도 매일같이 틈을 봐서 동생 아내의 집으로 놀러가곤 했다.

처음으로 의장의 초대를 받아 만찬회에 출석할 기회가 왔을 때, 피트 경은 예복을 입고 레베카의 집에 들렀다. 그가 펌퍼니클 공사관원이었을 때 입었던 낡은 외교관복 차림이었다.

베키는 그 옷이 잘 어울린다며 그를 칭찬했고, 그가 집을 나서면서 아내와 아이들에게 보여줬을 때에 뒤지지 않을 만큼 감탄을 거듭했다. 그녀는 예복을 입었을 때 두드러져 보이는 것은 혈통이 좋은 사람뿐이고, 반바지가 어울리는 것은 전통 있는 가문 사람들뿐이라고 말했다.

그런 말을 듣자 피트는 기분이 좋아져서 자신의 다리를 내려다보았다. 그러나 사실 그의 다리는 허리에 매달아 놓은 가느다란 예장용 검과 비교해 봐도 균형이 잘 잡혀 있다거나 굴곡이 느껴진다거나 하는 구석이 전혀 없었다. 그래도 그는 자신의 다리를 보고 여자들이 좋아하는 것도 무리가 아니라고 속으로 생각했다.

피트가 떠나고 나자 베키 부인은 그의 모습을 우스꽝스러운 그림으로 그려냈다가 스타인 경이 왔을 때 보여주었다. 그 그림이 너무나도 절묘했기 때문에 스타인 경은 매우 좋아하면서 그것을 가지고 돌아갔다. 그는 전에 베키 부인의 집에서 피트 크롤리 경을 만나 이제 막 준남작 및 국회의원이 된 사나이에게 꽤나 살갑게 대해준 적이 있었다. 피트는 스타인 후작처럼 대단한

귀족이 자신의 제수인 레베카에게 경의를 표하는 것, 레베카가 너무나도 태연하고 쾌활하게 대화를 나누는 것, 그리고 동석한 다른 남자들이 즐겁게 그녀의 이야기에 귀를 기울이는 것을 보고 감탄을 금치 못했다. 스타인 경은 준남작 피트가 아직 정계에 진출한 지 얼마 안 된 사람이 분명하다고 알고 있었기에, 어서 그의 연설을 들어보고 싶다는 생각이 들었다. 그리고 누구나 알다시피 스타인 경의 저택인 곤트 하우스는 곤트 스퀘어의 한 부분을 이루고 있으며 그 광장에는 그레이트 곤트 거리에서부터 들어가야 하므로, 두 사람은 본디 이웃이나 다름없었다. 스타인 경은 아내가 런던으로 올라오는 대로 제인 부인과 가까이 지내게 하고 싶다고 생각했다. 그리하여 그는 하루이틀 사이에 피트 경의 집에 명함을 두고 오게 되었다. 두 집안은 한 세기 가까이 이웃에서 살았으나, 스타인 경도 선대 피트 경 때에는 아무 흥미를 갖지 않았던 탓에 아직까지 왕래가 없었던 것이다.

이런 식으로 음모와 멋진 연회, 머리 좋은 화려한 유력인사들이 모이는 한가운데에 있으면서도, 로든의 고독은 나날이 깊어질 뿐이었다. 그가 점차 클럽에 다니는 일이 많아져도 불평하는 사람은 한 명도 없었다. 그리고 피트 경이 의회에 나가거나 돌아오는 길에 들러서 레베카와 둘이 이야기를 나눌 때, 로든은 아들을 데리고 집을 나와서 곤트 거리까지 걸어가 제인 부인과 그녀의 아이들과 시간을 보내곤 했다.

퇴역중령 로든은 그렇게 형의 집에 와서도, 그저 입을 다문 채 거의 아무 생각도 하지 않고 앉아 있기만 했다. 그래서 말이나 하인에 대한 것을 물으러 가거나, 아이들에게 줄 구운 양고기를 잘라주는 일을 부탁하면 매우 기뻐하곤 했다. 그는 아내에게 완전히 압도당하고 기가 죽어서, 아무것도 하지 않고 그저 시키는 대로 따를 뿐이었다. 삼손이 델릴라에게 넘어가서 괴력의 근원인 머리카락을 잘린 것과 마찬가지였다. 10년 전의 대담무쌍한 멋쟁이도 이제는 아내 치마폭에 묻혀 사는, 무디고 비굴하고 살찐 중년신사로 변해버린 것이다.

그리고 가엾은 제인 부인도, 레베카를 만나면 여전히 친근하게 자매처럼 대해주었지만 그녀가 자기 남편의 마음을 빼앗았다는 사실을 잘 알고 있었다.

제46장
투쟁과 시련

브롬프턴에 사는 우리의 친구들도 그들 나름대로 크리스마스를 보내고 있었지만, 그리 유쾌한 시간은 되지 못했다.

오즈번 미망인은 그녀의 수입 전부라 할 수 있는 연간 100파운드 가운데 4분의 3 이상을 그녀와 아들의 생활비로 부모에게 내놓는 것이 당연한 일이 되어 있었다. 거기에 조스가 보내주는 120파운드를 더해, 네 식구는 클랩 부부의 시중도 함께 드는 아일랜드 출신 하녀 한 명만을 데리고서 일전의 재앙과 실망 이후의 나날을 그럭저럭 먹고살았으며, 고개를 꼿꼿이 들고 손님이 찾아왔을 때 차 한 잔 정도는 내놓을 형편은 되었다. 세들리 노인은 전에 자신의 가게에서 부리던 클랩 씨 가족에 대해 아직도 우위를 차지하고 있었다. 클랩은 러셀 스퀘어의 세들리 씨 저택 호화로운 식탁 앞에서 의자 끝에 걸터앉아 "세들리 부인, 에미 아가씨, 그리고 인도에 계시는 조지프 씨"를 위해 건배했던 시절을 잊지 않았다. 시간이 지날수록 이 정직한 지배인의 가슴 속 추억들은 화려함을 더해가는 것이었다. 그는 부엌에서 객실로 올라와 세들리 씨와 함께 차나 물을 섞은 진을 마실 때면 늘 이렇게 말하곤 했다. "옛날에는 이런 것은 마시지 않으셨는데 말이죠, 나리." 그리고 그들의 최고 전성기였던 시절처럼 성실하고 공손한 태도로 부인들의 건강을 위해 건배했다. 그는 '아밀리아' 아가씨가 치는 피아노 소리가 세상에서 가장 숭고한 음악이라고 생각했고, 그녀야말로 누구보다도 훌륭한 여인이라고 여기고 있었다. 클랩은 클럽에서 세들리 씨 앞에 앉는 것조차 사양했다. 그리고 클럽 회원들 중 누군가가 세들리 씨의 인격에 트집을 잡으면 용서하지 않았다. 그는 런던에서 제일가는 인사들이 세들리 씨와 악수하는 장면도 본 적이 있었다. "나는 로스차일드 같은 사람까지도 세들리 씨가 왔다고 하면 바로 거래소로 나오려 했던 시절의 그분을 봐왔으니까. 게다가 하나부터 열까지 세들리 씨 신세를 진 사람이고." 그는 이렇게 말하곤 했다.

사람됨이 좋고 글씨도 잘 썼으므로 클랩은 주인이 몰락한 뒤에도 바로 다른 일자리를 구할 수 있었다. "저처럼 작은 물고기는 아무리 작은 양동이 속에서도 헤엄칠 수 있으니까요." 그는 항상 그렇게 말했다. 옛날에 세들리 노인이 탈퇴한 상회의 일원이 기꺼이 클랩을 고용해주었고, 꽤 높은 급료를 주었다. 세들리의 돈 많은 친구들은 점차 그에게서 멀어져 마침내 한 명도 남지 않았지만, 이 옛 지배인만은 지금도 그를 충실히 따랐다.

아밀리아는 그녀의 수입 중 자신을 위해 조금 남겨두었던 돈을 사용해서 귀여운 아들에게 조지 오즈번의 아들로서 부끄럽지 않을 만한 옷을 사 입히고 학교에 보내야 했고, 그러기 위해서 최대한 절약해야만 했다. 그 작은 학교에 보내는 것도 그녀로서는 오랫동안 망설이고 주저했으며, 남들 모르게 괴로워하고 걱정한 끝에 주위 사람들의 권유를 받고 겨우 결심을 한 것이었다. 조지에게 가르쳐주고 싶은 마음에 까다로운 문법책과 지리책을 펴고 공부하고 철자를 익히느라 밤을 새는 일도 많았다. 또한 라틴어를 가르쳐주고 싶어 어형 변화까지 공부했다. 온종일 아이를 떼어놓고 선생님의 회초리와 친구들의 난폭함 속에 방치해 놓는 것은, 이 겁 많고 예민하고 마음 약한 어머니로서는 다시 젖을 떼는 것 못지않게 괴로운 일이었다. 그러나 아이는 매우 기분 좋게 학교로 달려가곤 했다. 그는 변화를 간절히 바라왔던 것이다. 아이답게 솔직히 좋아하는 모습을 보면, 그를 떼어놓는 것이 슬퍼서 견딜 수가 없었던 어머니 입장에서는 원망스럽기까지 했다. 조금 더 슬퍼해줬으면 좋겠다는 생각도 했지만, 이내 그런 생각을 한 스스로를 반성했다.

조지는 학교에서 꽤 우등생이었다. 아밀리아의 변함없는 숭배자 비니 목사의 친구가 그 학교 교장이었다. 조지는 상품이나 상장을 잔뜩 들고 돌아오곤 했다. 그는 매일 밤 어머니에게 학교 친구들에 대한 이야기를 잔뜩 들려주었다. 라이언스는 아주 좋은 친구이고, 스니핀은 금방 고자질을 하는 비겁한 녀석이다, 스틸의 아버지는 정말로 학교에 고기를 납품하고 있다, 반대로 골딩의 어머니는 토요일마다 마차를 타고 그를 데리러 온다, 니트는 바지 위에 허리띠를 맸는데 자신에게도 같은 것을 사 달라, 불 메이저는 정말 똑똑해서(단, 에우트로피우스의 로마사에 한해서만) 조교사인 워드 선생님도 못 당한다는 이야기까지—친구들 이야기만 나오면 끝이 없었다. 그래서 아밀리아는 그 학교의 학생 한 사람 한 사람에 대해 조지 못지않게 잘 알게 되었다. 밤이 되면 그녀는 그의 공부를 도와주면서 여러 과목 앞에서 머리를 짜냈는데, 너무나 열심이어서 꼭 다음날 아침 선생님 앞에서 문제를 풀어야 하는 사람은 아들이 아니라 그녀로 보일 정도였다. 어느 날 조지는 스미스와 어떤 일로 서로 치고받으며 싸우고는 한쪽 눈에 검은 멍을 만들어서 돌아왔다. 그리고 어머니와 자신의 용감함에 기뻐하는 할아버지 앞에서 무용담을 떠벌렸다. 그러나 사실은 그리 용맹하지 못했으며, 싸움에서 진 것도 조지였다. 그런데 어머니 아밀리아는 스미스가 레스터 스퀘어에서 약국 주인이 되어 조용히 살고 있는 지금까지도 그를 용서하지 않았다.

다정한 미망인의 삶은 이처럼 조용한 노력과 악의 없는 걱정 속에 흘러갔다. 머리에 섞이기 시작한 한두 가닥의 흰머리가 세월의 흐름을 말해주었고, 하얀 이마에도 주름 하나가 조금 깊이 파였다. 자신이 나이를 먹고 있다는 것을 드러내는 이런 신호에 대해서도 그녀는 웃음 짓기만 할 뿐이었다. "나 같은 아줌마한테 그런 게 무슨 의미가 있겠어?" 그녀는 이렇게 말하곤 했다. 아밀리아의 소망은 그저 어떻게든 잘 살아가며 아들이 그의 능력에 걸맞게 훌륭하고 유명하고 명예로운 인물이 되는 것을 보는 것뿐이었다. 그녀는 아이의 연습장이나 그림, 작문을 보관해 놓았다가 얼마 안 되는 주변 친구들에게 천재가 낳은 기적적인 업적인 양 자랑스럽게 보여주곤 했다. 그녀는 그중 몇 가지를 도빈 양에게 주었다. 조지의 고모인 오즈번 양, 그리고 할아버지인 오즈번 씨에게도 보여 주라는 뜻으로. 그 노인이 죽은 아들에게 저지른 지독한 처사나 악감정에 대해 후회하기를 바라는 마음이었다. 아밀리아는 남편의 과오와 결점을 그와 함께 모두 무덤에 묻어버렸다. 그녀는 조지를 온갖 희생을 치러서까지 자기와 결혼해준 연인이자, 전쟁터로 떠나는 날 아침 자기를 두 팔에 안고 이별을 고했던, 그리고 왕을 위해 명예롭게 전사하여 돌아오지 못하게 된 용감하고 아름답고 고귀한 남편으로 기억하고 있었다. 그 영웅은 아내를 위로하기 위해 이 세상에 남기고 간 자신의 아들이 이처럼 어엿한 소년으로 자란 것을 천국에서 분명 웃으며 지켜보고 있으리라.

조지의 친할아버지 오즈번 씨가 러셀 스퀘어의 안락의자에서 날이 갈수록 침울하고 거칠어졌다는 것과, 훌륭한 마차와 말을 거느리고 시내 자선사업 기부자 명단의 절반 가까이 이름을 올린 그의 딸이 쓸쓸하고 비참한 처지로 아버지한테 괴롭힘당하며 노처녀로 늙고 있다는 이야기는 앞서 말했다. 제인 오즈번은 동생이 남긴 귀여운 조지를 한 번 만난 뒤로 그를 계속해서 떠올렸다. 그녀는 자신의 훌륭한 마차를 타고 아이가 사는 집을 찾아가고 싶은 마음을 견디기 힘들었다. 제인은 그저 혼자 마차를 타고 매일같이 공원에 나가서, 혹시 그 아이를 만날 수 있지 않을까 하면서 바깥을 쳐다보곤 했다. 은행가와 결혼한 여동생은 이따금 러셀 스퀘어 친정집에 거들먹거리며 찾아왔다. 그녀는 새침한 유모가 돌봐주는 허약한 아이 둘을 데려와서는, 일부러 고상한 척 작은 웃음소리를 흘리며 자신의 잘난 친척과 친구들에 대한 이야기, 어린 프레더릭이 클로드 롤리팝 경과 꼭 닮았다는 둥 귀여운 마리아가 당나귀가 끄는 마차를 타고 로햄프턴을 지나가던 중 남작부인의 눈에 들었다는 둥 하는 이야기를 언니에게 재잘재잘 들려주는 것이었다. 그리고 자기 아이들한테 성의를 조금 보여주도록 아버지를 설득해달라고 졸랐다. 맏아들인 프레더릭은 근위대에 입대시키기로 결정했는데, 그 아이를 후계자로 삼으면(남편 블록 씨가 현재 땅을 샀다가 엄청난 손해를 입고 곤경에 처한 상태였으므로) 여동생은 어떻게 해주어야 할지 모르겠다고 상담을 해오기도 했다. 블록 부인은 이런 말을 꺼내곤 했다. "난 정말 언니만 믿고 있어요. 내가 친정아버지한테 받을 돈은 집안의 주인한테 내줘야 하니까요. 로다 맥멀 씨도 캐슬토디 경이 간질로 돌아가시면 바로 캐슬토디 가문의 모든 재산을 물려받을 거래요. 어린 맥더프 맥멀이 캐슬토디 자작이 되는 거죠. 민싱 레인의 블러디어 씨는 두 분 모두 어린 아들 패니 블러디어에게 재산을 물려주기로 결심했다나 봐요. 우리 귀여운 프레더릭도 진정한 상속자답게 만들어줘야지요. 그리고…… 그리고 롬바드 거리로 옮긴 아버지의 예금을 다시 예전처럼 우리 쪽에 맡겨달라고 부탁해주세요, 언니. 아버지가 스텀피&로디 은행 같은 곳에 가시면 남들 눈에 안 좋게 보일 거예요." 이처럼 거만하게 욕심이 덕지덕지한 연설을 늘어놓고는 굴처럼 딱 달라붙어서 입을 맞추었다. 그런 뒤 프레더릭 블록 부인은 표정이 딱딱한 아이들을 불러서 꾸며낸 웃음을 지으며 마차에 올라탔다.

유행을 앞서가는 이 부인의 친정 방문은 그때마다 역효과를 일으켰다. 아버지는 그녀가 바라는 것과는 반대로 스텀피&로디 은행에 더 많은 돈을 예금했다. 딸이 은혜를 베푸는 척하는 게 도저히 참을 수 없었던 것이다. 한편 브롬프턴의 작은 집에서 아들을 유일한 보물로 여기며 소중히 키우고 있는 가엾은 미망인은, 그 아이를 몹시 탐내는 사람들이 있다는 사실을 꿈에도 모르고 있었다.

제인 오즈번이 아버지한테 조지를 만나고 왔다 이야기한 그날 밤, 노인은 별다른 대답을 하지 않았다. 그러나 화를 내지도 않았다. 그리고 자신의 방으로 들어갈 때, 굳이 말하자면 다정하다 할 수 있는 목소리로 딸에게 잘 자라고 말했다. 그 뒤 딸이 한 말에 대해 여러모로 생각해보거나, 도빈네 집에 갔을 때 어땠는지 물어보거나 했음이 틀림없다. 두 주가 지나고서 딸에게 네가 늘 걸고 다니던 체인이 달린 작은 프랑스 시계는 어쨌느냐고 물어보았으니 말이다.

"그건 제 돈으로 산 거예요, 아버지." 제인은 몹시 놀라서 말했다.

"그것과 같은 것을 하나 더 주문해놓으렴. 가능하면 더 좋은 것으로." 노신사는 그렇게 말하고 다시 입을 다물었다.

이 무렵 도빈의 여동생들은 조지를 집에 놀러오게 해달라고 아밀리아에게 몇 번씩 부탁하고 있었다. 그녀들이 넌지시 이야기하는 바에 따르면, 오즈번 양은 그 아이가 진심으로 마음에 든 모양이었다. 그리고 할아버지인 오즈번 씨도 조지를 만나보고 싶은 눈치라는 것이다. 아밀리아 역시 아이에게 보탬이 될 기회를 거절할 수는 없었다. 그래서 그 제안을 받아들이긴 했지만, 어쩐지 몹시 걱정스러웠다. 아이가 그곳에 있는 동안에는 언제나 불안했고, 돌아올 때면 꼭 아이가 위험한 곳에 다녀 온 듯한 심정으로 맞이했다. 아이는 돈과 장난감을 받아왔는데, 그것을 본 어머니는 걱정도 되고 질투가 나기도 했다. 그리고 늘 아이에게 어느 신사를 만나지 않았느냐고 물어보았다. "나를 사륜마차에 태워준 윌리엄 할아버지랑, 오후에 예쁜 밤색 말을 타고 온 도빈 아저씨밖에 없었어. 아저씨는 녹색 코트에 분홍색 넥타이를 매고, 윗부분이 금으로 된 채찍을 들고 있었어. 그리고 런던탑을 구경시켜 주고, 서리 사냥개를 데리고 함께 사냥을 가자고도 했어." 아이가 대답하고는 마지막으로 이렇게 덧붙였다. "눈썹이 진하고 챙이 넓은 모자를 쓰고, 큰 사슬에 문장을 꿰어 건 할아버지도 있었어. 마부가 나를 회색 조랑말에 태워서 잔디밭을 걷게 해주고 있을 때 왔어. 나를 뚫어지게 보면서 몸을 부르르 떨더라. 만찬 뒤에 '제 이름은 노발입니다'^(영국 극작가 존 홈의 《더글라스》 첫 구절로 아이들 장기) 말했더니, 고모가 울음을 터트렸어. 고모는 맨날 울기만 한다니까." 그날 밤 조지의 이야기는 대충 이런 내용이었다.

아밀리아는 아이가 할아버지를 만났다는 것을 깨달았다. 그녀는 저쪽에서 분명히 무슨 반응을 보일 것이라 생각하고 무척 마음 졸이며 경계했다. 그리고 며칠 뒤, 마침내 그 일이 일어났다. 오즈번 씨가 아이를 자신이 맡아서 아이의 아버지에게 물려줄 예정이었던 재산의 상속인으로 만들고 싶다고 정식으로 제안한 것이다. 아밀리아에게는 조지 오즈번의 부인으로서 어울리는 자격을 유지할 수 있을 만큼의 생활비를 주겠다, 소문을 들으니 재혼할 뜻이 있는 모양인데 그래도 돈을 끊지는 않을 것이다, 대신 아이는 반드시 러셀 스퀘어의 할아버지와 함께 살든지 할아버지가 정해준 곳에서 지내야 한다, 가끔씩 아밀리아의 집에 찾아가서 만날 수 있게 해주겠다는 것이다. 이 통첩은 그녀의 어머니가 부재중이고 아버지도 평소처럼 시내 가게에 나간 날, 편지 형태로 아밀리아에게 도착한 것—아니, 그녀의 앞에서 불러준 것이었다.

아밀리아는 태어나서 딱 두세 번밖에 화를 낸 적이 없었다. 그리고 오즈번 씨의 변호사는 그 두세 번 가운데 한 번과 맞닥뜨리는 운명에 처했다. 포 씨가 편지를 다 읽고 그녀에게 건네주려 했을 때 아밀리아는 몸을 부들부들 떨면서 새빨개진 얼굴로 벌떡 일어나더니, 편지를 갈기갈기 찢고 짓밟았다. "제가 재혼을 한다고요! 제가 돈을 받고 아들을 넘긴다고요! 잘도 그런 말로 제게 모욕을 주시는군요. 오즈번 씨에게 이건 비열한 편지라고 전하세요. 비열하다고요! 저는 답장 따위는 하지 않겠어요. 이제 그만 돌아가세요." 변호사는 아밀리아가 그렇게 말하며 비극에 등장하는 여왕처럼 인사를 건네고, 자신을 방에서 내몰았다고 말했다.

그날 아밀리아의 부모는 그녀의 상심을 눈치채지 못했다. 아밀리아도 변호사와 만난 이야기를 하지 않았다. 부모는 부모대로 신경 쓸 일이 많았고, 그 일에 대해서는 순진하고 무심한 아밀리아도 걱정하고 있었다. 늙은 아버지는 계속 투기사업에 손을 댔다. 술집을 하거나 석탄가게를 열었다가 실패를 맛봤다는 사실은 앞서 말한 바 있다. 그래도 그는 여전히 욕심이 나는지 시내를 돌아다니면서 무언가 일거리를 찾아오곤 했다. 그리고 그것을 대단히 좋은 일처럼 생각하면서, 클랩이 말려도 듣지 않고 손을 대는 것이다. 더군다나 그는 자신이 실제로 얼마만큼 그런 일들에 발을 깊이 들여 놓았는지 클랩에게 터놓고 이야기한 적이 없었다. 또한 여자들 앞에서는 절대로 돈에 관한 이야기를 하지 않는 것이 세들리 씨의 방침이었으므로, 그 불행한 신사가 어쩔 수 없이 조금씩 털어놓을 때까지 여자들은 그들에게 닥칠 불행을 전혀 눈치채지 못했다.

일주일마다 지불하던 생활비 청구서가 처음으로 연체됐다. 세들리 씨는 아내에게 인도에서 송금이 도착하지 않았다고 걱정스러운 얼굴로 말했다. 지금까지 꼬박꼬박 돈을 지불해왔던 세들리 부인은 결국 두세 명의 상인에게 어쩔 수 없이 잠시 기다려달라고 부탁하러 갔다. 그러나 상인들은 돈을 잘 갚지 않는 손님들이야 흔히 있는데도 연체된다는 말을 듣고서 매우 화를 냈다. 에미가 무슨 일인지 묻지도 않고 바로 내놓는 돈으로 이 가족은 먹는 양을 반쯤 줄여서 어떻게든 연명해 나갔다. 덕분에 처음 반년은 그럭저럭 지낼 수 있었다. 세들리 노인은 아직도 그의 주식이 오를 것이 틀림없다고, 그러면 만사가 잘 풀릴 거라는 생각을 가지고 있었다.

그러나 반년이 지나도 그들 가족의 구명줄이라 할 수 있는 60파운드가 도착하지 않았다. 집안 살림은 점점 더 어려워지기만 했다. 건강도 나빠지고 고생도 많이 한 세들리 부인은 우울한 얼굴로 잠자코 있거나 부엌에서 클랩 부인을 상대로 엉엉 울곤 했다. 푸줏간에서는 특히 더 성질을 냈고, 식료품 잡화상에서는 거만을 떨었다. 어린 조지는 한두 번 정도 저녁 식사가 불만스럽다고 투덜거렸다. 아밀리아는 자신은 저녁을 빵 한 조각으로 때워도 상관없었지만 아들한테만은 변변찮은 음식을 먹이고 싶지 않았고, 그의 건강을 생각해서 개인적인 돈을 사용하여 조금씩 음식을 사 먹이곤 했다.

마침내 부모도 아밀리아에게 사정을 털어놓았다. 아니, 곤경에 처한 사람들이 보통 그러듯이 체면을 구기지 않을 만큼만 이야기했다. 어느 날 아밀리아는 자신의 돈이 들어왔으므로 그것을 부모에게 넘겨주었다. 그러나 자신이 쓸 돈은 항상 장부에 적어두기 때문에, 조지의 새 옷을 주문한 것을 떠올리고 자신의 몫에서 그 금액을 받아가겠다고 말했다.

그러자 사실은 조스의 송금이 오지 않았다는 이야기가 나왔다. "우리는 지금 굉장한 곤경에 처했단다. 그건 너도 잘 알고 있잖니? 그런데도 너는 태연하기만 하고, 정말이지 조지 생각밖에 안 하는구나." 그 말을 들은 아밀리아는 아무 대답도 못하고, 돈을 전부 테이블 위에 내놓고 마주 앉은 어머니 앞으로 밀었다. 그리고 자신의 방으로 돌아가서 눈이 퉁퉁 붓도록 울었다. 크리스마스에 아들에게 입혀주려고 모처럼 아는 사람이 운영하는 작은 양복점에서 모양에 대해 여러 차례 상담을 거듭해 주문한 귀여운 외출복도 취소할 수밖에 없었다. 그날 그녀는 또다시 눈물을 흘려야 했다.

그러나 가장 괴로웠던 것은 조지에게 그 사실을 전했을 때였다. 조지는 큰 소리로 울었다. "다들 크리스마스에는 새 옷을 입잖아. 모두 나를 비웃을 거야. 난 꼭 새 옷을 입고 싶어. 엄마가 사준다고 약속했잖아." 그러나 가엾은 미망인이 아이에게 줄 수 있는 것은 오직 입맞춤뿐이었다. 아밀리아는 눈물을 흘리며 낡은 옷을 기웠다. 그녀는 아이가 갖고 싶어 하는 새로운 물건을 사주기 위해 무언가 팔아서 돈이 될 만한 것이 없을까 하고 자신의 장신구를 뒤져보았다. 도빈이 보내준 인도 숄이 있었다. 아밀리아는 옛날에 어머니를 따라 루드게이트 힐에 있는 인도상품을 다루는 고급스러운 가게에 갔던 것을 생각해냈다. 부인들은 그 가게에 가서 인도 물건을 거래하곤 했다. 이렇게 돈을 마련할 방법을 생각해낸 순간, 그녀는 기쁨으로 뺨을 붉히고 눈을 빛냈다. 그리고 이튿날 아침 조지에게 입맞춤을 해주고 학교에 보내면서도 활짝 웃는 얼굴로 배웅해 주었다. 아이도 어머니의 얼굴을 보고 무언가 좋은 일이 있구나 생각했다.

숄을 손수건(이것도 친절한 소령이 보내준 선물이었다)으로 싸서 옷 속에 감추고, 뺨이 발그레해져서 루드게이트까지 부지런히 걸어갔다. 경쾌한 발걸음으로 공원 담을 따라 걷거나 횡단보도에서 뛰기도 하며 길을 서둘렀는데, 아밀리아와 스쳐 지나간 남자들은 그 장밋빛으로 빛나는 귀여운 얼굴에 뒤를 돌아보곤 했다. 그녀는 숄을 판 돈을 어떻게 쓸까 속으로 궁리하고 있었다. 소령의 선물은 그녀가 대충 예상하고 있던 가격에 팔렸다. 그것은 정말로 훌륭하고 아름다운 직물이었다. 그리고 그 숄을 받고 20기니를 내준 상점은 큰 이득을 본 것이었다.

생각도 못한 큰돈을 손에 넣은 아밀리아는 가슴이 두근거려서 그길로 세인트 폴 대성당에 있는 다른 서점으로 달려갔다. 조지가 계속 갖고 싶어 했던 〈부모의 조수〉와 〈샌포드와 머튼〉이라는 책을 산 아밀리아는 책 꾸러미를 안고 기쁨에 젖어 승합마차를 타고 돌아왔다. 그리고 책머리의 빈 면에 '조지 오즈번에게, 어머니가 사랑을 담아 보내는 크리스마스 선물'이라고 작고 깔끔한 글씨체로 기쁜 마음을 담아 썼다. 그 책들은 그녀의 우아한 글씨와 함께 지금도 남아 있다.

조지가 학교에서 돌아오면 바로 눈에 뜨일 수 있게 책상 위에 올려놓을 생각으로, 그녀는 그 책을 들고 자신의 방을 나왔다. 그때 복도에서 어머니와 딱 마주쳤다. 금박을 입힌 일곱 권의 아름다운 책이 어머니의 눈에 띄었다.

"그게 뭐니?" 그녀가 물었다.

"조지에게 줄 책이에요." 아밀리아가 답했다. "제가, 제가 크리스마스에 선물해주겠다고 약속해서."

"책이라고?" 어머니는 화가 나서 소리를 질렀다. "집 안에 먹을 것이 없어 쩔쩔매는 통에 책이라고? 너와 네 아들만은 옛날처럼 편히 살게 하고 아버지가 감옥에 들어가는 것을 막으려고, 나는 내 물건들을 죄다 팔아버리고 그 인도 숄까지도 팔아버렸는데! 장사꾼들한테서 욕을 얻어먹지 않게, 그리고 집주인 클랩 씨(그 사람은 나쁜 집주인도 아니고 태도도 정중한 데다 자식까지 있는 사람이니 존칭을 붙여주어야겠지)한테 집세를 내기 위해 수저까지 다 내다 팔아버렸는데, 너는 책을 샀다는 게 대체 말이 되는 소리니? 오, 아밀리아, 너는 책이니 아들이니 하면서 내 속을 더 문드러지게 하는구나! 네 아들도 말이다. 네가 내놓지 않겠다고 그렇게 버티니까 점점 더 망가지고 있잖니. 오, 아밀리아, 나는 네가 나처럼 불효자식을 얻지 않기를 신께 기도 드린다. 조스를 보렴. 늙은 아버지한테 신경도 안 쓰잖니. 게다가 조지도, 제 할아버지 집에 가면 교육도 잘 받고 부자로 살 수 있을 텐데 이런 데서 금시계 따위를 목에 걸고 귀족이라도 된 것처럼 학교에 다니고 있어. 그런데 네 아버지는, 그 가엾은 양반은 단 한…… 한 푼도 가진 것이 없단 말이다." 그러고는 히스테리를 부리며 흐느끼거나 울부짖느라 말을 이을 수가 없었다. 그 소리가 작은 집 구석구석까지 퍼졌고, 그 집에 사는 다른 여자들도 모두 세들리 부인의 탄식을 빠짐없이 듣고 말았다.

"오, 어머니, 어머니!" 가엾은 아밀리아는 어머니에게 대답했다. "왜 이제까지 말씀해주지 않으셨어요. 그래서 저는…… 저는 아이에게 책을 사준다고 약속해버렸어요. 저도 오늘 아침에 숄을 팔고 왔거든요. 이 돈은 어머니께 드릴게요. 전부 가져가세요." 그렇게 말하며 그녀는 떨리는 손으로, 오늘 아침 손에 넣은 그 소중한 금화와 은화를 전부 꺼내서 억지로 어머니의 손에 쥐여주었다. 그것은 어머니의 손에서 떨어져서 계단 위를 굴렀다.

그리고 아밀리아는 자신의 방으로 돌아와서 절망과 더할 나위 없이 비참한 심정을 함께 느끼며 주저앉았다. 이제야 모든 것이 확실해졌다. 그녀는 자신의 이기심으로 아이를 희생시키고 있었다. 그녀만 없었다면 아이는 돈과 사회적 지위를 얻고 제대로 된 교육을 받을 수 있을 것이고, 아이의 아버지가 그녀 때문에 잃어버린 오즈번 가문의 상속자 자리를 차지할 수 있다. 그녀가 그러겠다고 하기만 하면 그녀의 아버지도 예전처럼 상당한 지위를 되찾을 수 있을 테고, 아들은 재산가가 될 수 있을 것이다. 아, 그녀의 상처 입고 연약한 마음이 자신의 죄를 깨닫는 것은 얼마나 괴로운 일이었을까!

제47장
곤트 하우스

스타인 경의 런던 저택 '곤트 하우스'가 곤트 스퀘어에 있다는 것은 세상이 다 아는 사실이다. 죽은 피트 크롤리 경 생전에 레베카가 처음으로 가게 되었던 그레이트 곤트 거리도 그 광장에서 나온 것이다. 울타리 너머 거무스름한 나무 사이로 광장 정원을 들여다보면 초라한 여자 가정교사 몇 명이 창백한 제자들을 데리고서 정원을 돌며 산책하고 있었고, 민덴에서 참전했었다는 곤트 경의 동상이 한가운데에 서 있는 잔디밭 주변을 거니는 이도 있었다. 동상은 세 갈래로 딴 머리를 얹고 있다는 것을 빼면 꼭 로마 황제 같은 차림이었다. 곤트 하우스는 그 광장 한쪽 면을 거의 다 차지하고 있었다. 다른 세 면에는 이제 옛 주인을 잃은 저택들이 늘어서 있었다. 창문에 석조 또는 연한 붉은색 틀을 끼운 높고 음침한 건물들이었다. 이제는 보잘것없고 적적한 그 창문으로 불빛이 새어나오는 일도 거의 없었다. 그 옛날 금실 장식을 단 옷을 입은 시종이나, 지금도 입구 계단 위 램프 옆에 붙어 있는 아무 장식 없는 철제 소등기로 늘 횃불을 끄던 길잡이 소년들을 볼 수 없게 되었듯, 그 집에 초대를 받고 현관으로 들어서던 손님들의 모습도 이제는 사라져 버렸다. 그리고 놋쇠 간판이 이 광장에까지 들어오게 되었다. 의사, 디들식스 은행 서부지점, 영·유럽 친선회 등등. 어쩐지 을씨년스럽게 보인다. 스타인 경의 저택도 마찬가지로 쓸쓸한 느낌이 드는 곳이었다. 덩그렇게 솟은 담, 거칠게 돌을 쌓아 만든 커다란 문기둥, 그 안쪽에서 얼굴이 통통하고 우울하며 벌건 문지기가 가끔 밖을 내다보았다. 담 너머로는 다락방이나 침실 창문, 굴뚝이 있었는데 현재로서는 그 굴뚝에서 연기가 나오는 일이 거의 없었다. 이 정도가 밖에서 볼 수 있는 것들의 전부였다. 스타인 경은 지금 나폴리에서 머무르고 있었다. 이 살풍경한 곤트 스퀘어 담벼락보다는 나폴리 만과 카프리 섬, 베수비오 화산을 바라다보는 것이 훨씬 마음에 들었던 것이리라.

뉴 곤트 거리에서 몇 야드 가서 곤트 뮤즈로 들어가는 길 근처에, 다른 마구간 문과 구별이 잘 되지 않는 작고 수수한 뒷문이 있었다. 그러나 나에게 여러 가지를 가르쳐주는 톰 이브스 군(정말로 모르는 것이 없어서, 그 뒷문으로 안내해준 것도 그였다)의 말로는, 작은 비밀마차가 그 문 앞에 얼마나 많이 와서 섰는지 모른다고 한다. 그는 종종 이렇게 말하곤 했다. "왕자와 그 연인인 퍼티다(셰익스피어의 희곡 《겨울 이야기》 등장인물)도 자주 그 뒷문으로 드나드셨어요. 마리안 클라크도 어떤 공작님과 함께 그 문으로 들어가셨고요. 그 문으로 들어가면 그 유명한 스타인 경의 별궁이 나오는데요. 그중 하나는 상아와 흰 새틴으로 장식되어 있고 또 하나는 흑단과 검은 벨벳으로 꾸며놓았지요. 폼페이의 살루스트 저택을 본뜬 연회장인데, 코스웨이가 그린 벽화도 있답니다. 작은 개인 주방도 붙어 있고, 거기 있는 냄비는 전부 은이고 부지깽이는 금이지요. 오를레앙 평등공과 스타인 경이 둘이서 어떤 높으신 분을 상대로 트럼프로 옴버(3명이서 하는 카드놀이)를 해서 10만 파운드를 딴 날 밤 자고새를 구워 먹었던 것도 그 주방이었어요. 그 돈의 절반은 프랑스혁명을 위해 투자하셨고, 나머지 반은 곤트 경이 후작 자리와 가터훈장을 받는 데 거의 다 써버렸고요. 나머지는……" 그러나 나머지가 어떻게 되었는지까지 여기에 쓸 생각은 없다. 누구에 대해서든 잘 아는 톰 이브스한테 물어보면, 남은 돈을 어떻게 썼는지 낱낱이 알게 될 뿐만 아니라 그 밖의 온갖 정보까지 다 말해줄 테니 말이다.

후작은 런던 저택 말고도 전국 각지에 성이나 저택을 가지고 있었다. 여행 안내서를 보면 그에 대한 기사가 실려 있었다. 샤논 해안가 숲에 있는 스트롱보 성, 리처드 2세가 유폐되어 있었다는 카마던셔의 곤트 성, 손님들 아침 식사용은 찻주전자가 2백 개나 되고 모든 것이 그에 걸맞게 화려하다고 하는 요크셔의 곤트리 저택, 초라한 주택이 있는 햄프셔의 스틸브룩 농장도 후작의 소유였다. 후작이 죽은 뒤에는, 지금은 마찬가지로 고인이 된 유명한 경매인에 의해 팔려버렸다. 그곳에 있던 멋진 가구들은 우리 기억 속에 남아 있을 뿐이다.

스타인 후작부인은 이름 높고 전통 있는 카멜롯 후작 칼리온 가문 출신이었다. 이 후작가에는 초대 드루이드 후작이 개종한 뒤로 가톨릭 신앙을 이어 왔고, 그 계보는 브루트 왕이 영국으로 건너온 시대 이전까지 거슬러 올라간다. 장남은 대대로 팬드래건이라는 이름이었고, 그 밑으로 아서, 유서, 카라독이라는 이름을 붙이는 것이 오랜 전통이었다. 그들은 때때로 충성스러운 모사로서 참수당했다. 엘리자베스도 재위 시절 아서의 목을 베었다. 그가 필립과 스코틀랜드 여왕 메리 사이의 시종 노릇을 하며 여왕과 기즈 가문의 숙부가 주고받는 밀서를 전달했던 것이다. 또 동생 중 하나는 기즈 공국의 사관이었는데, 그 유명한 세인트 바솔로뮤의 음모 사건에서 공을 세웠다. 메리 여왕이 유폐됐을 때도 카멜롯 가문은 계속 그녀를 위해 책략을 꾸몄다. 가톨릭 사제들을 숨겨주고 완강하게 국교를 기피하고 교황을 따른 죄로 엘리자베스 여왕으로부터 벌금형을 받거나 재산을 몰수당한 것도 타격이었지만, 무적함대 시절의 스페인에 대항할 군비를 부담했던 것 역시 그에 못지않게 카멜롯 가문에 큰 충격을 주었다. 제임스 1세 시대 이 가문의 주인은 겁쟁이여서, 위대한 신학자였던 왕의 설득을 받고 한동안 가톨릭을 버렸다. 시대에 편승한 이 겁쟁이 덕분에 가문의 자산은 어느 정도 회복할 수 있었다. 그러나 찰스 시대의 카멜롯 백작 대에 다시 조상들이 믿던 신앙으로 되돌아갔다. 그 뒤 스튜어트 왕가의 후예가 살아남아서 반란의 선봉에 서거나 그것을 선동하는 한, 카멜롯 가문 사람들은 언제든 그들 가문의 신앙을 위해 싸웠고 그로 인해 쇠락하기도 했다.

메리 칼리온 귀부인은 파리의 어느 수도원에서 자랐는데, 그녀의 대모는 프랑스 황태자비 마리 앙투아네트였다. 그녀는 가장 아름다웠던 처녀시절에 그즈음 파리에 있던 곤트 경의 부인이 되었다. 그런데 실은, 오를레앙 공 필립의 연회에서 그녀의 오빠가 곤트 경에게 큰돈을 잃은 탓에 대신 팔려갔다는 소문이 있었다. 또 곤트 백작이 회색 근위기병대 드 라 마르셰 백작과 벌인 유명한 결투는, 소문에 따르면 드 라 마르셰 백작(이 사람은 본디 여왕의 시종이었고 훗날까지 총애를 받았다)이 아름다운 메리 칼리온은 자신의 아내라고 말한 것이 원인이었다고도 한다. 메리 칼리온은 마르셰 백작이 그 결투에서 입은 상처 때문에 드러누워 있는 사이 곤트 경과 결혼을 해버렸고, 곤트 하우스로 이사했다. 그 뒤 얼마 동안은 화려한 황태자의 궁전에 모습을 드러내어 사람들의 이목을 끌었다. 폭스는 그녀를 위해 건배를 했으며 모리스와 셰리든은 그녀에 대한 노래를 만들었다. 맘스베리는 그녀에게 정중히 머리를 숙였다. 월폴은 그녀를 두고 멋진 여성이라고 말했고, 데번셔는 그녀를 질투했다. 그러나 그녀는 자신이 내던져진 사회의 쾌락과 화려함을 두려워했으며, 두 아들을 낳은 뒤에는 경건한 은둔생활에 들어갔다. 쾌락과 활기를 좋아하는 스타인 경이, 결혼 뒤 이토록 소심하고 말수 적고 신앙심이 깊은 불행한 부인에게 가까이 가려 하지 않은 것도 이상한 일은 아니었다.

앞서 말한 톰 이브스(런던의 명사들을 다 알고 있는 이 친구는 그들 가정과 비밀에 대해서도 훤히 꿰고 있다는 것 말고는 이 소설과 아무 상관이 없다)는 진실인지 거짓인지 모르지만 스타인 경 부인에 대해 더 많은 것을 가르쳐주었다. 그는 자주 이런 소리를 했다. "그녀는 정말 심한 굴욕을 당했어요. 그것도 자기 집에서 말이에요. 스타인 경은 말이죠, 저라면 아내더러 그런 여자들하고 어울리라고 하느니 죽는 편이 낫겠다 싶은 사람들과 그녀를 한 테이블에 앉게 했어요. 크라켄베리 부인이나 치퍼넘 부인, 프랑스 서기관의 아내 드 라 크리슈카세 부인 같은 사람들 말이에요." (말은 이렇게 해도 사실 톰 이브스 녀석은 아내를 버려서라도 그런 부인들과 가까이 지내고 싶어 하는 부류다. 그중 누군가가 인사를 해주거나 만찬에 초대해주면 기뻐 날뛸 게 뻔하다) "한마디로 그 당시 가장 인기가 있던 귀부인들이죠. 그런데 그녀는 부르봉 왕가에 뒤지지 않을 만큼 긍지 높은 집안 출신이고, 그에 비하면 스타인이야 벼락출세를 한 가문이니 하인 수준밖에 안 되잖아요. (결국 지금의 스타인 가문은 예부터 내려온 곤트 집안의 직계가 아니라 어딘가 수상쩍은 먼 친척이라는 말이다) 제 말 아시겠어요?" (독자들이여, 이것은 전부 톰 이브스가 한 말임을 명심하시기 바란다) "영국에서도 가장 품격이 높은 스타인 후작부인이, 아무런 이유 없이 남편한테 그렇게 얌전히 복종한다는 건 말이 안 돼요. 하! 틀림없이 무슨 숨겨진 까닭이 있을 거라고요. 망명시절 런던에서 푸이제, 틴트니악과 함께 왕당파 키브롱 상륙계획으로 분주했던 드 라 마르세 신부 말이에요. 그 사람이 1786년에 스타인 경과 결투를 벌인 회색 근위기병 대령이었던 그 사람이라고요. 즉 그와 후작부인이 다시 만났단 말이죠. 그녀는 지금까지 계속 극단적 신앙생활을 유지하고 있는데, 그 대령 출신 신부님이 브르타뉴에서 총살당한 다음부터 그렇게 됐다더군요. 그녀는 매일 밀실에서 신부님 말씀을 듣고, 매일 아침 스페니쉬 플레이스에서 예배를 본답니다. 저도 거기서 그녀를 본 적이 있어요, 그냥 지나가다 본 것뿐이지만. 아무튼 그녀에게는 어떤 비밀이 있는 게 분명해요. 무언가 후회하는 일이 없다면 인간이 그렇게까지 불행해질 수는 없으니까요." 톰 이브스는 다 안다는 듯이 머리를 흔들며 덧붙였다. "그리고, 후작이 그녀의 약점을 쥐고 있는 게 아니고서야, 그 여자가 그렇게 얌전히 하라는 대로 할 리가 없습니다."

만약 이브스의 말이 사실이라면, 스타인 후작부인이 고귀한 신분이면서도 집 안에서 온갖 굴욕을 참고 남들이 모르는 슬픔을 아무렇지도 않은 척 감추어야만 했다는 것도 가능한 이야기다. 귀족명부에 이름이 실리지 않은 친구들이여, 이렇게 신분이 높은 사람들에게도 큰 괴로움이 있는 법이다. 다모클레스도 새틴 쿠션에 앉아서 황금 접시로 진수성찬을 먹었지만 머리 위에는 늘 칼이 매달려 있었다. 그 칼은 집행관이나 유전병 또는 수놓인 아라스 직물 벽걸이 사이에서 이따금 기분 나쁘게 엿보는 집안 비밀 등의 모습으로 다가오리라. 언젠가는 반드시 떨어져야 할 곳에 떨어질 것이다. 우리 같은 가난한 사람들은 그런 걱정이 없는 자신의 처지에 기뻐하며 마음을 달래자.

가난한 이들의 처지를 높은 이들과 비교해서(이것도 이브스의 주장이지만) 위안을 얻을 수 있는 게 한 가지 더 있다. 물려주거나 물려받을 재산이 거의 없거나 아니면 아예 없으니 가족끼리 사이좋게 지낼 수 있다. 예를 들어 스타인 경 같은 대귀족의 경우, 너무 오랫동안 집안 실권을 잡지 못하면 분명히 부아가 치밀어서, 계속 버티는 아버지에게 살가운 얼굴을 하지 못할 것이다. 냉소적인 이브스는 이런 말을 자주 했다. "지위가 높은 집안에서는 아버지와 아들이 서로를 미워하는 게 당연한 일이에요. 황태자는 늘 왕관에 반발하거나 그것을 빨리 자기 것으로 만들고 싶어 하는 법이니까요. 셰익스피어는 인간을 보는 눈이 참으로 정확했어요. 아버지의 왕관을 한 번 써본 황태자 할(곤트 가문에서는 그 피를 이어받은 것처럼 행세하지만, 우리처럼 그들도 존 오브 곤트와는 전혀 남이에요)에 대해 썼을 때도, 모든 후계자들의 심정을 자연스럽게 표현해냈으니까요. 만약 당신이 공작지위와 하루 1천 파운드의 상속인이라면 그것들을 빨리 손에 넣고 싶다는 생각을 참을 수 있을 것 같습니까? 흥! 높으신 분들이 다들 아버지에게 그런 생각을 품은 적이 있다면 자신의 아들도 똑같은 생각을 하리라는 것쯤은 잘 알 테니, 의심이 많아지고 아들을 눈엣가시로 여기는 것도 어쩔 수 없지요.

그리고 형이 동생에게 품는 감정도 말입니다. 어느 형이든 동생이 생기면 태어날 때부터 적으로 여긴다는 사실을 아시죠? 동생들은 법을 근거로 마땅히 형이 가져야 할 돈을 잔뜩 빼앗아가니까요. 저는 바자제 경의 장남 조지 맥터크가, 만약 자신이 작위를 이어받고 무엇이든 마음대로 할 수 있게 되면 이슬람교도 왕들처럼 바로 동생들의 목을 모조리 베어서 자기 영지 안 방해물을 싹 청소하겠노라고 말하는 것을 몇 번이나 들었어요. 정말이지 그들의 속내는 터키인과 다름없어요. 하! 그들은 세상을 잘 아니까 말이죠." 그런데 그때 우연히 높으신 분이 나타났다. 그러자 톰 이브스는 당장 모자를 벗고 허리를 굽히더니 붙임성 좋게 웃으며 뛰어나갔다. 이런 면을 보면 그도 세상 물정에 밝은 사람인 모양이다. 그것도 아주 톰 이브스다운 방식으로 말이다. 그의 재산은 전부 연금으로 넣어두었기 때문에 조카들을 미워할 이유도 없으며 윗사람에 대해서도 그저 식사하는 데 따라가고 싶다는 유쾌한 욕심밖에 없었다.

후작부인이 아이들에게 어머니로서 본능적 애정을 품으려 해도, 종교가 다르다는 것이 잔혹한 장벽으로 가로막았다. 그녀가 아들들에게 느끼는 애정이 오히려 마음 약하고 신심 깊은 부인을 더욱 겁쟁이로 만들고 그녀가 불행해지도록 거들 뿐이었다. 그들 사이를 갈라놓은 골은 치명적으로 깊어서 도저히 넘을 수가 없었다. 그녀의 신앙을 바탕으로 보았을 때 아들들을 내버려두면 위험하리라 생각은 해도, 그녀는 자신의 연약한 팔을 저편까지 뻗거나 그들을 자기 쪽으로 끌어당길 수가 없었다. 꽤 고명한 학자이자 아마추어 궤변가인 스타인 경은, 아들들이 젊었을 때 시골 만찬 뒤 다 함께 포도주를 마시는 자리에서 재미삼아 아들들의 가정교사인 트레일 목사(지금의 일링 주교)를 부추겨서 아내가 믿는 신앙의 지도자 몰 신부와 논쟁을 벌이도록 했고, 옥스퍼드와 생 아슐 대학을 맞붙이는 것을 무엇보다 즐거워했다. 그는 "잘한다, 라티머! 좋았어, 로욜라!" 번갈아 소리쳤다. 그리고 몰이 만약 개종한다면 주교 자리를 주겠다고 약속하거나, 트레일이 신앙을 바꾼다면 추기경이 될 수 있게 최대한 힘을 써주겠노라 약속하기도 했다. 그러나 두 성직자 모두 적군 진영에 투항하려 하지 않았다. 아이들을 아끼는 후작부인은 특히 귀여워하는 막내아들만이라도 자신의 종교—그리고 아들의 종교이기도 해야 했다—를 믿게 하고 싶다 생각했지만, 경건한 부인을 기다리는 것은 슬프고도 지독한 실망이었다. 그 실망은 잘못된 결혼을 한 그녀의 죄에 내린 심판처럼 느껴지기도 했다.

귀족명부를 열심히 읽는 사람이라면 누구나 잘 알겠지만, 스타인 후작의 장남 곤트 경은 앞서 등장했던 베어에이커스 백작가문의 블란체 시슬우드 아가씨를 아내로 맞았다. 이 부부는 곤트 하우스의 곁채 하나를 받았다. 가장인 스타인 후작이 언제까지나 저택을 통제하기 원했고, 그가 그곳에 군림하는 동안은 절대적인 권력을 휘두르고자 했기 때문이었다. 그러나 후계자인 아들은 거의 그 저택에서 살지 않았다. 그는 아내와 사이가 나빴으며, 아버지가 겨우 생색낼 만큼 주는 것만으로 모자라는 돈은 죽은 뒤 지불하리라는 채무증서를 마구 써서 빚을 졌다. 후작은 아들의 빚이 얼마나 되는지 잘 알고 있었다. 그리고 이득을 위해 후계자인 장남의 차용증서를 잔뜩 사서 본인이 가지고 있었고, 그것을 둘째 아들의 아이들에게 나누어 주라고 유언했다는 사실이 나중에 후작이 죽은 뒤 알려졌다.

곤트 경은 실망스러워했지만 그가 태어난 순간부터 적이었던 아버지 후작이 싱글거리며 좋아했던 것은, 곤트 부인에게 아이가 없다는 사실이었다. 그래서 외교관으로서 빈에 머무르며 왈츠만 추고 있던 차남 조지 곤트 경을 불러들여서 트레드니들 거리 존 브라운&로빈슨 은행의 총재, 헬벨린 초대 남작 존 존스의 외동딸인 조안 양과 결혼을 시켰다. 두 사람 사이에서는 남자아이와 여자아이 여럿이 태어났는데, 그 아이들은 이 소설과 별 상관이 없다.

두 사람의 결혼은 처음에는 행복하고 순조로웠다. 조지 곤트 경은 글을 잘 읽을 뿐만 아니라 정확하게 쓸 줄도 알았다. 프랑스어가 아주 유창했고 왈츠 실력은 유럽에서 손꼽힐 정도였다. 이러한 재능을 갖춘 데다 본국에 좋은 연줄도 있었으니, 그가 외교관으로서 가장 높은 지위에 오를 것이라는 사실에는 의심의 여지가 없었다. 부인도 곳곳의 궁정들이 자신에게 가장 잘 어울리는 세계라고 생각했다. 게다가 돈도 있었으므로 남편이 부임한 대륙 각국의 도시에서 손님들을 불러 호화롭게 대접할 수 있었다. 남편이 곧 공사로 임명될 거라는 이야기가 자자했으며, 트래블러스 클럽에서는 그가 머지않아 대사가

될 거라며 돈까지 걸었다. 그런데 어느 날 갑자기 서기관이 가끔 이상한 짓을 한다는 소문이 돌았다. 그의 상관이 연 외교적 대만찬회 자리에서 그가 느닷없이 벌떡 일어나서 "이 거위 간 파이 속에는 독이 들어 있다"고 말한 것이다. 또한 바이에른 특사 드 스프링복 호엔라우펜 백작의 호텔에서 열린 무도회에는 머리를 깎고 카푸친 수도회의 수도복을 입고 나갔다. 그것이 가장무도회였다고 얼버무리는 사람도 있지만 사실은 그렇지 않았다. 모두 이상하다고 수군거렸다. 그의 할아버지도 그러했다고 했다. 집안 내력인 것이다.

그의 처자식은 영국으로 돌아가 곤트 하우스에서 살게 되었다. 조지 경은 유럽 대륙의 임지에서 나가게 되었고, 관보에는 브라질로 출장을 떠났다고 쓰였다. 그러나 세상 사람들은 그가 아무리 시간이 흘러도 브라질에서 돌아오지 않을 것을 알고 있었다. 아니, 브라질 같은 곳에는 간 적도 없었다. 그는 아무 데도 없었다. 땅으로 꺼진 것처럼 사라져버렸다. "그 브라질이란 건 말야." 입방아 찧기 좋아하는 어떤 사람이 히죽거리면서 다른 사람에게 말했다. "도시 북서쪽에 있는 세인트 존스 숲을 말하는 거야. 리우데자네이루는 사방이 벽으로 둘러싸인 별장이고. 그리고 조지 곤트는 간수의 감독 아래 명예로운 구속복을 입고 있지." 허영의 시장에서 매장된 사람에 대해 입에서 입으로 전하는 묘비명은 대부분이 이런 식이었다.

불쌍한 어머니는 일주일에 두세 번 아침 일찍 자기 죄의 아이인 이 병자를 보러 갔다. 그는 어머니를 보면 가끔 웃음을 터트렸다(어머니로서는 그가 울음을 터트리는 것보다 이렇게 웃는 소리를 듣는 편이 더 가슴 아팠다). 빈 국제회의 당시 화려한 멋쟁이였던 그 외교관은 어린애 장난감을 끌고 다니거나 간수 아이의 인형을 빌려서 안고 다녔다. 가끔은 그도 어머니나 그녀와 함께 온 몰 신부를 알아보았다. 그러나 아내도 아이도 사랑도 야심도 허영도 잊어버린 그는 어머니의 얼굴조차 못 알아보는 경우가 더 많았다. 그래도 식사 시간만은 신통하게도 잘 기억하고 있었고, 물을 탄 포도주가 너무 묽으면 항상 울음을 터트리고는 했다.

기이한 혈통의 오점, 가엾은 어머니는 자신의 오래된 가문에 그것을 남긴 것이다. 스타인 후작부인이 죄에 물든 자신의 피에 대해 속죄하고자 식음을 전폐하고 눈물을 흘리며 참회를 시작하기 훨씬 전부터 그녀의 아버지쪽 집안에서 똑같은 병자가 두세 명 나온 적 있었다. 혈족의 긍지는 파라오의 첫째 아들처럼 말살되고 말았다. 숙명의 검은 그림자가 문 바로 앞까지 온 상태였다. 보석왕관으로 장식하고 문장을 새긴 높고도 낡은 문 앞에.

부재한 이 귀족의 아이들은 자신들에게도 어두운 숙명이 드리워 있다는 사실을 꿈에도 모른 채 떠듬떠듬 말을 배우고 자라났다. 처음에는 그들도 아버지에 대한 이야기를 하면서 그를 집으로 데리고 올 계획을 세우기도 했다. 그러나 점차 살아있어도 죽은 거나 마찬가지인 아버지를 입에 올리지 않게 되었다. 그리고 마침내 아버지에 대한 이야기를 전혀 하지 않게 되었다. 한편 불행한 할머니는 손주들도 그들 아버지의 명예와 함께 그 부끄러운 병을 이어받았을지도 모른다고 생각하면 가슴이 철렁하곤 했다. 그리고 선조들의 무서운 저주가 그들에게 떨어질 날을 암담한 심정으로 기다리고 있었다.

이 어두운 예감은 스타인 후작의 머릿속에서도 떠다니고 있었다. 그는 머리맡에 나타나는 유령을 붉은 포도주 바다와 즐거움 속에서 잊으려 노력했고, 때때로 쾌락의 향연에 빠진 무리들과 어울리며 그 존재를 잊어버렸다.

그러나 혼자 남으면 다시 그 녀석이 나타났고, 세월이 흐를수록 공포심이 점점 더 커지는 것만 같았다. "나는 네 아들을 데려갔다." 그 유령이 말했다. "그러니 너라고 못 잡아갈 리 없지. 네 아들 조지처럼 너도 언젠가는 감옥에 들어가게 될 거다. 내가 당장 내일이라도 네 머리를 탁 치면, 쾌락과 명예, 진수성찬과 미인, 친구와 추종자, 프랑스 요리사, 멋진 말과 저택까지 전부 네 손에서 사라지게 될 테지. 대신 조지 곤트처럼 감옥과 간수, 지푸라기로 된 침대 신세를 지게 될걸." 후작은 그렇게 위협하는 유령에게 지지 않고 반항했다. 그는 적을 따돌리는 방법을 잘 알고 있었기 때문이다.

이처럼 돈 많고 호방한 생활을 하고 있더라도, 때 묻은 보석왕관과 이름 첫 글자가 새겨진 곤트 하우스 정문 너머에 큰 행복이 존재한다고 보기는 어려웠다. 그곳에서 열리는 연회는 런던에서 가장 훌륭했으나, 경의 테이블에 앉은 손님들을 빼면 그다지 특별할 것도 없었다. 만약 스타인 경이 그만한 대귀족이 아니었다면 참석할 사람도 별로 없었겠지만, 허영의 시장에서 저 명인사는 나쁜 짓을 저질러도 너그러이 용서받는 법이다. 후작처럼 높은 귀족을 헐뜯기 전에, 프랑스 부인의 말처럼 "우리는 더더욱 숙고해 보아야 한다"는 것이다. 몇몇 소문난 혹평가나 까다로운 도덕군자들은 스타인 경을 불쾌하게 여겼지만, 그들도 초대를 받으면 아니나 다를까 기꺼이 찾아가곤 했다.

예를 들어, 슬링스톤 부인은 이렇게 말한 적이 있다. "스타인 경은 정말 나쁜 사람이에요. 하지만 다들 그 댁을 찾아가니까 말이에요. 저는 물론 딸들에게 무슨 일이 생기지 않도록 신경을 쓸 거예요." 목사인 트레일 박사는 대주교가 이제 많이 늙어서 비틀비틀한다는 것을 떠올리면서, "후작님은 나의 큰 은인이시지. 어느 것 하나 그분 도움을 받지 않은 게 없으니까." 이렇게 이야기하곤 했다. 물론 트레일 부인과 그녀의 딸들은 후작이 여는 모임에 나가지 못하면 교회에 가지 못한 것처럼 서운한 마음이 들었다. 젊은 사우스다운 경은, 어머니에게서 곤트 하우스의 내막에 대해 무시무시한 이야기를 들은 여동생이 부드럽게 충고를 해줘도 이렇게 대답하곤 했다. "후작이 품행이 나쁜 건 사실이지만, 뭐 아무래도 좋아. 거기에 가면 유럽에서 가장 훌륭한 샴페인이 있거든." 그리고 예절의 모범 같은 피트 경, 전도회의 지도자 역할까지 했던 준남작 피트 크롤리 경으로 말하자면—마찬가지로 그 집에 가지 않겠다는 생각을 조금도 해본 적이 없었다. 준남작은 항상 이렇게 말하고는 했다. "일링 주교나 슬링스톤 백작부인도 나오는 자리잖소. 우리가 거기 나가도 나쁜 일이야 없을 거요, 제인. 스타인 경의 높은 지위와 신분은 그가 우리 같은 사람에게 명령을 내릴 수 있게 만들어주는군. 한 자치주의 지사라는 건 참 대단한 거요. 게다가 나는 젊었을 때 조지 곤트하고 친하게 지냈거든. 펌퍼니클 공사에서 함께 관원으로 일했는데, 그가 내 밑에 있었지."

결국 모든 사람들이—초대받은 사람은 모두 다 찾아가서 이 높으신 분께 문안을 드리곤 했다. 독자 여러분(부정할 생각일랑 마시고)이나 이것을 쓰고 있는 나 역시 초대를 받으면 좋다고 나갈 것이 틀림없듯 말이다.

제48장
독자는 최고의 사회를 소개받는다

　남편 집안의 가장에 대한 레베카의 친절과 배려는 마침내 보답을 받아 실로 굉장한 결실을 맺게 되었다. 그것은 분명 물질적인 보수는 아니었지만, 레베카가 실질적 이익보다 훨씬 더 열망하던 것이었다. 그녀는 정숙하게 생활하고 싶다는 소망은 품지 않았어도 정숙하다는 평가만은 받고 싶었다. 또한 상류사회의 어느 부인이든, 뒤로 긴 옷자락을 끌고 깃털장식을 단 채 궁정에서 왕을 알현하기 전에는 그토록 바라는 정숙이란 칭호를 얻을 수 없음은 널리 알려진 사실이다. 어전에 나갔다 온 다음에야 처음으로 훌륭한 여자로 통용될 수 있는 것이다. 궁전에서 그녀들에게 미덕의 인증서를 발행해주는 것과 같다. 미심쩍은 화물이나 편지가 검역소에서 소독 조치를 받고 향을 뒤집어쓴 뒤에 청결하다는 판정을 받듯, 지금까지 의심스럽고 병을 옮길 위험이 있다고 평가받던 부인들도 국왕을 알현한다는 위생검사를 통과하면 깨끗한 몸이 되어 나오는 것이다.

　베어에이커스 백작부인이나 터프토 장군 부인, 시골에 있는 뷰트 크롤리 부인 등 로든 크롤리 부인을 아는 여러 여인들이, 그 자그맣고 불쾌한 야심가가 폐하의 어전에 나가 인사를 올린다니 말도 안 된다며, 만약 위대한 샬롯 여왕께서 재위하던 시절이라면 그런 난잡한 여자를 깨끗한 궁전 안에 결코 들여놓지 않았을 거라고 탄식해도 좋으리라. 그러나 로든 부인은 실로 유럽 제일의 신사인 영국 국왕의 어전시험에 통과해서 이른바 평판의 자격을 얻은 것이나 마찬가지니, 그래도 계속 그녀의 정숙함을 의심한다면 엄청난 불충을 저지르는 것이나 다를 바 없었다. 나는 역사에 남을 그 위대한 분을 사랑과 경외심으로 받들며 떠올려본다. 아, 존귀하고도 고결한 그분께서 우리 제국의 세련되고 교양 있는 사회의 환호 속에 "왕국 제일의 신사"라 칭송받으신 그즈음, 어전에 동석할 수 있는 숙녀의 자격이야말로 허영의 시장에서는 그 무엇보다 드높고 고귀한 것이다. 나의 죽마고우 M이여, 기억하는가. 엘리스턴이 감독하는 무대에서 도튼과 리스튼이 '위선자'를 연기할 때, 우리가 다니던 슬로터 하우스 학교에서 외출허가를 받은 뒤 드루어리 레인 극장의 무대에 모인 사람들 사이에서 국왕 폐하를 뵈었던 25년 전 더없이 행복한 그날 밤을. 국왕 폐하? 그렇다, 폐하께서 친히 나와 계셨다. 앉아 계신 좌석 앞에는 호위병들이 서 있었고, 뒤에는 스타인 후작(의상실 담당)과 그 밖의 정부 고관들이 대기하고 있었다. 폐하가 계신 곳을 우러러보니, 혈색이 좋으시고 풍채도 당당하시고, 훈장을 가득 늘어트리고 풍성한 머리카락이 물결치고 계셨다. 우리는 〈왕을 지켜주소서〉를 얼마나 목청껏 불렀는지! 모두가 목소리를 높여 극장이 떠나가도록 그 장엄한 노래를 합창했다. 사람들은 얼마나 목이 터져라 만세를 외치며 손수건을 흔들었던가! 부인들은 울고, 어머니는 아이를 끌어안고, 그중에는 감동한 나머지 정신을 잃은 사람도 있었다. 일반석에는 질식하리만치 사람들이 우글우글 가득 찼고, 한 덩어리가 되어 고함치는 사람들 사이에서 비명과 신음이 들려왔으며, 평소부터 그분을 위해 목숨을 바칠 각오가 되어 있다던 이들은 실제로 그 자리에서 자신들의 진심을 증명해야 했다. 그렇다. 우리는 폐하를 뵈었다. 운명의 신이라도 이 사실만은 어찌할 수 없으리라. 나폴레옹을 봤다고 자랑하는 사람이 있다. 프리드리히 대왕, 존슨 박사, 마리 앙투아네트 등을 보았다는 사람도 적잖이 남아 있다. 그리고 우리가 선하신 왕, 훌륭하신 왕, 위대하신 왕, 조지 폐하를 보았다고 아이들에게 자랑하더라도 그것은 허풍이 아닌 사실인 것이다.

아무튼 로든 크롤리 부인의 삶에도 그녀가 그토록 갈망하던, 구름 위 세상이던 왕궁에 들어가는 것을 허락받는 행복한 날이 찾아왔다. 손위 동서 제인 부인이 후견인이 되었다. 당일, 피트 경과 부인은 커다란 가족마차(준남작이 지사로 취임할 때를 위해 준비한 새 마차였다)를 타고 커즌 거리의 작은 집에 찾아왔다. 청과물 가게에서 내다보던 래글스는 마차 안의 아름다운 깃털이나 하인들 제복 상의 가슴에 꽂은 커다란 꽃다발을 보자, 그동안 로든 식구를 의심했던 것이 미안하다는 생각까지 들었다.

번쩍이는 예복을 입은 피트 경은 마차에서 내리자 장식용 검을 다리 사이에 놓고 로든의 집으로 들어갔다. 어린 로든은 거실 창문에 얼굴을 붙이고 생글생글 웃으며, 마차 안에 있는 큰어머니에게 열심히 고개를 끄덕이고 있었다. 피트 경은 곧 그 집에서 나왔는데, 이번에는 멋진 깃털장식을 붙이고 흰 숄을 걸쳤으며 긴 비단 옷자락을 품위 있게 손으로 잡고 있는 부인을 데리고 있었다. 그녀는 무슨 공주님처럼 어린 시절부터 입궁하는 데 익숙한 것 같은 태도로, 문을 열어주는 하인과 뒤따라 타는 피트 경에게 부드럽게 웃어 보이며 마차에 올라탔다.

그 뒤로 로든이 낡은 근위대 군복을 입고 올라탔다. 그 군복은 서글플 정도로 낡았고, 몸에 꽉 끼었다. 다정한 형수가 꼭 모든 가족이 함께 가야 한다고 말하지 않았더라면, 로든은 행렬 뒤에 붙어서 빌린 마차를 타고 궁전에 들어가야 했을 것이다. 그러나 형 피트의 새 마차는 꽤 컸고 부인들은 모두 몸집이 작은 편이라 옷자락을 무릎 위에 올리면 되리라는 이야기에 결국 형제부부 넷이서 사이좋게 함께 타게 된 것이다. 그리고 그들의 마차는 머지않아 브런즈윅 가계의 명군이 귀족이나 상류인사들을 맞이하기 위해 기다리는 낡은 벽돌 궁전을 향해, 피커딜리에서 세인트 제임스 거리로 나아가는 행렬에 끼었다.

베키는 마차 창문을 내다보며 사람들에게 축복을 내려주고 싶다는 생각마저 들었다. 그만큼 그녀는 한껏 들떠 있었고, 마침내 자신도 이런 대단한 신분을 차지했다는 사실을 강하게 의식하고 있었던 것이다. 우리들의 베키도 결점을 가지고 있었다. 다른 사람은 좀처럼 인정해주지 않는 분야에서 사실 자기는 대단히 뛰어나다고 자랑하고 싶어 하는 사람을 자주 보는데(예를 들어 희극배우 코머스가 영국 제일의 희극배우라고 자신하는 것이나, 유명한 소설가 브라운이 문학의 천재보다는 사교계 명사로 인정받기를 원하고, 대변호사 로빈슨이 웨스트민스터 홀에서 내리는 평판을 조금도 신경 쓰지 않고 야외 횡단 경쟁이나 장애물 경기에서 자신보다 뛰어난 이는 없으리라 여기는 것처럼), 베키 일생의 목표도 실은 숙녀가 되고 그것을 다른 사람들에게 인정받는 것이었다. 실제로 그녀는 감탄할 만큼 부지런히 준비를 해서 훌륭한 숙녀 행세를 해냈다. 그녀가 훌륭한 숙녀를 자처하며, 집의 금고 속에는 한 푼도 안 남아 있고 빚쟁이가 문 앞에 몰려 있거나 상인들을 어르고 달래거나 해야 한다는 것을, 간단히 말해 마음 놓고 살 터전이 없다는 사실마저 잊고 있음을 앞에 써둔 적이 있다. 그리고 오늘도 시아주버니의 것이기는 하지만 가족마차를 타고 궁정을 향해 가는 그녀의 엄숙하고도 득의만만하게 거드름피우는 의젓한 꼴을 보면 제인 부인마저도 웃음이 나올 정도였다. 베키는 마치 황후라도 된 것처럼 고개를 흔들면서 궁 안쪽 방으로 들어갔다. 아니, 실제로 그녀를 황후로 내세워도 손색이 없었을 것이다.

우리는 국왕 폐하를 알현할 때 로든 크롤리 부인의 예장이 가장 우아하고 아름다웠다는 사실을 이 자리에서 밝힐 권한이 있다. 훈장이나 수장을 달고 세인트 제임스 궁전 모임에 참여한 사람이나, 흙 묻은 장화를 신고 팰맬 거리를 돌아다니며 깃털장식을 단 높으신 분들을 태운 마차가 지나갈 때 슬쩍 들여다본 사람 모두—알현일 낮 2시경, 금빛 몰 상의를 입은 근위병이 기세 좋은 크림색 군마를 타고 개선행진곡을 불고 있을 때 입궁하기 위해 모인 귀부인들을 본 적이 있으리라 생각하는데—귀부인들 중에도 이른 대낮에는 하나도 예뻐 보이지 않고 매력적이지도 않은 사람이 있는 법이다. 목부터 어깨까지 다 드러낸 채 분을 바르고, 주름진 얼굴의 늘어진 눈꺼풀에까지 연지를 발랐으며, 머리에서는 다이아몬드가 빛나는 예순 살쯤 된 늙은 백작부인의 모습은, 그야 유익한 교훈을 주지만 결코 볼만한 광경은 아니었다. 램프가 반은 꺼지고 나머지 반은 새벽빛에 사라져가는 유령처럼 허옇게 깜박일 무렵, 세인트 제임스 거리를 비추는 이른 아침의 불빛처럼 그녀의 모습은 파리하고 희미했다. 부인들 마차가 지나갈 때 슬쩍 들여다보고 싶어지는 그런 매력은 밤에만 나타나는 것이었다. 요즘 같은 겨울에 우리가 이따금 볼 수 있듯이, 킨티아(달)조차 오후의 하늘에 나왔을 때 포이보스(해)가 한쪽에서 노려보면 볼품없이 보인다. 그런데 하물며 늙은 캐슬몰디 부인이 마차 창문으로 햇빛을 정면으로 받기라도 하면 나이 때문에 생긴 얼굴 주름이 숨김없이 드러날진대 어떻게 고개를 들 수 있겠는가. 그러니 정식 알현일은 11월, 즉 안개가 끼기 시작하는 시기로 정해야 한다. 그렇지 않으면 허영의 시장에서 연배가 있으신 마님들은 밀폐된 마차를 타고, 내릴 때도 햇빛을 가리고, 주름이 안 보이는 램프 불빛 아래서 폐하를 알현해야 할 것이다.

그러나 우리의 사랑스러운 레베카는 그녀의 아름다움을 이끌어내기 위해 그런 힘을 빌릴 필요가 없었다. 그녀의 얼굴은 아직 아무리 밝은 햇빛을 받아도 문제없었다. 그녀의 옷차림도, 지금 본다면야 허영의 시장 어떤 부인이라도 이렇게 우스꽝스럽고 터무니없는 차림을 한 사람은 본 적이 없다고 할지 모르지만, 25년 전 당시에는 입은 사람이나 주변 사람이 보기에 아주 훌륭한 옷이었다. 그 시즌에서 가장 아름다운 여자의 제일 멋진 드레스에도 뒤지지 않았을 것이다. 그 뒤 20년쯤 지나자 경이적인 여성복이라 할 수 있었던 그 옷도 다른 모든 오래된 허영과 함께 시시한 것으로 바뀌어버렸다. 아, 이야기가 너무 샛길로 빠진 것 같다. 아무튼 그 기념할 만한 알현일, 로든 부인의 의상은 아주 아름답다고 보증서를 붙여줘도 좋을 만했다. 제인 부인조차도 동서의 모습을 보면서 옷이 참 아름답다고 인정할 수밖에 없었다. 그리고 속으로 유감이긴 하지만 자신은 의상 취향에 있어서 베키 부인에게 미치지 못한다는 것을 스스로 인정했다.

그녀는 그 의상을 위해 로든 부인이 얼마나 고심해서 머리를 짜내고 천재성을 발휘했는지 알지 못했다. 레베카는 유럽의 어떤 여성복 전문가에도 뒤지지 않을 만큼 감각이 있었고, 제인 부인은 알지 못하는 훌륭한 솜씨를 갖추고 있었다. 제인 부인은 베키의 옷 비단이 매우 훌륭하다는 것과, 예복에 붙인 레이스도 멋지다는 것을 바로 눈치챘다.

베키는 그 비단이 오래된 자투리 천이고 레이스는 아주 싸구려라고 말하며, 이런 옷이야 백 년 전에도 있었을 거라 했다.

"동서, 이 옷에 꽤 많은 돈이 들었을 것 같네요." 제인 부인은 그보다 질이 떨어지는 자신의 레이스와 비교해보면서 말했다. 그리고 로든 부인의 예복에 사용된 낡은 비단을 지그시 바라보면서, 자신은 이런 의상을 도저히 못 살 거라고 말할 뻔했지만 가난한 동서에게는 비아냥거리는 소리로 들릴지도 몰라서 꾹 참았다.

그러나 만약 모든 내막을 알았다면, 아무리 사람 좋은 제인 부인이라도 실망하리라는 생각이 든다. 사실 로든 부인은 피트 경의 런던 저택을 정리하다가 낡은 옷장 속에서 레이스와 비단을 찾아냈던 것이다. 그것들은 선대 피트 경 부인의 것이었다. 그것을 그녀는 몰래 집으로 가져가서 자신의 작은 몸집에 딱 맞게 고쳤다. 브리그스는 레베카가 그것을 들고 가는 것을 보았지만 딱히 아무 말도 하지 않았고, 남들에게도 얘기하지 않았다. 오히려 그 모습을 보고 동정심을 품은 모양이었다. 아마 다른 정직한 여자라도 마찬가지였으리라.

다음은 다이아몬드였다. "그 다이아몬드는 대체 어디서 가져온 게요? 베키." 그녀의 남편은 지금까지 한 번도 본 적 없는 보석이 그녀의 귀와 목에서 눈부시게 빛나는 것을 감탄스럽게 바라보며 말했다.

베키는 얼굴이 조금 빨개져서 사나운 눈초리로 남편을 잠시 노려보았다. 피트 크롤리도 얼굴을 살짝 붉히며 창밖을 내다보았다. 사실 그중에 딱 하나, 그가 준 보석이 있었던 것이다. 그것은 그녀가 걸고 있는 진주 목걸이 걸쇠에 달린 다이아몬드였는데, 준남작은 그것을 베키에게 주었다는 이야기를 아내에게도 하지 않았다.

베키는 남편의 얼굴을 보더니, 이번에는 "말해버릴까요?" 하는 것처럼 넉살 좋고도 의기양양한 태도로 피트 경을 보았다.

"맞춰보세요." 그녀는 남편에게 말했다. "정말, 바보 같기는. 내가 이 보석을 어디서 가져왔을 것 같아요? 하지만 이 걸쇠의 다이아만은 아주 오래전에 친한 친구가 선물로 준 각별한 물건이에요. 나머지는 다 빌려온 거고요. 코번트리 거리의 폴로니어스 상점에서 빌렸어요. 당신도 궁정에 다이아몬드를 달고 가는 사람들이 모두 제인 부인처럼 자기 보석을 달았다고 생각하는 건 아니지요? 게다가 제인 부인의 보석은 제 것보다 훨씬 좋은 거예요."

"그건 대대로 내려온 보석이니까." 피트 경은 또다시 불안해 보이는 얼굴로 말했다. 형제부부끼리 이런 이야기를 하는 사이에 마차는 길을 나아가서 마침내 국왕 폐하가 알현장에 위엄 있게 앉아 계시는 궁전 문 앞에 도착했고, 그들은 마차에서 내렸다.

로든이 몹시 감탄스러워했던 다이아몬드는 그 뒤 코번트리 거리의 폴로니어스 상점에 돌려주지도 않았거니와, 그 상점에서 돌려달라고 요청하는 일도 없이 레베카의 비밀 보관소, 즉 아주 옛날에 아밀리아 세들리가 준 낡은 책상 속에 보관되었다. 베키는 그 책상 속에 유용하거나 값나가는 여러 물건들을 넣어두었는데, 모두 남편은 전혀 모르는 것들이었다. 이렇게 세상의 몇몇 남편들이 전혀 또는 거의 알지 못하는 일은 예사로 있다. 남편에게 자기 물건에 대해 숨기는 여자들이 얼마나 많은지 모른다. 오, 여인들이여, 그대들 가운데 의상실에 몰래 빚을 진 사람은 얼마나 많은가. 그대들 중 얼마나 많은 이가 남편에게 보여줄 수 없는, 그리고 몸에 걸쳤을 때 내심 벌벌 떨면서 웃는 얼굴로 옆에 있는 남편에게 아양을 떨어야 하는 옷이나 팔찌를 가지고 있는가. 그러나 다행스럽게도 그대들 남편은 벨벳 가운이 헌것인지 새것인지 구별하지 못하고, 작년에 끼던 팔찌와 올해 끼는 팔찌가 같은 것인지 몰라보며, 해진 노란 레이스 스카프가 40기니나 나간다는 것과 마담 보비노의 가게에서 매주 금요일마다 독촉장이 날아온다는 사실도 전혀 눈치채지 못한다.

그러니 로든도 그의 아내 귀에서 빛나는 다이아 귀걸이나 그녀의 아름다운 가슴을 장식하는 근사한 다이아 장신구에 대해 아무것도 모르고 있었다. 그러나 왕의 의상실 담당이자 국가 고관이며 영국 왕실의 튼튼한 울타리 역할까지 겸하는 한 사람으로서 계급장과 가터훈장, 수장, 장식끈을 잔뜩 달고 이날의 식에 참석하여 레베카에게 각별한 호의를 드러내는 스타인 후작은 그 보석의 출처와 돈을 지불해준 사람을 잘 알고 있었다.

후작은 그녀 앞에서 허리를 굽히며 빙긋 웃었다. 그리고 〈머리카락을 훔친 자〉에 나오는 여주인공 벨린다의 다이아몬드에 대한 진부하지만 아름다운 한 구절을 인용했다. "유대인도 그것에 입을 맞추고, 이단자도 칭송하였네."

"하지만 후작님은 기독교인이시잖아요." 자그마한 여자는 턱을 치켜들고 말했다. 이처럼 지체 높은 귀족이 작은 여성 모험가에게 각별히 다정한 태도를 취하는 것을 보고는, 마침 그 자리에 있던 많은 귀족부인들이 수군수군 말을 주고받았고 신사들도 여럿이 고개를 끄덕이며 귓속말을 했다.

옛 이름 샤프, 현재의 레베카 크롤리가 국왕 폐하를 알현했을 때 상황이 어떠했는지는, 나의 빈곤하고 미숙한 필력으로는 도저히 표현할 길이 없다. 그토록 장엄한 장면을 상상하는 것만으로도 현기증이 나서 눈이 절로 감긴다. 군주에 대한 경외심은, 신성한 알현실의 모습을 상상으로라도 노골적이고 대담한 시선으로 쳐다보지 말고, 고개를 깊이 숙인 채 빠르고 조용하고도 공손하게 어전에서 물러나라고 가르쳐주었기 때문이다.

그러나 이 알현 뒤에 베키 이상의 충성심을 품은 자는 런던 전체를 뒤져봐도 없었을 것이다. 그녀는 무슨 일에나 국왕 폐하 이야기를 꺼냈고, 그만큼 매력적인 분은 또 없을 거라고 말했다. 그녀는 콜나기 가게에 가서 왕의 초상화 중 가장 잘 그려진 것을 외상으로 주문했다. 그녀가 고른 것은 희대의 군주가 모피 옷깃이 붙은 프록코트와 반바지, 비단양말 차림에 곱슬곱슬한 갈색 가발을 쓴 모습으로 소파에 앉아 있는 그림이었다. 그녀가 국왕이 우아하고 대단한 미남이라는 소리를 거듭하자 친구들은 흥미가 생기기도 했지만 조금 짜증스럽기도 했다. 알게 뭐냐는 식으로 생각하거나, 또는 이 자그마한 여자가 맹트농(남편 사후 루이 14세의 왕자 교육담당이 되었 / 다가 왕비 사후 왕과 비밀 결혼식을 올렸다)이나 퐁파두르(루이 15세 / 의 애첩) 노릇을 할 수 있으리라 생각했을지도 모른다.

그러나 이러니저러니 해도 가장 재미있었던 것은 그녀가 알현실에서 나온 뒤 갑자기 교양 있는 귀부인 같은 말투를 쓰기 시작한 것이었다. 그녀에게도 여자 친구들이 조금 있었지만, 솔직히 말해 허영의 시장에서는 그리 평가가 좋지 않은 인물들이었다. 이제 공공연한 귀부인이 된 베키는 그런 수상쩍은 사람들과 교제하는 것을 당장 그만두었다. 크라켄베리 부인이 오페라 특별석에서 고갯짓하는 것을 보고도 시치미를 떼거나, 경마장에서 워싱턴 화이트 부인을 만나도 모른 체하고 지나가기 일쑤였다. 그리고 남편에게는 이렇게 말하는 것이었다. "저도 이름 높은 귀부인이라는 사실을 보여줘야 해요. 아무튼 안 좋은 소문이 도는 사람과 어울리는 모습을 들키면 입장이 난처해질 거예요. 크라켄베리 부인한테는 미안하지만, 그리고 워싱턴 화이트 부인도 꽤 좋은 사람이지만 어쩔 수 없죠. 당신은 트럼프로 삼판승부를 벌이는 걸 좋아하니까, 그 사람들 집에 찾아가서 식사라도 대접받고 오세요. 하지만 저는 그럴 수도 없거니와 그럴 마음도 없어요. 또 그 사람들이 찾아오더라도 저는 집에 없다 말하라고 스미스에게 당부해 놓으세요."

베키의 의상은 신문에 자세히 실렸다. 깃털과 늘어트린 장식, 근사한 다이아몬드와 그 밖의 여러 가지가 말이다. 크라켄베리 부인은 씁쓸한 심정으로 그 기사를 읽었다. 그리고 가까운 사람들에게 요즘 로든 부인은 어쩜 그렇게 거드름을 피우는지 모르겠다고 말하고 다녔다. 시골에 있는 뷰트 크롤리 부인과 그녀의 딸들은 런던에서 〈모닝 포스트〉지를 주문해서 읽고, 다 같이 솔직하게 분통을 터트렸다. 뷰트 부인은 맏딸에게 말했다. "만약 네가 연갈색 머리카락과 녹색 눈을 가진 프랑스 광대의 딸이었다면(맏딸은 베키와는 반대로 가무잡잡하고 키가 크며 납작코였다) 분명 멋진 다이아몬드를 선물받고 제인 부인에게 궁정에 데려다 달라고 할 수 있었을 거야. 하지만 가엾게도 너는 교양 있는 숙녀로 태어나고 말았지. 네 몸에는 영국 귀족의 피가 조금 흐르고, 재산이라고는 신념과 신앙뿐이야. 준남작 동생의 아내인 나도 궁정에 나간다는 생각은 해본 적 없건만. 만약 어질기 그지없는 샬롯 여왕 폐하께서 살아계셨다면 다른 사람도 마찬가지였을 텐데." 이 훌륭한 목사 부인은 이런 식으로 자신을 위로했다. 그리고 그녀의 딸들은 한숨을 내쉬고 밤새도록 귀족명부만 들여다보았다.

이 유명한 알현식이 끝나고 며칠이 지나자, 숙녀 베키에게 더없이 큰 명예가 또 하나 주어졌다. 스타인 경 부인의 마차가 로든 크롤리 씨네 문 앞에 멈춘 것이다. 마부가 그야말로 난폭하게 문을 두드린 것을 보면 크롤리 씨네 집 따위는 그냥 지나치고 싶었던 것일지도 모르지만, 주인의 명령인지라 그러지도 못하고 그냥 명함 두 장만을 두고 갔다. 그중 한 장에는 스타인 후작 부인, 다른 한 장에는 곤트 백작부인의 이름이 인쇄되어 있었다. 만일 그것이 아름다운 그림이거나, 200기나 나가는 100야드 길이의 비단 망사 레이스 두루마리였다 하더라도 베키는 이 두 귀부인의 명함만큼 기뻐하지는 않았을 것이다. 그녀가 방문자 명함을 넣어두는 객실 테이블 위 도자기 그릇 속에 그 두 장의 명함이 뚜렷한 자리를 차지한 것은 틀림없는 사실이었다. 오오! 고작 몇 달 전에는 아주 감사히 받았던, 그리고 바보처럼 자랑스럽게 여겼던 워싱턴 화이트 부인과 크라켄베리 부인의 명함. 오! 그것들은 트럼프로 말하면 잭이나 퀸, 킹처럼 중요한 카드가 들어온 순간 그보다 약한 카드가 밀려나듯, 당장 밑바닥에 깔리고 말았다. 스타인! 베어에이커스, 헬벨린의 존스! 그리고 카멜롯의 칼리용! 베키와 브리그스는 분명 그 이름들을 귀족명부 속에서 찾아내 계보의 구석구석까지 읽어두었으리라.

그 뒤 두 시간쯤 지나자 스타인 경이 찾아왔다. 그는 객실을 둘러보면서 평소처럼 이것저것 살펴보다가 자기 아내와 며느리의 명함이 벌써 베키의 명함 그릇 맨 위에 소중하게 꽂혀 있는 것을 눈치챘다. 이 비꼬기 좋아하는 노인은 인간의 약점이 순진하게 드러난 것을 볼 때마다 늘 그랬듯 피식피식 웃었다. 곧이어 베키가 그가 있는 곳으로 내려왔다. 그녀는 후작이 올 것을 알면 항상 아름답게 화장하고 머리를 빗었으며, 손수건과 앞치마, 스카프, 작은 모로코 가죽 슬리퍼 등 여러모로 여성스러운 차림새를 갖추고, 겸손하고도 자연스러운 모습으로 앉아서 그를 기다리곤 했다. 갑자기 들이닥쳤을 때는 물론 자기 방으로 뛰어가서 서둘러 거울을 들여다본 뒤 빠른 걸음으로 내려와 이 대귀족을 맞이했다.

레베카가 내려왔을 때 후작은 도자기로 만든 명함 그릇을 히죽대며 들여다보던 참이었다. 약점을 들켰다는 생각에 그녀는 뺨을 조금 붉혔다. "정말 감사합니다, 후작님. 보신 대로 사모님들께서 찾아와주셨어요. 정말 친절하기도 하시지! 기다리게 해서 죄송합니다. 부엌에서 푸딩을 만들고 있었거든요."

"알고 있소. 마차 안에서 부엌문 난간 너머로 당신이 보였으니까." 늙은 후작이 말했다.

"무엇이든 보고 계시는군요." 그녀가 대답했다.

"조금 보긴 했지만, 그렇게 뭐든지 다 보고 있는 건 아니지. 귀여운 마나님." 그는 다정하게 말했다. "이 바보 같은 거짓말쟁이 아가씨! 난 당신이 바로 이 위 2층 방에서 무엇을 하고 있었는지 안다오. 연지를 좀 바르고 있었겠지? 그 연지를 우리 며느리 곤트 부인한테 좀 나눠주면 어떻겠소. 안색이 말이 아니거든. 그리고 당신은 침실 문이 열리는 소리가 난 뒤에야 내려오던걸."

"당신이 오셨을 때 되도록 예쁘게 보이려고 하면 안 되는 건가요?" 로든 부인은 콧소리를 내며 대답하고는 연지 같은 건 전혀 바르지 않았다, 그저 부끄러워서 얼굴이 빨개진 것뿐이다 말하고 싶은 듯 손수건으로 뺨을 닦았다. 그러나 과연 그럴까? 손수건으로 문질러도 지워지지 않는 연지, 아니 눈물을 흘려도 끄떡없는 고급 연지가 있다는 것을 나는 잘 알고 있으니 말이다.

"그건 그렇고." 노신사가 자기 아내의 명함을 만지작거리며 말했다. "당신은 멋진 숙녀가 되고 싶어서 열심히 노력하는군그래. 세상에 나가려고 이 가엾은 늙은이를 괴롭히고 있어. 상류사회에 흥미를 품어봤자 그 속에서 잘 해나갈 수는 없을 거요, 어리석은 아가씨. 돈이 없으니 말이야."

"후작님께서 저희에게 지위를 마련해주시면 되잖아요." 베키가 끼어들었다. "가능한 빨리 말이에요."

"당신은 돈도 없으면서 돈 있는 녀석들과 경쟁하고 싶어 해. 조그만 도자기 그릇인 주제에 커다란 구리 주전자와 같은 줄기를 타고 흘러가고 싶어 하지. 여자들이란 다 똑같다니까. 모두 손에 넣을 가치도 없는 것을 얻으려고 발버둥치고 있어! 정말이지! 나는 어제 폐하와 함께 저녁 식사를 했는데, 양의 목살과 순무를 먹었소. 외양간에서 살을 찌운 황소 고기보다 야채 요리가 더 맛이 좋은 경우야 자주 볼 수 있지 않소? 당신은 내 저택에 가보고 싶다지. 데려가 달라고 시끄럽게 조르면서 이 늙은이를 못살게 굴어. 하지만 내 집은 결코 이 집처럼 마음 편한 곳이 아니야. 당신도 가보면 진저리가 쳐질걸. 나는 이미 그렇고 말이오. 아내는 맥베스 부인처럼 '쾌활'하고, 며느리들은 리건이나 고너릴처럼 '발랄'하지. 나는 내 침실이라는 방에서는 무서워서 잠도 못 자. 그 침실은 마치 세인트 피터 대성당의 천개같이 생겼고, 거기 걸려 있는 그림이 또 아주 무섭거든. 내 의상실에 작은 놋쇠 침대가 있는데, 마치 은둔자의 잠자리처럼 머리카락을 채워 넣은 담요가 깔려 있어. 나는 이래 봬도 은둔자란 말이오. 허허! 다음 주에 당신을 만찬에 초대할 생각이오. 그때는 여자를 조심하는 것이 좋을걸. 정말로 바보 취급을 당하지 않도록 조심해야 할 거요! 여자들이 당신을 얼마나 괴롭힐지 모르니 말이오!" 스타인 경처럼 말수 적은 사람으로서는 매우 긴 이야기를 한 것이었다. 게다가 이것은 그가 그날 베키를 위해 처음 한 이야기도 아니었다.

건너편 방에서 탁자 앞에 앉아 있던 브리그스는 높으신 후작님이 이렇게 여성을 깎아내리는 말을 하자 얼굴을 들고 깊은 한숨을 쉬었다.

"만약 당신이 저 짜증나는 개를 쫓아내지 않는다면, 내가 그놈에게 독을 먹이고 말 거요." 스타인 경은 무시무시한 눈초리로 브리그스를 어깨 너머로 돌아보며 말했다.

"저는 개에게 줄 음식을 늘 제 접시에서 덜어주니까 괜찮아요." 레베카는 짓궂게 웃으며 말했다. 그리고 잠시 동안 후작이 화내는 모습을 재미있다는 듯 지켜보았다. 항상 브리그스가 곁에 붙어 있는 통에 귀여운 중령 부인과 둘만의 이야기를 나눌 기회가 없었으므로 후작은 브리그스를 매우 미워했다. 그러나 로든 부인도 마침내 후작이 가엾게 느껴졌는지, 맞은편 방의 브리그스에게 날씨가 좋으니 아이를 데리고 산책이라도 하고 오라고 말했다.

"전 저 사람을 내쫓을 수 없어요." 레베카는 잠시 사이를 두었다가 말했다. 그 목소리는 매우 슬프게 들렸다. 그리고 그렇게 말하는 눈에 눈물이 가득 고여서 얼굴을 돌려야 했다.

"급료를 주지 않았나보군. 그렇지?" 후작이 말했다.

"그뿐만이 아니에요." 베키는 눈을 내리깐 채로 말했다. "우리가 저 여자를 빈털터리로 만들어버렸거든요."

"빈털터리로 만들었다고? 그럼 어째서 내쫓지 않는 거요?" 신사는 물었다.

"남자들은 그런 짓을 자주 하시나 보네요." 베키는 불쾌하다는 듯이 말했다. "하지만 여자는 그런 지독한 짓은 못해요. 작년에 우리가 돈이 다 떨어졌을 때 그녀가 가진 돈을 전부 우리한테 내줬어요. 우리가 파산하거나(그날도 그리 멀지 않은 것 같지만) 마지막 한 푼까지 다 갚아줄 때까지는 결코 제 옆에서 떠나지 않을 거예요."

"젠장, 대체 그 돈이 얼마나 되지?" 후작은 욕지기와 함께 물었다. 그러자 베키는 그의 막대한 재산을 염두에 두고, 브리그스에게서 빌린 금액을 두 배나 부풀려서 말했다.

그것을 들은 스타인 경은 또다시 짧지만 격렬한 분노의 외침을 토했다. 레베카는 더욱 힘없이 고개를 떨어트리고 비통하게 울었다. "어쩔 도리가 없었어요. 그때는 그 수밖에는 정말……. 저는 남편한테도 말 못하고 있어요. 만약 제가 한 짓을 고백하면 남편은 저를 죽여버릴지도 몰라요. 이 일은 후작님 말고는 아무에게도 말한 적이 없어요. 이것도 당신이 억지로 말하라고 하시니까 한 거예요. 아, 저는 어쩌면 좋을까요, 스타인 님? 저는 정말 우울해서 어쩌면 좋을지 모르겠어요!"

스타인 경은 그저 손가락으로 테이블 위를 톡톡 두드리거나 손톱을 깨물거나 할 뿐 아무 대답도 하지 않았다. 그리고 마침내 모자를 머리 위에 탁 얹었더니 방에서 휙 뛰쳐나가고 말았다. 레베카는 녹색 눈에 장난스러운 승리의 빛이 감도는 아주 기묘한 표정을 지으며 일어섰다. 일을 하려 자리에 앉아서도 한두 번 혼자 웃음을 터트렸다. 피아노 앞에 앉아서 의기양양하게 즉흥적으로 건반을 두드리기도 했는데, 창밖을 지나가던 사람들이 그 화려한 음색에 반해 가던 길을 멈추고 감상했을 정도였다.

그날 밤 이 자그마한 여자에게 곤트 하우스에서 봉투가 두 개 도착했다. 그중 하나에는 다음 금요일에 곤트 하우스에서 만찬회가 열리니 참석해달라

롬바드 거리에 간 베키

는 스타인 경 부부의 초대장이 들어 있었다. 그리고 다른 하나에는 스타인 경의 서명이 있는 롬바드 거리 존스 브라운&로빈슨 은행의 회색 종이가 들어 있었다.

로든은 베키가 그날 밤 한두 번 정도 웃는 소리를 들었다. 그녀는 곤트 하우스에 가서 그곳 부인들과 얼굴을 마주할 일이 기대되어 웃었다고 대답했다. 그러나 사실은 그 밖에도 여러 가지 생각을 하고 있었다. 브리그스에게 돈을 다 갚고 바로 해고할까? 한 번에 빚을 다 갚아서 래글스를 놀라게 해줄까? 그녀는 자면서도 그러한 것들을 이것저것 생각하고 있었다. 그리고 다음날 로든이 아침부터 클럽에 가자, 당장 수수한 옷에 베일을 두르고 마차를 빌려서 번화가로 나가 존스 브라운&로빈슨 은행 앞에 도착했다. 창구 직원에게 서류를 내밀자 "어떻게 드릴까요?" 하는 질문이 돌아왔다.

"150파운드만 소액 수표로 주시고, 나머지는 한 장짜리로 해 주세요." 그녀는 점잖게 대답했다. 그리고 돌아오는 길에 세인트 폴 대성당에 들러서 브리그스를 위한 최고급 검은 비단옷을 샀고, 그것에 입맞춤과 매우 다정한 말을 더해서 단순한 중년 노처녀에게 선물해 주었다.

레베카는 래글스의 집으로 걸어가 상냥하게 아이들의 안부를 묻고 외상값으로 50파운드를 내밀었다. 그리고 늘 신세 지는 마차 전세업자에게 가서 같은 금액을 내주었다. "이제 잘 아셨지요? 스패빈. 그러니 다음 알현식 때는 내 마차를 마련하지 못했다면서 시아주버니 피트 경의 마차에 네 명이나 타고 폐하를 알현하러 가는 불편한 일이 없도록 해주세요." 보아하니 지난번 알현식 날 무언가 착오가 있었던 모양이다. 그래서 중령이 하마터면 길가의 마차를 주워 타고 입궁할 신세가 될 뻔했던 것이리라.

아무튼 이러한 일들을 마치고 나자 베키는 앞서 말한 적이 있는, 아밀리아에게 받은 책상이 있는 2층으로 올라갔다. 그 안에는 여러 유용한 물건과 값진 물건들이 들어 있었다. 그녀는 존스 브라운&로빈슨 은행 직원한테서 받아온 수표를 그 비밀 박물관 속에 넣어두었다.

제49장
코스 요리와 디저트를 즐기다

그날 아침, 곤트 하우스 여자들이 아침 식사를 위해 테이블 앞에 앉아 있자니 보기 드물게 스타인 경이 안으로 들어왔다. 그는 늘 자기 방에서 혼자 코코아를 마시고 여자들이 있는 곳에는 거의 나오지 않았으므로, 무슨 모임이 열리거나 현관에서 마주치거나 오페라 뒷좌석에 앉은 채 앞에서 두 번째 줄에 앉은 그녀들을 바라볼 때 말고는 그다지 얼굴을 맞댄 적이 없었다. 그런데 그날 여자와 아이들이 모두 모여 아침으로 차와 토스트를 먹는 자리에 나타난 것이다. 무슨 일인가 했더니, 레베카 때문에 일부러 나온 것이었다.

그는 아내에게 말했다. "당신, 금요일 만찬회에 부를 사람들 명단을 좀 보고 싶은데. 그리고 크롤리 중령 부부에게도 초대장을 보내줬으면 좋겠군."

"초대장은 블란체가 쓰기로 했는데요." 아내는 당황해서 대답했다. "곤트 부인이요."

"그 사람한테는 쓰지 않을 거예요." 키 크고 우아한 곤트 부인이 얼굴을 조금 쳐들고 대답했지만, 바로 다시 고개를 숙였다. 스타인 경의 기분을 언짢게 해놓고 그의 눈을 똑바로 바라보는 것은 상책이라 할 수 없었다.

"아이들을 내보내지. 자, 어서!" 그는 끈을 잡아당겨 종을 울리며 말했다. 언제나 할아버지 앞에서는 벌벌 떠는 아이들은 얼른 자리를 떴다. 아이들 어머니도 함께 가려고 했다. "너는 안 된다. 여기 있거라." 스타인 경이 가로막았다.

그는 다시 아내에게 말했다. "여보, 한 번 더 책상 앞에 앉아 크롤리 중령 부부에게 보낼 초대장을 써주지 않겠소?"

"아버님, 저는 그런 모임에는 참석하지 않을 겁니다." 곤트 부인이 옆에서 말했다. "저는 친정에 다녀오겠어요."

"오히려 내가 그러라고 부탁하고 싶구나. 그리고 계속 그쪽에 있어도 좋다. 베어에이커스 집안에는 집행관이라는 멋진 손님이 와 있을 테니까. 덕분에 이쪽은 네 친척들에게 돈을 빌려줘야 할 걱정도 없어질 테고, 비극의 주인공 같은 네 꼬락서니를 안 봐도 될 테니 감사하고 싶을 정도야. 네가 이 집에서 명령하는 소리를 듣는 건 참을 수가 없단 말이다. 너는 돈도 없고 머리도 나빠. 이 집에 아이를 낳으러 왔지만 그것도 못했지. 곤트도 너한테는 진저리가 난 상태야. 이 집에서 네가 죽는다고 울어줄 사람은 조지의 마누라뿐일걸. 네가 죽으면 곤트는 또 다른 사람하고 결혼할 테고."

"죽을 수 있다면 그러고 싶군요." 곤트 부인은 눈가에 눈물과 분노를 드러내며 말했다.

"그야 네 입장에서는 덕이라도 있는 척해야겠지. 하지만 다들 알다시피, 성녀처럼 티 하나 없고 태어나서 나쁜 짓이라곤 해본 적 없는 내 아내조차도 내, 젊은 친구 크롤리 부인을 만나는 것에 대해 뭐라 잔소리를 한 적이 없거든. 아무리 점잖은 숙녀라도 겉보기만으로는 알 수 없고, 아무리 깨끗한 여자라도 헛소문이 자주 나돈다는 것을 내 아내는 잘 알고 있어. 그래, 이참에 네 어머니인 베어에이커스 부인에 대한 재미있는 이야기를 좀 들려줄까?"

"혹시 저를 때리고 싶으신 거라면 마음대로 하세요. 아무리 심한 말을 들어도 상관없어요." 곤트 부인이 말했다. 아내와 며느리가 괴로워하는 모습을 보면 후작은 언제나 기분이 좋아졌다.

"우리 귀여운 블란체. 나는 신사란다. 귀여워해줄 때 말고는 한 번도 여자에게 손을 댄 적이 없어. 나는 단지, 너한테도 단점이 좀 있으니 그것을 고쳐주고 싶은 것뿐이야. 이 자리에 몰 신부가 있었다면 분명 네 시어머니를 붙들고 이야기했겠지만, 정말이지 여자들은 자존심이 너무 세고 겸손함이 부족해서 탈이거든. 그렇게 잘난 척만 하면 안 되지. 솔직하고 겸손할 줄도 알아야 한다. 네 시어머니라면 알겠지만, 단순하고 유쾌한 크롤리 부인은 이런저런 소문이 나돌긴 해도 사실은 아주 순진한 사람이야. 어쩌면 이 사람보다 더 순수할지도 몰라. 그녀의 남편은 그리 괜찮은 사람은 아니지만, 그거야 네 아버지도 비슷하지 않느냐. 가끔 도박을 하지만 제법 실력이 있는 편이고, 네가 받을 예정인 유일한 유산을 어물어물 넘겨버려서 너를 거지나 다름없는 처지로 만들어 내 앞에 내놓는 구석이 말이야. 그리고 크롤리 부인은 태생이 그리 좋지 못하지만, 그래도 패니의 위대한 선조이신 초대 드 라 존스보다 뒤떨어지진 않을 게다."

"저는 이 집에 돈을 가지고 왔어요, 아버님." 차남 조지 경의 아내 패니가 소리쳤다.

"너는 그 돈으로 어쩌면 장차 너희 부부에게 돌아올지도 모르는 상속권을 산 셈이잖느냐." 후작이 어두운 표정으로 말했다. "만약 형인 곤트가 죽기라도 하면 네 남편 조지가 뒤를 잇겠지. 그리고 그건 다시 아이들한테 물려주게 될 테고, 그 밖에 또 뭐가 굴러들지 모르는 일이야. 그건 그렇다치고 너희들, 밖에서는 아무리 잘난 척 교양 있는 척해도 상관없지만, 부디 내 앞에서는 그러지 말길 바란다. 크롤리 부인의 품성에 대해 변호할 필요가 있는 것처럼 말하는 것조차 나나 그 순진무구하고 나무랄 데 없는 사람에 대한 모욕이야. 내가 이 집에 부르는 사람이라면 누구나 마찬가지지만, 그녀가 와도 진심으로 환영해 줘야 한다. 이 집 말이지?" 그는 크게 웃음을 터트리며 외쳤다. "누가 이 집의 주인이냐? 그리고 이 집이 무슨 집이지? 이 미덕의 전당은 내 것이란 말이다. 젠장, 내가 뉴게이트 감옥의 모든 죄수와 정신병원의 환자들을 다 끌고 와도 반드시 열렬히 환영해야 한단 말이다."

집안 사람들이 복종하지 않으려는 낌새가 느껴질 때마다 스타인 경은 바로 그의 '하렘' 여자들에게 이렇듯 엄격한 설교를 했고, 그러면 여자들은 어쩔 수 없이 시키는 대로 따를 수밖에 없었다. 곤트 부인은 후작의 요구대로 초대장을 썼다. 그리고 동서와 함께 일부러 마차를 타고 외출해서, 괴롭고 모욕적인 심정으로 로든 크롤리 부인의 집에 명함을 두고 온 것이었다. 순진한 레베카가 그 명함을 받고 얼마나 기뻐했는지는 앞에서 말한 대로이다.

이렇게 높은 귀부인의 손에서 그 영광을 받을 수 있다면 1년 수입을 다 내던져도 좋다는 생각마저 하는 가족이 런던에는 얼마든지 많이 있다. 예를 들어 프레더릭 블록 부인이라면, 스타인 후작부인과 곤트 경 부인이 시내에서 기다리다가 그녀를 일으켜주며 "금요일에 우리 집에 와주세요." 말해주면 메이페어에서 롬바드 거리까지 무릎으로 걸어갔을지도 모른다. 누구나 갈 수 있는 곤트 하우스의 초대연이나 대무도회가 아니라, 참석을 허락받는 게 하나의 특권이자 명예로운 축복일 만큼 신성하고 감히 다가갈 수 없으며 신비롭고 감미로운 연회에 초대받은 것이기 때문이다.

엄격하고 흠잡을 데 없이 아름다운 곤트 부인은 허영의 시장에서도 가장 높은 지위에 있었다. 그런 그녀를 대하는 스타인 경의 더없이 정중한 태도는 옆에서 보고 감탄하지 않는 이가 없었고, 아무리 까다로운 사람이라도 그가 나무랄 데 없는 신사이며 적어도 인정미가 있는 사람이라는 것을 인정하게 되는 것이었다.

곤트 하우스의 여인들은 공통의 적을 무찌르기 위해 힘을 보태달라는 뜻으로 베어에이커스 백작부인을 부르기로 했다. 곤트 부인의 마차 가운데 하나가 그녀의 어머니를 마중하기 위해 힐 거리로 떠났다. 베어에이커스 백작부인의 마차는 모두 집행관의 손에 차압당했기 때문이다. 그녀는 보석이나 옷들까지도 몰인정한 유대인들에게 압수당했다고 한다. 베어에이커스 성 역시 값비싼 그림과 가구, 골동품과 함께 그들 손에 넘어가고 말았다. 그중에는 더없이 훌륭한 반다이크 작품, 기품이 넘치는 레이놀즈의 그림, 요란하고 아름다우며 30년 전에는 진정한 천재의 작품처럼 대접받았던 로렌스의 초상화, 베어에이커스 백작부인이 처녀시절에 이탈리아의 조각가 카노바에게 자신을 모델로 작품을 만들어달라고 주문했던 '춤추는 님프' 같은 걸작도 포함되어 있었다. 그 무렵에는 베어에이커스 백작부인도 나무랄 데 없는 부와 지위와 미모를 빛냈지만, 이제는 이가 빠지고 머리도 벗어진 할머니였다. 별일은 아니다. 옛날 예복이 지금은 그냥 넝마가 되어 남아 있는 것과 마찬가지다. 비슷한 시기에, 로렌스 화백에게 시슬우드 기마병 대령 제복을 입고 베어에이커스 성 앞에서 검을 휘두르고 있는 모습을 그리도록 시켰던 그녀의 남편도, 이제는 외투를 입고 브루터스 가발을 쓴 주름투성이에 구부정한 노인이 되어버렸다. 그는 아침이면 자주 변호사 회관 주변을 살금살금 걸어 다니거나 클럽에서 혼자 식사를 했다. 그는 이제 스타인 경과 함께 식사하는 것을 좋아하지 않았다. 젊은 시절에는 둘이 함께 재미삼아 경쟁을 하고는 했는데, 그 무렵에는 베어에이커스가 이겼다. 그러나 스타인 경은 저력이 있어서 결국 베어에이커스보다 오래 버텼다. 스타인 후작은 1785년 즈음 젊은 곤트 경 시절에 비해서 열 배는 더 위대해졌지만, 베어에이커스는 이제 회생할 가망이 없었고 늙고 지친 패잔병으로서 여생을 보내고 있었다. 그는 스타인에게 많은 돈을 빌린 상태였기에 옛친구를 만나기가 껄끄러웠다. 스타인은 기분을 띄우고 싶을 때면 늘 며느리인 곤트 부인에게 네 아버지는 왜 너를 만나러 오지 않느냐고 비웃듯이 묻곤 했다. "벌써 4개월이나 만나지 못했잖아?" 스타인 경은 이렇게 말했다. "베어에이커스가 언제 찾아왔는지는 나중에 내 수표책만 찾아보면 금방 알 수 있지. 내가 한쪽 며느리 친정에 돈을 빼앗기면 다른 한쪽 며느리 친정에서 돈을 갖다 맡기니까, 얼마나 안심되는지 몰라. 안 그래?"

베키가 처음으로 곤트 하우스의 모임에 초대받았을 때 만난 다른 유명 인사들에 대해서는 그리 많은 이야기를 할 수가 없다. 그곳에는 피터와라딘 공작 각하가 부부 동반으로 참석했다. 공작은 군인답게 가슴이 넓었고, 허리띠를 꼭 조이고 가슴에 커다란 훈장을 빛내고 있었으며, 목에는 붉은 옷깃에 목걸이형 기사훈장을 걸고 있었다. 그는 수많은 양들을 소유하고 있었다. "저분 얼굴 좀 보세요. 분명히 양의 자손일 거예요." 베키는 스타인 경에게 속삭였다. 그러고 보니 공작 각하의 얼굴은 길고 진지하고 피부도 희었는데 목에 장식까지 붙어 있으니 어쩐지 무리를 이끄는 늙은 양과 비슷해 보였다.

명의상으로는 미국 대사관원이고 사실은 뉴욕 데마고그 신문의 통신원인 존 폴 제퍼슨 존스도 참석했다. 그는 만찬에서 이야깃거리가 잠시 끊어지자 다른 사람들의 호감을 살 생각에 스타인 경 부인에게 "조지 경은 브라질이 마음에 든답니까?" 물었다. 그와 조지 곤트는 나폴리에 있을 때 꽤 친하게 지냈고, 함께 베수비오 화산에 올라간 적도 있었기 때문이다. 존스 씨는 이 만찬회에 대해 길고 상세한 기사를 써 보내, 얼마 후 그것이 데마고그 신문에 실렸다. 그는 출석자 이름과 칭호를 모두 쓰고, 주된 인물들의 약력을 덧붙였다. 여성들 용모를 달필로 묘사했으며, 식기와 하인들의 체격 및 옷차림에 대해서도 썼다. 또한 만찬 음식과 술은 무엇이 나왔는지, 식기 테이블 장식은 어땠는지, 식기의 가격까지 대략적으로 써놓았다. 이 정도 성찬을 내놓으려면 한 사람당 15달러에서 18달러는 들었을 것이라고도 적었다. 또한 자신은 선대 후작과 친한 사이였던 만큼 바로 얼마 전까지는 남들 부탁을 받아 스타인 후작에게 들고 갈 소개장을 써주었다고 했다. 그는 식당에 들어갈 때 사우스다운 백작이라는 애송이 귀족이 자신보다 먼저 들어갔다고 매우 분개해서 다음과 같이 써놓기도 했다. "내가 아주 인상 좋고 재치 넘치는 사교 부인, 재기발랄하고 함부로 접근하기 어려운 로든 크롤리 부인에게 손을 빌려주기 위해 그녀에게 다가간 순간, 그 젊은 귀족이 나와 부인 사이를 비집고 들어와서 사과 한 마디도 없이 나의 헬레네를 채어가 버렸다. 그래서 필자는 그 부인의 남편인 중령과 함께 후방을 맡는 수밖에 없었다. 덧붙여, 중령은 몸집이 크고 얼굴이 붉으며 워털루에서 무훈을 세운 용사이다. 뉴올리언스에서 미군의 손에 살해당한 영국군 동료와 비교하면 그는 행운아라 할 수 있다."

이러한 상류층 사람들 모임에 나온 중령은 마치 열여섯 살 소년이 누나 학교 친구들을 만났을 때처럼 얼굴을 붉히고 있을 뿐이었다. 우직한 로든은 철이 들고서 지금까지 여자들이 참석하는 자리에는 그리 익숙하지 않았다고 전에도 말한 적이 있다. 남자 상대라면 클럽에서든 군대 식당에서든 그는 잘 해나갈 수 있었다. 승마나 도박, 담배, 그리고 당구 승부에서도 누구를 상대하든 뒤지지 않았다. 그도 여자 친구를 사귀었던 시절이 있긴 했지만, 이미 20년 전 이야기였다. 그것도 희극(올리버 골드스미스의 〈지는 것이 이기는 것〉)에 나오는 청년 말로가 하드캐슬 양 앞에 나와 얼굴을 붉히기 전에 조금 사귀었던 여자들이나 마찬가지였던 것이다. 몇천 명이나 되는 허영의 시장 청년들이 매일 밤마다 다니는 도박장과 무도회장에 우르르 모이는 여자들—하이드 파크의 경마장이나 세인트 제임스 궁에 모이는 숙녀들 말고 그런 여자들도 있다는 사실이야 모르는 이가 없다. 하지만 고상한 척하는 부류들(상류층의 도덕적인 분들이란 말은 굳이 안 하겠다)이 모르는 척 무시하는 그런 여자들에 대해 감히 입에 올리면 안 되는 것이 당시의 추세였다. 다시 말해 크롤리 중령은 벌써 45세나 되었는데도 아내를 빼면 선량한 여자를 대여섯 명밖에 만나보지 못한 운명이었던 것이다. 이 중령님은 자신의 아내와 성품이 다정해 마음에 든 상냥한 형수 제인 외에 다른 여자는 누구든 겁이 났다. 그래서 그가 이렇게 처음으로 곤트 하우스에 초대받아 왔을 때도 딱 한 마디, "오늘은 날씨가 참 덥군요." 말한 것 말고는 그날 밤 내내 입을 열지 못했다. 사실 베키는 그를 집에 두고 오고 싶었지만, 정숙한 부인들이 이런 고상한 자리에 처음 나올 때는 부끄러워서 허둥거리기 마련이라 남편이 옆에 있어줘야 한다니 어쩔 수가 없었다.

베키가 처음으로 나타났을 때, 스타인 경이 나와서 그녀의 손을 잡고 지극히 정중하게 인사를 건네고는 아내와 며느리들을 소개해 주었다. 며느리들은 격식을 차린 인사를 건넸고, 후작부인은 손을 내밀어 악수를 청했다. 그러나 그 손은 대리석처럼 차갑고 생기가 없었다.

그래도 베키는 겸손한 태도로 감사히 그 손을 잡았다. 후작님은 가장 먼저 아버지를 인정해주고 후원해주신 분이었다, 그래서 자신도 어릴 적부터 스타인 가문을 존경해 왔다 하는 말들을 늘어놓았고, 마치 부인의 발밑에 엎드린 것처럼 보일 만큼 정중하게 몸을 숙여 인사했다. 그 몸짓은 일류 무용교사라 해도 손색이 없을 정도였다. 사실 스타인 경이 죽은 그녀의 아버지 샤프의 그림을 두어 장 사준 적 있는데, 효녀인 이 고아는 그 호의를 매우 감사히 여겨 지금도 잊지 못하고 있었다.

베키는 베어에이커스 백작부인의 존재를 눈치챘다. 중령 부인은 그녀에게도 더없이 정중한 인사를 건넸지만, 백작부인은 매우 거드름을 피우며 답했다.

"벌써 10년이 다 되어가는군요. 브뤼셀에서는 실례가 많았습니다." 베키는 매우 애교 있는 태도로 말했다. "부인과는 워털루전투 전야에 리치먼드 공작부인께서 주최하신 무도회에서 뵌 적이 있지요. 그리고 부인께서 블란체 아가씨와 함께 여관의 마차 승차장에서 마차에 맬 말을 찾아내기를 기다리셨던 것도 기억해요. 부인의 소중한 다이아몬드는 무사한가요?"

다들 옆 사람과 눈을 마주보았다. 아무래도 그 다이아몬드는 압수당한 모양이고 이미 다들 아는 사실이었지만 베키는 물론 전혀 모르고 있었다. 로든 크롤리는 사우스다운 경을 창가로 끌고 가서, 베어에이커스 백작부인이 말을 구하려 레베카에게 '고개를 숙였다'는 이야기를 들려주었다. 그러자 사우스다운 경은 다른 사람들이 듣는 것도 상관하지 않고 큰 소리로 웃었다. '저 여자는 겁낼 필요 전혀 없지.' 베키는 생각했다. 실제로 베어에이커스 백작부인은 분노에 젖은 섬뜩한 눈빛을 딸과 주고받은 뒤 테이블 쪽으로 물러나서 그림을 보는 데 열중하는 척했다.

다뉴브 지방의 대공이 모습을 드러내자 대화는 프랑스어로 이루어졌다. 베어에이커스 백작부인과 그녀의 딸은 더더욱 부아가 치밀었는데, 로든 크롤리 부인이 그녀들보다 프랑스어가 훨씬 능숙하고 발음도 매우 훌륭했기 때문이다. 베키는 1816~7년 사이에 병사를 이끌고 프랑스로 침투한 헝가리 쪽 다른 제후들을 만나본 적이 있어서, 그분들의 안부에 대해 매우 큰 흥미를 가지고 열심히 물어보았다. 그래서 이 외국 저명인사는 그녀가 아주 신분이 높은 부인이라고 생각하게 되었다. 대공이 스타인 경 부인의 손을 잡고 대공 부인은 스타인 경에게 손을 빌려주면서 식당으로 들어갈 때, 그들 부부는 모두 그 프랑스어를 잘하는 귀여운 부인이 누구인지 물어보았다.

마침내 사람들은 앞서 말한 미국 외교관 겸 신문기자가 쓴 기사내용과 같은 순서로 늘어서서 연회장으로 들어갔다. 이처럼 약속대로 독자를 연회장까지 안내했으니, 이제부터는 각자 자유롭게 좋아하는 음식을 배불리 먹었다고 상상해주시기 바란다.

식사를 마치고 여인들만 객실로 자리를 옮겼을 때, 베키는 드디어 이제부터가 격전의 시작임을 눈치챘다. 이 자그마한 여자는, 스타인 경이 진작부터

"자신보다 신분이 높은 부인들의 사회에 끼어들 때는 조심하는 편이 좋다"고 충고해 주었던 것을 떠올리고, 자신이 그 말을 실감할 수 있는 처지에 놓였음을 깨달았다. 아일랜드인을 가장 미워하는 사람은 아일랜드인이라는 말처럼, 여자를 가장 싫어하는 것도 여자인 것이다. 여자들끼리 모이게 되자 가엾은 베키는 귀부인들이 모여 있는 난로 쪽으로 다가갔지만, 그녀들은 슬쩍 일어나서 그림 테이블 등이 놓여 있는 곳으로 자리를 옮겼다. 그리고 베키가 그 테이블 쪽으로 가면 귀부인들은 한두 사람씩 일어나서 다시 난롯가로 가버렸다. 그녀는 아이들 중 하나(사람들 앞에 나올 때면 그녀는 아이들이 매우 좋아지고는 했다)를 붙들고 무슨 이야기를 하려고 했지만, 그 아이는 조지 곤트 경의 아들이었기 때문에 어머니가 부르자 바로 가버리고 말았다. 이렇듯 처음 모임에 얼굴을 내민 베키가 너무 심한 대우를 받는 것을 보자, 후작부인은 아무래도 가엾다는 생각이 들었다. 부인은 이 따돌림 당하는 작은 여자에게 다가가 말을 걸었다.

"제 남편이," 말을 꺼내자 그녀의 창백한 뺨이 붉게 달아올랐다. "당신은 노래와 피아노 연주가 아주 능숙하다고 하더군요, 크롤리 부인. 내게도 노래를 한 곡 들려주지 않을래요?"

"후작님과 부인께서 기뻐해주신다면 무엇이든 해드리겠습니다." 베키는 진심으로 감사히 생각하면서 당장 피아노 앞에 앉아 노래를 부르기 시작했다.

그녀는 스타인 후작부인이 처녀시절에 매우 좋아했던 모차르트의 종교가곡을 불렀다. 그 노랫소리가 아주 아름다워서 마치 몸에 스미는 느낌이었으므로, 피아노 옆에서 서성거리던 스타인 후작부인은 옆에 앉아서 귀를 기울이다가 결국에는 눈물을 한 방울 떨어트렸다. 반발하는 귀부인들이 방 맞은편에서 큰 소리로 시끄럽게 떠들어댔지만, 스타인 후작부인의 귀에 그런 소음은 전혀 들어오지 않았다. 그녀는 다시 어린 시절로 돌아간 느낌이 들었다. 40년 동안의 황량한 인생길을 따라 옛날 수도원의 안뜰까지 헤매어 돌아간 것만 같았다. 그 행복했던 소녀시절, 지금 레베카가 부르는 것과 같은 곡조가 예배당 풍금에서 울려 퍼지고 있었다. 언제나 그 풍금을 연주했던 사람은 수도원에서 가장 사이좋게 지낸 수녀였는데, 이 곡을 그녀에게 가르쳐준 것도 그 수녀였다. 그녀는 다시 소녀로 돌아간 느낌이었다. 짧았던 그 행복의 날이 그녀 위에서 한 시간쯤 다시 피어난 것만 같았다. 그러나 끼익 하고 문이 열리더니, 스타인 경의 커다란 웃음소리와 함께 한창 흥이 오른 남자들이 왁자지껄 들어오는 바람에 그녀는 깜짝 놀라 정신을 차렸다.

스타인 경은 자기가 없는 동안 무슨 일이 있었는지 한눈에 알아보았다. 그리고 이때만은 아내에게 고마운 마음이었다. 그가 아내에게 다가가서 드물게도 '메리'라고 불러주자, 부인은 창백한 얼굴이 다시 발갛게 달아올랐다. "아내의 이야기를 들어보니, 당신이 천사처럼 노래를 불렀다고 하는군요." 스타인 경은 베키에게 말했다. 그러나 천사란 것은 두 종류가 있다. 물론 둘 모두 저마다 매력이 있기는 매한가지이지만.

그날 밤, 그전까지는 어땠는지 몰라도 후반은 베키에게 큰 승리나 다름없었다. 그녀는 최선을 다해 노래를 불렀고, 그 노랫소리가 너무나도 아름다웠기 때문에 남자들은 한 명도 남김없이 그쪽으로 다가가 피아노 주변을 에워쌌다. 그녀의 적인 귀부인들은 내버려지다시피 했다. 그리고 아무것도 모르는 폴 제퍼슨 존스 씨는 곤트 부인에게 다가가서 친구가 정말 노래를 잘 부른다 칭찬했고, 딴에는 성공적인 대사였다고 착각했다.

제50장
가난한 집안에 생긴 일

이 희극적인 이야기를 내려다보는 뮤즈여. 그 아홉 명 중 누구인지는 모르나, 지금까지 지켜보던 높은 귀족들 사회에서 내려와 이번에는 다시 브롬프턴에 있는 세들리 씨의 가난한 전셋집을 찾아가서 우리에게 그 집에서 일어난 사건들을 보여주길 기원한다. 이 볼품없는 집안에도 걱정과 의혹과 놀라움이 존재했다. 부엌에 있는 클랩 부인은 남편과 수군수군하면서, 계속 집세를 받지 않으면 곤란하지 않느냐고 투덜거리거나, 옛날에는 여러모로 신세졌을지 모르지만 지금은 세 들어 사는 입장이니 할 말이 있으면 다 해야 한다며 사람 좋은 클랩 씨를 들들 볶았다. 세들리 부인은 이제 더는 부엌으로 내려오지 않았다. 그녀는 더 이상 클랩 부인 앞에서 마님 행세를 할 수 없게 되었던 것이다. 40파운드나 빚을 졌고 계속 그 돈을 갚으라고 압박하는데, 어느 누가 고개를 빳빳이 쳐들고 있을 수 있겠는가? 아일랜드 출신 하녀는 여전히 친절하고 공손했지만, 세들리 부인은 그 하녀가 점점 은혜를 잊고 거만해지는 것처럼 느꼈다. 죄 지은 도둑이 제 발 저리듯, 그 하녀가 별 생각 없이 한 말이나 대답 속에 은근한 비아냥거림과 조롱이 숨어 있다고 생각하며 기분 나빠했다. 이처럼 속이 꼬인 노부인은 이제 어엿한 처녀가 된 클랩 양도 못 견디게 뻔뻔스러운 계집애라고 여기고 있었다. 어째서 아밀리아가 그 처녀를 그리도 귀여워하고 자기 방으로 부르고 싶어 하며 늘 함께 외출하고 싶어 하는지, 세들리 부인으로서는 이해할 수가 없었다. 가난의 괴로움이 한때 밝고 다정했던 이 부인의 생활을 뒤틀어버린 것이다. 그녀는 아밀리아가 변함없이 다정하게 대해주어도 고맙다는 생각을 하지 않았고, 친절하게 이것저것 돌봐주려고 하면 오히려 이죽거리기 일쑤였다. 아이 자랑에 열을 올리느라 부모를 소홀히 한다고 욕을 퍼붓기도 했다. 아무튼 조지의 집은 조스 삼촌의 송금이 끊긴 뒤로 분위기가 매우 가라앉았고, 이들 가족은 겨우 굶주리지 않을 만큼만 연명하고 있었다.

얼마 안 되는 연금만으로는 가족이 먹고살기 힘들었으므로, 아밀리아는 무언가 달리 수입을 얻을 길이 없을까 하고 머리를 짜냈다. 학생을 모아 가르칠 만한 일이 없을까? 명함첩에 그림이라도 그려볼까? 세공품을 만들어 볼까? 다른 여자들이 하루에 2펜스를 벌기 위해 자신은 흉내도 못 낼 만큼 열심히 일하고 있다는 사실을 그녀는 잘 알고 있었다. 아밀리아는 직접 장식용품점에 가서 금박 브리스톨 판지를 두 장 사와서, 그 위에 최대한 실력을 발휘해 그림을 그렸다. 한 장에는 빨간 조끼를 입은 양치기와 연필화 풍경 한가운데에서 미소 짓는 분홍색 얼굴, 다른 한 장에는 양치기 소녀가 강아지를 데리고 작은 다리를 건너는 장면을 명암법을 활용해서 그럭저럭 잘 그려놓았다. 브롬프턴의 장식용품 및 미술품 상점 주인(아밀리아는 자신이 그림을 그려서 가져가면 도로 사줄 것을 기대하고 그곳에서 판지를 산 것이었다)은 그 서투른 작품을 보자 쓴웃음을 감추지 못했다. 그는 가게에서 기다리는 아밀리아에게 곁눈질을 하면서, 그 두 장의 그림을 원래대로 흰 색이 도는 갈색 포장 봉투에 넣어서 그녀와 클랩 양에게 돌려주었다. 클랩 양은 그렇게 아름다운 그림은 태어나서 처음 본다고 생각했으므로, 주인이 적어도 2기니는 쳐줄 거라 여기고 따라왔던 차였다. 실망하면서도 작은 희망을 품고 시내의 다른 가게에 가보았다. "필요 없습니다." 어떤 가게에서 말했다. 또 다른 가게에서는 "나가요!" 외치며 거친 태도를 보이기도 했다. 결국 3~6펜스를 낭비하고 만 것이다. 그리고 그 그림은 여전히 그것이 매우 아름답다고 여기는 클랩 양의 침실에 걸리게 되었다.

아밀리아는 또다시 작은 판지에 가능한 깔끔한 글씨로 오랜 고심 끝에 만든 광고문을 적었다. "한 부인이 시간을 내어 소녀들의 교육을 맡고자 합니다. 교육과목은 영어, 불어, 지리, 역사, 음악─연락은 브라운 씨 가게로, A. O." 그녀는 그것을 미술품 상점 주인에게 부탁해서 가게 계산대 위에 놓아두었다. 그 카드는 점차 더러워졌고 파리가 그 위에 알을 낳기도 했다. 아밀리아는 브라운 씨가 무슨 소식을 전해주지 않을까 싶어서 간절한 얼굴로 몇 번이나 그 앞을 지나쳐갔지만, 그가 그녀를 불러들인 적은 한 번도 없었다. 그녀가 살 것이 있어서 들렀을 때도 아무 말이 없었다. 가엾으리만치 섬세하고 연약하며 단순한 여인이여, 그대는 이 고달픈 세상과 어떻게 맞서 나가려는 것인가.

아밀리아는 나날이 야위고 슬퍼 보였으며, 걱정스러운 눈으로 아이를 가만히 들여다보고는 했다. 어린 아들은 그 의미를 알 수 없었다. 그녀는 밤이 면 아이가 잘 자고 있는지, 혹시 누가 데려가지는 않았는지 확인하기 위해 갑자기 뛰쳐나가 아이 방을 슬쩍 들여다보기도 했다. 최근 아밀리아는 거의 잠을 잘 수가 없었다. 늘 근심과 두려움으로 고민하고 있었기 때문이다. 길고 고요한 밤이면 얼마나 울며 기도를 드렸는지 모른다. 이제는 정말로 아이를 놓아주어야 할 때다, 자신만 물러나면 아이는 행복해질 수 있다. 이런 생각들이 애써 떨쳐버리려 해도 끈질기게 따라붙는 것이었다. 하지만 아이를 내놓을 수는 없었다. 적어도 지금은 싫었다. 앞으로 조금만 더. 아, 하지만 생각만 해도 괴로웠다. 도저히 참을 수가 없었다.

어떤 생각이 머릿속에 떠올라 홀로 얼굴을 붉히거나 자신을 외면하고 싶어지기도 했다. 그것은 부모에게 연금을 양도하고 자신은 부목사 비니 씨와 결혼해서 아들과 함께 그 사람의 집안으로 들어간다는 생각이었다. 그러나 죽은 남편 조지의 모습과 그리운 추억이 그녀를 나무라는 느낌이 들었다. 수치와 사랑이 그 희생을 반대했다. 아밀리아는 무언가 더러운 것에서 몸을 피하듯이 그런 생각에서 빠져나오려고 했다. 그리고 그런 생각은 그녀의 깨끗하고 다정한 가슴속에 오랫동안 발붙이지 못하고 사라졌다.

내가 한두 문장으로 쓴 마음의 고통은 가엾은 아밀리아에게는 몇 주일이나 계속된 현실이었다. 더구나 그동안 그녀는 그 문제에 대해 터놓고 이야기할 만한 상대도 없었다. 사실 그런 상대를 만들 수 없었던 것은 그녀에게 남의 말을 들을 마음이 없었기 때문이기도 했다. 정작 맞서 싸워야 하는 적 앞에서는 매일같이 양보만 하면서 말이다. 움직일 수 없는 현실이 아밀리아를 향해 조용히 슬금슬금 다가와서 발밑을 점거해 갔다. 가족들의 빈곤과 비참한 생활, 부모의 몰락과 아이에게 가능한 모든 것을 해주고 싶다는 소망— 그러한 불행이 꿈틀꿈틀 접근해 와서는, 이 불쌍한 여인이 가장 사랑하는 소중한 아들을 필사적으로 지켜주는 작은 성 주변 성채를 차례차례 허무는 것이었다.

이처럼 투쟁이 시작됐을 무렵, 그녀는 캘커타에 있는 오빠에게 절실히 애원하는 편지를 써서 부모님에게 송금하는 것을 중단하지 말아달라고 부탁했다. 그리고 자기들의 비참한 상황을 꾸밈없는 말로 절절히 써 보냈다. 아밀리아는 진실을 모르고 있었던 것이다. 사실 조스는 지금도 제대로 송금을 하고 있었지만, 그 돈은 시내의 대금업자 손에 들어갔다. 세들리 노인이 아무 성과도 없는 계획을 실행하기 위해 그 송금을 담보로 돈을 얼마 빌렸기 때문이다. 그러한 사실을 모르는 에미는 편지가 인도에 도착해서 답장이 올 때까지 얼마나 시간이 걸릴까 열심히 헤아려보았다. 그녀는 그 편지를 보낸 날짜를 수첩에 적어두었다. 아들의 후견인인 마드라스에 있는 사람 좋은 소령에게는 자신의 슬픔과 어려움에 대해 조금도 알리지 않았다. 아밀리아는 그가 곧 결혼한다니 축하한다는 편지를 보낸 뒤로 소식을 전하지 않았던 것이다. 그녀는 친구, 자신을 그토록 아껴주던 유일한 벗이 멀리 떠나버렸다고 생각하고 매우 실망했다.

어느 날, 집안 사정은 아주 곤란한 지경에 빠졌다. 빚쟁이들이 몰려오고, 어머니는 히스테리를 일으켜 울부짖고, 아버지는 평소보다 더 침울해져 있었다. 모두가 각자에게 닥친 불행을 슬퍼하며, 지독한 꼴을 당하고 있다 생각했다. 자포자기 상태로 서로 얼굴도 보려 하지 않았고, 무엇 하나 해결될 구석이 보이지 않는 상황이었다. 그날 아버지와 딸은 우연히 단둘이 남게 되었다. 그때 아밀리아는 자신이 한 일을 이야기해서 아버지를 위로하려고 했다. ―저, 조지프 오빠에게 편지를 보냈어요. 서너 달만 지나면 답장이 올 거예요. 오빠는 깜빡했을 뿐이지 절대로 돈을 아까워하는 게 아니에요. 아버지와 어머니가 이런 곤경에 처했다는 사실을 알면 절대로 모른 척하지 않을 거예요.

그 말을 듣자 늙은 아버지는 사실을 털어놓을 수밖에 없었다. 즉, 조지프는 지금도 송금을 하고 있지만 자신이 무분별하게 그 돈을 대금업자한테 넘겨버렸다는 사실을 말이다. 좀 더 빨리 이야기하는 편이 좋았을 테지만, 도저히 입이 떨어지지 않았다. 노인이 떨리는 목소리로 슬프게 고백하자 그 순간 아밀리아의 얼굴이 공포에 질려 창백해졌다. 그 모습은 어째서 지금까지 숨기고 있었느냐고 그를 탓하는 것만 같았다. "아!" 그는 입술을 떨면서 고개를 돌리고 말했다. "드디어 너도 이 늙은 아비한테서 정나미가 떨어졌겠구나!"

"오, 아버지! 그럴 리가 없잖아요." 아밀리아는 그렇게 부르짖으며 아버지의 목을 끌어안고 몇 번이나 입을 맞추었다. "아버지는 언제나 친절하고 좋은 분이세요. 그게 가장 좋은 길이라고 생각하셨던 거죠. 저는 돈 이야기 따위를 하는 게 아니에요. 저는 그저, 오, 신이여! 신이시여! 제게 자비를 베푸소서. 그리고 제기 이 시련을 견딜 수 있는 힘을 주소서." 그녀는 다시 아버지에게 격렬하게 입맞춤을 한 뒤, 일어나서 그 자리를 떠났다.

아밀리아가 어떤 심정으로 그런 말을 했는지, 어째서 갑자기 고통스러운 기색을 내비치며 자리를 떴는지 아버지로서는 알 길이 없었다. 그녀는 결국 굴복하고 말았다. 판결이 내려왔다. 아들은 어머니 곁을 떠나야 한다. 다른 사람의 집으로 가서 어머니를 잊어야만 한다. 그녀의 심장이자 보물이며 그녀의 기쁨, 희망, 사랑, 우상, 아니 신이나 다를 바 없는 아들! 그 아들을 그녀는 남에게 넘겨줄 수밖에 없게 된 것이다. 그녀는 죽은 남편 조지 곁으로 가고 싶다고 생각했다. 그래서 둘이 함께 아이를 지켜주며 언젠가 천국에 있는 부모 곁으로 올 때까지 기다리고 싶었다.

아밀리아는 거의 정신이 나간 상태에서 모자를 쓰고는 조지가 늘 학교에서 돌아오는 길, 그리고 그녀가 그때마다 마중하러 나가는 오솔길로 갔다. 5월 중순의 어느 반휴일이었다. 슬슬 푸른 잎이 돋아나는 계절이었고 날씨도 좋았다. 아들은 노래를 부르면서 교과서 꾸러미를 가죽 끈으로 묶어 매단 채 건강해 보이는 발간 얼굴로 그녀에게 뛰어왔다. 다녀왔니? 어머니는 두 팔로 아들을 끌어안았다. 아니, 절대로 싫었다. 이 아이와 헤어지는 것은 견딜 수 없었다. "엄마, 무슨 일 있어?" 아들이 물었다. "안색이 안 좋아."

"아무것도 아니란다, 우리 아들." 아밀리아는 그렇게 말하며 몸을 굽혀 아이에게 입을 맞추었다.

그날 밤 아밀리아는 아들에게 사무엘 이야기를 읽어주었다. 한나가 여호와께 기도 드려 얻은 아들 사무엘을 젖을 떼자마자 대주교 엘리 곁으로 보내서 신께 봉사하도록 했던 이야기였다. 아들은 한나가 올린 감사의 기도를 읽었다. 그 내용은 대충 이러했다. "여호와는 가난하게도 하시고 부유하게도 하시며 낮추기도 하시고 높이기도 하신다. 가난한 사람을 거름더미에서 일으키시며 힘으로는 이길 사람이 없도다." 아이는 사무엘의 어머니가 아들을 위해 작은 옷을 지어서 매년 제물을 바치러 올라갈 때 가져다주었다는 이야기도 읽었다. 아밀리아는 아이에게 그녀의 소박한 말로 이 슬픈 이야기에 대한 설명을 이것저것 해주었다. 사무엘의 어머니인 한나는 얼마나 아이를 사랑했는지 모른다. 하지만 신과의 약속 때문에 그를 놓아주어야만 했다. 어머니는 멀리 떨어진 집에서 작은 옷을 만들며 항상 사무엘을 생각했다. 사무엘도 분명 어머니를 잊지 않았을 것이다. 엄마는 그렇게 생각한다. 그리고 한나는 사무엘을 만나러 갈 수 있는 시기가 다가오면(세월의 흐름은 무엇보다 빠르니까) 얼마나 기뻐했는지 모른다. 사무엘은 영리하고 착한 아이로 자랐을 것이다. 이렇게 그녀는 설교를 조금 더해 조용하고도 엄숙한 목소리로 아이에게 이야기해 주었다. 처음에는 눈물을 꾹 참고 있었지만, 어머니가 사무엘을 만나러 가는 부분까지 오자 갑자기 목이 메어 말이 나오지 않았다. 다정한 마음에 감정이 복받친 나머지, 그녀는 아들을 가슴으로 끌어당겨 두 팔로 감싸 안고서 소리 없이 눈물을 흘렸다. 성스럽고도 고통스러운 눈물이었다.

결심을 굳힌 끝에, 아밀리아는 자신의 목적을 바로 실현하기 위해 가장 정당하다 싶은 방법을 궁리했다. 어느 날, 러셀 스퀘어의 오즈번 양(아밀리아는 그 집의 이름과 주소를 10년 가까이 써본 적 없었다—그 주소를 쓰고 있자니 자신의 처녀시절이나 그 무렵 일들이 떠올랐다) 앞으로 아밀리아가 보낸 편지 한 통이 도착했다. 그것을 본 오즈번 양은 얼굴을 빨갛게 물들이며, 테이블 맞은편 자리에 어두운 얼굴로 앉아 있는 아버지를 바라보았다.

아밀리아는 아들에 대한 생각을 바꾼 이유를 정직하게 써놓았다—아버지가 또다시 사업에 실패해서 이제는 완전히 몰락하고 말았다. 자신의 연금은 얼마 되지 않기 때문에 겨우 부모를 돌볼 정도이고, 조지에게 마땅히 해주어야 할 일들을 해줄 여유가 없다는 것이다. 그 아이를 떼어놓는 것은 너무나 괴로운 일이지만, 아이를 위해 신에게 의지하여 그 고통을 참을 생각이다. 분명 그쪽에서 아이가 행복하도록 가능한 모든 것을 해줄 것이라 믿는다—아이는 성질이 급하고 다른 사람의 지시를 받거나 잔소리 듣는 것을 매우 싫어하며, 대신 애정과 친절을 베풀면 쉽게 감동받는 편이다. 그녀는 이렇게 자신이 좋아하는 아들의 성격도 적어 놓았다. 그리고 추신에는 언제라도 아들을 만나게 해준다는 약속을 해서 서류로 보내 달라, 그 밖의 조건으로는 절대로 아이를 내주지 않겠노라고 썼다.

"뭣이? 그 자존심 부인께서 드디어 꺾였다고?" 오즈번 양이 편지를 읽어주자 오즈번 노인은 떨리는 목소리로 흥분해서 말했다. "군량전술에 굴복했다는 얘기로군. 하하! 그럴 줄 알았지." 그는 위엄을 지키며 평소처럼 신문을 읽으려고 했지만 도저히 그럴 수가 없었다. 그는 신문에 얼굴을 감추고 혼자서 큭큭 웃거나 거친 말을 내뱉었다.

마침내 그는 신문을 내던지고 평소처럼 무서운 얼굴로 딸을 노려보더니, 그 방 옆에 있는 서재로 들어갔다. 그곳에서 열쇠를 하나 가지고 나와 오즈번 양에게 던져 주었다.

"내 서재 바로 위에 있는 방─그 녀석이 쓰던 방─을 준비해 놓거라." 그가 말했다. "네, 아버지." 딸은 떨면서 대답했다. 그곳은 전사한 조지가 쓰던 방이었다. 그 방은 10년 넘게 닫힌 채로 있었다. 조지의 옷과 필기도구, 손수건, 채찍, 모자, 낚싯대와 사냥복 등 몇몇이 아직도 그곳에 남아 있었다. 그의 이름이 표지에 쓰여 있는 1814년 육군명부, 그가 글을 쓸 때 늘 사용하던 작은 사전, 어머니가 그에게 준 성서 등이 박차 하나와 10년치 먼지를 뒤집어쓴 마른 잉크병과 함께 벽난로 장식선반 위에 놓여 있었다. 아! 그 잉크병에도 잉크가 가득 차 있던 시절이 있었건만, 얼마나 긴 세월이 흐르고 얼마나 많은 사람이 죽어갔는가! 조지가 살아 있을 때와 마찬가지로 테이블 위에 놓여 있는 습자책에는 그의 필적이 남아 있었다.

오즈번 양은 하인들을 데리고 그 방에 들어간 순간 어쩐지 가슴이 벅차올랐다. 그녀는 하얗게 질려서 그 방의 작은 침대에 털썩 주저앉았다. "정말 기쁜 소식이네요, 아가씨. 정말로요." 가정부가 말했다. "이제 옛날처럼 행복한 나날이 돌아오겠죠, 아가씨. 물론 그 도련님도 분명히 행복하실 테고요! 하지만 메이페어 쪽에서는 도련님을 원망하는 사람도 있을 거예요, 아가씨." 그렇게 말하며 가정부는 창을 걸어 잠근 빗장을 젖히고 실내에 바람이 통하게 했다.

"그 여자한테 돈을 좀 보내주렴." 오즈번 씨가 나가기 전에 말했다. "부족함 없게 해줘. 100파운드 정도 보내 놓거라."

"그리고 저, 내일 가서 만나고 와도 될까요?" 오즈번 양이 물었다.

"좋을 대로 하거라. 아무튼 그 여자는 이 집에 들여놓지 말고. 알겠지? 런던의 모든 돈을 다 싸들고 와도 절대 들여놓지 마라. 그래도 앞으로는 부족함 없이 살게 해줘야겠지. 잘 생각해서 실수가 없도록 해라." 오즈번 씨는 딸에게 이런 말을 남기고 늘 다니던 길을 지나 시내로 나갔다.

"자, 아버지. 여기 돈이 좀 있어요." 그날 밤, 아밀리아는 이렇게 말하며 아버지인 세들리 노인에게 입을 맞추고 100파운드 지폐를 손에 쥐여주었다. "그리고…… 그리고요, 어머니. 조지한테 차갑게 대하지 마세요. 그 애는…… 그 애는 이제 곧 이 집을 떠나거든요." 그녀는 더 이상 말을 잇지 못했다. 입을 다물고 자기 방으로 돌아가버렸다. 우리는 그 방문을 꼭 닫아놓고, 그녀의 기도와 슬픔을 방해하지 말도록 하자. 이토록 깊은 애정과 슬픔에 대해서는 긴 말을 하지 않는 편이 가장 좋으리라.

오즈번 양은 미리 편지로 약속한 대로 다음날 아밀리아를 만나러 왔다. 두 사람의 만남은 꽤 우호적이었다. 아밀리아는 잠시 오즈번 양의 얼굴을 들여다보고 대화를 나눈 것만으로도, 이 여자라면 적어도 아이의 사랑을 독차지할까봐 걱정할 필요가 없음을 느낄 수 있었다. 오즈번 양은 불친절하지는 않았지만 냉정하고 분별력 있는 여자였다. 상대가 더 젊고 아름다우며 정이 많은 온화한 사람이었다면 아마 아밀리아도 그렇게 안심할 수는 없었을 것이다. 한편 오즈번 양은 옛일들을 떠올리고 아밀리아의 가엾은 처지를 동정하지 않을 수가 없었다. 아밀리아는 마침내 굴복하여 무기를 버리고 얌전히 항복했다. 그날 두 사람은 항복조약을 위한 예비교섭을 한 셈이다.

이튿날 조지는 학교에 가지 않고 고모를 만났다. 아밀리아는 그 둘만 남겨둔 채 자기 방으로 들어갔다. 이별의 괴로움을 시험해본 것이다. 마치 레이디 제인 그레이 (헨리 7세의 증손녀로 여왕/즉위 9일 만에 참수됨)가 자신의 가느다란 목에 닿을 큰 도끼날을 만져보듯 말이다. 합의와 방문, 준비를 하는 사이에 며칠이 지났다. 아밀리아는 조지에게 그에 대해 매우 조심스럽게 말해주었다. 아들이 그 말을 듣고 깜짝 놀랄 것이라 생각했기 때문이다. 그러나 아들은 놀라기는커녕 오히려 매우 기뻐했다. 그 반응에 가엾은 아밀리아는 슬프게 고개를 돌릴 수밖에 없었다. 아들은 그날 학교에 가서 친구들에게 자랑스럽게 그 이야기를 했다— 나는 할아버지 집에서 살게 됐어. 아버지의 아버지고, 학교에 가끔 오는 할

아버지 말고 다른 분이야. 나는 엄청난 부자가 돼서 마차랑 조랑말도 갖게 될 거야. 그리고 여기보다 훨씬 좋은 학교에 갈 거야. 그러면 내가 반장의 필통도 사주고 과자 파는 아줌마한테 돈도 낼게―그를 눈에 넣어도 아프지 않을 만큼 귀여워하는 아밀리아도 생각했다시피, 이 아이는 정말이지 모든 면에서 죽은 남편을 쏙 빼닮았던 것이다.

조지가 어머니 곁을 떠날 때까지 일어난 모든 이야기를 다 하는 것은, 아밀리아의 심정을 생각해보면 도저히 못할 짓이다.

마침내 그날이 와서 마차가 도착했다. 애정의 증표와 기념품 등을 넣은 작고 볼품없는 꾸러미들이 오래전부터 현관 앞에 준비되어 있었고, 조지는 얼마 전 양복점에서 치수를 재러 직접 찾아와 맞춘 새 옷이 완성되어 그것을 입고 있었다. 그는 그날 아침 해가 뜨자마자 일어나서 새 옷으로 갈아입은 것이다. 바로 옆방에 누워 있던 어머니는 그 소리에 눈을 뜨고 뭐라 말할 수 없는 슬픔에 잠겨 있었다. 아들의 생활용품을 사놓거나, 그의 책과 셔츠 등에 이름을 써주고 여러 가지 이야기를 들려주었으며, 환경이 바뀌어 갈팡질팡하지 않도록 예비지식을 일러주고―아이에 대한 걱정 때문에 그런 준비가 필요하다고 생각했던 것이다―그녀는 그렇게 며칠 전부터 이날을 위한 준비를 갖춰왔다.

그러나 아들은 그저 변화가 생긴다는 것을 반기고 있었다. 그는 오랫동안 그것을 바라왔다. 할아버지 집에 가서 살게 되면 이렇게 할 거다, 저렇게 할 거다 하고 여러 계획을 열심히 말하는 모습에 아밀리아는 아들이 어머니와 이별하는 것을 전혀 슬퍼하지 않는다는 사실을 깨달았다. "나, 조랑말을 타고 언제라도 엄마를 보러 올 거야." 그는 이렇게 말했다. "나, 마차를 타고 엄마를 데리러 올게. 공원에 가자. 그리고 엄마가 원하는 건 전부 사줄게."

어머니는 이처럼 이기적인 애정표현을 들은 것만으로 만족하려 했다. 아이가 자신을 진심으로 사랑한다는 것을 믿으려 했다. 아들은 틀림없이 나를 사랑한다. 아이들은 다들 특이한 것만 보면 폭 빠져버리는 법이니까. 그리고 아이는 이기적인 게 아니라 자기 마음대로 해보고 싶은 것뿐이다. 아이들도 세상의 즐거움이나 야심을 만족시켜야겠지. 나야말로 자신의 이기적이고 분별없는 애정으로 지금껏 아이가 마땅히 누렸어야 하는 특권과 즐거움을 거부해 오지 않았던가. 그녀는 그런 식으로 생각해 보았다.

여인이 이렇게 마음이 약해져서 자신을 비하하고 경멸하는 것보다 고통스러운 일은 없을 것이다. 여자들은 상대 남자의 잘못이 아니라 자기가 나쁜 거라고 말하며 모든 죄를 뒤집어쓰려 한다. 짓지도 않은 죄로 기꺼이 벌을 받고 싶어 하면서, 진짜 범인을 자신의 희생으로 감싸주려는 것이다. 여자에게서 최대의 친절을 받는 남자는 여자를 괴롭히는 작자라고 해도 좋을 정도다. 그들은 태어날 때부터 비겁한 폭군이라서, 그들 앞에 있는 가장 유순한 여인들을 학대한다.

가엾은 아밀리아도 마찬가지로 슬픔을 입에 담지 않고 아들이 떠날 준비를 해왔다. 조지는 어머니 옆에 서서 멀뚱멀뚱 그 작업을 구경했다. 짐이 담긴 상자 위로 눈물이 떨어진 적도 있었고, 아들이 좋아하는 책 곳곳에 밑줄을 그어놓았으며, 낡은 장난감이나 추억의 물건들, 소중한 것들을 소중히 정리해서 놀라우리만치 깔끔하게 포장했다. 그러나 조지는 그런 것에 별 관심이 없었다. 어머니는 가슴이 찢어지는 심정이었지만, 아들은 생글생글 웃으면서 집을 떠났다. 정말이지, 허영의 시장 여자들이 아이에게 무조건적으로 베푸는 사랑만큼 불쌍한 것도 없으리라.

며칠이 지났다. 그리고 아밀리아 일생의 대사건은 이렇게 끝을 맺었다. 구원의 천사가 나타나는 일도 없었다. 아들은 운명의 제단에 희생양으로 바쳐졌고, 젊은 미망인은 외톨이로 남았다.

아이는 정말로 어머니를 자주 만나러 왔다. 그는 조랑말을 타고 마부와 함께 찾아왔다. 할아버지 세들리 씨는 그것을 반기면서, 손자 옆에 붙어서 자랑스럽게 길을 걸어다니곤 했다. 아밀리아는 이렇게 아들을 만났지만, 그는 이제 그녀의 아이가 아니었다. 아이가 전에 다니던 작은 학교까지 말을 타고 간 것은 옛친구들에게 자신이 지금 얼마나 떵떵거리며 사는지 보여주고 싶어서였다. 이틀 정도 지나자 그는 곧 거만한 태도로 잘난 척을 하기 시작했다. 그 모습을 본 어머니는 아들도 그의 아버지처럼 윗사람이 될 자격을 타고난 거라고 생각했다.

아름다운 계절이 되었다. 아들이 오지 않는 날 저녁이면 아밀리아는 멀리 런던 시내까지 걸어가고는 했다. 그렇다, 러셀 스퀘어까지 걸어간 것이다. 그녀는 오즈번 씨 집 맞은편 공원 울타리 옆의 돌 위에 앉아 쉬곤 했다. 아주 시원하고 기분이 좋았다. 오즈번 저택의 거실 창문에 밝게 불이 켜진 것

이 보였다. 그리고 9시쯤 되
면 조지가 사용하는 위층 방
의 불이 켜지는 것이 보였다.
아들이 그녀에게 말해주었기
때문에 어머니는 그의 방을
알고 있었다.

그 방에서 불빛이 사라질
때, 아밀리아는 돌 위에 앉은
채로 기도를 올렸다. 겸허한
마음으로 기도했다. 그리고
사람을 피하는 것처럼 묵묵히
집으로 돌아오곤 했다. 아마
도 그녀는 그 먼 길을 걸은 탓
에 몹시 지쳐서 금방 잠들 수
있었을 것이다. 그리고 조지
의 꿈을 꾸었을지도 모른다.

어느 일요일, 안식일 종이
사방에서 울릴 때였다. 마침
그녀는 러셀 스퀘어의 오즈번
저택에서 꽤 떨어진 곳을 걷고 있었다(거리가 있는 곳에서도 그녀는 그 집
이 잘 보였다). 그때 조지가 그의 고모와 함께 교회에 가기 위해 집에서 나
왔다. 그러자 지저분한 어린아이가 와서 구걸을 했다. 성경책을 들고 동행하
던 하인이 그 아이를 쫓아내려 했지만, 조지는 아이를 불러서 돈을 주었다.
신이여, 이 다정한 아이에게 축복을 내려주소서!

에미도 광장을 돌아서 그 어린 거지에게 다가가 돈을 주었다. 안식일 종이
사방에서 울리고 있었다. 그녀가 아들을 뒤따라가 보았더니, 고아원을 운영
하는 교회로 들어가는 것이었다. 아밀리아도 그곳으로 들어갔다. 그녀는 죽
은 남편의 묘비 아래로 아들의 머리가 보이는 위치에 앉았다. 몇백 명이나
되는 아이들의 생기 넘치는 목소리가 솟아올라 은혜로운 아버지께 바치는
찬가를 노래했다. 어린 조지의 영혼은 이 영광스러운 찬송가가 터져 나오자

환희에 감싸여 전율했다. 그의 어머니의 눈은 눈물로 흐려져 한동안 아들의 모습을 잘 볼 수가 없었다.

신사답게 교회에 가는 조지

제51장
독자도 풀지 못 풀지 알 수 없는 수수께끼 연극

보통 사람은 얼씬도 못할 스타인 경의 개인 연회에 초대를 받은 뒤로 베키는 상류층 부인으로서 그 자격을 인정받았다. 런던의 몇몇 명문가들은 재빨리 문을 활짝 열어젖히고 베키를 환영했다—나의 친애하는 독자 여러분이나 작자는 감히 들어갈 수 없는 매우 크고 높다란 문을 말이다. 친애하는 국민 여러분, 우리는 그런 황송한 현관 앞에서는 그저 바들바들 떨기만 할 뿐 아닌가. 생각건대 그러한 현관에는 시종인지 하는 자가 번쩍번쩍 빛나는 은 갈퀴를 들고 버티고 서서 안에 들어갈 자격이 없는 사람들을 마구 밀쳐내고 있을 것이다. 소심한 신문기자라면 현관 홀에 앉아서, 연회에 참석한 고귀한 분들의 이름을 기록한 것까지는 좋으나 그로부터 얼마 안 있어 죽어버린다는 소문이 있다. 상류사회의 찬연한 빛을 봐버린 이상 이제 오래 살 수 없다는 것이다. 정장(正裝)한 제우스(세멜레의 요구에 따라 천둥소리와 번갯불에 싸여서 나타남)의 존재가 가엾고 어리석은 여신 세멜레를 불태워 죽인 것처럼 상류사회의 광채가 그 신문기자를 태워 죽인다. 세멜레야말로 제 분수도 모르고 불길로 뛰어드는 여름철의 날벌레와 같지 아니한가. 타이버니어나 벨그레이비어 등지의 화려한 상류지구 주민들은 이 여신의 이야기를 명심해야 한다. 이 이야기뿐 아니라 베키의 이야기도 그러하다. 아, 숙녀들이여! 소리로 표현한다면 벨그레이비어가 뚜뚜 울리는 나팔소리라면 타이버니어는 쟁쟁 울리는 심벌즈 같지 않은지 슈어리퍼 목사에게 물어보라. 그러한 도시의 번화함도 한때에 불과하다. 지금은 화려할지 몰라도 마침내는 쇠퇴하고 만다. 언젠가는(하긴 고맙게도 우리가 죽은 뒤의 일이겠지만) 하이드 파크를 중심으로 한 수많은 공원들도 원예로 유명한 고대도시 바빌론의 변두리처럼 세인들로부터 잊힐 것이며, 벨그레이비어 스퀘어 또한 베이커 거리, 혹은 시리아 사막 한가운데 있었다는 도시 다드몰처럼 폐허가 될 것이다.

숙녀들이여, 여러분은 위대한 피트 씨가 베이커 거리에 살았다는 사실을 아시는지? 지금은 비록 황폐해졌지만 그 저택에서 딸 헤스터 양이 연회를 열 때면 여러분의 할머니들은 무슨 수를 써서라도 그곳에 초대되기를 바랐다. 나는 그 댁에서 만찬을 먹은 일이 있다. 나는 죽은 사람들의 영혼을 그 방으로 불러들였다. 우리가 살아 있는 사람들과 함께 조용히 클라레를 마시고 있는데 망령들이 들어와서 거무스름한 식탁 주위에 저마다 자리를 잡고 앉았다. 난국을 헤쳐 온 위대한 일국의 재상 피트는 영혼의 포도주를 거푸 들이켰다. 피트의 오른팔이던 던다스 유령도 영혼의 잔을 한 방울도 남기지 않고 전부 마셨다. 전 수상인 애딩턴은 유령다운 으스스한 모습으로 고개를 숙이거나 히죽 웃으면서, 포도주 병이 소리도 없이 돌아올 때마다 빠짐없이 술을 마셨다. 스콧은 오래된 영혼의 포도주를 짙은 눈썹 밑으로 흘끔흘끔 쳐다보는 데 만족했다. 철철 넘치게 따른 포도주를 천장을 쳐다보며 들이켠 윌버포스(노예제도 폐지를 이끈 정치가)는 잔을 도로 내려놓아야 한다는 사실도 잊은 듯했다. 바로 어제까지 우리 위에 있던 그 천장은 옛 위인들이 거나하게 취해서 바라보던 천장이다. 그 집은 지금 가구가 딸린 하숙집으로서 세입자를 기다리고 있다. 그렇다, 헤스터 양은 한때 베이커 거리에 살았다. 그리고 지금은 황무지에 잠들어 있다. 이오든(킹레이크의 동방여행기의 제목을 인격화한 것. 제57장의 원제이기도 함)도 그곳에서 헤스터 양을 만났다고 한다. 그곳이란 베이커 거리가 아니라 황무지를 말한다.

모든 것은 허영에 불과하지만 사실 조금씩은 그런 꿈을 꾸어본 것이 모든 이의 본심이리라. 아무리 훌륭한 정신을 가진 사람이라도, 맛있는 건 먹을 때뿐이니 안 먹어도 그만이라며 로스트비프를 싫어 하지는 않을 것이다. 이 역시 허영이 분명하다. 그러나 이 소설을 읽는 사람은 누구든 배탈이 나지 않을 만큼만 평생 허영의 로스트비프를 먹으며 살아가시길. 그렇다. 독자의 수가 50만이 넘는다 해도 말이다. 자 여러분, 식탁에 앉아 마음껏 맛보시도록. 비계와 살코기와 국물과 양념을 원하는 만큼 드시라. 체면 같은 건 차리지 말고. 보게나, 존스, 술도 한잔 들고 최상급 옆구리 살도 조금 드는 게 어떤가? 그렇다. 그 허영이란 놈을 마음껏 즐기고 맛보지 않겠는가? 그것을 맛볼 수 있다는 행복에 감사하지 않겠나? 그리고 귀족 대열에 끼어서 기뻐하고 있는 베키를 최대한 호의를 가지고 지켜봐주지 않겠나? 베키의 기쁨 또한 다른 모든 인간적 환희와 마찬가지로 덧없는 것에 지나지 않을 테니까.

베키가 스타인 경의 저택을 방문한 뒤로 피터와라딘 왕자는 다음날 크롤리 중령과 클럽에서 만났을 때 친근하게 말을 걸어왔고, 하이드 파크의 경마장에서는 크롤리 부인을 보고 크게 모자를 흔들며 인사하기도 했다. 얼마 안 있어 베키와 베키의 남편은 레반트 저택에서 왕자가 주최한 조그마한 파티에 초대되었다. 왕자는 레반트 저택의 주인이 잠시 외국에 나가 있는 동안 그곳에 머물고 있었다. 식사가 끝나자 베키는 아주 적은 사람들 앞에서 노래를 불렀다. 스타인 후작은 사교계에 갓 나온 자기 제자의 발전을 감독하는 후견인답게 지켜보고 있었다.

레반트 저택에서 베키는 유럽이 낳은 가장 훌륭한 신사, 가장 위대한 대신 가운데 한 사람인 자보티에르 공작을 만났다. 이 공작은 가장 기독교도적인 왕이라 평을 받는 루이 18세의 대사로 그 무렵 영국에 와 있었으며, 그 뒤 귀국하여 대신을 지낸 인물이었다. 이런 훌륭한 분들의 이름을 적는 것만으로 내가 다 영광스럽고 자랑스러울 지경이니, 베키도 참 대단한 인물들과 사귀었다고 인정하지 않을 수 없다. 베키는 프랑스 대사관에 무슨 일이 있을 때마다 초대를 받게 되었다. 대사관에서는 이 매력적인 마담 라브동 크라블리(^{'로돈 크롤리 부인'의}
프랑스식 영어 발음) 없이는 파티가 허전하다고 느끼게 되었다.

프랑스 대사관의 관리인 페리고르 가문의 드 트뤼피니와 샹피냐은 금세 이 아름다운 중령 부인의 매력에 홀딱 빠져버렸다. 프랑스인이면 누구나 입버릇처럼 말하듯이 그 둘 모두 이 귀여운 라브동 부인과 절친한 사이라고 말하고 다녔다(실제로 영국을 떠나는 프랑스인 가운데 가정 대여섯 개를 망가뜨리고 애인 이름 대여섯 개쯤 수첩에 적어가지 않는 사람이 없을 정도니까).

그러나 나는 과연 그들의 주장이 사실인지 아닌지 의심스럽다. 샹피냐은 카드놀이를 아주 좋아해서 저녁이면 중령과 함께 곧잘 트럼프를 쳤지만 베키는 그런 때도 다른 방에서 스타인 경에게 노래를 불러주곤 했고, 트뤼피니로 말하자면 트래블러스 클럽의 웨이터에게 빚이 있어서 그곳으로 식사를 하러 가지 못하는 형편이었으므로 만일 대사관이 없었더라면 틀림없이 굶어 죽었을 사내였다. 나는 베키가 그런 청년들을 골라서 특별한 호의를 보였다는 것이 미심쩍다. 그들은 베키의 심부름을 다니고, 장갑이나 꽃을 선물하고, 베키에게 오페라 관람권을 사주느라고 빚을 지고 다녔으며, 그 밖에도 베키의 환심을 사려고 여러모로 애썼다. 또 그들은 어린애같이 서투른 영어를 써서 베키와 스타인 경을 곧잘 웃겼다. 베키는 그들 면전에서 그 말투를 흉내 내며, 영어가 훨씬 나아졌다고 진지한 투로 칭찬하여 냉소적인 후견인 스타인 후작을 기어이 웃기고 마는 것이었다. 트류피니는 베키의 절친한 친구를 제 편으로 만들려고 브리그스에게 숄을 하나 사준 뒤 편지를 전해달라고 부탁했으나, 단순한 노처녀 브리그스가 그것을 모두가 보는 앞에서 베키에게 전해주는 바람에 모두들 그 귀여운 글귀를 읽고 배를 잡고 웃었다. 스타인 경도 편지를 읽었다. 남편인 로든을 빼고 모두가 그 편지를 읽었다. 남편에게만큼은 메이페어의 작은 저택에서 일어나는 일들을 시시콜콜 알릴 필요가 없게끔 되어 있었기 때문이다.

오래지 않아 베키는 '최상급'(영국의 존경스러운 귀족사회에서 쓰이는 속어이다) 외국인들뿐 아니라 최고의 영국인들까지도 자기 집으로 초대하게 되었다. 그러나 그것은 가장 덕이 높은 사람이라는 뜻이 아니거니와, 물론 가장 부도덕한 사람이라는 의미도 아니다. 또 가장 영리한 사람이나 가장 우둔한 사람이라는 뜻도 아니요, 그렇다고 가장 돈이 많은 사람이라거나 가장 고귀한 집안에서 태어난 사람이라는 뜻도 아니다. 그냥 '최상급' 인간을 말한다. 요컨대 의문의 여지가 없는 사람이라는 정도의 의미이다. 이를테면 알맥스 클럽의 수호신이라 불리는 위대한 피츠 윌리스 부인, 위대한 슬로보어 부인, 위대한 그리젤 맥베스 부인(글로리 가문 그레이 경의 딸인 G. 글로리 양) 등이다. 피츠 윌리스 백작부인(디브렛이나 버크 같은 귀족연감을 보면 알 수 있듯 이 부인은 킹스트리트 가문 출신이다)의 보살핌을 받게 되면 남녀를 막론하고 누구든 안도를 느꼈다. 거기에는 아무 의심할 여지가 없었다. 그렇다고 피츠 윌리스 부인이 다른 사람보다 낫다는 뜻은 아니다. 오히려 이제는 매력을 찾기 힘든 쉰일곱의 늙은이로서 아름답지도 않거니와 부자도 아니었으며 재미있는 사람도 아니었다. 그런데도 누구나 부인을 '최상급' 인물로 쳤다. 이 부인의 저택을 찾는 사람들도 최고의 인물이었다. 이 부인은 스타인 후작부인에게 해묵은 앙금이 있었다. 피츠 윌리스 부인은 황태자의 총애를 받던 포턴셰리 백작의 딸로 조지나 프레더리카라는 이름으로 불리던 젊은 시절에 스타인 후작부인의 지위를 노렸다 실패한 적이 있기 때문이다. 이 위대하고 유명한 상류층 지도자는 이러한 이유에서 특히 로든 크롤리 부인을 눈여겨보았다가 자기가 주관하는 모임에서 베키에게 각별하고 정중한 인사를 하기도 하고, 아들인 세인트 키츠 경(이 지위는 스타인 후작 덕에 얻게 되었다)에게 크롤리 부인 댁을 빙문하라고 권하기도 했다. 뿐만 아니라 베키를 자기 집으로 초대해 식사하는 도중에 모두가 듣는 앞에서 두 번이나 따뜻한 말을 건넸다. 이 중대한 사실은 그날 밤 즉시 온 런던으로 퍼졌다. 이제까지 크롤리 부인을 경멸하던 사람들은 입을 다물었다. 스타인 경의 오른팔 노릇을 하는 유능한 변호사 웬햄은 어디를 가든 베키를 칭찬하고 다녔다. 처음에는 머뭇거리던 사람들도 곧 나서서 베키를 환영했다. 출신도 모르는 그런 여자와 어울려서는 안 된다고 사우스다운에게 경고하던 톰 토디마저도 베키를 소개해달라고 조르는 지경이었다. 한마디로 베키는 '최상급' 인간들 틈에 끼게 된 것이다. 아! 내 친애하는 독자와 국민 여러분, 베키를 부러워하기엔 아직 이르다. 이런 영화도 부질없는 것이니까. 상류사회 한가운데에 있는 사람도 그 주위를 맴도는 불쌍한 사람들보다 행복할 것 없다는 말이 있다. 상류사회의 한복판으로 뛰어들어 위대한 조지 4세까지 알현한 베키조차, 그곳에도 허영이 있더라고 뒷날 고백한 바 있다.

이 무렵 베키가 상류사회에서 겪은 이야기는 간단히 쓰겠다. 마치 내가 프리메이슨은 협잡꾼 무리라는 사실을 날카롭게 꿰뚫어봤다 해도 프리메이슨의 수수께끼에 대해 이야기하지 못하는 것처럼, 상류사회에 들어가 본 적 없는 사람이 그 사회를 정확히 그린다는 것은 무리이다. 그러므로 할 말은 많지만 그저 가슴에 고이 묻어두는 편이 가장 현명하리라.

베키는 뒷날 런던의 사교계에서도 최고층과 어울렸던 이 시절을 자주 이야기하고는 했다. 처음에는 자신의 이러한 성공에 설렘을 느끼고 의기양양했지만 나중에는 싫증을 느꼈다. 화려하기 그지없는 의상과 장신구를 만들거나 사들이고(물건을 구입하는 일은 로든 크롤리 부인 같은 가난뱅이에게는 꽤나 성가시고 머리를 써야 하는 일이었다), 모두가 떠들썩하게 환대해주는 멋진 만찬 모임에 마차를 타고 가는 일이 처음에는 더없이 즐거웠다.

훌륭한 만찬회에서 멋진 모임에 이르기까지, 자기와 같이 만찬을 즐기고 내일 모임에서도 또 만날 사람들과 한결같이 몰려다녔다. 젊은 신사들은 멋진 깃 장식에 번쩍거리는 구두를 신고 흰 장갑을 낀 나무랄 데 없는 차림이었다. 늙은이들은 금단추까지 달고 자못 위세당당하고 고상하고 예의 발랐으나 인간미가 느껴지지 않았다. 젊은 아가씨들은 금발머리에 살구색 옷을 입고 내숭을 떨었다. 다이아몬드로 치장한 그 어머니들은 훌륭하고 아름답고 호사스럽고 근엄하게 있었다. 그들은 소설 속 등장인물들처럼, 서툰 프랑스어가 아니라 영어로 이야기했다. 어디 사는 누가 어찌어찌 되었다느니 하며 서로의 집안과 성격과 가족들에 대한 이야기를 주고받았다. 전부터 베키를 알던 사람들은 베키를 미워하기도 하고 질투하기도 했지만, 불쌍하게도 정작 본인은 속으로 하품을 하고 있었다. "이런 사회에는 뛰어들지 말 걸 그랬어." 베키가 혼잣말처럼 중얼거렸다. "이렇게 지내느니 목사의 부인이 되어 주일학교에서 아이들을 가르치는 게 낫겠어. 아니면 군하사관의 부인이 되어 부대 마차를 타고 다니거나, 그것도 아니면 반짝이 옷에 바지를 입고 시내 극장 앞에서 춤이라도 추는 편이 훨씬 재밌겠어."

"춤을 시키면 잘 추긴 할 것 같소." 스타인 경이 웃으면서 말했다. 베키는 자기가 얼마나 따분하고 당혹스러운지 후작에게 솔직히 털어놓곤 했다. 그러면 후작은 무척 재미있어 했다.

"로든은 훌륭한 곡예사 노릇을 할 텐데요. 영어로는 뭐라고 하나요? 사회자라고 하나요? 왜 그 기다란 장화에 금테 두른 옷을 입고 채찍질을 하며 무대 주위를 빙빙 돌아다니는 남자 말이에요. 로든은 몸집도 크고 다부져서 정말 군인 같은 체격이거든요. 생각나는군요." 베키는 옛일을 회상하며 말을 이었다. "어릴 때 아버지를 따라 브룩그린에 서커스를 보러 간 적이 있어요. 그리고 돌아와서는 제 손으로 장대를 만들어 올라타고 화실에서 춤을 추었죠. 아버지와 아버지 제자들이 얼마나 감탄했다고요."

"내가 그 광경을 못 본 게 아쉽구먼." 스타인 경이 말했다.

"지금도 해보고 싶어요." 베키는 말을 계속했다. "그러면 블링키 부인은 기겁을 할 테고 그리젤 맥베스 부인은 눈을 휘둥그레 뜰 테죠! 쉿! 보세요. 파스타가 노래를 시작했어요." 베키는 이런 귀족 모임에 초대되어 오는 직업 가수들에게는 늘 각별히 정중하게 대했다. 그들이 잠자코 대기하고 있는 구석으로 가서 악수를 하고 모두가 보는 앞에서 그들에게 미소를 짓곤 하는 것이었다. 베키는 입버릇처럼 자신도 예술가라고 말했는데 그건 사실이었다. 베키가 늘 솔직하고 겸손한 태도로 자기 출신을 인정했는데, 이를 듣는 사람에 따라서는 그것을 경멸하는 사람도 있었고, 오히려 호감을 품는 사람도 있었으며, 간혹 재미있어하는 사람도 있었다. "배짱 한번 좋군요. 가만히 자리에 앉아서 누가 말이라도 걸어주면 고맙게 생각해야 할 처지에 저렇게 나대는 꼴을 좀 보세요." 어떤 이는 말했다. "정말 솔직하고 좋은 사람이군요." 다른 이는 이렇게 말했다. "정말 낯짝 두꺼운 여자예요." 또 다른 이는 이렇게 말했다. 어쩌면 다 맞는 말인지 모른다. 그러나 사람들이 뭐라 하건 베키는 그저 마음 가는 대로 행동했다. 직업 가수들은 그런 모습에 감격하여, 베키가 주최하는 모임이라면 목이 쉬었어도 한달음에 달려와서 노래를 불러주었고, 심지어는 무료로 노래를 가르쳐주겠다고 나서기까지 했다.

그렇다. 베키는 커즌 거리의 작은 집으로도 사람들을 불러들였다. 번쩍번쩍 불을 밝힌 마차가 발 디딜 틈 없이 몰려들었다. 100번지 주민들은 문을 두드리는 소리가 시끄러워서 잠을 잘 수 없다고 화를 냈고, 102번지 주민들은 부러움에 잠을 이루지 못했다. 마차를 몰고 온 몸집 큰 마부들은 베키의 집 작은 현관 홀에 다 들어갈 수 없었으므로 근처 술집에 자리를 잡고 앉아 맥주를 마셨다. 무슨 일이 생기면 심부름꾼이 그들을 부르러 가곤 했다. 베키네 좁은 계단에는 런던의 내로라하는 멋쟁이들이 잔뜩 몰려들어 서로 밀치락달치락 밟고 밟히면서, 이런 곳에 온 것을 재미있어 하며 아주 즐거워했다. 작은 객실에서는 흠잡을 데 없이 엄격한 사교계 부인들이 비좁게 모여앉아서 직업 가수의 노래를 들었다. 가수들은 여느 때처럼 창문을 부술 듯한 기세로 노래했다. 이튿날 〈모닝 포스트〉지의 사교계 모임난에는 이러한 기사가 실렸다.

"어제 크롤리 중령 부인은 메이페어에 있는 자택으로 명사들을 초대하여 만찬을 열었다. 피터와라딘 공주와 왕자, 파푸시 파샤 터키 대사 각하(대사관 통역 키밥 베이 씨도 동석), 스타인 후작, 사우스다운 백작, 피트 경과 제인 크롤리 부인, 왜그 씨 등이 참석했다. 만찬이 끝난 뒤 크롤리 부인은 다른 모임을 열었는데 여기에는 스틸턴 공작 미망인, 그뤼에르 공작, 체셔 후작부인, 알렉산드로 스트라치노 후작, 브리 백작, 샤프츠겔 남작, 토스티

훈작사, 슬링스톤 백작부인과 F. 매커덤 양, 육군소장 G. 맥베스 각하 부처와 두 따님, 패딩턴 자작, 호러스 퍼기 경, 샌즈 베드윈 각하, 보바키 바흐더 씨가 참석했다." 등등. 이 밖에도 깨알 같은 글씨로 열 줄도 넘게 빽빽이 쓰여 있는데 그것은 독자 여러분의 상상에 맡기겠다.

이러한 귀족들과 사귈 때도 베키는 천한 신분을 대할 때와 똑같은 솔직함을 보였다. 대단한 명문 집안에 초대를 받아 갔을 때의 일이다. 레베카는 프랑스의 유명한 테너 가수와 보란 듯이 프랑스어로 이야기를 나누었다. 그리젤 맥베스 부인은 떨떠름한 표정으로 그 모습을 지켜보았다.

"프랑스어가 유창하시군요." 이렇게 말하는 그리젤 부인의 프랑스어에는 에딘버러 억양이 뚜렷하게 섞여 있었다.

"모르는 게 이상하지요." 베키는 눈을 내리깔고 조심스럽게 말했다. "학교에서 가르친 적이 있는 데다 어머니가 프랑스 사람이었으니까요."

그리젤 부인은 베키의 겸손함이 마음에 들었는지 이 작은 여인을 대하는 태도가 부드러워졌다. 부인은 요즘 들어 평등사상의 영향으로 어떤 계급이건 상류사회에 얼굴을 내밀어도 좋다는 인식이 퍼진 것을 개탄하곤 했지만, 태도가 신중하고 분수를 잘 지키는 베키만큼은 괜찮다고 생각했다. 부인은 마음이 착한 사람이었다. 하층민에게도 친절했고, 조금 어수룩한 구석은 있지만 그 밖에 딱히 나무랄 만한 면은 없었으며, 게다가 남을 의심할 줄 모르는 성품이었다. 그리젤 부인이 스스로를 우리보다 고귀하다고 여기는 것이 부인의 잘못은 아니다. 부인의 조상이 입었던 옷자락에 사람들은 수세기 동안 입맞춤 해왔으며, 천 년 전 맥베스 집안의 위대한 선조가 덩컨 왕을 죽이고 스코틀랜드의 왕이 되자 덩컨을 모시던 신하들이 맥베스가 입었던 격자무늬 옷을 너도나도 껴안았다는 이야기가 전해 내려올 정도이니 말이다.

스타인 부인은 언젠가 어린 시절 추억이 담긴 모차르트 곡을 들은 뒤로 베키에게 완전히 마음을 열었다. 아마 베키를 그렇게까지 싫어한 것도 아닌 모양이었다. 곤트 하우스의 젊은 부인들 역시 베키에게 굴복했다. 그들은 베키를 다른 사람들과 싸움 붙이려고 여러 번 시도했지만 번번이 실패했다. 똑똑한 스터닝턴 양은 베키와 입씨름을 벌이려고 달려들었지만 베키의 힘찬 반격을 받고 무릎을 꿇었다. 이따금 그러한 공격을 받으면 베키는 진지하고 순진한 자세로 맞받아쳤는데 그때가 가장 위험한 순간이었다. 베키는 그런 태도를 취할 때면 더없이 단순하고 덤덤한 말투로 심한 말을 내뱉었다. 그러고는 자기가 몹시 심한 결례를 범한 줄 안다고 모두에게 알리기 위해 일부러 더 고분고분히 사과했다.

어느 날 부인들은 이름난 입담꾼이자 스타인 경을 따르며 식객 노릇을 하고 있는 왜그 씨를 부추겨서 레베카에게 싸움을 걸게 했다. 어느 날 밤 왜그는 안주인들을 곁눈질로 보며, 지금부터 재미있는 일이 벌어질 테니 지켜보라는 듯이 눈짓을 하고는, 아무것도 모른 채 식사하고 있는 베키를 공격하기 시작했다. 그러나 이 조그만 여인은 불시의 습격에도 늘 대비가 되어 있었다. 그녀는 바로 왜그의 공격을 맞받아치더니 이번에는 상대의 급소를 찔렀다. 왜그는 창피를 당했다. 베키는 얄미울 정도로 침착하게 앉아서 얼굴에는 잔잔한 미소마저 띤 채 다시 수프를 먹었다. 밥을 먹여주고 때로는 돈도 조금 빌려주며 그 대가로 선거일이나 신문 등 여러 가지 잡다한 심부름을 시키는 고마운 은인 스타인 경이 베키를 공격한 이 사내를 매서운 눈초리로 노려보자 왜그는 식탁 밑으로 기어들어가 울음을 터트리고 싶었다. 왜그는 식사 내내 말을 한 마디도 걸어주지 않는 주인과, 시치미를 뚝 잡아떼고 있는 부인들을 처량한 눈으로 바라보았다. 마침내 베키가 오히려 동정심을 느끼고 대화에 끼워주려고 했다. 왜그는 그로부터 6주 동안이나 만찬에 초대받지 못했다. 스타인 경이 매우 신임하는 사나이이며 일찍이 왜그도 그 비위를 맞추려 애썼던 피시가 왜그에게 스타인 경의 뜻을 전했다. 다시 한 번 크롤리 부인에게 조금이라도 무례한 언사를 하거나 시답잖은 농담을 던지는 날에는 왜그의 모든 어음을 변호사에게 넘기고 재산을 모조리 경매에 붙이겠다는 것이었다. 왜그는 피시 앞에서 울음을 터트리며, 어떻게든 경의 기분이 풀리도록 도와달라고 부탁했다. 왜그는 로든 크롤리 부인을 칭송하는 글을 쓰고, 자기가 발간하는 잡지 〈헤럼스케럼〉의 다음 호에 그 글을 발표하였다. 그리고 여러 자리에서 베키를 만날 때마다 용서해달라고 애원했다. 클럽에서 로든을 만나면 굽실거리며 비위를 맞췄다. 얼마 안 있어 곤트 하우스로 돌아와도 좋다는 허락이 떨어졌다. 베키는 늘 왜그에게 친절했으며 언제나 왜그를 재미있어했고 결코 화를 내지 않았다.

스타인 경 댁의 제일 심복이라 할 수 있는 고관 웬햄 씨(국회의석을 가지고 있었고 만찬회에도 반드시 초대를 받았다)는 왜그에 비해 행동이나 생각

모두 신중한 편이었다. 본디 벼락출세한 사람들을 증오했지만(웬햄 씨 자신은 지조 있고 강건한 보수파 당원이었으며 부친은 북잉글랜드에서 조그만 석탄상을 하고 있었다), 이 후작가의 중신은 새로이 후작의 총애를 받게 된 베키에게 결코 적대감을 드러내지 않고 늘 친절하고 빈틈없이 굴었다. 베키가 보기에는 그런 모습이 다른 사람이 보이는 노골적인 적의보다 더 기분 나빴다.

크롤리 중령 부인이 상류층 사람들을 초대해서 대접하는 데 드는 돈을 어떻게 마련했을까 하는 점은 하나의 수수께끼였고 당시 세간의 입에도 종종 오르내리곤 했다. 그 작은 집에서 열리는 연회를 더욱 재미있게 여기는 사람이 있는 것도 그런 이유에서였을 것이다. 피트 크롤리 경이 동생인 중령에게 많은 돈을 보내는 것이다, 만약 그게 사실이라면 준남작에 대한 베키의 영향력은 실로 대단한 것이며 피트 경도 나이를 먹어감에 따라 사람이 변한 게 틀림없다고 쑥덕이는 이도 있었다. 한편에서는 베키가 어떤 곳에 가서는 자기 집이 압류당하게 생겼다며 눈물을 흘리고, 또 어떤 곳에 가서 빚을 갚지 못해 식구들이 감옥에 갇히거나 자살하게 생겼다고 무릎을 꿇고 애원하며 돈을 구걸해서 마음 착한 친구들로부터 기부금을 모으고 다닌다 말하는 이도 있었다. 사우스다운 경도 이러한 거짓 눈물에 속아 벌써 수백 파운드나 빼앗겼다는 소문이었다. 제××용기병연대의 펠텀(모자와 군장비를 제조하는 타일러&펠텀 상회 대표의 아들) 또한 베키에게 돈을 뜯긴 한 사람으로 거론되었다. 베키가 정부의 요직에 앉혀주겠다는 구실로 순진한 사내들을 꼬드겨 돈을 뜯어내고 있다고도 쑥덕거렸다. 우리의 친애하는 무고한 친구에 대해 얼마나 별의별 얘기들이 많았는지 모른다. 그러나 베키가 받았다거나 꾸었다거나 뜯어냈다거나 하는 돈을 정말로 전부 가지고 있었다면 베키는 그것을 자산으로 평생 먹고사는 데 어려움 없이 지냈을 것이다. 그것은 억측에 불과했다.

실제로 돈관리만 잘하면, 즉 되도록 현금을 쓰지 않고 지출을 줄이면 한동안은 아무리 적은 돈으로도 누구나 사치를 부릴 수 있다. 우리가 알기로는, 그렇게 입방아에 오르내리던 베키 주최의 연회도 따지고 보면 평판에 비해 그리 자주 열린 것이 아니었으며, 비용이라고 해봐야 고작 방에 켜놓을 초값 정도였다. 스타인 경의 별장이 있는 스틸브룩과 아주버님의 전원저택이 있는 퀸스 크롤리에서 사냥한 고기와 과일을 듬뿍 보내주었다. 스타인 경 댁 지하실에 있는 술은 베키가 원하는 만큼 가져다 마실 수 있었고, 후작 댁의 일류 요리사들이 와서 그녀의 작은 부엌을 감독해주었으며, 후작의 명령으로 산해진미가 배달되어 오기도 했다. 당시 사람들이 베키를 욕했듯이 죄 없는 사람을 욕하는 것은 몹시 부끄러운 일이니 독자들은 그러지 않길 바라며, 세얼들이 베키에 대해 한 험담의 열에 하나라도 믿지 말기를 바란다. 빚을 지고 갚지 못하는 사람들을 사회에서 추방한다면, 우리가 타인의 사생활에 간섭해서 그들의 수입을 따져보고 지출방식이 마음에 들지 않는다는 이유로 절교해버린다면, 이 허영의 시장은 얼마나 황량하고 살기 힘든 곳이 될까! 주먹다짐이 오가고 문명의 혜택을 누리지 못하며 서로 싸우고 헐뜯고 외면하며 살 것이다. 동굴을 집으로 삼고 살며, 누가 보는 사람도 없을 테니 누더기를 걸치고 돌아다니게 될 것이다. 방세는 떨어질 것이요, 연회를 여는 사람은 사라지고, 마을 상인들은 모두 파산하게 되리라. 사람들이 그런 어리석은 생각을 실행하고 서로 미워하고 험담하는 사람들을 외면하면서 살게 되면 술, 촛불, 식사, 립스틱, 크리놀린 페티코트, 다이아몬드, 가발, 루이 14세풍의 싸구려 물건, 낡은 도자기, 공원의 삯마차, 그 마차를 끄는 당당한 걸음걸이의 말, 즉 이 세상의 모든 기쁨이 사라지게 될 것이다. 그러나 약간의 자비와 참을성만 가지면 모든 것은 재미있게 흘러가는 법이다. 우리는 분이 풀릴 때까지 누군가를 헐뜯거나, 처형받아 마땅한 죽일 놈이라고 욕하기도 한다. 그러나 그렇다고 해서 정말로 그 사람이 교수형에 처해지기를 바라는 걸까? 아니다. 우리는 서로를 만나면 악수를 한다. 그 댁 요리사의 솜씨가 좋다면 못이기는 척 그 댁으로 식사를 하러 가기도 한다. 그리고 상대를 제 집 식사에 초대할 것이다. 그래야만 상업이 발전하고 문명이 진보하며 평화도 유지된다. 매주 새로운 모임에 가기 위해 새 옷이 필요해진다. 작년에 라피트에서 거두어들인 포도가 포도를 재배한 정직한 포도원 주인의 주머니를 두둑하게 해준다.

내가 지금 쓰고 있는 시대에는 위대한 조지 왕이 재위 중이었고 귀부인들은 지금 유행하는 간소한 소매나 사랑스러운 머리 꽃장식과는 달리 양의 다리 모양 옷소매에 머리에는 거북딱지 부삽같이 커다란 빗을 꽂고 있었다. 하지만 상류사회 자체의 풍습은 오늘과 근본적으로 다를 바가 없어 보인다. 상류층의 놀이문화도 아주 비슷하다. 눈길을 사로잡는 화려한 차림을 하고 궁정이나 무도회장으로 들어가는 모습을 밖에서 경찰들 어깨 너머로 지켜보는 우리에게 이 미인들은 이 세상 사람이 아닌 것 같은 멋진 존재요, 우리는 도저히 맛보지 못할 최고의 행복을 누리는 존재로 비칠지 모른다. 그러나 내가 베키의 고생과 성공과 실망 대해 늘어놓으면, 그것도 베키 한 사람만이 아니라 존귀한 그 모든 분들도 마찬가지였다고 하면 자기 생활에 만족을 느끼지 못하는 사람들 마음이 가벼워질지 모르겠다.

그즈음 영국에는 수수께끼 연극이라는 재미있는 오락이 프랑스로부터 흘러들어와 크게 유행했다. 아름다운 귀부인들은 거기에 참가하여 자신들의 매력을 뽐냈다. 비록 그 수는 적으나 영리한 부인네들은 자신의 똑똑함까지 과시할 수가 있었다. 외모도 머리도 자신이 있는 베키는 스타인 경을 부추겨 곤트 하우스에서 연회를 열고 이 수수께끼 연극을 하도록 했다. 이제 나는 이 화려한 모임을 독자들에게 소개하면서 우울한 환영인사까지 해야겠다. 내가 독자들에게 이러한 상류사회의 연회를 소개하는 것도 이로써 마지막이 될 것이기 때문이다.

곤트 집안 선조들의 초상화가 걸려 있는 멋진 방들 가운데 한 곳에 이 수수께끼 연극의 무대가 꾸며졌다. 조지 3세의 재위 중에도 비슷한 용도로 쓰였던 방이었다. 곤트 후작이 이른바 로마식으로 머리에 분을 칠하고 분홍색 리본을 달고서 애디슨의 비극 《케이토》의 주인공으로 분장한 그림이 아직도 남아 있었다. 관중은 황태자 전하, 오스나버러 주교, 윌리엄 헨리 왕자였는데, 그 당시는 출연자 곤트 후작처럼 모두들 앳된 모습이었다. 그 뒤로 줄곧 다락방에 처박혀 있던 연극 도구 한두 가지가 밖으로 꺼내져 이번 여흥회를 위해 깨끗하게 손질됐다.

그 무렵 우아한 멋쟁이이며 동방여행가였던 젊은 베드윈 샌즈가 이 여흥회의 감독이었다. 그때는 동방여행가라고 하면 여성들에게 꽤 인기가 있었던 데다, 모험심 강한 베드윈은 4절판 책을 출판하고, 사막에 천막을 치고 몇 달이나 지내기도 한 굉장한 인물이었다. 책에는 갖가지 동양 복장을 한 젊은 베드윈의 그림이 실려 있었다. 베드윈은 꼭 브리앙 드 브와 길베르가 환생한 것같이 음침한 흑인을 데리고 이곳저곳을 여행하였다. 아무튼 베드윈과 그의 옷차림과 흑인은 곤트 하우스에서 매우 소중한 소득으로 환영받

앗다.

베드윈이 첫 무대의 막을 열었다. 커다란 새 깃털을 단 터키 장교(예니체리 터키 근위보병은 아직도 존재한다고 여겨지므로 지금과 같은 터키식 모자가 아니라 참된 이슬람교도들이 쓰는 고풍스럽고 위풍당당한 머리장식을 단 것이다)가 긴 의자에 누워서 물담배 파이프를 빨고 있다. 그러나 실은 부인들을 위해 그 속에 좋은 냄새가 나는 향을 넣고 담배 피우는 시늉만 했다. 이 터키 고관은 하품을 해대며 자못 따분하고 심심한 듯이 군다. 터키 장교가 손뼉을 치자 누비아 흑인 노예 메스루르가 나타난다. 벌거벗은 팔에 팔찌며 터키식 장도며 온갖 동양 장식을 하고 있다―깡마르고 키가 크며 흉측하게 생겼다. 장교 앞에 와서 선 메스루르가 오른손을 뺨에 가져다 대는 이슬람교도식 인사를 한다.

관중 사이에 공포와 환희에 찬 전율이 흘렀다. 부인들은 서로 귓속말을 주고받았다. 그 흑인은 베드윈 샌즈가 이집트 지사에게 마라스키노(달마티아 지방의 버찌로 만드는 술) 서른여섯 병을 주고 맞바꾸어 온 노예였다. 이집트 지사는 수많은 여자 노예를 자루 속에 넣어서 나일 강에 빠뜨린 적이 있다고 했다.

"노예 상인더러 들어오라고 해." 주색광인 터키 장교가 손을 들어 올리며 말한다. 메스루르가 노예 상인을 주인 앞으로 데리고 온다. 노예 상인의 뒤를 따라 베일을 쓴 여자가 들어온다. 노예 상인이 베일을 벗긴다. 지켜보던 관중들은 저도 모르게 감탄사를 내뱉었다. 아름다운 눈과 머리카락을 가진 윙크워스 부인(압솔롬 집안의 딸)이었다. 화려한 동양식 옷차림을 하고 있다. 땋아놓은 새까만 머리채에는 보석이 수없이 달려 있고, 옷은 온통 터키 금화로 뒤덮여 있다. 혐오스러운 마호메트 교도는 여인의 아름다움에 호감을 표시한다. 여인은 무릎을 꿇고, 자기가 태어난 산으로 돌려보내 달라고 애원한다. 그곳에서 체르케스인 남편이 사랑하는 아내 줄레이카가 돌아오기를 애타게 기다리고 있다는 것이다. 아무리 애원해도 냉혹한 하산은 꿈적도 안 한다. 체르케스인의 아내라는 말에 코웃음을 친다. 줄레이카는 두 손으로 얼굴을 감싼 채 절망스럽지만 더없이 아름다운 모습으로 주저앉는다. 이제 아무런 희망이 없다고 생각되는 바로 그때 키슬라 장군이 나타난다.

키슬라 장군은 터키 황제가 내린 칙서를 가지고 있다. 하산은 이 황공한 칙서를 받아서 머리 위에 얹는다. 무서운 공포에 사로잡힌다. 그를 본 흑인(다른 옷으로 갈아입고 나타난 메스루르다)의 얼굴에는 소름끼치는 환희의 빛이 떠오른다. "살려줘! 살려줘!" 지사가 외치지만 그 순간 키슬라 장군이 이를 드러내고 무시무시한 웃음을 흘리며 꺼내든 것은—목을 맬 올가미이다.

장군이 이 무시무시한 무기를 막 쓰려는 때 막이 내렸다. 커튼 뒤에서 하산이 "전반 2절 끝!" 소리를 질렀다. 마찬가지로 이 수수께끼 연극에 출연하기로 되어 있는 로든 크롤리 부인은 앞으로 나가서, 윙크워스 부인의 의상이 멋지네 아름답네 칭찬을 늘어놓았다.

수수께끼 연극의 제2부가 시작되었다. 배경은 여전히 동양이다. 다른 의상으로 갈아입은 하산이 이제는 완전히 화해한 줄레이카 옆에 당당히 서 있다. 키슬라 장군은 얌전한 흑인 노예가 되어 있다. 사막에 해가 뜬다. 터키인들이 모래 위에서 동쪽을 향해 절을 한다. 진짜 낙타는 없으므로 악대가 〈낙타가 온다〉라는 곡을 익살맞게 연주했다. 커다란 이집트인의 머리가 무대 위로 올라와 노래했다—그리고 동방여행가들을 놀래주려고 왜그 씨가 만든 우스꽝스러운 노래를 불렀다. 동방여행가들은 《마술 피리》에 나오는 파파게노와 무어인 왕처럼 어깨를 들썩이며 노래에 빠져들었다. "후반 2절 끝!" 이집트인 머리가 소리쳤다.

마지막 막이 올랐다. 이번에는 그리스군의 진영이다. 키 크고 다부진 사내가 긴 의자에 누워 자고 있다. 몸 위에는 투구와 방패가 걸려 있다. 이제 이런 것은 쓸 데가 없다. 일리움(트로이의라틴어)은 함락되었다. 이피게네이아도 죽었다. 카산드라는 포로로 잡혀 다른 방에 수용되어 있다. '전사의 왕'(크롤리 중령이 이 역을 맡았는데 사실 그는 일리움 공략이라든지 카산드라 정복에 대해 아무런 지식이 없었다)은 아르고스에 있는 자기 방에서 자고 있다. 잠자는 전사의 커다란 그림자가 등불에 비쳐 벽에 어른거린다. 트로이 전쟁 때 활약한 칼과 방패가 불빛을 받아 번쩍인다. 인형이 등장하기 전에 악대가 《돈 조반니》의 장엄한 곡을 연주했다.

아이기스토스가 창백한 얼굴을 하고 살금살금 들어온다. 휘장 뒤에서 섬뜩한 얼굴로 노려보는 저 사람은 누구일까? 아이기스토스는 잠든 영웅을 찌르려고 단검을 높이 쳐든다. 영웅이 몸을 뒤척이며 어서 찔러달라는 듯이 가슴을 활짝 펴준다. 아이기스토스는 잠든 고귀한 장군을 찌를 수가 없다. 클리템네스트라가 유령처럼 방 안에 스윽 나타난다. 훤히 드러난 팔뚝은 새하

얇고 갈색 머리카락은 어깨에 치렁하며 얼굴은 죽은 사람처럼 파리하다. 섬뜩한 미소를 띠며 빛나는 눈에 사람들이 몸서리를 쳤다.

방안에 전율이 감돌았다. "아니! 로든 크롤리 부인이잖아!" 누군가가 말했다.

클리템네스트라는 조소에 찬 표정으로 아이기스토스에게서 단검을 빼앗아 들고 침대로 간다. 클리템네스트라가 휘두른 단검이 등불을 받아 번쩍였다. 순간 신음이 들리며 등불이 꺼지고 온통 캄캄해졌다.

그 암흑과 지금 본 장면에 사람들은 공포에 질렸다. 레베카의 연기가 너무도 훌륭했고 무시무시하리만치 사실적이었기 때문에 관중들은 잠시 멍하니 있었다. 그러다 방 안의 등불이 한꺼번에 켜지고 나서야 비로소 와 하고 박수갈채를 보냈다. "잘한다, 잘해!" 귀청이 떠나갈 듯한 스타인 경의 목소리

클리템네스트라의 성공

가 다른 목소리를 압도했다. "진짜 자기 남편이라도 죽일 것 같군." 스타인 경이 중얼거렸다. 모두 출연자의 이름을 외쳐댔다. 그 속에는 "감독! 클리템네스트라!" 하는 목소리도 섞여 있었다. 아가멤논으로 분장한 로든은 고대 그리스 복장을 하고 앞에 나서기가 쑥스러운지 아이기스토스를 비롯한 다른 출연자들과 같이 무대 뒤편에 숨어서 도무지 나올 생각을 안 했다. 베드윈 샌즈가 줄레이카와 클리템네스트라를 데리고 무대 위로 나왔다. 한 저명인사가 클리템네스트라로 분장한 매력적인 부인을 꼭 소개해 달라고 졸랐다. "이야, 정말로 남편을 죽이고 다른 남자와 결혼하는 게 어떻소, 응?" 그 모습을 지켜보던 공작이 딱 들어맞는 농담을 던졌다.

"로든 크롤리 부인의 연기는 정말 훌륭했소." 스타인 경이 말했다. 베키는 조금 으쓱한 표정으로 웃음을 터트렸다. 그리고는 무릎을 굽혀 귀엽게 예를 표했다.

하인들이 가벼운 음식이 가득 담긴 쟁반을 들고 방으로 들어왔다. 출연자들은 다음 연극을 준비하기 위해 무대 뒤로 돌아갔다.

이번에는 총 3절이었는데 무언극으로 꾸며질 예정이었다. 내용은 이러했다.

제1절. 바스 3급 훈작사인 로든 크롤리 중령이 챙이 처진 모자를 쓰고 지팡이를 짚고 외투를 입고 마구간에서 빌려온 전등을 들고 나타나 사람들에게 시간을 알리는 듯 고함을 지르며 무대를 가로지나간다. 낮은 창 너머로 두 행상인이 카드놀이를 하며 줄곧 하품을 해대는 모습이 보인다. 어느 모로 보나 영락없는 구두닦이로 보이는 남자(G. 링우드 님)가 들어와서 행상인들이 신은 신발을 벗긴다. 곧바로 하녀(사우스다운 경 분)가 촛대 두 개와 난로를 가지고 나타나더니 2층으로 올라가서 잠자리를 데운다. 행상인들이 하녀에게 집적대자 난로를 무기로 사용한다. 하녀 퇴장. 행상인들이 침실용 모자를 쓰고 블라인드를 내린다. 구두닦이가 나와서 1층 침실 덧문을 닫는다. 그리고 구두닦이가 안에서 문에 빗장을 지르고 자물쇠를 거는 소리가 들린다. 불이 모두 꺼진다. "잘 자라, 잘 자라, 귀여운 아가" 하는 곡이 연주된다. 커튼 뒤에서 "제1절 끝!" 외치는 소리가 들린다.

제2절. 갑자기 등불이 켜진다. 《파리의 존》에 나오는 오랜 가곡 〈아, 여행

이란 즐거운 것〉이 연주된다. 배경은 전과 같다. 집 2층과 3층 사이 벽에 걸려 있는 간판에는 스타인 가문의 문장이 그려져 있다. 집 안에 종소리가 요란하게 울린다. 아래층 방에서는 한 사내가 다른 사내에게 기다란 종이를 들이미는데, 상대는 이건 말도 안 된다고 주먹을 휘두르며 으름장을 놓는다. "이봐 마부, 내 마차를 몰고 오게." 으름장을 놓던 사내가 문에 대고 외친다. 그 사내는 옆에 있던 하녀(사우스다운 경 각하)의 턱을 가볍게 툭 친다. 칼립소가 여행의 영웅 율리시스가 떠나는 것을 슬퍼했던 것처럼 하녀는 이 행상인이 떠나가는 것을 슬퍼하는 모습이다. 구두닦이(G. 링우드 님)가 은제 술병이 든 나무상자를 가지고 "술병이요!" 외치며 지나갔는데 그 모습이 너무도 익살스럽고 천연덕스러워서 관중들은 손뼉을 쳤다. 어떤 이는 꽃다발을 던지기도 했다. 그때 찰싹찰싹 채찍 소리가 들렸다. 주인과 하녀와 하인이 문으로 뛰어나간다. 어느 귀빈이 막 도착한 순간 막이 내리고 무대 뒤에서 무대감독이 "제2절 끝!" 외치는 소리가 들린다.

"여긴 아무래도 '호텔'인 것 같군요." 근위기병대 소속 그리그 대위가 말했다. 대위의 영리함에 모두들 웃음을 터뜨렸다. 대위의 말은 그리 틀린 말이 아니었다.

제3절을 준비하는 동안 악대가 〈다운스에서〉, 〈그쳐라, 사나운 폭풍아〉, 〈브리타니아여, 지배하라〉, 〈오! 비스케 만에서〉 등 바다와 관련된 곡을 차례로 연주했다. 바다와 관련 있는 사건이 벌어질 모양이었다. 막이 올라가자 종소리가 울려 퍼진다. "자, 제군들, 상륙준비다!" 고함소리가 들린다. 사람들은 저마다 작별인사를 한다. 그들은 근심에 찬 표정으로 검은 천으로 만든 구름을 가리키며 겁에 질린 채 서로 머리를 끄덕인다. 스큅스 부인(사우스다운 경 각하)이 애완견, 가방, 손가방을 들고 남편과 함께 바닥에 딱 달라붙어서 밧줄을 단단히 붙잡고 있다. 영락없는 배 위의 모습이다.

삼각모를 쓰고 손에 망원경을 든 선장(바스 3급 훈작사 크롤리 중령)이 등장하여 모자가 날아가지 않게 손으로 누르며 날씨를 살핀다. 코트 뒷자락이 바람에 날려 펄럭인다. 망원경을 쥐기 위해 손을 놓자 모자가 날아간다. 우레와 같은 박수. 바람이 더욱 거세게 분다. 음악이 점점 고조되며 바람 부는 소리를 연주한다. 배가 몹시 흔들린다는 듯 선원들이 비틀거리며 무대를 지나간다. 객실담당원(G. 링우드 님)이 대야 여섯 개를 가지고 휘청대며 나오더니 그 가운데 하나를 재빨리 스큄스 경 옆에 놓는다. 스큄스 부인이 낑낑거리는 강아지를 꼬집고는 손수건으로 얼굴을 가리고 선실로 달려간다. 음악이 폭풍우를 표현하며 절정에 이르고 제3절이 끝난다.

다음으로 〈밤꾀꼬리〉라는 짤막한 발레 공연이 있었다. 몽테쉬와 노브레가 연기해서 유명해진 발레인데, 작곡 실력이 제법 뛰어난 왜그 씨가 이 곡에 영어 가사를 붙여서 오페라로 만들었다. 의상은 옛 프랑스풍이었다. 몸집이 작은 사우스다운 경이 이번에는 노부인으로 훌륭하게 변신했다. 정말 노파의 것 같은 구부러진 지팡이를 짚고 절룩거리며 무대를 돌아다닌다.

떨리는 선율이 무대 뒤에서 들려오더니 장미와 격자세공으로 뒤덮인 예쁜 마분지 오두막에 울려퍼진다. "필로멜레, 필로멜레" 노파가 부르니 필로멜레가 등장한다.

더욱 커다란 박수 소리가 터져 나왔다. 하얗게 분을 바른 얼굴에 점을 찍은 로든 크롤리 부인이 나타났기 때문이다. 세상에서 가장 매혹적인 후작 부인의 모습이었다.

웃는 낯으로 콧노래를 흥얼거리며 나타난 필로멜레가 생기 넘치고 천진한 모습으로 무대를 뛰어다니다가 무릎을 살짝 굽히고 인사를 한다. 늙은 어머니가 말한다. "어째서 넌 그렇게 만날 웃으며 노래를 하니?" 필로멜레는 이런 노래를 부르면서 퇴장한다.

내 발코니의 장미꽃

아침 공기에 향기로움을 실어주는 내 발코니의 장미꽃
겨울 내내 맨몸으로 봄을 기다렸지요
어째서 장미의 숨결은 향기롭고 뺨은 붉냐고요?
해님이 떠오르고 새들의 지저귐이 시작됐기 때문이죠

푸른 숲에서 노래하는 저 꾀꼬리도
가지에 잎이 지고 매서운 바람이 불 때면 노래를 그쳤죠
어머니, 꾀꼬리가 어째서 우느냐고요?
해님이 떠오르고 나뭇잎들이 푸르기 때문이죠

이렇게 새들은요, 어머니, 저마다 노래하지요
활짝 핀 장미는요, 어머니, 어여쁜 뺨 붉히지요
제 가슴에 햇살이 비치면, 어머니, 기쁨에 눈을 떠요
그래서 저는 노래하고 뺨을 물들어요, 어머니, 이제 아시겠지요?

　노래하는 소녀의 어머니 역을 맡은 이 호인은(모자 밑으로 풍성한 턱수염이 삐죽 나와 있었다) 노래 소절이 끝날 때마다, 딸 역을 맡은 천진한 여인을 껴안고 모성애를 발휘하려고 애쓰는 듯이 보였다. 한 번씩 이렇게 껴안을 때마다 그 마음을 잘 알겠다는 듯 관중들이 와하하 폭소를 터트렸다. 작은 산새들이 지저귀는 듯한 교향악이 연주되는 가운데 소녀의 노래가 끝나자 모든 관중이 앙코르를 외쳤다. 이날 저녁의 '꾀꼬리'에게 보내는 박수갈채와 꽃다발 세례가 한동안 이어졌다. 스타인 경의 목소리가 그중에서도 가장 컸다. '꾀꼬리'를 완벽하게 연기한 베키가 후작이 던진 꽃을 집어 들더니 그야말로 능란한 희극배우처럼 그것을 가슴에 가져다 대었다. 스타인 경은 뛸 듯이 좋아했다. 이 집주인의 열광에 모든 관객이 동참했다. 첫 막에 등장하여 그토록 호평을 받았던 까만 눈의 어여쁜 여인은 이미 기억 속에서 사라지고 없었다. 그 여인은 베키보다 몇 배나 아름다웠지만 베키의 재기발랄함에 그 빛이 가려지고 말았다. 모두 베키에게 빠져들었다. 사람들은 스티븐스, 카라도리, 론지 드 베니스 등 명배우와 베키를 비교하면서, 베키가 배우가 되었더라면 아무도 그를 따를 수 없을 것이라는 데 의견을 모았는데, 어쩌면 정말 그랬을지도 모른다. 베키의 인기는 절정이었다. 승리감과 기쁨에 젖어 떨리는 베키의 목소리가 박수갈채보다 높이 솟아올랐다. 연극의 여흥이 끝난 뒤 무도회가 열렸다. 사람들은 이날 너도나도 앞다퉈 밤의 주인공인 베키 주위로 몰려들었다. 왕자는 베키를 완전무결한 여인이라고 얘기하며 몇 번이고 말을 건넸다. 그러한 영광과 긍지와 기쁨으로 베키의 마음은 터질 듯이 부풀었다. 자기 앞에 펼쳐진 부귀와 명예와 지위를 보았다. 스타인 경은 베키의 노예가 되었다. 다른 누구와도 거의 말을 섞지 않고 베키가 가는 곳마다 졸졸 쫓아다니며 자못 과장스러운 칭찬을 늘어놓았다. 베키는 후작부인의 의상을 입은 채로 자보티에르 공작의 수행원인 트류피니 씨와 미뉴에트를 추었다. 궁정의 오랜 전통에 밝은 공작은, 베키가 프랑스의 수석 무용수 베스트리스의 제자가 되거나 베르사유궁전에 나가도 손색없다고 말했다. 공작은, 베키와 춤추고 싶은 마음이 굴뚝같았으나 품위와 관절염과 강한 의무감과 자기희생 정신에서 그 마음을 애써 억눌렀다. 대신 공공연히 장담하기를, 로든 부인같이 프랑스어에 능통하고 춤을 잘 추는 부인이라면 유럽 어느 궁전이든 대사부인으로 알맞을 것이라 했다. 베키가 자기에게는 프랑스인의 피가 절반 섞여 있다고 말하자 공작은 안심했다는 듯이 이렇게 말했다. "그럼! 프랑스인이 아니고서야 그 어려운 춤을 그렇게까지 훌륭하게 출 수 없지!"

베키는 이어서 피터와라딘 왕자의 사촌동생이자 수행원인 크링겐스포르 씨와 왈츠를 추었다. 프랑스 대사만 한 자제심이 없는 피터와라딘 왕자가 매력적인 베키와 춤을 추며 홀을 한 바퀴 돌고 싶다고 나섰다. 그러고는 베키를 안고서 장화에 달린 술을 날리고, 경기병 재킷에 달린 다이아몬드를 번쩍이며, 숨이 찰 때까지 무도회장을 돌면서 춤을 췄다. 파푸시 파샤도 만약 본국 터키에 춤추는 관습이 있었다면 베키와 춤을 추었을 것이다. 사람들은 베키 주위에 둥그렇게 둘러서서 베키가 유명한 무용수인 노브레나 탈리오니라도 되는 듯이 갈채를 보냈다. 모든 사람이 황홀해했고 베키도 마찬가지였음은 어렵잖게 짐작할 수 있다. 베키는 얼굴에 비웃음을 띠고서 스터닝턴 부인 옆을 지나쳤다. 곤트 부인과, 놀라움과 분함에 어쩔 바 모르는 그 시누이를 아랫사람 대하듯 했다. 베키는 자기에게 필적할 만한 아름다운 부인들을 눌러버린 것이다. 불쌍하게도, 긴 머리카락과 커다란 눈으로 이날 저녁 모임이 막 시작되었을 때 매우 주목을 받았던 윙크워스 부인은 지금 어느 구석에 처박혀 있는지? 윙크워스 부인은 이제 경쟁 축에도 끼지 못했다. 아무리 부인이 긴 머리카락을 잡아 뜯으며 커다란 눈이 퉁퉁 붓도록 운다 한들 그 비참한 패배를 신경 쓰거나 동정하는 사람은 하나도 없다.

그러나 뭐니 뭐니 해도 베키에게 최고의 승리는 밤 만찬 시간에 찾아왔다. 베키는 왕자를 비롯한 여러 귀빈만을 모시기 위해 따로 마련된 특별석에 앉았다. 금접시에 산해진미가 나왔다. 베키가 그럴 마음만 있다면 클레오파트라처럼 샴페인에 진주라도 녹일 수 있었으리라. 피터와라딘 왕자는 베키의 매혹적인 눈길을 받기 위해서라면 재킷에 달린 다이아몬드를 절반쯤 떼어주었을지도 모른다. 자보티에르는 프랑스 정부에 베키에 대해 보고했다. 다른 식탁에 앉아 은식기로 식사를 하던 여인들은, 스타인 경이 줄곧 베키에게 칭찬을 늘어놓는 모습을 지켜보며 이것은 분명 언어도단이며 자기네 고귀한 숙녀들 모두에 대한 모욕이라고 떠들었다. 빈정거림으로 사람을 죽일 수 있다면 스터닝턴 부인은 그 자리에서 베키를 죽이고 싶다고까지 생각했다.

로든 크롤리는 아내의 그러한 대성공에 주눅이 들었다. 아내와의 거리가 지금까지보다 더욱 멀어진 것 같은 기분이었다. 아내가 자기보다 훨씬 우월한 존재라는 생각에 고통에 가까운 감정을 느꼈다.

떠날 시간이 되자 젊은이들이 베키를 마차까지 바래다주었다. 그러자 바깥에 있던 구경꾼들이 환성을 올렸다. 그 환성에 이어, 곤트 하우스의 높다란 문 밖에서 횃불을 들고 서 있던 종들이 문에서 나오는 손님 한 사람 한 사람에게 즐거운 모임이 되셨길 바란다고 말했다.

얼마 동안 소리를 지른 다음에야 로든 크롤리 부인의 마차가 밝게 불 켜진 안마당으로 들어와 현관 앞에 섰다. 로든이 아내를 마차에 태우자 마차가 움직이기 시작했다. 웬햄 씨가 로든에게 집까지 함께 걸어가자고 제안하며 입가심용 담배를 주었다.

그들은 밖에 서 있는 횃불 든 소년들 중 하나에게서 불을 빌려 담배를 태웠다. 로든은 친구 웬햄과 함께 걷기 시작했다. 사람들 틈에서 두 사내가 나오더니 이 두 신사의 뒤를 쫓았다. 그들이 곤트 스퀘어를 수십 발짝 걸었을 때 두 사내 중 한 사람이 저벅저벅 다가가 로든의 어깨를 치며 말했다. "실례합니다, 중령님. 긴히 드릴 말씀이 있습니다." 같이 따라온 사내가 휘파람을 높게 불었다. 이를 신호로 곤트 하우스의 현관에 늘어서 있던 마차 가운데 삯마차 한 대가 덜컥거리며 달려왔다. 부관이 홱 앞으로 돌며 크롤리 중령 앞을 막아섰다.

중령은 무슨 일이 일어났는지 깨달았다. 집행관들에게 붙잡힌 것이다. 중령은 한 발짝 뒤로 물러섰으나 맨 처음 중령의 어깨를 친 사내에게 부딪혔다.

"이쪽은 셋입니다. 도망쳐봐야 소용없어요." 뒤에 서 있던 사내가 말했다.

"자네, 모스가 아닌가?" 아는 사람인지 중령이 말했다. "얼마인가?"

"얼마 안 됩니다." 커시터 거리 챈서리 래인에서 나온 미들식스 주 집행관 부관 모스 씨가 말했다. "네이선 씨가 166파운드 6실링 8펜스짜리 청구소송을 걸었습니다."

"웬햄, 제발 100파운드만 빌려주게." 가엾은 로든이 말했다. "집에 70파운드가 있다네."

"전 단돈 10파운드도 없습니다." 웬햄이 난처한 듯 말했다. "그럼 먼저 실례하겠습니다."

"잘 가게." 로든이 유감스러운 듯이 말했다. 웬햄은 가버렸다. 마차가 템플 바(죄인의 목을 매달던 런던 서쪽 변두리 문)를 지날 즈음에는 로든 크롤리의 담배도 짧아져 있었다.

크롤리 중령 수배되다

제52장
스타인 경 큰 친절을 베풀다

스타인 경은 한번 호의를 베풀기 시작하면 끝까지 가는 사람이었다. 스타인 경이 로든 크롤리 가족에게 친절을 베풀기로 마음먹었다는 사실은 호의를 베풀 상대를 그전에 꼼꼼히 비교해보았다는 뜻이나 다름없었다. 후작은 그 호의를 어린 로든에게도 베풀었다. 로든 부부에게 아이가 학교에 갈 나이가 되었으니 남들과 경쟁하고 라틴어 기초를 배우고 권투 연습을 하고 친구들과 어울릴 수 있도록 공립학교에 보내야 한다고 지적했다. 로든의 아버지는 아이를 좋은 공립학교에 보낼 만큼 넉넉하지 않다고 반대했다. 어머니 레베카는 훌륭한 선생님인 브리그스가 영어와 라틴어 기초와 그 밖에 일반 과목을 잘 가르쳐주고 있으므로(그건 사실이었다) 학교에 보낼 필요는 없다고 말했다. 그러나 이러한 주장도 후작의 친절과 끈기 앞에 사라지고 말았다. 후작은 화이트프라이어스라는 전통 있고 유명한 고등교육기관의 운영위원 중 한 사람이었다. 그곳은 오래 전 스미스필드가 마상시합장이었던 시절 시토회의 수도원이었다. 화형하기에 알맞은 장소였기에 완강한 이교도들은 이 수도원 근처로 끌려와서 처형을 받고는 했다. 신앙의 수호자 헨리 8세는 이 수도원과 그 재산을 몰수하고, 자신의 종교개혁에 따르지 않는 몇몇 수도승을 교수형에 처하거나 박해했다. 이윽고 어느 대상인이 수도원 건물과 주변 땅을 사들이고 다른 부자들로부터 더 많은 땅과 돈을 기부받은 다음, 노인과 아이들을 위해 기부기금으로 운영되는 유명한 복지시설을 설립했다. 이 예스럽고 수도원 모습이 그대로 남아 있는 시설에 점차 학문을 배우러 외부에서 많은 학생들이 모여들기 시작했는데, 중세 제복과 습관을 간직한 채 오늘까지 그 면모를 유지하는 터라 시토회 수도승들은 이 기관이 오래 번성하기를 기원한다.

영국에서도 가장 신분이 높은 귀족들, 성직자들, 고관들이 이 유명한 기관의 운영위원을 맡고 있었다. 소년들은 매우 안락히 지내며 훌륭한 음식을 먹고 쾌적하게 공부했다. 거기다 대학에 진학을 하면 좋은 장학금을 소개해주고 성직자가 되면 교회를 소개해주었으므로 많은 소년들은 아주 어릴 때부터 성직 공부를 했다. 이 학교에 추천을 받기 위해 굉장한 경쟁이 벌어졌다. 본디 이 학교는 가난한 사람이나 존경받는 성직자나 평민의 자식을 위해 설립되었으나 높으신 운영위원 나리들 거의가 그 범위를 넓혀서, 아니 변덕스러운 자비심으로 온갖 계층의 자제에게도 은혜를 베풀었다. 무상으로 교육을 받아 미래를 보장받고 목사까지 될 수 있다는 것은 그야말로 훌륭한 제도였으므로 큰 부자들 가운데 이 학교를 경멸하지 않는 사람이 있었으며, 높으신 분들도 친척을 소개하거나 제 자식들에게 그러한 기회를 주고 싶어 했다. 대주교조차 제 자식을 이곳으로 보내거나 자기 밑에 있는 목사들의 아들을 소개했다. 신분 높은 귀족들 중에는 심복 하인의 자녀를 이 학교에 보내기도 했으므로, 이 학교에 다니는 소년들은 그야말로 각계각층의 친구가 생기는 셈이었다.

로든 크롤리는 지금껏 읽은 책이라고는 경마예정표밖에 없었고, 학교에서 점잖게 배워본 기억이라야 어릴 때 이튼 학교에서 매를 맞은 일 정도였지만 모든 영국 신사가 그러하듯이 고전 학문을 진심으로 존경했으므로, 인생의 기초를 닦을 수 있는 데다가 학자가 될 수 있을지도 모르는 기회를 아들에게 주게 되어 몹시 기뻐했다. 로든에게는 아들이야말로 가장 큰 위안이었다. 아들을 늘 쌀쌀맞게 대하는 아내에게 말하기 싫어서 가만히 있었지만, 로든은 수많은 사소한 점까지 아들에게 애착을 느끼고 있었다. 그러나 로든은 아들의 행복을 위해 자기에게 가장 커다란 위안과 이익을 버리고 아들과 떨어지기로 결심했다. 로든은 아들이 떠나가게 돼서야 비로소 자신이 아이를 얼마나 사랑하는지 깨달았다. 집 안에 아들이 없어지자 남들에게 말하기도 창피할 만큼 슬프고 침울했다. 부모 곁을 떠난 아들보다 더 슬퍼했다. 아들은 새로운 생활로 들어가는 데다 또래 친구가 생겨서 오히려 기뻐하고 있었다. 아들이 떠날 때 로든이 자신의 슬픈 감정을 표현하려고 횡설수설하는 모습을 보고 베키는 한두 번인가 웃음을 터뜨렸다. 불쌍한 로든은 자기에게 가장 소중한 기쁨과 가장 친한 친구를 빼앗긴 기분이었다. 그는 아들이 쓰던 텅 빈 침대를 깊은 시름에 잠겨 바라보곤 했다. 아침이면 아들 생각이 간절해져서 혼자 부질없이 공원을 거닐어보기도 했다. 아들이 집을 비우기 전에는 자기가 얼마나 고독한 존재인지 몰랐다. 그는 아들을 귀여워해준 사람들이 그리워졌다. 그래서 상냥한 형수인 제인 부인에게 종종 발걸음을 하여 몇 시간이고 그 옆에 앉아, 집을 떠난 아들의 장점이라든가 귀여운 생김새라든가 상냥한 성품에 대해서 이야기를 나누었다.

전에도 쓴 바 있지만, 제인 부인은 어린 로든을 매우 좋아했다. 제인의 어린 딸도 그래서 사촌오빠가 떠나는 날에는 몹시 울었다. 이렇게 모녀가 함께 자기 아들을 좋아해주는 것이 아버지인 로든으로서는 고맙기 그지없었다. 그들의 동정에 힘을 얻어 그들 앞에서 로든이 솔직히 드러낸 아들에 대한 애정은 이 사내의 감정 중에서도 가장 훌륭하고 정직한 것이었다. 이러한 감정을 고백함으로써 그는 제인 부인의 호감과 심지어 존경까지 얻었지만, 정작 아내 앞에서는 드러내지 못했다. 제인 부인과 베키는 되도록 얼굴을 마주치지 않으려 했다. 베키는 제인의 여린 마음을 신랄하게 비웃었다. 제인은 상냥하고 점잖은 천성 탓에 베키의 냉담한 행동에도 반발하지 못했다.

이런 이유로 로든의 마음은 자신이 생각했던 것보다, 또는 스스로 인정했던 것보다 훨씬 아내에게서 멀어지고 말았다. 베키는 그러거나 말거나 개의치 않았다. 실제로 베키는 남편이나 그 밖에 다른 누가 아쉬워서 못 살 여자가 아니었다. 그녀는 남편을 심부름꾼이나 천한 노예 정도로밖에 여기지 않았다. 남편이 아무리 기운이 없건 토라져 있건 베키는 조금도 신경 쓰지 않고 코웃음을 칠 뿐이었다. 그녀는 자기 지위라든가 쾌락이라든가 사교계 진출 따위를 생각하기에도 바빴다. 이제는 당연히 사교계에 중요한 지위를 차지해야 한다는 생각만 가득할 뿐 그 밖에는 아무래도 좋았다.

아들이 학교에 가지고 갈 조그만 가방을 만들어준 것은 충직한 브리그스였다. 하녀 몰리는 아이가 떠날 때 복도에서 엉엉 울었다. 이 하녀는 오랫동안 품삯을 받지 못했으면서도 상냥하고 충실했다. 베키는 남편이 아들을 학교까지 데려다주는 데 자기가 늘 이용하는 마차를 타고 가지 못하게 했다. 저 말들을 끌고 시내에 가다니! 그런 건 얼토당토않다며 삯마차를 부르라고 했다. 베키는 아들이 출발하는 순간에도 입맞춤을 해주지 않았다. 아들도 어머니를 안아주려 하지 않았다. 그러나 늙은 브리그스에게는 입을 맞추고(평소에는 그런 일을 매우 부끄러워했지만), 토요일마다 돌아오니 그때 만날 수 있을 거라 말하며 위로했다. 아들을 태운 삯마차가 시내로 가고 있을 때 베키가 탄 마차는 공원 쪽으로 달려가고 있었다. 아버지와 아들이 학교의 낡은 문을 통과할 무렵에 베키는 서펜타인 호숫가에서 젊은 멋쟁이들과 웃고 떠들었다. 아들을 학교에 남겨두고 되돌아오면서 로든은 아마 철이 든 뒤 한 번도 겪은 적 없는 가장 순수한 슬픔을 맛보았다.

로든은 크나큰 슬픔을 안고 집으로 걸어 돌아와서 브리그스와 단둘이 저녁을 먹었다. 로든은 브리그스에게 매우 다정하게 대했다. 브리그스가 자기 아들을 귀여워하고 잘 보살펴준 것이 무척이나 고마웠기 때문이다. 그런 브리그스에게 돈을 빌리고, 브리그스를 속이는 일을 도왔음을 떠올리자 양심의 가책을 느꼈다. 베키가 옷을 갈아입으러 돌아왔다가 또 어딘가에서 열리는 만찬회에 참석하기 위해 곧 다시 나갔으므로 둘은 오랫동안 어린 로든에 대해 이야기할 수 있었다. 그런 뒤 로든은 어딘가 침착하지 못한 태도로 제인 부인 댁에 차를 마시러 갔다. 그리고 그녀에게 어린 로든이 마치 개선장군처럼 씩씩하게 걸어 들어갔다는 둥, 가운과 짧은 양복바지를 어떻게 입을 거라는 둥, 옛날에 같은 연대에 근무했던 잭 블랙볼의 아들이 아이를 맡아서 잘 보살펴주겠다고 약속했다는 둥, 그날 있었던 여러 이야기를 해주었다.

일주일이 채 지나기도 전에 블랙볼의 아들은 어린 로든을 제 심복으로 삼아서 구두를 닦게 하고 아침에 빵을 구우라고 시켰다. 괴상한 라틴어 문법을 가르쳐주기도 하고 서너 번 때리기도 했는데 물론 세게 때리지는 않았다. 어린 로든은 정직한 생김새 덕에 나름대로 잘 해나갔다. 어린 로든은 꼭 자기에게 유리한 결과를 가져올 매를 맞았다. 그리고 구두를 닦거나 빵을 굽거나 그 밖에 상급생의 자질구레한 심부름을 하는 것은 모든 젊은 영국 신사가 받는 교육의 하나로서 누구나 기꺼이 하는 일 아닌가?

나는 소년들이나 로든 도련님의 학교생활을 쓰려는 것이 아니다. 그런 걸 쓰자면 이 소설이 얼마나 길어질지 알 수 없다. 로든 중령은 그 뒤 곧 아들을 보러 갔다. 조그만 검정색 가운에 반바지를 입은 어린 로든은 건강하고 행복한 모습으로 씩 웃고 있었다.

　로든은 아들을 잘 부탁한다는 뜻으로 상급생인 블랙볼에게 1파운드짜리 금화를 쥐여주었다. 유명한 스타인 경의 피보호자요, 지방 국회의원의 조카이며, 〈모닝 포스트〉지 상류인사 소개란에 종종 이름을 올리는 바스 3급 훈작사 중령의 아들이었으므로 학교 당국도 어린 로든의 편의를 틀림없이 이것저것 봐주었을 것이다. 어린 로든은 용돈을 넉넉히 가지고 있어서 친구들에게 산딸기 타르트를 후하게 대접하곤 했다. 토요일이면 자주 귀가를 허락받았는데 아버지는 그날을 무슨 축제날이라도 되는 양 기뻐했다. 할 일이 없으면 아들과 함께 연극을 보러 갔고, 여의치 않을 때는 하인을 딸려 보냈다. 어린 로든은 일요일이면 브리그스와 제인 부인과 사촌동생들과 함께 교회에 나갔다. 로든은 아들이 매 맞는 이야기와 하급생으로서 온갖 잔심부름을 도맡아 하는 이야기를 듣고 놀라워했다. 오래지 않아 로든은 학교 선생과 상급생들의 이름을 아들만큼이나 줄줄 꿰게 되었다. 그는 아들의 학교 동무를 집으로 초대하여 두 소년에게 연극구경을 시켜주고 연극이 끝난 뒤 과자와 생굴과 흑맥주를 질리도록 사주었다. 어린 로든이 지금 이런 것을 배우고 있다며 라틴어 문법을 보여주면 로든도 꽤 아는 체를 하려고 애썼다. 그리고 사뭇 진지한 표정으로 이렇게 말하는 것이었다. "애야, 악착같이 배워야 한다. 훌륭한 고전을 배우는 것보다 좋은 일은 없으니까. 암, 없고말고!"

남편에 대한 베키의 멸시는 날이 갈수록 심해졌다. "뭐든 당신 좋을 대로 하세요. 원하는 곳에서 식사를 하고 와도 좋고 애스틀리 레스토랑에 가서 진저비어를 마시든 톱밥을 먹든, 아니면 제인 부인하고 찬송가를 부르든 마음대로 하세요. 아이 일로 저를 귀찮게만 말아요. 당신이 무능하니 내가 당신 일까지 도맡아 하는 수밖에 없잖아요? 내가 당신 뒤를 봐주지 않았더라면 지금쯤 당신은 어디서 뭘 하고 있을지 알 게 뭐예요?" 안됐지만 실제로 베키가 참석하는 모임에서 로든을 기다리는 사람은 없었다. 요즘 베키는 남편 없이 혼자 초대를 받는 일이 잦았다. 베키는 마치 자기가 메이페어의 지주라도 되는 듯이 상류층 명사의 이야기를 했다. 그리고 왕실에서 상(喪)이라도 나면 늘 상복을 입었다.

넉넉지 못하나마 정이 가는 가족에게 부모처럼 관심을 보이던 스타인 경은, 어린 로든이 학교를 들어가자 이번에는 브리그스를 내보내면 지출이 크게 줄 것이라 생각했다. 베키라면 그 명석한 머리로 혼자서 살림을 꾸려나갈 수 있으리라 믿었다. 이 자비로운 귀족이 브리그스에게서 빌린 얼마 안 되는 돈을 갚을 수 있도록 베키에게 돈을 주었다는 사실은 앞에서 쓴 바 있다. 그럼에도 브리그스는 여전히 베키의 집에 머물러 있었다. 그래서 스타인 경은 자기가 기껏 친절을 베풀어 준 돈을 베키가 어딘가 다른 데다 쓴 것이 분명하다는 가슴 아픈 결론을 내렸다. 그러나 스타인 경은 저 혼자 품은 이러한 의혹을 베키에게 말해버릴 만큼 무례한 사람이 아니었다. 금전 문제로 이러쿵저러쿵하면 베키의 자존심을 건드리게 될 테고, 게다가 자신이 친절히 빌려준 돈을 다른 용도로 쓴 데 그럴 만한 여러 사정이 있으리라 생각했기 때문이다. 그래도 스타인 경은 진실만은 캐내고 싶었다. 그래서 가장 완곡한 방법을 써서 조심조심 필요한 질문을 해보았다.

가장 먼저 스타인 경은 기회를 봐서 브리그스를 슬쩍 떠보았다. 그것은 그리 어려운 일은 아니었다. 조금만 치켜세우면 이 여인은 금세 수다스럽게 떠들며 제 생각을 모조리 털어놓을 것이기 때문이다. 어느 날, 로든 부인이 마차를 타고 외출한 틈을 타(이쯤은 스타인 경의 심복인 피시가 마차 대여소에서 금방 캐내올 수 있는 정보였다. 베키는 이 마차 대여소에 자기 마차와 말을 보관해두었다. 아니, 이 마차 대여소에서 크롤리 부부에게 빌려줄 마차와 말을 준비해둔 것이라고 표현하는 편이 옳을지 모르겠다) 스타인 경은 커즌 거리에 있는 베키네 들러 커피 한 잔을 청하고, 학교에 가 있는 어린 로든에 대한 이야기를 들려주겠노라고 말을 꺼냈다. 5분 뒤, 브리그스가 로든 부인에게서 받은 것은 비단 가운 한 벌뿐인데 무척 감사하게 생각하고 있음을 알아냈다.

이 솔직한 이야기를 듣고 스타인 경은 속으로 웃음을 터뜨렸다. 실은 브리그스가 1천 125파운드나 되는 큰돈을 돌려받고 무척 기뻐했으며, 브리그스가 그것을 어느 증권에 투자했다는 것, 과연 그렇게 큰돈을 갚기란 정말 가슴 쓰린 일이었다는 것 등 레베카에게서 여러 이야기를 들은 터였기 때문이다. 레베카는 어쩌면 그런 식으로 이야기해두면 후작이 돈을 좀 더 후원해줄 거라 생각했는지 모른다. 그러나 후작은 이 조그만 책략가에게 돈을 더 주겠다는 말을 하지 않았다. 이미 지금껏 꽤 많은 후원을 해주었다는 생각에서였으리라.

스타인 경은 이제 브리그스의 재정 상태에 호기심을 가지고 이것저것 물어보았다. 브리그스는 후작에게 자신이 지금 어떤 상태인지 낱낱이 털어놓았다. 죽은 크롤리 노부인이 자기에게 유산을 얼마쯤 남겨주었고, 그 일부를 친척들에게 빼앗겼으며 나머지 일부는 크롤리 중령이 아주 안전한 곳에 투자해주어서 좋은 이자를 받고 있고, 남은 돈은 로든 부부가 친절하게도 피트 경과 여러 상담을 하여 피트 경에게 틈이 나면 유리한 곳에 투자해주기로 되어 있다는 것이었다. 후작은 중령이 브리그스를 위해 이미 투자했다는 금액이 얼마냐고 물었다. 브리그스는 600파운드 정도라고 선뜻 대답했다.

그러나 이런 이야기를 모두 하자마자 이 수다쟁이 브리그스는 자기가 너무 정직하게 말한 것을 후회하며, 지금 한 이야기를 크롤리 씨에게 말하지 말아달라고 후작에게 부탁했다. "중령님은 정말 친절한 분이세요. 크롤리 씨가 화가 나서 돈을 전부 돌려주기라도 하는 날엔 제가 또 어디 가서 그런 이자를 받을 수 있겠어요?" 브리그스가 말했다. 스타인 경은 웃으면서, 오늘

한 이야기는 절대로 입 밖에 내지 않겠다고 약속했다. 브리그스와 헤어지자 스타인 경은 더더욱 웃음이 났다.

'정말이지 재주 좋은 작은 악마로구나! 연기도 잘하고 감독도 훌륭해! 바로 요전에도 그럴싸한 핑계를 대며 내게서 돈을 가져가지 않았던가. 한평생 남부럽지 않은 인생을 살면서 베키를 당해낼 만한 여자를 보지 못했다. 베키에 비하면 다른 여자는 갓난아기에 불과해. 베키에게 걸려들다니 나도 참 애송이 바보로군. 늙은 바보야. 거짓말로는 베키를 당할 이가 없을 것이다.' 이렇게 베키의 영리함이 입증되자 후작은 베키에게 더욱 경탄해 마지않았다. '그럴싸한 핑계를 둘러대 돈을 얻는 것쯤 식은 죽 먹기겠지만, 필요한 돈의 두 배나 받아낸 다음 갚을 돈도 갚지 않는다니 굉장한 수완이야. 남편인 크롤리 중령도 마찬가지다. 보기만큼 바보는 아니었어. 중령도 제법이군그래. 얼굴과 행동만 보면 아무도 중령이 이런 돈 문제에 대해 조금이라도 알고 있으리라고는 생각지 못할 게야. 그러나 분명 아내에게 꾀를 쓰게 한 다음 돈을 전부 써버린 것은 중령일 테지.' 독자 여러분도 알다시피 후작의 이러한 생각은 착각에 불과하지만, 크롤리 중령을 대하는 후작의 태도는 이날 이후로 크게 바뀌었다. 이제까지 중령에게 보이던 형식적인 경의조차 거두어버렸다. 이 후원자는 설마 크롤리 부인이 제 자신을 위해 기부금을 긁어모으고 있다고는 결코 생각지 못했다. 사실대로 말하자면, 후작은 오랫동안 사람들 약점만 많이 봐오면서 남부럽지 않게 생활하며 만난 다른 남자들을 보는 시선으로 크롤리 중령을 판단해버렸다. 지금껏 수많은 사람을 매수하며 살아온 후작인지라 크롤리 중령의 가치를 잘못 알아보고 단정지어버린 것이다.

베키와 단둘이 있을 첫 번째 기회가 생기자 후작은 즉시 그녀를 골려주었다. 후작은 농담을 던졌다. "필요한 돈보다 많은 돈을 받아내다니 정말 대단한 솜씨군." 베키는 아주 조금 당황했다. 정말 필요할 때만 거짓말을 하는 그녀였지만 이러한 위급 상황에 부딪히자 거짓말이 술술 나왔다. 베키는 곧바로 교묘하고 그럴싸한 이야기를 꾸며내어 다시금 이 후원자의 뒤통수를 쳤다. 그녀는 먼저 자기가 전에 한 말은 새빨간 거짓말이라고 고백했다. "하지만 제가 그런 거짓말을 해야 했던 것은 누구 탓이죠?" 베키는 이렇게 되묻고 말을 이었다. "아아, 후작님. 제가 잠자코 고통받고 얼마나 참아왔는지 후작님은 모르실 거예요. 후작님 앞에선 씩씩하고 즐거워 보였을 테니까요.

제 뒤를 봐주는 분이 안 계셨을 때 제가 얼마나 힘들게 살았는지 후작님은 상상도 못하실 거예요. 저를 협박하고 괴롭혀 후작님에게서 돈을 받아내도록 강요한 사람은 제 남편이랍니다. 그래서 그런 거짓말을 한 거예요. 후작님께서 돈을 어디에 쓰는지 물을 거라 예상하고 제게 그런 거짓말을 억지로 시킨 것도 남편이에요. 돈은 전부 그이가 가져갔어요. 남편은 그 돈을 브리그스에게 갚았다고 말했어요. 저는 남편을 의심하고 싶지 않았고 또 의심하려 들지도 않았답니다. 한 남자가 할 수 없이 저지른 잘못이니 너그러이 용서해주세요. 그리고 이 불쌍한 여자에게 동정을 베풀어주세요." 이렇게 말하며 베키는 와락 울음을 터트렸다. 죄 없이 박해를 받는 여자라도 그보다 매력적이고 애처로워 보일 수는 없었으리라.

두 사람은 나란히 크롤리 부인의 마차를 타고 리젠트 파크를 맴돌며 오래도록 이야기했다. 어떤 이야기를 나누었는지 여기서 세세히 밝힐 필요는 없을 것이다. 아무튼 집으로 돌아간 베키는 방글방글 웃으며 브리그스에게 달려가 아주 좋은 이야기가 있다고 말했다. 내용은 이러했다. 스타인 경이 아주 고귀하고 친절한 일을 베풀어주셨다. 후작님은 언제 어떻게 선행을 베풀지 늘 생각하고 계신다. 어린 로든이 학교에 들어갔으니 자기는 이제 옆에 누구도 필요치 않다. 브리그스와 헤어지기란 무척 슬픈 일이지만 우리 집안 사정상 최대한 절약을 해야 한다. 게다가 스타인 경이 브리그스를 여기 같은 구두쇠 집안보다 훨씬 넉넉한 곳에 일자리를 마련해주겠다고 하시므로 자기는 마음이 한결 가볍다. 곤트리 저택에서 가정부로 일하는 필킹턴 부인은 이제 나이를 먹어 허약하고 류머티즘으로 고생 중이다. 넓은 저택을 감독하기에는 버거운 몸인지라 그 자리를 대신할 사람을 찾아야 한다. 그 자리는 정말 훌륭한 자리이다. 집안 사람들은 곤트리를 2년에 한 번밖에 찾지 않는다. 그때를 빼고는 가정부가 넓은 저택의 여주인 노릇을 한다. 매일 식사를 네 번 대접받고, 목사나 지방에서 가장 존경받는 사람들이 저택을 방문하므로 사실상 곤트리 저택의 안주인이나 다름없다. 필킹턴 부인 이전에 두 사람이 가정부로 있었는데 둘 다 곤트리 교구의 목사들과 결혼했다. 그러나 필킹턴 부인은 현재 목사의 숙모이므로 그럴 수는 없다. 아직 그 자리가 브리그스의 것으로 확정된 것은 아니지만 한번 필킹턴 부인을 찾아가서 그 뒤를 이어도 좋겠는지 살펴보고 오라. 이러한 이야기였다.

브리그스가 얼마나 기뻐하며 감사해했는지 무슨 말로 표현할 수 있을까! 브리그스는 그저 어린 로든이 그 저택으로 놀러오는 것을 허락해 달라는 조건을 붙였을 뿐이다. 베키는 그것 말고도 어떤 부탁이든 들어주겠다고 약속했다. 남편이 돌아오자 베키는 달려가서 이 기쁜 소식을 전했다. 로든은 무척 기뻐했다. 브리그스에게 돈을 갚지 못했다는 양심의 가책에서 벗어나는 듯했다. 어쨌거나 브리그스의 앞날은 보장되었다. 그러나 로든은 어딘가 마음이 편치 않았다. 이걸로 끝이라는 생각이 들지 않았다. 로든은 스타인 경의 이 제안을 사우스다운에게 이야기했다. 그러자 이 청년이 묘한 표정으로 크롤리를 쳐다봐서 그를 깜짝 놀라게 했다.

로든은 형수 제인 부인에게도 스타인 경이 호의를 보여주었다고 이야기했다. 그러자 형수도 이상한 표정을 지으며 놀랐다. 형 피트 경도 마찬가지 반응이었다. "베키는 지나치게 영리하고, 그리고, 화려하니까 혼자 연회에 가게 내버려두지 않는 게 좋아." 두 사람 모두 이렇게 말했다. "어디든 꼭 따라가야 해, 로든. 누구든 옆에 있어야 돼. 뭣하면 퀸스 크롤리에 있는 아가씨들을 한 명 부르는 것도 좋지 않을까? 아마 촐랑대느라고 제대로 감시하지 못할지도 모르지만."

베키에게는 누군가가 있어야 했다. 그러나 성실한 브리그스가 여생을 편히 보낼 수 있는 절호의 기회를 놓칠 수 없는 것도 사실이다. 그래서 브리그스는 짐을 꾸리고 곤트리 저택으로 떠났다. 그리하여 로든의 전초병 노릇을 하던 사람이 둘이나 적의 손아귀에 들어가고 말았다.

피트 경은 제수인 레베카를 찾아가 브리그스를 해고하는 일과 그 밖에 민감한 가정사에 대해 이런저런 충고를 했다. 레베카는 자기의 무능한 남편에게 스타인 경의 후원이 얼마나 필요한지, 그리고 모처럼 브리그스에게 찾아온 좋은 기회를 빼앗으면 얼마나 잔혹한 일인지 입에 침을 튀기며 설명했다. 온갖 감언이설과 눈물작전에도 피트 경은 꿈쩍도 하지 않았다. 한때는 베키에게 무척 호의적이었던 피트 경이었지만 자칫 싸움까지 날 지경이었다. 피트 경은 크롤리 집안의 명예를 들먹이며, 젊은 프랑스인들처럼 무례한 사교계 사람들을 집으로 들이는 것에 대해 분개했다. 스타인 경은 이 집 현관에 시도 때도 없이 마차를 대고 날마다 몇 시간씩 당신과 함께 보내는 것 같은데, 그렇게 제집 드나들듯 이곳을 들락거리면 세상 사람들이 뭐라 하겠느냐.

한 집안의 가장으로서 나는 당신이 더 조신하게 행동해주기 바란다. 세상 사람들은 이미 당신을 별 볼 일 없는 여자라고 쑥덕거리고 있다. 스타인 경은 훌륭한 지위와 자질을 갖춘 귀족이지만 그런 사람의 총애를 받는 것은 어떤 여자에게든 위험한 일이다. 그러니 어느 정도 조심성을 가지고 그 사람과 교제해라 등등 피트 경은 으름장을 놓기도 하고 회유도 하며 제수에게 충고를 늘어놓았다.

베키는 피트 경이 하는 말에 무조건 따르겠다고 약속했다. 그러나 스타인 경은 여전히 베키의 집에 자주 드나들었다. 피트는 화가 머리끝까지 났다. 자기 남편이 여태까지 귀여워하던 레베카를 욕하는 것을 보고 제인 부인은 화를 냈을까, 기뻐했을까? 어쨌거나 스타인 경은 변함없이 레베카의 집을 드나들었고, 피트 경은 발길을 끊고 말았다. 제인 부인도 앞으로는 스타인 후작과 모든 교제를 끊을 것이며, 후작 부인이 초대한 수수께끼 연극에도 가지 않겠다고 했다. 그러나 피트 경은 왕자도 참석하는 자리이니 그 초대만큼은 응해야 한다고 생각했다.

그 문제의 자리에 참석하기는 했지만 피트 경은 일찌감치 저택을 나왔고, 아내도 기꺼이 남편을 따라 돌아왔다. 베키는 피트에게 거의 말을 걸지 않고, 제인 부인에게는 눈길조차 주지 않았다. 피트 크롤리는 베키의 행동이 무례하기 짝이 없다 말하며, 괴상한 분장을 하고 연극 따위를 하는 것은 영국 여성으로서 할 짓이 아니라고 거세게 비난했다. 그리고 수수께끼 연극이 끝나자 그런 꼴사나운 연극에 직접 출연하고 아내까지 출연시킨다며 동생 로든을 붙잡고 몹시 나무랐다.

로든은 아내를 이런 여흥에는 두 번 다시 참가하지 못하도록 하겠다고 말했다. 형과 형수가 귀띔해준 것이 있어서이기도 했지만, 사실 로든은 이미 아주 주의 깊고 모범적인 남편이 되어 있었다. 로든은 클럽과 당구를 멀리하고 결코 집을 비우지 않았다. 베키가 마차로 어딘가를 갈 때면 꼭 따라나섰다. 베키가 어떤 연회에 갈 때도 빠지지 않고 따라갔다. 스타인 경이 언제 찾아오더라도 중령은 반드시 집에 있었다. 베키가 혼자서 나가겠다고 하거나 베키 혼자만 초대를 받으면 로든은 단호히 반대했다. 이 사내의 태도에는 상대를 굴복시키는 구석이 있었다. 베키는 로든이 그런 식으로 자기를 소중히 여겨주는 것이 기뻤다. 남편이 화를 내도 베키는 결코 화내지 않았다. 손님이 있을 때건 없을 때건 베키는 늘 로든에게 다정한 미소를 보이며 남편이 즐겁고 편안히 있을 수 있도록 신경을 썼다. 신혼 때로 돌아간 기분이었다. 그 시절과 똑같은 설렘과 친절함과 유쾌함과 꾸밈없는 신뢰와 존경심이 있었다. 베키는 자주 이런 말을 했다. "무식하고 늙은 브리그스 말고 당신과 함께 마차를 타니 얼마나 더 즐거운지 몰라요! 여보, 평생 이렇게 함께 지내요. 우리에게 돈만 더 있다면 얼마나 좋을까? 얼마나 행복할까요!" 저녁 식사가 끝난 뒤에 로든은 자기 의자에 기댄 채 잠이 들었다. 로든은 제 눈앞에 있는 수척하고 피곤에 찌든 핼쑥한 얼굴을 보지 못했다. 다시 눈을 떴을 때는 생기 있고 꾸밈없는 미소가 빛나고 있었기 때문이다. 그 얼굴이 로든에게 즐겁게 키스했다. 로든은 어째서 지금까지 의심 따위를 했는지 도리어 의아했다. 아니, 로든은 결코 아내를 의심한 적이 없다. 그 마음에 일었던, 도저히 입 밖에는 낼 수도 없는 의문과 불안은 모두 하찮은 질투에 지나지 않았다. '이 여자는 나를 사랑한다. 지금까지 쭉 사랑해왔다. 사교계에서 눈부시게 빛난다는 사실이 베키의 잘못은 아니다. 베키는 사교계에서 빛나도록 만들어진 사람이다. 베키처럼 이야기하고 베키처럼 노래하며 무엇이든 베키처럼 할 수 있는 여자가 어디 있단 말인가? 단지 자기 아들만 사랑해준다면!' 로든은 생각했다. 그러나 이 모자를 사이좋게 만드는 것은 불가능했다.

전장에서 이야기한 사건이 일어나 이 불행한 중령이 감금된 것은 그가 이러한 의문과 당혹감에 빠져 있을 때였다.

제53장
구원과 파국

우리의 친구 로든은 커시터 거리에 있는 모스 씨 저택으로 끌려가 이 음침한 집의 손님이 되었다. 그들이 탄 삯마차가 덜컹거리며 챈서리 래인의 아침을 깨울 무렵에는 길가의 활기찬 지붕 위로 햇살이 비추고 있었다. 아침 해에 버금갈 정도로 붉은 머리카락에 붉은 눈을 가진 자그마한 유대인 소년이 그들을 맞이했다. 함께 마차를 타고 온 이 집 주인 모스 씨가 로든을 아래층 방으로 안내했다. 마차를 타고 오느라 피곤할 텐데 따뜻한 음료를 좀 들지 않겠느냐고 모스 씨가 쾌활한 말투로 물었다.

훌륭한 저택과 상냥한 아내를 뒤로하고 이런 채무자 구치소에 갇힌 사람이면 의기소침하기 마련이지만 이 중령은 뜻밖에도 그렇지 않았다. 사실 로든은 집행관 모스 씨의 사무실에 이미 두 번 정도 신세를 진 일이 있었던 것이다. 지금까지는 이런 사사로운 집안 문제를 굳이 말할 필요가 없다고 생각했지만, 일 년 내내 한 푼도 벌지 않고 살아가는 사람에게 이런 일쯤이야 흔하다는 것은 독자 여러분들도 진작 알고 있었을 것이다.

처음 이곳에 끌려온 것은 중령이 결혼하기 전으로, 그때는 고모가 흔쾌히 돈을 내주어서 나올 수 있었다. 두 번째 재난을 당했을 때는 베키가 특유의 쾌활함과 상냥함으로 사우스다운 경에게서 돈을 빌린 다음, 남편의 채권자들(실은 베키의 숄과 벨벳 옷, 레이스 장식이 달린 손수건, 장신구나 소품 등을 조달해주던 상인들)을 살살 구슬려 청구금액의 일부만 지불하고 나머지는 로든 앞으로 발행한 약속어음으로 갚을 것을 약속하고서 나왔다. 따라서 구류와 석방을 두 번이나 반복하면서도 양쪽 모두에게 당당하게 행동할 수 있었으므로 모스 씨와 중령은 사이가 매우 좋았다.

"중령님, 전에 쓰셨던 침대도 있고, 아무튼 지내시는 데 아무런 불편함 없게 해드리겠습니다." 모스가 말했다. "환기도 시켜놓았고, 또 그전에 쓰시던 분들도 아주 훌륭한 분들이었거든요. 바로 그저께까지 그 침대를 쓰시던 분은 용기병 제50연대의 패미시 대위였습니다. 2주일 만에 모친이 찾아와서 대위를 데리고 나가며, 단단히 혼내주겠다고 말씀하셨지요. 그런데 정작 혼이 난 건 우리 집 샴페인이에요. 매일 밤 사람을 불러서 마셔댔거든요. 여긴 클럽이나 웨스트엔드에서 오신 높으신 분들도 있어서요. 래그 대위라든가, 템플에 사는 듀세이스 씨라든가, 늘 술에 절어 사는 그 밖에 다른 분들 말입니다. 실제로 2층에는 신학박사가 한 분 계시고 커피룸에는 신사 다섯 분이 계시죠. 제 아내가 5시 반에 여러분께 식사를 차려드리는데, 식사가 끝난 다음 트럼프를 하거나 음악을 들으니 그때 다시 천천히 인사를 나누시지요."

"볼일이 있거든 종을 울리겠소." 로든은 이렇게 말하고 조용히 자기 침실로 갔다. 여러분도 알다시피 로든은 군인 출신이라 웬만한 일로는 놀라지 않았다. 더 나약한 남자였다면 잡히자마자 아내에게 편지 한 통이라도 썼을 것이다. 하지만 로든은 생각했다. '자는 아내를 깨워 뭐하겠어? 베키는 내가 집으로 돌아왔는지조차 모를걸. 베키가 푹 자고 나도 한잠 잔 다음에 편지를 써도 늦지 않아. 고작 170파운드밖에 안 되는 푼돈을 마련하지 못한대서야 말이 되나.' 이렇게 배짱을 부린 로든은 어린 로든(아들에게만큼은 자기가 이런 곳에 있다는 사실을 알리고 싶지 않았다)을 생각하며, 며칠 전까지 패미시 대위가 썼다는 침대로 파고들어 잠을 청했다. 눈을 떴을 때는 10시였다. 빨강머리 소년이 면도를 하라며 훌륭한 은제 화장도구를 가지고 으스대 듯 들어왔다. 사실 모스 씨의 집은 조금 지저분하긴 했으나 대체로 훌륭했다. 찬장에는 낡은 쟁반과 와인쿨러가 항상 놓여 있었다. 커시터 거리 쪽으로 난 창문에는 커다랗고 지저분한 금색 장식 띠가 둘러쳐져 있고 칙칙한 노란색 비단 커튼이 달려 있었다. 사냥이나 종교를 소재로 한 그림이 매우 커다랗고 빛바랜 금색 그림틀에 끼워져 있었다. 이 그림들은 모두 일류 화가의 작품으로서 몇 번이나 팔고 팔리는 사이에 어마어마한 가격을 호가했다. 중령은 마찬가지로 호화롭지만 지저분한 식기에 아침 식사를 대접받았다. 눈이 까만 모스 씨의 딸이 머리에 컬 페이퍼를 붙인 채 주전자를 가지고 나타나 방긋 웃으며 중령에게 잘 잤느냐고 물었다. 그녀가 〈모닝 포스트〉지도 가져다주었는데 거기에는 전날 밤 스타인 경 저택 모임에 참석한 사람들의 이름이 모두 실려 있었다. 여러 여흥과 거기에 출연한 아름답고 다재다능한 로든 크롤리 부인의 훌륭한 연기에 대해 재미있는 기사도 실려 있었다.

모스 씨 딸은, 뒤축이 해지고 원래는 하얬을 새틴 구두와 스타킹 주름을 드러낸 채 편안한 자세로 아침상 끝에 앉아 있었다. 크롤리 중령은 이 아가 씨와 쾌활하게 잡담을 몇 마디 주고받은 뒤, 펜과 잉크와 종이를 좀 빌려달 라고 부탁했다. 몇 장이 필요하냐고 묻기에 한 장이라고 대답하자 모스 양이 가져다주었다. 눈이 까만 이 아가씨는 지금까지 얼마나 많은 사람에게 편지 지를 가져다주었는지 모른다. 수많은 불쌍한 사내들이 자기를 데리러 와달 라는 애원의 편지를 갈겨쓰고, 심부름꾼이 답장을 가지고 올 때까지 이 끔찍 한 방 안을 왔다 갔다 했다. 이렇게 돈에 쪼들리는 사람들일수록 우체국을 이용하지 않고 심부름꾼을 썼다. 거의가 봉인이 채 마르지 않은 편지를 받아 들고서 "현관에 심부름꾼이 기다리고 있습니다"라는 말을 들은 경험이 있으 리라.

로든은 돈을 보내달라는 편지를 쓰면서도 그리 걱정하지 않았다.

사랑하는 베키.

간밤엔 잘 잤소? 내가 평소처럼 당신에게 커피를 가지고 가지 않아도 놀라지 말기를. 어젯밤 난 담배를 피우며 집으로 돌아가던 중에 사고를 당 했소. 커시터 거리의 모스에게 붙잡힌 거지. 지금 그의 금빛 찬란한 방에 서 이 편지를 쓰고 있다오. 2년 전 이 무렵에도 끌려왔던 방이오. 모스의 딸이 차를 가져다주었는데, 몹시 뚱뚱해진 데다 여전히 그 칠칠맞은 스타 킹을 신고 있더군.

네이선 상점에 빚진 150파운드가 소송비용을 포함해 170파운드가 되었 다 하오. 내 서류함과 갈아입을 옷을 좀 보내주기 바라오. 난 아직도 무도 화에 하얀 넥타이를 매고 있거든(미스 엠이 신은 스타킹과 비슷하구려). 서류함 안에 71파운드가 들어 있소. 그러니 이 편지를 보는 즉시 네이선 의 가게로 마차를 몰고 가 그 자리에서 75파운드를 주고, 나머지 지불기 한을 좀 늦춰달라고 부탁해보시오. 포도주를 좀 가져가는 게 좋을까? 아니면 만찬 때 쓰는 셰리주도 괜찮지만 그림은 안 되오. 너무 비싸니까.

그래도 네이선이 거래를 받아들이지 않거든 내 회중시계와 당신의 소지품 중 필요 없는 물건을 볼스 씨에게 저당 잡히도록 하시오. 무슨 수를 써서라도 오늘 밤 안으로 돈을 마련해야 하오. 내일 하면 되겠지 하고 손 놓고 있으면 안 되오. 내일은 일요일이니까. 이곳 침대는 그리 깨끗하지가 못하오. 게다가 내게 또 어떤 불리한 일이 일어날지 모르니 말이오. 마침 이번 토요일은 아들이 귀가하지 않아 다행이오.

이만 총총.
R.C.

추신—모쪼록 서둘러주시오.

이 편지를 봉한 뒤 모스 씨 집 주변에서 언제나 서성거리고 있는 심부름꾼들 중 한 사람에게 서둘러 들려 보냈다. 그 사내가 출발하는 것을 지켜본 뒤 로든은 안마당으로 가서 한시름 놓은 기분으로 담배를 피웠다—머리 위에는 쇠창살이 있었지만. 모스 씨네 안뜰은 집에 잡혀 들어온 신사들이 행여나 도망가지 못하도록 동물 우리처럼 창살이 빙 둘러쳐져 있었던 것이다.

베키가 찾아와서 감옥 문을 열어주기까지 아무리 걸려도 3시간이면 충분하다고 로든은 계산했다. 그동안 로든은 담배를 피우거나 신문을 읽었다. 또는 커피룸으로 가서 마침 그곳에 있던 워커 대위와 6펜스를 걸고 피차 본전치기인 카드놀이를 하며 활기차게 보냈다.

그런데 하루가 다 가도록 심부름꾼은 돌아오지 않고 베키도 찾아오지 않았다. 정확히 5시 반이 되자 모두에게 같은 식사가 제공되었다. 이 집에 붙잡혀 온 신사들 가운데 이 식사를 먹을 여유가 있는 사람들은 앞서 묘사한 적 있는 화려한 객실에 모여 함께 식탁에 둘러앉았다. 이 방은 로든이 감금되어 있는 방에서 곧장 이어져 있었다. 미스 엠(모스는 런던 사투리로 미스 헴이라 불렀지만)도 식사 때가 되자 아침에 붙이고 다니던 컬 페이퍼를 떼고 나타났다. 헴 부인은 질 좋은 양고기 뒷다리 살과 무를 졸여서 내놓았지만 중령은 식욕이 거의 없었다. 모두를 위해 샴페인을 한 병 사지 않겠느냐는 좌중의 요청에 그는 흔쾌히 응했다. 헴 모녀가 중령의 건강을 기원했고, 모스 씨도 아주 정중한 태도로 중령을 위해 건배했다.

한창 식사를 하고 있을 때 현관 벨이 울렸다. 빨강머리인 모스 씨 아들이 열쇠를 들고 일어나 나가보았다가 돌아오더니, 심부름꾼이 가방과 서류함과 편지를 가지고 돌아왔다고 중령에게 말하며 그 물건들을 건넸다. "중령님, 신경 쓰지 말고 어서 뜯어보세요." 모스 부인이 손을 휘휘 저으며 말했다. 로든은 떨리는 손으로 편지를 뜯었다. 진한 향수 냄새가 나는 복숭앗빛 종이에 연두색 봉인을 한 아름다운 편지지였다.

나의 가엾고 소중한 당신.

제 '못나고 늙은 말썽쟁이'가 또 무슨 짓을 저질렀나 싶어 한숨도 못 잤어요. 게다가 블렌치 선생을 돌려보낸 뒤(열이 났었거든요) 아침녘이 되어서야 겨우 잠이 들었답니다. 선생님은 제게 진정제를 주시며, 피네트에게 저는 무슨 일이 있어도 안정을 취해야 한다고 당부하고 가셨어요. 그래서 당신이 보낸 심부름꾼(피네트가 말하길 인상이 아주 더럽고 지독한 술 냄새를 풍기고 있었다는군요)은 현관에서 제 답장을 몇 시간이고 기다려야 했지요. 그러니 평소처럼 철자법이 엉망인 당신 편지를 보고 제가 얼마나 놀랐을지 상상이 가시죠?

몸은 아팠지만 전 당장 마차를 불렀어요. 옷도 입는 둥 마는 둥(코코아 한 방울도 목구멍으로 넘기지 못했답니다. 정말로 당신이 들고 와주는 게 아니면 전 마실 수 없는걸요) 한달음에 네이선 가게로 마차를 몰았답니다. 전 네이선을 만나서 울며 애원했어요. 자존심은 상했지만 무릎에 매달려 사정을 했죠. 하지만 그 고약한 남자는 조금도 봐주지 않았어요. 돈을 전부 갚지 않으면 나의 가엾은 말썽쟁이를 평생 감옥에 가두어놓겠다는 거예요. 슬프지만 전 다시 숙부 댁을 방문할 결심을 하고 집으로 돌아왔어요(숙부 댁에 가니 제가 가진 물건들을 당신을 위해 전부 맡기라는 거예요. 100파운드가 안 되더라도 말이지요. 실은 대부분이 이미 숙부에게 잡혀있거든요). 그런데 집에 돌아와 보니 밀러 공이 와 계셨어요. 늙은 양처럼 생긴 괴물 같은 불가리아인과 함께 말이에요. 간밤의 제 연극을 칭찬하러 오신 거지요. 잘난 척하는 혀 짧은 소리에 머리카락을 비비 꼬아대는 패딩턴도 와 있었어요. 샹피냑과 그 상사도 와 있었지요. 다들 칭찬과 찬사를 늘어놓으며 저를 괴롭혔어요. 저는 어서 그 사람들이 돌아가 주기를 바라고, 그런 곳에 갇혀 있는 불쌍한 당신 생각으로 머리가 꽉 차 있었는데 말이에요.

그들이 돌아가자 전 밀러 공 앞에 무릎을 꿇었어요. 제 물건을 전부 저당 잡히게 생겼으니 부디 200파운드만 빌려주십사 부탁했죠. 밀러 공은 화를 내며 콧방귀를 뀌더니 물건을 저당 잡히는 바보가 어디 있느냐며 저를 혼냈어요. 그러고는 그만한 돈을 빌려줄 수 있을지 알아보겠다고 말씀하셨어요. 결국 내일 아침에 돈을 보내주겠다고 말씀하고 돌아가셨답니다. 내일 아침 그 돈과 저의 못나고 늙은 말썽쟁이에게 바치는 애정 어린 키스를 가지고 그곳으로 가겠어요.

베키

지금 침대에서 이 편지를 쓰고 있어요. 아, 두통에다 마음까지 아파서 괴롭네요.

이 편지를 다 읽었을 때 로든은 새빨갛고 험악한 얼굴을 하고 있었으므로 식탁에서 식사를 하던 다른 사람들은 그것이 나쁜 소식임을 금세 알아차렸다. 지금까지 로든이 애써 지우려 했던 모든 의문이 다시 고개를 쳐들었다. '베키는 남편을 풀어주기 위해서인데도 제 물건을 못 팔겠다는 건가? 남편이 구류되어 있는데 베키는 남에게 칭찬을 들은 이야기를 하며 웃고 있단 말인가? 누가 나를 이런 곳에 처넣었지? 웬햄이 날 따라왔다. 어쩌면……' 여기까지 생각하다가 로든은 마음속에 일어난 의혹에 대해 차마 더는 생각할 수 없었다. 로든은 그곳에서 나와 자기 방으로 달려갔다. 그리고 서류함을 열고 피트 경과 제인 부인 앞으로 짧게 두어 줄 휘갈겨 쓴 다음 심부름꾼에게 그것을 곧장 곤트 거리로 가지고 가라고 일렀다. 삯마차를 빌려 타서 한 시간 안으로 돌아오면 1기니를 주겠다고 말했다.

로든은 형과 형수에게 보내는 편지에, 난 지금 구류 중인데 부탁이니 내 아들과 내 명예를 위해 날 꺼내달라, 석방되는 데 100파운드가 필요하니 꼭 찾아와달라고 부탁했다.

심부름꾼을 보낸 뒤 로든은 식당으로 되돌아와서 술을 더 청했다. 옆에 앉은 사람들은 로든이 유난히 시끄럽게 웃고 떠든다 생각했다. 로든은 불안한 마음에 때로는 미치광이처럼 웃어대며 한 시간 가까이 술을 마셨다. 그러는 동안에도 그의 운명을 가지고 돌아올 마차 소리에 줄곧 귀를 쫑긋 세웠다.

한 시간쯤 지났을 무렵, 현관으로 다가오는 마차 소리가 들렸다. 아까처럼 작은 문지기가 열쇠를 가지고 나갔다. 문을 열자 한 부인이 서 있었다.

"크롤리 중령님을 뵙고 싶은데요." 그 부인이 몹시 떨리는 목소리로 말했다. 작은 문

지기가 알겠다는 표정으로 부인이 들어온 현관문을 잠갔다—그러고는 안쪽 문을 열고 "중령님, 손님이 오셨어요." 외친 뒤 중령이 쓰는 뒷방으로 부인을 안내했다.

로든은 모두가 시끄럽게 술을 마시고 있는 식당에서 나와 자기가 머무는 뒷방으로 들어갔다. 유난히 훤한 불빛이 로든의 뒤를 따라 비쳐들었다. 방 안에는 한 부인이 서서 바들바들 떨고 있었다.

"저예요, 로든." 부인이 머뭇머뭇 말을 꺼냈다. 애써 쾌활한 목소리를 내려고 하는 것 같았다. "제인이에요." 로든은 이 다정한 부인의 목소리를 듣고 얼굴을 보자 가슴이 벅차올랐다. 로든은 형수에게 달려가 두 팔로 감싸 안고 감사 인사를 횡설수설 늘어놓으며 그 어깨에 기대어 울음을 터뜨렸다. 로든이 왜 이렇게 감동을 하는지 제인은 알 수 없었다.

적어도 월요일까지 중령이 여기 머무르리라 생각했던 모스 씨로서는 아쉬웠겠지만 제인 부인은 즉시 돈을 갚았다. 그런 뒤 미소를 머금은 기쁜 눈빛으로 로든을 이 집행관 집에서 빼내어 자기가 몰고 온 삯마차를 타고 집으로 돌아갔다. "당신 편지가 도착했을 때 피트는 의회 만찬회에 참석 중이었어요. 로

든, 그래서 제가…… 제가 직접 찾아온 거랍니다." 그녀가 이렇게 말하며 로든의 손을 부드럽게 쥐었다. 어쩌면 로든 크롤리로서는 피트가 만찬회에 가고 없었던 편이 나았는지 모른다. 로든은 형수에게 고맙다는 말을 수도 없이 했다. 그 말에 지나친 열의가 담겨 있었으므로 마음씨 고운 제인은 감동하기도 했지만 어쩐지 불안했다. "오!" 로든은 거칠고 꾸밈없는 투로 말을 꺼냈다. "당신을 알고부터, 그리고……그리고 어린 로디가 태어나고부터, 내가 얼마나 변했는지 당신은……당신은 아마 모를 겁니다. 나는……나는 어떻게든 마음을 고쳐먹고 싶었어요. 제인, 난 어떻게든……. 어떻게든……." 로든은 마지막 말을 맺지 못했지만 제인은 그 의미를 알 수 있었다. 그날 밤 로든이 형수의 뜻을 뿌리치고 돌아간 뒤 제인은 어린 아들의 침대맡에 앉아서, 인생의 여정에 지친 그 불쌍한 죄인을 위해 겸허한 마음으로 기도를 올렸다.

로든은 형수 곁을 떠나 집으로 걸음을 재촉했다. 밤 9시였다. 로든은 허영의 시장에 있는 수많은 거리와 커다란 광장을 가로지르며 숨이 끊어질 듯 달린 끝에 집 맞은편에 도착했다. 위를 올려다본 로든은 뒤로 주춤하며 담장에 몸을 기댄 채 부들부들 떨었다. 객실 창문에 불이 환하게 켜져 있는 것이 아닌가! 베키는 병에 걸려 누워 있다고 쓰질 않았던가? 로든은 방에서 새어나오는 불빛을 창백한 얼굴로 받으며 한동안 거기 서 있었다.

그는 현관 열쇠를 꺼내어 집으로 들어갔다. 위층에서 커다란 웃음 소리가 들려왔다. 로든은 전날밤 붙들렸을 때 입고 있던 야회복 차림이었다. 그는 계단을 살금살금 올라가 난간에 몸을 기댔다. 집 안을 돌아다니는 사람은 아무도 없었다. 하인들을 전부 심부름 보낸 모양이었다. 방 안에서 웃음소리와 노랫소리가 섞여 들려왔다. 베키가 어젯밤에 불렀던 한 소절을 부르고 있었다. 쉰 목소리가 "잘한다! 잘한다!" 외치고 있었다. 스타인 경의 목소리였다.

로든은 문을 열고 안으로 들어갔다. 작은 탁자에는 술과 음식이 담긴 식기로 한가득이었다. 스타인 경은 베키가 앉아 있는 소파 위에 몸을 겹치듯 숙이고 있었다. 끔찍스러운 베키는 화려한 화장을 했으며, 팔과 손가락에는 팔찌와 반지가 빛나고 가슴에는 스타인 경에게서 받은 다이아몬드가 반짝이고 있었다. 스타인 경이 베키의 손을 잡고 거기에 입 맞추려 허리를 구부린 순간, 창백한 얼굴로 들어온 로든을 보고 베키가 희미한 비명을 지르며 벌떡 일어났다. 곧이어 베키는 어서 오라는 듯 미소를 지었지만 얼굴은 어색하게 일그러질 뿐이었다. 스타인 경은 이를 부드득 갈며 파리하고 분노에 찬 얼굴로 자리에서 일어났다.

스타인 경도 억지로 웃으려고 노력했다. 그리고 손을 내밀며 앞으로 나왔다. "여어, 어서 오게나! 잘 지냈나, 크롤리?" 스타인 경이 이 불청객을 보며 억지웃음을 지으려 하자 입가에 경련이 일었다.

로든의 표정이 너무나도 험악했으므로 베키는 로든에게 매달렸다. "전 아무 잘못 없어요, 로든." 그녀가 말했다. "신께 맹세코 아무것도 하지 않았어요." 베키가 로든의 옷자락에 매달리거나 손을 잡으며 말했다. 그녀의 손은 온통 팔찌나 반지, 싸구려 보석들로 뒤덮여 있었다. "전 결백해요. 그렇다고 말해 주세요." 베키가 스타인 경에게 말했다.

스타인 경은 꼼짝없이 덫에 걸려들었다는 생각이 들어, 로든에 대한 분노만큼이나 베키에게도 화가 났다. "당신에게 잘못이 없다고? 고얀 것 같으니." 스타인 경이 고함을 질렀다. "당신이 결백하다고! 흥, 당신이 몸에 휘감고 있는 장신구들은 전부 내가 사준 것 아닌가? 이 남자가 쓴 몇 천 파운드도 전부 내가 당신에게 준 것이지. 이 남자는 그 돈에 당신을 판 거야. 결백하다고? 어림없는 소리! 당신이 결백하다면 발레 무용수이던 당신 어머니도, 이 건달 같은 당신 남편도 전부 결백할걸? 다른 사람을 협박했듯이 날 협박할 수 있다고 생각하면 오산이야. 거기, 비키게. 나갈 테니까." 스타인 경은 모자를 움켜쥐고 분노에 이글거리는 눈빛으로 로든을 매섭게 쏘아보면서 당당히 앞으로 걸어 나왔다. 상대가 길을 비켜주리라는 것을 조금도 의심하지 않았다.

그러나 로든은 펄쩍 뛰어올라 스타인 경의 멱살을 틀어쥐었다. 스타인 경은 숨이 막혀 몸을 뒤틀며 풀썩 무릎을 꺾었다. "어디서 그따위 거짓말이야, 이 개자식!" 로든이 소리쳤다. 이 거짓말쟁이 자식! 비열한 악당아!" 그리고는 손바닥으로 후작의 얼굴을 두 차례 후려갈기고 바닥에 내동댕이쳤다. 후작은 피를 흘리고 있었다. 레베카가 말릴 틈도 없이 모든 일이 끝났다. 레베카는 부들부들 떨며 로든 앞에 서 있었다. 레베카는 용감하게 싸워서 이긴 남편에게 감탄하고 있었다.

"이리 와!" 로든이 말했다. 베키는 냉큼 달려갔다.

"그런 것 따위 전부 빼버려!" 베키는 바들바들 떨면서 팔에서 보석이 박힌 팔찌를, 떨리는 손가락에서 반지를 빼어 산더미처럼 손에 쌓아놓고 떨리는 몸으로 남편의 얼굴을 쳐다보았다. "전부 던져버려!" 로든이 말하자 베키는 그것들을 땅바닥에 내동댕이쳤다. 로든은 아내의 가슴에서 다이아몬드 브로치를 잡아채 스타인 경에게 던졌다. 그것에 맞아 스타인 경의 대머리 이마에 피가 흘렀다. 스타인 경의 이마에는 죽을 때까지 그 흉터가 남아 있었다.

"위로 올라와!" 로든이 아내에게 말했다. "제발 살려줘요, 여보." 베키가 말했다. 로든이 무시무시하게 웃었다. "저 작자는 내가 자기 돈을 썼다고 하는데 거기에도 무슨 비밀이 있는지 알아야겠어. 저놈이 당신에게 얼마를 주었지?"

"아니에요!" 레베카가 말했다. "그러니까……."

"열쇠를 내놔!" 로든이 말했다. 두 사람은 함께 방을 나갔다.

레베카는 한 열쇠만 빼고 로든에게 모조리 넘겨주었다. 그 열쇠가 없는 것을 부디 로든이 알아차리지 않기를 바랐다. 그 열쇠는, 오래전 아밀리아에게서 받은 것으로 아무도 모르게 잘 감추어 둔 책상을 여는 열쇠였다. 그러나 로든이 상자와 옷장을 죄다 열어젖히고 안에 든 갖가지 싸구려 장신구를 몽땅 끄집어내다가 마침내 그 책상까지 찾아냈다. 레베카는 이것을 열 수밖에 없었다. 안에는 서류와 몇 년도 더 묵은 연애편지, 온갖 잡동사니와 여자 글씨로 쓰인 메모지 따위가 들어 있었다. 그리고 은행어음이 든 봉투가 나왔다. 그 어음은 10년도 더 전에 발행된 것이었는데 딱 한 장은 새것이었다. 베키가 스타인 경에게서 받은 천 파운드짜리 어음이었다.

"그놈이 준 게 이거야?" 로든이 물었다.

"네." 레베카가 대답했다.

"오늘 내가 직접 놈에게 돌려주지." 로든이 말했다(벌써 날이 밝았다. 로든이 레베카의 소지품을 뒤지는 동안 어느새 몇 시간이 흐른 것이다). "그리고 아들에게 친절히 대해준 브리그스에게 급료를 치러주겠어. 빚도 좀 갚고, 나머지는 당신에게 돌려주고 싶은데 어디로 보내면 되지? 베키, 이만한 돈이 있었으면 백 파운드 정도는 나를 위해 써도 좋았잖아? 당신은 늘 내 돈을 썼으니까."

"전 결백해요." 베키가 말했다. 로든은 더 듣지 않고 그대로 나가버렸다.

로든이 방을 나갔을 때 베키는 어떤 심정이었을까? 로든이 떠나간 뒤로도 베키는 몇 시간이고 그대로 있었다. 햇살이 방 안 가득 비쳐들었다. 베키는 혼자 우두커니 침대 끝에 걸터앉아 있었다. 서랍이란 서랍은 죄다 열려 있고 그 안에 들어 있던 물건들이 온 사방에 흩어져 있었다―옷이며 새 깃털이며 스카프며 장신구며 하는 것들이 허영의 잔해가 되어 엉망진창으로 굴러다녔다. 베키의 머리카락은 어깨에 아무렇게나 흐트러져 있었다. 로든이 다이아몬드 브로치를 잡아 뜯은 옷섶이 찢어져 있었다. 그가 사라진 지 몇 분 지나서 베키는 남편이 계단을 내려가 현관문을 쾅 닫고 나가는 소리를 들었다. 베키는 로든이 두 번 다시 돌아오지 않으리라는 것을 알고 있었다. 로든은 영영 떠났다. '로든이 자살을 하는 건 아닐까?' 그녀는 생각했다. '아니야. 스타인 경을 만날 때까지 그러지는 않겠지.' 베키는 자신의 기나긴 과거와 그동안 일어났던 여러 슬픈 일들을 떠올렸다. '아, 얼마나 삭막하고 비참하고 쓸쓸하고 허무한 인생이었던가! 아편을 먹고 나도 죽어버리는 편이 나을지 모르겠다. 그러면 모든 희망과 계획과 빚과 성공 따위에 안녕을 고할 수 있을 텐데.' 비참한 폐허 한가운데 베키가 두 손을 그러쥐고 눈물조차 나지 않는 비통함에 빠져 앉아 있을 때 프랑스인 하녀가 들어왔다. 이 하녀도 스타인 경이 쥐여준 돈 몇 푼을 받고 한통속이 되어 있었다. "어머나, 마나님! 대체 이게 무슨 일이에요?" 그녀가 물었다.

　어떻게 된 일이냐고? 내가 잘못을 해서 그런 걸까? 아니야, 난 조금도 잘못지 않았어. 베키는 말했지만 당사자의 말이 진실이라고 과연 누가 보장할 수 있을까? 부도덕한 여자가 이번만큼은 결백하다고 그 누가 판단할 수 있느냔 말이다. 베키의 거짓말과 음모, 이기주의와 속임수, 기지와 재능, 이 모든 것이 결국 파멸을 가져오고야 말았다. 프랑스인 하녀는 커튼을 치고 평소보다 더 다정하게 간청해서 베키를 겨우 침대에 눕혔다. 그런 뒤 아래층으로 내려가, 레베카가 남편의 명령으로 던져버린 반지와 팔찌 따위를 주워 모았다. 스타인 경이 돌아가고 나서도 내내 마룻바닥에 놓여 있었던 것이다.

제54장

격투 후 일요일

　로든은 벌써 사흘째 입고 있는 야회복 차림 그대로였다. 계단 청소를 하다
가 겁먹은 얼굴로 자신을 바라보는 하녀 옆을 지나 그가 형의 서재로 들어갔
을 때, 그레이트 곤트 거리의 피트 크롤리 경 저택 사람들은 일요일을 맞아
몸단장을 시작하던 참이었다. 제인 부인은 모닝 가운 차림으로 위층 아이들
방에 올라가, 아이들이 세수하는 모습을 지켜보고 자기 무릎 아래서 아침 기
도를 올리는 소리를 듣고 있었다. 매일 아침 집안사람들이 모두 모인 가운데
피트 경의 사회로 열리는 정식 기도식이 열리기 전에 제인 부인과 두 아이는
셋이서 따로 기도를 올리곤 했다. 로든은 서재로 들어가 준남작의 책상 앞에
앉았다. 그 위에는 의사록과 편지, 깔끔하게 일람표를 붙인 법안, 크기대로
배열해놓은 소책자 등이 보기 좋게 정돈되어 있었다. 자물쇠를 채우게끔 되
어 있는 회계장부, 서류함, 공문서 송달함, 성서, 〈쿼털리 리뷰〉지, 신사록
등이 주인의 검열을 기다리기라도 하듯 줄지어 늘어서 있었다.

　일요일 아침이면 피트 경이 가족들에게 한 대목을 읽어주는 가족설교집
한 권이 주인의 현명한 선택을 기다리듯 책상 위에 놓여 있었다. 설교집 옆
에는 아직 잉크도 채 마르지 않은 〈옵저버〉지가 가지런히 접혀 있었다. 피
트 경의 시종은 이 신문을 주인의 서류함 옆에 올려놓기 전에 한 번씩 읽어
보곤 했다. 그날 아침에도 시종은 신문을 서재로 가지고 가기에 앞서 '곤트
하우스 연회'에 관한 열띤 기사를 읽었다. 스타인 후작의 초대를 받고 왕자
를 만난 명사들의 이름이 전부 나와 있었다. 시종은, 가정부 방에서 버터 바
른 빵과 차로 이른 아침 식사를 하고 있던 가정부와 그 조카딸에게 이 연회

에 대해 이것저것 아는 체를 하고, 로든 씨 부부는 대체 어떻게 그런 생활을 할 수 있을까 하며 고개를 갸웃거렸다. 그러다 자기가 미리 읽은 그 신문을 잉크가 다 마르기 전에 원래대로 잘 접어서, 마치 막 배달된 채 아무도 손대지 않은 것처럼 보이도록 주인의 서재에 놓고 방을 나왔다.

가엾은 로든은 형이 들어올 때까지 읽으려고 신문을 집어 들었다. 그러나 눈에 들어오는 것은 활자뿐, 내용은 조금도 머리에 들어오지 않았다. 정부공시사항, 발령(피트 경은 정사에 참여하는 사람으로서 그런 기사를 꼭 읽어두어야 했는데, 그렇지 않았다면 일요판 신문 따위를 집 안에 들일 리 없다), 연극평론, 상금 100파운드가 걸린 바킹 부처와 터트베리 펫의 권투시합, 베키가 주연한 수수께끼 연극을 조심스럽게 찬양하는 기사 등—이 모든 것이 형을 기다리며 앉아 있던 로든에게는 안개 속에 있는 듯 멍하니 보였다.

서재의 검은 대리석 괘종시계가 날카로운 소리로 9시를 알리자 1분도 어김없이 피트 경이 쾌활하고 단정한 모습으로 나타났다. 깔끔하게 면도를 해서 얼굴이 밀랍처럼 멀끔하였다. 셔츠 깃은 빳빳했고, 숱이 적은 머리카락에는 기름을 바르고 빗질을 해두었으며, 풀 먹인 넥타이에 회색 플란넬 가운을 입고, 손톱을 손질하며 당당하게 계단을 내려왔다. 한마디로 진정한 옛 영국 신사 같은 차림과 예절의 표본이라 할 만한 모습이었다. 구깃구깃한 야회복 차림에 얼굴에 머리카락을 아무렇게나 흐트러뜨린 채 핏발 선 눈으로 서재에 앉아 있는 로든을 보자 피트 경은 깜짝 놀랐다. 밤새 어딘가 술판에서 술을 마시고 아직 덜 깬 것이라 생각했다. "이것 참, 로든." 그가 무표정한 얼굴로 말했다. "무슨 일로 이렇게 꼭두새벽부터 찾아온 거냐? 왜 집에 가지 않고?"

"집이라고?" 로든이 미친 듯이 웃으면서 말했다. "그렇게 놀라지 마요, 형님. 난 취하지 않았으니. 드릴 말씀이 있으니 문을 좀 닫아줘요."

피트 경은 문을 닫고 책상 옆에 놓인 안락의자에 앉더니—이 의자는 준남작과 긴밀히 상담을 하러 찾아온 손님이나 집사, 대리인 등이 앉도록 갖다놓은 것이었다—여느 때보다 더 집중해서 손톱을 다듬기 시작했다.

"형님, 이제 다 끝났습니다." 중령이 잠시 뜸을 들인 뒤 말했다. "난 망했어요."

"내 그렇게 될 거라고 늘 말했잖냐." 준남작은 패씸하다는 듯이 말하고, 깨끗하게 다듬어진 손톱으로 책상 위를 탁탁 두드렸다. "수천 번도 더 주의

피트 경의 책상 의자

를 줬지. 나도 널 도와줄 여유가 없다. 나도 한 푼도 쓸 수 없는 형편이야.
어젯밤에 제인이 너에게 가지고 간 100파운드도 실은 내일 아침 변호사에게
주기로 약속이 되어 있던 돈이란다. 그 돈이 없으면 나도 곤란해지지. 널 못
본 체하겠다는 게 아니다. 하지만 네 빚을 전부 갚아달라는 건 나더러 국채
를 전부 상환하라는 거나 마찬가지야. 그건 미친 짓이지, 응, 미친 짓이야.
잘 타협해 보아라. 크롤리 가문으로서는 창피한 일이지만 누구나 하는 일이
니까. 래그랜드 경의 아들인 조지 카이틀리도 지난주에 재판이 끝나고 채무

지불의무를 면제받았다는구나. 래그랜드 경은 한 푼도 쓰지 않겠다고 버티고 있어. 그러니……."

"돈 때문에 온 게 아닙니다!" 로든이 말을 가로챘다. "내 걱정을 해달라고 온 게 아니에요. 저야 어떻게 되든 상관없지만……."

"그럼 무슨 일 때문에 온 거냐?" 피트 경은 약간 안심하며 물었다.

"아들 때문에 온 겁니다." 로든이 쉰 소리로 말했다. "제가 없어지더라도 아들을 맡아주겠다고 약속해주세요. 마음씨 고운 형수님께서 언제나 제 아들을 귀여워해주셔서 아들도 형수님을 우리…… 제길! 형님, 아시다시피 전 돌아가신 크롤리 고모님의 유산을 상속받기로 되어 있었습니다. 그래서 차남답게 제 살길을 궁리하지 않고 늘 우쭐해서 사치를 부리고 게으름만 피웠지요. 그렇지 않았더라면 전 완전히 딴 사람이 되어 있을 겁니다. 연대에서도 꽤 성실하게 근무했으니까요. 하지만 형님도 아시다시피 전 그 돈을 누군가에게 가로채이고 말았지요."

"난 여태껏 너를 위해 여러 가지 희생을 해왔고, 또 네 편이 되어주려고 노력해왔어. 이제 와서 그런 우는소리를 해봐야 아무 소용없다." 피트 경이 말했다. "결혼은 네가 좋아서 했지 내가 강요한 게 아니니까."

"그것도 이제 끝입니다. 이제 끝났어요." 로든이 신음하며 말을 쥐어짜내듯 얘기하자 피트 경은 깜짝 놀랐다.

"맙소사! 베키가 죽기라도 한 거야?" 피트 경은 정말로 놀라서 동정 어린 목소리로 말했다.

"차라리 내가 죽고 싶습니다. 아들이 없었다면 오늘 아침에 내 손으로 내 목을 땄을 겁니다. 그 악당의 목도 함께요."

곧 피트 경은 사정을 알아차리고 로든이 죽이고 싶어 하는 사람이 스타인 경이라는 것을 눈치챘다. 중령은 횡설수설하며 형에게 이야기를 짤막하게 털어놓았다. "모두 그 악당과 베키의 계략이었어요." 로든이 말했다. "그들이 집행관을 보낸 겁니다. 나는 녀석의 집을 막 나오다가 붙잡혔어요. 내가 돈을 가져 오라고 편지를 보내자 마누라란 여자는 병으로 몸져누워 있으니 내일 오겠다고 하더군요. 그런데 내가 집에 돌아가 보니 다이아몬드를 달고 그 악당과 단둘이 시시덕대고 있지 뭡니까?" 그는 이어서 스타인 경과 한판 붙은 이야기를 짧게 했다. 물론 이런 일이 일어났을 때 할 수 있는 일은 한

가지밖에 없으니 형에게 이야기를 다 털어놓고 나면 곧바로 결투에 필요한 준비를 하러 갈 작정이라고도 말했다. "그렇게 되면 결국 내 목숨도 위험해질 테고……." 로든은 띄엄띄엄 말했다. "아들에게 어차피 엄마는 없는 존재나 마찬가지이니 형과 형수님이 좀 맡아주세요. 형님, 맡아주신다고 약속해주시면 그나마 내 마음이 놓일 것 같습니다."

형은 몹시 감동하여, 일찍이 보인 적 없는 진실한 마음으로 로든의 손을 꼭 쥐었다. 로든은 덥수룩한 눈썹을 문질렀다. "형님, 고맙습니다. 형님은 약속을 지키리라 믿어요."

"내 명예를 걸고 그 애를 돌보도록 하마." 준남작이 말했다. 그리하여 별말은 오가지 않았지만 형제 사이에는 약속이 맺어졌다.

그러고 나서 로든은 베키의 서랍 안에서 찾아낸 작은 봉투를 주머니에서 꺼내어 그 속에 들어 있는 지폐 한 다발을 내놓았다. "600파운드입니다." 로든이 말했다. "내가 이렇게 많은 돈을 가진 줄은 몰랐죠? 브리그스에게 이 돈을 갚고 싶습니다. 꼭 이만큼 빌렸거든요. 게다가 아들도 귀여워해주었고. 그런 딱한 노파의 돈을 빌려 쓰고 갚지 못해 늘 부끄러웠지요. 그리고 여기, 몇 파운드쯤 조금 챙겨두었는데 이걸 베키에게 주면 될 겁니다." 그렇게 말하며 로든은 지폐다발을 손에 들었는데 두 손이 덜덜 떨리고 심장이 쿵쾅거려서 그만 봉투를 떨어뜨리고 말았다. 그러자 그 안에서 불행한 베키의 마지막 상금이었던 천 파운드짜리 어음이 튀어나왔다.

피트 경은 몸을 숙여서 봉투를 주워들다가 그 속에서 너무나 큰 돈이 나오자 깜짝 놀랐다. "그건 손대면 안 돼요." 로든이 말했다. "그건 내가 총알을 박아버리고 싶은 놈의 돈이니까요." 로든은 그 어음으로 총알을 싸서 스타인 경을 쏘아 죽이면 아주 멋진 복수가 되리라 생각했던 것이다.

이런 대화를 주고받은 뒤 형제는 다시 한 번 악수를 나누고 헤어졌다. 중령이 왔다는 소식을 듣자마자 옆에 붙어 있는 식당에서 남편을 기다리던 제인 부인은 여자의 직감으로 뭔가 좋지 않은 일이 생겼음을 알아차렸다. 마침 식당 문이 열려 있었으므로 형제가 서재에서 나오는 모습을 보고 부인도 식당에서 나왔다. 제인 부인은 로든에게 악수를 청하며, 아침 식사에 맞춰 잘 와주었다고 인사를 건넸다. 그러나 수염도 깎지 않은 로든의 초췌한 얼굴과 남편의 침울한 낯빛을 보고 지금 아침 식사니 뭐니 하는 이야기를 할 때가 아니라는 것을 깨달았다. 로든은 형수가 쭈뼛거리며 내민 작은 손을 힘주어 쥐면서, 약속이 있어 가봐야 한다고 변명을 했다. 제인 부인은 애원하는 눈길로 로든을 바라보았지만 그 얼굴에서는 재앙 말고는 다른 아무것도 읽을 수 없었다. 로든은 그 뒤로 아무 말도 않은 채 나가버렸다. 피트 경 역시 아무것도 이야기해주지 않았다. 아이들이 피트 경에게 아침인사를 하러 왔다. 피트 경은 평소처럼 형식적으로 아이들에게 입맞춤했다. 제인 부인은 두 아이를 양 옆으로 꼭 끌어당기고 기도를 하기 위해 무릎을 꿇은 뒤 두 아이의 손을 하나씩 잡았다. 피트 경이 가족들과, 부글부글 끓고 있는 찻주전자 건너편 의자에 똑같은 외출복 차림으로 앉아 있는 하인들에게 기도문을 읽어주었다. 로든이 머문 시간이 길어진 탓에 그날 아침 식사가 매우 늦어져서 그들이 한창 식사를 들고 있을 때 교회 종이 울리기 시작했다. 제인 부인은 평소에는 집에서 가족 예배를 올릴 때도 교회에 가는 것만을 생각했지만 오늘은 몸이 안 좋아서 가지 못하겠다고 말했다.

한편 그레이트 곤트 거리에서 걸음을 재촉하여 곤트 하우스에 다다른 로든 크롤리는 문에 달려 있는 커다란 청동 메두사 문고리를 두드렸다. 빨간 바탕에 은실이 들어간 조끼를 입은 문지기가 실레노스같이 벌건 얼굴을 하고 나왔다. 이 사내도 중령의 흐트러진 모습에 겁을 집어먹고, 무슨 일을 내려고 찾아온 게 틀림없다고 생각했는지 앞을 가로막았다. 그러나 크롤리 중령은 조용히 명함을 꺼내어 건네면서 스타인 경에게 꼭 전해달라고 부탁하기만 했다. 거기에 쓰인 주소에 주의하라고 하며 자기는 오후 1시 이후에는 집이 아니라 세인트 제임스 거리에 있는 리젠트 클럽에 줄곧 있겠다고 전하라 했다. 얼굴이 벌건 이 뚱뚱보 사내는 중령이 성큼성큼 사라지는 모습을 얼떨떨한 표정으로 바라보았다. 아직 이른 시간에 벌써 나들이옷을 차려입고 거리를 걷는 사람들, 밝은 표정을 하고 있는 자선학교의 학생들, 문간에 기대어 선 채소가게 주인, 예배가 막 시작된 것을 알고 해가 비쳐드는데도 셔터를 내려버린 선술집 주인도 마찬가지로 놀란 표정으로 로든을 쳐다보았다. 로든이 삯마차 대기소에서 마차를 잡아타고 마부에게 나이츠브리지의 병영으로 가자고 말했을 때도 거기 있던 사람들이 로든의 꼴을 보고 농담을 던지며 웃었다. 로든이 나이츠브리지에 도착했을 때는 이미 종소리가 울려 퍼지고 있었다. 로든이 조금만 주의를 기울였더라면 옛 친구인 아밀리아가 브롬프턴에서 러셀 스퀘어로 걸어가는 모습을 보았을지 모른다. 학생들이 줄지어 교회로 향했다. 교외의 미끈한 보도와 승합마차의 바깥 풍경도 일요일을 즐기려는 사람들로 한가득이었다. 그러나 중령은 마음이 급해서 그런 풍경에는 눈길도 주지 않았다. 그리고 나이츠브리지의 병영에 닿자, 옛 친구이자 동료였던 맥머도 대위의 방으로 발길을 서둘렀다. 대위가 마침 병영에 있었으므로 크롤리는 다행이라고 생각했다.

워털루전투에서도 싸운 고참 장교로서 연대에서 매우 인기가 많고, 돈만 있었더라면 연대장도 거뜬히 되었을 맥머도 대위는 침대에 누워서 조용히 아침을 즐기고 있었다. 전날 밤 싱크바스 집안의 상속자 조지 대위가 연대 청년장교 몇 명과 무용단 여단원들, 그리고 노대위 맥머도를 초대하여 벌인 방탕한 파티에 참석했던 것이다. 맥머도는 나이와 신분을 막론하고 사람을 두루 사귀었으며 장군, 애견가, 오페라 무용수, 권투선수 등 온갖 사람들과 어울렸다. 한마디로 마침 오늘은 당직이 아닌지라 전날 밤의 피로를 풀기 위해 침대에서 느긋하게 쉬고 있던 참이었다.

방에는 연대 생활을 마치고 결혼해서 조용한 삶을 보내고 있는 동료들이 보낸 그림—권투, 사냥, 무도회에 관한 그림이 빼곡하게 걸려 있었다. 대위는 쉰을 바라보는 나이였는데 그중 24년을 군대에서 보냈으므로 방은 조금 별난 박물관 같은 모습이었다. 대위는 영국에서도 손꼽히는 사격수이며, 뚱뚱한 것치고는 승마에도 능했다. 실제로 크롤리가 연대에 근무하던 시절 그 둘은 서로 호적수였다. 아무튼 맥머도 씨는 침대에 누워 〈벨스 라이프〉지를 펼쳐 들고, 앞서 말한 터트베리 펫과 바킹 부처의 권투시합 기사를 읽는 중이었다. 이 늙은 용사는 뻣뻣한 백발을 짧게 깎은 머리에 비단 나이트캡을 쓰고, 빨간 얼굴과 빨간 코에 물들인 콧수염을 풍성하게 기른 모습이었다.

로든이 자기에게 도움을 줄 친구를 찾고 있다고 말했을 때 대위는 자기가 보여야 할 우정의 의무가 무엇인지 잘 알고 있었다. 실제로 지금껏 대위는 몇 번이고 친구들을 위해 뛰어난 신중함과 솜씨를 보인 바 있었다. 이미 고인이 된 총사령관도 이 점에서 맥머도를 높이 평가했었다. 그래서 곤경에 빠진 신사들은 모두 대위를 의지하여 찾아오곤 했다.

"이번엔 뭔가, 크롤리?" 늙은 용사가 물었다. "마커 대위를 쏜 날처럼 또 노름판 얘기는 아니겠지, 응?"

"이번에는……. 내 아내에 관한 것일세." 크롤리는 대답하고 눈을 내리깔았다. 얼굴이 새빨개졌다.

대위가 휘 하고 휘파람을 불었다. "내가 늘 말했지 않나? 자네 부인이 자네를 버릴 거라고." 실제로 연대에서건 클럽에서건 크롤리 중령이 어떤 운명에 빠지게 될지 내기가 열렸다. 로든 아내의 품성은 로든의 동료나 세상 사람들 눈에 그만큼 가볍게 보인 셈이다. 그러나 자기 발언에 로든의 낯빛이 험악해지는 것을 보고 맥머도는 그런 이야기에 깊이 관여하지 않는 편이 좋겠다고 생각했다.

"어떻게 잘 수습할 방법이 없겠나, 크롤리?" 대위는 진지한 어조로 돌아와 말을 이었다. "괜한 의심을 하는 건 아닌가? 그게 아니면 무슨 편지라도 발견했나? 원만하게 수습할 도리는 없겠나? 참을 수 있는 정도라면 이런 일은 크게 만들지 않는 편이 가장 좋은 방법이니까 말이네." 이렇게 말하고 속으로 생각했다. '이제야 자기 여편네가 어떤 여자인지 깨닫다니!' 그리고 연대 식당에서 크롤리 부인을 도마 위에 올려놓고 헐뜯던 크고 작은 이야기들을 떠올렸다.

"방법은 하나밖에 없네." 로든이 대답했다. "우리 중 누구 하나가 죽어야 끝난단 말이네. 맥, 알겠나? 난 방해꾼 취급을 받고 감금되었어. 그리고 집에 돌아가 보니 두 년놈 단둘이지 않은가? 난 녀석을 거짓말쟁이에 비열한 이라고 욕하며 때려눕히고 두들겨주었지."

"잘했군그래. 대체 그 상대가 누군가?"

스타인 경이라고 로든은 대답했다.

"이럴 수가! 후작이라고? 사람들이 말하길 후작이─그러니까 자네가─"

"그놈과 내가 어쨌다는 건가?" 로든이 고함쳤다. "자네는 누가 내 아내를 의심하는 말을 듣고도 내게 아무 말 하지 않은 건가, 맥?"

"본디 세상이란 험담을 좋아하지." 대위가 대답했다. "바보들이 떠들어대는 소리를 일일이 자네한테 말해봐야 뭣하겠는가?"

"우정이고 뭐고 다 소용없군, 맥." 로든이 힘없이 말했다. 그리고 두 손으로 얼굴을 감싸고 꺼이꺼이 울음을 터뜨렸다. 백전노장 맥머도도 이 모습을 보고 울컥해서 눈을 깜빡였다. "이보게, 기운 내게. 후작이고 뭐고 총알 맛을 보여주라고! 그런 녀석이 대체 뭐라고! 그리고 여자들이란 다 그런 법이야."

"내가 그 여잘 얼마나 좋아했는지 자넨 모르네." 로든이 웅얼대며 말했다. "제길! 난 종놈처럼 그 여자 뒤꽁무니를 졸졸 따라다녔어! 내 재산도 전부 주었지. 그 여자랑 결혼하겠다고 고집을 부린 바람에 거지꼴이 되었네. 난 그 여자가 갖고 싶다는 물건을 사주기 위해 내 시계까지 저당을 잡혔어. 그런데도 그 여자는─그 여자는 그러는 동안에도 줄곧 돈을 긁어모았던 거야. 그리고 날 구치소에서 빼낼 100파운드조차 아까워서 내놓지 않았다고!" 이렇게 말한 뒤 로든은 격렬한 어조로 앞뒤 맥락도 없이 대강의 사정을 설명했다. 맥머도는 로든이 그렇게 흥분하는 모습을 처음 보았다. 이야기를 들으며 맥머도는 몇몇 단서를 포착했다.

"결국 자네 부인은 결백한지도 몰라." 그가 말했다. "그녀 입으로도 그렇게 말했고. 스타인이 자네 집에서 자네 부인과 단둘이 있던 게 수백 번은 더 될지도 모르네."

"그야 그럴지도 모르지." 로든이 슬픈 듯이 말했다. "하지만 이건 어떻게 봐도 결백하지 않아." 그는 베키의 서랍에서 찾은 봉투에 들어 있던 천 파운드짜리 어음을 대위에게 보여주었다. "그놈이 이런 것을 아내에게 주었다네, 맥. 그리고 아내는 나에게 그 사실을 숨겼어. 집에 이렇게 큰돈이 있는데도 내가 구류되어 있는 동안 날 빼내러 오지 않았다고!" 대위도 돈을 숨긴 행위는 추잡스러워 보인다고 인정하지 않을 수 없었다.

둘이서 이렇게 상의를 하는 동안 로든은 맥머도 대위의 부하를 커즌 거리에 있는 자기 집으로 보냈다. 꼭 필요하니, 하인에게서 평상복이 든 가방을 받아오라는 것이었다. 부하를 보낸 뒤에 로든과 그 협조자는 줄곧 존슨 사전을 펼쳐놓고 머리를 짜낸 끝에 편지 한 통을 완성했다. 존슨 사전은 퍽 유용했다. 이 편지는 맥머도의 이름으로 스타인 경에게 보내는 편지였다. 그 내용인즉슨, 맥머도 대위는 로든 크롤리 중령을 대신하여 스타인 후작에게 경의를 표하는 바이며, 자기는 중령으로부터 결투 장소를 정하도록 위임받았다는 것, 결투는 오히려 경께서 더 원하실 줄로 믿는다는 것, 오늘 아침에 일어난 사건을 보건대 결투는 피할 수 없으리라는 것 등이었다. 그리고 후작 쪽에서도 자기처럼 연락을 맡을 협조자를 지정해달라고 정중히 부탁하며 결투가 되도록 빨리 성립되기를 바란다고 썼다.

추신에는, 매우 큰돈이 기재된 은행어음을 맡고 있는데 크롤리 중령은 그것이 아무래도 스타인 후작의 것 같다고 하므로 중령을 대신해 한시라도 빨리 그 어음을 원래 주인에게 되돌려주고 싶다는 내용을 덧붙였다.

편지를 다 썼을 무렵, 커즌 거리에 있는 크롤리 중령네 심부름을 갔던 대위의 부하가 돌아왔다. 그러나 부하는 가지고 오라고 시킨 가방도, 여행가방도 들고 있지 않았으며 매우 떨떠름하고 이상한 표정을 짓고 있었다.

"하인들이 옷을 못 주겠다고 합니다. 집 안은 하키 경기장처럼 어수선했습니다. 난장판이 따로 없더군요. 집주인이 들어와서 집 안을 차지하고 앉았고, 하인들은 객실에서 술을 마시고 있었습니다. 뭐라더라, 아, 중령님이 식기류를 들고 도망갔다고 떠들어대던데요." 부하는 잠시 말을 끊었다가 이렇게 덧붙였다. "하인 중 한 사람은 이미 나가버렸습니다. 그리고 심슨이란 자는 급료를 전부 받아낼 때까지 집에서 한 발짝도 나갈 수 없다며 고주망태가 되어 소동을 부리고 있었습니다."

메이페어에서 일어난 이 작은 혁명에 대한 보고는, 그런 일마저 없었다면 몹시 우울했을 대화에 조금이나마 활기를 불어넣어주었다. 두 장교는 로든 이 낭패한 모습을 보고 웃었다.

"아들이 집에 없어서 다행이야." 로든이 손톱을 깨물면서 말했다. "우리 애를 기억하지, 맥? 왜, 그 승마학교에서 말이네. 뒷발차기가 버릇인 말도 잘 타곤 했지! 안 그런가?"

"그랬지." 사람 좋은 대위가 말했다.

그 무렵 어린 로든은 교복을 갖추어 입은 다른 50명의 학생들과 함께 화이트프라이어스 학교 예배당에 앉아서 설교를 듣는 둥 마는 둥, 다음 토요일 에는 집으로 돌아가서 아버지에게 용돈을 타고 함께 연극을 보러 갈 생각을 하고 있었다.

"우리 아들은 정말 믿음직한 녀석이라네." 아버지는 자식 생각이 간절해져 서 말을 이었다. "이보게, 맥. 만약 일이 잘못되어 내가 죽기라도 하면—그 녀석을 찾아가주게. 알겠나? 그리고 내가 아들놈을 무척 사랑했더라고 전해 주게. 그리고—제기랄—여보게, 이 금단추라도 전해주게나. 이게 내가 가 진 전부일세." 로든은 잉크로 더러워진 손으로 얼굴을 감쌌다. 눈물이 그 시 커먼 손을 타고 흘러 하얀 길을 만들었다. 맥머도 대위도 이때만큼은 비단 나이트캡을 벗어들고 그것으로 눈가를 훔쳤다.

"내려가서 아침 식사를 준비시켜." 대위가 커다란 목소리로 부하에게 우렁 차게 명령했다. "뭘 들겠나, 크롤리? 맵게 양념해서 살짝 구운 콩팥과 청어 가 어떻겠나? 그리고 클레이, 중령님께 갈아입을 옷 좀 내드려. 우리는 늘 체격이 비슷하군, 로든. 이제는 연대에 소속되어 있을 때처럼 노련하게 말에 올라탈 수 없게 되었어." 맥머도는 아침 식사 준비를 하라고 이르고 자신은 벽 쪽으로 몸을 돌려 다시 〈벨스 라이프〉지를 읽기 시작했다. 중령이 몸단 장을 끝내자 이번에는 맥머도 자신이 몸단장을 시작했다.

아무래도 후작을 만나려는 만큼 맥머도 대위는 특히 공들여 치장을 했다. 콧수염이 번쩍번쩍 빛나도록 왁스를 바르고, 넥타이를 단정하게 매고, 잘 손 질된 부드러운 가죽조끼를 입었다. 크롤리가 먼저 가 있는 연대 식당에 맥머 도가 그런 차림으로 아침을 먹으러 나타나자 젊은 장교들이 오늘 같은 일요 일에 결혼식이라도 치르시냐며 다들 놀려댔다.

제55장
전장에 이어서

웬만한 일에는 눈 하나 깜짝 않는 베키도 전날 밤 사건 때문에 줄곧 망연자실해 있었다. 커즌 거리의 예배당 종이 오후를 알리고 나서야 겨우 침대에서 몸을 일으키고, 벌써 몇 시간 전에 집을 나간 프랑스인 하녀를 부르기 위해 종을 울렸다.

로든 크롤리 부인이 몇 번이나 종을 울려도 허사였다. 마침내는 너무 세게 잡아당긴 나머지 줄이 끊어지고 말았지만 그래도 하녀 피핀은 나타나지 않았다. 베키가 화를 벌컥 내며 끊어진 줄을 손에 쥐고 머리카락을 어깨에 늘어뜨린 채 위층으로 올라가 계속 고래고래 불러도 나오지 않았다.

사실 하녀는 우리가 흔히 '프랑스식 도망'이라고 부르듯 아무 말 없이 몇 시간 전에 집을 나가고 없었다. 하녀는 객실에 흩어져 있는 여주인의 팔찌와 장신구들을 주워 모으고 자기 방으로 돌아가 짐을 꾸리고는 밖으로 나가서 혼자 삯마차를 불렀다. 그런 뒤 다른 하인들의 손도 빌리지 않고(다들 이 하녀를 싫어했으므로 부탁한다고 도와줄 사람도 없었을 것이다) 혼자 짐을 옮기고는 누구에게도 작별인사를 하지 않은 채 커즌 거리를 떠나버린 것이다.

하녀가 보기에 이 찢어지게 가난한 집은 이미 끝이 보이고 있었다. 이 하녀보다 더 신분이 높은 프랑스인이라도 똑같은 상황에서 마차를 불러 유유히 사라졌으리라는 것쯤은 우리도 잘 아는 바이다. 피핀 역시 예외가 아니었다. 오히려 더 빈틈이 없었다고나 할까 운이 좋았다고나 할까. 피핀은 자기 소지품뿐만 아니라 여주인의 물건(레베카에게 재산이라 부를 만한 게 있을 때의 이야기지만)까지 홀랑 가지고 달아났다. 앞서 말한 바 있는 온갖 장신구와 줄곧 눈독 들여왔던 옷가지 몇 점뿐만 아니라, 훌륭하게 도금한 루이 14세 시대풍 촛대 네 개, 금박을 입힌 앨범 여섯 권, 기념품과 아름다운 그림책, 한때는 마담 뒤 바리의 소유물이었던 금색 법랑 코담배 갑, 베키가 예쁜 복숭앗빛 편지지에 편지를 쓸 때 늘 사용하던 작고 귀여운 잉크스탠드와 자개로 장식된 압지 따위가 커즌 거리에서 하녀 피핀과 함께 사라져버렸다. 그리고 로든이 구치소에서 갑자기 돌아왔을 때 모습 그대로 벌여놓은 간밤의 작은 연회용 탁자 위 은제 식기류도 몽땅 없어졌다. 피핀이 남기고 간 도금 식기는 아마 가져가기에는 거추장스러웠을 게다. 불쏘시개나 벽난로용 거울, 장미나무로 만든 피아노 따위를 가져가지 않은 것도 같은 이유에서일 것이 분명하다.

뒷날 피핀과 쏙 닮은 부인이 파리의 엘데르 거리에서 여성용 모자 상점을 개업했는데, 여주인은 마을에서 두터운 신용을 얻었으며 스타인 경의 후원도 받고 있었다. 이 부인은 세상에서 영국만큼 더러운 나라는 없다고 입버릇처럼 말했으며, 젊은 제자들에게 자기는 영국인에게 엄청난 손해를 입고 살았다는 이야기를 하고는 했다. 스타인 경이 이 생 아마랑트 부인에게 그토록 친절을 보인 이유는 틀림없이 부인의 이러한 불행을 동정해서였을 것이다. 이제 이 부인은 허영의 시장에 다시 등장하지 않을 인물이므로, 이쯤에서 부인에게 걸맞은 번영을 누리기를 빌며 이야기를 접고자 한다.

아래층에서 시끄럽게 떠드는 소리와 우당탕거리며 움직이는 소리가 들려왔지만, 아무리 불러도 하인들은 대답하지 않았다. 크롤리 부인은 화가 나서 가운을 휙 걸치고 소리가 나는 객실로 당당히 걸어 내려갔다.

그곳에서는 얼굴이 까맣게 그을린 요리사가 아름다운 꽃무늬 천 소파에 앉아서 옆에 앉은 래글스 부인에게 마라스키노를 권하고 있었다. 베키가 쓴 복숭앗빛 편지를 들고 심부름을 다니거나 베키의 마차 주변을 매우 민첩하게 뛰어다니던, 원뿔꼴 단추를 채운 어린 몸종은 크림 접시에 손가락을 막 집어넣는 참이었다. 하인 하나는 얼굴에 혼란과 수심이 가득한 래글스 부인을 붙들고 무언가 이야기를 건네고 있었다. 열린 문으로부터 몇 걸음 떨어지지 않은 곳에서 베키가 고함을 지르고 있는데도 누구 하나 나와 보는 이가 없었다. 베키가 하얀 캐시미어 가운 자락을 펄럭이며 들어왔을 때 요리사는 "래글스 부인도 참, 한 모금만 마셔보라니까요." 하며 권하는 참이었다.

"심슨! 트로터!" 이 집 마나님은 화가 머리끝까지 올라 소리쳤다. "내가 부르는 줄 뻔히 알면서 다들 여기서 꼼짝할 생각을 안 하다니! 감히 내 눈앞에서 잘도 앉아들 있군! 내 하녀는 어디 있지?" 어린 몸종이 흠칫 놀라며 쪽쪽 빨던 손가락을 입에서 빼냈다. 그러나 요리사는 래글스 부인이 충분히 받아 마신 잔을 들고서 작고 번쩍이는 금빛 잔 너머로 베키를 노려보며 그 안에 남은 마지막 한 방울까지 탈탈 털어 마셨다. 술이 이 밉살스러운 반역자에게 용기를 준 모양이었다.

"당신 소파라니, 설마요!" 여자 요리사가 말했다. "내가 앉아 있는 소파는 래글스 부인의 것이에요. 래글스 부인, 일어날 필요 없어요. 난 래글스 부부가 정직하게 번 돈으로 산 소파에 앉아 있는 거예요. 이래봬도 돈이 꽤 들었죠. 래글스 부인, 내가 급료를 전부 받아낼 때까지 꽤 오랫동안 이 소파에 앉아 있어야 하겠지만, 그래도 난 앉아 있겠어요. 하하하!" 이렇게 말하며 술을 다시 한 잔 따르더니 더욱 밉살맞은 태도로 마셨다.

"트로터! 심슨! 저 주정뱅이를 내쫓아버려요!" 크롤리 부인이 날카롭게 외쳤다.

"싫은데요." 하인 트로터가 말했다. "직접 쫓아내면 될 것 아니오? 밀린 급료나 주고 쫓아내시오. 그러면 얼른 가드릴 테니까."

"다들 날 모욕하려고 여기 모인 게로구나!" 베키가 분노에 차서 소리 질렀다. "크롤리 중령님이 돌아오면 내가……."

이 말을 듣자 하인들 모두 폭소를 터뜨렸지만 아직도 침통한 표정을 짓고 있는 래글스만은 웃지 않았다. "남편은 돌아오지 않을 거요." 트로터가 다시 입을 열었다. "옷가지를 가져오라고 심부름을 보냈더군. 래글스가 건네주려 했지만 내가 못하게 막았지. 남편은 이제 중령도 뭐도 아니오. 남편은 감옥에서 썩을 거고 댁도 그 뒤를 따르게 될 거요. 당신네는 둘 다 사기꾼이오. 협박도 어지간히 해두시지. 더 협박하려 했다간 가만 안 둬둘 거요. 밀린 급료를 지불하시오. 급료나 내놓아요." 트로터의 붉은 얼굴과 꼬부라진 혀를 보아 하니 그 역시 술기운에 하는 소리임이 분명했다.

"래글스 씨." 베키는 잔뜩 화가 나서 말했다. "당신은 내가 저런 주정뱅이에게 모욕당하는 걸 보고 있지만은 않겠지요?" "입 다물어요, 트로터. 당장." 어린 몸종인 심슨도 말했다. 그리고 '주정뱅이'라는 말에 발끈해서 일어나는 트로터를 뜯어말렸다.

"마님." 래글스가 말했다. "제 평생 이런 꼴을 보게 될 줄은 꿈에도 생각 못했습니다. 저는 태어날 때부터 크롤리 집안을 잘 알아왔지요. 크롤리 노부인 댁에서 30년이나 집사 노릇을 했습니다. 그런데 그 일가 중 한 사람에게 파산당하리라고는 꿈에도 생각지 못했어요. 네, 파산이라니요." 이 가여운 사내는 눈물을 글썽이며 말했다. "대체 집세를 내줄 겁니까? 벌써 4년이나 이 집에 살았지요? 마님은 식기든 식탁보든 뭐든 우리 물건을 거리낌 없이 쓰셨어요. 우유랑 버터 값으로 200파운드나 빚지셨고요. 오믈렛을 만든다며 가져간 달걀 값도, 스패니얼종 개에게 먹인다며 가져간 크림 값도 전부요."

"자기 아들이 뭘 먹는지는 전혀 관심이 없으면서." 요리사가 끼어들었다. "내가 없었더라면 도련님은 수백 번도 더 굶어죽었을 거야."

"이젠 자선학교에 다니고 있지 않나." 트로터가 말하고 혀 꼬부라진 소리로 하하 웃었다. 우직한 래글스는 비통한 어조로 끝없이 하소연을 늘어놓았다. 래글스의 말은 모두 사실이었다. 베키와 그녀의 남편이 래글스의 인생을 망쳤다.

다음 주에 만기가 돌아오는 수표가 있었지만 래글스는 그것을 갚을 돈이 없었다. 래글스는 크롤리 집안을 신용한 탓에 강제처분을 받고 가게와 집에서 모두 쫓겨난 것이다. 래글스가 눈물을 흘리며 한탄하자 베키는 더욱 화가 치밀었다.

"다 한통속이 되어 나한테 대들 생각인가 보군." 베키가 불쾌하다는 듯이 말했다. "나더러 대체 어쩌라는 거지? 나도 일요일에는 돈을 줄 수 없어요. 내일 와요. 그러면 한 푼도 빠짐없이 싹 계산해줄 테니까. 남편이 이미 깨끗하게 일처리를 한 줄 알았는데, 뭐 내일 하려나보죠. 오늘 아침에 남편이 1천 500파운드가 든 지갑을 들고 나간 건 사실이니. 난 한 푼도 가진 게 없어요. 남편한테 말하라고. 거기 모자와 숄을 좀 줘요. 난 남편을 찾으러 갈 테니까. 오늘 아침에 우리가 싸운 건 모두들 알고 있겠죠? 모두 깨끗이 지불할 테니 기다려요. 남편은 이번에 좋은 직위를 얻었어. 자, 그럼 난 남편을 찾으러 나가보겠어요."

이 당당한 말에 래글스를 비롯해 거기 있던 하인들은 어안이 벙벙해서 서로 얼굴을 마주보았다. 레베카는 그 말만 남기고 방을 나왔다. 그리고 2층으로 올라가서 프랑스인 하녀의 도움 없이 혼자 옷을 갈아입었다. 그녀는 로든의 방에 들어가 보았다. 거기에는 트렁크와 가방 하나가 언제든 옮길 수 있도록 꾸려져 있었고, 짐을 찾으러 오면 건네주라는 메모가 붙어 있었다. 레베카는 프랑스인 하녀가 쓰던 다락방으로 올라갔다. 짐이 깨끗이 비워져 있었다. 서랍까지 전부 텅 비어 있었다. 베키는 바닥에 내버려둔 장신구를 떠올리고, 하녀가 훔쳐 달아난 게 분명하다고 확신했다. "맙소사! 나처럼 운 없는 여자가 또 있을까?" 그녀가 말했다. "거의 다 된 순간에 모든 게 허사가 되다니. 이제 다시 되돌릴 수 없는 걸까? 아니야, 마지막 기회가 남아 있어."

베키는 옷을 갈아입고 이번에는 아무런 방해를 받지 않고 홀로 집을 나섰다. 4시였다. 마차 삯이 없었으므로 한 번도 쉬지 않고 계속 걸어서 그레이트 곤트 거리에 있는 피트 크롤리 경의 저택 현관에 도착했다. 제인 크롤리 부인을 찾으니 교회에 갔다고 했다. 베키는 개의치 않았다. 피트 경은 계시냐고 묻자, 서재에 계시지만 아무도 들여보내지 말라는 명령이었다고 했다. 베키는 무슨 일이 있어도 만나야겠다고 버티며, 제복을 입은 현관지기 옆을 재빨리 빠져나갔다. 깜짝 놀란 피트 경이 읽고 있던 신문을 채 내려놓기도 전에 베키가 방 안으로 들어섰다.

준남작은 놀라움과 공포에 얼굴이 달아올라 주춤하고 뒤로 물러섰다.

"그런 표정 마세요." 베키가 말했다. "전 아무 죄도 없으니까요. 아주버님은 전에 제게 친절히 대해주셨잖아요? 제 결백은 하느님 앞에서도 맹세할 수 있어요. 얼핏 보기에 제가 나쁜 여자로 보이겠지요. 하나부터 열까지 저에게 불리한 상황이에요. 게다가 오오! 하필 이런 때에요! 제 모든 희망이 막 현실로 이루어지려는 때에, 우리 앞에 행복이 기다리고 있는 이런 때에요!"

"그럼 신문에 난 기사가 사실이로군!" 피트 경이 말했다. 그는 어느 기사를 보고 몹시 놀랐던 것이다.

"정말이에요. 스타인 경이 금요일 밤, 돌이킬 수 없는 무도회가 열린 날 밤에 말씀하셨어요. 여섯 달 전부터 언제든 자리가 나는 대로 어떤 직책에 임명해주겠다고 약속하셨어요. 식민부 장관 마터 씨가 어젯밤 그에게 드디어 자리가 비게 되었다는 이야기를 하셨죠. 그런데 하필 그런 때 남편이 끌려가더니 그 끔찍한 싸움이 벌어진 거라고요. 제가 잘못한 점이 있다면 로든을 위해 지나치게 치밀한 계획을 세웠다는 것뿐이에요. 지금까지 저 혼자 집에 있을 때 스타인 경이 찾아온 게 한두 번인 줄 아세요? 제가 로든에게 비밀로 하고 돈을 가지고 있었던 것은 사실이에요. 하지만 로든에게 돈을 보여주면 어디에 썼을지 모른다는 것은 아주버님도 잘 아시잖아요? 그걸 뻔히 아는데 어떻게 보여줄 수 있었겠어요?" 이런 식으로 베키는 앞뒤가 들어맞는 말을 시아주버니에게 쏟아부었다.

그 내용은 대충 이랬다. 스타인 경이 자기에게 호의를 보이는 것을 보고 (베키가 이 말을 입에 담았을 때 피트 경은 얼굴을 붉혔다) 자기 정조는 상관없으니 높으신 귀족의 호의를 자신과 자기 가족의 이익을 위해 이용할 결심을 했노라고 베키는 아주 솔직하게, 그러나 깊은 회한의 빛을 띠며 털어놓았다. "전 아주버님을 진짜 귀족으로 만들어드리고 싶었어요." 그녀가 말했다(시아주버니는 이 대목에서 다시 얼굴을 붉혔다). "우리는 이 문제를 의논한 적이 있어요. 이런 끔찍한 재앙이 우리의 희망을 앗아가지만 않았더라면 아주버님의 천부적인 재능과 스타인 경의 연줄이 합쳐져 아마 그건 현실이 되었을 텐데. 하지만 사실을 말하자면 가장 큰 목표는 제 그이를 구제하는 일, 눈앞에 닥친 가난과 파산에서 그이를 구해내는 일이었어요. 절 푸대접하며 의심만 해대는 남편이지만 전 남편을 사랑한답니다. 그런데 마침 스타인 경이 저에게 호의를 보인다는 사실을 알게 된 거죠." 베키는 눈을 내리깔며 말했다. "전 스타인 경의 마음에 들려고 온갖 노력을 했어요. 스타인 경에게 잘 보이려고 정숙한 여자가 할 수 있는 모든 것을 다 했죠. 그 점은 솔직히 인정하겠어요. 코번트리 섬의 총독이 죽었다는 소식이 금요일 아침에 도착하자마자 후작은 그이를 위해 그 자리를 마련해 놓았어요. 일부러 밝히지 않고 있다가 깜짝 놀래주려는 계획이었죠. 그이는 오늘자 신문을 보고 처음으로 그 소식을 알게 될 터였으니까요. 그렇게 붙잡힌 뒤에도 (실은 구치소 건도 후작이 돈을 흔쾌히 지불해준다고 하시기에 저도 금방 갈 생각을 못했는지 몰라요) 후작은 저와 농담 삼아, 그이가 그 구치소, 그러니까 집행관 집에서 신문을 보고 얼마나 기뻐할까 하는 말을 했을 정도랍니다. 그런데 그때—그때 그이가 느닷없이 돌아온 거예요. 그이의 의심은 극에 달했겠죠. 그리고 후작과 무자비한 로든이 그 끔찍한 싸움을 벌인 거예요. 그러니 다음

엔 어떻게 되겠어요? 오오, 피트 아주버님! 절 불쌍히 여기시고 그 둘을 화해시켜주세요!" 이렇게 말하며 베키는 무릎을 꿇고 와락 울음을 터트리며 피트의 손을 끌어당겨 뜨겁게 입맞춤했다.

준남작과 제수가 그러고 있을 때 마침 제인 부인이 교회에서 돌아왔다. 그녀는 로든 크롤리 부인이 남편의 서재에서 비밀 이야기를 나누고 있다는 말을 듣고 한달음에 달려와 이 장면을 보게 되었다.

"이 집에 찾아오다니 참 뻔뻔스럽기도 하지." 제인 부인이 온몸을 부들부들 떨며 백지장이 되어 말했다. (부인은 아침 식사가 끝나자마자 로든의 집으로 시녀 하나를 보냈는데, 그 시녀가 래글스와 그 밖에 다른 하인들로부터 모든 전말을 듣고 돌아왔다. 그런데 그 이야기는 황당무계한 살까지 붙어 부풀려져 있었다.) "크롤리 부인 같은 사람이 이런—이런 순결한 집에 발을 들여놓다니요."

피트 경은 서슬 퍼런 부인을 보고 깜짝 놀라 뒤로 물러났다. 베키는 여전히 무릎을 꿇고서 피트 경의 손을 잡고 있었다.

"형님은 잘 모르세요. 피트 아주버님, 제가 결백하다는 것을 형님에게 말씀해주세요." 베키가 훌쩍이며 말했다.

"여보, 정말로 레베카를 오해하고 있다오." 피트 경이 말했다. 그 말을 들은 레베카는 크게 안도했다. "사실 레베카는—"

"사실은 뭐죠?" 제인 부인은 맑은 목소리가 쨍 하고 울리도록 소리를 질렀다. 그렇게 말하면서도 제인 부인의 심장은 벌렁벌렁 뛰고 있었다. "사실은 사악한 여자라고 말하고 싶은 건가요? 인정머리 없는 어미에 부정한 아내라고요? 저 여자는 귀여운 아이에게 한 번도 애정을 쏟은 적이 없어요. 그 아이는 늘 이리로 도망을 와서, 어머니가 자기를 괴롭힌다고 저에게 털어놓곤 했죠. 저 여자는 어느 집에건 불행을 몰고 다녀요. 가장 신성한 애정조차도 저 여자의 사악함과 거짓에 힘을 잃고 말아요. 저 여자는 남편을 기만하고 모든 사람을 속였어요. 저 여자의 마음은 허영과 욕망과 온갖 죄악들로 가득 차 있다고요. 난 저 여자에게 닿기만 해도 몸서리가 쳐져요. 난 되도록 아이들이 저 여자를 만나지 못하도록 하고 있지요. 난—"

"제인!" 피트 경이 소리치며 몸을 벌떡 일으켰다. "말이 좀 심하—"

"여보, 난 그간 진실하고 성실한 아내였어요." 제인 부인이 다흐하게 말을 계속했다. "전 결혼할 때 하느님께 올린 맹세를 지키며 진실한 아내답게 순종적으로 정숙하게 지냈어요. 하지만 올바른 순종에도 한계가 있어요. 저는 저 여자가 두 번 다시 이 집에 발을 들여놓는 걸 용서치 않겠다고 분명히 말해두겠어요. 저 여자가 다시 이 집에 발을 들이는 날에는 아이들을 데리고 내가 나가겠어요. 저 여자는 기독교 집안에 들어올 자격이 없는 여자니까요. 자, 저 여자와 저 둘 중 하나를 택하세요." 그렇게 말하고 부인은 자기가 내뱉은 대담한 말에 가슴을 두근거리며 휙 방을 나갔다. 뒤에 남은 레베카와 피트 경 또한 적잖이 놀랐다.

그러나 베키는 딱히 기분이 상하지 않았다. 오히려 기뻤다. "아주버님이 저에게 주신 다이아몬드 브로치예요." 베키는 피트 경에게 손을 내밀었다. 준남작은 베키가 돌아가기 전에 (제인 부인은 베키가 어서 돌아가기를 바라며 윗층 창가에서 지켜보고 있었으리라) 동생을 찾아내 어떻게든 화해시키겠다고 약속했다.

로든이 연대 식당으로 들어갔을 때 젊은 친구들 몇몇이 아침을 들고 있는 참이었다. 그들은 맵게 양념해서 구운 닭다리를 뜯거나 소다수를 마시며 기운을 북돋우고 있었다. 함께 들지 않겠냐는 말에 로든도 그들 사이에 끼어 앉았다. 그들은 그 시절 이야기와 로든이 끼어들 수 있을 만한 이야기를 시작했다. 배터시에서 열리는 비둘기 시합에 로스와 오스발디스톤에게 각각 돈을 걸었다는 것, 프랑스 오페라에 출연하는 아리안느 이야기, 아리안느를 차버린 남자 이야기, 아리안느가 다시 펜서 카를 만나 기뻐하고 있다는 것, 부처와 펫이 벌인 권투시합 이야기며 그 승부가 아무래도 조작된 듯하다는 것이었다. 콧수염을 기르려고 깃은 에를 쓰고 있는 열일곱 살의 용사 탠디맨이 그들 시합을 보고 왔으므로 시합이 어땠다는 둥 선수들의 몸 상태가 어땠다는 둥 이야기를 해주었다. "자기 마차에 부처를 태워서 경기장으로 데리고 간 것도 펫이고, 그 전날 밤에도 그 둘은 꼭 붙어 있었다니까요. 승부조작만 아니었더라면 부처가 이겼을지도 몰라요. 아무래도 권투장의 오래된 협잡꾼들이 엮여 있는 것 같아요. 전 그따위 시합에 절대로 돈을 내지 않겠어요. 제길, 절대로 안 낼 거라고요." 이렇게 말한 젊은 기병대 기수는 지금 크립네 객실에서 다 아는 척 떠들어대고는 하지만, 불과 1년 전만 해도 아직 태피 사탕을 좋아하고 이튼 학교에서 회초리를 맞는 몸이었다.

이렇게 젊은 친구들이 무용수나 권투, 술이나 매춘부 이야기를 하는 사이 맥머도가 내려와서 이야기에 끼어들었다. 맥머도는 이 젊은 친구들에게 위엄을 보일 필요가 없다고 생각하는지, 늙은 몸이면서도 그 자리에 있는 가장 젊은 난봉꾼에 뒤지지 않을 뛰어난 입담을 과시했다. 그는 제 머리가 하얗고 젊은 친구들 얼굴이 탱탱하든 전혀 신경 쓰지 않았다. 실제로 맥 노인은 이야기 잘하기로 유명했다. 맥머도는 딱히 여자에게 인기가 있는 사내는 아니었다. 다시 말해 사람들은 그를 자기네 어머니가 계신 집이 아니라, 정부가 사는 집으로 마음 놓고 초대할 정도였다. 아마도 그의 삶처럼 시시한 삶은 없었을지 모르지만 그는 그런 생활에 아주 만족하고 있었으며, 쾌활하고 천진하고 겸손한 태도로 하루하루를 보냈다.

맥이 엄청난 양의 아침밥을 다 먹어 치울 때까지 다른 사람들도 거의 식사를 마쳤다. 젊은 배리너스 경은 해포석(海泡石)으로 만든 커다란 파이프를 빨고 있었고, 휴즈 대위는 여송연을 피우고 있었다. 괄괄한 젊은이 탠디맨은 작은 불테리어종 강아지를 가랑이에 끼우고 듀세이스 대위를 상대로 온 힘을 다해 동전던지기 놀이를 하고 있었다(이 젊은이는 언제나 무슨 내기를 했다). 맥머도와 로든은 클럽으로 갔다. 물론 둘 다 지금 마음속으로 무슨 생각을 하고 있는지 조금도 내색하지 않고 명랑하게 이야기를 주고받았다. 그러지 않을 이유가 없었다. 허영의 시장에서는 다른 무슨 일이 벌어져도 먹고 마시고 음담패설을 늘어놓고 배를 잡고 웃어댄다. 로든과 그 친구 맥머도가 세인트 제임스 거리를 지나 클럽으로 들어가려는데 교회에서 사람들이 몰려나왔다.

언제나 클럽 정면의 커다란 창가에 서서 하품을 하거나 히죽대는 멋쟁이 단골 신사들은 아직 보이지 않았다. 신문열람실도 거의 텅 비어 있었다. 로든이 모르는 한 사람이 있었다. 두 번째 남자는 로든이 언젠가 카드놀이에 져서 빚을 진 적이 있으므로 얼굴을 마주치고 싶지 않았다. 세 번째 남자는 테이블에 앉아서 일요신문 〈로열리스트〉지(남을 비방하고 교회와 왕을 칭송하는 것으로 유명했다)를 읽고 있다가 얼굴을 들더니 흥미롭다는 듯이 크롤리를 올려다보며 말했다. "크롤리, 축하하네."

"뭘 말인가?" 중령이 말했다.

"〈옵저버〉지에 기사가 났던걸. 〈로열리스트〉지에도 났고." 스미스 씨가 말했다.

"뭐가?" 로든은 얼굴을 붉히며 소리쳤다. 스타인 경과 한판 벌인 일이 벌써 신문에 났다고 생각한 것이다. 중령이 신문을 휙 낚아채어 부들부들 떨면서 읽는 모습을 스미스는 이상하다는 듯 웃으며 올려다보았다.

스미스 씨와 브라운 씨(로든이 카드놀이에서 빚을 진 신사)는 중령이 들어오기 전에 이런 이야기를 나누었다.

"마침 좋을 때 직책을 맡게 되었구먼." 스미스가 말했다. "크롤리는 지금쯤 한 푼도 없을걸."

"쥐구멍에도 볕 들 날이 있는 게지." 브라운 씨가 말했다. "내게 빚진 25파운드는 꼭 받아내겠어."

"봉급이 얼마라지?" 스미스가 물었다.

"2~3천 파운드는 되지 않겠나?" 브라운이 대답했다. "하지만 날씨가 아주 험해서 오래는 못 버틸 거야. 리버시지는 1년 반 만에 죽었고, 그 전임자는 6주 만에 몸이 망가졌다던걸."

"크롤리의 형님을 두고 대단한 수완가라고 하는 사람도 있더군. 난 언제

봐도 더럽게 지루한 인간이라 생각하지만." 스미스가 말했다. "그래도 꽤 영향력 있는 사람인가 봐. 아마 그가 중령을 추천했겠지."

"로든의 형님이?" 브라운이 콧방귀를 끼며 말했다. "어림없는 소리! 스타인 경이 뒤를 봐준 거야."

"그게 무슨 소린가?"

"현숙한 아내가 있으면 남편 출셋길이 열리는 법이거든." 브라운은 수수께끼 같은 소리를 하고 신문을 읽기 시작했다.

로든은 〈로열리스트〉지에서 다음과 같은 기사를 읽었다.

코번트리 섬 총독의 사망과 후임—군함 옐로잭호(함장 존더스 중령)가 코번트리 섬에서 우편물과 서류를 싣고 돌아왔다. 총독 토머스 리버시지 각하가 지독한 열병에 걸려 스웸프턴에서 서거했다고 한다. 계속 번성하고 있는 이 식민지에서 총독의 죽음은 애석하기 그지없는 일이다. 소식통에 따르면 워털루전투에서 용맹을 떨친 바스 3급 훈작사 로든 크롤리 중령이 그 후임에 임명되었다고 한다. 식민지를 다스리기 위해서는 명성은 물론이요 행정수완까지 갖추어야 함은 말할 것도 없다. 불행히도 전임자의 죽음으로 공석이 된 코번트리 섬 총독 자리의 후임으로서 식민부가 크롤리 중령을 지목한 것은 크롤리 중령이야말로 이 지위의 적임자임을 인정했기 때문이라고 우리는 믿어 의심치 않는다.

"코번트리 섬이라고! 그게 대체 어디 붙어 있는 섬인가? 누가 자네를 총독으로 임명했단 말인가? 이보게, 제발 날 비서관으로 데리고 가주게나." 맥머도 대위가 웃으면서 말했다. 당사자인 크롤리와 그 친구 맥머도가 함께 이 기사를 보고 놀라서 어쩔 줄 모르고 있는 차에 웨이터가 다가와서 중령에게 명함 한 장을 내밀었다. 웬햄 씨의 명함으로, 크롤리 중령을 꼭 만나 뵙고 싶다는 메모가 적혀 있었다.

중령과 맥머도는 스타인 경이 보낸 심부름꾼인가 싶어 나가보았다. 추측이 옳았다. "크롤리 씨, 안녕하십니까. 뵙게 되어 영광입니다." 웬햄 씨가 빙글빙글 웃으며 매우 정중하게 크롤리의 손을 잡았다.

"당신은 혹시……."

"네, 그렇습니다." 웬햄 씨가 말했다.

"소개하겠소. 여긴 내 친구인 근위기병대의 맥머도 대위요."

"만나서 반갑습니다, 맥머도 대위님." 웬햄 씨는 크롤리에게 했던 것과 똑같이 웃으며 맥머도와 악수했다. 맥머도는 사슴가죽 장갑을 낀 채 손가락 한 개만 내밀고 넥타이를 꼭 졸라 맨 목을 빳빳하게 쳐든 채 인사했다. 스타인 경이 적어도 대령급 인물을 보낼 줄 알았는데 막상 이런 평민을 상대로 협상을 하게 된 것이 심히 불만스러운 모양이었다.

"난 맥머도에게 모든 것을 위임했고, 맥머도도 내 생각을 잘 이해하고 있을 테니 나 빼고 자네들 둘이서 이야기하는 편이 좋을 것 같소." 크롤리가 말했다.

"그렇고말고." 맥머도가 말했다.

"중령님, 그건 안 됩니다." 웬햄 씨가 말했다. "제가 이야기하고 싶은 분은 중령님입니다. 맥머도 대위님이 함께 계셔도 상관은 없지만요. 대위님, 사실 우리 협상은 아주 유쾌하게 끝나리라고 생각합니다. 크롤리 중령님이 예상하시는 결과와는 정반대로 말입니다."

"흥!" 맥머도 대위는 코웃음 쳤다. '평민놈들은 입만 살았다니까.' 대위는 속으로 생각했다. 웬햄 씨는 누가 권하지도 않았는데 알아서 의자에 앉았다. 그리고 주머니에서 신문을 꺼내더니 다시 떠들어댔다.

"오늘 아침 신문에 난 기쁜 소식을 읽으셨겠지요, 중령님? 정부로서는 가장 재능 있는 인물을 얻은 셈입니다. 중령님께서도 취임을 수락하시면, 전 그럴 거라고 믿습니다만, 실로 훌륭한 지위를 얻게 되겠지요. 연 수입은 3천 파운드나 되고, 기후도 좋고, 훌륭한 관저도 있고, 식민지에서 마음대로 즐기며 살 수도 있고, 게다가 출셋길이 열린 셈이니까요. 진심으로 축하드립니다. 그런데 이번 일이 누구 덕인지 알고 계십니까?"

"그런 걸 어찌 알아!" 맥머도 대위가 말했다. 로든은 얼굴이 새빨개졌다.

"그분은 세상에서 가장 관대하고 친절할 뿐만 아니라 위대한 분이죠. 바로 제가 모시는 스타인 후작님 덕분이랍니다."

"내 그 자리에 앉기 전에 그놈이 죽는 꼴을 봐야겠어." 로든이 으르렁대며 말했다.

"중령님은 후작님께 화가 나셨군요." 웬햄 씨가 조용히 말을 이었다. "그럼 상식과 정의의 이름으로 묻건대 그 이유가 뭡니까?"

"이유라고?" 로든이 놀라서 고함을 쳤다.

"이유? 장난하나!" 대위도 지팡이로 마룻바닥을 쿵쿵 울리며 말했다.

"정말 장난 같은 일이죠." 웬햄 씨가 기분 좋은 웃음을 띠며 말했다. "진정하시고 세상 물정을 잘 아는 사람으로서, 다시 말해 정직한 사람으로서 이번 일을 봐주십시오. 그리고 여러분이 착각을 하고 있는 건 아닌지 생각해보세요. 중령님은 힘들게 집에 돌아오셔서 무엇을 보셨지요? 스타인 경이 커즌 거리에 있는 당신 집에서 크롤리 부인과 식사를 하던 중 아니었습니까? 그게 뭐 그리 이상한 일인가요? 그런 일은 이전에도 몇 번이나 있지 않았습니까? 신사로서 제 명예를 걸고 말씀드리지요." (여기서 웬햄 씨는 의회에서 하는 것처럼 조끼에 손을 가져다 대었다.) "중령님의 의심은 터무니없고 전혀 근거 없으며, 수많은 은혜를 베풀어 중령님에게 호의를 보인 훌륭한 신사와 가장 순결무구한 부인의 명예에 흠집을 내고 있습니다."

"설마 크롤리가 오해를 한 거라고 말하려는 건 아니겠지?" 맥머도가 다그쳤다.

"크롤리 부인은 제 아내만큼이나 순결하다고 확신합니다." 웬햄 씨는 힘주어 말했다. "여기 계신 크롤리 중령님은 무시무시한 질투심에 눈이 멀어, 늘 변함없는 벗이자 은인인 지체 높고 병약한 노인에게 손찌검을 했을 뿐 아니라 스스로 자신의 아내와 가장 소중한 명예, 자기 아들 장래의 명예와 자신의 앞날까지 타격을 입힌 것입니다."

웬햄 씨는 엄숙한 어조로 말을 이었다. "모두 이야기해드리죠. 오늘 아침 스타인 경이 심부름꾼을 보냈기에 가보았더니 정말 처참한 모습을 하고 계시더군요. 크롤리 중령님이 누구보다 잘 아시겠지만, 그만큼 나이 먹고 병약한 노인이 중령님 같은 억센 사나이와 드잡이를 했으니 당연한 이야기죠. 분명히 말씀드리지만, 힘없는 노인을 때려눕힌 행위는 옳지 못했습니다, 크롤리 중령님. 제 고귀한 벗은 몸에만 상처를 입은 게 아니에요. 마음까지 깊은 상처를 입었지요. 온갖 은혜를 베풀고 호의를 보여 온 남자에게 지독한 모욕을 받은 겁니다. 오늘 신문에 난 그 임명 건만 해도 후작님이 중령님에게 친절을 보였다는 증거가 아니고 무엇이겠습니까? 오늘 아침 후작님을 뵈었을 때는 보기에도 딱한 몰골이었습니다. 자신이 받은 폭력의 대가를 피로 치르고 싶다며 중령님 못지않게 분개하고 계셨죠. 당신도 후작님의 성질은 잘 알고 계시지요, 크롤리 중령님?"

"퍽 용기 있는 분이지." 중령이 말했다. "아무도 겁쟁이라고는 안 했소."

"후작님은 처음에 저더러 도전장을 써서 크롤리 중령에게 가지고 가라고 명령하셨습니다. 어젯밤 같은 굴욕을 당한 이상 둘 중 하나는 살아남을 수 없다고 하셨죠."

크롤리가 고개를 끄덕이며 말했다. "나도 그렇게 생각하오, 웬햄."

"전 최선을 다해서 스타인 경을 진정시켰어요. '이런! 후작님, 제 아내와 제가 크롤리 부인의 초대를 받고도 가지 않은 것이 실수였습니다!' 이렇게 저는 말했어요."

"크롤리 부인이 당신 부부를 식사에 초대했단 말이오?" 맥머도 대위가 말했다.

"오페라를 보고 돌아가는 길에 들러달라고요. 여기 그 초대장이 있습니다. 아, 이 종이가 아니라—이런, 가져온 줄 알았는데—뭐, 어찌됐든 제 말은 사실입니다. 초대에 응하지 않은 건 아내의 두통 때문입니다. 아내는 두통을 앓고 있는데 봄이 되면 특히 심해지거든요. 만약 저희가 가 있을 때 중령님이 집에 돌아오셨더라면 싸움도 모욕도 의혹도 생기지 않았겠죠. 그러니까 중령님이 훌륭한 두 신사를 죽음으로 몰아넣고, 영국에서 가장 뛰어나고 유서 깊은 두 집안을 불명예와 슬픔의 구렁텅이에 빠뜨린 것도 다 제 불쌍한 아내의 두통 때문이라 이 말입니다."

맥머도는 몹시 당혹스러운 표정으로 로든을 바라보았다. 로든은 다 잡은 사냥감을 놓친 기분이 들어 왠지 화가 났다. 웬햄의 말은 털끝만큼도 믿지 않았다. 거기에 대해 불신감을 표시하고 반론을 펴고 싶었지만 방법을 알 수 없었다.

웬햄 씨는 의회에서 갈고닦은 유창한 언변으로 말을 계속했다. "전 스타인 경의 옆에 1시간도 넘게 앉아서, 결투신청 의사만큼은 거두어달라고 빌며 애원했습니다. 그건 누가 봐도 수상쩍다고……의심할 만한 상황이었다고 얘기했죠. 그렇지 않습니까? 중령님 처지가 되고 보면 누구든 의심을 품을 거예요. 전 스타인 경에게 말했습니다. '질투로 화가 난 사내는 여러모로 미치광이나 마찬가지입니다. 그러니 그냥 미친놈이라 여기고 마십시오. 진짜 결투를 하게 되면 두 분 모두 불명예를 안게 될 겁니다. 아주 과격한 혁명주의나 위험하기 짝이 없는 평등론 따위가 대중들 사이에 퍼져 있는 요즘, 후작님같이 높으신 분이 공적 추문을 만들어내서는 안 됩니다. 후작님이 결백을 주장해도 사람들은 후작님이 추잡스러운 짓을 한 게 분명하다고 믿을 테니까요.' 말하자면 결투신청만큼은 거두어달라고 간청한 겁니다."

"그런 이야기 따위는 한마디도 믿지 않아." 로든이 이를 갈며 말했다. "새빨간 거짓말이 분명해. 당신이 꾸며낸 이야기지, 웬햄 씨? 젠장, 그놈이 결투를 신청하지 않겠다면 내가 신청하지!"

중령이 이렇게 사나운 말로 공격을 해대자 웬햄 씨는 새파랗게 질려서 문쪽을 쳐다보았다.

그때 맥머도 대위가 중재에 나섰다. 대위가 욕지거리를 내뱉으며 벌떡 일어서더니 로든의 난폭한 말투를 나무랐다. "자네는 모든 걸 나에게 위임하지 않았나? 그럼 내가 알아서 하게 놔둘 일이지, 나 참, 자네 멋대로 할 일이 아니야. 그런 폭언으로 웬햄 씨를 모욕할 권리가 자네에겐 없단 말이네. 젠장, 웬햄 씨에게 당장 사과하게. 그리고 스타인 경에게 도전장을 보내려거든 다른 사람을 찾게. 난 가지고 가지 않겠네. 스타인 경이 얻어맞고도 되레 가만히 있겠다면, 제기랄, 자네도 거기에 따르게나. 그리고 내가 보기에 크롤리 부인의 문제도 아무런 증거가 없는 것 같구먼. 자네 부인은 웬햄 씨 말마따나 결백한지도 모르지. 어쨌거나 군소리 말고 그 총독 자리를 받아들이게. 그렇지 않으면 자네는 바보 얼간이일세."

"맥머도 대위님은 말이 통하는 분이군요." 웬햄 씨가 크게 안도해서 소리쳤다. "크롤리 중령님이 홧김에 한 이야기는 전부 잊도록 하지요."

"그럴 줄 알았지." 로든이 콧방귀를 뀌며 말했다.

"입 다물게, 이 어리석은 친구야!" 대위가 사람 좋게 말했다. "웬햄 씨는 싸움을 싫어한다고. 그리고 옳은 말만 하는걸."

스타인 경의 밀사가 외쳤다. "제 생각에 이번 일은 공공연히 드러내지 말고 조용히 잊는 게 좋겠습니다. 이 이야기는 이 자리에 묻어두고 한 마디도 하지 말도록 하죠. 스타인 경뿐만 아니라 크롤리 중령님을 위해서 하는 말입니다. 중령님은 저까지 적으로 여기고 계신 것 같지만요."

"스타인 경도 더는 이 문제를 들먹이지 않을 거라 생각하오." 맥머도 대위가 말했다. "이쪽에서 들먹일 일은 더더욱 없고. 어느 모로 보나 대놓고 떠들 일은 아니니까 말이네. 되도록 언급하지 않는 게 좋겠지. 얻어맞은 건 당신들 쪽이지 우리 쪽이 아니오. 당신네가 불만이 없는데 우리가 불만이 있을 이유가 전혀 없질 않소."

이 말을 듣자 웬햄 씨는 모자를 집어 들었다. 맥머도는 웬햄 씨를 뒤따라 문간까지 간 뒤, 안에서 꼼짝도 않고 있는 로든은 아랑곳 않고 문을 닫아버렸다. 밖으로 나와 단둘이 되자 맥머도는 웬햄 씨를 뚫어져라 쳐다봤다. 그 둥그렇고 쾌활한 얼굴에는 존경과는 거리가 먼 감정이 서려 있었다.

"아주 대담하시군, 웬햄 씨." 맥머도가 말했다.

"그 정도는 아닙니다." 웬햄 씨가 빙긋 웃으며 대꾸했다. "명예와 양심을 걸고 다시 말하건대, 오페라 관람이 끝나면 저녁을 들러 오라고 크롤리 부인이 우리를 초대한 것은 사실입니다."

"물론 그러시겠지. 그리고 마침 그때 당신의 부인이 두통이 난 거겠고. 아, 여기 천 파운드짜리 어음을 가지고 있는데 영수증을 씨준다년 당신에게 넘기겠소. 봉투에 스타인 경의 이름을 적어서 안에 넣어주지. 로든과 스타인 경이 결투를 하도록 놔두진 않을 것이오. 하지만 이 돈만큼은 이쪽에서 보관하고 싶지 않소."

"모든 것은 오해였습니다. 모든 게 오해였어요. 그렇지 않습니까?" 웬햄 씨는 여전히 시치미를 뚝 잡아떼고 맥머도 대위의 인사를 받으며 클럽 계단을 내려갔다. 마침 그때 계단을 올라오고 있던 피트 크롤리 경과 스쳐 지나가게 되었다. 두 사람은 안면이 있는 사이였다. 대위는 로든이 있는 방으로 준남작과 함께 돌아가며, 스타인 경과 로든의 관계가 깨끗이 정리되었다고 귀띔해주었다.

물론 피트 경은 그 말에 크게 기뻐했다. 무사히 문제가 해결되어 잘됐다고 동생을 진심으로 축하해주고, 결투란 죄악이라는 둥 그런 건 만족할 만한 논쟁 해결방법이 아니라는 둥 훈계조로 덧붙였다.

이런 서론을 늘어놓은 뒤 이번에는 로든 부부를 화해시키기 위해 열변을 토했다. 피트 경은 베키가 한 말을 간략하게 들려주고 나서, 그건 아마 사실일 것이며 자기는 베키의 결백을 굳게 믿는다고 말했다.

그러나 로든은 들은 체도 안 했다. "그 여자는 10년이나 저 몰래 돈을 가지고 있었어요. 스타인 경에게서 한 푼도 받은 적 없다고 말한 게 바로 어젯밤이라고요. 내가 그 돈을 찾아냈으니 그 여자도 이젠 단념하고 있겠죠. 형님, 그 여자가 부정을 저지르지 않은 게 사실이라 할지라도 그건 부정을 저지른 거나 다름없어요. 난 두 번 다시 그 여자를 보지 않을 겁니다. 절대로 보지 않겠어요." 로든은 이렇게 말하고 절망에 빠진 비통한 모습으로 머리를 푹 수그렸다.

"불쌍한 친구." 맥머도가 고개를 내저으며 말했다.

한동안 로든 크롤리는 그런 꼴 보기 싫은 놈이 마련해준 자리에 앉고 싶지 않다고 고집을 부렸다. 스타인 경이 연줄로 넣어준 학교 따위에도 아들을 보내지 않겠다며 막무가내였다. 그러나 형과 맥머도가 살살 구슬려 달래자 잠자코 이 이득을 챙기기로 했다. 로든이 마음을 돌린 가장 큰 이유는 맥머도가 한 이 말 때문이었다. "스타인 경이 보기에 적인 자네가 자기를 이용해서 승승장구한다고 생각하면 얼마나 부아가 치밀겠나?"

그 사건이 있은 뒤에 스타인 후작이 처음으로 얼굴을 내밀자 식민부 장관이 굽실거리며 그 옆으로 오더니 대단한 적임자를 얻어서 자기로서도 식민부로서도 더없이 다행이라고 아부를 떨었다. 그렇게 기뻐하는 모습을 보고 스타인 경도 그리 싫어하는 기색은 아니었다.

웬햄이 말한 대로 스타인 경과 크롤리 중령 사이에 일어난 싸움은 세상에 알려지지 않고 당사자들과 중개인들만의 비밀로 묻혔다. 그러나 그날 밤 허영의 시장에서 열린 50군데가 넘는 만찬회 자리에서는 이 소문이 화제로 떠올랐다. 키 작은 캐클비는 일곱 군데나 참석하였고, 그때마다 이야기에 주석을 붙이거나 내용을 조금씩 바꾸어서 떠벌렸다. 워싱턴 화이트 부인이 얼마나 즐거워했는지 모른다! 일링 교구의 주교 부인은 몹시 충격을 받았다. 주교가 바로 그날 곤트 하우스로 달려가서 방명록에 이름을 올리고 왔던 것이다. 사우스다운은 유감스러워했다. 물론 그 누이인 제인 부인도 매우 유감스러워했다. 사우스다운 백작 미망인은 희망봉에 사는 다른 딸에게 재빨리 이 사실을 알렸다. 이 이야기는 적어도 사흘 동안 세상의 주목거리가 되었다. 그러나 웬햄 씨의 부탁을 받고 활약한 왜그 씨의 노력 덕분에 신문에는 나지 않았다.

집행관과 감정인들이 커즌 거리의 가엾은 집주인 래글스를 붙잡았다. 그런데 바로 어제까지 이 작은 집에 세 들어 살던 부인은 대체 어디로 갔는가? 그런 걱정을 하는 사람은 아무도 없었다. 하루 이틀 지나자 궁금해 하는 사람도 없어졌다. 베키에게 죄가 있나 없나? 우리 모두는 세상이 얼마나 자비로운 곳인지, 허영의 시장이 분명치 않은 일에 어떤 결론을 내리는지 잘 알고 있다. 베키가 스타인 경을 따라 나폴리로 갔다는 사람이 있는가 하면, 후작이 베키가 도착한다는 소식을 듣고 나폴리를 떠나 팔레르모로 도망갔다고 직접 보고 들은 듯이 떠들어대는 사람도 있었다. 베키가 이미 비어슈타트에 있다거나 불가리아 여왕의 시녀가 되었다고 하는 사람도 있었다. 불로뉴에 있다, 아니 첼튼엄의 여관에 숨어 있다는 소문도 떠돌았다.

로든은 베키에게 꽤 많은 돈을 부쳤다. 이미 알려졌다시피 베키는 아무리 적은 돈이라도 효과적으로 굴릴 줄 아는 여자였다. 로든은 어떤 생명보험 회사가 자기 목숨만 보장해준다면 빚을 모두 갚고 영국을 떠나고 싶었지만, 코번트리 섬 기후 환경이 너무 나빠서 로든의 연 수입 가지고는 융자를 받을 수 없었다. 그러나 형에게 착실히 돈을 부쳤고, 연락선이 뜰 때마다 어린 아들에게 편지를 보냈다. 맥머도에게는 여송연을 끊임없이 부쳐주었으며, 형수인 제인 부인에게는 조개껍데기니 후추니 매운 절임요리니 구아바 젤리니 하는 식민지 특산물을 잔뜩 보냈다. 또 신임 총독인 자기를 열렬히 찬양하는 기사가 실린 〈스웸프 타운 가제트〉지를 영국에 있는 형님에게 보냈는데 〈스웸프 타운 센티널〉지는 로든이 부인을 총독 관저로 초대하지 않았다는 이유로 신임 총독은 전제이며 그에 비하면 폭군 네로조차도 문명적인 박애주의자라는 기사를 실었다. 어린 로든은 아버지가 보내오는 신문을 들고, 총독 각하가 된 아버지에 대한 기사를 읽는 것이 취미가 되었다.

어린 로든의 어머니는 아들을 만나러 오지 않았다. 로든은 일요일이면 큰어머니네 놀러가곤 했다. 그리고 퀸스 크롤리 저택 주위를 몇 번 도는 동안에 무슨 새의 둥지들이 있는지를 곧 외워버렸다. 햄프셔를 처음 방문했을 때 크게 감격하여 기억이 생생한, 허들스톤 경이 기르는 사냥개들을 데리고 사냥을 가기도 했다.

제56장
신사가 된 조지

러셀 스퀘어에 있는 할아버지의 저택으로 옮겨온 뒤 돌아가신 아버지 방을 차지한 조지 오즈번은 이 훌륭한 저택의 어엿한 추정상속인이었다. 생김새도 반듯하고 아이치고는 태도도 당당한 것이 자못 신사다운 풍모였으므로 할아버지의 사랑을 독차지했다. 오즈번 노인은 아들을 자랑스럽게 여겼던 만큼 이 손자를 자랑스러워했다.

아이는 아버지가 누렸던 것보다 훨씬 많은 사치와 방종을 누렸다. 요즘 들어 오즈번 노인의 사업은 크게 번창했다. 런던의 상업지구에서 오즈번 노인의 부와 지위는 크게 상승하였다. 오즈번 노인은 예전에 아들 조지를 훌륭한 사립학교에 입학시키고 졸업한 다음에는 육군 장교로 키운 것을 적잖이 자랑으로 여겼었으나 손자 조지와 그 장래에 거는 기대는 훨씬 컸다. 이 꼬맹이를 신사로 키우고 말겠다는 것이 오즈번 노인의 입버릇이었다. 오즈번 노인은 손자가 대학을 졸업하고 국회의원이 되고 어쩌면 준남작까지 되는 모습을 머릿속에 그렸다. 손자가 그런 출세가도를 멋지게 달리는 모습을 볼 수 있다면 죽어도 여한이 없다고 생각했다. '꼭 최고의 학자가 손자놈을 가르치게 해야지. 엉터리나 잘난 체하는 놈들은 어림도 없다.' 몇 년 전까지만 해도 오즈번 노인은 목사와 학자들을 늘 깎아내렸다. 그들은 라틴어나 그리스어를 가르쳐서 밥벌이하는 것 말고는 아무 짝에도 쓸모없는 협잡꾼에 사기꾼 패거리라는 등, 그들 쉰 명쯤은 다발로 묶어서 살 만한 능력이 있는 영국 상인과 신사들을 깔보는 오만하기 그지없는 개자식들이라고 말하고 다녔다. 그러던 것이 요즘에는 자기는 못 배워 무식하다며 아주 진지하게 한탄하고,

고전을 익히는 것이 얼마나 필요하고 훌륭한 일인지 아느냐며 호들갑을 떨면서 조지 귀에 못이 박이도록 똑같은 이야기를 반복했다.

저녁 식사 때 얼굴을 마주하면 할아버지는 늘 아이에게 오늘은 무슨 책을 읽었느냐고 묻고, 아이가 어떤 공부를 했는지 이야기하면 아주 흥미로운 듯이 귀를 기울이며 알아듣는 척했다. 그리고 종종 엉뚱한 말을 해서 무식을 드러냈다. 그런 모습이 손자에게는 우습게 보였다. 머리도 좋고 얼마간 좋은 교육을 받은 손자는 그러지 않아도 할아버지가 무식한 사람이라는 것을 곧 눈치챘다. 그래서 할아버지를 조종하고 깔보기 시작했다. 조지가 할아버지 댁에 맡겨지기 전까지 받은 교육은 돈이 들지 않고 매우 제한적인 것이었지만 할아버지의 어떠한 교육방침에도 뒤지지 않게 조지를 이미 훌륭한 신사로 만들어놓았다. 조지는, 몸은 약하나 상냥하고 다정한 어머니 손에서 컸다. 어머니는 아들이 유일한 자랑거리였다. 무척 고운 마음씨를 지녔으며 태도 또한 솔직하고 겸손한 이 어머니야말로 진정한 숙녀라 할 수 있다. 어머니는 늘 정숙하고 조용히 의무를 다했다. 재치 있는 말은 할 줄 몰랐지만 결코 불친절한 말을 하거나 무례한 생각을 하지는 않았다. 거짓 없고 꾸밈없으며 애정 많고 순진한 아밀리아야말로 진정한 숙녀가 아니고 무엇이겠는가?

어린 조지는 이 상냥하고 순종적인 어머니 위에 군림해왔다. 어머니의 단순함, 상냥함 대신 그 손아귀에 떨어진 무식한 할아버지는 거만한 허풍쟁이였지만 조지는 그런 할아버지 위에도 군림했다. 조지가 왕자였더라도 이보다 더 자만심이 크도록 자라지는 못했을 것이다.

조지가 어머니 곁을 떠난 뒤로 어머니는 낮이나 밤이나 아들 생각에 슬프고 쓸쓸한 나날을 보냈는데, 이 작은 신사는 어머니와 헤어진 허전함을 수많은 오락거리로 쉽사리 잊을 수 있었다. 어린아이는 학교에 가지 않겠다고 울곤 하는데 그것은 괴로운 곳으로 돌아가야 한다고 생각하기 때문이다. 어머니와 떨어지기 싫은 순수한 마음에 우는 아이는 극히 드물다. 여러분은 우는 자녀에게 과자를 주어 울음을 그치게 하고, 어머니나 형제들과 헤어질 때 건포도가 든 과자를 주어 아이를 달래던 일을 기억하는가? 오오, 독자들이여. 여러분도 자기감정에 지나치게 자신을 갖지 않는 편이 좋다.

자, 그건 그렇고, 조지 오즈번 도련님은 돈이라면 얼마든지 있는 할아버지가 손자에게 해주어 마땅하다고 생각한 온갖 오락과 사치를 누리고 있었다.

주인님의 명령을 받은 마부는 아
무리 돈을 더 얹어줘도 살 수 없
을 만큼 훌륭한 조랑말을 사왔
다. 조지는 먼저 승마학교에서
말 타는 법을 배웠다. 등자 없이
도 말을 탈 수 있게 되고 울타리
도 뛰어넘을 수 있게 되자 조시
는 마부 마틴을 거느리고 뉴로드
를 지나 리젠트 파크로, 그곳에
서 다시 하이드 파크로 위풍당당
하게 말을 타고 다녔다. 마을 상

점의 일은 하급사원에게 맡겨두고 이제는 편히 지내고 있는 오즈번 노인도
상류인사들이 지나다니는 이 코스에 딸과 함께 종종 모습을 드러냈다. 어린
조지가 한껏 으스대며 말을 몰고 천천히 다가오면 할아버지는 저것 좀 보라
며 딸을 쿡 찔렀다. 손자 뒤를 따라다니는 마부가 마차에 대고 인사를 하고
또 이쪽 하인이 조지 도련님에게 머리 숙여 인사를 하면, 노인도 마차 창 너
머로 손자에게 고개를 끄덕이며 기쁨에 홍조를 띤 채 껄껄 웃었다. 이 공원
의 경마장에는 아이의 고모인 프레더릭 블록 부인도 있었다. (그녀가 탄 마
차는 이곳에 매일 나타났는데 이 마차의 널빤지와 마구에는 황소 문장이 아
름답게 그려져 있었고, 창문에서는 모장(帽章)과 깃털을 잔뜩 달고 창백한
얼굴을 한 블록 집안의 아이 셋이 이쪽을 뚫어져라 쳐다보았다. 프레더릭 블
록 부인은 벼락출세한 조지가 허리에 한 손을 갖다 대고 모자를 비스듬히 쓴
채 귀족처럼 의기양양하게 말을 타는 모습을 얄밉다는 눈초리로 쳐다보곤
했다.
　아직 만 11살이 될까 말까 한 나이에 조지 도련님은 어른처럼 허리띠를
차고 매우 아름답고 작은 장화를 신었다. 거기다 금칠된 박차에 손잡이가 금
으로 된 채찍을 들고, 손수건에는 멋진 핀을 달고, 램스 콘듀이트 거리에서
도 찾을 수 없는 예쁜 양피 장갑을 낀 화려한 차림이었다. 조지의 어머니는
아들에게 목장식용 손수건을 두 장이나 주었고 셔츠도 몇 장 지어주었지만,
어린 사무엘은 그녀를 만나러 올 때면 그것보다 훨씬 좋은 차림을 하고 있었

다. 면직 셔츠의 가슴에는 보석이 박힌 단추가 달려 있었다. 어머니가 보내 준 보잘것없는 선물은 거들떠보지도 않았다. 나는 오즈번 양이 그것들을 마부의 자식에게 주었으리라 생각한다. 아밀리아는 아들의 그런 변화를 기쁘게 생각하려 했다. 아니, 실제로 제 자식이 이렇게 번듯한 차림을 하고 있는 것을 보고 기쁘기도 했고 잠시 정신을 빼앗기기도 했다.

아밀리아는 1실링을 주고 아들의 흑백 초상화를 그리게 한 뒤 침대 머리맡에 걸린 초상화 옆에 나란히 걸어놓았다. 어느 날 조지는 평소처럼 말을 타고 브롬프턴의 좁은 길을 달려 어머니를 찾아왔다. 주민들이 모두 여느 때처럼 창밖으로 얼굴을 내밀고 조지의 풍모에 감탄했다. 조지는 얼굴 가득 우쭐한 빛을 띠고 망토와 벨벳 깃이 달린 산뜻한 흰색 외투에서 모로코가죽 상자 하나를 꺼내어 어머니에게 내밀었다.

"내 돈으로 이걸 샀어요, 엄마. 마음에 들어 하실 것 같았거든요."

상자를 열어 안을 들여다본 아밀리아는 그 친절한 마음에 감동을 받아 작은 기쁨의 탄성을 올리며 아들을 몇 번이나 끌어안았다. 그것은 매우 잘 그려진 아들의 초상화였다(어머니 눈에는 실물보다 훨씬 못하게 보이겠지만). 조지의 할아버지는 사우샘프턴 거리에서 어느 상점 창가에 진열된 그림을 보고 감탄해 그 화가에게 손자의 초상화를 부탁할 생각이었다. 용돈을 많이 가지고 있는 조지는 자기 돈으로 초상화를 사서 어머니에게 보내드리고 싶은데 그림 값으로 얼마면 되겠느냐고 물어보았다. 화가는 그 말을 듣고 크게 기뻐하며 싼값에 그림을 그려주었다. 오즈번 노인도 그 말을 듣고 크게 감격하여 조지가 그림 값으로 지불한 돈의 배나 되는 돈을 조지에게 주었다.

그러나 오즈번 노인의 기쁨을 아밀리아의 기쁨에 비길 수 있을까? 아들이 선물한 애정의 증표를 보고 아밀리아는 기뻐서 어쩔 줄을 몰랐다. 이 세상에 우리 아들만 한 효자는 없다고 생각했다. 그로부터 몇 주가 지나도록 아들의 사랑을 생각하면 아밀리아는 행복했다. 아들의 초상화를 베개 밑에 두자 전보다 잠이 잘 왔다. 거기에 몇 번을 입 맞추고 얼마나 쳐다보며 울며 기도했던가! 사랑하는 아들이 보여준 조그마한 친절에도 이 여인의 여린 가슴은 감사함에 넘쳐흘렀다. 조지와 헤어진 뒤 이렇게 기쁘고 위안을 받은 적은 처음이었다.

새 보금자리에서 조지 도련님은 군주처럼 으스댔다. 만찬이 있을 때면 아주 점잖은 태도로 여인들에게 포도주를 권했다. 조지가 샴페인을 마시는 모습만 봐도 할아버지는 흐뭇했다. "저 애를 좀 보세요." 노인은 옆 사람을 쿡 찌르며 기쁨에 얼굴을 물들인 채 말했다. "저런 애를 본 적이 있습니까? 그야말로 군주예요, 군주! 이 다음에는 분명히 화장도구와 면도칼을 가지고 오라고 명령할 거라니까요. 두고 보세요."

그러나 아이의 가소롭기 짝이 없는 행동을 본 노인의 친구들은 오즈번 노인처럼 즐거워하지는 않았다. 코핀 판사는 조지가 도중에 끼어들어 대화를 엉망으로 만들었으므로 기분이 상했다. 퍼기 대사는 아직 어린 아이가 얼큰히 취한 꼴을 보고 달가워하지 않았다. 고등변호사 토피 씨의 부인은 이 소년이 팔꿈치를 구부리다 그녀의 노란색 새틴 치마에 포도주 잔을 엎고도 무례하게 깔깔대는 모습을 보고 기가 막혔다. 게다가 조지가 러셀 스퀘어에서 그녀의 셋째 아들(조지보다 한 살 위로 일링 학교의 티클루스 밑에서 지도를 받다가 휴일을 맞아 돌아와 있었다)을 때렸을 때 오즈번 노인은 몹시 기뻐했지만 토피 부인은 더욱 기가 막혔다. 오즈번 노인은 손자에게 잘했다고 칭찬하며 2파운드나 주고, 앞으로 저보다 덩치 크고 나이도 많은 소년을 때려눕힐 때마다 상을 주겠노라고 약속했다. 이런 싸움이 아이에게 어떤 의미로 좋다는 건지 간단히 설명하기는 어렵지만, 아이는 싸우면서 강해지며 폭력을 휘두르는 법을 연습해놓는 것이 아이의 미래에 도움이 된다고 노인은 막연하게 생각하는 것 같았다. 영국의 소년들은 아주 오래전부터 그런 교육을 받고 자랐다. 그래서 아이들 사이에 일어나는 불법행위와 잔인함과 야수성을 옹호하고 찬미하는 사람들이 수두룩한 것이다.

토피를 때려눕히고 칭찬까지 받아 우쭐해진 조지가 더 많이 싸워서 이기고 싶다고 생각한 것도 무리는 아니었다. 어느 날 조지가 새로 지은 과장스러운 옷을 입고 세인트 판크라스 근처를 활보하고 있는데 빵집 아들이 그 모습을 보고 빈정대는 말을 했다. 그러자 이 귀공자는 어마어마한 기세로 화려한 웃옷을 벗어젖히고 그것을 같이 걷고 있던 친구(오즈번 상회에 근무하는 하급사원의 아들로 러셀 스퀘어의 그레이트 코람 거리에 사는 토드)에게 휙 집어던지더니 빵집 아들에게 달려들었다. 그러나 불행히도 이번 싸움에서는 반대로 빵집 아들이 조지를 때려눕혔다. 조지가 집에 돌아왔을 때는 눈자위가 시퍼렇게 멍들고 화려한 셔츠는 코피로 범벅이 된 한심한 몰골이었다. 조

지는 할아버지에게 덩치가 큰 아이와 싸웠다고 말하고, 브롬프턴에 계신 어머니에게는 어떻게 싸웠노라고 장황하게 거짓말을 늘어놓아 어머니를 걱정시켰다.

러셀 스퀘어 코람 거리에 사는 토드는 조지의 친구이자 숭배자였다. 둘 모두 연극배우 그리기가 취미였고, 아몬드를 넣은 사탕과자와 산딸기 타르트를 좋아했다. 겨울이 되면 리젠트 파크에서 미끄럼을 타거나 서펜타인 호수에서 스케이트를 즐겼다. 또 연극을 좋아해서, 오즈번 노인의 명령을 받은 조지의 몸종 로슨이 그들을 극장으로 데리고 가면 안락한 관람석에서 느긋하게 연극을 감상했다.

그들은 이 몸종의 안내로 런던의 주요 극장을 모두 가봤으므로 드루어리 레인 극장부터 새들러스 웰스에 이르기까지 극장에 출연하는 배우의 이름을 모조리 꿰고 있었다. 그리고 판지로 무대를 꾸미고 웨스트의 유명한 극중 인물을 토드네 식구들이나 친구들 앞에서 연기하곤 했다. 몸종 로슨은 통이 큰 사나이여서, 주머니에 돈이 있을 때는 연극이 끝난 뒤 어린 주인에게 굴을 대접하거나 잠자기 전 마시는 술에 럼주를 섞어 주었다. 그렇게 비위를 맞춰 두면 이 젊은 주인이 로슨의 호의를 잊지 않고 다음번에 로슨에게 후하게 인심을 썼으리란 것은 쉽게 짐작할 수 있다.

어느 날 웨스트엔드에서 유명한 재단사가 부름을 받고 찾아왔다. 오즈번 씨는 시내나 홀번 주변의 엉터리 재단사에게 손자의 옷을 맡겨서는 안 된다고 늘 주장했던 것이다(자신의 옷은 시내 재단사에게 맡겨도 충분하다고 여겼지만). 노인은 조지의 옷을 만들라고 주문하며 돈은 얼마든지 낼 테니 훌륭한 것으로 지어달라고 했다. 이 재단사, 즉 콘듀이트 거리의 울시 씨는 최

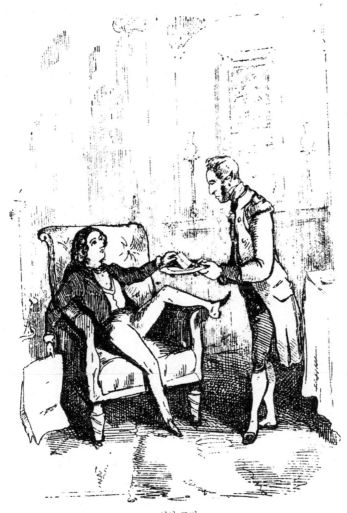

신사 조지

대한 상상력을 동원하여 환상적인 바지와 환상적인 조끼와 환상적인 재킷을 지어서 보내주었는데, 학교의 어린 멋쟁이들이 전부 입고도 남을 정도의 수였다. 조지는 야회 때는 흰 조끼를, 저녁 식사 때는 짧게 재단한 벨벳 조끼를 입었고, 귀여운 숄 모양의 가운까지 걸쳤으므로 완벽한 어린 신사처럼 보였다. 조지는 매일 저녁 만찬 때마다 옷을 갈아입었다. 할아버지는 조지를 "웨스트엔드의 진짜 멋쟁이"라고 불렀다. 한 하인은 조지의 옆에 붙어서 몸치장을 돕거나, 종이 울리면 냉큼 달려가거나, 편지가 오면 반드시 은쟁반에 담아 가져다주었다.

아침 식사가 끝나면 조지는 식당의 안락의자에 앉아서 어른처럼 〈모닝 포스트〉지를 읽었다. "도련님은 어쩜 저리 욕지거리도 잘하실까!" 하인들은 조지의 조숙한 모습을 흐뭇하게 여겨 이렇게 감탄하곤 했다. 조지의 아버지인 오즈번 대위를 기억하는 사람들은 조지 도련님은 하나부터 열까지 아버지와 판박이라고 말했다. 조지는 그 활발함과 오만함과 잔소리와 선량함으로 집 안에 활기를 불어넣었다.

조지의 교육은 개인교수를 하는 이웃 학자가 담당했다. "귀족 신사의 자제로서 대학에 들어가려는 자, 국회의원이 되려는 자, 학자가 되려는 자는 문을 두드리십시오. 저의 교육방침에는 구식 학교에서 아직도 실시되고 있는 천박한 체벌이 없습니다. 상류사회의 우아함과 가정의 사랑과 신뢰를 배우게 될 것입니다." 블룸즈버리의 하트 거리에 살며 베어에이커스 백작 집안에 소속된 목사인 로렌스 빌 목사는 이런 간판을 걸어놓고 아내와 함께 제자들을 모으고 있었다.

이렇게 부지런히 선전한 결과 목사와 그 아내는, 많은 보수를 주어 그 덕에 좋은 곳에서 살게 해줄 만한 학생 몇 명을 맡는 데 성공했다. 몸집이 크고 적갈색 얼굴과 고수머리에 매우 세련되게 치장하는 서인도인이 있었는데 이 학생에게는 아무도 찾아오는 사람이 없었다. 또 한 학생은 이제 23살이되는 덩치 큰 청년이었다. 이 학생은 지금껏 교육을 받은 적이 없었는데 빌부부는 이 학생을 잘 가르쳐서 상류사회로 진출시키는 임무를 맡고 있었다. 그리고 동인도회사에 근무하는 뱅글스 대령의 아들이 둘 있었다. 조지가 이집에 소개를 받은 것은 이 네 젊은이들이 빌 부인이 차린 기품 있는 식탁에 앉아서 식사하고 있을 때였다.

조지는 그 외 대여섯 명의 학생들처럼 통학생 신분이었다. 조지는 몸종 로슨을 거느리고 아침에 나갔다가 날씨 좋은 오후에는 마부가 뒤따르는 조랑말을 타고 돌아왔다. 조지의 할아버지가 어마어마한 부자라는 소문은 학교에도 자자했다. 빌 선생은 얼굴만 마주치면 그 이야기를 꺼내며 비위를 맞추었다. 뒷날 높은 자리에 오를 것이니 지금부터 그런 마음가짐으로 있어야 한다는 둥, 어른이 되어서 숭고한 의무를 짊어지려면 어릴 때부터 부지런하고 착실하게 준비를 해두어야 한다는 둥, 어릴 때 복종하는 버릇을 키우는 것이 어른이 되어서 남을 지배하는 최선의 준비라는 둥 여러 충고를 했다. 그러면서 빌 부인이 정성껏 차린 넉넉한 식탁에서 먹고 싶은 건 뭐든지 먹고 있는 뱅글스 형제가 배탈나 건강을 해치지 않도록 제발 학교에 과자를 가지고 오지 말라고 부탁했다.

빌 씨는 '교과목'이라는 말을 즐겨 썼는데 그 내용은 실로 방대한 것이어서, 하트 거리의 예비 신사들은 세상에 존재하는 모든 과학을 조금씩 배웠다. 빌 목사는 태양계의(太陽系儀), 발전기, 선반(旋盤), 극장(세탁장에 차려놓은 것), 화학기구, 동서고금의 일류 작가가 쓴 모든 작품의 정수를 모은 것이라 스스로 칭하는 작품집을 가지고 있었다. 또 학생들을 대영박물관으로 데리고 가서 그곳에 있는 고대 유물이나 전시물을 상세하게 설명해주었다. 그러면 그 주위로 청중들이 몰려들었다. 블룸즈버리 주민들은 모두 빌 목사는 모르는 게 없다고 감탄했다. 빌 목사는 입을 열 때면(하기야 빌 목사가 입을 다물고 있는 적은 거의 없었다) 자기가 알고 있는 가장 훌륭하고 가장 긴 말을 인용하려고 늘 세심한 주의를 기울였다. 훌륭하고 길고 듣기 좋은 형용사를 쓴다고 해서 짧고 빈약한 말을 쓸 때보다 입에 세금이 더 붙는 것은 아니기 때문이다.

교실에서는 조지에게 곧잘 이런 말을 했다. "저녁에 내 훌륭한 친구인 벌더스 박사와—이 사람은 진정한 고고학자라네, 암, 진정한 고고학자지—학문에 대해 심도 깊은 이야기를 나누며 집으로 돌아오는 도중에, 러셀 스퀘어에 있는 자네 할아버지 것 같아 보이는 저택의 창문이 연회라도 있는지 형형하게 밝혀진 것을 보았는데, 간밤에 오즈번 씨가 그 호화로운 식탁에 귀한 손님들을 모셔놓고 귀한 말씀을 하신 건 아닐까? 아마 내 추측이 맞을 것 같네만."

그러면 어린 조지는 뛰어난 유머감각으로 빌 목사의 앞에서 대담하고 교묘하게 그 흉내를 내며, 아주 정확한 추측이라고 대답하곤 했다.

"그렇다면 오즈번 씨의 초대에 응한 분들은 반드시 그 음식에 만족했을 거라고 나는 믿어 의심치 않네. 나도 초대를 받은 적이 한두 번이 아니니까. 그런데 오즈번 군, 자네는 오늘 아침에 좀 늦었지? 하긴 자네가 그런 태만한 죄를 저지른 게 한두 번은 아니지. 아무튼 난, 그렇지, 여러분, 난 하찮은 신분으로 오즈번 씨의 귀빈으로 초대받은 적이 있었네. 그리고 훌륭한 귀족의 저택에 초대받아 간 적도 있지. 난 나와 친분이 각별하고 여러 가지로 내 뒤를 봐주시는 베어에이커스 백작 조지 각하도 훌륭한 귀족 중 한 사람이라고 생각하니까 말이네. 영국상인협회의 식사는 진짜 귀족들의 식탁과 견주어도 손색없을 만큼 훌륭하고 접대 또한 세심하고 고상했네. 자, 블록 군, 책을 다시 들고, 오즈번 군이 들어오는 바람에 끊겼던 부분부터 유토피아를 다시 읽어볼까?"

조지는 한동안 이 위대한 선생에게 교육을 받았다. 아밀리아는 선생의 과장스러운 말을 듣고 어리둥절하긴 했지만 학식이 대단한 분이라고 생각했다. 이 가련한 과부는 빌 부인과 친구가 되어 자주 그 집을 찾았는데 거기엔 이유가 있었다. 조지가 공부하는 모습을 보고 싶었기 때문이다. 한 달에 한 번 빌 부인의 주최로 열리는 좌담회에 초대받고 싶은 이유도 있었다(초대를 받은 사람은 그리스어로 '아테네'라고 새겨진 분홍색 초대장을 받았다). 빌 목사도 참석하여 학생과 그 친구들에게 묽은 차를 대접하면서 학술적인 이야기를 나누는 모임이었다. 아밀리아는 이 모임에 한 번도 빠진 적 없었다. 조지가 옆에 앉아 있는 것만으로도 참으로 좋은 모임이라고 생각했다. 날씨가 좋건 궂건 브롬프턴에서 걸어와 참석했다. 그리고 모두 방에 들어가고 조지도 몸종 로슨과 함께 돌아가고 나면 불쌍한 오즈번 부인은 집까지 걸어서 돌아가기 위해 외투를 입고 숄을 걸치고, 덕분에 정말 좋은 밤을 보냈다고 눈물로 인사하며 빌 부인을 포옹했다.

조지가 매주 할아버지에게 가지고 돌아가는 통지표로 판단하건대, 이 수많은 학문에 통달한 둘도 없는 선생 밑에서 조지가 올린 학업의 성과는 실로 어마어마했다. 스무 개나 되는 필수과목이 표에 나란히 인쇄되어 있었고 그 옆에 성적이 하나하나 기재되어 있었다. 조지의 성적은 그리스어 수 (aristos), 라틴어도 수(optimus), 프랑스어도 수(tres bien) 하는 식이었다. 학년 말에는 모두가 상을 받았다. 심지어 맥멀 부인의 이복남매인 고수머리의 스와츠와 스물셋이 되도록 학교를 다닌 적 없는 농촌 출신의 블록, 앞서도 말한 게으름뱅이에 장난꾸러기 소년 토드는 '아테네'라고 인쇄된 조그만 책을 받았다. 선생이 그들에게 남기는 찬란한 라틴어 문구가 적힌 18페니짜리 싸구려였다.

토드네 가족은 오즈번 댁에 빌붙어 사는 처지였다. 오즈번 노인은 오즈번 상회의 서기였던 토드의 아버지를 하급사원 자리까지 끌어올려주었다.

오즈번 씨는 어린 토드의 대부가 되어주었고(토드는 뒷날 자기 명함에 '오즈번 토드'라고 인쇄하고 명실상부한 신사가 되었다), 마리아 토드 양을 세례식에 데리고 갔던 오즈번 양은 그녀에게 친절의 표시로 기도서와 찬송가 몇 권과 열렬한 저교회파의 시집 등을 매년 보내주었다. 또 토드 남매를 마차에 태워서 다니기도 했다. 그들이 병에 걸리면 플러시 천으로 만든 풍성한 반바지에 조끼를 입은 하인들이 젤리나 그 밖에 맛있는 음식을 가지고 러셀 스퀘어에서 코람 거리를 방문하였다. 코람 거리의 토드 일가는 러셀 스퀘어의 집주인을 떠받들었다. 양고기 요리에 장식할 종이를 예쁘게 오리고, 무와 당근으로 꽃이나 집오리를 솜씨 좋게 만들 줄 아는 토드 부인은 큰 만찬이 있을 때면 으레 '스퀘어(토드 일가는 오즈번 저택을 그렇게 불렀다)'로 불려가서 음식 준비를 거들었는데, 정작 그 만찬 자리에 참석할 생각은 아예 하지도 않았다. 끝내 도착하지 못한 손님이 있으면 토드 씨가 그 자리에 대신 앉았다. 저녁이 되면 토드 부인과 마리아는 조용히 노크를 하고 들어와 오즈번 양이 부인들을 안내하여 들어올 때까지 객실에서 기다리면서, 신사들이 오면 금방 노래를 시작할 수 있도록 이중창을 연습했다. 가엾은 마리아 토드여, 불쌍한 소녀여! 그렇게 '스퀘어'의 손님들 앞에서 이중창을 부르고 소나타를 치기 위해 이 소녀는 얼마나 연습을 해야 했던가!

이렇게 조지가 주위의 모든 사람들에게 권력을 휘두르고, 친구든 친척이든 하인이든 그 모두가 이 어린 녀석 앞에 무릎을 꿇어야 함은 숙명처럼 보였다. 그러한 준비된 운명을 조지가 기꺼이 받아들인 것도 사실이다. 누구라도 그랬을 것이다. 게다가 조지는 연회의 주인 노릇 하기를 좋아했다. 아마도 타고난 성질이 그러한 것 같았다.

러셀 스퀘어에서는 누구나 오즈번 씨를 두려워했으며, 오즈번 씨는 조지를 두려워했다. 이 소년의 위풍당당한 태도, 책과 학문에 대해 아무렇게나 떠벌리는 버릇, 끝내 자신과 화해하지 않고 바다 저 건너 브뤼셀 땅에 잠든 아들과 닮은 구석이 노인을 두렵게 하고, 어린 손자에게 지배권을 쥐게 했다. 언뜻 보이는 유전적 특징이나, 소년이 별 뜻 없이 내뱉은 말투에 노인은 벌벌 떨었다. 아들이 이 자리에 와 있는 것은 아닌가 하는 생각이 들곤 했다. 손자가 원하는 건 다 들어주는 게 자신이 엄격히 대했던 아들에 대한 보상이라고 생각했다. 사람들은 노인이 손자에게는 한없이 부드러운 데에 놀랐다. 노인은 여전히 오즈번 양에게 고함을 지르거나 욕지거리를 퍼부었다. 그러나 조지가 늦잠을 자다가 뒤늦게 아침 식사를 하러 내려올 때는 금방 싱글벙글 웃는 낯이 되었다.

조지의 고모인 오즈번 양은 젊음이 다 시들어버린 노처녀로, 마흔이 넘도록 무미건조한 나날을 보내며 일만 죽어라 한 탓에 기운조차 남아 있지 않았다. 기운 넘치는 소년에게 이런 여자를 다루기란 식은 죽 먹기였다. 조지는 고모를 졸라야겠다고 마음만 먹으면 찬장 속에 든 잼 항아리부터 낡고 딱딱하게 굳은 물감(이 낡은 물감은 한창 꽃다운 시절 그녀가 스미 씨에게 그림을 배울 때 쓰던 것이다)에 이르기까지 원하는 건 반드시 손에 넣었다. 그러나 원하는 것을 얻은 다음에는 고모 따위는 거들떠보지도 않았다.

친구라고는 늘 아첨만 떠는 늙은 잘난척쟁이 선생과, 얻어맞아도 굽실댈 줄 밖에 모르는 상급생이 전부였다. 토드 부인은 자신의 여덟 살 난 귀여운 막내딸 로사 제미마와 조지를 단둘이 놀게 하고 정말 잘 어울리는 한 쌍이라며 기뻐하곤 했다('스퀘어' 사람들은 그렇게 생각하지 않을 게 분명하지만). '어떻게 될지 누가 알아? 저렇게 같이 놀다가 귀여운 부부가 되지 말란 법이 어디 있어?' 어리석은 어머니는 이렇게 생각했다.

늙고 피폐한 외할아버지 역시 이 어린 폭군의 지배하에 있었다. 노인은 훌륭한 옷을 입고 마부를 거느린 채 말을 타고 달려오는 소년을 존경하지 않을 수 없었다. 조지는 친할아버지가 외할아버지인 존 세들리를 적이라고 비난하며 난폭한 욕을 퍼붓고 상스럽게 비아냥거리는 소리를 듣고 살았다. 오즈번은 세들리를 가리켜 비렁뱅이 영감이니, 파산한 늙은이니 하며 온갖 욕설을 퍼부어대기 일쑤였다. 그런 초라한 남자를 조지가 어떻게 존경할 수 있었겠는가? 조지가 친할아버지 댁으로 들어온 지 몇 달 지나지 않아 세들리 부인이 죽었다. 조지와 외할머니 사이에는 애정이라 할 만한 것이 없었다. 조지는 딱히 슬퍼하지도 않았다. 조지는 멋지게 새로 지은 상복을 입고 어머니를 찾아가, 꼭 보고 싶었던 연극을 못 보게 되었다며 몹시 화를 냈다.

늙은 어머니의 병수발은 아밀리아가 해야 할 일이기도 했거니와 어쩌면 다른 고생에 대한 안전장치이기도 했다. 남자들은 여인들의 인내와 고통을 이해하지 못한다. 많은 여자들이 매일 묵묵히 견뎌내고 있는 고통의 백분의 일이라도 참아야 한다면 우리 남자들은 미쳐버리고 말 것이다. 종일 노예처럼 일을 해도 누가 칭찬해주는 것도 아니고, 늘 한결같이 상냥하게 대해도 돌아오는 건 천대뿐이다. 애정과 노동과 인내와 배려에 대한 따뜻한 말 한 마디 듣지 못한다. 얼마나 많은 여인들이 그런 고통을 얌전히 참아내고 아무 일도 없다는 듯한 표정으로 남들 앞에 서야 하는지 모른다. 여자들은 진정 상냥한 노예인 동시에 필연적으로 위선자이며 겁쟁이가 될 수밖에 없다.

아밀리아의 어머니는 의자에서 침대로 옮겨 간 뒤 영영 일어나지 못했다. 아밀리아는 조지를 만나고 오는 짧은 시간 외에는 어머니가 누운 병상 곁을 결코 떠나지 않았다. 노모는 아밀리아가 어쩌다가 아들을 만나러 가는 것조차 불만스러워서 투덜거렸다. 한때 풍족했던 시절에는 친절하고 잘 웃고 다정한 어머니였던 세들리 부인도 가난과 노쇠에 황폐해진 것이다. 어머니가 병들고 무정한 노인이 된 것을 아밀리아는 그리 신경 쓰지 않았다. 오히려 어머니를 돌봄으로써 다른 고통을 견딜 수 있었다. 병자가 이렇게 해 달라 저렇게 해 달라 들볶아대는 통에 정작 제 고민은 잊고 살았다. 아밀리아는 어머니의 거친 말들을 점잖게 견디며 베개를 폭신하게 매만져 주었다. 잠도 안 자고 이것저것 간섭하고 불평해대도 부드러운 목소리로 금방 답해주었다. 단순하고 효심 어린 마음에 떠올라 입 밖으로 표현할 수 있는 가장 희망에 찬 말로 병자를 위로해주었다. 그리고 한때는 그녀를 다정하게 바라봐주던 어머니의 두 눈을 감겨주었다.

아밀리아는 그 뒤로 아내를 잃고서 이 세상에 쓸쓸히 남겨진 불행하고 늙은 아버지를 위로하는 데 자신의 모든 시간과 애정을 쏟았다. 아버지는 아내와 명예와 재산 등 자기가 가장 사랑했던 모든 것을 잃었다. 이제는 아밀리아만이 그 옆에 남아, 상심에 빠져 비틀거리는 이 노인을 부드러운 팔로 부축해줄 따름이었다. 그러나 나는 이런 이야기를 쓰려는 것이 아니다. 너무도 쓸쓸하고 지루한 이야기이니. 허영의 시장은 벌써부터 하품을 해대고 있지 않은가?

어느 날 젊은 학생들이 빌 목사네 공부방에 모여 베어에이커스 백작의 개인 목사인 빌 선생이 여느 때처럼 도도하게 강의하는 것을 듣고 있을 때였다. 세련된 마차 한 대가 아테네 신이 조각된 현관 앞에 서더니 거기서 신사 두 명이 내렸다. 뱅글스 형제는 봄베이에서 아버지가 찾아온 줄 알고 창가로 달려갔다. 에우트로피우스의 한 구절을 배우며 남몰래 비명을 지르고 있던 덩치 큰 스물세 살 청년은, 마부가 마부대에서 뛰어내린 다음 마차에 타고 있던 사람들을 내려주는 동안 납작한 코를 유리창에 딱 갖다 붙이고 마차를 쳐다보고 있었다.

"뚱보랑 홀쭉이군." 블록이 말했다. 그때 현관문을 똑똑 두드리는 소리가 났다.

새로 입학시킬 학생을 데리고 온 아버지이길 바라는 목사 선생부터, 뭐든 좋으니 책을 내려놓을 구실만 생기길 바라는 조지에 이르기까지 모두가 기대에 찼다.

빛바랜 구리 단추가 달린 볼품없는 제복을 입은 소년(이 소년은 손님을 맞이하기 위해 현관문을 열러 갈 때면 조금 작아진 웃옷을 부랴부랴 챙겨 입었다)이 공부방으로 들어와서 말했다. "두 신사가 오즈번 씨를 뵙고 싶다고 합니다." 선생은 수업 시간에 과자를 가지고 들어오는 일로 오늘 아침에 조지와 조금 입씨름을 벌인 바 있었으나 이 말을 듣자 부드럽고 깍듯한 표정을 지으며 말했다. "오즈번 군, 마차를 타고 오신 손님들을 만나 뵙게. 그분들에게 나와 내 아내가 안부를 묻더라고 전하는 것도 잊지 말고."

조지가 객실로 들어가자 웬 낯선 신사 둘이 앉아 있었다. 조지는 늘 하던 대로 고개를 빳빳이 치켜들고 거만하게 그들을 쳐다보았다. 한 사람은 뚱뚱보에 코밑수염을 기르고 있었고, 다른 한 사람은 빼빼 마르고 키가 훌쩍 컸으며 갈색 얼굴에 머리가 희끗희끗하고 파란 프록코트를 입고 있었다.

"정말 많이 닮았구나!" 키 큰 신사가 깜짝 놀라며 말했다. "우리가 누군지 알겠느냐, 조지?"

감동을 받을 때면 으레 그렇듯 소년은 얼굴을 확 붉히며 눈을 빛냈다. "옆에 계신 분은 모르겠지만 아저씨는 도빈 소령님이 맞죠?" 조지가 말했다.

과연 그 신사는 우리의 옛 친구 도빈이었다. 도빈은 기쁨에 떨리는 목소리로 소년에게 인사를 건네며 양손을 끌어당겼다.

"네 어머니가 내 이야기를 해주었겠지? 그렇지?" 도빈이 말했다.

"네, 수백 번도 더 들려주셨어요." 조지가 대답했다.

제57장
동방에서

오즈번 노인에게는 자랑거리가 몇 있었는데 특히 옛 경쟁자이자 적이며 은인이기도 한 세들리가 만년에 불행을 만나 밑바닥까지 추락하여, 늘 멸시해오던 자신에게 금전상의 도움을 받아야 할 만큼 부끄러움이나 남들의 쑥덕거림을 신경 쓸 처지가 아니라는 사실은 가장 큰 자랑거리였다. 세상 물정을 잘 아는 성공한 사업가 오즈번은 늙은 가난뱅이 세들리를 경멸하면서도 때로 돈을 보내주었다. 오즈번은 어머니에게 전해주라며 조지에게 돈을 건네주면서 늘 난폭한 말을 서슴지 않았다. 즉 남에게 의존해서 살고 있는 비참하게 파산한 늙은이인 네 외할아버지 존 세들리는 이미 많은 돈을 빚지고 있는 사람으로부터 다시 이렇게 친절한 대우를 받는 것을 고맙게 생각해야 한다는 것이었다. 조지는 그런 대단한 뜻이 담긴 돈의 일부를 어머니에게 가져다 드렸다. 그리고 지금은 아내를 먼저 떠나보내고 딸의 극진한 보살핌으로 살아가고 있는 불쌍한 외할아버지에게도 가지고 갔다. 이 어린 소년은 실의에 빠진 쇠약한 노인에게 자신이 은인이라도 되는 양 굴었다.

아버지의 적이 보낸 돈을 아무렇지 않게 받아 챙긴다는 점이 아밀리아가 '마땅히 가져야 할 자존심'조차 버렸다는 뜻으로 비칠지 모르겠다. 그러나 응당 가져야 할 자존심과 이 가련한 여인은 애초부터 별로 관계가 없었다. 아밀리아는 천성이 단순하고 남에게 의존하지 않고는 못 사는 성격이었다. 오랜 가난과 굴욕, 날마다 반복되는 궁핍과 잔소리, 남에게 친절을 베풀고도 보답받지 못하는 일은 어엿한 여인이 되고부터, 바꿔 말하면 조지 오즈번과 불행한 결혼을 하고부터 아밀리아가 짊어지게 된 숙명이었다. 만일 여러분의 손윗사람이 누구 하나 동정해주지 않는 가운데서 얌전히 고통을 겪고, 가난함 때문에 사람들의 멸시를 받으며 매일 수치를 견디고, 가혹한 운명을 감내하는 모습을 본다면 여러분은 여러분이 누리고 있는 부귀영화를 버리고서 이 지치고 불쌍한 거지의 발을 씻겨주겠는가? 생각하는 것만으로도 진저리를 치며 굴욕스러워 할 것이다. "계급은 존재해야 한다. 부자도 거지도 존재해야 한다." 이것은 클라레를 마시며 부자가 한 말이다(창문 밑에 앉아 있던 나사로에게 먹다 남은 고기라도 갖다 주었다면 훌륭한 마무리였을 텐데). 정말로 부자와 거지가 존재해야 하는 것인지는 모르겠으나, 운명이 그렇다는 이유로 어떤 사람은 온몸에 비단을 칭칭 두르고 있는데 어떤 사람은 누더기를 걸친 채 개 말고는 위로해줄 존재가 없다는 사실은 아무리 봐도 이상하고 이해하기 힘들지 않은가?

그러니 아밀리아가 이따금씩 시아버지가 흘려주는 빵부스러기를 받아와서 늙은 아버지를 공양했다는 점에 나는 의분을 느끼는 게 아니라 함께 기뻐해주어야 하는지도 모른다. 그게 자신의 의무라고 생각한 순간 자신을 희생하고 자기가 가진 모든 것을 사랑하는 사람에게 바치는 것은 이 젊은 여인의 천성이다(숙녀 여러분, 아밀리아는 막 서른이 됐지만 나는 아밀리아를 젊은 여인이라고 부르고 싶다). 어린 조지와 함께 살던 시절에 아밀리아는 얼마나 많은 밤을 아무런 보답없이 손가락이 뻣뻣해질 정도로 고되게 일했던가! 부모님을 위해 얼마나 많은 고생과 경멸과 궁핍과 빈곤을 견뎌야 했던가! 이처럼 고독한 체념과 남모르는 희생을 해오면서도 세상이 자기를 존경하지 않는 것처럼 저 스스로도 존중할 줄 몰랐다. 자신은 겁쟁이이자 보잘것없는 여자요, 지금껏 받은 행운도 황송할 지경이라는 생각이었으리라. 오, 가엾은 여인들이여! 오, 그대들은 남모르는 순교자이며 희생자요, 그대들의 삶은 고난이로다. 침대는 고문대요, 객실에 놓인 탁자는 매일 머리를 얹어놓아야 하는 단두대이다. 그대들의 고통을 바라보고 그대들이 고문 받는 캄캄한 방을 들여다보는 사내들은, 그대들을 가엾이 여기고 자기가 남자로 태어난 것을 신에게 감사해야 할 것이다. 몇 년 전 파리 근교의 비세트르에서 백치와 광인을 수용하는 감옥에 갔다가 봤던 사람이 생각난다. 고된 감금생활과 쇠약한 육체로 인해 폐인이 되다시피 한 불쌍한 어느 환자에게 우리 일행 중 한 사람이 반 페니어치 코담배를 원뿔 모양의 종이봉투에 넣어 건네주었다.

겨우 그만한 일로 이 간질환자는 감격에 겨워 어쩔 줄 몰라 했다. 사내는 기쁨과 감사함에 눈물을 흘렸다. 만일 누군가가 여러분이나 내게 매년 천 파운드를 준다든가 목숨을 구해주었다고 해도 그 간질환자만큼 감동하지는 않았으리라. 그러니 여러분이 여자에게 큰 횡포를 부린 뒤에 여자를 동정하여 은혜를 베푸는 천사라도 되는 양 아주 자그마한 친절을 보인다면, 그 여자가 눈물을 흘리며 고마워하는 모습을 보게 될 것이다.

운명은 가엾은 아밀리아에게 고작해야 이런 정도의 은혜를 베풀었을 따름이다. 태어날 때부터 가난하지는 않았던 아밀리아의 삶도 천한 죄수나 다를 바 없이 오랫동안 수치스러운 구속을 받는 지경까지 추락하고 말았다. 어린 조지가 때때로 찾아주는 것만이 캄캄한 어둠 속 한줄기 빛처럼 조금이나마 아밀리아를 격려하고 위로해주었다. 조지가 있는 러셀 스퀘어가 아밀리아가 다닐 수 있는 속박된 장소의 한계였다. 아밀리아도 거기까지는 가끔 외출할 수 있었다. 그러나 반드시 돌아와 감방 같은 방에서 자거나, 재미도 없는 일을 하거나, 고마워할 줄도 모르는 병자의 머리맡에 앉아 있거나, 실의에 빠진 잔소리쟁이 노인에게 시달려야 했다. 이렇게 오랜 노예생활을 견뎌야 하는 운명을 짊어진 사람들이 많을 것이다. 그러나 그 대부분은 여인들이다. 여인네들은 보수도 없이 일하는 간호사요, 낭만이나 희생한다는 감정도 느끼지 못하는 수녀이다. 아무리 애를 쓰고 제대로 먹지도 못하고 병자를 간호하고 고통을 당해도, 아무런 동정을 받지 못한 채 끝내 이름도 없이 비참하게 사라져간다.

인간의 눈에 보이지 않는 무서운 존재이자 인간의 운명을 결정짓는 지혜의 신은, 점잖고 선량하며 현명한 사람들을 모욕하고 낙담시키면서, 이기적이고 어리석으며 사악한 사람들을 보호하는 데 굉장한 즐거움을 느끼는 것 같다. 오, 형제여, 그대들이 부귀를 누릴 때도 겸손할지니! 비록 별 볼 일 없는 사람이라도 그대들보다 불운한 사람들을 따뜻하게 대할지어다! 생각해 보라. 도덕적인 체해도 실은 유혹의 손길을 받은 적이 없을 뿐이거나, 성공은 했으되 요행으로 이룬 성공이거나, 지위는 있으되 조상들이 이루어놓은 덕이거나, 번창한 것을 남들로부터 비아냥거림당하는 그대들에게 무슨 권리가 있어 남을 업신여길 수 있단 말인가?

아밀리아의 모친은 브롬프턴의 교회 묘지에 묻혔다. 장례식 날은 아밀리아가 조지와 결혼하기 위해 처음 그 교회를 찾았을 때를 연상케 하는 비 오는 음울한 날이었다. 아밀리아의 어린 아들은 새로 지은 화려한 상복을 입고 그녀 옆에 앉아 있었다. 아밀리아는 좌석을 담당하는 노파와 집사를 기억하고 있었다. 목사가 성경을 읽는 동안 아밀리아는 먼 기억을 더듬었다. 지금 사랑하는 조지의 손을 쥐고 있지만 않았더라면 어머니 대신 자기가 죽고 싶었을지도 모른다. 그러나 여느 때처럼 곧 그런 이기적인 생각을 부끄럽게 여기며, 부디 제가 의무를 다할 수 있도록 힘을 주소서 하고 마음속으로 기도했다.

아밀리아는 온 힘을 다해 늙은 아버지를 행복하게 해드리기로 결심했다. 늙은 아버지를 위해 몸이 부서지도록 일하고 정성을 다해 해진 옷을 깁고 바느질하고 노래를 부르고 주사위 놀이 상대가 되어주고 신문을 읽어주고 식사를 만들었다. 아버지가 켄싱턴 공원이나 브롬프턴 골목을 산책할 때는 빠지지 않고 따라나섰다. 허약해지고 불평만 늘어난 노인이 공원 벤치에 앉아 햇볕을 쬐면서 중얼중얼 신세타령을 늘어놓을 때면, 상냥한 위선자가 되어 참을성 있게 미소를 띠고 이야기에 귀를 기울였으며 때로는 옆에 앉은 채 자기만의 공상 속에 빠져들었다. 이 과부의 공상이란 얼마나 슬프고 덧없는 것이던가! 공원의 비탈이나 넓은 산책로를 여기저기 뛰어다니는 아이들의 모습은 빼앗겨버린 아들 조지를 떠올리게 했다. 남편 조지도 전쟁이 앗아가버렸다. 둘을 사랑하는 마음이 너무 이기적이고 잘못된 것이어서 이렇게 가혹한 벌을 받는 것일까? 아밀리아는 자신이 이렇게 벌을 받아 마땅하다고 애써 생각하려 했다. 그만큼 비참하고 간악한 죄인이라고. 자신은 이 넓은 세상에 외톨이라고.

이처럼 외로운 유폐생활 이야기는 그것을 재미있게 만들어줄 유쾌하고 익살맞은 사건이 일어나지 않는 이상 아무래도 지루하기 짝이 없는 것임을 나도 잘 알고 있다. 예컨대 마음 착한 간수라든가, 감옥으로 쓰는 성채의 사령관이 익살꾼이라든가, 라튜드(^{1725~1805 프랑스 공병장교로 마담 퐁파두르}_{에게 폭탄을 보낸 뒤 음모를 꾸며 투옥됨})가 투옥되었을 때처럼 쥐가 가발과 구레나룻을 기어 다녔다든가, 트렝크(^{1726~94 프러시아군으로서 음모를 꾸민}^{혐의로 투옥, 탈옥한 뒤에도 여러 번 수감}_{생활을}_함)처럼 손톱과 이쑤시개로 지하통로를 팠다든가 하는 사건 말이다. 그러나 아밀리아의 유폐생활에는 그런 재미있는 사건이 하나도 등장하지 않아 작자도 심히 난처하다. 단, 그녀는 이런 유폐생활을 하면서 큰 슬픔에 빠져 있기는 했으나 말을 걸면 언제나 방긋 웃어 보였다. 그저 평민을 넘어 천하고 궁핍함에 빠진 늙은 아버지를 위해 노래를 불러주었다든가, 푸딩을 만들어주었다든가, 카드놀이 상대를 해주었다든가, 양말을 기워주었다든가 하는 것들을 상상해주기 바란다. 아밀리아가 여장부든 아니든 상관없다. 그리고 독자 여러분과 내가 나이를 먹어 아무리 잔소리가 늘건 파산을 하건 걱정할 일이 아니다. 그저 나이가 들어 우리가 통풍 따위로 몸져누웠을 때 우리의 베개를 매만져줄 친절한 손과, 기댈 수 있는 부드러운 어깨가 있기를 기도할 뿐이다.

세들리 노인은 아내가 죽은 뒤 딸인 아밀리아를 무척 좋아하게 되었다. 아밀리아도 늙은 아버지를 돌보는 일에서 위안을 찾았다.

그러나 우리는 두 사람을 이렇게 낮고 천한 환경에 오래 두지 않을 것이다. 속세에서 번영이라 일컫는 보다 좋은 날이 그들을 기다리고 있었다. 아마도 눈치 빠른 독자는 우리 옛 친구 도빈 소령과 함께 학교로 조지를 찾아간 뚱뚱보 신사가 누구인지 눈치챘으리라. 그는 외국에서 영국으로 돌아온 또 다른 친구인데, 이 남자의 귀환은 영국에 있는 가족들에게 아주 큰 위안이 될 터였다.

도빈 소령은 개인적인 급한 사정이 있다며, 마드라스로 떠나 아마 곧장 유럽으로 돌아갈 것이라는 내용의 휴가신청서를 인심 좋은 사령관에게 제출하였다. 손쉽게 허가를 받아내자 잠시도 쉬지 않고 밤낮없이 여행을 계속한 끝에 첫 목적지에 닿은 뒤 그는 곧바로 마드라스까지 가는 데 성공했으나 큰 열병을 앓게 되었다. 동행한 하인들이, 유럽으로 출발하기 전까지 묵기로 되어 있던 친구의 집으로 도빈을 데려갔는데 그때 도빈은 이미 정신착란 상태에 빠져 있었다. 만약 도빈이 그 친구의 집을 떠나게 된다면 행선지는 많은 용감한 장교들이 저 멀리 조국을 떠나 잠들어 있는 세인트 조지 성당의 묘지가 될 것이며, 군대는 도빈의 무덤을 향해 조포(弔砲)를 쏘아 올리게 될 것이라는 불안이 며칠이나 계속되었다.

이 가엾은 사내가 친구네 집 침상에서 열에 들뜬 헛소리로 아밀리아의 이름을 불러대는 것을 간호하던 사람들은 들었으리라. 의식을 되찾은 뒤에도 도빈은 두 번 다시 아밀리아를 만나지 못한다고 생각하면 마음이 무거웠다.

도빈은 드디어 마지막 순간이 왔다는 생각이 들자 신변을 정리하고, 얼마 안 되는 재산을 가장 도와주고 싶은 사람들에게 나누어주기로 결심하는 등 세상을 떠날 엄숙한 준비를 했다. 도빈이 머물고 있는 집의 주인인 친구가 그 유언장의 증인이 되어주었다. 도빈은 목에 늘 걸고 다니던 갈색 머리단과 함께 묻어달라고 했다. 그것은 조지 오즈번이 세인트존 산의 고원지대에서 전사한 뒤 아밀리아가 슬픔을 이기지 못하고 열병에 걸려 드러누웠을 때 이 젊은 과부의 머리에서 자른 머리카락으로, 브뤼셀에서 아밀리아를 시중들던 시녀에게서 받아 만든 것이었다.

도빈은 차차 회복하여 기운을 거의 차렸는데, 몸이 얼마나 건강해졌는지 알아보는 방혈요법과 감홍요법을 받다가 다시 병이 도지고 말았다. 브래그 선장이 지휘하는 동인도회사의 선박 램천더호가 캘커타에서 마드라스에 기항했을 때 배에 오른 도빈의 모습은 꼭 해골 같았다. 워낙 쇠약해져 있었으므로, 도빈을 쭉 간호해왔던 친구는 이 착한 소령이 항해를 끝까지 마치지 못하고 언젠가는 국기와 해먹에 싸인 채 배 옆으로 내려져, 가슴에 늘어뜨린 옛 애인의 머리카락과 함께 수장될 날이 올 거라고 예언했다. 그러나 바닷바람의 효험 때문인지 아니면 마음에 솟아오른 새로운 희망 때문인지 알 수 없지만 배가 닻을 올리고 모국으로 항해를 시작하자 우리의 친구는 차츰 건강을 회복하였다. 그레이하운드처럼 비쩍 마르기는 했어도 희망봉에 닿기 전에는 완전히 기력을 되찾았다. "커크 녀석은 이번에도 소령 진급에 실패했다고 낙담하겠군." 도빈은 미소를 지으며 말했다. "연대가 본국에 도착할 즈음이면 관보에 인사발령이 나 있을 거라고 잔뜩 기대하고 있을 테니까." 도빈 소령이 마드라스행만 서두르다가 결국 그곳에서 몸져누워 있는 동안 연대는 본국귀환명령을 받았다(이 연대는 오랫동안 해외에 주둔해 있다가 서인도에서 겨우 돌아오려는 때 워털루전투가 일어나는 바람에 본국으로 귀환하지 못하고 다시 플랑드르에서 인도로 파견되어 있었다). 따라서 도빈 소령은 연대가 마드라스에 도착하기만 기다렸으면 동료들과 함께 귀국할 수 있었던 셈이다.

도빈이 먼저 마드라스를 떠나온 이유는 이렇게 쇠약해질 대로 쇠약해진 몸으로 다시 글로비나의 간호를 받고 싶지 않았기 때문일 것이다. "오다우드 양과 같은 배를 탔다면 난 아마 그 손에 죽었을 거네." 도빈이 웃으면서 동료 승객에게 말했다. "그리고 내가 수장되면 다음에는 자네에게 달려들어 자네를 전리품으로 얻고 사우샘프턴에 상륙했을지 모르지, 조스 군."

도빈과 함께 램천더호에 타고 있던 동료는 다름 아닌 우리의 뚱뚱보 친구 조스 세들리였다. 세들리는 벵골에서 10년을 살았다. 매일같이 기름진 식사에 맥주와 클라레를 마시고, 관청에서 격무에 시달린 뒤에는 기분전환으로 물 탄 브랜디를 마셔대다 보니 워털루의 용사 세들리의 몸도 그만큼 불어갔다. 세들리는 유럽으로 귀환해도 좋다는 통지를 받았다. 인도에서 이미 임기를 다 채웠으며, 그간 좋은 지위에서 근무하며 상당한 돈도 저축했으므로 이제 귀국해서 많은 연금을 받으며 그대로 눌러 살아도 되었고, 다시 인도로 돌아가서 오랜 근무경험과 훌륭한 수완으로 이미 실력을 인정받은 바 있는 본디 지위에 앉아도 되었다.

세들리는 우리가 마지막으로 보았을 때보다는 조금 야위어 있었으나 풍채는 더욱 당당해지고 근엄함까지 갖추고 있었다. 금띠를 두른 훌륭한 벨벳 모자를 쓰고, 장식 핀과 보석들을 치렁치렁 달고, 워털루전투에서 혁혁한 공을 세운 뒤로 쭉 기르고 있는 코밑수염을 날리면서 갑판 위를 뽐내며 걸어 다녔다. 자기 선실에서 아침을 먹은 다음에는 본드 거리나 캘커타의 경마장에라도 외출할 때처럼 점잖은 차림을 하고 선미 갑판에 나타났다. 세들리에게는 파이프 시중을 드는 인도인 하인이 하나 있었는데, 하인은 터번에 은제로 된 세들리 가문의 문장을 달고 다녔다. 이 동양인 시종은 조스 세들리의 포악한 대접을 받으며 비참한 나날을 보냈다. 조스는 여자처럼 외모에 관심이 많아, 미모가 지기 시작한 중년의 미인처럼 화장에 오랜 공을 들였다. 제150연대 소속인 채퍼스, 세 차례나 열병을 앓고 귀국하는 불쌍한 리케츠 같은 젊은 승객들은 특등 식당으로 불려 와서, 세들리가 호랑이나 나폴레옹을 상대로 싸운 무용담을 들어야 했다. 롱우드에 있는 나폴레옹 무덤을 보러 간 이야기를 할 때의 세들리는 아주 볼만했다. 도빈 소령이 마침 그 자리에 없었으므로 세들리는 채퍼스와 리케츠, 배의 젊은 간부들 앞에서 워털루전투에 대해 시시콜콜 설명을 늘어놓으며, 조스 세들리가 없었다면 나폴레옹도 세인트헬레나 섬에 유배되지 않았을 거라고 마음껏 떠들어댔다.

세인트헬레나를 떠난 뒤로 세들리는 돈을 펑펑 써댔고, 선내 저장품이며 클라레며 고기 통조림이며 따로 가져온 커다란 통에 든 소다수 등을 마구 먹어치웠다. 배에 여자는 한 명도 없었다. 게다가 도빈 소령이 세들리에게 상석을 양보했으므로 식당에서는 세들리가 주인 행세를 했다. 그리고 브래그 선장이나 램천더호의 간부들로부터 그 지위에 걸맞은 존경을 받았다. 이틀 동안 연이어 강풍이 몰아쳤을 때는 선실 둥근 창에 널빤지를 박고 공포에 질려 코빼기도 내밀지 않았으며 이불 속에 틀어박혀서 〈핀칠리 벌판의 세탁부〉를 읽었다. 그 책은 사일러스 혼블로워 목사의 아내 에밀리 혼블로워가 희망봉에서 선교사로 일하는 남편을 만나러 가기 위해 램천더호에 탔을 때 두고 내린 것이었다. 그러나 평소 읽으려고 세들리가 사가지고 탄 것은 소설과 희곡으로서, 배에 탄 사람들에게 책을 빌려주며 자신의 친절함과 겸손함을 과시하는 데 썼다.

배는 포효하는 컴컴한 파도를 가르며 나아가고, 머리 위에는 달과 별이 빛나고, 당직을 알리는 종소리가 들려오는 수많은 밤. 소령은 궐련을 입에 물고, 세들리는 하인이 준비해 놓은 물담배를 입에 물고서 선미 갑판에 앉아 고향 이야기를 주고받았다.

이런저런 이야기를 나누며 도빈 소령은 놀랍도록 끈덕지고 교묘한 방법으로 화제를 아밀리아와 어린 아들 쪽으로 몰고 갔다. 조스는 아버지의 불운과 지나친 송금요청에 짜증을 내다가도, 악운과 노령에 시달려서 그러지 않느냐는 소령의 말에 누그러지곤 했다. 소령은 또 이런 말을 했다. 아마 자네는 늙은 부모님과 함께 살 마음이 없을 것이다. 노인들의 습관과 일상은 전혀 다른 사회에 익숙한 젊은이에게 맞지 않으니까(이 의례적인 말에 조스는 고개를 끄덕였다). 그러나 전처럼 혼자 지내는 것이 아니라 런던에서 자기 소유의 집을 갖게 되면 얼마나 좋을지 생각해봐라. 동생 아밀리아는 아내를 대신해 살림을 도맡아 하기에 알맞은 여인이 아닌가. 실로 더할 나위 없이 점잖고 얌전하며 예의 바르지 않은가. 이렇게 권했다. 소령은 또 아밀리아가 옛날 조지 오즈번 부인으로서 브뤼셀과 런던에서 훌륭한 행실을 보여 귀족들에게 크게 칭찬을 받았었노라고 이야기했다. 그리고 조지를 좋은 학교에 보내 훌륭한 성인으로 키우는 것이 외삼촌으로서 마땅히 해야 할 도리이며, 아밀리아와 조부모 손에 맡겨두는 것은 아이를 망치는 지름길이라고 강조했다. 한마디로 소령은 뛰어난 언변을 발휘하여, 조스가 아밀리아와 오갈 데 없는 조카를 돌봐주겠다는 약속을 하도록 만든 것이다. 도빈은 세들리 집안

에 일어난 일, 즉 세들리 부인의 죽음과 아밀리아가 끝내 조지를 돈 많은 노인에게 보내버린 일을 아직 모르고 있었다. 그러나 사랑에 빠진 이 중년 신사는 매일 아침부터 밤까지 아밀리아를 생각하며 어떻게든 도움을 주고자 온 신경을 곤두세웠다. 소령은 조스 세들리를 구슬리고 달래고 부추기고 입에 발린 말로 칭찬을 늘어놓으면서, 정작 본인은 자신이 얼마나 끈질기고 열심인지 깨닫지 못하는 것 같았다. 미혼의 여자 형제 혹은 딸을 가진 사람들은 여자에게 마음이 있는 남자가 환심을 사기 위해 얼마나 별의별 수단을 다 동원하는지 알 것이다. 이 엉큼한 도빈도 아마 그들처럼 위선에 사로잡힌 것이리라.

사실 도빈 소령은 몹시 병약한 상태로 램천더호에 올라 배가 사흘 동안 마드라스 정박지에 머물 때도 전혀 차도가 없었고, 같은 배에 타게 된 옛 친구 세들리를 만났을 때도 딱히 반가워하지 않았다. 그러나 어느 날 소령이 갑판에 힘없이 누워있을 때 세들리와 둘이서 대화를 나눈 뒤로 기운을 많이 차리기 시작했다. 소령은 그때 자기는 이미 살 날이 얼마 남지 않았으며 유언장에 대자(代子) 조지에게 재산을 얼마 남기겠다고 써 두었다, 아밀리아는 아주 가끔이라도 자기를 떠올려줄까, 조만간 결혼한다던데 결혼을 축복한다 하는 말을 했다. "아밀리아가 결혼을 한다고? 그런 일은 절대로 없네. 그 애한테서 편지가 왔는데 결혼의 '결'자도 쓰여 있지 않던걸. 그 애는 오히려 도빈 소령이 조만간 결혼한다는 소식을 들었다며 축복하겠다고 썼더군." 조스가 대답했다. 도빈은 유럽에서 왔다는 그 편지의 소인에 찍힌 날짜가 며칠이냐고 물었다. 조스가 편지를 가져와서 보여주었다. 소령에게 부친 편지보다 두 달 뒤의 것이었다. 그런 일이 있고 나서 소령은 빠르게 기운을 회복했다. 램천더호 소속 의사는 마드라스의 의사가 거의 희망이 없다며 떠맡다시피 한 새 환자가 자신의 치료를 받아 호전되었다고 착각하고 자랑스러워했다. 이 의사가 약을 바꿔 사용한 마침 그날부터 도빈 소령의 몸 상태가 좋아진 것처럼 보였기 때문이다. 소령이 되고도 남음직한 커크 대위가 소령 진급에 실패하고 낙담한 것도 이런 이유에서였다.

세인트헬레나를 지나자 도빈 소령은 다른 승객들이 모두 놀랄 정도로 활기를 되찾았다. 해군 장교후보생들과 장난치고 동료들과 목검놀이를 하거나 소년처럼 돛대 밧줄 위를 뛰어다닌다든가, 어느 밤에는 저녁 식사를 마치고 모두가 모여 물을 탄 럼주를 마시고 있을 때 우스꽝스러운 노래를 불러 좌중을 웃긴다거나 하며 매우 쾌활하고 명랑하게 사람들과 어울렸다. 처음에는 소령을 아무런 특징도 없는 어두운 사내라고 생각하던 브래그 선장조차 소령을 말수는 적으나 모든 분야에 해박한 훌륭한 장교라고 인정하기에 이르렀다. "도빈 소령은 도무지 예절이란 걸 모른단 말이야." 브래그가 일등항해사에게 말했다. "그러니까 총독부 같은 데선 통할 리가 없지. 로퍼, 윌리엄 총독님과 부인은 모두의 앞에서 내게 악수를 청하셨네. 만찬 때에는 총사령관 각하보다 내게 먼저 맥주를 청하셨고. 도빈 소령은 예의가 없어. 하지만 어딘가 괜찮은 구석이 있단 말이지." 이렇듯 브래그 선장은 한 지휘관으로서의 능력뿐만 아니라 한 인간으로서도 높은 분별력을 가지고 있음을 드러내 보였다.

그러나 램천더호가 영국에 닿기 약 열흘 전에 접어들어 바닷바람이 잠잠해지자 그때까지 도빈의 활발함과 싹싹함에 감탄을 금치 못하던 동료들이 깜짝 놀랄 만큼 그는 초조하고 언짢은 기색을 비쳤다. 그러다 다시 바람이 불기 시작하면 언제 그랬냐는 듯 금세 기운을 되찾았다. 수로 안내인이 승선했을 때는 몹시 흥분하기까지 했다. 아, 사우샘프턴의 두 첨탑이 사이좋게 늘어선 광경이 눈에 들어왔을 때 도빈의 심장은 얼마나 세차게 뛰었던가!

제58장
우리의 친구 소령

　램천더호에 탔던 사람들 모두 우리의 소령을 매우 좋아했으므로, 부두로 사람을 실어 나르는 조그만 보트에 소령과 세들리 씨가 옮겨 탔을 때 모든 선원과 장교는 위대한 브래그 선장의 선창으로 도빈 소령을 위해 만세삼창을 했다. 소령은 몹시 낯을 붉히며 고맙다는 표시로 연신 고개를 끄덕였다. 그러나 조스는 그 만세삼창이 자기를 위한 것이라 착각하고 금테가 둘린 모자를 벗어들어 배에 탄 사람들을 향해 자못 엄숙하게 흔들어 보였다. 그렇게 위풍당당한 자태로 부두에 오른 뒤 그들은 로열 조지 호텔로 갔다.

　외국에서 돌아와 조지 호텔의 커피룸에 들어선 여행자들은 흔히 먹음직스러운 쇠고기 조각이나 진짜 영국산 맥주와 흑맥주가 담겨 있을 듯한 커다란 은제 맥주잔에 시선을 빼앗기고 몹시 기뻐한다. 이렇게 기분 좋고 안락한 내 집에 온 듯한 숙소에 온 이상 며칠은 묵어야겠다고 생각하기 마련이었다. 그러나 도빈은 곧장 역마차 이야기를 꺼내며, 사우샘프턴에 닿자마자 그 길로 런던으로 출발하고 싶어 했다. 조스는 그날 밤중으로 출발하자는 의견에는 아무래도 따를 수 없었다. 이 당당한 벵골 신사가 항해 내내 몸을 쪼그리고 자야 했던, 떠올리기만 해도 진저리 날 만큼 좁은 어린이용 침대 같은 선실의 침상에서 벗어나 이제 겨우 크고 널찍하며 푹신푹신한 솜털이불이 깔린 침대에서 자게 되었는데 그걸 버리고 역마차에 흔들리며 밤을 지새울 리 있겠는가. 조스는 배에서 짐이 다 도착할 때까지, 하다못해 물담배의 대통만이라도 가지고 갈 수 있을 때까지는 꼼짝할 마음이 없었다. 그래서 하는 수 없이 소령도 그날 밤은 출발하지 않기로 하고, 가족들에게 자신이 도착했음을 알리는 편지를 속달로 부쳤다. 그리고 조스에게도 친척이나 지인들에게 편지를 쓰도록 다짐을 받았다. 조스는 약속을 하기는 했지만 지키지 않았다. 선장과 램천더호의 소속 의사와 승객 한두 명이 호텔로 찾아와 함께 저녁을 먹었다. 조스는 몹시 거드름을 피우며 성대한 만찬을 베풀었다. 그리고 내일은 소령과 함께 런던으로 가겠노라고 약속했다. 호텔 주인은 조스가 흑맥주의 첫 잔을 큰 컵으로 거침없이 들이켜는 모습을 보니 속이 다 시원하다고 말했다. 여백이 허락하여 잠깐 옆길로 샐 수만 있다면 나는 조국에 첫발을 내딛자마자 조스가 마신 3홉짜리 흑맥주를 묘사하는 데 한 장(章)을 다 할애하련만. 아아, 정말 그 맛이란! 그 한 잔을 음미하기 위해서라도 외국에 1년 정도는 나가 있어봄직하다.

이튿날 아침 도빈 소령은 평소대로 깨끗하게 면도를 하고 단정한 차림으로 방을 나섰다. 어찌나 일찍 일어났는지 그 시간에 깨어 있는 사람이라곤 졸음이 뭔지 모르는 듯한 호텔의 놀라운 구두닦이들뿐, 소령이 마루를 삐걱거리며 어두컴컴한 복도를 지나갈 때 투숙객과 호텔 종업원들은 모두 복도까지 들릴 정도로 코를 드르렁거리며 자고 있었다. 그 사이에 졸음을 모르는 구두닦이들은 각 방문 앞에 놓인 블루처 장화며 웰링턴 장화며 옥스퍼드 구두를 싹 모아갔다. 그리고 조스의 인도인 하인이 일어나 주인님의 요란스러운 화장도구를 정렬하고 물담배를 준비하기 시작했다. 그 다음 일어난 하녀들은 복도에서 새카만 인도인과 맞닥뜨리고는 악마라고 착각하여 꺅 하고 비명을 질렀다. 이 인도인과 도빈 소령은 하녀들이 복도를 물청소 하는 동안 줄곧 물통에 발이 걸렸다. 아직 면도도 하지 않은 종업원 하나가 나와서 현관문을 열자 중령은 이제 출발해도 좋은 시간이다 싶어, 곧 출발할 것이니 당장 역마차를 불러달라고 했다.

그리고 나서 그는 세들리가 자고 있는 방으로 가 커다랗고 넓은 가족용 침대의 커튼을 젖혔다. 조스는 아직도 코를 골며 자는 중이었다. "자, 일어나게, 세들리! 출발할 시간이네. 이제 30분만 있으면 마차가 현관에 도착할 거야."

조스가 이불 속에서 웅얼대며 지금이 대체 몇 시냐고 물었다가, 소령이 낯을 붉히며 솔직하게 시간을 말하자 욕을 퍼붓기 시작했다(소령은 자기에게 아무리 유리한 거짓말이라도 절대로 하지 못하는 성미였다). 어떤 욕을 퍼부었는지 일일이 쓰지는 않겠지만 대충 이런 내용이었다. 이 시간에 일어나는 건 정신건강에 해롭다, 가고 싶으면 자네 혼자 가면 될 것 아니냐, 자네랑은 두 번 다시 같이 여행을 하지 않겠다, 남이 자고 있는 걸 이런 식으로 깨우다니 정말 신사답지 못한 행동이다 하는 것이었다. 이렇게 욕을 먹자 소령은 더 이상 말을 붙일 엄두도 못 내고, 잠에서 깼다가 다시 꾸벅꾸벅 졸기 시작한 조스를 내버려둔 채 물러서는 수밖에 없었다.

곧 마차가 도착하자 소령은 더는 꾸물대지 않았다.

소령이 유람을 다니는 영국귀족이라든가 속보를 전달하는 신문사의 급사(정부 문서는 보다 덜 급하게 전달되지만)였다 할지라도 이만큼 빨리 달리지는 못했을 것이다. 중령이 예상보다 많은 돈을 쥐여주자 마부들은 깜짝 놀랐다. 마차가 이 이정표에서 다음 이정표로 바람을 가르며 질주하는 동안 밖으로 보이는 주위의 전원 풍경은 무척 평화롭고 푸르렀다. 아담한 시골 마을에 접어들어 느릅나무에 간판을 내건 깨끗한 길가 여관 앞을 지나자 여관 주인이 방긋 웃는 얼굴로 환영해주었다. 얼룩덜룩한 그늘을 드리운 나무 밑에서는 말들이 물로 목을 축이고 마차꾼들이 술을 마시고 있었다. 낡은 여관과 공원이 지나갔다. 오래된 잿빛 교회 주변에 옹기종기 늘어선 집들이 지나갔다. 세상에 이런 곳이 또 있을까? 고향에 돌아온 나그네에게 이 풍경은 얼마나 다정하게 느껴지는지, 그 가운데를 지날 때마다 풍경들이 저마다 손을 내밀어 우리 손을 꼭 잡아주는 것만 같다. 도빈 소령도 고국의 그러한 풍경들 속을 지나 사우샘프턴에서 런던에 도착했지만 그동안 눈에 들어온 것이라고는 길가에 세워져 있던 이정표밖에 없었다. 캠버웰에 사는 부모님을 만나고 싶다는 일념이 얼마나 강했는지 쉽게 짐작할 수 있을 것이다.

도빈은 피커딜리에서 옛 보금자리인 슬로터스 여관까지 가는 시간도 아까워 마차를 더 빨리 몰았다. 마지막으로 이 여관에 묵은 뒤로 많은 세월이 흘렀다. 아직 젊은이였던 도빈과 조지는 이곳에서 수도 없이 흥청망청 먹고 마시며 소란을 피웠다. 그랬던 그가 이제는 이미 중년을 훌쩍 넘긴 나이였다. 머리는 희끗희끗해지고 청춘의 정열과 감정도 서서히 퇴색해 갔다. 그런데 슬로터스 여관의 현관에 서 있는 늙은 주인장은 여전히 기름기 묻은 검은 제복 차림에, 두 쪽으로 갈라진 턱이며 축 늘어진 얼굴도 그대로였다. 시곗줄 매는 곳에 커다란 인감 다발을 달고 있는 것도 똑같았고, 주머니속에서 돈이

조스의 물담배

짤랑대는 것도 예와 다름없었으며, 마치 도빈이 일주일 정도 어딘가 다녀온 듯이 그를 맞았다. "소령님의 짐을 늘 쓰시던 23호실로 옮겨라." 존은 별로 놀라는 기색도 없이 이렇게 말했다. "저녁은 구운 닭고기로 준비해도 괜찮 겠습니까? 결혼하신 것 아니었습니까? 결혼하신다고 언젠가 들은 것 같은 데……. 연대에 소속되어 있는 스코틀랜드 출신 군의관님이 묵었을 때 말씀 하셨거든요. 아니, 인도에서 제××연대하고 같이 주둔했던 제33연대의 험비 대위님이 말해주셨어요. 아, 더운 물을 좀 드릴까요? 그런데 왜 역마 차를 타고 오셨습니까? 사륜마차가 더 좋지 않으세요?" 이 여관을 거쳐 간 장교의 얼굴을 모두 기억하고 있고 10년 전 일쯤은 바로 어제 일어난 일처 럼 여기는 이 충실한 주인은 이렇게 말하며 도빈을 옛날 방으로 안내했다. 모린 직물이 깔린 커다란 침대며 옛날보다 더러워 보이는 낡은 양탄자며 빛 바랜 사라사 직물을 씌워 놓은 거무튀튀한 가구들 모두가 젊은 시절 그대로 였다.

도빈은 조지가 결혼 전날에 이 방을 서성이며, 아버지는 분명히 뜻을 굽혀 주실 것이고 만약 그렇지 않더라도 조금도 개의치 않겠노라고 말하면서 손 톱을 깨물던 일을 떠올렸다. 이 방 문을 거칠게 닫고 나간 조지가 얼마 떨어 지지 않은 자기 방문을 쾅 하고 닫았던 일까지 생생하게 떠올랐다.

"소령님도 늙으셨군요." 존이 옛 손님을 말끄러미 바라보며 조용히 말했 다.

도빈은 웃었다. "10년이나 지난 데다 그 사이에 열병도 앓았으니 젊어질 리가 있나. 자네는 여전히 젊구먼. 아니, 늘 늙어 보였다고 해야 옳은가?"

"오즈번 대위님의 미망인은 어떻게 되었나요?" 존이 말했다. "좋은 남편 이셨는데. 씀씀이가 여간한 게 아니었지. 여기서 결혼식장으로 떠나신 뒤로 는 뵌 일이 없습니다. 빌려드린 3파운드도 아직 받지 못했죠. 보세요, 수첩 에 잘 적어 놓았으니. '1815년 4월 10일 오즈번 대위님 3파운드'라고요. 그 분 아버님께서 대신 갚아주실까요?" 그렇게 말하면서 슬로터스 여관의 주인 장 존은 옛날부터 쓰던 모로코가죽으로 된 수첩을 꺼냈다. 그 수첩에는 대위 에게 빌려준 돈을 비롯하여 옛날 슬로터스 여관에 드나들었던 다른 투숙객 들에게 빌려준 돈을 빼곡히 적어넣은 손때 묻은 페이지가 글씨도 다 흐릿해 진 채 남아 있었다.

손님을 방으로 안내하고 나자 존은 조용히 물러갔다. 도빈 소령은 갑자기 우스운 생각이 들어 얼굴을 붉히고 미소를 지으며, 여행 가방에서 자기가 가지고 온 옷 중 가장 단정하고 이 도시에 잘 어울리는 옷을 꺼냈다. 그리고 화장대 위에 초라하게 놓여 있는 작은 거울에 까맣게 탄 얼굴과 반백이 다 된 머리카락을 비추어 보며 웃음을 터트렸다.

'존이 나를 잊지 않고 있다니 참 기쁘군.' 도빈은 생각했다. '아밀리아도 날 알아보면 좋을 텐데.' 도빈은 침실을 나와 브롬프턴으로 10년 만에 발길을 옮겼다.

아밀리아의 집을 향해 걷고 있노라니 10년 전 아밀리아와 헤어졌던 날의 자잘한 기억들이 이 일편단심 사나이의 마음속에 하나하나 떠오르기 시작했다. 마지막으로 피커딜리를 찾았을 때는 없었던 아치와 아킬레스상이 서 있었다. 그 밖에도 여러 가지 변화가 눈과 마음에 어렴풋하게 떠올랐다. 브롬프턴으로부터 뻗어 있는, 아밀리아가 사는 거리로 접어드는 추억 가득한 골목길에 들어서자 몸이 떨려왔다. 결혼 계획이 있을까? 절대로 그런 일은 없을까? 그 사내아이가 함께 있다면—아, 어찌해야 좋을까? 저쪽에서 다섯 살쯤 된 사내아이를 데리고 걸어오는 여자가 보였다. 설마 아밀리아는 아니겠지? 그럴지도 모른다고 생각하는 것만으로 도빈은 몸이 부르르 떨렸다. 이윽고 아밀리아가 살고 있는 동네에 이르러 대문 바로 앞에 섰을 때 도빈은 문을 붙잡고 잠시 멈칫했다. 자기 심장 소리가 들리는 것 같았다. '하느님이 보우하사 아밀리아에게 아무 일 없기를!' 도빈은 마음속으로 기도했다. "하지만 이미 이곳에 안 살지도 몰라." 이번에는 소리 내어 말하고 문 안으로 들어갔다.

아밀리아가 쓰던 방의 창문은 열려 있었지만 방 안에는 아무도 없었다. 피아노만은 예전 그대로였다. 그 위에 걸려 있는 그림도 옛날 그대로였다. 다시 가슴이 쿵쾅대기 시작했다. 문에는 여전히 클랩 씨의 놋쇠 문패가 걸려 있었다. 도빈은 문고리를 잡고 문을 두드렸다.

커다란 눈에 뺨이 발그레하고 열여섯쯤 되어 보이는 통통한 소녀가 노크 소리를 듣고서 밖으로 나오더니, 작은 현관 기둥에 기대어 있는 소령을 뚫어지게 쳐다봤다.

도빈은 마치 유령처럼 창백해져서 "오즈번 부인은 아직도 살고 계시니?"

하고 목소리를 쥐어짜는 게 고작이었다.

소녀는 순간 도빈의 얼굴을 다시 뚫어져라 쳐다보다가 갑자기 백지장 같은 얼굴로 말했다. "어머나! 도빈 소령님 아니세요?" 그리고 바들바들 떨리는 두 손을 내밀며 말했다. "절 기억 못하시겠어요? 늘 소령님을 '봉봉과자 소령님'이라고 불렀잖아요." 이 말을 듣자 도빈은 소녀를 끌어안고 입맞춤했다. 아마 이런 행동을 하는 것도 머리털 나고 처음이었으리라. 소녀는 감정에 겨워 울다가 웃다가 했다. 그러고는 목청껏 "엄마! 아빠!" 하고 외치자, 두 사람이 무슨 일인가 싶어 나왔다. 이미 장식이 화려한 부엌에서 여닫이창 너머로 소령을 보고 있던 그들은 한달음에 달려오다가, 좁은 복도에서 파란 프록코트에 흰 면바지를 입은 키 큰 신사에게 딸이 폭 안겨 있는 것을 보고 깜짝 놀랐다.

"전에 자주 집에 들렀었죠." 도빈이 살짝 얼굴을 붉히며 말했다. "클랩 부인, 절 모르시겠습니까? 차를 마실 때면 맛있는 과자를 만들어주시곤 했지 않습니까? 클랩 씨, 절 기억 못하시겠습니까? 조지의 대부입니다. 인도에서 막 돌아왔습니다." 그들은 뜨거운 악수를 나누었다. 클랩 부인은 감동과 기쁨으로 어쩔 줄 몰라 복도에 서서 "하느님!"을 연발했다.

이 집 주인 부부는 세들리 가족이 세 들어 사는 방으로 소령을 안내했다 (슈토트하르트 제품으로 본디는 깨끗했을, 놋쇠 장식이 달린 낡은 피아노부터 칸막이, 한가운데에 세들리 씨의 금시계가 째깍거리고 있으며 설화석고로 만든 모형 무덤에 이르기까지 도빈은 하나하나 기억하고 있었다). 도빈이 세들리 씨가 쓰는 안락의자에 앉자 클랩 부부와 소녀는 줄곧 감탄사를 섞어가며, 독자 여러분은 이미 아는 사실이나 소령은 아직 모르는, 아밀리아에게 일어난 일들을 낱낱이 들려주었다. 즉 세들리 부인의 죽음, 조지가 친할아버지인 오즈번 댁으로 갈 마음이 든 것, 아들을 보낼 때 아밀리아가 몹시 슬퍼한 것 등 여러 가지 자잘한 이야기였다. 도빈은 결혼 이야기가 어떻게 되었는지 두세 번 물어보려 했지만 용기가 나지 않았다. 클랩 가족들에게 속내를 들키고 싶지 않았기 때문이다. 이윽고 그들은 아밀리아가 아버지를 모시고 켄싱턴 공원으로 갔다는 이야기, 날씨 좋은 오후에는 늘 식사를 마치고 아밀리아가 늙은 신사를 데리고서 볕을 쬐러 간다는 이야기, 노인은 이제는 쇠약하고 성미가 고약해졌지만 아밀리아는 힘든 가운데서도 천사처럼 노인을 극진히 모신다는 이야기를 들려주었다.

"전 시간이 없습니다." 소령이 말했다. "게다가 오늘 밤엔 중요한 일이 있지요. 하지만 오즈번 부인을 만나러 가고 싶습니다. 폴리 양, 나와 함께 나가서 길을 가르쳐주지 않겠니?"

이 말을 듣고 폴리는 깜짝 놀라며 기뻐하였다. 폴리는 자기가 길을 알고 있으니 안내해주겠다고 했다. 오즈번 부인이 러셀 스퀘어에 가고 없을 때는 종종 세들리 노인의 산책에 동행하였으므로 노인이 마음에 들어 하는 벤치까지 알고 있었다. 폴리는 제 방으로 한달음에 달려가더니 소령과 나란히 걷기에 부끄럽지 않은 차림을 하기 위해 가장 좋은 모자를 쓰고 어머니의 노란 숄에 커다란 마노 브로치를 달고 나타났다.

파란 프록코트를 입고 사슴가죽 장갑을 끼고 있던 소령은 이 소녀와 팔짱을 끼고서 즐겁게 집을 나섰다. 어쩐지 아밀리아를 만나기가 두려웠는데 동행이 생겨 기뻤던 것이다. 도빈은 이 동행자에게 아밀리아에 대해 더 많은 것을 물어보았다. 마음 여린 도빈은 아밀리아가 자식과 떨어져야만 했을 때의 심정을 생각하자 가슴이 아팠다. 그는 아밀리아가 자식과의 이별을 어떻게 참고 견뎠는지, 아들을 자주 만나는지, 세들리 씨네 살림이 조금은 나아졌는지 하는 질문들을 던졌다. 폴리는 '봉봉과자 소령님'의 질문에 알고 있는 대로 대답해 주었다.

그들이 한창 걸어가는데 매우 단순한 일이기는 하나 도빈 소령에게는 굉장한 기쁨을 가져다준 사건이 하나 일어났다. 듬성듬성한 구레나룻을 기르고 목깃을 빳빳하게 세운 창백한 청년이 양옆에 여자를 끼고서 마주오고 있었다. 그중 한 여자는 키가 크고 당당해 보였는데 얼굴 생김새며 얼굴빛이 함께 걷고 있는 영국국교회의 목사와 매우 닮아 보였다. 다른 한 여자는 낯빛이 검고 왜소한 소녀로, 하얀 리본이 달린 멋진 새 모자에 단정한 외투를 입고 가슴에는 커다란 금시계를 늘어뜨리고 있었다. 신사는 양쪽 여자와 모두 팔짱을 끼고 있는 데다 양산과 숄과 바구니까지 들고 있는 탓에 양팔이 자유롭지 못했으므로, 메리 클랩이 먼저 인사를 건네도 모자를 벗어 답례할 수 없는 형편이었다.

청년은 머리만 살짝 숙여 인사를 대신했다. 두 여자도 도도하게 인사를 건네면서, 폴리와 나란히 걷고 있는 푸른 코트에 대나무 지팡이를 짚은 사내를 뚫어져라 바라봤다.

"누구지?" 그들을 재미있다는 듯 바라보던 중령은 길을 살짝 비켜주어 세 사람이 지나갈 수 있게 해준 뒤 물었다. 메리가 장난기 가득한 눈으로 소령을 바라보았다.

"우리 교구의 부목사인 비니 씨(이 말에 도빈 소령은 움찔했다)와 그 누이인 비니 양이에요. 주일학교 때면 저 여자가 우리를 얼마나 괴롭혔는지 몰라요. 그리고 눈이 조금 사팔에 멋진 시계를 차고 있던 조그만 여자는 비니 씨의 부인, 그러니까 그리츠 양이에요. 저 여자의 아버지는 잡화상인데 켄싱턴 그래블 피츠에서 '리틀 오리지널 골드 티폿'이라는 상점을 경영해요. 저 둘은 지난달에 결혼한 뒤 얼마 전에 마게이트에서 돌아왔어요. 저 여자는 재산이 5천 파운드나 돼요. 하지만 둘의 중매를 선 비니 양과 벌써 말다툼을 했다나 봐요."

소령은 아까 움찔했다면 이번에는 대나무 지팡이로 땅을 꽝 내리치며 펄쩍 뛰어올랐다. 클랩 양이 "어머, 깜짝이야!" 하고 놀라더니 깔깔 웃어댔다. 도빈은 잠시 걸음을 멈추고 입을 멍하니 벌린 채 묵묵히 서서, 멀어져 가는 젊은 부부를 지켜보았다. 메리가 옆에서 젊은 부부의 이야기를 들려주었다. 그러나 도빈은 부목사가 결혼했다는 것 말고는 아무것도 귀에 들어오지 않았다. 너무 기쁜 나머지 머리가 어질어질했다. 이렇게 뜻하지 않은 사람을 만나고 나니 도빈의 발걸음은 두 배나 빨라졌다. 그러면서도 브롬프턴의 골목길을 지나 켄싱턴 공원 담장에 난 작고 낡은 입구로 들어섰을 때는 너무 빨리 도착했다는 생각이 들었다. 이제까지 10년 동안 한시도 잊지 않고 기다려온 만남의 순간을 생각하자 몸이 부들부들 떨렸기 때문이다.

"저기 계시네요." 폴리 양이 말했다. 순간 자기와 팔짱을 끼고 있는 소령이 또 움찔하며 뒤로 약간 물러선 듯한 기분이 들었다. 폴리는 그간의 사정이 단번에 이해가 되었다. 《아버지 없는 패니》나 《스코틀랜드의 족장들》같이 평소 좋아하던 소설에서 읽은 이야기처럼 모든 것이 명확해졌다.

"뛰어가서 아밀리아에게 알려주지 않을래?" 소령이 말했다. 폴리는 노란색 숄을 휘날리며 달려갔다.

세들리 노인은 벤치에 앉아 손수건을 무릎에 펴놓고, 수백 번도 더 한 옛날 이야기를 또 반복하고 있었다. 아밀리아는 그때마다 늘 참을성 있게 미소

만남

를 띠며 들어줬지만, 요즘은 늙은 아버지의 말을 듣는 둥 마는 둥 딴 생각에 잠겨 그저 방긋 웃어 보이거나 적당히 받아넘기곤 했다. 달려오는 메리를 보고 아밀리아는 깜짝 놀라 벤치에서 벌떡 일어섰다. 처음에는 조지에게 무슨 일이 일어난 줄만 알았다. 그러나 메리가 몹시 들뜨고 행복한 표정인 것을 보고 이 걱정 많은 어머니의 가슴에 솟아올랐던 불안도 사라졌다.

"기쁜 소식이에요, 기쁜 소식!" 도빈 소령의 심부름꾼이 소리쳤다. "오셨어요, 그분이 오셨어요!"

"누가 왔는데?" 에미는 여전히 조지를 생각하며 말했다.

"저기를 보세요." 메리가 뒤를 가리키며 대답했다. 아밀리아가 그쪽으로 눈을 돌렸다. 도빈의 야윈 몸과 긴 그림자가 잔디를 가로질러 다가오는 모습이 보였다. 이번에는 아밀리아가 움찔하며 얼굴이 새빨개졌다. 울음을 터트렸음은 두말할 나위 없다. 이 작고 단순한 부인은 기쁜 일이 있을 때면 금세 분수처럼 눈물을 흘렸다.

어서 손을 잡아달라는 듯이 손을 앞으로 내밀고 자기 쪽으로 달려오는 아밀리아를 보는 도빈의 눈망울은 어찌나 다정하던지! 아밀리아는 옛 모습 그대로였다. 그저 안색이 조금 창백하고 몸이 전보다 살짝 통통해졌을 뿐이다. 부드럽고 신망에 찬 눈은 예와 다를 바 없었다. 부드러운 갈색 머리카락에는 은색 머리카락 세 가닥이 섞여 있을까 말까 한 정도였다. 아밀리아는 얼굴을 붉히며 방긋 웃었다. 물기 어린 눈으로 도빈의 성실하고 소박한 얼굴을 올려다보며 도빈에게 두 손을 내맡겼다. 도빈은 아밀리아의 작은 두 손을 제 두 손으로 폭 감싼 채 가만히 쥐고 있었다. 한동안 아무 말도 나오지 않았다. 도빈은 왜 그 자리에서 아밀리아를 끌어안고, 다시는 곁을 떠나지 않겠다고 맹세하지 않았을까? 그랬다면 아밀리아는 거절하지 못하고 도빈의 말에 따랐을 텐데.

"저와 함께 돌아온 사람이 한 명 더 있습니다." 한참이 흐른 뒤 도빈이 말했다.

"부인인가요?" 아밀리아가 주춤 물러서며 말했다—도빈은 왜 가만히 있는 거지?

"아닙니다." 도빈이 손을 놓으며 말했다. "누가 그런 거짓말을 하던가요? 나와 같이 돌아온 사람은 당신의 오빠라는 말을 하고 있는 겁니다. 당신 가족을 행복하게 해주기 위해 오빠가 귀국한 거라고요."

"아버지! 아버지!" 에미가 소리쳤다. "좀 들어보세요! 오라버니가 돌아왔어요. 아버지를 모시러 돌아왔대요. 도빈 소령님도 오셨어요."

세들리 씨가 깜짝 놀라 일어섰다. 몸을 부들부들 떨면서도 침착하려고 애쓰는 듯했다. 그는 도빈에게 다가가서 '도빈 씨'라고 깍듯이 부르며 옛날 식으로 인사를 했다. 그리고 아버지 윌리엄 경은 안녕하시냐고 묻고, 얼마 전 영광스럽게도 자기 집을 찾아주셨으므로 그 답례로 조만간 한번 찾아뵐 생각이라고 말했다. 그러나 윌리엄 경이 이 늙은 신사를 방문한 것은 8년 전 일이었다. 세들리 노인이 답례라고 한 것은 이 8년 전 방문에 대한 것이었다.

"몹시 떨고 계세요." 도빈이 노인에게 다가가서 진심을 담아 악수할 때 에미가 속삭였다.

소령은 그날 밤 런던에 중요한 볼일이 있었지만, 집으로 가서 차를 한잔 들지 않겠냐는 청에 만사를 제쳐놓고 따라나섰다. 아밀리아가 노란색 숄을 두른 어린 친구와 팔짱을 끼고 앞장섰으므로 도빈이 세들리 씨의 부축을 맡았다. 노인은 매우 천천히 걸으면서, 자기 자신과 가엾은 아내 베시, 한창 잘 나가던 시절과 파산 등 케케묵은 이야기를 들려주었다. 실패한 노인이 대개 그렇듯 세들리 노인의 머릿속은 옛날 생각으로 가득 차 있었다. 지금은 전성기의 마지막 순간을 제외하고는 아무것도 생각하지 않았다. 소령은 노인이 마음껏 이야기하도록 내버려두었다. 도빈의 눈은 앞을 걷고 있는 여인의 뒷모습에 못 박혀 있었다. 그 그립고 사랑스러운 모습이야말로 상상 속에서건 기도 속에서건 늘 떠나지 않고, 그가 자나깨나 꿈꾸던 모습이었다.

그날 밤 내내 아밀리아는 무척 행복해 보였다. 웃음이 떠나지 않았으며 활기에 넘쳤다. 이 조그마한 다과회의 안주인으로서 더없이 기품 있고 예의 바르게 의무를 다했다고 도빈은 생각했다. 함께 황혼 속에 앉아 있으면서도 도빈의 눈은 아밀리아를 좇았다. 이 순간을 얼마나 기다려왔던가! 지금 눈앞에 보이는 것처럼 늙은 아버지의 요구를 다정하게 들어주고 상냥한 순종으로 가난을 장식하는 우아하고 행복한 이 모습을 저 멀리 아득한 열풍 아래서 기나긴 행군을 하며 얼마나 그려왔던가! 나는 도빈이 유난히 고상한 취미를 가졌다든가 또는 이 우직한 옛 친구에게는 두말할 필요 없는 이 단순하고 순수한 천국에 만족하는 것이 훌륭한 지식인의 의무라고 말하려는 것이 아니다. 좋든 나쁘든 도빈이 열망하던 것은 그런 것이었다. 아밀리아가 따라주는 차라면 도빈은 존슨 박사 못지않게 몇 잔이고 기꺼이 받아 마실 듯한 기세였다.

아밀리아는 도빈이 차를 무척 좋아한다고 착각하여 계속 권하면서 아주 장난스러운 표정으로 자꾸 따라주었다. 소령이 아직 저녁 식사 전이며, 아밀리아가 핑커턴 여학교에서 집으로 막 돌아왔을 무렵인 소녀 시절 소령과 조지가 사이좋게 부어라 마셔라 하던 슬로터스 여관에서 그를 위해 테이블에 접시를 차려놓고 예약석 팻말을 얹어둔 채 소령을 기다리고 있다는 사실을 아밀리아는 알지 못했다.

오즈번 부인이 제일 먼저 소령에게 보여준 것은 조지의 초상화였다. 집에 들어오자마자 곧장 2층으로 달려가서 그것을 가지고 내려온 것이다. 물론 실물보다야 훨씬 못하지만 이것을 어머니에게 선물한 그 마음이 갸륵하지 않느냐고 아밀리아가 말했다. 그녀는 아버지가 깨어 있는 동안에는 조지에 대해 그다지 이야기하지 않았다. 노인이 러셀 스퀘어라는 말만 들어도 언짢은 얼굴을 했기 때문이다. 원수 같은 갑부 오즈번 씨가 보내준 돈으로 요 몇 달간 먹고 살았다는 사실을 모르는지 그의 이야기만 나오면 발작을 일으키는 것이었다.

도빈은 램천더호에서 일어난 일에 살을 조금 보태어 노인에게 모두 들려주며, 효심이 든 조스가 노년에 접어든 아버지에게 따뜻하게 대하기로 결심했다는 이야기를 조금 부풀려서 말했다. 실은 항해 중에 도빈이 조스에게 효도를 해야 한다고 역설하였고, 여동생과 조카를 돌보도록 약속을 받아냈다. 그리고 아버지가 제멋대로 자기 이름으로 어음을 발행한 데에 분개하고 있는 조스를 달래고, 자기도 똑같은 일을 겪은 적 있다 말하면서, 조스의 부친이 자기에게 어마어마한 양의 포도주를 보내와 위탁판매를 부탁하더라는 이야기를 농담 삼아 들려주었다. 기분이 좋을 때나 비위만 조금 맞춰주면 나쁜 사람은 결코 아닌 조스는 이 말을 듣고 고국에 있는 가족들에 대한 감정을 크게 누그러뜨릴 수 있었다.

글로 쓰기에도 민망하지만, 그리하여 마침내 소령은 조스가 다시 유럽으로 돌아온 가장 큰 이유는 아버지를 만나기 위해서라고 거짓말을 하고야 말았다.

세들리 노인은 여느 때처럼 일정한 시간이 되자 의자에 앉은 채 졸기 시작했다. 노인이 잠들자 아밀리아는 기다렸다는 듯이 열띤 어조로 이야기를 시작했는데, 주로 조지에 관한 이야기였다. 아들과 헤어질 때는 죽도록 괴로워했으면서도 이별을 한탄하는 일은 죄악이라고 여기는 이 훌륭한 부인은 자신의 괴로움에 대해서는 한 마디도 꺼내지 않고, 조지의 기특한 면이라든가 재능이라든가 촉망되는 미래라든가 하는 자식 자랑만 늘어놓았다. 아밀리아는 조지가 천사처럼 아름답다고 말하며, 아직 자기 손으로 키울 때 아들이 얼마나 넓고 훌륭한 마음씨를 지녔었는지 수도 없이 예를 들었다. 또 켄싱턴 공원에서 어느 공작부인이 일부러 걸음을 멈추고 아들을 칭찬했던 것, 지금

극진한 사랑 속에 마부와 조랑말까지 가지고 있다는 것, 아주 재치 있고 영리하다는 것, 조지의 선생님인 로렌스 빌 목사는 엄청난 독서가인 데다가 정말 기분 좋은 사람이라는 것 등을 이야기했다. "선생님은 뭐든지 알고 계세요. 또 멋진 모임을 여시죠. 당신도 학문이 아주 깊고 독서도 많이 하시고 머리도 좋고 뭐든 척척 해내지만요. 그렇게 머리를 흔들면서 부정하지 마세요. 우리 그이가 늘 입버릇처럼 말하곤 했어요. 당신도 빌 선생님이 여는 모임이 마음에 들 거예요. 매달 마지막 화요일이에요. 조지는 변호사가 되든 의회에 들어가든 정말 큰사람이 될 거라고 선생님이 말씀하셨답니다. 이것 좀 보세요." 아밀리아는 피아노 쪽에 놓인 서랍으로 가서 조지가 쓴 작문 하나를 꺼내들었다. 조지의 어머니가 여태껏 보관하고 있는 이 천재 소년의 위대한 작품은 다음과 같은 것이다.

이기주의에 대하여.

인간성을 타락시키는 모든 악덕 중 이기주의만큼 혐오스럽고 경멸스러운 것은 없다. 과도한 이기심은 인간에게 가장 무서운 죄악을 초래하며 국가와 가정 모두에 어마어마한 불행의 씨앗을 제공한다. 이기적인 한 사람이 자기 가족을 빈곤에 빠뜨리고 때로는 파산으로 내모는 것처럼, 이기적인 왕은 자기 백성을 파멸로 이끌고 때로는 전쟁으로 내몰기도 한다.

예를 들어 시인 호머도 《일리아스》 제1권 2행에서 "아케이아인에게 수없는 고통을 안겨주었다"고 쓴 것처럼, 아킬레우스의 이기적 행위는 그리스인에게 수많은 슬픔을 안겨주었다. 죽은 나폴레옹 보나파르트의 이기심은 유럽에 수많은 전쟁을 일으켰으며 끝내는 스스로를 수백만 리 떨어진 작은 섬, 즉 대서양 한가운데의 세인트헬레나에서 죽음에 이르게 했다.

이런 실례로 보아 우리는 자신의 이익과 야망만을 추구하지 말고 나와 남의 이익을 함께 생각해야 함을 알 수 있다.

조지. S. 오즈번.

아테네 하우스, 1827년 4월 24일.

"어때요? 글씨도 정말 잘 쓰지 않았나요? 게다가 그 나이에 그리스어를 인용하기까지 하다니!" 어머니는 기쁨에 어쩔 줄 몰라 하며 말했다. "오,

윌리엄." 아밀리아가 소령에게 손을 내밀며 말했다. "그 애는 하늘이 주신 보물이에요! 그 앤 제 삶의 희망이에요. 그 애를 보고 있으면 죽은 남편이 살아 돌아온 것만 같답니다."

'아밀리아가 남편에게 충실하다고 해서 화를 내는 것이 옳은 일일까?' 윌리엄은 생각했다. '지하에 잠든 친구를 질투하거나, 아밀리아 같은 마음 착한 여인이 한 번 사랑한 사람을 평생 지우지 못한다고 그녀의 마음에 상처를 주는 것이 옳은 일일까? 아아, 조지, 조지, 자네가 얼마나 좋은 아내를 두었는지 모를 것이네.' 아밀리아의 손을 잡았을 때 문득 이런 생각이 머리를 스쳤다. 한편 아밀리아는 손수건으로 눈가를 훔치고 있었다.

"윌리엄." 아밀리아가 자기 손을 잡고 있는 도빈의 손을 꼭 마주잡았다. "당신은 정말 제게 친절하고 다정하게 대해주셨어요! 보세요! 아버지도 감동하셨잖아요. 내일 조지를 만나러 가주지 않으시겠어요?"

"내일은 어렵겠소." 가엾은 도빈이 말했다. "내일은 볼일이 좀 있어서." 도빈은 아직 부모님과 누이 앤을 만나기 전이라는 것을 알리고 싶지 않았다. 제대로 된 사람이라면 누구나 태만하다며 나무랄 게 뻔하기 때문이었다. 도빈은 조스가 도착하면 전해달라고 주소를 남긴 뒤 일어섰다. 귀국 첫날은 이렇게 끝났다. 아밀리아를 만난 것이다.

슬로터스 여관으로 돌아왔을 때 닭구이는 당연히 식어 있었지만 도빈은 그대로 그냥 먹었다. 그리고 가족들은 일찌감치 잠자리에 드는 데다 굳이 이렇게 늦은 시간에 모두를 깨울 필요도 없었으므로 도빈 소령은 그날 저녁 헤이마켓 극장에서 반값에 연극을 보았다고 한다. 모쪼록 재미나게 감상했기를 바랄 따름이다.

제59장
낡은 피아노

소령이 돌아가고 나서도 존 세들리 노인은 정신적으로 크게 동요하고 흥분한 상태였다. 아밀리아는 아버지가 여느 때와 다름없는 놀이를 하며 진정할 수 있도록 노력했으나 허사였다. 조스의 귀국에 대비하여 노인은 자신의 상자와 책상 안을 뒤지고 떨리는 손으로 서류뭉치를 풀어서 다시 분류하고 정리하면서 그날 저녁을 보냈다. 서류를 묶는 끈, 서류철, 영수증, 변호사와 거래처에서 받은 편지, 포도주 판매 사업(처음에는 잘 풀리는 듯 했으나 아직도 도무지 해명할 수 없는 이유로 실패했다)과 관련된 서류, 석탄사업(대중이 시도한 사업 가운데 가장 성공적인 사업이 될 뻔했으나 자본부족으로 실패하고 말았다) 계획에 관한 것, 특허제재기 및 톱밥공동판매 계획에 관한 것 등을 일목요연하게 정리했다. 밤이 이슥해지도록 떨리는 손에 든 촛불을 흔들거리며 이 방에서 저 방으로 옮겨 다녔다. 이건 포도주 관련 서류, 이건 톱밥 관련 서류, 이건 석탄 관련 서류, 이건 캘커타와 마드라스에 보낸 편지, 도빈 소령이 보낸 답장, 이건 아들 조지프 세들리가 보낸 답장······. "조스가 이걸 보면 내겐 잘못이 없다는 걸 알게 될 거야, 에미." 노신사가 말했다.

에미는 미소를 지으며 말했다. "오라버니는 그런 서류는 보고 싶어 하지 않을 거예요, 아버지."

"넌 사업을 몰라 하는 소리다." 노인이 으스대듯 고개를 저으며 대답했다. 에미가 사업에 대해 지식이 없는 것은 사실이었다. 그리고 사업에 아주 해박한 불쌍한 사람들이 있는 것도 사실이다. 이런 시시한 서류들을 사이드 테이

블에 순서대로 늘어놓은 뒤 세들리 노인은 깨끗한 스카프로(도빈 소령이 보내준 물건들 중 하나) 그 위를 덮고는, 이 서류들은 내일 아침 도착할 '명예로운 동인도회사의 뱅골지부에 근무하시는 조지프 세들리 씨'에게 보여주기 위해 정돈해둔 것이니 건드리지 말라고 하녀와 클랩 부인에게 자못 위엄 있게 주의를 주었다.

이튿날 아침 아밀리아는 아버지가 평소보다 훨씬 의욕 있고, 훨씬 흥분되고, 훨씬 심하게 떨면서 아주 일찍 일어나 있는 것을 보았다. "에미, 간밤에 잠이 오지 않더구나." 노인이 말했다. "가엾은 베시 생각을 했단다. 네 엄마가 살아서 다시 한 번 조스의 마차를 탈 수 있으면 좋을 텐데 하고 말이야. 엄마도 예전엔 전용 마차를 가지고 있었고 거기 타면 아주 잘 어울렸지." 노인의 눈에 가득 고인 눈물이 주름투성이인 얼굴을 타고 흘러내렸다. 아밀리아는 눈물을 닦아주고 부드럽게 웃으면서 아버지에게 입맞춤했다. 그리고 단정한 나비넥타이를 매주고 가장 좋은 셔츠 소매에 브로치를 달아주었다. 노인은 가진 것 중에 가장 멋진 옷을 입고서 아침 여섯 시부터 아들의 도착을 기다리며 앉아 있었다.

사우샘프턴의 중심가에는 화려한 양복점이 몇 군데 있었다. 화려한 유리 진열창에는 실크나 벨벳으로 된 금색 주홍색 등 온갖 종류의 호화로운 조끼와 최신 유행복의 그림이 걸려 있었다. 그 그림에는 눈이 부리부리한 고수머리 사내아이를 말에 태우고 외알안경을 쓴 멋쟁이 신사가 앱슬리 하우스 앞의 아킬레스상 옆을 당당하게 지나가는 귀부인들을 곁눈질하는 장면이 그려져 있었다. 조스는 캘커타에서 최고급으로 통하는 조끼를 몇 벌 가지고 왔지만 사우샘프턴의 진열장에 걸려 있는 조끼를 보자, 이곳에서 조끼 한두 벌쯤 지어 입지 않고서는 런던으로 갈 수 없겠다는 생각이 들었다. 그래서 금빛 나비 무늬가 수놓인 진홍색 비단 조끼와, 깃이 둥글고 검정과 빨강의 타탄 직물에 하얀 줄무늬가 들어간 조끼를 맞추었다. 여기에 파란색 새틴 스카프를 매고, 분홍색 칠보로 만든 기수가 빗장 다섯 개짜리 문을 뛰어넘는 세공이 들어간 금빛 핀을 꽂고서야 비로소 얼마쯤 위엄을 부리며 런던으로 들어갈 수 있겠다고 생각했다. 조스는 전에는 수줍음 많고 서투르며 걸핏하면 얼굴이 빨개지는 겁쟁이였지만 이제는 자기 가치를 솔직하고 용감하게 주장할 줄 알게 되었다. "솔직히 말해 난 잘 꾸미는 편이지." 워털루의 용사 세들리는 친구들에게 종종 이렇게 말했다. 그러나 총독관저에서 열린 무도회에서 여인들이 쳐다보기라도 하면 안절부절못하며 얼굴은 홍당무가 되어 여자들의 시선을 피해 딴청 피우곤 했다. 이렇게 부인들을 피하는 주된 이유는 애당초 결혼이라면 진절머리가 나는 터에 여자들이 연애를 걸어오지 않을까 하고 겁을 먹기 때문이었다. 그러나 내가 듣기로는 캘커타에서 워털루의 용사 세들리만큼 우아하게 춤을 추고, 최고의 독신자 연회를 열고, 어느 자리에나 얼굴을 내미는 인사는 없었다고 한다.

조스처럼 몸집이 크고 훌륭한 신사의 조끼를 지으려면 적어도 하루는 걸렸다. 그 하루 동안 조스는 자기와 인도인 하인을 시중들 하인 하나를 고용했다. 그리고 가져온 짐들이며, 상자며, 들춰본 적도 없는 책들이며, 망고와 조미료와 카레 가루가 들어 있는 상자며, 누구에게 줄지 정하진 않았으나 어쨌든 선물로 사온 숄이며, 페르시아인들이 가지고 있을 법한 호화로운 물건들을 통관시키라고 운송업자에게 지시했다.

드디어 사흘째 되는 날 조스는 새로 지은 조끼를 입고 마차를 타고 유유히 런던으로 향했다. 인도인 하인은 새로 고용한 유럽인 하인과 나란히 마부대에 앉아 온몸을 숄로 두른 채 이를 딱딱 부딪치며 추위에 떨었다. 조스는 마차 안에서 이따금 파이프담배를 피워 물었는데 그 모습이 매우 위풍당당하여 어린 사내아이들은 그 모습을 보고 만세를 외쳤으며, 어른들은 조스가 식민지 총독일 거라고 확신했다. 깨끗한 시골 마을을 지날 때 여관 주인이 잠시 뭐라도 드시고 가십사 머리를 조아렸다면 조스는 분명히 그 아첨을 물리치지 않았으리라 장담하는 바이다. 사우샘프턴에서 아침 식사로 생선과 밥과 삶은 달걀을 배불리 먹고 왔으면서도 윈체스터에 이르자 셰리주 한잔 생각이 간절했다. 올튼에서는 하인들의 권유로 마차에서 내려 그 지방에서 유명하다는 맥주를 조금 마셨다. 파넘에서는 다시 마차를 세우고 비숍스 캐슬을 구경한 뒤 찐 뱀장어와 얇게 저민 송아지고기와 강낭콩에 클라레를 곁들여 가벼운 저녁을 들었다. 백샷 언덕을 넘어갈 때는 조스도 추위를 느꼈지만 인도인 하인은 이를 더욱 심하게 부딪쳤으므로 조스 나리는 브랜디에 물을 타서 조금 주었다. 그러므로 런던에 들어설 즈음 조스의 위장은 마치 증기선의 식료품 창고처럼 포도주와 맥주와 고기와 피클과 셰리주와 담배연기로 가득했다. 마차가 브롬프턴의 작은 집 입구에 우르릉거리며 도착했을 때는 이미 해질 무렵이었다. 이 효자는 도빈이 슬로터스 여관에 잡아놓은 방으로 가기 전에 아버지에게 먼저 들른 것이다.

온 마을 사람들이 창밖으로 고개를 내밀고 무슨 일인지 구경했다. 어린 하녀는 곁문으로 달려 나왔다. 클랩 부인과 딸은 장식을 한 부엌 여닫이창으로 밖을 내다봤다. 에미는 몹시 설레는 마음으로 모자와 코트가 걸린 복도에 서 있었고 세들리 노인은 객실에서 온몸을 떨고 있었다. 조스는 사우샘프턴에서 새로 고용한 하인과 추위에 덜덜 떠는 인도인의 부축을 받으면서, 몹시 삐걱거리며 흔들대는 역마차의 발판을 엄숙하게 내려왔다. 인도인의 갈색 얼굴은 핏기가 가셔 마치 칠면조 똥집 같은 납빛을 띠고 있었다. 인도인은 복도에서 곧 사람들을 깜짝 놀래켰다. 클랩 부인과 클랩 양이 객실 문에 귀를 바짝 대고 이야기를 엿들으러 왔다가, 롤 주와브가 현관 벤치 위에서 외투에 몸을 파묻은 채 노란 눈알과 흰 이를 드러내며 끙끙 앓는 광경을 본 것이다.

독자 여러분이 보다시피 조스가 집 안에서 늙은 아버지와 가련하고도 다정한 누이를 만나는 장면에서 나는 교묘하게 문을 닫아버렸다. 노인은 무척 감격했다. 물론 누이도 마찬가지였다. 그리고 조스도 그런 감정을 안 느낀 것은 아니었다. 10년이나 멀리 떠나 있으면 아무리 이기적인 인간이라도 집과 어린 시절의 정을 그리워하게 된다. 거리가 멀어지면 이는 신성화되는 법이다. 잃어버린 즐거움을 뛰어넘는 기나긴 우울함은 지난날의 매력과 달콤함을 더욱 과장시킨다. 전에는 아버지와 냉랭한 사이였던 조스도 이렇게 아버지의 손을 맞잡으니 그저 기쁠 따름이었다. 어린 시절의 귀여움과 온화한 모습이 그대로 남아 있는 동생을 만난 것도 기뻤다. 그러나 세월과 고생과 불운으로 너무도 달라진 아버지의 애처로운 모습에 가슴이 아팠다. 에미는 까만 옷차림으로 문간까지 나와 오빠를 맞으며, 어머니는 돌아가셨다, 아버지 앞에서는 그 이야기를 꺼내지 말아달라 하며 작은 소리로 당부했지만 그런 배려는 쓸데없는 것이었다. 세들리 노인이 먼저 그 이야기를 꺼내고 넋두리를 늘어놓으며 슬피 울었던 것이다. 이 광경은 인도인 하인에게도 적잖은 충격을 주었다. 가엾은 이 친구는 늘 스스로를 불쌍하다고 여겨왔지만 이제는 그런 생각을 덜하게 되었다.

만남은 매우 만족스럽게 끝났다. 조스가 다시 역마차에 올라 여관으로 떠나자 에미는 다정하게 아버지를 끌어안고 의기양양한 눈으로 아버지를 쳐다보며, 오라버니는 착한 사람이라고 제가 늘 말했잖아요 하고 말했을 정도였다.

사실 조지프 세들리는 가족들의 초라한 살림을 보고 마음이 아팠다. 거기다 10년 만의 만남으로 가슴은 연민의 정으로 넘쳐흘렸다. 그는 이제 가족들을 더는 고생시키지 않겠다, 당분간 이곳에 머물 테니 그동안 내 집과 모든 살림을 마음껏 써라, 아밀리아는 재혼해서 진짜 안주인이 되기 전까지 내집 식탁에서 여주인 노릇을 하면 아주 보기 좋을 것이다 따위의 말을 늘어놓았다.

이 말을 듣고 아밀리아는 쓸쓸하게 머리를 내저으며 울음을 터트렸다. 오빠가 무슨 생각으로 그런 말을 하는지 알고 있었다. 아밀리아와, 그녀와 허물없는 사이인 어린 친구 메리는 도빈 소령이 찾아온 날 밤 이 문제를 죄다 의논했던 것이다. 소령이 돌아가자 성급한 폴리는 그날 자기가 본 것, 즉 아내와 함께 있는 비니 씨를 보고 이제 걱정해야 할 경쟁상대가 없어졌음을 안 소령이 기쁜 나머지 펄쩍 뛰어오르며 몸을 부르르 떨더라는 이야기를 했다. "아주머니가 소령님에게 결혼은 하셨느냐고 물었을 때 소령님이 온몸을 부르르 떠는 걸 보지 못하셨어요? 그때 소령님은 '누가 그런 거짓말을 하던가요?'하고 반문했잖아요? 오, 아주머니, 소령님은 아주머니에게서 한시도 눈을 떼지 못하던걸요. 분명히 아주머니를 생각하느라 머리가 다 샌 거예요."

그러나 아밀리아는 베개맡에 남편과 아들의 초상화가 걸려 있는 자신의 침실 쪽을 바라보면서, 그 일은 두 번 다시 입 밖에 내지 말라고 어린 친구에게 못 박았다. 도빈 소령은 죽은 남편의 둘도 없는 친구이자 자기와 조지에게는 가장 친절하고 다정한 후견인이며 자기는 소령을 오라버니처럼 생각하고 사랑한다고 말했다. 그리고 저런 천사 같은 사람(이 대목에서 아밀리아는 벽을 가리켰다)과 결혼한 나는 재혼할 생각이 추호도 없다고 덧붙였다. 가엾은 폴리는 의사 톰킨스 씨를 떠올리며 한숨을 쉬었다. 톰킨스 씨는 교회에서 폴리만 쳐다봤는데 작고 여린 폴리의 마음은 그런 뜨거운 눈빛에 크게 동요되어 언제든 넘어갈 준비가 되어 있었다. '톰킨스 씨가 죽으면 어떡하지?' 폴리는 톰킨스가 폐병을 앓고 있다는 사실을 알고 있었다. 톰킨스의 뺨은 몹시 발그레했고 허리는 곧 부러질 듯 가느다랬던 것이다.

정직한 소령의 열정을 눈치챘다고 해서 에미가 소령에게 매몰차게 대하거나 불쾌감을 느끼는 것은 아니었다. 모름지기 소령처럼 신실한 신사로부터 그런 열렬한 애정을 받고 화낼 여자는 없다. 데스데모나는 남편의 부관 카시오가 자기에게 마음이 있음을 몰랐을 리 없지만 화를 내지는 않았다(나는 이 슬픈 사랑 이야기에 무어인의 명장 오셀로가 전혀 몰랐던 더 많은 사실이 숨어 있으리라 확신하는 바이다). 《템페스트》에 등장하는 미란다가 칼리반에게 매우 친절했던 것도 같은 맥락 아닌가. 미란다가 그 가엾고 추악한 괴물 칼리반에게 최소한의 희망을 준 것은 물론 아니다. 그와 마찬가지로 에미도 자기를 거의 숭배하다시피 하는 도빈 소령에게 희망을 가질 여지를 주지 않았다. 그저 도빈처럼 훌륭하고 성실한 남자에게 자연히 느끼는 친구로서의 호의를 보이고자 했고, 도빈이 결혼 이야기를 꺼내지 않는 한 진심으로 허물없이 대하고자 했을 따름이다. 그러나 도빈이 결혼 이야기를 꺼낸다면 헛된 희망은 버리라고 그간 품고 있던 생각을 숨김없이 말할 참이었다.

그러므로 그날 밤 폴리와 대화를 나눈 뒤 아밀리아는 푹 잠들 수 있었고, 조스의 도착이 늦어지고 있음에도 마음은 이상하리만치 개운했다. '윌리엄 소령이 오다우드 양과 결혼하지 않아서 다행이야.' 아밀리아는 생각했다. '오다우드 대령에게 윌리엄같이 훌륭한 사람의 아내로서 손색없는 누이가 있을 리 없지.' 아밀리아의 좁은 교우관계 속에 도빈의 아내로서 부끄럽지 않을 만한 사람으로 누가 있을까? '비니 양은 안 돼. 나이도 많은 데다 심술궂으니까. 오즈번 양도 나이가 너무 많아. 하지만 폴리는 너무 어리고.' 아밀리아는 소령에게 어울릴 만한 신붓감을 끝내 한 명도 떠올리지 못하고 까무룩 잠이

들었다.

조스가 누이 앞으로 보낸 편지를 들고 우편배달부가 나타난 뒤에야 가족들은 조바심에 찬 기다림에서 해방될 수 있었다. 항해 중에 미열이 생겨 오늘은 움직일 수 없지만 다음날 아침 일찍 사우샘프턴을 떠날 것이니 저녁쯤에는 어머니와 아버지를 뵐 수 있을 거라고 쓰여 있었다. 아밀리아는 아버지에게 편지를 읽어주다 말고 말을 멈추었다. 조스는 집안에 어떤 일이 일어났는지 전혀 모르고 있는 게 분명했다. 알 턱이 없었다. 도빈은 조스가 무슨 핑계를 대서라도 하루 안에는 런던으로 출발하지 않을 거라는 걸 알면서도 우편집배 시간이 훨씬 지날 때까지 아밀리아와 이야기하는 데만 정신이 팔려, 세들리 집안에 일어난 불행을 조스에게 알리지 않았던 것이다.

같은 날 아침, 슬로터스의 커피룸에서 도빈 소령은 조스가 사우샘프턴에서 보낸 편지를 받았다. 어제 깨웠을 때 화를 내서 미안하다고 사과하는 내용과(실은 심한 두통에 시달리다 겨우 잠든 참이었기 때문이다), 자기와 하인들이 묵을 수 있도록 슬로터스 여관에 좋은 방을 잡아달라고 부탁하는 내용이었다. 함께 배를 타고 오는 동안에 소령은 조스에게 꼭 필요한 존재가 되어 있었다. 조스는 소령을 매우 좋아하고 많이 의지했다. 다른 승객들은 런던으로 떠나버렸다. 젊은 리케츠와 어린 채퍼스는 그날 중으로 함께 마차를 타고 떠났는데, 마부대에 올라탄 리케츠는 보틀리에 이르러서는 직접 고삐를 쥐고 마차를 몰았다. 의사는 포트 시에 있는 가족에게로, 브래그 선장은 런던에 있는 동업자들에게로 떠났다. 일등항해사만이 남아서 램천더호에 실려 있는 하물을 내리기에 바빴다. 조스 홀로 사우샘프턴에 우두커니 남겨진 꼴이었다. 그날은 조지 호텔의 주인장을 상대로 술을 마셨다. 그 무렵, 천생 거짓말과는 거리가 먼 도빈 소령은 아버지인 윌리엄 경의 식탁에 앉아, 오즈번 부인을 벌써 만나고 왔노라고 누이에게 털어놓고 있었다.

조스는 슬로터스 여관이 자리한 세인트 마틴스 래인에 매우 안락하게 자리를 잡고 느긋하게 물담배를 피우거나 연극을 보러 가고 싶으면 어깨에 잔뜩 힘을 주고 극장을 찾거나 했다. 친구인 도빈 소령만 가까이에 없었더라면 슬로터스 여관에 그대로 눌러앉았을지도 모른다. 그러나 소령은 아밀리아와 아버지를 위해 집 한 채를 마련해주겠다는 약속을 실행할 때까지 이 벵골 신사를 한시도 가만 놔두지 않았다. 조스는 귀가 얇았고 도빈은 남을 돕는 일에는 열일 제쳐두는 성격이었다. 그러므로 이 선량한 시민은 선량한 외교관이 세운 악의 없는 계략의 희생양이 되어, 자기 친구가 시키는 대로 하라면 하고 사라면 사고 빌리라면 빌리고 말라면 말 준비가 되어 있었다. 세인트 마틴스 래인에 거무스름한 얼굴을 내밀 적마다 동네 아이들에게 놀림거리가 되었던 롤 주와브는 도빈 소령의 아버지가 주식을 가지고 있는 동인도회사의 선박 레이디 키클베리호를 타고 캘커타로 돌아갔다. 이 인도인은 새 유럽인 하인에게 카레와 볶음밥 만드는 법과 물담배 준비하는 법을 전수해주고 떠났다. 조스와 소령이 이웃의 롱 에이커에 주문한 조그마한 마차 건조 과정을 감독하러 가는 일은 조스가 가장 좋아하는 일이었다. 조스는 훌륭한 말두 필을 빌려서 새 마차에 매고 당당하게 공원을 돌거나 인도에서 근무할 때 사귄 친구들을 찾아갔다. 아밀리아가 그 옆자리에 동행하는 일도 드물지 않았는데, 그럴 때면 뒷자리에 도빈 소령도 앉아 있었다. 조스가 일이 없을 때는 세들리 노인과 아밀리아가 이 마차를 빌려 외출하기도 했다. 클랩 양도 아밀리아와 동행하는 일이 종종 있었고, 병원 앞을 지날 때 큼직한 노란색 숄을 걸치고 마차에 탄 자신을 톰킨스가 알아봐줄 때면 기뻐서 어쩔 줄 몰라 했다. 폴리가 지나갈 때 이 젊은 신사의 얼굴이 창문 블라인드 너머로 들여다보이곤 했던 것이다.

조스가 처음으로 브롬프턴에 나타나고 얼마 안 있어, 세들리 가족이 지난 10년간 살았던 이 초라한 집에 실로 슬픈 일이 일어났다. 어느 날 조스의 마차(주문한 마차가 만들어지는 동안 빌린 마차였다)가 찾아와서, 다시는 돌아오지 않을 세들리 노인과 아밀리아를 실어간 것이다. 그때 클랩 부인과 폴리가 흘린 눈물은 이 소설 속에 등장한 그 어떤 눈물보다 순수한 것이었다. 오랜 세월 절친하게 사귀어왔지만 클랩 모녀는 아밀리아로부터 단 한 번도 심한 말을 들은 적이 없었다. 아밀리아는 무척 다정하고 친절했으며 늘 감사하고 늘 정숙했다. 클랩 부인이 화를 내며 방세를 독촉했을 때조차 그랬다. 이런 다정한 친구가 영원히 떠나버릴 때 클랩 부인은 지금까지 아밀리아에게 난폭한 말을 퍼부었던 일을 몹시 후회했다. 오랫동안 세놓았던 방을 다시 세놓기 위해 유리창에 광고지를 풀칠해 붙이며 클랩 부인은 얼마나 많은 눈물을 흘렸던가! 이렇게 좋은 세입자는 두 번 다시 없을 것이었다. 그 뒤 이 슬픈 예감은 그대로 사실이 되었다. 클랩 부인은 포악한 세입자들의 머리에 차를 담은 통과 양다리 고기를 집어던짐으로써 이 타락한 인류에게 복수했다. 세입자들은 불평불만만 늘어놓았다. 개중에는 월세를 내지 않는 자도 있었다. 그리고 한 명도 오래가지 않았다. 클랩 부인이 자기 곁을 떠나간 옛 벗을 원망할 만도 하였다.

아밀리아를 보내던 날 클랩 씨의 딸 메리가 느낀 슬픔은 너무나 컸기에 나는 감히 묘사할 수도 없다. 어린 시절부터 매일 아밀리아와 함께 지내며 이 마음 착한 부인에게 깊은 애정을 느끼고 있었으므로, 아밀리아를 호화로운 생활로 데려가기 위해 훌륭한 사륜마차가 도착했을 때 이 소녀는 아밀리아의 품속에서 기절하고 말았다. 아밀리아 역시 이 착한 소녀 못지않게 슬퍼했다. 아밀리아는 메리를 친딸처럼 귀여워했던 것이다. 11년 동안 이 소녀는 아밀리아의 변함없는 친구이자 말벗이었다. 이별은 아밀리아에게도 정녕 고통스러운 것이었다. 그러나 물론 메리는 아밀리아가 앞으로 이사 갈 커다란 새집에 종종 놀러와서 자고 가도 된다는 허락을 받았다. 그러면서도 오즈번 부인이 그런 호화로운 새집에서 살더라도 이 '오막살이'에서 살 때만큼 행복하지는 않으리란 믿음을 가지고 있었다. 클랩 양이 자기 집을 오막살이라고 표현한 것은 좋아하는 소설 속에 그 단어가 나왔기 때문이다.

모쪼록 클랩 양의 판단이 틀렸기를 바라야겠다. 불쌍한 에미는 이 오막살이에서 사는 동안 행복한 날이란 거의 보낸 적이 없다. 그곳에서는 음울한 운명이 에미를 짓누르고 있었다. 그녀는 그곳을 떠난 뒤로 결코 다시 돌아가고 싶다고 생각한 적 없다. 더구나 기분이 나쁠 때나 방세를 제때 내지 못했을 때는 난폭하게 굴고, 기분이 좋을 때는 난폭하게 구는 것만큼이나 불쾌하게 친한 척을 해댔던 안주인을 만나고 싶다는 생각도 한 적 없었다. 에미가 영화를 누리게 되자 안주인은 굽실거리며 입에 발린 소리를 해댔지만 에미는 그런 아첨이 조금도 기쁘지 않았다. 클랩 부인은 새집을 구석구석 돌아다니며 감탄하고 가구나 장식품을 하나하나 칭찬했다. 오즈번 부인이 입은 옷을 만지작거리며 가격을 어림짐작해보기도 했다. 그리고 이 사랑스러운 여인은 세상의 어떤 좋은 옷을 입어도 지나치지 않다고 호언장담했다. 클랩 부인은 이제 오즈번 부인의 비위나 맞추는 비열한 아첨꾼이 되었지만 에미에게는 수없이 자기를 괴롭히던 거친 폭군에 지나지 않았다. 방세가 늦어지면 조금만 더 기다려 달라고 통사정을 해야 했고, 병든 아버지와 어머니에게 드릴 맛있는 음식이라도 사올라 치면 사치를 부린다며 호통을 쳤다. 에미를 얕잡아보고 마구 짓밟았다.

불쌍한 아밀리아의 운명의 일부였던 이러한 고생담을 들은 사람은 아무도 없었다. 아버지의 무절제한 행동 때문에 무수한 불행을 겪고 있는 셈이었지만 아밀리아는 아버지에게조차 이 사실을 숨겼다. 아밀리아는 아버지의 실패에 따른 책임을 모두 짊어져야 했다. 게다가 희생하기 위해 태어났나 싶을 정도로 얌전하고 겸손했다.

부디 아밀리아가 더는 그런 고통을 겪지 않기를 바랄 뿐이다. 모든 슬픔에는 반드시 그에 걸맞은 위로가 따른다는 말이 있다. 아밀리아가 떠난 뒤에 히스테리 상태에 빠졌던 가련한 메리도 젊은 의사의 치료를 받고 곧 정신을 차렸다는 기쁜 소식이 있음을 덧붙여 두겠다. 에미는 브롬프턴을 떠날 때 두고 온 가구를 전부 메리에게 주었다. 단 소중한 그림(침대 머리맡에 걸어 놓았던 두 사람의 초상화)과 작고 오래된 피아노만큼은 가지고 갔다. 이제는 너무 낡아 구슬픈 소리를 내는 피아노였지만 그녀 나름대로 사연이 있어 매우 아끼는 것이었다. 아밀리아가 그 피아노를 처음 친 것은 아직 어렸을 때였다. 부모님이 사주신 피아노였다. 독자 여러분도 기억하고 있을 테지만, 이 악기는 아버지의 파산으로 경매에 한 번 넘어갔다가 아밀리아의 품으로 되돌아온 것이다.

조스의 새집은 아주 훌륭하고 안락한 공간이 되어야 한다며 가구 정리를 감독하던 도빈 소령은, 브롬프턴에서 도착한 짐마차에서 세들리 가족의 여행 가방이며 옷상자와 함께 이 낡은 피아노가 나오자 무척 기뻐했다. 아밀리아는 피아노를 3층에 있는 작고 깨끗한 자기 방에 놓고 싶어 했는데, 이 방은 아버지 방의 바로 옆방이었으므로 아버지도 저녁때면 종종 와서 앉아 있곤 했다.

이 낡은 악기를 메고 들어온 인부들에게 아밀리아가 3층 자기 방으로 옮겨놓으라고 부탁하자 도빈은 몹시 기뻐했다. "아직도 가지고 계셨군요." 그리고 매우 감상적인 어조로 덧붙였다. "이런 피아노에는 싫증이 났을 줄 알았는데."

"제게는 이 세상 어떤 것보다도 소중한 피아노랍니다." 아밀리아가 말했다.

"그래요?" 소령이 외쳤다. 한 번도 입 밖에 낸 적 없지만 사실 경매 때 그 피아노를 낙찰받은 사람은 도빈이었다. 피아노를 사서 되돌려준 사람이 자기가 아닌 다른 사람이라고 에미가 믿고 있으리라고는 꿈에도 생각지 못했다. 그러므로 당연히 도빈은 그게 자기의 선물임을 에미가 알고 있으리라고 믿어 의심치 않았다. "정말입니까?" 도빈이 말했다. 그리고 더 의미심장한 질문, 도빈에게는 무엇보다 중요한 질문이 막 입에서 튀어나오려는 순간 에미가 대답했다.

"어떻게 소중하지 않을 수 있겠어요? 그이가 제게 준 선물인걸요."

"오, 난 몰랐소." 불쌍한 도빈은 실망을 감추지 못하며 말했다.

그때 에미는 앞뒤 사정을 따져보지도 않았고, 우직한 도빈의 표정에 떠오른 크나큰 상심도 눈치채지 못했다. 그러나 나중에 다시 한 번 이 일을 떠올려본 뒤에야 비로소 그 피아노를 보내준 것이 자기가 상상하던 조지가 아니라 윌리엄이었음을 깨닫고는 이루 말할 수 없이 고통스러워했다. 사랑하는 사람이 남긴 유일한 유품이자 다른 무엇과도 바꿀 수 없는 귀중한 추억의 물건이라고 여겨왔는데 조지가 보낸 선물이 아니었다. 아밀리아는 사람한테 말하듯 피아노에 대고 조지에 대해 이야기한 적 있었다. 조지가 가장 좋아하는 곡을 연주한 적도 있었다. 얼마나 많은 기나긴 밤을 별로 훌륭하지 않은 솜씨로나마 건반을 두드리며 슬픔을 연주하고 그 위에서 숨죽여 울었는지 모른다. 그런 피아노가 조지의 유품이 아니라는 것이다. 이제 이 피아노는 아무런 가치도 없었다. 그 뒤 세들리 노인이 에미에게 피아노를 쳐보라고 부탁했을 때 에미는 조율 상태가 매우 나쁘고 지금은 두통이 심해서 칠 수 없다고 거절했다.

그리고 평소 습관대로 자기의 고약한 성미와 배은망덕함을 자책하면서, 본인에게 말한 적은 없지만 자기가 피아노에 느낀 경멸감에 대해 정직한 윌리엄에게 사죄해야겠다고 마음먹었다. 그로부터 며칠 뒤, 다 같이 객실에 앉아 있을 때였다. 저녁 식사 뒤인지라 조스는 노곤해져서 잠이 들어 있었다. 아밀리아는 도빈 소령에게 어렵사리 말을 꺼냈다.

"당신게 용서를 빌어야 할 일이 있어요."

"뭐죠?" 그가 말했다.

"저…… 저 작은 피아노 말이에요. 당신이 그걸 주셨을 때 제가 고맙다는 인사를 하지 않았지요? 전 다른 사람이 준 줄로만 알고 있었거든요. 늦었지만 정말 감사해요, 윌리엄." 아밀리아는 이렇게 말하며 손을 내밀었다. 그러나 이 가엾은 여인의 마음은 피를 흘리고 있었고, 말할 것도 없이 눈에는 눈물이 고여 있었다.

윌리엄도 자제심을 잃었다. "아밀리아, 아밀리아. 그 피아노는 내가 당신을 위해 낙찰받아 돌려준 것이오. 그 당시에도 지금처럼 당신을 사랑했소. 이제 속 시원히 털어놔야겠소. 조지가 약혼자인 아밀리아를 소개해주겠다고 날 자기 집으로 끌고 갔을 때 당신을 처음 본 순간부터 당신을 좋아한 것 같소. 당신은 하얀 옷을 입고 굵은 곱슬머리의 조그만 소녀였지. 그때 노래를 부르면서 내려왔는데, 기억합니까? 그리고 다 같이 복스홀로 갔지요. 그날 이후로 난 세상에서 단 한 여인만을 생각해왔소. 아밀리아, 바로 당신 말이오. 12년 동안 당신을 생각하지 않고 보낸 날이 하루도 없소. 인도로 떠나기 전에 고백할까도 했지만 당신이 이런 얘기에 신경을 쓸 것 같지 않았고 나도 그럴 용기가 없었소. 내가 영국에 남아 있든 인도로 가든 당신은 개의치 않았지."

"전 정말 배은망덕한 여자였군요." 아밀리아가 말했다.

"아니, 그저 무관심했을 따름이오." 도빈은 필사적으로 말을 이었다. "아무래도 난 여자의 관심을 끌 만한 구석이 없는 남자인가 보오. 당신의 지금 심정도 이해해요. 그 피아노는 내가 준 거지 조지가 준 게 아니라는 사실을 알고 얼마나 상심이 큽니까. 난 그 사실을 잊어버리거나 혹은 이런 식으로 입 밖에 내지 말았어야 합니다. 나야말로 잠시 머리가 돌아서, 오랜 세월을 조금도 변함없이 몸과 마음을 바쳐 당신에게 헌신해왔다고 말하면 어떻게든 당신의 마음을 움직일 수 있을지도 모른다고 생각한 것을 사과하고 싶군요."

"이번에는 당신이 절 괴롭히시는군요." 아밀리아가 살짝 정색하며 말했다. "조지는 이 세상에서도 또 천국에서도 제 남편이에요. 제가 어떻게 남편 말고 다른 사람을 사랑할 수 있겠어요? 윌리엄, 당신이 절 처음 봤을 때도 그랬듯이 전 지금도 조지의 여자예요. 당신이 얼마나 착하고 관대한 분인지 말해준 것도, 당신을 친오빠처럼 사랑하라고 가르쳐준 것도 조지였어요. 당신은 저와 제 아들에게 없어서는 안 될 분 아니신가요? 우리의 가장 친하고 진실하고 친절한 친구이자 보호자 아니신가요? 당신이 몇 달만 빨리 귀국하셨더라면 전 그…… 그 끔찍한 이별을 맛보지 않아도 되었을 거예요. 오, 정말 죽을 만큼 슬펐지요. 윌리엄, 하지만 당신은 제가 아무리 돌아오기를 빌어도, 저들이 제게서 아들을 빼앗아 가도 돌아오지 않았어요. 그 애가 귀하지 않으세요, 윌리엄? 제발 그 애와 저의 친구로 남아주세요." 아밀리아는 더 말을 잇지 못하고 소령의 어깨에 얼굴을 묻었다.

소령은 아밀리아를 두 팔로 감싸 안고 아이처럼 끌어당겨 그 머리에 입맞춤했다. "난 앞으로도 변하지 않을 거요, 아밀리아. 난 당신의 사랑 말고는 바라는 게 없소. 다른 아무것도 필요 없소. 그저 당신 가까이에 머물며 가끔 볼 수 있도록만 해주오."

"언제든지요." 아밀리아가 말했다. 그리하여 윌리엄은 사랑하는 여인의 얼굴을 마음 놓고 오랫동안 들여다보았다. 돈 없는 가난한 소년이 학교에 타르트를 팔러 온 여인의 쟁반을 보고 한숨짓듯이.

제60장
상류사회로 되돌아가다

　이제 행운이 아밀리아에게 미소 짓기 시작한다. 이제껏 지내온 비천한 사회에서 그녀를 데리고 나와 다시금 점잖은 사회로 보냈으니, 우리로서도 기쁜 일이다. 그녀의 세계가 한때 베키 부인이 나타났던 세계처럼 그렇게 세련된 사회는 아니지만, 그래도 품위 있고 유행에 있어서는 매우 위엄 있는 사회였다. 조스의 친구들은 인도의 세 행정구역(봄베이·마드라스·뱅골지방을 말함)에서 온 사람들로, 그의 새로운 집은 모이라 플레이스를 중심으로 하는 안락한 '영인(英印)지구'에 자리잡고 있었다. 영인지구는 민토 스퀘어·클라이브 거리·워런 거리·헤이스팅스 거리·오크터로니 플레이스·프레시 스퀘어 및 아사예 테라스 (1827년 경만 하더라도 아스팔트 테라스가 있는 벽토(壁土) 집들을 아직 '가든스'라고 부르지 않았다) 같은 곳을 말한다. 이 지역에는 인도에서 근무하다가 은퇴한 귀족들이 사는 저택들이 많았고, 웬햄 씨는 이 지역을 한 마디로 '블랙홀(검은 동굴)'이라고 불렀다. 조스는 모이라 플레이스에 있는 저택에서 사는 데에 손색이 없을 만큼 높은 사회적인 지위를 갖지 못했다. 이곳은 의회의 의원들이나 인도에 있는 상사에 투자하고 있는 기업가들이 은퇴한 뒤 사는 곳이었다(이런 기업가들은 아내에게 10만 파운드쯤 되는 큰돈을 물려주고 일부러 파산해서 시골로 은퇴하여 4천 파운드 정도로 비교적 검소한 생활을 하곤 했다). 조스는 길레스피 거리에서 2·3류쯤 되는 집을 계약하고 나서 양탄자와 값진 거울, 세돈스가 특별히 설계한 멋진 가구를 스케이프 씨의 재산관리인으로부터 구입했다. 스케이프 씨로 말하자면 캘커타의 대상사였던 포글 페이크&크랙스맨 상회의 동업자로 들어가, 서식스 주에 있는 웅장한 장원으로 은퇴해버린 페이크 씨를 대신해서 한평생 정직하게 번 돈 7만 파운드를 투자했다(포글 씨 집안도 이 상사에서 손을 뗀 지 오래되었으며, 호러스 포글 경은 밴대너 남작이라는 작위를 받을 예정이었다). 그런데 스케이프 씨가 이 포글&페이크 상회의 동업자로 들어간 지 2년이 되자, 회사는 백만 불에 이르는 투자에 실패하여 인도의 영국인들까지 처참한 파멸 속으로 몰아넣고 말았다.

예순다섯이라는 나이에 파산하여 비탄에 잠긴 정직한 스케이프는 회사를 마무리지으려고 캘커타로 갔다. 월터 스케이프는 이튼 학교를 그만두고 어느 상사에 들어갔다. 플로렌스 스케이프와 페니 스케이프는 어머니와 함께 불로뉴로 모습을 감춰 그 뒤로 영영 소식을 들을 수 없었다. 요컨대 조스는 스케이프가 살고 있던 집에 들어와서 그들이 쓰던 양탄자와 찬장 따위를 샀으며, 스케이프네 가족의 점잖은 얼굴들을 비춰주던 거울 앞에 서서 자기 자신을 감탄스럽게 바라보았다. 좋은 보수를 받으며 스케이프네 집에 물자를 대고 있던 상인들은 조스의 집에 그들의 명함을 남겨놓고 여러 상품을 갖다 대고자 애를 썼다. 스케이프네 집에서 식사 때 시중을 들던 흰 조끼를 입은 하인들, 청과물 장수, 은행 수위라든가 우유배달부라든가 하는 사람들은 그들 개인의 자격으로 조스네 집에 찾아와서 집사에게 잘 보여 자기네 주소를 적어주곤 하였다. 대대로 이 집에 살아오던 세 가족들을 위해서 굴뚝 청소를 해 주던 처미 씨도 집사와 그의 밑에 있는 소년을 살살 꾀었다. 이 소년은, 단추로 뒤덮인 코트에 줄무늬 바지를 입고서 아밀리아 부인이 산책을 나갈 때마다 따라다니며 그녀를 돌보는 것을 임무로 삼고 있었다.

새 집은 평범했다. 집사는 조스의 시종까지 겸하고 있었다. 조그마한 저택의 집사 신분으로서 지나치게 술을 마시는 일이 결코 없었으며, 주인이 마시는 술을 소중히 여길 줄 아는 사람이었다. 윌리엄 도빈 경의 교외 영지에서 자란 하녀 하나가 에미의 시중을 들게 되었다. 오즈번 부인은 자신의 시중을 들 하녀라는 말에 처음엔 무척 놀랐지만, 하녀가 매우 친절하고 겸손했기 때문에 그런 불안감도 사라졌다. 정말이지 아밀리아는 하녀를 어떻게 부리는지 전혀 몰랐으며, 하인들에게도 항상 예의바르게 대했다. 그러나 하녀는 집 안에 꽤 쓸모 있었다. 즉, 거의 자기 방에 틀어박힌 채 집 안에서 하는 여러 즐거운 모임에 결코 섞이지 않는 늙은 세들리를 솜씨 좋게 돌보아 주었다.

많은 사람들이 오즈번 부인을 찾아왔다. 도빈 경 부인과 그녀의 딸들은 아밀리아에게 행운이 다시 찾아온 것을 보고 기뻐하였으며, 아밀리아의 일을 거들어주기도 하였다. 러셀 스퀘어에서는 오즈번 양이 자신의 올케를 보러 왔는데, 그녀가 타고 온 마차의 마부대 덮개에는 리즈 문장이 찬란하게 아로새겨져 있었다. 조스가 굉장한 재산가라는 소문이 났다. 오즈번 노인은 손자 조지가 자신의 재산뿐 아니라 외삼촌의 재산까지 상속받아야 한다는 데 아무런 반대도 하지 않았다. "제기랄, 이 녀석을 사람다운 사람으로 한번 만들어 봐야지." 노인은 말했다. "내가 죽기 전에 이놈을 의회로 보낼 테다. 네 엄마를 만나러 가도 좋다만, 나는 만나지 않겠다." 그래서 오즈번 양이 아밀리아를 만나러 왔던 것이다. 에미는 그녀를 만남으로써 조지와도 가까워질 수 있었기 때문에 무척 기뻐했으리라고 확신해도 좋을 것이다. 어린 조지는 이전보다 더 자주 어머니를 찾아볼 수 있었다. 그는 일주일에 한두 번씩 길레스피 거리에서 식사를 했으며, 러셀 스퀘어에 있을 때와 마찬가지로 이곳에 사는 하인들과 친척들에게도 거들먹거렸다.

그러나 도빈 소령만은 언제나 존경하였고, 이 신사 앞에서는 겸손했다. 그는 영리한 소년으로 소령을 경외했다. 조지는 소령의 순박한 성격이라든가 착한 마음씨, 조용히 알려주는 여러 학식, 진리와 정의를 사랑하는 마음을 찬양하지 않을 수 없었다. 그는 여지껏 이런 훌륭한 분을 만난 적이 없었기에 본능적으로 이 신사를 좋아하게 되었다. 그는 자기 대부 옆에 다정스럽게 붙어다녔으며, 도빈과 함께 공원을 산책하며 그의 이야기를 듣는 것을 좋아했다. 윌리엄은 조지에게 아버지에 관해서라든가, 인도나 워털루에 관한 것 등 여러 얘기를 해주었지만, 자신에 대해서는 얘기하지 않았다. 조지가 평소보다 뽐내며 건방지게 굴 때면 소령은 그에게 농담을 하곤 했는데, 그의 어머니는 이런 농담을 너무 짓궂다고 생각했다. 어느 날 소령이 그를 극장에 데리고 갔을 때였다. 자리가 나쁘다고 조지가 그곳에서 구경하지 않으려고 했을 때, 소령은 그를 비싼 관람석으로 데리고 가서 그곳에 남겨두고 자기는 본디 자리로 돌아와 앉은 적이 있었다. 얼마 되지 않아서 소령은 누군가 자기 팔을 쿡 찌르는 것을 느꼈다. 가죽 장갑을 낀 멋쟁이 소년의 손이 소령의 팔을 꼭 누르고 있었다. 조지는 자신이 어리석었다는 것을 알고 특별석에서 내려왔던 것이다. 소년이 뉘우치자 소령의 얼굴과 눈에는 부드러운 호의의 미소가 감돌았다. 도빈 소령은 아밀리아에게 속한 것은 무엇이든 사랑하듯이 이 소년도 사랑하였다. 이처럼 조지가 착한 마음을 먹게 됐다는 얘기를 들었을 때 아밀리아는 얼마나 기뻐했던가! 도빈을 바라보던 그녀의 눈길은 이전보다도 더 다정해 보였다. 도빈은 그녀가 자기를 그렇게 다정하게 바라본 뒤에 얼굴을 붉혔다고 생각했다.

조지는 지치지도 않고 어머니에게 도빈 소령을 칭찬했다. "난 그분이 좋아요. 엄마, 그분은 정말 아는 게 많거든요. 엄마도 아시다시피 늘 자랑만 하며 긴 단어만 골라 쓰는 늙은 빌 선생과는 다른 분이에요. 학교에서 애들은 빌 선생을 '롱테일'(이야기가 길다는 뜻)이라고 불러요. 내가 지은 별명이에요. 훌륭하지 않아요? 돕 아저씨는 라틴어도 마치 영어 읽듯이 쉽게 읽고 불어라든가 그 밖의 말도 알아요. 그런데 우리가 함께 산책할 때면 그는 아빠에 대한 얘기를 많이 해주면서 자신에 대해선 한 마디도 하지 않아요. 그렇지만 할아버지댁에서 버클러 대령이 말하는 것을 들어보면 돕 아저씨는 가장 용감한 장교 가운데 한 사람이었고, 또 아주 공적을 많이 세워 이름을 날렸다나봐요. 이 얘기를 듣고 할아버지는 아주 깜짝 놀라시며, '그 친구가? 거위에게 소리도 못 지를 만큼 아주 소심한 친구인 줄 알았더니'라고 말씀하셨어요. 어때요? 엄마도 그렇게 생각하나요?"

에미는 웃었다. 그녀는 소령이 그 정도는 할 수 있으리라 생각하고 있었던 것이다.

조지와 소령이 서로 진심으로 좋아했다고 한다면, 조지와 그의 외삼촌간에는 별로 애정이 없었다는 말도 해두어야겠다. 조지가 자기 뺨이 불룩해지도록 입에 바람을 넣고 조끼 주머니에 두 손을 꽂고는, "맙소사! 설마." 말하며 조스 삼촌의 흉내를 아주 잘 내었기 때문에 이 광경을 보는 사람들은 웃음을 참지 못했다. 식사 때에 소년이 식탁에 없는 것을 가져오라고 할 때, 이 같은 표정으로 가장 좋아하는 흉내를 낼 때면 하인들은 웃음을 터뜨리곤 했다. 소년의 흉내에 도빈까지도 웃지 않을 수 없었다. 조지는 자기 삼촌 앞에서는 그의 흉내를 내지 않는데, 그것은 단지 이 개구쟁이에게 그런 장난을 해서는 못쓴다고 도빈이 나무라고 또 겁에 질린 아밀리아가 그러지 말라고 애원했기 때문이었다. 조스는 자기 조카가 자기를 바보로 알고 있으며 자기를 조롱하려고 한다는 것을 어렴풋이 의식한 나머지, 조지 앞에선 겁을 먹고 평소보다 훨씬 더 점잖게 위엄을 부렸다. 그래서 이 어린 신사가 자기 어머니와 함께 길레스피 거리에서 식사를 할 예정이라는 말이 있으면, 조스 씨는 으레 클럽에 약속이 있다고 했다. 조스가 없다고 해서 섭섭히 생각할 사람은 한 사람도 없겠지만 말이다. 조스가 외출해버린 날이면 세들리 씨가 위층에 있는 자기 피난처에서 나와 조그마한 가족 연회가 벌어졌는데, 도빈 소령은 거의 언제나 이 연회에 참석하였다. 그는 '온 식구의 친구'였다. 늙은 세들리의 친구이자 에미와 조지의 친구였으며, 조스에게는 상담자이자 조언자였던 것이다. "오라버니는 도대체 얼굴을 보이지 않으시니, 마드라스에 계실 때와 다를 바 없어요." 캠버웰에서 앤 도빈 양이 말했다. 아! 앤, 소령이 결혼하고 싶어 하는 여인은 당신 같은 사람이 아니라는 것을 그대는 모르고 있단 말인가?

조지프 세들리는 그만한 지위를 가진 위인답게 위엄을 부리며 태만한 생활을 했다. 그의 첫째 관심은 물론 오리엔탈 클럽의 회원이 되는 것이었다. 그는 오전엔 인도에서 사귀었던 친구들과 클럽에서 시간을 보낸 뒤, 그곳에서 점심을 먹고 나서는 만찬을 같이 들 친구들을 집으로 데려오곤 했다.

아밀리아는 이 신사들과 그들의 부인들을 맞아서 대접해야만 했다. 그녀는 손님들로부터 많은 이야기를 들었다. 스미스가 곧 의회의 의원이 될 것이다, 존스가 거액의 돈을 벌어가지고 귀국했다, 키봅지 상회의 봄베이 영업소에 있는 톰슨이 발행한 어음에 대해 그의 런던 영업소에서는 지불을 거부했다, 캘커타 영업소마저 파산하리라 생각된다, 브라운 부인('아메드누가르' 비정규병 부대소속인 브라운의 아내)이 친위대 소속인 젊은 스웬키와 눈이 맞아서 때를 가리지 않고 갑판 위에서 시시덕거렸다, 그러다 둘이 케이프 타운에서 말을 타고 나간 뒤 사라져버렸다, 이와 같은 행동은 아무리 너그럽게 비평한다고 하더라도 경솔한 짓으로밖에 생각할 수 없다, 하디맨 부인은 시골 목사의 딸로 태어난 열세 명의 누이들을 인도로 데리고 갔다, 그중 열한 명이 결혼했는데 일곱 명의 남편은 아주 높은 직위에 있다, 혼비는 아내가 유럽에 머물겠다고 하는 통에 몹시 화를 냈다, 트로터가 움메라푸라의 징수관으로 임명되었다 하는 것이었다. 만찬이 벌어지는 날이면 온통 이와 같은 얘기가 화젯거리였다. 그들은 늘 같은 얘기를 주고받았으며, 늘 같은 은제 그릇에 양의 등심과 삶은 칠면조 고기, 앙트레를 먹었다. 디저트가 끝나면 정치 얘기가 시작되었는데, 이때 여인들은 위층으로 올라가서 자기네들의 불평이라든가 자식들에 대한 얘기를 늘어놓곤 하였다.

어디를 가든 마찬가지이다. 변호사의 아내들은 순회재판 얘기를 하지 않는가? 군인의 아내들은 연대 얘기를 늘어놓지 않는가? 목사의 부인들은 주일학교나 누가 누구의 직책을 차지할 것이라는 따위의 이야기를 하지 않는가? 신분이 높은 귀부인들까지도 자신들이 속한 계급 사람들에 대해 이야기하지 않는? 그런데 인도에서 돌아온 영국인이라고 자기네들의 독특한 화젯거리가 왜 없겠는가? 단지 앉아서 듣기만 해야 하는 문외한들에게 이런 이야기들은 지루할 것이라는 점만 시인하는 바이다.

오래지 않아서 에미는 방문할 사람들의 방명록을 갖게 되었고, 규칙적으로 마차를 몰고 다니며 브러디어 부인(벵골 주둔군 소장으로 바스 2급 훈작사인 로저 블러디어 경의 아내)이니, 봄베이 주둔군 소속으로서 마찬가지로 바스 2급 훈작사인 G. 허프 경의 아내 허프 부인이니, 회사 중역인 파이스의 아내 파이스 부인이니 하는 사람들을 방문했다. 우리가 생활의 변화에 익숙해지는 데에는 그리 오랜 시간이 걸리지 않는 법이다. 그녀의 마차는 매일 길레스피 거리를 돌아다녔고, 단추 투성이 옷을 입은 소년은 에미와 조스의 명함을 들고서 마부대를 오르내렸다. 에미는 정해진 시간에 마차로 클럽에 찾아가 조스를 태우고 들로 바람을 쏘이러 나가기도 했고, 혹은 세들리 노인을 태워서 리젠트 파크로 마차를 몰고 다니기도 했다. 하녀와 마차, 방문객 명단, 단추 투성이 옷을 입은 소년 등은 마치 브롬프턴에서 보내던 나날처럼 아밀리아에게 금방 익숙해졌다. 그녀는 어떤 환경에도 적응해 나갈 수 있었다. 만약 그녀가 공작부인의 운명을 타고 났더라도 그녀는 본분을 다 해냈을 것이다. 아밀리아는 조스가 아는 여자들 가운데 상냥한 여인으로 인정받고 있었다. 즉 달리 특별한 점은 없었지만, 상냥하다든가 뭐 그런 것이었다.

남자들은 언제나 그녀의 꾸밈없는 친절과 순진하고 세련된 몸가짐을 좋아했다. 휴가를 받아 귀국해 있던 인도의 젊은 멋쟁이들─정말 굉장한 멋쟁이들로 시곗줄을 차고 콧수염을 기르고서 요란스럽게 마차를 몰고 다니며 이곳저곳 극장을 찾아다니고 웨스트엔드의 호텔에 머무는 친구들─은 오즈번 부인을 찬양하였고, 공원에서 그녀의 마차가 지나갈 때면 인사를 했으며, 오전에 그녀를 방문하는 영광을 누려보고 싶어했다. 친위대 소속 스웬키는 인

도 주둔군에서 가장 유명한 멋쟁이로서 부인네들에겐 아주 위험한 청년이었
는데, 마침 휴가 중이었다. 도빈 소령은 어느 날 이 젊은이가 아밀리아와 마
주 앉아서 굉장한 유머를 섞은 능변으로 그녀에게 산돼지 사냥 이야기를 하
는 광경을 보았다. 그 뒤 소령은 아밀리아의 집 주변을 서성거리던 빌어먹을
친위병에 대한 얘기를 그녀에게 들려주었다. 그 친위병은 바로 큰 키에 몸이
후리후리하고, 얼굴이 괴상하게 생겼으며 늙어 보이던 스웬키로서, 무미건
조한 녀석이지만 이야기만 늘어놓으면 누구든 무색하게 만들었다.

　소령이 만약 조금만 더 허영심을 가지고 있었더라면 이 매혹적인 벵골 대
위처럼 위험한 젊은 멋쟁이에게 질투심을 느꼈을지도 모른다. 그러나 도빈
은 너무나 단순하고 관대한 천성을 타고났기 때문에 아밀리아에 대해서는
아무런 의심도 품지 않았다. 그는 젊은이들이 아밀리아를 존경하고, 다른 사
람들이 그녀를 숭배하는 것을 기쁘게 생각했다. 어른이 되고부터 그녀는 불
운을 겪으며 정당한 평가조차 받지 못하지 않았던가? 그녀가 친절한 대접을
받으면서 여러 미덕을 보여주고 영화를 누리면서 점점 기운을 찾아 가는 것

을 보고 도빈은 기뻐하였다. 아밀리아의 진가를 알아본 사람들은 누구나 소령의 옳은 판단에 찬사를 보냈다—하기야 사랑에 빠진 사람이 현명한 판단을 내릴 수는 없겠지만.

조스가 왕궁에 들어간 뒤—물론 왕의 충성스러운 신하로서 들어간 것이라 확신해도 좋을 것이다(그는 궁중 예복을 갖춰 입고 클럽에 나타났는데, 반면에 그를 데리러 그곳에 온 도빈은 보기에 아주 초라한 낡은 제복을 입고 나왔다)—본디 충직한 국왕 지지자요, 조지 4세의 찬양자였던 그는 이제 열렬한 토리당 지지자가 되어 국가의 기둥을 자임했다. 그래서 그는 아밀리아까지 왕의 알현실에 데려가고 싶어 했다. 왜인지 그는 자신이 민생 안정을 책임지고 있으며, 조스 세들리와 그의 가족이 세인트 제임스 궁전에 계신 왕의 주변에 나타나야 왕이 행복할 것이라고 믿게 되었다.

에미는 웃으며 조스에게 물었다. "집에 있는 다이아몬드 장식품을 걸치고 가야 할까요?"

'내가 당신에게 보석을 좀 사주어도 된다면.' 소령은 생각했다. '당신에게 어울리는 것이라면 무엇이든 사주고 싶은데.'

제61장
두 등불이 꺼지다

어느 날이었다. 조스 세들리 씨의 가족이 빠져 있던 점잖은 즐거움과 엄숙한 유쾌함은, 대부분의 가정에서 일어나곤 하는 어떤 사건 때문에 중단되었다. 당신이 객실에서 침실로 이어진 계단을 오르다 보면 바로 앞에 있는 벽에 조그마한 아치를 발견할 것이다. 이 아치는 2층에서 3층(3층은 보통 유모와 하인들의 방이다)으로 올라가는 통로에 빛을 들여주기도 하지만 다른 목적으로도 쓰인다. 그 목적에 대해서 알아보고자 하는 사람들은 장의사에게 가서 물어보면 좋을 것이다. 그들은 이 아치 위에 관을 놓거나 또는 아치를 통해 관을 내보냄으로써 검은 방주 속에 잠든 차가운 시체의 안식을 방해하지 않으려 한다.

런던에 있는 저택 2층 아치에서는 아래위로 통한 우묵한 계단을 볼 수가 있고, 인근 주민들이 지나다니는 큰길을 내려다볼 수 있다. 동이 트기 전에 요리사는 이곳으로 살금살금 내려와서 부엌으로 들어가 냄비나 솥을 닦는다. 젊은 도련님은 클럽에서 즐거운 하룻밤을 보내고 동이 트고 나서야 집으로 돌아와서는 현관에 구두를 벗어놓고 이곳을 거쳐 몰래 자기 방으로 올라가곤 한다. 명랑하고 어여쁜 아가씨는 무도회장을 주름잡기 위해 산뜻한 리본에 모슬린으로 지은 옷을 입고 바스락바스락 옷 스치는 소리를 내며 이곳을 내려온다. 토미 도련님은 난간에서 미끄럼을 타며 뭐가 위험하다고들 야단이냐면서 계단 따위 겁낼 게 없다고 한다. 의사가 아래층에 내려가도 좋다고 하면 산모는 굳센 남편의 품에 안겨 이곳을 한 계단 한 계단씩 내려오는데, 산모를 돌보는 간호사가 그 뒤를 따른다. 존은 바지직 타들어가는 수지

양초를 든 채 하품을 하며 이곳을 조용히 올라가 침실로 들어가고, 해 뜨기 전에 일어나 복도에서 그의 손질을 기다리고 있는 구두들을 모은다. 아이들은 품에 안긴 채, 노인들은 부축을 받아 오르내리고, 손님들이 무도회장으로 안내를 받을 때나 아이가 세례를 받을 때, 의사들이 환자를 진찰할 때, 장의사네 일꾼들이 3층으로 올라갈 때 모두 이곳을 오르내린다—아치와 계단만큼 삶과 죽음, 허영을 기념하는 것이 또 있을까. 만약 이것들에 대해 가만히 생각해보고 싶다면 층계참에 앉아서 우묵한 계단의 위아래를 내다보기 바란다! 광대 옷을 입은 친구여, 우리가 숨을 거둘 때 의사들이 우리를 찾아올 것이다. 간호사가 커튼 속을 들여다봐도 그대는 깨닫지 못할 것이다. 그녀는 그런 뒤 잠시 창문을 활짝 열어 환기시킬 것이다. 그리고 사람들은 집 정면에 있는 창에 모두 블라인드를 친 뒤 뒤쪽으로 난 방 안으로 들어갈 것이다. 그들은 변호사와 검은 복장을 한 사람들을 부르거나 할 것이다. 그러고 나면 여러분과 나의 희극은 막을 내릴 것이고, 우리는 나팔소리와 고함소리와 곡예로부터 저 멀리 사라지고 말리라. 우리가 만약 상류층이라면 사람들은 우리가 살던 집 문간에 상중임을 알리는 문표를 걸 텐데, 그 위에는 금빛 천사와 '천국에서 안식을 얻기를' 하는 문구가 새겨져 있을 것이다. 그대의 아들은 집에 새로운 가구를 장만하거나 집을 세놓은 뒤 보다 현대적인 집으로 이사 갈 것이다. 다음해에 그대의 이름은 그대가 드나들던 클럽의 '별세한 회원'이란 명부에 들어가게 될 것이다. 그대의 미망인이 비록 그대의 죽음을 무척 슬퍼한다고 해도 그녀는 자기 상복을 깨끗이 지어 입고, 요리사들은 사람을 보내거나 직접 찾아와서 이전처럼 식사에 대한 문의를 할 것이다. 유가족들은 한동안 벽난로 위 선반에 그대의 초상화를 놓고 보겠지만, 그 초상화는 얼마 뒤 이 명예로운 장소에서 사라질 것이고, 대를 이은 그대 아들의 초상화가 대신 그곳에 놓일 것이다.

과연 어떤 사람이 죽었을 때 가장 진심으로 슬플까? 나는 뒤에 남은 이들을 가장 사랑하지 않은 사람이라고 생각한다. 그 증거로, 아이가 죽었을 때, 독자 여러분들이여, 당신이 죽더라도 느끼지 못할 격렬한 슬픔을 느끼고 미친 듯이 눈물을 흘리지 않는가. 그대를 잘 알아보지도 못하며, 그대 옆을 일주일만 떠나 있어도 곧 당신을 잊어버릴 어린아이가 죽었다면 당신은 슬픔에 잠겨 넋을 잃어버릴 테지만, 당신의 가장 가까운 친구들이나 당신만큼 자라서 자기 자식을 가진 당신의 맏아들이 죽는다면 그만큼 슬퍼하지 않을 것이다. 우리는 '유다'나 '시므온'을 가혹하고 엄격하게 대할 수 있을지 모르나 어린 '벤자민'에게는 애정과 연민을 쏟는 법이다(유다·시므온·벤자민 모두 야곱의 아들임. 출애굽기 참조). 독자 여러분 중에는 늙은 분도 있겠고 앞으로 늙어 갈 사람도 있겠지만, 어쨌든 여러분이 나이가 들면 빈부의 차이를 막론하고 언젠가 한 번은 꼭 다음과 같은 생각을 해보는 날이 있을 것이다. "내 주변 사람들은 모두 내게 다정하다. 그러나 내가 죽는다고 딱히 슬퍼하진 않겠지. 내가 부자라면 그들은 내 재산을 바랄 것이요, 반면에 내가 가난뱅이라면 그들은 나를 부양하는 데 지쳤을 테니까."

세들리 부인의 애도 기간이 막 끝나서 조스가 검은 상복을 벗어던지고 그가 좋아하던 화려한 조끼를 입고 나타나자마자, 세들리 씨 주변에 있던 가족들은 곧 또 다른 상을 치러야 한다는 것을 알았다. 노인이 자기보다 먼저 떠나간 아내를 찾아가려 했던 것이다. "아버지 건강상태가 좋지 않아서." 조스 세들리는 클럽에서 진지하게 말했다. "이번 시즌에는 큰 만찬회를 열 수가 없네. 그렇지만 여보게, 처트니, 여섯 시 반에 조용히 우리 집에 와서 옛 친구 한두 사람과 같이 가족적인 분위기로 저녁을 들 수 있다면 언제나 기꺼이 반기겠네." 이렇게 하여 위층에서 노인의 수명이 다해가는 동안, 조스와 그의 친구들은 자기네들끼리 조용히 식사를 하며 클라레를 마실 수 있었다. 벨벳 신발을 신은 집사가 그들이 마실 포도주를 날랐다. 식사가 끝난 뒤 그들은 삼세판 승부로 카드놀이를 하였는데, 도빈 소령도 가끔 찾아와서 끼곤 했다. 오즈번 부인은 위층의 환자가 안정을 얻어서 늙은이의 베갯머리에 찾아드는 편치 않은 선잠이나마 들 때면 가끔 아래층에 내려오기도 하였다.

이렇게 병상에 누워 있는 동안 노인은 자기 딸에게 찰싹 달라붙어 있었다. 그는 딸이 먹여주는 것이 아니면 수프나 약도 먹지 않으려고 했다. 그래서 아버지를 돌보는 것은 거의 아밀리아가 맡게 되었다. 그녀는 아버지의 병실로 들어가는 문 옆에 침대를 놓고 잤는데, 이 괴팍한 환자의 침대에서 조그마한 소리만 나도 곧 잠이 깨곤 했다. 하지만 노인도 자기를 성실히 간호해주는 딸의 잠을 깨울까봐 몇 시간 동안이나 자지 않고 조용히 꼼짝 않고 누워 있곤 했다는 말도 해두어야겠다.

그는 딸이 어렸던 시절부터 딸을 귀여워했지만 이제는 과거 어느 때보다도 더 딸을 사랑했다. 이 순박한 여인은 아버지에 대한 의무와 효성을 지극히 다할 때 가장 특별한 빛을 발했다. '저 여인은 마치 햇살처럼 조용히 방에 들어가는군.' 도빈 씨는 아밀리아가 아버지의 방을 드나들며 우아한 자태로 조용히 걸어다니는 모습을 보고 그녀의 얼굴이 화사한 아름다움으로 빛난다고 생각했다. 아이를 품에 안거나 환자를 돌보는 여인들 얼굴에서 천사 같은 사랑과 연민의 빛을 보지 못한 사람이 있는가?

수년 동안 계속된 남모르는 갈등은 이렇게 사라지고 암묵적인 화해가 이루어졌다. 삶의 마지막 시간에 이르러 딸의 애정과 친절에 감동한 노인은 과거에 자기가 딸에게 품고 있던 모든 불만이나, 자기와 죽은 아내가 여러 날 밤을 두고 논의했던 잘못들을 모두 까마득히 잊어버렸다. 그녀가 자기 아들을 위해 모든 것을 포기하고, 늙고 불행한 부모를 소홀히 대접하며 아들만 생각한다든가, 아들 조지가 친할아버지 댁으로 가버렸을 때 터무니없이 바보처럼 슬퍼하여 부모를 까맣게 잊었다든가 하며 이야기했던 것이다. 그러나 이제 모든 잘잘못을 청산한 늙은 세들리는 딸에 대한 불만을 싹 잊고, 불평 한마디 없이 점잖게 자기를 간호해주는 헌신적인 딸의 미덕을 옳게 평가하고 있었다. 어느 날 밤에 딸이 조용히 아버지의 방으로 들어갔을 때였다. 잠이 깨어 있던 아버지는 자기의 과오를 고백했다. "애, 에미야. 나는 요즘 들어 우리가 지난날에 너에게 불친절하고 부당한 대접을 해왔다는 생각을 한단다." 노인은 이렇게 말하면서 차갑고 힘 없는 손을 딸에게 내밀었다. 아밀리아는 아버지의 침대 옆에 꿇어앉아 기도를 올리고 있었고, 여전히 딸의 손을 잡고 있던 아버지도 기도를 올렸다. 독자 여러분, 우리들이 죽을 차례가 다가왔을 때 우리도 함께 기도 드릴 사람이 옆에 있어야 할 텐데!

그가 깨어나 있던 그때 그의 생명은 이미 그보다 앞서 떠나버렸는지도 모른다. 그도 젊은 시절에는 희망에 가득 차 남들과 경쟁했으며, 당당히 성공하여 영화를 누리기도 했지만, 노년기에 들면서 몰락하여 지금은 이렇게 의지할 곳 없는 신세가 되었다. 그는 운명을 거슬러 복수할 기회조차 갖지 못했다. 자식들에게 물려줄 재산도 없었고 명예도 없었다. 패배와 실망으로 헛되이 쓴 삶이 끝난 것이다. 그런데 독자 여러분, 영화와 명예를 누리다가 죽는 것과 빈곤과 실망 끝에 죽는 것 중 어느 것이 나을까? 재산과 명예를 가졌을 때 어쩔 수 없이 저 세상에 가는 것과, 할 만큼 해보다 승부에서 진 뒤 삶을 다하는 것 중 어느 것이 났겠는가? 언젠가 죽을 날이 닥쳐오면 우리는 필연코 이상한 느낌에 휩싸여 이렇게 중얼댈 것이다. "내일이 되면 이제 성공도 실패도 크게 중요하지 않다. 해는 여전히 솟아오르고, 수많은 인간들은 어제와 다름없이 일자리나 즐거움을 찾아갈 테지만 나는 이 소란 밖으로 떠나 있을 것이다."

그렇게 어느 날 아침에 해가 떠올라 온 세상 사람들이 일어나서 여러 일터와 환락을 찾아나설 때, 늙은 존 세들리만은 그 무리에서 제외되었다. 그는 이제 운명과 싸운다든가, 희망을 가져본다든가, 일을 꾸며본다든가 하는 것을 그만두고, 브롬프턴 교회 묘지의 아내 옆에 있는 조용하고도 남모르는 안식처 속으로 들어가버린 것이다.

도빈 소령과 조스와 조지는 검은 천을 두른 마차를 타고 그의 유해를 뒤따랐다. 아버지가 죽자, 리치먼드의 스타&가터에 있던 조스가 일부러 돌아왔다. 그는 독자 여러분이 알고 있는 어수선한 집에 머물고 싶어하지 않았다. 그러나 에미는 집에 머물면서 이전처럼 자기가 맡은 일을 했다. 그녀는 아무리 슬픈 일에도 풀이 죽지 않았고, 슬퍼하기보다는 엄숙한 마음을 가졌다. 그녀는 자기도 아버지처럼 그렇게 조용히 고통 없이 죽을 수 있기를 기도했으며, 아버지가 병석에서 신앙과 체념 및 앞으로의 희망에 대해서 말한 것들을 믿고 존경하였다.

나는 앞서 말한 두 가지 죽음 중에서 세들리 씨 같은 죽음이 더 나을 것이라고 생각한다. 만약 당신이 부유하게 살다가 마지막 날 이런 말을 했다고 치자. "나는 정말 부자다. 나는 꽤 유명하다. 그간 나는 일생을 가장 높은 상류사회에서 살았고, 정말 다행히도 가장 훌륭한 집안에서 태어났다. 나는 왕과 국가를 위해서 명예로운 봉사를 해왔다. 나는 여러 해 동안 의회에 참석했는데, 내 연설은 사람들이 귀를 기울였고 평판도 매우 좋았다. 나는 아무에게도 빚진 게 없다. 아니, 반대로 나는 나의 옛 대학친구 잭 라자루스에게 50파운드나 돈을 빌려줬지만, 내 유언집행자는 그에게 돈을 갚으라고 조르지 않을 것이다. 나는 딸들에게 1만 파운드씩 물려주는데, 딸에게 이만한 돈이면 많이 주는 셈이다. 아내에게는 식기와 가구 및 베이커 거리에 있는 집을 물려주는 한편, 내가 죽은 뒤에야 소유권의 효력이 발생하는 과부재산도 함께 남기는 바이다. 내가 소유하고 있는 토지와 투자해 놓은 돈과 베

이커 거리의 창고 속에 저장
해 둔 비싼 술은 아들에게 물
려준다. 시종에게는 20파운드
의 연금을 준다. 내가 죽은
뒤 내 인격에 대해 이러쿵저
러쿵 하는 사람을 나는 멸시
한다." 또는 여러분이 마지막
으로 이와는 아주 다른 장송
곡을 부르고 다음과 같은 말
을 했다고 치자. "나는 가난
과 실망에 빠진 병든 늙은이
로서, 평생 실패만 해왔다.
내게는 뛰어난 재능도 없었고
행운도 없었다. 게다가 수많

은 잘못과 실수를 범해 왔노라고 고백해야겠다. 나는 내 의무를 잊은 적도 몇
번 있고, 빚진 돈을 갚지도 못했다고 말해두어야겠다. 이제 임종에 가까운 나
는 무력하고 초라한 처지에 놓여 있다. 나는 나의 나약함에 대한 용서를 빌
고, 마음속으로 참회하면서 자비로운 하느님 앞에 무릎을 꿇는 바이다." 여러
분은 이 두 가지 연설 가운데 자신의 장례식 결별사로 어느 것이 더 좋으리라
생각하는가? 세들리 노인은 후자를 택했다. 겸허한 마음으로 딸의 손을 잡고
있는 동안 그의 몸에서 생명과 실망과 허영심은 사라져버렸다.

"너는 알겠지." 오즈번 노인이 조지에게 말했다. "탁월한 재주와 근면, 현
명한 투기와 같은 것들의 결과가 어떠한 것인지 너는 알겠지. 나를 봐. 내가
은행에 저금해 둔 돈의 액수를 좀 생각해 봐. 그리고 네 외할아버지 세들
리와 그의 사업 실패를 생각해 보려무나. 20년 전의 오늘만 하더라도 그는
나보다 훌륭한 사람이었어. 나보다 돈을 1만 파운드나 더 갖고 있었다는 말
이야."

이 친척들과 애도의 뜻을 표하기 위해 브롬프턴으로부터 찾아온 클랩 씨
네 가족들을 제외하고는 살아 있는 사람치고 어느 누구도 늙은 존 세들리에

대해 관심을 가지지 않았으며, 그런 사람이 존재했다는 것을 기억하는 사람도 없었다.

오즈번 노인이 자기 친구 버클러 대령(어린 조지가 우리에게 이미 그의 얘기를 해준 바 있다)으로부터 도빈 소령이 정말 뛰어난 장교라는 말을 들었을 때 그는 어떻게 그럴 수가 있느냐며 믿지 않는 듯 비웃고, 그런 녀석이 재주와 명성을 겸비하고 있다는 데 놀라움을 표했다. 그러나 그는 각계각층의 인사들로부터 윌리엄 도빈의 명성에 대한 얘기를 들었다. 윌리엄 도빈 경은 자기 아들을 대견스럽게 생각하고 있었기 때문에 아들의 학식과 용기 및 세상 사람들의 평가와 관련된 얘기를 많이 하곤 했다. 이윽고 도빈 소령의 이름은 귀족들이 여는 만찬회에 참석한 귀빈들의 명단에 한두 번 오르게 되었고, 이런 상황은 러셀 스퀘어의 늙은 귀족에게 굉장한 영향을 끼치게 되었다.

소령이 조지의 후견인 노릇을 하고 있었고, 조지의 친권이 할아버지에게 넘어갔기 때문에 이 두 신사는 몇 번 만나야만 했다. 그래서 두 사람이 언젠가 한 번 만났을 때의 일이었다. 예리한 판단력을 가진 사업가인 오즈번 노인은, 자기가 돌보는 조지와 그의 어머니와 소령이 맺고 있는 관계를 알아보다가 한 가지 사실을 눈치채고는 깜짝 놀랐으며 괴롭고도 무척 기뻤다. 가난한 미망인과 아들이 먹고 살 수 있게 했던 자금의 일부가 윌리엄 도빈의 주머니에서 나왔던 것이다.

그 점을 깊이 파고들자, 거짓말을 못하는 도빈은 얼굴을 붉히면서 말을 더듬다가 결국은 고백하고 말았다. "그 결혼은 (아들의 결혼 얘기가 나오자 노인의 얼굴이 어두워졌다) 거의 제가 꾸민 것이라고 봐도 좋습니다. 저는 제 친구 조지가 파혼을 한다면 불명예를 안게 될 것은 물론이고, 오즈번 부인에게는 곧 죽음을 의미하는 것이라 생각했습니다. 그리고 남편이 죽은 뒤 생활비가 없는 미망인이 살아갈 수 있게끔 제가 돈을 보내야 했습니다."

"도빈 소령." 오즈번 씨는 새빨개진 얼굴로 소령을 빤히 쳐다보며 말했다. "자네는 내 마음을 상하게 했네. 그렇지만 자네가 정직한 친구라는 것만은 말해두고 싶군. 자아, 악수를 하세. 나는 내 가족이 자네의 도움을 받으며 산 줄은 전혀 몰랐네." 그렇게 두 사람은 악수를 나눴지만, 도빈은 자신의 자비로운 위선이 알려져 무척 당황했다.

그는 이 늙은이의 마음을 달래서 아들에 대한 나쁜 기억을 버리게 하려고 애썼다. "조지는 훌륭한 친구였습니다. 우리는 모두 그를 좋아했지요. 그를 위해서라면 무엇이라도 할 수 있었으니까요. 그 당시에 젊은이였던 저는 그가 저를 좋아한다는 것이 기뻤습니다. 그래서 저는 총사령관과 함께 있는 것보다도 그와 어울리는 게 훨씬 더 즐거웠습니다. 용기와 대담함이라든가, 군인이 갖추어야 할 자질을 조지만큼 모두 갖춘 사람을 저는 본 적이 없습니다." 그러고 나서 도빈은 조지의 용감한 성격이나 여러 업적에 관해서 자기가 기억하고 있는 많은 이야기를 고인의 늙은 아버지에게 들려주었다. "그런데 어린 조지가 자기 아버지를 꼭 닮았지요." 소령은 덧붙여 말했다.

"그래, 그 애는 제 아비를 너무 닮아 가끔 나를 놀라게 한다네." 조지의 할아버지가 말했다.

소령은 한두 번 오즈번 씨와 저녁 만찬을 같이한 적 있었다(세들리 씨가 병들어 누워 있던 때였다). 식사를 마치고 두 사람이 함께 앉아 있을 때면, 그들의 이야기는 온통 고인이 된 영웅 조지에 관한 것뿐이었다. 오즈번은 죽은 아들을 습관처럼 자랑하였고, 아들의 공훈과 용감함을 자세히 말하면서 고인을 영예롭게 했다. 그는 여지껏 아들에 대해 나쁘게 생각했지만 이제는 어쨌든 그의 감정도 퍽 나아졌고, 더 자비로워졌다. 그리고 이와 같은 화해의 감정과 선의가 되돌아오는 조짐을 보고, 다정한 소령의 기독교인다운 심정은 기뻐하고 있었다. 그들이 두 번째로 만찬을 같이하게 되었을 때 오즈번 노인은 도빈과 조지가 소년이었던 시절 그랬던 것처럼 도빈을 윌리엄이라고 불렀다. 순박한 도빈은 화해의 징조가 보이자 기뻐했다.

그 다음날 아침 식사 때에 나이와 성격 탓에 말투가 거친 오즈번 양은 소령의 용모와 태도를 비웃는 듯한 말을 했다. 그러자 오즈번 씨는 딸의 말을 가로막으며 말했다. "넌 소령을 남편으로 얻고 싶어 했지 않느냐. 사람은 자기가 따먹을 수 없는 포도를 보고 맛이 실 거라 여기는 법이지, 하하! 윌리엄 소령은 멋있는 친구야."

"정말 멋있는 분이에요, 할아버지." 조지가 할아버지의 말에 맞장구쳤다. 소년은 늙은 신사에게 가까이 가서 양쪽 볼에 난 수염을 잡고 기분좋게 웃으며 입을 맞췄다. 그날 저녁 소년은 이 이야기를 자기 어머니에게 해주었다. 어머니도 아들의 말에 전적으로 동의했다. "그렇고말고. 정말 훌륭한 분이지. 네 아버지도 언제나 그렇게 말씀하셨단다. 그는 정말 착하고 바른 분이야." 아마 아밀리아의 얼굴을 붉히게 했을 이 대화가 모자간에 오고간 뒤 얼마 안 있어 도빈이 집에 들렀다. 그런데 이 어린 개구쟁이가 할아버지가 한 다른 이야기를 도빈에게 말해줌으로써 혼란은 더해졌다. "돕 아저씨, 정말 기막히게 멋진 아가씨가 아저씨와 결혼하고 싶어 해요. 여자는 재산이 많고 이마에 가발을 쓰고 있지요. 아침부터 저녁까지 하인들을 나무라며 야단이랍니다."

"그게 누구냐?" 도빈이 물었다.

"오즈번 고모님이에요." 소년이 대답했다. "할아버지가 그런 말씀을 하셨어요. 그런데 아저씨가 저의 고모부님이 되신다면 얼마나 좋겠어요?" 바로 이때 옆방에서 늙은 세들리가 떨리는 목소리로 아밀리아를 찾았기 때문에 그들은 웃음을 그쳤다.

오즈번의 마음은 매우 뚜렷이 변하고 있었다. 그는 가끔 조지에게 외삼촌에 대한 얘기를 물어보았는데, 조스가 "맙소사"라고 말하면서 수프를 맛있게 먹는 모습을 소년이 흉내 내는 것을 보고 웃고는 했다. 그러고 나서 그는 소년을 타일렀다. "너 같은 아이가 친척들의 흉내를 내는 것은 점잖지 못한 짓이다. 제인, 오늘 내가 나가거든 조스 세들리 씨에게 내 명함을 전해라. 알겠냐? 나는 그와 싸운 일이 없으니까."

명함을 교환한 뒤 조스와 소령은 만찬에 초대받았다. 이 만찬회는 일찍이 오즈번 씨가 연 것 가운데 가장 호화롭고 바보 같은 만찬회였으리라. 집 안에 있는 식기란 식기는 모두 내놓고 일류 귀빈을 초대했던 것이다. 조스는 제인 오즈번 양을 만찬회석으로 데리고 내려왔는데, 그녀는 그에게 아주 다정하게 굴었다. 반면 소령에게는 거의 말을 걸지 않았다. 소령은 제인에게 떨어져서 오즈번 씨 옆에 앉아 있었는데, 아주 겁먹은 듯이 보였다. 조스는 살면서 그렇게도 맛있는 거북 수프를 먹어본 일이 없다고 엄숙한 말투로 찬사를 늘어놓는 한편, 오즈번 씨에게 마데이라를 어디에서 구했느냐고 물어보았다.

"세들리가 팔던 술입니다." 집사가 주인에게 속삭였다. "벌써 오래전에 사놓은 것인데 값을 상당히 치렀었지." 오즈번 씨가 손님에게 큰 소리로 말했다. 그러고 나서 그는 자기 오른편에 앉아 있는 도빈에게 자기가 어떻게 해서 '그 늙은 친구가 팔던' 술을 사게 되었는지 소곤소곤 말해주었다.

오즈번 노인은 소령에게 아밀리아에 대한 질문을 수도 없이 했는데, 이 화제가 시작되면 소령은 아주 유창하게 이야기할 수 있었다. 소령은 노인에게 아밀리아가 겪은 고난과, 남편에게 열렬한 애착심을 가지고 있기 때문에 아직도 고인을 숭배하고 있다는 것, 애정과 효성으로 부모를 부양했다는 것, 아들을 친할아버지에게 보내는 것이 의무라고 생각했을 때 과감하게 아이를 보낸 것 등 여러 얘기를 해주었다. "어르신께서는 그녀가 겪어온 고통을 아마 모르실 겁니다." 정직한 도빈은 떨리는 목소리로 말했다. "저는 어르신께서 며느님과 화해하시길 바라며, 또 그러시리라 믿고 있습니다. 설령 그녀가 아드님을 빼앗아갔다손 치더라도 이제는 자기 아들을 바친 셈입니다. 어르신께서 아드님을 사랑하셨다면 그녀는 자기 아들을 그 열 배나 더 사랑한다고 저는 장담합니다."

"자네는 참 착한 사람이로군." 오즈번 씨는 이 말만 했다. 노인은 미망인이 아이와 헤어지면서 마음의 고통을 받았을 것이라든가, 아이가 부자가 되는 것을 슬퍼하리라는 생각을 잠시도 해본 적이 없었던 것이다. 서둘러 화해를 꼭 하고 싶다는 말이 나왔는데 아밀리아는 남편 조지의 부친을 만난다는 두려운 생각에 벌써 가슴이 두근거렸다.

그러나 이 만남은 실현되지 못했다. 늙은 세들리가 오랫동안 병상에 누워 있다가 죽는 바람에 한동안 만날 수가 없었던 것이다. 이와 같은 급격한 변화와 다른 여러 사건들이 오즈번 씨의 심경에 커다란 영향을 주었으리라. 그도 나이가 들자 약해져 내성적인 경향을 띠고 있었다. 그는 자기 변호사를 불렀는데 아마 유언을 고친 듯하다. 그를 진단해본 의사는 그에게 통풍증이 있으니 바닷가에 가서 휴양하는 것이 좋겠다고 했다. 그러나 노인은 이런 처방을 하나도 따르지 않았다.

어느 날 아침 식사 시간이 되어도 그가 내려오지 않자, 그를 찾아서 화장실로 들어간 하인은 노인이 발작을 일으켜 화장대 밑바닥에 쓰러져 있는 것을 보았다. 오즈번 양에게 이 사실을 알렸고, 의사들을 부르러 사람을 보냈다. 조지는 학교에 가지 않았으며, 피 뽑는 사람들과 피 받을 컵을 든 사람들이 들어왔다. 오즈번은 부분적으로나마 의식을 찾았는데, 한두 차례 몹시 애를 써보았지만 결국 말을 한 마디도 못한 채 나흘 만에 세상을 떠나고 말았다. 의사들은 계단을 내려왔고, 장의사의 인부들은 계단을 올라갔으며, 러셀 스퀘어의 정원 쪽으로 난 창의 덧문은 모두 닫혔다. 런던에서 블록이 종 종걸음으로 달려왔다. "나에게 유산을 얼마나 남겨놓았지? 반은 안 된다 고? 정말? 세 사람이 나누어 가진다는 게 확실한가?" 흥분된 순간이었다.

결국 허사였지만 이 불쌍한 노인이 한두 번 애써 말하려고 한 것은 무엇이 었을까? 나는 노인이 세상을 떠나기 전에 아밀리아를 만나보고 자기 아들의 충실한 아내였던 그녀와 화해하고 싶어 했기를 바란다. 분명 그러했을 것이 다. 그의 유언장을 보면, 자기가 아밀리아에게 오랫동안 품어온 증오심이 이 미 사라졌음을 알 수 있기 때문이다.

사람들은 조지가 워털루에서 그에게 보낸 빨간색 커다란 봉인이 붙은 편 지를 그의 가운 주머니에서 발견해냈다. 그는 아들과 관련된 다른 서류들도 보았던 것 같다. 편지라든가 서류 따위를 보관하는 상자의 열쇠가 마찬가지 로 그의 주머니 속에 들어 있었고, 여러 개의 봉인딱지와 봉투가 뜯겨 있었 기 때문이다. 발작이 일기 전날 밤에 집사는 차를 들고 노인의 서재로 들어 갔다가 노인이 크고 붉은 가정용 성경을 읽고 있는 것을 보았는데, 그때 서 류도 읽어 보았던 것 같다. 유언장이 공개됐을 때 조지가 노인의 재산의 반 을 차지하였으며, 나머지 반을 두 누이가 나누어 갖게 되었음이 판명되었다. 블록 씨는 그들의 공동이익을 위하여 상회의 업무를 계속 맡아보아도 좋고, 본인이 원한다면 그만두고 나가도 좋다고 되어 있었다. '내 사랑하는 아들 조지 오즈번의 미망인'인 아밀리아는 소년의 후견인 역할을 다시 되찾고, 소 년이 상속한 재산에서 매년 5백 파운드씩 연금을 받는다는 항목도 있었다.

'내 사랑하는 아들의 친구 윌리엄 도빈 소령'은 유언집행자로 지명되었다. "도빈 소령은 내 손자와 내 아들의 미망인이 궁핍한 생활을 할 때 친절과 너 그러움으로 생활비까지 제공해준 고로, (유언장 낭독자는 계속 읽었다) 나는 그가 내 가족을 사랑하며 아껴준 데 감사의 뜻을 전한다. 그리고 그가 중령 직을 살 돈이나 그 밖에 그가 적당하다고 생각하는 일에 써야 할 돈을 모두 받아주기를 그에게 간청하는 바이다."

시아버지가 자신을 받아들였다는 애기를 듣자 아밀리아의 마음은 누그러 지고, 자기 앞으로 남겨준 재산에 대해서도 감사하게 생각했다. 그러나 조지 가 자기 품으로 되돌아오게 됐으며 어떻게 누구 덕에 그리 되었는지 들었을 때, 그리고 자신이 빈곤한 생활을 하고 있을 적에 도움이 된 것이 윌리엄의 보조금이며 자신이 조지와 결혼하여 아들을 얻게 해준 사람도 도빈이었다는 얘기를 들었을 때—오, 그녀는 무릎을 꿇고 앉아 이 한결같이 다정한 분에게 축복을 내려주십사 기도를 올렸다. 그녀는 겸허한 마음으로 몸을 굽혀 그 아름답고 너그러운 애정을 가진 분의 발에 키스라도 하고 싶은 심정이었다.

그런데 이렇게도 찬양할 만한 헌신과 호의에 대해서 그녀가 보답할 수 있는 길은 단지 감사밖에 없었다. 단지 감사하는 마음뿐이라니! 만약 그녀가 달리 보답할 길을 생각해볼 때면 남편 조지의 망령이 무덤 밖으로 나와서 그녀에게 말했다. "당신은 나의 아내요. 지금도 그렇거니와 앞으로도 영원히 나만의 아내란 말이오."

윌리엄은 아밀리아의 마음을 알고 있었다. 그는 일생 동안 그들을 헤아리지 않았던가.

오즈번 씨가 남긴 유언장의 내용이 세상에 알려지자 조지 오즈번 부인이 사귀고 있던 사람들은 그녀를 훨씬 더 높이 평가하게 되었는데, 이런 사실이 알려지는 것은 아주 유익한 일이었다. 과거에 조스네 집 하인들은 그녀가 겸손한 말투로 일을 시킬 때마다 자기들이 시키는 대로 해도 좋을지 "주인 나리께 물어보세요"라고 말하곤 했지만 이제는 감히 그런 대꾸는 생각조차 하지 못했다. 그녀의 초라해 보이던 낡은 가운(하기야 그녀가 일요일 저녁 교회에 가려고 옷을 차려 입기만 하면 그녀의 멋이 이런 초라한 행색을 가리곤 했지만)을 비웃던 요리사도 더는 아무 소리 못 하게 되었고, 다른 하인들도 그녀의 초인종 소리에 불평을 늘어놓거나 그녀가 부르는 소리에 대답을 늦게 하지 못했다. 마부는 아밀리아가 마차 준비를 시킬 때면 말을 끌고 나와서, 세들리 노인과 오즈번 부인이 마치 병원처럼 마차를 이용하고 있다고 불평을 했었지만, 이제는 아주 기꺼이 그녀를 태우고 달렸다. 혹시나 자기를 쫓아내고 오즈번 씨 댁의 마부를 고용할까 봐 벌벌 떨면서 말했다. "그곳 러셀 스퀘어에서 일하는 마부 녀석은 런던 지리에 대해서 아무것도 몰라요. 게다가 귀부인 앞에 앉아서 마차를 몰기에는 알맞지 않지요." 조스의 친구들은 남자든 여자든 모두 에미에게 부쩍 관심을 갖게 되어, 그녀의 테이블 위에는 애도의 편지가 쌓여갔다. 에미를 그저 착하고 순진한 가난뱅이로만 여기며 그녀에게 잠자리와 음식을 대어주는 것이 자기 의무라고 생각해 왔던 조스까지, 이제는 자기 누이동생과 부자가 된 어린 조카 조지에게 최대한 존중을 표했다. 또 그는 "불쌍한 것 같으니!" 하면서 자기 누이가 그간 많은 고난과 시련을 겪어왔으니 이젠 생활을 바꾸어 즐기며 살기를 간절히 바랐다. 그래서 그는 아침상에 나타나면 그날 하루를 어떻게 보내려고 하는지 특히 에미의 의견을 물어보았다.

조지의 후견인 자격으로 아밀리아는 공동 후견인인 도빈 소령의 동의를 얻어, 제인 오즈번 양에게 러셀 스퀘어로 와서 있고 싶은 만큼 있어달라고 간청했다. 그러나 이 노처녀는 고맙지만 그 음울한 집에서 혼자 살 수 없다는 이유로 제안을 마다하고, 옛날부터 데리고 있던 하인 두 사람과 함께 정식 상복을 입은 채 첼튼엄으로 떠나버렸다. 나머지 하인들은 후한 보수를 받고 모두 해임되었다. 아밀리아는 그간 충실히 일해온 늙은 집사에게 계속 머물러 있기를 바랐지만, 그는 끝내 그만두고 그간 저축해 두었던 돈을 어떤 선술집에 투자했다. 자아, 그러니 그 선술집이 잘되기를 빌어야겠다. 오즈번 양은 러셀 스퀘어에서 살지 않으려고 했거니와, 아밀리아도 상의한 끝에 이 음침한 낡은 저택에서 살지 않기로 했다. 그래서 집 안에 있는 물건들을 걷어치우기 시작했다. 값진 가구들, 멋진 샹들리에, 텅 빈 방 안을 비추던 음산한 거울은 다 집어넣고, 장미나무로 만든 호화로운 객실용 가구는 모조리 짚으로 쌌으며, 여러 장의 양탄자는 말아서 끈으로 묶고, 얼마 되지 않는 엄선된 책은 두 개의 술상자에 담아 넣었고, 그 밖에 자질구레한 살림도구는 몇몇 커다란 화물운반차에 실어서 모두 가구창고 속에 넣어버렸다. 이러한 살림도구는 모두 창고 속에서 조지가 성년이 되기를 기다려야 했다. 그리고 크고 무거운 침침한 빛깔의 식기함들은 스텀피&로디 은행으로 보내 마찬가지로 조지가 어른이 될 때까지 그곳에 있는 창고 속에 보관해 두도록 했다.

어느 날 에미는 상복차림으로 조지를 데리고 자기가 소녀였던 시절 이래로 들어가보지 못한 이 버림받은 저택에 가보았다. 화물운반차에 짐을 실어서 옮기던 앞마당에는 짚이 너저분하게 깔려 있었다. 그들이 아무것도 없는 방에 들어가니 벽의 그림과 거울을 걸어놓았던 자리가 눈에 띄었다. 그들은 넓고도 텅 빈 돌계단을 밟고 2층으로 올라가서 방에 들어가 보았다. 조지가 조용한 소리로 할아버지가 돌아가신 곳이라고 가르쳐 주었다. 그들은 3층으로 올라가서 조지가 쓰던 방에도 가 보았다. 조지는 아밀리아에게 매달려 있었지만, 그녀는 조지 말고 다른 사람을 생각하고 있었다. 그녀는 그 방이 아들의 방인 동시에 자기 남편의 방이기도 했다는 것을 알고 있었던 것이다.

아밀리아는 열려 있던 창문으로 가보았다(그녀가 아들과 처음 헤어진 뒤 쓰라린 가슴을 안고 늘 쳐다보곤 하던 곳이다). 창밖을 내다보니 그녀가 태어나 행복한 어린 시절을 보낸 옛집이 러셀 스퀘어의 수목 건너편으로 보였다. 즐거웠던 휴일들, 친절한 얼굴들, 근심 없이 행복하게 살던 지난날들, 그녀를 불행하게 했던 그 긴 고난과 시련들이 모두 떠오르는 듯하였다. 아밀리아는 이런 것들에 대한 기억을 더듬으면서 그녀의 영원한 보호자이자 착한 수호신이요, 유일한 은인이자 부드럽고 너그러운 친구인 한 사람을 생각했다.

"엄마, 이것 보세요." 조지가 말했다. "다이아몬드로 유리에 G. O. (조지 오즈 번의 약자)라고 새겨놓았네요. 전엔 보지 못했는데. 제가 한 것도 아니에요."

"이 방은 네가 태어나기 훨씬 전에 너의 아버지께서 쓰셨단다, 조지야." 그녀는 이렇게 말하고 나서 조지에게 키스를 하며 얼굴을 붉혔다.

아밀리아는 리치먼드로 돌아가는 길에 아무 말도 하지 않았다. 그들은 리치먼드에 임시로 집을 얻어 살고 있었는데, 웃음 띤 변호사들이 가끔 그녀를 만나려고 야단스럽게 찾아오곤 했었다(물론 이 변호사들은 분명 이와 같은 방문의 대가를 청구했으리라). 도빈 소령은 자기의 어린 피후견인을 위해서 처리해야 할 일이 많았기 때문에 자주 말을 타고 이곳에 왔는데, 그를 위한 방을 하나 따로 마련해 놓았음은 말할 나위 없다.

그 당시 조지는 무기한 휴가를 얻어 빌 씨네 집에 가지 않았다. 이 신사는 고아원에 있는 조지 오즈번 대위의 기념비 아래에 세울 멋진 대리석 조각에 써넣을 비명을 준비하느라 바빴다.

조지의 고모인 블록 부인은 비록 어린 녀석이 자기가 상속하리라 기대했던 돈의 반을 가로채어 갖긴 했지만, 조지 모자와 화해함으로써 자기 마음이 너그럽다는 것을 보여주었다. 로햄프턴은 리치먼드에서 그리 멀지 않았다. 어느 날 안장을 금빛 황소 문장으로 아로새긴 마차 한 대가 연약한 아이들을 싣고 리치먼드에 있는 아밀리아의 집으로 달려왔다. 블록네 식구들은 정원으로 몰려들어 왔다. 아밀리아는 정원에서 책을 읽고 있었고, 조스는 정자 (亭子) 안에서 말없이 딸기를 포도주에 담가서 먹고 있었으며, 인도식 재킷을 입은 소령은 조지가 자기 몸을 타넘을 수 있게끔 목마 노릇을 하고 있었다. 조지는 소령의 머리를 타넘고 나더니 블록네 애들이 걸어오는 쪽으로 뛰어갔다. 모자에 커다란 나비 모양의 검은 리본을 달고, 큼직한 검은 어깨띠를 두른 애들이 상복을 입은 어머니와 함께 걸어오고 있었다.

'저 애는 우리 로사와 딱 맞는 나이군.' 이 다정한 어머니는 이렇게 생각하면서, 병약해 보이는 일곱 살짜리 딸을 흘낏 쳐다보았다.

"로사, 가서 네 사촌에게 키스하렴." 프레더릭 부인이 말했다. "조지, 나를 모르겠니? 난 네 고모란다."

"잘 알고 있어요." 조지가 말했다. "하지만 키스는 싫어요." 어머니가 시킨 대로 로사가 소년을 쓰다듬으려 하자 소년은 뒤로 물러섰다.

"참 우스운 애로구나. 너희 엄마는 어디 계시니?" 프레더릭 부인이 말했다. 그리하여 두 여인은 15년 만에 다시 만나게 되었다. 아밀리아가 근심과 빈곤에 빠져 있던 시절만 하더라도 프레더릭 부인은 그녀를 만나볼 생각조차 하지 않았다. 그러나 이제 아밀리아가 세상에서 다시 영화를 누리게 되니 정해진 수순처럼 찾아온 것이다.

다른 수많은 사람들도 마찬가지였다. 햄프턴 코트에서는 우리의 오랜 친구 스와츠 양과 그녀의 남편이 화려한 노란색 제복을 입고 찾아와서 예전처럼 아밀리아를 열렬히 좋아했다. 스와츠 양은 그동안 에미를 볼 수만 있었다면 언제나 그녀를 좋아했을 것이다. 그녀에게 그 정도의 착한 면은 있음을 인정해주어야 한다. 어쩔 수 없는 일이 아닌가? 이 넓은 런던에서는 누구든 친구들을 찾아다닐 시간이 없다. 그래서 한 번 낙오된 친구들은 곧 사라져버리고 말며 사람들은 이 낙오자를 아랑곳하지 않고 앞으로 계속 나아갈 뿐이다. 허영의 시장에서 누가 낙오자를 그리워하겠는가?

그러나 오즈번 씨를 위한 애도기간이 채 끝나기도 전에 에미는 벌써 아주 점잖은 사교계의 중심이 되어버렸다. 이 사교계의 구성 인물들 가운데 행복하지 못한 사람이 있다는 것은 생각조차 할 수 없었다. 여인들은 설령 남편이 시내에서 식료품을 팔고 있다 하더라도 친척 중에 작위를 가진 사람이 반드시 있었다. 어떤 부인네들은 상당한 교양과 학식을 겸하고 있어서 서머밀 부인 (1780~1872 스코틀랜드 출 (신의 천문학자·물리학자)의 저서를 읽기도 했고, 과학지식보급회에 자주 드나들기도 했다. 다른 부인들은 아주 수수했고 복음주의를 신봉하고 있었으며, 엑서터 회관(런던 스트랜드 거리에 있는 건물로
종교적 자선적 모임에 이용되었음)에 자주 드나드는 사람도 있었다. 에미는 이 부인네들의 쓸데없는 잡담을 들으며 어쩔 줄 몰라 했는데, 프레더릭 블록 부인의 초대를 한두 번 부득이 수락하고는 괴로워하기도 했다. 이 부인은 아밀리아를 돌보아줌으로써 사교계로 나가도 손색이 없도록 하기 위해 최선의 친절을 베풀었다. 그녀는 아밀리아를 위해 모자상을 소개해주고, 집안일부터 예절까지 바르게 고쳐주었다. 그녀는 로햄프턴에서 꾸준히 마차를 몰고 와 아밀리아가 별로 흥미도 없는 수다를 떨며 평범한 궁정 얘기를 들려주었다. 조스는 블록 부인의 얘기를 좋아했지만, 소령은 그녀가 하찮게 점잔을 빼면서 나타날 때마다 성을 내고 으르렁대며 자리를 피하고는 했다. 프레더릭 블록이 일류 은행가들을 위한 만찬회를 열었을 때, 그 자리에 참석했던 소령은 식사가 끝난 뒤 대머리 주인이 보는 앞에서는 잠들어버린 적이 있다. (아직도 프레드는 스텀피&로디 은행에 예금되어 있는 오즈번의 재산을 모두 자기네 은행으로 옮기기를 바라고 있었다) 한편 아밀리아는 라틴어를 몰랐고, 최근에 누가 〈에딘버러〉지에 뛰어난 기사를 썼는지도 몰랐으며, 필씨가 최근에 중대한 가톨릭구호법안에 대해서 말을 바꾼 것을 조금도 개탄할 줄 몰랐기 때문에, 대응접실에서 그저 부인네들 사이에 아무 말도 없이 앉은 채 창밖에 보이는 벨벳 같은 잔디밭이나, 깔끔하게 다듬어진 자갈길, 번쩍이는 온실 등을 내다보고 있었다.

"저 여자는 사람은 좋아보이지만 재미가 없군요." 로디 부인이 말했다. "하지만 저 소령은 완전히 반한 모양이에요."

"저 여잔 멋을 몰라요." 홀리오크 부인이 말했다. "당신도 어쩔 수 없을 거예요."

"저 여잔 무지하고 무관심해요." 글로리 부인은 무덤에서 기어나온 듯한 목소리로 말하면서 터번을 쓴 머리를 슬프게 내저었다. "내가 그녀에게 교황이 실각한 해가 졸스 씨의 의견대로 1836년인지, 왑샷 씨의 의견대로 1839년인지 어느 것이 옳다고 생각하느냐고 물으니 '가련한 교황님 같으니! 난 그분이 물러나지 말기 바라요. 그가 무슨 잘못이라도 저질렀나요?'라고 대답하더군요."

"그녀는 제 오라버니의 미망인이랍니다, 여러분." 프레더릭 부인이 말했다. "그러니 그녀가 사교계에서 성공할 수 있도록 우리가 가르칠 의무가 있다고 생각해요. 세상 사람들이 다 알고 있다시피 우리가 거듭 실망만 겪어오긴 했지만 거기에는 금전상의 동기 따위는 전혀 없다고 생각해도 좋을 거예요."

로디는 홀리오크와 함께 마차를 타고 가면서 말했다. "불쌍한 블록 부인은 언제나 일을 꾸며서 어떻게든 해내고 말지. 그녀는 오즈번 부인의 은행거래를 우리 은행으로부터 빼앗아 자기네 은행으로 가져가려고 해요. 그 때문에 어린 조카에게 아양을 떠는 꼴이나, 눈빛이 흐리멍덩한 어린 딸 로사 옆에 그를 앉히는 꼴 좀 봐요. 정말 어처구니없어요."

"나는 글로리가 '죄 많은 인간'이니 '아마겟돈의 결전'이니 하는 소리 좀 집어치웠으면 좋겠어요." 홀리오크가 외쳤다. 그때 마차는 퍼트니 다리를 건너고 있었다.

그러나 이런 사회는 지나치게 고상하여 에미에게는 견디기 힘들었다. 그래서 외국여행 이야기가 나오자 모두들 기뻐했다.

제62장
라인 강가에서

앞에서 말한 여러 일상생활의 사건이 일어난 뒤 몇 주일이 지났을 때였다. 여름도 제법 더워지고, 의회도 끝났으며, 런던 상류층 사람들은 모두 예년처럼 쾌락과 건강을 위해 런던을 떠나고 있었다. 증기선 바타비에호는 많은 영국 피서객들을 태우고 '타워' 계단을 떠났다. 뒤쪽 갑판에는 차양이 쳐져 있었고, 의자나 통로는 건강해 보이는 아이들과 떠들썩한 유모들, 예쁜 분홍빛 모자에 여름옷을 걸친 귀부인들, 여행을 위해 콧수염을 기르고 여행용 모자를 쓰고 리넨 자켓을 입은 신사들로 북적거리고 있었다. 그 밖에도 풀을 먹인 넥타이를 두르고 깨끗이 손질한 모자를 쓴 건장하고 깔끔한 노병들이 있었는데, 이들은 전쟁이 끝난 뒤 언제든지 유럽에 드나들며 도시라는 도시는 모두 찾아다녔다. 모자상자라든가 자물쇠가 달린 브라마 책상, 옷상자 따위가 엄청나게 쌓여 있었다. 교수와 함께 노넨베르트나 쾨니히스빈터로 독서여행을 떠나는 케임브리지 대학생들도 있었다. 구레나룻을 근사하게 기르고 보석으로 치장한 아일랜드 신사들은 끊임없이 말(馬)에 대한 얘기를 늘어놓는 한편, 같은 배에 탄 젊은 여인네들에게 유달리 정중했다. 반면에 케임브리지 대학생들과 얼굴이 창백한 그들의 교수는 소녀처럼 수줍음을 타며 여자들을 슬슬 피했다. 팰맬 거리에서 빈둥거리다가 엠스나 비스바덴으로 떠나는 사람들도 있었다. 그들은 사교 시즌 만찬회를 걷어차고 배에 올랐으며, 앞으로는 룰렛 노름이나 카드놀이를 하여 계속 재미를 볼 작정이었다. 젊은 여인과 결혼한 므두셀라 노인도 있었는데, 근위대 소속의 파필론 대위가 그녀의 파라솔과 유람안내책을 들고 있었다. 신부를 데리고 유람여행을 떠나는 중이었다(신부로 말하자면 윈터 부인으로, 메이의 조모와 함께 학교에 다니던 부인이었다). 존 경과 그의 부인은 열두 명의 아이들을 데리고 있었으며, 아이마다 돌보아줄 소녀가 딸려 있었다. 귀족 베어에이커스의 가족들은 타륜(舵輪) 가까이에 떨어져 앉은 채 이 사람 저 사람 쳐다보고 있었지만 아무에게도 말을 걸지는 않았다. 왕관 무늬로 장식된 백작의 마차가 번쩍이는 여행용 가방을 잔뜩 싣고 앞쪽 갑판에 놓여 있었는데, 그곳에는 이런 마차가 여남은 대나 더 있었기 때문에 그 사이로 빠져 다니기가 꽤 힘들었다. 그래서 앞쪽 이등선실에 있는 승객들은 몸을 움직일 틈이 없었다. 그들은 하운즈디치에서 온 몇 명의 신사들로서 옷차림이 아주 화려했다. 그들은 자신들이 먹을 음식을 가지고 왔으며, 돈이 아주 많아서 마음만 먹으면 그랜드 살롱에 앉아 있는 사람들을 반이나 매수할 수 있을 정도였다. 콧수염을 기르고 손가방을 든 몇몇 정직한 친구들은 배에 오른 지 30분도 채 못 되어 스케치를 시작하였다. 한두 명의 프랑스 출신 하녀들은 배가 그리니치를 지날 무렵에 아프기 시작했다. 두어 명의 마부들은 그들이 책임지고 있는 마구간 근처에서 서성거리며 외차(外車) 옆에 있는 뱃전에 몸을 기댄 채 레저 경마에 누가 나올 것이라느니, 굿우드 컵은 노려봄직하다느니 떠들어댔다.

외국여행에 따라다니며 시중을 드는 하인들은 이곳저곳 뛰어다니며 주인들을 선실이나 갑판에 자리잡게 해준 뒤, 함께 모여서 이야기를 하거나 담배를 피웠다. 히브리인 신사들도 끼어서 마차들을 바라보고 있었다. 열세 사람이나 태울 수 있는 존 경의 큰 마차를 비롯해 므두셀라의 마차, 베어에이커스 경이 가지고 온 사륜경마차, 러시아식 사륜포장마차, 프랑스식 짐수레가 있었는데 누구나 돈을 내고 살 수 있는 것이었다. 백작이 여행비용으로 쓸 현금을 어떻게 마련했는지 늘 알 수 없었다. 히브리인 신사들은 그것을 알고 있었다. 백작이 지금 돈을 얼마 가지고 있으며 이자를 얼마나 치르는지, 또 누가 그 돈을 그에게 주었는지 그들은 잘 알고 있었다. 마침내 그들은 멋진 여행용 마차를 한 대 발견하고 값을 생각해 보았다.

"저기 있는 저 마차는 누구 것이오?" 커다란 모로코가죽 돈가방을 들고 귀걸이를 한 하인이 마찬가지로 모로코가죽의 커다란 돈가방을 들고 귀걸이를 한 다른 하인에게 프랑스어로 물어보았다.

"키르슈의 마차일걸요. 방금 그가 마차에서 샌드위치를 꺼내는 걸 봤거든

요." 하인은 세련된 독일식 불어로 말했다.

키르슈는 승객들의 짐을 창고에 넣고 있던 선원들에게 여러 나라 말로 욕지거리를 섞어가며 지시를 한 뒤 곧이어 가까운 곳에 나타나 동료 통역가들에게 자기의 뜻을 전했다. 그 마차는 인도와 자메이카에서 큰돈을 번 어떤 대상인의 것인데, 자기는 그 상인과 여행을 하고 있다는 것이었다. 마침 이때 외차 덮개 사이에 놓인 다리 위를 걸어가던 어린 신사 하나가 위험한 짓을 하지 말라는 경고를 받고도 므두셀라의 마차 지붕에 뛰어내리더니, 다른 마차와 여행가방 등을 밟고 넘어 자기네 마차까지 이르자 바닥으로 내려와서 창을 타넘고 마차 속으로 들어갔다. 이 광경을 보고 있던 하인들은 모두 박수를 쳤다.

"드디어 멋진 항해가 시작되는군요, 조지 도련님." 하인이 금테를 두른 모자를 치켜들고 활짝 웃으면서 말했다.

"프랑스어는 그만둬." 어린 신사의 말이었다. "비스킷은 어디 있지? 응?"

이 말을 듣고 키르슈는 그에게 영어로 대답했는데, 영어라기보다는 자기가 아는 대로 영어를 흉내 내본 것이라고 해야 옳을 것이다. 키르슈 씨는 어느 나라 말이나 익숙했지만 하나라도 특별히 잘하는 것 없이 그저 수다스럽게 엉터리로 말을 늘어놓을 뿐이었다.

비스킷을 게걸스럽게 먹고 있는(사실 세 시간 전에 리치먼드에서 아침을 먹었으니 간식 때가 되긴 됐다) 이 건방진 어린 신사는 다름 아닌 조지 오즈번이었다. 조스 외삼촌과 어머니는 그들이 늘 함께하는 신사 도빈과 뒤쪽 갑판에 앉아 있었다. 네 사람은 여름 여행을 떠나는 길이었다.

조스는 갑판 위에 쳐놓은 차양 아래 앉아 있었는데, 베어에이커스 백작과 그의 가족들이 거의 조스의 맞은편에 앉아 있었기 때문에, 그들의 몸짓 하나하나에 조스는 온 정신을 기울이고 있었다. 이 귀족 부부는 다사다난했던 1815년에 만났을 때보다 더 젊어보였다. 그해에 조스는 이 부부를 브뤼셀에서 본 기억이 있다. (그래서 그가 인도에 머무는 동안에도 베어에이커스 백작 부부와 잘 아는 사이라고 했었다.) 그 당시 짙은 색이었던 베어에이커스 부인의 머리칼은 이제 아름다운 금빛을 띤 적갈색으로 변해 있었고, 붉었던 베어에이커스 경의 구레나룻은 이제 탐스러운 검은 빛깔로 변해 있었으며, 자줏빛과 초록빛이 도는 것처럼 보이기도 했다. 비록 이제 늙긴 했지만 이 귀족부부의 동향은 조스의 마음을 완전히 사로잡고 있었다. 앞에 있는 귀족을 보고 있노라니 그는 완전히 넋이 나가 다른 것은 아무것도 생각할 수 없었다.

"자넨 저 사람들에게 어지간히 관심이 있는 모양이군." 도빈은 웃으면서 조스를 바라보며 말했다. 아밀리아도 웃었다. 그녀는 검은 리본이 달린 밀짚모자에 상복을 입고 있긴 했지만 부산하게 떠들며 휴가로 여행을 떠나게 되어 몹시 기뻐서 들떠 있었고, 유난히 행복해 보였다.

"어쩌면 날씨가 이렇게 좋담." 에미는 이렇게 말하면서 아주 기발하게 덧붙였다. "순탄한 항해가 됐으면 좋겠다."

조스는 눈을 치뜬 채 건너편에 있는 고귀한 가족들을 흘낏 쳐다보면서 손을 내저었다. "너도 우리처럼 항해를 해본 경험이 있다면, 날씨는 별로 걱정 안 할 텐데." 이런 장담을 하며 여행가를 자처하던 조스도 그날 밤 뱃멀미에 시달리느라 마차에서 지냈으며, 그의 하인은 물을 탄 브랜디와 온갖 호화로

화창한 여름 저녁

운 대접으로 주인을 간호했다.

이윽고 이 행복한 일행은 예정대로 로테르담의 부두에 내렸다. 그곳에서 그들은 다른 증기선을 타고 쾰른으로 갔다. 여기서 그들과 그들이 가지고 온 마차가 육지에 올랐는데, 쾰른의 여러 신문에 '백작 세들리 경이 런던에서 동반자를 대동하고 오다'라는 기사가 난 것을 보고 조스는 적잖이 기뻐했다. 그는 궁중복을 가지고 왔고, 도빈에게도 군복을 가져가야 한다고 고집했었다. 그는 몇몇 외국 궁전에 들어가서 그가 방문한 나라의 국왕에게 경의를 표하겠다고 했다.

일행이 머무는 곳마다 조스는 기회만 있으면 자기 명함과 소령의 명함을 대사관에 내밀었다. 유덴슈타트 자유시에서 일행이 영국 공사의 초대를 받고 식사를 하게 되었을 때, 그는 예복과 예모를 걸치지 않고 가기로 결심하기까지 무척이나 힘들었다. 그는 여행일기를 쓰며 그가 묵었던 여관의 장점과 단점들, 그리고 그가 마신 술과 먹은 요리의 장단점을 정성껏 기록했다.

에미도 아주 즐겁고 행복하게 여행했다. 도빈은 늘 에미를 위해 의자와 스케치북을 날라주고, 이전엔 칭찬이라곤 받아본 적 없는 이 착한 여인의 그림들을 칭찬했다. 그녀는 증기선의 갑판 위에 앉아서 높은 낭떠러지라든가 성을 그렸으며, 혹은 두 전속부관인 도빈과 조지를 데리고서 당나귀를 타고 옛날에 도둑들이 쓰던 성채에 올라가 보기도 하였다. 도빈이 당나귀를 타면 그의 긴 다리가 땅바닥에 닿았는데, 이 우스운 광경을 보고 그녀는 웃었고 도빈도 따라 웃었다. 그는 군대생활을 하는 동안 독일어를 많이 배워두었으므로 일행을 위해서 통역을 맡았다. 사실 그는 죽은 조지와 함께 라인강과 팔츠에서 전투에 참가한 적이 있었다. 몇 주 동안 마부대에 앉아 키르슈 씨와 열심히 이야기를 주고받던 조지는 남부 독일어를 잘하게 되었다. 호텔 급사들이나 마부들과 독일어로 말할 때 그의 어머니는 몹시 기뻐했고, 그의 후견인인 도빈도 재미있어 했다.

조스 씨는 그의 일행이 오후에 산책을 나갈 때엔 끼지 않았다. 그는 점심식사를 한 뒤 낮잠을 푹 자거나, 기분 좋은 여관 정원의 정자에서 햇볕을 쬐었다. 기분 좋은 라인 강변의 정원! 평화와 태양빛이 무르녹은 아름다운 풍경들—장대히 흐르는 강물 위에 비친 숭고한 자줏빛 산—따뜻한 휴식과 아름다운 이 경치를 보고도 감사하지 않을 사람이 세상에 있을까? 펜을 놓고 아름다운 라인 강을 상상하는 것만으로도 행복하리라. 이 여름철 저녁 무렵이면 소 떼가 음매 울어대며 워낭을 딸랑이면서 언덕을 내려온다. 그리고 해자와 성문과 첨탑, 풀밭에 길고도 푸른 그림자를 남기는 밤나무가 있는 마을로 돌아간다. 하늘과 강물은 진홍빛과 금빛으로 불탄다. 달은 벌써 떠올라 파리한 얼굴로 저녁노을을 바라본다. 성벽이 둘러쳐진 커다란 산 너머로 해가 가라앉으면 어느새 밤이 내린다. 강물은 더욱 짙어지고 낡은 성벽 창문에서 비쳐드는 불빛이 그 위로 바르르 떨리며, 건너편 강기슭 언덕 아래에 자리한 마을에도 불빛이 고요히 반짝인다.

조스는 화려한 스카프를 얼굴에 덮고 잠을 푹 자며 편안히 휴식을 취하거나, 영국에 관련된 신문기사는 전부 읽었다. 특히 갈리냐니의 신문 (갈리냐니 형제는 파리에서 활약한 신문인들로서 〈갈리냐니즈 메신저〉라는 신문을 발간했음) 은 한 구절도 빠짐없이 읽었다 (외국에 나온 모든 영국인들의 축복이 이 표절전문 신문의 창간자와 경영자들에게 내리기를 바란다). 그러나 조스가 깨어 있든 잠을 자든, 일행은 그가 같이 산책 나오지 않는다고 해서 섭섭히 여기지 않았다. 그들은 아주 행복했다. 밤이 되면 그들은 자주 오페라 구경을 갔다. 독일의 소도시에 있는 아늑하고 수수하며 정다운 오페라극장에서는 귀족들이 한쪽에 자리잡고 앉아서 울기도 하고 양말을 짜기도 하며, 그 맞은편에는 중산계급의 시민들이 앉는다. 공작과 그의 가족들은 한가운데에 있는 커다란 특별석에 자리 잡는다. 일당이 두 푼이며 누런 콧수염에 허리가 가늘고 날씬한 장교들은 1층의 무대 정면에 있는 관람석에 앉았다. 난생 처음으로 모차르트와 치마로사의 놀라운 음악을 접한 에미는 매우 즐거워했다. 음악에 대한 소령의 취미는 앞서 말한 적 있으며, 그의 플루트 연주는 칭찬받은 바 있다. 그러나 그는 에미가 오페라에 귀를 기울이면서 기뻐하고 있는 모습을 보는 것이 가장 즐거웠으리라. 그녀가 이 훌륭한 음악을 접했을 때 사랑과 아름다움으로 이루어진 새로운 세계가 그녀 앞에 열렸다. 아밀리아는 가장 예민하고 가장 세련된 감성을 지녔는데, 모차르트 같은 위대한 음악가의 음악을 듣고서 어떻게 무감각할 수 있었겠는가? 《돈 조반니》에 나오는 감미로운 장면들이 그녀의 마음속에 황홀함을 불러일으켰으므로, 그녀는 저녁기도를 올리면서 〈Vedrai Carino〉라든가 〈Batti Batti〉 같은 아리아로 마음이 황홀해지는 것이 옳은 일인지 아닌지 자문해보기도 하였다. 아밀리아는 신학적인 고문과도 같은 도빈(소령 영혼의 경건하고 신앙심이 깊었다)에게 이러한 정신적 문제를 상의해 보았다. 소령은 예술이나 자연의 아름다움이 자기를 행복하게 해줄 뿐만 아니라 자기 마음속에 감사하는 정신을 불어넣어 준다고 했다. 그리고 훌륭한 음악을 들을 때나 밤하늘에 빛나는 별을 쳐다볼 때, 아름다운 풍경이나 그림을 감상할 때 느끼는 기쁨은 하늘이 베풀어 주시는 은혜이니 다른 세속적인 축복처럼 하늘에 진심으로 감사해야 할 것이라고 말했다. 아밀리아가 약하게나마 몇몇 반대의견을 제기할 때면(그녀가 브롬프턴에 살았을 때 읽었던 〈핀칠리 벌판의 세탁부〉이라든가, 그와 같은 학파에 속한 신학적 저술 따위를 읽고 얻은 지식을 근거로 하여 반대의견을 내세웠다) 소령은 그녀에게 부엉이에 관한 동양의 우화

를 얘기해주었다. 내용인즉 부엉이는 눈이 햇빛을 견뎌낼 수 없으며, 밤에
우는 나이팅게일은 가장 과대평가된 새라고 생각한다는 것이었다. "나이팅
게일이야 천성이 노래하는 것이지만 부엉이는 부엉부엉 우는 것이 천성이랍
니다." 소령이 웃으면서 말했다. "부인처럼 그렇게 아름다운 목소리를 가지
고 계신다면 당연히 가수를 해야겠지요."

나는 아밀리아의 삶 가운데 이 시기를 상세히 이야기하고자 하며, 또 그녀
가 건강하고 행복했다고 생각하고 싶다. 독자 여러분도 알다시피 여태까지
그녀는 그런 생활을 해보지 못했고, 취미라든가 지성을 갈닦을 기회마저 없
었다. 그동안 그녀는 값싼 지식인들 아래에서 지배를 받아왔다. 그것이 수많
은 여자들의 운명이다. 여자들이란 누구나 자기네들끼리 적대시하는 탓에,
내성적인 성격은 어리석다는 아주 너그러운 평가를 받고, 다정하면 우둔하
다는 취급을 받는다. 무엇보다도 침묵이란 겁에 질려서 환영할 수 없는 지배
층의 주장을 부인하는 짓이요, 무언의 항의이기 때문에 여성간의 종교재판
에서는 용서받지 못하는 법이다. 친애하는 교양 있는 독자 여러분, 여러분과
내가 오늘 저녁에 청과물 상인들 틈에 끼이게 되었다고 치자. 그러면 아마
우리는 훌륭한 이야기를 주고받을 수 없으리라. 반대로 한 청과물 상인이 세
련되고 정중한 그대들과 함께 차를 들고 있다고 치자. 그 자리에서는 누구나
재기발랄한 얘기를 늘어놓을 것이고, 상류사회의 유행과 명성을 갖춘 사람
들이 아주 즐거운 태도로 자기네들의 친구들을 갈가리 찢어놓고 있을 터이
다. 그러니 이 낯선 상인은 이야기를 할 수 없을 것이고, 남들에게 흥미를
주지도 스스로 재미있지도 않을 것이다.

그 가엾은 부인이 태어나 지금 이 순간에 이르기까지 진정한 신사를 만난
적이 없다는 점을 기억해 두어야 하겠다. 신사는 우리가 생각하고 있는 것보
다도 훨씬 적을 것이다. 인생목표가 고매하고, 믿고 있는 진리가 영원불변하
며, 아니 영원불변할 뿐만 아니라 질적으로 고상한 것이고, 성격에 야비한
데 없이 순박하며, 정직하게 세상을 바라볼 뿐만 아니라 위대한 인간이건 보
잘것없는 인간이건 차별을 두지 않고 똑같이 사내답게 공명할 줄 아는 사람
을 진정한 신사라고 정의 내린다면, 주위 사람들 가운데서 이런 신사를 얼마
나 찾아볼 수 있을까? 우리는 옷을 잘 차려입은 사람들을 백여 명이나 볼
수 있고, 예의 바른 사람들을 수십 명이나 찾아볼 수 있으며, 이른바 사교계

의 중심인물이 되어 상류사회의 한가운데로 뛰어든 행복한 사람들이라면 한 두 명 집어낼 수 있겠지만, 진정한 신사는 과연 몇이나 될까? 종잇조각을 끄집어내어 제각기 이름을 써보기 바란다. 나는 조금도 주저하지 않고 도빈 소령을 쓸 것이다. 그는 긴 다리에 얼굴이 노랗고, 약간 혀 꼬부라진 말을 하기 때문에 얼핏 보면 우습다. 그러나 그는 생각이 바르고, 머리도 매우 좋으며, 생활은 정직하고 순수할 뿐만 아니라 마음이 따뜻하고 겸손하다. 확실히 그의 손과 발은 너무 커서 조지 오즈번 부자는 이 손발에 대해 농을 하며 웃어대곤 했다. 그들이 놀리며 웃어댄 탓에 아마 가련한 에미는 소령의 참된 값어치를 알지 못했으리라. 그러나 우리도 이 이야기 속의 인물들에 대해서 오해하여 여러 차례 견해를 바꾸지 않았던가? 어쨌든 이 행복한 시절에 소령에 대한 에미의 생각도 크게 바뀌었을 것이다.

아마 이 시절은 도빈 소령이나 에미에게나 가장 행복한 때였을 것이다—그들이 그걸 알고 있었는지는 모르지만. 하기야, 누가 그런 것을 알 수 있으랴. 그것을 가리켜 인간환희의 절정이자 극치였다고 말할 수 있는 사람이 어디에 있겠는가? 어쨌든 이 두 사람은 무척 만족스러워했고, 그해 여름에 영국을 떠난 다른 어느 남녀들 못지않게 행복한 여름 여행을 즐겼다. 조지도 늘 극장에 같이 갔지만, 연극이 끝나고 에미의 숄을 걸쳐주는 사람은 언제나 도빈 소령이었다. 산책이나 소풍을 나갈 때도 소년은 언제나 앞장서서 탑의 계단이나 나무에 올라갔고 이 두 남녀는 그 밑에 있었는데, 에미는 성터라든가 폐허를 스케치하고 소령은 언제나 그 곁에서 평온히 여송연을 피웠다. 지금 이 이야기를 쓰고 있는 나는 실화가 아니면 한마디도 쓰지 않거니와, 이 두 사람을 알게 된 것은 바로 이 여행 도중이었다.

내가 도빈 중령과 그의 일행을 처음 만난 것은 펌퍼니클이라는 공국의 수도인 작고 아늑한 도시에서였다(피트 크롤리 경이 대사로서 꽤나 이름을 떨치던 곳이지만 이미 지나간 옛날 얘기로서, 아우스터리츠전투(1805년 나폴레옹이 체코의 아우스터리츠에서 오스트리아·러시아 연합군을 격파한 전투) 소식을 듣고 독일에 주재하고 있던 영국 외교관들이 쫓겨나기 전의 일이었다). 그들은 마차와 하인들을 이끌고 시내에서 가장 좋은 에르브프린츠 호텔에 도착하여 식사를 했다. 위풍당당한 조스가 식사 때 주문한 요하니스베르그 백포도주를 홀짝인다기보다 마구 들이켜는 모습을 보고 누

구나 수군거렸다. 우리가 보기에 소년도 마찬가지로 식욕이 왕성했다. 그는
영국에 자랑스럽도록 용감하게 베이컨, 구운 고기, 감자, 크랜베리 잼, 샐러
드, 푸딩, 구운 닭고기, 사탕절임 따위를 먹어치웠다. 약 열다섯 가지 요리
를 먹은 뒤에 디저트를 들고 식사를 마쳤는데, 소년은 그중 얼마를 밖으로
내오기까지 했다. 함께 식사를 했던 몇몇 젊은 신사들이 소년의 침착함과 씩
씩함이라든가 자유분방함을 재미있어하며 소년에게 마카롱과자 한 움큼을
주머니에 넣으라고 부추겼기 때문이다. 소년은 극장에 가면서 그 과자를 먹
었다. 활기차고 사교적인 이 작은 독일 마을에서는 누구나 극장 구경을 가곤
했다. 소년의 어머니, 검은 상복을 입은 부인은 식사 때라든가 아들이 여러
재주를 부리고 장난칠 때마다 웃거나, 얼굴을 붉히거나, 아주 기뻐하거나,
수줍어하거나 했다. 중령은—도빈은 나중에 곧 중령으로 진급했다—소년에
게 근엄한 익살이 섞인 농담을 걸면서, 소년이 입에도 대지 않은 요리를 가
리키며 가리지 말고 이것저것 먹어보라고 권하고 있었던 것으로 기억한다.

펌퍼니클 공국의 왕립 그랜드 호프—왕립극장에서 이른바 객원 공연이 있
던 날 밤이었다. 당시에 한창 아름다움과 천재적 소질을 발휘하고 있던 마담
슈뢰더 데프린트가 오페라 《피델리오》의 여주인공 역을 맡았다. 에르브프린
츠 호텔의 슈벤들러 씨가 자기네 호텔에 머무르고 있는 일류 귀빈을 위해 예
약해둔 특별관람석에 같이 식사한 네 사람이 앉아 있는 것을 일등석에 앉아
있던 우리는 볼 수 있었다. 훌륭한 여가수의 노래와 음악이 오즈번 부인(콧
수염을 기른 건장한 신사가 그렇게 부르는 것을 들은 적이 있다)에게 감동
을 준 것을 나는 놓칠 수 없었다. 죄수들의 놀라운 합창과 함께 환희에 찬
여주인공의 목소리가 고조되며 가장 매혹적인 화음을 이루었다. 그때 이 영
국 부인의 얼굴에 경이와 환희의 빛이 철철 넘쳤다. 환락에 지친 외교관이었
던 핍스까지도 자기 안경을 그녀 쪽으로 고정하며 느릿느릿 이렇게 말할 정
도였다. "이야, 저렇게 즐거워하는 여자를 보는 건 기분 좋은 일이지." 피델
리오가 자기 남편에게 뛰어가며, "아무것도 아니에요. 아무것도 아니에요.
나의 플로레스탄" 하고 울부짖는 감옥장면에 이르자 그녀는 넋을 잃고 손수
건으로 눈을 가렸다. 부인들 중에 울지 않는 사람이 없었다. 그런데 내가 이
부인의 행동에만 주목한 것은 아마도 내가 이 특정한 부인에 대한 회상록을
쓸 운명이었기 때문이었으리라고 생각한다.

그 다음에는 베토벤의 다른 작품인 《빅토리아의 결전》이 연주되었다. 처음에는 프랑스군의 활기찬 전진을 상징하듯이 유명한 프랑스의 노래 〈말부룩〉이 나왔다. 그리고 북소리, 나팔소리, 포성, 죽어가는 병사들의 신음이 들려왔고, 마지막에는 장엄한 개선을 노래하듯이 〈왕을 지켜주소서〉가 연주되었다.

극장에는 영국인이 스무 명쯤 있었는데, 이 정든 음악이 연주되자 일등석에

앉아 있던 우리 젊은 친구들, 존 경과 불민스터 부인(그들은 아홉 명의 자녀를 교육시키기 위해서 펌퍼니클에 집을 갖고 있었다), 콧수염을 기른 뚱뚱한 신사, 흰 범포로 만든 바지를 입은 키다리 소령, 다정하게 아들을 데리고 앉아 있던 부인, 3층에서 보고 있던 키르슈까지 모두 자리에서 벌떡 일어나 자신들이 영국 국민임을 분명히 보여주었다. 당시의 대리대사였던 테이프웜은 관람석에서 일어나더니, 마치 자기가 영국을 대표한다는 듯이 고개를 숙인 채 바보같이 웃었다. 테이프웜은 팁토프 원수의 조카로서 그의 재산을 상속한 사람이었다. 이 원수는 워털루전투가 있기 직전, 도빈 소령이 근무하던 제××연대의 연대장으로 이미 이 소설에 나왔었다. 그가 물떼새알 젤리를 먹다 죽자, 국왕은 연대 지휘권을 바스 2급 훈작사인 마이클 오다우드 대령에게 주었고, 이 새 지휘관은 여러 전장에서 연대를 지휘하여 영예를 올렸다.

테이프웜은 도빈 중령의 지휘관이었던 팁토프 원수의 집에서 중령을 만나본 적이 있음에 틀림없다. 그날 저녁 극장에서 중령을 알아보고 그가 일부러 중령의 관람석으로 건너가서는 사람들이 보는 앞에서 악수를 했을 정도이니

말이다.

"저 지긋지긋하고 간사한 테이프웜 좀 보게." 대사관 직원 핍스가 자기 상관을 지켜보며 속삭였다. "예쁜 여자만 있으면 어디나 비집고 들어간단 말이야." 그러나 외교관들이 그런 일이 아니면 무엇 때문에 존재할 필요가 있겠는가.

"도빈 부인에게 인사를 드려도 좋을는지요?" 그는 환심을 사려고 활짝 웃으며 물었다.

조지는 웃음을 터뜨리며 말했다. "아이고, 웃겨라." 에미와 소령은 얼굴을 붉혔다. 우리는 일등석에 앉아서 그들을 바라보고 있었다.

"이분은 조지 오즈번 부인이오." 소령이 말했다. "그리고 이쪽은 부인의 오라버니 되시는 세들리 씨인데, 벵골 공무원으로 성공한 분이지요. 허락도 없이 소개부터 했습니다."

테이프웜 경이 무척 매혹적인 미소를 짓고 있었기 때문에, 조스는 거의 넋을 잃을 뻔했다. "펌퍼니클에 머물 생각입니까?" 그가 말했다. "이곳은 따분한 곳이랍니다. 우리에겐 멋진 사람들이 좀 필요하지요. 여러분들께서 즐거우실 수 있게 최대한 노력하겠습니다. 신사—에험—부인—흠흠. 내일 호텔로 찾아뵙겠습니다." 이렇게 말한 뒤 그는 마지막으로 빙긋 웃으며 그녀를 흘낏 쳐다보았다. 그러고는 물러나오면서 이쯤이면 오즈번 부인이 반했을 거라고 생각했다.

연극이 끝나자 젊은 녀석들은 로비에서 빈둥거렸고, 우리는 사람들이 극장을 떠나는 것을 보았다. 공작 미망인은 쪼글쪼글하게 늙은 충실한 하녀 두 명을 데리고 방울소리 짤랑대는 낡은 마차를 타고 가버렸다. 담배 냄새가 나며 키가 작고 홀쭉해보이는 신사 한 사람도 그녀의 시중을 들고 있었다. 그는 갈색 가발을 쓰고 있었으며 훈장이 잔뜩 달린 푸른 코트를 입고 있었는데, 여러 훈장 중에서도 펌퍼니클의 성 미카엘 훈장에 있는 별과 노란 수장(綏章)이 가장 눈에 띄었다. 북이 울리고 경비원들이 경례를 하자 공작부인의 낡은 마차는 극장을 떠났다.

이어서 공작과 그의 가족이 정부 고관들과 집안 하인들을 대동하고 나타났다. 그는 모든 사람들에게 조용히 인사했다. 경비원이 경례하고 빨간 옷을 입은 마부들이 횃불을 들고 뛰어다니는 가운데 공작의 마차는 슐로스베르크 언덕 위 여러 개의 탑과 높은 누각과 함께 서 있는 낡은 공작의 성으로 돌아 갔다. 펌퍼니클에서는 누구나 서로를 잘 알고 있다. 한 사람이라도 외국인이 나타나면 외무대신이라든가 지위가 높고 낮은 다른 국가관리들이 에르브프 린츠 호텔에 가서 새로 도착한 분들의 이름을 알아내곤 하였다.

우리는 그들이 극장을 나오는 것도 보았다. 테이프웜은 키가 큰 시종이 언 제나 들고 대기하고 있던 외투를 입고 극장을 걸어나왔는데, 그의 모습이 꼭 돈 후안처럼 보였다. 재상 부인은 이제 막 자기 가마 속으로 비집고 들어가 고, 그녀의 딸인 어여쁜 아이다가 모자를 쓰고 나막신을 신었을 때였다. 도 빈 소령 일행이 극장을 나왔다. 소년은 지루한 듯이 하품을 하고 있었고, 소 령은 숄이 오즈번 부인의 머리 위에서 흘러내리지 않게 무척 애를 쓰고 있었 으며, 위엄 있어 보이는 세들리 씨는 눌러도 이지러지지 않는 오페라 모자를 머리 한쪽에 비껴 쓰고 커다란 흰 조끼의 배 부분에 손을 넣고 있었다. 호텔 에서 알게 된 그 사람들에게 우리가 모자를 벗어 인사를 하자, 부인은 누구 나 고마워할 만큼 웃음을 지으며 정중하게 답례했다.

야단을 떨며 왔다갔다 하는 키르슈 씨의 감독 아래 호텔에서 온 마차가 일 행을 태워가려고 대기하고 있었다. 뚱뚱한 사내는 담배를 피우며 걸어서 돌 아가겠다고 말했다. 그래서 나머지 세 사람은 우리를 향해 미소를 지으며 고 개를 끄덕이더니 세들리 씨를 두고 떠났다. 담배 상자를 들고 있던 키르슈는 자기 주인의 뒤를 따랐다.

우리는 모두 같이 걸어갔고, 그 뚱뚱한 신사에게 이곳이 마음에 드느냐고 물어보았다. 영국서 온 이 유람객들은 이곳을 아주 마음에 들어 했다. 몰이 사냥도 있었고, 손님을 친절히 대접하는 궁정에서는 무도회 따위의 행사가 많았고, 사교계는 일반적으로 훌륭했으며, 극장도 좋았고, 생활비도 쌌다.

"그리고 이곳에 주재하고 있는 공사는 아주 매혹적이고 상냥한 분인 것 같더군요." 우리의 새 친구가 말했다. "그런 훌륭한 국가 사신과 훌륭한 의 사가 있는 곳이니, 머물기에 가장 알맞은 곳이라고 생각합니다. 자아, 여러 분 안녕히들 주무시오." 그러고 나서 조스는 삐걱거리는 계단을 밟고 침실로 올라갔는데, 뒤에는 촛대를 든 키르슈가 따르고 있었다. 우리는 그 어여쁜 여인이 이 작은 마을에 한동안 머물러 있기를 바랐다.

제63장
옛 친구를 만나다

테이프웜이 보인 정중한 행동은 당연히 세들리 씨에게 좋은 인상을 주었다. 그래서 그 다음날 아침에 식사를 하면서 그는 여태껏 여행하며 펌퍼니클만큼 아담하고 기분 좋은 마을은 없었다고 말했다. 조스가 무엇을 생각하고, 무엇을 꾸미는지 파악하기란 그리 어렵지 않았다. 조스가 테이프웜 성이라든가 그의 가족들에 대해서 아는 체하며 이것저것 이야기하자, 도빈은 조스가 아침에 벌써 여행용 귀족명부를 뒤져봤음을 알아차리고 위선자처럼 속으로 웃었다. 그렇다. 그는 테이프웜의 아버지인 백위그 백작을 과거에 만난 적이 있었다. 그러니까—왕이 개최한 아침집회에서 만난 적이 있는데, 도빈은 기억하지 못하는가? 그 외교관이 약속을 충실히 지켜 일행을 방문했을 때, 조스는 대리대사 따위에게는 당치도 않을 정도로 정중히 예를 갖추어 그를 맞아들였다. 그가 도착하여 조스가 키르슈에게 눈짓하니, 미리 지시를 받은 이 심부름꾼은 밖으로 나가서 냉육(冷肉)과 젤리 등 온갖 산해진미를 준비해 여러 개의 쟁반에 받쳐 들고 들어왔다. 조스 씨는 자기를 찾아온 귀빈에게 이 음식들을 들어보라고 권했다.

오즈번 부인의 환한 눈빛(그녀의 생생한 표정은 아무리 햇볕이 내리쬐어도 일그러지지 않았다)을 보고 감탄할 기회를 가질 수 있는 한, 호텔에 와달라는 세들리 씨의 초대를 받고 테이프웜이 기분 나쁠 이유가 없었다. 그는 세들리에게 인도와 인도의 무희들에 대해 능란한 질문을 몇 가지 했고, 아밀리아에게는 그녀의 잘생긴 아들 조지에 대한 질문을 하는 한편, 아밀리아가 온 호텔 안에 굉장한 선풍을 일으키고 있다고 찬사를 늘어놓음으로써 그녀를 놀라게 했다. 또 그는 도빈에게 지난 전쟁 이야기라든가, 지금은 펌퍼니클 공작의 지휘를 받게 된 펌퍼니클 파견대의 공적에 대한 얘기를 함으로써 소령의 마음을 사로잡으려 했다.

테이프웜 경은 자기 가문의 용감함을 적잖이 물려받은 터라, 그는 자신이 눈길을 던진 여자치고 자기와 사랑에 빠지지 않은 여자가 거의 없다는 행복한 소신을 갖고 있었다. 그는 에미가 자신의 재치와 매력에 반했다고 생각해, 집으로 돌아가서는 그녀에게 짤막한 편지를 썼다. 그러나 그녀는 반하지 않았다. 오히려 그가 싱긋 웃거나 싱글벙글하는 것과, 향수냄새 풍기는 흰 삼베 손수건, 번드레한 굽 높은 장화를 보고 어리둥절했을 따름이다. 아밀리아는 테이프웜이 자기에게 한 찬사를 반도 이해하지 못했다. 사람들을 거의 만나지 않았던 그녀는 부인들과 즐기는 것을 일로 하는 남자들을 아직 만나본 적이 없었기 때문에, 이 외교관을 즐거운 존재라기보다는 기이한 존재로 생각했다. 그녀는 그를 감탄스럽게 바라보았다고는 할 수 없지만, 놀란 것은 틀림없다. 반면에 조스는 그를 만나고 아주 기분이 좋아졌다. "그분은 정말 상냥한 사람이야." 조스가 말했다. "자기 의사를 보내주겠다니 정말 친절해. 키르슈, 너는 곧바로 쉴뤼슬박 백작 댁에 가서 우리들 명함을 두고 와. 소령님과 내가 빨리 궁정에 갈 기회가 생길 테니까. 내 제복을 꺼내 줘. 우리 두 사람의 제복을 모두 다 꺼내. 영국 신사라면 누구나 외국을 방문할 때 그 나라의 군주에게도 마치 우리 국왕에게 하는 것과 마찬가지로 깍듯이 예의를 보여야 하니까."

테이프웜이 보낸 의사, 즉 공작 각하의 시의(市醫)인 글라우버 박사가 왔을 때, 그는 펌퍼니클의 광천(鑛泉)과 자신의 특수한 요법이 이 벵골의 영국인을 젊어보이게 하는 한편, 체중을 줄게 해줄 것이라고 조스에게 확신시켰다. "지난해엔 아마 선생님보다 몸집이 두 배는 더 될 영국인 벌켈리 장군이 이곳에 왔었지요. 그런데 제가 석 달 동안 그분을 치료한 뒤에 그분은 아주 몸이 홀가분해져 귀국하셨습니다. 두 달째 치료를 받고 난 뒤엔 글라우버 남작부인과 춤을 출 수도 있었지요."

조스는 드디어 마음을 먹었다. 광천도, 의사도, 궁정도, 대리대사도 모두 마음에 들었기 때문에 그는 이 마을에서 그해 가을을 보내겠다고 했다. 대리 대사는 약속대로 조스와 소령을 아우렐리우스 빅토르 17세 앞에 나가게 해주었다. 즉 그들은 궁정의전관(宮廷義典官)인 쉴뤼슬박 백작의 안내로 공을 알현하게 되었던 것이다.

그들은 이내 궁정 만찬회에 초대받았다. 그들이 이 마을에 머물겠다고 하자, 마을에서 가장 예절 바른 부인네들이 곧 오즈번 부인을 방문하였다. 부인네들이 아무리 가난하다손 치더라도 지위만큼은 적어도 남작부인 이상이었으므로 조스는 여간 기쁘지 않았다. 그는 클럽에 있는 처트니에게 편지를 써 독일에서는 동인도회사의 근무를 높이 평가하고 있다는 것과, 자기가 친구인 쉴뤼슬박 백작에게 인도식으로 돼지를 찔러 죽이는 법을 가르쳐주려고 한다는 것, 자신의 존엄한 친구들인 공작 부부는 지극히 친절하고 정중하다는 것 등을 알려주었다.

에미도 마찬가지로 이 존귀한 집안에 소개되었다. 특정한 날에는 상복을 입고 궁정에 들어갈 수가 없기 때문에, 분홍색 크레이프로 지은 드레스를 입고 가슴에는 오라버니가 선물한 다이아몬드 장식의 코르사주를 달고 나타났다. 이렇게 차려입은 그녀가 너무나 어여뻐서 공작과 궁중 사람들은 모두 그녀를 칭찬했다(에미가 이브닝 드레스를 입은 것을 거의 보지 못했을 뿐더러 그녀가 25세도 되어 보이지 않는다고 생각한 소령은 말할 것도 없다).

드레스를 입은 아밀리아는 궁정무도회에서 도빈과 함께 폴로네즈에 맞춰 춤을 추었고, 춤추기 쉬운 곡이었기 때문에 조스 씨도 쉴뤼슬박 백작부인을 이끌고 춤출 영광을 가질 수 있었다. 그녀는 곱사등을 한 늙은 부인이었지만 귀족영지를 16개나 갖고 있으며, 독일왕족 가운데 반은 그녀와 친척이었다.

펌퍼니클은 아름다운 계곡 한가운데에 자리잡고 있는데, 이곳을 수원지로 하여 펌프 강이 흐르며, 토지를 비옥하게 해주는 이 강물은 어디선가 라인 강에 합류한다. 지금 지도를 가지고 있지 않아 그 합류지점을 명확히 지적하지는 못하겠다. 이 강은 꽤 커서 어떤 곳에서는 나룻배가 충분히 다닐 수 있고, 또 어떤 곳에서는 물레방아를 돌려주기도 한다. 3대 전 군주인 아우렐리우스 빅토르 14세는 펌퍼니클을 거쳐 흐르는 이 강 위에 화려한 다리를 하나 만들었는데, 다리 위에는 물의 요정이라든가 승리, 평화 및 풍작을 의미하는 여러 개의 상징물로 둘러싸인 그의 조각상이 서 있다. 그는 엎어진 터키 근위보병의 목을 밟고 있다(역사에 따르면, 소비에스키 ⁽¹⁶⁷⁵~¹⁶⁹⁶ 폴란드의 왕. 일명 존 3세⁾ 가 비엔나를 해방했을 때 그는 터키군과 싸워 칼로 찌른 공이 있다고 한다). 그

폴로네즈를 추는 조스

의 발밑에 깔린 채 무시무시한 표정으로 몸을 뒤틀고 있는 이 터키 병사의 괴로움은 아랑곳없이, 그는 온화한 웃음을 띠며 지팡이로 아우렐리우스 광장 쪽을 가리키고 있다. 그는 이 광장에 새 궁전을 세우기 시작했는데, 그것을 완성할 만큼의 돈만 있었더라도 궁전은 그 시대의 놀라운 건축물이 되었을 것이다. 그러나 이 몬플레지르(정직한 독일 사람들은 몬블레지르라고 불렀다) 궁전은 자금 부족으로 공사가 중단되었고, 궁전이라든가 거기에 딸린 공원과 정원 등은 폐허가 되었으며, 집정자의 궁전을 짓기에 넉넉한 대지의 열 배 정도쯤 되는 넓이를 가지고 있다. 여러 개의 정원은 베르사유궁전의 정원을 본떠 설계되었으며, 테라스와 작은 나무숲 사이에는 거대하고 우의적인 분수시설들이 있었다. 축제가 있는 날이면 엄청난 물과 거품을 내뿜어 그 거대한 물의 반란을 보는 사람들을 깜짝 놀라게 한다. 또한 트로포니우스의 동굴도 있었고, 동굴 안에는 납으로 만든 트리톤(그리스신화에 나오는 포세이돈의 아들로 인어임)들이 물을 뿜을 뿐만 아니라 납으로 만든 소라나팔로 무서운 포효소리를 내도록 장치되어 있었다. 그 밖에도 요정 연못과 나이아가라폭포가 있었다. 해마다 의회가 열리는 날 거행되는 박람회라든가, 이 행복한 공국에서 집정자들의 생일이나 결혼일을 축하하는 축제 등을 구경하기 위해 인근 주민들이 모여들 때면 모두 이 분수시설이 크고 화려한 데에 감탄한다.

거의 10마일이나 되는 거리에 걸쳐 있는 공작령, 프러시아와 접해 있는 볼쿰, 영주가 사냥할 때 머무는 산장이 있는 그로그뷔츠(이곳에 흐르는 펌프 강은 포텐털 영주가 지배하는 이웃 공국과 이 공국의 국경을 이루고 있다), 이 세 대도시 말고도 행복한 공국 곳곳에 흩어져 있는 작은 마을들이나, 펌프 강 연안에 있는 여러 농장과 방앗간에서 빨간 페티코트에 벨벳 머릿수건을 쓴 사람과 세모진 모자를 쓰고 파이프를 문 사람들이 떼를 지어 집정자가 있는 궁으로 몰려와서 박람회라든가 축제를 즐긴다. 극장은 무료로 개관되고 몬블레지르의 분수들은 으르렁대는 소리를 내기 시작한다(여럿이 보면 좋겠지만, 혼자 보면 무서울 것이다). 그리고 엉터리 약장수들과 말을 탄 사람들이 나타난다(전하께서 말 탄 사람 가운데 한 사람에게 매혹된 것은 잘 알려진 사실이거니와, '어여쁜 종군상인(從軍商人)'이라고 불리는 그 여자는 프랑스 스파이였다고 여겨진다). 기쁨에 넘친 사람들은 대공작의 성내에 있는 방을 둘러보아도 좋다는 허락을 받게 되며, 그들은 미끄러운 마룻

바닥이나 호화로운 벽걸이, 수많은 방마다 문간에 놓여 있는 타구까지 감탄하며 바라보았다. 몬블레지르에는 아우렐리우스 빅토르 15세—그는 위대하긴 했지만 지나치게 환락을 즐겼다—가 마련한 누각이 하나 있는데, 내가 들은 바로 이 누각은 그의 방탕한 취미가 극치를 이룬다고 한다. 누각에는 바커스(그리스신화에 등장
하는 술의 신)와 아리아드네(그리스신화에 나오는 크레타의 왕 이노
스와 파시파에의 딸, 바커스의 아내)의 이야기가 그림으로 그려져 있고, 도르래 장치를 이용하여 테이블이 누각 안팎으로 움직이도록 헤놓았기 때문에 하인들이 안에 들어오지 않고도 방 안 사람들의 시중을 들 수 있었다. 그러나 아우렐리우스 15세의 미망인이었던 바버라는 이 누각을 폐쇄해버렸다. 그녀는 엄격하고 독실한 볼쿰 집안에서 자라, 그녀의 아들이 미성년이었던 시절에는 이 공작령에서 섭정을 한 적 있다. 그녀는 남편이 죽자, 그가 환락을 즐기던 누각을 없애버린 것이다.

펌퍼니클의 극장은 그 일대의 독일지방에서 잘 알려져 있었으며 유명하다. 지금의 공작이 젊었던 시절에 자기의 오페라를 그곳에서 상연하겠다고 우겼을 때 극장은 약간 쇠퇴하였다. 어느 날 공작은 연주 연습을 하다가 오케스트라 내의 자기 좌석에서 노기등등하게 앞으로 나오더니 지휘를 담당하고 있던 악장의 머리를 바순으로 내리친 뒤 쫓아내고 자기가 아주 느리게 지휘를 한 적이 있다고 한다. 그 당시에 소피아 공작부인은 많은 가내희극을 썼지만, 이것을 본 사람들은 분명 모두 지루해했을 것이다. 그러나 요즘은 공작도 사적으로만 음악을 연주하고 있으며, 부인도 작은 궁전을 찾아오는 외국 명사들 앞에서나 연극을 상연하는 정도였다. 이런 것들이 실연될 때에는 적지 않은 안락한 대접과 화려한 장식이 반드시 수반되었다. 무도회 만찬에 4백 명이나 되는 손님이 와도, 레이스가 붙은 진홍빛 제복을 입은 하인들이 반드시 네 손님 앞에 한 명씩 배치되어 시중을 들고 누구나 은제식기로 식사대접을 받는다. 온갖 향연과 여흥이 끊임없이 이어지고, 공작은 보다 권력이 센 집정자들과 마찬가지로 시종과 시종무관을 데리고 있었으며, 공작부인은 그녀의 의상 관리자나 많은 시녀들을 거느리고 있었다.

헌법은 과거나 현재에 온건한 전제주의를 표방하고 있었고, 선출되거나 혹은 임명된 의원들로 구성된 의회에서 이 전제정치를 절제한다. 내가 펌퍼니클에 머물고 있는 동안 의회가 열렸다는 얘기는 듣지 못했다. 수상은 3층을 쓰고, 외무대신은 제백 과자점 2층 방을 쓰고 있었다. 육군이라야 겨우 화려한 군악대로 구성되어 있었는데, 가끔 무대 위에서 연주하기도 했다. 터키병사 복장을 하고 연지를 바른 거만한 친구들이 나무로 만든 언월도를 들고 행진한다든가, 로마의 군사들처럼 오피클라이드(적음의 금관악기)나 트롬본을 들고 있는 광경을 바라보는 것은 즐거운 일이었다. 우리가 아우렐리우스 광장에 있는 카페에서 아침 식사를 할 때 건너편에서 이 군악대들이 연주하는 것을 들은 뒤 밤에 다시 들어보는 것 또한 즐거운 일이었다. 이 군악대 이외에 장교들도 많이 있었다. 정규 보초 말고도 서너 명의 사내들이 경기병 차림을 하고 성에서 근무하고 있었지만, 나는 그들이 말을 타고 있는 광경을 본 적이 없다. 이처럼 평화로운 시대에 도대체 기병대가 무슨 필요가 있단 말인가? 이 경기병은 어디로 갈 작정인가?

누구나—물론 이들은 귀족 출신이다. 중산계급, 즉 부르주아계급은 이곳에서 찾아볼 수가 없었다—이웃집을 찾아다녔다. 부르스트 부인은 일주일에 한 번씩 손님을 맞는 날을 정해 놓았다. 극장에서는 매주 두 번씩 공연을 하였으며, 궁정에서도 매주 한 번씩 손님들을 초대했으니, 이곳 시민들의 하루하루는 곧 펌퍼니클식으로 소박하게 누리는 일련의 환락이었다고 할 수 있다.

궁전 속에는 불화가 있었으며 이는 아무도 부인할 수 없었다. 정치의 바람이 거세게 몰아치는 한편, 당파간의 반목이 심했다. 슈투룸프파와 레더룽파가 있었는데, 전자는 우리 영국왕이 보낸 사신 테이프웜의 지지를 받고 있는 반면 후자는 프랑스 대리대사 마카보 씨의 지지를 받았다. 슈투룸프 부인이 레더룽 부인보다 확실히 가수로서 훨씬 나았고, 음정을 세 개나 더 높이 낼 수 있었기 때문에 우리 공사님께서 슈투룸프 부인의 편을 든 것은 당연한 일이다. 그리하여 공사가 무슨 의견을 내놓을 때마다 프랑스 대리대사의 반대에 부딪히고 마는 것 또한 당연한 일이라 할 수 있다.

마을 사람들은 이 두 당파 중의 하나에 속해 있었다. 레더룽 부인은 몸집이 작고 예쁘장하게 생긴 여인으로, 목소리도(뛰어나지는 못했지만) 아름다웠다. 한편 슈투룸프 부인은 젊음과 아름다움을 잃고 뚱뚱해진 것이 사실이었다. 《몽유병의 여인(이탈리아 작곡가 V. 벨리니의 오페라)》의 마지막 장면에서 그녀는 잠옷 바람으로 손에 촛불을 들고 나타나서 창문으로 나가 방앗간의 널빤지 위를 넘어가야만 했는데, 몸이 뚱뚱한 그녀는 그때 겨우 창밖으로 빠져나갈 수 있었으며 그녀의 체중 때문에 널빤지가 휘면서 삐걱거리는 소리를 냈다. 그러나 그녀는 이 오페라의 피날레를 기막히게 노래할 수 있었으니 참 놀라운 일이었다. 엘비노의 품에 안긴 그녀가 열렬한 감정을 쏟아놓을 때면 엘비노는 숨이 막힐 듯이 감격했다. 한편 몸집이 작은 레더룽은—이제 험담은 그만하자—요컨대 이 두 여인은 펌퍼니클의 프랑스파와 영국파를 각각 대표하는 두 개의 기치였다. 그리고 이 공국은 양대국에 대한 충성심으로 분열되고 있었다.

우리 영국편에 가담한 사람들은 내무대신, 사마관(司馬官), 공작의 개인 비서 및 가정교사 등이었고, 프랑스편에 가담한 사람들은 외무대신, 나폴레옹 휘하에서 근무한 총사령관의 부인 및 시종무관 부인 등이었다. 이 시종무관 부인은 파리의 유행을 즐겨 받아들였으며, 프랑스 대리대사 마카보 씨의 하인을 통해서 이런 유행이나 부인이 쓸 모자 따위를 반드시 구하곤 했다. 프랑스 대사관의 서기관은 작은 체구의 젊은 친구로, 사탄처럼 악독해서 대사관의 모든 앨범 속에 테이프웜을 풍자하여 그렸다.

그들은 마을의 다른 호텔 파리세르호프에 그들의 본거지와 공동식탁을 차려놓고 있었다. 물론 그들은 대중 앞에서 예의 바르게 행동해야 했지만, 면도칼날처럼 예리한 풍자시로써 서로를 헐뜯었다. 그들을 볼 때마다 나는 데번셔에서 본 두 명의 레슬링 선수들 생각이 났다. 두 레슬링 선수들은 서로의 앞정강이를 걷어차고 있으면서도 하나도 고통스럽지 않다는 듯이 있었던 것이다. 테이프웜과 마카보는 본국 정부에 보고서를 올릴 때마다 반드시 상대방에 대한 맹렬한 공격을 집어넣곤 했다. 예컨대 우리 측 대사의 보고서에는 다음과 같은 구절이 있었다. '이곳에 현 프랑스 대리대사가 계속 주재함에 따라 이곳은 물론, 독일 전역에서 영국의 이익이 위협받고 있습니다. 이자는 성격이 파렴치하여 자기 목표를 달성하기 위해서는 거짓말도 서슴지 않으며 범죄도 주저없이 저지릅니다. 이자는 궁정의 여론을 자극하여 영국 공사에 불리한 결과를 초래하고 있으며, 영국의 정책을 가장 추잡하고 야비한 방법으로 반영하고 있습니다. 게다가 불행하게도 대신 한 사람이 그를 지지해주고 있습니다. 이 대신의 무식과 궁핍은 이름이 나 있으니 그가 프랑스 대리대사로부터 받는 영향 또한 중대한 것이라 하겠습니다.' 한편 프랑스 대사관에서는 다음과 같은 보고서를 올리곤 했다. '세계 최대강국에 대하여 테이프웜 씨는 우둔하고 섬나라 사람답게 오만을 부리며 천박한 허위선전을 계속 썼습니다. 어제도 그는 베리 공작부인을 가볍게 여기는 언사를 자행하다가 발각된 바 있습니다. 이전에는 영웅적인 앙굴렘 공작을 모욕한 적이 있고, 심지어 오를레앙 공작이 존엄한 프랑스의 왕을 모반할 음모를 꾸미고 있다는 거짓말을 교묘히 퍼트리려고도 했습니다. 그의 우둔한 협박이 효과가 없을 때는 황금을 쏟아부었습니다. 협박과 매수로 그는 이곳 궁정 사람들을 자기 편으로 만들었습니다. 그러므로 이 흉악한 독사를 발꿈치로 짓밟아버리기 전까지는 펌퍼니클의 평화를 유지할 수 없을 것이고, 독일의 평정을 기할 수 없을 것이며, 프랑스는 존경받지 못할 것이고, 유럽 사람들은 만족할 수 없을 것입니다.' 등등. 어느 편에서든 유별나게 신랄한 보고를 하고 나면 으레 그 보고서에 대한 소문이 새어나오기 마련이었다.

한겨울이 되기 전의 어느 날 저녁에 에미는 아주 정중하고 검소하게 손님들을 대접했다는 기록이 오늘날 실제로 남아 있다. 그녀는 프랑스어 선생을 두고 있었는데, 그는 그녀의 프랑스어 발음이 좋고 배우는 속도가 빠르다고 칭찬을 늘어놓았다. 사실 그녀는 오래전에 프랑스어를 배운 적이 있으며 나중에 조지에게 가르쳐주기 위해 기초 문법을 익혔었다. 슈투룸프 부인은 그녀를 찾아와서 성악 레슨을 했다. 아밀리아가 실로 뛰어난 목소리로 레슨을 아주 훌륭히 수행해냈기 때문에 건너편의 수상 숙소 아래에 있는 방을 쓰고 있던 도빈 소령은 수업이 시작되면 창문을 열고 그녀의 목소리에 귀를 기울이곤 하였다. 아주 감상적이고 단순한 취미를 가지고 있던 독일 부인 몇몇은 그녀를 무척 좋아하게 되어 금세 그녀를 '너'라고 부르기 시작했다. 이러한 일들은 아주 사소하게 보이지만 여러 행복한 시간들과 관련되어 있다. 소령은 스스로 조지의 개인교사가 되어 카이사르가 쓴 책을 읽히거나 수학을 가르쳤다. 또 그들은 독일어 선생을 데리고 있었으며, 저녁 무렵엔 말을 타고 에미의 마차 옆을 따라다녔다. 에미는 겁이 많았기 때문에 말을 타면 사소한 것에도 끔찍한 목소리로 비명을 질렀다. 그래서 그녀는 다정한 독일 친구 한 사람과 함께 마차를 타고 다녔고, 조스는 이 커다란 사륜마차의 뒷자리에서 늘 잠을 잤다. 조스는 패니 더 부터부로트 백작과 사이가 매우 좋았다. 이 여인은 정숙하고 마음씨가 고우며 오만하지 않은 아가씨로, 수도녀이자 백작이라는 신분을 겸하고 있었지만 한 해 수입은 10파운드를 넘지 못했다. 패니도 아밀리아의 올케가 될 수만 있다면 그것은 하늘이 자기에게 내려주실 수 있는 최고의 기쁨이라고 했다. 그리고 그렇게 되었다면 조스는 마차나 포크에 그려 넣는 가문의 문장 옆에 백작의 방패문장과 관도 넣을 수가 있었으리라. 그러나 그때 사건이 일어났다. 펌퍼니클의 세자와 슈립펜슈롭펜국의 아름다운 아밀리아 공주의 결혼식을 기념하는 대축제가 벌어진 것이다.

그렇게 화려한 축제는 방탕했던 빅토르 14세 시대 이후로 처음 보는 것이었다. 이웃나라의 왕자니 공주니 귀족이니 하는 사람들은 모두 초대를 받았다. 펌퍼니클에서는 숙박료가 하룻밤에 반 크라운이나 폭등하고, 육군은 사방에서 모여드는 전하니 각하니 하는 사람들의 의장대를 하느라 지칠 대로 지쳤다. 공주는 자기 부친의 저택에서 쉴뤼슬박 백작에 의한 대리결혼을 했다. 수많은 코담뱃갑이 선물로 바쳐졌고(궁정 보석상의 말에 따르면 그는 이 담뱃갑을 일단 팔았다가 다시 사들인다고 한다) 펌퍼니클의 성 미카엘 훈장이 무수한 궁중 귀족들에게 하사되었다. 슈립펜슈롭펜국에서 보낸 성 카테리나 훈장과 그 수장(綬章) 역시 수가 많았는데, 이것은 우리들에게 수여되었다. 프랑스 대리대사는 이 훈장을 다 받았다. "상을 받은 짐마차 말처럼 온통 리본 투성이로군." 영국외교관의 복무규정상 훈장을 하나도 받지 못한 테이프웜이 말했다. "저 친구가 훈장을 받건 말건 승리는 누구의 것이지?" 사실 영국외교의 승리였다. 프랑스 측에서는 포츠타우젠트 도너베터 집안의 공주와 결혼을 제안하고 성사시키려고 애써왔지만, 이 결혼을 우리 측에서 반대했음은 말할 것도 없다.

누구나 결혼식에 초대받았다. 젊은 신부를 맞아들이기 위하여 길목에 화환을 걸고 개선문을 세웠다. 커다란 성 미카엘 샘에는 시큼한 포도주가 넘쳐흘렀고, 포병대에 있는 샘은 맥주 거품으로 새하얐다. 광장에 있는 큰 분수는 물을 뿜고 있었으며, 공원과 정원에는 기쁜 듯이 몰려든 농민들을 위해 여러 개의 장대가 세워졌다. 장대 꼭대기에는 시계나 은제 포크, 분홍 리본을 매놓은 소시지 등 여러 가지를 매달아 농민들이 올라가서 가져가도록 해주었다. 조지도 나무 꼭대기로 기어 올라가서 상품을 하나 움켜쥐고는 즐거워하는 구경꾼들 앞에서 마치 폭포수가 쏟아지는 듯한 속도로 장대를 타고 내려왔다. 그러나 이것은 단지 영예만을 노린 것이었다. 소년은 자기가 상품으로 딴 소세지를 농부에게 내주었다. 농부는 이 소세지를 거의 움켜쥘 뻔했지만, 결국은 실패하고 장대 밑바닥에 내려와서 훌쩍거리고 있었던 것이다.

프랑스 대사관에는 꽃으로 장식한 등불이 우리 대사관보다 여섯 개나 더 많았다. 그러나 우리 대사관의 창에 그려놓은 그림은 프랑스 대사관의 창에 그려놓은 그림을 완전히 압도하고 있었다. 우리 대사관의 유리창에는 한 쌍의 신혼부부가 걸어오고 있는 한편, 프랑스 대사관 창에는 프랑스 대사와 우스꽝스럽게도 몹시 닮은 불화의 신이 도망치는 그림이 그려져 있었던 것이다. 나중에 테이프웜이 출세를 한 것도, 바스 훈장을 받은 것도 분명 이것 때문이리라.

수많은 외국인들이 축제에 참가하기 위하여 도착했다. 물론 영국인들도 있었다. 궁정에서 열린 무도회 말고도 시청이나 무도회장에서 대중무도회가 열렸다. 엠스라든가 엑스라샤펠 같은 곳에서 온 독일 손님 가운데 한 사람이 트럼프와 룰렛 노름을 하기 위한 방을 시청 안에 마련하였는데, 오직 축제주일 동안만 이용할 수 있었다. 펌퍼니클 주민들과 관리들은 이 노름을 하지 못하게 되어 있었지만, 이방인들이나 농민과 부녀자들, 돈을 잃거나 따는 데 관심 있는 사람이라면 누구나 노름판에 낄 수 있었다.

언제나 주머니에 돈을 잔뜩 넣어 가지고 다니던 어린 개구쟁이 조지 오즈번은, 마침 어른들이 궁정에서 열린 대연회에 나가고 없었으므로 자기 외삼촌의 시종인 키르슈 씨를 벗삼아 슈타트하우스 무도회장에 나갔다. 바덴바덴에서는 도빈의 팔에 매달려 도박장을 들여다보기만 했을 뿐, 노름을 해도 된다는 허락을 받지는 못했다. 그래서 이번에는 노름판의 딜러들과 노름꾼들이 노름을 하고 있는 테이블 주변을 이곳저곳 돌아다녀 보았다. 여자들도 있었는데, 그중 몇 명은 가면을 쓰고 있었다. 이처럼 성대한 축제기간에는 파격적인 몸차림도 허용되었다.

카드와 핀을 든 한 여인이 프롤린 화폐 두 닢을 앞에 놓고 룰렛 도박대에 앉아 있었다. 그녀는 담색 머리칼에 가슴이 깊이 파인 옷을 입고 검은 가면을 쓰고 있었는데, 가면의 눈 구멍 너머 그녀의 두 눈이 이상하게 반짝이고 있었다. 딜러가 색깔과 번호를 말했을 때, 그녀는 아주 조심스럽게 규칙적으로 카드 뒷면에 표시를 했다. 붉은색과 검은색이 여러 번 나온 뒤 그녀는 그 색깔의 패에 돈을 걸어보았다. 그녀를 보고 있으니 이상한 생각이 들었다.

그녀는 아주 조심스레 열심히 돈을 걸어보았지만 그녀가 건 색깔은 맞지 않았다. 그래서 딜러가 냉혹한 목소리로 승자의 번호와 색깔을 말했을 때, 그녀가 가지고 있던 마지막 두 프롤린 화폐는 딜러의 손에 들어가버렸다. 그녀는 한숨을 쉬며 그렇지 않아도 드레스 위로 지나치게 드러난 어깨를 으쓱했다. 그리고 카드 패에 핀을 꽂아서 테이블 위에 박아놓고는 잠시 손가락으로 테이블을 두드렸다. 주위를 돌아보던 그녀는 노름판을 열심히 들여다보고 있는 조지의 순진한 얼굴과 마주쳤다. 나이도 어린 놈이! 도대체 이곳엔 무엇하러 왔담?

그녀는 가면을 쓴 채 반짝이는 눈으로 소년을 뚫어져라 바라보면서 프랑스어로 물었다. "당신도 하실 건가요?"

"아네요, 마담." 소년도 프랑스어로 대답하였다. 그녀는 소년의 악센트로 그가 어느 나라에서 왔는지 알았음에 틀림없다. 그녀는 약간 이국풍 억양을 섞으며 영어로 소년에게 말했다. "도박을 해보진 않았겠죠. 내 부탁 좀 들어주겠어요?"

"뭐죠?" 조지는 다시 얼굴을 붉히며 말했다. 키르슈는 노름을 하느라 이 어린 도련님을 보지 못했다.

"나 대신에 한번 해보라는 거예요. 아무 번호에나 걸어요." 이렇게 말하면서 그녀는 가슴속에서 지갑을 끄집어내더니 그 속에 딱 하나 남은 금화를 조지의 손에 쥐어주었다. 소년은 웃으면서 돈을 걸었다. 아니나 다를까, 그 번호가 나왔다. 노름을 처음 배우는 사람에겐 으레 이런 힘이 작용하는 법이라고들 한다.

"고마워요." 그녀는 돈을 자기 앞으로 끌어당기며 말했다. "고마워요. 이름이 뭐죠?"

"오즈번이에요." 조지는 이렇게 말하며 주머니 속에 든 돈을 만지작거리며 한번 해볼까 하고 있는데, 제복을 입은 도빈과 멋지게 차려입은 조스가 궁정 무도회장을 나와 이곳에 나타났다. 다른 사람들은 궁전 내의 여흥이 지루하다며 일찌감치 궁정 무도회장을 떠나 슈타트하우스로 재미를 보러 왔다. 아마 소령과 조스는 집으로 돌아갔을 터이지만, 조지가 보이지 않자 이곳으로 달려왔을 것이다. 소령은 소년의 어깨를 붙들고 이 유혹의 장소로부터 재빨리 끌어냈다. 방 안을 둘러본 그는 키르슈를 보고 그에게로 가서 어떻게 감히 조지를 이런 곳에 데리고 왔느냐고 따졌다.

"내버려둬요." 노름과 술로 한껏 흥분한 키르슈 씨가 말했다. "아마 재미있다고 생각하겠지요, 제기랄. 나는 당신의 하인이 아닙니다."

소령은 취한 사람을 붙들고 더 왈가왈부하지 않고, 조지를 끌어내오는 데 만족했다. 그는 조스에게 가지 않겠느냐고 물었다. 조스는 이제 운이 매우 좋아진 가면을 쓴 부인 옆에 바짝 다가서 있었다. 그리고 노름을 흥미롭게 바라보았다.

"조지와 나와 함께 가지 않겠는가, 조스?" 소령이 말했다.

"조금 더 있다가 키르슈 놈과 같이 가겠네." 조스가 말했다. 소년이 앞에 있는지라, 언동을 점잖게 해야겠다고 생각한 도빈은 조스를 나무라지 않고 내버려둔 채 조지와 함께 집으로 돌아왔다.

"노름을 해보았니?" 밖으로 나와 돌아가는 길에 소령이 물어보았다.

소년이 대답했다. "아니요."

"노름을 결코 하지 않겠다고 신사답게 명예를 걸고 약속해봐."

"왜 해선 안 돼요?" 소년이 말했다. "재밌어 보이던데요." 그래서 소령은 설득력 있게 인상적인 말투로, 왜 노름을 해서는 안 되는지 말해주었다. 죽은 조지의 아버지의 예를 들어 훈계할 수도 있었지만, 고인의 체면을 깎는 일이라 그만두었다. 소년을 집으로 들여보내고 나서 소령은 잠자리에 들었다. 그리고 얼마 뒤에 아밀리아의 방 바깥에 있는 조지의 방에 불이 꺼지는 것을 보았다. 30분 뒤 아밀리아의 방도 불이 꺼졌다. 소령이 무엇 때문에 이들의 방에 불이 꺼지는 시간에 주의하는지는 나도 잘 모르겠다.

조스는 부인 뒤에 서서 도박 테이블을 내려다보고 있었다. 그는 도박꾼이 아니었지만 이따금 노름의 재미를 조금 보는 것을 반대하지 않았다. 수가 놓인 궁정복 조끼 주머니 속에는 나폴레옹금화가 얼마쯤 짤랑거리고 있었다. 그는 자기 앞에 앉아 있는 귀여운 도박사의 아리따운 어깨 너머로 금화 한 개를 내밀었다. 그러자 사람들이 그 돈을 따버렸다. 그녀는 약간 몸을 움직여서 그가 자기 옆에 들어올 수 있도록 자리를 만들어주고, 그곳에 있던 빈 의자에서 자기 옷자락을 치웠다.

"제게 행운을 주세요." 그녀는 외국인처럼 이상한 악센트가 섞인 영어로 말했다. 조지가 그녀를 위해 노름을 한 판 해주었을 때 솔직하고 완벽한 영어로 "고마워요" 말한 것과는 아주 다른 말투였다. 뚱뚱보 신사는 누가 자신을 보지 않는지 주위를 살피면서 의자에 앉았다. "아! 그럼요. 나에게 축복을. 난 아주 운이 좋으니 부인에게 행운을 가져다 드릴 거예요." 그는 이

밖에도 찬사의 말 따위를 횡설수설 늘어놓았다.

"돈을 많이 걸 건가요?" 가면을 쓴 외국인이 말했다.

"냅(20프랑짜리/나폴레옹금화)을 한두 개 걸지요." 조스는 이렇게 말하면서 아주 멋진 동작으로 금화를 내놓았다.

"예, 식후 졸음(냅)이 오는 일이군요." 가면을 쓴 부인은 장난스럽게 말했다. 조스는 놀란 표정을 지었고, 부인은 프랑스어 악센트가 꽤 섞인 영어로 말을 계속했다. "돈을 따기 위해서 노름을 하시진 않겠지요. 나도 마찬가지예요. 나는 잊어버리기 위해 노름을 하지만 잊을 수가 없군요. 지나간 옛날을 잊을 수 없단 말이에요. 당신의 어린 조카는 자기 아버지와 무척 닮았더군요. 그리고 당신도—당신도 변하지 않으셨고요—아니에요, 변하셨어요. 누구나 변하고 누구나 잊어버리니까요. 정말 따뜻한 마음씨를 가지고 있는 사람은 없어요."

"맙소사! 누구시죠?" 조스는 심장을 두근거리며 물었다.

"짐작 못 하시겠어요? 조지프 세들리." 여인이 슬픈 목소리로 말했다. 그녀는 가면을 벗고 그를 쳐다보았다. "나를 잊으셨군요."

"맙소사! 크롤리 부인!" 조스는 놀라서 숨이 턱 막혔다.

"레베카입니다." 여인은 자기 손을 조스의 손에 갖다 대었다. 그러나 그녀는 그를 바라보면서도 여전히 노름을 계속했다.

"저는 엘리펀트 호텔에 머물고 있어요." 그녀가 말을 이었다. "로든 부인을 찾으시면 돼요. 오늘 아밀리아를 보았어요. 어쩌면 그렇게 아름다워 보이던지. 그리고 무척 행복해 보이더군요. 당신도 마찬가지예요. 이 불쌍한 나만 빼고 누구나 다 행복해 보여요, 조지프 세들리." 레베카는 마치 자기 손이 우연히 움직이듯이 붉은 패로부터 검은 패로 돈을 옮겨놓는 한편, 가장자리의 레이스가 찢어져 너풀거리는 손수건으로 눈물을 닦았다.

다시 붉은 패가 나왔다. 그래서 그녀는 걸었던 돈을 전부 잃었다. "와주세요." 그녀가 말했다. "한번 들러주세요. 우리들은 옛 친구잖아요? 그렇지요, 세들리 씨?

키르슈도 그때쯤 돈을 모두 잃고 주인을 따라 밖으로 나왔다. 밖에는 조명등이 깜박거리고 있었고, 영국 대사관 창문에 그려놓은 그림도 거의 보이지 않았다.

제64장
방랑객의 장

레베카 크롤리 부인이 그동안 겪어온 일 중에서 소문이 좋지 못한 부분이라든가 세상 사람들이 따지고 들 만한 까다로운 부분은 생략하겠다. 도덕을 중시하는 사람들은 아마 악덕에 대해서 별로 반대를 하지 않을 테지만, 악덕이 악덕 고유의 이름으로 이야기되는 것을 듣는 것만은 지독히 싫어하는 법이다. 허영의 시장에는 자신들 스스로도 하고 있으며 잘 알고도 있지만 결코 입 밖으로 꺼내지 않는 것이 있다. 그것은 아리만(페르시아 고대 종교의 악신) 신자들이 암흑의 신을 숭배하면서도 암흑의 신을 입에 담지 않는 것과 마찬가지이다. 영국이나 미국의 세련된 여자들이 점잖은 자리에서 '승마바지(breeches)'를 발음하지 못하듯이, 점잖은 독자들은 신빙성 있는 악덕의 묘사를 차마 읽지 못한다. 그렇지만 숙녀 여러분, 둘 모두 매일같이 우리 눈앞에서 활보하고 있는데도 우리는 별로 놀라지 않는다. 만약 이런 것들이 지나갈 때마다 여러분의 표정이 얼굴을 붉혀야 한다면 도대체 여러분은 어떻게 되겠는가! 여러분의 점잖은 인격은 악덕이 서슴없이 언급될 때만 경악과 모욕감을 표시하게 된다. 그러니 작자는 지금 사회의 유행 앞에 존경심을 가지고 따르며, 이야기를 통하여 이런 악덕이 존재한다는 것만 가볍고 쉽게, 그리고 유쾌하게 암시함으로써 독자 여러분의 기분이 상하지 않도록 해왔다. 베키는 확실히 악덕을 좀 가지고 있지만, 그렇다고 해서 이 여인을 묘사하는 작자의 태도가 독자 여러분의 점잖은 인격과 위신을 손상시켰다고 말하는 사람이 있다면 작자는 그 사람에게 항의하고자 한다. 이 세이렌(그리스신화에 나오는 바다의 요정으로서, 아름다운 노래로 뱃사람들을 꾀어 죽였다고 함) 같은 여인이 노래하거나 웃거나 감언으로 꾀는 모습을 묘사함에 있어서, 작자는 겸허한 마음으로 독자 여러분에게 묻겠다. 작자가 한 번이라도 사회의 예법을 잊거나 이 악덕이라는 괴물이 가진 무서운 꼬리를 물 위에 끌어내어 보인 적이 있었던가? 아니다! 관심이 있는 독자들은 투명한 물 밑을 들여다보고 악마처럼 끔찍하고 끈적끈적한 괴물의 꼬리가 꿈틀꿈틀 흔들거리며 해골 사이로 너풀거리고 시체를 휘감는 모습을 구경해도 좋다. 하지만 물 위에서는 모든 것이 알맞고 기분 좋고 단정할 뿐더러, 허영의 시장에서 가장 비위가 약한 부도덕주의자도 불평하지 못하게끔 되어 있지 않은가? 세이렌이 모습을 감추고 사람들의 시체를 향해 물 아래로 내려갈 때는 물이 흐릿해지기 때문에 물속을 들여다본다고 해도 허사이다. 바위 위에 앉아서 하프를 타며 머리를 빗고 있는 세이렌들이 노래를 부르고 손짓을 하며 여러분에게 거울을 들어달라고 할 때 이 요정들은 아주 아름다워 보인다. 그러나 이 인어들은 물속으로 들어가면 꼴이 흉해진다. 이 식인 마녀들이 불쌍하게도 소금물에 절인 시체를 먹으며 기뻐하는 모습은 보지 않는 게 좋다. 이와 꼭 마찬가지로 베키가 모습을 감출 때는 반드시 불미스러운 짓을 하고 있을 터이니 그녀의 행동에 대해선 이야기를 하지 않으면 않을수록 더 좋으리라.

커즌 거리의 파국이 있은 뒤로 2년 동안 그녀가 어떻게 살아왔는지 상세히 서술한다면 독자 여러분은 이 이야기를 점잖지 못하다고 말할지도 모르겠다. 아주 허영심이 많고 비정하며 환락을 좇는 사람들은 부도덕할 때가 자주 있다(진지한 얼굴에 흠잡을 데 없는 명성을 가진 여러분 중에서도 많은 분들이 그럴 것이거니와—아차, 이건 정말 실례되는 말씀이군). 더구나 신념과 사랑, 인격을 갖추지 못한 여인이야 뻔하지 않은가? 베키가 살면서 어떤 시기에 후회가 아닌 절망에 사로잡혀서 자기 몸을 전혀 돌보지 않고 자기 명성에 대해서도 무관심했던 때가 있었다고 나는 생각한다.

이처럼 베키가 타락의 길로 들어선 것은 갑작스러운 일이 아니었다. 그녀는 파국을 맞고 처음에는 타락하지 않으려고 무척 애를 썼으나 서서히 타락하고 말았다. 마치 배에서 바다로 떨어진 사람이 희망이 남아 있는 동안에는 배를 붙들고 버티다가, 그러한 노력이 헛된 것임을 깨닫고 손을 놓은 채 물속으로 가라앉듯이 말이다.

남편이 총독으로 부임할 준비를 하는 동안 그녀는 런던 시내를 이리저리 헤매고 다녔다. 그리고 그녀가 이미 거의 자기 편으로 만들어놓은 피트 크롤리 경을 만나서 동정을 사려고 애를 쓴 게 한두 번이 아니었다고 생각된다. 피트 경과 웬햄 씨가 하원 의사당으로 걸어가는 길에, 웬햄 씨는 검은 베일을 쓴 로든 부인이 의사당 가까이로 숨어드는 것을 본 일도 있었다. 그녀는 웬햄 씨와 눈이 마주치자 도망쳤다. 준남작인 피트 경을 만나려는 그녀의 계획은 번번이 수포로 돌아갔다.

아마도 제인 부인이 이를 방해했을 것이다. 이 문제를 둘러싸고 그녀가 보여준 용기라든가, 베키 부인과 절교해버리겠다는 그녀의 결의는 그녀의 남편을 놀라게 했다는 얘기를 들은 적이 있다. 제인 부인은 아무리 베키 부인이라도 어쩌지 못할 것이라는 것을 알고, 로든이 코번트리 섬으로 떠날 때까지 곤트 거리에 와서 머물게 했다. 그녀는 로든을 방패 삼아서 베키 부인이 자기 집에 들어오지 못하게 할 수 있으리라고 생각했던 것이다. 그리고 부인은 자기 남편이 동서와 서로 편지를 주고받지 못하게끔 피트 경에게 오는 모든 편지 봉투를 꼼꼼히 살펴보았다. 레베카가 편지를 쓰려고 했다면야 물론 쓸 수 있었을 것이다. 그러나 그녀는 피트를 그의 집에서 만난다든가, 그의 집으로 편지를 보낸다든가 하지는 않았다. 한두 번은 그러려고 했지만, 이혼 문제에 대한 서신은 변호사를 통해서만 교환하자는 피트의 요구를 따르기로 했다.

사실 피트는 레베카를 나쁘게 생각하기 시작했다. 스타인 경 사건이 있은 뒤 얼마 되지 않아서 웬햄 씨가 피트 경을 만나 베키 부인에 대한 얘기를 들려주어 준남작을 놀라게 한 것이다. 그는 레베카의 아버지가 누구였고, 그녀의 어머니가 오페라에서 춤을 춘 해가 언제였으며, 그녀가 어떻게 살았는지, 결혼하고 나서는 어떠했는지 등 그녀에 대해서는 모든 것을 알게 되었다. 나는 이 정보의 대부분이 거짓이라는 것을 알기 때문에 그것을 여기에서 반복하지 않으련다. 어쨌든 한때 그녀를 좋아하던 한 시골신사로서 친척 되는 남자의 머리에 베키는 아주 슬프고도 슬픈 악명만을 남기게 되었다.

코번트리 섬 총독의 수입은 그리 많지 않았다. 특히 큰 빚을 졌다든가 지불책임을 지고 있다든가 하는 것 등을 청산해버리기 위해서 총독은 수입의 일부분을 제해 놓아야만 했다. 그의 높은 직위에 따르는 여러 의무에도 돈이 많이 들었다. 결국 그는 아내에게 한 해에 300파운드 이상 돈을 줄 수 없었다. 그는 레베카가 자기를 괴롭히지 않을 것이라는 조건하에 이 돈을 지불하겠노라고 제안했다. 그렇지 않으면 추문이니 별거니, 또는 민법박사회(_{1857년까지 유언·결혼허가·이혼 등을 취급하던 런던의 기관})니 하는 시끄러운 문제들이 생길 터였다. 그러나 그녀를 국외로 추방하여 이 기분 나쁜 사건을 덮는 것은 웬햄 씨가 할 일이요, 스타인 경이 할 일이요, 로든이 할 일이요, 또 그 밖의 모든 사람들이 해야 할 일이었다.

아마도 레베카는 자기 남편이 보낸 변호사와 함께 이런 문제들을 다루는 데 바빠 어린 아들 로든을 찾아가보지 않았으며, 가서 아들을 만나보겠다는 생각조차 해보지 못했을 것이다. 그 어린 신사는 전적으로 자기 큰아버지와 큰어머니의 보호를 받게 되었는데, 특히 큰어머니를 따랐다. 레베카는 영국을 떠난 뒤 불로뉴에서 아들에게 깔끔한 편지를 썼다. 그녀는 어린 로든에게 열심히 공부하라고 당부하는 한편, 자기는 유럽대륙을 여행해 볼까 하며 그때 다시 편지를 쓰겠다고 했다. 그러나 그녀는 그 뒤 1년 동안 아들에게 편지를 쓰지 않았다. 레베카는 늘 허약했던 피트 경의 외아들이 백일해와 홍진으로 죽을 때까지 아들에게 편지를 쓰지 않았던 것이다. 이 불의의 사고로 퀸스 크롤리의 상속자로 결정된 어린 로든은 어머니가 보낸 모정에 넘치는 편지를 받았다. 그러나 그는 다정한 마음씨를 가진 큰어머니에게 전보다 더 마음이 쏠려 있었다. 이제 제법 키 크고 잘생긴 젊은이로 자란 로든 크롤리는 편지를 받자 얼굴을 붉혔다. "오! 제인 큰어머니. 큰어머니가 제 어머니이시죠." 그는 말했다. "그리고 그, 그 여잔 제 어머니가 아녜요." 하지만 그는 레베카 부인에게 친절하고 존경에 찬 편지를 써보냈다. 그 당시 레베카는 플로렌스의 어느 하숙집에 머물고 있었다—너무 이야기를 앞지르고 말았다.

우리의 사랑스러운 베키가 처음 도망친 곳은 그리 멀지 않았다. 그녀는 영국서 추방된 순진한 사람들이 피난처로 삼는 프랑스의 해안도시 불로뉴에 자리를 잡았다. 그곳에서 그녀는 호텔의 방을 두 개 빌려서 하녀까지 두고 꽤 점잖은 미망인같이 생활했다. 그녀는 식사를 하면서 자기 아주버니인 피트 경이라든가 그 밖에 자기가 런던에서 알던 사람들 이야기를 하여 사람들은 그녀를 명랑한 여인이라 생각했다. 베키가 이런 상류사회의 안이한 이야기들을 너절하게 할 때면 하류사회 출신들은 크게 감명을 받곤 했다. 그녀는 이웃사람들에게 아주 신분이 높은 귀부인처럼 행세했다. 베키는 자기 방에서 조촐한 다과회를 열기도 했고, 해수욕을 한다든가, 무개마차를 타고 나들이를 간다든가, 모래사장을 거닌다든가, 연극구경을 간다든가 하며 그곳에서 순수하게 즐겼다. 뷔르조이스 부인이라는 인쇄업자의 아내가 가족들을 데리고 그 호텔로 피서를 왔다. 그녀의 남편 뷔르조이스도 토요일과 일요일이면 그곳을 찾아왔는데, 레베카에게 매력을 느낀 이 뷔르조이스라는 악당은 그녀에게 지나치게 많은 관심을 기울이게 되었다. 그렇지만 이 이야기 속에서 뭐 신통한 것을 찾아낼 순 없다. 베키는 언제나 사랑스럽고 대하기 편안했으며, 마음씨 착한 여인이었고, 특히 남자들에게 그러했을 따름이다.

사교 시즌이 끝나자 수많은 사람들이 예년처럼 해외여행을 떠났다. 그녀는 대륙을 찾아온 런던 상류층 사람들의 행동거지를 보고, 자기 행실에 대한 '사교계'의 여론을 알아낼 만한 기회가 몇 번이나 있었다. 어느 날 베키가 불로뉴의 부둣가를 점잖게 산책하며 푸르고 깊은 바다 건너 저 멀리 영국해안의 절벽을 바라보고 있을 때 파틀렛 부인과 그녀의 딸들을 만났다. 파틀렛 부인은 양산을 펴서 딸들을 자기 주위에 모이게 한 뒤, 부둣가에 외로이 서 있는 불쌍한 베키에게 사나운 시선을 던지며 그곳을 떠나버렸다.

어느 날 배가 부두에 들어왔다. 바람이 시원하게 불고 있었으며, 베키는 사람들이 슬픔에 잠긴 우스꽝스러운 얼굴로 배에서 내리는 광경을 보고 있었다. 그날 마침 슬링스톤 부인이 배를 타고 있었다. 그녀는 마차에서 끙끙 앓고 있었는데, 몹시 맥이 빠져 배에서 부두로 내려오는 두꺼운 판자 위를 걷지도 못할 지경이었다. 그러나 분홍빛 모자를 쓴 베키가 장난기 서린 미소를 짓고 있는 모습을 보자 슬링스톤 부인은 갑자기 기운을 되찾았다. 거의 모든 여성들의 기를 꺾어버릴 듯한 조소의 눈초리로 베키를 힐끗 쳐다본 뒤 그녀는 부축도 받지 않고 세관사무소 안으로 들어갔다. 베키는 그저 웃기만 했다. 그러나 나는 베키가 이런 모멸을 좋아했으리라고는 생각지 않는다. 그녀는 자신이 너무 외로운 존재라고 생각하였다. 그리고 멀리 영국해안에서 반짝이고 있는 절벽도 그녀가 건너갈 수 없는 곳 같았다.

나도 잘 모르겠지만 어쨌든 남자들의 행동에도 무슨 변화가 일어난 듯했다. 그린스톤은 그녀의 면전에서 이를 드러내고 그다지 유쾌하지 않은 무람없는 웃음을 지었다. 3개월 전만 하더라도 그녀에게 무척 공손했고, 곤트 하우스에 줄지어 서 있던 그녀의 마차를 보기 위해서라면 비를 무릅쓰고 1마일이라도 걸을 듯한 친절을 베풀던 봅 석클링은 어느 날 베키가 산책을 하는데도 친위대 소속인 핏추프(히호우 경의 아들)와 이야기를 하고 있었다. 보비는 모자를 벗지도 않고 고개만 끄덕할 뿐, 히호우의 상속자와 이야기를 계속했다. 톰 레이크스는 입에 여송연을 물고서 그녀의 방으로 들어오려고 하였다. 그녀는 그가 들어오지 못하게 문을 닫아버렸으며, 만약 그의 손이 방 안에 들어와 있지 않았더라면 그 문을 잠가버렸을 것이다. '만약 그이가 이곳에 있었더라면, 이 겁쟁이 자식들이 결코 나를 모욕하려고 덤비진 못했을 텐데.' 베키는 아주 큰 슬픔과 간절함으로 '그'를 생각했다—그의 정직하고 우직하고 변함없는 친절과 충실한 성격, 한결같은 순종, 훌륭한 유머, 훌륭한 멋과 용기 등등. 아마 그녀는 울었을 것이다. 그녀가 식사를 하러 내려왔을 적에 그녀는 왠지 생기를 띠고 있었고, 연지도 여느 때보다 많이 발랐다.

이제 레베카는 규칙적으로 연지를 바르게 되었다. 그리고 그녀의 하녀는 호텔청구서에 포함되어 있는 술 이외에도 코냑을 구해오게 되었다.

아마 여자들이 표시하는 경멸보다 남자들의 경멸이 그녀에게는 더 견딜 만하였을 것이다. 크라켄베리 부인과 워싱턴 화이트 부인이 스위스로 가는 도중에 불로뉴를 지나간 적이 있었다(호너 대령과 젊은 보모리스의 보호를 받고 있었으며, 물론 늙은 크라켄베리와 화이트 부인의 어린 딸도 있었다). 그들은 그녀를 피하지 않았다. 그녀 앞에서 낄낄거리며 떠들고, 동정하며 위로하고 가르치려 들었으므로 베키는 화가 나 미칠 지경이었다. 저런 이들의 동정을 받다니! 그들이 그녀에게 키스를 한 뒤에 선웃음을 지으며 가버렸을 때 그녀는 생각했다. 베키는 계단에서 보모리스가 큰 소리로 웃어대는 소리를 들었는데, 그 웃음소리가 무슨 뜻인지 아주 잘 알고 있었다.

베키는 그간 매주 호텔의 청구액을 지불했고, 호텔에 있는 사람들 누구에게나 상냥했으며, 주인에게는 미소를 지어 보이고 급사들에게 존칭을 써왔다. 그녀가 돈 문제에는 매우 인색한 여자이긴 했지만, 데리고 있는 하녀들에게는 인색하다는 말을 듣지 않을 정도의 보수를 주면서 정중하게 사과까지 해왔다. 그러나 위에서 말한 사람들이 다녀간 뒤 레베카는 호텔 주인으로부터 호텔을 떠나달라는 통고를 받았다. 이런 여자를 호텔에 두어서는 안 되며 이 여자가 있는 한 영국의 귀부인 손님들이 이 호텔에 머물지 않을 것이라고 호텔 주인에게 말한 자가 있었던 것이다. 그래서 베키는 하숙집으로 피난을 가야 했는데, 그 속에서 느끼는 지루함과 외로움은 그녀를 너무나 쓸쓸하게 했다.

이와 같은 푸대접에도 베키는 기죽지 않았다. 그녀는 자기 위신을 되찾고 자신에 대한 추문을 극복해 내려고 노력했다. 그녀는 아주 규칙적으로 교회에 나갔으며 누구보다 큰 소리로 찬송가를 불렀다. 난파를 당해 죽은 선원의 미망인들을 위한 구제사업에 참여했고, 쿼시부 선교단을 위해 일하거나 그림을 그려주기도 했다. 또 그녀는 무도회장의 입장권을 사기만 했을 뿐 결코 춤을 추러 가지는 않았다. 한마디로 베키는 존경을 받을 만한 일은 뭐든 했다. 그렇기 때문에 그녀의 삶에서 별로 기분 좋지 않은 그 뒤의 이야기보다 이 시절을 더욱 좋게 이야기하는 것이다. 베키는 사람들이 자신을 피하는 것을 알았지만, 애써 미소를 지어 보이곤 했다. 그래서 그녀의 얼굴만 보고서는 그녀가 마음속으로 얼마나 고통스럽게 남들의 멸시를 견뎌내고 있는지 상상도 못했다.

베키의 전력은 결국 하나의 수수께끼였다. 그녀를 둘러싸고 이러쿵저러쿵 하는 패들은 둘로 갈라지게 되었다. 어떤 사람들은 귀찮지도 않은지 애써 이 문제를 캐내어서 그녀가 나빴다고 했다. 한편 다른 사람들은 그녀에게는 죄가 없고, 잘못을 저지른 것은 그녀의 음흉한 남편이라고 했다. 베키는 자기 아들의 이름이 언급되거나 아들을 좋아하는 사람들을 만날 때면 눈물을 쏟으며 미친 듯한 설움을 늘어놓음으로써 많은 사람들의 동정을 샀다. 그녀는 그렇게 해서 올더니 부인의 동정을 얻었다. 올더니 부인은 불로뉴에 사는 영국인들 사이에서 여왕처럼 군림하는 여인이었고, 만찬회나 무도회 같은 모임을 누구보다 자주 열었다. 그녀의 아들이 자기 어머니와 함께 휴일을 보내기 위해 스위시테일 박사의 학교에서 돌아왔을 적에 레베카는 울음을 터뜨렸다. "아드님께서 제 아들 로든과 나이도 같고 생김새도 아주 닮았네요." 베키는 설움이 복받치는 듯이 목멘 소리로 말했다. 그러나 두 소년 사이에는 5년이라는 나이 차가 있었고, 존경하는 독자 여러분과 여러분의 천한 하인이 하나도 닮지 않은 것처럼 두 소년은 닮은 구석이라곤 하나도 없었다. 마침 키싱엔에서 스타인 경을 만나기 위해 영국을 떠나온 웬햄이 이 문제와 관련하여 올더니 부인에게 사실을 말해주었다. 그는 어린 로든에 대한 얘기라면 자신이 소년의 어머니보다 더 상세히 얘기해줄 수 있다면서, 왜 그런지 그 이유까지 말해주었던 것이다. 그는 올더니 부인에게 레베카가 아들을 미워했으며 만나지도 않으려 했고, 어린 올더니 도련님의 나이야 이제 아홉 살이지만 로든의 나이는 열세 살이며, 올더니는 얼굴빛이 검은데 로든은 하얗다고 했다. 결국 올더니 부인은 자기가 여태껏 레베카에게 호의를 보여준 것을 후회하지 않을 수 없었다.

베키가 무척 애를 쓰고 공들인 끝에 자기의 마음을 믿어주는 친구관계를 만들 때마다 반드시 어떤 자가 나타나서 그것을 무자비하게 짓부숴버렸다. 그래서 그녀는 다시 처음부터 자기편을 만들어야만 했다. 이러한 일은 실로 어렵고 외로워서 용기를 잃기도 했다.

뉴브라이트 부인은 한동안 레베카를 지지해주었다. 레베카가 교회에서 높은 목소리로 찬송가를 부르며, 여러 진지한 문제에 대해서 자기만의 견해를 내놓곤 했기 때문에 그녀의 마음은 베키에게 이끌리게 되었다. 이런 진지한 문제들에 대해서는 레베카가 퀸스 크롤리에 살던 시절에 많은 교육을 받았기 때문에 자기 의견을 늘어놓을 수 있었던 것이다. 특히 그녀는 종교에 관계되는 소책자를 가져갔을 뿐만 아니라 그것을 읽기도 했다. 레베카는 퀴시부 사람들을 위해서 플란넬 속치마를 지어주기도 했으며, 코코넛 인디언들을 위해 솜으로 지은 나이트캡을 만들어주었다. 또 교황과 유대인들의 개종을 위해 부채에 그림도 그렸으며, 수요일에는 라울 씨의 설교를 들었고, 목요일에는 허글턴 씨의 설교를 들었으며, 일요일에는 플리머스 교단인 볼러 씨의 설교를 들을 뿐만 아니라 교회에 두 번이나 나갔다. 그렇지만 모두 허사였다. 뉴브라이트 부인이 사우스다운 백작부인과 피지 사람들을 위한 기금 모음 일로(그들은 이 자선사업의 여성위원이었다) 편지를 주고받을 일이 생긴 것이다. 뉴브라이트 부인은 편지에 자신의 '다정한 친구' 로든 크롤리 부인에 대한 얘기를 적었다. 그러자 백작 미망인이 답장을 보내왔는데, 답장에는 베키에 대한 상세한 얘기라든가, 여러 가지 암시 및 사실, 허위, 대중의 분노 따위가 적혀 있어 뉴브라이트 부인과 크롤리 부인 사이의 친밀했던 관계는 그 뒤 끊어지고 말았다. 여러 나라를 여행하면서도 이 불행한 사건은 계속 일어났고, 점잔깨나 빼는 사람들은 이 버림받은 여인과 곧 절교하게 되었다. 영국인들은 해외에서 모인 곳이면 어디든 그 자만심이나 내복약, 편견, 하비 소스, 고춧가루 등 조상으로부터 물려받은 여러 기질이나 풍습 따위를 옮겨가서 작은 영국을 새로 만든다는 것을 잘 알고 있으리라.

레베카는 영국인이 사는 곳을 이곳저곳 찾아다니며 불안해했다. 불로뉴에서 디에프로, 디에프에서 캉으로, 캉에서 투르로—그녀는 자기 자신을 존경할 만한 여인으로 만들기 위하여 무진 애를 쓰며 다녔다. 그러나 애석하게도, 겨우 존경을 받을 만하면 꼭 옛날 일이 탄로나서 갈까마귀 떼에 쪼이듯 우리 밖으로 내쫓기곤 했다!

위에서 말한 여러 곳 가운데 한 곳에서 후크 이글스 부인이 그녀와 사귀게 되었다. 그녀는 조그마한 흠도 찾아볼 수가 없었으며 포트먼 스퀘어에 집이 있었다. 그녀가 디에프에 있는 어떤 호텔에 머물고 있을 적에 마침 베키가 그곳으로 도망쳐왔다. 이 두 여인은 처음에 바다에서 수영을 하며 알게 되고, 나중엔 호텔에서 같이 식사까지 하게 되었다. 이글스 부인도 스타인 경의 모욕사건에 대한 추문을 들은 바 있다—하기야 그 유명한 사건을 누가 모르겠냐마는. 그러나 베키와 이야기를 나눠본 뒤 그녀는 누구나 알다시피 크롤리 부인은 정말 착하고, 그녀의 남편은 악당이며, 스타인 경은 주책없는 비열한 놈이라고 여기는 한편, 크롤리 부인에게 불리하게끔 모든 음모를 꾸민 것은 바로 악명 높고 간악한 웬햄 녀석이라고 생각했다. "여보, 당신이 용기 있는 사람이거든, 다음에 클럽에서 그 비열한 놈을 만나면 따귀를 갈겨주세요." 그녀는 남편인 이글스 씨에게 말했다. 그러나 그녀의 남편은 말이 없는 늙은이로 생물학에 취미를 가지고 있었으며, 누군가의 따귀를 갈겨줄 만큼 키가 크지도 못했다.

그리하여 이글스 부인은 로든 부인을 돌봐주게 되었으며 파리에 있는 자기 집으로 데리고 가서 같이 살게 했다. 그녀는 대사의 부인이 베키를 맞아들이지 않는다고 싸우기까지 하면서, 베키의 미덕과 명성을 바로잡아주기 위하여 한 여인으로서 할 수 있는 최선을 다하였다.

처음에 베키는 아주 존경할 만하고 온순한 여인으로 보였지만, 얼마 되지 않아서 단조롭고 도덕적인 생활이 아주 지루해졌다. 매일 똑같은 생활의 연속이었다. 한결같이 따분하고 편안한 생활, 매일같이 마차를 타고 나가는 시시한 불로뉴 거리, 저녁이 되면 만나는 똑같은 사람들, 주일날 저녁에 듣는 〈블레어 설교집〉, 언제나 반복해서 공연되는 꼭 같은 오페라 공연—베키는 이런 것들이 지겨워 죽을 지경이었다. 그때 다행히도 이글스 씨의 아들이 케임브리지에서 돌아왔다. 그러나 이글스 부인은 베키가 자기 아들에게 주는 인상이 너무 크다는 것을 알아차리고 베키에게 주의를 주었다.

그 뒤 베키는 어떤 여자 친구와 살아봤지만, 두 여인은 곧 싸움을 하고 빚을 지게 되었다. 그래서 그녀는 하숙집에서 살기로 결심한 뒤 파리의 루아얄 거리에서 생 타무르 부인이 경영하던 유명한 저택에 한동안 머물렀다. 그곳에서 그녀는 집 안주인의 살롱에 출입하던 초라한 멋쟁이들과 야비한 미남자들을 자신의 아름다움으로 매혹했다. 마치 아편중독자가 아편 없이는 살 수 없듯이, 베키는 사교생활을 하지 않고는 못 배겼다. 그래서 그녀가 이 집에서 하숙생활을 하는 동안만은 행복하게 지낼 수 있었다. "이곳 여자들은 메이페어의 여자들만큼 재미있어요." 베키는 런던에서 사귄 옛 친구를 만났을 때 이렇게 말했다. "단지 옷이 그만큼 산뜻하지 못할 뿐이지요. 깨끗한 장갑을 낀 남자들은 한심한 악당들임이 분명하지만, 잭 아무개라든가 톰 아무개 같은 영국 남자들보다 못할 건 없어요. 이 집 안주인은 아주 천박한 여자이지만 ××부인만큼은 아니에요." 그녀는 사교계의 거물급 인사들의 이름을 많이 열거했으나, 나는 죽어도 그 이름을 밝힐 수 없다. 사실 생 타무르 부인이 경영하는 하숙집의 여러 방에 불이 켜져 있고, 장식패와 수장을 단 사내들이 카드놀이 하는 테이블에 앉아 있는 한편, 거기에서 조금 떨어진 곳에 여자들이 앉아 있는 광경을 본다면, 누구나 자기가 훌륭한 사람들과 섞여 있다는 생각을 하며 하숙집 안주인이 진짜 백작부인이라고 여길지도 모른다. 누구나 그렇게 생각했다. 그리고 베키도 한때 이 백작부인의 살롱에 모이는 가장 의젓한 부인네들 가운데 한 사람이었다.

그러나 아마도 베키는 1815년에 빚을 졌던 채권자들을 만나는 바람에 부득이 파리를 떠나야 했다. 이 불쌍한 여인은 부랴부랴 파리를 떠나 브뤼셀로 갔다.

베키는 이 도시를 얼마나 잘 기억하고 있었던가! 그녀는 자신이 살던 조그마한 2층 방을 바라보면서 히쭉 웃었다. 베어에이커스 집안 사람들이 호텔의 정문에 마차를 세워놓은 채 도망치기 위해서 말을 구하느라 아우성을 치던 일이 떠올랐던 것이다. 그녀는 조지 오즈번의 기념비가 서 있는 라켄과 워털루에 가보았다. 기념비가 그녀의 마음을 흔들어 그녀는 그것을 스케치해 보았다. "불쌍한 큐피드 같으니!" 그녀가 말했다. "나를 죽어라고 좋아하더니, 바보같이! 가엾은 에미는 아직 살아 있을까? 참 착한 애였는데. 그리고 그 뚱뚱한 오라버니는 어떻게 되었으려나. 난 아직 그 뚱보를 그린 우스꽝스러운 그림을 간직하고 있는데. 그들은 친절하고 순수한 사람들이었어."

브뤼셀에 도착했을 때 베키는 생 타무르 부인의 추천을 받아 보로디노 백작부인을 찾아갔다. 이 부인은 나폴레옹 휘하의 장군이었던 유명한 보로디노 백작의 미망인이었는데, 죽은 남편으로부터 물려받은 재산이라고는 공동 식탁 하나와 노름용 테이블밖에 없었다. 보로디노 부인 집에서 노름하거나 식사를 하는 사람들은 이류 멋쟁이들과 난봉꾼들, 언제나 법정소송을 하는 미망인들, 그리고 이런 집에서 '대륙적인 사교'를 한다고 망상을 하는 아주 단순한 영국인들 따위였다. 멋쟁이 젊은이들은 공동식탁 주변에 둘러앉은 사람들에게 샴페인 대접을 하였고, 부인네들과 말을 타고 나다니거나 말을 빌려서 시골로 나들이를 가거나 하였으며, 돈을 모아서 연극이나 오페라 구경을 했고, 노름용 테이블 주변에 모여앉은 여인들의 어깨 너머로 돈을 걸기도 했으며, 운 좋게 외국 사교계에 들어가게 되었노라고 데번셔에 사는 그들의 부모에게 편지를 쓰기도 했다.

파리처럼 이곳에서도 베키는 하숙집의 여왕 노릇을 하며 상류 하숙집들을 지배했다. 그녀는 샴페인이라든가 꽃다발이라든가 교외 드라이브라든가 극장의 개인관람석 같은 것들을 결코 사양하지 않았는데, 그녀가 무엇보다도 좋아한 것은 저녁마다 벌어지는 카드놀이였다. 베키는 아주 대담하게 노름을 했다. 처음에 그녀는 작은 돈을 걸곤 했지만 차츰 5프랑짜리 잔돈이나 20프랑짜리 금화 하는 따위로 돈을 많이 걸더니 결국은 액수가 큰 은행권을 걸게 되었다. 그러자 매달 내야만 하는 하숙비를 낼 수 없게 되어 결국 젊은 신사들에게 돈을 빌리기까지 했는데, 운이 돌아오면 다시 돈을 따기도 했다. 돈이 떨어졌을 때는 보로디노 부인을 살살 달래거나 속이다가, 돈이 생기면 협박을 하기도 했다. 또 한 판에 10수씩 걸고 노름을 하면서 비참한 생활에 허덕이다가도, 정기적으로 받는 돈이 송금되어오면 보로디노 부인의 청구서를 청산하고, 다시 로시뇰 씨라든가 기사 칭호를 가진 라프 씨를 상대로 노름을 계속하곤 했다.

베키가 브뤼셀을 떠났을 때 그녀가 보로디노 부인에게 석 달치의 하숙비

를 빚지고 있었다는 것은 슬프지만 사실이었다. 그 밖에도 그녀는 도박과 음주를 즐겼고, 영국국교회의 신부인 머프 씨를 찾아가서 무릎을 꿇고 애원하여 돈을 빌렸으며, 누들 경의 아들이자 머프 씨의 제자인 누들 나리를 구슬려 시시덕거렸다. 그녀는 그를 자기 방으로 데리고 가곤 했고, 노름판에서는 거액의 돈을 그에게서 빼앗기도 했다. 보로디노 백작부인은 헤아릴 수 없이 많은 베키의 못된 소행을 자기집에 머무는 영국 손님에게 한 사람도 빠짐없이 들려준 뒤 로든 부인을 독사 같은 여자라고 공언했다.

그리하여 베키는 방랑객이 되어 유럽을 이곳저곳 헤매며 자리를 잡아보았지만, 율리시스(호머의 서사시 《오디세이》에 나오는 / 주인공으로 10년간 유랑을 했음)라든가 뱀파일드 무어 캐루(1693 ? ~1770 영국의 / 거지대장으로 오랫동안 / 유랑생활을 했음)처럼 한 곳에 정착하여 쉬지 못했다. 그녀의 악행은 점점 더 심해졌다. 오래지 않아서 그녀는 완전히 보헤미안이 되어버렸는데, 그녀와 함께 몰려다니던 사람들의 꼴을 보았다면 누구나 머리털이 쭈뼛 설 정도로 무서워했을 것이다.

유럽에서 조금이라도 이름이 난 도시치고 영국의 방랑객들이 모여 살지 않는 곳은 하나도 없다. 담당관인 헴프 씨는 보안관의 법정에서 그들의 이름을 정기적으로 부른다. 그들은 보통 명문가 출신이지만 가족들에게 완전히 버림받은 자들로서, 당구장이나 작은 술집에 자주 드나들며 외국 경마와 도박을 했다. 그들은 채무자 구치소를 채웠고 술을 마시거나 허풍을 떨고, 싸움을 하거나 소동을 벌이기도 했으며, 빚진 돈을 갚지 않은 채 도망치기 일쑤였고, 프랑스나 독일 출신의 장교들과 결투를 하기도 했다. 또 노름판에서 스푸니 씨(얼간이)를 속이고 돈을 많이 따서는 바덴을 향하여 멋진 러시아식 사륜마차를 몰고 갔으며, 노름판에서 돈을 잃을 때면 잃은 돈의 배에 해당하는 돈을 걸고서 어김없이 손실을 만회했다. 그들은 돈이 한 푼도 없는 텅 빈 주머니로 노름판 주위를 어슬렁거리다가 결국은 가짜 수표를 들고서 유대인 은행가를 속이기도 하고, 제2의 스푸니 씨를 찾아내 돈을 빼앗다시피 하기도 했다. 이 사람들이 영화와 비참을 번갈아 겪는 광경은 참 신기한 노릇이었다. 그들의 생활은 기막힌 흥분에 싸여 있는 것임에 틀림없다. 베키도—이 말을 해야 할까? —이런 생활에 빠지게 되었는데, 그렇게 심하지는 않았다. 그녀는 이 보헤미안들과 섞여서 이 도시에서 저 도시로 옮겨다녔다. 운 좋은 로든 부인은 독일 내의 어느 곳에 가든지 노름판에선 잘 알려져 있었다. 플로렌스에서 그녀는 크리슈카세 부인과 함께 한 집에서 살았다. 뮌헨에서 추방당했다는 설도 있다. 나의 친구인 프레더릭 피전 씨는 로산느에 있던 그녀의 집에서 열린 만찬회에 갔다가 완전히 속아 로더 소령과 듀세이스 씨에게 8백 파운드를 잃었다고 했다. 그러니 독자 여러분, 이제 그동안 베키가 겪어온 일에 대해서 좀 이야기를 해야겠다. 물론 이런 이야기는 되도록 적게 할수록 좋지만.

사람들이 전하는 바에 따르면 크롤리 부인은 궁핍해지면 이곳저곳 돌아다니면서 연주회를 열거나 음악 레슨을 했다고 한다. 내가 알기로도 로동(로든의 프랑스식 발음) 부인인가 하는 사람이 '왈라키아의 군주'라는 악단의 수석 피아니스트였던 슈포프 씨의 반주로 빌트바트에서 '마티네' 음악회를 연 적이 있다. 그리고 유럽 전역에 걸쳐 가보지 않은 곳이 없으며 모르는 사람이 없는 나의 친구 이브스 씨가 주장하기를, 1830년에 그가 슈트라스부르크에 있을 적에 레베크(레베카의 프랑스식 발음) 부인인가 하는 여자가 〈블랑쉬 부인〉이라는 오페라에 출연하여 그곳 극장에 대소동을 일으켰다고 한다. 청중들은 그녀를 무대에서 몰아냈는데, 그 이유는 그녀에게 오페라 가수로서 모자라는 점이 많았을뿐더러 주로 오케스트라 주변에 앉아 있던 몇몇 관객들이 그녀에게 악감을 품고 있었기 때문이다. (오케스트라 주변에 수비대 장교들이 앉아 있었던 것이다.) 그런데 이브스는 이 불운한 데뷔를 한 가수가 바로 다름아닌 로든 크롤리 부인이라고 주장했다.

사실 그녀는 방랑객이었다. 돈이 생기면 노름을 했고, 돈을 잃으면 속임수를 썼다. 그녀가 어떻게 이런 속임수를 성공적으로 쓰는지 아무도 아는 사람이 없었다. 한번은 그녀가 상트 페테르부르크에 나타나자 경찰은 그녀를 당장에 돌려보냈다. 그러니 베키가 그 뒤에 테플리츠와 비엔나에서 러시아의 스파이 노릇을 했다는 소문은 전혀 믿을 수 없는 얘기이다. 나는 그녀가 파리에서 자기 친척 한 사람을 만났다고 들었는데, 그 친척은 다름아닌 그녀의 외할머니라고 한다. 그 노파는 몽모랑시 집안의 부인은커녕, 대로상에 있는 어느 극장에서 개인석의 문을 열어주는 일을 하고 있었다. 이 일은 다른 데서도 썼듯이 그들을 본 사람이 있었겠지만, 어쨌든 퍽 감동적인 장면이었으리라. 그러나 현재 작자는 이 사건에 대해 상세히 설명하지 못한다.

한번은 로든 부인이 받을 반년치의 생활비가 로마에서 으뜸가는 은행으로 들어왔다. 이 은행을 경영하던 대기업가는 그해 겨울에 무도회를 열어서 5백 스쿠도 이상의 잔고를 가진 고객들을 초대하였는데, 베키도 초대장을 받고 폴로니아 공작부부의 화려한 저녁 연회에 나타나게 되었다. 폴로니아 공작부인은 폼필리 집안 출신으로 계보상으로는 로마 제2대 왕의 후손이요, 신화상으로는 올림포스의 에게리아(누마 폼필리우스 왕에게 지혜와 학문을 가르쳐 주었다는 로마의 여신)의 후손이었다. 한편 공작의 조부 알렉산드로 폴로니아는 화장비누나 향수·담배·손수건 등을 팔았고, 신사들의 심부름을 다니기도 했으며, 약간의 돈을 빌려주고 이자를 받기도 했다. 은행가의 살롱에는 로마 사회의 고귀한 인물들, 즉 대공·공작·대사·예술가·바이올린 연주자·교황청 고관들·지도자들과 함께 나타난 주식(株式) 상인들과 같이 온갖 계급의 사람들이 몰려왔다. 빛이 휘황한 무도회장의 장식은 화려하기 짝이 없었고, 금빛 그림틀이라든가 진짜 여부를 잘 알수 없는 골동품 따위가 찬란하게 진열되어 있었다. 고귀한 주인이 가지고 있던 커다란 금빛 관과 집안의 문장, 진홍빛(그가 팔던 손수건 빛깔이 그러했다) 바탕 위에 새겨진 황금버섯, 폼필리 집안의 은빛 분수라든가 하는 장식

물들이 지붕이나 문, 널빤지, 그리고 교황이나 황제를 맞아들이기 위하여 마련된 벨벳 천개(天蓋) 위에서 빛나고 있었다.

플로렌스에서 승합마차를 타고 로마로 온 베키는 아주 수수한 부인처럼 어떤 여관에 머물렀다. 그녀는 폴로니아 공작이 보낸 파티의 초대장을 받고 하녀가 그녀의 몸단장을 여느 때보다 정성껏 도왔다. 그 당시 마침 로더 소령과 함께 여행을 하고 있던 그녀는 소령의 팔에 기대어 그 멋진 무도회장으로 나갔다. (로더 소령은 그 다음해에 나폴리에서 라비올리 공에게 총을 쏜 자이며, 노름판에서 사용하던 트럼프 이외에 네 장의 '킹'패를 모자 속에 넣고 다니다가 발각되어 존 벅스킨 경에게 얻어맞은 적도 있다) 이 한 쌍의 남녀는 함께 방으로 들어갔다. 베키는 자기가 순수하지는 못했어도 그런대로 행복했던 옛날의 지기들을 수없이 보았지만 다행히 얼굴을 들키지는 않았다. 로더 소령은 많은 외국인들, 즉 단춧구멍에 더러운 줄무늬 리본을 달고 거의 보이지도 않는 리넨 셔츠를 입었으며 예민한 얼굴에 구레나룻을 기른 사내들을 알고 있었다. 그러나 영국인들은 소령을 피했다. 베키 역시 이곳저곳에 아는 부인들이 있었다. 이 부인네들은 프랑스의 미망인들과 수상쩍은 이탈리아 백작부인들로서, 남편에게 푸대접을 받았다고 하는 여인들이었다. 흥! 허영의 시장에서도 세련된 일류 인간들 사이에서 살아온 우리가 이런 쓰레기 악당들에 대해 무어라고 말해야 할 것인가? 이 인간들과 어울린다면 이자들은 또 다른 트럼프 패를 쥐고 속임수를 쓸 것이다. 누구나 해외여행을 해본 사람들은 이러한 불한당들이 마치 '님'이나 '피스톨'(님과 피스톨은 셰익스피어의 희곡에 나오는 폴스타프의 추종자로서 허풍과 익살로 유명함) 같은 불법수단과 들러붙어 사냥감을 찾아다닌다는 것을 알고 있을 것이다. 이들은 국기를 들고 그들의 소임을 뽐내고 있지만, 약탈행위를 하다가 가끔 길가에서 교수형을 당하기도 한다.

어쨌거나 베키는 로더 소령의 팔을 잡고 여러 방을 돌아다녔다. 그들은 뷔페에서 샴페인을 엄청나게 마셔댔다. 이곳에서는 사람들, 특히 소령 같은 불한당들이 서로 많은 음식을 먹겠다고 야단들인데 이 두 남녀도 실컷 먹어댔다. 그들은 줄지어 있는 여러 개의 방을 거쳐서 공작부인의 분홍색 벨벳으로 장식된 객실(비너스 상이 서 있고, 은테가 둘린 커다란 베니스식 거울이 있었다)에 이르렀다. 원탁에 둘러앉은 귀빈들은 그곳에서 주인 가족들로부터 저녁을 대접받고 있었다. 이는 베키가 스타인 경의 저택에서 참석하곤 하던 그 엄선된 손님으로 이루어진 조그마한 연회 같았다. 그런데 마침 스타인 경이 폴로니아의 원탁에 앉아 있는 게 아닌가! 그녀는 그를 보았다.

하얗게 머리가 벗어져 반짝이는 스타인 경의 이마에 다이아몬드로 얻어맞아 생긴 상처가 활활 타오르듯 붉은 자국으로 남아 있었다. 그의 붉은 수염은 자줏빛으로 물들어 있었는데, 이 수염 때문에 그의 얼굴은 더 창백해 보였다. 그는 목걸이와 훈장, 파란 리본과 가터훈장을 달고 있었다. 좌중에는 통치권을 가진 공작과 왕실 귀족 및 그들의 부인들이 있긴 했지만, 스타인 경은 그 자리에서 누구보다 존귀한 존재였다. 경의 옆에는 드 글랑디에 집안 출신인 아름다운 벨라도나 백작부인이 앉아 있었다. 그녀의 남편(파올로 델라 벨라도나 백작)은 화려한 곤충수집으로 잘 알려져 있으며 모로코 황제에게 파견된 사절단의 임무를 띠고 오랫동안 집을 떠나 있었다.

베키는 낯익은 스타인 경의 얼굴을 보자 갑자기 로더 소령 따위는 아주 저속해 보였고, 룩 대위의 담배냄새는 아주 진절머리나게 여겨졌다. 그래서 그녀는 귀부인인 양 다시금 메이페어로 돌아간 듯한 표정을 지었으며 그렇게 느껴보려고 애를 썼다. '저 여잔 왠지 바보 같고 언짢아 보이는데.' 그녀는 생각했다. '저 여자가 그분을 즐겁게 해드릴 수야 없지. 아무렴. 그분은 저 여자에게 싫증이 났을 거야. 내겐 싫증을 낸 적이 없었는데.' 그녀가 아주 반짝이는 눈(눈꺼풀에도 연지를 발랐기 때문에 눈은 더욱더 반짝이고 있었다)으로 스타인 경을 바라보자 수많은 감동적인 희망과 공포, 추억들이 그녀의 가슴속에서 팔딱였다. 스타&가터 모임이 있는 날 밤이면 스타인 경은 당당한 풍채로 대공처럼 위풍을 떨며 말하곤 했다. 베키는 편안한 자세로 고고하게 위엄을 부리며 내내 웃음을 짓고 있는 스타인 경을 찬양했다. 아, 정녕 후작은 얼마나 유쾌한 친구이며 얼마나 풍부한 이야깃거리와 얼마나 위엄 있는 태도를 갖고 있었던가! 그러나 그녀는 그런 사람과 헤어져 이제 담배와 물을 탄 브랜디 냄새나 풍기는 로더 소령이라든가, 기수가 쓰는 농담과 권투장에서 쓰는 속어 따위를 사용하는 룩 대위와 어울리고 있었다. "그분이 나를 알아볼까?" 그녀는 생각했다. 스타인 경은 자기 옆에 앉은 저명한 부인과 이야기를 하거나 웃어대다가 문득 고개를 들어 베키를 보았다.

그들의 눈이 마주치자 베키는 가슴이 벅차올라 온 정성을 들여 최선의 미소를 지어 보였고, 약간 황송한 듯이 애원하는 듯한 모습으로 무릎을 굽혀 인사했다. 맥베스가 자기 만찬회에 갑자기 나타난 뱅쿼 유령을 바라보듯이, 스타인 경은 깜짝 놀란 표정으로 한동안 베키를 노려보았다. 그가 입을 딱 벌린 채 그녀를 바라보고 있는데, 겁에 질린 로더 소령이 그녀를 잡아끌었다.

"만찬회실로 갑시다, 로든 부인." 소령이 말했다. "저 귀족들이 배를 채우는 것을 보니까 나도 좀 출출하군요. 가서 늙은 은행장이 낸 샴페인이나 듭시다." 베키는 소령이 이미 실컷 먹어댔다고 생각했다.

다음날 그녀는 핀초 구릉—로마의 무료한 시민들에게 하이드 파크 같은 곳이다—으로 산책을 나갔는데, 어쩌면 스타인 경을 볼 수 있을지도 모른다고 생각했을 것이다. 그러나 그녀는 엉뚱한 옛 지인을 만났다. 바로 후작의 심복인 피시 씨였다. 그는 그녀에게 다가오면서 아주 친근한 듯이 고개를 끄덕였고 손가락 하나를 모자에 갖다댔다. "부인께서 이곳에 계신 줄 알고 있었습니다. 호텔에서부터 따라왔으니까요. 부인께 몇 가지 말씀드릴 것이 있습니다."

"스타인 후작이 전하라고 하신 건가요?" 베키는 되도록 위엄 있게 물었다. 그녀는 희망과 기대로 적잖이 흥분하고 있었다.

"아닙니다. 제가 드릴 말씀이지요. 로마는 건강에 좋지 않습니다."

"요즘은 그렇지 않아요, 피시 씨. 부활절 이후까지는 괜찮아요."

"지금이 위험합니다. 말라리아에 걸린 사람이 있으니까요. 망할 습지의 바람은 어느 계절에나 많은 사람들을 죽여요. 보세요, 크롤리 부인. 당신은 언제나 착한 분이셨어요. 그렇기 때문에 부인을 위해서 말씀드리는 거지요.

경고를 드리는 겁니다. 로마를 떠나세요. 그렇지 않으면 병이 나서 돌아가실 거예요."

베키는 분노가 치밀어올랐지만 꾹 참고 웃었다. "뭐라고요? 이 가엾은 나를 죽이겠다고요?" 그녀가 말했다. "어쩜 로맨틱하여라! 후작께서는 자객들을 시종 삼아서 데리고 다니시나요? 수레에는 단검을 숨기고 다니시는가요? 흥! 그분을 괴롭히기 위해서라도 이곳에 있어야겠어요. 여기 머무는 동안 나를 보호해줄 사람들이 있으니까요."

이번엔 피시 씨가 웃을 차례였다. "부인을 보호해준다고요? 누가요? 그 소령이든 대위든 부인이 알고 있는 도박꾼들 가운데 어느 누구라도 1백 루이라는 돈만 받으면 부인을 죽일 거예요. 우리는 로더 소령에 대해서 여러 가지를 알고 있어요(내가 후작님처럼 높은 사람이 아니듯 그 친구도 소령이 아니지요). 우리가 알고 있는 그의 비밀을 폭로해버리면 그는 갤리선 (^{노예들이 노}_{를 젓는 배})으로 끌려가거나 그보다 더한 벌을 받을 겁니다. 우리는 모든 것을 알고 있을뿐더러 어디를 가든지 친구들이 있어요. 부인이 파리에서 누구를 보았으며, 어떤 친척을 만났는지도 다 알고 있어요. 좋아요. 부인이 눈을 흘긴다면 우리도 흘길 테니까. 유럽대륙에 오는 공사들 모두 부인을 만나려고 하지 않는데, 기분이 어때요? 부인은 한 어른을 화나게 만들었습니다. 그분은 당신을 결코 용서치 않을 거예요. 그분이 부인을 다시 보았을 때 그분의 분노는 갑절로 늘어났답니다. 간밤에 집에 돌아오시자 마치 미친 사람처럼 날뛰며 분개하셨어요. 벨라도나 부인은 당신 때문에 한바탕 소란을 피우며 노여움을 터뜨렸지요."

"오, 벨라도나 부인이었군요. 그렇죠?" 방금 전 이야기를 듣고 겁을 먹었던 그녀는 살짝 안심하며 말했다.

"아니요. 그녀가 문제가 아니에요. 그녀는 언제나 질투심이 많아요. 당신을 쫓아버리고 싶어하는 사람은 바로 우리 각하이십니다. 부인이 그분 앞에 얼굴을 내민 것이 잘못이었어요. 만약 이곳에 계시다간 나중에 후회하게 될 걸요. 내 말을 기억해요. 가세요. 각하의 마차가 오는군요." 이렇게 말하면서 피시 씨는 베키의 팔을 잡아끌며 정원의 오솔길을 따라 부리나케 내려갔다. 그때 문장으로 아름답게 장식된 스타인 경의 마차가 큰길을 따라 다가오고 있었다. 마차를 끄는 여러 마리의 말은 거의 값을 매길 수 없을 정도로

비싼 것들이었다. 쿠션에 기대고 있는 벨라도나 부인의 얼굴빛은 어둡고 부루퉁했으나 아름다워 보였다. 또 킹 찰스 스패니얼 개 한 마리가 그녀의 무릎에 앉아 있었으며, 하얀 파라솔 하나가 그녀의 머리 위에서 흔들리고 있었다. 늙은 스타인은 파랗게 질린 얼굴에 무서운 눈을 하고 그녀 옆에 늘어져 있었다. 증오심이라든가 노여움, 욕망에 휩싸일 때면 아직도 그의 눈은 이따금 반짝이곤 하였다. 그러나 평소에는 완전히 빛을 잃고 있었으며, 이 지치고 늙은 사악한 귀족이 모든 환락과 아름다움에 흥미를 잃은 세상을 바라보는 데에도 싫증이 난 것처럼 보였다.

"후작 각하께선 어젯밤에 받은 충격을 아직 회복하시지 못했습니다." 피시 씨는 마차가 그들 옆을 순식간에 지나갈 때 크롤리 부인에게 속삭였다. 그녀는 그녀를 가려준 떨기나무 뒤에서 마차를 내다보고 있었다. '어쨌든 어느 정도 위안이 되었다.' 베키는 생각했다.

피시 씨(각하가 세상을 떠난 뒤 그는 고국으로 돌아가서 많은 존경을 받으며 살고 있고, 자기네 영주로부터 피시 남작이라는 작위를 샀다)가 말한 것처럼 후작이 정말 베키를 죽일 생각이었는지—그래서 이 시종이 그녀를 살해해야 한다는 데 반대했는지—혹은 그녀의 존재가 후작에게 아주 불쾌하여 자기가 겨울을 나고자 하는 로마로부터 베키를 단순히 쫓아버리고자 했는지는 그 뒤에 확인해볼 수가 없었다. 어쨌든 이 협박은 베키에게 먹혀들었다. 그녀는 한때 자기를 돌보아주던 후작 각하 앞에 다시는 나타나지 않았던 것이다.

1830년 프랑스에서 혁명(샤를 10세가 미소집 의회를 해산하고 언론을 탄압하다가 쫓겨난 뒤 루이 필립이 즉위한 7월혁명을 말함)이 일어난 지 두 달 만에 이 귀족이 나폴리에서 처량하게 세상을 떠난 것은 누구나 잘 알고 있다. 아일랜드의 곤트 및 곤트성의 백작이자 헬버러 자작, 피칠리와 그릴스비 남작이었으며, 가터훈장을 가진 기사로서 스페인의 황금 양털 훈장을 받았고, 러시아의 성 니콜라스 일등 훈장과 터키의 초승달 훈장을 받았으며, 화장방 대신이자 후궁내관이었고, 곤트 및 섭정 왕자의 민병대 대령이자 대영박물관 이사, 수로안내협회 간부, 카르멜과 수동승단의 단장, 민법박사인—명예로운 조지 구스타버스 스타인 후작 각하는, 신문에서 전하고 있듯 옛 프랑스의 군주가 폐위된 데에 너무나 큰 감정적 충격을 받아 잇따라 발작을 일으킨 끝에 죽어버렸다.

어떤 주간지에서는 그의 미덕과 기품, 재능, 선행 따위를 보여주는 기사를 발표했다. 그는 자기가 프랑스의 유명한 왕실 가문인 부르봉가와 관련이 있다고 주장하곤 했는데, 이 왕가에 대한 그의 감정과 애착이 대단했으므로 왕가에 있던 그의 친척들의 불행을 듣고는 살 수 없었던 것이다. 그의 유해는 나폴리에 묻혔지만 그의 심장—가장 관대하고 고귀한 정서를 머금고서 고동치던 바로 그 심장—만은 은제 항아리에 담긴 채 곤트성으로 보내졌다. 왜 그 씨는 말했다. "그분이 별세함으로써, 가난한 사람들과 화가들은 다정한 보호자를 잃은 셈이고, 우리 사회는 가장 찬란한 거성 하나를 잃었으며, 영국은 가장 고귀한 애국자이자 정치가를 잃은 셈이다." 등등.

그의 유언을 둘러싸고 여러 논란이 있었다. '유태인의 눈'(헤아릴 수 없을 만큼
값지다는 암시)이라고 불리던 유명한 다이아몬드를 벨라도나 부인으로부터 빼앗으려는 시도도 있었다. 그 반지는 후작이 늘 둘째손가락에 끼고 다니던 것인데, 그가 죽은 뒤 그녀가 빼앗았다는 소문이 돌았기 때문이었다. 그러나 후작이 믿었던 친구이자 시종인 피시 씨는 후작이 죽기 이틀 전에 벨라도나 부인에게 그 반지를 선물로 주었노라고 증언하였다. 후작의 책상 속에서 발견된 은행권이나 보석, 나폴리와 프랑스에서 발행된 공채 따위에 대해서도 후작의 상속자들은 권리를 주장했지만, 피시 씨는 이런 것들이 모두 그 여인에게 벌써 제공된 것이라고 증언했다.

제65장
소란과 기쁨

조스는 노름판에서 베키를 만난 다음날 아주 공을 들여서 화려하게 몸치장을 하고 외출할 준비를 했다. 그는 간밤에 일어났던 일을 가족들에게 말할 필요가 없다고 생각했으며, 그들에게 같이 산책을 나가자고 청하지도 않았다. 그는 일찌감치 숙소를 나와 얼마 뒤 엘리펀트 호텔의 현관에서 베키가 그곳에 머물고 있는지 물어보았다. 축제 때문에 호텔은 꽉 찼고, 거리에 내놓은 여러 식탁 주위에 벌써부터 사람들이 둘러앉아서 담배를 피우거나 도수가 약한 맥주를 마시고 있었으며, 술집에는 담배연기가 자욱했다. 조스 씨는 위엄을 부리며 서투른 독일어로 자기가 찾고 있는 사람에 대해 물은 뒤 호텔의 맨 꼭대기 층으로 안내되었다. 2층에는 행상인들이 머물고 있었는데, 그들이 팔고 다니는 보석이나 비단 같은 상품들이 그곳에 진열되어 있었다. 3층에 있는 여러 방에는 도박장 참모들이 머물고 있었다. 4층에는 유명한 보헤미아 곡예사들이 머물고 있었다. 이렇게 여러 층을 오르자 지붕 바로 아래에 있는 여러 개의 조그마한 방에 이르렀는데, 거기에는 축제에 참가하려고 온 학생들과 외교판매원, 소매상들이 머물고 있었다. 베키도 그 틈에 끼어서 조그마한 보금자리를 하나 차지하고 있었는데, 얼굴이 잘난 부인치고 이런 누추한 장소에 머무는 여인은 과거에 하나도 없었을 것이다.

베키는 이 생활을 좋아했다. 그녀는 거기서 행상인, 투전꾼, 곡예사, 학생들과 함께 사이좋게 지낼 수 있었다. 그녀는 야성적이고 방랑을 좋아하는 성격이었는데, 이런 기질은 취미로 보나 환경으로 보나 보헤미안임에 틀림없었던 그녀의 부모들로부터 물려받은 것이다. 설사 이야기 상대가 하인이라

해도 그들의 상전이 옆에 없기만 하다면 그녀는 그들과 즐겁게 이야기를 나누었다. 그녀의 운이 나쁘고 호텔 숙박료를 낼 돈마저 없을 때도 히브리 행상인들의 시끄러운 소리나 동요, 술, 담배 따위라든가, 가난한 곡예사들의 엄숙한 허세, 도박대 주변에 둘러앉은 관리들의 은밀한 이야기, 학생들의 노래와 허풍, 호텔에서 나는 온갖 소음은 그녀를 기쁘고 즐겁게 해주었다. 이제 그녀의 지갑 속에 어린 조지가 간밤에 따준 돈이 잔뜩 들어 있으니, 이처럼 법석대는 소리가 얼마나 즐겁겠는가!

숨을 헐떡이고 삐걱거리는 소리를 내면서 마지막 계단을 올라온 조스가 꼭대기 층에 이르렀을 때 그는 말없이 얼굴에 맺힌 땀을 닦으며 92호실을 찾았다. 베키가 그 방에 있다는 말을 들었던 것이다. 90호실이 열려 있었는데, 그 안에는 무릎까지 오는 장화를 신고 더러운 잠옷을 입은 학생이 기다란 파이프를 문 채 침대에 누워 있었다. 한편 노란색 긴 머리에 장식이 달린 코트를 입고 있으며 맵시는 지나치게 좋으나 더러운 학생이 92호실의 문 밖에서 무릎을 꿇고 열쇠구멍을 통하여 방 안에 있는 사람에게 큰 소리로 애원하고 있었다.

"가세요." 익숙한 목소리가 방에서 들려나오자 조스는 몸을 부르르 떨었다. "오늘은 손님이 오실 거예요. 할아버지가 오신단 말예요. 그분이 그곳에서 당신을 보면 안 돼요."

"천사 같은 영국 부인이시여!" 동글동글하게 말린 희뿌연 갈색 머리카락을 하고서 커다란 반지를 끼고 있는 학생이 무릎을 꿇은 채 고함을 질렀다. "조금은 우리를 생각해주세요. 약속해주세요. 공원에서 저와 프리츠와 함께 식사를 해주세요. 구운 꿩과 흑맥주, 자두 푸딩과 프랑스산 포도주를 대접해드리겠습니다. 만약 안 나오신다면 우리는 죽어버리겠어요."

"그렇고말고." 침대에 누워 있던 젊은 학생이 말했다. 조스는 이 대화를 들었지만, 의미는 알 수 없었다. 그가 한 번도 배운 적 없는 독일어로 이와 같은 대화가 이루어졌기 때문이다.

"실례지만 여기가 92호실인가요?" 조스는 자기가 이야기할 수 있었을 때 아주 위엄 있게 프랑스어로 말했다.

"92호실이라고!" 학생은 깜짝 놀라 일어나더니 자기 방으로 뛰어들어가서 문을 잠갔다. 조스는 그 학생과 침대 위에 누워 있던 학생이 함께 웃는 소리를 들었다.

그 때문에 어리둥절해진 벵골 신사가 멍하니 서 있는데, 92호실의 문이 열리며 능글맞고 장난꾸러기 같은 베키의 작은 얼굴이 밖을 내다보았다. 그녀는 조스를 보며 웃었다. "당신이군요." 그녀가 밖으로 나오면서 말했다. "당신을 얼마나 기다렸는지 몰라요! 잠깐만요! 잠시 뒤에 들어오세요." 그녀는 화장품과 브랜디병, 고기접시를 침대 속에 집어넣고 손으로 머리카락을 한 번 쓸어내린 뒤 손님을 방으로 들어오게 했다.

모닝 가운 차림인 그녀는 분홍색 두건 달린 옷을 입고 있었는데, 빛깔이 조금 바래고 더러웠으며 군데군데에 포마드가 묻어 있었다. 그러나 하늘하늘한 소매 속에 드러나 보이는 그녀의 팔은 아주 희고 아름다웠다. 옷이 그녀의 허리 위에 꼭 매어져 있어 옷을 입은 베키의 맵시 있는 몸매를 돋보이게 했다. 그녀는 조스의 손을 잡고서 자기가 거처하는 다락방으로 이끌고 들어갔다. "들어오세요." 그녀는 조스의 손을 꼭 쥐고 웃음을 지으며 그를 의자 위에 앉혔다. 그녀는 침대 위에 앉았는데 물론 술병과 접시들을 숨겨 놓은 부분에 앉지는 않았다. 자칫 잘못하여 조스가 그 자리를 택했더라면 그 위에 앉았을지도 모를 일이다. 이렇게 두 사람이 자리를 잡고 나자 그녀는 옛날에 자신을 좋아하던 사나이와 이야기를 나누었다.

"하나도 변하지 않으셨어요." 그녀는 다정스럽게 말했다. "어디서 만나든 알아보겠어요. 낯선 사람들 사이에 끼어서 살다가 옛 친구의 솔직하고 정직한 얼굴을 보니 정말 기뻐요."

사실을 말하자면, 바로 이 순간에 이른바 조스의 솔직하고 정직한 얼굴은 솔직함과 정직함이 아닌 다른 감정을 드러내고 있었다. 그의 표정은 몹시 혼란스럽고 어리둥절해 보였다. 조스는 자기 옛 애인이 거처하는 그 이상하게 생긴 조그마한 방을 살펴보고 있었다. 가운 한 장이 침대 위에 걸려 있었으며, 다른 하나가 문고리에 걸려 있었다. 그녀의 챙 넓은 모자가 거울을 반쯤 가리고 있었고, 아주 예쁜 구릿빛 구두 한 켤레가 놓여 있었다. 침대 옆 테이블 위에는 프랑스 소설 한 권과 밀랍으로 만든 것이 아닌 초 한 자루가 놓여 있었다. 베키는 그 초도 침대 속에 넣어버릴까 했지만, 잠을 자기 전에 촛불을 끌 때 쓰던 조그마한 종이 나이트캡 속에 넣었다.

"어디서 만나도 알아보았을 거예요." 그녀는 말을 이었다. "여자는 어떤 일이든 잊지 않아요. 그런데 조스 씨는 제가……제가 처음으로 만난 훌륭한 분이에요."

"정말입니까?" 조스가 말했다. "별말씀을, 그럴 리가 있나요."

"제가 치즈윅에서 학교를 마치고 조스 씨의 누이동생과 함께 돌아왔을 적엔 아직 어린애였죠. 아밀리아는 어떻게 지내나요? 그 애의 남편은 정말 나쁜 사람이었어요. 물론 그 애는 저를 질투하죠. 마치 제가 그녀의 남편에게 관심이라도 있다는 듯이 말이에요. 아아! 제게는 남편이—아니, 지나간 옛날 얘기는 하지 말죠." 그녀는 누더기가 된 레이스 손수건으로 눈물을 닦았다.

"옛날에 상류사회에서 살아보기도 한 여자가 이런 곳에서 지내다니 정말 이해가 되지 않는 일이죠." 그녀가 말을 이었다. "저는 그동안 정말 헤아릴 수 없이 많은 설움과 부당한 대우를 받아왔어요. 조지프 세들리, 저는 너무

나 고통스러워서 이따금 거의 미쳤었어요. 저는 어디서나 조용히 정착할 수
없었어요. 그래서 불행히도 안식을 얻지 못한 채 이곳저곳을 헤매고 다녀야
했지요. 제 친구들은 모두 저를 배신했어요. 모두가 그래요. 정말이지 이 세
상에 정직한 사람은 없어요. 저는 이 세상에서 가장 진실한 아내였어요. 비
록 홧김에 한 결혼이지만요. 왜냐하면 다른 한 남자가—아니, 이건 신경 쓰
지 마세요. 저는 진실했어요. 그런데도 그는 저를 짓밟고 떠나버렸어요. 저
는 다정한 어머니이기도 했어요. 제게는 하나뿐인 자식이 있었어요. 그 애가
제겐 유일한 귀염둥이요, 희망이요, 기쁨이었답니다. 저는 어머니로서 애정
을 가지고 그 애를 아꼈지요. 정말 그 애를 위해 살았고, 기도를 올리며 축
복을 빌었어요. 그런데도 사람들은 그 애를 제게서 빼앗아갔어요. 제게서 빼
앗아갔단 말이에요." 그녀는 절망스럽다는 듯이 열정적인 몸짓으로 자기 손
을 가슴에 갖다대고 한동안 침대에 얼굴을 파묻었다.

　침대 속에 숨겨 놓은 브랜디병이 식어빠진 소시지가 담긴 접시와 부딪쳐
서 쨍그랑 소리를 냈다. 베키가 깊은 슬픔을 표시하고 있는 동안에 병과 접
시가 부딪쳤음에 틀림없다. 맥스와 프리츠는 문간에서 베키 부인이 흐느끼
고 우는 소리를 듣고 왜 그럴까 의아스럽게 생각했다. 조스도 옛 애인이 그
렇게 슬퍼하는 광경을 보고 무척 놀랐으며 감동하기도 했다. 베키는 곧 자기
가 겪어온 이야기를 하기 시작했다. 이야기가 매우 조촐하고 순박하고 꾸밈
이 없었으므로, 그녀의 이야기를 듣고 난 조스는 만약 천국에서 빠져나온 백
의의 천사가 이 지상에서 지옥의 간계와 악마들의 악행에 걸려 들었다면 그
가엾고 순결한 희생자는 바로 자기 앞 침대 위에서 브랜디 병을 깔고 앉아
있는 여인일 것이라고 생각하게 되었다.

　그들은 그곳에서 오랫동안 우호적이고 은밀한 이야기를 나누었다. 그러는
동안 조스 세들리는 베키가 처음에 그를 보고 연정을 품었다는 것을 어느
정도 깨달았다(그러나 조금도 놀랍거나 언짢지는 않았다). 그는 또한 조지
오즈번이 베키에게 부당하게 애정을 표시한 탓에 아밀리아가 질투심을 갖게
되어 결국 두 여인의 사이가 틀어졌다는 생각을 하게 되었다. 한편 베키는
오즈번의 호감에 어떤 표시도 하지 않았다는 사실과, 조스를 처음 본 순간부
터 그를 한시도 생각하지 않은 날이 없었다는 사실도 알게 되었다. 물론 베
키가 아내로서 의무를 충실히 다해왔으며—기후가 나쁘기로 유명한 코번트

리 섬에서 혹시 크롤리 중령이 병사하여 그녀가 남편의 학대 아래 지긋지긋하게 짊어지고 온 결혼이란 기반을 벗어나게 되는 날이나 그녀가 죽는 날까지 앞으로도 자기 의무를 잊지 않을 것이라는 것도 알게 되었다.

조스는 베키가 매력적인 여인이자 고결한 여인이라는 확신을 갖고 돌아오면서, 그녀의 행복을 위해 여러모로 도와주어야겠다고 생각했다. 그녀는 부당한 학대를 그만 받고 옛날처럼 상류사회의 스타로 돌아가야 한다. 조스는 자신이 해야 할 일을 생각했다. 베키를 소란스러운 호텔 말고 조용한 곳에서 살게 해야 한다. 아밀리아도 그녀를 찾아가서 다시금 옛 우정을 되찾아야 한다. 그는 자기가 모든 일을 처리하고, 소령과 상의해야겠다고 생각했다. 베키는 조스와 헤어질 때 진심으로 감사의 눈물을 흘리며 울었고, 이 정중한 신사가 그녀의 손에 키스하기 위하여 몸을 굽혔을 적에 그의 손을 꼭 잡았다.

베키는 그녀의 작은 다락방이 마치 자기가 주인으로 있는 궁전인 양 아주 우아하게 머리를 숙이며 조스를 보냈다. 뚱보 신사가 계단 아래로 사라진 뒤 한스와 프리츠가 입에 파이프를 물고 나타났다. 그러자 그녀는 식어빠진 빵과 소시지를 씹어 먹거나 자신이 좋아하는 물 탄 브랜디를 마시면서 조스의 흉내를 내고 재미있어했다.

조스는 아주 엄숙한 기분으로 도빈의 숙소를 찾아가 자신이 방금 전에 들은 감동적인 이야기를 들려주었다. 그러나 간밤에 그녀가 노름판에서 노름을 하고 있었다는 애기만은 하지 않았다. 두 신사가 머리를 맞대고 앉아서 베키 부인을 도와줄 최상의 방책을 논의하고 있는 동안 베키는 먹다가 만 음식을 마저 먹었다.

그녀는 어떻게 이 조그마한 마을에 왔을까? 어떻게 친구도 없이 혼자서 이곳저곳 헤매게 되었을까? 학교에 다니는 어린 소년들은 초급 라틴어책에서 아베르누스(이탈리아 나폴리 부근의 작은 호수) 의 내리막길은 빠져들기 쉬운 곳이라는 교훈을 배운다. 그녀가 타락의 길로 들어선 이야기에 약간 공백이 있기는 하나 그냥 넘겨버리기로 하자. 그녀는 자기가 옛날에 영화를 누리던 시절보다 더 나빠진 것도 없었다―단지 운이 조금 나빠졌을 따름이다.

아밀리아 부인으로 말하자면, 너무나 마음이 여리고 바보 같은지라 누구든 불운에 빠졌다는 애기를 들으면 곧장 그 수난자에게 너그러워졌다. 그녀는 악한 일을 생각하거나 저지른 적이 없었다. 그래서 그녀보다 악에 대해 더 많이 알고 있는 도덕군자만큼 악을 혐오하지는 않았다. 그녀는 친절과 찬사로 주위에 있는 사람들을 버려 놓았다. 예를 들어 그녀는 종을 울려 하인이 오면 불러서 미안하다고 사과하고, 실크를 보여주는 점원에게 미안하다는 말을 꼭 했고, 거리의 청소부에게도 정중히 인사를 하며 그가 청소한 거리가 아주 깨끗하다고 찬사를 하기도 했다. 그녀는 실제로 누구에게나 이런 바보 같은 짓을 할 수 있는 여자였다. 그러니 옛 친구가 가련한 처지에 있다는 얘기를 듣고서 동정심을 가지지 않을 수 없었다. 설사 어떤 사람이 불행해진 게 당연한 일이라도 그녀는 그런 것을 염두에 두지 않았다. 그녀처럼 인정에 넘친 규범으로 세상을 다스린다면 이 세상은 질서 있는 사회가 되지 못할 것이다. 그렇지만 그녀 같은 여자는 흔치 않았고 더욱이 그녀처럼 바보 같은 짓만 하는 통치자가 없었다는 것도 다행스러운 일이다. 이 부인이 만약 세상을 다스리는 지배자가 되었더라면 필시 감옥이나 형벌, 수갑, 태형, 빈곤, 질병, 굶주림 같은 것들을 모두 철폐해 버렸으리라. 그녀는 속이 무른 여인이었기 때문에—그렇게 인정할 수밖에 없다—자기에 대한 치명적인 모욕까지도 쉽사리 잊을 수 있었다.

도빈 소령은 조스에게서 그 불행에 빠진 옛 연인의 이야기를 들었을 때, 사실 이 벵골 신사만큼 흥미를 느끼지는 않았다. 그러기는커녕 그가 이 말을 듣고 느낀 흥미는 결코 즐거운 것이 못 됐다. 그는 상심한 베키에 대해서 짤막하나마 예절 바르지 못한 표현으로 이렇게 말했다. "그 말괄량이가 또다시 나타났나?" 그는 그녀를 눈곱만큼도 좋아하지 않았다. 그는 그녀의 초록 눈동자를 보고 외면해버렸던 처음 그 순간부터 그녀를 믿지 않았다.

"그 악마 같은 여자는 어디를 가나 말썽을 일으킨단 말일세." 소령은 무례한 말투로 말했다. "그녀가 어떻게 살아왔는지 누가 알아? 해외에 나와서 혼자 무슨 짓을 하고 다녔는지 아무도 모르네. 그녀를 못살게 굴었던 자가 있다느니, 적이 있다느니 하는 얘기는 내게 하지 말게. 정직한 여인이라면 언제나 주위에 많은 친구가 있으며, 자기 가족을 떠나지 않는 법이네. 그녀가 자기 남편과 갈라진 이유가 뭔지 아나? 자네 말대로 그녀의 남편이 평판이 나쁘고 사악했을지도 몰라. 그는 늘 그랬으니까. 나는 그가 사기꾼이라는 것도, 가엾은 조지의 눈을 가리고 속이던 것도 똑똑히 기억하고 있어. 그런데 그들이 헤어진 것과 관련해서 추문이 있네. 난 그 추문을 들은 적이 있단 말일세." 언제나 소문 따위는 문제 삼지 않던 도빈이 커다란 목소리로 말했다. 조스는 베키가 부당한 대우를 받았어도 어느 모로 보나 미덕이 있는 여인이라는 것을 도빈에게 확신시키고자 했지만 허사였다.

"알았네, 알았어. 조지 부인에게 물어보기로 하세." 소령은 뛰어난 외교가답게 말했다. "그녀에게 물어보면 될 것 아닌가. 여하튼 그녀가 무엇이 옳고 그른지 이런 문제를 잘 판단한다는 것을 자네도 인정하리라 생각하네."

"음! 에미에게 물어보는 것도 좋지만." 누이를 그리 좋아하지 않는 조스가 말했다.

"좋지만? 여보게, 자네 누이는 내가 아는 여자 가운데 가장 훌륭한 부인이네." 소령은 커다란 목소리로 장담했다. "자, 당장 그녀에게 가서 물어보세. 그 여자를 찾아가야 할지 어떨지 말이네. 그녀의 의견이라면 따르겠네." 엉큼하게 잔꾀를 부리던 소령은 이 문제는 자기가 틀림없이 이길 거라고 굳게 믿었다. 그는 에미가 한때 레베카를 마땅히 심하게 질투했었다는 점을 기억하고 있었다. 레베카의 이름을 입에 담을 때마다 에미는 기가 죽어 몸을 떨었다. 질투를 느낀 여자는 용서를 모르는 법이라고 도빈은 생각했다. 그리하여 두 신사는 조지 부인에게 갔다. 마침 그녀는 기분 좋게 슈투룸프 부인의 음악 레슨을 받고 있었다.

부인이 돌아간 뒤 조스는 언제나 그렇듯이 거창한 말을 섞어가며 자기 용건을 말했다. "아밀리아, 오늘 아주 놀랍게도, 그래, 맙소사! 정말 아주 놀라운 일을 겪었지. 옛 친구가, 그래, 아주 재미있는 너의 옛 친구가, 물론 옛날에 사귄 친구이긴 하지만 막 이곳에 도착했거든. 그러니 한번 찾아가보는 게 어때?"

"친구!" 아밀리아가 말했다. "누구 말인가요? 도빈 소령님, 제 가위를 부러뜨리지 않도록 하세요." 부인은 가끔 허리에 가위를 차고 다녔는데, 소령이 쇠줄에 달린 가위를 비틀고 있었기에 눈을 다칠 듯이 보였던 것이다.

"내가 아주 싫어하는 여자랍니다." 소령이 완고히 말했다. "아마 부인께서도 그녀를 좋아할 리 없습니다."

"레베카군요. 레베카가 맞지요?" 아밀리아는 불안한 듯이 얼굴을 붉히며 말했다.

"맞습니다. 당신은 언제나 그렇지요." 도빈이 대답했다. 브뤼셀, 워털루, 아주 옛 추억들, 여러 슬픔과 고통과 회상 따위들이 아밀리아의 부드러운 마음속에 갑자기 되살아나 혼란스러웠다.

"저는 그녀를 만나지 않겠어요." 에미는 말을 이었다. "만날 수 없어요."

"보게, 내가 뭐라고 했나?" 도빈이 조스에게 말했다.

"베키는 아주 불행해. 그리고, 그리고 그런 모양이야." 조스는 설득하려고 했다. "그녀는 지금 아주 가난하지만 아무도 도와주는 사람이 없어. 게다가 매우 아팠다더군. 아주 심하게 말이야. 그런데 그 남편이란 녀석은 그녀를 버렸어."

"아!" 아밀리아가 말했다.

"그녀는 친구가 하나도 없어." 조스는 교묘하게 말했다. "베키는 너만은 믿을 수 있다고 하더군. 정말 가련해, 에미. 그녀는 슬픔 때문에 미치기 직전이었어. 그녀의 얘기를 듣고 난 감동받았어. 내 명예를 걸고 정말이야. 그렇게도 잔인한 박해를 천사처럼 잘 견딘 사람은 없을 거야. 그녀의 가족들이 가장 잔인했어."

"가엾어라!" 아밀리아가 말했다.

"친구가 없다면 죽겠다고 했어." 조스는 나지막하고 떨리는 목소리로 말을 계속했다. "끔찍한 노릇이지! 그녀가 자살하려고 했다는 것을 아니? 그녀는 아편을 가지고 있어. 내가 그녀의 방에서 그 병을 보았거든. 방이라고 하지만 비참하기가 이루 말할 수 없을 정도였어. 삼류 호텔인 엘리펀트였어. 그것도 맨 위층에 있는 다락방이야. 내가 가봤거든."

이 말도 에미의 마음을 움직이지는 못한 것 같다. 그녀는 약간 미소를 머금고 있었다. 아마 그녀는 헐떡이며 계단을 올라가는 조스의 모습을 상상했으리라.

"그녀는 슬픔을 이기지 못해 거의 미칠 듯했어." 그는 다시 시작했다. "그녀가 견디어온 고난은 정말 듣기만 해도 끔찍해. 그녀에겐 조지와 나이가 같은 아들이 있어."

"그래요, 그래, 기억나요." 에미가 말했다. "그래서요?"

"그 애가 아주 잘생겼다는 거야." 몸집이 뚱뚱하면서도 쉽게 감동을 받곤 하던 조스는 베키의 얘기를 듣고 완전히 감동한 모양이다. "천사같이 어여쁜 애였다는데, 자기 어머니를 무척 좋아했지. 그런데 악당들이 그녀의 품에서 울부짖는 애를 빼앗아가서 다시는 만나지 못하게 했다는 거야."

"조지프 오라버니." 에미는 이 말을 듣고 소스라치듯 놀라더니 고함치다시피 말했다. "당장 만나러 가요." 그녀는 옆에 있던 자기 침실로 들어가서는 흥분을 감추지 못하며 모자를 쓰고 숄을 팔에 걸치고 나왔다. 그녀는 도빈에게도 같이 가자고 했다.

도빈이 그녀의 어깨에 숄을 씌워주었다. 그 숄은 하얀 캐시미어 천으로 만든 것으로 소령이 인도에서 보내준 것이었다. 그는 그녀의 말을 따르는 수밖에 별 도리가 없었다. 그녀는 그의 팔짱을 끼고 밖으로 나와 베키를 찾아갔다.

"5층 92호실이야." 조스가 말했다. 아마 그는 기다란 계단을 다시 오르고 싶어하지 않는 눈치였다. 그는 엘리펀트 호텔이 보이는 자기 방 창가에 서서 도빈과 아밀리아가 시장터를 거쳐 걸어가는 것을 바라보았다.

베키도 자기 방에서 그들을 내려다본 듯하다. 그녀는 두 학생들과 웃으며 이야기를 하고 있었고, 두 학생들은 조금 전에 다녀간 베키의 할아버지라는 사람의 생김새를 두고 농담을 하고 있었는데, 베키가 얼른 그들을 쫓아내고 미리 방을 치우고 있었기 때문이다. 엘리펀트의 주인은 오즈번 부인이 궁정에서 총애를 받는 부인이라는 것을 알고 그녀를 존경하고 있었던지라, 두 손님이 베키를 찾자 몸소 그들을 안내하였다. 그는 계단을 오르는 손님들을 격려해주며 다락방까지 이끌고 갔다.

"부인! 부인!" 주인이 베키의 방문을 두드리며 말했다. 그는 전날에도 베키를 찾아온 적이 있었지만, 결코 그녀에게 정중히 대해주지는 않았다.

"누구세요?" 베키는 이렇게 말하며 머리를 내밀더니 가늘게 비명을 질렀다. 에미가 몸을 떨며 서 있었고, 키 큰 도빈 소령이 단장을 짚고 있었다.

도빈은 가만히 선 채 이 광경을 매우 흥미롭게 바라보고 있었다. 그러나 에미는 베키에게 뛰어들어 두 팔로 그녀를 포옹하며 그 자리에서 모든 것을 용서해주었다. 그녀는 베키를 껴안고 진심으로 키스했다. 아! 불쌍한 사람! 그대의 입술은 이렇게 진심에서 우러나온 키스를 받아본 적이 있는가?

제66장
연인끼리의 싸움

아밀리아처럼 다정한 여자의 솔직하고 친절한 마음씨는 베키처럼 타락한 여자의 딱딱한 마음에도 감동을 주게 마련이다. 에미의 애정과 친절한 말에 베키는 고마워했고, 비록 오래 가지는 않을지 모르나 그때만큼은 거의 순수하다고 볼 수 있는 감정을 표시하기도 했다. '울부짖으며 자기 품에서 떨어져 나간' 아들에 대한 거짓말이 그녀에게 행운을 가져다준 셈이다. 이 비통한 불행에 대해 애기하지 않았던들 그녀는 자신의 옛 친구 에미를 되찾지 못했을 것이다. 그리고 이 불행한 애기는 바로 순박한 아밀리아가 다시 만난 친구 레베카에게 맨 처음 물어본 애기였다.

"네 사랑스러운 아들을 가족들이 빼앗아갔다면서?" 바보 같은 아밀리아가 말했다. "오, 레베카, 불쌍도 하지. 난 아들을 빼앗긴 적이 있어서 네 심정을 이해할 수 있어. 자비로운, 정말 자비로운 하느님께서 내 아들을 다시 내게 돌려준 것처럼 너의 아들도 다시 너에게 돌려줄 거야."

"내 아들 말이야? 오, 그래. 정말 끔찍하리만큼 괴로워." 베키는 이렇게 말했지만 양심의 가책을 느꼈을 것이다. 아밀리아가 친구의 말을 그대로 믿으며 순박하게 동정심을 표하자 레베카는 바로 거짓말을 해야 했는데, 그녀의 마음도 편할 리는 없었다. 그러나 그것은 거짓말로 시작된 불행이었다. 사소한 거짓말이라도 하게 되면 거짓말에 합당한 다른 거짓말을 지어내야 하는 법이다. 그러다 보면 쌓이고 쌓인 거짓말들이 점점 늘어나기 마련이고, 거짓말이 들킬 위험은 날로 커진다.

베키는 말을 계속했다. "그 애를 빼앗겼을 때 정말 끔찍했어(부디 침대 속에 묻어둔 술병 위엔 앉지 말기를). 나는 죽으려고 했어. 다행히 뇌염에 걸렸었거든. 그때 의사도 나를 포기했었어. 그런데 죽지 않고 이렇게 회복하고 말았단다. 하지만 난 돈도 한 푼 없고 친구도 없어."

"아이는 몇 살이니?" 에미가 물었다.

"열한 살이야." 베키가 대답했다.

"열한 살이라고!" 에미가 소리쳤다. "우리 조지와 같은 해에 태어나지 않았나? 조지는—"

"그래, 그래." 베키가 외쳤다. 사실, 어린 로든의 나이를 까마득하게 잊어버렸던 것이다. "아밀리아, 워낙 슬픔 속에 잠겨 있자니 여러 일들을 잊어버리게 되는구나. 난 정말 많이 변했단다. 어떤 때는 미친 것 같아. 그 애를 빼앗길 때 아이의 나이가 열한 살이었던가봐. 정말 얼굴도 잘생겼더랬는데. 그 뒤로 한 번도 보지 못했으니."

"그 애의 머리카락은 어떤 빛깔이니? 검은 빛이야? 아니면 밝은 빛?" 바보 같은 에미는 다시 물었다. "그 애의 머리카락을 보여줘."

베키는 아밀리아의 단순함에 웃음이 나올 뻔했다. "오늘은 안 돼. 이다음에 라이프치히에서 내 짐이 도착하거든 보여줄게. 이곳에 오기 전에 거기 있었거든. 난 옛날 행복하던 시절에 그린 그 애의 초상화도 있어."

"가엾은 베키!" 에미가 말했다. "난 정말 하느님께 감사해야겠구나." (우리는 만약 우리가 다른 사람들보다 더 행복하게 살게 되거든 하느님께 감사히 여기라는 교훈을 어린 시절부터 집안의 여자들로부터 배우게 되는데, 이와 같은 경건한 행동이 진실로 합리적인 종교적 행위인지 나는 의아스러운 바이다) 에미는 언제나 그렇듯이 자기 아들이 이 세상에서 가장 잘났고 가장 착하며 가장 영리하다는 생각을 하기 시작했다.

"우리 조지를 한번 만나봐." 이것은 베키를 위로하기 위해 에미가 생각할 수 있었던 최선의 말이었다. 무엇인가 그녀에게 위안을 줄 수 있는 것이 있다면 바로 이 말이었을 것이다.

그렇게 두 여인은 한 시간 남짓 이야기를 계속했다. 그동안 베키는 에미에게 자기가 겪어온 일을 모조리 들려줄 수 있었다. 그녀는 자기가 로든 크롤리와 결혼한 데 대해 가족들이 심하게 반대했다는 둥, 그녀의 동서(교활하다고도 했다)가 그녀에게 불리한 말만 남편에게 했다는 둥, 남편이 다른 여자와 관계를 가지면서 자기를 미워했다는 둥, 가난에 허덕이며 가장 사랑하던 남편으로부터 멸시와 냉대를 받아왔지만 오직 아들을 생각하여 견뎌 왔다는 둥, 여러 이야기를 들려주었다. 그리고 지체 높고 영향력 있지만 부도덕한 스타인 후작을 미끼로 삼아, 남편이 출세하기 위하여 그녀의 순결한 명예를 희생하라고 강요했을 적에 그녀는 남편과 헤어지지 않을 수 없는 처지였다고 하면서 화를 내기까지 했다. 정녕 극악무도한 놈이라고 하며 베키는 분개했다.

다사다난한 지난날의 이야기 중에서도 특히 이 부분을 이야기할 때 베키는 여자로서의 몸가짐을 잊지 않고 분연히 자기 미덕을 자랑하며 마치 고결한 부인이 모욕을 받은 듯한 표정을 지었다. 이와 같은 모욕을 당하고 베키가 남편의 집을 떠나야만 했을 적에 비열한 남편은 아들을 빼앗아감으로써 화풀이를 했다고 말했다. 그래서 그녀는 돈도 없이 누구의 도움도 받지 못한 채 친구 하나 없는 불쌍한 여자로 떠돌아다니게 되었다고 했다.

꽤 오랫동안 이야기를 들은 뒤 에미는 베키의 말을 그대로 믿었다. 에미의 성격을 잘 알고 있는 사람들이라면 그녀가 이런 거짓말에 속아 넘어갈 것이라는 것을 상상할 수 있으리라. 파렴치한 로든과 부도덕한 스타인의 소행에 대한 얘기를 들으면서 그녀는 분노로 몸을 부르르 떨었다. 베키가 상류사회의 친척들로부터 박해를 받고 결국은 남편과 헤어져버렸다고 이야기하는 구구절절이 에미의 눈은 놀란 빛이었다(베키는 남편을 욕하지는 않았다. 분노보다는 슬픔에 잠긴 채 이야기했다. 그녀는 남편을 너무 사랑해왔고, 또 그는 자기 아들의 아버지이지 않느냐고 했다). 아들과 헤어지던 장면만 하더라도, 베키가 이야기를 하는 동안 에미는 손수건을 끄집어내 눈물을 닦았다. 그 귀여운 비극배우는 자기 연극이 청중에게 끼친 영향을 보고 분명 기뻐했으리라.

두 여인이 이야기를 하는 동안 꿋꿋하게 아밀리아의 호위를 담당해 오던 소령은(물론 그들의 이야기를 방해하고 싶지 않고, 천장이 낮아서 모자가 스쳐 보풀이 일 것 같은 좁은 계단의 통로를 삐걱거리며 걸어다녀 보았지만 결국 싫증이 나서) 아래층으로 내려왔다. 그는 엘리펀트의 손님들이 누구나 드나들던 커다란 홀로 갔다. 계단은 이 홀에서부터 위로 나 있었다. 홀 안은 언제나 담배연기로 자욱하였고 사람들이 맥주를 마시고 있었다. 한 더러운 테이블 위에는 투숙객을 위해 수지양초를 꽂아놓은 비슷비슷한 촛대가 수십 개나 놓여 있었으며, 투숙객이 사용하는 방문 열쇠가 초 위에 줄지어 걸려 있었다. 얼마 되지 않아 에미가 얼굴을 붉히며 이 방을 지나갔는데, 여기에는 온갖 종류의 인간들이 다 모여 있었다. 티롤 지방에서 온 장갑 장수라든가, 다뉴브 강의 리넨 상인, 버터 바른 빵과 고기를 먹고 있는 학생들, 너절하게 맥주를 쏟아놓은 테이블에서 트럼프와 도미노 노름을 하고 있는 건달들, 공연이 끝난 뒤 식사를 하고 있는 공중제비 곡예사들 등—요컨대 축제 때 독일 여관집에서 볼 수 있는 담배연기나, 소음 같은 것들은 모두 찾아볼 수 있었다. 종업원이 소령에게 맥주를 가져왔음은 말할 것도 없다. 그는 담배를 꺼내 물고서 아밀리아가 내려와 그를 찾을 때까지 그 독한 담배를 피우고 신문을 읽었다.

얼마 뒤 맥스와 프리츠가 모자를 비스듬히 쓰고 박차를 짤랑거리며 내려왔다. 그들이 물고 있는 파이프에는 문장이 화려하게 장식되어 있었으며, 갈색 술이 달려 있었다. 그들은 90호실의 열쇠를 판자 위에 걸고 버터 빵과 맥주를 주문했다. 둘은 소령 옆에 앉아서 이야기를 시작했는데, 소령도 어느 정도는 듣지 않을 수 없었다. 화제는 주로 대학신입생과 하숙집 주인이라든가, 결투, 가까이에 있는 쇼펜하우젠대학에서 벌어진 술판 따위였다. 두 대학생은 그 유명한 대학에서 베키와 함께 급행 역마차를 타고 펌퍼니클에서 열린 결혼식에 참석하기 위해 이곳으로 달려온 모양이었다.

"그 귀여운 영국 부인은 서로 아는 사이인가 봐." 프랑스 말을 알고 있는 맥스는 프랑스 말을 섞어가며 자기 친구 프리츠에게 말했다. "그 뚱뚱한 할아버지가 가버린 뒤 다른 귀여운 영국 부인이 또 찾아왔더군. 부인의 방에서 서로 이야기를 주고받고 흐느끼면서 우는 소리를 들었어."

"그녀의 연주회에 갈 입장권을 사야 할 텐데." 프리츠가 말했다. "돈 좀 가지고 있나? 맥스."

"흥." 맥스가 말했다. "그 연주회라는 게 막연하단 말이야. 한스가 그러는데 그녀는 라이프치히에서도 연주회를 연다고 광고를 냈던가봐. 그래서 대학생들이 입장권을 많이 샀다는 거야. 그런데 그녀는 노래는 하지도 않고 떠나버렸어. 어제 마차에서 그녀는 자기 피아니스트가 드레스덴에서 병에 걸렸다더군. 두고 봐. 이번에도 노래를 하지 못할 테니까. 그녀의 목소리는 너만큼이나 형편없어. 넌 도대체 맥주 통에 빠져서 소문이나 퍼뜨리고 다니지 아는 게 뭐야?"

"그래, 아주 형편없더군. 난 그녀가 창가에서 〈발코니 장미꽃〉이라는 영국 노래를 부르는 걸 들은 적이 있어."

"술을 그렇게 마시는데 어떻게 노래를 잘 부르겠어." 프리츠가 말했다. 그의 코가 붉은 것을 보니 그 역시 노래보다 술을 더 좋아할 사람이었다. "그만둬. 입장권은 사지 마. 그녀는 어제 저녁에 노름판에서 돈을 땄어. 내가 봤는데 웬 어린 영국 소년에게 노름을 시키더군. 돈이 있으면 노름판에 나가든지, 연극구경을 가든지, 아우렐리우스 공원에서 그녀에게 프랑스산 포도주와 코냑이나 사주자. 연주회 입장권은 사지 말고. 네 생각은 어때? 맥주 한 잔 더 할까?" 그들은 엷은 갈색 콧수염을 적셔가면서 김빠진 맥주를 들이켜고는 콧수염을 비틀어 손질한 뒤 으스대며 거리로 나갔다.

두 대학생의 대화를 듣고 난 뒤 열쇠걸이 위에 걸려 있던 열쇠의 번호가 90호인 것을 본 소령은 그들의 이야기가 베키에 관련된 것이었음을 알아차렸다. "이 악마 같은 여자가 또 옛날처럼 속임수를 쓰고 있구나." 그는 그녀가 조스에게 필사적으로 달라붙었는데도 우스꽝스럽게 끝나버리던 일 따위를 목격한 바 있었는데, 이러한 옛 추억을 돌이켜보면서 미소를 지었다. 그와 조지는 나중에도 이 일을 두고 웃어대곤 하였다. 그러나 조지가 아밀리아와 결혼하고 몇 주일이 지났을 때 조지도 이 귀여운 키르케(그리스 신화에서 마술로 오디세우스의 부하들을 돼지로 둔갑시켰다는 마녀)의 올가미에 걸려들어 한동안 서로 잘 지낸 적이 있었다. 그때 그의 친구 도빈은 이 관계를 눈치챘으나 모르는 체했다. 윌리엄은 너무 속상했거나 수치스러워서 이 불명예스러운 비밀을 파헤치려 하지 않았다. 그런데 한번은 조지가 후회스러운 듯 그 일을 넌지시 말한 적이 있다. 어느 날 아침 조지와 도빈이 워털루의 최전방에서 비를 맞으며 건너편 언덕 위에 몰려 있던 프랑스군 무리를 살펴보고 있을 때였다. "난 어떤 여자와 바보 같은 짓을 했어." 조지가 말을 꺼냈다. "마침 출전하게 되어 다행이야. 내가 죽더라도 에미가 그 일을 몰랐으면 해. 그따위 짓을 하지 말았어야 했어." 오즈번이 아내를 떠나 카트르브라에서 전투를 치른 다음날, 진지하게 애정을 담아 자기 아버지와 아내에 대한 얘기를 해주었던 사실을 윌리엄은 즐겨 떠올렸고, 불쌍한 조지의 미망인에게 이 이야기를 들려줌으로써 여러 번 위로를 해주

기도 했다. 그 후에 그가 오즈번 노인을 만나서 얘기할 때도 이와 같은 사실들을 강조했다. 그렇게 함으로써 노신사가 죽은 아들과 화해하게끔 한 것이다.

'그런데 이 악마 같은 여자가 아직도 음모를 꾸미고 있군.' 윌리엄은 생각했다. '그 여자와 떨어져 있어야 해. 그녀는 가는 곳마다 말썽을 일으킨단 말이야.' 소령이 읽지도 않는 지난주의 〈펌퍼니클〉지를 앞에 놓고 두 손으로 머리를 감싼 채 불길한 예감과 일련의 불쾌한 생각을 하고 있을 때 누군가가 양산으로 그의 어깨를 두드렸다. 고개를 들어보니 아밀리아 부인이었다.

이 여인은 도빈 소령을 제압하는 듯한 자태였다(아무리 연약한 사람이라도 자기가 지배할 수 있는 부류의 사람이 반드시 있는 법이니까). 그녀는 마치 소령이 뉴펀들랜드 개인 듯 그에게 이래라 저래라 명령하고 쓰다듬었으며, 물건을 물고 오라 가라 하기도 하였다. 말하자면 그녀가, "자, 도빈!"이라고 한다면 소령은 물에라도 뛰어들어가고, 그녀의 손가방을 물고서 그녀의 뒤를 졸졸 따라다닐 터였다. 만약 독자 여러분께서 이 이야기를 읽으며 소령이 아밀리아에게 홀딱 반했다는 것을 알아차리지 못했다면 작자는 여태껏 헛수고한 셈이다.

"왜 기다렸다가 나와 함께 계단을 내려오지 않았나요?" 그녀는 고개를 살짝 쳐들고 비꼬듯이 인사했다.

"복도에서 서 있을 수가 없었어요." 그는 익살맞게도 변명하는 듯한 표정을 지으며 대답하였다. 그리고 즐겁게 그녀와 팔짱을 끼고서 지독한 담배연기가 자욱한 홀 밖으로 나갔다. 종업원이 뒤쫓아와 엘리펀트 호텔 입구에서 그를 붙들며 마시지도 않은 맥주값을 치르라고 하지 않았다면 그는 그런 종업원 따위는 잊어버린 채 가버렸을 것이다. 에미는 웃으면서 소령에게 당신은 돈도 내지 않고 도망치는 무례한 사람이라며, 그에 걸맞은 농담을 했다. 그녀는 쾌활하고 기분이 좋았으며 아주 씩씩한 걸음으로 시장터를 지나갔다. 그녀는 당장 조스를 만나겠다고 했다. 소령은 아밀리아가 내보인 성급한 애정에 웃음을 지었다. 그녀가 자기 오라버니를 '당장' 만나겠노라고 한 적은 드물었던 것이다.

마침 조스는 2층에 있는 자기 객실에 있었다. 그는 손톱을 물어뜯으며 방안을 왔다갔다 하고 있었다. 에미가 다락방에서 베키와 이야기를 하고 있는 동안, 그리고 소령이 손가락으로 술집의 젖은 테이블을 두드리고 있는 동안, 조스는 시장터 건너편에 있는 엘리펀트 호텔을 적어도 백 번은 넘게 바라보았다. 에미가 그를 보고 싶어하는 것 못지않게 그도 에미를 몹시 보고 싶어 했다.

"어떻게 됐어?" 그가 말했다.

"가엾게도 무척 고생을 한 모양이에요!" 에미가 말했다.

"정말 그래." 조스는 맞장구를 치며 고개를 흔들었다. 그러자 그의 뺨이 젤리처럼 부르르 떨렸다.

"페인을 위층으로 올려보내고 베키가 페인의 방을 쓰게 할까 봐요." 에미가 말을 계속했다. 페인은 차분한 영국 출신의 하녀로서 오즈번 부인이 개인적으로 부리고 있었다. 키르슈 씨는 이 하녀를 정중히 대해주는 것이 자기의 의무인 양 생각했고, 조지는 독일 강도들이라든가 유령 이야기로 그녀를 놀리곤 하였다. 그녀는 불평을 늘어놓거나, 여주인에게 이러쿵저러쿵 명령조로 이야기하거나, 당장 내일 아침에 자기 고향인 클래펌으로 돌아가겠다거나 하면서 주로 시간을 보냈다. "베키에게 페인의 방을 쓰게 해야지." 에미가 말했다.

"부인, 그 여자를 이 집으로 데려 오겠다는 말입니까?" 소령은 펄쩍 뛰며 외쳤다.

"물론이지요." 아밀리아는 세상에서 가장 순진한 듯이 말했다. "화를 내셔서 말썽 일으키거나 하진 마세요. 도빈 소령님, 베키를 이 집으로 데려 올 생각이니까요."

"그렇고말고." 조스도 말했다.

"참 불쌍하게도, 몹시 고생을 했더군요." 에미가 말을 이었다. "그녀가 돈을 맡겨두었던 못된 은행가는 파산하여 야반도주했고, 그녀의 남편은 그녀를 버리고 아이까지 빼앗아간 악당이에요." (이렇게 말하면서 그녀는 두 주먹을 불끈 쥐고 마치 위협이라도 하는 듯이 앞으로 내밀었다. 그러자 소령은 그녀의 용감한 모습에도 매력을 느꼈다.) "정말 가엾지 않나요! 혼자 외로이 지내는 데다 먹고살기 위해 성악 레슨을 해야 한대요. 그런데도 이리로 데려오면 안 된다니요?"

"차라리 레슨을 받으세요, 조지 부인." 소령이 소리쳤다. "그렇지만 그녀를 이 집으로 데리고 오진 마세요. 제발 부탁입니다."

"흥!" 조스가 말했다.

"당신은 언제나 착하고 친절하셨는데 의외군요, 윌리엄 소령님." 아밀리아도 소리쳤다. "그녀가 이렇게 비참한 생활을 하고 있을 때 도와주지 않는다면 언제 도와주겠어요? 지금이야말로 우리가 그녀를 도와주어야 할 때예요. 제일 오래된 친구예요, 결코—"

"아밀리아, 그녀가 언제나 부인에게 친구로 대해주지는 않았음을 기억해두세요." 소령은 매우 화가 나 말했다. 이 말을 듣자 에미는 더 이상 참을 수 없었다. 그녀는 아주 화난 얼굴로 소령을 빤히 쳐다보면서 말했다. "도빈 소령님, 부끄러운 줄 아세요!" 이렇게 쏘아붙인 뒤 그녀는 기세등등하게 방을 나가더니 자기 방문을 획 닫아 자신의 모습과 상처 입은 자존심을 감추어버렸다.

"그런 말을 하다니!" 그녀는 문을 닫고 혼자 중얼거렸다. "오! 그 일을 꺼내다니, 너무 잔인해." 그녀는 남편 조지의 초상화를 바라보았다. 그 아래에는 아들 조지의 초상화도 걸려 있었다. "너무 잔인해. 내가 만약 모든 것을 용서했었더라면 그가 그런 말을 했을까? 아니야. 내 질투가 얼마나 사악하고 근거 없는 것인지 말해준 것은 바로 그였어. 그리고 당신이 아무 잘못 없다는 것도요—오, 하늘에 있는 나의 천사, 당신은 아무 잘못 없어요!"

그녀는 화가 나서 몸을 떨며 방 안을 서성였다. 그녀는 초상화 아래에 놓여 있던 옷장으로 가서 몸을 기댄 채 줄곧 초상화를 바라보았다. 초상화의 두 눈은 나무라는 듯한 표정으로 그녀를 내려다보며, 보면 볼수록 표정이 점점 더 심각해지고 있는 듯했다. 짧지만 사랑이 가득했던 먼 옛날의 소중한 추억들이 그녀의 가슴에 물밀듯이 밀려들었다. 여러 해가 흘렀으나 아직도 다 아물지 않은 상처가 다시금 피를 흘리기 시작했고, 얼마나 쓰라리게 느껴졌는지 모른다! 그녀는 자기 남편의 초상화가 자기를 나무라는 듯한 착각을 더는 견뎌낼 수 없었다. 정녕, 정녕 견딜 수가 없었다.

가엾은 도빈, 가엾은 윌리엄! 그 불운한 한마디가 긴 세월의 노력을 물거품으로 만들었다. 가려진 정열, 헤아릴 수 없는 노력, 남모르는 희생 따위가 은밀히 감추어진 기초 위에 오랫동안 공들여 사랑과 절개의 삶을 상징하는 탑을 쌓아올렸건만 무너지고 만 것이다. 짧은 말 한마디로 아름다운 희망의 궁전은 무너지고 말았다. 아니, 한마디 말 때문에 그가 일생을 두고 유혹하려던 새가 날아가버렸다.

아밀리아의 표정을 보고 큰 위기가 닥쳐왔음을 눈치챘지만 윌리엄은 세들리를 붙잡고 부디 레베카를 조심하라고 강경하게 간청했다. 그리고 그녀를 맞아들여서는 안 된다고 하면서 거의 미친 듯이 열렬히 부탁하기도 했다. 그는 세들리 씨에게 적어도 레베카의 정체쯤은 조사해 보자고 했다. 그녀가 도박사나 평판이 나쁜 사람들과 어울린다는 얘기를 자기가 들은 바 있노라고 말해주었다. 그는 레베카가 이전에 나쁜 짓을 저질렀다는 것을 지적하면서, 그녀와 크롤리가 가엾은 조지를 망쳐버린 적이 있지 않느냐고 따지기도 했다. 그리고 그녀가 남편과 헤어졌다고 했는데, 아마 거기에 무슨 사연이 있을 것이라고 주장하기도 했다. 세상 물정을 모르는 누이 아밀리아가 그런 여자와 다시 어울리게 된다면 정말 위험하지 않겠냐고 했다. 윌리엄은 조스에게 제발 레베카를 집으로 맞아들이지 말라고 애원하며 자기 재주껏 능변을 아끼지 않았고, 평소 말이 적던 이 신사에게서 찾아보기 어려운 굉장한 기운을 담아 말했다.

소령이 좀 더 차분하게 애원했거나 보다 교묘하게 애원했던들 그는 조스에게 성공적으로 호소할 수 있었을 것이다. 그러나 세들리는 소령이 자기에게 사뭇 우월한 태도로 말한다고 생각했고, 그 같은 태도를 적잖이 시기하고 있었다. (사실 조스는 이 문제를 자기 심복인 키르슈 씨에게 말했는데, 이번 여행 동안 도빈 소령이 그의 청구서를 일일이 대조해 화가 났던 키르슈는 곧장 자기 주인과 한편이 되었다.) 그래서 조스는 자기 명예라든가, 남이 자기 일에 간섭하지 않게 하고 싶은 욕망, 즉 소령의 의견을 듣지 않겠다는 의사를 거칠게 이야기했다. 그리고 그 길고도 파란만장한 대화는, 베키가 얼마 되지 않는 자기 짐을 운반하는 엘리펀트 호텔의 짐꾼과 함께 조스의 집에 도착했을 때 끝이 났다.

베키는 집주인인 조스에게 정중하게 인사했다. 그녀는 도빈 소령에게 조금 겁을 먹은 듯했으나 그에게도 우의에 넘치는 인사를 했다. 그녀는 그가 자기 적이며 자신에 대한 험담을 해왔으리라는 것을 본능적으로 눈치채고 있었다. 그녀가 도착하여 밖에서 시끄러운 소리가 들려오자 아밀리아가 자기 방에서 나왔다. 그녀는 베키에게 가서 아주 다정하게 포옹해주었다. 그녀는 소령을 본체만체하였으며, 단지 화난 얼굴로 한 번 힐끗 쳐다볼 뿐이었다. 아마 아밀리아가 세상에 태어나 그처럼 부당하고 조소에 찬 표정을 지어본 적은 없었을 것이다. 그러나 그녀는 나름의 이유로 소령에게 몹시 화가 나 있었다. 도빈은 자기가 패배를 당했기 때문이 아니라 부당한 대접에 화가 치밀어올랐다. 소령은 그녀가 자기에게 표한 이별의 인사 못지않게 오만무례한 태도로 인사를 한 뒤 그 자리를 떠났다.

그가 떠나버리자 에미는 베키에게 유난히 명랑하고 상냥하게 대하였으며, 이 방 저 방 야단스럽게 뛰어다녔고, 베키를 자기 방에 불러 아주 활기차게 극진한 대접을 해주었다. 매우 조용한 성격인 아밀리아가 과거에 이런 활기와 정성을 보인 적은 거의 없었다. 사람들, 특히 마음이 약한 사람들이 뭔가 부당한 행동을 할 때는 그것을 재빨리 해치우는 법이다. 에미는 자기가 옛 친구를 맞아들임으로써 고인이 된 남편 오즈번 대위에 대한 확고한 믿음과 올바른 감정, 존경심을 보이는 것이라 생각했다.

축제에 참석했다가 식사 시간에 맞춰 돌아온 조지는, 전처럼 네 사람분의 음식이 준비되어 있긴 했지만 도빈 소령의 자리에 한 부인이 앉아 있는 것을 보았다. "저기, 돕 아저씨는 어디 갔어요?" 어린 신사가 여느 때처럼 천진난만한 어조로 물었다. "도빈 소령께서는 아마 밖에서 식사하시는 모양이야." 그의 어머니가 말했다. 그녀는 아들을 끌어당겨 키스를 퍼붓고 이마에 흘러내린 머리카락을 넘겨준 뒤 크롤리 부인에게 소개했다. "레베카, 내 아들이야." 오즈번 부인이 말했다. 마치 세상에 이처럼 잘난 애가 또 있겠느냐는 말투였다. 베키는 황홀하다는 듯이 조지를 보면서 그의 손을 다정하게 꼭 쥐었다. "어머나!" 그녀가 말했다. "꼭 닮았어, 내⋯⋯." 북받치는 감정 때문인지 그녀는 말을 잇지 못했다. 아밀리아는 베키의 말을 더 듣지 않아도 그녀가 자기 아들을 생각하고 있다는 것을 알았다. 그러나 크롤리 부인은 아밀리아와 함께 살게 되어 위안을 받았다는 듯이 아주 잘 먹어댔다.

식사 도중에 그녀는 몇 차례 이야기할 기회를 가졌는데, 그때마다 조지는 그녀를 바라보며 이야기에 귀를 기울였다. 디저트 시간에 에미는 집 안 정돈을 감독하려고 밖으로 나갔고, 조스는 〈갈리냐니〉지를 펴든 채 의자에 앉아 꾸벅꾸벅 졸고 있었다. 그리하여 조지와 레베카는 서로 가까이 앉아 있게 되었다. 조지는 다 안다는 듯이 베키를 여러 번 바라보더니 드디어 들고 있던 호두까기를 내려놓았다.

"틀림없어요." 조지가 말했다.

"뭐가?" 베키가 웃으면서 물었다.

"노름판에서 가면을 쓰고 있던 분이죠?"

"쉿! 어리지만 참 약빠르구나." 베키는 조지의 손을 잡고 키스하며 말했다. "너의 외삼촌도 그 자리에 있었단다. 그렇지만 엄마에게 말하면 안 돼."

"오! 이야기 안 해요." 소년이 대답했다.

"우리는 이제 친구야." 마침 방에 들어온 에미를 보고 베키가 말했다. 오즈번 부인이 아주 현명하고 다정한 친구를 자기 집 안에 불러들였다는 말을 해두어야겠다.

몹시 화가 난 윌리엄은 앞으로 자기에게 닥쳐올 모든 배반을 아직 의식하지 못한 채 거리를 이리저리 미친 듯이 헤매고 있었다. 그러다가 마침 공사관의 테이프웜을 만나 점심식사에 초대받았다. 그들이 식사를 하며 이야기를 주고받을 때 그는 대리대사에게 로든 크롤리 부인이라는 여자가 런던에서 잡음을 일으킨 모양인데, 혹시 그 여자를 아느냐고 물어보았다. 테이프웜은 물론 런던의 모든 소문들을 잘 알고 있었던 데다가 곤트 부인의 친척이었다. 그는 베키와 그녀의 남편에 대한 끔찍한 얘기를 들려주어 소령을 놀라게 했다. 그는 이 추문의 세세한 부분까지 남김없이 소령에게 말해줬는데, 작자도 수년 전에 꼭 같은 식탁에 앉아 식사를 하며 그 이야기를 들은 바 있다. 터프토, 스타인, 크롤리 부부라든가 그들이 걸어온 길 및 베키와 그녀의 전력에 대한 이야기를 이 신랄한 외교가는 모조리 알고 있었다. 그는 세상에 모르는 것이 없었다. 한마디로 그는 순진한 소령에게 놀랄 만한 사실들을 폭로했다. 오즈번 부인과 세들리 씨가 그 악녀를 집으로 불러들였다는 얘기를 도빈이 했을 때, 테이프웜은 날카로운 목소리로 폭소를 터뜨려 소령에게 충격을 주었다. 그는 차라리 까까머리에 노란 재킷을 입고 한 쌍씩 쇠줄에 묶여서 펌퍼니클의 거리를 청소하는 감옥 죄수들을 집 안으로 맞아들여 어린 조지를 돌보게 하는 것이 더 낫지 않겠느냐고 했다.

이런 얘기를 듣자 소령은 적잖이 놀라며 겁을 먹었다. 그날 아침 레베카를 만나기 전, 아밀리아는 저녁에 궁정에서 열리는 무도회에 나가기로 했었다. 소령은 무도회에서 에미를 만나 모든 얘기를 들려주어야겠다고 마음을 먹었다. 소령은 집으로 돌아가서 제복을 차려입고 오즈번 부인을 만날 희망으로 궁정으로 갔다. 그러나 그녀는 아무리 기다려도 오지 않았다. 그가 숙소로 돌아왔을 때 세들리 집에는 등불이 다 꺼져 있었다. 그래서 그는 이튿날 아침까지 기다리는 수밖에 없었다. 도빈 소령은 이 무서운 비밀을 가슴에 품은 채 잠자리에 들었으나 잠인들 제대로 잘 수가 있었겠는가.

이튿날 아침 일찍 도빈은 하인에게 편지를 써 주어 아밀리아에게 전하게 했다. 그녀에게 꼭 할 말이 있다는 내용이었다. 그러나 오즈번 부인은 몸이 매우 좋지 않아 방에 있겠다는 회답을 보냈다.

아밀리아 역시 밤새 한숨도 못 잤다. 그녀는 지금까지 그녀의 마음을 수없이 흔들어놓은 어떤 일을 생각하고 있었다. 그녀는 자신이 감당해낼 수 없으리라 생각하던 유혹 앞에 굴복해버릴 듯하다가 주춤하고 몸을 움츠린 적이 여러 번 있었다. 그의 마음은 한결같이 애정을 계속 표시해왔고, 그녀도 그에게 호의와 감사한 마음을 가지고 있었지만, 유혹에 따를 수는 없었다. 그 이득이 무엇이며 변함없는 마음과 미덕이 도대체 무엇이란 말인가? 소녀의 곱슬머리 한 올과 남자의 수염 한 올만으로도 단숨에 균형이 깨질 수 있었다. 그러한 미덕들은 다른 여자들과 마찬가지로 에미에게도 큰 무게를 차지하지 못했다. 그녀는 그 미덕들을 헤아려보고, 받아들이려 해봤지만 받아들일 수가 없었다. 그리하여 무자비한 그녀는 이제 한 구실을 찾아내 자유로워지기로 마음먹었다.

그날 오후에 소령은 드디어 아밀리아를 만날 수 있었다. 아밀리아는 오랫동안 자신이 해왔던 진심어린 다정한 인사 대신 형식적으로 정중한 인사를 했을 뿐, 장갑을 긴 채로 악수하자마자 그에게서 작은 손을 빼내버렸다.

레베카도 그 방에 있었다. 그녀가 미소를 지으며 손을 내밀고 다가오자 도빈은 꽤 당황하면서 뒤로 물러섰다. "미안합니다, 부인." 소령이 말했다. "내가 오늘 이곳에 온 것은 부인의 친구로서가 아니라는 점을 말해두겠습니다."

"젠장, 됐으니 그만둬." 깜짝 놀란 조스는 싸움만은 일어나지 않기를 바라며 소리쳤다.

"도빈 소령은 레베카에게 무슨 비난을 하려는 거죠?" 아밀리아는 약간 떨리는 목소리로 나지막하고 분명하게 말했다. 결심을 단단히 한 듯한 눈빛이었다.

"내 집에서는 아무 말도 못 하네." 조스가 다시 끼어들었다. "내 집에서는 안 돼. 그러니 도빈, 제발 그런 얘긴 그만둬." 그는 얼굴이 새빨갛게 되어 몸을 떨며 주위를 돌아보더니 담배를 한 모금 빨고 나서 문 쪽으로 갔다.

"잠시만요!" 레베카는 천사같이 다정한 말투로 이야기했다. "도빈 소령이 저에 대해 무슨 험담을 하는지 들어보세요."

"안 듣겠소." 조스는 아주 큰 소리로 고함을 친 뒤 가운을 집어들더니 밖으로 나가버렸다.

"여자들만 남았네요." 아밀리아가 말했다. "이제 말해보세요."

"나에게 이런 태도로 대해주다니 정말 당신에게 어울리지 않는 일이오, 아밀리아." 소령이 거만하게 말했다. "나는 여자들을 예외없이 대한 적이 없소. 나도 좋아서 이런 말을 하러 온 것은 아닙니다."

"제발 이야기나 빨리 해보세요. 도빈 소령님." 점점 화가 치민 아밀리아가 말했다. 그녀의 오만한 태도에 도빈의 표정도 좋지 않았다.

"내가 말하고 싶은 것은—크롤리 부인, 당신이 이곳에 머물고 있으니 당신 앞에서 이야기하겠소. 나는 당신이 내 친구의 가족들과 어울려서 함께 살아서는 안 된다고 생각합니다. 남편과 헤어져서 자기 가문의 이름을 생각지도 않은 채 여행하며 공공도박장에 자주 드나드는 여자는—"

"내가 간 곳은 무도회장이랍니다." 베키가 소리쳤다.

"오즈번 부인과 그녀의 아들과는 어울리지 않습니다." 도빈은 말을 이었다. "이곳에는 당신을 아는 사람도 많습니다. 당신의 소행에 대해 안다고 말하는 사람이오. 그러나, 그러나 오즈번 부인 앞이니 그 이야기는 하지 않겠소."

"도빈 소령님, 당신은 지금 비방을 아주 손쉽고 점잖게 하는군요." 레베카가 말했다. "자세한 이야기는 하지도 않고 단지 비난만 함으로써 나를 억누르려 하고 있어요. 도대체 무슨 말을 하려는 거죠? 내가 남편에게 충실치 못했다는 건가요? 나는 그런 비난을 비웃고 싶네요. 그런 비난을 하려는 사람이라면 누구라도 멸시하고 싶어요. 당신을 멸시한단 말입니다. 나의 명예는, 지금까지 나를 괴롭힌 어떤 적과 비교해도 지지 않을 만큼 결백해요. 당신은 내가 남편에게 버림받은 채 가난하고 비참하게 생활하는 것을 비난하고 싶은가요? 그래요. 내게는 그런 결점이 있어요. 그래서 매일같이 괴롭게 살죠. 에미, 난 가겠어. 내가 너를 만나지 않았다고 생각하면 돼. 내가 불행하기는 어제나 오늘이나 마찬가지니까. 날이 밝아서 하룻밤을 지새운 불쌍한 방랑객이 다시 길을 떠난다고 생각하면 돼. 우리가 옛날에 즐겨 불렀던 노래가 생각나지 않니? 그때부터 나는 이렇게 살아왔어. 불쌍하게도 버림받은 여자야. 비참하게 산다고 해서 경멸받았고, 외로운 존재라는 이유로 모욕을 받아왔어. 나는 가겠어. 내가 이곳에 머문다면 이 신사의 계획에 방해가 될 테니까."

"정말 그렇소. 부인." 소령이 말했다. "내가 만약 이 집에서 조금이라도 권한이 있다면야—"

"권한이라니, 조금도 없어요." 아밀리아가 소리를 질렀다. "레베카, 우리 집에 있어. 네가 여태껏 박해를 받았다고 해서 너를 버리지 않을 거야. 도빈 소령이 너에게 모욕을 준다고 해서 나까지 너를 모욕하진 않겠어. 가자." 두 여인은 문 쪽으로 걸어갔다.

윌리엄은 문을 열었다. 그러나 그들이 밖으로 나갈 때 그가 아밀리아의 손을 잡고 말했다. "잠깐 이곳에서 나와 이야기하지 않겠습니까?"

"그는 나를 떼어놓고 너에게만 이야기를 하고 싶어하는구나." 베키는 마치 순교자 같은 표정으로 말했다. 아밀리아는 그녀의 손을 잡음으로써 대답을 대신했다.

"내가 말하려는 것은 맹세코 당신 이야기가 아닙니다." 도빈이 말했다. "아밀리아, 들어와요." 그러자 그녀는 되돌아왔다. 도빈은 크롤리 부인을 내보낸 뒤 문을 닫으며 그녀에게 고개를 끄덕여 보였다. 아밀리아는 거울에 몸을 기대고 선 채 소령을 바라보았다. 그녀의 얼굴과 입술은 새파랗게 질려 있었다.

"내가 방금 한 말은 실수였어요." 소령은 잠시 있다가 말했다. "내가 권한이란 말을 잘못 썼습니다."

"그래요." 아밀리아는 입술을 부르르 떨며 말했다.

"적어도 내 이야기만은 들어주어야 하지 않소." 도빈이 말을 이었다.

"우리가 당신에게 신세를 지고 있다는 것을 상기시켜주시다니 정말 친절하세요." 에미가 대답했다.

"내가 말한 권리는 조지의 아버지가 내게 물려준 것을 말합니다." 윌리엄이 말했다.

"알아요. 그러나 당신은 그분을 모욕했어요. 어제 모욕을 주었단 말이에요. 당신도 알겠죠. 그러니 당신을 용서하지 않겠어요. 결코 용서하지 않겠어요!" 아밀리아가 말했다. 그녀는 분노와 격정에 휩싸여 몸을 부르르 떨면서 한마디 한마디를 내뱉었다.

"진심이오, 아밀리아?" 윌리엄이 슬픈 듯이 말했다. "당황하여 던진 몇 마디의 실언이 한평생을 통해 이루어 놓은 헌신적인 봉사보다 더 의미가 있다는 말은 아니겠지요? 내가 한 말이 조지를 모욕했다고는 생각하지 않습니다. 그리고 우리가 이렇게 서로 비난만 하고 있다면 나는 그의 미망인이자 그의 아들의 어머니인 당신에게 아무것도 기대할 수 없습니다. 이다음에 마음이 가라앉거든 한번 다시 생각해 보세요. 그러면 당신의 양심은 이러한 비난을 철회하게 될 것입니다. 지금이라도 철회할 수야 있겠지만." 아밀리아는 머리를 숙였다.

"당신이 그런 생각을 한 것은 어제 내가 한 말 때문이 아닙니다." 그가 말을 계속했다. "그건 단지 구실에 불과해요, 아밀리아. 그렇지 않으면 내가 지난 15년간 헛되이 부인을 사랑하고 지켜온 셈이지요. 15년 동안 나는 부인의 감정을 읽고 부인의 생각을 들여다보게 되었으니까요. 나는 부인의 애정이 어떠한지 알고 있소. 당신의 마음은 추억에 집착하고 있으며, 하나의 망상을 아끼고 있습니다. 그러나 나의 애정에 대해서는 응분의 애정을 보여주지 않지요. 나는 오직 부인보다도 더 마음이 너그러운 여자로부터 그런 애정을 얻을 수 있는가 봅니다. 아니, 부인은 내가 부인에게 바쳐온 애정을 받을 만한 분이 아닌가 봅니다. 나는 내가 일생을 건 목표가 그럴 만한 가치가 없다는 것도, 내가 부인에게 남은 보잘것없는 애정을 얻기 위해 나의 진실과 열정을 바쳐 흥정하려는 어리석은 생각을 하는 바보라는 것도 처음부터 알고 있었습니다. 이제는 더 흥정을 하지 않으렵니다. 이제 물러서겠습니다. 물론 부인에게는 아무런 잘못이 없습니다. 부인은 아주 마음 착한 분으로서 여태까지 최선을 다해오셨습니다. 그러나 부인은, 부인은 내가 부인에게 품고 있던 애정의 절정까지 이르지 못하였습니다. 그러니 부인보다 더 숭고한 영혼을 가진 다른 여자가 나의 애정을 받아들이고 자랑스럽게 여길 때가 있을 것입니다. 잘 있어요, 아밀리아. 그동안 부인의 마음이 갈등하는 것을 보아왔습니다. 이젠 그것도 끝내야죠. 우리는 모두 그 갈등 때문에 지칠 대로 지쳤습니다."

그리하여 윌리엄이 그녀와의 연결고리를 끊어버리고 자신의 독립과 우월성을 선언했을 때, 아밀리아는 너무 놀라서 선 채로 아무 말도 하지 못했다. 그가 오랫동안 그녀 앞에 몸을 굽히고 있었기 때문에, 가련한 아밀리아는 그를 짓밟고 다니는 데 익숙해져 있었던 것이다. 아밀리아는 도빈과 결혼할 마음은 없었지만 그를 자기 곁에 두고 싶어 했다. 그에게 아무것도 주지 않으려 하면서도 그로부터 모든 것을 받아내려고 했다. 이는 사랑하는 사람 사이에 흔히 이루어지는 흥정이다.

윌리엄의 반격은 그녀를 완전히 꺾어버렸다. 그녀의 공격은 이미 끝난 지 오래이며 완전히 지고 말았다.

"그러면 떠나시겠다는 건가요, 윌리엄?" 그녀가 말했다.

그는 슬프게 웃었다. "전에도 한 번 떠난 적이 있지요." 그는 말했다. "그리고 12년 뒤에 다시 돌아왔습니다. 그땐 우리도 젊었지요. 그럼 잘 있어요, 아밀리아. 이런 일에 내 삶을 바치는 것도 이제는 충분해요."

두 사람이 이야기를 하는 동안, 오즈번 부인의 방으로 통하는 문은 조금 열려 있었다. 베키는 문 손잡이를 잡고 있다가 도빈이 방을 떠나자 곧 그 손잡이를 돌렸다. 그녀는 두 사람이 주고받은 대화를 모두 들었던 것이다. '소령은 정말 고결한 마음씨를 갖고 있구나.' 그녀는 생각했다. '에미는 한심하기도 하지.' 그녀는 도빈에게 감탄했다. 그가 비록 자기에 대해서 악담을 늘어놓으려 하긴 했지만 레베카는 도빈에게 원한을 품지 않았다. 그것은 당연한 행동이었고 정직한 싸움이었다. '아!' 그녀는 생각했다. '도빈처럼 착한 마음씨와 뛰어난 머리를 가진 분이 남편이었다면 얼마나 행복했을까! 다리가 긴 것쯤은 상관하지도 않았을 텐데.' 그러고 나서 자기 방으로 뛰어간 베키는 곰곰이 생각한 끝에 그에게 제발 떠날 생각을 말고 며칠만 더 머물러 있어달라고 애원하는 편지를 썼다. 그녀는 자기가 도빈과 아밀리아의 관계를 다시 화해시키기 위해 노력하겠다고 했다.

이별은 끝났다. 가엾은 윌리엄은 다시 한 번 문으로 걸어가더니 사라져버렸다. 이 모든 일의 장본인이었던 미망인 아밀리아는 자기 뜻대로 승리를 거두었고, 혼자서 그 승리의 기쁨을 마음껏 누리고 있었다. 귀부인 여러분, 그녀의 승리가 부럽지 않습니까?

즐거운 저녁 식사 시간에 어린 조지가 나타나더니 돕 아저씨는 어디 있느냐고 물었다. 모두들 묵묵히 식사를 했다. 조스의 식욕은 여전히 왕성했지만 에미는 아무것도 먹지 않았다.

식사가 끝나자 조지는 낡은 창가에 쌓아놓은 여러 개의 쿠션 위에서 빈둥거렸다. 이 커다란 창문은 박공 옆에 달려 있고 유리창이 삼면으로 나 있었는데, 거기에서 엘리펀트 호텔이 서 있는 시장터의 일부를 내다볼 수 있었다. 소년의 바로 옆에서는 어머니가 일에 열중하고 있었다. 조지는 건너편에 있는 소령 집에서 이사 준비라도 하는 것 같다고 했다.

"저것 좀 보세요." 그가 말했다. "돕의 마차가 보여요. 뜰에서 끌어내고 있어요." 그 마차는 소령이 6파운드에 사서, 사람들이 놀리곤 하던 것이었다.

에미는 조금 놀랐으나 아무 말도 하지 않았다.

"저것 봐요." 조지가 말을 이었다. "프랜시스가 여러 개의 여행가방을 들고 나오고 있어요. 그리고 애꾸눈 쿤츠가 세 마리 흰 말을 끌고 시장터로 걸어가고 있어요. 장화를 신고 노란 재킷을 입었네요. 참 괴상한 친구예요. 야아, 말을 돕의 마차에 매는군. 아저씨, 어디 가요?"

"그래." 에미가 대답했다. "여행을 떠나신단다."

"여행을 떠나신다고요? 그럼 언제 돌아오시지요?"

"돌아오시지 않는단다." 에미가 대답했다.

"돌아오지 않는다고요!" 조지는 벌떡 일어나며 소리를 질렀다. "나가면 안 돼!" 조스가 큰 소리로 명령했다. "조지, 나가면 못써." 아밀리아도 아주 슬픈 얼굴로 말했다. 소년은 나가지 못한 채 방 안을 오락가락했다. 그는 우묵히 들어간 창가에 무릎을 꿇고 앉거나 뛰며 아주 불안과 호기심에 싸인 듯한 표정이었다.

말이 마차에 매였다. 짐은 마차에 실려 묶였다. 프랜시스는 자기 주인의 장검과 단장, 우산 등을 묶어서 마차 위의 우묵히 들어간 곳에 놓았고, 책상과 낡은 모자 상자는 좌석 아래에 놓았다. 프랜시스는 낡고 때가 묻은 푸른 색 망토를 가지고 나왔다. 이 망토는 낙타털로 짠 캠릿천으로 안을 댄 것으로 소령이 지난 15년간 입고 다녔으며, 그 당시에 유행하던 어떤 노래의 가사처럼 '많은 풍상을 겪어온'(독일 시인 카를 폰 홀타이의 발라드 《레노레》에 나오는 프러시아 군가 〈오래된 코트〉의 구절) 것이다. 워털루전투 때만 하더라도 망토는 새것이었다. 카트르브르에서 밤을 보내며 조지와 윌리엄은 이 망토를 덮고 있었다.

여관집 주인 버크 노인도 밖으로 나왔다. 프랜시스는 마지막 남은 짐을 가지고 나왔고 뒤이어 윌리엄 소령이 나왔다. 버크는 소령에게 인사를 하고 싶어 했다. 소령은 주위의 모든 사람들에게 사랑을 받았다. 이처럼 여관집 주인이 인정을 표시해올 때에 이것을 피하기란 어려운 일이다.

"맙소사! 가봐야겠어요." 조지가 꽥 소리를 질렀다. "그분에게 이걸 갖다 드려라." 흥미롭게 지켜보던 베키가 소년의 손에 종이 한 장을 쥐여주었다. 그는 계단을 뛰어 내려가서 단숨에 거리를 건너갔다. 노란 재킷을 입은 마부가 채찍을 살살 휘두르고 있었다.

윌리엄은 집주인의 포옹에서 풀려나와 마차에 오르고 있었다. 조지는 뒤따라 마차에 올라타서 소령을 안았다. (그의 가족들은 창에서 이 광경을 내려다보고 있었다.) 소년은 소령에게 이것저것 물었다. 그런 뒤 조끼 주머니 속에서 종이를 한 장 끄집어내어 그에게 주었다. 윌리엄은 아주 정성스럽게 그 종이를 받아쥐고는 떨리는 손으로 펼쳤다. 그러나 갑자기 얼굴빛이 변하더니 그는 종이를 갈기갈기 찢어서 마차 밖으로 내던졌다. 그는 조지의 손에 키스했다. 소년은 두 주먹으로 눈물을 닦으며 프랜시스의 도움을 받아 마차에서 내려왔다. 그는 마차의 좌석에 손을 댄 채 서성거렸다. 자아! 가자! 노란 재킷을 입은 기수가 채찍을 내리치자 프랜시스는 마부대로 깡충 뛰어올랐고, 흰 말들은 달리기 시작했다. 도빈은 머리를 푹 떨어뜨렸다. 마차가 아밀리아의 창문 아래를 지날 때도 그는 쳐다보지 않았다. 거리에는 조지가 혼자 남아 모든 사람이 보는 앞에서 울음을 터뜨렸다.

에미의 하녀는 조지가 밤에 큰 소리로 울자 살구파이를 갖다주고는 달랬다. 하녀 역시 소년과 함께 울었다. 소령을 알고 있던 가난뱅이들, 천민들, 정직한 사람들, 착한 사람들은 누구나 마음씨 착하고 소박한 그 신사를 좋아한 것이다.

에미로 말하자면 그녀의 본분을 다한 셈이 아닌가? 그녀는 스스로 위안을 삼기 위한 조지의 초상화가 있었으니.

제67장
출생 결혼 그리고 죽음

도빈의 진정한 사랑이 성공이라는 왕관을 쓸 수 있도록 베키가 어떠한 계획을 꾸몄든 간에, 그녀는 그것을 비밀로 했다. 사실 남들의 행복을 자신의 행복만큼 생각하지 않았던 베키는 자기 자신과 관련하여 생각해야 할 문제가 너무 많았다. 그런 문제가 도빈 소령의 행복보다 그녀에게 더 큰 관심거리였음은 말할 나위 없다.

그녀는 정말 뜻밖에도 아늑하고 안락한 숙소에 들게 되었고, 그녀가 오랫동안 찾아볼 수 없었던 친절과 친구들, 마음씨 착한 사람들에게 둘러싸여 살게 되었다. 그녀는 운명으로 보나 천성으로 보나 방랑객일 수밖에 없긴 했지만 안식이 즐겁게 느껴지는 순간도 있었다. 낙타 등을 타고 사막을 오가면서 일생을 보내 마음이 굳어진 아랍인들이 가끔 물가에 있는 대추야자 그늘에서 쉬거나, 도시로 가서 시장 속을 걸어다니거나, 목욕을 하며 피로를 풀거나, 사원에 들어가서 기도를 올리고 난 뒤 다시 방랑의 길에 오르고 싶어하듯이 이스마엘(성경 창세기에 나오는 인물로 대중과 사회의 미움을 받음)의 신세가 된 이 귀여운 여인은 조스가 제공해 준 집과 음식을 즐겼다. 그녀는 자신의 말을 매어놓고 모든 무기를 걸어놓고는 조스가 피워놓은 모닥불 가에서 편안하게 몸을 녹였다. 그녀는 쉴 새 없이 방황하던 생활을 멀리하고 말할 수 없는 위안과 즐거움을 맛보고 있었다.

그래서 자기가 기쁨을 맛보게 되자 그녀는 다른 사람들을 즐겁게 해주려고 노력했다. 그녀가 사람들을 즐겁게 해주는 데에 특히 뛰어난 솜씨를 지녔다는 것을 우리는 모두 알고 있다. 조스만 하더라도 그가 처음에 엘리펀트 호텔의 다락방에서 베키와 만나 이야기를 하는 동안 그녀는 그의 호의를 얻을 방법을 찾아냈다. 한 주가 지나는 동안 조스는 레베카 앞에서 마치 선서한 노예처럼 굴고 그녀를 열광적으로 찬미하게 되었다. 아밀리아와 둘이 조용한 생활을 할 때 조스는 저녁 식사를 마치고 곧장 잠자리에 드는 습관이 있었지만, 이제는 그러지 않았다. 그는 자기 무개마차를 타고 베키와 함께 나가곤 했다. 그리고 그녀를 존경하는 뜻에서 조그만 연회를 열기도 했다. 베키에 대해 그렇게도 잔인한 욕을 하던 테이프웜 대리대사는 도빈 소령이 떠나버리자, 조스와 식사를 함께하고 매일 찾아와서 베키에게 존경심을 보였다. 불쌍한 에미는 원래부터 말이 적었지만 도빈이 떠난 뒤로는 전보다 더 침울해지고 말이 없어졌다. 게다가 베키가 나타나서 천재적인 사교술을 보이자 에미 따위는 까맣게 잊히고 말았다. 프랑스 공사 역시 자신의 적인 영국 공사 못지않게 베키에게 매력을 느꼈다. 영국인과 사귀는 데 그다지 도의적인 면으로 까다롭게 따지는 일이 없던 독일 여인들은 오즈번 부인의 매력 있는 친구 베키가 보여주는 영리하고 재치 있는 언동을 즐거워했다. 비록 그녀가 궁정에 나가겠다고 청하지는 않았지만, 궁내에서 당당한 고관직에 있던 인사들은 그녀가 몹시 매혹적인 여자라는 얘기를 들은 적이 있는지라 그녀를 만나고 싶어 했다. 그녀가 영국의 어떤 고귀하고 전통 있는 집안 출신으로, 그녀의 남편은 근위대 중령으로서 한 식민지 섬의 총독각하라는 사실이 알려졌다. 그리고 그녀가 사소한 의견차이 때문에 남편과 헤어졌다는 사실이 알려지긴 했지만, 《베르테르》가 아직 읽히고 있으며 괴테의 《친화력》이 도덕 서적으로 간주되고 있던 독일에서 그런 사소한 결점은 별로 문제가 되지 않았다. 그러니 이 공국의 상류사회로 베키를 맞아들이는 것에 반대할 사람은 하나도 없었다. 부인들은 이전에 아밀리아에게 호의를 보인 때보다도 '너, 나' 하고 지내며 친구가 되었다. 순진한 독일사람들이 사랑과 자유에 대한 개념을 풀이하는 방식을 요크셔나 서머싯셔에 사는 정직한 사람들은 도무지 이해하지 못할 것이다. 이성적이고 문명화된 마을에서는 한 여자가 몇 번이고 남편과 헤어지더라도, 사교계에서 품위를 유지할 수 있었다. 레베카는 조스의 집 분위기를 아주 즐겁게 만들었는데, 조스는 자기 가정을 꾸며본 뒤로 그렇게 즐거운 것이 처음이었다. 레베카는 노래를 부르거나 피아노를 치거나 웃어주었으며, 두세 가지 언어로 이야기를 하기도 했다. 그녀를 만나기 위해 조스의 집을 찾아오지 않는 사람이 없었다. 그러나 조스에게는 그가 사교술이 능란하기 때문에 사람들이 오는 거라고 믿게 만들었다.

에미는 외상값 청구서를 지불할 때를 빼면 이 집 여주인 노릇을 조금도 하지 못했다. 이를 눈치챈 베키는 그녀를 위로하고 기쁘게 해주기 위한 방도를 생각해냈다. 그녀는 떠나버린 도빈 소령에 대한 이야기를 끊임없이 늘어놓으며, 그 훌륭하고 고결한 신사를 칭찬하고, 에미가 그에게 너무 잔인하게 대했다는 말을 서슴없이 했다. 에미는 자기 행동을 옹호하면서 그것이 가장 순수한 종교적 원칙에 따른 것이라고 했다. 자신이 다행히도 결혼하게 된 천사 같은 남편은 영원히 자기 남편일 수밖에 없다고 말했다. 그러나 그녀도 베키가 멋대로 소령을 칭찬할 때 그것을 하나도 빼놓지 않고 모두 들어주었다. 사실 그녀는 날마다 수십 번씩 화제를 도빈에게 돌렸다.

조지와 하인들의 호의를 얻는 방법 또한 쉽사리 찾아냈다. 전에도 말했듯이, 아밀리아의 하녀는 너그러운 도빈 소령을 좋아했다. 베키가 소령과 자기 마나님 사이를 갈라놓은 장본인이어서 처음에 베키를 싫어하던 그녀도, 크롤리 부인이 윌리엄을 가장 열렬히 옹호하고 칭찬하는 것을 보고는 그녀를 좋아하게 되었다. 연회가 끝난 뒤에 두 부인이 사담을 주고받을 때라든가, 혹은 자신이 한 마나님의 노란 머리카락이나 다른 부인의 연갈색 머리단에 이른바 '빗질'을 할 때면 페인 양은 정답고 착한 도빈 소령의 이야기를 꺼내곤 했다. 에미는 베키가 소령을 칭찬하는 것을 듣고서 화내지 않는 것처럼, 하녀가 소령을 옹호할 때도 화를 내지 않았다. 하녀는 조지 도련님으로 하여금 소령에게 끊임없이 편지를 쓰게 했으며, 추신에 엄마의 애정 어린 마음을 반드시 넣게 했다. 밤에 에미가 남편의 초상을 바라보아도 그 초상은 이제 그녀를 나무라지 않았다—반면 윌리엄이 떠나버린 지금은 그녀가 그 초상화를 보고 나무라고 있었을 것이다.

에미는 장렬한 자기희생 뒤에 그다지 행복하지 못했다. 멍하니 초조해하고 말없이 시간을 보내며 웃지도 않았다. 가족들은 그녀가 그렇게 화를 잘 내는 것을 여지껏 본 적이 없었다. 그녀는 안색도 나쁘고 병들어갔다. 그녀는 특정한 노래(《혼자 있어도 외롭지 않네》는 그중 하나로, 베버가 작곡한 부드러운 사랑 노래이다. 젊은 여성분들, 아마 여러분이 세상에 태어나기 전에 여러분의 선배 되는 여인들은 이 노래를 즐겨 부르곤 했답니다)—다시 말해 도빈이 좋아하던 노래를 즐겨 불렀다. 저녁노을이 물들 무렵 그녀는 객실에서 그 노래들을 부르다가 도중에 노래를 멈추고 옆에 있는 자기 방으로 들어가곤 했는데, 남편의 초상화에서 안식처를 찾고 있었음에 틀림없다.

도빈이 떠난 뒤에도 도빈의 이름이 적혀 있는 책이 몇 권 남아 있었다. 그중 한 권은 독일어 사전으로, 첫장 공백에는 '제××연대 소속 윌리엄 도빈'이라고 적혀 있었다. 그 밖에도 그의 이름의 머리글자만 적혀 있는 여행안내서라든가, 소령이 쓰던 책이 한두 권 더 있었다. 에미는 그 책들을 치워버렸다. 그녀는 조지 부자의 초상화 아래에 있던 옷장 속에 책들을 넣었다. 그 속에는 그녀의 바느질상자와 책상, 성경, 기도문집 등이 함께 들어 있었다. 소령은 떠날 때 장갑을 두고 갔는데, 나중에 조지가 자기 어머니의 옷장을 뒤지다가 이른바 어머니의 비밀서랍 속에 그 장갑이 깨끗이 접혀서 보관되어 있는 것을 본 적이 있었다.

사람들과 어울리기를 별로 좋아하지 않던 에미는 사교장에서 언제나 우울해지곤 했기 때문에, 여름날 저녁이면 조지를 데리고 멀리까지 산책하는 것을 가장 큰 즐거움으로 삼았다(그동안 베키는 조지프 씨와 단둘이 남아 있게 마련이었다). 산책을 하면서 모자간에 도빈 소령이 화제로 오르곤 했는데 그때의 분위기는 소년이 미소를 지을 만큼 화기애애했다. 그녀는 윌리엄 소령이 이 세상에서 가장 착한 분이며, 가장 점잖고, 가장 친절하고, 가장 용감하고, 가장 겸손한 분이라고 생각한다는 말을 아들에게 해주었다. 그녀는 자신들이 이 세상에서 가지고 있는 것은 모두 친절한 소령의 호의 덕분이라고 했다. 그들이 빈곤과 불행에 빠져 있을 때 소령이 그들을 친구처럼 돌보아주었고, 아무도 그들을 돌보아주지 않던 시절에도 소령만은 그들을 진심으로 걱정해주었으며, 그가 자신이 한 일에 대해서는 결코 이야기하지 않았지만 그의 친구들은 모두 그를 존경했다고 말했다. 그 밖에도 그녀는 조지의 아버지가 어느 누구보다 소령을 신임하였으며, 착한 윌리엄과 끊임없는 우정을 나누었다는 얘기도 들려주었다. "네 아버지가 자주 얘기해 주었단다. 아버지가 어렸을 적 학교에서 대장 노릇을 하던 아이에게 괴롭힘을 당할 때 그분이 아버지를 지켜주었다고 말이야. 그때부터 네 아버지가 세상을 떠난 순간까지 두 분 사이의 우정은 변함이 없었지."

"도빈 아저씨는 아버지를 돌아가시게 한 녀석을 죽였나요?" 조지가 물었다. "분명 그랬을 거예요. 잡았다면 죽였을 거예요. 그렇잖아요, 어머니?

내가 군에 들어가면 프랑스군을 해치워버릴 거예요. 정말이에요."

이런 이야기를 주거니 받거니 하면서 아밀리아와 아들 조지는 함께 오랜 시간을 보내곤 했다. 이 천진난만한 여인은 자기 아들을 자기와 툭 터놓고 이야기할 수 있는 친구로 삼았던 것이다. 소년은 소령을 잘 알고 있는 다른 어느 누구 못지않은 소령의 친구였다.

베키 부인은 정서적인 면에서 남보다 뒤지지 않기 위하여 아밀리아처럼 방에 초상화를 하나 걸어놓았다. 그래서 대부분의 사람들은 놀라고 또 즐거워했다. 이것을 가장 기쁘게 생각한 사람은 바로 초상화의 주인공인 조스였다. 그녀가 눈에 띄게 초라한 보따리를 들고 세들리 식구를 찾아왔을 적에, 그녀는 아마 자기 짐 가방과 옷보따리가 너무 보잘것없는 것을 수치스럽게 여겼으리라. 그녀는 자기가 라이프치히에 짐을 두고 떠나왔노라고 과장스럽게 말하면서 이 짐이 빨리 도착해야 할 것이라고 말하곤 했다. 만약 한 여행자가 자기는 화려한 짐보따리를 가지고 있지만 마침 들고 오지 못했노라고 자꾸 아쉬워한다면 그 여행자를 조심해야 한다. 틀림없이 사기꾼이기 때문이다.

조스나 에미는 이 중요한 교훈을 몰랐다. 베키가 보이지 않는 짐 가방 속에 화려한 옷을 많이 가지고 있거나 말거나 그들에게는 상관없는 듯했다. 그러나 베키가 입고 있는 옷이 너무 보잘것없어서 에미는 자기 옷을 주기도 했고, 마을에서 유명한 옷가게에 그녀를 데리고 가 옷을 지어주기도 했다. 그래서 이제는 옷깃이 찢어진 옷이라든가, 어깨에 빛 바랜 실크 천이 너풀거리는 옷 따위는 입지 않았다. 베키는 자기 처지가 바뀜에 따라 여러 습관도 바꾸었다. 그녀는 연지를 바르지 않았다. 자기가 오랫동안 습관적으로 탐닉해오던 다른 즐거움도 그만둔 듯했는데, 아니면 적어도 남모르게 계속하였다. 즉 여름날 저녁에 에미와 소년이 산책을 나가고 없을 때면, 그녀는 조스의 권유에 못 이기는 척하며 술을 조금씩 들었던 것이다. 설사 그녀가 술에 빠져 있지 않았다고 하더라도 하인 키르슈는 술에 빠져 있었다. 이 악당 녀석은 도저히 술병을 멀리할 수가 없었으며, 그가 술을 들기 시작하면 주량도 말할 수 없이 컸다. 그런데 그는 세들리 씨가 마실 코냑이 자꾸 줄어드는 것을 보고 가끔 놀라곤 했다. 참으로 가슴 아픈 일이다. 그러나 베키는 자기가 이 점잖은 집으로 이사오기 전만큼 술을 많이 마시지는 않았으리라.

드디어 오랫동안 자랑해온 짐이 라이프치히에서 왔다. 모두 세 개였는데, 딱히 크지도 화려하지도 않았다. 짐이 도착했을 때 베키는 그 속에서 옷이나 장신구를 꺼내는 것 같지도 않았다. 서류뭉치를 넣어두었던 서랍(로든 크롤리가 미친 듯이 뒤져서 베키가 숨겨놓은 돈을 찾아냈던 바로 그 서랍) 속에서 그녀는 아주 즐거운 듯이 그림 한 장을 끄집어내더니 자기 방에 핀으로 꽂아놓고 조스에게 구경을 시켰다. 그것은 연필로 그린 한 신사의 초상화로, 신사의 뺨에만 분홍빛을 칠해 놓은 것이었다. 신사는 몇몇 야자수와 탑이 보이는 곳에서 코끼리를 탄 채 멀어지는 중이었다. 즉 동양의 풍경이었다.

"세상에! 내 초상화가 아닙니까!" 조스가 소리쳤다. 바로 1804년에 재단한 무명 재킷을 입고 젊음과 아름다움을 발산하고 있는 조스였던 것이다. 러셀 스퀘어에 늘 걸어두곤 하던 낡은 그림이었다.

"제가 샀어요." 베키는 감정에 복받치는 듯이 떨리는 목소리로 말했다. "저는 제 다정한 옛 친구들에게 무슨 도움이라도 줄 수 있을까 하고 재산 경매 때 가보았지요. 그 뒤 저는 이 그림과 한시도 떨어져 있지 않았고 또 앞으로도 이 그림을 결코 버리지 않을 거예요."

"정말이오?" 조스는 이루 말할 수 없는 감격과 만족을 느낀 듯이 소리쳤다. "나를 위해서 이 그림을 소중히 여겨왔단 말인가요?"

"그럼요, 잘 아실 텐데요." 베키가 말했다. "그렇지만 무엇 때문에 그 옛날을 이야기하거나 생각하거나, 떠올린단 말이에요? 이젠 너무 늦었는걸요."

그날 저녁에 그들이 주고받은 얘기는 조스에게 정녕 감미로웠다. 에미는 매우 지쳐서 돌아오더니 몸이 좋지 않다며 곧장 침실로 들어가버렸다. 조스와 베키는 머리를 맞대고 멋진 얘기를 속삭였다. 아밀리아는 바로 옆방에서 잠이 들지 않고 깨어 있었으므로, 레베카가 조스에게 1815년 때의 옛 노래들을 불러주는 것을 들을 수 있었다. 조스도 그날밤은 아밀리아처럼 잠을 이루지 못했는데, 그에게는 정말 드문 일이었다.

때는 마침 6월이었다. 런던 사교계에서는 시즌이 절정에 달할 무렵이었다. 날마다 재미있는 〈갈리냐니〉지(해외여행객들의 둘도 없는 친구)를 읽는 조스는 아침 식사 때 신문에서 몇몇 기사를 골라 여인들에게 읽어주곤 했다. 매주 이 신문에는 군부의 동정에 대한 상세한 기사가 났는데, 군 경험이 있는 조스는 그 기사에 무척 관심을 가지고 있었다. 어느 날 그는 다음과 같은 기사를 읽었다.

　제××연대 귀국. 그레이브젠드, 6월 20일—동인도회사 소속 선박인 램
천더호는 이 용감한 연대소속인 14명의 장교와 132명의 하사관을 태우고
오늘 아침에 템스 강에 들어왔다. 그들은 그들이 영광스럽게 용맹을 떨친
워털루전투를 끝낸 뒤, 영국을 떠나 버마전쟁에서도 혁혁한 무공을 세우
고 14년 만에 귀국하였다. 노련한 연대장인 바스 2급 훈작사 마이클 오다
우드 대령은 자기 부인과 누이를 데리고 상륙하였으며, 그 밖에도 포스
키·스터블·맥크로·마로니 등 여러 대위를 비롯해 스미스·존스·톰프슨·F.
톰슨 등 여러 중위들과 기수인 힉스와 그래디 등이 상륙하였다. 부두에서
는 악대가 국가를 연주하였고, 이 노련한 장병들이 웨이트 호텔로 들어갈
때 군중들은 환성을 올리며 그들을 맞았다. 호텔에서는 영국을 지킨 장병
들을 위하여 성대한 연회가 열렸다. 웨이트 호텔에서도 가장 성대한 연회
를 열었음은 말할 나위 없다. 식사가 진행되는 동안 환호성이 매우 열광적
인지라 오다우드 대령 부부는 발코니로 나와 웨이트 호텔의 최상급 포도
주로 동포들의 건강을 비는 축배를 들기까지 했다.

　그 뒤 조스는 도빈 소령이 채텀에서 제××연대와 합류했다는 짤막한 기
사를 읽었다. 이어서 그는 연대장인 바스 2급 훈작사 마이클 오다우드 경과
오다우드 부인(밸리말로니의 몰리 말로니 부인으로 불림)과 글로비나 오다
우드 양(레이디 오다우드라 불림)이 왕을 알현했다는 기사를 읽어주었다.
그리고 얼마 되지 않아서 도빈의 이름은 중령급 장교들의 명단에 끼게 되었
다. 늙은 팁토프 원수는 제××연대가 마드라스를 떠나 돌아오는 중에 서거
했으므로, 연대장 마이클 오다우드 경이 영국에 도착하자마자 왕은 그를 소
장 직위로 진급시켰고, 그가 오랫동안 지휘해오던 이 유명한 연대의 연대장
으로 도빈을 임명했던 것이다.

　아밀리아는 이러한 흐름을 조금씩 전해 듣고 있었다. 조지와 그의 후견인
사이에 서신왕래가 줄곧 이어졌던 것이다. 윌리엄은 독일을 떠난 뒤 한두 차
례 에미에게 편지를 쓰긴 했지만 내용이 어찌나 차갑던지, 이번에는 이 불쌍

한 여인이 자기는 이제 도빈을 지배할 수가 없으며, 그의 말대로 그는 이미 자유로운 인간이 되었다고 생각했다. 도빈이 그녀를 버리고 가자 그녀는 너무 슬펐다. 그에게서 수없이 많은 도움을 받은 일이나 그의 숭고하고 애정 어린 배려가 자꾸만 떠올라 밤낮으로 그녀를 나무랐다. 그녀는 자기 습관대로 이러한 추억을 깊이 되새겨 보았고, 자기가 하찮게 여기던 그의 사랑이 순수하고 아름다웠다는 사실을 그제야 알게 되었으며, 이렇게 귀중한 사람을 내동댕이쳐버린 자기 자신을 몹시 꾸짖었다.

그의 애정은 이미 사라져버렸다. 윌리엄은 그의 애정을 다 쏟았다. 그는 자기가 이전처럼 아밀리아를 좋아하지 않는다고 생각했다. 그는 다시 그녀를 그렇게 좋아할 수도 없었다. 그렇게나 오랫동안 그가 그녀에게 충실히 바쳐온 존중심을 떨쳐버리고 짓부순 뒤에 아무런 상처도 보이지 않게 고쳐놓을 수는 없다. 조심성이 없는 귀여운 폭군은 그 애정을 다시 돌이킬 수 없을 정도로 부숴놓았다. '아니, 내가 스스로 속여왔고 내가 감언이설로 꾀어내고자 한 것은 바로 나 자신이었다. 만약 그녀가 나의 애정을 받을 만한 사람이었다면 벌써 오래전에 나를 사랑했을 것이다. 내가 사랑에 눈이 멀어 착각을 한 것이다. 내 삶은 이러한 어리석은 과오로 이루어진 것이 아닐까? 설사 내가 그녀를 내 것으로 만들었다고 해도 나는 승리를 거둔 그 다음날 그녀에게 환멸을 느꼈을 것이 아닌가? 내가 패배했다고 해서 슬퍼하고 부끄러워할 게 무어란 말인가?' 그가 반생을 살아오는 동안에 겪은 일들을 생각하면 할수록 자신이 기만당했다는 사실이 점점 더 뚜렷해졌다. "다시 군으로 돌아가겠어." 그는 말했다. "하느님이 기꺼이 정해준 그 위치에서 내 임무를 다하겠다. 부대의 신병들이 단추를 제대로 반짝이게 닦고 있는지, 하사관들이 보고서에 실수하지는 않았는지 살펴보겠다. 부대 내 식당에서 식사를 하면서 스코틀랜드 출신 군의관이 이야기를 할 때는 귀를 기울여주겠다. 늙어서 쓸모없어지면, 반봉휴직급을 받으며 살아야지. 그리고 내 누이들이 나를 나무라도록 해야지. 《발렌슈타인》에 나오는 소녀가 말하듯이, 나는 '사랑해 보았고, 살아보았다.' 이제 끝났어. 청구서를 지불하고 여송연을 하나 가져오게. 프랜시스, 오늘 저녁에 극장에서 무슨 연극을 상연하는지 좀 알아다오. 내일이면 바타비에호에 올라야 해." 그는 로테르담의 부둣가를 오락가락하면서 이렇게 말했지만, 프랜시스는 마지막 두 마디만 알아들었을 따름이었다.

바타비에호는 정박해 있었다. 그는 그와 에미가 처음에 영국을 출발할 때 앉았던 갑판 위를 바라보았다. 크롤리 부인은 그에게 무슨 이야기를 하려 했을까? 쳇! 내일이면 바다 건너 영국 고향으로 돌아가 다시 부대근무다!

6월이 지나자 펌퍼니클의 궁정에 몰려다니던 사교계 인사들은 독일의 풍습에 따라 흩어지기 시작했다. 그들은 약수터를 찾아가서 물을 마시거나 당나귀를 타고 나다녔으며, 돈과 느름할 생각이 있는 사람들은 무도장에 나가 도박을 하고, 수많은 사람들과 몰려다니며 호텔에서 식사를 즐기기도 했다. 영국 외교관들은 테플리츠와 키싱엔으로 떠나고, 그들의 숙적인 프랑스 외교관들은 공사관을 닫고서 그들이 좋아하는 겐트 시로 떠났다. 왕실 가족들도 피서지로 떠나거나 사냥터 별장으로 옮겨갔다. 모두 잔뜩 점잔을 빼며 휴양지로 떠났으며, 물론 왕실 의사 글라우버 남작과 그의 아내도 그들과 함께 떠났다. 이 해수욕 시즌은 의사에게 가장 바쁜 철이다. 즉, 그는 피서를 하면서 일을 했다. 그가 주로 가는 휴양지는 독일 사람들이 많이 찾는 오스텐트였다. 그곳에서 그는 자기 아내와 함께 해수욕을 즐겨 하곤 했다.
글라우버에게 흥미를 주는 환자인 조스는 그에게 정기적으로 돈을 대주는 자금원이기도 했다. 그는 조스의 건강과 아주 건강이 나빠진 아밀리아를 생각해서 그해 여름은 그 음산한 항구에서 보내도록 조스에게 권했다. 에미는 어디로 피서를 떠나든 별로 개의치 않았다. 조지는 그들이 다른 곳으로 옮겨간다는 얘기를 듣고 펄쩍 뛰며 좋아했다. 말할 것도 없이 베키도 조스가 산 멋진 4인승 마차의 네 번째 자리를 차지했다. 두 하인들은 마차 앞에 있는 마부대에 탔다. 베키는 오스텐트에서 자신을 아는 사람들을 만나게 되어 그들이 자기 험담을 늘어놓으면 어떡하나 하고 조금 불안해 하기도 했다. 그러나 그쯤이야 뭐! 그녀는 자기 입장을 옹호할 수 있을 만큼 지반이 든든하니 염려할 것 없다고 생각했다. 베키는 조스의 신임을 단단히 얻어놓았기 때문에 어지간한 풍파가 닥쳐온다고 해도 흔들릴 걱정이 없었다. 그림 하나로 그를 완전히 자기편으로 만들어놓았던 것이다. 그녀는 코끼리가 함께 그려진 그 그림을 떼어내 아주 오래 전에 아밀리아에게 받은 조그마한 책상 속에 집어넣었다. 에미도 보물처럼 귀중하게 생각하던 두 초상화를 가지고 떠났다. 드디어 그들은 비싸기만 할 뿐 안락하지 못한 오스텐트 집에 들어갔다.

오스텐트에서 아밀리아는 몸에 좋은 해수욕을 시작했다. 베키를 아는 수많은 사람들이 베키를 보고 외면했지만, 그들을 하나도 모르는 아밀리아는 베키와 함께 걸어다니면서도 그녀가 이렇게 냉대를 받고 있다는 것을 눈치채지 못했다. 아밀리아는 자기가 베키를 다시 벗으로 삼은 것이 정말 현명한 일이었다고 생각한 것이다. 사실 베키도 아무것도 모르는 에미에게 자기가 받고 있는 냉대에 대해서는 이야기하지 않았다.

그러나 로든 크롤리 부인의 지인 중에서도 선뜻 다가오는 사람이 몇몇 있었는데, 아마 그녀가 바랐던 것보다도 너무 선뜻 아는 체했다. 그 사람들 사이에는 로더 소령(무보직 중)과 룩 대위(전 소총연대 소속)가 끼어 있었다. 그들은 제방 위에서 담배를 피우며 여자들을 쏘아보고는 했는데, 조스 세들리 씨가 엄선된 사람들에게만 베푼 식사에도 나타났다. 사실 그들은 초대받지 못했다. 베키가 집에 있거나 말거나 소란을 떨며 집 안으로 들어왔고, 오즈번 부인이 쓰던 객실에 침입하여 그들이 입은 옷과 콧수염 냄새를 풍기곤 했다. 또 그들은 조스를 '늙은 멋쟁이'라고 부르면서 조스의 식탁에 끼어앉아 오랫동안 술을 얻어마시거나 웃어대거나 했다.

"무슨 뜻일까요?" 이 신사들을 좋아하지 않는 조지가 물었다. "어제 소령이 크롤리 부인에게 이렇게 말하는 것을 들었어요. '그러지 마, 안 돼, 베키, 그 늙은 멋쟁이를 혼자 독차지하려고 하지 마. 우리도 한몫 끼자고. 그렇잖으면 판을 깨뜨리고 말 테니.' 엄마, 소령의 말이 무슨 뜻이에요?"

"소령이라니! 그 사람을 소령이라고 부르지 말거라!" 에미가 말했다. "그 말이 무슨 뜻인지는 너에게 말할 수 없단다." 로더 소령과 룩 대위가 오면 그녀는 너무나 두렵고 싫었다. 그들은 술이 취해서 그녀에게 찬사를 늘어놓기도 했고, 식탁 너머로 그녀에게 곁눈질을 하기도 했다. 대위가 그녀에게 다가올 때면 그녀는 무서운 불안감에 사로잡혔다. 그래서 그녀는 아들 조지가 옆에 없으면 그를 쳐다보려고 하지도 않았다.

이를 눈치챈 레베카는 두 남자 중 누구든 아밀리아와 단둘이 있지 못하게 했다. 소령도 만나는 여자가 없었으므로 그녀를 꼭 정복하겠다고 맹세했다. 두 악당들은 순진한 그녀를 두고 다투며 그녀의 집에 와서 그녀를 걸고 도박을 했다. 이 악당들이 아밀리아에 대해서 음모를 꾸미고 있음을 그녀는 모르고 있었지만 늘 그들 앞에서 공포와 불안을 느꼈으며 그들을 피하고 싶어 했다.

아밀리아는 조스에게 영국에 돌아가자고 애원했다. 그러나 그는 그녀의 말을 듣지 않았다. 그는 굼뜨고 주치의에 매여 있었으며, 그 밖에도 몇몇 일과 관련되어 있었으리라. 적어도 베키는 영국에 돌아가고 싶어 하지 않았다.

마침내 아밀리아는 커다란 결심을 하고 과감히 실행에 옮겼다. 그녀는 영국에 사는 친구 한 사람에게 편지를 썼는데, 그 편지에 대해서는 아무에게도 이야기하지 않았다. 그녀는 편지를 솔 속에 숨겨서 몸소 우편국까지 가지고 갔으며 그것에 대해선 한마디도 하지 않았다. 조지를 만나자 그녀는 몹시 얼굴을 붉히며 당황했다. 그녀는 아들에게 키스를 하고, 그날 저녁내 아들 곁을 떠나지 않았다. 그녀는 산책을 마치고 돌아온 뒤에 자기 방에서 나오지 않았다. 베키는 로더 소령과 룩 대위 때문에 그녀가 겁을 먹었으리라고 생각했다.

'아밀리아를 여기 있게 하면 안 되겠어.' 베키는 혼자 생각했다. '저 바보는 이곳을 떠나야 해. 이미 15년 전에 죽어버린—참 잘도 죽었지! —얼간이 같은 남편을 두고 아직도 슬퍼하다니. 아밀리아가 그 두 녀석과 결혼하게 내버려두면 안 돼. 로더는 아주 나쁜 놈이야. 안 되지. 그녀는 그 대나무 지팡이 녀석과 결혼해야 해. 오늘 저녁에 당장 해결하겠어."

그래서 베키는 차를 한 잔 들고 아밀리아의 방에 갔다. 두 초상화를 앞에 둔 그녀는 아주 우울하고 초조해 보였다. 베키가 찻잔을 내려놓았다.

"고마워." 아밀리아가 말했다.

"아밀리아, 할 말이 있어." 베키는 아밀리아 앞을 왔다 갔다 하면서 업신여기는 듯한 친절한 태도로 아밀리아를 훑어보았다. "내 말 좀 들어봐. 너는 이곳의 무례한 인간들을 벗어나야 해. 난 네가 그런 인간들한테 시달리게 내버려두고 싶지 않아. 네가 이곳에 있으면 그들은 너를 더욱더 모욕할 거야. 정말 악당들이니까. 감옥살이를 하기에 딱 알맞은 놈들이지. 내가 그들을 알고 있다고 너무 걱정하진 마. 나는 모르는 사람이 없으니까. 조스는 너를 보호해줄 수 없을 거야. 그는 너무 약해서 자신이 보호자를 필요로 할 지경이거든. 너는 갓난아기처럼 이 험한 세상을 혼자 살아갈 수 없어. 넌 재혼해야 해. 그렇지 않으면 너나 네 아들이 파멸하고 말 거야. 넌 남편이 있어야 해, 이 바보야. 내가 아는 가장 훌륭한 신사 한 사람이 너에게 여러 번 청혼해왔잖니. 그런데 넌 거절했지. 이 인정머리 없고 배은망덕한 바보야!"

"나도 애써보았어. 노력해봤단 말이야. 정말이야, 레베카." 아밀리아는 애원조로 말했다. "그런데 잊을 수가……." 그녀는 말을 끝맺는 대신에 남편의 초상화를 쳐다보았다.

"잊을 수가 없다고!" 베키가 소리쳤다. "그 이기적인 사기꾼을 잊을 수 없다니! 버릇없는 런던내기에 겉멋만 잔뜩 든 얼간이인 데다 재주도 예의도 애정도 없는 인간을 말이니? 엘리자베스 여왕과 너를 비교할 수가 없듯, 그 대나무 지팡이를 들고 다니는 친구와 네 남편은 비교가 안 돼. 네 남편은 네게 싫증이 나서 널 한동안 버리기까지 했잖니. 그때 도빈이 결혼 맹세를 지키라고 강요했어. 네 남편은 그 이야기를 내게 한 적 있어. 너를 조금도 신경쓰지 않았단 말이야. 그는 내 앞에서 너를 몇 번이나 비웃었어. 게다가 너와 결혼한 지 일주일밖에 안 됐을 때 내게 애정을 표시하기까지 했어."

"거짓말! 거짓말이지, 레베카!" 아밀리아는 고함을 지르며 벌떡 일어났다.

"자, 이것 좀 봐. 바보야." 베키는 여전히 얄밉도록 명랑하게 말했다. 그녀는 자기 허리띠 속에서 종이쪽지를 한 장 끄집어내더니 그것을 펴서 에미의 무릎 위에 내던졌다. "넌 그의 글씨체를 기억하고 있겠지. 그가 내게 쓴 거야. 같이 도망가자고 말이야. 그는 이 쪽지를 바로 네 앞에서 내게 주었어. 그가 죽기 전날에 말이야. 참 잘도 죽었지." 베키가 거듭 말했다.

에미는 그녀의 말을 듣지 않고 그 편지를 읽었다. 리치먼드 공작부인이 연무도회가 있던 날 밤에 조지는 이 쪽지를 꽃다발 속에 끼워서 베키에게 전했다. 베키의 말대로 바보 같은 조지는 함께 도망가자고 써 놓았다.

에미는 고개를 숙이고 울었는데, 이제 이 이야기 속에서 우는 것은 이로써 마지막일지도 모른다. 그녀는 머리를 푹 떨어뜨린 채 두 손으로 눈물을 닦았다. 그녀가 한동안 복받치는 설움에 온몸을 내맡기고 있는 동안 베키는 서서 그녀를 지켜보았다. 누가 그녀의 눈물을 분석하여 그 눈물이 달콤한 것인지 쓰라린 것인지 말해줄 수 있겠는가? 그녀가 일생 동안 섬겨 온 우상이 무너져버려 슬퍼서 온몸을 부르르 떤 것일까? 혹은 그녀의 사랑이 그렇게도 무참히 경멸당했다고 해서 화를 내는 것이었을까? 아니면 그녀의 정숙함이 그녀와 그녀의 새로운 연인 사이에 만들어 놓았던 장벽이 제거되었다고 기뻐하고 있었을까? '이제 나를 막을 것은 없어.' 그녀는 생각했으리라. '이젠 온 마음을 다하여 그를 사랑할 수 있다. 아! 만약 그가 나를 용서하고 나의 사랑을 받아들이기만 한다면 그를 사랑하겠어. 사랑하고말고.' 작자는 그녀의

위털루전투 전의 편지

우아한 가슴속에 온갖 혼란스러운 생각들보다 먼저 이러한 감정이 스쳐갔으
리라 확신한다.

사실 그녀는 베키가 처음 기대했던 것만큼 울지는 않았다. 베키는 그녀를
위로하며 키스했다. 이런 상냥한 태도는 베키로서도 드문 일이었다. 그녀는
에미를 마치 아이처럼 대하며 그녀의 머리를 쓰다듬었다. "자, 이제 펜과 잉
크를 꺼내 그에게 편지를 써서 이곳에 오게 하자꾸나." 베키가 말했다.

"난, 난 벌써 오늘 아침에 편지를 보냈어." 에미가 얼굴을 새빨갛게 물들
이며 말했다. 베키는 큰 소리로 웃었다. 그녀는 로지나(로시니 오페라 《세비야의 이발사》의 등장인물)처럼

노래를 불렀다. "편지는 여기 있어요." 그녀의 날카로운 노랫소리가 온 집 안에 울려 퍼졌다.

이런 일이 있은 뒤 이틀이 지난 날 아침이었다. 비가 쏟아지고 돌풍이 불었다. 아밀리아는 밤새 바람소리를 들으면서 이런 날에 육지나 바다에서 여행을 해야 하는 사람들을 가엾게 생각하며 잠을 이루지 못했는데, 그래도 아침 일찍 일어나 조지에게 제방으로 산책을 나가자고 했다. 그녀는 얼굴에 비를 맞으며 서쪽 검은 바다의 수평선을 바라보았다. 부풀어오른 파도가 해안 쪽으로 밀려오면서 물거품을 튀기고 있었다. 조지가 마음 약한 어머니를 동정하고, 이따금 보호자다운 말을 한 것 말고는 둘 다 말이 없었다.

"이런 날씨에 오면 안 되는데." 에미가 말했다.

"아저씨는 틀림없이 오실 거예요." 소년이 대꾸했다. "어머니, 저길 보세요. 증기선의 연기가 보여요." 아니나 다를까 증기선의 연기가 보였다.

증기선이 오고 있긴 하지만 그는 타지 않았을지도 모른다. 아직 편지를 받지 못했을지도 모르며, 또 설사 받았다고 하더라도 오지 않을지도 모른다. 아밀리아의 여린 가슴속에는 무수한 두려움이 마치 제방으로 밀려드는 파도처럼 거세게 몰아치고 있었다.

한동안 연기만 보이더니 이윽고 증기선이 보이기 시작했다. 조지는 멋진 망원경을 들고 있었으므로 아주 능숙하게 선체를 제대로 볼 수 있었다. 파도 치는 바다 위에서 배가 몹시 흔들리며 차츰 다가오는 동안, 그는 그 모습을 마치 배에 탄 사람처럼 설명했다. 부두에 서 있는 기둥에는 영국배가 보인다는 신호기가 펄럭이며 게양되었다. 그때 아밀리아 부인의 마음도 마치 이 신호기처럼 펄럭이고 있었으리라.

에미는 조지의 어깨 너머로 망원경을 들여다보려고 했지만 아무것도 볼 수 없었다. 그녀의 눈에는 단지 시커먼 그림자 하나가 아래위로 흔들리고 있을 따름이었다.

조지는 망원경을 다시 빼앗아 들고 선체를 바라보았다. "위아래로 몹시 흔들리고 있군!" 소년이 말했다. "뱃머리에 파도가 부딪치고 있어요. 키잡이 말고는 갑판에 두 사람밖에 없어요. 한 사람은 누워 있는데, 이 사람은 외투를 —만세! 돕이에요!" 소년은 망원경을 놓고 두 팔로 어머니를 껴안았다. 이때

부인은 어떠했던가? 명시인의 말을 빌린다면 '눈물에 젖은 웃음'^{(호머의 《일리아드》}에 나오는 구절⁾이었다. 그녀도 윌리엄이 틀림없다고 생각했다. 확실하다. 이런 날씨에 오면 안 된다고 한 것은 마음에도 없는 새빨간 거짓말이었다. 물론 그분은 온다. 오지 않을 리가 없다. 그녀는 그가 오리라는 것을 알고 있었다.

배는 빠른 속도로 점점 더 가까워지고 있었다. 그들이 부두에 있는 상륙장으로 배를 맞이하러 갈 때 에미는 다리가 후들거려 뛰어갈 수 없었다. 그녀는 그 자리에서 무릎을 꿇고 감사의 기도를 드리고 싶었다. 오! 그녀는 평생 감사의 기도를 올리며 살리라 생각했다.

날씨가 워낙 고약했기 때문에 부두에는 부랑배들이 하나도 없었다. 증기선 안에 탄 몇 안 되는 승객들을 검사할 감독관도 찾아보기 힘들었다. 조지 역시 어디론가 가버리고 없었다. 붉은 천으로 안을 댄 낡은 외투를 입은 신사가 배에서 내릴 때 일어난 광경을 본 사람은 하나도 없었다. 그 장면은 대충 이러하다.

물이 뚝뚝 떨어지는 하얀 모자에 숄을 걸친 부인이 가녀린 팔을 펼치고 신사에게로 다가섰는데, 그 다음 순간에 그녀는 낡은 외투 속으로 자취를 감추고 말았다. 그녀는 신사의 한쪽 손에 열렬히 키스하고 있었다. 신사는 그녀를 자기 가슴에 껴안고 있음으로써 (그녀의 머리는 이 키다리 신사의 가슴께에 겨우 닿을까 말까 했다) 그녀가 쓰러지지 않게 하는 것 같았다. 그녀는 뭐라고 중얼대고 있었다. 용서하세요, 윌리엄—소중한, 정말 소중한 분이여—키스, 키스, 키스, 등등이었으리라—사실 이 모두는 외투 속에서 우스꽝스럽게 이루어졌다.

에미는 외투 속에서 나와서도 여전히 신사의 손을 잡은 채 그의 얼굴을 쳐다보았다. 그의 얼굴에는 슬픔과 부드러운 애정과 연민이 넘쳐흐르고 있었다. 그녀는 그 얼굴에서 나무라는 빛을 읽어내고 고개를 푹 숙였다.

"이번엔 당신이 나를 불렀군요, 아밀리아." 그가 말했다.

"이젠 떠나시지 않겠지요, 윌리엄?"

"절대로 떠나지 않겠소." 그는 이렇게 대답하면서 정다운 여인의 머리를 자기 가슴 위에 꼭 껴안아주었다.

그들이 세관구역을 벗어났을 때 조지가 망원경을 눈에 대고 큰 소리로 웃으며 불쑥 나타났다. 소년이 두 사람 주위를 춤추듯 뛰어다니며 집에 이르기까지 여러 익살을 부렸다. 조스는 아직 잠자리에서 일어나지 않았고 베키도 보이지 않았다. (물론 그녀는 창틈으로 그들을 보고 있었다) 조지는 아침 식사가 준비되었나 살피러 갔다. 하녀 페인이 현관에서 부인의 보닛과 숄을 벗기자 부인은 윌리엄의 외투를 벗겨주었다. 이제 조지를 따라가 중령님을 위해 차려놓은 아침 식사나 보러 가자. 배는 항구에 들어왔고 그는 일생 동안 얻으려 애썼던 여인을 이제야 얻었다. 드디어 새가 그의 품에 날아들었다. 그녀는 그의 어깨 위에 머리를 기대고서 활짝 편 부드러운 날개를 펄럭이며 사랑을 속삭이고 있다. 이것이야말로 그가 지난 18년 동안 단 하루도, 단 한시도 잊지 않고 바라던 것이다. 이제 그것이 이루어졌다. 절정과 목표에 이른 셈이다. 중령이여, 안녕히—정직한 윌리엄이여, 부디 신의 축복을 받기를. 잘 지내시오, 정다운 아밀리아—상냥하고 여린 담쟁이덩굴이여, 다시금 푸르게 자라 그대가 붙잡은 튼튼하고 오래된 떡갈나무를 감싸안기를!

레베카는 도빈 중령과 아밀리아가 결합하는 데 자신이 한 역할에 만족했지만, 그들 앞에 다시 나타나지는 않았다. 살면서 자기를 처음으로 돌봐주었던 친절하고 순진한 여인 아밀리아에게 양심의 가책을 느꼈거나 이런 감상적인 장면을 보고 싶지 않았기 때문인지도 모른다. 그녀는 브루제에 '특별한 일'이 있다며 그곳으로 떠나버렸다. 그래서 결혼식에는 조지와 그의 외삼촌만 참석했다. 식이 끝나고 조지도 자기 부모와 함께 살게 되자, 베키 부인은 며칠 동안만 되돌아와서 외로운 총각인 조지프 세들리를 위로해주었다. 그는 유럽대륙에서 살고 싶다며, 자기 누이 부부와 함께 살지 않겠다고 했다.

에미는 죽은 조지의 편지를 읽기 전에 도빈에게 미리 편지 쓰기를 잘 했다고 생각하며 마음속으로 기뻐했다. "나는 옛날부터 알고 있었소." 윌리엄이 말했다. "그렇지만 당신이 그를 그처럼 생각하고 있는데 내가 그것을 이용할 수 있었겠소? 나도 괴로웠다오, 그런데도 당신은—"

"이제 그때 이야기는 하지 말기로 해요." 에미가 말했다. 이때 그녀는 자기 잘못을 뉘우치고 있었기 때문에 윌리엄은 곧 화제를 바꾸었다. 그는 자기가 그녀의 편지를 받았을 적에 글로비나와 페기 오다우드와 함께 있었다고 했다. "만약 당신이 그때 내게 편지를 쓰지 않았더라면 내가 글로비나의 남편이 되었을지 누가 알겠소?" 그는 웃으며 덧붙였다.

오늘날 그녀는 포스키 소령과 결혼하여 글로비나 포스키로 불린다. 그녀는 그 연대에 소속된 사람이 아니면 결혼하지 않겠노라 결심했기 때문에, 포스키 소령의 아내가 죽자 바로 그와 결혼한 것이다. 오다우드 부인도 연대에 무한한 애착을 느끼고 있었으므로, 만약 지금의 남편이 세상을 떠나면 그 연대에 소속된 사람과 재혼하겠다고 했다. 그러나 그는 아주 건강하여 오다우드 타운에서 토끼몰이용 사냥개를 여러 마리 데리고서 호사스러운 생활을 하고 있다. (아마 이웃 호가티 성의 성주인 호가티를 빼면) 그는 자신이 사는 지방에서 으뜸가는 인사였으리라. 그의 아내는 아직도 지그를 잘 추었다. 그래서 지난번에 아일랜드 총독이 베푼 무도회에서 사마관과 함께 춤을 추겠다고 우겨대기도 했다. 도빈이 아밀리아와 결혼해버리자 오다우드 부인과 글로비나는 수치스럽게도 도빈이 글로비나를 푸대접했다고 욕했다. 그러나 글로비나는 포스키와 결혼하여 위안을 받았으며, 오다우드 부인은 도빈이 파리에서 보낸 아름다운 터번을 받고는 화를 풀었다.

도빈은 결혼하자마자 제대하여 퀸스 크롤리에서 얼마 떨어져 있지 않은 햄프셔에 조그마한 집을 빌려 살았다. 퀸스 크롤리에는 선거개정법안이 통과한 뒤로 피트 경과 그의 가족들이 살았다. 그가 귀족 작위를 얻으려던 꿈이 사라진 것은 말할 것도 없거니와, 이 준남작이 의회에서 가지고 있던 두 개의 의석마저 잃고 말았다. 이러한 재난으로 돈이고 넋이고 모두 잃어버린 피트 경은 건강을 해쳤으며, 이제는 대영제국이 어서 망할 날만 예언하고 있었다.

제인 부인과 도빈 부인은 친한 사이가 되어 조랑말 마차가 홀과 에버그린 사이를 자주 오갔다. 에버그린은 도빈 중령이 살고 있던 곳인데, 가족을 데리고 해외근무를 나간 친구 폰토 소령이 집을 세낸 것이다. 도빈 부인이 낳은 아이는 제인 부인을 대모로 삼았고, 그녀의 이름을 땄다. 뷰트 크롤리의 아들로서 아버지의 직업을 그대로 이어받은 제임스 크롤리 목사가 이 아이에게 세례명을 주었다. 조지와 로든은 친한 친구가 됐다. 이 두 젊은이들은 방학 때면 함께 사냥을 했으며, 같이 케임브리지에 다녔다. 그들은 모두 제인 부인의 딸을 사랑하고 있었기 때문에 서로 싸움을 하기도 했다. 조지의 어머니와 그 아가씨의 어머니는 둘 다 이 한 쌍을 결합시키고 싶어 했지만, 내가 듣기에 크롤리 양은 사촌인 로든을 더 좋아했다고 한다.

두 집안에서는 결코 로든 크롤리 부인의 이름을 언급하는 일이 없었다. 그들이 레베카에 대해 침묵을 지키는 데는 여러 이유가 있었다. 조지프 세들리가 가는 곳에는 언제나 그녀가 따라다녔는데, 이 얼빠진 사내는 완전히 그녀의 노예가 되어버린 듯했다. 도빈은 변호사로부터 처남이 거액의 생명보험에 가입했다는 얘기를 들었다. 이런 것을 보면 그가 빚진 돈을 갚기 위해 보험증서를 저당하고 있었던 것 같다. 그는 동인도회사 당국에 휴가를 연장해 달라고 신청해 허락을 받았다. 그런데 그의 건강은 날로 나빠지고 있었다.

이 소식을 듣고 깜짝 놀란 아밀리아는 남편에게 제발 브뤼셀로 조스를 찾아가서 그가 어떠한지 알아봐 달라고 애원했다. 중령은 아주 내키지 않았지만 여행을 떠났다. (그는 여전히 그의 마음을 사로잡고 있는 《펀자브 역사》에 몰두하고 있었고, 눈에 넣어도 아프지 않을 만큼 사랑스러운 어린 딸이 수두에 걸렸다가 이제야 차츰 나아지는 중이라 걱정스러웠던 것이다) 그가 브뤼셀에 도착해 보니 조스는 큰 호텔에 머물고 있었다. 크롤리 부인은 자기 소유의 마차를 가지고 있었으며, 같은 호텔에 방을 여러 개 잡고 마치 상류층 부인처럼 살고 있었다.

물론 도빈은 그녀를 만나고 싶지 않았고 자기가 브뤼셀에 도착했다는 사실조차 알리고 싶지 않아서, 시종을 시켜 조스에게만 편지를 보냈다. 조스는 그날 밤에 크롤리 부인이 야회에 나가므로 단둘이 만날 수 있을 터이니 자기를 찾아오라는 말을 도빈에게 전했다. 중령은 처남이 병에 걸려서 가엾은 상태에 빠져 있다는 것과, 그가 레베카를 열렬히 찬양하면서도 그녀를 두려워한다는 것을 알았다. 그녀는 조스가 전에 없던 여러 가지 병을 줄곧 앓고 있는 동안 아주 갸륵하게 그를 성실히 간호해주었던 것이다. 정말 그녀는 조스의 딸처럼 그를 대했다. "그렇지만, 그렇지만, 오, 제발 이리 와서 내 가까이 살면서 가끔 나를 찾아줘." 불운한 조스가 목 메인 말로 애원했다.

이 말을 듣자 중령의 표정이 어두워졌다. "조스, 그럴 수는 없어." 그가 말했다. "지금 형편으로 봐서 아밀리아는 자네를 찾아올 수가 없네."

"맹세하네. 이 성서를 앞에 놓고 맹세하네." 조지프는 성서에 키스라도 하려는 듯이 헐떡이면서 말했다. "레베카는 아이처럼 천진하고 자네 아내에 못지않게 순수하다네."

"그럴지도 모르지." 중령은 음울한 어조로 말했다. "그렇지만 에미는 자네

클리템네스트라 베키의 두 번째 등장

를 찾아올 수가 없어. 사내답게 기운을 내게나, 조스. 평판이 좋지 않은 관계는 끊고 가족에게 오게. 우리가 듣자 하니 자네는 빚을 지고 있다면서?"

"빚을 지고 있다고?" 조스는 소리를 질렀다. "누가 그런 소리를 하던가? 내 돈은 전부 아주 유리하게 투자해 놓았어. 크롤리 부인이, 그러니까 말하자면 제일 높은 이자로 투자해 놓았어."

"그렇다면 빚을 지지 않았단 말이지? 그런데 생명보험엔 왜 가입했나?"

"그야 만에 하나 무슨 일이 생기면 그녀에게 조그마한 선물이라도 주고 싶어서. 자네도 알다시피 내 건강이 아주 좋지 않단 말일세. 은혜에 보답하는 것은 흔한 일이 아닌가. 난 모든 재산을 자네들에게 물려주려고 해. 내 수입에서 보험료쯤 떼어낼 수 있지 않은가. 있고말고." 윌리엄의 병약한 처남이 큰 소리로 말했다. 중령은 조스에게 크롤리 부인이 따라갈 수 없는 인도로 가라고 청했다. 그리고 그는 계속해서 베키와 사귀면 큰일 날지도 모르니 그녀와의 관계를 끊으라고 했다.

조스는 두 손을 움켜쥐고 소리쳤다. "인도로 가겠네. 무엇이라도 할 테니까. 그러나 조금만 기다려 주게나. 크롤리 부인에겐 아무 말도 하지 말고. 그녀가 알면 나를 죽일 거야. 그녀가 얼마나 무서운 여자인지 자네는 모를걸세." 가엾은 조스가 말했다.

"그렇다면 왜 나와 함께 가지 않으려 하는가?" 도빈이 물었다. 그러나 조스에게는 그럴 용기가 없었다. "내일 아침에 자네를 다시 만나도록 하겠네. 자네가 이곳에 왔다는 말을 절대로 해서는 안 되겠어. 자, 이제 가보게. 베키가 들어올지도 몰라." 도빈은 불길한 예감을 느끼며 그를 떠났다.

그는 다시 조스를 볼 수 없었다. 석 달 뒤 조지프 세들리가 엑스라샤펠에서 세상을 떠난 것이다. 그의 전재산은 투기로 쓰이고, 아무 가치도 없는 회사 주식만 남아 있었다. 쓸 만한 재산이라고는 생명보험금 2천 파운드밖에 없었다. 그는 '사랑하는 누이 아밀리아와, 그가 병든 이후에 친구로서 그를 극진히 간호해준 바스 3급 훈작사 로든 크롤리 중령의 아내 레베카'에게 보험금을 똑같이 나눠주었다. 레베카는 유산관리인으로 지명되었다.

보험회사 측 변호사는 이런 기이한 사건은 처음이라며 직원을 엑스라샤펠로 파견하여 그의 죽음을 조사해야겠다고 말했다. 그래서 회사 측에서는 그의 보험증권에 대한 보험금 지불을 거절했다. 그러나 귀부인을 자처하는 크롤리 부인은 당장에 런던으로 와서, (대법관청 산하에 있는 버크와 서텔&헤이스 씨 법률사무소의 변호사들을 대동하고) 보험회사를 찾아가 지불거부에 항의했다. 그들은 조사를 하게 했고, 일생을 두고 그녀의 뒤를 따라다니던 악명 높은 음모가 다시금 그녀를 희생시키려 한다고 선언하였다. 그 결과 레베카 측이 싸움에서 이겼다. 드디어 보험금은 지불되었고 그녀의 면목도 섰다. 그러나 도빈 중령은 자기 몫을 보험회사로 되돌려 보내고, 레베카와 어떤 연락도 하지 않겠다고 단호히 거부했다.

그녀는 줄곧 크롤리 부인을 자처했지만 실은 그럴 수 없었다. 중령 로든 크롤리 각하는 코번트리 섬에서 황열에 걸려 죽었기 때문이다. 섬사람들은 깊이 애도했다. 그로부터 6주가 지난 뒤 그의 형 피트 경 역시 세상을 떠났다. 그리하여 그의 재산을 상속한 중령의 아들은 이제 준남작 로든 크롤리 경으로 불리게 되었다.

그도 마찬가지로 어머니를 계속 만나지 않지만, 관대히 돈을 대주기는 한다. 베키는 이런 돈을 받지 않아도 상당히 부유해 보인다. 젊은 준남작은 큰어머니인 제인 부인과 그녀의 딸을 데리고 퀸스 크롤리에서 살고 있다. '크롤리 귀부인'을 자처하는 베키는 바스와 첼튼엄 등지를 돌아다니며 퍽 유력한 명사들과 어울리는데, 그들은 그녀가 상처 받은 여자라고 생각한다. 그녀에게는 적도 있다. 하기야 누군들 적이 없겠는가? 그녀는 자신의 생활로써 적들의 공세에 맞서고 있다. 그녀는 경건한 자선사업에 몰두하고 있다. 그녀는 교회에 나가곤 하는데, 그때마다 반드시 마부가 그녀를 따른다. 자선사업단체의 기부자 방명록에 그녀의 이름이 끼지 않은 곳은 하나도 없다. 베키는 확고하고 관대한 마음으로 오렌지를 파는 가난한 소녀라든가 버림받은 세탁부, 곤경에 빠진 빵집 주인 등 가엾은 사람들을 도와주고 있다. 그녀는 이러한 불우한 사람들을 위해 열린 자선시장에 꼭 갔다. 얼마 전에 에미가 아이들과 남편과 함께 런던에 갔을 때 이러한 자선시장에서 그녀와 마주친 적이 있다. 베키는 점잖게 눈을 내리깔고, 그들이 자기 앞을 떠날 때에는 미소를 짓고 있었다. 에미는 조지(이제는 늠름한 젊은 신사가 되었다)의 팔에 기대어 허둥지둥 가버렸고, 중령은 어린 딸 제니를 붙잡고 있었다. 그는 이어린 딸을 세상에 둘도 없이 귀여워하며, 《펀자브의 역사》보다 더 소중히 여기고 있다.

'나보다 딸을 더 좋아한다니까.' 에미는 한숨을 지으며 생각하곤 한다. 그러나 도빈은 불친절하거나 부드럽지 않은 말로 아밀리아에게 이야기한 적이 한 번도 없고, 그녀가 바라는 것을 들어주려 노력하지 않은 적도 없다.

아! 헛되고도 헛되도다! 도대체 이 세상에 행복한 사람이 있을까? 바라는 것을 손에 넣은 사람이 있을까? 바라는 것을 손에 넣은들 만족하는 사람이 있을까? 자 여러분, 이제 꼭두각시들을 상자 속에 넣고 우리의 연극도 끝내기로 하자.

보답받는 선행—허영의 시장 안 점포

윌리엄 새커리 생애와 문학

새커리의 삶

영국문학의 황금기인 빅토리아 시대 전반부에 활약한 수많은 작가들 중에서 윌리엄 메이크피스 새커리(William Makepeace Thackeray, 1811~1863)는 찰스 디킨스와 나란히 칭송받고 있는 문학의 거장이다.

새커리는 1811년 인도 캘커타에서 동인도회사 관리자였던 리치먼드 새커리의 외아들로 태어났다. 1815년 아버지가 죽자 1816년 영국으로 이주했다. 어머니는 1817년 재혼한 뒤 1820년부터 새커리와 함께 살았다. 그는 몇몇 중등학교를 거쳐 1822년 런던의 사립학교인 차터하우스에 들어가 그곳에서 외롭고 힘겨운 나날을 보냈다.

1828년 케임브리지 대학교 트리니티대학에 입학했으나 학위를 받지 못한 채 1830년에 그만두고, 1831~33년에는 런던의 미들템플 법학원에서 법률 공부를 했다. 그 뒤 직업화가가 되려고도 했는데, 그의 예술적 재능은 익살스럽고 활기찬 삽화가 붙은 편지나 초기 작품에 잘 나타나 있다.

새커리는 1832년에 성년이 되면서 아버지가 남긴 2만 파운드의 유산을 물려받았다. 그는 그 돈으로 생활하며 예술가를 자처했지만, 얼마 안 있어 도박과 투기로 재산을 모두 잃었다. 그는 도락가이자 애주가로 사교의 폭이 넓었고, 외국에도 자주 나갔다. 1년간 독일 바이마르에서 지내는 중, 은퇴하여 그곳에서 지내던 괴테를 만나기도 했다. 1836년 파리에서 그림공부를 할 때 무일푼의 아일랜드 처녀와 결혼했는데, 그의 의붓아버지가 한 신문사를 인수해 그를 파리 통신원으로 채용했다. 1837년 신문사가 문을 닫은 뒤에는 아내와 런던의 블룸즈버리로 돌아가 직업기자로 많은 글을 썼다.

새커리에게는 딸이 셋 있었으며, 그중 한 명은 1839년 어린 나이에 죽었다. 새커리 부인은 막내딸을 낳은 뒤 1840년에 정신이상이 되었고, 끝내 회복하지 못한 채 시골에서 친구들과 함께 지냈다. 그녀는 몸은 온전치 못했지

만 남편보다 더 오래 살았다. 새커리는
정신이상이 된 아내를 시골로 떠나보낸
뒤 사교모임에 자주 나갔고, 딸들에게
점점 정을 쏟으면서 1846년에는 자식들
을 위해 런던에 집을 장만했다.

새커리는 1847~48년에 《허영의 시장
Vanity Fair》을 연재물로 출판하면서 명
성과 재산을 얻고 소설가로 우뚝 섰다.
《허영의 시장》은 그의 작품 가운데 가장
재미있는 소설로 꼽히며, 영어로 쓰인
가장 위대한 역사소설이라는 평판을 받
았다.

윌리엄 메이크피스 새커리(1811~1863)
새커리는 빅토리아 시대 사회의 위선을 조롱
하고 풍자하였다.

그는 말년에 제인 브룩필드라는 여자
에게 진지하고 낭만적인 연정을 느꼈는
데, 그가 남긴 편지에서 이러한 사실을
알 수 있다. 그녀는 그가 케임브리지 시절 사귄 친구의 아내였으며, 새커리
가 자기 아내를 시골로 떠나보내고 정서적으로 불안정했던 시기에 유일하게
기댈 수 있는 사람이었다. 1851년 헨리 브룩필드가 자기 아내와 새커리 사
이의 열렬한 정신적 교제를 끝내라고 요구했을 때 새커리는 아내가 정신이
상이 된 뒤로 가장 큰 슬픔을 느꼈다.

새커리는 미국에서 1852~53년 《18세기 영국의 유머 작가 The English
Humorists of the 18th Century》(출판 1853), 1855~56년 《4명의 조지 The
Four Georges》(출판 1860)를 강연하면서 여행으로 마음을 달래다가 1856년
이후에는 런던에 정착했다. 1857년 하원의원에 출마했으나 낙선했다. 1858
년에는 친하게 지내던 경쟁자 디킨스와 이른바 '개릭클럽 사건'으로 다투었
으며, 1860년에는 〈콘힐 매거진 The Cornhill Magazine〉을 창간하여 직접
편집을 맡았다. 1863년 그가 죽은 뒤 웨스트민스터 대수도원에 그의 기념동
상이 세워졌다.

새커리는 당대의 삶을 매우 사실적으로 그려내 중산층으로부터 인정받았
다. 그는 위대한 직업작가로서 소설·수필·시를 발표했고, 유명한 강사로서

순회강연을 했다. 작품마다 줄곧 속물근성을 분석하고 비판했으며, 인간의 행위와 사회의 모습에 대한 자신의 사상을 펼쳤다. 그는 인간의 위선, 은밀한 감정, 사랑의 슬픔, 지난날의 기억, 삶의 많은 부분을 차지하는 허영 등을 주제로 다루었고, 이런 도덕적인 교화가 소설가의 중요한 의무라고 생각했다. 다른 빅토리아 시대 소설가들이 즐겨 쓴 과장된 인물묘사나 멜로드라마식 구성은 거의 찾아볼 수 없으며 실제 삶에 가까운 작품을 쓰려고 애썼다. 또한 다양한 분위기를 섬세하게 그려냈으며, 재미있는 이야기·묘사·대화·해설이 하나로 어우러진 작품 속에 독자를 빠져들게 했다.

새커리의 작품들

19세기는 잡지의 시대였다. 잡지는 점점 늘어나는 중산층 가정에서 가족이 함께 읽을 수 있는 내용으로 발전했다. 1830년대 후반에 새커리는 〈프레이저스 매거진 Fraser's Magazine〉·〈뉴 먼슬리 매거진 The New Monthly Magazine〉·〈펀치 Punch〉지 등에 다양한 내용의 글을 기고하여 유명해졌다. 그는 자기 글에 이름을 붙이지 않거나 마이클 앤젤로 티트마시, 피츠부들, 뚱뚱한 기고가, 아이키 솔로몬스 같은 필명을 썼다.

새커리는 이 무렵의 글 중 좋은 것들을 모아 《문집 Miscellanies》(4권, 1855~57)을 엮어 냈는데 《옐로플러시 보고서 The Yellowplush Correspondence》는 젊은 런던 토박이 하인의 회고담과 일기로서, 특유의 어휘와 말투 그대로 썼다. 《게이허건 소령 Major Gahagan》(1838~39)은 인도의 군대 생활을 가상적으로 다룬 글이며, 《캐서린 Catherine》(1839~40)은 그 무렵 범죄와 밑바닥 생활을 낭만적으로 표현해 인기를 끌던 '뉴게이트 소설'을 익살스럽게 본뜬 것으로 그 자체가 꽤 실감 있는 범죄소설이다. 《새뮤얼 티트마시와 호가티 다이아몬드 이야기 The History of Samuel Titmarsh and the Great Hoggarty Diamond》(1841)에서 다룬 젊은이의 결혼생활은 나중에 《필립 Philip》에서 다시 나온다. 《배리 린던의 행운 The Luck of Barry Lyndon》(1844, 《배리 린던의 회고담 The Memoirs of Barry Lyndon》으로 1856년 바뀜)은 역사소설로서, 그가 쓴 최초의 본격 소설이다.

《배리 린던의 회고담》은 가학적인 마지막 장면에 이르기까지 속도감 넘치는 풍자적인 이야기로서, 《허영의 시장》을 비롯한 대작 역사소설을 쓰기 위한 실험작이다. 《속물들의 책 The Book of Snobs》(1848)은 〈펀치〉지에 발표하여 성공한 《영국의 속물들 The Snobs of England, by One of Themselves》(1846~47) 같은 글을 모은 책으로서, 런던 사람들의 특징을 날카롭게 묘사하는 새커리의 독특한 문체가 잘 나타나 있다. 1855년 크리스마스 책으로 나온 《장미와 반지 The Rose and the Ring》는 그의 몇몇 시처럼 매우 재미있는 작품이다. 훌륭한 산문 작가들처럼 그도 가벼운 시와 발라드를 짓는 솜씨가 뛰어났다.

1860년대의 새커리
어니스트 에드워즈 촬영

새커리는 디킨스보다 한 살 많았지만 그보다 늦게 성공했다. 디킨스가 그의 출세작 《피크위크 페이퍼스》를 발표했을 때 새커리는 삽화를 그리고 싶다고 했다가 거절당한 적도 있다. 디킨스가 이름을 날리던 무렵에 새커리는 저널리스트 겸 화가로 활동했지만 별로 빛을 보지 못했다. 그저 필명을 통해 풍자가로서 몇 안 되는 사람들에게 알려져 있을 뿐이었다.

하지만 그로부터 10년이 흘러 1847~48년에 《허영의 시장》을 처음 본명으로 발표하자 상황이 완전히 바뀌었다. 그는 단숨에 디킨스와 어깨를 나란히 하는 작가가 되었다. 새커리는 디킨스와 같은 하층 빈민 체험까지는 아니나, 돈에 궁한 경험이 있고 문단에서도 늦게 성공했다. 이 궁핍한 인생체험이 그의 대표작 《허영의 시장》에 고스란히 담겨 있다. 두 작가의 삶은 전혀 달랐으며, 이런 차이가 그들의 작품 소재에서도 뚜렷이 드러났다. 디킨스가 주로 하층계급을 다루면서 대중의 편에 서서 이름을 날렸다면, 새커리는 중류층과 상류층을 다루면서 그들의 허영과 탐욕을 풍자하고 비웃으며 날카롭게 파헤쳤다.

역사소설을 찾아서

《허영의 시장》이 성공을 거두어 유명해진 새커리는 이 작품에서 선보인 두 가지 재능, 곧 런던 정경을 환기시키는 재능과 과거와 현재를 연결해 역사소설을 쓰는 재능을 계속 개발했다. 첫 번째 재능을 발휘한 《펜더니스 이야기 *The History of Pendennis*》(1848~50)는 그 일부를 지어낸 자서전이다. 이 작품은 아서 펜더니스라는 인물의 첫사랑과 '옥스브리지대학교' 시절, 런던에서의 기자생활 등을 통해 공감이 가는 젊은이의 초상을 그렸다.

역사소설 《헨리 에스먼드 이야기》(3권, 1852)의 시대배경은 앤 여왕 때이다. 《펜더니스 이야기》가 형식이 없고 산만하다는 비평을 듣기도 했기에 《헨리 에스먼드 이야기》는 매우 세심하게 신경을 써서 형식을 갖춘 구성을 짰다. 에스먼드가 서술자인 이 이야기는 그가 12세 때인 1691년부터 시작해 1718년에 끝난다. 사건이 복잡하지만, 그 무렵 런던 사교계와 정계에서 두드러진 인물인 베아트릭스와 에스먼드를 구심점으로 통일성을 갖추었다. 베아트릭스는 작품 전체를 지배한다. 그녀는 처음에는 단지 귀여운 아이로 나오지만, 자라면서 그녀가 사랑하는 남자들에게 치명적인 힘을 발휘하는 아름다움을 갖추게 된다. 새커리가 창조한 뛰어난 인물 가운데 하나인 그녀는 까다롭고 위압적인 새로운 유형의 여주인공으로서 미덕의 화신은 아니다. 감수성이 예민하고 용감하며 귀족적인 군인 에스먼드는 그녀와 사랑에 빠지지만 결국에는 환멸을 느낀다. 베아트릭스의 부모 캐슬우드 부부에게 보살핌을 받은 고아 헨리는 처음에는 캐슬우드 부인을 어머니로서 존경하다가 어른이 된 뒤에는 마침내 그녀와 결혼한다.

18세기 산문체를 모방한 이 소설은 지난 시대의 영국 분위기를 가장 잘 재현한 작품이다. 그러나 이 작품의 평가는 좋지 않았고, 특히 에스먼드가 캐슬우드 부인과 결혼한 부분은 비난을 받았다. 조지 엘리엇은 이 소설을 "독자가 상상할 수 있는 가장 불쾌한 책"이라고 했다. 그러나 끝내는 뛰어난 영국 역사소설로 인정받게 되었다.

《뉴컴 집안 *The Newcomes*》(1853~55)에서 새커리는 다시 동시대를 배경으로 삼았다. 이 소설은 기본적으로 부유한 중산층을 꼼꼼하게 관찰하면서 뉴컴 집안에 초점을 맞춘 작품이다. 토머스 뉴컴 대령은 아들 클라이브와 함께 지내려고 인도에서 런던으로 돌아온다. 겁이 많지만 매력 있는 클라이브는 사촌 에설을 사랑하게 된다.

그러나 그들은 서로 사랑하면서도 경제적인 계산 때문에 여러 해 동안 맺어지지 못하고, 클라이브는 로즈 머켄지와 결혼한다. 에설의 아버지이며 뉴컴 집안의 최고어른인 반스 뉴컴은 이기적이고 탐욕스러우며 냉혹한 사람으로, 클라이브와 뉴컴 대령을 해칠 음모를 꾸민다. 한편 대령은

찰스 디킨스(1812~1870)
빅토리아 시대에 새커리와 함께 영국 문단을 대표한다.

자신의 재산을 경솔하게 투자하여 빈민구호소에서 말년을 보내게 된다. 로즈는 아이를 낳다가 죽고, 이야기는 대령의 죽음으로써 끝이 난다. 감상을 배제하고 진지한 감정으로 그려낸 임종 장면은 빅토리아 시대의 소설 가운데 가장 유명하다. 새커리는 짤막한 맺음말에서, 클라이브와 에설은 결국 결혼하지만 이 이야기는 꾸며낸 것이라고 말한다.

《버지니아 사람들 *The Virginians*》(1857~59)은 18세기 후반 미국과 영국이 배경이며, 이전 작품인 《헨리 에스먼드 이야기》의 주인공 헨리의 손자인 조지 워링턴과 헨리 워링턴 형제의 인생 굴곡을 주로 다루었다.

새커리는 이 밖에도 연재소설 《홀아비 러블 *Lovel the Widower*》(1860)·《필립의 모험 *The Adventures of Philip*》(1861~62)을 썼다. 그는 소설 《데니스 듀벌 *Denis Duval*》을 쓰기 시작했으나 얼마 뒤인 1863년 세상을 떠났다.

《허영의 시장》 분책 월간본 표지

영국문학 최고걸작 《허영의 시장》

《허영의 시장》은 읽는 이에게 영문 모를 흥미로움과 살아 있다는 기쁨을 새삼 느끼게 해 주는 영국 고전문학 최고 걸작으로 꼽힌다.

본명인 윌리엄 새커리로 발표한 첫 작품 《허영의 시장》은 디킨스처럼 일정한 분량을 매달 시리즈로 내놓는 방식으로 출판되었다. 이 소설은 섭정시대인 1820년대를 배경으로 아밀리아 세들리와 레베카 샤프라는 대조적인 두 여자의 얽히고설킨 운명을 다루고 있다. 절개가 없이 수단을 가리지 않고 신분상승을 노리는 레베카는 이 소설에서 가장 중요한 역할을 하며 새커리가 창조한 인물 중 가장 인상적이다. 새커리는 이 소설의 목적이 "인간은 대부분 어리석고 이기적이며 허영을 좇는다는 사실을 가르쳐 주는 것"이라고 밝혔다.

"19세기도 10년을 조금 넘긴 6월의 어느 화창한 날 아침. 치즈윅 산책로에서 핑커턴 여사가 경영하는 여학원의 큰 철문 앞으로 화려한 마구를 찬 살찐 말 두 필이 커다란 자가용 마차 한 대……핑커턴 여사의 번쩍거리는 놋쇠 표찰 앞에 서자 안짱다리를 밖으로 뻗었다."

이러한 첫머리처럼 《허영의 시장》은 아주 평온하게 시작된다. 그러나 이때부터 20년 간에 걸친 소설의 시대배경은 영국의 대변혁기였다. 철저한 근대화로 말미암아, 상공업의 중심을 이루는 중산계급이 눈에 띄게 성장했다. 도시의 대상인들은 고급주택가에 저택을 지었으며, 개중에는 귀족 집안으로 딸을 시집보내는 상인도 있었다. 이러한 격변기에 나폴레옹의 영국에 대한 대륙봉쇄, 연합군과의 전쟁, 엘바 섬 탈출이 다양한 시대상으로 반영되어 있다.

또한 《허영의 시장》은 위로는 국왕에서 아래로는 마부나 하녀에 이르기까지 여러 신분이 등장하는 이야기이다. 배경도 런던을 중심으로 영국 곳곳을 비롯, 유럽 대륙과 인도에까지 이른다. 모두 67장으로 구성되어 있으며 각 장마다 여러 주인공이 번갈아 등장한다. 그러나 복잡하다는 느낌은 전혀 들지 않는다. 그 많은 인물들 모두가 저마다의 배경을 둘러싸고 풍부한 특색을 보여주어, 다음 장에 등장하면 친숙한 사람과 우연히 만난 듯한 느낌을 준다.

앞서 말한 '자가용 마차'에는 여학교를 졸업하고 집으로 돌아오는 세들리 집안의 딸 아밀리아가 타고 있다. 그녀

《허영의 시장》 삽화
여주인공 레베카 샤프, 프레더릭 바너드 그림

의 친구 레베카 샤프도 그 마차에 함께 타고 세들리 집으로 향한다. 레베카는 고아였다. 프랑스인 배우였던 어머니는 일찍이 죽었고, 재능은 있었으나 제멋대로에 빚투성이인 아버지도 한때 미술을 가르쳤던 여학교의 핑커턴 선생에게 딸을 부탁하고 죽었다. 레베카는 어린 학생들을 돌보는 대신 수업료를 면제받는 처지였는데, 준남작 피트 크롤리 경의 영지 내에 있는 본가에서 머물며 가정교사 노릇을 하게 되었다. 그것을 출발점으로 그녀는 미모와 재치와 노력을 모두 동원해 격변기에 서서히 적응해 가며 크롤리 가문의 둘째 아들인 로든 크롤리 대위와 결혼까지 한다. 두 사람의 신분이 너무도 다른 탓에 갈등을 겪기도 하지만 겉으로는 그럭저럭 문제없이 흘러간다. 나폴레옹군과의 전쟁을 앞두고 연대를 따라 벨기에로 건너간 부인들 중에서도 레베카는 터프토 장군의 부관 부인으로서 부족함 없이 지낸다. 이윽고 국왕을 알현하기에까지 이른 그녀는 런던 사교계 최상류 사회에 진출한다. 대귀족 스타인 후작이 그녀를 각별히 눈여겨보지만, 그녀의 출세가 절정에 달했을

때 뜻밖의 사건이 일어나 그녀는 파멸하고 만다. 남편도 그녀를 다시는 만나주지 않는다. 그러나 대륙을 전전한 뒤로도 레베카는 과연 그녀답게 삶을 계속 즐긴다.

한편 아밀리아는 두 집안 아버지들의 약속으로 오즈번 집안의 아들 조지와 약혼한 거나 다름없는 사이로 자라왔다. 그러나 약혼자들의 달콤한 나날은 얼마 가지도 못하고, 아버지 세들리 씨는 변혁기의 화살을 맞아 파산하고 만다. 오즈번 씨가 파산자의 딸을 며느리로 들일 수 없다고 주장하는 가운데 불행인지 다행인지 두 사람은 조지의 오랜 벗인 도빈 대위의 중재로 결혼하게 된다. 조지는 도빈과 함께 출전한 워털루전투에서 전사하고, 아밀리아는 어머니가 된다. 도빈은 몇 년째 그녀를 돌보며 친절을 베풀지만 그녀의 사랑은 죽은 남편과 아들에게만 향해 있다.

"아밀리아는 도빈에게 아무것도 주지 않으려 하면서도 그로부터 모든 것을 받아내려고 했다. 이는 사랑하는 사람 사이에 흔히 이루어지는 흥정이다." 새커리는 이렇게 말한다.

수동적인 성격의 양갓집 처녀 아밀리아 세들리와, 가난한 화가의 딸로서 야심 많고 활동적이며 천성적으로 간교하고 도발적인 레베카 샤프는 운명이나 삶에 대응하는 자세에서 대조를 이룬다. 그러나 이들의 성격 대조가 단순히 도덕적인 선과 악의 차이인 것은 아니며 이들에게는 둘 다 공감할 부분이 있다. 레베카의 주위에는 늘 중상류층이나 귀족가문 출신의 남자들이 있다. 아밀리아는 조지 오즈번과 결혼하지만, 조지는 워털루전투에서 전사하기 직전 아밀리아를 버리고 레베카를 선택하기로 결심한다. 한편 레베카는 온갖 수단을 다해 사교계에 진출하여 좋은 가문 출신의 젊은 장교 로든 크롤리와 결혼하지만, 크롤리는 그녀에게 환멸을 느끼고 레베카 곁을 떠나고 만다. 결국은 미덕이 승리해 아밀리아는 그녀를 일생 동안 흠모한 도빈 중령과 결혼하고, 레베카는 마음을 잡아 착한 일을 한다.

《허영의 시장》은 19세기 첫무렵 영국 사회의 전경을 생동감 있는 사건 전개와 화려한 문체, 섬세한 인물묘사, 뛰어난 표현력으로 그려냈다. 특히 특정 사회의 묘사나 상상을 통한 분석에 그치는 것이 아니라, 독자로 하여금 양면적인 인간의 동기를 미묘하게 일깨움으로써 "아! 헛되고도 헛되도다! 도대체 이 세상에 행복한 사람이 있을까? 바라는 것을 손에 넣은 사람이 있

코번트 가든 시장 영국의 대표적 청과시장. 피버스 레벤 작(1864)

을까? 바라는 것을 손에 넣은들 만족하는 사람이 있을까?"라는 새커리의 결론을 이해하게 한다. 《허영의 시장》은 그 비극적인 모순 때문에 인간의 야심과 경험에 대한 지속적이며 통찰력 있는 평가를 제공하고 있다.

새커리가 만년에 술회했듯이 《허영의 시장》이야말로 그가 남긴 최고의 작품이다.

인간은 장터에 늘어선 임시건물들

《허영의 시장》은 19세기 나폴레옹 전쟁 전후에 나타난 영국 상류층의 허영을 풍자한 소설이다. 작가 본인도 상류층에 속했으므로 그런 풍자에는 자조적인 느낌도 섞여 있다. 그러나 이 걸작을 단순한 풍자소설로만 간주하고 읽어서는 안 된다. 이 소설뿐만 아니라 새커리의 작품 전체가 18세기에 싹튼 문학상의 현실주의를 오늘날과 같은 형태로 완성하는 데에 커다란 주춧돌이 되었기 때문이다. 《허영의 시장》이 발표되기 전까지는 새커리의 작품에서 풍자가 가장 중요한 요소였는지도 모른다. 그러나 《허영의 시장》에서 그 풍자는 상당한 객관성을 띠게 되어, 오히려 그의 현실주의가 풍자를 낳은 것처럼 보이기에 이르렀다. 그는 이 작품에 'A Novel without a Hero'라는 부제를 붙였다. 이렇게 굳이 '영웅이 없는 소설'이라고 부연설명을 해놓은 것이 현대인에게는 무의미하게 보일지도 모르지만, 영국 문학사적으로 볼 때 새커리의 소설이 스콧이나 리턴, 심지어 디킨스 같은 작가에 대한 반동(현실주의로의 복귀)이었다는 점을 생각한다면 그 의미를 확실히 알 수 있을 것이다.

'영웅이 없는 소설'이란 '주인공이 없는 소설'이다. 하지만 이 장편소설은 레베카의 뛰어난 수완과 도빈의 신실한 마음이라는 서로 다른 두 이야기가 엮이면서 이루어지므로, 보통은 레베카가 여주인공이고 도빈이 주인공이라고 해석된다. 또한 아밀리아와 조지, 로든 같은 인물들도 등장하니 독자가 그중에서 마음대로 주인공을 골라잡아도 좋을 것이다.

현대인의 관점에서 보면 《허영의 시장》은 표현형식상 문제점을 지닌다. 과장되게 쓰인 저자 서문만 봐도 알 수 있듯이, 이 작품에는 뭔가 풍자적이고 장난스러운 느낌이 가득하다. 옛날 작품은 아무래도 현대 작품과는 다를 수밖에 없으므로 형식상의 시대적 거리감이 생기는 것은 어쩔 수 없다.

'허영의 시장'이란 제목은 존 버니언의 《천로역정》에서 가져온 것이다. 새커리는 이 단어가 아주 마음에 들었는지, 《허영의 시장》을 쓰기 시작할 무렵부터 〈펀치〉지에서 연재하고 있던 《영국의 속물들》에서도 이런 말을 했다.

"인간은 하나의 희곡이다—개개인은 '허영의 시장'에 늘어서 있는 임시건물과도 같다." 저자 서문도 이런 맥락에서 생각하면 좀더 이해하기 쉬울 것이다.

이 책 텍스트는 *Vanity Fair Random House* 1958, USA를 사용했다.

윌리엄 새커리 연보

1811년	7월 18일 인도 캘커타(현재 콜카타)에서 동인도회사 재무관리였던 리치먼드 새커리의 외아들로 태어남.
1815년(4세)	아버지 리치먼드 새커리 죽음.
1816년(5세)	영국으로 건너옴.
1817년(6세)	어머니가 재혼함.
1920년(9세)	재혼한 어머니를 떠나 숙모 집에서 살면서 그래머 스쿨에서 공부함.
1822년(11세)	런던의 사립학교 차터하우스에 들어감.
1828년(17세)	케임브리지 대학교의 트리니티 칼리지에 입학.
1830년(19세)	케임브리지 대학교의 트리니티 칼리지를 끝마치지 못하고 중퇴함. 이후 유럽 대륙을 돌아다니면서 견문을 넓힘.
1831년(20세)	런던의 미들템플 법학원에 들어가 1833년까지 법률공부를 함.
1832년(21세)	성년이 되어 아버지 유산 2만 파운드를 물려받음.
1836년(25세)	파리에서 그림공부를 하던 중 아일랜드 처녀와 결혼함. 그의 의붓아버지가 한 신문사를 인수해 그를 파리 통신원으로 일할 수 있게 해줌.
1837년(26세)	근무하던 신문사가 망하자 아내와 함께 런던의 블룸즈버리로 돌아와 직업기자로 글쓰기에 전념함. 1830년대 후반에 그는 〈프레이저스 매거진〉〈펀치〉 등 잡지에 다양한 글을 기고하여 유명해짐. 그는 그 무렵에 마이클 앤젤로 티트마시, 피츠부들, 뚱뚱한 기고가, 아이키 솔로몬스 같은 필명을 씀.
1839년(28세)	새커리의 세 딸 중 하나가 어린 나이에 죽음. 인도의 군대생활을 가상적으로 다룬 글《게이허건 소령》(1838~39) 발표.

1840년(29세) 새커리 부인이 정신이상이 되자 시골로 요양하러 보내는 등 한평생 그녀를 부양함. 당시 범죄와 밑바닥 생활을 낭만적으로 그린 소설 《캐서린》(1839~40) 발표.

1841년(30세) 젊은이의 결혼생활을 다룬 《새뮤얼 티트마시와 호가티 다이아몬드 이야기》 발표.

1844년(33세) 역사소설 《배리 린던의 행운》 발표, 이 작품은 그가 쓴 최초의 본격 소설임.

1846년(35세) 딸들을 위해 런던에 집을 장만함. 〈펀치〉지에 《영국의 속물들》(1846~47) 발표하여 큰 호응을 얻음. 이 글은 런던 사람들의 특징을 날카롭게 묘사하는 새커리의 문체가 잘 드러나 있음.

1847년(36세) 대표작 《허영의 시장》(1847~48)을 분책으로 출판하여 작가로서 기반을 굳힘. 이 장편소설은 그가 본명으로 발표한 첫 작품으로 일정한 분량을 매달 시리즈로 발표하는 형식으로 출판함.

1848년(37세) 〈펀치〉지에 연재했던 《영국의 속물들》(1846~47) 등의 글을 모아 《속물들의 책》을 출판함.

1850년(39세) 런던 정경을 그린 자전적 작품 《펜더니스 이야기》(1848~50) 발표.

1851년(40세) 케임브리지 대학 시절에 사귄 친구 헨리 브룩필드의 아내 제인 브룩필드에게 말년에 진지한 연정을 느낌. 그 뒤 헨리 브룩필드로부터 자기 아내와의 교제를 끝내라는 요청을 받고 결국 마음에 상처만 남김.

1852년(41세) 18세기 초 앤 여왕 시대를 배경으로 한 역사소설 《헨리 에스먼드 이야기》(3권)를 발표하여 명성을 확고히 함. 이해에 미국으로 건너가 1853년까지 〈18세기 영국의 유머작가〉라는 주제로 강연을 하면서 여러 곳을 여행함.

1853년(42세) 강연집 《18세기 영국의 유머작가》 출판.

1855년(44세) 미국에 머무르며 1856년까지 〈4명의 조지〉에 대한 강연을 계속함. 다시 앤 여왕 시대를 배경으로 한 《뉴컴 집안》

(1853~55) 발표. 크리스마스 무렵에 시집 《장미와 반지》 출판.

1856년(45세) 미국에서 런던으로 돌아온 뒤 줄곧 그곳에 정착함. 1844년에 발표한 역사소설 《배리 린던의 행운》을 《배리 린던의 회고담》으로 고쳐서 발표함.

1857년(46세) 영국 하원의원에 출마하였으나 낙선함. 1830년대 후반에 그가 발표한 글 가운데 가려뽑아 《문집》(4권, 1855~57)을 출판함.

1858년(47세) 친하게 지내던 디킨스와 이른바 '개릭클럽 사건'으로 싸움.

1859년(48세) 18세기 끝무렵 미국과 영국을 배경으로 한 작품 《버지니아 사람들》(1857~59) 발표.

1860년(49세) 강연집 《4명의 조지》 출판. 〈콘힐 매거진〉을 창간하여 초대 편집장이 됨. 연재소설 《홀아비 러블》을 집필함.

1862년(51세) 작품 《필립의 모험》(1861~62)을 씀.

1863년(52세) 소설 《데니스 듀벌》을 쓰기 시작했지만, 얼마 되지 않은 12월 24일에 건강을 잃고 52세 나이에 영국 런던에서 숨을 거둠. 웨스트민스터 대수도원에 그의 기념동상이 건립되다.

옮긴이 최홍규(崔鴻圭)

중앙대 영문학과 졸업. 서울대대학원 석사·동국대 영문학박사. 미국 캔자스대대학원
영문학과 수학·뉴질랜드 빅토리아대 디프로마. 중앙대 영문학과 명예교수. 미국하버
드대·예일대 풀브라이트 교환교수 역임. 영국 케임브리지대·런던대(UCL) 객원교수.
프랑스 소르본대 연구교수. 한국번역문학학회장 역임. 지은책「근대영미문학의 탐구」
옮긴책「워즈워스의 명시」울프「올랜도」헨리 필딩「톰 존스의 모험」등이 있다.

World Book
164
William Makepeace Thackeray
VANITY FAIR
허영의 시장

W.M. 새커리/최홍규 옮김
1판 1쇄 발행/2012. 6. 1
1판 2쇄 발행/2013. 12. 12
발행인 고정일
발행처 동서문화사
창업 1956. 12. 12. 등록 16-3799
서울 강남구 도산대로 163(신사동)
☎ 546-0331~6 (FAX) 545-0331
www.dongsuhbook.com

잘못 만들어진 책은 바꾸어 드립니다.

*

사업자등록번호 211-87-75330
ISBN 978-89-497-0770-9 04080
ISBN 978-89-497-0382-4 (세트)